中国利用外资法律法规文件汇编

（2014—2016年）

商务部外国投资管理司
商务部投资促进事务局 编

图书在版编目(CIP)数据

中国利用外资法律法规文件汇编.2014—2016年/商务部外国投资管理司，商务部投资促进事务局编.—北京：北京大学出版社，2016.8

ISBN 978-7-301-27434-7

Ⅰ.①中… Ⅱ.①商…②商… Ⅲ.①外资利用—法规—汇编—中国—2014—2016 Ⅳ.① D922.295.9

中国版本图书馆 CIP 数据核字(2016)第 195018 号

书　　　名	中国利用外资法律法规文件汇编（2014—2016年） Zhongguo Liyong Waizi Falü Fagui Wenjian Huibian（2014—2016 Nian）
著作责任者	商务部外国投资管理司　商务部投资促进事务局　编
策划编辑	陆建华
责任编辑	王建君
标准书号	ISBN 978-7-301-27434-7
出版发行	北京大学出版社
地　　　址	北京市海淀区成府路 205 号　100871
网　　　址	http://www.pup.cn　http://www.yandayuanzhao.com
电子信箱	yandayuanzhao@163.com
新浪微博	@北京大学出版社　@北大出版社燕大元照法律图书
电　　　话	邮购部 62752015　发行部 62750672　编辑部 62117788
印　刷　者	北京宏伟双华印刷有限公司
经　销　者	新华书店
	787 毫米×1092 毫米　16 开本　58.5 印张　1349 千字 2016 年 8 月第 1 版　2016 年 8 月第 1 次印刷
定　　　价	198.00 元

未经许可，不得以任何方式复制或抄袭本书之部分或全部内容。
版权所有，侵权必究
举报电话：010-62752024　电子信箱：fd@pup.pku.edu.cn
图书如有印装质量问题，请与出版部联系，电话：010-62756370

目 录

一、综合

商务部关于印发《外商投资统计制度(2016年)》的通知
　　商资函〔2016〕248号　2016年5月26日 …………………………… (001)
商务部、财政部、税务总局、统计局关于开展2016年外商投资企业年度投资经营
信息联合报告工作的通知
　　商资函〔2016〕223号　2016年5月19日 …………………………… (012)
港澳服务提供者在内地投资备案管理办法(试行)
　　商务部公告2016年第20号　2016年5月18日 ………………………… (013)
国务院办公厅关于完善国家级经济技术开发区考核制度促进创新驱动发展的指导意见
　　国办发〔2016〕14号　2016年3月16日 ……………………………… (016)
国务院关于支持沿边重点地区开发开放若干政策措施的意见
　　国发〔2015〕72号　2015年12月24日 ………………………………… (020)
国务院关于加快实施自由贸易区战略的若干意见
　　国发〔2015〕69号　2015年12月6日 …………………………………… (028)
工业和信息化部关于促进化工园区规范发展的指导意见
　　工信部原〔2015〕433号　2015年11月25日 ………………………… (032)
关于修改部分规章和规范性文件的决定
　　商务部令2015年第2号　2015年10月28日 …………………………… (036)
中共中央组织部、国家发展改革委、教育部、科技部、公安部、财政部、人力资源
社会保障部、商务部、国务院国资委、国家外国专家局、中共北京市委、北京市人
民政府印发《关于深化中关村人才管理改革的若干措施》的通知
　　京发〔2015〕15号　2015年10月21日 ………………………………… (041)
国务院关于进一步做好防范和处置非法集资工作的意见
　　国发〔2015〕59号　2015年10月19日 ………………………………… (043)
国务院关于在北京市暂时调整有关行政审批和准入特别管理措施的决定
　　国发〔2015〕60号　2015年10月15日 ………………………………… (048)
国务院关于苏州工业园区开展开放创新综合试验总体方案的批复
　　国函〔2015〕151号　2015年9月30日 ………………………………… (049)

国务院关于加快构建大众创业万众创新支撑平台的指导意见
　　国发〔2015〕53号　2015年9月23日 …………………………………… (050)
商务部、北京市人民政府关于印发《北京市服务业扩大开放综合试点实施方案》的
通知
　　京政发〔2015〕48号　2015年9月13日 …………………………………… (056)
关于促进东北老工业基地创新创业发展打造竞争新优势的实施意见
　　发改振兴〔2015〕1488号　2015年6月26日 ……………………………… (063)
国务院办公厅关于加快推进"三证合一"登记制度改革的意见
　　国办发〔2015〕50号　2015年6月23日 …………………………………… (070)
关于建设长江经济带国家级转型升级示范开发区的实施意见
　　发改外资〔2015〕1294号　2015年6月9日 ………………………………… (072)
国务院关于印发《中国制造2025》的通知
　　国发〔2015〕28号　2015年5月8日 ………………………………………… (074)
中共中央、国务院关于构建开放型经济新体制的若干意见
　　2015年5月5日 ………………………………………………………………… (091)
国务院关于北京市服务业扩大开放综合试点总体方案的批复
　　国函〔2015〕81号　2015年5月5日 ………………………………………… (100)
中华人民共和国广告法
　　中华人民共和国主席令第22号　2015年4月24日 ………………………… (101)
商务部关于做好取消鼓励类外商投资企业项目确认审批后续工作的通知
　　商资函〔2015〕160号　2015年4月13日 …………………………………… (112)
国家发展改革委关于印发长江中游城市群发展规划的通知
　　发改地区〔2015〕738号　2015年4月13日 ………………………………… (113)
外商投资产业指导目录(2015年修订)
　　国家发展和改革委员会、商务部令第22号　2015年3月10日 …………… (114)
商务部、国家发展和改革委员会、国土资源部、住房和城乡建设部、中华全国供销
合作总社关于印发《再生资源回收体系建设中长期规划(2015—2020)》的通知
　　商流通发〔2015〕21号　2015年1月21日 ………………………………… (132)
国家发展改革委关于修改《境外投资项目核准和备案管理办法》和《外商投资项目
核准和备案管理办法》有关条款的决定
　　国家发展和改革委员会令第20号　2014年12月27日 …………………… (133)
国务院关于创新重点领域投融资机制鼓励社会投资的指导意见
　　国发〔2014〕60号　2014年11月16日 ……………………………………… (134)
全国人民代表大会常务委员会关于修改《中华人民共和国行政诉讼法》的决定
　　中华人民共和国主席令第15号　2014年11月1日 ………………………… (140)
国务院关于发布政府核准的投资项目目录(2014年本)的通知
　　国发〔2014〕53号　2014年10月31日 ……………………………………… (150)

国务院办公厅关于促进国家级经济技术开发区转型升级创新发展的若干意见
  国办发〔2014〕54号 2014年10月30日 …………………………………………（154）
国务院关于依托黄金水道推动长江经济带发展的指导意见
  国发〔2014〕39号 2014年9月12日 ………………………………………………（157）
全国人民代表大会常务委员会关于修改《中华人民共和国保险法》等五部法律的决定
  中华人民共和国主席令第14号 2014年8月31日 …………………………………（167）
全国人民代表大会常务委员会关于修改《中华人民共和国安全生产法》的决定
  中华人民共和国主席令第13号 2014年8月31日 …………………………………（168）
国务院关于近期支持东北振兴若干重大政策举措的意见
  国发〔2014〕28号 2014年8月8日 …………………………………………………（178）
商务部办公厅关于中外合资经营等类型企业转变为外商投资股份有限公司有关问题的函
  商办资函〔2014〕516号 2014年6月24日 …………………………………………（185）
商务部关于改进外资审核管理工作的通知
  商资函〔2014〕314号 2014年6月17日 ……………………………………………（186）
国家发展改革委关于印发青岛西海岸新区总体方案的通知
  发改地区〔2014〕1318号 2014年6月13日 ………………………………………（187）
国务院关于进一步促进资本市场健康发展的若干意见
  国发〔2014〕17号 2014年5月8日 …………………………………………………（188）
中华人民共和国商标法实施条例
  中华人民共和国国务院令第651号 2014年4月29日 ……………………………（194）

二、自贸试验区

商务部关于支持自由贸易试验区创新发展的意见
  商资发〔2015〕313号 2015年8月25日 ……………………………………………（207）
国务院关于印发中国（广东）自由贸易试验区总体方案的通知
  国发〔2015〕18号 2015年4月8日 …………………………………………………（209）
国务院关于印发中国（天津）自由贸易试验区总体方案的通知
  国发〔2015〕19号 2015年4月8日 …………………………………………………（218）
国务院关于印发中国（福建）自由贸易试验区总体方案的通知
  国发〔2015〕20号 2015年4月8日 …………………………………………………（226）
国务院关于印发进一步深化中国（上海）自由贸易试验区改革开放方案的通知
  国发〔2015〕21号 2015年4月8日 …………………………………………………（235）
国务院办公厅关于印发自由贸易试验区外商投资准入特别管理措施（负面清单）的通知
  国办发〔2015〕23号 2015年4月8日 ………………………………………………（240）

国务院办公厅关于印发自由贸易试验区外商投资国家安全审查试行办法的通知
  国办发〔2015〕24号 2015年4月8日 ……………………………………………（251）
自由贸易试验区外商投资备案管理办法（试行）
  商务部公告2015年第12号 2015年4月8日 ………………………………（254）
全国人民代表大会常务委员会关于授权国务院在中国（广东）自由贸易试验区、中国（天津）自由贸易试验区、中国（福建）自由贸易试验区以及中国（上海）自由贸易试验区扩展区域暂时调整有关法律规定的行政审批的决定
  2014年12月28日 …………………………………………………………………（257）
国务院关于推广中国（上海）自由贸易试验区可复制改革试点经验的通知
  国发〔2014〕65号 2014年12月21日 …………………………………………（261）
国务院关于在中国（上海）自由贸易试验区内暂时调整实施有关行政法规和经国务院批准的部门规章规定的准入特别管理措施的决定
  国发〔2014〕38号 2014年9月4日 ……………………………………………（263）

三、行业

关于设立外商投资征信机构有关事宜的公告
  中国人民银行、商务部公告2016年第1号 2016年1月20日 ……………（271）
国务院关于促进加工贸易创新发展的若干意见
  国发〔2016〕4号 2016年1月4日 ……………………………………………（272）
国务院办公厅关于加快发展生活性服务业促进消费结构升级的指导意见
  国办发〔2015〕85号 2015年11月19日 ………………………………………（277）
商务部、外汇局关于进一步改进外商投资房地产备案工作的通知
  商资函〔2015〕895号 2015年11月6日 ………………………………………（284）
国务院办公厅关于加快融资租赁业发展的指导意见
  国办发〔2015〕68号 2015年8月31日 …………………………………………（285）
国务院关于推进国内贸易流通现代化建设法治化营商环境的意见
  国发〔2015〕49号 2015年8月26日 …………………………………………（289）
住房城乡建设部、商务部、国家发展改革委、人民银行、工商总局、外汇局关于调整房地产市场外资准入和管理有关政策的通知
  建房〔2015〕122号 2015年8月19日 …………………………………………（296）
国务院办公厅关于加快转变农业发展方式的意见
  国办发〔2015〕59号 2015年7月30日 …………………………………………（297）
工业和信息化部关于放开在线数据处理与交易处理业务（经营类电子商务）外资股比限制的通告
  工信部通〔2015〕196号 2015年6月19日 ……………………………………（303）
国家质量监督检验检疫总局关于修改《认证机构管理办法》的决定
  国家质量监督检验检疫总局令第164号 2015年5月11日 …………………（304）

国务院关于大力发展电子商务加快培育经济新动力的意见
　　国发〔2015〕24号　2015年5月4日 ……………………………… (306)
中华人民共和国食品安全法
　　中华人民共和国主席令第21号　2015年4月24日 ………………… (313)
全国人民代表大会常务委员会关于修改《中华人民共和国药品管理法》的决定
　　中华人民共和国主席令第27号　2015年4月24日 ………………… (339)
全国人民代表大会常务委员会关于修改《中华人民共和国计量法》等五部法律的
决定
　　中华人民共和国主席令第26号　2015年4月24日 ………………… (340)
商务部办公厅关于明确外商投资殡葬服务设施审批权限的通知
　　商办资函〔2015〕123号　2015年4月7日 ………………………… (342)
国务院办公厅关于印发全国医疗卫生服务体系规划纲要(2015—2020年)的通知
　　国办发〔2015〕14号　2015年3月6日 ……………………………… (343)
国务院关于促进云计算创新发展培育信息产业新业态的意见
　　国发〔2015〕5号　2015年1月6日 …………………………………… (359)
国务院办公厅关于加快应急产业发展的意见
　　国办发〔2014〕63号　2014年12月8日 …………………………… (363)
商务部、民政部关于鼓励外国投资者在华设立营利性养老机构从事养老服务的公告
　　商务部、民政部公告2014年第81号　2014年11月24日 ………… (367)
国家发展和改革委员会、工业和信息化部关于印发2014—2016年新型显示产业创新
发展行动计划的通知
　　发改高技〔2014〕2299号　2014年10月13日 ……………………… (369)
国务院关于加快科技服务业发展的若干意见
　　国发〔2014〕49号　2014年10月9日 ……………………………… (370)
国务院关于加快发展体育产业促进体育消费的若干意见
　　国发〔2014〕46号　2014年10月2日 ……………………………… (374)
餐饮业经营管理办法(试行)
　　商务部、国家发展和改革委令2014年第4号　2014年9月22日 …… (380)
商务部关于促进商贸物流发展的实施意见
　　商流通函〔2014〕790号　2014年9月22日 ………………………… (382)
国务院关于促进海运业健康发展的若干意见
　　国发〔2014〕32号　2014年8月15日 ……………………………… (386)
国务院关于加快发展生产性服务业促进产业结构调整升级的指导意见
　　国发〔2014〕26号　2014年7月28日 ……………………………… (389)
国家卫生和计划生育委员会、商务部关于开展设立外资独资医院试点工作的通知
　　国卫医函〔2014〕244号　2014年7月25日 ………………………… (396)

四、工商

工商总局关于扩大开放台湾居民在大陆申办个体工商户登记管理工作的意见
  工商个字〔2015〕224 号 2015 年 12 月 28 日 ……………………………（399）
工商总局、福建省人民政府关于发布中国（福建）自由贸易试验区台湾居民个体
工商户营业范围的公告
  工商个字〔2015〕208 号 2015 年 12 月 1 日 ………………………………（400）
企业经营范围登记管理规定
  国家工商行政管理总局令第 76 号 2015 年 8 月 27 日 ……………………（404）
驰名商标认定和保护规定
  国家工商行政管理总局令第 66 号 2014 年 7 月 3 日 ………………………（407）
商标评审规则
  国家工商行政管理总局令第 65 号 2014 年 5 月 28 日 ……………………（409）

五、海关

关于公布 2016 年商品归类决定（Ⅲ）的公告
  海关总署公告 2016 年第 22 号 2016 年 3 月 29 日 ………………………（419）
关于修订《中华人民共和国海关进出口货物报关单填制规范》的公告
  海关总署公告 2016 年第 20 号 2016 年 3 月 24 日 ………………………（419）
关于公布 2016 年商品归类决定的公告
  海关总署公告 2016 年第 11 号 2016 年 2 月 22 日 ………………………（421）
关于发布《中华人民共和国进出口税则本国子目注释（2016 年新增和调整部分）》的
公告
  海关总署公告 2016 年第 10 号 2016 年 2 月 4 日 …………………………（421）
关于公布《2016 年进口许可证管理货物目录》的公告
  商务部、海关总署、质检总局公告 2015 年第 75 号 2015 年 12 月 30 日 …………（422）
公布《2016 年出口许可证管理货物目录》
  商务部、海关总署公告 2015 年第 76 号 2015 年 12 月 29 日 ……………（422）
关于 2016 年关税实施方案的公告
  海关总署公告 2015 年第 69 号 2015 年 12 月 28 日 ……………………（425）
关于《中华人民共和国政府和澳大利亚政府自由贸易协定》项下进口农产品特殊保障
措施实施办法的公告
  海关总署公告 2015 年第 66 号 2015 年 12 月 18 日 ……………………（426）
关于《中华人民共和国政府和澳大利亚政府自由贸易协定》实施相关事宜的公告
  海关总署公告 2015 年第 61 号 2015 年 12 月 18 日 ……………………（428）

关于《中华人民共和国政府和澳大利亚政府自由贸易协定》项下产品特定原产地
规则的公告
  海关总署公告 2015 年第 62 号 2015 年 12 月 18 日 …………………………(429)
关于《中华人民共和国政府和大韩民国政府自由贸易协定》实施相关事宜的公告
  海关总署公告 2015 年第 63 号 2015 年 12 月 18 日 …………………………(430)
关于《中华人民共和国政府和大韩民国政府自由贸易协定》项下产品特定原产地
规则的公告
  海关总署公告 2015 年第 64 号 2015 年 12 月 18 日 …………………………(431)
中华人民共和国海关《中华人民共和国政府和大韩民国政府自由贸易协定》项下
进出口货物原产地管理办法
  海关总署令第 229 号 2015 年 12 月 18 日 ………………………………(432)
关于《中华人民共和国政府和大韩民国政府自由贸易协定》项下《特别货物
清单》的公告
  海关总署公告 2015 年第 65 号 2015 年 12 月 18 日 …………………………(438)
国务院关税税则委员会关于实施中国—韩国、中国—澳大利亚自由贸易协定协定
税率的通知
  税委会〔2015〕25 号 2015 年 12 月 10 日 ………………………………(439)
关于公布 2016 年 1 月 1 日起港澳 CEPA 项下新增及修订零关税货物原产地标准的
公告
  海关总署公告 2015 年第 56 号 2015 年 12 月 8 日 ……………………………(439)
关于加工贸易限制类商品目录的公告
  商务部、海关总署公告 2015 年第 63 号 2015 年 11 月 25 日 ……………(440)
关于调整加工贸易禁止类商品目录的公告
  商务部、海关总署公告 2015 年第 59 号 2015 年 11 月 10 日 ……………(441)
关于执行《外商投资产业指导目录(2015 年修订)》的公告
  海关总署公告 2015 年第 29 号 2015 年 6 月 18 日 …………………………(442)
关于公布 2015 年 7 月 1 日起港澳 CEPA 项下新增零关税货物原产地标准的公告
  海关总署公告 2015 年第 23 号 2015 年 6 月 1 日 ……………………………(443)
关于修订 2012 版《进出口税则商品及品目注释》的公告
  海关总署公告 2015 年第 6 号 2015 年 3 月 11 日 ……………………………(443)
关于原产于萨尔瓦多的产品适用最惠国税率问题的公告
  海关总署公告 2014 年第 88 号 2014 年 12 月 8 日 ……………………………(444)
关于公布 2015 年 1 月 1 日起港澳 CEPA 项下新增零关税货物原产地标准
及相关事宜的公告
  海关总署公告 2014 年第 87 号 2014 年 12 月 2 日 ……………………………(445)
关于公布《海关认证企业标准》的公告
  海关总署公告 2014 年第 82 号 2014 年 11 月 18 日 …………………………(446)

中华人民共和国海关企业信用管理暂行办法
　　海关总署令第225号　2014年10月8日 ·················· (446)
海关总署关于修改《中华人民共和国海关〈中华人民共和国与智利共和国政府自由贸易协定〉项下进口货物原产地管理办法》的决定
　　海关总署令第224号　2014年9月30日 ··················· (450)
关于《中华人民共和国和瑞士联邦自由贸易协定》项下产品特定原产地规则的公告
　　海关总署公告2014年第51号　2014年6月30日 ············ (451)
关于《中华人民共和国和瑞士联邦自由贸易协定》项下经核准出口商制度相关事宜的公告
　　海关总署公告2014年第52号　2014年6月30日 ············ (452)
关于《中华人民共和国和瑞士联邦自由贸易协定》实施相关事宜的公告
　　海关总署公告2014年第53号　2014年6月30日 ············ (453)
中华人民共和国海关《中华人民共和国和瑞士联邦自由贸易协定》项下进出口货物原产地管理办法
　　海关总署令第223号　2014年6月30日 ····················· (454)
中华人民共和国海关《中华人民共和国政府和冰岛政府自由贸易协定》项下进出口货物原产地管理办法
　　海关总署令第222号　2014年6月30日 ····················· (461)
关于《中华人民共和国政府和冰岛政府自由贸易协定》项下产品特定原产地规则的公告
　　海关总署公告2014年第49号　2014年6月30日 ············ (467)
关于《中华人民共和国政府和冰岛政府自由贸易协定》实施相关事宜的公告
　　海关总署公告2014年第50号　2014年6月30日 ············ (467)
关于《中华人民共和国政府和新加坡共和国政府自由贸易协定》项下产品特定原产地规则转版对应表的公告
　　海关总署公告2014年第47号　2014年6月25日 ············ (468)
关于《中华人民共和国与东南亚国家联盟全面经济合作框架协议》项下产品特定原产地规则转版对应表的公告
　　海关总署公告2014年第48号　2014年6月24日 ············ (469)
关于公布2014年7月1日起港澳CEPA项下新增零关税货物原产地标准及相关事宜的公告
　　海关总署公告2014年第41号　2014年5月29日 ············ (469)
关于《中国—新西兰自贸协定》项下产品特定原产地规则转版对应表的公告
　　海关总署公告2014年第32号　2014年4月26日 ············ (470)

六、外汇

合格境外机构投资者境内证券投资外汇管理规定(2016)

国家外汇管理局公告2016年第1号　2016年2月3日 ……………………（473）
国家外汇管理局关于改革外商投资企业外汇资本金结汇管理方式的通知
　　汇发〔2015〕19号　2015年3月30日 …………………………………（477）
国家外汇管理局关于印发《银行办理结售汇业务管理办法实施细则》的通知
　　汇发〔2014〕53号　2014年12月25日 ………………………………（481）
国家外汇管理局关于发布《跨境担保外汇管理规定》的通知
　　汇发〔2014〕29号　2014年5月12日 …………………………………（491）

七、金融

关于内地与香港基金互认有关税收政策的通知
　　财税〔2015〕125号　2015年12月14日 ………………………………（503）
内地与香港证券投资基金跨境发行销售资金管理操作指引
　　中国人民银行、国家外汇管理局公告〔2015〕第36号　2015年11月6日 ………（504）
中国保监会关于深化保险中介市场改革的意见
　　保监发〔2015〕91号　2015年9月17日 ………………………………（508）
商业银行流动性风险管理办法（试行）
　　中国银监会令2015年第9号　2015年9月2日 ………………………（511）
全国人民代表大会常务委员会关于修改《中华人民共和国商业银行法》的决定
　　中华人民共和国主席令第34号　2015年8月29日 ……………………（523）
中国保监会、天津市人民政府关于加强保险业服务天津自贸试验区建设和京津冀
　　协同发展等重大国家战略的意见
　　保监发〔2015〕65号　2015年7月10日 ………………………………（523）
中华人民共和国外资银行管理条例实施细则（修订）
　　中国银监会令2015年第7号　2015年7月1日 ………………………（526）
中国银监会信托公司行政许可事项实施办法
　　中国银监会令2015年第5号　2015年6月5日 ………………………（540）
中国银监会非银行金融机构行政许可事项实施办法（修订）
　　中国银监会令2015年第6号　2015年6月5日 ………………………（552）
中国银监会外资银行行政许可事项实施办法（修订）
　　中国银监会令2015年第4号　2015年6月5日 ………………………（587）
香港互认基金管理暂行规定
　　中国证券监督管理委员会公告〔2015〕12号　2015年5月14日 ………（622）
中国人民银行关于外资银行结售汇专用人民币账户管理有关问题的通知
　　银发〔2015〕12号　2015年1月13日 …………………………………（626）
国务院关于修改《中华人民共和国外资银行管理条例》的决定
　　中华人民共和国国务院令第657号　2014年11月27日 ………………（627）
关于港股通下香港上市公司向境内原股东配售股份的备案规定

中国证券监督管理委员会公告〔2014〕48号　2014年11月14日 ……………… (628)
国务院办公厅关于加快发展商业健康保险的若干意见
　　国办发〔2014〕50号　2014年10月27日 ………………………………… (629)
上市公司重大资产重组管理办法
　　中国证券监督管理委员会令第109号　2014年10月23日 ……………… (633)
上市公司股东大会规则(2014年修订)
　　中国证券监督管理委员会公告〔2014〕46号　2014年10月20日 ……… (645)
上市公司章程指引(2014年修订)
　　中国证券监督管理委员会公告〔2014〕47号　2014年10月20日 ……… (652)
国务院关于加快发展现代保险服务业的若干意见
　　国发〔2014〕29号　2014年8月10日 …………………………………… (679)
银行办理结售汇业务管理办法
　　中国人民银行令〔2014〕第2号　2014年6月22日 ……………………… (685)
中国保险监督管理委员会关于修改《保险公司股权管理办法》的决定
　　中国保险监督管理委员会令2014年第4号　2014年4月15日 ………… (688)
商业银行保理业务管理暂行办法
　　中国银行业监督管理委员会令2014年第5号　2014年4月10日 ……… (693)
中国保险监督管理委员会关于修改《保险资金运用管理暂行办法》的决定
　　中国保险监督管理委员会令2014年第3号　2014年4月4日 …………… (697)

八、进出口

关于《出入境检验检疫机构实施检验检疫的进出境商品目录》调整的公告
　　质检总局、海关总署联合公告2015年第165号　2015年12月29日 …… (707)
关于调整重大技术装备进口税收政策有关目录及规定的通知
　　财关税〔2015〕51号　2015年12月1日 ………………………………… (708)
国务院办公厅关于促进进出口稳定增长的若干意见
　　国办发〔2015〕55号　2015年7月22日 ………………………………… (710)

九、财税

国家税务总局关于落实"三证合一"登记制度改革的通知
　　税总函〔2015〕482号　2015年9月10日 ………………………………… (713)
国家税务总局关于发布《非居民纳税人享受税收协定待遇管理办法》的公告
　　国家税务总局公告2015年第60号　2015年8月27日 …………………… (716)
国务院关税税则委员会关于2015年下半年CEPA项下部分货物实施零关税的通知
　　税委会〔2015〕8号　2015年6月28日 …………………………………… (720)
关于中国(天津)自由贸易试验区有关进口税收政策的通知

　　　　财关税〔2015〕21号　2015年5月20日 ………………………………………（721）
关于中国（广东）自由贸易试验区有关进口税收政策的通知
　　　　财关税〔2015〕19号　2015年5月20日 ………………………………………（722）
国务院关于税收等优惠政策相关事项的通知
　　　　国发〔2015〕25号　2015年5月10日 …………………………………………（722）
　国家税务总局关于内地与澳门税务主管当局就两地税收安排条款内容进行确认的公告
　　　　国家税务总局公告2014年第68号　2014年12月18日 ………………………（723）
国务院关于清理规范税收等优惠政策的通知
　　　　国发〔2014〕62号　2014年11月27日 ………………………………………（724）
财政部、国家税务总局、证监会关于沪港股票市场交易互联互通机制试点有关税收政策的通知
　　　　财税〔2014〕81号　2014年10月31日 ………………………………………（727）
国家税务总局关于税务行政审批制度改革若干问题的意见
　　　　税总发〔2014〕107号　2014年9月15日 ……………………………………（729）
国家税务总局关于《中华人民共和国政府和荷兰王国政府对所得避免双重征税和防止偷漏税的协定》及议定书生效执行的公告
　　　　国家税务总局公告2014年第46号　2014年8月1日 …………………………（732）
国家税务总局关于发布《非居民企业从事国际运输业务税收管理暂行办法》的公告
　　　　国家税务总局公告2014年第37号　2014年6月30日 ………………………（732）
国务院关税税则委员会关于实施《中国—瑞士自由贸易协定》2014年协定税率的通知
　　　　税委会〔2014〕8号　2014年4月25日 ………………………………………（736）

（一）所得税

财政部、国家税务总局、证监会关于QFII和RQFII取得中国境内的股票等权益性投资资产转让所得暂免征收企业所得税问题的通知
　　　　财税〔2014〕79号　2014年10月31日 ………………………………………（737）
国家税务总局关于企业所得税应纳税所得额若干问题的公告
　　　　国家税务总局公告2014年第29号　2014年5月23日 …………………………（737）

（二）增值税

国家税务总局关于全面推开营业税改征增值税试点后增值税纳税申报有关事项的公告
　　　　国家税务总局公告2016年第13号　2016年3月31日 ………………………（740）
财政部、国家税务总局关于全面推开营业税改征增值税试点的通知
　　　　财税〔2016〕36号　2016年3月23日 …………………………………………（742）

财政部、国家税务总局关于进入中哈霍尔果斯国际边境合作中心的货物适用增值税退(免)税政策的通知
　　财税〔2015〕17号　2015年1月21日 ……………………………………………(750)
国家税务总局关于简并增值税征收率有关问题的公告
　　国家税务总局公告2014年第36号　2014年6月27日 ……………………………(751)
财政部、国家税务总局关于简并增值税征收率政策的通知
　　财税〔2014〕57号　2014年6月13日 ……………………………………………(752)

(三)进出口退(免)税

财政部、国家税务总局关于调整部分产品出口退税率的通知
　　财税〔2014〕150号　2014年12月31日 …………………………………………(753)
财政部、海关总署、国家税务总局关于在全国开展融资租赁货物出口退税政策试点的通知
　　财税〔2014〕62号　2014年9月1日 ……………………………………………(754)

(四)消费税

国家税务总局关于调整消费税纳税申报表有关问题的公告
　　国家税务总局公告2014年第72号　2014年12月26日 …………………………(756)
财政部、国家税务总局关于调整消费税政策的通知
　　财税〔2014〕93号　2014年11月25日 …………………………………………(757)

十、环境保护

国务院关于印发水污染防治行动计划的通知
　　国发〔2015〕17号　2015年4月2日 ……………………………………………(759)
国家发展改革委关于印发国家应对气候变化规划(2014—2020年)的通知
　　发改气候〔2014〕2347号　2014年9月19日 ……………………………………(771)
关于印发重大环保装备与产品产业化工程实施方案的通知
　　发改环资〔2014〕2064号　2014年9月9日 ……………………………………(772)
中华人民共和国环境保护法
　　中华人民共和国主席令第9号　2014年4月24日 ………………………………(773)
关于加强地方环保标准工作的指导意见
　　环发〔2014〕49号　2014年4月10日 ……………………………………………(781)

十一、其他

国务院关于落实《政府工作报告》重点工作部门分工的意见

国发〔2016〕20号　2016年3月25日 ……………………………………………（785）
中国保监会关于取消一批行政审批中介服务事项的通知
　　　保监发〔2016〕21号　2016年3月3日 ………………………………………（797）
国务院关于深化泛珠三角区域合作的指导意见
　　　国发〔2016〕18号　2016年3月3日 …………………………………………（798）
国务院关于同意开展服务贸易创新发展试点的批复
　　　国函〔2016〕40号　2016年2月22日 …………………………………………（807）
代理记账管理办法
　　　中华人民共和国财政部令第80号　2016年2月16日 ………………………（810）
国务院关于修改部分行政法规的决定
　　　中华人民共和国国务院令第666号　2016年2月6日 ………………………（814）
国务院关于第二批清理规范192项国务院部门行政审批中介服务事项的决定
　　　国发〔2016〕11号　2016年2月3日 …………………………………………（829）
国务院关于第二批取消152项中央指定地方实施行政审批事项的决定
　　　国发〔2016〕9号　2016年2月3日 ……………………………………………（829）
国务院关于取消13项国务院部门行政许可事项的决定
　　　国发〔2016〕10号　2016年2月3日 …………………………………………（830）
现行有效外汇管理主要法规目录（截至2015年12月31日）
　　　2016年1月14日 ………………………………………………………………（832）
关于保留、拟修改规章和规范性文件目录的公告
　　　中华人民共和国发展和改革委员会公告2016年第1号　2016年1月1日 ……（844）
国家发展改革委关于印发中德（沈阳）高端装备制造产业园建设方案的通知
　　　发改振兴〔2015〕3141号　2015年12月29日 ………………………………（844）
国务院关于上海市开展"证照分离"改革试点总体方案的批复
　　　国函〔2015〕222号　2015年12月22日 ………………………………………（845）
《内地与香港关于建立更紧密经贸关系的安排》服务贸易协议
　　　2015年11月27日 ………………………………………………………………（848）
国务院关于第一批取消62项中央指定地方实施行政审批事项的决定
　　　国发〔2015〕57号　2015年10月11日 ………………………………………（853）
国务院关于第一批清理规范89项国务院部门行政审批中介服务事项的决定
　　　国发〔2015〕58号　2015年10月11日 ………………………………………（853）
国家发展改革委关于印发《中华人民共和国政府与吉尔吉斯共和国政府关于两国毗邻
地区合作规划纲要（2015—2020年）》的通知
　　　发改地区〔2015〕2241号　2015年10月8日 …………………………………（854）
国务院关于国有企业发展混合所有制经济的意见
　　　国发〔2015〕54号　2015年9月23日 …………………………………………（855）
中国保监会关于取消和调整一批行政审批事项的通知
　　　保监发〔2015〕78号　2015年8月7日 ………………………………………（860）

关于废止《外商投资广告企业管理规定》的决定
　　国家工商行政管理总局令第 75 号　2015 年 6 月 29 日 …………………… (861)
商务部等 10 部门关于印发《全国流通节点城市布局规划(2015—2020 年)》的通知
　　商建发〔2015〕196 号　2015 年 5 月 25 日 …………………………………… (862)
财政部关于公布取消 5 项行政审批项目的通知
　　财法〔2015〕1 号　2015 年 3 月 19 日 ………………………………………… (863)
国务院关于取消和调整一批行政审批项目等事项的决定
　　国发〔2015〕11 号　2015 年 2 月 24 日 ………………………………………… (863)
国务院关于加快培育外贸竞争新优势的若干意见
　　国发〔2015〕9 号　2015 年 2 月 12 日 ………………………………………… (864)
国务院关于加快发展服务贸易的若干意见
　　国发〔2015〕8 号　2015 年 1 月 28 日 ………………………………………… (871)
国家发展改革委、中央编办关于一律不得将企业经营自主权事项作为企业投资项目
核准前置条件的通知
　　发改投资〔2014〕2999 号　2014 年 12 月 31 日 ……………………………… (875)
财政部关于公布取消和调整行政审批项目等事项的通知
　　财法〔2014〕9 号　2014 年 12 月 9 日 ………………………………………… (877)
中国保监会关于取消和调整行政审批项目的通知
　　保监发〔2014〕97 号　2014 年 12 月 8 日 …………………………………… (877)
国务院关于取消和调整一批行政审批项目等事项的决定
　　国发〔2014〕50 号　2014 年 10 月 23 日 ……………………………………… (878)
国务院关于修改部分行政法规的决定
　　中华人民共和国国务院令第 653 号　2014 年 7 月 29 日 …………………… (879)
国务院关于取消和调整一批行政审批项目等事项的决定
　　国发〔2014〕27 号　2014 年 7 月 22 日 ……………………………………… (882)
中华人民共和国工业产品生产许可证管理条例实施办法
　　国家质量监督检验检疫总局令第 156 号　2014 年 4 月 21 日 ……………… (883)

附　录

中国利用外资法律法规中英文名称与北大法宝引证码对照表 ………………………… (891)
"北大法宝"法律专业数据库介绍 ……………………………………………………… (915)

一、综合

商务部关于印发《外商投资统计制度（2016年）》的通知

商资函〔2016〕248号

各省、自治区、直辖市、计划单列市及新疆生产建设兵团商务主管部门：

根据对政府部门统计调查项目的相关要求，经国家统计局批准，我部修订编制了《外商投资统计制度（2016年）》，现印发给你们，自2016年5月起执行，执行中如遇到问题请及时反馈。《商务部关于印发〈外商投资统计制度（2015年）〉的通知》（商资函〔2015〕35号）同时废止。

主要修订内容包括：

一、按照外商投资企业年度投资经营信息联合报告书（2015年度）内容，在《外商投资企业经营状况统计表》（外资统计3表）中充实相关指标。

二、将各表下指标解释进行整理和汇总，增加"四、主要指标解释"。

三、按照部门统计调查项目文本规范格式，调整"一、总说明"的结构和内容，并在总说明中明确本制度的统计调查方法是全面调查。

商务部

2016年5月26日

外商投资统计制度（2016年）

本报表制度根据《中华人民共和国统计法》的有关规定制定

《中华人民共和国统计法》第七条规定：国家机关、企业事业单位和其他组织以及个体工商户和个人等统计调查对象，必须依照本法和国家有关规定，真实、准确、完整、及时地提供统计调查所需的资料，不得提供不真实或者不完整的统计资料，不得迟报、拒报统计资料。

《中华人民共和国统计法》第九条规定：统计机构和统计人员在统计工作中知悉的国家秘

密、商业秘密和个人信息,应当予以保密。

目　录

一、总说明
二、报表目录
三、调查表式
　　(一)外商投资企业基础信息表
　　(二)外商投资企业实际投资统计表
　　(三)外商投资企业经营状况统计表
　　(四)外商投资企业外方股东留存收益统计表
　　(五)中外合作开发油气合同基础信息表
　　(六)外商投资分方式表
　　(七)外商投资金融业、保险业、证券业情况表
　　(八)中外合作开发油气合同情况汇总表
　　(九)吸收外商投资评价表
四、主要指标解释
五、附录
　　(一)国家(地区)统计代码
　　(二)省、市、自治区代码表
　　(三)附则

一、总说明

(一)目的和意义

为科学、有效地组织全国外商投资统计工作,按照《中华人民共和国统计法》及其实施细则和国家有关利用外资的法律、法规,制定本制度。外商投资统计的基本任务是:及时、准确、全面地反映全国吸收外商投资情况,对国家批准的外商投资协议、合同和实际执行情况,以及由此产生的经济效益和已设立外商投资企业运营等方面的情况,进行系统的统计调查、统计分析,实行统计监督。为国家和各级政府部门经济管理和宏观决策提供统计信息、统计咨询、数据共享,并为对外交流提供服务。

(二)统计对象及范围

1.本制度适用于地方各级商务主管部门和国家利用外资的有关综合部门和单位,以及在我国境内设立的外商投资企业、合作开发项目等。

2.根据我国现行利用外资的政策、法规,外商投资统计的范围包括外商直接投资和外商其他投资。

3.本制度所称外商投资,是指国外及港澳台地区的法人和自然人在中国大陆地区以现金、实物、无形资产、股权等方式进行投资。其中,外商直接投资是指外国投资者在非上市公司中

的全部投资及在单个外国投资者所占股权比例不低于10%的上市公司中的投资。

（三）主要指标内容

1. 外商投资统计报表包括外商投资统计基层报表和外商投资统计综合报表。其中主要指标内容包括：

（1）外商投资企业基础信息表，包括外商投资企业的各种属性，合同投资资金及其来源状况。

（2）外商投资企业实际投资统计表，包括当期发生的实际投资及其详细分类。

（3）外商投资企业经营状况统计表，包括企业资产负债、经营收益、人员、进出口等方面的指标。

（4）外商投资企业外方股东留存收益统计表，主要包括当年度企业未作为利润分配但应归属于外方投资者的利润部分等。

《外商投资统计报表目录》及其说明是本制度的组成部分。

2. 本制度按照投资者所注册的国别/地区确定外商投资的来源，自由港投资按实际投资者国别/地区确定来源地。

（四）报送时间要求

外商投资企业设立时须在外商投资批准部门办理统计登记，必须按《中华人民共和国统计法》和本制度的规定提供统计资料，填报统计报表。外商投资企业应根据统计调查任务需要配备专职或指定兼职统计人员。外商投资统计起止时间是：从企业设立或协议、合同生效开始至企业终止或协议、合同执行完毕为止。

（五）统计调查方法

本制度采用全面调查的方法。

（六）组织方式和渠道

1. 外商投资统计制度由商务部制定，国家统计局审批。外商投资统计工作由各级商务主管部门组织、协调、管理，并接受同级政府统计机构的业务指导。按照国务院授权，商务部负责全国外商投资统计资料的汇总、发布和对外交流工作。

2. 地方各级商务主管部门和国家利用外资的有关综合部门和单位应按本制度的规定，按时收集、审核、汇总、编制、报送有关报表，同时要做好外商投资统计资料的档案管理和综合分析工作。

3. 外商投资统计报表采取以网络传输为基础的中心数据库管理模式，由地方各级商务主管部门报送上一级商务主管部门，省级商务主管部门报送商务部，同时抄报同级统计局，商务部汇总全国外商投资统计资料后报国家统计局。

银行、证券、保险的外商投资统计报表由银监会、证监会、保监会负责汇总，并报商务部。

中外合作开发油气合同统计报表由对外签订合作开发合同的中国境内公司填报商务部。

4. 外商投资统计工作实行统一领导、分级管理。全国性的外商投资统计报表格式、指标设置、计算口径等必须按本制度的规定统一执行。各地方、部门如需对外商投资企业进行本制度规定以外的专项的统计调查，须经同级政府统计机构批准。外商投资审批和备案数据、外商投资企业运营状况数据（含外商投资企业年度报告数据）可作为外商投资统计的基础数据。

5. 各级商务主管部门应建立完备的外商投资综合信息管理平台，提高外资统计工作的信息化管理水平。

（七）统计资料公布方式

外商投资统计资料由商务部定期发布。外商投资管理工作中使用的以及对外提供的统计资料，以商务部、国家统计局发布的统计资料为准。

外商投资月度统计数据由商务部于月后30日内对外公布。股东贷款和外方股东留存收益以年度统计数据形式由商务部对外公布。

商务部可根据外商投资实际情况于每年9月30日前对往年数据进行一次性调整，最终数据以商务部年度公布数据为准。

对外公开发布和提供外商投资统计资料，应确保国家机密和企业商业秘密，地方各级商务主管部门应严格按照《中华人民共和国统计法》及其实施细则和国家有关规定执行。

（八）商务部对各地报送的统计数据进行核查，以保证外商投资统计数据准确性和严肃性。商务部、国家统计局对各省、自治区、直辖市的统计数据定期进行检查和评估。

二、报表目录（略——编者注）

三、调查表式

（一）外商投资企业基础信息表（略——编者注）

（二）外商投资企业实际投资统计表（略——编者注）

（三）外商投资企业经营状况统计表（略——编者注）

（四）外商投资企业外方股东留存收益统计表（略——编者注）

（五）中外合作开发油气合同基础信息表（略——编者注）

（六）外商投资分方式表（略——编者注）

（七）外商投资金融业、保险业、证券业情况表（略——编者注）

（八）中外合作开发油气合同情况汇总表（略——编者注）

（九）吸收外商投资评价表（略——编者注）

四、主要指标解释

1. 特殊经济区域：是指按照国家规定设立的经济特区、国家级经济技术开发区、国家级高新技术开发区、边境经济合作区，以及综合保税区和出口加工区等海关特殊监管区域和其他类型的特殊经济区域。

2. 行业代码：按中华人民共和国《国民经济行业分类》（GB/T4754-2011）中划分的小类行业类别代码填写，所选行业应以填报企业的主营业务为准。

3. 企业类型：按外商投资企业性质分别填写"合资"、"合作"、"独资"、"股份公司"、"合伙"、"合作开发（非独立法人）"，或填写以括号加注"外商投资企业投资"、"外资比例低于25%"的企业类型，或"其他"。

4. 项目性质：按照《指导外商投资方向规定》和《外商投资产业指导目录》的规定填写"鼓

励类"、"允许类"、"限制类","中西部优势产业";中西部优势产业:系指投资的产业属于《中西部地区外商投资优势产业目录》的外商投资企业。其中:"鼓励类"和属于《中西部地区外商投资优势产业目录》的项目须出具项目确认书。

5. 项目类型:凡领取批准证书或备案证书(证明、通知书)的外商投资企业、公司、机构必须填写其中的一项或多项。

(1)高新技术企业:系指根据科技部《高新技术企业认定管理办法》有关规定认定的高新技术企业。

(2)独立法人研发中心:系指依据《关于外商投资设立研发中心有关问题的通知》规定外国投资者以合资、合作、独资等方式设立的独立法人研发中心。

(3)非独立法人研发中心:系指依据《关于外商投资设立研发中心有关问题的通知》规定,外商投资企业内部设立的非独立法人的研发中心。

(4)功能性机构:系指依照有关规定设立的外商投资采购中心、财务管理中心、结算中心、销售中心、分拨中心和其他功能性机构,以及商务部或省级商务主管部门认定的地区总部。

(5)投资性公司:系指依据外商投资开办投资性公司的有关规定设立的外商投资性公司。

(6)投资性公司投资:系指由已设立的外商投资性公司投资设立的企业,投资性公司投资不计入全国外资统计。

(7)创业投资企业:系指依据设立外商投资创业投资企业的有关规定设立的外商投资创业投资企业。

(8)创业投资管理企业:系指根据外商投资创业投资企业有关规定从事创业投资管理服务的企业。

(9)创业投资企业投资:系指由已设立的外商投资创业投资企业所投资设立的企业,创业投资企业投资不计入全国外资统计。

(10)股权投资企业:系指依据外商投资股权投资企业相关规定在中国境内设立的从事股权投资的外商投资企业。

(11)股权投资管理企业:系指依据外商投资股权投资企业相关规定在中国境内设立的从事股权投资管理服务的企业。

(12)股权投资企业投资:系指外商投资股权投资企业所投资设立的企业,股权投资企业投资不计入全国外资统计。

(13)境内投资:系指外商投资企业依据《关于外商投资企业境内投资的暂行规定》在中西部地区设立的享受外商投资企业待遇的境内投资企业,此类企业的批准证书应在"企业类型"一栏中以括号加注"外商投资企业投资",外商投资企业境内投资不计入全国外资统计。

(14)金融资产管理公司:系指外商投资设立的金融资产管理公司和依据《金融资产管理公司吸收外资参与资产重组与处置的暂行规定》设立的外商投资企业。

(15)股权并购:系指依据《外国投资者并购境内企业的规定》,外国投资者购买境内非外商投资企业股东的股权或认购其增资,使其变更为外商投资企业。

(16)资产并购:系指依据《外国投资者并购境内企业的规定》,外国投资者设立外商投资企业,并通过该企业协议购买境内企业资产且运营该资产,或外国投资者协议购买境内企业资产,并以该资产投资设立外商投资企业运营该资产。

（17）战略投资：系指依据《外国投资者对上市公司战略投资管理办法》所进行的外国投资者对 A 股上市公司通过具有一定规模的中长期战略性并购投资，使其取得该公司股份的行为。

（18）返程并购：系指根据国家外汇管理局《关于境内居民通过境外特殊目的公司融资及返程投资外汇管理有关问题的通知》规定，境内居民通过特殊目的公司对其自身或关联投资者拥有的企业进行股权或资产并购。

（19）境外中资机构投资：系指具有中资或国有资产背景的境外投资者在华投资设立的外商投资企业。

（20）境内居民返程投资：系指根据国家外汇管理局《关于境内居民通过境外特殊目的公司融资及返程投资外汇管理有关问题的通知》规定，境内居民通过特殊目的公司在境内设立外商投资企业并开展经营活动。

（21）新设合并、吸收合并、存续分立、解散分立：系指依据《关于外商投资企业合并与分立的规定》进行合并与分立的外商投资企业。

（22）外国分支机构（分公司）：系指外国公司在华设立的分支机构或分公司。

（23）BOT：含义为"建设—经营—转让"，即"Build-Operate-Transfer"或"Building-Operating-Transfering"。

（24）TOT：含义为"转让—经营—转让"，即"Transfer-Operate-Transfer"或"Transfering-Operating-Transfering"。

如不属上述各种类型的，请选择填写"其他类型"。

6. 主管机关：系指外商投资企业设立或变更的审批机关或备案机关。

7. 投资总额、注册资本：按外商投资企业合同、章程规定的货币单位填写。

8. 投资总额内境外借款：系指在外商投资企业投资总额内，以企业名义从境外借入的资金，不包括从境内外资金融机构的借款。外方股东贷款（来自境外）计入外方直接投资统计，外方股东担保贷款和外方股东商业贷款不计入外方直接投资统计。

9. 外方股东贷款（来自境外）：系指投资总额内境外借款中由外方股东以自有资金提供的期限 1 年以上的中长期贷款。

10. 本次增资额、本次境外借款增加额：分别填写本次变更时的投资总额（注册资本、出资额）与原投资总额（注册资本、出资额）之差，以及本次变更时投资总额内境外借款额与原投资总额内境外借款额之差。减资时使用负数。增资的溢折价部分计入外资统计，但如果增资溢价部分计入资本公积，则当资本公积转增注册资本时，计入资本公积的溢价部分不得重复统计，差额部分可纳入统计。

11. 投资者名称：按中方投资者、外方投资者的顺序依次填写。外商投资性公司作为投资者的，须填写在中方投资者之投资性公司栏中。

12. 股权受让支付的对价：系指中方投资者受让外商投资企业中的外方投资者股权所支付的对价，此对价应统计为合同外资金额的减少，对价的实际交割应统计为实际使用外资金额的减少；或者指外方投资者受让外商投资企业中的中方投资者股权所支付的对价，此对价应统计为合同外资金额的增加，对价的实际交割应统计为实际使用外资金额的增加。股权受让溢折价部分计入外资统计，但如果股权受让溢价部分计入资本公积，则当资本公积转增注册资本时，计入资本公积的溢价部分不得重复统计，差额部分可纳入统计。

13. 股权并购支付的对价：系指依据《外国投资者并购境内企业暂行规定》外国投资者协议购买境内非外商投资企业的股东的股权或认购境内公司增资使该境内非外商投资企业变更设立为外商投资企业所支付的对价，此对价应统计为合同外资金额的增加，对价的实际交割应统计为实际使用外资金额的增加。股权并购溢折价部分计入外资统计，但如果股权并购溢价部分计入资本公积，则当资本公积转增注册资本时，计入资本公积的溢价部分不得重复统计，差额部分可计入统计。

14. 注册地：填写投资者、实际控制人的注册地（国家或地区）或个人投资者所在国家或地区。

15. 实际控制人：是虽不是投资者，但通过投资关系、协议或者其他安排，能够决定企业的财务和经营政策，并能从企业的经营活动中获取利益，能够实际支配企业行为的自然人或实体。

16. 出资方式：从现金、实物、无形资产、土地使用权、股权、其他等选项中选择填写。

17. 出资金额：填写投资者的出资金额，合作经营企业投资者以非货币出资且不作价的，需填写出资条件。中（外）方投资者出资货币币种不同，在进行中（外）方出资额合计时，可以人民币或美元为单位折算后进行加总。合作经营企业投资者以非货币出资且不作价的，可不进行出资额合计。

18. 所占比例：系指出资额占注册资本的比例以及技术性出资额占出资额的比例。

19. 发证原因：填写"新设立"、"股权转让"、"资金变更（增资、减资）"、"转制"、"股东变更"、"经营范围变更"、"企业名称变更"、"注册地址变更"、"合并分立"、"新版换证"、"遗失补证"和"其他变更"。

20. 原批准号：填写换证前批准证书编号，如无特殊原因批准号不变。

21. 批准号：应根据发证单位名称，填写本次发证批准证书的编号。

22. 实际投资合计：系指当期企业各投资者通过投资交易直接向企业提供的资本额，包括中方实际投资和外方实际投资。

23. 外方境外出资：是指报告期内，外方投资者根据外商投资企业合同（章程）所规定的注册资本出资比例缴纳的来自境外的出资额。撤资及向境内投资者转让股权应作为扣减项。

24. 外方境内投资：是指报告期内，外方投资者根据外商投资企业合同（章程）所规定的注册资本出资比例以其在境内合法取得的人民币缴纳的出资额，包括利润再投资、资本公积转增注册资本以及其他所取得权益的投资。

25. 外方股东贷款：是指报告期当期内外国投资者以自有资金向外商投资企业提供的期限1年以上的中长期贷款本金和针对外国股东贷款所获得的利息，包括债券和信贷。外国投资者当期向企业提供的借贷作为当期实际投资，企业当期对外国投资者偿还的贷款本息应作扣减项。

26. 外方投资者实际出资金额：境外投资者以外汇、跨境人民币、无形资产、实物资产等各类形式的实际出资及购买中方股权支付的交易对价，外商投资企业以应付外方股东利润、资本公积、盈余公积、未分配利润和已登记外债（可含利息）转增资本的实际出资。外方投资者溢、折价（符合相关法律法规的规定）投入的实际出资均应记入本项目。

（1）现金：是指投资者以货币资本作为投资。

（2）实物：是指投资者以设备、建筑物、原材料等有形资产形式进行的投资。

（3）无形资产：是指依据法律取得的，且符合《会计准则》（2006）相关定义的工业产权、专有技术等，作价投资计入"无形资产"项下。

（4）土地使用权：是指投资者依法取得并作价出资的土地使用权。

（5）股权出资：是指依据《商务部关于涉及外商投资企业股权出资的暂行规定》，以股权作为出资的行为。股权出资不纳入外资统计。

27. 统一社会信用代码：指营业执照上的统一社会信用代码。

28. 进出口企业代码：指外商投资企业的批准证书上的进出口企业代码。

29. 批准日期：指企业首次领取外商投资企业批准证书的日期。

30. 工商登记日期：指企业首次领取营业执照的日期。

31. 经营年限：指企业设立批准证书上的经营年限。

32. 技术先进型服务企业：以企业所在地科技部门颁发的"技术先进型服务企业证书"为准。

33. 营业收入：反映企业经营主要业务和其他业务所取得的收入总额。

34. 营业成本：包括主营业务成本与其他业务成本支出。

35. 研发投入：指企业研究与开发过程中发生的各项支出。

36. 纳税总额：反映企业本年实际缴纳的增值税、消费税、营业税、资源税、城建税、教育费附加、关税、企业所得税及其他各税的合计数额。

37. 企业所得税：指根据《中华人民共和国企业所得税法》的规定，企业填报《企业所得税年度纳税申报表》（A类、2014年）主表第31行"实际应纳所得税额"。

38. 个人所得税：指根据个人所得税相关规定，企业代扣代缴的员工个人所得税总额。

39. 利润总额：指企业在一定会计期间的经营成果，包括收入减去费用后的净额、直接计入当期利润的利得和损失等，亏损用"一"表示。按企业当年财务会计报告中"利润表"所披露的"利润总额"科目发生额填写。

40. 净利润：指企业实现的净利润，亏损用"一"表示。按企业当年财务会计报告中"利润表"所披露的"净利润"科目发生额填写。

41. 分配外方股东的利润、汇往外方股东的利润、外方利润转投资：按企业当年实际发生额填写，分配、汇出或转投资的利润中可能包含以往年度产生的利润。

42. 资产总计：指企业资产负债表上记录的资产总额，包括流动资产、长期股权资产、固定资产、无形资产与其他资产。

43. 负债总计：指企业资产负债表上记录的负债总额，包括流动负债和非流动负债。

44. 应付外方股利：企业已宣告分配但尚未支付给外方的股利（未扣除应代扣代缴的税款）。

45. 所有者权益：指企业资产负债表上记录的权益总额，包括资本金、公积金和未分配利润。

投资性外商投资企业应按母公司财务报表（而非合并报表）填写该项数据。外商投资企业中由境内投资性外商投资企业出资的部分视为"中方"投资者投资，不纳入本表的外方权益统计。

46. 外方享有的公积金及留存收益额：按股权比例或约定比例（符合相关法律法规的规定）计算确定的外方股东应享有的资本公积、盈余公积和未分配利润等。其中，未执行财政部2006年2月15日颁布的《企业会计准则》的企业，其权益项目中的储备基金、发展基金等其他类留存收益余额可一并计入盈余公积。

境内投资性外商投资企业应按母公司财务报表（而非合并报表）填写该项数据。外商投资企业中由境内投资性外商投资企业出资的部分视为"中方"投资者投资，不纳入本表的外方权益统计。

47. 从业人数：指在企业工作并取得劳动报酬或者经营收入的全部人员数量。

48. 外籍职工：指在企业工作并由企业支付劳动报酬的外国公民和华侨、台、港、澳人员。

49. 本年度新增就业人数：指本年度新增加的劳动者人数。

50. 境内投资：指企业作为出资人向境内其他企业的直接或间接投资；所占股权比例是指占所投资企业的注册资本（金）的百分比。

51. 境外投资：指企业作为出资人向境外其他企业的投资；所占股权比例是指占所投资企业的注册资本（金）的百分比。

52. 合同项目名称：是指依据《对外合作开发海洋石油资源条例》和《对外合作开采陆上石油资源条例》，外国公司同中国公司签订的石油、天然气和煤层气资源合作勘探开发项目的名称。

53. 合同区块：是指为合作开采石油天然气资源，以地理坐标圈定的海洋（陆地）表面积。

54. 项目类型：是指合作勘探项目的具体类型，按海洋石油（天然气）开发、陆上石油（天然气）开发、煤层气勘探开发等分类填写。

55. 项目投资总额：是指合作开发合同约定的中外各方需投入的资金总额。

56. 新设立企业个数：是指报告期内新设立的外商投资企业家数、新生效的合作开发项目个数。

57. 合同外资金额：是指外商投资企业的合同、章程中规定的外方投资者认缴的出资额和企业投资总额内的应由外方投资者以自己的境外自有资金直接向企业提供的期限1年以上的中长期贷款。包括新设立企业合同外资和原有企业的增资/减资，增资/减资不对企业（项目）个数进行调整。合伙企业的合同外资是指登记设立的外商投资合伙企业，其外方认缴的出资额。

"合同外资金额"按企业类型分别计算，即：

（1）中外合资经营企业、中外合作经营企业和外资企业按照合同外资金额＝注册资本×外商出资比例＋外方股东贷款计算。

（2）外商投资合伙企业按照合同外资＝认缴资本×外方出资比例计算。

（3）外商投资股份制企业按外方股东在公司中的持股比例，按外方股东认购股票的价格计算出的出资额（不包括社会公开募集的金额）填列。

58. 实际使用外资金额：是指合同外资金额的实际执行数，外方投资者根据外商投资企业的合同（章程）的规定实际缴付的出资额和企业投资总额内外方投资者以自己的境外自有资金实际直接向企业提供的期限1年以上的中长期贷款。

59. 外商直接投资：是指外方投资者在我国境内通过设立外商投资企业、合伙企业、与中方投资者共同进行石油、天然气和煤层气等资源的合作勘探开发以及设立外国公司分支机构等方式进行投资。

外方投资者可以用现金、实物、无形资产、股权等投资,主要包括以下类型:

(1)中外合资经营企业:是指外国公司、企业和其他经济组织或个人依据《中华人民共和国中外合资经营企业法》,同中国的公司、企业或其他经济组织往中国境内共同投资举办的企业,合营各方按各自的出资比例分享利润、承担风险。

(2)中外合作经营企业:是指外国公司、企业和其他经济组织或个人依据《中华人民共和国中外合作经营企业法》,同中国的公司、企业或其他经济组织在中国境内共同投资或提供合作条件举办的企业。合作各方的权利、义务、利益分配和风险分担等在各方签订的合同中确定。

(3)外资企业:是指外国公司、企业和其他经济组织或个人依据《中华人民共和国外资企业法》,在中国境内设立的全部资本由外国投资者投资的企业。

(4)外商投资股份有限公司:是指根据《关于设立外商投资股份公司暂行规定》设立,且未上市的股份公司。

(5)外商投资合伙企业:是指根据《外国企业或者个人在中国境内设立合伙企业管理办法》规定,由两个以上外国企业或者个人在中国境内设立的合伙企业,以及外国企业或个人与中国的自然人、法人和其他组织在中国境内设立的合伙企业。

(6)合作开发项目:是指外国公司依据《对外合作开发海洋石油资源条例》和《对外合作开采陆上石油资源条例》,同中国的公司合作进行石油、天然气和煤层气资源勘探开发的项目。

(7)外商投资 A 股上市公司:是指以人民币计价,面对中国公民发行股票且在境内上市的外商投资企业。

(8)外商投资 B 股上市公司:是指以美元或港元计价,面向境内外投资者发行股票,但在中国境内上市的外商投资企业。

(9)其他直接投资:是指外国公司、金融机构在华设立从事经营活动的分支机构,如境外公司分公司、境外银行分行等,还包括在境内注册的企业对外发行股票,由境外投资者以外币认购后单个外国投资者在企业所占股权比例超过10%(含10%)的资金。

60. 外商其他投资:是指除外商直接投资以外其他方式吸收的外资,主要包括以下类型:

(1)对外发行股票:是指在境内注册的企业在境内外股票市场公开发行股票,由外国投资者以外币认购所筹集的资金(单个外国投资者在企业所占股权比例不超过10%)。

(2)国际租赁:是指我国境内企业通过签订租赁合同,从租赁公司较长期地租赁进口的机器设备,承租人将其用于生产经营活动,租赁期满后租赁物所有权一般归承租人。

(3)补偿贸易:是指国外厂商直接提供或通过国外信贷进口生产技术或设备,境内企业以该技术、设备生产的产品分期偿还外方技术、设备价款。

(4)加工装配(包括来料加工、来件装配等):是指由外商提供全部或部分原辅材料、零部件、元器件等,我国境内的企业根据外商的要求进行加工生产、产品交外商销售,境内企业只收取工缴费,这种合作方式一般外商需进口部分机器设备,境内企业可用工缴费偿还。

61. 金融机构主要包括以下类型:

(1)合资银行:是指外国的金融机构同中国的公司、企业在中国境内合资经营的银行。

(2)独资银行:是指依照中华人民共和国有关法律、法规的规定,经批准在中国境内设立和营业的总行在中国境内的外国资本的银行。

(3)外国银行分行：是指外国银行在中国境内的分行。

(4)合资财务公司：是指外国的金融机构同中国的公司、企业在中国境内合资经营的财务公司。

(5)独资财务公司：是指总公司在中国境内的外国资本的财务公司。

(6)外资基金管理公司：是指外国的金融机构同中国的公司、企业在中国境内合资经营的基金管理公司。

62. 金融机构主要包括以下类型：

(1)合资保险公司：是指外国保险公司同中国的公司、企业在中国境内合资经营的保险公司。

(2)独资保险公司：是指外国保险公司在中国境内投资经营的外国资本保险公司。

(3)外国保险公司分公司：是指外国保险公司在中国境内的分公司。

63. 合资证券公司：是指外国金融机构同中国的公司、企业在中国境内合资经营的证券公司。

64. 资金到位率：是指近三年（含当年）累计实际使用外资金额与近三年（含当年）累计合同外资金额之比。

65. 鼓励类企业率：是指当年新设立鼓励类外商投资企业数（包括研发机构）与当年新设立外商投资企业总数之比。

66. 出口销售收入占销售总收入比重：是指外商投资企业出口销售收入（包括货物、服务、技术）在其销售总收入中所占比重，该指标反映外商投资企业对外依存度。

67. 就业增长率：是指本地区外商投资企业当年就业人数比上年就业人数增长的比率，该指标反映外商投资企业对就业的贡献和对就业的持续影响力。

68. 纳税金额增长率：是指本地区外商投资企业当年纳税总额比上年纳税总额增长的比率，该指标反映外商投资企业经营状况及对财政收入的贡献。

69. 年度信息报送比率：是指按规定报送当年运营状况信息的外商投资企业数/（累计已设立企业数-已终止/撤销企业数）。

70. 高新技术企业率：是指现存已认定的高新技术企业数与现存外商投资企业数之比，该指标反映外商投资企业中高新技术企业的情况。

71. 研发投入率：是指当年外商投资企业用于研发投入的资金与营业收入之比，该指标反映外商投资企业用于研发投入的资金情况。

五、附录

(一)国家(地区)统计代码(略——编者注)

(二)省、市、自治区代码表(略——编者注)

(三)附则

1. 外商投资统计货币币种为美元和人民币，美元、人民币与其他货币的折算率，按国家外汇管理局制定的《各种货币对美元内部统一折算率表》执行。

2. 本制度使用的国别(地区)统计代码,按国家海关总署制定的《国别(地区)统计代码》执行。所属行业类别按中华人民共和国《国民经济行业分类》(GB/T4754-2011)执行。

逢法定节假日,报表报出日期可相应顺延(双休日报表不顺延)。

3. 本制度由国家统计局、商务部负责解释。

4. 本制度自2016年5月起实行。

商务部、财政部、税务总局、统计局关于开展 2016年外商投资企业年度投资经营信息联合 报告工作的通知

商资函〔2016〕223号

为进一步转变政府职能,改善投资环境,加强对外商投资事中事后协同监管,做好2016年外商投资企业年度投资经营信息联合报告(以下简称联合年报)工作,现就有关事项通知如下:

一、在我国境内依法设立并登记注册的外商投资企业,应于2016年5月16日至8月31日期间,登录"全国外商投资企业年度投资经营信息网上联合报告及共享系统"(http://lhnb.gov.cn/),填报2015年度投资经营信息。相关信息在商务、财政、税务、统计部门间实现共享。

2016年度设立的外商投资企业,自下一年度起填报企业年度投资经营信息。

二、参加联合年报的企业名录和企业所填报的投资经营信息,根据《企业信息公示暂行条例》(国务院令第654号)应向社会公示的,将在联合年报工作结束后通过"全国外商投资企业年度投资经营信息联合报告公示平台"(http://gongshi.lhnb.gov.cn/)向社会公示。

三、各地商务主管部门应会同财政、税务、统计部门加强对联合年报数据的统计分析,形成总结分析报告,于2016年9月15日前报送商务部,并抄报财政部、税务总局和统计局。

附件:外商投资企业年度投资经营信息联合报告书(2015年度)(略——编者注)

商务部

财政部

税务总局

统计局

2016年5月19日

港澳服务提供者在内地投资备案管理办法(试行)

商务部公告 2016 年第 20 号

为推动内地与香港、澳门基本实现服务贸易自由化,规范港澳服务提供者在内地对港澳开放的服务贸易领域投资备案管理工作,现公布《港澳服务提供者在内地投资备案管理办法(试行)》,自 2016 年 6 月 1 日起施行。

商务部
2016 年 5 月 18 日

港澳服务提供者在内地投资备案管理办法(试行)

第一条 为推动内地与港澳基本实现服务贸易自由化,进一步提高内地与港澳的经贸交流与合作水平,根据相关法律、行政法规以及国务院相关决定,制定本办法。

第二条 本办法所称港澳服务提供者,是指符合《〈内地与香港关于建立更紧密经贸关系的安排〉服务贸易协议》(以下称《内地与香港协议》)有关规定的香港服务提供者,以及符合《〈内地与澳门关于建立更紧密经贸关系的安排〉服务贸易协议》(以下称《内地与澳门协议》)有关规定的澳门服务提供者。

第三条 香港服务提供者在内地仅投资《内地与香港协议》对香港开放的服务贸易领域,澳门服务提供者在内地仅投资《内地与澳门协议》对澳门开放的服务贸易领域,其公司(以下称港澳投资企业)设立及变更的合同、章程备案依照本办法办理。但下列情形除外:

(一)《内地与香港协议》第四章第九条涉及保留的限制性措施及电信、文化领域的公司,金融机构的设立及变更;

(二)《内地与澳门协议》第四章第九条涉及保留的限制性措施及电信、文化领域的公司,金融机构的设立及变更;

(三)公司以外其他形式的商业存在的设立及变更。

第四条 港澳投资企业设立及变更的合同、章程备案,由各省、自治区、直辖市及计划单列市、新疆生产建设兵团、副省级中心城市等商务主管部门(以下称备案机构)负责。

第五条 港澳服务提供者或港澳投资企业通过商务部外商（港澳台侨）投资备案信息系统（以下称备案系统）在线办理备案。

第六条 港澳服务提供者或港澳投资企业应当依照本办法真实、准确、完整地提供备案信息，不得有虚假记载、误导性陈述或重大遗漏，并填写《备案申报承诺书》。

第七条 设立港澳投资企业，属于本办法规定的备案范围的，在取得企业名称预核准通知书后，应由全体投资者指定的代表或者共同委托的代理人通过备案系统在线填报和提交《港澳服务提供者投资企业设立备案申报表》（以下简称《设立申报表》），办理设立备案手续。

第八条 属于本办法规定的备案范围的港澳投资企业，发生以下变更事项的，应由港澳投资企业指定的代表或者委托的代理人通过备案系统在线填报和提交《港澳服务提供者投资企业变更事项备案申报表》（以下简称《变更申报表》），办理变更备案手续：

（一）港澳投资企业基本信息变更，包括名称、注册地址、投资总额、注册资本、企业类型、经营范围、投资行业、经营期限、组织机构构成、联系人及联系方式变更；

（二）投资者基本信息变更，包括姓名（名称）、国籍（注册地）、证照号码、实际控制人、认缴出资额、出资方式、出资期限、资金来源地、联系人及联系方式变更；

（三）股权、合作权益变更或转让，包括股权质押；

（四）合并、分立、终止；

（五）港澳投资企业财产权益对外抵押转让；

（六）合作企业港澳服务提供者先行回收投资；

（七）合作企业委托经营管理；

（八）上述事项之外的合同、章程其他主要条款修改。

其中，变更事项依照相关法律法规规定应当公告的，应当在办理变更备案手续时说明依法办理公告情况。

第九条 港澳服务提供者于本办法实施前设立的企业发生变更，且属于本办法规定的备案适用范围的，应办理变更备案手续，有《港澳台侨投资企业批准证书》的还应缴销《港澳台侨投资企业批准证书》。

第十条 港澳服务提供者或港澳投资企业在线提交《设立申报表》或《变更申报表》后，备案机构对申报事项是否属于备案范围进行甄别。属于本办法规定的备案范围的，备案机构应在3个工作日内完成备案。不属于备案范围的，备案机构应在线通知港澳服务提供者或港澳投资企业按有关规定办理。

备案机构需要港澳服务提供者或港澳投资企业对经营范围作出进一步说明的，应一次性告知其在15日内在线补充提交相关信息。提交补充信息的时间不计入备案机构的备案时限。如港澳服务提供者或港澳投资企业未能在15日内补齐相关信息，备案机构应在线告知港澳服务提供者或港澳投资企业未完成备案。港澳服务提供者或港澳投资企业可就同一设立或变更事项另行提出备案申请。

第十一条 收到备案完成通知后，港澳服务提供者或港澳投资企业应向备案机构领取《港澳服务提供者投资企业设立备案回执》或《港澳服务提供者投资企业变更备案回执》（以下简称《备案回执》）。领取时需提交以下文件：

（一）港澳投资企业名称预先核准通知书（复印件）或港澳投资企业营业执照（复印件）；

(二)香港服务提供者或澳门服务提供者证明文件(复印件);

(三)港澳投资企业的全体投资者(或港澳投资股份有限公司的全体发起人)或其授权代表签署的《设立申报表》,或港澳投资企业法定代表人或其授权代表签署的《变更申报表》;

(四)全体投资者(或发起人)或港澳投资企业指定代表或者共同委托代理人的证明;

(五)港澳服务提供者或法定代表人委托他人签署相关文件的授权委托书;

(六)投资者、实际控制人的主体资格证明或自然人身份证明(复印件),变更事项不涉及投资者基本信息变更的,无需提供;

(七)港澳投资企业合同、章程或修改协议,变更事项不涉及合同、章程修改的,无需提供。

第十二条 备案机构签发的《备案回执》应载明如下内容:

(一)港澳服务提供者或港澳投资企业已提交《设立申报表》或《变更申报表》,且符合形式要求;

(二)备案的港澳服务提供者投资事项;

(三)该港澳服务提供者投资事项属于备案范围。

第十三条 港澳服务提供者或港澳投资企业备案后,凭《备案回执》按内地有关规定办理相关手续。

第十四条 备案管理的港澳投资企业发生需审批的变更事项,应按有关规定办理。

第十五条 港澳服务提供者与非港澳服务提供者的其他境外投资者共同投资,或港澳服务提供者将其在港澳投资企业中的全部股权、合作权益转让给非港澳服务提供者的其他境外投资者,应按有关规定办理审批手续。

第十六条 备案机构对港澳服务提供者及港澳投资企业遵守外商投资法律法规规定及备案事项承诺情况实施监督检查。

备案机构可定期抽查、根据举报进行检查、根据有关部门或司法机关的建议和反映进行检查,以及依法定职权启动检查。

第十七条 备案机构的监督检查内容包括:港澳服务提供者及港澳投资企业是否按本办法规定履行备案程序;投资经营活动是否与填报的备案信息一致;是否存在违反外商投资法律法规规定的其他情形。

第十八条 经监督检查发现港澳服务提供者或港澳投资企业存在违反外商投资法律法规规定的情形的,备案机构应以书面通知责成其说明情况、并依法开展调查。经调查确认存在违法行为的,责令其限期整改,并提请相关部门依法予以处罚。

第十九条 港澳服务提供者或港澳投资企业在备案、登记及投资经营活动中所形成的信息,以及备案机构和其他主管部门在监督检查中掌握的反映其诚信状况的信息,将纳入商务部外商(港澳台侨)投资诚信档案系统,并以适当的方式予以公示。社会公众可以申请查询港澳服务提供者、港澳投资企业的诚信信息。商务部与相关部门共享港澳服务提供者或港澳投资企业的诚信信息。

对于未按本办法规定进行备案、备案信息不实或对监督检查不予配合的,备案机构将把相关信息记入商务部外商(港澳台侨)投资诚信档案。

备案机构依据本办法公示、向他人披露或者共享的诚信信息不得含有港澳服务提供者或港澳投资企业的个人隐私、商业秘密。

第二十条　港澳服务提供者和港澳投资企业可以查询商务部外商(港澳台侨)投资诚信档案系统中的自身诚信信息,如认为有关信息记录不完整或者有错误的,可以提供相关证明材料并申请修正。经核查属实的,予以修正。

第二十一条　港澳投资企业应按照所在地商务主管部门要求,在每年6月30日前登录备案系统,填报上一年度投资经营信息。

第二十二条　港澳服务提供者投资事项涉及国家安全审查的,按相关规定办理。

第二十三条　港澳服务提供者投资涉及经营者集中审查的,适用《反垄断法》及相关法律法规。

第二十四条　港澳服务提供者并购内地企业、对上市公司投资、以其持有的内地企业股权出资,应符合相关规定要求。

第二十五条　港澳服务提供者在自由贸易试验区投资,参照适用自由贸易试验区有关规定。

第二十六条　本办法自2016年6月1日起施行。《港澳服务提供者在广东省投资备案管理办法》同时废止。

附件：1. 港澳服务提供者投资企业设立备案申报表(略——编者注)
　　　2. 港澳服务提供者投资企业变更备案申报表(略——编者注)
　　　3. 港澳服务提供者投资企业备案回执(略——编者注)

国务院办公厅关于完善国家级经济技术开发区考核制度促进创新驱动发展的指导意见

国办发〔2016〕14号

各省、自治区、直辖市人民政府,国务院各部委、各直属机构：

经过30多年发展,国家级经济技术开发区(以下简称国家级经开区)作为先进制造业聚集区和区域经济增长极,已经成为我国经济发展的强大引擎、对外开放的重要载体和体制机制改革的试验区域,为我国形成全方位、宽领域、多层次的对外开放格局作出了突出贡献。当前,国家级经开区面临的国际国内形势和肩负的历史使命都发生了深刻变化,迫切需要通过完善考核、分类指导、综合施策,促进创新驱动发展,为稳增长调结构惠民生继续发挥生力军作用。经国务院同意,现提出以下意见。

一、总体要求

全面贯彻党的十八大和十八届三中、四中、五中全会精神,认真落实《中共中央、国务院关于构建开放型经济新体制的若干意见》和《中共中央、国务院关于深化体制机制改革加快实施创新驱动发展战略的若干意见》，牢固树立创新、协调、绿色、开放、共享的发展理念，在培育发展新动力、拓展发展新空间、构建产业新体系和发展新体制等方面，持续发挥国家级经开区窗口示范和辐射带动作用，培育有全球影响力的先进制造业、现代服务业发展基地。

（一）坚持以对外开放为引领。放宽外资准入限制，完善法治化、国际化、便利化营商环境，吸引更多中高端外资加速流入。推进国家级经开区创新外贸发展模式，进一步提高贸易便利化水平，加快培育以技术、品牌、质量、服务为核心的外贸竞争新优势。主动适应我国对外开放新形势和国际产业转移新趋势，以开放促创新，拓展对外开放新的空间和领域，更好地融入全球产业链、价值链、供应链，提高我国在全球产业分工中的地位。

（二）坚持以科技创新为动力。着力构建以企业为主体、以市场为导向、产学研相结合的技术创新体系。推进信息化与工业化深度融合，将科技创新成果转化成现实生产力，打造若干高水平、有特色优势的产业创新中心。完善创新创业政策体系，支持和鼓励新技术、新产业、新业态蓬勃发展，形成有利于创新创业的良好氛围。强化原始创新、集成创新和引进消化吸收再创新，不断提高创新发展能力。

（三）坚持以体制创新为保障。加大简政放权力度，加强事中事后监管，做到扩大开放与加强监管同步。总结和复制推广自由贸易试验区体制机制创新成果，探索在开放创新、科技研发、市场导向、金融支持、公共服务等方面创新开发区发展模式，促进国家级经开区转型发展。

（四）坚持以考核评价为导向。完善考核评价体系，从产业基础、科技创新、区域带动、生态环保、行政效能等方面，综合评价各国家级经开区的优势、进步与不足，明确未来发展方向，加强分类指导和动态管理，鼓励争先进位，不断提升发展水平。

二、目标任务

（五）发展目标。通过对国家级经开区进行考核评价，加大政策支持力度，提高政策精准度，充分调动国家级经开区加快转型升级、实现创新驱动发展的积极性，继续把国家级经开区建设成为带动地区经济发展和实施区域发展战略的重要载体，成为构建开放型经济新体制和培育吸引外资新优势的排头兵，成为科技创新驱动和绿色集约发展的示范区，成为大众创业万众创新的落脚地。

（六）主要任务。提升自主创新能力，对标国际产业发展趋势，以推动产业转型升级为核心，引领新产业、新业态发展方向，提高支柱产业对区域发展的贡献率。积极实施腾笼换鸟、凤凰涅槃战略，促进传统产业就地转型升级，劳动密集型产业向欠发达地区转移。营造资本和技术密集型产业新优势，促进国家级经开区经济保持中高速增长，产业迈向中高端水平，在更高层次参与国际经济合作和竞争。

三、完善考核评价体系

（七）完善考核制度。商务部要改革完善国家级经开区发展水平考核评价制度，制订并发布《国家级经济技术开发区综合发展水平考核评价办法》，明确审核要求，科学设计指标体系，引导国家级经开区不断改善和优化投资环境,树立国家级经开区典型范例和良好品牌,服务国家区域协调发展战略,走质量效益型发展之路。

(八)加强动态管理。商务部牵头负责组织考核评价工作,会同相关部门加强对国家级经开区的宏观指导和管理。对发展好的国家级经开区一方面在金融、土地、人才等方面给予激励政策,另一方面要鼓励其输出管理经验,带动其他国家级经开区协同发展。对发展水平滞后的国家级经开区予以警告和通报,对连续两次考核处于最后5名的,按程序报国务院批准后降为省级经济开发区。对申请新设立或升级为国家级经开区的,给予2年培育期,待培育期满后进行实地考察,经综合评价其各项指标在被培育的省级经济开发区中位居前列的,启动新设或升级办理程序。

四、夯实产业基础

(九)提升产业核心竞争力。国家级经开区要扩大对内对外开放,促进国内国际要素有序流动、资源高效配置、市场深度融合。通过考核高新技术产品进出口总额、利用外资金额、产业集群数量及中外企业设立研发中心和总部中心数量等,促进国家级经开区参与全球产业分工和价值链重组,发展外向型产业集群,打造一批行业领军企业,强力推进产业集聚、集群、集约发展,提高科技含量和附加值。发展较好的国家级经开区要构建新型产业体系,大力发展战略性新兴产业,积极创建国家新型工业化产业示范基地,同时培育制造业创新中心,推动制造业由生产型向生产服务型转变,引导制造企业延伸服务链条、增加服务环节,引领中国制造业核心竞争力和国际分工地位跃升。产业集聚程度还不高的国家级经开区要大力引资引技引智,优化产业布局,推广应用新技术、新工艺、新装备、新材料,促进现代化产业集群健康发展。

(十)创新产业投融资方式。通过考核园区产业引导基金、创业投资基金及其他形式扶持基金的设立情况,促进有条件的国家级经开区按市场化原则设立各类基金,逐步建立支持创新创业的市场化长效运行机制。重点支持发展战略性新兴产业、先进制造业、现代服务业。支持有条件的国家级经开区探索同境内外社会资本合作,共办各具特色的"区中园",形成多层次、多渠道、多方式的投融资体系。

(十一)争取更多金融支持。通过考核产业发展和基础设施配套情况,促进国家级经开区充分利用政策性金融、开发性金融中长期融资优势和投资、贷款、债券、租赁、证券等综合金融服务优势,加快区内主导产业发展和城市地下综合管廊等基础设施建设。支持符合条件的国家级经开区开发、运营企业上市和发行债券。

五、激发创新活力

(十二)用好用足创新创业扶持政策。通过考核用于科技创新的财政支出金额、企业研发支出占比、高新技术企业数量及高新技术企业主营业务收入占比等情况,促进国家级经开区扶持创新创业企业发展,加大对科技创新的财政支持。鼓励国家级经开区综合运用政府购买服务、无偿资助、业务奖励等方式,对众创空间等新型孵化机构的房租、宽带接入和用于创业服务的公共软件、开发工具等费用给予适当财政补贴。积极落实已推广到全国的国家自主创新示范区有关税收优惠政策,推动企业加大研发力度,创建自主品牌,推进结构调整,助力创业创新。

(十三)打造创新创业服务平台。通过考核区内孵化器、众创空间和省级以上研发机构数量,促进国家级经开区通过市场化方式构建创新与创业相结合、线上与线下相结合、孵化与投资相结合的新型孵化平台和公共服务平台,为创业者提供低成本、便利化、全要素的工作空间、网络空间、社交空间和资源共享空间。有条件的国家级经开区要积极盘活闲置的商业用房、工业厂房、企业库房和物流设施,为创业者提供低成本办公场所。发挥行业领军企业、创业投资机构、社会组织的作用,积极发展众创、众包、众扶、众筹等新模式,促进高新技术企业发展。采取一口受理、网上申报、多证联办等措施为创业企业工商注册提供便利。

(十四)加快人力资源集聚。通过考核职业技能培训机构数量、硕士及以上学历人才数量占比、专业技术人才和高技能人才数量占比,促进国家级经开区深化产教融合、校企合作,建立多种形式的研发基地和职业技能培训平台,有针对性地培养各种技术技能人才。进一步创新专业技术人才和高技能人才培养、使用和激励模式,加速培育适应产业创新发展要求的高素质人才队伍。

(十五)加强知识产权运用和保护。通过考核每万人口发明专利拥有量、通过《专利合作条约》(PCT)途径提交的专利申请量、年度发明专利授权量、技术合同交易额等情况,促进国家级经开区完善知识产权政策体系,以知识产权助力创新创业,鼓励原创技术转化和产业化,促进知识产权运营,强化产业竞争力的知识产权支撑,营造良好的区域创新环境。鼓励国家级经开区深化知识产权领域改革,在知识产权综合管理、企业知识产权管理标准化、知识产权服务业、知识产权质押融资、知识产权维权机制等方面先行先试,创建知识产权试点示范园区。

六、发挥区域带动作用

(十六)促进区域协调发展。通过考核地区生产总值、公共财政预算收入、税收收入、实际使用外资、高技术制造业产值、第三产业增加值等占所在地级市比重,推动国家级经开区通过全球资源利用、业务流程再造、产业链整合、资本市场运作等方式,促进主要经济指标平衡协调,经济发展质量和效益显著提高,有效带动所在区域经济发展。通过考核合作共建园区、对口援助等情况,鼓励国家级经开区按照国家区域和产业发展战略共建跨区域合作园区或合作联盟。依托京津冀开发区创新发展联盟,促进常态化的产业合作、项目对接和企业服务,提升区域合作水平。长江经济带沿线各国家级经开区要按照市场化机制建立合作联盟,促进产业有序转移、合理布局、协调发展,构筑全国范围内具有较强竞争力和影响力的区域开放合作平台。

七、强化绿色集约发展

(十七)提高土地开发利用率。通过考核单位土地地区生产总值产出强度、土地开发利用率,促进国家级经开区科学划分产业用地与配套设施用地比例,创新土地动态监管和用地评估制度,建立健全低效用地再开发激励约束机制,盘活存量工业用地。省级人民政府在用地指标中可对国家级经开区予以单列,优先安排创新创业企业用地。探索对产业用地的供给方式和供地年限实施差别化管理。优先考虑发展好的国家级经开区扩区或调整区位需求。

（十八）鼓励绿色低碳循环发展。通过考核单位地区生产总值能耗和水耗、污染物排放、通过 ISO14000 认证企业数等情况，促进国家级经开区提高能源资源利用效率，严格环境准入门槛，增强环境监测监控能力，大力发展循环经济和环保产业，支持企业开展 ISO14000 认证，推动建立绿色、低碳、循环发展产业体系。鼓励国家级经开区创建生态工业示范园区、循环化改造示范试点园区、国家低碳工业园区等绿色园区，通过双边机制开展国际合作生态（创新）园建设，引入国际先进节能环保技术和产品。

八、推进体制机制创新

（十九）创新社会治理机制。推动国家级经开区构建适应经济转型升级的行政管理体制，探索开放创新、产业城市融合的发展模式。通过考核一般公共服务支出占比、设置安全生产机构、通过 ISO9001 质量认证等方面情况，促进国家级经开区优化机构设置，提高行政效率，健全完善与经济发展水平相适应的社会保障体系和公共医疗、基础教育等公共服务体系。

（二十）提升投资便利化程度。进一步下放外商投资审批权限，《外商投资产业指导目录》中总投资（包括增资）10 亿美元以下的鼓励类、允许类外商投资企业和总投资 1 亿美元以下的限制类外商投资企业的设立及其变更事项，由省、自治区、直辖市、计划单列市、新疆生产建设兵团、副省级城市（包括哈尔滨、长春、沈阳、济南、南京、杭州、武汉、广州、成都、西安）商务主管部门及国家级经开区负责审批和管理。国家级经开区要主动对接自由贸易试验区先行先试改革工作，率先复制推广试点经验，重点做好深化集中审批、事中事后监管等方面的改革试点经验复制工作。通过考核一站式政务服务大厅在线审批率，促进国家级经开区推进简政放权、放管结合，对企业设立、变更实行"单一窗口"，改进对企业和投资者的服务。

各地区、各部门要充分认识国家级经开区分类考核、转型升级、创新发展的重要意义，加强组织领导，健全工作机制，主动作为，尽快制订具体实施方案和配套政策措施。各省级商务主管部门和各国家级经开区要按照统一部署，认真贯彻落实考核评价各项工作要求，确保考核结果真实客观，取得实效。

国务院办公厅
2016 年 3 月 16 日

国务院关于支持沿边重点地区开发开放若干政策措施的意见

国发〔2015〕72 号

各省、自治区、直辖市人民政府，国务院各部委、各直属机构：

重点开发开放试验区、沿边国家级口岸、边境城市、边境经济合作区和跨境经济合作区等沿边重点地区是我国深化与周边国家和地区合作的重要平台,是沿边地区经济社会发展的重要支撑,是确保边境和国土安全的重要屏障,正在成为实施"一带一路"战略的先手棋和排头兵,在全国改革发展大局中具有十分重要的地位。为落实党中央、国务院决策部署,牢固树立并切实贯彻创新、协调、绿色、开放、共享的发展理念,支持沿边重点地区开发开放,构筑经济繁荣、社会稳定的祖国边疆,现提出以下意见。

一、深入推进兴边富民行动,实现稳边安边兴边

(一)支持边民稳边安边兴边。加大对边境地区民生改善的支持力度,通过扩大就业、发展产业、创新科技、对口支援稳边安边兴边。积极推进大众创业、万众创新,降低创业创新门槛,对于边民自主创业实行"零成本"注册,符合条件的边民可按规定申请10万元以下的创业担保贷款。鼓励边境地区群众搬迁安置到距边境0—3公里范围,省级人民政府可根据实际情况建立动态的边民补助机制,中央财政通过一般性转移支付给予支持。加大对边境回迁村(屯)的扶持力度,提高补助标准,鼓励边民自力更生发展生产。以整村推进为平台,加快改善边境地区贫困村生产生活条件,因人因地施策,对建档立卡贫困人口实施精准扶贫、精准脱贫,对"一方水土养不起一方人"的实施易地扶贫搬迁,对生态特别重要和脆弱的实行生态保护扶贫,使边境地区各族群众与全国人民一道同步进入全面小康社会。对于在沿边重点地区政府部门、国有企事业单位工作满20年以上且无不良记录的工作人员,所在地省级人民政府可探索在其退休时按照国家规定给予表彰。大力引进高层次人才,为流动人才提供短期住房、教育培训、政策咨询、技术服务和法律援助等工作生活保障。加强沿边重点地区基层组织建设,抓好以村级党组织为核心的村级组织建设,充分发挥基层党组织推动发展、服务群众、凝聚人心、促进和谐的战斗堡垒作用,带领沿边各族人民群众紧密团结在党的周围。(人力资源社会保障部、财政部、教育部、国家民委、中央组织部、民政部、扶贫办负责)

(二)提升基本公共服务水平。加大对边境地区居民基本社保体系的支持力度,对于符合条件的边民参加新型农村合作医疗的,由政府代缴参保费用。提高新型农村合作医疗报销比例,按规定将边境地区城镇贫困人口纳入城镇基本医疗保险。以边境中心城市、边境口岸、交通沿线城镇为重点,加大对边境基层医疗卫生服务机构对口支援力度。在具备条件的地方实施12年免费教育政策。实行中等职业教育免学费制度。选派教师驻边支教,支持当地教师队伍建设。加大教育对外开放力度,支持边境城市与国际知名院校开展合作办学。加快完善电信普遍服务,加强通信基础设施建设,提高信息网络覆盖水平,积极培育适合沿边重点地区的信息消费新产品、新业态、新模式。提升政府公共信息服务水平,加快推进电子政务、电子商务、远程教育、远程医疗等信息化建设,为当地居民提供医疗、交通、治安、就业、维权、法律咨询等方面的公共服务信息。深入推进农村社区建设试点工作,提高农村公共服务能力。加强沿边重点地区基层公共文化设施建设,着力增加弘扬社会主义核心价值观的优秀文化产品供给。(卫生计生委、人力资源社会保障部、民政部、教育部、工业和信息化部、财政部、文化部、新闻出版广电总局负责)

(三)提升边境地区国际执法合作水平。推动边境地区公安机关在省(区)、市(州、盟)、县

(旗)三级设立国际执法安全合作部门,选强配齐专职人员。建立边境地区国际执法合作联席会议机制,定期研判周边国家和地区安全形势,及时警示和应对边境地区安全风险。加大对边境地区开展执法合作的授权,支持边境地区公安机关与周边国家地方警务、边检(移民)、禁毒、边防等执法部门建立对口合作机制,进一步加强在禁毒禁赌以及防范和打击恐怖主义、非法出入境、拐卖人口、走私等方面的边境执法合作,共同维护边境地区安全稳定。加大边境地区国际执法合作投入。加强文化执法合作,强化文化市场监管,打击非法文化产品流入和非法传教,构筑边疆地区文化安全屏障。(公安部、外交部、文化部、宗教局负责)

二、改革体制机制,促进要素流动便利化

(四)加大简政放权力度。进一步取消和下放涉及沿边国家级口岸通关及进出口环节的行政审批事项,明确审查标准,承诺办理时限,优化内部核批程序,减少审核环节。加快推进联合审批、并联审批。加大沿边口岸开放力度,简化口岸开放和升格的申报、审批、验收程序以及口岸临时开放的审批手续,简化沿边道路、桥梁建设等审批程序,推进边境口岸的对等设立和扩大开放。创新事中事后监管,做到放管结合、优化服务、高效便民。(海关总署、质检总局、公安部、交通运输部、外交部、发展改革委负责)

(五)提高贸易便利化水平。创新口岸监管模式,通过属地管理、前置服务、后续核查等方式将口岸通关现场非必要的执法作业前推后移。优化查验机制,进一步提高非侵入、非干扰式检查检验的比例,提高查验效率。实施分类管理,拓宽企业集中申报、提前申报的范围。按照既有利于人员、货物、交通运输工具进出方便,又有利于加强查验监管的原则,在沿边重点地区有条件的海关特殊监管区域深化"一线放开"、"二线安全高效管住"的监管服务改革,推动货物在各海关特殊监管区域之间自由便捷流转。推动二线监管模式与一线监管模式相衔接。加强沿边、内陆、沿海通关协作,依托电子口岸平台,推进沿边口岸国际贸易"单一窗口"建设,实现监管信息同步传输,推进企业运营信息与监管系统对接。加强与"一带一路"沿线国家口岸执法机构的机制化合作,推进跨境共同监管设施的建设与共享,加强跨境监管合作和协调。(海关总署、商务部、公安部、交通运输部、财政部、税务总局、质检总局、外汇局、工业和信息化部负责)

(六)提高投资便利化水平。扩大投资领域开放,借鉴国际通行规则,支持具备条件的沿边重点地区借鉴上海等自由贸易试验区可复制可推广试点经验,试行准入前国民待遇加负面清单的外商投资管理模式。落实商事制度改革,推进沿边重点地区工商注册制度便利化。鼓励沿边重点地区与东部沿海城市建立对口联系机制,交流借鉴开放经验,探索符合沿边实际的开发开放模式。加强与毗邻国家磋商,建立健全投资合作机制。(发展改革委、商务部、外交部、工商总局负责)

(七)推进人员往来便利化。加强与周边国家出入境管理和边防检查领域合作,积极推动与周边国家就便利人员往来等事宜进行磋商。下放赴周边国家因公出国(境)审批权限,允许重点开发开放试验区自行审批副厅级及以下人员因公赴毗邻国家(地区)执行任务。在符合条件的沿边国家级口岸实施外国人口岸签证政策,委托符合条件的省(区)、市(州、盟)外事办公室开展领事认证代办业务。加强与毗邻国家协商合作,推动允许两国边境居民持双方认可的有效证件依法在两国边境许可范围内自由通行,对常驻沿边市(州、盟)从事商贸活动的非边境地区居民实行与边境居民相同的出入境政策。为涉外重大项目投资合作提供出入境便利,建立周边国家合作项目项下人员出入境绿色通道。结合外方意愿,综合研究推进周边国家在沿边重点地区开放设领城市设立领事机构。探索联合监管,推广旅客在同一地点办理出入境手续的"一地两检"查验模式,推进旅客自助通关。提高对外宣介相关政策的能力和水平。(外交部、公安部、旅游局、海关总署、质检总局、总参作战部、中央宣传部负责)

（八）促进运输便利化。加强与周边国家协商合作,加快签署中缅双边汽车运输协定以及中朝双边汽车运输协定议定书,修订已有双边汽车运输协定。推进跨境运输车辆牌证互认,为从事跨境运输的车辆办理出入境手续和通行提供便利和保障。授予沿边省(区)及边境城市自驾车出入境旅游审批权限,积极推动签署双边出入境自驾车(八座以下)管理的有关协定,方便自驾车出入境。(交通运输部、旅游局、外交部、商务部、公安部、海关总署、质检总局负责)

三、调整贸易结构,大力推进贸易方式转变

（九）支持对外贸易转型升级。优化边境地区转移支付资金安排的内部结构。有序发展边境贸易,完善边贸政策,支持边境小额贸易向综合性多元化贸易转变,探索发展离岸贸易。支持沿边重点地区开展加工贸易,扩大具有较高技术含量和较强市场竞争力的产品出口,创建出口商品质量安全示范区。对开展加工贸易涉及配额及进口许可证管理的资源类商品,在配额分配和有关许可证办理方面给予适当倾斜。支持具有比较优势的粮食、棉花、果蔬、橡胶等加工贸易发展,对以边贸方式进口、符合国家《鼓励进口技术和产品目录》的资源类商品给予进口贴息支持。支持沿边重点地区发挥地缘优势,推广电子商务应用,发展跨境电子商务。(商务部、发展改革委、财政部、工业和信息化部、海关总署、质检总局负责)

（十）引导服务贸易加快发展。发挥财政资金的杠杆作用,引导社会资金加大投入,支持沿边重点地区结合区位优势和特色产业,做大做强旅游、运输、建筑等传统服务贸易。逐步扩大中医药、服务外包、文化创意、电子商务等新兴服务领域出口,培育特色服务贸易企业加快发展。推进沿边重点地区金融、教育、文化、医疗等服务业领域有序开放,逐步实现高水平对内对外开放;有序放开育幼养老、建筑设计、会计审计、商贸物流、电子商务等服务业领域外资准入限制。外经贸发展专项资金安排向沿边重点地区服务业企业倾斜,支持各类服务业企业通过新设、并购、合作等方式,在境外开展投资合作,加快建设境外营销网络,增加在境外的商业存在。支持沿边重点地区服务业企业参与投资、建设和管理境外经贸合作区。(商务部、财政部、海关总署、发展改革委、工业和信息化部、卫生计生委、人民银行、银监会、质检总局负责)

（十一）完善边民互市贸易。加强边民互市点建设,修订完善《边民互市贸易管理办法》和《边民互市进口商品不予免税清单》,严格落实国家规定范围内的免征进口关税和进口环节增值税政策。清理地方各级政府自行颁布或实施的与中央政策相冲突的有关边民互市贸易的政策和行政规章。(商务部、财政部、海关总署、税务总局负责)

四、实施差异化扶持政策,促进特色优势产业发展

（十二）实行有差别的产业政策。支持沿边重点地区大力发展特色优势产业,对符合产业

政策、对当地经济发展带动作用强的项目,在项目审批、核准、备案等方面加大支持力度。支持在沿边重点地区优先布局进口能源资源加工转化利用项目和进口资源落地加工项目,发展外向型产业集群,形成各有侧重的对外开放基地,鼓励优势产能、装备、技术走出去。支持沿边重点地区发展风电、光电等新能源产业,在风光电建设规模指标分配上给予倾斜。推动移动互联网、云计算、大数据、物联网等与制造业紧密结合。适时修订《西部地区鼓励类产业目录》,对沿边重点地区产业发展特点予以充分考虑。(发展改革委、财政部、能源局、工业和信息化部、商务部、税务总局负责)

(十三)研究设立沿边重点地区产业发展(创业投资)基金。研究整合现有支持产业发展方面的资金,设立沿边重点地区产业发展(创业投资)基金,吸引投资机构和民间资本参与基金设立,专门投资于沿边重点地区具备资源和市场优势的特色农业、加工制造业、高技术产业、服务业和旅游业,支持沿边重点地区承接国内外产业转移。(发展改革委、财政部、工业和信息化部、商务部、证监会负责)

(十四)加强产业项目用地和劳动力保障。对符合国家产业政策的重大基础设施和产业项目,在建设用地计划指标安排上予以倾斜。对入驻沿边重点地区的加工物流、文化旅游等项目的建设用地加快审批。允许按规定招用外籍人员。(国土资源部、财政部、人力资源社会保障部负责)

五、提升旅游开放水平,促进边境旅游繁荣发展

(十五)改革边境旅游管理制度。修订《边境旅游暂行管理办法》,放宽边境旅游管制。将边境旅游管理权限下放到省(区),放宽非边境地区居民参加边境旅游的条件,允许边境旅游团队灵活选择出入境口岸。鼓励沿边重点地区积极创新管理方式,在游客出入境比较集中的口岸实施"一站式"通关模式,设置团队游客绿色通道。(旅游局、公安部、外交部、交通运输部、海关总署、质检总局负责)

(十六)研究发展跨境旅游合作区。按照提高层级、打造平台、完善机制的原则,深化与周边国家的旅游合作,支持满洲里、绥芬河、二连浩特、黑河、延边、丹东、西双版纳、瑞丽、东兴、崇左、阿勒泰等有条件的地区研究设立跨境旅游合作区。通过与对方国家签订合作协议的形式,允许游客或车辆凭双方认可的证件灵活进入合作区游览。支持跨境旅游合作区利用国家旅游宣传推广平台开展旅游宣传工作,支持省(区)人民政府与对方国家联合举办旅游推广和节庆活动。鼓励省(区)人民政府采取更加灵活的管理方式和施行更加特殊的政策,与对方国家就跨境旅游合作区内旅游资源整体开发、旅游产品建设、旅游服务标准推广、旅游市场监管、旅游安全保障等方面深化合作,共同打造游客往来便利、服务优良、管理协调、吸引力强的重要国际旅游目的地。(旅游局、交通运输部、公安部、外交部、海关总署、质检总局负责)

(十七)探索建设边境旅游试验区。依托边境城市,强化政策集成和制度创新,研究设立边境旅游试验区(以下简称试验区)。鼓励试验区积极探索"全域旅游"发展模式。允许符合条件的试验区实施口岸签证政策,为到试验区的境外游客签发一年多次往返出入境证件。推行在有条件的边境口岸设立交通管理服务站点,便捷办理临时入境机动车牌证。鼓励发展特色旅游主题酒店和特色旅游餐饮,打造一批民族风情浓郁的少数民族特色村镇。新增建设用地指

标适当向旅游项目倾斜,对重大旅游项目可向国家主管部门申请办理先行用地手续。积极发展体育旅游、旅游演艺,允许外资参股由中方控股的演出经纪机构。(旅游局、财政部、公安部、外交部、国家民委、交通运输部、国土资源部、体育总局、海关总署、质检总局负责)

(十八)加强旅游支撑能力建设。加强沿边重点地区旅游景区道路、标识标牌、应急救援等旅游基础设施和服务设施建设。支持旅游职业教育发展,支持内地相关院校在沿边重点地区开设分校或与当地院校合作开设旅游相关专业,培养旅游人才。(旅游局、交通运输部、教育部负责)

六、加强基础设施建设,提高支撑保障水平

(十九)加快推动互联互通境外段项目建设。加强政府间磋商,充分利用国际国内援助资金、优惠性质贷款、区域性投资基金和国内企业力量,加快推进我国与周边国家基础设施互联互通建设。积极发挥丝路基金在投融资方面的支持作用,推动亚洲基础设施投资银行为互联互通建设提供支持。重点推动中南半岛通道、中缅陆水联运通道、孟中印缅国际大通道、东北亚多式联运通道以及新亚欧大陆桥、中蒙俄跨境运输通道、中巴国际运输通道建设。(发展改革委、商务部、外交部、财政部、人民银行、工业和信息化部、交通运输部、公安部、中国铁路总公司、铁路局、总后军交运输部负责)

(二十)加快推进互联互通境内段项目建设。将我国与周边国家基础设施互联互通境内段项目优先纳入国家相关规划,进一步加大国家对项目建设的投资补助力度,加快推进项目建设进度。铁路方面,实施长春—白城铁路扩能改造,重点推进四平—松江河、敦化—白河、松江河—漫江等铁路建设,推动川藏铁路建设,统筹研究雅安—林芝铁路剩余段建设,适时启动滇藏、新藏铁路以及日喀则—亚东、日喀则—樟木等铁路建设。公路水运方面,加快推进百色—龙邦高速公路、喀什—红其拉甫公路等重点口岸公路,以及中越、中朝、中俄跨境桥梁、界河码头等项目建设。加快完善沿边重点地区公路网络。(发展改革委、交通运输部、中国铁路总公司、铁路局、商务部、公安部、外交部、财政部、工业和信息化部、总后军交运输部负责)

(二十一)加强边境城市航空口岸能力建设。支持边境城市合理发展支线机场和通用机场,提升军民双向保障能力和客货机兼容能力;推进边境城市机场改扩建工程,提升既有机场容量;加强边境城市机场空管设施建设,完善和提高机场保障能力。支持开通"一带一路"沿线国际旅游城市间航线;支持开通和增加国内主要城市与沿边旅游目的地城市间的直飞航线航班或旅游包机。(发展改革委、民航局、交通运输部、财政部、公安部、外交部、旅游局、总参作战部、总后军交运输部负责)

(二十二)加强口岸基础设施建设。支持沿边重点地区完善口岸功能,有序推动口岸对等设立与扩大开放,加快建设"一带一路"重要开放门户和跨境通道。支持在沿边国家级口岸建设多式联运物流监管中心,进一步加大资金投入力度,加强口岸查验设施建设,改善口岸通行条件。统筹使用援外资金,优先安排基础设施互联互通涉及的口岸基础设施、查验场地和设施建设。以共享共用为目标,整合现有监管设施资源,推动口岸监管设施、查验场地和转运设施集中建设。尽快制定口岸查验场地和设施建设标准,建立口岸通关便利化设施设备运行维护保障机制,支持国家级口岸检验检疫、边防检查、海关监管等查验设施升级改造,建立公安边防

检查站口岸快速查验通关系统,开设进出边境管理区绿色通道。按照适度超前、保障重点、分步实施的建设理念,建立和完善、更新边境监控系统,实现边检执勤现场、口岸限定区域和重点边境地段全覆盖,打造"智慧边境线"。(发展改革委、海关总署、公安部、商务部、质检总局、交通运输部、外交部、财政部、中国铁路总公司负责)

七、加大财税等支持力度,促进经济社会跨越式发展

(二十三)增加中央财政转移支付规模。加大中央财政转移支付支持力度,逐步缩小沿边重点地区地方标准财政收支缺口,推进地区间基本公共服务均等化。建立边境地区转移支付的稳定增长机制,完善转移支付资金管理办法,支持边境小额贸易企业能力建设,促进边境地区贸易发展。(财政部、海关总署、商务部负责)

(二十四)强化中央专项资金支持。中央财政加大对沿边重点地区基础设施、城镇建设、产业发展等方面的支持力度。提高国家有关部门专项建设资金投入沿边重点地区的比重,提高对公路、铁路、民航、通信等建设项目投资补助标准和资本金注入比例。国家专项扶持资金向沿边重点地区倾斜。(财政部、发展改革委、工业和信息化部、交通运输部、外交部、旅游局、民航局、中国铁路总公司负责)

(二十五)实行差别化补助政策。中央安排的公益性建设项目,取消县以下(含县)以及集中连片特殊困难地区市级配套资金。中央财政对重点开发开放试验区在一定期限内给予适当补助。继续对边境经济合作区以及重点开发开放试验区符合条件的公共基础设施项目贷款给予贴息支持。(财政部、发展改革委、商务部负责)

(二十六)加大税收优惠力度。国家在沿边重点地区鼓励发展的内外资投资项目,进口国内不能生产的自用设备及配套件、备件,继续在规定范围内免征关税。根据跨境经济合作区运行模式和未来发展状况,适时研究适用的税收政策。加强与相关国家磋商,积极稳妥推进避免双重征税协定的谈签和修订工作。(财政部、税务总局、海关总署负责)

(二十七)比照执行西部大开发相关政策。非西部省份的边境地区以县为单位,在投资、金融、产业、土地、价格、生态补偿、人才开发和帮扶等方面,享受党中央、国务院确定的深入实施西部大开发战略相关政策,实施期限暂定到2020年。(财政部、发展改革委负责)

八、鼓励金融创新与开放,提升金融服务水平

(二十八)拓宽融资方式和渠道。鼓励金融机构加大对沿边重点地区的信贷支持力度,在遵循商业原则及风险可控前提下,对沿边重点地区分支机构适度调整授信审批权限。引导沿边重点地区金融机构将吸收的存款主要用于服务当地经济社会发展,对将新增存款一定比例用于当地并达到有关要求的农村金融机构,继续实行优惠的支农再贷款和存款准备金政策。培育发展多层次资本市场,支持符合条件的企业在全国中小企业股份转让系统挂牌;规范发展服务中小微企业的区域性股权市场,引导产业发展(创业投资)基金投资于区域性股权市场挂牌企业;支持期货交易所研究在沿边重点地区设立商品期货交割仓库;支持沿边重点地区利用本地区和周边国家丰富的矿产、农业、生物和生态资源,规范发展符合法律法规和国家政策的

矿产权、林权、碳汇权和文化产品等交易市场。(人民银行、银监会、证监会负责)

(二十九)完善金融组织体系。支持符合条件的外资金融机构到沿边重点地区设立分支机构。支持大型银行根据自身发展战略,在风险可控、商业可持续前提下,以法人名义到周边国家设立机构。支持沿边重点地区具备条件的民间资本依法发起设立民营银行,探索由符合条件的民间资本发起设立金融租赁公司等金融机构。支持银行业金融机构在风险可控、商业可持续前提下,为跨境并购提供金融服务。(银监会、人民银行、外汇局负责)

(三十)鼓励金融产品和服务创新。研究将人民币与周边国家货币的特许兑换业务范围扩大到边境贸易,并提高相应兑换额度,提升兑换服务水平。探索发展沿边重点地区与周边国家人民币双向贷款业务。支持资质良好的信托公司和金融租赁公司在沿边重点地区开展业务,鼓励开展知识产权、收益权、收费权、应收账款质押融资和林权抵押贷款业务,扶持符合当地产业发展规划的行业和企业发展。依法探索扩大沿边重点地区可用于担保的财产范围,创新农村互助担保机制和信贷风险分担机制,逐步扩大农业保险覆盖范围,积极开展双边及多边跨境保险业务合作。加快推进沿边重点地区中小企业信用体系建设和农村信用体系建设。完善沿边重点地区信用服务市场,推动征信产品的应用。(人民银行、银监会、保监会、财政部、发展改革委负责)

(三十一)防范金融风险。在沿边重点地区建立贴近市场、促进创新、信息共享、风险可控的金融监管平台和协调机制。进一步加强沿边重点地区金融管理部门、反洗钱行政主管部门、海关和司法机关在反洗钱和反恐怖融资领域的政策协调与信息沟通。加强跨境外汇和人民币资金流动监测工作,完善反洗钱的资金监测和分析,督促金融机构严格履行反洗钱和反恐怖融资义务,密切关注跨境资金异常流动,防范洗钱和恐怖融资犯罪活动的发生,确保跨境资金流动风险可控、监管有序。(人民银行、银监会、外汇局负责)

沿边重点地区开发开放事关全国改革发展大局,对于推进"一带一路"建设和构筑繁荣稳定的祖国边疆意义重大。各地区、各部门要坚持扩大对外开放和加强对内监管同步推进,在禁毒、禁赌、防范打击恐怖主义等方面常抓不懈,坚决打击非法出入境、拐卖人口、走私贩私,避免盲目圈地占地、炒作房地产和破坏生态环境,抓好发展和安全两件大事,不断提高沿边开发开放水平。国务院有关部门要高度重视、各司其职、各负其责,按照本意见要求,制定具体实施方案;密切配合、通力协作,抓紧修订完善有关规章制度;建立动态反馈机制,深入实地开展督查调研,及时发现问题,研究提出整改建议,不断加大对沿边重点地区开发开放的支持力度。对重点建设项目,发展改革、国土资源、环境保护、财政、金融等有关部门要给予重点支持。沿边省(区)和沿边重点地区要充分发挥主体作用,强化组织领导,周密安排部署,确保促进开发开放的各项工作落到实处。

附件:沿边重点地区名录(略——编者注)

国务院
2015年12月24日

国务院关于加快实施自由贸易区战略的若干意见

国发〔2015〕69号

各省、自治区、直辖市人民政府，国务院各部委、各直属机构：

加快实施自由贸易区战略是我国新一轮对外开放的重要内容。党的十八大提出加快实施自由贸易区战略，十八届三中、五中全会进一步要求以周边为基础加快实施自由贸易区战略，形成面向全球的高标准自由贸易区网络。当前，全球范围内自由贸易区的数量不断增加，自由贸易区谈判涵盖议题快速拓展，自由化水平显著提高。我国经济发展进入新常态，外贸发展机遇和挑战并存，"引进来"、"走出去"正面临新的发展形势。加快实施自由贸易区战略是我国适应经济全球化新趋势的客观要求，是全面深化改革、构建开放型经济新体制的必然选择。为加快实施自由贸易区战略，现提出如下意见：

一、总体要求

（一）指导思想。全面贯彻党的十八大和十八届三中、四中、五中全会精神，认真落实党中央、国务院决策部署，按照"四个全面"战略布局要求，坚持使市场在资源配置中起决定性作用和更好发挥政府作用，坚持统筹考虑和综合运用国际国内两个市场、两种资源，坚持与推进共建"一带一路"和国家对外战略紧密衔接，坚持把握开放主动和维护国家安全，逐步构筑起立足周边、辐射"一带一路"、面向全球的高标准自由贸易区网络。

（二）基本原则。

一是扩大开放，深化改革。加快实施更加主动的自由贸易区战略，通过自由贸易区扩大开放，提高开放水平和质量，深度参与国际规则制定，拓展开放型经济新空间，形成全方位开放新格局，开创高水平开放新局面，促进全面深化改革，更好地服务国内发展。

二是全面参与，重点突破。全方位参与自由贸易区等各种区域贸易安排合作，重点加快与周边、"一带一路"沿线以及产能合作重点国家、地区和区域经济集团商建自由贸易区。

三是互利共赢，共同发展。树立正确义利观，兼顾各方利益和关切，考虑发展中经济体和最不发达经济体的实际情况，寻求利益契合点和合作公约数，努力构建互利共赢的自由贸易区网络，推动我国与世界各国、各地区共同发展。

四是科学评估，防控风险。加强科学论证，做好风险评估，努力排除自由贸易区建设中的风险因素。同时，提高开放环境下的政府监管能力，建立健全并严格实施安全审查、反垄断和事中事后监管等方面的法律法规，确保国家安全。

（三）目标任务。近期，加快正在进行的自由贸易区谈判进程，在条件具备的情况下逐步提升已有自由贸易区的自由化水平，积极推动与我国周边大部分国家和地区建立自由贸易区，使我国与自由贸易伙伴的贸易额占我国对外贸易总额的比重达到或超过多数发达国家和新兴经济体水平；中长期，形成包括邻近国家和地区、涵盖"一带一路"沿线国家以及辐射五大洲重要国家的全球自由贸易区网络，使我国大部分对外贸易、双向投资实现自由化和便利化。

二、进一步优化自由贸易区建设布局

（四）加快构建周边自由贸易区。力争与所有毗邻国家和地区建立自由贸易区，不断深化经贸关系，构建合作共赢的周边大市场。

（五）积极推进"一带一路"沿线自由贸易区。结合周边自由贸易区建设和推进国际产能合作，积极同"一带一路"沿线国家商建自由贸易区，形成"一带一路"大市场，将"一带一路"打造成畅通之路、商贸之路、开放之路。

（六）逐步形成全球自由贸易区网络。争取同大部分新兴经济体、发展中大国、主要区域经济集团和部分发达国家建立自由贸易区，构建金砖国家大市场、新兴经济体大市场和发展中国家大市场等。

三、加快建设高水平自由贸易区

（七）提高货物贸易开放水平。坚持进出口并重，通过自由贸易区改善与自由贸易伙伴双向市场准入，合理设计原产地规则，促进对自由贸易伙伴贸易的发展，推动构建更高效的全球和区域价值链。在确保经济安全、产业安全和考虑产业动态发展需要的前提下，稳步扩大货物贸易市场准入。同时，坚持与自由贸易伙伴共同削减关税和非关税壁垒，相互开放货物贸易市场，实现互利共赢。

（八）扩大服务业对外开放。通过自由贸易区等途径实施开放带动战略，充分发挥服务业和服务贸易对我国调整经济结构、转变经济发展方式和带动就业的促进作用。推进金融、教育、文化、医疗等服务业领域有序开放，放开育幼养老、建筑设计、会计审计、商贸物流、电子商务等服务业领域外资准入限制。

加快发展对外文化贸易，创新对外文化贸易方式，推出更多体现中华优秀文化、展示当代中国形象、面向国际市场的文化产品和服务。讲好中国故事、传播好中国声音、阐释好中国特色，更好地推动中华文化"走出去"。吸引外商投资于法律法规许可的文化产业领域，积极吸收借鉴国外优秀文化成果，切实维护国家文化安全。

在与自由贸易伙伴协商一致的基础上，逐步推进以负面清单模式开展谈判，先行先试、大胆探索、与时俱进，积极扩大服务业开放，推进服务贸易便利化和自由化。

（九）放宽投资准入。大力推进投资市场开放和外资管理体制改革，进一步优化外商投资环境。加快自由贸易区投资领域谈判，有序推进以准入前国民待遇加负面清单模式开展谈判。在维护好我国作为投资东道国利益和监管权的前提下，为我国投资者"走出去"营造更好的市场准入和投资保护条件，实质性改善我国与自由贸易伙伴双向投资准入。在自由贸易区内积极稳妥推进人民币资本项目可兑换的各项试点,便利境内外主体跨境投融资。加强与自由贸易伙伴货币合作,促进贸易投资便利化。

(十)推进规则谈判。结合全面深化改革和全面依法治国的要求,对符合我国社会主义市场经济体制建设和经济社会稳定发展需要的规则议题,在自由贸易区谈判中积极参与。参照国际通行规则及其发展趋势,结合我国发展水平和治理能力,加快推进知识产权保护、环境保护、电子商务、竞争政策、政府采购等新议题谈判。

知识产权保护方面,通过自由贸易区建设,为我国企业"走出去"营造更加公平的知识产权保护环境,推动各方完善知识产权保护制度,加大知识产权保护和执法力度,增强企业和公众的知识产权保护意识,提升我国企业在知识产权保护领域的适应和应对能力。

环境保护方面,通过自由贸易区建设进一步加强环境保护立法和执法工作,借鉴国际经验探讨建立有关环境影响评价机制的可行性,促进贸易、投资与环境和谐发展。

电子商务方面,通过自由贸易区建设推动我国与自由贸易伙伴电子商务企业的合作,营造对彼此有利的电子商务规则环境。

竞争政策方面,发挥市场在资源配置中的决定性作用,通过自由贸易区建设进一步促进完善我国竞争政策法律环境,构建法治化、国际化的营商环境。

政府采购方面,条件成熟时与自由贸易伙伴在自由贸易区框架下开展政府采购市场开放谈判,推动政府采购市场互惠对等开放。

(十一)提升贸易便利化水平。加强原产地管理,推进电子联网建设,加强与自由贸易伙伴原产地电子数据交换,积极探索在更大范围实施经核准出口商原产地自主声明制度。改革海关监管、检验检疫等管理体制,加强关检等领域合作,逐步实现国际贸易"单一窗口"受理。简化海关通关手续和环节,加速放行低风险货物,加强与自由贸易伙伴海关的协调与合作,推进实现"经认证经营者"互认,提升通关便利化水平。提高检验检疫效率,实行法检目录动态调整。加快推行检验检疫申报无纸化,完善检验检疫电子证书联网核查,加强与自由贸易伙伴电子证书数据交换。增强检验检疫标准和程序的透明度。

(十二)推进规制合作。加强与自由贸易伙伴就各自监管体系的信息交换,加快推进在技术性贸易壁垒、卫生与植物卫生措施、具体行业部门监管标准和资格等方面的互认,促进在监管体系、程序、方法和标准方面适度融合,降低贸易成本,提高贸易效率。

(十三)推动自然人移动便利化。配合我国"走出去"战略的实施,通过自由贸易区建设推动自然人移动便利化,为我国境外投资企业的人员出入境提供更多便利条件。

(十四)加强经济技术合作。不断丰富自由贸易区建设内涵,适当纳入产业合作、发展合作、全球价值链等经济技术合作议题,推动我国与自由贸易伙伴的务实合作。

四、健全保障体系

(十五)继续深化自由贸易试验区试点。上海等自由贸易试验区是我国主动适应经济发展新趋势和国际经贸规则新变化、以开放促改革促发展的试验田。可把对外自由贸易区谈判中具有共性的难点、焦点问题,在上海等自由贸易试验区内先行先试,通过在局部地区进行压力测试,积累防控和化解风险的经验,探索最佳开放模式,为对外谈判提供实践依据。

（十六）完善外商投资法律法规。推动修订中外合资经营企业法、中外合作经营企业法和外资企业法，研究制订新的外资基础性法律，改革外商投资管理体制，实行准入前国民待遇加负面清单的管理模式，完善外商投资国家安全审查制度，保持外资政策稳定、透明、可预期。

（十七）完善事中事后监管的基础性制度。按照全面依法治国的要求，以转变政府职能为核心，在简政放权的同时，加强事中事后监管，通过推进建立社会信用体系、信息共享和综合执法制度、企业年度报告公示和经营异常名录制度、社会力量参与市场监督制度、外商投资信息报告制度、外商投资信息公示平台、境外追偿保障机制等，加强对市场主体"宽进"以后的过程监督和后续管理。

（十八）继续做好贸易救济工作。在扩大产业开放的同时，有效运用世贸组织和自由贸易协定的合法权利，依法开展贸易救济调查，加大对外交涉力度，维护国内产业企业合法权益。强化中央、地方、行业协会商会、企业四体联动的贸易摩擦综合应对机制，指导企业做好贸易摩擦预警、咨询、对话、磋商、诉讼等工作。

（十九）研究建立贸易调整援助机制。在减少政策扭曲、规范产业支持政策的基础上，借鉴有关国家实践经验，研究建立符合世贸组织规则和我国国情的贸易调整援助机制，对因关税减让而受到冲击的产业、企业和个人提供援助，提升其竞争力，促进产业调整。

五、完善支持机制

（二十）完善自由贸易区谈判第三方评估制度。参照我国此前自由贸易区谈判经验，借鉴其他国家开展自由贸易区谈判评估的有益做法，进一步完善第三方评估制度，通过第三方机构对自由贸易区谈判进行利弊分析和风险评估。

（二十一）加强已生效自由贸易协定实施工作。商务部要会同国内各有关部门、地方政府，综合协调推进协定实施工作。优化政府公共服务，全面、及时提供有关自由贸易伙伴的贸易、投资及其他相关领域法律法规和政策信息等咨询服务。加强地方和产业对自由贸易协定实施工作的参与，打造协定实施的示范地区和行业。特别要加强西部地区和有关产业的参与，使自由贸易区建设更好地服务西部地区经济社会建设，促进我国区域协调发展。做好宣传推介，定期开展评估和分析，查找和解决实施中存在的问题，不断挖掘协定潜力，研究改进实施方法，提升企业利用自由贸易协定的便利性，提高协定利用率，用足用好优惠措施。

（二十二）加强对自由贸易区建设的人才支持。增强自由贸易区谈判人员配备，加大对外谈判人员教育培训投入，加强经济外交人才培养工作，逐步建立一支政治素质好、全局意识强、熟悉国内产业、精通国际经贸规则、外语水平高、谈判能力出色的自由贸易区建设领导、管理和谈判人才队伍。积极发挥相关领域专家的作用，吸收各类专业人士参与相关谈判的预案研究和政策咨询。

六、加强组织实施

加快实施自由贸易区战略是一项长期、涉及面广的系统工作，各有关方面要加强协调，形成合力。商务部要会同相关部门研究制订加快实施自由贸易区战略的行动计划，建立协调工作机制。地方各级人民政府要结合本地实际,围绕实施自由贸易区战略推进地方相关工作,调动有关企业充分利用自由贸易协定的积极性,提高协定利用率。

国务院
2015年12月6日

工业和信息化部
关于促进化工园区规范发展的指导意见

工信部原〔2015〕433号

各省、自治区、直辖市及计划单列市、新疆生产建设兵团工业和信息化主管部门:

化工园区(以下简称"园区")包括以石化化工为主导产业的新型工业化产业示范基地、高新技术产业开发区、经济技术开发区、专业化工园区及由各级政府依法设置的化工生产企业集中区。目前,园区已经成为石化化工行业发展的主要载体,随着新型城镇化的发展,化工企业将不断向园区集中。近年来,国内涌现出了一批专业化管理水平较高的园区,在推动石化化工行业安全生产、节能减排、循环经济等方面发挥了重要作用。但不同园区之间发展水平参差不齐,部分园区布局规划不合理,规划实施过程中随意变动,项目管理不完善,配套设施不健全,安全环保隐患大等问题比较突出,亟待规范引导。现就促进园区规范发展提出如下指导意见:

一、总体要求

(一)指导思想。全面贯彻落实党的十八大和十八届三中、四中、五中全会精神,按照《中国制造2025》要求,推动石化化工行业发展和新型城镇化实现良性互动,牢固树立以人为本的理念,遵循产业发展规律,努力实现石化化工行业安全、绿色和可持续发展。

(二)基本原则。

坚持科学规划,合理布局。结合城乡总体发展和产业发展规划,统筹区域生态环境保护,科学选址,规范园区设立。

坚持产业升级,提质增效。加强入园项目评估审查,严格执行产业政策,坚持循环经济和能源高效(梯级)利用理念,提升园区产业发展质量和效益。

坚持以人为本,绿色发展。严格落实各项安全生产和节能环保制度,加强安全管理和环境监测,实施责任关怀,提升本质安全和环境保护水平,推动园区绿色发展。

坚持两化融合,完善配套。完善基础设施和公用工程配套,提升园区信息化水平和公共服务能力,鼓励建设智慧园区,以信息化应用提高园区安全环保水平。

二、科学规划布局

（三）明确布局原则。严禁在生态红线区域、自然保护区、饮用水水源保护区、基本农田保护区以及其他环境敏感区域内建设园区。新设立园区应当符合国家、区域和省市产业布局规划要求，在城市总体规划、镇总体规划确定的建设用地范围之内，符合土地利用总体规划和生态环境保护规划，按照国家有关规定设立隔离带，原则上远离人口密集区，与周边居民区保持足够的安全、卫生防护距离。

（四）编制园区总体规划。根据城乡规划、土地利用规划，结合生态区域保护规划和环境保护规划要求，按照资源、市场、辅助工程一体化，基础和物流设施服务共享等要求来实现产业上下游一体化布局。鼓励原料互供、资源共享、土地集约和"三废"集中治理，科学制定园区发展总体规划。规划应当委托具有石化化工行业咨询资质的单位编制。

（五）编制产业规划。结合当地水资源、交通、环境和安全容纳能力的要求，以及资源、市场等基础条件，科学编制产业规划。产业规划应当遵循循环经济发展理念，规模目标合理，发展定位恰当。产业规划应当经过专家论证，产业规划及论证意见应当报送地方工业和信息化主管部门。工业和信息化主管部门应当将产业规划向社会公布，实施跟踪评估和监督管理。

三、加强项目管理

（六）开展入园项目评估。建立入园项目评估制度，由园区管委会组织化工、安全、节能、环保、管理、循环经济等方面的专家，对入园项目的土地利用率、工艺先进性、安全风险、污染控制、能源消耗、资源利用、经济效益等进行综合评估。入园项目需符合产业政策和行业规范（准入）条件要求，根据《产业结构调整指导目录》、《外商投资产业指导目录》和《产业转移指导目录》，支持鼓励类项目进入园区，禁止新增限制类项目产能（搬迁改造升级项目除外），落后工艺或落后产品应予以淘汰。

（七）建立产业升级与退出机制。对园区内的企业，要推行清洁生产，坚持高科技、精细化、生态型、循环式的发展方向，推进技术创新、优化产业结构、发展循环经济。督促不符合国家相关法律法规、标准、产业政策规定的项目开展技术改造，限期完成整改，实现产业升级。对无法通过整改达到国家相关规定的项目或企业依法实施退出。

（八）积极承接退城入园及产业转移项目。根据退城入园及产业转移项目的产品类型、生产规模、上下游产业链、公用工程需求、占地面积、"三废"排放等情况，结合园区产业规划以及园区安全风险评估合理布局，实现工艺技术升级。积极承接城镇人口密集区高风险危险化学品企业搬迁入园，鼓励当地政府将搬迁企业的环境容量进行等量或减量转移。

（九）控制投资强度。按照土地集约利用的原则，园区单位土地投资强度应当满足国家以及地方相应的工业用地投资强度标准要求。到2020年，省级以上园区的土地投资强度不低于20亿元/平方公里。

四、严格安全管理

(十)严控安全风险。综合考虑主导风向、地势高低落差、园区内企业、生产装置、危险化学品仓库之间的相互影响、应急救援、产品类别、生产工艺、物料互供、公用设施保障等因素,合理布置园区功能分区,满足安全防护距离的要求。已建成投用的园区每5年开展一次园区整体性安全风险评价。

(十一)设置安全管理机构。园区应当设置专门的安全生产管理机构,配备满足园区安全管理需要的人员,包括具有化工安全生产实践经验的人员,实施安全生产一体化管理。

(十二)提升应急救援能力。建立园区总体应急救援预案及专项预案,并与当地政府应急救援预案相协调。保障公共应急物资储备,建立专业应急救援队伍,定期开展应急演练。园区管理机构应当严格执行24小时应急值守。到2020年,80%的省级以上园区建成应急救援指挥中心。

(十三)实施封闭管理。鼓励大型园区或距离周边居民区较近的园区实行封闭管理。对暂时无法进行封闭管理的,应当首先对重大危险源和关键生产区域进行封闭化管理。

(十四)防范危化品运输风险。设置园区危险化学品车辆专用停车场、洗车场,实行限时限速行驶。鼓励运用物联网技术对危险化学品车辆进行实时监控。

(十五)保障消防安全。依据国家有关消防法规的要求,建设园区各类公共消防站和企业自建消防站。园区内消防队应当定期开展消防演练,提高消防队员处理危险化学品事故的能力。

(十六)建立安全培训制度。采取多种形式,加强对有关安全生产的法律、法规和安全生产知识的宣传和培训,增强企业安全生产意识。

(十七)保障员工职业健康。加强对职业病防治的管理,定期开展职业病危害检测评价、职业健康检查,降低职业病风险。

五、强化绿色发展

(十八)开展环境影响评价。依据《环境影响评价法》,开展园区规划环境影响评价以及园区内项目环境影响评价,并通过相应环境保护行政主管部门的审查。园区内新建项目,应对建设用地的土壤和地下水污染情况进行风险评估,提出防渗、监测等场地污染防治措施。适时对园区规划开展环境影响跟踪评价,及时核查规划实施过程中产生的不良环境影响,优化规划实施。

(十九)加强环境监测。按照园区环评批复要求,制定园区自行监测方案,污水总排口、接管口和雨排口,应当设置在线监控装置、视频监控系统、流量计及自控阀门,并与当地环保部门联网。对园区排污口及周边环境质量情况进行监测,并向公众公开发布监测信息。

(二十)强化"三废"防治。建设集中式污水处理厂及配套管网,实现废水分类收集、分质预处理。无集中式污水处理厂的现有园区,应当在2017年年底前建成,并安装自动在线监控设施。园区废水应当采用专管或明管输送,原则上只允许设立一个污水总排口。加强对废气尤其是有毒及恶臭气体的收集和处置,严格控制挥发性有机物(VOCs)排放。对固体废物和危险废物进行安全处置,规范危险废物运输管理,鼓励有条件的园区建设相配套的固体废物特别是危险废物处置场所。园区产生的"三废"应当实现无害化处理,鼓励建立第三方运营管理机制。

(二十一)加强环境应急预案管理和风险预警。园区及园区内企业应当结合经营性质、规模、组织体系,建立健全环境应急预案体系,并强化企业、园区以及上级政府环境应急预案之间的衔接。加强环境应急预案演练、评估与修订。园区管理机构应当组织建设有毒有害气体环境风险预警体系,建设园区环境风险防范设施。

(二十二)实施节能技术改造。积极推广应用余热余压利用、能量系统优化、电机系统能效提升、高效节能工业锅炉窑炉等节能新技术,进一步提升园区内企业节能减排技术水平。实施工业能效提升计划,全面推行能效对标活动。鼓励有条件的园区建设能源管理中心。园区及园区内企业应当按照《节约能源法》要求,接受节能监察机构的监督检查。

六、推进两化深度融合

(二十三)建立园区信息化公共服务平台。加强园区信息化基础设施建设,鼓励园区采用云计算、大数据、物联网、地理信息系统等信息技术,建立网上交易、仓储、物流、检验检测等公共服务平台。整合园区各有关部门的业务数据,建设园区公共基础数据库,强化标准及接口建设,与入驻企业实现数据共享。积极推动能源管理体系和工业企业能源管理信息化建设。

(二十四)鼓励建设智慧园区。鼓励有条件的园区全面整合园区信息化资源,以提升园区本质安全和环境保护水平为目的建设智慧园区,建立安全、环保、应急救援和公共服务一体化信息管理平台。

(二十五)推动企业两化深度融合。园区内骨干企业要积极开展两化融合对标贯标活动,鼓励有条件的企业建设智能工厂,实现资源配置优化、过程动态优化,全面提升企业智能管理和决策水平。

七、完善配套服务

(二十六)建设基础设施。建设和完善公共道路、市政雨排水、区内公共交通、通信等基础设施配套工程。建设场地平整,地下、地上管线标识设置规范。

(二十七)配置公用工程。统一规划、建设、管理供水(工业水、生活水)、供电、供热(高、中、低压蒸汽)、工业气体、公共管廊、污水处理厂、危险化学品废弃物处置设施等公用工程。

(二十八)提高公共服务能力。鼓励园区设立中小企业服务、金融服务、科技服务、人才培训等公共服务机构。鼓励园区在生产区外统一建设企业办公、营销、研发和生活用房,为园区内企业发展提供配套服务。

八、加强组织管理

(二十九)加强政策引导。各地工业和信息化主管部门要充分认识加强园区规范管理的重要性,切实加强组织领导,结合本地区实际制定园区规范发展细则并抓好贯彻落实,不断提升园区发展水平。

(三十)强化规划管理。园区所在地人民政府应加强城乡规划等规划的严肃性和前瞻性,在规划编制过程中充分考虑园区的防护距离等因素。园区总体规划不得随意变更,产业规划可根据发展情况,动态调整优化。

(三十一)实施责任关怀。鼓励园区公示、公开园区内项目环境和安全影响评价信息,并设立公众开放日,接受民众的参观和咨询。定期组织周边社区居民开展活动,宣传园区绿色发展理念。

(三十二)发挥行业中介组织作用。鼓励行业协会等中介组织根据需要开展园区管理的咨询和培训服务,配合政府做好园区相关政策的制定和宣贯,对园区开展综合评价,树立先进典型,组织开展经验交流,促进园区整体水平提升。

工业和信息化部
2015 年 11 月 25 日

关于修改部分规章和规范性文件的决定

商务部令 2015 年第 2 号

《商务部关于修改部分规章和规范性文件的决定》已经 2015 年 8 月 17 日商务部第 55 次部务会议审议通过,并商科技部、公安部、国土资源部、住房城乡建设部、海关总署、税务总局、工商总局、安全监管总局、食品药品监管总局、证监会、外汇局等部门同意,现予公布,自公布之日起施行。

部长:高虎城
2015 年 10 月 28 日

商务部关于修改部分规章和规范性文件的决定

为推进注册资本登记制度改革和政府职能转变,促进工商注册制度便利化,切实优化营商环境,进一步激发市场活力和发展动力,根据《国务院关于印发注册资本登记制度改革方案的通知》(国发〔2014〕7 号)和《国务院办公厅关于加快推进落实注册资本登记制度改革有关事项的通知》(国办函〔2015〕14 号)的要求,商务部对注册资本登记制度改革涉及的规章和规范性文件进行了清理。经过清理,商务部决定对 29 部规章和规范性文件的部分条款予以修改。

一、删去《关于设立外商投资股份有限公司若干问题的暂行规定》(外经贸部令1995年第1号)第七条。

删去第八条中的"股东认购的股份的转让应符合本规定第七条所规定的条件。"

删去第十三条中的"发起人应自批准证书签发之日起90日内一次缴足其认购的股份。"

将第十四条第一款修改为:"以发起方式设立公司的,发起人选举董事会和监事会后,由董事会向公司登记机关报送设立公司的批准文件、公司章程等文件,申请设立登记。"

删去第十六条中的"并缴足其认购的股本金"。

删去第十九条中的"并缴足其认购的股本金"。

二、删去《关于外商投资企业境内投资的暂行规定》(外经贸部、工商总局令2000年第6号)第五条第一项。

删去第六条。

删去第七条第三项。

三、删去《关于外商投资企业合并与分立的规定》(外经贸部、工商总局令2001年第8号)第九条。

删去第二十条第二款第五项。

删去第二十三条第一款第六项。

四、将《外商投资企业自动进口许可管理实施细则》(外经贸部、海关总署令2002年第4号)第四条第二项修改为"(二)外商投资企业批准证书复印件或备案证明复印件;"。

删去第四条第五项。

五、删去《中华人民共和国敏感物项和技术出口经营登记管理办法》(外经贸部令2002年第35号)第四条第二项。

六、删去《外商投资创业投资企业管理规定》(外经贸部、科技部、工商总局、税务总局、外汇局令2003年第2号)第六条第二项中的"非法人制创投企业投资者认缴出资总额的最低限额为1000万美元;公司制创投企业投资者认缴资本总额的最低限额为500万美元。除第七条所述必备投资者外,其他每个投资者的最低认缴出资额不得低于100万美元。"

删去第十三条第一项中的"最长不得超过5年"。

删去第十三条第二项。

删去第二十三条第三项。

删去第四十五条第二款中的"该备案登记证明将作为创投企业参加联合年检的必备材料之一。"

七、将《外商投资商业领域管理办法》(商务部令2004年第8号)第八条修改为:"外商投资商业企业开设店铺的,应符合城市发展及城市商业发展的有关规定。"

删去第十三条第一款第六项。

八、将《关于外商投资举办投资性公司的规定》(商务部令2004年第22号)第二条中的"公司形式为有限责任公司"修改为"公司形式为有限责任公司或股份有限公司"。

删去第三条第一款第三项。

将第六条第一款第三项修改为:"外国投资者已投资企业的批准证书(复印件)和营业执照(复印件);"

删去第七条中的"出资应在营业执照签发之日起两年内全部缴清。"

将第十七条第四项修改为:"投资性公司的批准证书(复印件)和营业执照(复印件);"。

删去第十七条第五项。

删去第二十五条中的"上述材料将作为投资性公司参加联合年检申报的必备材料之一。"

九、将《拍卖管理办法》(商务部令2004年第24号)第二条第二款中的"应当由依法设立的拍卖企业进行"修改为"应当由依法取得从事拍卖业务许可的企业进行"。

将第二章修改为"企业申请从事拍卖业务的许可、变更和终止"。

将第六条中的"申请设立拍卖企业的投资者应有良好的信誉"修改为"申请从事拍卖业务许可的企业的投资者应有良好的信誉"。

将第七条中的"设立拍卖企业"修改为"企业申请取得从事拍卖业务的许可"。

将第七条第四项修改为"有至少一名拍卖师;"。

将第八条中的"申请设立拍卖企业"修改为"企业申请取得从事拍卖业务的许可"。

将第八条第三项修改为"企业法人营业执照副本(复印件)"。

删去第八条第四项中的"拟任"。

删去第八条第五项中的"及从业人员的相关资质证明"。

删去第十条。

将第十一条中的"拍卖企业申请设立分公司"修改为"拍卖企业分公司申请取得从事拍卖业务的许可"。

删去第十一条第二项、第三项、第四项。

将第十二条中的"拍卖企业设立分公司"修改为"拍卖企业分公司申请取得从事拍卖业务的许可"。

将第十二条第一项修改为"申请报告;"。

删去第十二条第四项中的"拟任"。

删去第十二条第五项中的"及从业人员的相关资质证明"。

将第十三条修改为:"企业及分公司申请取得从事拍卖业务的许可,按照下列程序办理:

企业及分公司申请取得从事拍卖业务的许可,应当先经企业或分公司所在地市级商务主管部门审查后,报省级商务主管部门核准并颁发拍卖经营批准证书。

省级商务主管部门对企业及分公司申请取得从事拍卖业务的许可可以采取听证方式。

拍卖经营批准证书由省级商务主管部门统一印制。"

将第十四条修改为:"拍卖企业向工商行政管理机关申请变更注册登记项目后,应当报省级商务主管部门核准,并由其换发拍卖经营批准证书。"

将第十五条修改为:"拍卖企业及分公司申请取得从事拍卖业务的许可后连续6个月无正当理由未举办拍卖会或没有营业纳税证明的,由商务主管部门收回拍卖经营批准证书。"

将第三章修改为"外商投资企业申请取得从事拍卖业务的许可、变更和终止"。

将第十九条中的"设立外商投资拍卖企业"修改为"外商投资企业申请取得从事拍卖业务的许可"。

删去第二十条。

将第二十一条第一款中的"设立外商投资拍卖企业"修改为"外商投资企业申请取得从事

拍卖业务的许可"。

将第二十一条第一款第五项修改为"外商投资企业董事会成员名单及投资各方董事委派书。"

将第二十一条第二款修改为"外商投资拍卖企业分公司申请取得从事拍卖业务的许可,申请人应提交本办法第十一条规定的材料。"

将第二十二条修改为:"外商投资企业及分公司申请取得从事拍卖业务的许可,按照下列程序办理:

申请人应向所在地的省、自治区、直辖市商务部门报送第十九条规定的申请材料。商务部门应自收到全部申请材料之日起在规定时间内作出是否批准的决定,对于批准的,颁发外商投资企业批准证书,申请人凭外商投资企业批准证书向工商行政管理机关申请企业注册登记后,凭外商投资企业批准证书和营业执照向商务部门申请颁发拍卖经营批准证书,对于不批准的,应说明原因。

对外商投资企业及分公司申请取得从事拍卖业务的许可可以采取听证方式。"

删去第二十三条。

将第二十四条修改为:"外商投资企业及分公司申请取得从事拍卖业务的许可后连续6个月无正当理由未举办拍卖会或没有营业纳税证明的,由省级商务主管部门收回拍卖经营批准证书。"

将第四十四条第二款中的"负责设立拍卖企业和分公司的审核许可"修改为"负责企业和分公司申请取得从事拍卖业务的许可审核"。

将第五十五条修改为:"有下列情形之一的,省级商务主管部门或商务部可以撤销有关拍卖企业及分公司从事拍卖业务的许可决定:

(一)工作人员滥用职权、玩忽职守作出准予许可决定的;

(二)违反《拍卖法》和本办法规定的取得从事拍卖业务的许可条件作出准予许可决定的;

(三)超越法定职权作出准予从事拍卖业务的许可决定的。"

十、删去《外商投资租赁业管理办法》(商务部令2005年第5号)第九条第一项。

十一、将《向特定国家(地区)出口易制毒化学品暂行管理规定》(商务部、公安部、海关总署、安全监管总局、食品药品监管总局令2005年第12号)第七条第五项中的"外商投资企业提交盖有联合年检合格标识的批准证书复印件"修改为"外商投资企业提交批准证书复印件"。

十二、删去《外商投资国际货物运输代理企业管理办法》(商务部令2005年第19号)第六条。

将第十一条修改为:"分公司的经营范围应在其总公司的经营范围之内。分公司民事责任由总公司承担。"

删去第十三条第四项。

十三、删去《外国投资者对上市公司战略投资管理办法》(商务部令2005年第28号)第七条第五项。

十四、删去《关于外商投资举办投资性公司的补充规定》(商务部令2006年第3号)第一条。

十五、将《易制毒化学品进出口管理规定》(商务部令2006年第7号)第二十九条第一款第二项修改为"批准证书复印件"。

删去第二十九条第一款第四项中的"验资报告"。

十六、将《麻黄素类易制毒化学品出口企业核定暂行办法》（商务部、公安部、海关总署、食品药品监管总局令2006年第9号）第七条第二款修改为"申请企业为外商投资企业的，还应提交外商投资企业批准证书（副本影印件）及企业合营合同或章程、营业执照（副本影印件）。"

十七、删去《成品油市场管理办法》（商务部令2006年第23号）第七条第二项中的"且注册资本不低于3 000万元人民币"。

删去第九条第二项中的"且注册资本不低于1 000万元人民币"。

删去第四十条第四项。

十八、删去《原油市场管理办法》（商务部令2006年第24号）第六条第一项中的"注册资本不低于1亿元人民币"。

删去第七条第一项中"注册资本不低于5 000万元人民币"。

十九、删去《外商投资矿产勘查企业管理办法》（商务部、国土资源部令2008年第4号）第十六条第五项。

二十、删去《对外承包工程资格管理办法》（商务部、住房城乡建设部令2009年第9号）第五条第一项中的"工程建设类单位应具有与其资质要求相适应的注册资本（本办法所称注册资本包括开办资金）；非工程建设类单位的注册资本不低于2 000万元人民币"。

删去第五条第六项中的"为外商投资企业的，最近3年应连续通过外商投资企业联合年检。"

二十一、删去《对外援助物资项目实施企业资格管理办法》（商务部令2011年第2号）第六条第四项。

删去第七条第四项。

二十二、删去《商务部关于涉及外商投资企业股权出资的暂行规定》（商务部令2012年第8号）第四条第二款第一项、第五项。

删去第八条。

删去第十条第四项中的"通过外商投资企业联合年检的相关证明"。

二十三、删去《关于开展试点设立外商投资物流企业工作有关问题的通知》（外经贸资一函〔2002〕615号）第四条第一项。

二十四、删去《商务部关于外商投资非商业企业增加分销经营范围有关问题的通知》（商资函〔2005〕第9号）附件一中"本外商投资企业作如下保证"的第五条。

删去附件二中"本外商投资投资性公司作如下保证"的第五条。

删去附件三中的"通过上年联合年检 是否"。

二十五、删去《关于进一步加强、规范外商直接投资房地产业审批和监管的通知》（商资函〔2007〕50号）第六条中的"或未通过外商投资企业联合年检"。

二十六、将《商务部办公厅关于进一步规范援外成套项目财务管理的通知》（商财字〔2011〕57号）第四条修改为："商务部建立援外项目投标资格预审财务审核制度。参加援外项目施工任务投标的单位上一会计年度不得出现亏损。"

二十七、删去《典当行业监管规定》（商流通发〔2012〕423号）第三十八条第三项中的"法人股东工商年检情况"。

二十八、删去《商务部关于商业保理试点实施方案的复函》(商资函〔2012〕919号)第一条第一项中的"注册资本应不低于5 000万元人民币"。

二十九、删去《商务部关于在重庆两江新区、苏南现代化建设示范区、苏州工业园区开展商业保理试点有关问题的复函》(商资函〔2013〕680号)第二条第二项第二目。

此外,对相关规章和规范性文件的条文顺序作相应调整。

本决定自公布之日起施行。

中共中央组织部、国家发展改革委、教育部、科技部、公安部、财政部、人力资源社会保障部、商务部、国务院国资委、国家外国专家局、中共北京市委、北京市人民政府印发《关于深化中关村人才管理改革的若干措施》的通知

京发〔2015〕15号

各区、县委,各区、县政府,市委、市政府各部委办局,各总公司,各人民团体,各高等院校:

经中央和国家有关部门及市委、市政府会签同意,现将《关于深化中关村人才管理改革的若干措施》印发给你们,请认真贯彻落实。

中共中央组织部
国家发展改革委
教育部
科技部
公安部
财政部
人力资源社会保障部
商务部
国务院国资委
国家外国专家局
中共北京市委
北京市人民政府
2015年10月21日

关于深化中关村人才管理改革的若干措施

为深入落实《关于中关村国家自主创新示范区建设人才特区的若干意见》(京发〔2011〕5号),经中央人才工作协调小组会议研究决定,依托中关村国家自主创新示范区开展人才管理改革试点工作,现提出如下措施。

一、简化外籍高层次人才永久居留证办理程序

面向中关村外籍高层次人才及其随迁配偶和未满18周岁的未婚子女提供申请永久居留资格的便利。对"中关村高端领军人才聚集工程"外籍入选者,或经北京市人力社保局(北京市外国专家局)和中关村管委会认定的中关村外籍高层次人才,由人力资源社会保障部、国家外国专家局开辟专门通道,向公安部推荐办理永久居留证;公安机关加快审批进度,自受理申请之日起90天内完成审批工作。

二、简化外籍高层次人才签证及居留办理程序

根据《外国人入境出境管理条例》,对于经北京市人力社保局(北京市外国专家局)和中关村管委会认定的中关村外籍高层次人才和急需紧缺专门人才申请R字签证和居留证件,由人力资源社会保障部、国家外国专家局开辟专门通道,向公安机关推荐办理签证与居留证件。

三、为外籍人才创业就业提供便利

需要长期在京工作的中关村企业外籍法人代表、外籍高级管理人才以及掌握核心技术、关键技术的专业技术人才,凭中关村管委会出具的推荐函等证明材料,经北京市人力社保局(北京市外国专家局)认定同意,为其优先办理2至5年有效期的《外国人就业证》;符合外国专家条件的,按规定办理2至5年有效期的《外国专家证》。

在北京高校取得硕士及以上学位且到中关村企业就业的外国留学毕业生,可凭中关村管委会出具的证明函件,到北京市人力社保局(北京市外国专家局)申请办理就业手续。北京市人力社保局(北京市外国专家局)对符合条件的申请者发放外国人就业许可和1年有效期的《外国人就业证》。申请者凭《外国人就业证》等证明材料到北京市公安局申请办理工作类居留证件。

对于创业就业满3年且取得突出成绩的中关村外籍人才,经中关村管委会推荐,可向北京市人力社保局(北京市外国专家局)申请办理2至5年有效期的《外国人就业证》;符合外国专家条件的,按规定办理2至5年有效期的《外国专家证》。北京市公安局为持有《外国人就业证》或《外国专家证》的中关村外籍人才,办理2至5年有效期的工作类居留证件。

四、扩大人力资源服务业对外开放

放宽外国投资者在中关村设立中外合资人才中介机构股权比例限制,外方合资者可以拥有不超过70%的股权。支持北京市在中关村建设首都国际人才港、人力资源服务产业园,培育一批国际化水平较高的人力资源服务业内资龙头企业。

五、完善人才评价机制

率先在中关村探索职称分类评审,依托新型科研机构和高新技术企业,创新评价机制,建

立以能力、业绩和贡献为导向的人才评价体系,并逐步扩大试点的专业范围和种类。

六、开发国外高端智力要素

围绕支持中关村打造2至3个拥有全球技术主导权的产业集群,鼓励有条件的创新主体,在海外创建科技孵化器、开放实验室,搭建中关村企业与境外高校、科研机构顶尖人才及其创新团队的研发项目合作平台,建立知识产权共享和运营机制,推动具备产业化条件的项目在中关村落地转化。以中关村企业为载体、转移和转化前沿技术成果、带动产业集群核心技术和关键技术突破的境外人才及其创新团队,凭中关村管委会的证明函件,经人力资源社会保障部、国家外国专家局及北京市人力社保局(北京市外国专家局)认定,可享受高层次留学人才、回国(来华)专家或外国专家的有关政策。

七、完善新型科研机制

支持未来科技城及北京生命科学研究所、北京纳米能源与系统研究所等新型科研机构,探索符合科研规律和新型科技研发机构特点的科技经费管理机制,建立以科研能力和创新成果为导向的科技人才评价体系,落实科技成果入股、股票期权、分红激励等政策措施,健全法人治理结构和现代科研院所制度,完善与现行科研管理体制相互衔接的制度设计。在北京生命科学研究所试行稳定支持机制。

八、强化人才培养与使用衔接

支持北京高校与有条件、有需求的中关村企业开展人才联合培养、定向招生或合作办学,根据产业发展需要,在高校设置相关学科专业,在中关村企业设立实践实习基地,鼓励企业的领军人才到高校兼职开展教学科研工作。

为保证各项改革试点工作落到实处,由中央组织部牵头,协调相关中央单位和北京市,建立人才政策创新和改革试点任务的协调落实机制和督办机制。北京市建立由市人才工作领导小组办公室、市委组织部、市人力社保局(市外国专家局)、中关村创新平台人才工作组牵头的工作协调与落实机制。北京市有关部门负责研究制定相关政策细化措施或改革试点方案,会同对口中央单位,形成具有可操作性的执行办法并抓好落实。将中关村人才管理改革措施落实成效作为北京市有关部门领导班子年度考核的参考依据。充分发挥中关村国家自主创新示范区部际协调小组、北京市人才工作领导小组和中关村创新平台的职能作用,多渠道地争取中央单位的指导与支持,完善信息报送、会议研究、重点难点问题协调落实机制。

国务院关于进一步做好防范和处置非法集资工作的意见

国发〔2015〕59号

各省、自治区、直辖市人民政府,国务院各部委、各直属机构:

近年来,在处置非法集资部际联席会议(以下简称部际联席会议)成员单位和地方人民政府的共同努力下,防范和处置非法集资工作取得积极进展。但是,当前非法集资形势严峻,案件高发频发,涉案领域增多,作案方式花样翻新,部分地区案件集中暴露,并有扩散蔓延趋势。按照党中央、国务院决策部署,为有效遏制非法集资高发蔓延势头,加大防范和处置工作力度,切实保护人民群众合法权益,防范系统性区域性金融风险,现提出以下意见:

一、充分认识当前形势下做好防范和处置非法集资工作的重要性和紧迫性

长期以来,我国经济社会保持较快发展,资金需求旺盛,融资难、融资贵问题比较突出,民间投资渠道狭窄的现实困难和非法集资高额回报的巨大诱惑交织共存。当前,经济下行压力较大,企业生产经营困难增多,各类不规范民间融资介入较深的行业领域风险集中暴露,非法集资问题日益凸显。一些案件由于参与群众多、财产损失大,频繁引发群体性事件,甚至导致极端过激事件发生,影响社会稳定。

防范和处置非法集资是一项长期、复杂、艰巨的系统性工程。各地区、各有关部门要高度重视,从保持经济平稳发展和维护社会和谐稳定的大局出发,加大防范和处置力度,建立和完善长效机制,坚决守住不发生系统性区域性金融风险底线。

二、总体要求

(一)指导思想。深入贯彻党的十八大和十八届三中、四中全会精神,认真落实党中央、国务院决策部署,主动适应经济发展新常态,坚持系统治理、依法治理、综合治理、源头治理,进一步健全责任明确、上下联动、齐抓共管、配合有力的工作格局,加大防范预警、案件处置、宣传教育等工作力度,开正门、堵邪路,逐步建立防打结合、打早打小、综合施策、标本兼治的综合治理长效机制。

(二)基本原则。

一是防打结合,打早打小。既要解决好浮出水面的问题,讲求策略方法,依法、有序、稳妥处置风险;更要做好防范预警,尽可能使非法集资不发生、少发生,一旦发生要打早打小,在苗头时期、涉众范围较小时解决问题。

二是突出重点,依法打击。抓住非法集资重点领域、重点区域、重大案件,依法持续严厉打击,最大限度追赃挽损,强化跨区域、跨部门协作配合,防范好处置风险的风险,有效维护社会稳定。

三是疏堵结合,标本兼治。进一步深化金融改革,大力发展普惠金融,提升金融服务水平。完善民间融资制度,合理引导和规范民间金融发展。

四是齐抓共管,形成合力。地方各级人民政府牵头,统筹指挥;中央层面,部际联席会议顶层推动、协调督导,各部门协同配合,加强监督管理。强化宣传教育,积极引导和发动广大群众参与到防范和处置非法集资工作中来。

(三)主要目标。非法集资高发势头得到遏制,存量风险及时化解,增量风险逐步减少,大案要案依法、稳妥处置。非法集资监测到位、预警及时、防范得力,一旦发现苗头要及早引导、

规范、处置。政策法规进一步完善,处置非法集资工作纳入法治化轨道。广大人民群众相关法律意识和风险意识显著提高,买者自负、风险自担的意识氛围逐步形成。金融服务水平进一步提高,投融资体系进一步完善,非法集资生存土壤逐步消除。

三、落实责任,强化机制

(四)省级人民政府是防范和处置非法集资的第一责任人。省级人民政府对本行政区域防范和处置非法集资工作负总责,要切实担负起第一责任人的责任。地方各级人民政府要有效落实属地管理职责,充分发挥资源统筹调动、靠近基层一线优势,做好本行政区域内风险排查、监测预警、案件查处、善后处置、宣传教育和维护稳定等工作,确保本行政区域防范和处置非法集资工作组织到位、体系完善、机制健全、保障有力。建立目标责任制,将防范和处置非法集资工作纳入领导班子和领导干部综合考核评价内容,明确责任,表彰奖励先进,对工作失职、渎职行为严肃追究责任。进一步规范约束地方各级领导干部参与民间经济金融活动。

(五)落实部门监督管理职责。各行业主管、监管部门要将防控本行业领域非法集资作为履行监督管理职责的重要内容,加强日常监管。按照监管与市场准入、行业管理挂钩原则,确保所有行业领域非法集资监管防范不留真空。对需要经过市场准入许可的行业领域,由准入监管部门负责本行业领域非法集资的防范、监测和预警工作;对无需市场准入许可,但有明确主管部门指导、规范和促进的行业领域,由主管部门牵头负责本行业领域非法集资的防范、监测和预警工作;对没有明确主管、监管部门的行业领域,由地方各级人民政府组织协调相关部门,充分利用现有市场监管手段,强化综合监管,防范非法集资风险。

(六)完善组织协调机制。进一步完善中央和地方防范和处置非法集资工作机制。中央层面,充分发挥部际联席会议作用,银监会作为牵头单位要进一步强化部门联动,加强顶层推动,加大督促指导力度,增强工作合力。地方各级人民政府要建立健全防范和处置非法集资工作领导小组工作机制,由政府分管领导担任组长,明确专门机构和专职人员,落实职责分工,优化工作程序,强化制度约束,提升工作质效。

四、以防为主,及时化解

(七)全面加强监测预警。各地区要建立立体化、社会化、信息化的监测预警体系,充分发挥网格化管理和基层群众自治的经验和优势,群防群治,贴近一线开展预警防范工作。创新工作方法,充分利用互联网、大数据等手段加强对非法集资的监测预警。部际联席会议要积极整合各地区、各有关部门信息资源,推动实现工商市场主体公示信息、人民银行征信信息、公安打击违法犯罪信息、法院立案判决执行信息等相关信息的依法互通共享,进一步发挥好全国统一的信用信息共享交换平台作用,加强风险研判,及时预警提示。

(八)强化事中事后监管。行业主管、监管部门要加强对所主管、监管机构和业务的风险排查和行政执法,做到早发现、早预防、早处置。对一般工商企业,各地区要综合运用信用分类监管、定向抽查检查、信息公示、风险警示约谈、市场准入限制等手段,加强市场监督管理,加强部门间信息共享和对失信主体的联合惩戒,探索建立多部门联动综合执法机制,提升执法效果。

对非法集资主体(包括法人、实际控制人、代理人、中间人等)建立经营异常名录和信用记录,并纳入全国统一的信用信息共享交换平台。充分发挥行业协会作用,加强行业自律管理,促进市场主体自我约束、诚信经营。

(九)发挥金融机构监测防控作用。加强金融机构内部管理,确保分支机构和员工不参与非法集资。加强金融机构对社会公众的宣传教育,在营业场所醒目位置张贴警示标识。金融机构在严格执行大额可疑资金报告制度基础上,对各类账户交易中具有分散转入集中转出、定期批量小额转出等特征的涉嫌非法集资资金异动进行分析识别,并将有关情况及时提供给地方各级防范和处置非法集资工作领导小组办公室。人民银行、银监会、证监会、保监会、外汇局要指导和督促金融机构做好对涉嫌非法集资可疑资金的监测工作,建立问责制度。

(十)发动群众防范预警。充分调动广大群众积极性,探索建立群众自动自发、广泛参与的防范预警机制。加快建立非法集资举报奖励制度,强化正面激励,加大奖励力度,鼓励广大群众积极参与,并做好保密、人身安全保护等工作。部际联席会议研究制订举报奖励办法,地方各级人民政府组织实施。

五、依法打击,稳妥处置

(十一)防控重点领域、重点区域风险。各地区、各有关部门要坚决依法惩处非法集资违法犯罪活动,密切关注投资理财、非融资性担保、P2P网络借贷等新的高发重点领域,以及投资公司、农民专业合作社、民办教育机构、养老机构等新的风险点,加强风险监控。案件高发地区要把防范和处置非法集资工作放在突出重要位置,遏制案件高发态势,消化存量风险,最大限度追赃挽损,维护金融和社会秩序稳定。公安机关要积极统筹调配力量,抓住重点环节,会同有关部门综合采取措施,及时发现并快速、全面、深入侦办案件,提高打击效能。有关部门要全力配合,依法开展涉案资产查封、资金账户查询和冻结等必要的协助工作。

(十二)依法妥善处置跨省案件。坚持统一指挥协调、统一办案要求、统一资产处置、分别侦查诉讼、分别落实维稳的工作原则。牵头省要积极主动落实牵头责任,依法合规、公平公正地制定统一处置方案,加强与其他涉案地区的沟通协调,定期通报工作进展情况。协办省份要大力支持配合,切实履行协作义务。强化全局观念,加强系统内的指挥、指导和监督,完善内部制约激励机制,切实推动、保障依法办案,防止遗漏犯罪事实;加强沟通、协商及跨区域、跨部门协作,共同解决办案难题,提高案件查处效率。

(十三)坚持分类施策,维护社会稳定。综合运用经济、行政、法律等措施,讲究执法策略、方式、尺度和时机,依法合理制定涉案资产的处置政策和方案,分类处置非法集资问题,防止矛盾激化,努力实现执法效果与经济效果、社会效果相统一。落实维稳属地责任,畅通群众诉求反映渠道,及时回应群众诉求,积极导入法治轨道,严格依法处置案件,切实有效维护社会稳定。

六、广泛宣传,加强教育

(十四)建立上下联动的宣传教育工作机制。建立部际联席会议统一规划,宣传主管部门协调推动,行业主管、监管部门指导落实,相关部门积极参与,各省(区、市)全面落实,中央和地方上下联动的宣传教育工作机制。

(十五)加大顶层引领和推动力度。中央层面要加强顶层设计,制定防范和处置非法集资宣传总体规划,推动全国范围内宣传教育工作。部际联席会议要组织协调中央媒体大力开展宣传教育,加强舆论引导。行业主管、监管部门要根据行业领域风险特点,制定防范和处置非法集资法律政策宣传方案,有针对性地开展本行业领域宣传教育活动。

(十六)深入推进地方强化宣传教育工作。地方各级人民政府要建立健全常态化的宣传教育工作机制,贴近基层、贴近群众、贴近生活,推动防范和处置非法集资宣传教育活动进机关、进工厂、进学校、进家庭、进社区、进村屯,实现宣传教育广覆盖,引导广大群众对非法集资不参与、能识别、敢揭发。充分运用电视、广播、报刊、网络、电信、公共交通设施等各类媒介或载体,以法律政策解读、典型案件剖析、投资风险教育等方式,提高宣传教育的广泛性、针对性、有效性。加强广告监测和检查,强化媒体自律责任,封堵涉嫌非法集资的资讯信息,净化社会舆论环境。

七、完善法规,健全制度

(十七)进一步健全完善处置非法集资相关法律法规。梳理非法集资有关法律规定适用中存在的问题,对罪名适用、量刑标准、刑民交叉、涉案财物处置等问题进行重点研究,推动制定和完善相关法律法规及司法解释。建立健全非法集资刑事诉讼涉案财物保管移送、审前返还、先行处置、违法所得追缴、执行等制度程序。修订《非法金融机构和非法金融业务活动取缔办法》,研究地方各级人民政府与司法机关在案件查处和善后处置阶段的职责划分,完善非法集资案件处置依据。

(十八)加快民间融资和金融新业态法规制度建设。尽快出台非存款类放贷组织条例,规范民间融资市场主体,拓宽合法融资渠道。尽快出台P2P网络借贷、股权众筹融资等监管规则,促进互联网金融规范发展。深入研究规范投资理财、非融资性担保等民间投融资中介机构的政策措施,及时出台与商事制度改革相配套的有关政策。

(十九)完善工作制度和程序。建立健全跨区域案件执法争议处理机制,完善不同区域间跨执法部门、司法部门查处工作的衔接配合程序。建立健全防范和处置非法集资信息共享、风险排查、事件处置、协调办案、责任追究、激励约束等制度,修订完善处置非法集资工作操作流程。探索在防范和处置有关环节引进法律、审计、评估等中介服务。

八、深化改革,疏堵并举

(二十)加大金融服务实体经济力度。进一步落实国务院决策部署,研究制定新举措,不断提升金融服务实体经济的质量和水平。不断完善金融市场体系,推动健全多层次资本市场体系,鼓励、规范和引导民间资本进入金融服务领域,大力发展普惠金融,增加对中小微企业有效资金供给,加大对经济社会发展薄弱环节的支持力度。

(二十一)规范民间投融资发展。鼓励和引导民间投融资健康发展,大幅放宽民间投资市场准入,拓宽民间投融资渠道。完善民间借贷日常信息监测机制,引导民间借贷利率合理化。推进完善社会信用体系,逐步建立完善全国统一、公开、透明的信用信息共享交换平台,营造诚实守信的金融生态环境。

九、夯实基础,强化保障

(二十二)加强基础支持工作。在当前非法集资高发多发形势下,要进一步做好防范和处置非法集资的人员、经费等保障工作。各级人民政府要合理保障防范和处置非法集资工作相关经费,并纳入同级政府预算。

各地区、各有关部门要认真落实本意见提出的各项任务,结合本地区、本部门实际,研究制定具体工作方案,采取切实有力措施。部际联席会议要督促检查本意见落实情况,重大情况及时向国务院报告。

国务院

2015 年 10 月 19 日

(本文有删减)

国务院关于在北京市暂时调整有关行政审批和准入特别管理措施的决定

国发〔2015〕60 号

各省、自治区、直辖市人民政府,国务院各部委、各直属机构:

根据《国务院关于北京市服务业扩大开放综合试点总体方案的批复》(国函〔2015〕81 号),国务院决定,即日起至 2018 年 5 月 5 日,在北京市暂时调整下列行政法规和经国务院批准的部门规章规定的行政审批和准入特别管理措施:

暂时调整《营业性演出管理条例》第十一条、《外商投资民用航空业规定》第六条规定的有关行政审批、股比限制等准入特别管理措施(目录附后)。允许在北京市设立符合条件的中外合资旅行社经营中国内地居民出国旅游业务以及赴香港特别行政区、澳门特别行政区旅游业务。

国务院有关部门、北京市人民政府要根据上述调整,及时对本部门、本市制定的规章和规范性文件作相应调整,建立与试点工作相适应的管理制度。

北京市服务业扩大开放综合试点期满,国务院将根据实施情况对本决定的内容进行调整。

附件:国务院决定在北京市暂时调整有关行政法规和经国务院批准的部门规章规定的行政审批和准入特别管理措施目录(略——编者注)

国务院
2015 年 10 月 15 日

国务院关于苏州工业园区开展开放创新综合试验总体方案的批复

国函〔2015〕151 号

江苏省人民政府、商务部:

你们关于苏州工业园区开展开放创新综合试验总体方案的请示收悉。现批复如下:

一、同意在苏州工业园区开展开放创新综合试验。原则同意《苏州工业园区开展开放创新综合试验总体方案》(以下简称《方案》),请认真组织实施。

二、要按照党中央、国务院的决策部署,紧紧围绕加快实施创新驱动发展战略,主动对接自由贸易试验区并积极复制成功经验,探索建立开放型经济新体制,推动产业结构迈向中高端水平,提升在全球价值链中的地位,更好地培育参与国际经济技术合作与竞争新优势,加快建设开放引领、创新驱动、制度先进、经济繁荣、环境优美、人民幸福的国际先进现代化高科技产业新城区,成为构建开放型经济新体制的排头兵,为国家级经济技术开发区转型升级创新发展提供经验。

三、要发挥中国—新加坡苏州工业园区联合协调理事会及中方理事会机制优势,协调解决《方案》实施过程中遇到的重大问题和政策诉求。国务院有关部门要按照职责分工,落实相关工作任务,加强协调指导,在体制创新、政策实施等方面给予支持。

四、江苏省人民政府要加强对《方案》实施的组织领导,制定配套措施,落实工作责任,支持苏州工业园区开展系统性、整体性、协同性改革,确保开放创新综合试验取得积极成效。

五、商务部要加强对《方案》实施情况的跟踪了解和督促检查,适时组织开展《方案》实施情况评估,重大问题及时向国务院请示报告。

附件:苏州工业园区开展开放创新综合试验总体方案(略——编者注)

国务院
2015 年 9 月 30 日

国务院关于加快构建大众创业万众创新支撑平台的指导意见

国发〔2015〕53号

各省、自治区、直辖市人民政府,国务院各部委、各直属机构:

当前,全球分享经济快速增长,基于互联网等方式的创业创新蓬勃兴起,众创、众包、众扶、众筹(以下统称四众)等大众创业万众创新支撑平台快速发展,新模式、新业态不断涌现,线上线下加快融合,对生产方式、生活方式、治理方式产生广泛而深刻的影响,动力强劲,潜力巨大。同时,在四众发展过程中也面临行业准入、信用环境、监管机制等方面的问题。为落实党中央、国务院关于大力推进大众创业万众创新和推动实施"互联网+"行动的有关部署,现就加快构建大众创业万众创新支撑平台、推进四众持续健康发展提出以下意见。

一、把握发展机遇,汇聚经济社会发展新动能

四众有效拓展了创业创新与市场资源、社会需求的对接通道,搭建了多方参与的高效协同机制,丰富了创业创新组织形态,优化了劳动、信息、知识、技术、管理、资本等资源的配置方式,为社会大众广泛平等参与创业创新、共同分享改革红利和发展成果提供了更多元的途径和更广阔的空间。

众创,汇众智搞创新,通过创业创新服务平台聚集全社会各类创新资源,大幅降低创业创新成本,使每一个具有科学思维和创新能力的人都可参与创新,形成大众创造、释放众智的新局面。

众包,汇众力增就业,借助互联网等手段,将传统由特定企业和机构完成的任务向自愿参与的所有企业和个人进行分工,最大限度利用大众力量,以更高的效率、更低的成本满足生产及生活服务需求,促进生产方式变革,开拓集智创新、便捷创业、灵活就业的新途径。

众扶,汇众能助创业,通过政府和公益机构支持、企业帮扶援助、个人互助互扶等多种方式,共助小微企业和创业者成长,构建创业创新发展的良好生态。

众筹,汇众资促发展,通过互联网平台向社会募集资金,更灵活高效满足产品开发、企业成长和个人创业的融资需求,有效增加传统金融体系服务小微企业和创业者的新功能,拓展创业创新投融资新渠道。

当前我国正处于发展动力转换的关键时期,加快发展四众具有极为重要的现实意义和战略意义,有利于激发蕴藏在人民群众之中的无穷智慧和创造力,将我国的人力资源优势迅速转化为人力资本优势,促进科技创新,拓展就业空间,汇聚发展新动能;有利于加快网络经济和实体经济融合,充分利用国内国际创新资源,提高生产效率,助推"中国制造2025",加快转型升级,壮大分享经济,培育新的经济增长点;有利于促进政府加快完善与新经济形态相适应的体制机制,创新管理方式,提升服务能力,释放改革红利;有利于实现机会公平、权利公平、人人参与又人人受益的包容性增长,探索一条中国特色的众人创富、劳动致富之路。

二、创新发展理念,着力打造创业创新新格局

全面贯彻党的十八大和十八届二中、三中、四中全会精神,按照党中央、国务院决策部署,加快实施创新驱动发展战略,不断深化改革,顺应"互联网+"时代大融合、大变革趋势,充分发挥我国互联网应用创新的综合优势,充分激发广大人民群众和市场主体的创业创新活力,推动线上与线下相结合、传统与新兴相结合、引导与规范相结合,按照"坚持市场主导、包容创业创新、公平有序发展、优化治理方式、深化开放合作"的基本原则,营造四众发展的良好环境,推动各类要素资源集聚、开放、共享,提高资源配置效率,加快四众广泛应用,在更大范围、更高层次、更深程度上推进大众创业、万众创新,打造新引擎,壮大新经济。

——坚持市场主导。充分发挥市场在资源配置中的决定性作用,强化企业和劳动者的主体地位,尊重市场选择,积极发展有利于提高资源利用效率、激发大众智慧、满足人民群众需求、创造经济增长新动力的新模式、新业态。

——包容创业创新。以更包容的态度、更积极的政策营造四众发展的宽松环境,激发人民群众的创业创新热情,鼓励各类主体充分利用互联网带来的新机遇,积极探索四众的新平台、新形式、新应用,开拓创业创新发展新空间。

——公平有序发展。坚持公平进入、公平竞争、公平监管,破除限制新模式新业态发展的不合理约束和制度瓶颈,营造传统与新兴、线上与线下主体之间公平发展的良好环境,维护各类主体合法权益,引导各方规范有序发展。

——优化治理方式。转变政府职能,进一步简政放权,强化事中事后监管,优化提升公共服务,加强协同,创新手段,发挥四众平台企业内部治理和第三方治理作用,健全政府、行业、企业、社会共同参与的治理机制,推动四众持续健康发展。

——深化开放合作。"引进来"与"走出去"相结合,充分利用四众平台,优化配置国际创新资源,借鉴国际管理经验,积极融入全球创新网络。鼓励采用四众模式搭建对外开放新平台,面向国际市场拓展服务领域,深化创业创新国际合作。

三、全面推进众创,释放创业创新能量

(一)大力发展专业空间众创。鼓励各类科技园、孵化器、创业基地、农民工返乡创业园等加快与互联网融合创新,打造线上线下相结合的大众创业万众创新载体。鼓励各类线上虚拟众创空间发展,为创业创新者提供跨行业、跨学科、跨地域的线上交流和资源链接服务。鼓励创客空间、创业咖啡、创新工场等新型众创空间发展,推动基于"互联网+"的创业创新活动加速发展。

(二)鼓励推进网络平台众创。鼓励大型互联网企业、行业领军企业通过网络平台向各类

创业创新主体开放技术、开发、营销、推广等资源,鼓励各类电子商务平台为小微企业和创业者提供支撑,降低创业门槛,加强创业创新资源共享与合作,促进创新成果及时转化,构建开放式创业创新体系。

(三)培育壮大企业内部众创。通过企业内部资源平台化,积极培育内部创客文化,激发员工创造力;鼓励大中型企业通过投资员工创业开拓新的业务领域、开发创新产品,提升市场适应能力和创新能力;鼓励企业建立健全股权激励机制,突破成长中的管理瓶颈,形成持续的创新动力。

四、积极推广众包,激发创业创新活力

(四)广泛应用研发创意众包。鼓励企业与研发机构等通过网络平台将部分设计、研发任务分发和交付,促进成本降低和提质增效,推动产品技术的跨学科融合创新。鼓励企业通过网络社区等形式广泛征集用户创意,促进产品规划与市场需求无缝对接,实现万众创新与企业发展相互促动。鼓励中国服务外包示范城市、技术先进型服务企业和服务外包重点联系企业积极应用众包模式。

(五)大力实施制造运维众包。支持有能力的大中型制造企业通过互联网众包平台聚集跨区域标准化产能,满足大规模标准化产品订单的制造需求。结合深化国有企业改革,鼓励采用众包模式促进生产方式变革。鼓励中小制造企业通过众包模式构筑产品服务运维体系,提升用户体验,降低运维成本。

(六)加快推广知识内容众包。支持百科、视频等开放式平台积极通过众包实现知识内容的创造、更新和汇集,引导有能力、有条件的个人和企业积极参与,形成大众智慧集聚共享新模式。

(七)鼓励发展生活服务众包。推动交通出行、无车承运物流、快件投递、旅游、医疗、教育等领域生活服务众包,利用互联网技术高效对接供需信息,优化传统生活服务行业的组织运营模式。推动整合利用分散闲置社会资源的分享经济新型服务模式,打造人民群众广泛参与、互助互利的服务生态圈。发展以社区生活服务业为核心的电子商务服务平台,拓展服务性网络消费领域。

五、立体实施众扶,集聚创业创新合力

(八)积极推动社会公共众扶。加快公共科技资源和信息资源开放共享,提高各类公益事业机构、创新平台和基地的服务能力,推动高校和科研院所向小微企业和创业者开放科研设施,降低大众创业、万众创新的成本。鼓励行业协会、产业联盟等行业组织和第三方服务机构加强对小微企业和创业者的支持。

(九)鼓励倡导企业分享众扶。鼓励大中型企业通过生产协作、开放平台、共享资源、开放标准等方式,带动上下游小微企业和创业者发展。鼓励有条件的企业依法合规发起或参与设立公益性创业基金,开展创业培训和指导,履行企业社会责任。鼓励技术领先企业向标准化组织、产业联盟等贡献基础性专利或技术资源,推动产业链协同创新。

（十）大力支持公众互助众扶。支持开源社区、开发者社群、资源共享平台、捐赠平台、创业沙龙等各类互助平台发展。鼓励成功企业家以天使投资、慈善、指导帮扶等方式支持创业者创业。鼓励通过网络平台、线下社区、公益组织等途径扶助大众创业就业，促进互助互扶，营造深入人心、氛围浓厚的众扶文化。

六、稳健发展众筹，拓展创业创新融资

（十一）积极开展实物众筹。鼓励消费电子、智能家居、健康设备、特色农产品等创新产品开展实物众筹，支持艺术、出版、影视等创意项目在加强内容管理的同时，依法开展实物众筹。积极发挥实物众筹的资金筹集、创意展示、价值发现、市场接受度检验等功能，帮助将创新创意付诸实践，提供快速、便捷、普惠化服务。

（十二）稳步推进股权众筹。充分发挥股权众筹作为传统股权融资方式有益补充的作用，增强金融服务小微企业和创业创新者的能力。稳步推进股权众筹融资试点，鼓励小微企业和创业者通过股权众筹融资方式募集早期股本。对投资者实行分类管理，切实保护投资者合法权益，防范金融风险。

（十三）规范发展网络借贷。鼓励互联网企业依法合规设立网络借贷平台，为投融资双方提供借贷信息交互、撮合、资信评估等服务。积极运用互联网技术优势构建风险控制体系，缓解信息不对称，防范风险。

七、推进放管结合，营造宽松发展空间

（十四）完善市场准入制度。积极探索交通出行、无车承运物流、快递、金融、医疗、教育等领域的准入制度创新，通过分类管理、试点示范等方式，依法为众包、众筹等新模式新业态的发展营造政策环境。针对众包资产轻、平台化、受众广、跨地域等特点，放宽市场准入条件，降低行业准入门槛。（交通运输部、邮政局、人民银行、证监会、银监会、卫生计生委、教育部等负责）

（十五）建立健全监管制度。适应新业态发展要求，建立健全行业标准规范和规章制度，明确四众平台企业在质量管理、信息内容管理、知识产权、申报纳税、社会保障、网络安全等方面的责任、权利和义务。（质检总局、新闻出版广电总局、知识产权局、税务总局、人力资源社会保障部、网信办、工业和信息化部等负责）因业施策，加快研究制定重点领域促进四众发展的相关意见。（交通运输部、邮政局、人民银行、证监会、银监会、卫生计生委、教育部等负责）

（十六）创新行业监管方式。建立以信用为核心的新型市场监管机制，加强跨部门、跨地区协同监管。建立健全事中事后监管体系，充分发挥全国统一的信用信息共享交换平台、企业信用信息公示系统等的作用，利用大数据、随机抽查、信用评价等手段加强监督检查和对违法违规行为的处置。（发展改革委、工业和信息化部、工商总局、相关行业主管部门负责）

（十七）优化提升公共服务。加快商事制度改革，支持各地结合实际放宽新注册企业场所登记条件限制，推动"一址多照"、集群注册等住所登记改革，为创业创新提供便利的工商登记服务。简化和完善注销流程，开展个体工商户、未开业企业、无债权债务企业简易注销登记试点。推进全程电子化登记和电子营业执照应用，简化行政审批程序，为企业发展提供便利。加强行业监管、企业登记等相关部门与四众平台企业的信息互联共享,推进公共数据资源开放,加快推行电子签名、电子认证,推动电子签名国际互认,为四众发展提供支撑。进一步清理和取消职业资格许可认定,研究建立国家职业资格目录清单管理制度,加强对新设职业资格的管理。(工商总局、发展改革委、科技部、工业和信息化部、人力资源社会保障部、相关行业主管部门负责)

(十八)促进开放合作发展。有序引导外资参与四众发展,培育一批国际化四众平台企业。鼓励四众平台企业利用全球创新资源,面向国际市场拓展服务。加强国际合作,鼓励小微企业和创业者承接国际业务。(商务部、发展改革委牵头负责)

八、完善市场环境,夯实健康发展基础

(十九)加快信用体系建设。引导四众平台企业建立实名认证制度和信用评价机制,健全相关主体信用记录,鼓励发展第三方信用评价服务。建立四众平台企业的信用评价机制,公开评价结果,保障用户的知情权。建立完善信用标准化体系,制定四众发展信用环境相关的关键信用标准,规范信用信息采集、处理、评价、应用、交换、共享和服务。依法合理利用网络交易行为等在互联网上积累的信用数据,对现有征信体系和评测体系进行补充和完善。推进全国统一的信用信息共享交换平台、企业信用信息公示系统等与四众平台企业信用体系互联互通,实现资源共享。(发展改革委、人民银行、工商总局、质检总局牵头负责)

(二十)深化信用信息应用。鼓励发展信用咨询、信用评估、信用担保和信用保险等信用服务业。建立健全守信激励机制和失信联合惩戒机制,加大对守信行为的表彰和宣传力度,在市场监管和公共服务过程中,对诚实守信者实行优先办理、简化程序等"绿色通道"支持激励政策,对违法失信者依法予以限制或禁入。(发展改革委、人民银行牵头负责)

(二十一)完善知识产权环境。加大网络知识产权执法力度,促进在线创意、研发成果申请知识产权保护,研究制定四众领域的知识产权保护政策。运用技术手段加强在线创意、研发成果的知识产权执法,切实维护创业创新者权益。加强知识产权相关法律法规、典型案例的宣传和培训,增强中小微企业知识产权意识和管理能力。(知识产权局牵头负责)

九、强化内部治理,塑造自律发展机制

(二十二)提升平台治理能力。鼓励四众平台企业结合自身商业模式,积极利用信息化手段加强内部制度建设和管理规范,提高风险防控能力、信息内容管理能力和网络安全水平。引导四众平台企业履行管理责任,建立用户权益保障机制。(网信办、工业和信息化部、工商总局等负责)

(二十三)加强行业自律规范。强化行业自律,规范四众从业机构市场行为,保护行业合法权益。推动行业组织制定各类产品和服务标准,促进企业之间的业务交流和信息共享。完善行业纠纷协调和解决机制,鼓励第三方以及用户参与平台治理。构建在线争议解决、现场接待受理、监管部门受理投诉、第三方调解以及仲裁、诉讼等多元化纠纷解决机制。(相关行业主管部门、行政执法部门负责)

(二十四)保障网络信息安全。四众平台企业应当切实提升技术安全水平,及时发现和有效应对各类网络安全事件,确保网络平台安全稳定运行。妥善保管各类用户资料和交易信息,不得买卖、泄露用户信息,保障信息安全。强化守法、诚信、自律意识,营造诚信规范发展的良好氛围。(网信办、工业和信息化部牵头负责)

十、优化政策扶持,构建持续发展环境

(二十五)落实财政支持政策。创新财政科技专项资金支持方式,支持符合条件的企业通过众创、众包等方式开展相关科技活动。充分发挥国家新兴产业创业投资引导基金、国家中小企业发展基金等政策性基金作用,引导社会资源支持四众加快发展。降低对实体营业场所、固定资产投入等硬性指标要求,将对线下实体众创空间的财政扶持政策惠及网络众创空间。加大中小企业专项资金对小微企业创业基地建设的支持力度。大力推进小微企业公共服务平台和创业基地建设,加大政府购买服务力度,为采用四众模式的小微企业免费提供管理指导、技能培训、市场开拓、标准咨询、检验检测认证等服务。(财政部、发展改革委、工业和信息化部、科技部、商务部、质检总局等负责)

(二十六)实行适用税收政策。加快推广使用电子发票,支持四众平台企业和采用众包模式的中小微企业及个体经营者按规定开具电子发票,并允许将电子发票作为报销凭证。对于业务规模较小、处于初创期的从业机构符合现行小微企业税收优惠政策条件的,可按规定享受税收优惠政策。(财政部、税务总局牵头负责)

(二十七)创新金融服务模式。引导天使投资、创业投资基金等支持四众平台企业发展,支持符合条件的企业在创业板、新三板等上市挂牌。鼓励金融机构在风险可控和商业可持续的前提下,基于四众特点开展金融产品和服务创新,积极发展知识产权质押融资。大力发展政府支持的融资担保机构,加强政府引导和银担合作,综合运用资本投入、代偿补偿等方式,加大财政支持力度,引导和促进融资担保机构和银行业金融机构为符合条件的四众平台企业提供快捷、低成本的融资服务。(人民银行、证监会、银监会、保监会、发展改革委、工业和信息化部、财政部、科技部、商务部、人力资源社会保障部、知识产权局、质检总局等负责)

(二十八)深化科技体制改革。全面落实下放科技成果使用、处置和收益权,鼓励科研人员双向流动等改革部署,激励更多科研人员投身创业创新。加大科研基础设施、大型科研仪器向社会开放的力度,为更多小微企业和创业者提供支撑。(科技部牵头负责)

(二十九)繁荣创业创新文化。设立"全国大众创业万众创新活动周",加强政策宣传,展示创业成果,促进投资对接和互动交流,为创业创新提供展示平台。继续办好中国创新创业大赛、中国农业科技创新创业大赛等赛事活动。引导各类媒体加大对四众的宣传力度,普及四众知识,发掘典型案例,推广成功经验,培育尊重知识、崇尚创造、追求卓越的创新文化。(发展改革委、科技部、工业和信息化部、中央宣传部、中国科协等负责)

(三十)鼓励地方探索先行。充分尊重和发挥基层首创精神,因地制宜,突出特色。支持各地探索适应新模式新业态发展特点的管理模式,及时总结形成可复制、可推广的经验。支持全面创新改革试验区、自由贸易试验区、国家自主创新示范区、战略性新兴产业集聚区、国家级经济技术开发区、跨境电子商务综合试验区等加大改革力度,强化对创业创新公共服务平台的扶

持,充分发挥四众发展的示范带动作用。(发展改革委、科技部、商务部、相关地方省级人民政府等负责)

各地区、各部门应加大对众创、众包、众扶、众筹等创业创新活动的引导和支持力度,加强统筹协调,探索制度创新,完善政府服务,科学组织实施,鼓励先行先试,不断开创大众创业、万众创新的新局面。

国务院
2015 年 9 月 23 日

商务部、北京市人民政府关于印发《北京市服务业扩大开放综合试点实施方案》的通知

京政发〔2015〕48 号

各有关单位:

现将《北京市服务业扩大开放综合试点实施方案》印发给你们,请认真贯彻执行。

商务部
北京市人民政府
2015 年 9 月 13 日

北京市服务业扩大开放综合试点实施方案

为贯彻落实《国务院关于北京市服务业扩大开放综合试点总体方案的批复》(国函〔2015〕81 号)要求,全面落实各项试点任务,特制定本方案。

一、总体思路

按照国务院关于在北京市开展服务业扩大开放综合试点的决策部署,紧紧围绕京津冀协同发展和"一带一路"等国家战略,立足首都城市战略定位,以扩大开放为先导,以体制机制改革为核心,创新政府公共服务,选取服务业重点领域先行先试,稳步扩大试点范围,推动形成国际化、法治化、透明化的服务业促进体系,构建与国际接轨的服务业扩大开放新格局,提升京津冀区域整体开放和发展水平,为探索开放型经济新体制作出贡献。

二、试点原则

（一）服务大局。服从和服务于京津冀协同发展和"一带一路"等国家战略，在有序疏解北京非首都功能的基础上，充分发挥京津冀协同发展优势，推动服务业合理布局、健康发展。

（二）主动开放。动态调整充实服务业扩大开放清单，逐步向新业态延伸，主动争取更多国家层面改革开放措施在京先行先试，不断拓展服务业开放的深度和广度。

（三）改革创新。积极对接国家全面深化改革的各项政策措施，转变政府服务和监管方式，优化政策环境、制度环境和公共服务体系，放宽政策，放开市场，放活主体。

（四）渐进推动。选取发展较为成熟、市场潜力较大的领域和部分区域先行先试，滚动推出开放措施，稳步扩大试点范围，推进服务业有序开放。

（五）风险可控。加强风险评估和跟踪预警，注重纠错调整，科学把握开放程度和节奏，积极防范各种潜在风险。

三、主要目标及步骤

试点期自2015年5月5日起至2018年5月4日结束，为期3年。通过放宽市场准入、改革监管模式、优化市场环境，形成在全国可复制、可推广的经验，使北京市服务业扩大开放综合试点成为国家全方位主动开放的重要实践。试点工作共分为三个阶段：

（一）启动阶段。自2015年5月5日至2015年9月30日。启动首批开放措施，选取部分领域和区域率先开始试点，着力搭建服务业扩大开放的产业发展平台、政策集成平台和公共服务平台。

（二）深化阶段。自2015年10月1日起进入实施深化阶段。全面落实总体方案的各项要求，进一步拓展试点工作的深度和广度，滚动推出服务业扩大开放新措施，形成相对完善的政府监管和公共服务体系，推动北京市服务业整体转型升级。

（三）总结阶段。试点任务完成前的一个时间段。总结试点工作成效，形成在全国可复制、可推广的经验。

四、主要任务及措施

（一）聚焦重点领域，构建服务业扩大开放新格局

1. 科学技术服务领域

打造全国科技创新高地。紧紧围绕全国科技创新中心的首都城市战略定位，聚焦中关村国家自主创新示范区（以下简称中关村示范区）建设具有全球影响力的科技创新中心，大力发展基于信息技术的科技服务、电子商务等产业。吸引跨国公司自建或共建研发机构，参与产业技术研发平台建设，鼓励其在京设立研发总部。以中国国际技术转移中心为载体，加快国家技术转移集聚区建设，打造辐射全国、链接全球的技术转移枢纽。加快首都科技条件平台建设，推动科技基础设施共建共享。吸引国内外标准、计量、检测、认证服务机构在京发展。放宽对

外资创业投资基金的投资限制,鼓励中外合资创业投资机构发展。支持创业投资机构加大对境外高端研发项目的投资,分享高端技术成果。支持在京建设众创空间,引导和鼓励国内资本与境外合作在京设立创新创业孵化平台,引进境外先进创业孵化模式,提升创新型孵化器孵化能力。

支持中关村示范区建设互联网金融创新中心。在国家有关部门的指导下,研究制定中关村示范区开展互联网金融综合试点的总体方案。支持互联网金融企业开展产品、服务和商业模式创新。建设中关村示范区互联网金融信用信息平台,探索基于互联网和大数据的信用评价和风险管理机制。推动数据资产的商品化、证券化,探索形成大数据交易的新模式。积极支持中关村示范区创造条件开展股权众筹融资试点,探索形成社会资本(含外资)投向科技型、创新型、创业型企业的资本筹集机制。

加快科技服务全球化进程。对拟将代表机构住所设在中关村示范区的境外科技类、教育类、经济类非政府组织,按照国家有关法律法规办理登记手续。对境外组织或个人发起设立科技类、经济类民办非企业单位进行试点登记。鼓励知识产权服务机构开展境外服务,支持科研院所、高校和企业在境外申请专利,积极参与国际标准制定。

降低技术服务领域外资准入门槛。取消外资工程设计(不含工程勘察)企业首次申请资质时对其投资者工程设计业绩的要求;取消外商投资飞机维修项目的中方控股限制。

2. 互联网和信息服务领域

推进新兴产业国际合作。鼓励外资进入软件及信息服务、集成电路设计等新兴产业。研究设立高精尖产业发展基金,推进云计算、物联网、移动互联网等领域的重点企业、项目的发展。吸引跨国公司在京设立研发中心、离岸服务中心、经营总部,通过人才引进、技术引进、合作开发等方式开展合资合作。

鼓励外资企业在京开展高端服务外包业务。优化高端服务外包业务发展的政策环境,打造全球领先的接包地。开拓服务外包新业态,对从事经营性电子商务、互联网营销推广等新型业务的企业加大支持力度,积极争取开展服务贸易企业出口收入存放境外试点。

完善跨境电子商务运行管理模式。建立健全符合跨境电子商务特点的政策和监管体系,依托企业信用信息公示系统对经营主体实施信用管理,对进出口商品实行负面清单管理、质量安全风险监管和集中申报、集中查验、集中放行。优化出口退税流程。鼓励境外电子商务企业在北京市注册。扩大跨境外汇支付试点范围,推动移动金融在跨境电子商务领域的规范化应用。发挥首都区位优势,推动"智能口岸仓"、"海外仓"建设,促进线上线下(O2O)直购体验店、配送网店等新型经营模式的发展。积极对接境外主流电商平台和营销渠道,促进境内外电子商务企业融合发展。

3. 文化教育服务领域

推进文化服务领域有序开放。在国家法律法规允许范围内,鼓励国内外著名文化创意、制作、经纪、营销机构与北京市文化企业合资合作。在石景山区国家服务业综合改革试点区、天竺综合保税区文化保税园、朝阳区国家文化产业创新实验区和平谷区中国乐谷园区,允许外商投资者独资设立演出经纪机构,在全市范围内提供服务。试点著作权、专利权、商标权等无形文化资产的融资租赁。创新文化服务海外推广模式,支持以传统手工技艺、武术、戏曲、民族音乐和舞蹈等为代表的非物质文化遗产与旅游、会展相结合的商业开发模式。借助知名艺术节、友好城市、文化机构,开展境外巡演、艺术品展览等商业化运作。探索以市场化方式将北京文化庙会推向世界。进一步精简文化、新闻出版广播影视行政审批事项,降低文化市场经营主体准入门槛,简化审批程序。鼓励北京市文化企业与国内外机构合作建设、改造电影院,合拍影视剧。鼓励广播影视、新闻出版等企业以项目合作方式进入国际市场。推进非公有制文化企业参与对外专项出版业务试点。

扩大教育开放合作。支持在我国境内合法设立的外国机构、外资企业按照相关法律法规在北京市设立外籍人员子女学校。根据《中华人民共和国中外合作办学条例实施办法》(教育部令第20号)有关规定,中外合作办学者一方可以与其他社会组织或者个人签订协议,引入办学资金。支持首都高校引入境外优质教育资源,与世界知名高校合作办学。

4. 金融服务领域

支持社会资本(含外资)进入金融服务领域。支持符合准入条件的各类资本依法发起设立消费金融公司、汽车金融公司、金融租赁公司等非银行金融机构。优化金融机构股权结构,在符合相关法律法规的前提下,为外资银行在京设立分支机构,以及民营企业与外资银行共同设立中外合资银行提供便利。支持设立外资健康医疗保险机构,探索商业保险参与基本医疗、基本养老服务体系建设,创新重大疾病、长期护理等方面的保险产品和服务。支持符合条件的内资和外资机构依法申请设立银行卡清算机构,参与国内人民币银行卡清算市场。

丰富金融市场层次和品种。健全多层次资本市场体系,拓宽企业直接融资渠道。推动特殊股权结构类创业企业在境内上市。支持在京金融机构参与信贷资产证券化试点,支持在京商业银行发行创新型资本工具补充资本。在符合法律法规、商业可持续、风险可控的前提下,支持有实力的金融机构通过设立境外分支机构、并购等多种方式开展境外业务,进一步推动证券公司等金融机构在境外开展国际业务。

5. 商务和旅游服务领域

推进商务服务领域扩大开放。放开会计审计、商贸物流、电子商务等领域外资准入限制,鼓励外资投向创业投资、知识产权服务等商务服务业,支持外资以参股、并购等方式参与国内商务服务企业改造和重组。允许外商在北京市投资设立资信调查公司,促进境外资信调查公司在京落地并开展法人化经营。允许取得我国注册会计师资格的港澳专业人士担任北京市合伙制会计师事务所合伙人。为北京市会计师事务所设立境外分支机构、开拓国际业务提供政策支持。鼓励境外知名企业与北京市咨询服务机构建立合作机制,支持有实力的咨询服务类企业建立境外子公司或分支机构,推动北京市企业在全球范围内提供对外投资、融资管理、工程建设等领域的高端咨询服务。大力推动发展国际性智库,将北京市建成国际性智库集聚地。在中关村示范区设立中外合资人才中介机构,外方合资者可拥有不超过70%的股权。培育产业化、信息化的国际人才服务市场体系。

加快旅游业对外开放。鼓励外商投资旅游业,参与商业性旅游景区(景点)开发建设,投资旅游商品和设施。推动出台中外合资旅行社开展出境旅游业务试点管理办法,支持在京设立并符合条件的中外合资旅行社从事除台湾地区以外的出境旅游业务。推进北京市旅游管理、设施、服务与国际先进标准接轨。发挥世界旅游城市联合会的平台作用,完善北京市旅游宣传推广体系。优化入境旅游通关环境,加大72小时过境免签政策和配套旅游产品的宣传推广力度,发挥境外旅客购物离境退税政策对京津冀旅游业整体发展的带动作用。

提升展览业国际化水平。完善与有关国际组织的合作机制,提高中国(北京)国际服务贸易交易会、中国北京国际科技产业博览会等品牌会展的国际化水平。研究制定北京市展览业发展布局规划和促进其发展的政策措施,引进国际知名展会在北京市合作办展,实现国内外展览业资源整合、优势互补。

提高生活性服务业品质。制定实施北京市提高生活性服务业品质行动计划,推动生活性服务业规范化、连锁化、便利化、品牌化、特色化发展。积极支持社会资本(含外资)参与传统商业转型升级、城市物流体系建设和老字号品牌保护与发展。建立健全服务消费统计指标体系,引导服务经济转型升级。

6. 健康医疗服务领域

加快形成医疗服务多元化发展格局。支持社会力量以出资新建、参与改制、托管、公办民营等多种方式进入医疗服务业。支持社会办医疗机构参与区域医联体建设。按照逐步开放、风险可控的原则,落实有关中外合资合作及在京港澳医疗机构的审批政策。允许举办中外合资非营利性医疗机构,提供基本医疗卫生服务。部分下放外国医师在京行医注册的审批权限,简化诊所审批程序。实行医疗机构及执业人员(包括医师、护士)电子化注册。引导外资投向康复护理、老年护理、家庭护理以及母婴照料、心理健康等保健服务领域。推动食品药品医疗器械研发中心、国际认证服务机构、创新药物和医疗器械数据平台等落户中关村核心区。

建立中医药服务贸易促进体系。推动北京市建设全国中医药服务贸易示范市,建立以国际市场为导向的中医药服务贸易促进体系。在北京市和海外建设一批中医药服务贸易示范基地,将朝阳区建成北京中医药服务贸易示范区。打造中医健康旅游示范基地和旅游线路。发挥中医药服务贸易龙头企业的示范引领作用,拓宽海外市场推广渠道,树立中医药服务的国际品牌。

推动体育服务业国际化发展。支持有条件的体育企业加强与境外体育文化机构的项目合作,通过海外并购、联合经营、设立分支机构、共建出口基地和营销基地等方式,推动体育文化产品和服务出口,开拓境外市场。鼓励境外体育服务类和科技类企业进入北京市发展。

7. 深化对外投资管理体制改革

优化对外投资管理服务。确立企业和个人对外投资的主体地位,简化企业境外投资核准程序,实行以备案制为主的管理模式,实现境外直接投资无纸化备案,逐步探索委托区县政府开展境外投资备案管理。支持企业设立境外投资服务平台、境外资本运营中心、投资管理中心,支持中关村示范区设立海外分园,提供境外投资市场咨询、政策辅导和运营管理等专业服务。鼓励北京市会计、税务、法律、咨询、评估、市场调查等中介服务机构开展跨境业务,并在境外设立中介服务机构。创新科技企业境外投资管理制度,简化中关村企业外汇资本金结汇手续。

支持企业开展境外投资合作。支持北京市企业设立海外研发机构,开展海外技术收购。鼓励北京市企业到境外开展绿地投资、并购投资、证券投资、联合投资。鼓励各类服务业企业通过境外产业集聚区、经贸合作区、工业园区、商务服务园区、经济特区等开拓国际市场。支持企业通过在境外设立研发中心、合资企业、产业投资基金等多种方式,开展研发、生产、物流、销售等国际化经营,创建海外分销中心、展示中心等国际化营销和物流服务网络,培育国际知名品牌。

加大对企业"走出去"的支持力度。依托北京市外经贸发展引导基金和外经贸担保服务平台,对北京市服务业"走出去"项目提供资金支持。支持在境外产业聚集区设立商务服务中心或孵化基地,同时加强与我国各类驻外服务机构的沟通,为企业"走出去"提供全方位的境外服务。支持金融机构在企业"走出去"的重点国家和地区设立金融服务网点,为企业提供金融支持。加大政策性保险支持力度,鼓励保险机构创新业务品种、完善投保平台功能。不断优化对"走出去"企业的税收服务。

(二)创新体制机制,建设科学透明的服务业促进体系

1.优化社会信用环境

健全企业信用管理体系。不断完善企业信用信息管理办法,实施统一的社会信用代码制度,建立信用评价指标体系。依托北京市企业信用信息公示系统,整合六大重点领域企业信用信息资源,促进行政许可、资质审查备案、行政处罚、日常监管、消费投诉、行业自律、司法裁决执行等信息的归集共享,加大企业信用信息公示力度。构建守信激励机制,对守信主体实行业务优先办理、简化程序等激励政策。建立服务业企业"黑名单"制度,对列入经营异常名录和严重违法名单的企业,在政府采购、企业上市、快速通关、网络交易等领域实行"一处失信、处处受限"。建立外商投资信息报告制度和外商投资信息公示平台,形成政府各部门协同监管、社会公众共同监督的外商投资全程监管体系。

加强知识产权运用和保护。完善知识产权服务体系,推动开展知识产权评估、流转、融资等服务。建设全国知识产权运营公共服务平台,以市场化方式开展知识产权运营服务试点。推动知识产权托管扶助工作,加强专利试点、专利示范单位培育工作,促进产业知识产权联盟建设与发展。建立知识产权海外维权援助服务平台,帮助企业规避知识产权海外风险。建立健全知识产权保护长效机制,打击各类侵权行为。

2.完善市场监管和公共服务模式

推进工商注册便利化。全面简化服务业企业准入流程,推进全程电子化登记,实现"三证合一、一照一码"。进一步下放外商投资企业登记审批权限,探索开展服务业企业跨区域登记工作,在全市逐步实现"就近办理、跨区登记"的通办服务。在中关村示范区实行服务业工商登记制度先行先试改革。

健全事中、事后监管体系。建立分类风险管理机制,完善以随机抽查、重点检查、举报核查为主的日常监管制度,对有失信记录的企业加大检查频次。建立定期分析和风险研判机制,运用大数据,综合分析服务业企业相关信息,识别监管风险,明确监管重点。完善投诉举报管理制度,规范处理流程,维护市场经营秩序。

推动社会共治。强化企业主体责任,引导企业增强法律意识、诚信意识和自律意识。充分发挥行业协会和企业商会在规范行业行为、调解矛盾纠纷、促进行业自律、维护行业公平等方面的积极作用。加强社会监督和舆论监督,引导社会公众参与市场监管。

建立"开放北京"公共信息服务平台。依托互联网和信息化技术,建设集内外贸公共服务、双向投资公共服务、人才公共服务及相关配套服务等于一体的综合公共信息服务平台,公开政府数据信息,为服务业企业发展提供更加便捷高效的服务。

开展电子发票与电子会计档案试点。在北京市逐步扩大电子发票应用范围,研究制定北京市电子会计档案管理办法,推动电子发票与电子会计档案试点取得新突破。

3. 创新高端人才聚集机制

加大对六大重点领域海外高层次人才的引进力度。对符合条件的海外高层次人才及其配偶、子女申请多次往返签证或居留许可，由人力社保、公安部门按规定快速办理。对拟引进的外籍高层次人才申请永久居留，由人力社保、公安部门开辟绿色通道，快速受理上报。优化外籍人员在中关村示范区创办科技型企业的审批流程，营造良好的创新创业环境。

4. 加大金融保障力度

深化外汇管理改革。加快推进资本项目可兑换，积极争取国家外汇管理改革政策在京先行先试。简化境外投资外汇登记程序，在中关村示范区境外并购外汇管理改革试点的基础上，逐步扩大试点范围。

促进跨境投融资便利。鼓励服务业企业广泛参与国际并购重组活动。结合国家"一带一路"战略，研究拓展境外发债等投融资渠道，推动设立促进北京市企业"走出去"的有关基金，将相应基金管理公司打造成北京市重大项目海外发债平台。鼓励社会资本(含外资)设立跨国并购基金，参与北京市企业跨国并购重组业务。

创新金融服务方式。探索银行业机构与股权投资机构的联动机制。推动设立专门服务于科技创新型企业的中小银行。探索中小型企业信用增进新模式。加大对服务业企业的信贷支持力度，逐步允许在京注册的服务业企业、非银行金融机构以及其他经济组织从境外融入本外币资金以满足经营需要。

5. 提高通关便利化水平

促进空港贸易便利化。依托首都机场及天竺综合保税区，围绕口岸物流和大通关平台两个关键环节，通过流程再造、资源整合和政策创新，实现国际贸易在口岸运作环节的便利化，建设具有国际先进水平的空港贸易便利化示范区，推动航空枢纽港建设，进一步促进首都临空经济发展。

推动关检监管制度改革。探索在异地关检部门间实行"一次申报、一次查验、一次放行"的新模式，为在北京市的总部企业提供全国范围的一揽子通关服务。加快口岸"单一窗口"建设，同步推动通关一体化和通检一体化改革，继续加快通关无纸化进程，实现信息互换、监管互认、执法互助。在首都机场海关加快推动多式联运监管模式改革试点。推动落实AEO(经认证的经营者)制度，实行差别化通关管理。在北京市所有符合条件的集成电路设计企业推广保税监管政策。探索跨境电子商务线上监管模式，依托统一的跨境电子商务公共信息平台，实施多维码验放和分类通关，实现跨境电子商务的智能化监管和无障碍通关。改进跨境电子商务进口检验检疫监管方式，对进口强制性认证范围内产品和进口食品境外生产企业注册实施范围内产品，简化相关手续。

发挥海关特殊监管区域优势。依托海关特殊监管区域，支持研发设计、市场营销、售后服务等生产性服务业发展；依托国家级对外文化贸易基地，推动文化贸易发展。支持六大重点领域和中关村示范区软件园、生命科学园、动漫园等区域内符合条件的企业设立保税仓库。试点简化生物医药研发所需特殊物品出入境审批手续。创新会展、拍卖等服务业企业所需国际展品、艺术品等的监管模式。对强制性认证展品实行检验检疫备案核销制，简化参展食品、化妆品申报手续。在执行货物进口税收政策的前提下，在海关特殊监管区域内设立保税展示交易中心。支持在天竺综合保税区内开展融资租赁业务。

五、保障措施

(一)加强组织领导

成立北京市服务业扩大开放综合试点工作领导小组,由市长担任组长,常务副市长和分管副市长担任副组长,各相关单位为领导小组成员单位,领导小组负责组织领导、统筹协调试点工作。领导小组下设专家咨询委员会,为试点工作提供决策咨询服务。领导小组办公室设在北京市商务委,承担日常工作,办公室主任由分管副市长兼任。办公室下设5个工作组,负责研究相关领域试点工作并推动任务落实。

(二)强化部市合作

北京市与商务部共同建立部市协调机制,研究解决试点过程中遇到的重大问题,主动争取有关国家部委对试点工作的支持。建立完善部门联动、市区(县)协同、社会力量参与的工作协调机制,实现政策制定、执行与监督环节的有效衔接,形成分工明确、高效有序的管理体制。

(三)建立重点企业库

在六大重点领域选取有代表性的企业组成重点企业库,根据服务业扩大开放综合试点工作推进情况,不断扩充企业名单。以重点企业库为跟踪对象,动态检验试点措施的实施效果;对运营规范、信用度高的企业,按照"政策上优惠、管理上优待"的原则,先期进行服务和监管创新,尽快取得实质效果。

(四)健全工作机制

建立持续推进机制,制定阶段性任务目标和工作计划,滚动推出开放措施,不断创新服务和监管模式;建立产业预警机制,配合国家有关部门试点建立与开放市场环境相匹配的产业预警体系,及时发布产业预警信息;建立容错纠错机制,加强对试点工作的跟踪、评估、纠错,畅通专家、媒体、公众共同参与监督的渠道,发现问题,及时调整;建立督查机制,把各项试点任务纳入北京市政府督查事项跟踪督办。

关于促进东北老工业基地创新创业发展打造竞争新优势的实施意见

发改振兴[2015]1488号

辽宁省、吉林省、黑龙江省、内蒙古自治区、大连市发展改革委,科技厅(局),人力资源社会保障厅(局),中科院有关院属机构:

实施东北地区等老工业基地振兴战略以来,东北地区自主创新能力不断提升,创新创业环境得到改善,但制约科技与经济结合的体制机制障碍依然突出,创业活动不活跃,新兴产业发展滞后,科教优势未能有效转化为经济优势。为贯彻落实《国务院关于近期支持东北振兴若干重大政策举措的意见》(国发〔2014〕28号),应对东北经济不断加大的下行压力,推动东北老工业基地发展方式由主要依靠要素驱动向更多依靠创新驱动转变,再造区域竞争新优势,提出以下意见。

一、总体要求

(一)指导思想。贯彻落实党的十八大和十八届三中、四中全会精神,深入学习贯彻习近平总书记系列重要讲话精神,按照党中央、国务院决策部署,深刻认识、主动适应经济发展新常态,深化体制机制改革,完善创新创业发展环境,实施创新驱动发展战略,激发区域创新活力和创业热情,推进全民创业带动产业繁荣,推动东北老工业基地经济保持中高速增长、产业结构向中高端迈进。

(二)基本原则。

问题导向,重点突破。坚持把破解制约东北创新创业发展的突出矛盾作为出发点,打通科技成果向现实生产力有效转化通道,依靠创新创业促进产业转型升级。

深化改革,激发活力。围绕提升东北地区市场化程度、深化国有企业和科研院所管理体制改革、推进全面创业等重点施策,充分释放区域创新创业活力。

创新驱动,转型升级。在东北地区建立市场导向的技术创新体系,围绕产业链部署创新链,依托"互联网+"、云计算、大数据等,促进传统产业提质增效,支持新兴产业和新业态大发展,形成发展新动力。

人才为本,强化激励。把留住人才放在优先位置,积极引进人才,使科研人员获得与贡献相匹配的待遇和尊严,使创新创业在东北老工业基地蔚然成风。

上下联动,形成合力。统筹好中央政府顶层设计和地方政府责任主体之间的关系。国务院有关部门加强指导和协调,东北地方政府相关部门充分发挥主观能动性,扎实推进各项工作。

二、完善促进创新创业发展的体制机制

(三)进一步推进政府简政放权。东北地方政府相关部门要进一步深化行政审批制度改革,全面清理、调整与创新创业相关的审批、认证、收费、评奖事项,将保留事项向社会公布。深化商事制度改革,市场主体住所(经营场所)登记允许"一址多照"和"一照多址",实现营业执照、组织机构代码证、税务登记证和社会保险登记证等"多证合一"。完善市场准入"一个窗口"制度,推进"先照后证"改革。按照《辽宁省企业投资项目管理体制改革试点方案》要求,抓好鞍山市、沈阳市铁西区投资项目管理体制改革试点,尽快形成可复制可推广的经验并全面实施。

(四)建立健全产权保护机制。加强专利执法、商标执法和版权执法,加强行政执法部门与司法机关之间信息互联互通。加强对重点产业、关键核心技术、基础前沿领域知识产权保护力度。支持企业、产业技术联盟构建专利池,建设基于互联网的研究开发、技术转移、检测认证、知识产权与标准、科技咨询等服务平台。加强对各类企业法人财产权的保护。依法保护企业

家创新收益。企业以法人财产权依法自主经营、自负盈亏,有权拒绝任何组织和个人无法律依据的要求。

(五)**完善科技创新资金分配机制**。深化地方科技计划(专项、基金等)管理改革,优化整合资源,建立目标明确和绩效导向的管理制度。地方财政科技资金进一步加大对科技型中小微企业支持力度,积极引导社会资本和金融资本支持创新创业。更多运用财政后补助、间接投入等方式,支持企业开展创新活动。探索采用创新券、创业券等方式,支持企业购买高校和科研院所科技成果和科技服务。

(六)**加快社会信用体系建设**。选择有条件的地区,开展重点高新技术企业信用评级试点工作,建立高新技术企业信用报告制度,开展信用融资。推动地方政府建立完善覆盖所有社会成员的统一信用信息共享平台,实现信用信息的互联互通与资源共享,构建"互联网+监管"机制。开展信用"红、黑名单"建设,构建守信激励和失信惩戒机制,营造"守信光荣、失信可耻"的社会舆论氛围。

(七)**深化国有企业改革提升创新效率**。坚持国有企业改革的市场化方向,探索混合所有制的多种实现形式,增强企业的创新活力和竞争力。推动总部在东北的商业类中央企业将产能严重过剩领域的国有资本有序向关键性、战略性、基础性和先导性行业领域调整集中。东北各省(自治区)修订省属国企负责人考核制度,针对不同行业分类指导,加大技术创新指标在业绩考核中的比重,在本省(自治区)各选择若干个国有企业开展研发投入按一定比例视作经营利润的考核改革试点。研究制定国有企业对重要技术人员和经营管理人员实施股权激励和分红激励的实施办法。

(八)**支持民营企业提高创新能力**。鼓励有条件的民营企业设立院士专家工作站,加强科研基地建设。落实和完善政府采购促进中小创新企业发展的相关措施,放宽民营企业进入军品科研生产和维修的准入领域和采购范围。支持民营企业牵头承担国家科技项目,组建产业与技术创新联盟。推动完善中小企业创新服务体系,建立中小企业公共技术服务联盟。东北高校和科研院所要积极面向社会开放科研和检测平台,为中小企业创新创业活动提供仪器设备和人才支撑。

(九)**营造鼓励创新创业的文化氛围**。树立崇尚创新、宽容失败的价值导向,大力培育企业家精神和创客文化。高校、科研院所和职业院校要深化教育改革,营造敢为人先、敢冒风险的氛围与环境,培养学生创新精神、创业意识和创新创业能力。充分利用微博、微信等网络新媒体,生动讲述老工业基地艰苦奋斗、开拓进取的创新创业故事。充分发挥社会组织的作用,积极开展各类公益活动。

三、建立市场导向的技术创新体系

(十)**以企业为主体推进创新链整合**。以突破制约东北产业发展关键核心技术、延伸产业链条、培育新兴产业集群为目标,组织实施东北振兴重大创新工程,打通基础研究、应用开发、中试和产业化之间的创新链条。支持机器人、轨道交通、石墨等东北现有国家级产业与技术创新联盟开展协同创新,突破产业发展技术瓶颈。加强航空装备、半导体装备、生物制药等东北现有省级产业与技术创新联盟能力建设。在现代农牧业机械装备、碳纤维、光电晶体材料装备、生物育种、云计算等领域积极培育发展一批产业与技术创新联盟。实施企业创新百强工程,开展区域骨干企业创新转型试点。深入实施国家技术创新工程。以产业与技术创新联盟为重点(见附件),支持东北创新链整合。

(十一)**大力促进高校和科研院所成果转化**。推行职称分类评审,将科技成果转化情况和技术合同成交额作为高校院所考核评价的重要指标,将科技成果转化纳入科技人员考评体系,对在技术转移、科技成果转化中贡献突出的,可破格评定相应专业技术职称。东北地区高校和科研院所要明确科技成果使用权、处置权和收益权管理的办事机构及工作流程。结合事业单位养老保险制度改革,支持东北地区制定出台科研人员在企业与事业单位之间流动社保关系转移接续政策措施。

(十二)**建设创新基础平台**。在吉林省布局综合极端条件试验装置、在黑龙江省布局空间环境地面模拟装置等国家重大科技基础设施。鼓励中科院院级技术创新与转化平台、黑龙江省工业技术研究院、沈鼓—大工研究院、远大科技园和长春中俄科技园等探索支持创新创业发展的新模式。实施中科院"率先行动"计划,在东北地区共同支持建设沈阳材料科学国家(联合)实验室、中科院机器人与智能制造创新研究院、吉林省精密光电领域国家重大创新基地。支持中国农业科学院果树研究所(兴城)建立北方果树良种苗木繁育和技术转化中心。

(十三)**打造东北创新创业发展新高地**。在沈阳开展全面创新改革试验,授权其在知识产权、科研院所、高等教育、人才流动、国际合作、金融创新、激励机制、市场准入等方面进行改革试验,研究提出一批适合东北特点和实际的创新政策,及时总结推广经验,发挥示范带动作用。支持大连金普新区等国家级新区加强体制机制创新和自主创新,引领发展方式转变。积极推动沈阳—大连高新区设立国家自主创新示范区,研究国家自主创新示范区在东北其他地区的布局,形成东北创新创业发展的重要支撑带。开展创新型省份建设试点,推进沈阳、大连、长春、哈尔滨等创新型试点城市建设,带动区域创新驱动发展。依托城区老工业区或其搬迁改造承接区,建设老工业基地创新创业发展示范区,打造老工业城市竞争新优势,中央预算内城区老工业区搬迁改造等专项资金支持示范区创新创业能力建设。鼓励铁岭、四平、通辽等地开展协同创新合作,做大做强东北省际间经济发展带,培育后发优势区域。深化与京津冀、环渤海地区融合发展,建设东戴河中关村合作园区,积极承接中关村、中科院产业转移和科技成果转化。通过打造创新创业发展新高地,形成东北新的增长极和增长带。

(十四)**加强对外创新合作**。通过双边科技合作机制,推进东北地区与周边国家科技合作,推动农业相关园区与美大地区创新合作。加强哈尔滨、长春、呼伦贝尔、丹东、延边等地国家国际科技合作基地建设。支持沈阳中德高端装备制造产业园、大连中日韩循环经济示范基地、大连中以高技术产业合作重点区域建设。按照国务院统一部署,支持大连跨境电商综合试验区建设。优先支持东北装备"走出去"和国际产能合作,支持装备制造企业并购海外科技型企业,设立海外研发机构,开展国际行业标准对接和产品认证,鼓励依托互联网建设"走出去"综合服务平台。加强边境口岸改造及查验设施建设,实现统一电子通关,促进发展跨境电子商务。

四、促进大众创业

(十五)**推动壮大创业者群体**。东北地方政府相关部门要积极出台扶持本地创业的政策举措。组织实施东北地区创业导师计划，建设一批高水平创业导师队伍。对于高校、科研院所等事业单位专业技术人员离岗创业的，经原单位同意可在3年内保留人事关系，与原单位其他在岗人员同等享有参加职称评聘、岗位等级晋升和社会保险等方面的权利。鼓励高校和科研院所开发开设大学生创新创业教育课程，依托科技企业孵化器、大学科技园等机构搭建创业教育实践平台。支持高校为有意愿、有潜质的学生制定创新创业培养计划，设立学生创业基金，建设学生创业孵化器。允许学生在完成学业的前提下休学创业。落实支持劳动者创业的税费减免、担保贷款、场地安排等扶持政策，加强培训和服务，支持下岗失业人员、退役军人、返乡农民工等群体创业。鼓励利用现有乡镇工业园区、闲置厂房校舍和科研培训设施等为农民创新创业提供孵化服务。

（十六）**加快构建众创空间**。支持东北地区汽车电子、生物医药等特色专业孵化器建设。改造利用老厂区老厂房，为创业者提供个性化的创业空间。鼓励发展"大连科技指南针"等科技创业服务平台，葫芦岛泳装产业、辽源袜业等电子商务公共服务平台。支持沈阳、哈尔滨开展小微企业创业创新基地城市示范工作。在东北地区组织开展创新创业大赛、科技创新创业人才投融资集训营，为创业者与投资机构提供对接平台。

（十七）**加大创业投资支持**。推动各类政策性产业投资基金、创业投资引导基金加大对东北地区的支持。加快推进东北有条件的地区设立创业投资引导基金。鼓励国家级、省级经济技术开发区和高新技术开发区设立创业投资引导基金。创新债券品种，通过专项债券支持东北地区创新创业。全面落实创业投资税收优惠政策，完善外商投资创业投资企业规定，引导支持大众创业。

五、打造产业竞争新优势

（十八）**推动"互联网＋现代农业"发展**。推动互联网与农业生产、经营、管理、服务各环节加速融合，培育一批网络化、智能化、精细化的现代种养模式，加快完善新型农业经营体系，建立健全农产品质量安全保障、农业信息监测预警等管理服务体系，打造高端绿色有机食品产业，推进农村一二三产业融合发展。大力推进绿色食品、地理标志农产品品牌建设，培育五常大米、大小兴安岭和长白山林区林特产品、蒙东牛羊肉、辽东海产品等一批国内外知名品牌。鼓励建设东北优质农畜产品展示展销中心，积极开展网上经营，加强农产品全程冷链物流体系建设，实现线上线下融合发展。

（十九）**促进传统制造业提质增效**。加快推进新一代信息技术与制造业深度融合，促进工业互联网、云计算、大数据在企业研发设计、生产制造、经营管理、销售服务等全流程和全产业链的综合集成应用。在东北地区实施服务型制造行动计划，引导和支持制造业企业延伸服务链条，从主要提供产品制造向提供产品和服务转变。鼓励优势制造业企业剥离生产性服务业，通过业务流程再造，提供社会化、专业化服务。推进钢铁、有色、化工、建材等行业绿色改造升级，加快机械、船舶、汽车、食品等行业智能化改造，加强质量、品牌和标准建设，打造一批具有国际竞争力的产业基地和区域特色产业集群。支持沈阳、大连、长春、哈尔滨、齐齐哈尔、葫芦岛等地先进装备制造业发展，在电力装备、轨道交通、造船、海工装备等领域形成一批世界级产业基地。支持打造阜新液压、丹东仪器仪表、铁岭和四平专用车、大庆石油石化装备、霍林郭勒高端铝材等产业集群。推动在沈阳、大连、哈尔滨设立军民融合发展示范园区工作,发展军民两用高技术产业,积极布局国家大型军工项目,形成从主机到配套的完整产业链。实施一批重点技术装备首台(套)项目,将东北重大技术装备产品纳入《首台(套)重大技术装备推广应用指导目录》。实施首台(套)重大技术装备保险补偿机制试点,中央财政对符合条件的东北地区投保企业保费补贴予以支持。

(二十)**发展壮大新兴产业**。出台实施东北地区培育和发展新兴产业三年行动计划,拓展新兴产业市场空间,发展一批有基础、有优势、有竞争力的新兴产业。支持中心城市打造国内领先的新兴产业集群。加快推进沈阳、哈尔滨等地壮大工业机器人及智能装备产业规模,形成优势产业集群。推进沈飞、哈飞等企业与国际大型航空企业开展重大项目合作,在沈阳、哈尔滨建设国家级航空产业基地。扶持沈阳、大连集成电路设计、制造及装备产业发展,完善集成电路产业链。壮大长春光电子、卫星应用、生物制药等新兴产业规模。积极打造东北二三线城市新兴产业名片。支持本溪、通化等地加快化学创新药物、现代中药等新品种研制及产业化。发展高纯石墨、石墨烯等高端产品,在鸡西、鹤岗等地建设石墨及深加工产业集群。支持大庆、铁岭等地发展高端碳纤维、玄武岩纤维、聚酰亚胺纤维等高性能纤维。发挥森林、草原、湿地、湖泊、冰雪、民俗、边境等资源优势,建设国内知名生态旅游和休闲养老目的地。

(二十一)**促进新业态大发展**。积极实施"互联网+"行动计划,围绕各行业产品、生产线、供应链及商业模式等环节,开展跨界融合创新。依托本地实体经济,积极发展电子商务、供应链物流、互联网金融等新兴业态。支持电子商务向基层延伸,鼓励在电子商务领域就业创业。支持企业利用互联网开展面向全球的技术资源合作、在线科技服务、创新众筹,促进智能设计、众创研发、协同制造、网络化实时服务等产业组织模式创新。支持沈阳加快智慧城市建设。加强对吉林市等电子商务示范城市的支持。推进哈尔滨、葫芦岛、绥芬河开展跨境电子商务(出口),支持当地非金融机构开展第三方支付业务。

六、建设富有创新创业精神的人才队伍

(二十二)**把留住人才放在优先位置**。完善人才激励机制,鼓励高校、科研院所和国有企业强化对科技、管理人才的激励,建立健全充分体现智力劳动价值的分配机制。东北地区高校和科研院所科技成果转化所获收益用于奖励科研负责人、骨干技术人员等重要贡献人员和团队的比例,可以提高到不低于50%。鼓励设立高校毕业生创新创业基金,通过创业本金补助、贷款补贴等方式,引导大学毕业生在本地就业创业。个人以非货币性资产投资东北地区高新技术企业的,投资者在取得股息红利或转让股权时一并缴纳个人所得税。东北地区高新技术企业以非货币性资产评估增值部分转增个人投资者股本的,投资者在取得股息红利或转让股权时一并缴纳个人所得税。

(二十三)**加强人才培养与引进**。依托职业院校、技工院校,加强东北重点产业急需技能人才培训,发展现代职业教育。国家"千人计划"、"万人计划"、中科院"百人计划"等人才计划,积极支持东北地区人才培养与引进。积极开展引进国外智力工作,建立国家高层次科技人才及团队柔性引进机制,鼓励东北各省(自治区)加大引进国外智力专项投入,集聚海外高层次创新创业人才和智力。在沈阳、大连、长春、哈尔滨和大庆开展人才引进改革试点,建立人才引进

专项基金,支持引进高层次人才。组织实施东北地区高层次人才援助计划,通过建设科技领军人才创新驱动中心等方式,带动技术、智力、管理、信息等创新要素流向东北地区。鼓励东北省级以上高新区与北京中关村、上海张江等国家自主创新示范区建立人员交流机制。

(二十四)培育一批引领创新创业发展的企业家。充分发挥企业家在创新决策中的重要作用,建立常态化的政府与企业间创新交流咨询制度。依托知名跨国公司、国外高水平大学和境外培训机构,培育具有世界眼光、战略思维、创新精神和开拓能力的优秀企业家。借助沈阳制博会、东北亚博览会、中国—俄罗斯博览会等展会平台,以及组织参加海外展览会等方式,引导企业家参与国际合作与竞争,提高经营管理水平和国际视野。鼓励地方人民政府实施本地优秀企业家培育计划。在东北地区率先实施职业经理人试点。

七、加强政策保障和组织实施

(二十五)强化政策支持。支持沈阳、长春、哈尔滨、大连等城市开展促进科技和金融结合试点。支持一批成长性好、发展潜力大、符合条件的科技型企业优先上市。探索建立农业科技成果交易中心。支持大连商品交易所开发上市新品种,试点农产品期货期权。支持符合条件的企业通过发行公司债券、资产证券化方式融资,拓展融资渠道。在东北地区开展外债宏观审慎管理试点。在东北地区发展创业投资和区域性股权市场,服务中小微企业融资。支持政策性银行、开发性金融机构、商业银行与创业投资、股权投资机构结合,探索投贷联动、债贷结合等融资模式。东北中小企业信用再担保股份有限公司等担保机构要加大对创新型企业的支持力度。鼓励东北地区民间资本依法发起设立民营银行、互联网金融机构等,支持中小微企业和新兴产业发展。支持东北地区金融机构开展知识产权(技术、产品和服务)质押贷款,在符合国家规定的前提下依托现有产权交易场所开展知识产权交易。跨认定机构区域转移生产能力又被迁入地认定的高新技术企业,继续享受原有所得税减免优惠政策。

(二十六)抓好组织实施。发展改革委、科技部、人力资源社会保障部、中科院等有关部门按照职能分工,抓紧落实促进创新创业的各项政策措施,形成政策合力。东北三省和内蒙古自治区人民政府相关部门作为责任主体,要高度重视推进创新创业工作,密切配合,加强组织协调,结合地方实际制定具体实施方案,明确工作部署,落实责任分工,省级发展改革部门负责牵头每半年将实施情况汇总上报。

附件:重点产业与技术创新联盟(略——编者注)

国家发展改革委
科技部
人力资源社会保障部
中科院
2015年6月26日

国务院办公厅关于加快推进"三证合一"登记制度改革的意见

国办发〔2015〕50号

各省、自治区、直辖市人民政府,国务院各部委、各直属机构:

为加快推进"三证合一"登记制度改革,经国务院同意,现提出如下意见。

一、充分认识推行"三证合一"登记制度改革的重要意义

"三证合一"登记制度是指将企业登记时依次申请、分别由工商行政管理部门核发工商营业执照、质量技术监督部门核发组织机构代码证、税务部门核发税务登记证,改为一次申请、由工商行政管理部门核发一个营业执照的登记制度。全面推行"三证合一"登记制度改革,是贯彻党的十八大和十八届二中、三中、四中全会精神,落实国务院决策部署,深化商事登记制度改革的重要举措。加快推进这一改革,可以进一步便利企业注册,持续推动形成大众创业、万众创新热潮。这是维护交易安全、消除监管盲区的有效途径,是推进简政放权、建设服务型政府的必然选择,对于提高国家治理体系和治理能力现代化水平,使市场在资源配置中起决定性作用和更好发挥政府作用,具有十分重要的意义。各地区、各部门要站在全局高度充分认识这一改革的重要意义,提高思想认识,加强协调配合,确保这一利国利民的改革举措顺利实施。

二、改革目标和基本原则

(一)改革目标。

通过"一窗受理、互联互通、信息共享",将由工商行政管理、质量技术监督、税务三个部门分别核发不同证照,改为由工商行政管理部门核发一个加载法人和其他组织统一社会信用代码的营业执照,即"一照一码"登记模式。

(二)基本原则。

1.便捷高效。要按照程序简便、办照高效的要求,优化审批流程,创新服务方式,提高登记效率,方便企业准入。

2.规范统一。要按照优化、整合、一体化的原则,科学制定"三证合一"登记流程,实行统一的"三证合一"登记程序和登记要求,规范登记条件、登记材料。

3.统筹推进。大力推行一窗受理、一站式服务工作机制,将"三证合一"登记制度改革与全程电子化登记管理、企业法人国家信息资源库建设、企业信用信息公示系统建设、政务信息共享平台建设、统一社会信用代码制度建设等工作统筹考虑、协同推进。

三、改革步骤和基本要求

(一)改革步骤。

现阶段,已试行"一窗受理、并联审批、三证统发"登记模式改革和"一窗受理、并联审批、核发一照、一照三号"登记模式改革的省、自治区、直辖市可继续试点;支持上海、广东、天津、福建自贸试验区率先推行"一照一码"登记模式改革试点。各地区要积极推进"三证合一"登记制度改革各项工作,做好实施"一照一码"登记模式改革各项准备工作,待统一社会信用代码实施后,2015年底前在全国全面推行"一照一码"登记模式。

(二)基本要求。

1. 统一申请条件和文书规范。要以方便企业办事、简化登记手续、降低行政成本为出发点,按照企业不重复填报登记申请文书内容和不重复提交登记材料的原则,依法梳理申请事项,统一明确申请条件,整合简化文书规范,实行"一套材料"和"一表登记"申请,并在"一窗受理"窗口公示申请条件和示范文本。

2. 规范申请登记审批流程。按照"三证合一"登记制度改革的新要求,整合优化申请、受理、审查、核准、公示、发照等程序,缩短登记审批时限。"一个窗口"统一受理企业申请并审核后,申请材料和审核信息在部门间共享,实现数据交换、档案互认。电子登记档案与纸质登记档案具有同等法律效力。各地区要结合本地区实际,制定简明易懂的"三证合一"登记办事指南,明确企业设立(开业)登记、变更登记、注销登记等各个环节的操作流程。

3. 优化登记管理服务方式。适应实行"三证合一"登记制度改革的需要,加快推进"一个窗口"对外统一受理模式,方便申请人办理。要坚持公开办理、限时办理、透明办理,坚持条件公开、流程公开、结果公开。除涉及国家秘密、商业秘密或个人隐私外,要及时公开登记企业的基础信息。各相关部门要切实履行对申请人的告知义务,及时提供咨询服务,强化内部督查和社会监督,提高登记审批效率。

4. 建立跨部门信息传递与数据共享的保障机制。要加大信息化投入,按照统一规范和标准,改造升级各相关业务信息管理系统,实现互联互通、信息共享。充分利用统一的信用信息共享交换平台,推动企业基础信息和相关信用信息在政府部门间广泛共享和有效应用。积极推进"三证合一"申请、受理、审查、核准、公示、发照等全程电子化登记管理,最终实现"三证合一"网上办理。

5. 实现改革成果共享应用。实行"三证合一"登记制度改革后,企业的组织机构代码证和税务登记证不再发放。企业原需要使用组织机构代码证、税务登记证办理相关事务的,一律改为使用"三证合一"后的营业执照办理。实行更多证照合一的,只要与本意见的原则和要求相一致,都可以先行先试。各地区、各部门、各单位都要予以认可和应用。

四、保障措施

(一)加强组织领导。县级以上地方各级人民政府要建立"三证合一"登记制度改革领导机制,切实加强组织领导和协调,落实工作责任,为顺利实施"三证合一"登记制度改革提供必要的人员、场所、设施和经费保障。要加强对"三证合一"登记制度改革的跟踪了解和检查指导,加大统筹和督查力度,及时协调解决改革中出现的重大问题。

(二)加强协同推进。"三证合一"登记制度改革涉及工商行政管理、质量技术监督、税务及其他相关职能部门,各地区、各部门要建立协同推进工作机制,加强信息化保障,形成工作合力。有序做好已登记企业(包括已试点"三证合一"登记制度改革的企业)原发证照换发工作,与统一社会信用代码的过渡期相衔接,变更换证不能收费。过渡期内,原发证照(包括各地探索试点的"一照三号"营业执照、"一照一号"营业执照)继续有效,过渡期结束后一律使用加载统一社会信用代码的营业执照,原发证照不再有效。强化法制保障,认真梳理"三证合一"登记制度改革涉及营业执照、组织机构代码证、税务登记证的法律、法规、规章及规范性文件,及时进行修订和完善,努力使"三证合一"涉及的各个环节衔接顺畅,保证"三证合一"登记制度改革顺利实施。

(三)加强宣传引导。要充分利用各种新闻媒介,加大对"三证合一"登记制度改革的宣传解读力度,及时解答和回应社会关注的热点问题,在全社会形成关心改革、支持改革、参与改革的良好氛围。

国务院办公厅
2015 年 6 月 23 日

关于建设长江经济带国家级转型升级示范开发区的实施意见

发改外资〔2015〕1294 号

上海市、江苏省、浙江省、安徽省、江西省、湖北省、湖南省、重庆市、四川省、云南省、贵州省发展改革委:

开发区的建设和发展是我国改革开放的成功实践,对产业集中集聚、发展开放型经济、改善投资环境、促进区域经济发展和体制改革创新发挥了重要作用。为贯彻落实《国务院关于依托黄金水道推动长江经济带发展的指导意见》(国发〔2014〕39 号),引导长江经济带产业转型升级和分工协作,促进产业转移和生产要素跨区域合理流动和优化配置,推动经济提质增效升级,对以长江经济带国家级、省级开发区为载体开展国家级转型升级示范开发区(以下简称"示范开发区")建设工作,提出以下具体实施意见:

一、建设目标

（一）落实党中央和国务院的决策部署，顺应国际国内产业发展新趋势，依托长江经济带现有合规设立的国家级、省级开发区，规划建设示范开发区。充分发挥市场配置资源的决定性作用，更好发挥政府规划和政策的引导作用，经过3—5年努力，示范开发区的发展规模、建设水平、园区特色、主体地位显著提升，示范引领和辐射带动效应日益增强，参与国际分工地位和国际影响力明显提升，转型升级走在全国开发区前列。

（二）以示范开发区为引领和示范，推动长江经济带产业优化升级，实现长江上中下游地区良性互动，逐步形成以示范开发区为主、省级开发区为辅，且分工合理、特色鲜明、优势互补的长江经济带产业协同发展格局。

二、主要任务

（三）承接国际产业转移，促进开放型经济发展。长江下游经济发达省份，对接国际分工要求和可能，利用沿海、沿江岸线资源，重点发展现代服务业、先进制造业和战略性新兴产业。选择建设示范开发区，形成一批特色支撑点，开放型经济迈进新水平。

（四）承接国际、沿海产业转移，带动区域协调发展。长江中、上游省市按"一带一路"、向西开放等战略的要求，与东部开发区建立协同跨区域联动机制和合作联盟。选择建设示范开发区，引导企业向示范区集聚，促进人口归流、本地就业和经济社会协调发展。

（五）产城互动，引导产业和城市同步融合发展。以依托示范开发区为主，在地、县两级按工业集中、产业聚集、用地集约的要求，建立利益共享机制，提高工业集中度、产业集聚度，突出主导产业特色。选择建设示范开发区，通过产城互动、产城融合，建设美丽乡村、旅游古镇等配套，吸引人才回归。

（六）低碳减排，建设绿色发展示范开发区。加强生态建设和环境保护，推进节能减排，发展循环经济。加大沿江化工、造纸、印染、有色金属等排污行业治理力度，经过专业化、园区化处理，切实减少排污大户。选择建设示范开发区，建立低碳循环经济试点和生态园区，推动流域绿色循环低碳发展，保护长江生态。

（七）创新驱动，建设科技引领示范开发区。顺应全球新一轮科技革命和产业变革趋势，大力发展战略性新兴产业，推动沿江产业由要素驱动向创新驱动转变。选择建设示范开发区，发展建设公共企业研发平台，有效保护知识产权，支持建设国际科技合作中心，增强长江经济带产业竞争力。

（八）制度创新，建设投资环境示范开发区。大力推进投资、贸易、金融、综合监管等领域制度创新，试行负面清单管理模式和商事改革。建立与国际投资、贸易通行规则相衔接的基本制度框架，形成可复制、可推广的成功经验。选择建设示范开发区，加快上海自贸区27项改革措施的复制、推广和落地，打造国际化、法治化的营商环境，带动长江经济带更高水平开放，增强国际竞争力。

三、组织实施

（九）按上述目标任务，长江经济带各省（直辖市）发展改革委对本省（直辖市）内的国家级、省级开发区进行初审并推荐2—3家符合条件的开发区，于今年6月30日前将创建示范开发区的申报材料一式三份（含上报文件、创建示范开发区的建设方案及相关发展规划）报送国家发展改革委。

（十）国家发展改革委会同推动长江经济带发展领导小组办公室对申报材料进行研究审核和必要的实地调研，择优选取相关开发区，授予示范开发区称号，向社会公告后纳入《中国开发区审核公告目录》。

四、监督管理

（十一）各示范开发区每年2月底前将上一年度发展情况及需要协调解决的问题报送国家发展改革委。国家发展改革委将组织考核，对成绩突出的示范开发区，予以通报表彰。

（十二）国家发展改革委对示范开发区实行动态管理，每年进行复核，对合格的示范开发区予以确认，对不合格的撤销称号，发布有关公告并摘牌。同时，根据长江经济带各省（直辖市）的发展情况，适时对示范开发区的规划布局进行调整完善。

五、组织保障

（十三）各地区、各有关部门要进一步深化对推动长江经济带产业转型升级和分工协作重要意义的认识，切实加强组织领导和协调，落实工作责任，全面推进示范开发区建设和规范发展，确保工作取得实效。

国家发展改革委
2015年6月9日

国务院关于印发《中国制造2025》的通知

国发〔2015〕28号

各省、自治区、直辖市人民政府，国务院各部委、各直属机构：

现将《中国制造2025》印发给你们，请认真贯彻执行。

国务院
2015年5月8日

中国制造 2025

制造业是国民经济的主体,是立国之本、兴国之器、强国之基。十八世纪中叶开启工业文明以来,世界强国的兴衰史和中华民族的奋斗史一再证明,没有强大的制造业,就没有国家和民族的强盛。打造具有国际竞争力的制造业,是我国提升综合国力、保障国家安全、建设世界强国的必由之路。

新中国成立尤其是改革开放以来,我国制造业持续快速发展,建成了门类齐全、独立完整的产业体系,有力推动工业化和现代化进程,显著增强综合国力,支撑我世界大国地位。然而,与世界先进水平相比,我国制造业仍然大而不强,在自主创新能力、资源利用效率、产业结构水平、信息化程度、质量效益等方面差距明显,转型升级和跨越发展的任务紧迫而艰巨。

当前,新一轮科技革命和产业变革与我国加快转变经济发展方式形成历史性交汇,国际产业分工格局正在重塑。必须紧紧抓住这一重大历史机遇,按照"四个全面"战略布局要求,实施制造强国战略,加强统筹规划和前瞻部署,力争通过三个十年的努力,到新中国成立一百年时,把我国建设成为引领世界制造业发展的制造强国,为实现中华民族伟大复兴的中国梦打下坚实基础。

《中国制造2025》,是我国实施制造强国战略第一个十年的行动纲领。

一、发展形势和环境

(一)全球制造业格局面临重大调整。

新一代信息技术与制造业深度融合,正在引发影响深远的产业变革,形成新的生产方式、产业形态、商业模式和经济增长点。各国都在加大科技创新力度,推动三维(3D)打印、移动互联网、云计算、大数据、生物工程、新能源、新材料等领域取得新突破。基于信息物理系统的智能装备、智能工厂等智能制造正在引领制造方式变革;网络众包、协同设计、大规模个性化定制、精准供应链管理、全生命周期管理、电子商务等正在重塑产业价值链体系;可穿戴智能产品、智能家电、智能汽车等智能终端产品不断拓展制造业新领域。我国制造业转型升级、创新发展迎来重大机遇。

全球产业竞争格局正在发生重大调整,我国在新一轮发展中面临巨大挑战。国际金融危机发生后,发达国家纷纷实施"再工业化"战略,重塑制造业竞争新优势,加速推进新一轮全球贸易投资新格局。一些发展中国家也在加快谋划和布局,积极参与全球产业再分工,承接产业及资本转移,拓展国际市场空间。我国制造业面临发达国家和其他发展中国家"双向挤压"的严峻挑战,必须放眼全球,加紧战略部署,着眼建设制造强国,固本培元,化挑战为机遇,抢占制造业新一轮竞争制高点。

(二)我国经济发展环境发生重大变化。

随着新型工业化、信息化、城镇化、农业现代化同步推进,超大规模内需潜力不断释放,为我国制造业发展提供了广阔空间。各行业新的装备需求、人民群众新的消费需求、社会管理和公共服务新的民生需求、国防建设新的安全需求,都要求制造业在重大技术装备创新、消费品质量和安全、公共服务设施设备供给和国防装备保障等方面迅速提升水平和能力。全面深化改革和进一步扩大开放,将不断激发制造业发展活力和创造力,促进制造业转型升级。

我国经济发展进入新常态,制造业发展面临新挑战。资源和环境约束不断强化,劳动力等生产要素成本不断上升,投资和出口增速明显放缓,主要依靠资源要素投入、规模扩张的粗放发展模式难以为继,调整结构、转型升级、提质增效刻不容缓。形成经济增长新动力,塑造国际竞争新优势,重点在制造业,难点在制造业,出路也在制造业。

(三)建设制造强国任务艰巨而紧迫。

经过几十年的快速发展,我国制造业规模跃居世界第一位,建立起门类齐全、独立完整的制造体系,成为支撑我国经济社会发展的重要基石和促进世界经济发展的重要力量。持续的技术创新,大大提高了我国制造业的综合竞争力。载人航天、载人深潜、大型飞机、北斗卫星导航、超级计算机、高铁装备、百万千瓦级发电装备、万米深海石油钻探设备等一批重大技术装备取得突破,形成了若干具有国际竞争力的优势产业和骨干企业,我国已具备了建设工业强国的基础和条件。

但我国仍处于工业化进程中,与先进国家相比还有较大差距。制造业大而不强,自主创新能力弱,关键核心技术与高端装备对外依存度高,以企业为主体的制造业创新体系不完善;产品档次不高,缺乏世界知名品牌;资源能源利用效率低,环境污染问题较为突出;产业结构不合理,高端装备制造业和生产性服务业发展滞后;信息化水平不高,与工业化融合深度不够;产业国际化程度不高,企业全球化经营能力不足。推进制造强国建设,必须着力解决以上问题。

建设制造强国,必须紧紧抓住当前难得的战略机遇,积极应对挑战,加强统筹规划,突出创新驱动,制定特殊政策,发挥制度优势,动员全社会力量奋力拼搏,更多依靠中国装备、依托中国品牌,实现中国制造向中国创造的转变,中国速度向中国质量的转变,中国产品向中国品牌的转变,完成中国制造由大变强的战略任务。

二、战略方针和目标

(一)指导思想。

全面贯彻党的十八大和十八届二中、三中、四中全会精神,坚持走中国特色新型工业化道路,以促进制造业创新发展为主题,以提质增效为中心,以加快新一代信息技术与制造业深度融合为主线,以推进智能制造为主攻方向,以满足经济社会发展和国防建设对重大技术装备的需求为目标,强化工业基础能力,提高综合集成水平,完善多层次多类型人才培养体系,促进产业转型升级,培育有中国特色的制造文化,实现制造业由大变强的历史跨越。基本方针是:

——创新驱动。坚持把创新摆在制造业发展全局的核心位置,完善有利于创新的制度环境,推动跨领域跨行业协同创新,突破一批重点领域关键共性技术,促进制造业数字化网络化智能化,走创新驱动的发展道路。

——质量为先。坚持把质量作为建设制造强国的生命线,强化企业质量主体责任,加强质量技术攻关、自主品牌培育。建设法规标准体系、质量监管体系、先进质量文化,营造诚信经营

——绿色发展。坚持把可持续发展作为建设制造强国的重要着力点,加强节能环保技术、工艺、装备推广应用,全面推行清洁生产。发展循环经济,提高资源回收利用效率,构建绿色制造体系,走生态文明的发展道路。

——结构优化。坚持把结构调整作为建设制造强国的关键环节,大力发展先进制造业,改造提升传统产业,推动生产型制造向服务型制造转变。优化产业空间布局,培育一批具有核心竞争力的产业集群和企业群体,走提质增效的发展道路。

——人才为本。坚持把人才作为建设制造强国的根本,建立健全科学合理的选人、用人、育人机制,加快培养制造业发展急需的专业技术人才、经营管理人才、技能人才。营造大众创业、万众创新的氛围,建设一支素质优良、结构合理的制造业人才队伍,走人才引领的发展道路。

(二)基本原则。

市场主导,政府引导。全面深化改革,充分发挥市场在资源配置中的决定性作用,强化企业主体地位,激发企业活力和创造力。积极转变政府职能,加强战略研究和规划引导,完善相关支持政策,为企业发展创造良好环境。

立足当前,着眼长远。针对制约制造业发展的瓶颈和薄弱环节,加快转型升级和提质增效,切实提高制造业的核心竞争力和可持续发展能力。准确把握新一轮科技革命和产业变革趋势,加强战略谋划和前瞻部署,扎扎实实打基础,在未来竞争中占据制高点。

整体推进,重点突破。坚持制造业发展全国一盘棋和分类指导相结合,统筹规划,合理布局,明确创新发展方向,促进军民融合深度发展,加快推动制造业整体水平提升。围绕经济社会发展和国家安全重大需求,整合资源,突出重点,实施若干重大工程,实现率先突破。

自主发展,开放合作。在关系国计民生和产业安全的基础性、战略性、全局性领域,着力掌握关键核心技术,完善产业链条,形成自主发展能力。继续扩大开放,积极利用全球资源和市场,加强产业全球布局和国际交流合作,形成新的比较优势,提升制造业开放发展水平。

(三)战略目标。

立足国情,立足现实,力争通过"三步走"实现制造强国的战略目标。

第一步:力争用十年时间,迈入制造强国行列。

到2020年,基本实现工业化,制造业大国地位进一步巩固,制造业信息化水平大幅提升。掌握一批重点领域关键核心技术,优势领域竞争力进一步增强,产品质量有较大提高。制造业数字化、网络化、智能化取得明显进展。重点行业单位工业增加值能耗、物耗及污染物排放明显下降。

到2025年,制造业整体素质大幅提升,创新能力显著增强,全员劳动生产率明显提高,两化(工业化和信息化)融合迈上新台阶。重点行业单位工业增加值能耗、物耗及污染物排放达到世界先进水平。形成一批具有较强国际竞争力的跨国公司和产业集群,在全球产业分工和价值链中的地位明显提升。

第二步:到2035年,我国制造业整体达到世界制造强国阵营中等水平。创新能力大幅提升,重点领域发展取得重大突破,整体竞争力明显增强,优势行业形成全球创新引领能力,全面实现工业化。

第三步:新中国成立一百年时,制造业大国地位更加巩固,综合实力进入世界制造强国前列。制造业主要领域具有创新引领能力和明显竞争优势,建成全球领先的技术体系和产业体系。

2020 年和 2025 年制造业主要指标

类别	指标	2013 年	2015 年	2020 年	2025 年
创新能力	规模以上制造业研发经费内部支出占主营业务收入比重(%)	0.88	0.95	1.26	1.68
	规模以上制造业每亿元主营业务收入有效发明专利数[1](件)	0.36	0.44	0.70	1.10
质量效益	制造业质量竞争力指数[2]	83.1	83.5	84.5	85.5
	制造业增加值率提高	-	-	比 2015 年提高 2 个百分点	比 2015 年提高 4 个百分点
	制造业全员劳动生产率增速(%)	-	-	7.5 左右("十三五"期间年均增速)	6.5 左右("十四五"期间年均增速)
两化融合	宽带普及率[3](%)	37	50	70	82
	数字化研发设计工具普及率[4](%)	52	58	72	84
	关键工序数控化率[5](%)	27	33	50	64
绿色发展	规模以上单位工业增加值能耗下降幅度	-	-	比 2015 年下降 18%	比 2015 年下降 34%
	单位工业增加值二氧化碳排放量下降幅度	-	-	比 2015 年下降 22%	比 2015 年下降 40%
	单位工业增加值用水量下降幅度	-	-	比 2015 年下降 23%	比 2015 年下降 41%
	工业固体废物综合利用率(%)	62	65	73	79

1. 规模以上制造业每亿元主营业务收入有效发明专利数＝规模以上制造企业有效发明专利数/规模以上制造企业主营业务收入。

2. 制造业质量竞争力指数是反映我国制造业质量整体水平的经济技术综合指标,由质量水平和发展能力两个方面共计 12 项具体指标计算得出。

3. 宽带普及率用固定宽带家庭普及率代表,固定宽带家庭普及率＝固定宽带家庭用户数/家庭户数。

4. 数字化研发设计工具普及率＝应用数字化研发设计工具的规模以上企业数量/规模以上企业总数量（相关数据来源于 3 万家样本企业，下同）。

5. 关键工序数控化率为规模以上工业企业关键工序数控化率的平均值。

三、战略任务和重点

实现制造强国的战略目标，必须坚持问题导向，统筹谋划，突出重点；必须凝聚全社会共识，加快制造业转型升级，全面提高发展质量和核心竞争力。

（一）提高国家制造业创新能力。

完善以企业为主体、市场为导向、政产学研用相结合的制造业创新体系。围绕产业链部署创新链，围绕创新链配置资源链，加强关键核心技术攻关，加速科技成果产业化，提高关键环节和重点领域的创新能力。

加强关键核心技术研发。强化企业技术创新主体地位，支持企业提升创新能力，推进国家技术创新示范企业和企业技术中心建设，充分吸纳企业参与国家科技计划的决策和实施。瞄准国家重大战略需求和未来产业发展制高点，定期研究制定发布制造业重点领域技术创新路线图。继续抓紧实施国家科技重大专项，通过国家科技计划（专项、基金等）支持关键核心技术研发。发挥行业骨干企业的主导作用和高等院校、科研院所的基础作用，建立一批产业创新联盟，开展政产学研用协同创新，攻克一批对产业竞争力整体提升具有全局性影响、带动性强的关键共性技术，加快成果转化。

提高创新设计能力。在传统制造业、战略性新兴产业、现代服务业等重点领域开展创新设计示范，全面推广应用以绿色、智能、协同为特征的先进设计技术。加强设计领域共性关键技术研发，攻克信息化设计、过程集成设计、复杂过程和系统设计等共性技术，开发一批具有自主知识产权的关键设计工具软件，建设完善创新设计生态系统。建设若干具有世界影响力的创新设计集群，培育一批专业化、开放型的工业设计企业，鼓励代工企业建立研究设计中心，向代设计和出口自主品牌产品转变。发展各类创新设计教育，设立国家工业设计奖，激发全社会创新设计的积极性和主动性。

推进科技成果产业化。完善科技成果转化运行机制，研究制定促进科技成果转化和产业化的指导意见，建立完善科技成果信息发布和共享平台，健全以技术交易市场为核心的技术转移和产业化服务体系。完善科技成果转化激励机制，推动事业单位科技成果使用、处置和收益管理改革，健全科技成果科学评估和市场定价机制。完善科技成果转化协同推进机制，引导政产学研用按照市场规律和创新规律加强合作，鼓励企业和社会资本建立一批从事技术集成、熟化和工程化的中试基地。加快国防科技成果转化和产业化进程，推进军民技术双向转移转化。

完善国家制造业创新体系。加强顶层设计，加快建立以创新中心为核心载体、以公共服务平台和工程数据中心为重要支撑的制造业创新网络，建立市场化的创新方向选择机制和鼓励创新的风险分担、利益共享机制。充分利用现有科技资源，围绕制造业重大共性需求，采取政府与社会合作、政产学研用产业创新战略联盟等新机制新模式，形成一批制造业创新中心（工业技术研究基地），开展关键共性重大技术研究和产业化应用示范。建设一批促进制造业协同创新的公共服务平台，规范服务标准，开展技术研发、检验检测、技术评价、技术交易、质量认证、人才培训等专业化服务,促进科技成果转化和推广应用。建设重点领域制造业工程数据中心,为企业提供创新知识和工程数据的开放共享服务。面向制造业关键共性技术,建设一批重大科学研究和实验设施,提高核心企业系统集成能力,促进向价值链高端延伸。

专栏1　制造业创新中心(工业技术研究基地)建设工程

围绕重点行业转型升级和新一代信息技术、智能制造、增材制造、新材料、生物医药等领域创新发展的重大共性需求,形成一批制造业创新中心(工业技术研究基地),重点开展行业基础和共性关键技术研发、成果产业化、人才培训等工作。制定完善制造业创新中心遴选、考核、管理的标准和程序。

到2020年,重点形成15家左右制造业创新中心(工业技术研究基地),力争到2025年形成40家左右制造业创新中心(工业技术研究基地)。

加强标准体系建设。改革标准体系和标准化管理体制,组织实施制造业标准化提升计划,在智能制造等重点领域开展综合标准化工作。发挥企业在标准制定中的重要作用,支持组建重点领域标准推进联盟,建设标准创新研究基地,协同推进产品研发与标准制定。制定满足市场和创新需要的团体标准,建立企业产品和服务标准自我声明公开和监督制度。鼓励和支持企业、科研院所、行业组织等参与国际标准制定,加快我国标准国际化进程。大力推动国防装备采用先进的民用标准,推动军用技术标准向民用领域的转化和应用。做好标准的宣传贯彻,大力推动标准实施。

强化知识产权运用。加强制造业重点领域关键核心技术知识产权储备,构建产业化导向的专利组合和战略布局。鼓励和支持企业运用知识产权参与市场竞争,培育一批具备知识产权综合实力的优势企业,支持组建知识产权联盟,推动市场主体开展知识产权协同运用。稳妥推进国防知识产权解密和市场化应用。建立健全知识产权评议机制,鼓励和支持行业骨干企业与专业机构在重点领域合作开展专利评估、收购、运营、风险预警与应对。构建知识产权综合运用公共服务平台。鼓励开展跨国知识产权许可。研究制定降低中小企业知识产权申请、保护及维权成本的政策措施。

(二)推进信息化与工业化深度融合。

加快推动新一代信息技术与制造技术融合发展,把智能制造作为两化深度融合的主攻方向;着力发展智能装备和智能产品,推进生产过程智能化,培育新型生产方式,全面提升企业研发、生产、管理和服务的智能化水平。

研究制定智能制造发展战略。编制智能制造发展规划,明确发展目标、重点任务和重大布局。加快制定智能制造技术标准,建立完善智能制造和两化融合管理标准体系。强化应用牵引,建立智能制造产业联盟,协同推动智能装备和产品研发、系统集成创新与产业化。促进工业互联网、云计算、大数据在企业研发设计、生产制造、经营管理、销售服务等全流程和全产业链的综合集成应用。加强智能制造工业控制系统网络安全保障能力建设,健全综合保障体系。

加快发展智能制造装备和产品。组织研发具有深度感知、智慧决策、自动执行功能的高档数控机床、工业机器人、增材制造装备等智能制造装备以及智能化生产线,突破新型传感器、智能测量仪表、工业控制系统、伺服电机及驱动器和减速器等智能核心装置,推进工程化和产业化。加快机械、航空、船舶、汽车、轻工、纺织、食品、电子等行业生产设备的智能化改造,提高精准制造、敏捷制造能力。统筹布局和推动智能交通工具、智能工程机械、服务机器人、智能家电、智能照明电器、可穿戴设备等产品研发和产业化。

推进制造过程智能化。在重点领域试点建设智能工厂/数字化车间,加快人机智能交互、工业机器人、智能物流管理、增材制造等技术和装备在生产过程中的应用,促进制造工艺的仿真优化、数字化控制、状态信息实时监测和自适应控制。加快产品全生命周期管理、客户关系管理、供应链管理系统的推广应用,促进集团管控、设计与制造、产供销一体、业务和财务衔接等关键环节集成,实现智能管控。加快民用爆炸物品、危险化学品、食品、印染、稀土、农药等重点行业智能检测监管体系建设,提高智能化水平。

深化互联网在制造领域的应用。制定互联网与制造业融合发展的路线图,明确发展方向、目标和路径。发展基于互联网的个性化定制、众包设计、云制造等新型制造模式,推动形成基于消费需求动态感知的研发、制造和产业组织方式。建立优势互补、合作共赢的开放型产业生态体系。加快开展物联网技术研发和应用示范,培育智能监测、远程诊断管理、全产业链追溯等工业互联网新应用。实施工业云及工业大数据创新应用试点,建设一批高质量的工业云服务和工业大数据平台,推动软件与服务、设计与制造资源、关键技术与标准的开放共享。

加强互联网基础设施建设。加强工业互联网基础设施建设规划与布局,建设低时延、高可靠、广覆盖的工业互联网。加快制造业集聚区光纤网、移动通信网和无线局域网的部署和建设,实现信息网络宽带升级,提高企业宽带接入能力。针对信息物理系统网络研发及应用需求,组织开发智能控制系统、工业应用软件、故障诊断软件和相关工具、传感和通信系统协议,实现人、设备与产品的实时联通、精确识别、有效交互与智能控制。

专栏2 智能制造工程

紧密围绕重点制造领域关键环节,开展新一代信息技术与制造装备融合的集成创新和工程应用。支持政产学研用联合攻关,开发智能产品和自主可控的智能装置并实现产业化。依托优势企业,紧扣关键工序智能化、关键岗位机器人替代、生产过程智能优化控制、供应链优化,建设重点领域智能工厂/数字化车间。在基础条件好、需求迫切的重点地区、行业和企业中,分类实施流程制造、离散制造、智能装备和产品、新业态新模式、智能化管理、智能化服务等试点示范及应用推广。建立智能制造标准体系和信息安全保障系统,搭建智能制造网络系统平台。

到2020年,制造业重点领域智能化水平显著提升,试点示范项目运营成本降低30%,产品生产周期缩短30%,不良品率降低30%。到2025年,制造业重点领域全面实现智能化,试点示范项目运营成本降低50%,产品生产周期缩短50%,不良品率降低50%。

(三)强化工业基础能力。

核心基础零部件(元器件)、先进基础工艺、关键基础材料和产业技术基础(以下统称"四基")等工业基础能力薄弱,是制约我国制造业创新发展和质量提升的症结所在。要坚持问题导向、产需结合、协同创新、重点突破的原则,着力破解制约重点产业发展的瓶颈。

统筹推进"四基"发展。制定工业强基实施方案,明确重点方向、主要目标和实施路径。制定工业"四基"发展指导目录,发布工业强基发展报告,组织实施工业强基工程。统筹军民两方面资源,开展军民两用技术联合攻关,支持军民技术相互有效利用,促进基础领域融合发展。强化基础领域标准、计量体系建设,加快实施对标达标,提升基础产品的质量、可靠性和寿命。建立多部门协调推进机制,引导各类要素向基础领域集聚。

加强"四基"创新能力建设。强化前瞻性基础研究,着力解决影响核心基础零部件(元器件)产品性能和稳定性的关键共性技术。建立基础工艺创新体系,利用现有资源建立关键共性基础工艺研究机构,开展先进成型、加工等关键制造工艺联合攻关;支持企业开展工艺创新,培养工艺专业人才。加大基础专用材料研发力度,提高专用材料自给保障能力和制备技术水平。建立国家工业基础数据库,加强企业试验检测数据和计量数据的采集、管理、应用和积累。加大对"四基"领域技术研发的支持力度,引导产业投资基金和创业投资基金投向"四基"领域重点项目。

推动整机企业和"四基"企业协同发展。注重需求侧激励,产用结合,协同攻关。依托国家科技计划(专项、基金等)和相关工程等,在数控机床、轨道交通装备、航空航天、发电设备等重点领域,引导整机企业和"四基"企业、高校、科研院所产需对接,建立产业联盟,形成协同创新、产用结合、以市场促基础产业发展的新模式,提升重大装备自主可控水平。开展工业强基示范应用,完善首台(套)、首批次政策,支持核心基础零部件(元器件)、先进基础工艺、关键基础材料推广应用。

专栏3　工业强基工程

开展示范应用,建立奖励和风险补偿机制,支持核心基础零部件(元器件)、先进基础工艺、关键基础材料的首批次或跨领域应用。组织重点突破,针对重大工程和重点装备的关键技术和产品急需,支持优势企业开展政产学研用联合攻关,突破关键基础材料、核心基础零部件的工程化、产业化瓶颈。强化平台支撑,布局和组建一批"四基"研究中心,创建一批公共服务平台,完善重点产业技术基础体系。

到2020年,40%的核心基础零部件、关键基础材料实现自主保障,受制于人的局面逐步缓解,航天装备、通信装备、发电与输变电设备、工程机械、轨道交通装备、家用电器等产业急需的核心基础零部件(元器件)和关键基础材料的先进制造工艺得到推广应用。到2025年,70%的核心基础零部件、关键基础材料实现自主保障,80种标志性先进工艺得到推广应用,部分达到国际领先水平,建成较为完善的产业技术基础服务体系,逐步形成整机牵引和基础支撑协调互动的产业创新发展格局。

(四)加强质量品牌建设。

提升质量控制技术,完善质量管理机制,夯实质量发展基础,优化质量发展环境,努力实现制造业质量大幅提升。鼓励企业追求卓越品质,形成具有自主知识产权的名牌产品,不断提升企业品牌价值和中国制造整体形象。

推广先进质量管理技术和方法。建设重点产品标准符合性认定平台,推动重点产品技术、安全标准全面达到国际先进水平。开展质量标杆和领先企业示范活动,普及卓越绩效、六西格玛、精益生产、质量诊断、质量持续改进等先进生产管理模式和方法。支持企业提高质量在线监测、在线控制和产品全生命周期质量追溯能力。组织开展重点行业工艺优化行动,提升关键工艺过程控制水平。开展质量管理小组、现场改进等群众性质量管理活动示范推广。加强中小企业质量管理,开展质量安全培训、诊断和辅导活动。

加快提升产品质量。实施工业产品质量提升行动计划,针对汽车、高档数控机床、轨道交通装备、大型成套技术装备、工程机械、特种设备、关键原材料、基础零部件、电子元器件等重点行业,组织攻克一批长期困扰产品质量提升的关键共性质量技术,加强可靠性设计、试验与验证技术开发应用,推广采用先进成型和加工方法、在线检测装置、智能化生产和物流系统及检测设备等,使重点实物产品的性能稳定性、质量可靠性、环境适应性、使用寿命等指标达到国际同类产品先进水平。在食品、药品、婴童用品、家电等领域实施覆盖产品全生命周期的质量管理、质量自我声明和质量追溯制度,保障重点消费品质量安全。大力提高国防装备质量可靠性,增强国防装备实战能力。

完善质量监管体系。健全产品质量标准体系、政策规划体系和质量管理法律法规。加强关系民生和安全等重点领域的行业准入与市场退出管理。建立消费品生产经营企业产品事故强制报告制度,健全质量信用信息收集和发布制度,强化企业质量主体责任。将质量违法违规记录作为企业诚信评级的重要内容,建立质量黑名单制度,加大对质量违法和假冒品牌行为的打击和惩处力度。建立区域和行业质量安全预警制度,防范化解产品质量安全风险。严格实施产品"三包"、产品召回等制度。强化监管检查和责任追究,切实保护消费者权益。

夯实质量发展基础。制定和实施与国际先进水平接轨的制造业质量、安全、卫生、环保及节能标准。加强计量科技基础及前沿技术研究,建立一批制造业发展急需的高准确度、高稳定性计量基标准,提升与制造业相关的国家量传溯源能力。加强国家产业计量测试中心建设,构建国家计量科技创新体系。完善检验检测技术保障体系,建设一批高水平的工业产品质量控制和技术评价实验室、产品质量监督检验中心,鼓励建立专业检测技术联盟。完善认证认可管理模式,提高强制性产品认证的有效性,推动自愿性产品认证健康发展,提升管理体系认证水平,稳步推进国际互认。支持行业组织发布自律规范或公约,开展质量信誉承诺活动。

推进制造业品牌建设。引导企业制定品牌管理体系,围绕研发创新、生产制造、质量管理和营销服务全过程,提升内在素质,夯实品牌发展基础。扶持一批品牌培育和运营专业服务机构,开展品牌管理咨询、市场推广等服务。健全集体商标、证明商标注册管理制度。打造一批特色鲜明、竞争力强、市场信誉好的产业集群区域品牌。建设品牌文化,引导企业增强以质量和信誉为核心的品牌意识,树立品牌消费理念,提升品牌附加值和软实力。加速我国品牌价值评价国际化进程,充分发挥各类媒体作用,加大中国品牌宣传推广力度,树立中国制造品牌良好形象。

(五)全面推行绿色制造。

加大先进节能环保技术、工艺和装备的研发力度,加快制造业绿色改造升级;积极推行低碳化、循环化和集约化,提高制造业资源利用效率;强化产品全生命周期绿色管理,努力构建高效、清洁、低碳、循环的绿色制造体系。

加快制造业绿色改造升级。全面推进钢铁、有色、化工、建材、轻工、印染等传统制造业绿色改造,大力研发推广余热余压回收、水循环利用、重金属污染减量化、有毒有害原料替代、废渣资源化、脱硫脱硝除尘等绿色工艺技术装备,加快应用清洁高效铸造、锻压、焊接、表面处理、切削等加工工艺,实现绿色生产。加强绿色产品研发应用,推广轻量化、低功耗、易回收等技术工艺,持续提升电机、锅炉、内燃机及电器等终端用能产品能效水平,加快淘汰落后机电产品和技术。积极引领新兴产业高起点绿色发展,大幅降低电子信息产品生产、使用能耗及限用物质含量,建设绿色数据中心和绿色基站,大力促进新材料、新能源、高端装备、生物产业绿色低碳发展。

推进资源高效循环利用。支持企业强化技术创新和管理,增强绿色精益制造能力,大幅降低能耗、物耗和水耗水平。持续提高绿色低碳能源使用比率,开展工业园区和企业分布式绿色智能微电网建设,控制和削减化石能源消费量。全面推行循环生产方式,促进企业、园区、行业间链接共生、原料互供、资源共享。推进资源再生利用产业规范化、规模化发展,强化技术装备支撑,提高大宗工业固体废弃物、废旧金属、废弃电器电子产品等综合利用水平。大力发展再制造产业,实施高端再制造、智能再制造、在役再制造,推进产品认定,促进再制造产业持续健康发展。

积极构建绿色制造体系。支持企业开发绿色产品,推行生态设计,显著提升产品节能环保低碳水平,引导绿色生产和绿色消费。建设绿色工厂,实现厂房集约化、原料无害化、生产洁净化、废物资源化、能源低碳化。发展绿色园区,推进工业园区产业耦合,实现近零排放。打造绿色供应链,加快建立以资源节约、环境友好为导向的采购、生产、营销、回收及物流体系,落实生产者责任延伸制度。壮大绿色企业,支持企业实施绿色战略、绿色标准、绿色管理和绿色生产。强化绿色监管,健全节能环保法规、标准体系,加强节能环保监察,推行企业社会责任报告制度,开展绿色评价。

专栏4 绿色制造工程

组织实施传统制造业能效提升、清洁生产、节水治污、循环利用等专项技术改造。开展重大节能环保、资源综合利用、再制造、低碳技术产业化示范。实施重点区域、流域、行业清洁生产水平提升计划,扎实推进大气、水、土壤污染源头防治专项。制定绿色产品、绿色工厂、绿色园区、绿色企业标准体系,开展绿色评价。

到2020年,建成千家绿色示范工厂和百家绿色示范园区,部分重化工行业能源资源消耗出现拐点,重点行业主要污染物排放强度下降20%。到2025年,制造业绿色发展和主要产品单耗达到世界先进水平,绿色制造体系基本建立。

(六)大力推动重点领域突破发展。

瞄准新一代信息技术、高端装备、新材料、生物医药等战略重点,引导社会各类资源集聚,推动优势和战略产业快速发展。

1.新一代信息技术产业。

集成电路及专用装备。着力提升集成电路设计水平,不断丰富知识产权(IP)核和设计工具,突破关系国家信息与网络安全及电子整机产业发展的核心通用芯片,提升国产芯片的应用适配能力。掌握高密度封装及三维(3D)微组装技术,提升封装产业和测试的自主发展能力。形成关键制造装备供货能力。

信息通信设备。掌握新型计算、高速互联、先进存储、体系化安全保障等核心技术,全面突破第五代移动通信(5G)技术、核心路由交换技术、超高速大容量智能光传输技术、"未来网络"

核心技术和体系架构,积极推动量子计算、神经网络等发展。研发高端服务器、大容量存储、新型路由交换、新型智能终端、新一代基站、网络安全等设备,推动核心信息通信设备体系化发展与规模化应用。

操作系统及工业软件。开发安全领域操作系统等工业基础软件。突破智能设计与仿真及其工具、制造物联与服务、工业大数据处理等高端工业软件核心技术,开发自主可控的高端工业平台软件和重点领域应用软件,建立完善工业软件集成标准与安全测评体系。推进自主工业软件体系化发展和产业化应用。

2. 高档数控机床和机器人。

高档数控机床。开发一批精密、高速、高效、柔性数控机床与基础制造装备及集成制造系统。加快高档数控机床、增材制造等前沿技术和装备的研发。以提升可靠性、精度保持性为重点,开发高档数控系统、伺服电机、轴承、光栅等主要功能部件及关键应用软件,加快实现产业化。加强用户工艺验证能力建设。

机器人。围绕汽车、机械、电子、危险品制造、国防军工、化工、轻工等工业机器人、特种机器人,以及医疗健康、家庭服务、教育娱乐等服务机器人应用需求,积极研发新产品,促进机器人标准化、模块化发展,扩大市场应用。突破机器人本体、减速器、伺服电机、控制器、传感器与驱动器等关键零部件及系统集成设计制造等技术瓶颈。

3. 航空航天装备。

航空装备。加快大型飞机研制,适时启动宽体客机研制,鼓励国际合作研制重型直升机;推进干支线飞机、直升机、无人机和通用飞机产业化。突破高推重比、先进涡桨(轴)发动机及大涵道比涡扇发动机技术,建立发动机自主发展工业体系。开发先进机载设备及系统,形成自主完整的航空产业链。

航天装备。发展新一代运载火箭、重型运载器,提升进入空间能力。加快推进国家民用空间基础设施建设,发展新型卫星等空间平台与有效载荷、空天地宽带互联网系统,形成长期持续稳定的卫星遥感、通信、导航等空间信息服务能力。推动载人航天、月球探测工程,适度发展深空探测。推进航天技术转化与空间技术应用。

4. 海洋工程装备及高技术船舶。大力发展深海探测、资源开发利用、海上作业保障装备及其关键系统和专用设备。推动深海空间站、大型浮式结构物的开发和工程化。形成海洋工程装备综合试验、检测与鉴定能力,提高海洋开发利用水平。突破豪华邮轮设计建造技术,全面提升液化天然气船等高技术船舶国际竞争力,掌握重点配套设备集成化、智能化、模块化设计制造核心技术。

5. 先进轨道交通装备。加快新材料、新技术和新工艺的应用,重点突破体系化安全保障、节能环保、数字化智能化网络化技术,研制先进可靠适用的产品和轻量化、模块化、谱系化产品。研发新一代绿色智能、高速重载轨道交通装备系统,围绕系统全寿命周期,向用户提供整体解决方案,建立世界领先的现代轨道交通产业体系。

6. 节能与新能源汽车。继续支持电动汽车、燃料电池汽车发展,掌握汽车低碳化、信息化、智能化核心技术,提升动力电池、驱动电机、高效内燃机、先进变速器、轻量化材料、智能控制等核心技术的工程化和产业化能力,形成从关键零部件到整车的完整工业体系和创新体系,推动自主品牌节能与新能源汽车同国际先进水平接轨。

7. 电力装备。推动大型高效超净排放煤电机组产业化和示范应用,进一步提高超大容量水电机组、核电机组、重型燃气轮机制造水平。推进新能源和可再生能源装备、先进储能装置、智能电网用输变电及用户端设备发展。突破大功率电力电子器件、高温超导材料等关键元器件和材料的制造及应用技术,形成产业化能力。

8. 农机装备。重点发展粮、棉、油、糖等大宗粮食和战略性经济作物育、耕、种、管、收、运、贮等主要生产过程使用的先进农机装备,加快发展大型拖拉机及其复式作业机具、大型高效联合收割机等高端农业装备及关键核心零部件。提高农机装备信息收集、智能决策和精准作业能力,推进形成面向农业生产的信息化整体解决方案。

9. 新材料。以特种金属功能材料、高性能结构材料、功能性高分子材料、特种无机非金属材料和先进复合材料为发展重点,加快研发先进熔炼、凝固成型、气相沉积、型材加工、高效合成等新材料制备关键技术和装备,加强基础研究和体系建设,突破产业化制备瓶颈。积极发展军民共用特种新材料,加快技术双向转移转化,促进新材料产业军民融合发展。高度关注颠覆性新材料对传统材料的影响,做好超导材料、纳米材料、石墨烯、生物基材料等战略前沿材料提前布局和研制。加快基础材料升级换代。

10. 生物医药及高性能医疗器械。发展针对重大疾病的化学药、中药、生物技术药物新产品,重点包括新机制和新靶点化学药、抗体药物、抗体偶联药物、全新结构蛋白及多肽药物、新型疫苗、临床优势突出的创新中药及个性化治疗药物。提高医疗器械的创新能力和产业化水平,重点发展影像设备、医用机器人等高性能诊疗设备,全降解血管支架等高值医用耗材,可穿戴、远程诊疗等移动医疗产品。实现生物3D打印、诱导多能干细胞等新技术的突破和应用。

专栏5　高端装备创新工程

组织实施大型飞机、航空发动机及燃气轮机、民用航天、智能绿色列车、节能与新能源汽车、海洋工程装备及高技术船舶、智能电网成套装备、高档数控机床、核电装备、高端诊疗设备等一批创新和产业化专项、重大工程。开发一批标志性、带动性强的重点产品和重大装备,提升自主设计水平和系统集成能力,突破共性关键技术与工程化、产业化瓶颈,组织开展应用试点和示范,提高创新发展能力和国际竞争力,抢占竞争制高点。

到2020年,上述领域实现自主研制及应用。到2025年,自主知识产权高端装备市场占有率大幅提升,核心技术对外依存度明显下降,基础配套能力显著增强,重要领域装备达到国际领先水平。

(七)深入推进制造业结构调整。

推动传统产业向中高端迈进,逐步化解过剩产能,促进大企业与中小企业协调发展,进一步优化制造业布局。

持续推进企业技术改造。明确支持战略性重大项目和高端装备实施技术改造的政策方向,稳定中央技术改造引导资金规模,通过贴息等方式,建立支持企业技术改造的长效机制。推动技术改造相关立法,强化激励约束机制,完善促进企业技术改造的政策体系。支持重点行业、高端产品、关键环节进行技术改造,引导企业采用先进适用技术,优化产品结构,全面提升设计、制造、工艺、管理水平,促进钢铁、石化、工程机械、轻工、纺织等产业向价值链高端发展。研究制定重点产业技术改造投资指南和重点项目导向计划,吸引社会资金参与,优化工业投资结构。围绕两化融合、节能降耗、质量提升、安全生产等传统领域改造，推广应用新技术、新工艺、新装备、新材料，提高企业生产技术水平和效益。

稳步化解产能过剩矛盾。加强和改善宏观调控，按照"消化一批、转移一批、整合一批、淘汰一批"的原则，分业分类施策，有效化解产能过剩矛盾。加强行业规范和准入管理，推动企业提升技术装备水平，优化存量产能。加强对产能严重过剩行业的动态监测分析，建立完善预警机制，引导企业主动退出过剩行业。切实发挥市场机制作用，综合运用法律、经济、技术及必要的行政手段，加快淘汰落后产能。

促进大中小企业协调发展。强化企业市场主体地位，支持企业间战略合作和跨行业、跨区域兼并重组，提高规模化、集约化经营水平，培育一批核心竞争力强的企业集团。激发中小企业创业创新活力，发展一批主营业务突出、竞争力强、成长性好、专注于细分市场的专业化"小巨人"企业。发挥中外中小企业合作园区示范作用，利用双边、多边中小企业合作机制，支持中小企业走出去和引进来。引导大企业与中小企业通过专业分工、服务外包、订单生产等多种方式，建立协同创新、合作共赢的协作关系。推动建设一批高水平的中小企业集群。

优化制造业发展布局。落实国家区域发展总体战略和主体功能区规划，综合考虑资源能源、环境容量、市场空间等因素，制定和实施重点行业布局规划，调整优化重大生产力布局。完善产业转移指导目录，建设国家产业转移信息服务平台，创建一批承接产业转移示范园区，引导产业合理有序转移，推动东中西部制造业协调发展。积极推动京津冀和长江经济带产业协同发展。按照新型工业化的要求，改造提升现有制造业集聚区，推动产业集聚向产业集群转型升级。建设一批特色和优势突出、产业链协同高效、核心竞争力强、公共服务体系健全的新型工业化示范基地。

（八）积极发展服务型制造和生产性服务业。

加快制造与服务的协同发展，推动商业模式创新和业态创新，促进生产型制造向服务型制造转变。大力发展与制造业紧密相关的生产性服务业，推动服务功能区和服务平台建设。

推动发展服务型制造。研究制定促进服务型制造发展的指导意见，实施服务型制造行动计划。开展试点示范，引导和支持制造业企业延伸服务链条，从主要提供产品制造向提供产品和服务转变。鼓励制造业企业增加服务环节投入，发展个性化定制服务、全生命周期管理、网络精准营销和在线支持服务等。支持有条件的企业由提供设备向提供系统集成总承包服务转变，由提供产品向提供整体解决方案转变。鼓励优势制造业企业"裂变"专业优势，通过业务流程再造，面向行业提供社会化、专业化服务。支持符合条件的制造业企业建立企业财务公司、金融租赁公司等金融机构，推广大型制造设备、生产线等融资租赁服务。

加快生产性服务业发展。大力发展面向制造业的信息技术服务，提高重点行业信息应用系统的方案设计、开发、综合集成能力。鼓励互联网等企业发展移动电子商务、在线定制、线上到线下等创新模式，积极发展对产品、市场的动态监控和预测预警等业务，实现与制造业企业的无缝对接，创新业务协作流程和价值创造模式。加快发展研发设计、技术转移、创业孵化、知识产权、科技咨询等科技服务业，发展壮大第三方物流、节能环保、检验检测认证、电子商务、服务外包、融资租赁、人力资源服务、售后服务、品牌建设等生产性服务业，提高对制造业转型升级的支撑能力。

强化服务功能区和公共服务平台建设。建设和提升生产性服务业功能区，重点发展研发设计、信息、物流、商务、金融等现代服务业,增强辐射能力。依托制造业集聚区,建设一批生产性服务业公共服务平台。鼓励东部地区企业加快制造业服务化转型,建立生产服务基地。支持中西部地区发展具有特色和竞争力的生产性服务业,加快产业转移承接地服务配套设施和能力建设,实现制造业和服务业协同发展。

(九)提高制造业国际化发展水平。

统筹利用两种资源、两个市场,实行更加积极的开放战略,将引进来与走出去更好结合,拓展新的开放领域和空间,提升国际合作的水平和层次,推动重点产业国际化布局,引导企业提高国际竞争力。

提高利用外资与国际合作水平。进一步放开一般制造业,优化开放结构,提高开放水平。引导外资投向新一代信息技术、高端装备、新材料、生物医药等高端制造领域,鼓励境外企业和科研机构在我国设立全球研发机构。支持符合条件的企业在境外发行股票、债券,鼓励与境外企业开展多种形式的技术合作。

提升跨国经营能力和国际竞争力。支持发展一批跨国公司,通过全球资源利用、业务流程再造、产业链整合、资本市场运作等方式,加快提升核心竞争力。支持企业在境外开展并购和股权投资、创业投资,建立研发中心、实验基地和全球营销及服务体系;依托互联网开展网络协同设计、精准营销、增值服务创新、媒体品牌推广等,建立全球产业链体系,提高国际化经营能力和服务水平。鼓励优势企业加快发展国际总承包、总集成。引导企业融入当地文化,增强社会责任意识,加强投资和经营风险管理,提高企业境外本土化能力。

深化产业国际合作,加快企业走出去。加强顶层设计,制定制造业走出去发展总体战略,建立完善统筹协调机制。积极参与和推动国际产业合作,贯彻落实丝绸之路经济带和21世纪海上丝绸之路等重大战略部署,加快推进与周边国家互联互通基础设施建设,深化产业合作。发挥沿边开放优势,在有条件的国家和地区建设一批境外制造业合作园区。坚持政府推动、企业主导,创新商业模式,鼓励高端装备、先进技术、优势产能向境外转移。加强政策引导,推动产业合作由加工制造环节为主向合作研发、联合设计、市场营销、品牌培育等高端环节延伸,提高国际合作水平。创新加工贸易模式,延长加工贸易国内增值链条,推动加工贸易转型升级。

四、战略支撑与保障

建设制造强国,必须发挥制度优势,动员各方面力量,进一步深化改革,完善政策措施,建立灵活高效的实施机制,营造良好环境;必须培育创新文化和中国特色制造文化,推动制造业由大变强。

(一)深化体制机制改革。

全面推进依法行政,加快转变政府职能,创新政府管理方式,加强制造业发展战略、规划、政策、标准等制定和实施,强化行业自律和公共服务能力建设,提高产业治理水平。简政放权,深化行政审批制度改革,规范审批事项,简化程序,明确时限;适时修订政府核准的投资项目目录,落实企业投资主体地位。完善政产学研用协同创新机制,改革技术创新管理体制机制和项目经费分配、成果评价和转化机制,促进科技成果资本化、产业化,激发制造业创新活力。加快生产要素价格市场化改革,完善主要由市场决定价格的机制,合理配置公共资源;推行节能量、碳排放权、排污权、水权交易制度改革,加快资源税从价计征,推动环境保护费改税。深化国有企业改革,完善公司治理结构,有序发展混合所有制经济,进一步破除各种形式的行业垄断,取消对非公有制经济的不合理限制。稳步推进国防科技工业改革,推动军民融合深度发展。健全产业安全审查机制和法规体系,加强关系国民经济命脉和国家安全的制造业重要领域投融资、并购重组、招标采购等方面的安全审查。

(二)营造公平竞争市场环境。

深化市场准入制度改革,实施负面清单管理,加强事中事后监管,全面清理和废止不利于全国统一市场建设的政策措施。实施科学规范的行业准入制度,制定和完善制造业节能节地节水、环保、技术、安全等准入标准,加强对国家强制性标准实施的监督检查,统一执法,以市场化手段引导企业进行结构调整和转型升级。切实加强监管,打击制售假冒伪劣行为,严厉惩处市场垄断和不正当竞争行为,为企业创造良好生产经营环境。加快发展技术市场,健全知识产权创造、运用、管理、保护机制。完善淘汰落后产能工作涉及的职工安置、债务清偿、企业转产等政策措施,健全市场退出机制。进一步减轻企业负担,实施涉企收费清单制度,建立全国涉企收费项目库,取缔各种不合理收费和摊派,加强监督检查和问责。推进制造业企业信用体系建设,建设中国制造信用数据库,建立健全企业信用动态评价、守信激励和失信惩戒机制。强化企业社会责任建设,推行企业产品标准、质量、安全自我声明和监督制度。

(三)完善金融扶持政策。

深化金融领域改革,拓宽制造业融资渠道,降低融资成本。积极发挥政策性金融、开发性金融和商业金融的优势,加大对新一代信息技术、高端装备、新材料等重点领域的支持力度。支持中国进出口银行在业务范围内加大对制造业走出去的服务力度,鼓励国家开发银行增加对制造业企业的贷款投放,引导金融机构创新符合制造业企业特点的产品和业务。健全多层次资本市场,推动区域性股权市场规范发展,支持符合条件的制造业企业在境内外上市融资、发行各类债券融资工具。引导风险投资、私募股权投资等支持制造业企业创新发展。鼓励符合条件的制造业贷款和租赁资产开展证券化试点。支持重点领域大型制造业企业集团开展产融结合试点,通过融资租赁方式促进制造业转型升级。探索开发适合制造业发展的保险产品和服务,鼓励发展贷款保证保险和信用保险业务。在风险可控和商业可持续的前提下,通过内保外贷、外汇及人民币贷款、债权融资、股权融资等方式,加大对制造业企业在境外开展资源勘探开发、设立研发中心和高技术企业以及收购兼并等的支持力度。

(四)加大财税政策支持力度。

充分利用现有渠道,加强财政资金对制造业的支持,重点投向智能制造、"四基"发展、高端装备等制造业转型升级的关键领域,为制造业发展创造良好政策环境。运用政府和社会资本合作(PPP)模式,引导社会资本参与制造业重大项目建设、企业技术改造和关键基础设施建设。创新财政资金支持方式,逐步从"补建设"向"补运营"转变,提高财政资金使用效益。深化科技计划(专项、基金等)管理改革,支持制造业重点领域科技研发和示范应用,促进制造业技术创新、转型升级和结构布局调整。完善和落实支持创新的政府采购政策,推动制造业创新产品的研发和规模化应用。落实和完善使用首台(套)重大技术装备等鼓励政策,健全研制、使用单位在产品创新、增值服务和示范应用等环节的激励约束机制。实施有利于制造业转型升级的税收政策,推进增值税改革,完善企业研发费用计核方法,切实减轻制造业企业税收负担。

（五）健全多层次人才培养体系。

加强制造业人才发展统筹规划和分类指导，组织实施制造业人才培养计划，加大专业技术人才、经营管理人才和技能人才的培养力度，完善从研发、转化、生产到管理的人才培养体系。以提高现代经营管理水平和企业竞争力为核心，实施企业经营管理人才素质提升工程和国家中小企业银河培训工程，培养造就一批优秀企业家和高水平经营管理人才。以高层次、急需紧缺专业技术人才和创新型人才为重点，实施专业技术人才知识更新工程和先进制造卓越工程师培养计划，在高等学校建设一批工程创新训练中心，打造高素质专业技术人才队伍。强化职业教育和技能培训，引导一批普通本科高等学校向应用技术类高等学校转型，建立一批实训基地，开展现代学徒制试点示范，形成一支门类齐全、技艺精湛的技术技能人才队伍。鼓励企业与学校合作，培养制造业急需的科研人员、技术技能人才与复合型人才，深化相关领域工程博士、硕士专业学位研究生招生和培养模式改革，积极推进产学研结合。加强产业人才需求预测，完善各类人才信息库，构建产业人才水平评价制度和信息发布平台。建立人才激励机制，加大对优秀人才的表彰和奖励力度。建立完善制造业人才服务机构，健全人才流动和使用的体制机制。采取多种形式选拔各类优秀人才重点是专业技术人才到国外学习培训，探索建立国际培训基地。加大制造业引智力度，引进领军人才和紧缺人才。

（六）完善中小微企业政策。

落实和完善支持小微企业发展的财税优惠政策，优化中小企业发展专项资金使用重点和方式。发挥财政资金杠杆撬动作用，吸引社会资本，加快设立国家中小企业发展基金。支持符合条件的民营资本依法设立中小型银行等金融机构，鼓励商业银行加大小微企业金融服务专营机构建设力度，建立完善小微企业融资担保体系，创新产品和服务。加快构建中小微企业征信体系，积极发展面向小微企业的融资租赁、知识产权质押贷款、信用保险保单质押贷款等。建设完善中小企业创业基地，引导各类创业投资基金投资小微企业。鼓励大学、科研院所、工程中心等对中小企业开放共享各种实（试）验设施。加强中小微企业综合服务体系建设，完善中小微企业公共服务平台网络，建立信息互联互通机制，为中小微企业提供创业、创新、融资、咨询、培训、人才等专业化服务。

（七）进一步扩大制造业对外开放。

深化外商投资管理体制改革，建立外商投资准入前国民待遇加负面清单管理机制，落实备案为主、核准为辅的管理模式，营造稳定、透明、可预期的营商环境。全面深化外汇管理、海关监管、检验检疫管理改革，提高贸易投资便利化水平。进一步放宽市场准入，修订钢铁、化工、船舶等产业政策，支持制造业企业通过委托开发、专利授权、众包众创等方式引进先进技术和高端人才，推动利用外资由重点引进技术、资金、设备向合资合作开发、对外并购及引进领军人才转变。加强对外投资立法，强化制造业企业走出去法律保障，规范企业境外经营行为，维护企业合法权益。探索利用产业基金、国有资本收益等渠道支持高铁、电力装备、汽车、工程施工等装备和优势产能走出去，实施海外投资并购。加快制造业走出去支撑服务机构建设和水平提升，建立制造业对外投资公共服务平台和出口产品技术性贸易服务平台，完善应对贸易摩擦和境外投资重大事项预警协调机制。

（八）健全组织实施机制。

成立国家制造强国建设领导小组，由国务院领导同志担任组长，成员由国务院相关部门和单位负责同志担任。领导小组主要职责是：统筹协调制造强国建设全局性工作，审议重大规划、重大政策、重大工程专项、重大问题和重要工作安排，加强战略谋划，指导部门、地方开展工作。领导小组办公室设在工业和信息化部，承担领导小组日常工作。设立制造强国建设战略咨询委员会，研究制造业发展的前瞻性、战略性重大问题，对制造业重大决策提供咨询评估。支持包括社会智库、企业智库在内的多层次、多领域、多形态的中国特色新型智库建设，为制造强国建设提供强大智力支持。建立《中国制造2025》任务落实情况督促检查和第三方评价机制，完善统计监测、绩效评估、动态调整和监督考核机制。建立《中国制造2025》中期评估机制，适时对目标任务进行必要调整。

各地区、各部门要充分认识建设制造强国的重大意义，加强组织领导，健全工作机制，强化部门协同和上下联动。各地区要结合当地实际，研究制定具体实施方案，细化政策措施，确保各项任务落实到位。工业和信息化部要会同相关部门加强跟踪分析和督促指导，重大事项及时向国务院报告。

中共中央、国务院
关于构建开放型经济新体制的若干意见

2015年5月5日

对外开放是我国的基本国策。当前，世界多极化、经济全球化进一步发展，国际政治经济环境深刻变化，创新引领发展的趋势更加明显。我国改革开放正站在新的起点上，经济结构深度调整，各项改革全面推进，经济发展进入新常态。面对新形势新挑战新任务，要统筹开放型经济顶层设计，加快构建开放型经济新体制，进一步破除体制机制障碍，使对内对外开放相互促进，引进来与走出去更好结合，以对外开放的主动赢得经济发展和国际竞争的主动，以开放促改革、促发展、促创新，建设开放型经济强国，为实现"两个一百年"奋斗目标和中华民族伟大复兴的中国梦打下坚实基础。

一、构建开放型经济新体制的总体要求

全面贯彻落实党的十八大和十八届二中、三中、四中全会精神，坚持使市场在资源配置中起决定性作用和更好发挥政府作用，坚持改革开放和法治保障并重，坚持引进来和走出去相结合，坚持与世界融合和保持中国特色相统一，坚持统筹国内发展和参与全球治理相互促进，坚持把握开放主动权和维护国家安全。主动适应经济发展新常态，并与实施"一带一路"战略和国家外交战略紧密衔接，科学布局，选准突破口和切入点，发挥社会主义制度优势，把握好开放节奏和秩序，扬长避短、因势利导、有所作为、防范风险、维护安全，积极探索对外经济合作新模式、新路径、新体制。总体目标是,加快培育国际合作和竞争新优势,更加积极地促进内需和外需平衡、进口和出口平衡、引进外资和对外投资平衡,逐步实现国际收支基本平衡,形成全方位开放新格局,实现开放型经济治理体系和治理能力现代化,在扩大开放中树立正确义利观,切实维护国家利益,保障国家安全,推动我国与世界各国共同发展,构建互利共赢、多元平衡、安全高效的开放型经济新体制。

（一）建立市场配置资源新机制。促进国际国内要素有序自由流动、资源全球高效配置、国际国内市场深度融合,加快推进与开放型经济相关的体制机制改革,建立公平开放、竞争有序的现代市场体系。

（二）形成经济运行管理新模式。按照国际化、法治化的要求,营造良好法治环境,依法管理开放,建立与国际高标准投资和贸易规则相适应的管理方式,形成参与国际宏观经济政策协调的机制,推动国际经济治理结构不断完善。推进政府行为法治化、经济行为市场化,建立健全企业履行主体责任、政府依法监管和社会广泛参与的管理机制,健全对外开放中有效维护国家利益和安全的体制机制。

（三）形成全方位开放新格局。坚持自主开放与对等开放,加强走出去战略谋划,实施更加主动的自由贸易区战略,拓展开放型经济发展新空间。继续实施西部开发、东北振兴、中部崛起、东部率先的区域发展总体战略,重点实施"一带一路"战略、京津冀协同发展战略和长江经济带战略,推动东西双向开放,促进基础设施互联互通,扩大沿边开发开放,形成全方位开放新格局。

（四）形成国际合作竞争新优势。巩固和拓展传统优势,加快培育竞争新优势。以创新驱动为导向,以质量效益为核心,大力营造竞争有序的市场环境、透明高效的政务环境、公平正义的法治环境和合作共赢的人文环境,加速培育产业、区位、营商环境和规则标准等综合竞争优势,不断增强创新能力,全面提升在全球价值链中的地位,促进产业转型升级。

二、创新外商投资管理体制

改善投资环境,扩大服务业市场准入,进一步开放制造业,稳定外商投资规模和速度,提高引进外资质量。改革外商投资审批和产业指导的管理方式,向准入前国民待遇加负面清单的管理模式转变,促进开发区体制机制创新和转型升级发展。

（五）统一内外资法律法规。修订中外合资经营企业法、中外合作经营企业法和外资企业法,制定新的外资基础性法律,将规范和引导境外投资者及其投资行为的内容纳入外资基础性法律。对于外资企业组织形式、经营活动等一般内容,可由统一适用于各类市场主体法律法规加以规范的,按照内外资一致的原则,适用统一的法律法规。保持外资政策稳定、透明、可预期,营造规范的制度环境和稳定的市场环境。

（六）推进准入前国民待遇加负面清单的管理模式。完善外商投资市场准入制度,探索对外商投资实行准入前国民待遇加负面清单的管理模式。在做好风险评估的基础上,分层次、有重点放开服务业领域外资准入限制,推进金融、教育、文化、医疗等服务业领域有序开放,放开育幼养老、建筑设计、会计审计、商贸物流、电子商务等服务业领域外资准入限制,进一步放开一般制造业。在维护国家安全的前提下,对于交通、电信等基础设施以及矿业等相关领域逐步减少对外资的限制。

（七）完善外商投资监管体系。按照扩大开放与加强监管同步的要求，加强事中事后监管，建立外商投资信息报告制度和外商投资信息公示平台，充分发挥企业信用信息公示系统的平台作用，形成各政府部门信息共享、协同监管、社会公众参与监督的外商投资全程监管体系，提升外商投资监管的科学性、规范性和透明度，防止一放就乱。

（八）推动开发区转型升级和创新发展。加强国家级经济技术开发区、高新技术产业开发区、海关特殊监管区域以及省级开发区等各类开发区规划指导、创新发展。发挥开发区的引领和带动作用，大力发展先进制造业、生产性服务业和科技服务业，推动区内产业升级，建设协同创新平台，实现产业结构、产品附加值、质量、品牌、技术水平、创新能力的全面提升。推动开发区绿色、低碳、循环发展，继续深化节能环保国际合作。不断改善投资环境，进一步规范行政管理制度，完善决策、执行、监督和考核评价体系，避免同质竞争，努力把开发区建设成为带动地区经济发展和实施区域发展战略的重要载体、构建开放型经济新体制和培育吸引外资新优势的排头兵、科技创新驱动和绿色集约发展的示范区。

三、建立促进走出去战略的新体制

实施走出去国家战略，加强统筹谋划和指导。确立企业和个人对外投资主体地位，努力提高对外投资质量和效率，促进基础设施互联互通，推动优势产业走出去，开展先进技术合作，增强我国企业国际化经营能力，避免恶性竞争，维护境外投资权益。

（九）确立并实施新时期走出去国家战略。根据国民经济和社会发展总体规划以及对外开放总体战略，完善境外投资中长期发展规划，加强对走出去的统筹谋划和指导，提供政策支持和投资促进。鼓励企业制定中长期国际化发展战略，兼顾当前和长远利益，在境外依法经营。督促企业履行社会责任，树立良好形象。

（十）推进境外投资便利化。研究制定境外投资法规。贯彻企业投资自主决策、自负盈亏原则，放宽境外投资限制，简化境外投资管理，除少数有特殊规定外，境外投资项目一律实行备案制。加快建立合格境内个人投资者制度。加强境外投资合作信息平台建设。

（十一）创新对外投资合作方式。允许企业和个人发挥自身优势到境外开展投资合作，允许自担风险到各国各地区承揽工程和劳务合作项目，允许创新方式走出去开展绿地投资、并购投资、证券投资、联合投资等。鼓励有实力的企业采取多种方式开展境外基础设施投资和能源资源合作。促进高铁、核电、航空、机械、电力、电信、冶金、建材、轻工、纺织等优势行业走出去，提升互联网信息服务等现代服务业国际化水平，推动电子商务走出去。积极稳妥推进境外农业投资合作。支持我国重大技术标准走出去。创新境外经贸合作区发展模式，支持国内投资主体自主建设和管理。

（十二）健全走出去服务保障体系。加快同有关国家和地区商签投资协定，完善领事保护制度，提供权益保障、投资促进、风险预警等更多服务，推进对外投资合作便利化。保障我国境外人员人身和财产安全。发挥中介机构作用，培育一批国际化的设计咨询、资产评估、信用评级、法律服务等中介机构。

（十三）引进来和走出去有机结合。推进引进外资与对外投资有机结合、相互配合，推动与各国各地区互利共赢的产业投资合作。发挥我国优势和条件促进其他国家和地区共同发展。鼓励企业开展科技创新、项目对接、信息交流、人力资源开发等多方面国际合作。支持地方和企业做好引资、引智、引技等工作,并积极开拓国际市场。通过各类投资合作机制,分享我国引进来的成功经验,推动有关国家营造良好投资环境。

四、构建外贸可持续发展新机制

保持外贸传统优势,加快培育外贸竞争新优势,着力破解制约外贸持续发展和转型升级的突出问题。全面提升外贸竞争力,提高贸易便利化水平,完善进出口促进体系,健全贸易摩擦应对机制,大力发展服务贸易,促进外贸提质增效升级。

(十四)提高贸易便利化水平。强化大通关协作机制,实现口岸管理相关部门信息互换、监管互认、执法互助。加快国际贸易"单一窗口"建设,全面推行口岸管理相关部门"联合查验、一次放行"等通关新模式。依托电子口岸平台,推动口岸管理相关部门各作业系统横向互联,建立信息共享共用机制。探索开展口岸查验机制创新和口岸管理相关部门综合执法试点。加快海关特殊监管区域整合优化。加快一体化通关改革,推进通关作业无纸化。与主要贸易伙伴开展检验检疫、认证认可和技术标准等方面的交流合作与互认。加强口岸检验检疫综合能力建设,完善产品质量安全风险预警和快速反应体系。整合和规范进出口环节经营性服务和收费。

(十五)培育外贸竞争新优势。优化市场布局和贸易结构。稳定传统优势产品出口,进一步推进以质取胜战略,提升出口产品质量、档次和创新要素比重,扩大大型成套设备和技术出口。加强外贸诚信体系建设,规范进出口秩序。鼓励企业开展科技创新和商业模式创新,加快培育以技术、品牌、质量、服务为核心的外贸竞争新优势。鼓励发展跨境电子商务、市场采购贸易等新型贸易方式。积极解决电子商务在境内外发展的技术、政策问题,在标准、支付、物流、通关、检验检疫、税收等方面加强国际协调,参与相关规则制定,创新跨境电子商务合作方式,融入国外零售体系,化解相关贸易摩擦。优化进口商品结构,鼓励先进技术、关键设备和零部件进口,稳定资源性产品进口,合理增加一般消费品进口。培育国际大宗商品交易平台。提高一般贸易和服务贸易比重,推动加工贸易转型升级,提升产业层次,提高加工贸易的质量和附加值,延长加工贸易产业链,提高加工贸易增值率。

(十六)建立健全服务贸易促进体系。提升服务贸易战略地位,着力扩大服务贸易规模,推进服务贸易便利化和自由化。鼓励发展生产性服务贸易。依托大数据、云计算、物联网、移动互联网等新技术,推动服务业转型,培育服务新业态。创新服务贸易金融服务体系,建立与服务贸易相适应的口岸管理和通关协作模式。提高货物贸易中的服务附加值,促进制造业与服务业、货物贸易与服务贸易协调发展。推进国内服务市场健全制度、标准、规范和监管体系,为专业人才和专业服务跨境流动提供便利。制定与国际接轨的服务业标准化体系,加强与服务贸易相关的人才培养、资格互认、标准制定等方面的国际合作。促进服务外包升级,提升服务跨境交付能力,建设好服务外包示范城市。

(十七)实施质量效益导向型的外贸政策。支持技术含量高、附加值大、资源和能源消耗低、环境污染小、产业关联度强的对外贸易活动,实现外贸绿色低碳可持续发展。进一步完善出口退税制度,优化出口退税流程。健全出口信用保险体系。加强贸易风险、汇率风险监测分析,适时公布有关风险提示,引导企业有效规避出口风险。

(十八)健全贸易摩擦应对机制。强化中央、地方、行业协会商会、企业四体联动的综合应对机制,指导企业做好贸易摩擦预警、咨询、对话、磋商、诉讼等工作。有理有节、化解分歧、争取双赢,以协商方式妥善解决贸易争端,对滥用贸易保护措施和歧视性做法,善于运用规则进行交涉和制衡。依法开展贸易救济调查,维护国内产业企业合法权益。

五、优化对外开放区域布局

建设自由贸易园区,立足东中西协调、陆海统筹,扩大对港澳台开放合作,推动形成全方位的区域开放新格局,以区域开放的提质增效带动经济的协调发展。

(十九)建设若干自由贸易试验园区。深化上海自由贸易试验区改革开放,扩大服务业和先进制造业对外开放,形成促进投资和创新的政策支持体系,并将部分开放措施辐射到浦东新区,及时总结改革试点经验,在全国复制推广。依托现有新区、园区,推动广东、天津、福建自由贸易试验区总体方案全面实施,以上海自由贸易试验区试点内容为主体,结合地方特点,充实新的试点内容,未来结合国家发展战略需要逐步向其他地方扩展,推动实施新一轮高水平对外开放。

(二十)完善内陆开放新机制。抓住全球产业重新布局机遇,以内陆中心城市和城市群为依托,以开发区和产业聚集区为平台,积极探索承接产业转移新路径,创新加工贸易模式,以加工贸易梯度转移重点承接地为依托,稳妥推进有条件的企业将整机生产、零部件、原材料配套和研发、结算等向内陆地区转移,形成产业集群,支持在内陆中心城市建立先进制造业中心。鼓励区域合作共建产业园区,促进内陆贸易、投资、技术创新协调发展。支持内陆城市增开国际客货运航线,发展江海联运,以及铁水、陆航等多式联运,形成横贯东中西、联结南北方的对外经济走廊。

(二十一)培育沿边开放新支点。将沿边重点开发开放试验区、边境经济合作区建成我国与周边国家合作的重要平台,加快沿边开放步伐。允许沿边重点口岸、边境城市、边境经济合作区在人员往来、加工物流、旅游等方面实行特殊方式和政策。按有关规定有序进行边境经济合作区新设、调区和扩区工作。稳步发展跨境经济合作区,有条件的可结合规划先行启动中方区域基础设施建设。建设能源资源进口加工基地,开展面向周边市场的产业合作。鼓励边境地区与毗邻国地方政府加强务实合作。

(二十二)打造沿海开放新高地。发挥长三角、珠三角、环渤海地区对外开放门户的作用,建设若干服务全国、面向世界的国际化大都市和城市群,建成具有更强国际影响力的沿海经济带。推动京津冀协同发展。支持沿海地区发展高端产业、加强科技研发,加快从全球加工装配基地向研发、先进制造基地转变,推进服务业开放先行先试。依托长江黄金水道,推动长江经济带发展,打造中国经济新支撑带,建设陆海双向对外开放新走廊。

(二十三)扩大对香港、澳门和台湾地区开放。发挥港澳地区的开放平台与示范作用,深化内地与港澳更紧密经贸关系安排,加快实现与港澳服务贸易自由化。建设好深圳前海现代服务业示范区、珠海横琴新区、广州南沙新区。鼓励内地企业与港澳企业联合走出去。支持内地企业赴港融资,将境外产业投资与香港金融资本有机结合。鼓励内地企业与港澳企业联合成立投资基金,通过多种方式开展投资合作。促进澳门经济适度多元。促进海峡两岸经济关系正常化、制度化、自由化,逐步健全两岸经济合作机制。加强两岸产业合作、双向贸易投资及便利化方面的合作。充分发挥海峡西岸经济区、平潭综合实验区、昆山深化两岸产业合作试验区等的先行先试作用。深化和拓展与港澳台地区高校、科研院所、企业间科技研发和创新创业方面的合作。

六、加快实施"一带一路"战略

实施"一带一路"战略,以政策沟通、设施联通、贸易畅通、资金融通、民心相通为主要内容,全方位推进与沿线国家合作,构建利益共同体、命运共同体和责任共同体,深化与沿线国家多层次经贸合作,带动我国沿边、内陆地区发展。

(二十四)推进基础设施互联互通。加快形成国际大通道,构建联通内外、安全通畅的综合交通运输网络,完善交通合作平台与机制。巩固和扩大电力输送、光缆通信等合作。深化能源资源开发与通道建设合作。

(二十五)深化与沿线国家经贸合作。相互扩大市场开放,深化海关、检验检疫、标准、认证、过境运输等全方位合作,培育壮大特色优势产业,推动我国大型成套设备、技术、标准与沿线国家合作。加大非资源类产品进口力度,促进贸易平衡。推动企业在沿线国家设立仓储物流基地和分拨中心,完善区域营销网络。加强与沿线国家的产业投资合作,共建一批经贸合作园区,带动沿线国家增加就业、改善民生。鼓励发展面向沿线国家的电子商务,倡导电子商务多边合作。

(二十六)密切科技人文交流。扩大与沿线国家互派留学规模,鼓励有实力的高校走出去办学,开展境外教育合作。推进国际卫生合作。加强与沿线国家科技合作,采取多种方式联合开展重大科研攻关。推动产学研协同配合,把重点经贸项目合作与科技人文交流紧密结合起来。推进对外文化合作与交流,与沿线国家互办文化年、艺术节等活动,支持沿线国家申办国际重大赛事,加强与沿线国家旅游投资合作,联合打造具有丝绸之路特色的国际精品旅游线路和旅游产品。

(二十七)积极推进海洋经济合作。大力发展海洋经济,制定促进海洋经济发展的政策法规。妥善处理争议和分歧,建立海上经济合作和共同开发机制。加强国际远洋渔业合作。

(二十八)扎实推动中巴、孟中印缅经济走廊建设。中巴、孟中印缅两个经济走廊与推进"一带一路"建设关联紧密,要进一步深化研究、推动合作。积极探索孟中印缅经济走廊框架下四方合作模式,制定经济走廊务实合作计划,推出一批易操作、见效快的早期收获项目。共同推进编制中巴经济走廊建设远景规划,指导我国企业有序参与建设活动。

七、拓展国际经济合作新空间

巩固和加强多边贸易体制,加快实施自由贸易区战略,积极参与全球经济治理,做国际经贸规则的参与者、引领者,扩大国际合作与交流,努力形成深度交融的互利合作网络。

(二十九)坚持世界贸易体制规则。维护多边贸易体制在全球贸易投资自由化中的主渠道地位,坚持均衡、普惠、共赢原则,反对贸易投资保护主义。积极落实"巴厘一揽子"协议,推动后巴厘工作计划制定,争取尽早完成多哈回合谈判。推进《信息技术协定》扩围和《环境产品协定》谈判,推动我国加入《政府采购协定》谈判。支持世贸组织继续加强贸易政策监督机制、完善争端解决机制。进一步加强贸易政策合规工作。

(三十)建立高标准自由贸易区网络。加快实施自由贸易区战略,坚持分类施策、精耕细作,逐步构筑起立足周边、辐射"一带一路"、面向全球的高标准自由贸易区网络,积极扩大服务业开放,加快推进环境保护、投资保护、政府采购、电子商务等新议题谈判,积极推进国际创新合作。积极落实中韩、中澳自由贸易区谈判成果,打造中国—东盟自由贸易区升级版,推进中国与有关国家自由贸易协定谈判和建设进程,稳步推进中欧自由贸易区和亚太自由贸易区建设,适时启动与其他经贸伙伴的自由贸易协定谈判。

(三十一)积极参与全球经济治理。推进全球经济治理体系改革,支持联合国、二十国集团等发挥全球经济治理主要平台作用,推动金砖国家合作机制发挥作用,共同提高新兴市场和发展中国家在全球经济治理领域的发言权和代表性。全面参与国际经济体系变革和规则制定,在全球性议题上,主动提出新主张、新倡议和新行动方案,增强我国在国际经贸规则和标准制定中的话语权。

(三十二)构建多双边、全方位经贸合作新格局。坚持正确的义利观,弘义融利,因地制宜,务实合作。丰富中美新型大国关系的经贸内涵,深化中欧多领域合作,协同推进中美、中欧投资协定谈判,统筹国内改革与对外开放进程。促进中俄经贸关系跨越式发展。深化同发展中国家合作。加强与"一带一路"沿线国家的宏观政策沟通与协调。完善区域次区域合作机制,发挥亚太经合组织、亚欧会议、上海合作组织作用,强化中非、中阿、中拉等合作机制。推进大湄公河、中亚、图们江、泛北部湾等次区域合作。多双边合作机制要加强统筹、提高效率、讲求实效。

(三十三)建立国际经贸谈判新机制。抓紧建立依法有序、科学高效、协调有力、执行有效的谈判机制。统筹谈判资源和筹码,科学决策谈判方案,优化谈判进程。加强谈判方案执行、监督和谈判绩效评价,提高对外谈判力度和有效性。充分发挥有关议事协调机制的积极作用,完善国际经贸谈判授权和批准制度。

八、构建开放安全的金融体系

提升金融业开放水平,稳步推进人民币国际化,扩大人民币跨境使用范围、方式和规模,加快实现人民币资本项目可兑换。

(三十四)扩大金融业开放。在持续评估、完善审慎监管和有效管控风险的基础上,有序放宽证券业股比限制,有序推进银行业对外开放,形成公平、有序、良性的金融生态环境。提升金融机构国际化经营水平,鼓励金融机构审慎开展跨境并购,完善境外分支机构网络,提升金融服务水平,加强在支付与市场基础设施领域的国际合作。建立健全支持科技创新发展的国际金融合作机制。

(三十五)推动资本市场双向有序开放。积极稳妥推进人民币资本项目可兑换。便利境内外主体跨境投融资。扩大期货市场对外开放,允许符合规定条件的境外机构从事特定品种的期货交易。研究境内银行、证券公司等金融机构和企业在有真实贸易和投资背景的前提下,参与境外金融衍生品市场。在风险可控的前提下,研究逐步开放金融衍生品市场。

(三十六)建立走出去金融支持体系。构建政策性金融和商业性金融相结合的境外投资金融支持体系,推动金融资本和产业资本联合走出去。完善境外投融资机制,探索建立境外股权资产的境内交易融资平台,为企业提供"外保内贷"的融资方式。发展多种形式的境外投资基金,推进丝路基金、亚洲基础设施投资银行、金砖国家新开发银行设立和有效运作,构建上海合作组织融资机构。用好投融资国际合作机制,选准重点,积极推进与"一带一路"沿线国家合作。

(三十七)扩大人民币跨境使用。推进亚洲货币稳定体系、投融资体系和信用体系建设。推进本币互换合作,进一步扩大经常项目人民币结算规模,支持跨国企业集团开展人民币资金集中运营业务。在涉外经济管理、核算和统计中使用人民币作为主要计价货币。加快人民币跨境支付系统建设,进一步完善人民币全球清算体系。进一步拓宽人民币输出渠道,鼓励使用人民币向境外进行贷款和投资。建设区域性人民币债券市场,进一步便利境外机构投资境内债券市场,支持境外机构在境内发行人民币债务融资工具,稳妥推进境内金融机构和企业赴境外发行人民币债券。支持离岸市场人民币计价金融产品的创新,加快人民币离岸市场建设,扩大人民币的境外循环。

(三十八)完善汇率形成机制和外汇管理制度。有序扩大人民币汇率浮动区间,增强人民币汇率双向浮动弹性。深化外汇管理体制改革,进一步便利市场主体用汇,按照负面清单原则推进外商投资企业外汇资本金结汇管理改革。创新国家外汇储备使用方式,拓宽多元化运用渠道。

九、建设稳定、公平、透明、可预期的营商环境

加强对外开放的法治建设,坚持依法开放,大力培育开放主体,充分发挥行业协会商会作用,着力构建稳定、公平、透明、可预期的营商环境。

(三十九)加强开放型经济法治建设。适应对外开放不断深化形势,完善涉外法律法规体系,重大开放举措要于法有据,营造规范的法治环境。发挥法治的引领和推动作用,加快形成高标准的贸易投资规则体系。以保护产权、维护契约、统一市场、平等交换、公平竞争、有效监管为基本导向,推进对内对外开放的立法、执法与司法建设。积极参与国际经贸法律交流。强化涉外法律服务,维护我国公民、法人在海外及外国公民、法人在我国的正当经济权益。

(四十)大力培育开放主体。完善国有资本对外开放的监管体系,积极发展混合所有制经济,鼓励各类所有制企业发挥自身优势,深度参与国际产业分工协作。支持国内企业吸纳先进生产要素,培育国际知名品牌,增强参与全球价值链的广度和深度,形成一批具有国际知名度和影响力的跨国公司。鼓励国内优势企业建立海外生产加工和综合服务体系,在全球范围内配置资源、开拓市场,拓展企业发展新空间。

(四十一)优化市场竞争环境。建立统一开放、竞争有序的市场体系和监管规则。加快转变政府职能,完善经济管理体制和运行机制,逐步建立权力清单制度,加强知识产权保护和反垄断制度建设,健全全社会诚信体系,清理妨碍全国统一市场和公平竞争的各种规定和做法,保证各类所有制企业依法平等使用生产要素、公开公平公正参与市场竞争、同等受到法律保护。

（四十二）改善科技创新环境。加快实施创新驱动发展战略,积极融入全球创新网络,全面提高我国科技创新的国际合作水平,更多更好利用全球创新资源。着力构建以企业为主体、市场为导向、产学研相结合的技术创新体系,健全技术创新激励机制,支持企业参与全球创新资源配置,在开放合作中提高自主创新能力。完善引进消化吸收再创新的机制,鼓励企业加强技术研发国际合作,加快新技术新产品新工艺研发应用。积极参与国际大科学计划和工程,开展多层次、多领域、多形式的国际科技合作。

（四十三）发挥行业协会商会作用。充分发挥行业协会商会在制定技术标准、规范行业秩序、开拓国际市场、应对贸易摩擦等方面的积极作用,提高协会商会组织协调、行业自律管理能力。坚持行业协会商会社会化、市场化改革方向,推进行业协会商会工作重心转向为企业、行业、市场服务。支持协会商会加强与国际行业组织的交流合作,建设国际化服务平台,改革内部管理体制和激励机制,增强可持续发展能力。加强境外中资企业协会商会建设。

十、加强支持保障机制建设

培养适应开放型经济新体制要求的人才队伍,健全对外交流渠道,做好人文交流和对外宣传,进一步完善支持保障措施。

（四十四）实施开放的人才政策。加强人才培养,构建科学有效的选人用人机制,充分集聚国际化的人才资源。健全引进人才制度,完善外国人永久居留制度,营造吸引海外高层次人才的良好工作、生活环境。支持和推荐优秀人才到国际组织任职工作。积极探索职业资格国际、地区间互认。鼓励并支持从事国际合作的社会化专业队伍加快发展,更好利用社会资源开展国际合作。

（四十五）打造对外开放战略智库。加强中国特色新型智库建设,发挥智库作用,增进国际间智库研究交流,打造拥有国际视野和战略意识的智库力量,提高对外开放战略谋划水平和国际经贸合作服务能力。加强对有关国家、区域、重点合作领域的前瞻性研究,为我国政府和企业提供政策建议和智力支持。

（四十六）做好人文交流和对外宣传。坚持与时俱进,强化国际传播能力建设,推动中国文化走出去,在对外开放中切实保障文化安全和教育安全。综合运用国际国内两种资源,培养造就更多优秀国际化人才。办好博鳌亚洲论坛,深化与世界经济论坛的合作,利用国际平台发出中国声音,深化世界各国与我国的相互了解和信任。与世界各国政党、政府、企业、民间组织、学术界和媒体广交朋友。鼓励走出去企业以多种方式培养本土技术人才,增信释疑,推动民心相通,凝聚共识和力量,营造于我有利的国际舆论和外部发展环境。

十一、建立健全开放型经济安全保障体系

要大力加强对外开放的安全工作,在扩大开放的同时,坚持维护我国核心利益,建立系统完备、科学高效的开放型经济安全保障体系,健全体制机制,有效管控风险,切实提升维护国家安全的能力。

(四十七)完善外商投资国家安全审查机制。完善外商投资国家安全审查的法律制度,制定外商投资国家安全审查条例。建立与负面清单管理模式相适应的外商投资国家安全审查制度。完善国家安全审查范围,加强事中事后监管,充分发挥社会监督作用,确保安全审查措施落到实处。

(四十八)建立走出去风险防控体系。综合运用经济、外交、法律等多种方式,规范走出去秩序,防止一哄而上、恶性竞争,维护国家形象,推动我走出去企业成为正确义利观的自觉践行者。加强境外风险防控体系建设,提升对外投资合作质量和水平。强化对国有和国有控股企业走出去经营活动的监督与管理,加强审计,完善国有企业境外经营业绩考核和责任追究制度,确保国有资本的安全与效益,防止国有资产流失,防范假借走出去侵吞国有资产的行为。

(四十九)构建经贸安全保障制度。加快出口管制立法,加快构建和实施设计科学、运转有序、执行有力的出口管制体系,完善出口管制许可和调查执法体制机制,积极参与出口管制多边规则制定。进一步加强和完善产业安全预警机制。

(五十)健全金融风险防控体系。坚持便利化与防风险并重,形成适应开放需要的跨境金融监管制度,健全宏观审慎管理框架下的外债和资本流动管理体系,完善系统性风险监测预警、评估处置以及市场稳定机制,加强对短期投机性资本流动和跨境金融衍生品交易的监测,防范和化解金融风险。创新国际优惠贷款使用模式,用好国际商业贷款,推动外债形式多元化。健全走出去金融监管体系。加强金融监管的国际交流与合作机制建设,预防危机,维护区域金融稳定。

各地区各部门要从全局和战略高度,深刻认识构建开放型经济新体制的重大意义,将思想和行动统一到党中央、国务院的决策部署上来,适应构建开放型经济新体制的要求,加强党的领导,落实工作责任,完善工作机制,精心组织实施。要加强对开放战略问题的研究,创新工作方法,及时总结经验,认真研究解决构建开放型经济新体制中遇到的新情况新问题,不断开创高水平对外开放新局面。

国务院关于北京市服务业扩大开放综合试点总体方案的批复

国函〔2015〕81号

北京市人民政府、商务部:

你们关于北京市服务业扩大开放综合试点总体方案的请示收悉。现批复如下:

一、同意在北京市开展服务业扩大开放综合试点,试点期为自批复之日起3年。原则同意

《北京市服务业扩大开放综合试点总体方案》(以下简称《方案》),请认真组织实施。

二、要按照党中央、国务院的决策部署,紧紧围绕京津冀协同发展战略,着力推动北京市服务业现代化和提升服务贸易发展水平,建立健全具有中国特色、首都特点、时代特征的体制机制,构建与国际规则相衔接的服务业扩大开放基本框架,使北京市服务业扩大开放综合试点成为国家全方位主动开放的重要实践,为探索开放型经济新体制作出贡献。

三、北京市人民政府要加强对《方案》实施的组织领导。要坚持主动、渐进、可控的原则,强化试点工作顶层设计,科学规划开放路径,优先选取服务业发展较为成熟、市场潜力较大的重点领域先行先试,稳步扩大试点范围,推进服务业有序开放。注重体制机制创新,加快市场准入机制和监管模式改革,推动配套支撑体系建设,激发市场活力,建立健全服务业促进体系,带动服务业整体转型升级。

四、国务院有关部门要按照职责分工,积极支持北京市开展服务业扩大开放综合试点,先行试验一些重大的改革开放措施。商务部要会同有关部门加强指导和协调推进,组织开展督查和评估工作,确保《方案》各项改革开放措施落实到位。

五、试点期间,暂时调整实施相关行政法规、国务院文件和经国务院批准的部门规章的部分规定,具体由国务院另行印发。国务院有关部门根据《方案》相应调整本部门制定的规章和规范性文件。《方案》实施中的重大问题,北京市人民政府、商务部要及时向国务院请示报告。

附件:1. 北京市服务业扩大开放综合试点总体方案(略——编者注)
   2. 北京市服务业扩大开放综合试点开放措施(略——编者注)

国务院
2015年5月5日

中华人民共和国广告法

中华人民共和国主席令第22号

《中华人民共和国广告法》已由中华人民共和国第十二届全国人民代表大会常务委员会第十四次会议于2015年4月24日修订通过,现将修订后的《中华人民共和国广告法》公布,自2015年9月1日起施行。

中华人民共和国主席 习近平
2015年4月24日

中华人民共和国广告法

目　录

第一章　总则
第二章　广告内容准则
第三章　广告行为规范
第四章　监督管理
第五章　法律责任
第六章　附则

第一章　总　　则

第一条　为了规范广告活动,保护消费者的合法权益,促进广告业的健康发展,维护社会经济秩序,制定本法。

第二条　在中华人民共和国境内,商品经营者或者服务提供者通过一定媒介和形式直接或者间接地介绍自己所推销的商品或者服务的商业广告活动,适用本法。

本法所称广告主,是指为推销商品或者服务,自行或者委托他人设计、制作、发布广告的自然人、法人或者其他组织。

本法所称广告经营者,是指接受委托提供广告设计、制作、代理服务的自然人、法人或者其他组织。

本法所称广告发布者,是指为广告主或者广告主委托的广告经营者发布广告的自然人、法人或者其他组织。

本法所称广告代言人,是指广告主以外的,在广告中以自己的名义或者形象对商品、服务作推荐、证明的自然人、法人或者其他组织。

第三条　广告应当真实、合法,以健康的表现形式表达广告内容,符合社会主义精神文明建设和弘扬中华民族优秀传统文化的要求。

第四条　广告不得含有虚假或者引人误解的内容,不得欺骗、误导消费者。

广告主应当对广告内容的真实性负责。

第五条　广告主、广告经营者、广告发布者从事广告活动,应当遵守法律、法规,诚实信用,公平竞争。

第六条　国务院工商行政管理部门主管全国的广告监督管理工作,国务院有关部门在各自的职责范围内负责广告管理相关工作。

县级以上地方工商行政管理部门主管本行政区域的广告监督管理工作,县级以上地方人民政府有关部门在各自的职责范围内负责广告管理相关工作。

第七条　广告行业组织依照法律、法规和章程的规定,制定行业规范,加强行业自律,促进行业发展,引导会员依法从事广告活动,推动广告行业诚信建设。

第二章　广告内容准则

第八条　广告中对商品的性能、功能、产地、用途、质量、成分、价格、生产者、有效期限、允诺等或者对服务的内容、提供者、形式、质量、价格、允诺等有表示的,应当准确、清楚、明白。

广告中表明推销的商品或者服务附带赠送的,应当明示所附带赠送商品或者服务的品种、规格、数量、期限和方式。

法律、行政法规规定广告中应当明示的内容,应当显著、清晰表示。

第九条　广告不得有下列情形:

(一)使用或者变相使用中华人民共和国的国旗、国歌、国徽、军旗、军歌、军徽;

(二)使用或者变相使用国家机关、国家机关工作人员的名义或者形象;

(三)使用"国家级"、"最高级"、"最佳"等用语;

(四)损害国家的尊严或者利益,泄露国家秘密;

(五)妨碍社会安定,损害社会公共利益;

(六)危害人身、财产安全,泄露个人隐私;

(七)妨碍社会公共秩序或者违背社会良好风尚;

(八)含有淫秽、色情、赌博、迷信、恐怖、暴力的内容;

(九)含有民族、种族、宗教、性别歧视的内容;

(十)妨碍环境、自然资源或者文化遗产保护;

(十一)法律、行政法规规定禁止的其他情形。

第十条　广告不得损害未成年人和残疾人的身心健康。

第十一条　广告内容涉及的事项需要取得行政许可的,应当与许可的内容相符合。

广告使用数据、统计资料、调查结果、文摘、引用语等引证内容的,应当真实、准确,并表明出处。引证内容有适用范围和有效期限的,应当明确表示。

第十二条　广告中涉及专利产品或者专利方法的,应当标明专利号和专利种类。

未取得专利权的,不得在广告中谎称取得专利权。

禁止使用未授予专利权的专利申请和已经终止、撤销、无效的专利作广告。

第十三条　广告不得贬低其他生产经营者的商品或者服务。

第十四条　广告应当具有可识别性,能够使消费者辨明其为广告。

大众传播媒介不得以新闻报道形式变相发布广告。通过大众传播媒介发布的广告应当显著标明"广告",与其他非广告信息相区别,不得使消费者产生误解。

广播电台、电视台发布广告,应当遵守国务院有关部门关于时长、方式的规定,并应当对广告时长作出明显提示。

第十五条　麻醉药品、精神药品、医疗用毒性药品、放射性药品等特殊药品,药品类易制毒化学品,以及戒毒治疗的药品、医疗器械和治疗方法,不得作广告。

前款规定以外的处方药,只能在国务院卫生行政部门和国务院药品监督管理部门共同指定的医学、药学专业刊物上作广告。

第十六条 医疗、药品、医疗器械广告不得含有下列内容：

（一）表示功效、安全性的断言或者保证；

（二）说明治愈率或者有效率；

（三）与其他药品、医疗器械的功效和安全性或者其他医疗机构比较；

（四）利用广告代言人作推荐、证明；

（五）法律、行政法规规定禁止的其他内容。

药品广告的内容不得与国务院药品监督管理部门批准的说明书不一致，并应当显著标明禁忌、不良反应。处方药广告应当显著标明"本广告仅供医学药学专业人士阅读"，非处方药广告应当显著标明"请按药品说明书或者在药师指导下购买和使用"。

推荐给个人自用的医疗器械的广告，应当显著标明"请仔细阅读产品说明书或者在医务人员的指导下购买和使用"。医疗器械产品注册证明文件中有禁忌内容、注意事项的，广告中应当显著标明"禁忌内容或者注意事项详见说明书"。

第十七条 除医疗、药品、医疗器械广告外，禁止其他任何广告涉及疾病治疗功能，并不得使用医疗用语或者易使推销的商品与药品、医疗器械相混淆的用语。

第十八条 保健食品广告不得含有下列内容：

（一）表示功效、安全性的断言或者保证；

（二）涉及疾病预防、治疗功能；

（三）声称或者暗示广告商品为保障健康所必需；

（四）与药品、其他保健食品进行比较；

（五）利用广告代言人作推荐、证明；

（六）法律、行政法规规定禁止的其他内容。

保健食品广告应当显著标明"本品不能代替药物"。

第十九条 广播电台、电视台、报刊音像出版单位、互联网信息服务提供者不得以介绍健康、养生知识等形式变相发布医疗、药品、医疗器械、保健食品广告。

第二十条 禁止在大众传播媒介或者公共场所发布声称全部或者部分替代母乳的婴儿乳制品、饮料和其他食品广告。

第二十一条 农药、兽药、饲料和饲料添加剂广告不得含有下列内容：

（一）表示功效、安全性的断言或者保证；

（二）利用科研单位、学术机构、技术推广机构、行业协会或者专业人士、用户的名义或者形象作推荐、证明；

（三）说明有效率；

（四）违反安全使用规程的文字、语言或者画面；

（五）法律、行政法规规定禁止的其他内容。

第二十二条 禁止在大众传播媒介或者公共场所、公共交通工具、户外发布烟草广告。禁止向未成年人发送任何形式的烟草广告。

禁止利用其他商品或者服务的广告、公益广告，宣传烟草制品名称、商标、包装、装潢以及类似内容。

烟草制品生产者或者销售者发布的迁址、更名、招聘等启事中，不得含有烟草制品名称、商标、包装、装潢以及类似内容。

第二十三条 酒类广告不得含有下列内容：

（一）诱导、怂恿饮酒或者宣传无节制饮酒；

（二）出现饮酒的动作；

（三）表现驾驶车、船、飞机等活动；

（四）明示或者暗示饮酒有消除紧张和焦虑、增加体力等功效。

第二十四条 教育、培训广告不得含有下列内容：

（一）对升学、通过考试、获得学位学历或者合格证书，或者对教育、培训的效果作出明示或者暗示的保证性承诺；

（二）明示或者暗示有相关考试机构或者其工作人员、考试命题人员参与教育、培训；

（三）利用科研单位、学术机构、教育机构、行业协会、专业人士、受益者的名义或者形象作推荐、证明。

第二十五条 招商等有投资回报预期的商品或者服务广告，应当对可能存在的风险以及风险责任承担有合理提示或者警示，并不得含有下列内容：

（一）对未来效果、收益或者与其相关的情况作出保证性承诺，明示或者暗示保本、无风险或者保收益等，国家另有规定的除外；

（二）利用学术机构、行业协会、专业人士、受益者的名义或者形象作推荐、证明。

第二十六条 房地产广告，房源信息应当真实，面积应当表明为建筑面积或者套内建筑面积，并不得含有下列内容：

（一）升值或者投资回报的承诺；

（二）以项目到达某一具体参照物的所需时间表示项目位置；

（三）违反国家有关价格管理的规定；

（四）对规划或者建设中的交通、商业、文化教育设施以及其他市政条件作误导宣传。

第二十七条 农作物种子、林木种子、草种子、种畜禽、水产苗种和种养殖广告关于品种名称、生产性能、生长量或者产量、品质、抗性、特殊使用价值、经济价值、适宜种植或者养殖的范围和条件等方面的表述应当真实、清楚、明白，并不得含有下列内容：

（一）作科学上无法验证的断言；

（二）表示功效的断言或者保证；

（三）对经济效益进行分析、预测或者作保证性承诺；

（四）利用科研单位、学术机构、技术推广机构、行业协会或者专业人士、用户的名义或者形象作推荐、证明。

第二十八条 广告以虚假或者引人误解的内容欺骗、误导消费者的，构成虚假广告。

广告有下列情形之一的，为虚假广告：

（一）商品或者服务不存在的；

（二）商品的性能、功能、产地、用途、质量、规格、成分、价格、生产者、有效期限、销售状况、曾获荣誉等信息，或者服务的内容、提供者、形式、质量、价格、销售状况、曾获荣誉等信息，以及与商品或者服务有关的允诺等信息与实际情况不符，对购买行为有实质性影响的；

（三）使用虚构、伪造或者无法验证的科研成果、统计资料、调查结果、文摘、引用语等信息作证明材料的；

（四）虚构使用商品或者接受服务的效果的；

（五）以虚假或者引人误解的内容欺骗、误导消费者的其他情形。

第三章 广告行为规范

第二十九条 广播电台、电视台、报刊出版单位从事广告发布业务的，应当设有专门从事广告业务的机构，配备必要的人员，具有与发布广告相适应的场所、设备，并向县级以上地方工商行政管理部门办理广告发布登记。

第三十条 广告主、广告经营者、广告发布者之间在广告活动中应当依法订立书面合同。

第三十一条 广告主、广告经营者、广告发布者不得在广告活动中进行任何形式的不正当竞争。

第三十二条 广告主委托设计、制作、发布广告，应当委托具有合法经营资格的广告经营者、广告发布者。

第三十三条 广告主或者广告经营者在广告中使用他人名义或者形象的，应当事先取得其书面同意；使用无民事行为能力人、限制民事行为能力人的名义或者形象的，应当事先取得其监护人的书面同意。

第三十四条 广告经营者、广告发布者应当按照国家有关规定，建立、健全广告业务的承接登记、审核、档案管理制度。

广告经营者、广告发布者依据法律、行政法规查验有关证明文件，核对广告内容。对内容不符或者证明文件不全的广告，广告经营者不得提供设计、制作、代理服务，广告发布者不得发布。

第三十五条 广告经营者、广告发布者应当公布其收费标准和收费办法。

第三十六条 广告发布者向广告主、广告经营者提供的覆盖率、收视率、点击率、发行量等资料应当真实。

第三十七条 法律、行政法规规定禁止生产、销售的产品或者提供的服务，以及禁止发布广告的商品或者服务，任何单位或者个人不得设计、制作、代理、发布广告。

第三十八条 广告代言人在广告中对商品、服务作推荐、证明，应当依据事实，符合本法和有关法律、行政法规规定，并不得为其未使用过的商品或者未接受过的服务作推荐、证明。

不得利用不满十周岁的未成年人作为广告代言人。

对在虚假广告中作推荐、证明受到行政处罚未满三年的自然人、法人或者其他组织，不得利用其作为广告代言人。

第三十九条 不得在中小学校、幼儿园内开展广告活动，不得利用中小学生和幼儿的教材、教辅材料、练习册、文具、教具、校服、校车等发布或者变相发布广告，但公益广告除外。

第四十条 在针对未成年人的大众传播媒介上不得发布医疗、药品、保健食品、医疗器械、化妆品、酒类、美容广告，以及不利于未成年人身心健康的网络游戏广告。

针对不满十四周岁的未成年人的商品或者服务的广告不得含有下列内容：

（一）劝诱其要求家长购买广告商品或者服务；

(二)可能引发其模仿不安全行为。

第四十一条 县级以上地方人民政府应当组织有关部门加强对利用户外场所、空间、设施等发布户外广告的监督管理,制定户外广告设置规划和安全要求。

户外广告的管理办法,由地方性法规、地方政府规章规定。

第四十二条 有下列情形之一的,不得设置户外广告:

(一)利用交通安全设施、交通标志的;

(二)影响市政公共设施、交通安全设施、交通标志、消防设施、消防安全标志使用的;

(三)妨碍生产或者人民生活,损害市容市貌的;

(四)在国家机关、文物保护单位、风景名胜区等的建筑控制地带,或者县级以上地方人民政府禁止设置户外广告的区域设置的。

第四十三条 任何单位或者个人未经当事人同意或者请求,不得向其住宅、交通工具等发送广告,也不得以电子信息方式向其发送广告。

以电子信息方式发送广告的,应当明示发送者的真实身份和联系方式,并向接收者提供拒绝继续接收的方式。

第四十四条 利用互联网从事广告活动,适用本法的各项规定。

利用互联网发布、发送广告,不得影响用户正常使用网络。在互联网页面以弹出等形式发布的广告,应当显著标明关闭标志,确保一键关闭。

第四十五条 公共场所的管理者或者电信业务经营者、互联网信息服务提供者对其明知或者应知的利用其场所或者信息传输、发布平台发送、发布违法广告的,应当予以制止。

第四章 监督管理

第四十六条 发布医疗、药品、医疗器械、农药、兽药和保健食品广告,以及法律、行政法规规定应当进行审查的其他广告,应当在发布前由有关部门(以下称广告审查机关)对广告内容进行审查;未经审查,不得发布。

第四十七条 广告主申请广告审查,应当依照法律、行政法规向广告审查机关提交有关证明文件。

广告审查机关应当依照法律、行政法规规定作出审查决定,并应当将审查批准文件抄送同级工商行政管理部门。广告审查机关应当及时向社会公布批准的广告。

第四十八条 任何单位或者个人不得伪造、变造或者转让广告审查批准文件。

第四十九条 工商行政管理部门履行广告监督管理职责,可以行使下列职权:

(一)对涉嫌从事违法广告活动的场所实施现场检查;

(二)询问涉嫌违法当事人或者其法定代表人、主要负责人和其他有关人员,对有关单位或者个人进行调查;

(三)要求涉嫌违法当事人限期提供有关证明文件;

(四)查阅、复制与涉嫌违法广告有关的合同、票据、账簿、广告作品和其他有关资料;

(五)查封、扣押与涉嫌违法广告直接相关的广告物品、经营工具、设备等财物;

(六)责令暂停发布可能造成严重后果的涉嫌违法广告;

(七)法律、行政法规规定的其他职权。

工商行政管理部门应当建立健全广告监测制度,完善监测措施,及时发现和依法查处违法广告行为。

第五十条 国务院工商行政管理部门会同国务院有关部门,制定大众传播媒介广告发布行为规范。

第五十一条 工商行政管理部门依照本法规定行使职权,当事人应当协助、配合,不得拒绝、阻挠。

第五十二条 工商行政管理部门和有关部门及其工作人员对其在广告监督管理活动中知悉的商业秘密负有保密义务。

第五十三条 任何单位或者个人有权向工商行政管理部门和有关部门投诉、举报违反本法的行为。工商行政管理部门和有关部门应当向社会公开受理投诉、举报的电话、信箱或者电子邮件地址,接到投诉、举报的部门应当自收到投诉之日起七个工作日内,予以处理并告知投诉、举报人。

工商行政管理部门和有关部门不依法履行职责的,任何单位或者个人有权向其上级机关或者监察机关举报。接到举报的机关应当依法作出处理,并将处理结果及时告知举报人。

有关部门应当为投诉、举报人保密。

第五十四条 消费者协会和其他消费者组织对违反本法规定,发布虚假广告侵害消费者合法权益,以及其他损害社会公共利益的行为,依法进行社会监督。

第五章 法 律 责 任

第五十五条 违反本法规定,发布虚假广告的,由工商行政管理部门责令停止发布广告,责令广告主在相应范围内消除影响,处广告费用三倍以上五倍以下的罚款,广告费用无法计算或者明显偏低的,处二十万元以上一百万元以下的罚款;两年内有三次以上违法行为或者有其他严重情节的,处广告费用五倍以上十倍以下的罚款,广告费用无法计算或者明显偏低的,处一百万元以上二百万元以下的罚款,可以吊销营业执照,并由广告审查机关撤销广告审查批准文件、一年内不受理其广告审查申请。

医疗机构有前款规定违法行为,情节严重的,除由工商行政管理部门依照本法处罚外,卫生行政部门可以吊销诊疗科目或者吊销医疗机构执业许可证。

广告经营者、广告发布者明知或者应知广告虚假仍设计、制作、代理、发布的,由工商行政管理部门没收广告费用,并处广告费用三倍以上五倍以下的罚款,广告费用无法计算或者明显偏低的,处二十万元以上一百万元以下的罚款;两年内有三次以上违法行为或者有其他严重情节的,处广告费用五倍以上十倍以下的罚款,广告费用无法计算或者明显偏低的,处一百万元以上二百万元以下的罚款,并可以由有关部门暂停广告发布业务、吊销营业执照、吊销广告发布登记证件。

广告主、广告经营者、广告发布者有本条第一款、第三款规定行为,构成犯罪的,依法追究刑事责任。

第五十六条 违反本法规定,发布虚假广告,欺骗、误导消费者,使购买商品或者接受服务的消费者的合法权益受到损害的,由广告主依法承担民事责任。广告经营者、广告发布者不能提供广告主的真实名称、地址和有效联系方式的,消费者可以要求广告经营者、广告发布者先行赔偿。

关系消费者生命健康的商品或者服务的虚假广告,造成消费者损害的,其广告经营者、广告发布者、广告代言人应当与广告主承担连带责任。

前款规定以外的商品或者服务的虚假广告,造成消费者损害的,其广告经营者、广告发布者、广告代言人,明知或者应知广告虚假仍设计、制作、代理、发布或者作推荐、证明的,应当与广告主承担连带责任。

第五十七条 有下列行为之一的,由工商行政管理部门责令停止发布广告,对广告主处二十万元以上一百万元以下的罚款,情节严重的,并可以吊销营业执照,由广告审查机关撤销广告审查批准文件、一年内不受理其广告审查申请;对广告经营者、广告发布者,由工商行政管理部门没收广告费用,处二十万元以上一百万元以下的罚款,情节严重的,并可以吊销营业执照、吊销广告发布登记证件:

(一)发布有本法第九条、第十条规定的禁止情形的广告的;

(二)违反本法第十五条规定发布处方药广告、药品类易制毒化学品广告、戒毒治疗的医疗器械和治疗方法广告的;

(三)违反本法第二十条规定,发布声称全部或者部分替代母乳的婴儿乳制品、饮料和其他食品广告的;

(四)违反本法第二十二条规定发布烟草广告的;

(五)违反本法第三十七条规定,利用广告推销禁止生产、销售的产品或者提供的服务,或者禁止发布广告的商品或者服务的;

(六)违反本法第四十条第一款规定,在针对未成年人的大众传播媒介上发布医疗、药品、保健食品、医疗器械、化妆品、酒类、美容广告,以及不利于未成年人身心健康的网络游戏广告的。

第五十八条 有下列行为之一的,由工商行政管理部门责令停止发布广告,责令广告主在相应范围内消除影响,处广告费用一倍以上三倍以下的罚款,广告费用无法计算或者明显偏低的,处十万元以上二十万元以下的罚款;情节严重的,处广告费用三倍以上五倍以下的罚款,广告费用无法计算或者明显偏低的,处二十万元以上一百万元以下的罚款,可以吊销营业执照,并由广告审查机关撤销广告审查批准文件、一年内不受理其广告审查申请:

(一)违反本法第十六条规定发布医疗、药品、医疗器械广告的;

(二)违反本法第十七条规定,在广告中涉及疾病治疗功能,以及使用医疗用语或者易使推销的商品与药品、医疗器械相混淆的用语的;

(三)违反本法第十八条规定发布保健食品广告的;

(四)违反本法第二十一条规定发布农药、兽药、饲料和饲料添加剂广告的;

(五)违反本法第二十三条规定发布酒类广告的;

(六)违反本法第二十四条规定发布教育、培训广告的;

(七)违反本法第二十五条规定发布招商等有投资回报预期的商品或者服务广告的;

(八)违反本法第二十六条规定发布房地产广告的;

（九）违反本法第二十七条规定发布农作物种子、林木种子、草种子、种畜禽、水产苗种和种养殖广告的；

（十）违反本法第三十八条第二款规定，利用不满十周岁的未成年人作为广告代言人的；

（十一）违反本法第三十八条第三款规定，利用自然人、法人或者其他组织作为广告代言人的；

（十二）违反本法第三十九条规定，在中小学校、幼儿园内或者利用与中小学生、幼儿有关的物品发布广告的；

（十三）违反本法第四十条第二款规定，发布针对不满十四周岁的未成年人的商品或者服务的广告的；

（十四）违反本法第四十六条规定，未经审查发布广告的。

医疗机构有前款规定违法行为，情节严重的，除由工商行政管理部门依照本法处罚外，卫生行政部门可以吊销诊疗科目或者吊销医疗机构执业许可证。

广告经营者、广告发布者明知或者应知有本条第一款规定违法行为仍设计、制作、代理、发布的，由工商行政管理部门没收广告费用，并处广告费用一倍以上三倍以下的罚款，广告费用无法计算或者明显偏低的，处十万元以上二十万元以下的罚款；情节严重的，处广告费用三倍以上五倍以下的罚款，广告费用无法计算或者明显偏低的，处二十万元以上一百万元以下的罚款，并可以由有关部门暂停广告发布业务、吊销营业执照、吊销广告发布登记证件。

第五十九条 有下列行为之一的，由工商行政管理部门责令停止发布广告，对广告主处十万元以下的罚款：

（一）广告内容违反本法第八条规定的；

（二）广告引证内容违反本法第十一条规定的；

（三）涉及专利的广告违反本法第十二条规定的；

（四）违反本法第十三条规定，广告贬低其他生产经营者的商品或者服务的。

广告经营者、广告发布者明知或者应知有前款规定违法行为仍设计、制作、代理、发布的，由工商行政管理部门处十万元以下的罚款。

广告违反本法第十四条规定，不具有可识别性的，或者违反本法第十九条规定，变相发布医疗、药品、医疗器械、保健食品广告的，由工商行政管理部门责令改正，对广告发布者处十万元以下的罚款。

第六十条 违反本法第二十九条规定，广播电台、电视台、报刊出版单位未办理广告发布登记，擅自从事广告发布业务的，由工商行政管理部门责令改正，没收违法所得，违法所得一万元以上的，并处违法所得一倍以上三倍以下的罚款；违法所得不足一万元的，并处五千元以上三万元以下的罚款。

第六十一条 违反本法第三十四条规定，广告经营者、广告发布者未按照国家有关规定建立、健全广告业务管理制度的，或者未对广告内容进行核对的，由工商行政管理部门责令改正，可以处五万元以下的罚款。

违反本法第三十五条规定，广告经营者、广告发布者未公布其收费标准和收费办法的，由价格主管部门责令改正，可以处五万元以下的罚款。

第六十二条 广告代言人有下列情形之一的，由工商行政管理部门没收违法所得，并处违

法所得一倍以上二倍以下的罚款:

（一）违反本法第十六条第一款第四项规定,在医疗、药品、医疗器械广告中作推荐、证明的;

（二）违反本法第十八条第一款第五项规定,在保健食品广告中作推荐、证明的;

（三）违反本法第三十八条第一款规定,为其未使用过的商品或者未接受过的服务作推荐、证明的;

（四）明知或者应知广告虚假仍在广告中对商品、服务作推荐、证明的。

第六十三条 违反本法第四十三条规定发送广告的,由有关部门责令停止违法行为,对广告主处五千元以上三万元以下的罚款。

违反本法第四十四条第二款规定,利用互联网发布广告,未显著标明关闭标志,确保一键关闭的,由工商行政管理部门责令改正,对广告主处五千元以上三万元以下的罚款。

第六十四条 违反本法第四十五条规定,公共场所的管理者和电信业务经营者、互联网信息服务提供者,明知或者应知广告活动违法不予制止的,由工商行政管理部门没收违法所得,违法所得五万元以上的,并处违法所得一倍以上三倍以下的罚款,违法所得不足五万元的,并处一万元以上五万元以下的罚款;情节严重的,由有关部门依法停止相关业务。

第六十五条 违反本法规定,隐瞒真实情况或者提供虚假材料申请广告审查的,广告审查机关不予受理或者不予批准,予以警告,一年内不受理该申请人的广告审查申请;以欺骗、贿赂等不正当手段取得广告审查批准的,广告审查机关予以撤销,处十万元以上二十万元以下的罚款,三年内不受理该申请人的广告审查申请。

第六十六条 违反本法规定,伪造、变造或者转让广告审查批准文件的,由工商行政管理部门没收违法所得,并处一万元以上十万元以下的罚款。

第六十七条 有本法规定的违法行为的,由工商行政管理部门记入信用档案,并依照有关法律、行政法规规定予以公示。

第六十八条 广播电台、电视台、报刊音像出版单位发布违法广告,或者以新闻报道形式变相发布广告,或者以介绍健康、养生知识等形式变相发布医疗、药品、医疗器械、保健食品广告,工商行政管理部门依照本法给予处罚的,应当通报新闻出版广电部门以及其他有关部门。新闻出版广电部门以及其他有关部门应当依法对负有责任的主管人员和直接责任人员给予处分;情节严重的,并可以暂停媒体的广告发布业务。

新闻出版广电部门以及其他有关部门未依照前款规定对广播电台、电视台、报刊音像出版单位进行处理的,对负有责任的主管人员和直接责任人员,依法给予处分。

第六十九条 广告主、广告经营者、广告发布者违反本法规定,有下列侵权行为之一的,依法承担民事责任:

（一）在广告中损害未成年人或者残疾人的身心健康的;

（二）假冒他人专利的;

（三）贬低其他生产经营者的商品、服务的;

（四）在广告中未经同意使用他人名义或者形象的;

（五）其他侵犯他人合法民事权益的。

第七十条 因发布虚假广告,或者有其他本法规定的违法行为,被吊销营业执照的公司、企业的法定代表人,对违法行为负有个人责任的,自该公司、企业被吊销营业执照之日起三年内不得担任公司、企业的董事、监事、高级管理人员。

第七十一条 违反本法规定,拒绝、阻挠工商行政管理部门监督检查,或者有其他构成违反治安管理行为的,依法给予治安管理处罚;构成犯罪的,依法追究刑事责任。

第七十二条 广告审查机关对违法的广告内容作出审查批准决定的,对负有责任的主管人员和直接责任人员,由任免机关或者监察机关依法给予处分;构成犯罪的,依法追究刑事责任。

第七十三条 工商行政管理部门对在履行广告监测职责中发现的违法广告行为或者对经投诉、举报的违法广告行为,不依法予以查处的,对负有责任的主管人员和直接责任人员,依法给予处分。

工商行政管理部门和负责广告管理相关工作的有关部门的工作人员玩忽职守、滥用职权、徇私舞弊的,依法给予处分。

有前两款行为,构成犯罪的,依法追究刑事责任。

第六章 附 则

第七十四条 国家鼓励、支持开展公益广告宣传活动,传播社会主义核心价值观,倡导文明风尚。

大众传播媒介有义务发布公益广告。广播电台、电视台、报刊出版单位应当按照规定的版面、时段、时长发布公益广告。公益广告的管理办法,由国务院工商行政管理部门会同有关部门制定。

第七十五条 本法自2015年9月1日起施行。

商务部关于做好取消鼓励类外商投资企业项目确认审批后续工作的通知

商资函〔2015〕160号

各省、自治区、直辖市、计划单列市及新疆生产建设兵团商务主管部门:

2014年7月22日,国务院印发《国务院关于取消和调整一批行政审批项目等事项的决定》(国发〔2014〕27号),取消"鼓励类外商投资企业项目确认审批"事项。为贯彻落实国务院简政放权的有关要求,继续有效实施《国务院关于调整进口设备税收政策的通知》(国发〔1997〕37号)进口设备税收政策,现就有关工作通知如下:

一、对外商投资鼓励类项目,商务主管部门不再出具《国家鼓励发展的内外资项目确认书》(以下简称《确认书》),不再审核外商投资企业(以下简称企业)免税进口设备清单。

自2015年5月1日起,商务主管部门在按有关规定和权限办理企业设立(增资)事项时,对符合《外商投资产业指导目录》鼓励类产业条目和《中西部地区外商投资优势产业目录》条目的外商投资,应当在企业设立(增资)的批复中明确与外商投资鼓励类项目有关的信息(以下称外商投资鼓励类项目信息),包括:适用产业政策条目、项目性质、项目内容、项目投资总额。企业投资经营活动涉及多项鼓励类产业政策条目的,应当按照相关条目分别明确上述信息。

二、商务主管部门应当于发放企业批准证书之前,将本文第一条规定的信息录入全口径外商投资管理信息系统(以下简称系统)。

省级以下商务主管部门将上述信息录入系统后,应将其与企业批准证书信息一并通过系统上传至省级商务主管部门。省级商务主管部门应当进行比对,并在3个工作日内通过系统反馈比对结果。省级以下商务主管部门收到反馈结果后,方可出具批复文件和企业批准证书。

三、商务主管部门在2014年7月22日前批复的企业设立(增资)但未出具《确认书》,以及2014年7月22日至2015年4月30日期间批复的企业设立(增资)事项,对于其中符合《外商投资产业指导目录》鼓励类产业条目和《中西部地区外商投资优势产业目录》条目的,应当填写《外商投资鼓励类项目信息汇总表》(以下简称《汇总表》,格式见附表)。

省级以下商务主管部门应于2015年6月1日前将《汇总表》报所属省级商务主管部门比对汇总,省级商务主管部门应于2015年7月1日前,将所辖范围内比对汇总完毕的《汇总表》发送相关直属海关,抄送商务部(外资司)。

四、本通知第一条规定的外商投资鼓励类项目信息发生变化的,商务主管部门应当在批准变更后及时将变化后的信息录入系统,由省级商务主管部门比对后向相关直属海关发送外商投资鼓励类项目变更后信息。

五、如外商投资企业设立(增资)适用备案程序,由实施备案的部门参照上述规定执行,并在出具的备案证明备注栏中注明外商投资鼓励类项目信息。

六、本通知自发布之日起执行。对于执行中遇到的问题,请省级商务主管部门与直属海关加强沟通、协调,必要时向商务部(外资司)、海关总署(关税司)反映。

附表:外商投资鼓励类项目信息汇总表(略——编者注)

商务部
2015年4月13日

国家发展改革委
关于印发长江中游城市群发展规划的通知

发改地区〔2015〕738号

江西、湖北、湖南省人民政府,国务院有关部委、直属机构:

经国务院批准,现将《长江中游城市群发展规划》(以下简称《规划》)印发你们,并就有关事项通知如下:

一、推动长江中游城市群发展,对于依托黄金水道推动长江经济带发展、加快中部地区全面崛起、探索新型城镇化道路、促进区域一体化发展具有重大意义。江西、湖北、湖南省人民政府和国务院有关部门要认真贯彻落实《国务院关于长江中游城市群发展规划的批复》(国函〔2015〕62号)精神,提高认识、紧密合作、扎实工作,共同推动《规划》的落实,努力将长江中游城市群建设成为长江经济带重要支撑、全国经济新增长极和具有一定国际影响的城市群。

二、请江西、湖北、湖南省人民政府切实加强组织领导,密切协调配合,落实工作责任,完善定期会商机制和工作推进机制,抓紧制定实施方案和专项规划,依法落实《规划》明确的主要目标和重点任务。《规划》实施中涉及的重大事项、重大政策和重大项目按规定程序报批。

三、请国务院有关部门按照职能分工,在规划编制、政策实施、项目安排、体制创新等方面给予积极支持,指导和帮助解决《规划》实施中遇到的问题。

四、我委将按照国务院批复精神,会同有关部门加强对《规划》实施情况的跟踪分析和督促检查,研究新情况、解决新问题、总结新经验,适时会同江西、湖北、湖南省人民政府组织开展《规划》实施情况评估,重大问题及时向国务院报告。

附件:长江中游城市群发展规划(略——编者注)

国家发展改革委
2015年4月13日

外商投资产业指导目录(2015年修订)

国家发展和改革委员会、商务部令第22号

《外商投资产业指导目录(2015年修订)》已经国务院批准,现予以发布,自2015年4月10日起施行。2011年12月24日国家发展和改革委员会、商务部发布的《外商投资产业指导目录(2011年修订)》同时废止。

国家发展和改革委员会主任:徐绍史
商务部部长:高虎城
2015年3月10日

外商投资产业指导目录(2015年修订)

鼓励外商投资产业目录

一、农、林、牧、渔业

1. 木本食用油料、调料和工业原料的种植及开发、生产
2. 绿色、有机蔬菜(含食用菌、西甜瓜)、干鲜果品、茶叶栽培技术开发及产品生产
3. 糖料、果树、牧草等农作物栽培新技术开发及产品生产
4. 花卉生产与苗圃基地的建设、经营
5. 橡胶、油棕、剑麻、咖啡种植
6. 中药材种植、养殖
7. 农作物秸秆还田及综合利用、有机肥料资源的开发生产
8. 水产苗种繁育(不含我国特有的珍贵优良品种)
9. 防治荒漠化及水土流失的植树种草等生态环境保护工程建设、经营
10. 水产品养殖、深水网箱养殖、工厂化水产养殖、生态型海洋增养殖

二、采矿业

11. 石油、天然气(含油页岩、油砂、页岩气、煤层气等非常规油气)的勘探、开发和矿井瓦斯利用(限于合资、合作)
12. 提高原油采收率(以工程服务形式)及相关新技术的开发应用
13. 物探、钻井、测井、录井、井下作业等石油勘探开发新技术的开发与应用
14. 提高矿山尾矿利用率的新技术开发和应用及矿山生态恢复技术的综合应用
15. 我国紧缺矿种(如钾盐、铬铁矿等)的勘探、开采和选矿

三、制造业

(一)农副食品加工业

16. 绿色无公害饲料及添加剂开发
17. 水产品加工、贝类净化及加工、海藻保健食品开发
18. 蔬菜、干鲜果品、禽畜产品加工

(二)食品制造业

19. 婴儿、老年食品及保健食品的开发、生产
20. 森林食品的开发、生产
21. 天然食品添加剂、天然香料新技术开发与生产

(三)酒、饮料和精制茶制造业

22. 果蔬饮料、蛋白饮料、茶饮料、咖啡饮料、植物饮料的开发、生产

(四)纺织业

23. 采用非织造、机织、针织及其复合工艺技术的轻质、高强、耐高/低温、耐化学物质、耐光

等多功能化的产业用纺织品生产

24. 采用先进节能减排技术和装备的高档织物印染及后整理加工

25. 符合生态、资源综合利用与环保要求的特种天然纤维(包括山羊绒等特种动物纤维、竹纤维、麻纤维、蚕丝、彩色棉花等)产品加工

(五)纺织服装、服饰业

26. 采用计算机集成制造系统的服装生产

27. 功能性特种服装生产

(六)皮革、毛皮、羽毛及其制品和制鞋业

28. 皮革和毛皮清洁化技术加工

29. 皮革后整饰新技术加工

30. 皮革废弃物综合利用

(七)木材加工和木、竹、藤、棕、草制品业

31. 林业三剩物,"次、小、薪"材和竹材的综合利用新技术、新产品开发与生产

(八)文教、工美、体育和娱乐用品制造业

32. 高档地毯、刺绣、抽纱产品生产

(九)石油加工、炼焦和核燃料加工业

33. 酚油加工、洗油加工、煤沥青高端化利用(不含改质沥青)

(十)化学原料和化学制品制造业

34. 聚氯乙烯和有机硅新型下游产品开发与生产

35. 合成材料的配套原料:过氧化氢氧化丙烯法环氧丙烷、萘二甲酸二甲酯(NDC)、1,4-环己烷二甲醇(CHDM)、5万吨/年及以上丁二烯法己二腈、己二胺生产

36. 合成纤维原料:尼龙66盐、1,3-丙二醇生产

37. 合成橡胶:异戊橡胶、聚氨酯橡胶、丙烯酸酯橡胶、氯醇橡胶,以及氟橡胶、硅橡胶等特种橡胶生产

38. 工程塑料及塑料合金:6万吨/年及以上非光气法聚碳酸酯(PC)、均聚法聚甲醛、聚苯硫醚、聚醚醚酮、聚酰亚胺、聚砜、聚醚砜、聚芳酯(PAR)、聚苯醚及其改性材料、液晶聚合物等产品生产

39. 精细化工:催化剂新产品、新技术,染(颜)料商品化加工技术,电子化学品和造纸化学品,皮革化学品(N-N二甲基甲酰胺除外),油田助剂,表面活性剂,水处理剂,胶粘剂,无机纤维、无机纳米材料生产,颜料包膜处理深加工

40. 环保型印刷油墨、环保型芳烃油生产

41. 天然香料、合成香料、单离香料生产

42. 高性能涂料,高固体份、无溶剂涂料,水性工业涂料及配套水性树脂生产

43. 高性能氟树脂、氟膜材料,医用含氟中间体,环境友好型含氟制冷剂、和清洁剂、发泡剂生产

44. 从磷化工、铝冶炼中回收氟资源生产

45. 林业化学产品新技术、新产品开发与生产

46. 环保用无机、有机和生物膜开发与生产

47. 新型肥料开发与生产：高浓度钾肥、复合型微生物接种剂、复合微生物肥料、秸秆及垃圾腐熟剂、特殊功能微生物制剂

48. 高效、安全、环境友好的农药新品种、新剂型、专用中间体、助剂的开发与生产，以及相关清洁生产工艺的开发和应用（甲叉法乙草胺、水相法毒死蜱工艺、草甘膦回收氯甲烷工艺、定向合成法手性和立体结构农药生产、乙基氯化物合成技术）

49. 生物农药及生物防治产品开发与生产：微生物杀虫剂、微生物杀菌剂、农用抗生素、昆虫信息素、天敌昆虫、微生物除草剂

50. 废气、废液、废渣综合利用和处理、处置

51. 有机高分子材料生产：飞机蒙皮涂料、稀土硫化铈红色染料、无铅化电子封装材料、彩色等离子体显示屏专用系列光刻浆料、小直径大比表面积超细纤维、高精度燃油滤纸、锂离子电池隔膜、表面处理自我修复材料、超疏水纳米涂层材料

（十一）医药制造业

52. 新型化合物药物或活性成分药物的生产（包括原料药和制剂）

53. 氨基酸类：发酵法生产色氨酸、组氨酸、蛋氨酸等生产

54. 新型抗癌药物、新型心脑血管药及新型神经系统用药的开发及生产

55. 采用生物工程技术的新型药物生产

56. 艾滋病疫苗、丙肝疫苗、避孕疫苗及宫颈癌、疟疾、手足口病等新型疫苗生产

57. 海洋药物的开发及生产

58. 药品制剂：采用缓释、控释、靶向、透皮吸收等新技术的新剂型、新产品生产

59. 新型药用辅料的开发及生产

60. 动物专用抗菌原料药生产（包括抗生素、化学合成类）

61. 兽用抗菌药、驱虫药、杀虫药、抗球虫药新产品及新剂型生产

62. 新型诊断试剂的开发及生产

（十二）化学纤维制造业

63. 差别化化学纤维及芳纶、碳纤维、高强高模聚乙烯、聚苯硫醚（PPS）等高新技术化纤（粘胶纤维除外）生产

64. 纤维及非纤维用新型聚酯生产：聚对苯二甲酸丙二醇酯（PTT）、聚萘二甲酸乙二醇酯（PEN）、聚对苯二甲酸环己烷二甲醇酯（PCT）、二元醇改性聚对苯二甲酸乙二醇酯（PETG）

65. 利用新型可再生资源和绿色环保工艺生产生物质纤维，包括新溶剂法纤维素纤维（Lyocell）、以竹、麻等为原料的再生纤维素纤维、聚乳酸纤维（PLA）、甲壳素纤维、聚羟基脂肪酸酯纤维（PHA）、动植物蛋白纤维等

66. 尼龙11、尼龙1414、尼龙46、长碳链尼龙、耐高温尼龙等新型聚酰胺开发与生产

67. 子午胎用芳纶纤维及帘线生产

（十三）橡胶和塑料制品业

68. 新型光生态多功能宽幅农用薄膜开发与生产

69. 废旧塑料的回收和再利用

70. 塑料软包装新技术、新产品（高阻隔、多功能膜及原料）开发与生产

(十四)非金属矿物制品业

71. 节能、环保、利废、轻质高强、高性能、多功能建筑材料开发生产
72. 以塑代钢、以塑代木、节能高效的化学建材品生产
73. 年产1000万平方米及以上弹性体、塑性体改性沥青防水卷材,宽幅(2米以上)三元乙丙橡胶防水卷材及配套材料,宽幅(2米以上)聚氯乙烯防水卷材,热塑性聚烯烃(TPO)防水卷材生产
74. 新技术功能玻璃开发生产:屏蔽电磁波玻璃、微电子用玻璃基板、透红外线无铅玻璃、电子级大规格石英玻璃制品(管、板、坩埚、仪器器皿等)、光学性能优异多功能风挡玻璃、信息技术用极端材料及制品(包括波导级高精密光纤预制棒石英玻璃套管和陶瓷基板)、高纯(≥99.998%)超纯(≥99.999%)水晶原料提纯加工
75. 薄膜电池导电玻璃、太阳能集光镜玻璃、建筑用导电玻璃生产
76. 玻璃纤维制品及特种玻璃纤维生产:低介电玻璃纤维、石英玻璃纤维、高硅氧玻璃纤维、高强高弹玻璃纤维、陶瓷纤维等及其制品
77. 光学纤维及制品生产:传像束及激光医疗光纤、超二代和三代微通道板、光学纤维面板、倒像器及玻璃光锥
78. 陶瓷原料的标准化精制、陶瓷用高档装饰材料生产
79. 水泥、电子玻璃、陶瓷、微孔炭砖等窑炉用环保(无铬化)耐火材料生产
80. 氮化铝(AlN)陶瓷基片、多孔陶瓷生产
81. 无机非金属新材料及制品生产:复合材料、特种陶瓷、特种密封材料(含高速油封材料)、特种摩擦材料(含高速摩擦制动制品)、特种胶凝材料、特种乳胶材料、水声橡胶制品、纳米材料
82. 有机—无机复合泡沫保温材料生产
83. 高技术复合材料生产:连续纤维增强热塑性复合材料和预浸料、耐温>300℃树脂基复合材料成型用工艺辅助材料、树脂基复合材料(包括体育用品、轻质高强交通工具部件)、特种功能复合材料及制品(包括深水及潜水复合材料制品、医用及康复用复合材料制品)、碳/碳复合材料、高性能陶瓷基复合材料及制品、金属基和玻璃基复合材料及制品、金属层状复合材料及制品、压力≥320MPa超高压复合胶管、大型客机航空轮胎
84. 精密高性能陶瓷原料生产:碳化硅(SiC)超细粉体(纯度>99%,平均粒径<1μm)、氮化硅(Si_3N_4)超细粉体(纯度>99%,平均粒径<1μm)、高纯超细氧化铝微粉(纯度>99.9%,平均粒径<0.5μm)、低温烧结氧化锆(ZrO_2)粉体(烧结温度<1350℃)、高纯氮化铝(AlN)粉体(纯度>99%,平均粒径<1μm)、金红石型(TiO_2)粉体(纯度>98.5%)、白炭黑(粒径<100nm)、钛酸钡(纯度>99%,粒径<1μm)
85. 高品质人工晶体及晶体薄膜制品开发生产:高品质人工合成水晶(压电晶体及透紫外光晶体)、超硬晶体(立方氮化硼晶体)、耐高温高绝缘人工合成绝缘晶体(人工合成云母)、新型电光晶体、大功率激光晶体及大规格闪烁晶体、金刚石膜工具、厚度0.3mm及以下超薄人造金刚石锯片
86. 非金属矿精细加工(超细粉碎、高纯、精制、改性)
87. 超高功率石墨电极生产
88. 珠光云母生产(粒径3—150μm)

89. 多维多向整体编制织物及仿形织物生产
90. 利用新型干法水泥窑无害化处置固体废弃物
91. 建筑垃圾再生利用
92. 工业副产石膏综合利用
93. 非金属矿山尾矿综合利用的新技术开发和应用及矿山生态恢复

(十五)有色金属冶炼和压延加工业

94. 直径 200mm 以上硅单晶及抛光片生产
95. 高新技术有色金属材料生产：化合物半导体材料(砷化镓、磷化镓、磷化铟、氮化镓)，高温超导材料，记忆合金材料(钛镍、铜基及铁基记忆合金材料)，超细(纳米)碳化钙及超细(纳米)晶硬质合金，超硬复合材料，贵金属复合材料，轻金属复合材料及异种材结合，散热器用铝箔，中高压阴极电容铝箔，特种大型铝合金型材，铝合金精密模锻件，电气化铁路架空导线，超薄铜带，耐蚀热交换器铜合金材，高性能铜镍、铜铁合金带，铍铜带、线、管及棒加工材，耐高温抗衰钨丝，镁合金铸件，无铅焊料，镁合金及其应用产品，泡沫铝，钛合金冶炼及加工，原子能级海绵锆，钨及钼深加工产品

(十六)金属制品业

96. 航空、航天、汽车、摩托车轻量化及环保型新材料研发与制造(专用铝板、铝镁合金材料、摩托车铝合金车架等)
97. 轻金属半固态快速成形材料研发与制造
98. 用于包装各类粮油食品、果蔬、饮料、日化产品等内容物的金属包装制品(厚度0.3毫米以下)的制造及加工(包括制品的内外壁印涂加工)
99. 节镍不锈钢制品的制造

(十七)通用设备制造业

100. 高档数控机床及关键零部件制造：五轴联动数控机床、数控坐标镗铣加工中心、数控坐标磨床、五轴联动数控系统及伺服装置、精密数控加工用高速超硬刀具
101. 1000 吨及以上多工位镦锻成型机制造
102. 报废汽车拆解、破碎及后处理分选设备制造
103. FTL 柔性生产线制造
104. 垂直多关节工业机器人、焊接机器人及其焊接装置设备制造
105. 特种加工机械制造：激光切割和拼焊成套设备、激光精密加工设备、数控低速走丝电火花线切割机、亚微米级超细粉碎机
106. 400 吨及以上轮式、履带式起重机械制造
107. 工作压力≥35MPa 高压柱塞泵及马达、工作压力≥35MPa 低速大扭矩马达的设计与制造
108. 工作压力≥25MPa 的整体式液压多路阀,电液比例伺服元件制造
109. 阀岛、功率 0.35W 以下气动电磁阀、200Hz 以上高频电控气阀设计与制造
110. 静液压驱动装置设计与制造
111. 压力 10MPa 以上非接触式气膜密封、压力 10MPa 以上干气密封(包括实验装置)的开发与制造

112. 汽车用高分子材料(摩擦片、改型酚醛活塞、非金属液压总分泵等)设备开发与制造

113. 第三代及以上轿车轮毂轴承、高中档数控机床和加工中心轴承、高速线材和板材轧机轴承、高速铁路轴承、振动值 Z4 以下低噪音轴承、各类轴承的 P4 和 P2 级轴承、风力发电机组轴承、航空轴承制造

114. 高密度、高精度、形状复杂的粉末冶金零件及汽车、工程机械等用链条的制造

115. 风电、高速列车用齿轮变速器,船用可变桨齿轮传动系统,大型、重载齿轮箱的制造

116. 耐高温绝缘材料(绝缘等级为 F、H 级)及绝缘成型件制造

117. 蓄能器胶囊、液压气动用橡塑密封件开发与制造

118. 高精度、高强度(12.9 级以上)、异形、组合类紧固件制造

119. 微型精密传动联结件(离合器)制造

120. 大型轧机连接轴制造

121. 机床、工程机械、铁路机车装备等机械设备再制造及汽车零部件再制造

122. 1000 万像素以上数字照相机制造

123. 办公机械制造:多功能一体化办公设备(复印、打印、传真、扫描),彩色打印设备,精度 2400dpi 及以上高分辨率彩色打印机头,感光鼓

124. 电影机械制造:2K、4K 数字电影放映机,数字电影摄像机,数字影像制作、编辑设备

(十八)专用设备制造业

125. 矿山无轨采、装、运设备制造:200 吨及以上机械传动矿用自卸车,移动式破碎机,5000 立方米/小时及以上斗轮挖掘机,8 立方米及以上矿用装载机,2500 千瓦以上电牵引采煤机设备等

126. 物探(不含重力、磁力测量)、测井设备制造:MEME 地震检波器,数字遥测地震仪,数字成像、数控测井系统,水平井、定向井、钻机装置及器具,MWD 随钻测井仪

127. 石油勘探、钻井、集输设备制造:工作水深大于 1500 米的浮式钻井系统和浮式生产系统及配套海底采油、集输设备

128. 口径 2 米以上深度 30 米以上大口径旋挖钻机、直径 1.2 米以上顶管机、回拖力 300 吨以上大型非开挖铺设地下管线成套设备、地下连续墙施工钻机制造

129. 520 马力及以上大型推土机设计与制造

130. 100 立方米/小时及以上规格的清淤机、1000 吨及以上挖泥船的挖泥装置设计与制造

131. 防汛堤坝用混凝土防渗墙施工装备设计与制造

132. 水下土石方施工机械制造:水深 9 米以下推土机、装载机、挖掘机等

133. 公路桥梁养护、自动检测设备制造

134. 公路隧道营运监控、通风、防灾和救助系统设备制造

135. 铁路大型施工、铁路线路、桥梁、隧道维修养护机械和检查、监测设备及其关键零部件的设计与制造

136. (沥青)油毡瓦设备、镀锌钢板等金属屋顶生产设备制造

137. 环保节能型现场喷涂聚氨酯防水保温系统设备、聚氨酯密封膏配制技术与设备、改性硅酮密封膏配制技术和生产设备制造

138. 高精度带材轧机(厚度精度 10 微米)设计与制造

139. 多元素、细颗粒、难选冶金属矿产的选矿装置制造

140. 100 万吨/年及以上乙烯成套设备中的关键设备制造：年处理能力 40 万吨以上混合造粒机，直径 1000 毫米及以上螺旋卸料离心机，小流量高扬程离心泵

141. 金属制品模具（铜、铝、钛、锆的管、棒、型材挤压模具）设计、制造

142. 汽车车身外覆盖件冲压模具，汽车仪表板、保险杠等大型注塑模具，汽车及摩托车夹具、检具设计与制造

143. 汽车动力电池专用生产设备的设计与制造

144. 精密模具（冲压模具精度高于 0.02 毫米、型腔模具精度高于 0.05 毫米）设计与制造

145. 非金属制品模具设计与制造

146. 6 万瓶/小时及以上啤酒灌装设备、5 万瓶/小时及以上饮料中温及热灌装设备、3.6 万瓶/小时及以上无菌灌装设备制造

147. 氨基酸、酶制剂、食品添加剂等生产技术及关键设备制造

148. 10 吨/小时及以上的饲料加工成套设备及关键部件制造

149. 楞高 0.75 毫米及以下的轻型瓦楞纸板及纸箱设备制造

150. 单张纸多色胶印机（幅宽≥750 毫米，印刷速度：单面多色≥16000 张/小时，双面多色≥13000 张/小时）制造

151. 单幅单纸路卷筒纸平版印刷机印刷速度大于 75000 对开张/小时（787×880 毫米）、双幅单纸路卷筒纸平版印刷机印刷速度大于 170000 对开张/小时（787×880 毫米）、商业卷筒纸平版印刷机印刷速度大于 50000 对开张/小时（787×880 毫米）制造

152. 多色宽幅柔性版印刷机（印刷宽度≥1300 毫米，印刷速度≥350 米/秒），喷墨数字印刷机（出版用：印刷速度≥150 米/分，分辨率≥600dpi；包装用：印刷速度≥30 米/分，分辨率≥1000dpi；可变数据用：印刷速度≥100 米/分，分辨率≥300dpi）制造

153. 计算机墨色预调、墨色遥控、水墨速度跟踪、印品质量自动检测和跟踪系统、无轴传动技术、速度在 75000 张/小时的高速自动接纸机、给纸机和可以自动遥控调节的高速折页机、自动套印系统、冷却装置、加硅系统、调偏装置等制造

154. 电子枪自动镀膜机制造

155. 平板玻璃深加工技术及设备制造

156. 新型造纸机械（含纸浆）等成套设备制造

157. 皮革后整饰新技术设备制造

158. 农产品加工及储藏新设备开发与制造：粮食、油料、蔬菜、干鲜果品、肉食品、水产等产品的加工储藏、保鲜、分级、包装、干燥等新设备，农产品品质检测仪器设备，农产品品质无损伤检测仪器设备，流变仪，粉质仪，超微粉碎设备，高效脱水设备，五效以上高效果汁浓缩设备，粉体食品物料杀菌设备，固态及半固态食品无菌包装设备，碟片式分离离心机

159. 农业机械制造：农业设施设备（温室自动灌溉设备、营养液自动配置与施肥设备、高效蔬菜育苗设备、土壤养分分析仪器），配套发动机功率 120 千瓦以上拖拉机及配套农具，低油耗低噪音低排放柴油机，大型拖拉机配套的带有残余雾粒回收装置的喷雾机，高性能水稻插秧机，棉花采摘机及棉花采摘台，适应多种行距的自走式玉米联合收割机（液压驱动或机械驱动），花生收获机，油菜籽收获机，甘蔗收割机，甜菜收割机

160. 林业机具新技术设备制造
161. 农作物秸秆收集、打捆及综合利用设备制造
162. 农用废物的资源化利用及规模化畜禽养殖废物的资源化利用设备制造
163. 节肥、节(农)药、节水型农业技术设备制造
164. 机电井清洗设备及清洗药物生产设备制造
165. 电子内窥镜制造
166. 眼底摄影机制造
167. 医用成像设备(高场强超导型磁共振成像设备、X线计算机断层成像设备、数字化彩色超声诊断设备等)关键部件的制造
168. 医用超声换能器(3D)制造
169. 硼中子俘获治疗设备制造
170. 图像引导适型调强放射治疗系统制造
171. 血液透析机、血液过滤机制造
172. 全自动生化监测设备、五分类血液细胞分析仪、全自动化学发光免疫分析仪、高通量基因测序系统制造
173. 药品质量控制新技术、新设备制造
174. 天然药物有效物质分析的新技术、提取的新工艺、新设备开发与制造
175. 非PVC医用输液袋多层共挤水冷式薄膜吹塑装备制造
176. 新型纺织机械、关键零部件及纺织检测、实验仪器开发与制造
177. 电脑提花人造毛皮机制造
178. 太阳能电池生产专用设备制造
179. 大气污染防治设备制造:耐高温及耐腐蚀滤料、低NOx燃烧装置、烟气脱氮催化剂及脱氮成套装置、工业有机废气净化设备、柴油车排气净化装置、含重金属废气处理装置
180. 水污染防治设备制造:卧式螺旋离心脱水机、膜及膜材料、50kg/h以上的臭氧发生器、10kg/h以上的二氧化氯发生器、紫外消毒装置、农村小型生活污水处理设备、含重金属废水处理装置
181. 固体废物处理处置设备制造:污水处理厂污泥处置及资源利用设备、日处理量500吨以上垃圾焚烧成套设备、垃圾填埋渗滤液处理技术装备、垃圾填埋场防渗土工膜、建筑垃圾处理和资源化利用装备、危险废物处理装置、垃圾填埋场沼气发电装置、废钢铁处理设备、污染土壤修复设备
182. 铝工业赤泥综合利用设备开发与制造
183. 尾矿综合利用设备制造
184. 废旧塑料、电器、橡胶、电池回收处理再生利用设备制造
185. 废旧纺织品回收处理设备制造
186. 废旧机电产品再制造设备制造
187. 废旧轮胎综合利用装置制造
188. 水生生态系统的环境保护技术、设备制造
189. 移动式组合净水设备制造

190. 非常规水处理、重复利用设备与水质监测仪器

191. 工业水管网和设备(器具)的检漏设备和仪器

192. 日产10万立方米及以上海水淡化及循环冷却技术和成套设备开发与制造

193. 特种气象观测及分析设备制造

194. 地震台站、台网和流动地震观测技术系统开发及仪器设备制造

195. 四鼓及以上子午线轮胎成型机制造

196. 滚动阻力试验机、轮胎噪音试验室制造

197. 供热计量、温控装置新技术设备制造

198. 氢能制备与储运设备及检查系统制造

199. 新型重渣油气化雾化喷嘴、漏汽率0.5%及以下高效蒸汽疏水阀、1000℃及以上高温陶瓷换热器制造

200. 海上溢油回收装置制造

201. 低浓度煤矿瓦斯和乏风利用设备制造

202. 洁净煤技术产品的开发利用及设备制造(煤炭气化、液化、水煤浆、工业型煤)

203. 大型公共建筑、高层建筑、石油化工设施、森林、山岳、水域和地下设施消防灭火救援技术开发与设备制造

(十九)汽车制造业

204. 汽车发动机制造及发动机研发机构建设：升功率不低于70千瓦的汽油发动机、升功率不低于50千瓦的排量3升以下柴油发动机、升功率不低于40千瓦的排量3升以上柴油发动机、燃料电池和混合燃料等新能源发动机

205. 汽车关键零部件制造及关键技术研发：双离合器变速器(DCT)、无级自动变速器(CVT)、电控机械变速器(AMT)、汽油发动机涡轮增压器、粘性连轴器(四轮驱动用)、自动变速器执行器(电磁阀)、液力缓速器、电涡流缓速器、汽车安全气囊用气体发生器、燃油共轨喷射技术(最大喷射压力大于2000帕)、可变截面涡轮增压技术(VGT)、可变喷嘴涡轮增压技术(VNT)、达到中国V阶段污染物排放标准的发动机排放控制装置、智能扭矩管理系统(ITM)及耦合器总成、线控转向系统、柴油机颗粒捕捉器、低地板大型客车专用车桥、吸能式转向系统、大中型客车变频空调系统、汽车用特种橡胶配件，以及上述零部件的关键零件、部件

206. 汽车电子装置制造与研发：发动机和底盘电子控制系统及关键零部件，车载电子技术(汽车信息系统和导航系统)，汽车电子总线网络技术(限于合资)，电子控制系统的输入(传感器和采样系统)输出(执行器)部件，电动助力转向系统电子控制器(限于合资)，嵌入式电子集成系统、电控式空气弹簧，电子控制式悬挂系统，电子气门系统装置，电子组合仪表，ABS/TCS/ESP系统，电路制动系统(BBW)，变速器电控单元(TCU)，轮胎气压监测系统(TPMS)，车载故障诊断仪(OBD)，发动机防盗系统，自动避撞系统，汽车、摩托车型试验及维修用检测系统

207. 新能源汽车关键零部件制造：能量型动力电池(能量密度≥110Wh/kg，循环寿命≥2000次，外资比例不超过50%)，电池正极材料(比容量≥150mAh/g，循环寿命2000次不低于初始放电容量的80%)，电池隔膜(厚度15-40μm，孔隙率40%~60%)；电池管理系统、电机管理系统、电动汽车电控集成；电动汽车驱动电机(峰值功率密度≥2.5kW/kg，高效区:65%工作区效率≥80%)，车用DC/DC(输入电压100V—400V)，大功率电子器件(IGBT，电压等级≥

600V,电流≥300A);插电式混合动力机电耦合驱动系统

(二十)铁路、船舶、航空航天和其他运输设备制造业

208. 达到中国摩托车Ⅲ阶段污染物排放标准的大排量(排量>250ml)摩托车发动机排放控制装置制造

209. 轨道交通运输设备(限于合资、合作)

210. 民用飞机设计、制造与维修:干线、支线飞机(中方控股),通用飞机(限于合资、合作)

211. 民用飞机零部件制造与维修

212. 民用直升机设计与制造(3吨级及以上需中方控股)

213. 民用直升机零部件制造

214. 地面、水面效应飞机制造及无人机、浮空器设计与制造(中方控股)

215. 航空发动机及零部件、航空辅助动力系统设计、制造与维修

216. 民用航空机载设备设计与制造

217. 航空地面设备制造:民用机场设施、民用机场运行保障设备、飞行试验地面设备、飞行模拟与训练设备、航空测试与计量设备、航空地面试验设备、机载设备综合测试设备、航空制造专用设备、航空材料试制专用设备、民用航空器地面接收及应用设备、运载火箭地面测试设备、运载火箭力学及环境实验设备

218. 航天器光机电产品、航天器温控产品、星上产品检测设备、航天器结构与机构产品制造

219. 轻型燃气轮机制造

220. 豪华邮轮及深水(3000米以上)海洋工程装备的设计

221. 海洋工程装备(含模块)的制造与修理(中方控股)

222. 船舶低、中速柴油机及其零部件的设计

223. 船舶低、中速柴油机及曲轴的制造(中方控股)

224. 船舶舱室机械的设计与制造

225. 船舶通讯导航设备的设计与制造:船舶通信系统设备、船舶电子导航设备、船用雷达、电罗经自动舵、船舶内部公共广播系统等

226. 游艇的设计与制造

(二十一)电气机械和器材制造业

227. 100万千瓦超超临界火电机组用关键辅机设备制造:安全阀、调节阀

228. 燃煤电站、钢铁行业烧结机脱硝技术装备制造

229. 火电设备的密封件设计、制造

230. 燃煤电站、水电站设备用大型铸锻件制造

231. 水电机组用关键辅机设备制造

232. 输变电设备制造

233. 新能源发电成套设备或关键设备制造:光伏发电、地热发电、潮汐发电、波浪发电、垃圾发电、沼气发电、2.5兆瓦及以上风力发电设备

234. 额定功率350MW及以上大型抽水蓄能机组制造:水泵水轮机及调速器、大型变速可逆式水泵水轮机组、发电电动机及励磁、启动装置等附属设备

235. 斯特林发电机组制造

236. 直线和平面电机及其驱动系统开发与制造

237. 高技术绿色电池制造：动力镍氢电池、锌镍蓄电池、锌银蓄电池、锂离子电池、太阳能电池、燃料电池等（新能源汽车能量型动力电池除外）

238. 电动机采用直流调速技术的制冷空调用压缩机、采用 CO_2 自然工质制冷空调压缩机、应用可再生能源（空气源、水源、地源）制冷空调设备制造

239. 太阳能空调、采暖系统、太阳能干燥装置制造

240. 生物质干燥热解系统、生物质气化装置制造

241. 交流调频调压牵引装置制造

（二十二）计算机、通信和其他电子设备制造业

242. 高清数字摄录机、数字放声设备制造

243. TFT-LCD、PDP、OLED 等平板显示屏、显示屏材料制造（6 代及 6 代以下 TFT-LCD 玻璃基板除外）

244. 大屏幕彩色投影显示器用光学引擎、光源、投影屏、高清晰度投影管和微显投影设备模块等关键件制造

245. 数字音、视频编解码设备，数字广播电视演播室设备，数字有线电视系统设备，数字音频广播发射设备，数字电视上下变换器，数字电视地面广播单频网（SFN）设备，卫星数字电视上行站设备制造

246. 集成电路设计，线宽 28 纳米及以下大规模数字集成电路制造，0.11 微米及以下模拟、数模集成电路制造，MEMS 和化合物半导体集成电路制造及 BGA、PGA、CSP、MCM 等先进封装与测试

247. 大中型电子计算机、万万亿次高性能计算机、便携式微型计算机、大型模拟仿真系统、大型工业控制机及控制器制造

248. 计算机数字信号处理系统及板卡制造

249. 图形图像识别和处理系统制造

250. 大容量光、磁盘驱动器及其部件开发与制造

251. 高速、容量 100TB 及以上存储系统及智能化存储设备制造

252. 计算机辅助设计（三维 CAD）、电子设计自动化（EDA）、辅助测试（CAT）、辅助制造（CAM）、辅助工程（CAE）系统及其他计算机应用系统制造

253. 软件产品开发、生产

254. 电子专用材料开发与制造（光纤预制棒开发与制造除外）

255. 电子专用设备、测试仪器、工模具制造

256. 新型电子元器件制造：片式元器件、敏感元器件及传感器、频率控制与选择元件、混合集成电路、电力电子器件、光电子器件、新型机电元件、高分子固体电容器、超级电容器、无源集成元件、高密度互连积层板、多层挠性板、刚挠印刷电路板及封装载板

257. 触控系统（触控屏幕、触控组件等）制造

258. 发光效率 140lm/W 以上高亮度发光二极管、发光效率 140lm/W 以上发光二极管外延片（蓝光）、发光效率 140lm/W 以上且功率 200mW 以上白色发光管制造

259. 高密度数字光盘机用关键件开发与生产

260. 可录类光盘生产

261. 民用卫星设计与制造、民用卫星有效载荷制造(中方控股)

262. 民用卫星零部件制造

263. 卫星通信系统设备制造

264. 光通信测量仪表、速率 40Gb/s 及以上光收发器制造

265. 超宽带(UWB)通信设备制造

266. 无线局域网(含支持 WAPI)、广域网设备制造

267. 100Gbps 及以上速率时分复用设备(TDM)、密集波分复用设备(DWDM)、宽带无源网络设备(包括 EPON、GPON、WDM－PON 等)、下一代 DSL 芯片及设备、光交叉连接设备(OXC)、自动光交换网络设备(ASON)、40G/sSDH 以上光纤通信传输设备制造

268. 基于 IPv6 的下一代互联网系统设备、终端设备、检测设备、软件、芯片开发与制造

269. 第三代及后续移动通信系统手机、基站、核心网设备以及网络检测设备开发与制造

270. 高端路由器、千兆比以上网络交换机开发与制造

271. 空中交通管制系统设备制造

272. 基于声、光、电、触控等计算机信息技术的中医药电子辅助教学设备,虚拟病理、生理模型人设备的开发与制造

(二十三)仪器仪表制造业

273. 工业过程自动控制系统与装置制造:现场总线控制系统,大型可编程控制器(PLC),两相流量计,固体流量计,新型传感器及现场测量仪表

274. 大型精密仪器开发与制造

275. 高精度数字电压表、电流表制造(显示量程七位半以上)

276. 无功功率自动补偿装置制造

277. 安全生产新仪器设备制造

278. VXI 总线式自动测试系统(符合 IEEE1155 国际规范)制造

279. 煤矿井下监测及灾害预报系统、煤炭安全检测综合管理系统开发与制造

280. 工程测量和地球物理观测设备制造

281. 环境监测仪器制造

282. 水文数据采集、处理与传输和防洪预警仪器及设备制造

283. 海洋勘探监测仪器和设备制造

(二十四)废弃资源综合利用业

284. 煤炭洗选及粉煤灰(包括脱硫石膏)、煤矸石等综合利用

285. 全生物降解材料的生产

286. 废旧电器电子产品、汽车、机电设备、橡胶、金属、电池回收处理

四、电力、热力、燃气及水生产和供应业

287. 单机 60 万千瓦及以上超超临界机组电站的建设、经营

288. 采用背压(抽背)型热电联产、热电冷多联产、30 万千瓦及以上热电联产机组电站的建设、经营

289. 缺水地区单机 60 万千瓦及以上大型空冷机组电站的建设、经营

290. 整体煤气化联合循环发电等洁净煤发电项目的建设、经营

291. 单机 30 万千瓦及以上采用流化床锅炉并利用煤矸石、中煤、煤泥等发电项目的建设、经营

292. 发电为主水电站的建设、经营

293. 核电站的建设、经营(中方控股)

294. 新能源电站(包括太阳能、风能、地热能、潮汐能、潮流能、波浪能、生物质能等)建设、经营

295. 电网的建设、经营(中方控股)

296. 海水利用(海水直接利用、海水淡化)

297. 供水厂建设、经营

298. 再生水厂建设、经营

299. 污水处理厂建设、经营

300. 机动车充电站、电池更换站建设、经营

五、交通运输、仓储和邮政业

301. 铁路干线路网的建设、经营(中方控股)

302. 城际铁路、市域(郊)铁路、资源型开发铁路和支线铁路及其桥梁、隧道、轮渡和站场设施的建设、经营

303. 高速铁路、铁路客运专线、城际铁路基础设施综合维修

304. 公路、独立桥梁和隧道的建设、经营

305. 公路货物运输公司

306. 港口公用码头设施的建设、经营

307. 民用机场的建设、经营(中方相对控股)

308. 航空运输公司(中方控股,且一家外商及其关联企业投资比例不得超过 25%)

309. 农、林、渔业通用航空公司(限于合资、合作)

310. 定期、不定期国际海上运输业务(限于合资、合作)

311. 国际集装箱多式联运业务

312. 输油(气)管道、油(气)库的建设、经营

313. 煤炭管道运输设施的建设、经营

314. 自动化高架立体仓储设施,包装、加工、配送业务相关的仓储一体化设施建设、经营

六、批发和零售业

315. 一般商品的共同配送、鲜活农产品和特殊药品低温配送等物流及相关技术服务

316. 农村连锁配送

317. 托盘及集装单元共用系统建设、经营

七、租赁和商务服务业

318. 会计、审计(首席合伙人需具有中国国籍)

319. 国际经济、科技、环保、物流信息咨询服务

320. 以承接服务外包方式从事系统应用管理和维护、信息技术支持管理、银行后台服务、

财务结算、软件开发、离岸呼叫中心、数据处理等信息技术和业务流程外包服务

321. 创业投资企业
322. 知识产权服务
323. 家庭服务业

八、科学研究和技术服务业

324. 生物工程与生物医学工程技术、生物质能源开发技术
325. 同位素、辐射及激光技术
326. 海洋开发及海洋能开发技术、海洋化学资源综合利用技术、相关产品开发和精深加工技术、海洋医药与生化制品开发技术
327. 海洋监测技术(海洋浪潮、气象、环境监测)、海底探测与大洋资源勘查评价技术
328. 综合利用海水淡化后的浓海水制盐、提取钾、溴、镁、锂及其深加工等海水化学资源高附加值利用技术
329. 海上石油污染清理与生态修复技术及相关产品开发,海水富营养化防治技术,海洋生物爆发性生长灾害防治技术,海岸带生态环境修复技术
330. 节能环保技术开发与服务
331. 资源再生及综合利用技术、企业生产排放物的再利用技术开发及其应用
332. 环境污染治理及监测技术
333. 化纤生产及印染加工的节能降耗、三废治理新技术
334. 防沙漠化及沙漠治理技术
335. 草畜平衡综合管理技术
336. 民用卫星应用技术
337. 研究开发中心
338. 高新技术、新产品开发与企业孵化中心
339. 物联网技术开发与应用
340. 工业设计、建筑设计、服装设计等创意产业

九、水利、环境和公共设施管理业

341. 综合水利枢纽的建设、经营(中方控股)
342. 城市封闭型道路建设、经营
343. 城市地铁、轻轨等轨道交通的建设、经营
344. 垃圾处理厂,危险废物处理处置厂(焚烧厂、填埋场)及环境污染治理设施的建设、经营

十、教育

345. 非学制类职业培训机构

十一、卫生和社会工作

346. 老年人、残疾人和儿童服务机构
347. 养老机构

十二、文化、体育和娱乐业

348. 演出场所经营

349. 体育场馆经营、健身、竞赛表演及体育培训和中介服务

限制外商投资产业目录

一、农、林、牧、渔业

1. 农作物新品种选育和种子生产(中方控股)

二、采矿业

2. 特殊和稀缺煤类勘查、开采(中方控股)

3. 贵金属(金、银、铂族)勘查、开采

4. 石墨勘查、开采

5. 锂矿开采、选矿

三、制造业

6. 豆油、菜籽油、花生油、棉籽油、茶籽油、葵花籽油、棕榈油等食用油脂加工(中方控股),大米、面粉、原糖加工,玉米深加工

7. 生物液体燃料(燃料乙醇、生物柴油)生产(中方控股)

8. 出版物印刷(中方控股)

9. 钨、钼、锡(锡化合物除外)、锑(含氧化锑和硫化锑)等稀有金属冶炼

10. 稀土冶炼、分离(限于合资、合作)

11. 汽车整车、专用汽车和摩托车制造:中方股比不低于50%,同一家外商可在国内建立两家(含两家)以下生产同类(乘用车类、商用车类、摩托车类)整车产品的合资企业,如与中方合资伙伴联合兼并国内其他汽车生产企业可不受两家的限制

12. 船舶(含分段)的修理、设计与制造(中方控股)

13. 卫星电视广播地面接收设施及关键件生产

四、电力、热力、燃气及水生产和供应业

14. 小电网范围内,单机容量30万千瓦及以下燃煤凝汽火电站、单机容量10万千瓦及以下燃煤凝汽抽汽两用机组热电联产电站的建设、经营

15. 城市人口50万以上的城市燃气、热力和供排水管网的建设、经营(中方控股)

五、交通运输、仓储和邮政业

16. 铁路旅客运输公司(中方控股)

17. 公路旅客运输公司

18. 水上运输公司(中方控股)

19. 公务飞行、空中游览、摄影、探矿、工业等通用航空公司(中方控股)

六、信息传输、软件和信息技术服务业

20. 电信公司:增值电信业务(外资比例不超过50%,电子商务除外),基础电信业务(外资比例不超过49%)

七、批发和零售业

21. 粮食收购,粮食、棉花批发,大型农产品批发市场建设、经营

22. 船舶代理(中方控股)、外轮理货(限于合资、合作)

23. 加油站(同一外国投资者设立超过30家分店、销售来自多个供应商的不同种类和品牌成品油的连锁加油站,由中方控股)建设、经营

八、金融业

24. 银行(单个境外金融机构及被其控制或共同控制的关联方作为发起人或战略投资者向单个中资商业银行投资入股比例不得超过20%,多个境外金融机构及被其控制或共同控制的关联方作为发起人或战略投资者投资入股比例合计不得超过25%,投资农村中小金融机构的境外金融机构必须是银行类金融机构)

25. 保险公司(寿险公司外资比例不超过50%)

26. 证券公司(设立时限于从事人民币普通股、外资股和政府债券、公司债券的承销与保荐,外资股的经纪,政府债券、公司债券的经纪和自营;设立满2年后符合条件的公司可申请扩大业务范围;外资比例不超过49%)、证券投资基金管理公司(外资比例不超过49%)

27. 期货公司(中方控股)

九、租赁和商务服务业

28. 市场调查(限于合资、合作,其中广播电视收听、收视调查要求中方控股)

29. 资信调查与评级服务公司

十、科学研究和技术服务业

30. 测绘公司(中方控股)

十一、教育

31. 高等教育机构(限于合作、中方主导*)

32. 普通高中教育机构(限于合作、中方主导)

33. 学前教育机构(限于合作、中方主导)

十二、卫生和社会工作

34. 医疗机构(限于合资、合作)

十三、文化、体育和娱乐业

35. 广播电视节目、电影的制作业务(限于合作)

36. 电影院的建设、经营(中方控股)

37. 大型主题公园的建设、经营

38. 演出经纪机构(中方控股)

十四、国家法律法规和我国缔结或者参加的国际条约规定限制的其他产业

禁止外商投资产业目录

一、农、林、牧、渔业

1. 我国稀有和特有的珍贵优良品种的研发、养殖、种植以及相关繁殖材料的生产(包括种植业、畜牧业、水产业的优良基因)

---

* 中方主导是指校长或者主要行政负责人应当具有中国国籍,中外合作办学机构的理事会、董事会或者联合管理委员会的中方组成人员不得少于1/2(下同)。

2. 农作物、种畜禽、水产苗种转基因品种选育及其转基因种子(苗)生产

3. 我国管辖海域及内陆水域水产品捕捞

二、采矿业

4. 钨、钼、锡、锑、萤石勘查、开采

5. 稀土勘查、开采、选矿

6. 放射性矿产的勘查、开采、选矿

三、制造业

(一)医药制造业

7. 列入《野生药材资源保护管理条例》和《中国稀有濒危保护植物名录》的中药材加工

8. 中药饮片的蒸、炒、炙、煅等炮制技术的应用及中成药保密处方产品的生产

(二)石油加工、炼焦和核燃料加工业

9. 放射性矿产冶炼、加工,核燃料生产

(三)专用设备制造业

10. 武器弹药制造

(四)其他制造业

11. 象牙雕刻

12. 虎骨加工

13. 宣纸、墨锭生产

四、电力、热力、燃气及水生产和供应业

14. 大电网范围内,单机容量30万千瓦及以下燃煤凝汽火电站、单机容量20万千瓦及以下燃煤凝汽抽汽两用热电联产电站的建设、经营

五、交通运输、仓储和邮政业

15. 空中交通管制

16. 邮政公司、信件的国内快递业务

六、批发和零售业

17. 烟叶、卷烟、复烤烟叶及其他烟草制品的批发、零售

七、租赁和商务服务业

18. 社会调查

19. 中国法律事务咨询(提供有关中国法律环境影响的信息除外)

八、科学研究和技术服务业

20. 人体干细胞、基因诊断与治疗技术开发和应用

21. 大地测量、海洋测绘、测绘航空摄影、行政区域界线测绘、地形图、世界政区地图、全国政区地图、省级及以下政区地图、全国性教学地图、地方性教学地图和真三维地图编制、导航电子地图编制,区域性的地质填图、矿产地质、地球物理、地球化学、水文地质、环境地质、地质灾害、遥感地质等调查

九、水利、环境和公共设施管理业

22. 自然保护区和国际重要湿地的建设、经营

23. 国家保护的原产于我国的野生动、植物资源开发

十、教育

24. 义务教育机构,军事、警察、政治和党校等特殊领域教育机构

十一、文化、体育和娱乐业

25. 新闻机构

26. 图书、报纸、期刊的出版业务

27. 音像制品和电子出版物的出版、制作业务

28. 各级广播电台(站)、电视台(站)、广播电视频道(率)、广播电视传输覆盖网(发射台、转播台、广播电视卫星、卫星上行站、卫星收转站、微波站、监测台、有线广播电视传输覆盖网)

29. 广播电视节目制作经营公司

30. 电影制作公司、发行公司、院线公司

31. 新闻网站、网络出版服务、网络视听节目服务、互联网上网服务营业场所、互联网文化经营(音乐除外)

32. 经营文物拍卖的拍卖企业、文物商店

33. 高尔夫球场、别墅的建设

十二、其他行业

34. 危害军事设施安全和使用效能的项目

35. 博彩业(含赌博类跑马场)

36. 色情业

十三、国家法律法规和我国缔结或者参加的国际条约规定禁止的其他产业

注:《内地与香港关于建立更紧密经贸关系的安排》及其补充协议、《内地与澳门关于建立更紧密经贸关系的安排》及其补充协议、《海峡两岸经济合作框架协议》及其后续协议、我国与有关国家签订的自由贸易区协议、投资协定另有规定的,从其规定。

商务部、国家发展和改革委员会、国土资源部、住房和城乡建设部、中华全国供销合作总社关于印发《再生资源回收体系建设中长期规划(2015—2020)》的通知

商流通发〔2015〕21号

各省、自治区、直辖市、计划单列市及新疆生产建设兵团商务主管部门、发展改革委、国土资源主管部门、住房城乡建设厅(建委)、供销合作社:

为贯彻落实《国务院办公厅关于建立完整的先进的废旧商品回收体系的意见》(国办发

〔2011〕49号），商务部、发展改革委、国土资源部、住房城乡建设部和供销合作总社制定了《再生资源回收体系建设中长期规划（2015—2020年）》，现印发你们，请认真遵照施行，并加强对规划实施情况的跟踪问效和监督检查。

附件：再生资源回收体系建设中长期规划（2015—2020年）（略——编者注）

商务部
发展改革委
国土资源部
住房城乡建设部
供销合作总社
2015年1月21日

国家发展改革委关于修改《境外投资项目核准和备案管理办法》和《外商投资项目核准和备案管理办法》有关条款的决定

国家发展和改革委员会令第20号

根据国务院发布的《政府核准的投资项目目录》，特制定《国家发展改革委关于修改〈境外投资项目核准和备案管理办法〉和〈外商投资项目核准和备案管理办法〉有关条款的决定》，现予公布。

主任：徐绍史
2014年12月27日

一、对《境外投资项目核准和备案管理办法》（国家发展和改革委员会令第9号）作出修改

将第七条第一款修改为"涉及敏感国家和地区、敏感行业的境外投资项目，由国家发展改革委核准。其中，中方投资额20亿美元及以上的，由国家发展改革委提出审核意见报国务院核准"。

二、对《外商投资项目核准和备案管理办法》（国家发展和改革委员会令第12号）作出修改

（一）将第一条中的"政府核准的投资项目目录（2013年本）》"修改为《政府核准的投资项目目录》"。

(二)将第四条修改为"外商投资项目核准权限、范围按照国务院发布的《核准目录》执行。本办法所称项目核准机关,是指《核准目录》中规定的具有项目核准权限的行政机关"。

国务院关于创新重点领域投融资机制鼓励社会投资的指导意见

国发〔2014〕60号

各省、自治区、直辖市人民政府,国务院各部委、各直属机构:

为推进经济结构战略性调整,加强薄弱环节建设,促进经济持续健康发展,迫切需要在公共服务、资源环境、生态建设、基础设施等重点领域进一步创新投融资机制,充分发挥社会资本特别是民间资本的积极作用。为此,特提出以下意见。

一、总体要求

(一)指导思想。全面贯彻落实党的十八大和十八届三中、四中全会精神,按照党中央、国务院决策部署,使市场在资源配置中起决定性作用和更好发挥政府作用,打破行业垄断和市场壁垒,切实降低准入门槛,建立公平开放透明的市场规则,营造权利平等、机会平等、规则平等的投资环境,进一步鼓励社会投资特别是民间投资,盘活存量、用好增量,调结构、补短板,服务国家生产力布局,促进重点领域建设,增加公共产品有效供给。

(二)基本原则。实行统一市场准入,创造平等投资机会;创新投资运营机制,扩大社会资本投资途径;优化政府投资使用方向和方式,发挥引导带动作用;创新融资方式,拓宽融资渠道;完善价格形成机制,发挥价格杠杆作用。

二、创新生态环保投资运营机制

(三)深化林业管理体制改革。推进国有林区和国有林场管理体制改革,完善森林经营和采伐管理制度,开展森林科学经营。深化集体林权制度改革,稳定林权承包关系,放活林地经营权,鼓励林权依法规范流转。鼓励荒山荒地造林和退耕还林林地林权依法流转。减免林权流转税费,有效降低流转成本。

(四)推进生态建设主体多元化。在严格保护森林资源的前提下,鼓励社会资本积极参与生态建设和保护,支持符合条件的农民合作社、家庭农场(林场)、专业大户、林业企业等新型经营主体投资生态建设项目。对社会资本利用荒山荒地进行植树造林的,在保障生态效益、符合土地用途管制要求的前提下,允许发展林下经济、森林旅游等生态产业。

（五）推动环境污染治理市场化。在电力、钢铁等重点行业以及开发区（工业园区）污染治理等领域，大力推行环境污染第三方治理，通过委托治理服务、托管运营服务等方式，由排污企业付费购买专业环境服务公司的治污减排服务，提高污染治理的产业化、专业化程度。稳妥推进政府向社会购买环境监测服务。建立重点行业第三方治污企业推荐制度。

（六）积极开展排污权、碳排放权交易试点。推进排污权有偿使用和交易试点，建立排污权有偿使用制度，规范排污权交易市场，鼓励社会资本参与污染减排和排污权交易。加快调整主要污染物排污费征收标准，实行差别化排污收费政策。加快在国内试行碳排放权交易制度，探索森林碳汇交易，发展碳排放权交易市场，鼓励和支持社会投资者参与碳配额交易，通过金融市场发现价格的功能，调整不同经济主体利益，有效促进环保和节能减排。

三、鼓励社会资本投资运营农业和水利工程

（七）培育农业、水利工程多元化投资主体。支持农民合作社、家庭农场、专业大户、农业企业等新型经营主体投资建设农田水利和水土保持设施。允许财政补助形成的小型农田水利和水土保持工程资产由农业用水合作组织持有和管护。鼓励社会资本以特许经营、参股控股等多种形式参与具有一定收益的节水供水重大水利工程建设运营。社会资本愿意投入的重大水利工程，要积极鼓励社会资本投资建设。

（八）保障农业、水利工程投资合理收益。社会资本投资建设或运营管理农田水利、水土保持设施和节水供水重大水利工程的，与国有、集体投资项目享有同等政策待遇，可以依法获取供水水费等经营收益；承担公益性任务的，政府可对工程建设投资、维修养护和管护经费等给予适当补助，并落实优惠政策。社会资本投资建设或运营管理农田水利设施、重大水利工程等，可依法继承、转让、转租、抵押其相关权益；征收、征用或占用的，要按照国家有关规定给予补偿或者赔偿。

（九）通过水权制度改革吸引社会资本参与水资源开发利用和保护。加快建立水权制度，培育和规范水权交易市场，积极探索多种形式的水权交易流转方式，允许各地通过水权交易满足新增合理用水需求。鼓励社会资本通过参与节水供水重大水利工程投资建设等方式优先获得新增水资源使用权。

（十）完善水利工程水价形成机制。深入开展农业水价综合改革试点，进一步促进农业节水。水利工程供非农业用水价格按照补偿成本、合理收益、优质优价、公平负担的原则合理制定，并根据供水成本变化及社会承受能力等适时调整，推行两部制水利工程水价和丰枯季节水价。价格调整不到位时，地方政府可根据实际情况安排财政性资金，对运营单位进行合理补偿。

四、推进市政基础设施投资运营市场化

（十一）改革市政基础设施建设运营模式。推动市政基础设施建设运营事业单位向独立核算、自主经营的企业化管理转变。鼓励打破以项目为单位的分散运营模式，实行规模化经营，降低建设和运营成本，提高投资效益。推进市县、乡镇和村级污水收集和处理、垃圾处理项目

按行业"打包"投资和运营,鼓励实行城乡供水一体化、厂网一体投资和运营。

(十二)积极推动社会资本参与市政基础设施建设运营。通过特许经营、投资补助、政府购买服务等多种方式,鼓励社会资本投资城镇供水、供热、燃气、污水垃圾处理、建筑垃圾资源化利用和处理、城市综合管廊、公园配套服务、公共交通、停车设施等市政基础设施项目,政府依法选择符合要求的经营者。政府可采用委托经营或转让—经营—转让(TOT)等方式,将已经建成的市政基础设施项目转交给社会资本运营管理。

(十三)加强县城基础设施建设。按照新型城镇化发展的要求,把有条件的县城和重点镇发展为中小城市,支持基础设施建设,增强吸纳农业转移人口的能力。选择若干具有产业基础、特色资源和区位优势的县城和重点镇推行试点,加大对市政基础设施建设运营引入市场机制的政策支持力度。

(十四)完善市政基础设施价格机制。加快改进市政基础设施价格形成、调整和补偿机制,使经营者能够获得合理收益。实行上下游价格调整联动机制,价格调整不到位时,地方政府可根据实际情况安排财政性资金对企业运营进行合理补偿。

五、改革完善交通投融资机制

(十五)加快推进铁路投融资体制改革。用好铁路发展基金平台,吸引社会资本参与,扩大基金规模。充分利用铁路土地综合开发政策,以开发收益支持铁路发展。按照市场化方向,不断完善铁路运价形成机制。向地方政府和社会资本放开城际铁路、市域(郊)铁路、资源开发性铁路和支线铁路的所有权、经营权。按照构建现代企业制度的要求,保障投资者权益,推进蒙西至华中、长春至西巴彦花铁路等引进民间资本的示范项目实施。鼓励按照"多式衔接、立体开发、功能融合、节约集约"的原则,对城市轨道交通站点周边、车辆段上盖进行土地综合开发,吸引社会资本参与城市轨道交通建设。

(十六)完善公路投融资模式。建立完善政府主导、分级负责、多元筹资的公路投融资模式,完善收费公路政策,吸引社会资本投入,多渠道筹措建设和维护资金。逐步建立高速公路与普通公路统筹发展机制,促进普通公路持续健康发展。

(十七)鼓励社会资本参与水运、民航基础设施建设。探索发展"航电结合"等投融资模式,按相关政策给予投资补助,鼓励社会资本投资建设航电枢纽。鼓励社会资本投资建设港口、内河航运设施等。积极吸引社会资本参与盈利状况较好的枢纽机场、干线机场以及机场配套服务设施等投资建设,拓宽机场建设资金来源。

六、鼓励社会资本加强能源设施投资

(十八)鼓励社会资本参与电力建设。在做好生态环境保护、移民安置和确保工程安全的前提下,通过业主招标等方式,鼓励社会资本投资常规水电站和抽水蓄能电站。在确保具备核电控股资质主体承担核安全责任的前提下,引入社会资本参与核电项目投资,鼓励民间资本进入核电设备研制和核电服务领域。鼓励社会资本投资建设风光电、生物质能等清洁能源项目和背压式热电联产机组,进入清洁高效煤电项目建设、燃煤电厂节能减排升级改造领域。

（十九）鼓励社会资本参与电网建设。积极吸引社会资本投资建设跨区输电通道、区域主干电网完善工程和大中城市配电网工程。将海南联网Ⅱ回线路和滇西北送广东特高压直流输电工程等项目作为试点，引入社会资本。鼓励社会资本投资建设分布式电源并网工程、储能装置和电动汽车充换电设施。

（二十）鼓励社会资本参与油气管网、储存设施和煤炭储运建设运营。支持民营企业、地方国有企业等参股建设油气管网主干线、沿海液化天然气（LNG）接收站、地下储气库、城市配气管网和城市储气设施，控股建设油气管网支线、原油和成品油商业储备库。鼓励社会资本参与铁路运煤干线和煤炭储配体系建设。国家规划确定的石化基地炼化一体化项目向社会资本开放。

（二十一）理顺能源价格机制。进一步推进天然气价格改革，2015年实现存量气和增量气价格并轨，逐步放开非居民用天然气气源价格，落实页岩气、煤层气等非常规天然气价格市场化政策。尽快出台天然气管道运输价格政策。按照合理成本加合理利润的原则，适时调整煤层气发电、余热余压发电上网标杆电价。推进天然气分布式能源冷、热、电价格市场化。完善可再生能源发电价格政策，研究建立流域梯级效益补偿机制，适时调整完善燃煤发电机组环保电价政策。

七、推进信息和民用空间基础设施投资主体多元化

（二十二）鼓励电信业进一步向民间资本开放。进一步完善法律法规，尽快修订电信业务分类目录。研究出台具体试点办法，鼓励和引导民间资本投资宽带接入网络建设和业务运营，大力发展宽带用户。推进民营企业开展移动通信转售业务试点工作，促进业务创新发展。

（二十三）吸引民间资本加大信息基础设施投资力度。支持基础电信企业引入民间战略投资者。推动中国铁塔股份有限公司引入民间资本，实现混合所有制发展。

（二十四）鼓励民间资本参与国家民用空间基础设施建设。完善民用遥感卫星数据政策，加强政府采购服务，鼓励民间资本研制、发射和运营商业遥感卫星，提供市场化、专业化服务。引导民间资本参与卫星导航地面应用系统建设。

八、鼓励社会资本加大社会事业投资力度

（二十五）加快社会事业公立机构分类改革。积极推进养老、文化、旅游、体育等领域符合条件的事业单位，以及公立医院资源丰富地区符合条件的医疗事业单位改制，为社会资本进入创造条件，鼓励社会资本参与公立机构改革。将符合条件的国有单位培训疗养机构转变为养老机构。

（二十六）鼓励社会资本加大社会事业投资力度。通过独资、合资、合作、联营、租赁等途径，采取特许经营、公建民营、民办公助等方式，鼓励社会资本参与教育、医疗、养老、体育健身、文化设施建设。尽快出台鼓励社会力量兴办教育、促进民办教育健康发展的意见。各地在编制城市总体规划、控制性详细规划以及有关专项规划时，要统筹规划、科学布局各类公共服务设施。各级政府逐步扩大教育、医疗、养老、体育健身、文化等政府购买服务范围，各类经营主

体平等参与。将符合条件的各类医疗机构纳入医疗保险定点范围。

（二十七）完善落实社会事业建设运营税费优惠政策。进一步完善落实非营利性教育、医疗、养老、体育健身、文化机构税收优惠政策。对非营利性医疗、养老机构建设一律免征有关行政事业性收费，对营利性医疗、养老机构建设一律减半征收有关行政事业性收费。

（二十八）改进社会事业价格管理政策。民办教育、医疗机构用电、用水、用气、用热，执行与公办教育、医疗机构相同的价格政策。养老机构用电、用水、用气、用热，按居民生活类价格执行。除公立医疗、养老机构提供的基本服务按照政府规定的价格政策执行外，其他医疗、养老服务实行经营者自主定价。营利性民办学校收费实行自主定价，非营利性民办学校收费政策由地方政府按照市场化方向根据当地实际情况确定。

九、建立健全政府和社会资本合作（PPP）机制

（二十九）推广政府和社会资本合作（PPP）模式。认真总结经验，加强政策引导，在公共服务、资源环境、生态保护、基础设施等领域，积极推广PPP模式，规范选择项目合作伙伴，引入社会资本，增强公共产品供给能力。政府有关部门要严格按照预算管理有关法律法规，完善财政补贴制度，切实控制和防范财政风险。健全PPP模式的法规体系，保障项目顺利运行。鼓励通过PPP方式盘活存量资源，变现资金要用于重点领域建设。

（三十）规范合作关系保障各方利益。政府有关部门要制定管理办法，尽快发布标准合同范本，对PPP项目的业主选择、价格管理、回报方式、服务标准、信息披露、违约处罚、政府接管以及评估论证等进行详细规定，规范合作关系。平衡好社会公众与投资者利益关系，既要保障社会公众利益不受损害，又要保障经营者合法权益。

（三十一）健全风险防范和监督机制。政府和投资者应对PPP项目可能产生的政策风险、商业风险、环境风险、法律风险等进行充分论证，完善合同设计，健全纠纷解决和风险防范机制。建立独立、透明、可问责、专业化的PPP项目监管体系，形成由政府监管部门、投资者、社会公众、专家、媒体等共同参与的监督机制。

（三十二）健全退出机制。政府要与投资者明确PPP项目的退出路径，保障项目持续稳定运行。项目合作结束后，政府应组织做好接管工作，妥善处理投资回收、资产处理等事宜。

十、充分发挥政府投资的引导带动作用

（三十三）优化政府投资使用方向。政府投资主要投向公益性和基础性建设。对鼓励社会资本参与的生态环保、农林水利、市政基础设施、社会事业等重点领域，政府投资可根据实际情况给予支持，充分发挥政府投资"四两拨千斤"的引导带动作用。

（三十四）改进政府投资使用方式。在同等条件下，政府投资优先支持引入社会资本的项目，根据不同项目情况，通过投资补助、基金注资、担保补贴、贷款贴息等方式，支持社会资本参与重点领域建设。抓紧制定政府投资支持社会投资项目的管理办法，规范政府投资安排行为。

十一、创新融资方式拓宽融资渠道

（三十五）探索创新信贷服务。支持开展排污权、收费权、集体林权、特许经营权、购买服务协议预期收益、集体土地承包经营权质押贷款等担保创新类贷款业务。探索利用工程供水、供热、发电、污水垃圾处理等预期收益质押贷款，允许利用相关收益作为还款来源。鼓励金融机构对民间资本举办的社会事业提供融资支持。

（三十六）推进农业金融改革。探索采取信用担保和贴息、业务奖励、风险补偿、费用补贴、投资基金，以及互助信用、农业保险等方式，增强农民合作社、家庭农场（林场）、专业大户、农林业企业的贷款融资能力和风险抵御能力。

（三十七）充分发挥政策性金融机构的积极作用。在国家批准的业务范围内，加大对公共服务、生态环保、基础设施建设项目的支持力度。努力为生态环保、农林水利、中西部铁路和公路、城市基础设施等重大工程提供长期稳定、低成本的资金支持。

（三十八）鼓励发展支持重点领域建设的投资基金。大力发展股权投资基金和创业投资基金，鼓励民间资本采取私募等方式发起设立主要投资于公共服务、生态环保、基础设施、区域开发、战略性新兴产业、先进制造业等领域的产业投资基金。政府可以使用包括中央预算内投资在内的财政性资金，通过认购基金份额等方式予以支持。

（三十九）支持重点领域建设项目开展股权和债权融资。大力发展债权投资计划、股权投资计划、资产支持计划等融资工具，延长投资期限，引导社保资金、保险资金等用于收益稳定、回收期长的基础设施和基础产业项目。支持重点领域建设项目采用企业债券、项目收益债券、公司债券、中期票据等方式通过债券市场筹措投资资金。推动铁路、公路、机场等交通项目建设企业应收账款证券化。建立规范的地方政府举债融资机制，支持地方政府依法依规发行债券，用于重点领域建设。

创新重点领域投融资机制对稳增长、促改革、调结构、惠民生具有重要作用。各地区、各有关部门要从大局出发，进一步提高认识，加强组织领导，健全工作机制，协调推动重点领域投融资机制创新。各地政府要结合本地实际，抓紧制定具体实施细则，确保各项措施落到实处。国务院各有关部门要严格按照分工，抓紧制定相关配套措施，加快重点领域建设，同时要加强宣传解读，让社会资本了解参与方式、运营方式、盈利模式、投资回报等相关政策，进一步稳定市场预期，充分调动社会投资积极性，切实发挥好投资对经济增长的关键作用。发展改革委要会同有关部门加强对本指导意见落实情况的督促检查，重大问题及时向国务院报告。

附件：重点政策措施文件分工方案（略——编者注）

国务院

2014年11月16日

全国人民代表大会常务委员会
关于修改《中华人民共和国行政诉讼法》的决定

中华人民共和国主席令第 15 号

《全国人民代表大会常务委员会关于修改〈中华人民共和国行政诉讼法〉的决定》已由中华人民共和国第十二届全国人民代表大会常务委员会第十一次会议于 2014 年 11 月 1 日通过，现予公布，自 2015 年 5 月 1 日起施行。

中华人民共和国主席　习近平
2014 年 11 月 1 日

第十二届全国人民代表大会常务委员会第十一次会议决定对《中华人民共和国行政诉讼法》作如下修改：

一、将第一条修改为："为保证人民法院公正、及时审理行政案件，解决行政争议，保护公民、法人和其他组织的合法权益，监督行政机关依法行使职权，根据宪法，制定本法。"

二、第二条增加一款，作为第二款："前款所称行政行为，包括法律、法规、规章授权的组织作出的行政行为。"

三、增加一条，作为第三条："人民法院应当保障公民、法人和其他组织的起诉权利，对应当受理的行政案件依法受理。

"行政机关及其工作人员不得干预、阻碍人民法院受理行政案件。

"被诉行政机关负责人应当出庭应诉。不能出庭的，应当委托行政机关相应的工作人员出庭。"

四、将第十一条改为第十二条，将第一款修改为："人民法院受理公民、法人或者其他组织提起的下列诉讼：

"（一）对行政拘留、暂扣或者吊销许可证和执照、责令停产停业、没收违法所得、没收非法财物、罚款、警告等行政处罚不服的；

"（二）对限制人身自由或者对财产的查封、扣押、冻结等行政强制措施和行政强制执行不服的；

"（三）申请行政许可，行政机关拒绝或者在法定期限内不予答复，或者对行政机关作出的有关行政许可的其他决定不服的；

"（四）对行政机关作出的关于确认土地、矿藏、水流、森林、山岭、草原、荒地、滩涂、海域等

自然资源的所有权或者使用权的决定不服的;

"(五)对征收、征用决定及其补偿决定不服的;

"(六)申请行政机关履行保护人身权、财产权等合法权益的法定职责,行政机关拒绝履行或者不予答复的;

"(七)认为行政机关侵犯其经营自主权或者农村土地承包经营权、农村土地经营权的;

"(八)认为行政机关滥用行政权力排除或者限制竞争的;

"(九)认为行政机关违法集资、摊派费用或者违法要求履行其他义务的;

"(十)认为行政机关没有依法支付抚恤金、最低生活保障待遇或者社会保险待遇的;

"(十一)认为行政机关不依法履行、未按照约定履行或者违法变更、解除政府特许经营协议、土地房屋征收补偿协议等协议的;

"(十二)认为行政机关侵犯其他人身权、财产权等合法权益的。"

五、将第十四条改为第十五条,修改为:"中级人民法院管辖下列第一审行政案件:

"(一)对国务院部门或者县级以上地方人民政府所作的行政行为提起诉讼的案件;

"(二)海关处理的案件;

"(三)本辖区内重大、复杂的案件;

"(四)其他法律规定由中级人民法院管辖的案件。"

六、将第十七条改为第十八条,修改为:"行政案件由最初作出行政行为的行政机关所在地人民法院管辖。经复议的案件,也可以由复议机关所在地人民法院管辖。

"经最高人民法院批准,高级人民法院可以根据审判工作的实际情况,确定若干人民法院跨行政区域管辖行政案件。"

七、将第二十条改为第二十一条,修改为:"两个以上人民法院都有管辖权的案件,原告可以选择其中一个人民法院提起诉讼。原告向两个以上有管辖权的人民法院提起诉讼的,由最先立案的人民法院管辖。"

八、将第二十一条改为第二十二条,修改为:"人民法院发现受理的案件不属于本院管辖的,应当移送有管辖权的人民法院,受移送的人民法院应当受理。受移送的人民法院认为受移送的案件按照规定不属于本院管辖的,应当报请上级人民法院指定管辖,不得再自行移送。"

九、将第二十三条改为第二十四条,修改为:"上级人民法院有权审理下级人民法院管辖的第一审行政案件。

"下级人民法院对其管辖的第一审行政案件,认为需要由上级人民法院审理或者指定管辖的,可以报请上级人民法院决定。"

十、将第二十四条改为第二十五条,将第一款修改为:"行政行为的相对人以及其他与行政行为有利害关系的公民、法人或者其他组织,有权提起诉讼。"

十一、将第二十五条改为第二十六条,将第二款修改为:"经复议的案件,复议机关决定维持原行政行为的,作出原行政行为的行政机关和复议机关是共同被告;复议机关改变原行政行为的,复议机关是被告。"

增加一款,作为第三款:"复议机关在法定期限内未作出复议决定,公民、法人或者其他组织起诉原行政行为的,作出原行政行为的行政机关是被告;起诉复议机关不作为的,复议机关是被告。"

将第四款改为第五款,修改为:"行政机关委托的组织所作的行政行为,委托的行政机关是被告。"

将第五款改为第六款,修改为:"行政机关被撤销或者职权变更的,继续行使其职权的行政机关是被告。"

十二、将第二十六条改为第二十七条,修改为:"当事人一方或者双方为二人以上,因同一行政行为发生的行政案件,或者因同类行政行为发生的行政案件、人民法院认为可以合并审理并经当事人同意的,为共同诉讼。"

十三、增加一条,作为第二十八条:"当事人一方人数众多的共同诉讼,可以由当事人推选代表人进行诉讼。代表人的诉讼行为对其所代表的当事人发生效力,但代表人变更、放弃诉讼请求或者承认对方当事人的诉讼请求,应当经被代表的当事人同意。"

十四、将第二十七条改为第二十九条,修改为:"公民、法人或者其他组织同被诉行政行为有利害关系但没有提起诉讼,或者同案件处理结果有利害关系的,可以作为第三人申请参加诉讼,或者由人民法院通知参加诉讼。

"人民法院判决第三人承担义务或者减损第三人权益的,第三人有权依法提起上诉。"

十五、将第二十九条改为第三十一条,修改为:"当事人、法定代理人,可以委托一至二人作为诉讼代理人。

"下列人员可以被委托为诉讼代理人:

"(一)律师、基层法律服务工作者;

"(二)当事人的近亲属或者工作人员;

"(三)当事人所在社区、单位以及有关社会团体推荐的公民。"

十六、将第三十条改为第三十二条,修改为:"代理诉讼的律师,有权按照规定查阅、复制本案有关材料,有权向有关组织和公民调查,收集与本案有关的证据。对涉及国家秘密、商业秘密和个人隐私的材料,应当依照法律规定保密。

"当事人和其他诉讼代理人有权按照规定查阅、复制本案庭审材料,但涉及国家秘密、商业秘密和个人隐私的内容除外。"

十七、将第三十一条改为第三十三条,修改为:"证据包括:

"(一)书证;

"(二)物证;

"(三)视听资料;

"(四)电子数据;

"(五)证人证言;

"(六)当事人的陈述;

"(七)鉴定意见;

"(八)勘验笔录、现场笔录。

"以上证据经法庭审查属实,才能作为认定案件事实的根据。"

十八、将第三十二条改为第三十四条,增加一款,作为第二款:"被告不提供或者无正当理由逾期提供证据,视为没有相应证据。但是,被诉行政行为涉及第三人合法权益,第三人提供证据的除外。"

十九、将第三十三条改为第三十五条,修改为:"在诉讼过程中,被告及其诉讼代理人不得自行向原告、第三人和证人收集证据。"

二十、增加三条,作为第三十六条、第三十七条、第三十八条:

"第三十六条 被告在作出行政行为时已经收集了证据,但因不可抗力等正当事由不能提供的,经人民法院准许,可以延期提供。

"原告或者第三人提出了其在行政处理程序中没有提出的理由或者证据的,经人民法院准许,被告可以补充证据。

"第三十七条 原告可以提供证明行政行为违法的证据。原告提供的证据不成立的,不免除被告的举证责任。

"第三十八条 在起诉被告不履行法定职责的案件中,原告应当提供其向被告提出申请的证据。但有下列情形之一的除外:

"(一)被告应当依职权主动履行法定职责的;

"(二)原告因正当理由不能提供证据的。

"在行政赔偿、补偿的案件中,原告应当对行政行为造成的损害提供证据。因被告的原因导致原告无法举证的,由被告承担举证责任。"

二十一、将第三十四条改为两条,作为第三十九条、第四十条,修改为:

"第三十九条 人民法院有权要求当事人提供或者补充证据。

"第四十条 人民法院有权向有关行政机关以及其他组织、公民调取证据。但是,不得为证明行政行为的合法性调取被告作出行政行为时未收集的证据。"

二十二、增加一条,作为第四十一条:"与本案有关的下列证据,原告或者第三人不能自行收集的,可以申请人民法院调取:

"(一)由国家机关保存而须由人民法院调取的证据;

"(二)涉及国家秘密、商业秘密和个人隐私的证据;

"(三)确因客观原因不能自行收集的其他证据。"

二十三、增加一条,作为第四十三条:"证据应当在法庭上出示,并由当事人互相质证。对涉及国家秘密、商业秘密和个人隐私的证据,不得在公开开庭时出示。

"人民法院应当按照法定程序,全面、客观地审查核实证据。对未采纳的证据应当在裁判文书中说明理由。

"以非法手段取得的证据,不得作为认定案件事实的根据。"

二十四、将第三十七条改为第四十四条,修改为:"对属于人民法院受案范围的行政案件,公民、法人或者其他组织可以先向行政机关申请复议,对复议决定不服的,再向人民法院提起诉讼;也可以直接向人民法院提起诉讼。

"法律、法规规定应当先向行政机关申请复议,对复议决定不服再向人民法院提起诉讼的,依照法律、法规的规定。"

二十五、将第三十八条改为第四十五条,修改为:"公民、法人或者其他组织不服复议决定的,可以在收到复议决定书之日起十五日内向人民法院提起诉讼。复议机关逾期不作决定的,申请人可以在复议期满之日起十五日内向人民法院提起诉讼。法律另有规定的除外。"

二十六、将第三十九条改为第四十六条,修改为:"公民、法人或者其他组织直接向人民法院提起诉讼的,应当自知道或者应当知道作出行政行为之日起六个月内提出。法律另有规定的除外。

"因不动产提起诉讼的案件自行政行为作出之日起超过二十年,其他案件自行政行为作出之日起超过五年提起诉讼的,人民法院不予受理。"

二十七、增加一条,作为第四十七条:"公民、法人或者其他组织申请行政机关履行保护其人身权、财产权等合法权益的法定职责,行政机关在接到申请之日起两个月内不履行的,公民、法人或者其他组织可以向人民法院提起诉讼。法律、法规对行政机关履行职责的期限另有规定的,从其规定。

"公民、法人或者其他组织在紧急情况下请求行政机关履行保护其人身权、财产权等合法权益的法定职责,行政机关不履行的,提起诉讼不受前款规定期限的限制。"

二十八、将第四十条改为第四十八条,修改为:"公民、法人或者其他组织因不可抗力或者其他不属于其自身的原因耽误起诉期限的,被耽误的时间不计算在起诉期限内。

"公民、法人或者其他组织因前款规定以外的其他特殊情况耽误起诉期限的,在障碍消除后十日内,可以申请延长期限,是否准许由人民法院决定。"

二十九、将第四十一条改为第四十九条,将第一项修改为:"(一)原告是符合本法第二十五条规定的公民、法人或者其他组织;"

三十、增加一条,作为第五十条:"起诉应当向人民法院递交起诉状,并按照被告人数提出副本。

"书写起诉状确有困难的,可以口头起诉,由人民法院记入笔录,出具注明日期的书面凭证,并告知对方当事人。"

三十一、将第四十二条改为两条,作为第五十一条、第五十二条,修改为:

"第五十一条 人民法院在接到起诉状时对符合本法规定的起诉条件的,应当登记立案。

"对当场不能判定是否符合本法规定的起诉条件的,应当接收起诉状,出具注明收到日期的书面凭证,并在七日内决定是否立案。不符合起诉条件的,作出不予立案的裁定。裁定书应当载明不予立案的理由。原告对裁定不服的,可以提起上诉。

"起诉状内容欠缺或者有其他错误的,应当给予指导和释明,并一次性告知当事人需要补正的内容。不得未经指导和释明即以起诉不符合条件为由不接收起诉状。

"对于不接收起诉状、接收起诉状后不出具书面凭证,以及不一次性告知当事人需要补正的起诉状内容的,当事人可以向上级人民法院投诉,上级人民法院应当责令改正,并对直接负责的主管人员和其他直接责任人员依法给予处分。

"第五十二条 人民法院既不立案,又不作出不予立案裁定的,当事人可以向上一级人民法院起诉。上一级人民法院认为符合起诉条件的,应当立案、审理,也可以指定其他下级人民法院立案、审理。"

三十二、增加一条,作为第五十三条:"公民、法人或者其他组织认为行政行为所依据的国务院部门和地方人民政府及其部门制定的规范性文件不合法,在对行政行为提起诉讼时,可以一并请求对该规范性文件进行审查。

"前款规定的规范性文件不含规章。"

三十三、将第七章分为五节,增加节名,规定:"第一节 一般规定",内容为第五十四条至

一、综合 145

第六十六条";"第二节 第一审普通程序",内容为第六十七条至第八十一条;"第三节 简易程序",内容为第八十二条至第八十四条;"第四节 第二审程序",内容为第八十五条至第八十九条;"第五节 审判监督程序",内容为第九十条至第九十三条。

三十四、将第四十三条改为第六十七条,将第一款修改为:"人民法院应当在立案之日起五日内,将起诉状副本发送被告。被告应当在收到起诉状副本之日起十五日内向人民法院提交作出行政行为的证据和所依据的规范性文件,并提出答辩状。人民法院应当在收到答辩状之日起五日内,将答辩状副本发送原告。"

三十五、将第四十四条改为第五十六条,修改为:"诉讼期间,不停止行政行为的执行。但有下列情形之一的,裁定停止执行:

"(一)被告认为需要停止执行的;

"(二)原告或者利害关系人申请停止执行,人民法院认为该行政行为的执行会造成难以弥补的损失,并且停止执行不损害国家利益、社会公共利益的;

"(三)人民法院认为该行政行为的执行会给国家利益、社会公共利益造成重大损害的;

"(四)法律、法规规定停止执行的。

"当事人对停止执行或者不停止执行的裁定不服的,可以申请复议一次。"

三十六、将第四十五条改为第五十四条,增加一款,作为第二款:"涉及商业秘密的案件,当事人申请不公开审理的,可以不公开审理。"

三十七、将第四十七条改为第五十五条,将第四款修改为:"院长担任审判长时的回避,由审判委员会决定;审判人员的回避,由院长决定;其他人员的回避,由审判长决定。当事人对决定不服的,可以申请复议一次。"

三十八、增加一条,作为第五十七条:"人民法院对起诉行政机关没有依法支付抚恤金、最低生活保障金和工伤、医疗社会保险金的案件,权利义务关系明确,不先予执行将严重影响原告生活的,可以根据原告的申请,裁定先予执行。

"当事人对先予执行裁定不服的,可以申请复议一次。复议期间不停止裁定的执行。"

三十九、将第四十八条改为第五十八条,修改为:"经人民法院传票传唤,原告无正当理由拒不到庭,或者未经法庭许可中途退庭的,可以按照撤诉处理;被告无正当理由拒不到庭,或者未经法庭许可中途退庭的,可以缺席判决。"

四十、将第四十九条改为第五十九条,修改为:"诉讼参与人或者其他人有下列行为之一的,人民法院可以根据情节轻重,予以训诫、责令具结悔过或者处一万元以下的罚款、十五日以下的拘留;构成犯罪的,依法追究刑事责任:

"(一)有义务协助调查、执行的人,对人民法院的协助调查决定、协助执行通知书,无故推拖、拒绝或者妨碍调查、执行的;

"(二)伪造、隐藏、毁灭证据或者提供虚假证明材料,妨碍人民法院审理案件的;

"(三)指使、贿买、胁迫他人作伪证或者威胁、阻止证人作证的;

"(四)隐藏、转移、变卖、毁损已被查封、扣押、冻结的财产的;

"(五)以欺骗、胁迫等非法手段使原告撤诉的;

"(六)以暴力、威胁或者其他方法阻碍人民法院工作人员执行职务,或者以哄闹、冲击法庭等方法扰乱人民法院工作秩序的;

"(七)对人民法院审判人员或者其他工作人员、诉讼参与人、协助调查和执行的人员恐吓、侮辱、诽谤、诬陷、殴打、围攻或者打击报复的。

"人民法院对有前款规定的行为之一的单位,可以对其主要负责人或者直接责任人员依照前款规定予以罚款、拘留;构成犯罪的,依法追究刑事责任。

"罚款、拘留须经人民法院院长批准。当事人不服的,可以向上一级人民法院申请复议一次。复议期间不停止执行。"

四十一、将第五十条改为第六十条,修改为:"人民法院审理行政案件,不适用调解。但是,行政赔偿、补偿以及行政机关行使法律、法规规定的自由裁量权的案件可以调解。

"调解应当遵循自愿、合法原则,不得损害国家利益、社会公共利益和他人合法权益。"

四十二、增加一条,作为第六十一条:"在涉及行政许可、登记、征收、征用和行政机关对民事争议所作的裁决的行政诉讼中,当事人申请一并解决相关民事争议的,人民法院可以一并审理。

"在行政诉讼中,人民法院认为行政案件的审理需以民事诉讼的裁判为依据的,可以裁定中止行政诉讼。"

四十三、将第五十三条改为第六十三条第三款,修改为:"人民法院审理行政案件,参照规章。"

四十四、增加两条,作为第六十四条、第六十五条:

"第六十四条 人民法院在审理行政案件中,经审查认为本法第五十三条规定的规范性文件不合法的,不作为认定行政行为合法的依据,并向制定机关提出处理建议。

"第六十五条 人民法院应当公开发生法律效力的判决书、裁定书,供公众查阅,但涉及国家秘密、商业秘密和个人隐私的内容除外。"

四十五、将第五十四条改为四条,作为第六十九条、第七十条、第七十二条、第七十七条,修改为:

"第六十九条 行政行为证据确凿,适用法律、法规正确,符合法定程序的,或者原告申请被告履行法定职责或者给付义务理由不成立的,人民法院判决驳回原告的诉讼请求。

"第七十条 行政行为有下列情形之一的,人民法院判决撤销或者部分撤销,并可以判决被告重新作出行政行为:

"(一)主要证据不足的;

"(二)适用法律、法规错误的;

"(三)违反法定程序的;

"(四)超越职权的;

"(五)滥用职权的;

"(六)明显不当的。

"第七十二条 人民法院经过审理,查明被告不履行法定职责的,判决被告在一定期限内履行。

"第七十七条 行政处罚明显不当,或者其他行政行为涉及对款额的确定、认定确有错误的,人民法院可以判决变更。

"人民法院判决变更,不得加重原告的义务或者减损原告的权益。但利害关系人同为原告,且诉讼请求相反的除外。"

四十六、增加七条,作为第七十三条、第七十四条、第七十五条、第七十六条、第七十八条、第七十九条、第八十条:

"**第七十三条** 人民法院经过审理,查明被告依法负有给付义务的,判决被告履行给付义务。

"**第七十四条** 行政行为有下列情形之一的,人民法院判决确认违法,但不撤销行政行为:

"(一)行政行为依法应当撤销,但撤销会给国家利益、社会公共利益造成重大损害的;

"(二)行政行为程序轻微违法,但对原告权利不产生实际影响的。

"行政行为有下列情形之一,不需要撤销或者判决履行的,人民法院判决确认违法:

"(一)行政行为违法,但不具有可撤销内容的;

"(二)被告改变原违法行政行为,原告仍要求确认原行政行为违法的;

"(三)被告不履行或者拖延履行法定职责,判决履行没有意义的。

"**第七十五条** 行政行为有实施主体不具有行政主体资格或者没有依据等重大且明显违法情形,原告申请确认行政行为无效的,人民法院判决确认无效。

"**第七十六条** 人民法院判决确认违法或者无效的,可以同时判决责令被告采取补救措施;给原告造成损失的,依法判决被告承担赔偿责任。

"**第七十八条** 被告不依法履行、未按照约定履行或者违法变更、解除本法第十二条第一款第十一项规定的协议的,人民法院判决被告承担继续履行、采取补救措施或者赔偿损失等责任。

"被告变更、解除本法第十二条第一款第十一项规定的协议合法,但未依法给予补偿的,人民法院判决给予补偿。

"**第七十九条** 复议机关与作出原行政行为的行政机关为共同被告的案件,人民法院应当对复议决定和原行政行为一并作出裁判。

"**第八十条** 人民法院对公开审理和不公开审理的案件,一律公开宣告判决。

"当庭宣判的,应当在十日内发送判决书;定期宣判的,宣判后立即发给判决书。

"宣告判决时,必须告知当事人上诉权利、上诉期限和上诉的人民法院。"

四十七、将第五十六条改为第六十六条,修改为:"人民法院在审理行政案件中,认为行政机关的主管人员、直接责任人员违法违纪的,应当将有关材料移送监察机关、该行政机关或者其上一级行政机关;认为有犯罪行为的,应当将有关材料移送公安、检察机关。

"人民法院对被告经传票传唤无正当理由拒不到庭,或者未经法庭许可中途退庭的,可以将被告拒不到庭或者中途退庭的情况予以公告,并可以向监察机关或者被告的上一级行政机关提出依法给予其主要负责人或者直接责任人员处分的司法建议。"

四十八、将第五十七条改为第八十一条,修改为:"人民法院应当在立案之日起六个月内作出第一审判决。有特殊情况需要延长的,由高级人民法院批准,高级人民法院审理第一审案件需要延长的,由最高人民法院批准。"

四十九、增加三条,作为第八十二条、第八十三条、第八十四条:

"**第八十二条** 人民法院审理下列第一审行政案件,认为事实清楚、权利义务关系明确、争议不大的,可以适用简易程序:

"(一)被诉行政行为是依法当场作出的;
"(二)案件涉及款额二千元以下的;
"(三)属于政府信息公开案件的。
"除前款规定以外的第一审行政案件,当事人各方同意适用简易程序的,可以适用简易程序。
"发回重审、按照审判监督程序再审的案件不适用简易程序。
"第八十三条 适用简易程序审理的行政案件,由审判员一人独任审理,并应当在立案之日起四十五日内审结。
"第八十四条 人民法院在审理过程中,发现案件不宜适用简易程序的,裁定转为普通程序。"

五十、将第五十九条改为第八十六条,修改为:"人民法院对上诉案件,应当组成合议庭,开庭审理。经过阅卷、调查和询问当事人,对没有提出新的事实、证据或者理由,合议庭认为不需要开庭审理的,也可以不开庭审理。"

五十一、增加一条,作为第八十七条:"人民法院审理上诉案件,应当对原审人民法院的判决、裁定和被诉行政行为进行全面审查。"

五十二、将第六十条改为第八十八条,修改为:"人民法院审理上诉案件,应当在收到上诉状之日起三个月内作出终审判决。有特殊情况需要延长的,由高级人民法院批准,高级人民法院审理上诉案件需要延长的,由最高人民法院批准。"

五十三、将第六十一条改为第八十九条,修改为:"人民法院审理上诉案件,按照下列情形,分别处理:
"(一)原判决、裁定认定事实清楚,适用法律、法规正确的,判决或者裁定驳回上诉,维持原判决、裁定;
"(二)原判决、裁定认定事实错误或者适用法律、法规错误的,依法改判、撤销或者变更;
"(三)原判决认定基本事实不清、证据不足的,发回原审人民法院重审,或者查清事实后改判;
"(四)原判决遗漏当事人或者违法缺席判决等严重违反法定程序的,裁定撤销原判决,发回原审人民法院重审。
"原审人民法院对发回重审的案件作出判决后,当事人提起上诉的,第二审人民法院不得再次发回重审。
"人民法院审理上诉案件,需要改变原审判决的,应当同时对被诉行政行为作出判决。"

五十四、将第六十二条改为第九十条,修改为:"当事人对已经发生法律效力的判决、裁定,认为确有错误的,可以向上一级人民法院申请再审,但判决、裁定不停止执行。"

五十五、增加一条,作为第九十一条:"当事人的申请符合下列情形之一的,人民法院应当再审:
"(一)不予立案或者驳回起诉确有错误的;
"(二)有新的证据,足以推翻原判决、裁定的;
"(三)原判决、裁定认定事实的主要证据不足、未经质证或者系伪造的;
"(四)原判决、裁定适用法律、法规确有错误的;

"(五)违反法律规定的诉讼程序,可能影响公正审判的;

"(六)原判决、裁定遗漏诉讼请求的;

"(七)据以作出原判决、裁定的法律文书被撤销或者变更的;

"(八)审判人员在审理该案件时有贪污受贿、徇私舞弊、枉法裁判行为的。"

五十六、将第六十三条改为第九十二条,修改为:"各级人民法院院长对本院已经发生法律效力的判决、裁定,发现有本法第九十一条规定情形之一,或者发现调解违反自愿原则或者调解书内容违法,认为需要再审的,应当提交审判委员会讨论决定。

"最高人民法院对地方各级人民法院已经发生法律效力的判决、裁定,上级人民法院对下级人民法院已经发生法律效力的判决、裁定,发现有本法第九十一条规定情形之一,或者发现调解违反自愿原则或者调解书内容违法的,有权提审或者指令下级人民法院再审。"

五十七、将第六十四条改为第九十三条,修改为:"最高人民检察院对各级人民法院已经发生法律效力的判决、裁定,上级人民检察院对下级人民法院已经发生法律效力的判决、裁定,发现有本法第九十一条规定情形之一,或者发现调解书损害国家利益、社会公共利益的,应当提出抗诉。

"地方各级人民检察院对同级人民法院已经发生法律效力的判决、裁定,发现有本法第九十一条规定情形之一,或者发现调解书损害国家利益、社会公共利益的,可以向同级人民法院提出检察建议,并报上级人民检察院备案;也可以提请上级人民检察院向同级人民法院提出抗诉。

"各级人民检察院对审判监督程序以外的其他审判程序中审判人员的违法行为,有权向同级人民法院提出检察建议。"

五十八、将第六十五条改为三条,作为第九十四条、第九十五条、第九十六条,修改为:

"第九十四条 当事人必须履行人民法院发生法律效力的判决、裁定、调解书。

"第九十五条 公民、法人或者其他组织拒绝履行判决、裁定、调解书的,行政机关或者第三人可以向第一审人民法院申请强制执行,或者由行政机关依法强制执行。

"第九十六条 行政机关拒绝履行判决、裁定、调解书的,第一审人民法院可以采取下列措施:

"(一)对应当归还的罚款或者应当给付的款额,通知银行从该行政机关的账户内划拨;

"(二)在规定期限内不履行的,从期满之日起,对该行政机关负责人按日处五十元至一百元的罚款;

"(三)将行政机关拒绝履行的情况予以公告;

"(四)向监察机关或者该行政机关的上一级行政机关提出司法建议。接受司法建议的机关,根据有关规定进行处理,并将处理情况告知人民法院;

"(五)拒不履行判决、裁定、调解书,社会影响恶劣的,可以对该行政机关直接负责的主管人员和其他直接责任人员予以拘留;情节严重,构成犯罪的,依法追究刑事责任。"

五十九、增加一条,作为第一百零一条:"人民法院审理行政案件,关于期间、送达、财产保全、开庭审理、调解、中止诉讼、终结诉讼、简易程序、执行等,以及人民检察院对行政案件受理、审理、裁判、执行的监督,本法没有规定的,适用《中华人民共和国民事诉讼法》的相关规定。"

六十、将本法相关条文中的"具体行政行为"修改为"行政行为"。

六十一、将第四十六条改为第六十八条,第五十五条改为第七十一条。删去第三十五条、第九章的章名、第六十七条、第六十八条、第六十九条、第七十二条。

本决定自2015年5月1日起施行。

《中华人民共和国行政诉讼法》根据本决定作相应修改,重新公布。

国务院关于发布政府核准的投资项目目录（2014年本）的通知

国发〔2014〕53号

各省、自治区、直辖市人民政府,国务院各部委、各直属机构：

为进一步深化投资体制改革和行政审批制度改革,加大简政放权力度,切实转变政府投资管理职能,使市场在资源配置中起决定性作用,确立企业投资主体地位,更好发挥政府作用,加强和改进宏观调控,现发布《政府核准的投资项目目录(2014年本)》,并就有关事项通知如下：

一、企业投资建设本目录内的固定资产投资项目,须按照规定报送有关项目核准机关核准。企业投资建设本目录外的项目,实行备案管理。事业单位、社会团体等投资建设的项目,按照本目录执行。

原油、天然气开发项目由具有开采权的企业自行决定,并报国务院行业管理部门备案。具有开采权的相关企业应依据相关法律法规,坚持统筹规划,合理开发利用资源,避免资源无序开采。

二、法律、行政法规和国家制定的发展规划、产业政策、总量控制目标、技术政策、准入标准、用地政策、环保政策、信贷政策等是企业开展项目前期工作的重要依据,是项目核准机关和国土资源、环境保护、城乡规划、行业管理等部门以及金融机构对项目进行审查的依据。环境保护部门应根据项目对环境的影响程度实行分级分类管理,对环境影响大、环境风险高的项目严格环评审批,并强化事中事后监管。

三、对于钢铁、电解铝、水泥、平板玻璃、船舶等产能严重过剩行业的项目,要严格执行《国务院关于化解产能严重过剩矛盾的指导意见》(国发〔2013〕41号),各地方、各部门不得以其他任何名义、任何方式备案新增产能项目,各相关部门和机构不得办理土地(海域)供应、能评、环评审批和新增授信支持等相关业务,并合力推进化解产能严重过剩矛盾各项工作。

四、项目核准机关要改进完善管理办法,切实提高行政效能,认真履行核准职责,严格按照规定权限、程序和时限等要求进行审查。监管重心要与核准、备案权限同步下移,地方政府要切实履行监管职责。有关部门要密切配合,按照职责分工,相应改进管理办法,依法加强对投资活动的监管。对不符合法律法规规定以及未按规定权限和程序核准或者备案的项目,有关部门不得办理相关手续,金融机构不得提供信贷支持。

五、按照规定由国务院核准的项目,由发展改革委审核后报国务院核准。按照规定报国务院备案的项目,由发展改革委核准后报国务院备案。核报国务院核准的项目、国务院投资主管部门核准的项目,事前须征求国务院行业管理部门的意见。由地方政府核准的项目,省级政府可以根据本地实际情况具体划分地方各级政府的核准权限。由省级政府核准的项目,核准权限不得下放。

六、法律、行政法规和国家有专门规定的,按照有关规定执行。商务主管部门按国家有关规定对外商投资企业的设立和变更、国内企业在境外投资开办企业(金融企业除外)进行审核或备案管理。

七、本目录自发布之日起执行,《政府核准的投资项目目录(2013年本)》即行废止。

国务院

2014年10月31日

政府核准的投资项目目录(2014年本)

一、农业水利

农业:涉及开荒的项目由省级政府核准。

水库:在跨界河流、跨省(区、市)河流上建设的项目由国务院投资主管部门核准,其中库容10亿立方米及以上或者涉及移民1万人及以上的项目由国务院核准。其余项目由地方政府核准。

其他水事工程:涉及跨界河流、跨省(区、市)水资源配置调整的项目由国务院投资主管部门核准,其余项目由地方政府核准。

二、能源

水电站:在跨界河流、跨省(区、市)河流上建设的单站总装机容量50万千瓦及以上项目由国务院投资主管部门核准,其中单站总装机容量300万千瓦及以上或者涉及移民1万人及以上的项目由国务院核准。其余项目由地方政府核准。

抽水蓄能电站:由省级政府核准。

火电站:由省级政府核准,其中燃煤火电项目应在国家依据总量控制制定的建设规划内核准。

热电站:由地方政府核准,其中抽凝式燃煤热电项目由省级政府在国家依据总量控制制定的建设规划内核准。

风电站:由地方政府在国家依据总量控制制定的建设规划及年度开发指导规模内核准。

核电站:由国务院核准。

电网工程:跨境、跨省(区、市)±500千伏及以上直流项目,跨境、跨省(区、市)500千伏、750千伏、1 000千伏交流项目,由国务院投资主管部门核准,其中±800千伏及以上直流项目和1 000千伏交流项目报国务院备案;其余项目由地方政府核准,其中±800千伏及以上直流项目和 1 000 千伏交流项目应按照国家制定的规划核准。

煤矿:国家规划矿区内新增年生产能力 120 万吨及以上煤炭开发项目由国务院行业管理部门核准,其中新增年生产能力 500 万吨及以上的项目报国务院备案,国家规划矿区内的其余煤炭开发项目由省级政府核准;其余一般煤炭开发项目由地方政府核准。国家规定禁止新建的煤与瓦斯突出、高瓦斯和中小型煤炭开发项目,不得核准。

煤制燃料:年产超过 20 亿立方米的煤制天然气项目,年产超过 100 万吨的煤制油项目由国务院投资主管部门核准。

液化石油气接收、存储设施(不含油气田、炼油厂的配套项目):由省级政府核准。

进口液化天然气接收、储运设施:新建(含异地扩建)项目由国务院行业管理部门核准,其中新建接收储运能力 300 万吨及以上的项目报国务院备案。其余项目由省级政府核准。

输油管网(不含油田集输管网):跨境、跨省(区、市)干线管网项目由国务院投资主管部门核准,其中跨境项目报国务院备案。其余项目由省级政府核准。

输气管网(不含油气田集输管网):跨境、跨省(区、市)干线管网项目由国务院投资主管部门核准,其中跨境项目报国务院备案。其余项目由省级政府核准。

炼油:新建炼油及扩建一次炼油项目由国务院投资主管部门核准,其中列入国务院批准的国家能源发展规划、石化产业规划布局方案的扩建项目由省级政府核准。

变性燃料乙醇:由省级政府核准。

三、交通运输

新建(含增建)铁路:跨省(区、市)项目和国家铁路网中的干线项目由国务院投资主管部门核准,国家铁路网中的其余项目由中国铁路总公司自行决定并报国务院投资主管部门备案;其余地方铁路项目由省级政府按照国家批准的规划核准。

公路:国家高速公路网项目由国务院投资主管部门核准,普通国道网项目由省级政府核准;地方高速公路项目由省级政府按照规划核准,其余项目由地方政府核准。

独立公(铁)路桥梁、隧道:跨境、跨 10 万吨级及以上航道海域、跨大江大河(现状或规划为一级及以上通航段)的项目由国务院投资主管部门核准,其中跨境项目报国务院备案;国家铁路网中的其余项目由中国铁路总公司自行决定并报国务院投资主管部门备案;其余项目由地方政府核准。

煤炭、矿石、油气专用泊位:在沿海(含长江南京及以下)新建年吞吐能力 1 000 万吨及以上项目由国务院投资主管部门核准,其余项目由省级政府核准。

集装箱专用码头:在沿海(含长江南京及以下)建设的年吞吐能力 100 万标准箱及以上项目由国务院投资主管部门核准,其余项目由省级政府核准。

内河航运:跨省(区、市)高等级航道的千吨级及以上航电枢纽项目由国务院投资主管部门核准,其余项目由地方政府核准。

民航:新建运输机场项目由国务院核准,新建通用机场项目、扩建军民合用机场项目由省级政府核准。

四、信息产业

电信:国际通信基础设施项目由国务院投资主管部门核准;国内干线传输网(含广播电视网)以及其他涉及信息安全的电信基础设施项目,由国务院行业管理部门核准。

五、原材料

稀土、铁矿、有色矿山开发：稀土矿山开发项目，由国务院行业管理部门核准；其余项目由省级政府核准。

石化：新建乙烯项目由省级政府按照国务院批准的石化产业规划布局方案核准。

化工：年产超过50万吨的煤经甲醇制烯烃项目、年产超过100万吨的煤制甲醇项目，由国务院投资主管部门核准；新建对二甲苯(PX)项目、新建二苯基甲烷二异氰酸酯(MDI)项目由省级政府按照国务院批准的石化产业规划布局方案核准。

稀土：冶炼分离项目由国务院行业管理部门核准，稀土深加工项目由省级政府核准。

黄金：采选矿项目由省级政府核准。

六、机械制造

汽车：按照国务院批准的《汽车产业发展政策》执行。

七、轻工

烟草：卷烟、烟用二醋酸纤维素及丝束项目由国务院行业管理部门核准。

八、高新技术

民用航空航天：干线支线飞机、6吨/9座及以上通用飞机和3吨及以上直升机制造、民用卫星制造、民用遥感卫星地面站建设项目，由国务院投资主管部门核准；6吨/9座以下通用飞机和3吨以下直升机制造项目由省级政府核准。

九、城建

城市快速轨道交通项目：由省级政府按照国家批准的规划核准。

城市道路桥梁、隧道：跨10万吨级及以上航道海域、跨大江大河（现状或规划为一级及以上通航段）的项目由国务院投资主管部门核准。

其他城建项目：由地方政府自行确定实行核准或者备案。

十、社会事业

主题公园：特大型项目由国务院核准，大型项目由国务院投资主管部门核准，中小型项目由省级政府核准。

旅游：国家级风景名胜区、国家自然保护区、全国重点文物保护单位区域内总投资5 000万元及以上旅游开发和资源保护项目，世界自然和文化遗产保护区内总投资3 000万元及以上项目，由省级政府核准。

其他社会事业项目：除国务院已明确改为备案管理的项目外，按照隶属关系由国务院行业管理部门、地方政府自行确定实行核准或者备案。

十一、外商投资

《外商投资产业指导目录》中有中方控股（含相对控股）要求的总投资（含增资）10亿美元及以上鼓励类项目，总投资（含增资）1亿美元及以上限制类（不含房地产）项目，由国务院投资主管部门核准，其中总投资（含增资）20亿美元及以上项目报国务院备案。《外商投资产业指导目录》限制类中的房地产项目和总投资（含增资）小于1亿美元的其他限制类项目，由省级政府核准。《外商投资产业指导目录》中有中方控股（含相对控股）要求的总投资（含增资）小于10亿美元的鼓励类项目，由地方政府核准。

前款规定之外的属于本目录第一至十条所列项目，按照本目录第一至十条的规定核准。

十二、境外投资

涉及敏感国家和地区、敏感行业的项目,由国务院投资主管部门核准。

前款规定之外的中央管理企业投资项目和地方企业投资3亿美元及以上项目报国务院投资主管部门备案。

国务院办公厅关于促进国家级经济技术开发区转型升级创新发展的若干意见

国办发〔2014〕54号

各省、自治区、直辖市人民政府,国务院各部委、各直属机构:

为适应新的形势和任务,进一步发挥国家级经济技术开发区(以下简称国家级经开区)作为改革试验田和开放排头兵的作用,促进国家级经开区转型升级、创新发展,经国务院同意,现提出如下意见。

一、明确新形势下的发展定位

(一)明确发展定位。以邓小平理论、"三个代表"重要思想、科学发展观为指导,贯彻落实党的十八大和十八届三中、四中全会精神,按照党中央、国务院有关决策部署,努力把国家级经开区建设成为带动地区经济发展和实施区域发展战略的重要载体,成为构建开放型经济新体制和培育吸引外资新优势的排头兵,成为科技创新驱动和绿色集约发展的示范区。

(二)转变发展方式。国家级经开区要在发展理念、兴办模式、管理方式等方面加快转型,努力实现由追求速度向追求质量转变,由政府主导向市场主导转变,由同质化竞争向差异化发展转变,由硬环境见长向软环境取胜转变。

(三)实施分类指导。东部地区国家级经开区要率先实现转型发展,继续提升开放水平,在更高层次参与国际经济合作和竞争,提高在全球价值链及国际分工中的地位。中西部地区国家级经开区要依托本地区比较优势,着力打造特色和优势主导产业,提高承接产业转移的能力,防止低水平重复建设,促进现代化产业集群健康发展。

(四)探索动态管理。各地区、各有关部门要加强指导和规范管理,进一步强化约束和倒逼机制,细化监督评估工作。支持经济综合实力强、产业特色明显、发展质量高等符合条件的省级开发区按程序升级为国家级经开区。对土地等资源利用效率低、环保不达标、发展长期滞后的国家级经开区,予以警告、通报、限期整改、退出等处罚,逐步做到既有升级也有退出的动态管理。

(五)完善考核体系。进一步完善《国家级经济技术开发区综合发展水平评价办法》,把创新能力、品牌建设、规划实施、生态环境、知识产权保护、投资环境、行政效能、新增债务、安全生产等作为考核的主要内容,引导国家级经开区走质量效益型发展之路。对申请升级的省级开发区实施与国家级经开区同样的综合评价标准。

二、推进体制机制创新

(六)坚持体制机制创新。各省、自治区、直辖市应根据新形势要求,因地制宜出台或修订本地区国家级经开区的地方性法规、规章,探索有条件的国家级经开区与行政区融合发展的体制机制,推动国家级经开区依法规范发展。鼓励国家级经开区创新行政管理体制,简政放权,科学设置职能机构。国家级经开区管理机构要提高行政效率和透明度,完善决策、执行和监督机制,加强事中事后监管,强化安全生产监管,健全财政管理制度,严控债务风险。

(七)推进行政管理体制改革。进一步下放审批权限,支持国家级经开区开展外商投资等管理体制改革试点,大力推进工商登记制度改革。鼓励国家级经开区试行工商营业执照、组织机构代码证、税务登记证"三证合一"等模式。鼓励在符合条件的国家级经开区开展人民币资本项目可兑换、人民币跨境使用、外汇管理改革等方面试点。

三、促进开放型经济发展

(八)提高投资质量和水平。稳步推进部分服务业领域开放,提升产业国际化水平。推动国家级经开区"走出去"参与境外经贸合作区建设,引导有条件的区内企业"走出去"。国家级经开区要充分利用外资的技术溢出和综合带动效应,积极吸引先进制造业投资,努力培育战略性新兴产业,大力发展生产性服务业。

(九)带动区域协调发展。鼓励国家级经开区按照国家区域和产业发展战略共建跨区域合作园区或合作联盟。建立国家级经开区产业发展信息平台,引导企业向中西部地区有序转移。研究支持中西部地区国家级经开区承接产业转移的金融、土地、人才政策,继续对中西部地区国家级经开区基础设施建设项目贷款予以贴息。支持符合条件的国家级经开区按程序申报设立海关特殊监管区域。

四、推动产业转型升级

(十)优化产业结构和布局。国家级经开区要按照新型工业化的要求,以提质增效升级为核心,协调发展先进制造业和现代服务业。大力推进科技研发、物流、服务外包、金融保险等服务业发展,增强产业集聚效应。在培育战略性新兴产业的同时,要因地制宜确定重点领域,避免同质竞争。

(十一)增强科技创新驱动能力。国家级经开区要坚持经济与技术并重,把保护知识产权和提高创新能力摆在更加突出的位置。鼓励条件成熟的国家级经开区建设各种形式的协同创新平台,形成产业创新集群。支持国家级经开区创建知识产权试点示范园区,推动建立严格有效的知识产权运用和保护机制。探索建立国际合作创新园,不断深化经贸领域科技创新国际合作。

（十二）加快人才体系建设。加快发展现代职业教育，提升发展保障水平，深化产教融合、校企合作，鼓励中外合作培养技术技能型人才。支持国家级经开区通过设立创业投资引导基金、创业投资贴息资金、知识产权作价入股等方式，搭建科技人才与产业对接平台。鼓励国家级经开区加大高端人才引进力度，形成有利于人才创新创业的分配、激励和保障机制。

（十三）创新投融资体制。继续鼓励政策性银行和开发性金融机构对符合条件的国家级经开区基础设施项目、公用事业项目及产业转型升级发展等方面给予信贷支持。允许符合条件的国家级经开区开发、运营企业依照国家有关规定上市和发行中期票据、短期融资券等债券产品筹集资金。支持国家级经开区同投资机构、保险公司、担保机构及商业银行合作，探索建立投保贷序时融资安排模式。鼓励有条件的国家级经开区探索同社会资本共办"区中园"。

（十四）提高信息化水平。支持国家级经开区发展软件和信息服务、物联网、云计算等产业，吸引和培育信息技术重点领域领军企业，利用信息科技手段拓展传统产业链、提升产业增值水平。积极推进国家级经开区统计信息系统应用拓展和功能提升。国家级经开区要保证信息基础设施和其他基础设施同步规划、同步建设。

五、坚持绿色集约发展

（十五）鼓励绿色低碳循环发展。支持国家级经开区创建生态工业示范园区、循环化改造示范试点园区等绿色园区，开展经贸领域节能环保国际合作，制订和完善工作指南和指标体系，加快推进国际合作生态园建设。国家级经开区要严格资源节约和环境准入门槛，大力发展节能环保产业，提高能源资源利用效率，减少污染物排放，防控环境风险。

（十六）坚持规划引领。制订国家级经开区中长期发展规划、重点产业投资促进规划。严格依据土地利用总体规划和城市总体规划开发建设，坚持科学、高效、有序开发，严禁擅自调整规划。国家级经开区内控制性详细规划应经依法批准并实现全覆盖，重点地区可开展城市设计并纳入控制性详细规划。应依法开展规划的环境影响评价。

（十七）强化土地节约集约利用。国家级经开区必须严格土地管理，严控增量，盘活存量，坚持合理、节约、集约、高效开发利用土地。加强土地开发利用动态监管，加大对闲置、低效用地的处置力度，探索存量建设用地二次开发机制。省级人民政府要建立健全土地集约利用评价、考核与奖惩制度，可在本级建设用地指标中对国家级经开区予以单列。允许符合条件且确有必要的国家级经开区按程序申报扩区或调整区位。

六、优化营商环境

（十八）规范招商引资。国家级经开区要节俭务实开展招商引资活动，提倡以产业规划为指导的专业化招商、产业链招商。加强出国（境）招商引资团组管理，加大对违规招商的巡查和处罚力度。严格执行国家财税政策和土地政策，禁止侵占被拆迁居民和被征地农民的合法利益。不得违法下放农用地转用、土地征收和供地审批权，不得以任何形式违规减免或返还土地出让金。

(十九)完善综合投资环境。国家级经开区要健全政企沟通机制,以投资者满意度为中心,完善基础设施建设,着力打造法治化、国际化的营商环境。鼓励国家级经开区依法依规开办各种要素市场,促进商品和要素自由流动、平等交换。国务院商务主管部门要发布国家级经开区投资环境建设指南,建立国家级经开区投资环境评价体系。

各地区、各有关部门要进一步深化对促进国家级经开区转型升级、创新发展工作重要意义的认识,切实加强组织领导和协调配合,明确任务分工,落实工作责任,尽快制定具体实施方案和配套政策措施,确保工作取得实效。

国务院办公厅
2014 年 10 月 30 日

国务院关于依托黄金水道推动长江经济带发展的指导意见

国发〔2014〕39 号

各省、自治区、直辖市人民政府,国务院各部委、各直属机构:

长江是货运量位居全球内河第一的黄金水道,长江通道是我国国土空间开发最重要的东西轴线,在区域发展总体格局中具有重要战略地位。依托黄金水道推动长江经济带发展,打造中国经济新支撑带,是党中央、国务院审时度势,谋划中国经济新棋局作出的既利当前又惠长远的重大战略决策。为进一步开发长江黄金水道,加快推动长江经济带发展,现提出以下意见。

一、重大意义和总体要求

长江经济带覆盖上海、江苏、浙江、安徽、江西、湖北、湖南、重庆、四川、云南、贵州等 11 省市,面积约 205 万平方公里,人口和生产总值均超过全国的 40%。长江经济带横跨我国东中西三大区域,具有独特优势和巨大发展潜力。改革开放以来,长江经济带已发展成为我国综合实力最强、战略支撑作用最大的区域之一。在国际环境发生深刻变化、国内发展面临诸多矛盾的背景下,依托黄金水道推动长江经济带发展,有利于挖掘中上游广阔腹地蕴含的巨大内需潜力,促进经济增长空间从沿海向沿江内陆拓展;有利于优化沿江产业结构和城镇化布局,推动我国经济提质增效升级;有利于形成上中下游优势互补、协作互动格局,缩小东中西部地区发展差距;有利于建设陆海双向对外开放新走廊,培育国际经济合作竞争新优势;有利于保护长江生态环境,引领全国生态文明建设,对于全面建成小康社会,实现中华民族伟大复兴的中国梦具有重要现实意义和深远战略意义。

（一）指导思想。以邓小平理论、"三个代表"重要思想、科学发展观为指导，深入贯彻党的十八大和十八届二中、三中全会精神，认真落实党中央和国务院的决策部署，充分发挥市场配置资源的决定性作用，更好发挥政府规划和政策的引导作用，以改革激发活力、以创新增强动力、以开放提升竞争力，依托长江黄金水道，高起点高水平建设综合交通运输体系，推动上中下游地区协调发展、沿海沿江沿边全面开放，构建横贯东西、辐射南北、通江达海、经济高效、生态良好的长江经济带。

（二）基本原则。

改革引领、创新驱动。坚持制度创新、科技创新，推动重点领域改革先行先试。健全技术创新市场导向机制，增强市场主体创新能力，促进创新资源综合集成，建设统一开放、竞争有序的现代市场体系。

通道支撑、融合发展。以沿江综合运输大通道为支撑，促进上中下游要素合理流动、产业分工协作。着力推进信息化和工业化深度融合，积极引导沿江城镇布局与产业发展有机融合，持续增强区域现代农业、特色农业优势。

海陆统筹、双向开放。深化向东开放，加快向西开放，统筹沿海内陆开放，扩大沿边开放。更好推动"引进来"和"走出去"相结合，更好利用国际国内两个市场、两种资源，构建开放型经济新体制，形成全方位开放新格局。

江湖和谐、生态文明。建立健全最严格的生态环境保护和水资源管理制度，加强长江全流域生态环境监管和综合治理，尊重自然规律及河流演变规律，协调好江河湖泊、上中下游、干流支流关系，保护和改善流域生态服务功能，推动流域绿色循环低碳发展。

（三）战略定位。

具有全球影响力的内河经济带。发挥长江黄金水道的独特作用，构建现代化综合交通运输体系，推动沿江产业结构优化升级，打造世界级产业集群，培育具有国际竞争力的城市群，使长江经济带成为充分体现国家综合经济实力、积极参与国际竞争与合作的内河经济带。

东中西互动合作的协调发展带。立足长江上中下游地区的比较优势，统筹人口分布、经济布局与资源环境承载能力，发挥长江三角洲地区的辐射引领作用，促进中上游地区有序承接产业转移，提高要素配置效率，激发内生发展活力，使长江经济带成为推动我国区域协调发展的示范带。

沿海沿江沿边全面推进的对内对外开放带。用好海陆双向开放的区位资源，创新开放模式，促进优势互补，培育内陆开放高地，加快同周边国家和地区基础设施互联互通，加强与丝绸之路经济带、海上丝绸之路的衔接互动，使长江经济带成为横贯东中西、连接南北方的开放合作走廊。

生态文明建设的先行示范带。统筹江河湖泊丰富多样的生态要素，推进长江经济带生态文明建设，构建以长江干支流为经脉、以山水林田湖为有机整体，江湖关系和谐、流域水质优良、生态流量充足、水土保持有效、生物种类多样的生态安全格局，使长江经济带成为水清地绿天蓝的生态廊道。

二、提升长江黄金水道功能

充分发挥长江运能大、成本低、能耗少等优势,加快推进长江干线航道系统治理,整治浚深下游航道,有效缓解中上游瓶颈,改善支流通航条件,优化港口功能布局,加强集疏运体系建设,发展江海联运和干支直达运输,打造畅通、高效、平安、绿色的黄金水道。

(四)增强干线航运能力。加快实施重大航道整治工程,下游重点实施 12.5 米深水航道延伸至南京工程;中游重点实施荆江河段航道整治工程,加强航道工程模型试验研究;上游重点研究实施重庆至宜宾段航道整治工程。加快推进内河船型标准化,研究推广三峡船型和江海直达船型,鼓励发展节能环保船舶。

(五)改善支流通航条件。积极推进航道整治和梯级渠化,提高支流航道等级,形成与长江干线有机衔接的支线网络。加快信江、赣江、江汉运河、汉江、沅水、湘江、乌江、岷江等高等级航道建设,研究论证合裕线、嘉陵江高等级航道建设和金沙江攀枝花至水富段航运资源开发。抓紧实施京杭运河航道建设和船闸扩能工程,系统建设长江三角洲地区高等级航道网络,统筹推进其他支流航道建设。

(六)优化港口功能布局。促进港口合理布局,加强分工合作,推进专业化、规模化和现代化建设,大力发展现代航运服务业。加快上海国际航运中心、武汉长江中游航运中心、重庆长江上游航运中心和南京区域性航运物流中心建设。提升上海港、宁波—舟山港、江苏沿江港口功能,加快芜湖、马鞍山、安庆、九江、黄石、荆州、宜昌、岳阳、泸州、宜宾等港口建设,完善集装箱、大宗散货、汽车滚装及江海中转运输系统。

(七)加强集疏运体系建设。以航运中心和主要港口为重点,加快铁路、高等级公路与重要港区的连接线建设,强化集疏运服务功能,提升货物中转能力和效率,有效解决"最后一公里"问题。推进港口与沿江开发区、物流园区的通道建设,拓展港口运输服务的辐射范围。

(八)扩大三峡枢纽通过能力。挖掘三峡及葛洲坝既有船闸潜力,完善公路翻坝转运系统,推进铁路联运系统建设,建设三峡枢纽货运分流的油气管道,积极实施货源地分流。加快三峡枢纽水运新通道和葛洲坝枢纽水运配套工程前期研究工作。

(九)健全智能服务和安全保障系统。完善长江航运等智能化信息系统,推进多种运输方式综合服务信息平台建设,实现运输信息系统互联互通。加强多部门信息共享,建设长江干线全方位覆盖、全天候运行、具备快速反应能力的水上安全监管和应急救助体系。

(十)合理布局过江通道。统筹规划建设过江通道,加强隧道桥梁方案比选论证工作,充分利用江上和水下空间,推进铁路、公路、城市交通合并过江;优化整合渡口渡线,加强渡运安全管理,促进过江通道与长江航运、防洪安全和生态环境的协调发展。

三、建设综合立体交通走廊

依托长江黄金水道,统筹铁路、公路、航空、管道建设,加强各种运输方式的衔接和综合交通枢纽建设,加快多式联运发展,建成安全便捷、绿色低碳的综合立体交通走廊,增强对长江经济带发展的战略支撑力。

（十一）形成快速大能力铁路通道。建设上海经南京、合肥、武汉、重庆至成都的沿江高速铁路和上海经杭州、南昌、长沙、贵阳至昆明的沪昆高速铁路，连通南北高速铁路和快速铁路，形成覆盖50万人口以上城市的快速铁路网。改扩建沿江大能力普通铁路，规划建设衢州至丽江铁路，提升沪昆铁路既有运能，形成覆盖20万人口以上城市客货共线的普通铁路网。

（十二）建设高等级广覆盖公路网。以上海至成都、上海至重庆、上海至昆明、杭州至瑞丽等国家高速公路为重点，建成连通重点区域、中心城市、主要港口和重要边境口岸的高速公路网络。提高国省干线公路技术等级和安全服务水平，普通国道二级及以上公路比重达到80%以上。加快县乡连通路、资源开发路、旅游景区路、山区扶贫路建设，实现具备条件的乡镇、建制村通沥青（水泥）路。

（十三）推进航空网络建设。加快上海国际航空枢纽建设，强化重庆、成都、昆明、贵阳、长沙、武汉、南京、杭州等机场的区域枢纽功能，发挥南昌、合肥、宁波、无锡等干线机场作用，推进支线机场建设，形成长江上、中、下游机场群。完善航线网络，提高主要城市间航班密度，增加国际运输航线。深化空域管理改革，大力发展通用航空。依托空港资源，发展临空经济。

（十四）完善油气管道布局。统筹油气运输通道和储备系统建设，合理布局沿江管网设施。加强长江三角洲向内陆地区、沿江地区向腹地辐射的原油和成品油输送管道建设，完善区域性油气管网，加快互联互通，形成以沿江干线管道为主轴，连接沿江城市群的油气供应保障体系。

（十五）建设综合交通枢纽。按照"零距离换乘、无缝化衔接"要求，加强水运、铁路、公路、航空和管道的有机衔接，建设和完善能力匹配的集疏运系统。加快建设上海、南京、连云港、徐州、合肥、杭州、宁波、武汉、长沙、南昌、重庆、成都、昆明、贵阳等14个全国性综合交通枢纽，有序发展区域性综合交通枢纽，提高综合交通运输体系的运行效率，增强对产业布局的引导和城镇发展的支撑作用。

（十六）加快发展多式联运。抓紧制定标准规范，培育多式联运经营人，鼓励发展铁水、公水、空铁等多式联运，提高集装箱和大宗散货铁水联运比重。加快智能物流网络建设，增强沿江物流园区综合服务功能，培育壮大现代物流企业，形成若干区域性物流中心，提高物流效率，降低物流成本。

四、创新驱动促进产业转型升级

顺应全球新一轮科技革命和产业变革趋势，推动沿江产业由要素驱动向创新驱动转变，大力发展战略性新兴产业，加快改造提升传统产业，大幅提高服务业比重，引导产业合理布局和有序转移，培育形成具有国际水平的产业集群，增强长江经济带产业竞争力。

（十七）增强自主创新能力。强化企业的技术创新主体地位，引导创新资源向企业集聚，培育若干领军企业。设立新兴产业创业投资基金，激发中小企业创新活力。深化产学研合作，鼓励发展产业技术创新战略联盟。在统筹考虑现状和优化整合科技资源的前提下，布局一批国家工程中心（实验室）和企业技术中心。运用市场化机制探索建立新型科研机构，推动设立知识产权法院。深化科技成果使用、处置和收益权改革。发挥上海张江、武汉东湖自主创新示范区和合芜蚌（合肥、芜湖、蚌埠）自主创新综合试验区的引领示范作用，推进长株潭自主创新示范区建设，推进攀西战略资源创新开发。研究制定长江经济带创新驱动产业转型升级方案。

（十八）推进信息化与产业融合发展。支持沿江地区加快新一代信息基础设施建设,完善上海、南京、武汉、重庆、成都等骨干节点,进一步加强网间互联互通,增加中上游地区光缆路由密度。大力推进有线和无线宽带接入网建设,扩大4G(第四代移动通信)网络覆盖范围。推进沿江下一代互联网示范城市建设,优化布局数据中心,继续完善上海、云南面向国际的陆海缆建设。充分利用互联网、物联网、大数据、云计算、人工智能等新一代信息技术改造提升传统产业,培育形成新兴产业,推动生产组织、企业管理、商业运营模式创新。推动沿江国家电子商务示范城市建设,加快农业、制造业和服务业的电子商务应用。

（十九）培育世界级产业集群。以沿江国家级、省级开发区为载体,以大型企业为骨干,打造电子信息、高端装备、汽车、家电、纺织服装等世界级制造业集群,建设具有国际先进水平的长江口造船基地和长江中游轨道交通装备、工程机械制造基地,突破核心关键技术,培育知名自主品牌。在沿江布局一批战略性新兴产业集聚区、国家高技术产业基地和国家新型工业化产业示范基地。推动石化、钢铁、有色金属等产业转型升级,促进沿江炼化一体化和园区化发展,提升油品质量,加快钢铁、有色金属产品结构调整,淘汰落后产能。

（二十）加快发展现代服务业。改革服务业发展体制,创新发展模式和业态,扩大服务业对内对外开放,放宽外资准入限制。围绕服务实体经济,优先发展金融保险、节能环保、现代物流、航运服务等生产性服务业;围绕满足居民需求,加快发展旅游休闲、健康养老、家庭服务、文化教育等生活性服务业。依托国家高技术服务业基地,发展信息技术、电子商务、研发设计、知识产权、检验检测、认证认可等服务产业。积极推动区域中心城市逐步形成以服务业为主的产业结构。充分发挥长江沿线各地独具特色的历史文化、自然山水和民俗风情等优势,打造旅游城市、精品线路、旅游景区、旅游度假休闲区和生态旅游目的地,大力发展特色旅游业,把长江沿线培育成为国际黄金旅游带。

（二十一）打造沿江绿色能源产业带。积极开发利用水电,在做好环境保护和移民安置的前提下,以金沙江、雅砻江、大渡河、澜沧江等为重点,加快水电基地和送出通道建设,扩大向下游地区送电规模。加快内蒙古西部至华中煤运通道建设,在中游地区适度规划布局大型高效清洁燃煤电站,增加电力、天然气等输入能力。研究制定新城镇新能源新生活行动计划,大力发展分布式能源、智能电网、绿色建筑和新能源汽车,推进能源生产和消费方式变革。立足资源优势,创新体制机制,推进页岩气勘查开发,通过竞争等方式出让页岩气探矿权,建设四川长宁—威远、滇黔北、重庆涪陵等国家级页岩气综合开发示范区。稳步推进沿海液化天然气接收站建设,统筹利用国内外天然气,提高居民用气水平。

（二十二）提升现代农业和特色农业发展水平。保护和利用好长江流域宝贵农业资源,推进农产品主产区特别是农业优势产业带和特色产业带建设,建设一批高水平现代农业示范区,推进国家有机食品生产基地建设,着力打造现代农业发展先行区。上游地区立足山多草多林多地少的资源条件,在稳定优势农产品生产的基础上,大力发展以草食畜牧业为代表的特色生态农业和以自然生态区、少数民族地区为代表的休闲农业与乡村旅游。中游地区立足农业生产条件较好、耕地资源丰富的基础,强化粮食、水产品等重要农产品供给保障能力,提高农业机械化水平,积极发展现代种业,打造粮食生产核心区和主要农产品优势区。下游地区立足人均耕地资源少、资本技术人才资源优势,在稳定粮食生产的同时,大力发展高效精品农业和都市农业,加快推进标准化生产和集约化品牌化经营。

(二十三)引导产业有序转移和分工协作。按照区域资源禀赋条件、生态环境容量和主体功能定位,促进产业布局调整和集聚发展。在着力推动下游地区产业转型升级的同时,依托中上游地区广阔腹地,增强基础设施和产业配套能力,引导具有成本优势的资源加工型、劳动密集型产业和具有市场需求的资本、技术密集型产业向中上游地区转移。支持和鼓励开展产业园区战略合作,建立产业转移跨区域合作机制,以中上游地区国家级、省级开发区为载体,建设承接产业转移示范区和加工贸易梯度转移承接地,推动产业协同合作、联动发展。借鉴负面清单管理模式,加强对产业转移的引导,促进中上游特别是三峡库区产业布局与区域资源生态环境相协调,防止出现污染转移和环境风险聚集,避免低水平重复建设。

五、全面推进新型城镇化

按照沿江集聚、组团发展、互动协作、因地制宜的思路,推进以人为核心的新型城镇化,优化城镇化布局和形态,增强城市可持续发展能力,创新城镇化发展体制机制,全面提高长江经济带城镇化质量。

(二十四)优化沿江城镇化格局。以沿江综合运输大通道为轴线,以长江三角洲、长江中游和成渝三大跨区域城市群为主体,以黔中和滇中两大区域性城市群为补充,以沿江大中小城市和小城镇为依托,促进城市群之间、城市群内部的分工协作,强化基础设施建设和联通,优化空间布局,推动产城融合,引导人口集聚,形成集约高效、绿色低碳的新型城镇化发展格局。

(二十五)提升长江三角洲城市群国际竞争力。促进长江三角洲一体化发展,打造具有国际竞争力的世界级城市群。充分发挥上海国际大都市的龙头作用,加快国际金融、航运、贸易中心建设。提升南京、杭州、合肥都市区的国际化水平。推进苏南现代化建设示范区、浙江舟山群岛新区、浙江海洋经济发展示范区、皖江承接产业转移示范区、皖南国际文化旅游示范区建设和通州湾江海联动开发。优化提升沪宁合(上海、南京、合肥)、沪杭(上海、杭州)主轴带功能,培育壮大沿江、沿海、杭湖宁(杭州、湖州、南京)、杭绍甬舟(杭州、绍兴、宁波、舟山)等发展轴带。合理划定中心城市边界,保护城郊农业用地和绿色开敞空间,控制特大城市过度蔓延扩张。

(二十六)培育发展长江中游城市群。增强武汉、长沙、南昌中心城市功能,促进三大城市组团之间的资源优势互补、产业分工协作、城市互动合作,把长江中游城市群建设成为引领中部地区崛起的核心增长极和资源节约型、环境友好型社会示范区。优化提升武汉城市圈辐射带动功能,开展武汉市国家创新型城市试点,建设中部地区现代服务业中心。加快推进环长株潭城市群建设,提升湘江新区和湘北湘南中心城市发展水平。培育壮大环鄱阳湖城市群,促进南昌、九江一体化和赣西城镇带发展。建设鄱阳湖、洞庭湖生态经济区。

(二十七)促进成渝城市群一体化发展。提升重庆、成都中心城市功能和国际化水平,发挥双引擎带动和支撑作用,推进资源整合与一体发展,把成渝城市群打造成为现代产业基地、西部地区重要经济中心和长江上游开放高地,建设深化内陆开放的试验区和统筹城乡发展的示范区。重点建设成渝主轴带和沿长江、成绵乐(成都、绵阳、乐山)等次轴带,加快重庆两江新区开发开放,推动成都天府新区创新发展。

(二十八)推动黔中和滇中区域性城市群发展。增强贵阳产业配套和要素集聚能力,重点建设遵义—贵阳—安顺主轴带，推动贵安新区成为内陆开放型经济示范区，重要的能源资源深加工、特色轻工业和民族文化旅游基地，推进大数据应用服务基地建设，打造西部地区新的经济增长极和生态文明建设先行区。提升昆明面向东南亚、南亚开放的中心城市功能，重点建设曲靖—昆明—楚雄、玉溪—昆明—武定发展轴，推动滇中产业集聚区发展，建设特色资源深加工基地和文化旅游基地，打造面向西南开放重要桥头堡的核心区和高原生态宜居城市群。

（二十九）科学引导沿江城市发展。依托近山傍水的自然生态环境，合理确定城市功能布局和空间形态，促进城市建设与山脉水系相互融合，建设富有江城特色的宜居城市。加强城区河湖水域岸线管理。集聚科技创新要素，节约集约利用资源，提升信息化水平。延续城市历史文脉，推进创新城市、绿色城市、智慧城市、人文城市建设。加强公共交通、防洪排涝等基础设施建设，提高教育、医疗等公共服务水平，提高承载能力。

（三十）强化城市群交通网络建设。充分利用区域运输通道资源，重点加快城际铁路建设，形成与新型城镇化布局相匹配的城际交通网络。长江三角洲城市群要建设以上海为中心，南京、杭州、合肥为副中心，"多三角、放射状"的城际交通网络；长江中游城市群要建设以武汉、长沙、南昌为中心的"三角形、放射状"城际交通网络；成渝城市群要建设以重庆、成都为中心的"一主轴、放射状"城际交通网络，实现城市群内中心城市之间、中心城市与节点城市之间1—2小时通达。建设黔中、滇中城际交通网络，实现省会城市与周边节点城市之间1—2小时通达。

（三十一）创新城镇化发展体制机制。根据上中下游城镇综合承载能力和发展潜力，实施差别化落户政策。下游地区要增强对农业转移人口的吸纳能力，有序推进外来人口市民化；中上游地区要增强产业集聚能力，更多吸纳农业转移人口。建立健全与居住年限等条件相挂钩的基本公共服务提供机制。探索实行城镇建设用地增加规模与农村建设用地减少挂钩、与吸纳农业转移人口落户数量挂钩政策。稳步推进农村宅基地制度改革。开展新型城镇化试点示范，探索建立农业转移人口市民化成本分担机制，构建多元化、可持续的城镇化投融资机制，建立有利于创新行政管理、降低行政成本的设市设区模式。选择具备条件的开发区进行城市功能区转型试点，引导产业和城市同步融合发展。

六、培育全方位对外开放新优势

发挥长江三角洲地区对外开放引领作用，建设向西开放的国际大通道，加强与东南亚、南亚、中亚等国家的经济合作，构建高水平对外开放平台，形成与国际投资、贸易通行规则相衔接的制度体系，全面提升长江经济带开放型经济水平。

（三十二）发挥上海对沿江开放的引领带动作用。加快建设中国（上海）自由贸易试验区，大力推进投资、贸易、金融、综合监管等领域制度创新，完善负面清单管理模式，打造国际化、法治化的营商环境，建立与国际投资、贸易通行规则相衔接的基本制度框架，形成可复制、可推广的成功经验。通过先行先试、经验推广和开放合作，充分发挥上海对外开放的辐射效应、枢纽功能和示范引领作用，带动长江经济带更高水平开放，增强国际竞争力。

（三十三）增强云南面向西南开放重要桥头堡功能。提升云南向东南亚、南亚开放的通道功能和门户作用。推进孟中印缅、中老泰等国际运输通道建设，实现基础设施互联互通。推动孟中印缅经济走廊合作，深化参与中国—东盟湄公河流域开发、大湄公河次区域经济合作，率先在口岸、边境城市、边境经济合作区和重点开发开放试验区实施人员往来、加工物流、旅游等方面的特殊政策。将云南建设成为面向西南周边国家开放的试验区和西部省份"走出去"的先行区,提升中上游地区向东南亚、南亚开放水平。

(三十四)加强与丝绸之路经济带的战略互动。发挥重庆长江经济带西部中心枢纽作用,增强对丝绸之路经济带的战略支撑。发挥成都战略支点作用,把四川培育成为连接丝绸之路经济带的重要纽带。构建多层次对外交通运输通道,加强各种运输方式的有效衔接,形成区域物流集聚效应,打造现代化综合交通枢纽。优化整合向西国际物流资源,提高连云港陆桥通道桥头堡水平,提升"渝新欧"、"蓉新欧"、"义新欧"等中欧班列国际运输功能,建立中欧铁路通道协调机制,增强对中亚、欧洲等地区进出口货物的吸引能力,着力解决双向运输不平衡问题。加强与沿线国家海关的合作,提高贸易便利化水平。提升江苏、浙江对海上丝绸之路的支撑能力。加快武汉、长沙、南昌、合肥、贵阳等中心城市内陆经济开放高地建设。推进中上游地区与俄罗斯伏尔加河沿岸联邦区合作。

(三十五)推动对外开放口岸和特殊区域建设。增强沿江沿边开放口岸和特殊区域功能,打造高水平对外开放平台。在中上游地区适当增设口岸及后续监管场所,在有条件的地方增设铁路、内河港口一类开放口岸,推动口岸信息系统互联共享。条件成熟时,在基本不突破原规划面积的前提下,逐步将沿江各类海关特殊监管区域整合为综合保税区,探索使用社会运输工具进行转关作业。在符合全国总量控制目标的前提下,支持具备条件的边境地区按程序申请设立综合保税区,支持符合条件的边境地区设立边境经济合作区和边境旅游合作区,研究完善人员免签、旅游签证等政策。推动境外经济贸易合作区和农业合作区发展,鼓励金融机构在境外开设分支机构并提供融资支持。

(三十六)构建长江大通关体制。加强内陆海关与沿海沿边口岸海关的协作配合,加强口岸与内陆检验检疫机构的合作,全面推进"一次申报、一次查验、一次放行"模式,实现长江经济带海关区域通关一体化和检验检疫一体化。在有效防控风险前提下,适时扩大启运港退税的启运地、承运企业和运输工具等范围。推进口岸执法部门信息互换、监管互认和执法互助。

七、建设绿色生态廊道

顺应自然,保育生态,强化长江水资源保护和合理利用,加大重点生态功能区保护力度,加强流域生态系统修复和环境综合治理,稳步提高长江流域水质,显著改善长江生态环境。

(三十七)切实保护和利用好长江水资源。落实最严格水资源管理制度,明确长江水资源开发利用红线、用水效率红线。加强流域水资源统一调度,保障生活、生产和生态用水安全。严格相关规划和建设项目的水资源论证。加强饮用水水源地保护,优化沿江取水口和排污口布局,取缔饮用水水源保护区内的排污口,鼓励各地区建设饮用水应急水源。建设水源地环境风险防控工程,确保城乡饮用水安全。严厉打击河道非法采砂。优化水资源配置格局,加快推进云贵川渝等地区大中型骨干水源工程及配套工程建设。建设沿江、沿河、环湖水资源保护带、生态隔离带,增强水源涵养和水土保持能力。

(三十八)严格控制和治理长江水污染。明确水功能区限制纳污红线,完善水功能区监督管理制度,科学核定水域纳污容量,严格控制入河(湖)排污总量。大幅削减化学需氧量、氨氮排放量,加大总磷、总氮排放等污染物控制力度。加大沿江化工、造纸、印染、有色等排污行业环境隐患排查和集中治理力度,实行长江干支流沿线城镇污水垃圾全收集全处理,加强农业畜禽、水产养殖污染物排放控制及农村污水垃圾治理,强化水上危险品运输安全环保监管、船舶溢油风险防范和船舶污水排放控制。完善应急救援体系,提高应急处置能力。建立环境风险大、涉及有毒有害污染物排放的产业园区退出或转型机制。加强三峡库区、丹江口库区、洞庭湖、鄱阳湖、长江口及长江源头等水体的水质监测和综合治理,强化重点水域保护,确保流域水质稳步改善。

(三十九)妥善处理江河湖泊关系。综合考虑防洪、生态、供水、航运和发电等需求,进一步开展以三峡水库为核心的长江上游水库群联合调度研究与实践。加强长江与洞庭湖、鄱阳湖演变与治理研究,论证洞庭湖、鄱阳湖水系整治工程,进行蓄滞洪区的分类和调整研究。完善防洪保障体系,实施长江河道崩岸治理及河道综合整治工程,尽快完成长江流域山洪灾害防治项目,推进长江中下游蓄滞洪区建设及中小河流治理。

(四十)加强流域环境综合治理。完善污染物排放总量控制制度,加强二氧化硫、氮氧化物、PM2.5(细颗粒物)等主要大气污染物综合防治,严格控制煤炭消费总量。加强挥发性有机物排放重点行业整治,扭转中下游地区、四川盆地等区域性雾霾、酸雨恶化态势,改善沿江城市空气质量。推进农村环境综合整治,降低农药和化肥使用强度,加大土壤污染防治力度,强化重点行业和重点区域重金属污染综合治理。大力推进工业园区污染集中治理和循环化改造,鼓励企业采用清洁生产技术。积极推进城镇污水处理设施和配套污水管网建设,提高现有污水处理设施处理效率。

(四十一)强化沿江生态保护和修复。坚定不移实施主体功能区制度,率先划定沿江生态保护红线,强化国土空间合理开发与保护,加大重点生态功能区建设和保护力度,构建中上游生态屏障。推进太湖、巢湖、滇池、草海等全流域湿地生态保护与修复工程,加强金沙江、乌江、嘉陵江、三峡库区、汉江、洞庭湖和鄱阳湖水系等重点区域水土流失治理和地质灾害防治,中上游重点实施山地丘陵地区坡耕地治理、退耕还林还草和岩溶地区石漠化治理,中下游重点实施生态清洁小流域综合治理及退田还草还湖还湿。加大沿江天然林草资源保护和长江防护林体系建设力度,加强沿江风景名胜资源保护和山地丘陵地区林草植被保护。加强长江物种及其栖息繁衍场所保护,强化自然保护区和水产种质资源保护区建设和管护。探索建立沿江国家公园。研究制定长江生态环境保护规划。

(四十二)促进长江岸线有序开发。建立健全长江岸线开发利用和保护协调机制,统筹规划长江岸线资源,严格分区管理和用途管制,合理安排沿江工业与港口岸线、过江通道岸线与取水口岸线,加大生态和生活岸线保护力度。严格河道管理范围内建设项目工程建设方案审查制度。统筹岸线与后方土地的使用和管理,提高岸线资源集约利用水平。依法建立岸线资源有偿使用制度。有效保护岸线原始风貌,利用沿江风景名胜和其他自然人文景观资源,为居民提供便捷舒适亲水空间。

八、创新区域协调发展体制机制

打破行政区划界限和壁垒,加强规划统筹和衔接,形成市场体系统一开放、基础设施共建共享、生态环境联防联治、流域管理统筹协调的区域协调发展新机制。

（四十三）建立区域互动合作机制。加强国家层面协调指导，统筹研究解决长江经济带发展中的重大问题，建立推动长江经济带发展部际联席会议制度。发挥水利部长江水利委员会、交通运输部长江航务管理局、农业部长江流域渔政监督管理办公室以及环境保护部华东、华南、西南环境保护督查中心等机构作用，协同推进长江防洪、航运、发电、生态环境保护等工作。建立健全地方政府之间协商合作机制，共同研究解决区域合作中的重大事项。充分调动社会力量，建立各类跨地区合作组织。

（四十四）推进一体化市场体系建设。进一步简政放权，清理阻碍要素合理流动的地方性政策法规，打破区域性市场壁垒，实施统一的市场准入制度和标准，推动劳动力、资本、技术等要素跨区域流动和优化配置。健全知识产权保护机制。推动社会信用体系建设，扩大信息资源开放共享，提高基础设施网络化、一体化服务水平。

（四十五）加大金融合作创新力度。适时推进符合条件的民间资本在中上游地区发起设立民营银行等中小金融机构。引导区域内符合条件的创新型、创业型、成长型中小企业到全国中小企业股份转让系统挂牌进行股权融资、债权融资、资产重组等。探索创新金融产品，鼓励开展融资租赁服务，支持长江船型标准化建设。鼓励大型港航企业以资本为纽带整合沿江港口和航运资源。鼓励政策性金融机构加大对沿江综合交通体系建设的支持力度。

（四十六）建立生态环境协同保护治理机制。完善长江环境污染联防联控机制和预警应急体系。鼓励和支持沿江省市共同设立长江水环境保护治理基金，加大对环境突出问题的联合治理力度。按照"谁受益谁补偿"的原则，探索上中下游开发地区、受益地区与生态保护地区试点横向生态补偿机制。依托重点生态功能区开展生态补偿示范区建设。推进水权、碳排放权、排污权交易，推行环境污染第三方治理。

（四十七）建立公共服务和社会治理协调机制。适应上中下游劳动力转移流动的趋势，加强跨区域职业教育合作和劳务对接，推进统一规范的劳动用工、资格认证和跨区域教育培训等就业服务制度。加大基本养老保险、基本医疗保险等社会保险关系转移接续政策的落实力度。应对长江事故灾难、环境污染、公共卫生等跨区域突发事件，构建协同联动的社会治理机制。建立区域协调配合的安全监管工作机制，加强跨区域重点工程项目的监管，有效预防和减少生产安全事故。完善集中连片特殊困难地区扶贫机制，加大政策支持力度。

附件：长江经济带综合立体交通走廊规划（2014—2020年）（略——编者注）

国务院
2014年9月12日

全国人民代表大会常务委员会关于修改《中华人民共和国保险法》等五部法律的决定

中华人民共和国主席令第 14 号

《全国人民代表大会常务委员会关于修改〈中华人民共和国保险法〉等五部法律的决定》已由中华人民共和国第十二届全国人民代表大会常务委员会第十次会议于 2014 年 8 月 31 日通过,现予公布,自公布之日起施行。

中华人民共和国主席　习近平

2014 年 8 月 31 日

第十二届全国人民代表大会常务委员会第十次会议决定:

一、对《中华人民共和国保险法》作出修改

(一)将第八十二条中的"有《中华人民共和国公司法》第一百四十七条规定的情形"修改为"有《中华人民共和国公司法》第一百四十六条规定的情形"。

(二)将第八十五条修改为:"保险公司应当聘用专业人员,建立精算报告制度和合规报告制度。"

二、对《中华人民共和国证券法》作出修改

(一)将第八十九条第一款中的"事先向国务院证券监督管理机构报送"修改为"公告",第一款第八项中的"报送"修改为"公告"。

删去第二款。

(二)删去第九十条第一款。

(三)将第九十一条修改为:"在收购要约确定的承诺期限内,收购人不得撤销其收购要约。收购人需要变更收购要约的,必须及时公告,载明具体变更事项。"

(四)将第一百零八条、第一百三十一条第二款中的"有《中华人民共和国公司法》第一百四十七条规定的情形"修改为"有《中华人民共和国公司法》第一百四十六条规定的情形"。

(五)删去第二百一十三条中的"报送上市公司收购报告书"和"或者擅自变更收购要约"。

三、对《中华人民共和国注册会计师法》作出修改

(一)将第二十五条第一款修改为:"设立会计师事务所,由省、自治区、直辖市人民政府财政部门批准。"

(二)将第四十四条修改为:"外国人申请参加中国注册会计师全国统一考试和注册,按照

互惠原则办理。

"外国会计师事务所需要在中国境内临时办理有关业务的,须经有关的省、自治区、直辖市人民政府财政部门批准。"

四、对《中华人民共和国政府采购法》作出修改

(一)将第十九条第一款中的"经国务院有关部门或者省级人民政府有关部门认定资格的"修改为"集中采购机构以外的"。

(二)删去第七十一条第三项。

(三)将第七十八条中的"依法取消其进行相关业务的资格"修改为"在一至三年内禁止其代理政府采购业务"。

五、对《中华人民共和国气象法》作出修改

将第二十一条修改为:"新建、扩建、改建建设工程,应当避免危害气象探测环境;确实无法避免的,建设单位应当事先征得省、自治区、直辖市气象主管机构的同意,并采取相应的措施后,方可建设。"

本决定自公布之日起施行。

《中华人民共和国保险法》、《中华人民共和国证券法》、《中华人民共和国注册会计师法》、《中华人民共和国政府采购法》、《中华人民共和国气象法》根据本决定作相应修改,重新公布。

全国人民代表大会常务委员会关于修改《中华人民共和国安全生产法》的决定

中华人民共和国主席令第 13 号

《全国人民代表大会常务委员会关于修改〈中华人民共和国安全生产法〉的决定》已由中华人民共和国第十二届全国人民代表大会常务委员会第十次会议于 2014 年 8 月 31 日通过,现予公布,自 2014 年 12 月 1 日起施行。

中华人民共和国主席　习近平
2014 年 8 月 31 日

第十二届全国人民代表大会常务委员会第十次会议决定对《中华人民共和国安全生产法》作如下修改:

一、将第三条修改为:"安全生产工作应当以人为本,坚持安全发展,坚持安全第一、预防为主、综合治理的方针,强化和落实生产经营单位的主体责任,建立生产经营单位负责、职工参

与、政府监管、行业自律和社会监督的机制。"

二、将第四条修改为:"生产经营单位必须遵守本法和其他有关安全生产的法律、法规,加强安全生产管理,建立、健全安全生产责任制和安全生产规章制度,改善安全生产条件,推进安全生产标准化建设,提高安全生产水平,确保安全生产。"

三、将第七条修改为:"工会依法对安全生产工作进行监督。

"生产经营单位的工会依法组织职工参加本单位安全生产工作的民主管理和民主监督,维护职工在安全生产方面的合法权益。生产经营单位制定或者修改有关安全生产的规章制度,应当听取工会的意见。"

四、将第八条修改为:"国务院和县级以上地方各级人民政府应当根据国民经济和社会发展规划制定安全生产规划,并组织实施。安全生产规划应当与城乡规划相衔接。

"国务院和县级以上地方各级人民政府应当加强对安全生产工作的领导,支持、督促各有关部门依法履行安全生产监督管理职责,建立健全安全生产工作协调机制,及时协调、解决安全生产监督管理中存在的重大问题。

"乡、镇人民政府以及街道办事处、开发区管理机构等地方人民政府的派出机关应当按照职责,加强对本行政区域内生产经营单位安全生产状况的监督检查,协助上级人民政府有关部门依法履行安全生产监督管理职责。"

五、将第九条修改为:"国务院安全生产监督管理部门依照本法,对全国安全生产工作实施综合监督管理;县级以上地方各级人民政府安全生产监督管理部门依照本法,对本行政区域内安全生产工作实施综合监督管理。

"国务院有关部门依照本法和其他有关法律、行政法规的规定,在各自的职责范围内对有关行业、领域的安全生产工作实施监督管理;县级以上地方各级人民政府有关部门依照本法和其他有关法律、法规的规定,在各自的职责范围内对有关行业、领域的安全生产工作实施监督管理。

"安全生产监督管理部门和对有关行业、领域的安全生产工作实施监督管理的部门,统称负有安全生产监督管理职责的部门。"

六、增加一条,作为第十二条:"有关协会组织依照法律、行政法规和章程,为生产经营单位提供安全生产方面的信息、培训等服务,发挥自律作用,促进生产经营单位加强安全生产管理。"

七、将第十二条改为第十三条,修改为:"依法设立的为安全生产提供技术、管理服务的机构,依照法律、行政法规和执业准则,接受生产经营单位的委托为其安全生产工作提供技术、管理服务。

"生产经营单位委托前款规定的机构提供安全生产技术、管理服务的,保证安全生产的责任仍由本单位负责。"

八、将第十七条改为第十八条,增加一项,作为第三项:"组织制定并实施本单位安全生产教育和培训计划"。

九、增加一条,作为第十九条:"生产经营单位的安全生产责任制应当明确各岗位的责任人员、责任范围和考核标准等内容。

"生产经营单位应当建立相应的机制,加强对安全生产责任制落实情况的监督考核,保证安全生产责任制的落实。"

十、将第十八条改为第二十条,增加一款,作为第二款:"有关生产经营单位应当按照规定提取和使用安全生产费用,专门用于改善安全生产条件。安全生产费用在成本中据实列支。安全生产费用提取、使用和监督管理的具体办法由国务院财政部门会同国务院安全生产监督管理部门征求国务院有关部门意见后制定。"

十一、将第十九条改为第二十一条,修改为:"矿山、金属冶炼、建筑施工、道路运输单位和危险物品的生产、经营、储存单位,应当设置安全生产管理机构或者配备专职安全生产管理人员。

"前款规定以外的其他生产经营单位,从业人员超过一百人的,应当设置安全生产管理机构或者配备专职安全生产管理人员;从业人员在一百人以下的,应当配备专职或者兼职的安全生产管理人员。"

十二、增加一条,作为第二十二条:"生产经营单位的安全生产管理机构以及安全生产管理人员履行下列职责:

"(一)组织或者参与拟订本单位安全生产规章制度、操作规程和生产安全事故应急救援预案;

"(二)组织或者参与本单位安全生产教育和培训,如实记录安全生产教育和培训情况;

"(三)督促落实本单位重大危险源的安全管理措施;

"(四)组织或者参与本单位应急救援演练;

"(五)检查本单位的安全生产状况,及时排查生产安全事故隐患,提出改进安全生产管理的建议;

"(六)制止和纠正违章指挥、强令冒险作业、违反操作规程的行为;

"(七)督促落实本单位安全生产整改措施。"

十三、增加一条,作为第二十三条:"生产经营单位的安全生产管理机构以及安全生产管理人员应当恪尽职守,依法履行职责。

"生产经营单位作出涉及安全生产的经营决策,应当听取安全生产管理机构以及安全生产管理人员的意见。

"生产经营单位不得因安全生产管理人员依法履行职责而降低其工资、福利等待遇或者解除与其订立的劳动合同。

"危险物品的生产、储存单位以及矿山、金属冶炼单位的安全生产管理人员的任免,应当告知主管的负有安全生产监督管理职责的部门。"

十四、将第二十条改为第二十四条,第二款修改为:"危险物品的生产、经营、储存单位以及矿山、金属冶炼、建筑施工、道路运输单位的主要负责人和安全生产管理人员,应当由主管的负有安全生产监督管理职责的部门对其安全生产知识和管理能力考核合格。考核不得收费。"

增加一款,作为第三款:"危险物品的生产、储存单位以及矿山、金属冶炼单位应当有注册安全工程师从事安全生产管理工作。鼓励其他生产经营单位聘用注册安全工程师从事安全生产管理工作。注册安全工程师按专业分类管理,具体办法由国务院人力资源和社会保障部门、国务院安全生产监督管理部门会同国务院有关部门制定。"

十五、将第二十一条改为第二十五条,修改为:"生产经营单位应当对从业人员进行安全生产教育和培训,保证从业人员具备必要的安全生产知识,熟悉有关的安全生产规章制度和安全操作规程,掌握本岗位的安全操作技能,了解事故应急处理措施,知悉自身在安全生产方面的权利和义务。未经安全生产教育和培训合格的从业人员,不得上岗作业。

"生产经营单位使用被派遣劳动者的,应当将被派遣劳动者纳入本单位从业人员统一管理,对被派遣劳动者进行岗位安全操作规程和安全操作技能的教育和培训。劳务派遣单位应当对被派遣劳动者进行必要的安全生产教育和培训。

"生产经营单位接收中等职业学校、高等学校学生实习的,应当对实习学生进行相应的安全生产教育和培训,提供必要的劳动防护用品。学校应当协助生产经营单位对实习学生进行安全生产教育和培训。

"生产经营单位应当建立安全生产教育和培训档案,如实记录安全生产教育和培训的时间、内容、参加人员以及考核结果等情况。"

十六、将第二十五条改为第二十九条,修改为:"矿山、金属冶炼建设项目和用于生产、储存、装卸危险物品的建设项目,应当按照国家有关规定进行安全评价。"

十七、将第二十七条改为第三十一条,修改为:"矿山、金属冶炼建设项目和用于生产、储存、装卸危险物品的建设项目的施工单位必须按照批准的安全设施设计施工,并对安全设施的工程质量负责。

"矿山、金属冶炼建设项目和用于生产、储存危险物品的建设项目竣工投入生产或者使用前,应当由建设单位负责组织对安全设施进行验收;验收合格后,方可投入生产和使用。安全生产监督管理部门应当加强对建设单位验收活动和验收结果的监督核查。"

十八、将第三十条改为第三十四条,修改为:"生产经营单位使用的危险物品的容器、运输工具,以及涉及人身安全、危险性较大的海洋石油开采特种设备和矿山井下特种设备,必须按照国家有关规定,由专业生产单位生产,并经具有专业资质的检测、检验机构检测、检验合格,取得安全使用证或安全标志,方可投入使用。检测、检验机构对检测、检验结果负责。"

十九、将第三十一条改为第三十五条,修改为:"国家对严重危及生产安全的工艺、设备实行淘汰制度,具体目录由国务院安全生产监督管理部门会同国务院有关部门制定并公布。法律、行政法规对目录的制定另有规定的,适用其规定。

"省、自治区、直辖市人民政府可以根据本地区实际情况制定并公布具体目录,对前款规定以外的危及生产安全的工艺、设备予以淘汰。

"生产经营单位不得使用应当淘汰的危及生产安全的工艺、设备。"

二十、增加一条,作为第三十八条:"生产经营单位应当建立健全生产安全事故隐患排查治理制度,采取技术、管理措施,及时发现并消除事故隐患。事故隐患排查治理情况应当如实记录,并向从业人员通报。

"县级以上地方各级人民政府负有安全生产监督管理职责的部门应当建立健全重大事故隐患治理督办制度,督促生产经营单位消除重大事故隐患。"

二十一、将第三十五条改为第四十条,修改为:"生产经营单位进行爆破、吊装以及国务院安全生产监督管理部门会同国务院有关部门规定的其他危险作业,应当安排专门人员进行现场安全管理,确保操作规程的遵守和安全措施的落实。"

二十二、将第三十八条改为第四十三条,修改为:"生产经营单位的安全生产管理人员应当根据本单位的生产经营特点,对安全生产状况进行经常性检查;对检查中发现的安全问题,应当立即处理;不能处理的,应当及时报告本单位有关负责人,有关负责人应当及时处理。检查及处理情况应当如实记录在案。

"生产经营单位的安全生产管理人员在检查中发现重大事故隐患,依照前款规定向本单位有关负责人报告,有关负责人不及时处理的,安全生产管理人员可以向主管的负有安全生产监督管理职责的部门报告,接到报告的部门应当依法及时处理。"

二十三、将第四十一条改为第四十六条,第二款修改为:"生产经营项目、场所发包或者出租给其他单位的,生产经营单位应当与承包单位、承租单位签订专门的安全生产管理协议,或者在承包合同、租赁合同中约定各自的安全生产管理职责;生产经营单位对承包单位、承租单位的安全生产工作统一协调、管理,定期进行安全检查,发现安全问题的,应当及时督促整改。"

二十四、将第四十三条改为第四十八条,增加一款,作为第二款:"国家鼓励生产经营单位投保安全生产责任保险。"

二十五、增加一条,作为第五十八条:"生产经营单位使用被派遣劳动者的,被派遣劳动者享有本法规定的从业人员的权利,并应当履行本法规定的从业人员的义务。"

二十六、将第五十三条改为第五十九条,修改为:"县级以上地方各级人民政府应当根据本行政区域内的安全生产状况,组织有关部门按照职责分工,对本行政区域内容易发生重大生产安全事故的生产经营单位进行严格检查。

"安全生产监督管理部门应当按照分类分级监督管理的要求,制定安全生产年度监督检查计划,并按照年度监督检查计划进行监督检查,发现事故隐患,应当及时处理。"

二十七、将第五十六条改为第六十二条,第一款修改为:"安全生产监督管理部门和其他负有安全生产监督管理职责的部门依法开展安全生产行政执法工作,对生产经营单位执行有关安全生产的法律、法规和国家标准或者行业标准的情况进行监督检查,行使以下职权:

"(一)进入生产经营单位进行检查,调阅有关资料,向有关单位和人员了解情况;

"(二)对检查中发现的安全生产违法行为,当场予以纠正或者要求限期改正;对依法应当给予行政处罚的行为,依照本法和其他有关法律、行政法规的规定作出行政处罚决定;

"(三)对检查中发现的事故隐患,应当责令立即排除;重大事故隐患排除前或者排除过程中无法保证安全的,应当责令从危险区域内撤出作业人员,责令暂时停产停业或者停止使用相关设施、设备;重大事故隐患排除后,经审查同意,方可恢复生产经营和使用;

"(四)对有根据认为不符合保障安全生产的国家标准或者行业标准的设施、设备、器材以及违法生产、储存、使用、经营、运输的危险物品予以查封或者扣押,对违法生产、储存、使用、经营危险物品的作业场所予以查封,并依法作出处理决定。"

二十八、增加一条,作为第六十七条:"负有安全生产监督管理职责的部门依法对存在重大事故隐患的生产经营单位作出停产停业、停止施工、停止使用相关设施或者设备的决定,生产经营单位应当依法执行,及时消除事故隐患。生产经营单位拒不执行,有发生生产安全事故的现实危险的,在保证安全的前提下,经本部门主要负责人批准,负有安全生产监督管理职责的部门可以采取通知有关单位停止供电、停止供应民用爆炸物品等措施,强制生产经营单位履行决定。通知应当采用书面形式,有关单位应当予以配合。

"负有安全生产监督管理职责的部门依照前款规定采取停止供电措施,除有危及生产安全的紧急情形外,应当提前二十四小时通知生产经营单位。生产经营单位依法履行行政决定、采取相应措施消除事故隐患的,负有安全生产监督管理职责的部门应当及时解除前款规定的措施。"

二十九、增加一条,作为第七十五条:"负有安全生产监督管理职责的部门应当建立安全生产违法行为信息库,如实记录生产经营单位的安全生产违法行为信息;对违法行为情节严重的生产经营单位,应当向社会公告,并通报行业主管部门、投资主管部门、国土资源主管部门、证券监督管理机构以及有关金融机构。"

三十、增加一条,作为第七十六条:"国家加强生产安全事故应急能力建设,在重点行业、领域建立应急救援基地和应急救援队伍,鼓励生产经营单位和其他社会力量建立应急救援队伍,配备相应的应急救援装备和物资,提高应急救援的专业化水平。

"国务院安全生产监督管理部门建立全国统一的生产安全事故应急救援信息系统,国务院有关部门建立健全相关行业、领域的生产安全事故应急救援信息系统。"

三十一、增加一条,作为第七十八条:"生产经营单位应当制定本单位生产安全事故应急救援预案,与所在地县级以上地方人民政府组织制定的生产安全事故应急救援预案相衔接,并定期组织演练。"

三十二、将第六十九条改为第七十九条,修改为:"危险物品的生产、经营、储存单位以及矿山、金属冶炼、城市轨道交通运营、建筑施工单位应当建立应急救援组织;生产经营规模较小的,可以不建立应急救援组织,但应当指定兼职的应急救援人员。

"危险物品的生产、经营、储存、运输单位以及矿山、金属冶炼、城市轨道交通运营、建筑施工单位应当配备必要的应急救援器材、设备和物资,并进行经常性维护、保养,保证正常运转。"

三十三、将第七十二条改为第八十二条,第一款修改为:"有关地方人民政府和负有安全生产监督管理职责的部门的负责人接到生产安全事故报告后,应当按照生产安全事故应急救援预案的要求立即赶到事故现场,组织事故抢救。"

增加二款,作为第二款、第三款:"参与事故抢救的部门和单位应当服从统一指挥,加强协同联动,采取有效的应急救援措施,并根据事故救援的需要采取警戒、疏散等措施,防止事故扩大和次生灾害的发生,减少人员伤亡和财产损失。

"事故抢救过程中应当采取必要措施,避免或者减少对环境造成的危害。"

三十四、将第七十三条改为第八十三条,修改为:"事故调查处理应当按照科学严谨、依法依规、实事求是、注重实效的原则,及时、准确地查清事故原因,查明事故性质和责任,总结事故教训,提出整改措施,并对事故责任者提出处理意见。事故调查报告应当依法及时向社会公布。事故调查和处理的具体办法由国务院制定。

"事故发生单位应当及时全面落实整改措施,负有安全生产监督管理职责的部门应当加强监督检查。"

三十五、将第七十七条改为第八十七条,第一款增加一项,作为第四项:"在监督检查中发现重大事故隐患,不依法及时处理的"。

增加一款,作为第二款:"负有安全生产监督管理职责的部门的工作人员有前款规定以外的滥用职权、玩忽职守、徇私舞弊行为的,依法给予处分;构成犯罪的,依照刑法有关规定追究刑事责任。"

三十六、将第七十九条改为第八十九条,修改为:"承担安全评价、认证、检测、检验工作的机构,出具虚假证明的,没收违法所得;违法所得在十万元以上的,并处违法所得二倍以上五倍以下的罚款;没有违法所得或者违法所得不足十万元的,单处或者并处十万元以上二十万元以下的罚款;对其直接负责的主管人员和其他直接责任人员处二万元以上五万元以下的罚款;给他人造成损害的,与生产经营单位承担连带赔偿责任;构成犯罪的,依照刑法有关规定追究刑事责任。

"对有前款违法行为的机构,吊销其相应资质。"

三十七、将第八十条改为第九十条,修改为:"生产经营单位的决策机构、主要负责人或者个人经营的投资人不依照本法规定保证安全生产所必需的资金投入,致使生产经营单位不具备安全生产条件的,责令限期改正,提供必需的资金;逾期未改正的,责令生产经营单位停产停业整顿。

"有前款违法行为,导致发生生产安全事故的,对生产经营单位的主要负责人给予撤职处分,对个人经营的投资人处二万元以上二十万元以下的罚款;构成犯罪的,依照刑法有关规定追究刑事责任。"

三十八、将第八十一条改为第九十一条,修改为:"生产经营单位的主要负责人未履行本法规定的安全生产管理职责的,责令限期改正;逾期未改正的,处二万元以上五万元以下的罚款,责令生产经营单位停产停业整顿。

"生产经营单位的主要负责人有前款违法行为,导致发生生产安全事故的,给予撤职处分;构成犯罪的,依照刑法有关规定追究刑事责任。

"生产经营单位的主要负责人依照前款规定受刑事处罚或者撤职处分的,自刑罚执行完毕或者受处分之日起,五年内不得担任任何生产经营单位的主要负责人;对重大、特别重大生产安全事故负有责任的,终身不得担任本行业生产经营单位的主要负责人。"

三十九、增加一条,作为第九十二条:"生产经营单位的主要负责人未履行本法规定的安全生产管理职责,导致发生生产安全事故的,由安全生产监督管理部门依照下列规定处以罚款:

"(一)发生一般事故的,处上一年年收入百分之三十的罚款;

"(二)发生较大事故的,处上一年年收入百分之四十的罚款;

"(三)发生重大事故的,处上一年年收入百分之六十的罚款;

"(四)发生特别重大事故的,处上一年年收入百分之八十的罚款。"

四十、增加一条,作为第九十三条:"生产经营单位的安全生产管理人员未履行本法规定的安全生产管理职责的,责令限期改正;导致发生生产安全事故的,暂停或者撤销其与安全生产有关的资格;构成犯罪的,依照刑法有关规定追究刑事责任。"

四十一、将第八十二条改为第九十四条,修改为:"生产经营单位有下列行为之一的,责令限期改正,可以处五万元以下的罚款;逾期未改正的,责令停产停业整顿,并处五万元以上十万元以下的罚款,对其直接负责的主管人员和其他直接责任人员处一万元以上二万元以下的罚款:

"(一)未按照规定设置安全生产管理机构或者配备安全生产管理人员的;

"(二)危险物品的生产、经营、储存单位以及矿山、金属冶炼、建筑施工、道路运输单位的主要负责人和安全生产管理人员未按照规定经考核合格的;

"(三)未按照规定对从业人员、被派遣劳动者、实习学生进行安全生产教育和培训,或者未按照规定如实告知有关的安全生产事项的;

"(四)未如实记录安全生产教育和培训情况的;

"(五)未将事故隐患排查治理情况如实记录或者未向从业人员通报的;

"(六)未按照规定制定生产安全事故应急救援预案或者未定期组织演练的;

"(七)特种作业人员未按照规定经专门的安全作业培训并取得相应资格,上岗作业的。"

四十二、将第八十三条改为第九十五条、第九十六条,修改为:

"第九十五条 生产经营单位有下列行为之一的,责令停止建设或者停产停业整顿,限期改正;逾期未改正的,处五十万元以上一百万元以下的罚款,对其直接负责的主管人员和其他直接责任人员处二万元以上五万元以下的罚款;构成犯罪的,依照刑法有关规定追究刑事责任:

"(一)未按照规定对矿山、金属冶炼建设项目或者用于生产、储存、装卸危险物品的建设项目进行安全评价的;

"(二)矿山、金属冶炼建设项目或者用于生产、储存、装卸危险物品的建设项目没有安全设施设计或者安全设施设计未按照规定报经有关部门审查同意的;

"(三)矿山、金属冶炼建设项目或者用于生产、储存、装卸危险物品的建设项目的施工单位未按照批准的安全设施设计施工的;

"(四)矿山、金属冶炼建设项目或者用于生产、储存危险物品的建设项目竣工投入生产或者使用前,安全设施未经验收合格的。

"第九十六条 生产经营单位有下列行为之一的,责令限期改正,可以处五万元以下的罚款;逾期未改正的,处五万元以上二十万元以下的罚款,对其直接负责的主管人员和其他直接责任人员处一万元以上二万元以下的罚款;情节严重的,责令停产停业整顿;构成犯罪的,依照刑法有关规定追究刑事责任:

"(一)未在有较大危险因素的生产经营场所和有关设施、设备上设置明显的安全警示标志的;

"(二)安全设备的安装、使用、检测、改造和报废不符合国家标准或者行业标准的;

"(三)未对安全设备进行经常性维护、保养和定期检测的;

"(四)未为从业人员提供符合国家标准或者行业标准的劳动防护用品的;

"(五)危险物品的容器、运输工具,以及涉及人身安全、危险性较大的海洋石油开采特种设备和矿山井下特种设备未经具有专业资质的机构检测、检验合格,取得安全使用证或者安全标志,投入使用的;

"(六)使用应当淘汰的危及生产安全的工艺、设备的。"

四十三、将第八十四条改为第九十七条,修改为:"未经依法批准,擅自生产、经营、运输、储存、使用危险物品或者处置废弃危险物品的,依照有关危险物品安全管理的法律、行政法规的规定予以处罚;构成犯罪的,依照刑法有关规定追究刑事责任。"

四十四、将第八十五条改为第九十八条,修改为:"生产经营单位有下列行为之一的,责令限期改正,可以处十万元以下的罚款;逾期未改正的,责令停产停业整顿,并处十万元以上二十万元以下的罚款,对其直接负责的主管人员和其他直接责任人员处二万元以上五万元以下的

罚款;构成犯罪的,依照刑法有关规定追究刑事责任:

"(一)生产、经营、运输、储存、使用危险物品或者处置废弃危险物品,未建立专门安全管理制度、未采取可靠的安全措施的;

"(二)对重大危险源未登记建档,或者未进行评估、监控,或者未制定应急预案的;

"(三)进行爆破、吊装以及国务院安全生产监督管理部门会同国务院有关部门规定的其他危险作业,未安排专门人员进行现场安全管理的;

"(四)未建立事故隐患排查治理制度的。"

四十五、增加一条,作为第九十九条:"生产经营单位未采取措施消除事故隐患的,责令立即消除或者限期消除;生产经营单位拒不执行的,责令停产停业整顿,并处十万元以上五十万元以下的罚款,对其直接负责的主管人员和其他直接责任人员处二万元以上五万元以下的罚款。"

四十六、将第八十六条改为第一百条,修改为:"生产经营单位将生产经营项目、场所、设备发包或者出租给不具备安全生产条件或者相应资质的单位或者个人的,责令限期改正,没收违法所得;违法所得十万元以上的,并处违法所得二倍以上五倍以下的罚款;没有违法所得或者违法所得不足十万元的,单处或者并处十万元以上二十万元以下的罚款;对其直接负责的主管人员和其他直接责任人员处一万元以上二万元以下的罚款;导致发生生产安全事故给他人造成损害的,与承包方、承租方承担连带赔偿责任。

"生产经营单位未与承包单位、承租单位签订专门的安全生产管理协议或者未在承包合同、租赁合同中明确各自的安全生产管理职责,或者未对承包单位、承租单位的安全生产统一协调、管理的,责令限期改正,可以处五万元以下的罚款,对其直接负责的主管人员和其他直接责任人员可以处一万元以下的罚款;逾期未改正的,责令停产停业整顿。"

四十七、增加一条,作为第一百零五条:"违反本法规定,生产经营单位拒绝、阻碍负有安全生产监督管理职责的部门依法实施监督检查的,责令改正;拒不改正的,处二万元以上二十万元以下的罚款;对其直接负责的主管人员和其他直接责任人员处一万元以上二万元以下的罚款;构成犯罪的,依照刑法有关规定追究刑事责任。"

四十八、将第九十一条改为第一百零六条,修改为:"生产经营单位的主要负责人在本单位发生生产安全事故时,不立即组织抢救或者在事故调查处理期间擅离职守或者逃匿的,给予降级、撤职的处分,并由安全生产监督管理部门处上一年年收入百分之六十至百分之一百的罚款;对逃匿的处十五日以下拘留;构成犯罪的,依照刑法有关规定追究刑事责任。

"生产经营单位的主要负责人对生产安全事故隐瞒不报、谎报或者迟报的,依照前款规定处罚。"

四十九、增加一条,作为第一百零九条:"发生生产安全事故,对负有责任的生产经营单位除要求其依法承担相应的赔偿等责任外,由安全生产监督管理部门依照下列规定处以罚款:

"(一)发生一般事故的,处二十万元以上五十万元以下的罚款;

"(二)发生较大事故的,处五十万元以上一百万元以下的罚款;

"(三)发生重大事故的,处一百万元以上五百万元以下的罚款;

"(四)发生特别重大事故的,处五百万元以上一千万元以下的罚款;情节特别严重的,处一千万元以上二千万元以下的罚款。"

五十、将第九十四条改为第一百一十条,修改为:"本法规定的行政处罚,由安全生产监督管理部门和其他负有安全生产监督管理职责的部门按照职责分工决定。予以关闭的行政处罚由负有安全生产监督管理职责的部门报请县级以上人民政府按照国务院规定的权限决定;给予拘留的行政处罚由公安机关依照治安管理处罚法的规定决定。"

五十一、增加一条,作为第一百一十三条:"本法规定的生产安全一般事故、较大事故、重大事故、特别重大事故的划分标准由国务院规定。

"国务院安全生产监督管理部门和其他负有安全生产监督管理职责的部门应当根据各自的职责分工,制定相关行业、领域重大事故隐患的判定标准。"

五十二、对部分条文作了以下修改:

(一)将第一条中的"为了加强安全生产监督管理"修改为"为了加强安全生产工作","促进经济发展"修改为"促进经济社会持续健康发展"。

(二)在第二条中的"民用航空安全"后增加"以及核与辐射安全、特种设备安全"。

(三)将第十一条中的"提高职工的安全生产意识"修改为"增强全社会的安全生产意识"。

(四)将第二十三条第一款中的"取得特种作业操作资格证书"修改为"取得相应资格"。

(五)将第二十三条第二款、第三十三条第二款、第六十六条、第七十六条中的"负责安全生产监督管理的部门"修改为"安全生产监督管理部门"。

(六)将第二十六条第二款中的"矿山建设项目和用于生产、储存危险物品的建设项目"修改为"矿山、金属冶炼建设项目和用于生产、储存、装卸危险物品的建设项目"。

(七)将第三十四条第二款、第八十八条第二项中的"封闭、堵塞"修改为"锁闭、封堵"。

(八)将第四十二条中的"重大生产安全事故"修改为"生产安全事故",将第六十八条中的"特大生产安全事故应急救援预案"修改为"生产安全事故应急救援预案"。

(九)将第四十三条、第四十四条第一款、第四十八条中的"工伤社会保险"修改为"工伤保险"。

(十)将第三章章名修改为"从业人员的安全生产权利义务"。

(十一)将第五十四条中的"依照本法第九条规定对安全生产负有监督管理职责的部门(以下统称负有安全生产监督管理职责的部门)"修改为"负有安全生产监督管理职责的部门"。

(十二)将第六十七条中的"安全生产宣传教育"修改为"安全生产公益宣传教育"。

(十三)将第七十条第二款、第七十一条、第九十二条中的"拖延不报"修改为"迟报"。

(十四)将第七十七条、第七十八条、第九十二条中的"行政处分"修改为"处分"。

(十五)将第八十七条、第八十八条中的"责令限期改正"修改为"责令限期改正,可以处五万元以下的罚款,对其直接负责的主管人员和其他直接责任人员可以处一万元以下的罚款"。

(十六)删去第八十八条中的"造成严重后果",删去第九十条中的"造成重大事故"。

本决定自 2014 年 12 月 1 日起施行。

《中华人民共和国安全生产法》根据本决定作相应修改,重新公布。

国务院关于近期支持东北振兴若干重大政策举措的意见

国发〔2014〕28号

各省、自治区、直辖市人民政府，国务院各部委、各直属机构：

党中央、国务院决定实施东北地区等老工业基地振兴战略以来，东北地区经济社会发展取得巨大成就。但目前也面临新的挑战，去年以来经济增速持续回落，部分行业生产经营困难，一些深层次体制机制和结构性矛盾凸显。为巩固扩大东北地区振兴发展成果、努力破解发展难题、依靠内生发展推动东北经济提质增效升级，现就近期支持东北振兴提出以下意见。

一、着力激发市场活力

以简政放权为突破口，促进各类市场主体竞相迸发发展活力。

（一）进一步简政放权。对已下放地方的投资项目审批事项，按照"同级审批"原则，依法将用地预审等相关前置审批事项下放地方负责。将列入石化产业规划布局方案的大连长兴岛石化产业基地等相关项目核准及用地预审等前置审批委托省级政府负责。鼓励辽宁省开展投资领域简政放权改革试点，对属于省级审批的投资项目，在依法合规的前提下，尽量减少前置审批事项。将在中关村国家自主创新示范区开展的境外并购外汇管理试点政策拓展至东北地区重点装备制造企业。

（二）促进非公有制经济大发展。在东北地区开展民营经济发展改革试点，创新扶持模式与政策，壮大一批民营企业集团，开展私营企业建立现代企业制度示范，探索老工业基地加快发展民营经济的有效途径。进一步放宽民间资本进入的行业和领域，抓紧实施鼓励社会资本参与的国家级重大投资示范项目，同时，要在基础设施、基础产业等领域推出一批鼓励社会资本参与的地方重大项目。在东北地区试点民间资本发起设立民营银行等金融机构。鼓励民间资本、外资以及各类新型社会资本，以出资入股等方式参与国有企业改制重组。在城市基础设施建设、环境治理等领域，积极推广政府与社会资本合作机制（PPP）等模式。

二、进一步深化国有企业改革

进一步深化东北地区国有企业和国有资产管理体制改革，支持东北在国有企业改革方面先行先试，大力发展混合所有制经济，切实增强国有经济发展活力。

（三）深化地方国有企业改革。地方政府要分类推进国有企业改革，拿出本级国有企业部分股权转让收益和国有资本经营收益，专项用于支付必需的改革成本。充分利用各类资本市场,大力推进国有资产资本化、证券化。有序推进混合所有制企业管理层、技术骨干、员工出资参与本企业改制。

(四)大力推进中央国有企业改革。根据党中央、国务院的统一部署,结合东北地区国有资本总量和分布情况,组建跨省的区域性(或省级)国有资本投资公司和运营公司,加快经营不善国有企业重组和退出。条件成熟时,通过股权多元化等方式整合中央企业在东北地区的资源,推动国有资本向关键性、战略性、基础性和先导性行业领域集中,允许拿出部分股权转让收益用于支付必需的改革成本,妥善安置企业职工。研究中央企业和地方协同发展政策,支持中央企业与地方共建产业园区。

(五)妥善解决国有企业改革历史遗留问题。尽快出台分类处理的政策措施,加大支持力度,力争用2—3年时间,妥善解决厂办大集体、分离企业办社会职能、离退休人员社会化管理等历史遗留问题。在东北地区全面推进中央企业分离移交"三供一业"(供水、供电、供热、物业管理)工作,地方国有企业也要积极开展相关工作。

三、紧紧依靠创新驱动发展

要总结经验、完善政策,深化科技体制改革,健全区域创新体系,推动经济转型升级。

(六)开展产学研用协同创新改革试验。打破制约科技与经济结合的体制机制障碍,打通产学研用之间的有效通道,统筹各方面资金并切实提高分配和使用效率。围绕重大技术装备和高端智能装备、新材料、生物等东北地区具有优势和潜力的产业链,以国家重点工程为依托,以骨干企业为主体,以利益为纽带,整合创新资源组建若干产业技术创新战略联盟,设立引导东北地区创新链整合的中央预算内投资专项,加大资金支持力度,集中实施一批重大创新工程,力争在关键核心技术方面取得突破。在东北地区组织实施一批重大技术装备首台(套)示范项目。

(七)完善区域创新政策。研究将中关村国家自主创新示范区有关试点政策向东北地区推广,鼓励在科技成果处置权、收益权、股权激励等方面探索试验。研究在东北地区设立国家自主创新示范区。研究利用国家外汇储备资金支持企业并购国外科技型企业的具体办法。研究支持东北地区创新驱动发展的措施。

(八)加强创新基础条件建设。研究在吉林省布局综合极端条件试验装置、在黑龙江省布局空间环境地面模拟装置重大科技基础设施,支持东北地区建设一批国家工程(技术)研究中心、国家工程(重点)实验室等研发平台。推动大型企业向社会和中小企业开放研发和检验检测设备,研究给予相应优惠政策。在东北地区率先启动创新企业百强试点工作。支持中科院与东北地区加强"院地合作",建设产业技术创新平台。继续组织开展东北地区等老工业基地院士专家科技咨询活动。国家"千人计划"、"万人计划"等重大人才工程要对东北地区给予重点支持,对高端装备制造、国防科技等领域予以倾斜。

四、全面提升产业竞争力

进一步调整优化生产力布局,加快改造提升传统产业,积极发展战略性新兴产业,大力发展现代服务业,构建产业发展新格局。

(九)做强传统优势产业。积极支持重大技术装备拓展市场,鼓励引导国家重点工程优先采用国产装备,扶持核电、火电、轨道交通、石化冶金、高档机床等优势装备走出去。科学布局一批产业关联度高的重大产业项目,地方和企业要做好恒力炼化一体化、中石油长兴岛炼化一期项目前期工作并力争尽早开工。加快推进中石油辽阳石化结构调整、中国兵器辽宁华锦石化改扩建等项目前期工作。鼓励大型农产品加工企业在东北地区布局生产基地,允许地方现有玉米深加工企业根据供需状况适度增加玉米加工量,中央财政对吉林、黑龙江、内蒙古3省区规模较大、信誉较好的玉米深加工企业,在规定期限内竞购加工国家临时收储玉米,超过一定数量部分给予一次性补贴。

(十)加快培育新兴产业。支持战略性新兴产业加快发展,对东北地区具有发展条件和比较优势的领域,国家优先布局安排。积极推动设立战略性新兴产业创业投资基金。国家集中力量扶持东北地区做大做强智能机器人、燃气轮机、高端海洋工程装备、集成电路装备、高性能纤维及复合材料、石墨新材料、光电子、卫星及应用、生物医药等产业,形成特色新兴产业集群。支持沈阳、哈尔滨航空企业与国际大型航空企业开展总装、发动机、零部件等重大合作项目。推动在沈阳、大连、哈尔滨等地设立军民融合发展示范园区,发展军民两用高技术产业。鼓励吉林开展非粮生物质资源高端化利用。设立国家级承接产业转移示范区,承接国内外产业转移。

(十一)推进工业化与信息化融合发展。加快信息化与工业化深度融合,适度超前建设智能化、大容量骨干传输网络,加快沈阳互联网骨干直联点建设,依托哈尔滨区域性国际通信业务出入口局,扩容中俄、中蒙跨境信息通道。支持东北地区开展工业化与信息化融合发展试点,用信息技术改造提升制造业。培育发展新一代信息技术、云计算、物联网等产业。

(十二)大力发展现代服务业。加快东北地区生产性服务业发展,在用电、用水、用气等方面与工业企业实行相同价格,在用地方面给予重点支持。加强旅游设施建设,提升旅游业竞争力,打造大东北旅游品牌。扶持东北地区文化创意、影视出版、演艺娱乐等文化产业发展。支持沈阳铁西、长春净月开发区和哈尔滨等国家服务业综合改革试点区域创新服务业发展模式。推进东北地区电子商务试点城市和服务外包示范城市建设。积极支持产品和技术交易平台建设。

五、增强农业可持续发展能力

要夯实农业发展基础,转变农业发展方式,积极探索现代农业发展之路。

(十三)巩固提升商品粮生产核心区地位。大力开展高标准基本农田建设,继续支持吉林西部和黑龙江三江平原东部等地实施土地整治重大工程。今年全国1亿亩深松整地试点重点安排在东北地区。组织实施黑土地保护工程,加大对土壤有机质提升、养分平衡、耕地质量检测以及水土流失治理等的资金支持力度。积极推进东北四省区节水增粮行动项目建设,到2015年建成3 800万亩集中连片高效节水灌溉工程。通过大力发展节水农业,带动东北地区节水技术和设备制造业发展。

(十四)创新现代农业发展体制。加快推进黑龙江"两大平原"现代农业综合配套改革试验,研究解决涉农资金整合中遇到的新情况新问题。完善粮食主产区利益补偿机制,国家涉农资金进一步加大对东北地区倾斜力度,按粮食商品量等因素对地方给予新增奖励,视中央财力状况,增加中央财政对产粮大县奖励资金。推动粮食主销区建立产销合作基金,鼓励引导主销区到主产区投资建设生产基地。鼓励地方政府结合实际,建立财政贴息等现代农业发展金融扶持机制,引导农村金融机构开展金融创新。

（十五）加强粮食仓储和物流设施建设。今年中央预算内投资安排14亿元,支持东北地区新建64亿斤粮食标准化仓储设施和一批散粮物流设施;中央财政安排5亿元,维修改造200亿斤仓容危仓老库。改革创新粮食仓储设施建设投资方式,充分发挥地方和社会建仓积极性,鼓励支持农户特别是种粮大户、家庭农场、农民合作社等新型经营主体储粮。同时,对吉林、黑龙江等仓容紧张地区,抓紧进行跨省移库腾仓。下一步全国新建1 000亿斤仓容重点向东北地区倾斜,争取用2—3年基本解决东北地区粮食仓储难问题。畅通"北粮南运",加强运粮通道及物流基础设施建设,继续推进粮食大型装车点建设,完善粮食物流体系和节点布局。

六、推动城市转型发展

要完善城市功能,支持城区老工业区和独立工矿区搬迁改造,促进资源型城市转型,建设宜产宜居的现代城市。

（十六）全面推进城区老工业区和独立工矿区搬迁改造。从2014年起扩大中央预算内投资相关专项规模,每年安排20亿元专门用于东北地区城区老工业区和独立工矿区搬迁改造。今年年内集中力量支持问题突出、前期工作基础较好的10个城区老工业区和10个独立工矿区实施搬迁改造工程,明后两年力争全面展开。坚持先规划后改造,提前制定搬迁改造实施方案,积极稳妥推进搬迁改造。加大城镇低效用地再开发等土地政策支持力度,研究制定通过开发性金融支持城区老工业区和独立工矿区搬迁改造的措施,支持发行城区老工业区和独立工矿区搬迁改造企业债券。

（十七）加快城市基础设施改造。加大中央预算内投资支持力度,大力推进东北地区城市供热、供水等管网设施改造。结合既有建筑节能、供热管网改造以及热电联产机组建设,组织实施东北地区"暖房子"工程。中央预算内投资和财政专项资金支持东北地区污水垃圾处理设施和配套污水管网建设。鼓励利用特许经营、投资补助、政府购买服务等方式,改善城市基础设施的薄弱环节。

（十八）促进资源型城市可持续发展。在东北地区启动资源型城市可持续发展试点,健全资源开发补偿机制和利益分配共享机制。以黑龙江省鸡西、双鸭山、鹤岗、七台河四大煤城为重点,研究布局若干现代煤化工及精深加工项目,实施资源型城市产业转型攻坚行动计划。组织实施资源枯竭城市吸纳就业产业重点培育工程,支持建设一批再就业项目,重点培育阜新皮革、辽源袜业、大小兴安岭蓝莓等能充分吸纳就业的产业。加大中央预算内投资资金支持力度,在东北资源型城市建设一批接续替代产业园区和集聚区。对黑龙江省四大煤城等地区原中央下放煤矿继续实施采煤沉陷区治理。

七、加快推进重大基础设施建设

要规划建设一批重大基础设施工程,破解发展瓶颈制约。

(十九)加快综合交通网络建设。铁路方面,加快京沈高铁、哈佳、沈丹、丹大、吉图珲、哈齐、哈牡等快速铁路建设,推进赤峰、通辽与京沈高铁连接线前期工作;贯通东北东部铁路,研究建设黑龙江省沿边铁路;实施滨洲铁路、哈牡铁路等电化扩能提速改造;加快推进渤海跨海通道工程前期工作。公路方面,启动京哈高速公路扩容改造,加快辽宁铁岭至本溪、吉黑高速吉林至荒岗段等国家高速公路"断头路"建设,推进国道203线吉林段、国道201线鹤岗段等普通国省干线公路改扩建,消除瓶颈路段,加大国边防公路和林区森林防火应急道路建设。机场方面,加快哈尔滨机场改扩建工程建设,推进大连新机场、沈阳机场二跑道、长春机场二期扩建、长海机场扩建、延吉机场迁建,以及松原、建三江、五大连池、绥芬河等支线机场前期工作。城市轨道交通方面,重点推进大连、沈阳、长春、哈尔滨及其他符合条件城市轨道交通建设。加大国际运输通道建设力度,打通经俄罗斯的中欧铁路大通道,重点推进中俄同江铁路大桥、中朝丹东鸭绿江界河公路大桥、集安公路大桥等重点项目建设,开展中俄抚远、黑河等跨境铁路项目前期研究,积极推进中蒙铁路通道建设。

(二十)构建多元清洁能源体系。加快电力外送通道建设,切实解决东北地区"窝电"问题。尽快开工内蒙古锡盟至山东交流特高压、锡盟至江苏直流特高压、辽宁绥中电厂改接华北电网等输电工程,加快推进黑龙江经吉林、辽宁至华北输电工程前期工作。研究在黑龙江、吉林开展竞价上网电力改革试点,推动在内蒙古通辽开展区域微型电网试点。优化东北地区能源结构,开工建设辽宁红沿河核电二期项目,适时启动辽宁徐大堡核电项目建设。在东北地区加快审批建设一批热电联产集中供热项目。加快地热能开发利用。支持工业燃煤锅炉节能减排改造、余热余压利用示范工程。支持吉林省开展油页岩综合开发利用示范工程。加快实施中俄原油管道复线、中俄东线天然气管道、黑河与俄阿穆尔州炼化及成品油储输项目等一批重大合作项目。

(二十一)大力发展水利设施。重点推进黑龙江、松花江、嫩江等主要干流、支流综合整治,完善防洪减灾体系。加快推进辽西北供水二期、吉林中部引松供水、哈达山水利枢纽(一期)、引嫩入白、尼尔基引嫩扩建一期、引绰济辽以及黑龙江、松花江、乌苏里江"三江连通"等重大水利工程建设。尽快开工黑龙江阁山、奋斗和吉林松原灌区、辽宁猴山水库等重点工程。在水土资源条件具备的地区发展现代灌溉设施,加快三江平原及尼尔基、大安、绰勒水库下游等灌区建设。

八、切实保障和改善民生

要推进重点民生工程建设,使振兴成果更多更公平地惠及广大群众。

(二十二)加快推进棚户区改造。打好棚户区改造攻坚战,2014年东北地区开工改造70万套,力争再用2—3年,在全国率先基本完成现有棚户区改造计划。中央财政继续加大对东北地区棚户区改造支持力度,中央预算内投资进一步向东北地区工矿(含煤矿)、国有林区、国有垦区棚户区改造配套基础设施建设倾斜。更好运用金融手段支持棚户区改造,鼓励开发银行进一步加大对东北地区棚户区改造支持力度,今年安排信贷规模 600 亿元左右,确保列入改造计划项目建设资金需求。开发银行项目资本金过桥贷款(软贷款回收再贷)对东北地区支持标准按西部地区执行。同等条件下优先支持棚户区改造的企业发行债券融资。扩大东北地区棚户区改造项目"债贷组合"债券发行规模。对棚户区改造工程所需新增建设用地实行应保尽保。

(二十三)完善社会保障体系。中央财政对企业职工基本养老保险的投入继续向东北地区倾斜,进一步提高企业退休人员基本养老金水平。妥善解决厂办大集体职工的社会保障问题。落实将关闭破产企业退休人员和困难企业职工纳入基本医疗保险的政策。

(二十四)努力促进就业稳定。加强对就业形势分析研判,及时采取有针对性举措,防止经济下滑造成大规模职工失业。帮助就业困难人员实现就业,确保零就业家庭实现至少一人就业。鼓励高校毕业生到东北地区就业和创业。

九、加强生态环境保护

要着力推进绿色循环低碳发展,建设天蓝水绿山青的美丽家园和稳固的北方生态安全屏障。

(二十五)推进重点生态功能区建设。继续实施天然林保护工程,进一步大幅调减林木采伐量,2014 年起中央财政每年安排天然林资源保护工程财政资金 23.5 亿元,支持在黑龙江重点国有林区率先启动全面停止商业性采伐试点。争取尽快将东北其他国有林区纳入停止商业性采伐范围。研究在内蒙古大兴安岭林区开展国有林区综合配套改革试验。加大水土流失综合治理力度。推进三江平原、松辽平原等重点湿地保护,实施流域湿地生态补水工程,在有条件的区域开展退耕还湿和湿地生态移民试点。支持黑龙江兴凯湖、吉林查干湖、辽宁大伙房水源保护区等开展湖泊生态环境保护。实施科尔沁沙地等专项治理工程。支持吉林、黑龙江西部地区等加快盐碱地治理,实施河湖连通工程,建设生态经济区。支持东北地区生态文明先行示范区建设,开展节能减排财政政策综合示范。

(二十六)推进工业废弃地和老矿区环境治理。开展工业废弃地环境调查、风险评估和治理修复。加强矿区生态和地质环境整治,全面开展老矿区沉陷区、露天矿坑、矸石山、尾矿库等综合治理,控制和消除重大地质灾害和环境安全隐患。推进工矿废弃地复垦利用。按照"政府支持、市场化运作"方式,对工业废弃地和矿区历史遗留问题实施专项治理工程。开展工业废弃地和矿区环境治理国际合作。

十、全方位扩大开放合作

要实施更加积极主动的开放战略,全面提升开放层次和水平,不断拓展发展领域和空间。

(二十七)扩大向东北亚区域及发达国家开放合作。加强东北振兴与俄远东开发的衔接,启动中俄远东开发合作机制,推动在能源、矿产资源、制造业等领域实施一批重大合作项目,按照国务院批复方案加快筹备中俄地区合作发展(投资)基金,支持哈尔滨打造对俄合作中心城市。发挥地缘和人文优势,务实推进对韩、蒙、日、朝合作,支持大连设立中日韩循环经济示范基地。扩大面向发达国家合作,建立中德政府间老工业基地振兴交流合作机制,推动中德两国在沈阳共建高端装备制造业园区。提升中新吉林食品区合作层次。

（二十八）打造一批重大开放合作平台。支持大连金普新区建设成为我国面向东北亚区域开放合作的战略高地,根据需要将省、市经济管理权限下放至新区。研究设立绥芬河(东宁)、延吉(长白)、丹东重点开发开放试验区,支持满洲里、二连浩特重点开发开放试验区和中国图们江区域(珲春)国际合作示范区建设,在具备条件的地区建设综合保税区和跨境经济合作区。加强重点边境城市建设,增强对周边地区的辐射力和吸引力。支持铁岭等地建设保税物流中心,促进东北腹地与沿海产业优势互补、良性互动。

（二十九）完善对外开放政策。给予东北地区符合条件的企业原油进口及使用资质,赋予黑龙江农垦粮食自营进出口权。增加从周边国家进口石油、粮食等权益产品配额,鼓励在边境地区开展进口资源深加工。完善边境小额贸易专项转移支付资金政策。优先支持东北地区项目申请使用国际金融组织和外国政府优惠贷款。推动哈尔滨、长春机场等对部分国家和地区实行72小时过境免办签证政策。加快建设大连东北亚国际航运中心。

（三十）加强区域经济合作。推动东北地区与环渤海、京津冀地区统筹规划,融合发展。完善东北四省区区域合作与协同发展机制,探索部门与地方协同推进合作的有效渠道,健全推进落实措施,深化多领域务实合作。大力推进东北地区内部次区域合作,编制相关发展规划,推动东北地区东部经济带,以及东北三省西部与内蒙古东部一体化发展。

十一、强化政策保障和组织实施

要结合新形势、新要求,强化政策支持,创造良好政策环境,加大工作力度,确保各项政策措施落实到位。

（三十一）财政政策。中央财政进一步加大对东北地区一般性和专项转移支付力度。研究加大对资源枯竭城市转移支付力度。研究将东北地区具备条件的省市纳入地方政府债券自发自还试点范围。

（三十二）金融政策。加大对东北地区支农再贷款和支小再贷款支持力度。鼓励政策性金融、商业性金融探索支持东北振兴的有效模式。优先支持东北地区符合条件企业发行企业债券,允许符合条件的金融机构和企业到境外市场发行人民币债券。统筹研究设立东北振兴产业投资基金。加快中小企业信用担保体系和服务体系建设,继续扶持东北地区担保和再担保机构发展。允许符合条件的重点装备制造企业设立金融租赁公司开展金融租赁业务。

（三十三）投资政策。在基础设施、生态建设、环境保护、扶贫开发和社会事业等方面安排中央预算内投资时,比照西部地区补助标准执行。中央加大对东北高寒地区和交通末端干线公路建设的项目补助和资本金倾斜。中央安排的东北地区公益性建设项目,取消边境地区和贫困地区县及县以下配套资金。中央预算内投资专门安排资金支持东北地区重大项目和跨省区合作项目前期工作,东北各地也要安排专门资金支持做好重大项目前期工作。

（三十四）抓好组织实施。发展改革委要认真落实国务院振兴东北地区等老工业基地领导小组部署,统筹做好支持东北振兴各项工作,加强跟踪研判,推进重点工作。国务院各有关部门要加强指导、密切配合,抓紧研究出台实施细则,形成政策合力。对于重点建设项目,发展改革、国土、环保、财政、金融等各有关部门要给予重点支持。东北四省区要充分发挥主体作用,守土有责、守土尽责,采取有力举措,制定具体方案,落实工作责任,确保各项政策措施落到实处。

(三十五)加强督促检查。各有关部门要按照职责分工,建立动态反馈机制,深入实地开展督查调研,每半年将支持东北振兴工作进展情况送发展改革委,对发现的问题要及时研究提出整改建议。发展改革委要及时协调解决重大事项,督促各有关部门和地区落实各项重大政策举措,每半年要将落实进展情况及相关工作考虑汇总上报国务院,重大问题及时向国务院报告。

支持东北地区全面深化改革、创新体制机制、实现经济社会持续健康发展,是新时期新阶段实施东北地区等老工业基地振兴战略的必然要求,对于稳增长、促改革、调结构、惠民生具有重大意义。各有关方面要切实增强责任意识和忧患意识,坚定信心,迎难而上,奋发有为,真抓实干,为促进东北地区全面振兴、培育中国新的经济支撑带作出更大贡献。

国务院
2014年8月8日

商务部办公厅关于中外合资经营等类型企业转变为外商投资股份有限公司有关问题的函

商办资函〔2014〕516号

各省、自治区、直辖市、计划单列市及新疆生产建设兵团商务主管部门:

《关于设立外商投资股份有限公司若干问题的暂行规定》(原对外贸易经济合作部令〔1995〕第1号)第十五条规定,已设立中外合资经营企业、中外合作经营企业、外资企业如申请转变为外商投资股份有限公司的,应有最近连续3年的盈利记录。2005年修订的《公司法》则取消了公司发行新股必须最近3年连续盈利、申请股票上市必须最近3年连续盈利等条件。近期,部分地方商务主管部门来函咨询:中外合资经营企业、中外合作经营企业、外资企业申请转变为外商投资股份有限公司,是否仍需符合最近连续3年盈利的规定。

经研究,现就有关问题做出如下说明:中外合资经营企业、中外合作经营企业、外资企业申请转变为外商投资股份有限公司,审批机关可依《公司法》执行,无需再要求"应有最近连续3年的盈利记录"。下一步,我部将通过修订有关法律法规解决上述问题。

商务部办公厅
2014年6月24日

商务部关于改进外资审核管理工作的通知

商资函〔2014〕314号

各省、自治区、直辖市、计划单列市及新疆生产建设兵团商务主管部门：

为贯彻落实《国务院关于印发注册资本登记制度改革方案的通知》(国发〔2014〕7号,以下简称《通知》)和《国务院关于废止和修改部分行政法规的决定》(国务院令第648号,以下简称《决定》),商务部就部分外商投资管理工作提出改进措施,现通知如下：

一、关于外资审核

(一)取消对外商投资(含台、港、澳投资)的公司(以下简称公司)首次出资比例、货币出资比例和出资期限的限制或规定。

认缴出资额、出资方式、出资期限由公司投资者(股东、发起人)自主约定,并在合营(合作)合同、公司章程中载明。各级商务主管部门应在批复中对上述内容予以明确。

(二)除法律、行政法规以及国务院决定对特定行业注册资本最低限额另有规定外,取消公司最低注册资本的限制。

(三)《通知》所列《暂不实行注册资本认缴登记制的行业》的注册资本出资事项,在有关法律、行政法规以及国务院决定未修改前,暂按现行规定执行。

除上述暂不实行注册资本认缴登记制的行业外,不再审核公司注册资本的缴付情况。

(四)2014年3月1日前批准的外商投资事项,投资者应继续按原合同、章程的约定履行出资义务;如需变更,投资者可向商务主管部门提出申请,各级商务主管部门应根据本通知的有关要求进行审核。

(五)公司注册资本和投资总额的比例仍需符合《关于中外合资经营企业注册资本与投资总额比例的暂行规定》及其他现行有效规定。《国家鼓励发展的内外资项目确认书》和《外商投资企业进口更新设备、技术和配件证明》的办理工作仍按《商务部关于办理外商投资企业〈国家鼓励发展的内外资项目确认书〉有关问题的通知》(商资发〔2006〕201号)执行。

(六)《决定》废止了《中外合资经营企业合营各方出资的若干规定》及《〈中外合资经营企业合营各方出资的若干规定〉的补充规定》,修订了《中外合资经营企业法实施条例》、《中外合作经营企业法实施条例》和《外资企业法实施细则》关于注册资本出资的内容,各级商务主管部门应认真遵照执行。

二、关于外资统计

(七)根据《外商投资统计制度》,仍以实收资本为基础开展外资统计工作。商务部将在全口径外资管理信息系统"审批发证"项下的"投资各方及出资"模块中增加投资者出资进度及期限的内容。各级商务主管部门在发放批准证书时应在系统中录入相关内容,以此作为了解掌握投资者出资情况及汇总实际使用外资数据的基础。

(八)实际出资后,公司应当按照《公司法》、《中外合资经营企业法实施条例》、《中外合作经营企业法实施细则》等法律法规的要求向投资者签发出资证明书。出资证明书应载明:公司名称;成立日期;注册资本;投资者(股东)名称或姓名、出资方式、缴纳出资金额或提供合作条件的内容;缴纳出资日期;出资证明书的编号和核发日期。

(九)公司向投资者签发出资证明书后,应于30日内将加盖公章的出资证明书副本抄报所在地商务主管部门,并提供与出资内容相关的证明材料。

出资证明材料主要包括(但不限于)以下形式:

1. 投资者以现汇或跨境人民币出资的,企业需提交银行进账单(或具有同等证明效力的文件)及报文;

2. 以实物出资的,需提交实物移交与验收证明、作价依据、权属证明等;

3. 以无形资产出资的,需视情况提交专利证书、专利登记簿、商标注册证等,与无形资产出资有关的转让合同,评估报告、投资各方对资产价值的确认文件等;

4. 以境内人民币投资的,需提交利润来源企业的批准证书、产生利润年度财务报表、有关利润分配的董事会决议;或清算所得来源企业清算报告;或股权转让所得企业的批准证书、与股权转让相关的董事会决议。

各级商务主管部门按出资证明书载明的出资方式、出资金额及币种(或提供合作条件的内容)、出资时间等进行实际投资统计。

各级商务主管部门应认真贯彻落实各项改革措施,进一步改进外资审核管理工作,同时加强监督和协调,督促公司按照相关法律、法规要求,真实、准确、完整、及时地提供统计信息,对提供不真实或者不完整的,要会同相关职能部门予以纠正和处理。

本通知执行过程中如有问题,请及时与商务部(外资司)联系。

商务部
2014 年 6 月 17 日

国家发展改革委关于印发青岛西海岸新区总体方案的通知

发改地区〔2014〕1318 号

山东省人民政府,国务院有关部门、直属机构,总参谋部:

《青岛西海岸新区总体方案》（以下简称《方案》）已经国务院同意，现印发你们，并就有关事项通知如下：

一、青岛西海岸新区位于京津冀都市圈和长江三角洲地区紧密联系的中间地带，是沿黄河流域主要出海通道和亚欧大陆桥东部重要端点，具有辐射内陆、连通南北、面向太平洋的战略区位优势，海洋科技优势突出，港口航运实力雄厚，产业集聚效应明显，军民融合特色鲜明，积极推进青岛西海岸新区高水平建设，对引领山东半岛蓝色经济区创新发展、打造海洋强国战略支点和全面实施海洋战略具有重大意义。

二、请山东省人民政府按照《国务院关于同意设立青岛西海岸新区的批复》（国函〔2014〕71号）要求，全面做好《方案》的组织实施工作，依据《方案》和依法批准的土地规划、城镇规划组织编制青岛西海岸新区发展规划，认真落实《方案》提出的战略定位、空间布局、发展重点等各项任务，确保实现《方案》确定的发展目标。要加强组织领导，完善机制，明确分工，落实责任，积极探索有利于青岛西海岸新区健康发展的体制机制。

三、请国务院有关部门结合职能分工，认真贯彻落实国务院批复精神，进一步加强对青岛西海岸新区建设发展的支持和指导，帮助地方解决《方案》实施中遇到的困难和问题，为推动青岛西海岸新区高水平建设发展营造良好的政策环境。

四、我委将按照国务院批复精神，会同有关部门做好有关重大发展政策的落实工作，加强对新区建设发展的指导和监管，组织开展《方案》实施情况的跟踪评价与督促检查，及时向国务院报告有关实施情况。

附件：青岛西海岸新区总体方案（略——编者注）

国家发展改革委
2014年6月13日

国务院关于进一步促进资本市场健康发展的若干意见

国发〔2014〕17号

各省、自治区、直辖市人民政府，国务院各部委、各直属机构：

进一步促进资本市场健康发展，健全多层次资本市场体系，对于加快完善现代市场体系、拓宽企业和居民投融资渠道、优化资源配置、促进经济转型升级具有重要意义。20多年来，我国资本市场快速发展，初步形成了涵盖股票、债券、期货的市场体系，为促进改革开放和经济社会发展作出了重要贡献。但总体上看，我国资本市场仍不成熟，一些体制机制性问题依然存在，新情况新问题不断出现。为深入贯彻党的十八大和十八届二中、三中全会精神，认真落实党中央和国务院的决策部署，实现资本市场健康发展，现提出以下意见。

一、总体要求

（一）指导思想。

高举中国特色社会主义伟大旗帜，以邓小平理论、"三个代表"重要思想、科学发展观为指导，贯彻党中央和国务院的决策部署，解放思想，改革创新，开拓进取。坚持市场化和法治化取向，维护公开、公平、公正的市场秩序，维护投资者特别是中小投资者合法权益。紧紧围绕促进实体经济发展，激发市场创新活力，拓展市场广度深度，扩大市场双向开放，促进直接融资与间接融资协调发展，提高直接融资比重，防范和分散金融风险。推动混合所有制经济发展，完善现代企业制度和公司治理结构，提高企业竞争能力，促进资本形成和股权流转，更好发挥资本市场优化资源配置的作用，促进创新创业、结构调整和经济社会持续健康发展。

（二）基本原则。

资本市场改革发展要从我国国情出发，积极借鉴国际经验，遵循以下原则：

一是处理好市场与政府的关系。尊重市场规律，依据市场规则、市场价格、市场竞争实现效益最大化和效率最优化，使市场在资源配置中起决定性作用。同时，更好发挥政府作用，履行好政府监管职能，实施科学监管、适度监管，创造公平竞争的市场环境，保护投资者合法权益，有效维护市场秩序。

二是处理好创新发展与防范风险的关系。以市场为导向、以提高市场服务能力和效率为目的，积极鼓励和引导资本市场创新。同时，强化风险防范，始终把风险监测、预警和处置贯穿于市场创新发展全过程，牢牢守住不发生系统性、区域性金融风险的底线。

三是处理好风险自担与强化投资者保护的关系。加强投资者教育，引导投资者培育理性投资理念，自担风险、自负盈亏，提高风险意识和自我保护能力。同时，健全投资者特别是中小投资者权益保护制度，保障投资者的知情权、参与权、求偿权和监督权，切实维护投资者合法权益。

四是处理好积极推进与稳步实施的关系。立足全局、着眼长远，坚定不移地积极推进改革。同时，加强市场顶层设计，增强改革措施的系统性、针对性、协同性，把握好改革的力度、节奏和市场承受程度，稳步实施各项政策措施，着力维护资本市场平稳发展。

（三）主要任务。

加快建设多渠道、广覆盖、严监管、高效率的股权市场，规范发展债券市场，拓展期货市场，着力优化市场体系结构、运行机制、基础设施和外部环境，实现发行交易方式多样、投融资工具丰富、风险管理功能完备、场内场外和公募私募协调发展。到2020年，基本形成结构合理、功能完善、规范透明、稳健高效、开放包容的多层次资本市场体系。

二、发展多层次股票市场

（四）积极稳妥推进股票发行注册制改革。建立和完善以信息披露为中心的股票发行制度。发行人是信息披露第一责任人，必须做到言行与信息披露的内容一致。发行人、中介机构对信息披露的真实性、准确性、完整性、充分性和及时性承担法律责任。投资者自行判断发行人的盈利能力和投资价值,自担投资风险。逐步探索符合我国实际的股票发行条件、上市标准和审核方式。证券监管部门依法监管发行和上市活动,严厉查处违法违规行为。

(五)加快多层次股权市场建设。强化证券交易所市场的主导地位,充分发挥证券交易所的自律监管职能。壮大主板、中小企业板市场,创新交易机制,丰富交易品种。加快创业板市场改革,健全适合创新型、成长型企业发展的制度安排。增加证券交易所市场内部层次。加快完善全国中小企业股份转让系统,建立小额、便捷、灵活、多元的投融资机制。在清理整顿的基础上,将区域性股权市场纳入多层次资本市场体系。完善集中统一的登记结算制度。

(六)提高上市公司质量。引导上市公司通过资本市场完善现代企业制度,建立健全市场化经营机制,规范经营决策。督促上市公司以投资者需求为导向,履行好信息披露义务,严格执行企业会计准则和财务报告制度,提高财务信息的可比性,增强信息披露的有效性。促进上市公司提高效益,增强持续回报投资者能力,为股东创造更多价值。规范上市公司控股股东、实际控制人行为,保障公司独立主体地位,维护各类股东的平等权利。鼓励上市公司建立市值管理制度。完善上市公司股权激励制度,允许上市公司按规定通过多种形式开展员工持股计划。

(七)鼓励市场化并购重组。充分发挥资本市场在企业并购重组过程中的主渠道作用,强化资本市场的产权定价和交易功能,拓宽并购融资渠道,丰富并购支付方式。尊重企业自主决策,鼓励各类资本公平参与并购,破除市场壁垒和行业分割,实现公司产权和控制权跨地区、跨所有制顺畅转让。

(八)完善退市制度。构建符合我国实际并有利于投资者保护的退市制度,建立健全市场化、多元化退市指标体系并严格执行。支持上市公司根据自身发展战略,在确保公众投资者权益的前提下以吸收合并、股东收购、转板等形式实施主动退市。对欺诈发行的上市公司实行强制退市。明确退市公司重新上市的标准和程序。逐步形成公司进退有序、市场转板顺畅的良性循环机制。

三、规范发展债券市场

(九)积极发展债券市场。完善公司债券公开发行制度。发展适合不同投资者群体的多样化债券品种。建立健全地方政府债券制度。丰富适合中小微企业的债券品种。统筹推进符合条件的资产证券化发展。支持和规范商业银行、证券经营机构、保险资产管理机构等合格机构依法开展债券承销业务。

(十)强化债券市场信用约束。规范发展债券市场信用评级服务。完善发行人信息披露制度,提高投资者风险识别能力,减少对外部评级的依赖。建立债券发行人信息共享机制。探索发展债券信用保险。完善债券增信机制,规范发展债券增信业务。强化发行人和投资者的责任约束,健全债券违约监测和处置机制,支持债券持有人会议维护债权人整体利益,切实防范道德风险。

(十一)深化债券市场互联互通。在符合投资者适当性管理要求的前提下,完善债券品种在不同市场的交叉挂牌及自主转托管机制,促进债券跨市场顺畅流转。鼓励债券交易场所合理分工、发挥各自优势。促进债券登记结算机构信息共享、顺畅连接,加强互联互通。提高债券市场信息系统、市场监察系统的运行效率,逐步强化对债券登记结算体系的统一管理,防范系统性风险。

（十二）加强债券市场监管协调。充分发挥公司信用类债券部际协调机制作用，各相关部门按照法律法规赋予的职责，各司其职，加强对债券市场准入、信息披露和资信评级的监管，建立投资者保护制度，加大查处债券市场虚假陈述、内幕交易、价格操纵等各类违法违规行为的力度。

四、培育私募市场

（十三）建立健全私募发行制度。建立合格投资者标准体系，明确各类产品私募发行的投资者适当性要求和面向同一类投资者的私募发行信息披露要求，规范募集行为。对私募发行不设行政审批，允许各类发行主体在依法合规的基础上，向累计不超过法律规定特定数量的投资者发行股票、债券、基金等产品。积极发挥证券中介机构、资产管理机构和有关市场组织的作用，建立健全私募产品发行监管制度，切实强化事中事后监管。建立促进经营机构规范开展私募业务的风险控制和自律管理制度安排，以及各类私募产品的统一监测系统。

（十四）发展私募投资基金。按照功能监管、适度监管的原则，完善股权投资基金、私募资产管理计划、私募集合理财产品、集合资金信托计划等各类私募投资产品的监管标准。依法严厉打击以私募为名的各类非法集资活动。完善扶持创业投资发展的政策体系，鼓励和引导创业投资基金支持中小微企业。研究制定保险资金投资创业投资基金的相关政策。完善围绕创新链需要的科技金融服务体系，创新科技金融产品和服务，促进战略性新兴产业发展。

五、推进期货市场建设

（十五）发展商品期货市场。以提升产业服务能力和配合资源性产品价格形成机制改革为重点，继续推出大宗资源性产品期货品种，发展商品期权、商品指数、碳排放权等交易工具，充分发挥期货市场价格发现和风险管理功能，增强期货市场服务实体经济的能力。允许符合条件的机构投资者以对冲风险为目的使用期货衍生品工具，清理取消对企业运用风险管理工具的不必要限制。

（十六）建设金融期货市场。配合利率市场化和人民币汇率形成机制改革，适应资本市场风险管理需要，平稳有序发展金融衍生产品。逐步丰富股指期货、股指期权和股票期权品种。逐步发展国债期货，进一步健全反映市场供求关系的国债收益率曲线。

六、提高证券期货服务业竞争力

（十七）放宽业务准入。实施公开透明、进退有序的证券期货业务牌照管理制度，研究证券公司、基金管理公司、期货公司、证券投资咨询公司等交叉持牌，支持符合条件的其他金融机构在风险隔离基础上申请证券期货业务牌照。积极支持民营资本进入证券期货服务业。支持证券期货经营机构与其他金融机构在风险可控前提下以相互控股、参股的方式探索综合经营。

（十八）促进中介机构创新发展。推动证券经营机构实施差异化、专业化、特色化发展，促进形成若干具有国际竞争力、品牌影响力和系统重要性的现代投资银行。促进证券投资基金管理公司向现代资产管理机构转型,提高财富管理水平。推动期货经营机构并购重组,提高行业集中度。支持证券期货经营机构拓宽融资渠道,扩大业务范围。在风险可控前提下,优化客户交易结算资金存管模式。支持证券期货经营机构、各类资产管理机构围绕风险管理、资本中介、投资融资等业务自主创设产品。规范发展证券期货经营机构柜台业务。对会计师事务所、资产评估机构、评级增信机构、法律服务机构开展证券期货相关服务强化监督,提升证券期货服务机构执业质量和公信力,打造功能齐备、分工专业、服务优质的金融服务产业。

(十九)壮大专业机构投资者。支持全国社会保障基金积极参与资本市场投资,支持社会保险基金、企业年金、职业年金、商业保险资金、境外长期资金等机构投资者资金逐步扩大资本市场投资范围和规模。推动商业银行、保险公司等设立基金管理公司,大力发展证券投资基金。

(二十)引导证券期货互联网业务有序发展。建立健全证券期货互联网业务监管规则。支持证券期货服务业、各类资产管理机构利用网络信息技术创新产品、业务和交易方式。支持有条件的互联网企业参与资本市场,促进互联网金融健康发展,扩大资本市场服务的覆盖面。

七、扩大资本市场开放

(二十一)便利境内外主体跨境投融资。扩大合格境外机构投资者、合格境内机构投资者的范围,提高投资额度与上限。稳步开放境外个人直接投资境内资本市场,有序推进境内个人直接投资境外资本市场。建立健全个人跨境投融资权益保护制度。在符合外商投资产业政策的范围内,逐步放宽外资持有上市公司股份的限制,完善对收购兼并行为的国家安全审查和反垄断审查制度。

(二十二)逐步提高证券期货行业对外开放水平。适时扩大外资参股或控股的境内证券期货经营机构的经营范围。鼓励境内证券期货经营机构实施"走出去"战略,增强国际竞争力。推动境内外交易所市场的连接,研究推进境内外基金互认和证券交易所产品互认。稳步探索B股市场改革。

(二十三)加强跨境监管合作。完善跨境监管合作机制,加大跨境执法协查力度,形成适应开放型资本市场体系的跨境监管制度。深化与香港、澳门特别行政区和台湾地区的监管合作。加强与国际证券期货监管组织的合作,积极参与国际证券期货监管规则制定。

八、防范和化解金融风险

(二十四)完善系统性风险监测预警和评估处置机制。建立健全宏观审慎管理制度。逐步建立覆盖各类金融市场、机构、产品、工具和交易结算行为的风险监测监控平台。完善风险管理措施,及时化解重大风险隐患。加强涵盖资本市场、货币市场、信托理财等领域的跨行业、跨市场、跨境风险监管。

(二十五)健全市场稳定机制。资本市场稳定关系经济发展和社会稳定大局。各地区、各部门在出台政策时要充分考虑资本市场的敏感性,做好新闻宣传和舆论引导工作。完善市场交易机制,丰富市场风险管理工具。建立健全金融市场突发事件快速反应和处置机制。健全稳定市场预期机制。

（二十六）从严查处证券期货违法违规行为。加强违法违规线索监测，提升执法反应能力。严厉打击证券期货违法犯罪行为。完善证券期货行政执法与刑事司法的衔接机制，深化证券期货监管部门与公安司法机关的合作。进一步加强执法能力，丰富行政调查手段，大幅改进执法效率，提高违法违规成本，切实提升执法效果。

（二十七）推进证券期货监管转型。加强全国集中统一的证券期货监管体系建设，依法规范监管权力运行，减少审批、核准、备案事项，强化事中事后监管，提高监管能力和透明度。支持市场自律组织履行职能。加强社会信用体系建设，完善资本市场诚信监管制度，强化守信激励、失信惩戒机制。

九、营造资本市场良好发展环境

（二十八）健全法规制度。推进证券法修订和期货法制定工作。出台上市公司监管、私募基金监管等行政法规。建立健全结构合理、内容科学、层级适当的法律实施规范体系，整合清理现行规章、规范性文件，完善监管执法实体和程序规则。重点围绕调查与审理分离、日常监管与稽查处罚协同等关键环节，积极探索完善监管执法体制和机制。配合完善民事赔偿法律制度，健全操纵市场等犯罪认定标准。

（二十九）坚决保护投资者特别是中小投资者合法权益。健全投资者适当性制度，严格投资者适当性管理。完善公众公司中小投资者投票和表决机制，优化投资者回报机制，健全多元化纠纷解决和投资者损害赔偿救济机制。督促证券投资基金等机构投资者参加上市公司业绩发布会，代表公众投资者行使权利。

（三十）完善资本市场税收政策。按照宏观调控政策和税制改革的总体方向，统筹研究有利于进一步促进资本市场健康发展的税收政策。

（三十一）完善市场基础设施。加强登记、结算、托管等公共基础设施建设。实现资本市场监管数据信息共享。推进资本市场信息系统建设，提高防范网络攻击、应对重大灾难与技术故障的能力。

（三十二）加强协调配合。健全跨部门监管协作机制。加强中小投资者保护工作的协调合作。各地区、各部门要加强与证券期货监管部门的信息共享与协同配合。出台支持资本市场扩大对外开放的外汇、海关监管政策。地方人民政府要规范各类区域性交易场所，打击各种非法证券期货活动，做好区域内金融风险防范和处置工作。

（三十三）规范资本市场信息传播秩序。各地区、各部门要严格管理涉及资本市场的内幕信息，确保信息发布公开公正、准确透明。健全资本市场政策发布和解读机制，创新舆论回应与引导方式。综合运用法律、行政、行业自律等方式，完善资本市场信息传播管理制度。依法严肃查处造谣、传谣以及炒作不实信息误导投资者和影响社会稳定的机构、个人。

国务院

2014年5月8日

（本文有删减）

中华人民共和国商标法实施条例

中华人民共和国国务院令第 651 号

现公布修订后的《中华人民共和国商标法实施条例》,自 2014 年 5 月 1 日起施行。

总理　李克强
2014 年 4 月 29 日

中华人民共和国商标法实施条例

第一章　总　　则

第一条　根据《中华人民共和国商标法》(以下简称商标法),制定本条例。

第二条　本条例有关商品商标的规定,适用于服务商标。

第三条　商标持有人依照商标法第十三条规定请求驰名商标保护的,应当提交其商标构成驰名商标的证据材料。商标局、商标评审委员会应当依照商标法第十四条的规定,根据审查、处理案件的需要以及当事人提交的证据材料,对其商标驰名情况作出认定。

第四条　商标法第十六条规定的地理标志,可以依照商标法和本条例的规定,作为证明商标或者集体商标申请注册。

以地理标志作为证明商标注册的,其商品符合使用该地理标志条件的自然人、法人或者其他组织可以要求使用该证明商标,控制该证明商标的组织应当允许。以地理标志作为集体商标注册的,其商品符合使用该地理标志条件的自然人、法人或者其他组织,可以要求参加以该地理标志作为集体商标注册的团体、协会或者其他组织,该团体、协会或者其他组织应当依据其章程接纳为会员;不要求参加以该地理标志作为集体商标注册的团体、协会或者其他组织的,也可以正当使用该地理标志,该团体、协会或者其他组织无权禁止。

第五条　当事人委托商标代理机构申请商标注册或者办理其他商标事宜,应当提交代理委托书。代理委托书应当载明代理内容及权限;外国人或者外国企业的代理委托书还应当载明委托人的国籍。

外国人或者外国企业的代理委托书及与其有关的证明文件的公证、认证手续,按照对等原则办理。

申请商标注册或者转让商标,商标注册申请人或者商标转让受让人为外国人或者外国企业的,应当在申请书中指定中国境内接收人负责接收商标局、商标评审委员会后继商标业务的法律文件。商标局、商标评审委员会后继商标业务的法律文件向中国境内接收人送达。

商标法第十八条所称外国人或者外国企业,是指在中国没有经常居所或者营业所的外国人或者外国企业。

第六条 申请商标注册或者办理其他商标事宜,应当使用中文。

依照商标法和本条例规定提交的各种证件、证明文件和证据材料是外文的,应当附送中文译文;未附送的,视为未提交该证件、证明文件或者证据材料。

第七条 商标局、商标评审委员会工作人员有下列情形之一的,应当回避,当事人或者利害关系人可以要求其回避:

(一)是当事人或者当事人、代理人的近亲属的;

(二)与当事人、代理人有其他关系,可能影响公正的;

(三)与申请商标注册或者办理其他商标事宜有利害关系的。

第八条 以商标法第二十二条规定的数据电文方式提交商标注册申请等有关文件,应当按照商标局或者商标评审委员会的规定通过互联网提交。

第九条 除本条例第十八条规定的情形外,当事人向商标局或者商标评审委员会提交文件或者材料的日期,直接递交的,以递交日为准;邮寄的,以寄出的邮戳日为准;邮戳日不清晰或者没有邮戳的,以商标局或者商标评审委员会实际收到日为准,但是当事人能够提出实际邮戳日证据的除外。通过邮政企业以外的快递企业递交的,以快递企业收寄日为准;收寄日不明确的,以商标局或者商标评审委员会实际收到日为准,但是当事人能够提出实际收寄日证据的除外。以数据电文方式提交的,以进入商标局或者商标评审委员会电子系统的日期为准。

当事人向商标局或者商标评审委员会邮寄文件,应当使用给据邮件。

当事人向商标局或者商标评审委员会提交文件,以书面方式提交的,以商标局或者商标评审委员会所存档案记录为准;以数据电文方式提交的,以商标局或者商标评审委员会数据库记录为准,但是当事人确有证据证明商标局或者商标评审委员会档案、数据库记录有错误的除外。

第十条 商标局或者商标评审委员会的各种文件,可以通过邮寄、直接递交、数据电文或者其他方式送达当事人;以数据电文方式送达当事人的,应当经当事人同意。当事人委托商标代理机构的,文件送达商标代理机构视为送达当事人。

商标局或者商标评审委员会向当事人送达各种文件的日期,邮寄的,以当事人收到的邮戳日为准;邮戳日不清晰或者没有邮戳的,自文件发出之日起满15日视为送达当事人,但是当事人能够证明实际收到日的除外;直接递交的,以递交日为准;以数据电文方式送达的,自文件发出之日起满15日视为送达当事人,但是当事人能够证明文件进入其电子系统日期的除外。文件通过上述方式无法送达的,可以通过公告方式送达,自公告发布之日起满30日,该文件视为送达当事人。

第十一条 下列期间不计入商标审查、审理期限:

(一)商标局、商标评审委员会文件公告送达的期间;

(二)当事人需要补充证据或者补正文件的期间以及因当事人更换需要重新答辩的期间;

(三)同日申请提交使用证据及协商、抽签需要的期间;

(四)需要等待优先权确定的期间;

(五)审查、审理过程中,依案件申请人的请求等待在先权利案件审理结果的期间。

第十二条 除本条第二款规定的情形外,商标法和本条例规定的各种期限开始的当日不计算在期限内。期限以年或者月计算的,以期限最后一月的相应日为期限届满日;该月无相应日的,以该月最后一日为期限届满日;期限届满日是节假日的,以节假日后的第一个工作日为期限届满日。

商标法第三十九条、第四十条规定的注册商标有效期从法定日开始起算,期限最后一月相应日的前一日为期限届满日,该月无相应日的,以该月最后一日为期限届满日。

第二章 商标注册的申请

第十三条 申请商标注册,应当按照公布的商品和服务分类表填报。每一件商标注册申请应当向商标局提交《商标注册申请书》1份、商标图样1份;以颜色组合或者着色图样申请商标注册的,应当提交着色图样,并提交黑白稿1份;不指定颜色的,应当提交黑白图样。

商标图样应当清晰,便于粘贴,用光洁耐用的纸张印制或者用照片代替,长和宽应当不大于10厘米,不小于5厘米。

以三维标志申请商标注册的,应当在申请书中予以声明,说明商标的使用方式,并提交能够确定三维形状的图样,提交的商标图样应当至少包含三面视图。

以颜色组合申请商标注册的,应当在申请书中予以声明,说明商标的使用方式。

以声音标志申请商标注册的,应当在申请书中予以声明,提交符合要求的声音样本,对申请注册的声音商标进行描述,说明商标的使用方式。对声音商标进行描述,应当以五线谱或者简谱对申请用作商标的声音加以描述并附加文字说明;无法以五线谱或者简谱描述的,应当以文字加以描述;商标描述与声音样本应当一致。

申请注册集体商标、证明商标的,应当在申请书中予以声明,并提交主体资格证明文件和使用管理规则。

商标为外文或者包含外文的,应当说明含义。

第十四条 申请商标注册的,申请人应当提交其身份证明文件。商标注册申请人的名义与所提交的证明文件应当一致。

前款关于申请人提交其身份证明文件的规定适用于向商标局提出的办理变更、转让、续展、异议、撤销等其他商标事宜。

第十五条 商品或者服务项目名称应当按照商品和服务分类表中的类别号、名称填写;商品或者服务项目名称未列入商品和服务分类表的,应当附送对该商品或者服务的说明。

商标注册申请等有关文件以纸质方式提出的,应当打字或者印刷。

本条第二款规定适用于办理其他商标事宜。

第十六条 共同申请注册同一商标或者办理其他共有商标事宜的,应当在申请书中指定一个代表人;没有指定代表人的,以申请书中顺序排列的第一人为代表人。

商标局和商标评审委员会的文件应当送达代表人。

第十七条 申请人变更其名义、地址、代理人、文件接收人或者删减指定的商品的,应当向商标局办理变更手续。

申请人转让其商标注册申请的,应当向商标局办理转让手续。

第十八条 商标注册的申请日期以商标局收到申请文件的日期为准。

商标注册申请手续齐备、按照规定填写申请文件并缴纳费用的,商标局予以受理并书面通知申请人;申请手续不齐备、未按照规定填写申请文件或者未缴纳费用的,商标局不予受理,书面通知申请人并说明理由。申请手续基本齐备或者申请文件基本符合规定,但是需要补正的,商标局通知申请人予以补正,限其自收到通知之日起 30 日内,按照指定内容补正并交回商标局。在规定期限内补正并交回商标局的,保留申请日期;期满未补正的或者不按照要求进行补正的,商标局不予受理并书面通知申请人。

本条第二款关于受理条件的规定适用于办理其他商标事宜。

第十九条 两个或者两个以上的申请人,在同一种商品或者类似商品上,分别以相同或者近似的商标在同一天申请注册的,各申请人应当自收到商标局通知之日起 30 日内提交其申请注册前在先使用该商标的证据。同日使用或者均未使用的,各申请人可以自收到商标局通知之日起 30 日内自行协商,并将书面协议报送商标局;不愿协商或者协商不成的,商标局通知各申请人以抽签的方式确定一个申请人,驳回其他人的注册申请。商标局已经通知但申请人未参加抽签的,视为放弃申请,商标局应当书面通知未参加抽签的申请人。

第二十条 依照商标法第二十五条规定要求优先权的,申请人提交的第一次提出商标注册申请文件的副本应当经受理该申请的商标主管机关证明,并注明申请日期和申请号。

第三章 商标注册申请的审查

第二十一条 商标局对受理的商标注册申请,依照商标法及本条例的有关规定进行审查,对符合规定或者在部分指定商品上使用商标的注册申请符合规定的,予以初步审定,并予以公告;对不符合规定或者在部分指定商品上使用商标的注册申请不符合规定的,予以驳回或者驳回在部分指定商品上使用商标的注册申请,书面通知申请人并说明理由。

第二十二条 商标局对一件商标注册申请在部分指定商品上予以驳回的,申请人可以将该申请中初步审定的部分申请分割成另一件申请,分割后的申请保留原申请的申请日期。

需要分割的,申请人应当自收到商标局《商标注册申请部分驳回通知书》之日起 15 日内,向商标局提出分割申请。

商标局收到分割申请后,应当将原申请分割为两件,对分割出来的初步审定申请生成新的申请号,并予以公告。

第二十三条 依照商标法第二十九条规定,商标局认为对商标注册申请内容需要说明或者修正的,申请人应当自收到商标局通知之日起 15 日内作出说明或者修正。

第二十四条 对商标局初步审定予以公告的商标提出异议的,异议人应当向商标局提交下列商标异议材料一式两份并标明正、副本:

(一)商标异议申请书;

(二)异议人的身份证明;

(三)以违反商标法第十三条第二款和第三款、第十五条、第十六条第一款、第三十条、第三十一条、第三十二条规定为由提出异议的,异议人作为在先权利人或者利害关系人的证明。

商标异议申请书应当有明确的请求和事实依据,并附送有关证据材料。

第二十五条 商标局收到商标异议申请书后,经审查,符合受理条件的,予以受理,向申请人发出受理通知书。

第二十六条 商标异议申请有下列情形的,商标局不予受理,书面通知申请人并说明理由:

(一)未在法定期限内提出的;

(二)申请人主体资格、异议理由不符合商标法第三十三条规定的;

(三)无明确的异议理由、事实和法律依据的;

(四)同一异议人以相同的理由、事实和法律依据针对同一商标再次提出异议申请的。

第二十七条 商标局应当将商标异议材料副本及时送交被异议人,限其自收到商标异议材料副本之日起30日内答辩。被异议人不答辩的,不影响商标局作出决定。

当事人需要在提出异议申请或者答辩后补充有关证据材料的,应当在商标异议申请书或者答辩书中声明,并自提交商标异议申请书或者答辩书之日起3个月内提交;期满未提交的,视为当事人放弃补充有关证据材料。但是,在期满后生成或者当事人有其他正当理由未能在期满前提交的证据,在期满后提交的,商标局将证据交对方当事人并质证后可以采信。

第二十八条 商标法第三十五条第三款和第三十六条第一款所称不予注册决定,包括在部分指定商品上不予注册决定。

被异议商标在商标局作出准予注册决定或者不予注册决定前已经刊发注册公告的,撤销该注册公告。经审查异议不成立而准予注册的,在准予注册决定生效后重新公告。

第二十九条 商标注册申请人或者商标注册人依照商标法第三十八条规定提出更正申请的,应当向商标局提交更正申请书。符合更正条件的,商标局核准后更正相关内容;不符合更正条件的,商标局不予核准,书面通知申请人并说明理由。

已经刊发初步审定公告或者注册公告的商标经更正的,刊发更正公告。

第四章 注册商标的变更、转让、续展

第三十条 变更商标注册人名义、地址或者其他注册事项的,应当向商标局提交变更申请书。变更商标注册人名义的,还应当提交有关登记机关出具的变更证明文件。商标局核准的,发给商标注册人相应证明,并予以公告;不予核准的,应当书面通知申请人并说明理由。

变更商标注册人名义或者地址的,商标注册人应当将其全部注册商标一并变更;未一并变更的,由商标局通知其限期改正;期满未改正的,视为放弃变更申请,商标局应当书面通知申请人。

第三十一条 转让注册商标的,转让人和受让人应当向商标局提交转让注册商标申请书。转让注册商标申请手续应当由转让人和受让人共同办理。商标局核准转让注册商标申请的,发给受让人相应证明,并予以公告。

转让注册商标,商标注册人对其在同一种或者类似商品上注册的相同或者近似的商标未一并转让的,由商标局通知其限期改正;期满未改正的,视为放弃转让该注册商标的申请,商标

局应当书面通知申请人。

第三十二条 注册商标专用权因转让以外的继承等其他事由发生移转的,接受该注册商标专用权的当事人应当凭有关证明文件或者法律文书到商标局办理注册商标专用权移转手续。

注册商标专用权移转的,注册商标专用权人在同一种或者类似商品上注册的相同或者近似的商标,应当一并移转;未一并移转的,由商标局通知其限期改正;期满未改正的,视为放弃该移转注册商标的申请,商标局应当书面通知申请人。

商标移转申请经核准的,予以公告。接受该注册商标专用权移转的当事人自公告之日起享有商标专用权。

第三十三条 注册商标需要续展注册的,应当向商标局提交商标续展注册申请书。商标局核准商标注册续展申请的,发给相应证明并予以公告。

第五章 商标国际注册

第三十四条 商标法第二十一条规定的商标国际注册,是指根据《商标国际注册马德里协定》(以下简称马德里协定)、《商标国际注册马德里协定有关议定书》(以下简称马德里议定书)及《商标国际注册马德里协定及该协定有关议定书的共同实施细则》的规定办理的马德里商标国际注册。

马德里商标国际注册申请包括以中国为原属国的商标国际注册申请、指定中国的领土延伸申请及其他有关的申请。

第三十五条 以中国为原属国申请商标国际注册的,应当在中国设有真实有效的营业所,或者在中国有住所,或者拥有中国国籍。

第三十六条 符合本条例第三十五条规定的申请人,其商标已在商标局获得注册的,可以根据马德里协定申请办理该商标的国际注册。

符合本条例第三十五条规定的申请人,其商标已在商标局获得注册,或者已向商标局提出商标注册申请并被受理的,可以根据马德里议定书申请办理该商标的国际注册。

第三十七条 以中国为原属国申请商标国际注册的,应当通过商标局向世界知识产权组织国际局(以下简称国际局)申请办理。

以中国为原属国的,与马德里协定有关的商标国际注册的后期指定、放弃、注销,应当通过商标局向国际局申请办理;与马德里协定有关的商标国际注册的转让、删减、变更、续展,可以通过商标局向国际局申请办理,也可以直接向国际局申请办理。

以中国为原属国的,与马德里议定书有关的商标国际注册的后期指定、转让、删减、放弃、注销、变更、续展,可以通过商标局向国际局申请办理,也可以直接向国际局申请办理。

第三十八条 通过商标局向国际局申请商标国际注册及办理其他有关申请的,应当提交符合国际局和商标局要求的申请书和相关材料。

第三十九条 商标国际注册申请指定的商品或者服务不得超出国内基础申请或者基础注册的商品或者服务的范围。

第四十条 商标国际注册申请手续不齐备或者未按照规定填写申请书的,商标局不予受理,申请日不予保留。

申请手续基本齐备或者申请书基本符合规定,但需要补正的,申请人应当自收到补正通知书之日起30日内予以补正,逾期未补正的,商标局不予受理,书面通知申请人。

第四十一条 通过商标局向国际局申请商标国际注册及办理其他有关申请的,应当按照规定缴纳费用。

申请人应当自收到商标局缴费通知单之日起15日内,向商标局缴纳费用。期满未缴纳的,商标局不受理其申请,书面通知申请人。

第四十二条 商标局在马德里协定或者马德里议定书规定的驳回期限(以下简称驳回期限)内,依照商标法和本条例的有关规定对指定中国的领土延伸申请进行审查,作出决定,并通知国际局。商标局在驳回期限内未发出驳回或者部分驳回通知的,该领土延伸申请视为核准。

第四十三条 指定中国的领土延伸申请人,要求将三维标志、颜色组合、声音标志作为商标保护或者要求保护集体商标、证明商标的,自该商标在国际局国际注册簿登记之日起3个月内,应当通过依法设立的商标代理机构,向商标局提交本条例第十三条规定的相关材料。未在上述期限内提交相关材料的,商标局驳回该领土延伸申请。

第四十四条 世界知识产权组织对商标国际注册有关事项进行公告,商标局不再另行公告。

第四十五条 对指定中国的领土延伸申请,自世界知识产权组织《国际商标公告》出版的次月1日起3个月内,符合商标法第三十三条规定条件的异议人可以向商标局提出异议申请。

商标局在驳回期限内将异议申请的有关情况以驳回决定的形式通知国际局。

被异议人可以自收到国际局转发的驳回通知书之日起30日内进行答辩,答辩书及相关证据材料应当通过依法设立的商标代理机构向商标局提交。

第四十六条 在中国获得保护的国际注册商标,有效期自国际注册日或者后期指定日起算。在有效期届满前,注册人可以向国际局申请续展,在有效期内未申请续展的,可以给予6个月的宽展期。商标局收到国际局的续展通知后,依法进行审查。国际局通知未续展的,注销该国际注册商标。

第四十七条 指定中国的领土延伸申请办理转让的,受让人应当在缔约方境内有真实有效的营业所,或者在缔约方境内有住所,或者是缔约方国民。

转让人未将其在相同或者类似商品或者服务上的相同或者近似商标一并转让的,商标局通知注册人自发出通知之日起3个月内改正;期满未改正或者转让容易引起混淆或者有其他不良影响的,商标局作出该转让在中国无效的决定,并向国际局作出声明。

第四十八条 指定中国的领土延伸申请办理删减,删减后的商品或者服务不符合中国有关商品或者服务分类要求或者超出原指定商品或者服务范围的,商标局作出该删减在中国无效的决定,并向国际局作出声明。

第四十九条 依照商标法第四十九条第二款规定申请撤销国际注册商标,应当自该商标国际注册申请的驳回期限届满之日起满3年后向商标局提出申请;驳回期限届满时仍处在驳回复审或者异议相关程序的,应当自商标局或者商标评审委员会作出的准予注册决定生效之日起满3年后向商标局提出申请。

依照商标法第四十四条第一款规定申请宣告国际注册商标无效的,应当自该商标国际注册申请的驳回期限届满后向商标评审委员会提出申请;驳回期限届满时仍处在驳回复审或者异议相关程序的,应当自商标局或者商标评审委员会作出的准予注册决定生效后向商标评审委员会提出申请。

依照商标法第四十五条第一款规定申请宣告国际注册商标无效的,应当自该商标国际注册申请的驳回期限届满之日起5年内向商标评审委员会提出申请;驳回期限届满时仍处在驳回复审或者异议相关程序的,应当自商标局或者商标评审委员会作出的准予注册决定生效之日起5年内向商标评审委员会提出申请。对恶意注册的,驰名商标所有人不受5年的时间限制。

第五十条 商标法和本条例下列条款的规定不适用于办理商标国际注册相关事宜:

(一)商标法第二十八条、第三十五条第一款关于审查和审理期限的规定;

(二)本条例第二十二条、第三十条第二款;

(三)商标法第四十二条及本条例第三十一条关于商标转让由转让人和受让人共同申请并办理手续的规定。

第六章 商标评审

第五十一条 商标评审是指商标评审委员会依照商标法第三十四条、第三十五条、第四十四条、第四十五条、第五十四条的规定审理有关商标争议事宜。当事人向商标评审委员会提出商标评审申请,应当有明确的请求、事实、理由和法律依据,并提供相应证据。

商标评审委员会根据事实,依法进行评审。

第五十二条 商标评审委员会审理不服商标局驳回商标注册申请决定的复审案件,应当针对商标局的驳回决定和申请人申请复审的事实、理由、请求及评审时的事实状态进行审理。

商标评审委员会审理不服商标局驳回商标注册申请决定的复审案件,发现申请注册的商标有违反商标法第十条、第十一条、第十二条和第十六条第一款规定情形,商标局并未依据上述条款作出驳回决定的,可以依据上述条款作出驳回申请的复审决定。商标评审委员会作出复审决定前应当听取申请人的意见。

第五十三条 商标评审委员会审理不服商标局不予注册决定的复审案件,应当针对商标局的不予注册决定和申请人申请复审的事实、理由、请求及原异议人提出的意见进行审理。

商标评审委员会审理不服商标局不予注册决定的复审案件,应当通知原异议人参加并提出意见。原异议人的意见对案件审理结果有实质影响的,可以作为评审的依据;原异议人不参加或者不提出意见的,不影响案件的审理。

第五十四条 商标评审委员会审理依照商标法第四十四条、第四十五条规定请求宣告注册商标无效的案件,应当针对当事人申请和答辩的事实、理由及请求进行审理。

第五十五条 商标评审委员会审理不服商标局依照商标法第四十四条第一款规定作出宣告注册商标无效决定的复审案件,应当针对商标局的决定和申请人申请复审的事实、理由及请求进行审理。

第五十六条 商标评审委员会审理不服商标局依照商标法第四十九条规定作出撤销或者维持注册商标决定的复审案件,应当针对商标局作出撤销或者维持注册商标决定和当事人申请复审时所依据的事实、理由及请求进行审理。

第五十七条　申请商标评审,应当向商标评审委员会提交申请书,并按照对方当事人的数量提交相应份数的副本;基于商标局的决定书申请复审的,还应当同时附送商标局的决定书副本。

商标评审委员会收到申请书后,经审查,符合受理条件的,予以受理;不符合受理条件的,不予受理,书面通知申请人并说明理由;需要补正的,通知申请人自收到通知之日起30日内补正。经补正仍不符合规定的,商标评审委员会不予受理,书面通知申请人并说明理由;期满未补正的,视为撤回申请,商标评审委员会应当书面通知申请人。

商标评审委员会受理商标评审申请后,发现不符合受理条件的,予以驳回,书面通知申请人并说明理由。

第五十八条　商标评审委员会受理商标评审申请后应当及时将申请书副本送交对方当事人,限其自收到申请书副本之日起30日内答辩;期满未答辩的,不影响商标评审委员会的评审。

第五十九条　当事人需要在提出评审申请或者答辩后补充有关证据材料的,应当在申请书或者答辩书中声明,并自提交申请书或者答辩书之日起3个月内提交;期满未提交的,视为放弃补充有关证据材料。但是,在期满后生成或者当事人有其他正当理由未能在期满前提交的证据,在期满后提交的,商标评审委员会将证据交对方当事人并质证后可以采信。

第六十条　商标评审委员会根据当事人的请求或者实际需要,可以决定对评审申请进行口头审理。

商标评审委员会决定对评审申请进行口头审理的,应当在口头审理15日前书面通知当事人,告知口头审理的日期、地点和评审人员。当事人应当在通知书指定的期限内作出答复。

申请人不答复也不参加口头审理的,其评审申请视为撤回,商标评审委员会应当书面通知申请人;被申请人不答复也不参加口头审理的,商标评审委员会可以缺席评审。

第六十一条　申请人在商标评审委员会作出决定、裁定前,可以书面向商标评审委员会要求撤回申请并说明理由,商标评审委员会认为可以撤回的,评审程序终止。

第六十二条　申请人撤回商标评审申请的,不得以相同的事实和理由再次提出评审申请。商标评审委员会对商标评审申请已经作出裁定或者决定的,任何人不得以相同的事实和理由再次提出评审申请。但是,经不予注册复审程序予以核准注册后向商标评审委员会提起宣告注册商标无效的除外。

第七章　商标使用的管理

第六十三条　使用注册商标,可以在商品、商品包装、说明书或者其他附着物上标明"注册商标"或者注册标记。

注册标记包括㊟和®。使用注册标记,应当标注在商标的右上角或者右下角。

第六十四条　《商标注册证》遗失或者破损的,应当向商标局提交补发《商标注册证》申请书。《商标注册证》遗失的,应当在《商标公告》上刊登遗失声明。破损的《商标注册证》,应当在提交补发申请时交回商标局。

商标注册人需要商标局补发商标变更、转让、续展证明,出具商标注册证明,或者商标申请人需要商标局出具优先权证明文件的,应当向商标局提交相应申请书。符合要求的,商标局发给相应证明;不符合要求的,商标局不予办理,通知申请人并告知理由。

伪造或者变造《商标注册证》或者其他商标证明文件的,依照刑法关于伪造、变造国家机关证件罪或者其他罪的规定,依法追究刑事责任。

第六十五条 有商标法第四十九条规定的注册商标成为其核定使用的商品通用名称情形的,任何单位或者个人可以向商标局申请撤销该注册商标,提交申请时应当附送证据材料。商标局受理后应当通知商标注册人,限其自收到通知之日起2个月内答辩;期满未答辩的,不影响商标局作出决定。

第六十六条 有商标法第四十九条规定的注册商标无正当理由连续3年不使用情形的,任何单位或者个人可以向商标局申请撤销该注册商标,提交申请时应当说明有关情况。商标局受理后应当通知商标注册人,限其自收到通知之日起2个月内提交该商标在撤销申请提出前使用的证据材料或者说明不使用的正当理由;期满未提供使用的证据材料或者证据材料无效并没有正当理由的,由商标局撤销其注册商标。

前款所称使用的证据材料,包括商标注册人使用注册商标的证据材料和商标注册人许可他人使用注册商标的证据材料。

以无正当理由连续3年不使用为由申请撤销注册商标的,应当自该注册商标注册公告之日起满3年后提出申请。

第六十七条 下列情形属于商标法第四十九条规定的正当理由:

(一)不可抗力;

(二)政府政策性限制;

(三)破产清算;

(四)其他不可归责于商标注册人的正当事由。

第六十八条 商标局、商标评审委员会撤销注册商标或者宣告注册商标无效,撤销或者宣告无效的理由仅及于部分指定商品的,对在该部分指定商品上使用的商标注册予以撤销或者宣告无效。

第六十九条 许可他人使用其注册商标的,许可人应当在许可合同有效期内向商标局备案并报送备案材料。备案材料应当说明注册商标使用许可人、被许可人、许可期限、许可使用的商品或者服务范围等事项。

第七十条 以注册商标专用权出质的,出质人与质权人应当签订书面质权合同,并共同向商标局提出质权登记申请,由商标局公告。

第七十一条 违反商标法第四十三条第二款规定的,由工商行政管理部门责令限期改正;逾期不改正的,责令停止销售,拒不停止销售的,处10万元以下的罚款。

第七十二条 商标持有人依照商标法第十三条规定请求驰名商标保护的,可以向工商行政管理部门提出请求。经商标局依照商标法第十四条规定认定为驰名商标的,由工商行政管理部门责令停止违反商标法第十三条规定使用商标的行为,收缴、销毁违法使用的商标标识;商标标识与商品难以分离的,一并收缴、销毁。

第七十三条 商标注册人申请注销其注册商标或者注销其商标在部分指定商品上的注册

的,应当向商标局提交商标注销申请书,并交回原《商标注册证》。

商标注册人申请注销其注册商标或者注销其商标在部分指定商品上的注册,经商标局核准注销的,该注册商标专用权或者该注册商标专用权在该部分指定商品上的效力自商标局收到其注销申请之日起终止。

第七十四条 注册商标被撤销或者依照本条例第七十三条的规定被注销的,原《商标注册证》作废,并予以公告;撤销该商标在部分指定商品上的注册的,或者商标注册人申请注销其商标在部分指定商品上的注册的,重新核发《商标注册证》,并予以公告。

第八章 注册商标专用权的保护

第七十五条 为侵犯他人商标专用权提供仓储、运输、邮寄、印制、隐匿、经营场所、网络商品交易平台等,属于商标法第五十七条第六项规定的提供便利条件。

第七十六条 在同一种商品或者类似商品上将与他人注册商标相同或者近似的标志作为商品名称或者商品装潢使用,误导公众的,属于商标法第五十七条第二项规定的侵犯注册商标专用权的行为。

第七十七条 对侵犯注册商标专用权的行为,任何人可以向工商行政管理部门投诉或者举报。

第七十八条 计算商标法第六十条规定的违法经营额,可以考虑下列因素:

(一)侵权商品的销售价格;

(二)未销售侵权商品的标价;

(三)已查清侵权商品实际销售的平均价格;

(四)被侵权商品的市场中间价格;

(五)侵权人因侵权所产生的营业收入;

(六)其他能够合理计算侵权商品价值的因素。

第七十九条 下列情形属于商标法第六十条规定的能证明该商品是自己合法取得的情形:

(一)有供货单位合法签章的供货清单和货款收据且经查证属实或者供货单位认可的;

(二)有供销双方签订的进货合同且经查证已真实履行的;

(三)有合法进货发票且发票记载事项与涉案商品对应的;

(四)其他能够证明合法取得涉案商品的情形。

第八十条 销售不知道是侵犯注册商标专用权的商品,能证明该商品是自己合法取得并说明提供者的,由工商行政管理部门责令停止销售,并将案件情况通报侵权商品提供者所在地工商行政管理部门。

第八十一条 涉案注册商标权属正在商标局、商标评审委员会审理或者人民法院诉讼中,案件结果可能影响案件定性的,属于商标法第六十二条第三款规定的商标权属存在争议。

第八十二条 在查处商标侵权案件过程中,工商行政管理部门可以要求权利人对涉案商品是否为权利人生产或者其许可生产的产品进行辨认。

第九章 商标代理

第八十三条 商标法所称商标代理,是指接受委托人的委托,以委托人的名义办理商标注册申请、商标评审或者其他商标事宜。

第八十四条 商标法所称商标代理机构,包括经工商行政管理部门登记从事商标代理业务的服务机构和从事商标代理业务的律师事务所。

商标代理机构从事商标局、商标评审委员会主管的商标事宜代理业务的,应当按照下列规定向商标局备案:

(一)交验工商行政管理部门的登记证明文件或者司法行政部门批准设立律师事务所的证明文件并留存复印件;

(二)报送商标代理机构的名称、住所、负责人、联系方式等基本信息;

(三)报送商标代理从业人员名单及联系方式。

工商行政管理部门应当建立商标代理机构信用档案。商标代理机构违反商标法或者本条例规定的,由商标局或者商标评审委员会予以公开通报,并记入其信用档案。

第八十五条 商标法所称商标代理从业人员,是指在商标代理机构中从事商标代理业务的工作人员。

商标代理从业人员不得以个人名义自行接受委托。

第八十六条 商标代理机构向商标局、商标评审委员会提交的有关申请文件,应当加盖该代理机构公章并由相关商标代理从业人员签字。

第八十七条 商标代理机构申请注册或者受让其代理服务以外的其他商标,商标局不予受理。

第八十八条 下列行为属于商标法第六十八条第一款第二项规定的以其他不正当手段扰乱商标代理市场秩序的行为:

(一)以欺诈、虚假宣传、引人误解或者商业贿赂等方式招徕业务的;

(二)隐瞒事实,提供虚假证据,或者威胁、诱导他人隐瞒事实,提供虚假证据的;

(三)在同一商标案件中接受有利益冲突的双方当事人委托的。

第八十九条 商标代理机构有商标法第六十八条规定行为的,由行为人所在地或者违法行为发生地县级以上工商行政管理部门进行查处并将查处情况通报商标局。

第九十条 商标局、商标评审委员会依照商标法第六十八条规定停止受理商标代理机构办理商标代理业务的,可以作出停止受理该商标代理机构商标代理业务6个月以上直至永久停止受理的决定。停止受理商标代理业务的期间届满,商标局、商标评审委员会应当恢复受理。

商标局、商标评审委员会作出停止受理或者恢复受理商标代理的决定应当在其网站予以公告。

第九十一条 工商行政管理部门应当加强对商标代理行业组织的监督和指导。

第十章 附　　则

第九十二条　连续使用至1993年7月1日的服务商标,与他人在相同或者类似的服务上已注册的服务商标相同或者近似的,可以继续使用;但是,1993年7月1日后中断使用3年以上的,不得继续使用。

已连续使用至商标局首次受理新放开商品或者服务项目之日的商标,与他人在新放开商品或者服务项目相同或者类似的商品或者服务上已注册的商标相同或者近似的,可以继续使用;但是,首次受理之日后中断使用3年以上的,不得继续使用。

第九十三条　商标注册用商品和服务分类表,由商标局制定并公布。

申请商标注册或者办理其他商标事宜的文件格式,由商标局、商标评审委员会制定并公布。

商标评审委员会的评审规则由国务院工商行政管理部门制定并公布。

第九十四条　商标局设置《商标注册簿》,记载注册商标及有关注册事项。

第九十五条　《商标注册证》及相关证明是权利人享有注册商标专用权的凭证。《商标注册证》记载的注册事项,应当与《商标注册簿》一致;记载不一致的,除有证据证明《商标注册簿》确有错误外,以《商标注册簿》为准。

第九十六条　商标局发布《商标公告》,刊发商标注册及其他有关事项。

《商标公告》采用纸质或者电子形式发布。

除送达公告外,公告内容自发布之日起视为社会公众已经知道或者应当知道。

第九十七条　申请商标注册或者办理其他商标事宜,应当缴纳费用。缴纳费用的项目和标准,由国务院财政部门、国务院价格主管部门分别制定。

第九十八条　本条例自2014年5月1日起施行。

二、自贸试验区

商务部关于支持自由贸易试验区创新发展的意见

商资发〔2015〕313号

天津市、上海市、福建省、广东省商务主管部门：

为落实党中央、国务院部署，积极推进自由贸易试验区(以下简称自贸试验区)建设，发挥自贸试验区改革开放排头兵、创新发展先行者的作用，现提出以下意见：

一、统筹协调方案实施

(一)积极发挥国务院自由贸易试验区工作部际联席会议统筹协调职能，做好联席会议办公室工作，会同有关部门按照任务分工支持自贸试验区推进方案全面落实；对于自贸试验区在发展过程中遇到的问题，及时协调有关部门研究解决，重大问题提请联席会议协调；组织开展改革开放试点事项的总结评估，会同有关部门提出向全国复制推广的建议。

二、促进对外贸易转型升级

(二)支持在自贸试验区试点设立加工贸易采购、分拨和结算中心，鼓励跨国公司开展离岸结算业务，促进加工贸易转型升级。

(三)依托自贸试验区产业集群优势，支持区内企业开展航空维修等面向国内外市场的高技术含量、高附加值的检测维修业务。

(四)支持自贸试验区发展跨境电子商务，在总结评估中国(杭州)跨境电子商务综合试验区试点情况的基础上，将海关监管、检验检疫、进出口税收和结售汇等方面的政策，优先向自贸试验区复制推广，促进跨境电子商务健康快速发展。

(五)促进自贸试验区内设立的外贸综合服务企业健康规范发展，建立重点企业联系制度，在有效防范各类监管风险的前提下，向符合条件的重点外贸综合服务企业提供快速通关、简易退税和财政金融等支持，提高企业综合竞争力。

(六)在自贸试验区推进自动进口许可证通关作业无纸化试点和电子许可证的推广工作，

建立和完善电子许可证应用服务系统,推动国际贸易单一窗口的建设。

(七)充分发挥自贸试验区现代服务业集聚作用,认定一批特色服务出口基地,开展服务贸易统计试点,培育一批创新发展的服务贸易龙头企业和具备较强国际竞争力的服务品牌。积极发展服务外包业务,研究将服务外包示范城市的支持政策扩大至自贸试验区。

(八)支持上海市牵头在上海自贸试验区推进亚太示范电子口岸网络建设,尽快启动亚太示范电子口岸网络运营中心,加强国际贸易互联互通。

(九)支持天津市牵头在天津自贸试验区加快建设亚太经济合作组织绿色供应链合作网络天津示范中心,探索建立绿色供应链管理体系,鼓励开展绿色贸易。

(十)支持福建自贸试验区探索创新管理方式和监管模式,促进对台小额贸易规范发展,会同有关部门建立工作协调机制,及时总结评估、加强风险防范。

三、降低投资准入门槛

(十一)支持自贸试验区所在地省级人民政府进一步简政放权,在法定职权范围内可依照法定程序,将省级商务部门外商投资、对外投资、融资租赁、典当、拍卖等管理权限委托给自贸试验区管理机构。商务部将做好业务指导和有关技术支持服务。

(十二)放宽自贸试验区内外商投资企业申请直销经营许可资质的条件,取消外国投资者需具备3年以上在中国境外从事直销活动经验的要求。

(十三)支持自贸试验区开展商业保理试点,探索适合商业保理发展的外汇管理模式,积极发展国际保理业务,充分发挥商业保理在扩大出口、促进流通、解决中小企业融资难等方面的积极作用。

(十四)允许外国投资者在自贸试验区投资设立典当企业,设立条件、监督管理与内资典当企业保持一致,参照《典当管理办法》进行管理。

(十五)支持自贸试验区内企业加大融资租赁业务创新力度,允许符合条件的融资租赁公司设立专业子公司;支持融资租赁公司在符合相关规定的前提下,设立项目公司经营大型设备、成套设备等融资租赁业务,并开展境内外租赁业务。允许注册在自贸试验区内的内资融资租赁企业享受与现行内资融资租赁试点企业同等待遇。

(十六)允许外国投资者以独资形式在自贸试验区内设立企业,从事加油站的建设、经营,不受门店数量的限制。

(十七)研究支持广东自贸试验区在《内地与香港/澳门关于建立更紧密经贸关系的安排》框架下,进一步取消或放宽对港澳服务提供者的资质要求、持股比例、经营范围等准入限制。

四、完善市场竞争环境

(十八)支持自贸试验区开展汽车平行进口,建立多渠道、多元化汽车流通模式。试点企业可以向商务部申领汽车产品自动进口许可证。

(十九)指导自贸试验区开展大宗商品现货交易试点,建立完善制度规则,加强风险防范,推动大宗商品现货交易和资源配置平台建设。

（二十）在自贸试验区内试点开展融资租赁管理改革,统一内外资融资租赁企业的管理模式,建立统一的现场监管、机构约谈、信息报送及核查等监管制度,探索建立登记备案、经营异常名录管理、监管评级等制度。

（二十一）支持自贸试验区开展外商投资统计改革试点,实施外商投资统计直报。

（二十二）指导自贸试验区建立健全外商投资投诉受理机构,创新涉及政府行为的投资纠纷解决机制,不断提高外国投资者在华投资保护水平。

（二十三）支持自贸试验区建设"走出去"综合信息服务平台,利用政府、商协会、企业、金融机构、中介组织等渠道,及时发布相关政策,提供市场需求、项目合作等信息资源,为区内企业"走出去"提供综合信息服务。

（二十四）支持自贸试验区配合商务部开展经营者集中反垄断审查工作。受商务部委托,督促达到国务院规定申报标准的企业向商务部进行经营者集中申报,对发现的应申报而未申报或未获批准而启动实施的经营者集中向商务部报告,在本区域内协助商务部开展案件调查工作,协助商务部对禁止性、附加限制性条件的经营者集中案件进行监督和执行。

（二十五）指导自贸试验区建立产业安全预警体系,以《对外贸易法》为依据,结合自贸试验区的开放特点,以"四体联动"机制为基础,创建与之相适应的预警体系,在扩大开放的同时,保障我国产业安全。

五、做好试点总结评估

（二十六）天津市、上海市、福建省、广东省商务主管部门要坚决贯彻简政放权、放管结合、优化服务的要求,支持自贸试验区以市场为导向,先行先试,大胆创新,扎实推进商务领域各项试点任务的实施,及时总结评估试点成效。

商务部

2015 年 8 月 25 日

国务院关于印发中国(广东)自由贸易试验区总体方案的通知

国发〔2015〕18 号

各省、自治区、直辖市人民政府,国务院各部委、各直属机构:

国务院批准《中国(广东)自由贸易试验区总体方案》(以下简称《方案》),现予印发。

一、建立中国(广东)自由贸易试验区(以下简称自贸试验区),是党中央、国务院作出的重大决策,是在新形势下推进改革开放和促进内地与港澳深度合作的重要举措,对加快政府职能转变、积极探索管理模式创新、促进贸易和投资便利化,为全面深化改革和扩大开放探索新途径、积累新经验,具有重要意义。

二、自贸试验区要当好改革开放排头兵、创新发展先行者,以制度创新为核心,贯彻"一带一路"建设等国家战略,在构建开放型经济新体制、探索粤港澳经济合作新模式、建设法治化营商环境等方面,率先挖掘改革潜力,破解改革难题。要积极探索外商投资准入前国民待遇加负面清单管理模式,深化行政管理体制改革,提高行政管理效能,提升事中事后监管能力和水平。

三、广东省人民政府和有关部门要解放思想、改革创新,大胆实践、积极探索,统筹谋划、加强协调,支持自贸试验区先行先试。要加强组织领导,明确责任主体,精心组织好《方案》实施工作,有效防控各类风险。要及时总结评估试点实施效果,形成可复制可推广的改革经验,发挥示范带动、服务全国的积极作用。

四、根据《全国人民代表大会常务委员会关于授权国务院在中国(广东)自由贸易试验区、中国(天津)自由贸易试验区、中国(福建)自由贸易试验区以及中国(上海)自由贸易试验区扩展区域暂时调整有关法律规定的行政审批的决定》,相应暂时调整有关行政法规和国务院文件的部分规定。具体由国务院另行印发。

五、《方案》实施中的重大问题,广东省人民政府要及时向国务院请示报告。

国务院
2015年4月8日

中国(广东)自由贸易试验区总体方案

建立中国(广东)自由贸易试验区(以下简称自贸试验区)是党中央、国务院作出的重大决策,是新形势下全面深化改革、扩大开放和促进内地与港澳深度合作的重大举措。为全面有效推进自贸试验区建设,制定本方案。

一、总体要求

(一)指导思想。

全面贯彻落实党的十八大和十八届二中、三中、四中全会精神,按照党中央、国务院决策部署,紧紧围绕国家战略,进一步解放思想,先行先试,以开放促改革、促发展,以制度创新为核心,促进内地与港澳经济深度合作,为全面深化改革和扩大开放探索新途径、积累新经验,发挥示范带动、服务全国的积极作用。

(二)战略定位。

依托港澳、服务内地、面向世界,将自贸试验区建设成为粤港澳深度合作示范区、21世纪海上丝绸之路重要枢纽和全国新一轮改革开放先行地。

(三)发展目标。

经过三至五年改革试验,营造国际化、市场化、法治化营商环境,构建开放型经济新体制,实现粤港澳深度合作,形成国际经济合作竞争新优势,力争建成符合国际高标准的法制环境规范、投资贸易便利、辐射带动功能突出、监管安全高效的自由贸易园区。

二、区位布局

(一)实施范围。

自贸试验区的实施范围116.2平方公里,涵盖三个片区:广州南沙新区片区60平方公里(含广州南沙保税港区7.06平方公里),深圳前海蛇口片区28.2平方公里(含深圳前海湾保税港区3.71平方公里),珠海横琴新区片区28平方公里。

自贸试验区土地开发利用须遵守土地利用法律法规。

(二)功能划分。

按区域布局划分,广州南沙新区片区重点发展航运物流、特色金融、国际商贸、高端制造等产业,建设以生产性服务业为主导的现代产业新高地和具有世界先进水平的综合服务枢纽;深圳前海蛇口片区重点发展金融、现代物流、信息服务、科技服务等战略性新兴服务业,建设我国金融业对外开放试验示范窗口、世界服务贸易重要基地和国际性枢纽港;珠海横琴新区片区重点发展旅游休闲健康、商务金融服务、文化科教和高新技术等产业,建设文化教育开放先导区和国际商务服务休闲旅游基地,打造促进澳门经济适度多元发展新载体。

按海关监管方式划分,广州南沙新区片区和深圳前海蛇口片区内的非海关特殊监管区域,重点探索体制机制创新,积极发展现代服务业和高端制造业;广州南沙保税港区和深圳前海湾保税港区等海关特殊监管区域,试点以货物贸易便利化为主要内容的制度创新,主要开展国际贸易和保税服务等业务;珠海横琴新区片区试点有关货物贸易便利化和现代服务业发展的制度创新。

三、主要任务和措施

(一)建设国际化、市场化、法治化营商环境。

1.优化法治环境。在扩大开放的制度建设上大胆探索、先行先试,加快形成高标准投资贸易规则体系。按照统一、公开、公平原则,试点开展对内对外开放的执法与司法建设,实现各类市场主体公平竞争。强化自贸试验区制度性和程序性法规规章建设,完善公众参与法规规章起草机制,探索委托第三方起草法规规章草案。对涉及自贸试验区投资贸易等商事案件,建立专业化审理机制。完善知识产权管理和执法体制,完善知识产权纠纷调解和维权援助机制,探索建立自贸试验区重点产业知识产权快速维权机制。发展国际仲裁、商事调解机制。

2.创新行政管理体制。按照权责一致原则,建立行政权责清单制度,明确政府职能边界。深化行政审批制度改革,最大限度取消行政审批事项。推进行政审批标准化、信息化建设,探索全程电子化登记和电子营业执照管理,建立一口受理、同步审批的"一站式"高效服务模式,建设市场准入统一平台和国际贸易"单一窗口",实现多部门信息共享和协同管理。深化投资管理体制改革,对实行备案制的企业投资项目,探索备案文件自动获准制。建立集中统一的综合行政执法体系,相对集中执法权,建设网上执法办案系统,建设联勤联动指挥平台。提高知识产权行政执法与海关保护的协调性和便捷性。探索设立法定机构,将专业性、技术性或社会参与性较强的公共管理和服务职能交由法定机构承担。建立行政咨询体系,成立由粤港澳专业人士组成的专业咨询委员会,为自贸试验区发展提供咨询。推进建立一体化的廉政监督新机制。

3. 建立宽进严管的市场准入和监管制度。实施自贸试验区外商投资负面清单制度,减少和取消对外商投资准入限制,重点扩大服务业和制造业对外开放,提高开放度和透明度。对外商投资实行准入前国民待遇加负面清单管理模式,对外商投资准入特别管理措施(负面清单)之外领域的外商投资项目实行备案制(国务院规定对国内投资项目保留核准的除外),由广东省负责办理;根据全国人民代表大会常务委员会授权,将外商投资企业设立、变更及合同章程审批改为备案管理,由广东省负责办理,备案后按国家有关规定办理相关手续。健全社会诚信体系,建立企业诚信制度,开展信用调查和等级评价,完善企业信用约束机制,实施守信激励和失信惩戒制度。完善企业信用信息公示系统,实施企业年报公示、经营异常名录和严重违法企业名单制度。以商务诚信为核心,在追溯、监管、执法、处罚、先行赔付等方面强化全流程监管。配合国家有关部门实施外商投资国家安全审查和经营者集中反垄断审查,实施外商投资全周期监管。探索把服务相关行业的管理职能交由社会组织承担,建立健全行业协会法人治理结构。根据高标准国际投资和贸易规则要求,强化企业责任,完善工资支付保障和集体协商制度,建立工作环境损害监督等制度,严格执行环境保护法规和标准,探索开展出口产品低碳认证。

(二)深入推进粤港澳服务贸易自由化。

4. 进一步扩大对港澳服务业开放。在《内地与香港关于建立更紧密经贸关系的安排》《内地与澳门关于建立更紧密经贸关系的安排》及其补充协议(以下统称《安排》)框架下探索对港澳更深度的开放,进一步取消或放宽对港澳投资者的资质要求、股比限制、经营范围等准入限制,重点在金融服务、交通航运服务、商贸服务、专业服务、科技服务等领域取得突破。允许港澳服务提供者在自贸试验区设立独资国际船舶运输企业,经营国际海上船舶运输服务。允许港澳服务提供者在自贸试验区设立自费出国留学中介服务机构。支持在自贸试验区内设立的港澳资旅行社(各限5家)经营内地居民出国(境)(不包括台湾地区)团队旅游业务。在自贸试验区内试行粤港澳认证及相关检测业务互认制度,实行"一次认证、一次检测、三地通行",适度放开港澳认证机构进入自贸试验区开展认证检测业务,比照内地认证机构、检查机构和实验室,给予港澳服务提供者在内地设立的合资与独资认证机构、检查机构和实验室同等待遇。允许港澳服务提供者发展高端医疗服务,开展粤港澳医疗机构转诊合作试点。建设具有粤港澳特色的中医药产业基地。优化自贸试验区区域布局,规划特定区域,建设港澳现代服务业集聚发展区。

5. 促进服务要素便捷流动。推进粤港澳服务行业管理标准和规则相衔接。结合国家关于外籍高层次人才认定以及入出境和工作生活待遇政策,研究制订自贸试验区港澳及外籍高层次人才认定办法,为高层次人才入出境、在华停居留提供便利,在项目申报、创新创业、评价激励、服务保障等方面给予特殊政策。探索通过特殊机制安排,推进粤港澳服务业人员职业资格互认。探索在自贸试验区工作、居住的港澳人士社会保障与港澳有效衔接。创新粤港澳口岸通关模式,推进建设统一高效、与港澳联动的口岸监管机制,加快推进粤港、粤澳之间信息互换、监管互认、执法互助。加快实施澳门车辆在横琴与澳门间便利进出政策,制定粤港、粤澳游艇出入境便利化措施。支持建设自贸试验区至我国国际通信业务出入口局的直达国际数据专用通道,建设互联互通的信息环境。

(三)强化国际贸易功能集成。

6. 推进贸易发展方式转变。粤港澳共同加强与21世纪海上丝绸之路沿线国家和地区的贸易往来,开拓国际市场。鼓励企业在自贸试验区设立总部,建立整合物流、贸易、结算等功能的营运中心。探索自贸试验区与港澳联动发展离岸贸易。加强粤港澳会展业合作,在严格执行货物进出口税收政策前提下,允许在海关特殊监管区域内设立保税展示交易平台。支持开展汽车平行进口试点,平行进口汽车应符合国家质量安全标准,进口商应承担售后服务、召回、"三包"等责任,并向消费者警示消费风险。鼓励融资租赁业创新发展,对注册在自贸试验区海关特殊监管区域内的融资租赁企业进出口飞机、船舶和海洋工程结构物等大型设备涉及跨关区的,在确保有效监管和执行现行相关税收政策前提下,按物流实际需要,实行海关异地委托监管。支持在海关特殊监管区域内开展期货保税交割、仓单质押融资等业务。创新粤港澳电子商务互动发展模式。按照公平竞争原则,积极发展跨境电子商务,完善相应的海关监管、检验检疫、退税、跨境支付、物流等支撑系统,加快推进跨境贸易电子商务配套平台建设。拓展服务贸易新领域,搭建服务贸易公共服务平台。建立华南地区知识产权运营中心,探索开展知识产权处置和收益管理改革试点。积极承接服务外包,推进软件研发、工业设计、信息管理等业务发展。加强粤港澳产品检验检测技术和标准研究合作,逐步推进第三方结果采信,逐步扩大粤港澳三方计量服务互认范畴。改革和加强原产地证签证管理,便利证书申领,强化事中事后监管。

7. 增强国际航运服务功能。建立自贸试验区与粤港澳海空港联动机制,建设21世纪海上丝绸之路物流枢纽,探索具有国际竞争力的航运发展制度和协同运作模式。探索与港澳在货运代理和货物运输等方面的规范和标准对接,推动港澳国际航运高端产业向内地延伸和拓展。积极发展国际船舶运输、国际船舶管理、国际船员服务、国际航运经纪等产业,支持港澳投资国际远洋、国际航空运输服务,允许在自贸试验区试点航空快件国际和台港澳中转集拼业务。允许设立外商独资国际船舶管理企业。放宽在自贸试验区设立的中外合资、中外合作国际船舶企业的外资股比限制。允许外商以合资、合作形式从事公共国际船舶代理业务,外方持股比例放宽至51%,将外资经营国际船舶管理业务的许可权限下放给广东省。促进航运金融发展,建设航运交易信息平台,发展航运电子商务、支付结算等业务,推进组建专业化地方法人航运保险机构,允许境内外保险公司和保险经纪公司等服务中介设立营业机构并开展航运保险业务,探索航运运价指数场外衍生品开发与交易业务。推动中转集拼业务发展,允许中资公司拥有或控股拥有的非五星旗船,试点开展外贸集装箱在国内沿海港口和自贸试验区内港口之间的沿海捎带业务。在落实国际船舶登记制度相关配套政策基础上,自贸试验区海关特殊监管区域内中方投资人持有船公司的股权比例可低于50%。充分利用现有中资"方便旗"船税收优惠政策,促进符合条件的船舶在自贸试验区落户登记。允许在自贸试验区内注册的内地资本邮轮企业所属"方便旗"邮轮,经批准从事两岸四地邮轮运输和其他国内运输。简化国际船舶运输经营许可程序,优化船舶营运、检验与登记业务流程,形成高效率的船舶登记制度。

(四)深化金融领域开放创新。

8. 推动跨境人民币业务创新发展。推动人民币作为自贸试验区与港澳地区及国外跨境大额贸易和投资计价、结算的主要货币。推动自贸试验区与港澳地区开展双向人民币融资。在总结其他地区相关试点经验、完善宏观审慎管理机制基础上,研究适时允许自贸试验区企业在一定范围内进行跨境人民币融资、允许自贸试验区银行业金融机构与港澳同业机构开展跨境人民币借款等业务。支持粤港澳三地机构在自贸试验区共同设立人民币海外投贷基金。允许自贸试验区金融机构和企业从港澳及国外借用人民币资金。支持自贸试验区内港澳资企业的境外母公司按规定在境内资本市场发行人民币债券。研究探索自贸试验区企业在香港股票市场发行人民币股票,放宽区内企业在境外发行本外币债券的审批和规模限制,所筹资金根据需要可调回区内使用。支持符合条件的港澳金融机构在自贸试验区以人民币进行新设、增资或参股自贸试验区内金融机构等直接投资活动。在《安排》框架下,研究探索自贸试验区金融机构与港澳地区同业开展跨境人民币信贷资产转让业务。允许自贸试验区证券公司、基金管理公司、期货公司、保险公司等非银行金融机构开展与港澳地区跨境人民币业务。支持与港澳地区开展个人跨境人民币业务创新。

9. 推动适应粤港澳服务贸易自由化的金融创新。在《安排》框架下,完善金融业负面清单准入模式,简化金融机构准入方式,推动自贸试验区金融服务业对港澳地区进一步开放。允许符合条件的外国金融机构设立外商独资银行,符合条件的外国金融机构与中国公司、企业出资共同设立中外合资银行。在条件具备时,适时在自贸试验区内试点设立有限牌照银行。降低港澳资保险公司进入自贸试验区的门槛,支持符合条件的港澳保险公司在自贸试验区设立分支机构,对进入自贸试验区的港澳保险公司分支机构视同内地保险机构,适用相同或相近的监管法规。支持符合条件的港澳保险中介机构进入自贸试验区,适用与内地保险中介机构相同或相近的准入标准和监管法规。在自贸试验区建立与粤港澳商贸、旅游、物流、信息等服务贸易自由化相适应的金融服务体系。积极推动个人本外币兑换特许机构、外汇代兑点发展和银行卡使用,便利港元、澳门元在自贸试验区兑换使用。在完善相关管理办法、加强有效监管前提下,支持商业银行在自贸试验区内设立机构开展外币离岸业务,允许自贸试验区内符合条件的中资银行试点开办外币离岸业务。允许外资股权投资管理机构、外资创业投资管理机构在自贸试验区发起管理人民币股权投资和创业投资基金。建立健全全口径外债宏观审慎管理框架,探索外债管理新模式。在《安排》框架下,推动自贸试验区公共服务领域的支付服务向粤港澳三地银行业开放,允许自贸试验区内注册设立的、拟从事支付服务的港澳资非金融机构,在符合支付服务市场发展政策导向以及《非金融机构支付服务管理办法》规定资质条件的前提下,依法从事第三方支付业务。支持符合条件的内地和港澳地区机构在自贸试验区设立金融租赁公司、融资租赁公司,开展飞机、船舶和海洋工程设备等融资租赁业务。统一内外资融资租赁企业准入标准、审批流程和事中事后监管,允许注册在自贸试验区内由广东省商务主管部门准入的内资融资租赁企业享受与现行内资融资租赁试点企业同等待遇。支持商业保理业务发展,探索适合商业保理发展的外汇管理模式。稳妥推进外商投资典当行试点。创新知识产权投融资及保险、风险投资、信托等金融服务,推动建立知识产权质物处置机制。发展与港澳地区保险服务贸易,探索与港澳地区保险产品互认、资金互通、市场互联的机制。支持自贸试验区内符合互认条件的基金产品参与内地与香港基金产品互认。允许自贸试验区在符合国家规定前提下开展贵金属(除黄金外)跨境现货交易。允许境内期货交易所在自贸试验区内的海关特殊监管区域设立大宗商品期货保税交割仓库,支持港澳地区企业参与商品期货交易。

10. 推动投融资便利化。探索实行本外币账户管理新模式,在账户设置、账户业务范围、资金划转和流动监测机制方面进行创新。探索通过自由贸易账户和其他风险可控的方式,开展跨境投融资创新业务。在风险可控前提下,开展以资本项目可兑换为重点的外汇管理改革试点。支持自贸试验区金融机构与港澳地区同业合作开展跨境担保业务。允许在自贸试验区注册的机构在宏观审慎框架下从境外融入本外币资金和境外发行本外币债券。深化外汇管理改革,将直接投资外汇登记下放银行办理,外商直接投资项下外汇资本金可意愿结汇,进一步提高对外放款比例。提高投融资便利化水平,统一内外资企业外债政策,建立健全外债宏观审慎管理制度。区内试行资本项目限额内可兑换,符合条件的区内机构在限额内自主开展直接投资、并购、债务工具、金融类投资等交易。构建个人跨境投资权益保护制度,严格投资者适当性管理。建立健全对区内个人投资的资金流动监测预警和风险防范机制。深化跨国公司本外币资金集中运营管理改革试点。研究探索自贸试验区与港澳地区和21世纪海上丝绸之路沿线国家按照规定开展符合条件的跨境金融资产交易。按照国家规定设立面向港澳和国际的新型要素交易平台,引入港澳投资者参股自贸试验区要素交易平台,逐步提高港澳投资者参与自贸试验区要素平台交易的便利化水平。研究设立以碳排放为首个品种的创新型期货交易所。

11. 建立健全自贸试验区金融风险防控体系。构建自贸试验区金融宏观审慎管理体系,建立金融监管协调机制,完善跨行业、跨市场的金融风险监测评估机制,加强对重大风险的识别和系统性金融风险的防范。探索建立本外币一体化管理机制。综合利用金融机构及企业主体的本外币数据信息,对企业、个人跨境收支进行全面监测、评价并实施分类管理。根据宏观审慎管理需要,加强对跨境资金流动、套利金融交易的监测和管理。做好反洗钱、反恐怖融资工作,防范非法资金跨境、跨区流动,完善粤港澳反洗钱和反恐怖融资监管合作和信息共享机制。探索在自贸试验区建立粤港澳金融消费者权益保护协作机制以及和解、专业调解、仲裁等金融纠纷司法替代性解决机制,鼓励金融行业协会、自律组织独立或者联合依法开展专业调解,建立调解与仲裁、诉讼的对接机制,加大金融消费者维权支持力度,依法维护金融消费者合法权益。支持建立健全金融消费者教育服务体系,积极创新自贸试验区特色的多元化金融消费者教育产品和方式。

(五)增强自贸试验区辐射带动功能。

12. 引领珠三角地区加工贸易转型升级。发挥自贸试验区高端要素集聚优势,搭建服务于加工贸易转型升级的技术研发、工业设计、知识产权等公共服务平台。支持在自贸试验区发展加工贸易结算业务、建设结算中心。支持设立符合内销规定的加工贸易产品内销平台,建设加工贸易产品内销后续服务基地。推进企业依托海关特殊监管区域开展面向国内外市场的高技术、高附加值的检测维修等保税服务业务。允许外商开展机电产品及零部件维修与再制造业务。建立专利导航产业发展工作机制。支持企业依托自贸试验区开展自主营销,拓展境内外营销网络。

13. 打造泛珠三角区域发展综合服务区。推动自贸试验区与泛珠三角区域开展广泛的经贸合作,依托自贸试验区深化与港澳合作,更好地发挥辐射和带动作用。鼓励自贸试验区内企业统筹开展国际国内贸易,形成内外贸相互促进机制。扶持和培育外贸综合服务企业,为中小企业提供通关、融资、退税、国际结算等服务。强化对泛珠三角区域的市场集聚和辐射功能,开展大宗商品现货交易和国际贸易,探索构建国际商品交易集散中心、信息中心和价格形成中心。

14.建设内地企业和个人"走出去"重要窗口。依托港澳在金融服务、信息资讯、国际贸易网络、风险管理等方面的优势,将自贸试验区建设成为内地企业和个人"走出去"的窗口和综合服务平台,支持国内企业和个人参与21世纪海上丝绸之路建设。扩大企业和个人对外投资,完善"走出去"政策促进、服务保障和风险防控体系。鼓励企业和个人创新对外投资合作方式,开展绿地投资、并购投资、证券投资、联合投资等,逐步减少对个人对外投资的外汇管制。允许自贸试验区金融机构按规定为自贸试验区内个人投资者投资香港资本市场的股票、债券及其他有价证券提供服务。加强与港澳在项目对接、投资拓展、信息交流、人才培训等方面交流合作,共同到境外开展基础设施建设和能源资源等合作。探索将境外产业投资与港澳资本市场有机结合,鼓励在自贸试验区设立专业从事境外股权投资的项目公司,支持有条件的投资者设立境外投资股权投资母基金。

四、监管服务和税收政策

(一)监管服务模式。

1.创新通关监管服务模式。广州南沙保税港区、深圳前海湾保税港区等现有海关特殊监管区域,比照中国(上海)自由贸易试验区内海关特殊监管区域的有关监管模式,实行"一线放开"、"二线安全高效管住"的通关监管服务模式,同时实施海关特殊监管区域整合优化措施,并根据自贸试验区发展需要,不断探索口岸监管制度创新。如海关特殊监管区域规划面积不能满足发展需求的,可按现行海关特殊监管区域管理规定申请扩大区域面积。除废物原料、危险化学品及其包装、散装货物外,检验检疫在一线实施"进境检疫,适当放宽进出口检验"模式,创新监管技术和方法;促进二线监管模式与一线监管模式相衔接,简化检验检疫流程,在二线推行"方便进出,严密防范质量安全风险"的检验检疫监管模式。

广州南沙新区片区、深圳前海蛇口片区内的非海关特殊监管区域,按照现行通关模式实施监管,不新增一线、二线分线管理方式。

珠海横琴新区片区按照《国务院关于横琴开发有关政策的批复》(国函〔2011〕85号)确定的"一线放宽、二线管住、人货分离、分类管理"原则实施分线管理。经一线进入横琴的进口废物原料、危险化学品及其包装、进入横琴后无法分清批次的散装货物,按现行进出口商品检验模式管理。

2.加强监管协作。以切实维护国家安全和市场公平竞争为原则,加强各部门与广东省人民政府的协同,完善政府经济调节、市场监管、社会管理和公共服务职能,提高维护经济社会安全的服务保障能力。

(二)税收政策。

抓紧落实现有相关税收政策,充分发挥现有政策的支持促进作用。中国(上海)自由贸易试验区已经试点的税收政策原则上可在自贸试验区进行试点,其中促进贸易的选择性征收关税、其他相关进出口税收等政策在自贸试验区内的海关特殊监管区域进行试点。自贸试验区内的海关特殊监管区域实施范围和税收政策适用范围维持不变。深圳前海深港现代服务业合作区、珠海横琴税收优惠政策不适用于自贸试验区内其他区域。此外,在符合税制改革方向和国际惯例,以及不导致利润转移和税基侵蚀前提下,积极研究完善适应境外股权投资和离岸业务发展的税收政策。结合上海试点实施情况,在统筹评估政策成效基础上,研究实施启运港退税政策试点问题。符合条件的地区可按照政策规定申请实施境外旅客购物离境退税政策。

五、保障机制

(一)法制保障。

全国人民代表大会常务委员会已经授权国务院,暂时调整《中华人民共和国外资企业法》、《中华人民共和国中外合资经营企业法》、《中华人民共和国中外合作经营企业法》和《中华人民共和国台湾同胞投资保护法》规定的有关行政审批,自2015年3月1日至2018年2月28日试行。自贸试验区需要暂时调整实施有关行政法规、国务院文件和经国务院批准的部门规章的部分规定的,按规定程序办理。各有关部门要支持自贸试验区在扩大投资领域开放、实施负面清单管理模式、创新投资管理体制等方面深化改革试点,及时解决试点过程中的制度保障问题。授权广东省制定自贸试验区落实《安排》的配套细则。广东省要通过地方立法,制定自贸试验区条例和管理办法。

(二)组织实施。

在国务院的领导和统筹协调下,由广东省根据试点内容,按照总体筹划、分步实施、率先突破、逐步完善的原则组织实施。按照既有利于合力推进自贸试验区建设,又有利于各片区独立自主运作的原则,建立精简高效、统一管理、分级负责的自贸试验区管理体系。自贸试验区建设相关事宜纳入粤港、粤澳合作联席会议机制。各有关部门要大力支持,加强指导和服务,共同推进相关体制机制创新,并注意研究新情况,解决新问题,总结新经验,重大事项要及时报告国务院,共同把自贸试验区建设好、管理好。

(三)评估推广。

自贸试验区要及时总结改革创新经验和成果。商务部、广东省人民政府要会同相关部门,对自贸试验区试点政策执行情况进行综合和专项评估,必要时委托内地和港澳第三方机构进行独立评估,并将评估结果报告国务院。对试点效果好且可复制可推广的成果,经国务院同意后推广到全国其他地区。

国务院关于印发中国(天津)自由贸易试验区总体方案的通知

国发〔2015〕19号

各省、自治区、直辖市人民政府,国务院各部委、各直属机构:

国务院批准《中国(天津)自由贸易试验区总体方案》(以下简称《方案》),现予印发。

一、建立中国(天津)自由贸易试验区(以下简称自贸试验区),是党中央、国务院作出的重大决策,是在新形势下推进改革开放和加快实施京津冀协同发展战略的重要举措,对加快政府职能转变、积极探索管理模式创新、促进贸易和投资便利化,为全面深化改革和扩大开放探索新途径、积累新经验,具有重要意义。

二、自贸试验区要当好改革开放排头兵、创新发展先行者,以制度创新为核心,贯彻京津冀协同发展等国家战略,在构建开放型经济新体制、探索区域经济合作新模式、建设法治化营商环境等方面,率先挖掘改革潜力,破解改革难题。要积极探索外商投资准入前国民待遇加负面清单管理模式,深化行政管理体制改革,提升事中事后监管能力和水平。

三、天津市人民政府和有关部门要解放思想、改革创新,大胆实践、积极探索,统筹谋划、加强协调,支持自贸试验区先行先试。要加强组织领导,明确责任主体,精心组织好《方案》实施工作,有效防控各类风险。要及时总结评估试点实施效果,形成可复制可推广的改革经验,发挥示范带动、服务全国的积极作用。

四、根据《全国人民代表大会常务委员会关于授权国务院在中国(广东)自由贸易试验区、中国(天津)自由贸易试验区、中国(福建)自由贸易试验区以及中国(上海)自由贸易试验区扩展区域暂时调整有关法律规定的行政审批的决定》,相应暂时调整有关行政法规和国务院文件的部分规定。具体由国务院另行印发。

五、《方案》实施中的重大问题,天津市人民政府要及时向国务院请示报告。

国务院
2015年4月8日

中国(天津)自由贸易试验区总体方案

建立中国(天津)自由贸易试验区(以下简称自贸试验区)是党中央、国务院作出的重大决策,是新形势下全面深化改革、扩大开放和加快推进京津冀协同发展战略的重大举措。为全面有效推进自贸试验区建设,制定本方案。

一、总体要求

(一)指导思想。

全面贯彻落实党的十八大和十八届二中、三中、四中全会精神,按照党中央、国务院决策部署,紧紧围绕国家战略,以开放促改革、促发展、促转型,以制度创新为核心,发挥市场在资源配置中的决定性作用,探索转变政府职能新途径,探索扩大开放新模式,努力打造京津冀协同发展对外开放新引擎,着力营造国际化、市场化、法治化营商环境,为我国全面深化改革和扩大开放探索新途径、积累新经验,发挥示范带动、服务全国的积极作用。

(二)战略定位。

以制度创新为核心任务,以可复制可推广为基本要求,努力成为京津冀协同发展高水平对外开放平台、全国改革开放先行区和制度创新试验田、面向世界的高水平自由贸易园区。

(三)总体目标。

经过三至五年改革探索,将自贸试验区建设成为贸易自由、投资便利、高端产业集聚、金融服务完善、法制环境规范、监管高效便捷、辐射带动效应明显的国际一流自由贸易园区,在京津冀协同发展和我国经济转型发展中发挥示范引领作用。

二、区位布局

(一)实施范围。

自贸试验区的实施范围119.9平方公里,涵盖三个片区:天津港片区30平方公里(含东疆保税港区10平方公里),天津机场片区43.1平方公里(含天津港保税区空港部分1平方公里和滨海新区综合保税区1.96平方公里),滨海新区中心商务片区46.8平方公里(含天津港保税区海港部分和保税物流园区4平方公里)。

自贸试验区土地开发利用须遵守土地利用法律法规。

(二)功能划分。

按区域布局划分,天津港片区重点发展航运物流、国际贸易、融资租赁等现代服务业;天津机场片区重点发展航空航天、装备制造、新一代信息技术等高端制造业和研发设计、航空物流等生产性服务业;滨海新区中心商务片区重点发展以金融创新为主的现代服务业。

按海关监管方式划分,自贸试验区内的海关特殊监管区域重点探索以贸易便利化为主要内容的制度创新,开展货物贸易、融资租赁、保税加工和保税物流等业务;非海关特殊监管区域重点探索投资制度改革,完善事中事后监管,推动金融制度创新,积极发展现代服务业和高端制造业。

三、主要任务和措施

(一)加快政府职能转变。

创新行政管理方式,提升行政管理水平,建设适应国际化、市场化、法治化要求和贸易投资便利化需求的服务体系。

1. 深化行政体制改革。加快行政审批制度改革,实行审管职能分离,建立综合统一的行政审批机构,实施"一颗印章管审批"。推进政府管理由注重事前审批向注重事中事后监管转变,完善信息网络平台,提高行政透明度,实现部门协同管理。健全社会信用体系;建立行业信息跟踪、监管和归集的综合性评估机制,加强对企业的管理、监督和服务,健全企业及从业人员信用信息记录和披露制度,完善企业信用约束机制;完善企业信用信息公示系统,实施企业年度报告公示、经营异常名录和严重违法企业名单制度;探索建立市场主体信用评级标准,实施分类管理。提高执法效能,建立集中统一的综合执法机构,整合执法力量,实行"一支队伍管执法",鼓励社会力量参与市场监督,加大对违法行为打击力度。构建反垄断审查机制。加强知识产权保护和服务,完善知识产权管理和执法体制以及纠纷调解、援助、仲裁等服务机制。发挥专业化社会机构力量,提高知识产权保护成效。将原由政府部门承担的资产评估、鉴定、咨询、认证、检验检测等职能逐步交由法律、会计、信用、检验检测认证等专业服务机构承担。

2. 提高行政管理效能。天津市依法向自贸试验区下放经济管理权限。自贸试验区内工作部门依法公开管理权限和流程,建立各部门权责清单制度。建立健全行政审批管理目录制度,完善"一口受理"服务模式,改革审批事项,优化审批流程,缩短审批时间,推进审批后监管标准规范制度建设。加强发展规划、政策、标准的制定和实施工作。

(二)扩大投资领域开放。

稳步扩大开放领域,改革"引进来"和"走出去"投资管理方式,突出重点,创新机制,有效监管,完善服务,探索建立与国际通行做法接轨的基本制度框架。

3. 降低投资准入门槛。实施自贸试验区外商投资负面清单制度,减少和取消对外商投资准入限制,提高开放度和透明度。重点选择航运服务、商贸服务、专业服务、文化服务、社会服务等现代服务业和装备制造、新一代信息技术等先进制造业领域扩大对外开放,积极有效吸引外资;金融领域,在完善相关配套措施前提下,研究适当减少对境外投资者资质要求、股权比例、业务范围等准入限制。鼓励跨国公司设立地区性总部、研发中心、销售中心、物流中心和结算中心,鼓励先进制造业延伸价值链,与现代服务业融合发展。支持外资股权投资基金规范创新发展,完善资本金结汇、投资基金管理等新模式,鼓励外资股权投资、创业投资管理机构发起管理人民币股权投资和创业投资基金。允许取得国际资质的外籍和港澳台地区专业服务人员和机构,在自贸试验区内依照有关规定开展相关业务。允许取得中国注册会计师资格的港澳专业人士,在自贸试验区试点担任合伙制事务所的合伙人。

4. 改革外商投资管理模式。探索对外商投资实行准入前国民待遇加负面清单管理模式。对外商投资准入特别管理措施(负面清单)之外领域,按照内外资一致原则,外商投资项目实行备案制(国务院规定对国内投资项目保留核准的除外),由天津市负责办理;根据全国人民代表大会常务委员会授权,将外商投资企业设立、变更及合同章程审批改为备案管理,备案由天津市负责办理,备案后按国家有关规定办理相关手续。配合国家有关部门实施外商投资国家安全审查制度。完善市场主体信用信息公示系统,实施外商投资全周期监管,建立健全境外追偿保障机制。完善投资者权益保障机制,允许符合条件的境外投资者自由转移其投资收益。

5. 构建对外投资合作服务平台。确立企业及个人对外投资主体地位,支持企业及个人开展多种形式的境外投资合作,在法律法规规定范围内,允许自担风险到各国各地区自由承揽项目。逐步减少个人对外投资的外汇管制。对不涉及敏感国家和地区、敏感行业的境外投资项目全部实行备案制,属市级管理权限的由自贸试验区负责备案。建立对外投资合作"一站式"服务平台。加强对外投资合作事后管理和服务,建设多部门信息共享平台,完善境外资产和人员安全风险预警和应急保障体系。鼓励设立从事境外投资的股权投资企业和项目公司,支持设立从事境外投资的股权投资母基金。

(三)推动贸易转型升级。

积极培育新型贸易方式,打造以技术、品牌、质量、服务为核心的外贸竞争新优势,探索形成具有国际竞争力的航运业发展环境。

6. 完善国际贸易服务功能。积极探索服务贸易发展的新途径和新模式,搭建服务贸易公共服务平台、服务贸易促进平台,推动现有融资平台依法合规为中小服务贸易企业提供融资服务。按照公平竞争原则,积极发展跨境电子商务,并完善与之相适应的海关监管、检验检疫、退税、跨境支付、物流等支撑系统。发展服务外包业务,建设文化服务贸易基地。建设亚太经济合作组织绿色供应链合作网络天津示范中心,探索建立绿色供应链管理体系,鼓励开展绿色贸易。探索开展财政资金支持形成的知识产权处置和收益管理改革试点,建立华北地区知识产权运营中心,发展知识产权服务业。开展知识产权跨境交易,创新知识产权投融资及保险、风险投资、信托等金融服务,推动建立知识产权质物处置机制。

加快建设国家进口贸易促进创新示范区,促进对外贸易平衡发展。鼓励企业统筹开展国际国内贸易,实现内外贸一体化发展。支持进口先进技术、关键设备及零部件和资源类商品。支持开展汽车平行进口试点,平行进口汽车应符合国家质量安全标准,进口商应承担售后服务、召回、"三包"等责任,并向消费者警示消费风险。建立国际贸易"单一窗口"管理服务模式。在执行现行税收政策前提下,提升超大超限货物的通关、运输、口岸服务等综合能力。扶持和培育外贸综合服务企业,为从事国际采购的中小企业提供通关、融资、退税、国际结算等服务。

在总结期货保税交割试点经验基础上,鼓励国内期货交易所在自贸试验区的海关特殊监管区域内开展业务,扩大期货保税交割试点品种,拓展仓单质押融资等功能,推动完善仓单质押融资所涉及的仓单确权等工作。依法合规开展大宗商品现货交易,探索建立与国际大宗商品交易相适应的外汇管理和海关监管制度。在严格执行货物进出口税收政策前提下,允许在海关特殊监管区域内设立保税展示交易平台。开展境内外高技术、高附加值产品的维修业务试点。探索开展境外高技术、高附加值产品的再制造业务试点。允许外商开展机电产品及零部件维修与再制造业务。推动建立检验检疫证书国际联网核查机制,推进标准和结果互认。改革和加强原产地证签证管理,便利证书申领,强化事中事后监管。鼓励设立第三方检验检测鉴定机构,逐步推动实施第三方结果采信。

7. 增强国际航运服务功能。促进航运要素集聚,探索形成具有国际竞争力的航运发展机制和运作模式。积极发挥天津港和滨海国际机场的海空联动作用。允许设立外商独资国际船舶管理企业。放宽在自贸试验区设立的中外合资、中外合作国际船舶企业的外资股比限制。允许外商以合资、合作形式从事公共国际船舶代理业务,外方持股比例放宽至51%,将外资经营国际船舶管理业务的许可权限下放给天津市。大力发展航运金融、航运保险业,建设中国北方国际航运融资中心,鼓励境内外航运保险公司和保险经纪公司等航运服务中介机构设立营业机构并开展业务。在落实国际船舶登记制度相关配套政策基础上,中方投资人持有船公司的股权比例可低于50%。充分利用现有中资"方便旗"船税收优惠政策,促进符合条件的船舶在自贸试验区落户登记。

完善集疏运体系,加密航线航班。推动海运集装箱和航空快件国际中转集拼业务发展。允许中资公司拥有或控股拥有的非五星旗船,试点开展外贸集装箱在国内沿海港口和天津港之间的沿海捎带业务。支持天津滨海国际机场增加国际客货运航班,建设航空物流中心。完善国际邮轮旅游支持政策,提升邮轮旅游供应服务和配套设施水平,建立邮轮旅游岸上配送中心和邮轮旅游营销中心。允许在自贸试验区内注册的符合条件的中外合资旅行社,从事除台湾地区以外的出境旅游业务。符合条件的地区可按政策规定申请实施境外旅客购物离境退税政策。

8. 创新通关监管服务模式。自贸试验区内的海关特殊监管区域比照中国(上海)自由贸易试验区内的海关特殊监管区域有关监管模式,实施"一线放开"、"二线安全高效管住"的通关监管服务模式,积极推动实施海关特殊监管区域整合优化改革措施。可根据自贸试验区发展需求,按现行管理规定向国家申请扩大海关特殊监管区域面积。自贸试验区内的非海关特殊监管区域,仍按照现行模式实施监管。不断探索口岸监管制度创新。

强化监管协作。加强电子口岸建设,推动实现海关、检验检疫等口岸监管部门信息共享。推进企业运营信息与监管系统对接。逐步实现基于企业诚信评价的货物抽验制度。除废物原料、危险化学品及其包装、散装货物外,检验检疫在一线实行"进境检疫,适当放宽进出口检验"模式,创新监管技术和方法;在二线简化检验检疫流程,推行"方便进出,严密防范质量安全风险"的检验检疫监管模式。提高知识产权行政执法与海关保护的协调性和便捷性,建立知识产权执法协作调度中心。

(四)深化金融领域开放创新。

深化金融体制改革,实施业务模式创新,培育新型金融市场,加强风险控制,推进投融资便利化、利率市场化和人民币跨境使用,做大做强融资租赁业,服务实体经济发展。

9. 推进金融制度创新。开展利率市场化和人民币资本项目可兑换试点。将自贸试验区内符合条件的金融机构纳入优先发行大额可转让存单的机构范围,在自贸试验区内开展大额可转让存单发行试点。区内试行资本项目限额内可兑换,符合条件的区内机构在限额内自主开展直接投资、并购、债务工具、金融类投资等交易。深化外汇管理改革,将直接投资外汇登记下放银行办理,外商直接投资项下外汇资本金可意愿结汇,进一步提高对外放款比例。提高投融资便利化水平,解决自贸试验区内企业特别是中小企业融资难、融资贵问题,统一内外资企业外债政策,建立健全外债宏观审慎管理制度。放宽区内企业在境外发行本外币债券的审批和规模限制,所筹资金根据需要可调回区内使用。

推动跨境人民币业务创新发展,鼓励在人民币跨境使用方面先行先试,鼓励企业充分利用境内外两种资源、两个市场,实现跨境融资自由化。支持跨国公司本外币资金集中运营管理。

支持自贸试验区内符合条件的单位和个人按照规定双向投资于境内外证券期货市场。支持通过自由贸易账户或其他风险可控的方式,促进跨境投融资便利化和资本项目可兑换的先行先试。

探索在自贸试验区内建立金融消费者权益保护协作机制以及和解、专业调解、仲裁等金融纠纷司法替代性解决机制,鼓励金融行业协会、自律组织独立或者联合依法开展专业调解,建立调解与仲裁、诉讼的对接机制,加大金融消费者维权支持力度,依法维护金融消费者合法权益。支持建立健全证券投资消费者教育服务体系,积极创新自贸试验区特色的多元化证券投资消费者教育产品和方式。

10. 增强金融服务功能。推动金融服务业对符合条件的民营资本全面开放,在加强监管前提下,允许具备条件的民间资本依法发起设立中小型银行等金融机构。支持在自贸试验区内设立外资银行和中外合资银行。条件具备时适时在自贸试验区内试点设立有限牌照银行。对中小型金融机构实行差别化管理。在完善相关管理办法,加强有效监管前提下,允许自贸试验区内符合条件的中资银行试点开办外币离岸业务。鼓励金融机构积极开展动产融资业务,利用动产融资统一登记平台,服务中小企业发展。支持商业保理业务发展,探索适合商业保理发展的外汇管理模式。开展人民币跨境再保险业务,培育发展再保险市场。支持在自贸试验区内设立专业机构,开展巨灾保险试点工作。逐步允许境外企业参与商品期货交易。

11. 提升租赁业发展水平。率先推进租赁业政策制度创新,形成与国际接轨的租赁业发展环境。加快建设国家租赁创新示范区。在自贸试验区的海关特殊监管区域内,支持设立中国天津租赁平台,推进租赁资产公示等试点。支持设立中国金融租赁登记流转平台,推进租赁资产登记、公示、流转等试点。统一内外资融资租赁企业准入标准、审批流程和事中事后监管,允许注册在自贸试验区内由天津市商务主管部门准入的内资融资租赁企业享受与现行内资融资租赁试点企业同等待遇。支持符合条件的金融租赁公司和融资租赁公司设立专业子公司。支持金融租赁公司和融资租赁公司在符合相关规定前提下,设立项目公司经营大型设备、成套设备等融资租赁业务,并开展境内外租赁业务。经相关部门认可,允许融资租赁企业开展主营业务相关的保理业务和福费廷业务。支持租赁业境外融资,鼓励各类租赁公司扩大跨境人民币资金使用范围。对注册在自贸试验区海关特殊监管区域内的融资租赁企业进出口飞机、船舶和海洋工程结构物等大型设备涉及跨关区的,在确保有效监管和执行现行相关税收政策前提下,按物流实际需要,实行海关异地委托监管。

12. 建立健全金融风险防控体系。建立金融监管协调机制,完善跨行业、跨市场的金融风险监测评估机制,加强对重大风险的识别和系统性金融风险的防范。完善对持有各类牌照金融机构的分类监管机制,加强金融监管协调与合作。探索建立跨境资金流动风险监管机制,对企业跨境收支进行全面监测评价,实施分类管理。强化外汇风险防控,实施主体监管,建立合规评价体系,以大数据为依托开展事中事后管理。做好反洗钱、反恐怖融资工作,防范非法资金跨境、跨区流动。

(五)推动实施京津冀协同发展战略。

发挥自贸试验区对外开放高地的综合优势,推动京津冀地区外向型经济发展,构建全方位、多层次、宽领域的区域开放型经济新格局。

13. 增强口岸服务辐射功能。完善京津冀海关区域通关一体化和检验检疫通关业务一体化改革。优化内陆无水港布局,支持内陆地区在条件具备时申请设立海关特殊监管区域和保税监管场所。完善天津口岸与无水港之间在途运输监管模式,推动与内陆口岸通关协作,实现相关部门信息互换、监管互认、执法互助。结合上海试点实施情况,在统筹评估政策成效基础上,研究实施启运港退税试点政策。进一步推动津冀两地港口一体化,在优化港口产业结构的同时,实现两地港口间错位发展和优势互补。支持京冀两地在自贸试验区建设专属物流园区,开展现代物流业务。完善以天津港为出海口的保税物流网络,将意愿结汇等创新政策辐射延伸至京冀两地及港口腹地。依托亚欧大陆桥连接功能,完善多式联运体系,增强对沿线国家及地区转口贸易服务功能,发挥中蒙俄经济走廊重要节点作用和海上合作战略支点作用,推动"一带一路"建设。

14. 促进区域产业转型升级。抓住全球产业重新布局机遇,充分利用国内国外两种资源、两个市场,提高聚集国际资源要素的能力。通过自贸试验区高端产业集聚,促进京津冀地区优化现代服务业、先进制造业和战略性新兴产业布局,创新区域经济合作模式。以产业链为纽带,在自贸试验区建立市场化运作的产业转移引导基金,促进京津冀地区在研发设计、生产销售和物流配送等环节的协同配合。增强自贸试验区大宗商品交易市场的集散功能。加强交易市场互联互通,推动各类资源合理高效流转。鼓励三地企业通过跨区域兼并重组实现产业转型升级,在基础设施、公共设施建设运营领域,推广运用政府和社会资本合作(PPP)等新型投融资模式。鼓励航运物流、航空航天、装备制造、电子信息、生物医药等产业向自贸试验区集聚,形成有利于推动产业集群发展的体制机制,促使自贸试验区成为京津冀地区产业转型升级的新引擎。

15. 推动区域金融市场一体化。探索京津冀金融改革创新试验,开展金融监管、金融产品和服务方面的创新。加强区域金融监管协作,破除地域限制。在遵守国家规定前提下,京津冀三地产权交易市场、技术交易市场、排污权交易市场和碳排放权交易市场可在自贸试验区内开展合作,促进区域排污权指标有偿分配使用。支持金融服务外包企业发展。鼓励和引导互联网金融业健康发展。鼓励自贸试验区金融机构探索与京津冀协同发展相适应的产品创新和管理模式创新,优化京津冀地区金融资源配置。

16. 构筑服务区域发展的科技创新和人才高地。充分发挥自贸试验区和国家自主创新示范区政策叠加优势,将自贸试验区打造成具有创新示范和带动作用的区域性创新平台,增强科技进步对经济增长的贡献度。坚持需求导向和产业化方向,推动科研机构、高校、企业协同创新。积极发展科技金融。依法合规开展知识产权转让,建立专利导航产业发展协同工作机制。根据区域特点和发展需求,针对区域创新发展中面临的突出问题,在自贸试验区内开展有针对性的政策试点。支持京津冀三地政府按规定共同出资,与国家新兴产业创业投资引导基金、国家科技成果转化引导基金形成合作机制。联合国内外知名股权投资机构共同成立创投基金,在自贸试验区先行先试。建立健全科技成果转化交易市场。推动教育部、天津市共建教育国际化综合改革试验区,支持引进境外优质教育资源,开展合作办学。按照国际通行做法探索人才评价方法,实施更加积极的创新人才引进政策,强化激励,吸引领军科学家、企业家、归国创业人员等高端人才,建设国际化人才特区。为符合条件的外国籍高层次人才提供入境及居留便利,进一步简化签证等相关审批程序。

四、保障机制

（一）健全法制保障体系。

全国人民代表大会常务委员会已经授权国务院,暂时调整《中华人民共和国外资企业法》、《中华人民共和国中外合资经营企业法》、《中华人民共和国中外合作经营企业法》和《中华人民共和国台湾同胞投资保护法》规定的有关行政审批,自 2015 年 3 月 1 日至 2018 年 2 月 28 日试行。自贸试验区需要暂时调整实施有关行政法规、国务院文件和经国务院批准的部门规章的部分规定的,按规定程序办理。各有关部门要支持自贸试验区在扩大投资领域开放、实施负面清单管理模式、创新投资管理体制等方面深化改革试点,及时解决试点过程中的制度保障问题。天津市要通过地方立法,建立与试点要求相适应的自贸试验区管理制度。

（二）优化行政管理服务环境。

转变政府职能,推进落实各项改革创新措施,加强自贸试验区经济运行管理和风险防控,规范市场经济秩序,提高行政管理水平和综合服务能力。加强海关、质检、工商、税务、金融监管及外汇等部门协作,依托地方政府主导的电子口岸等公共电子信息平台,整合监管信息,实现相关监管部门信息共享,共同提高维护经济社会安全的服务保障能力。

（三）完善配套税收政策。

中国(上海)自由贸易试验区已经试点的税收政策原则上可在自贸试验区进行试点,其中促进贸易的选择性征收关税、其他相关进出口税收等政策在自贸试验区内的海关特殊监管区域进行试点。自贸试验区内的海关特殊监管区域实施范围和税收政策适用范围维持不变。此外,在符合税制改革方向和国际惯例,以及不导致利润转移和税基侵蚀前提下,积极研究完善适应境外股权投资和离岸业务发展的税收政策。

（四）抓好组织实施工作。

在国务院的领导和统筹协调下,由天津市根据试点内容,按照总体筹划、分步实施、率先突破、逐步完善的原则组织实施。对出现的新情况、新问题,要认真研究,及时调整试点内容和政策措施,重大事项要及时向国务院请示报告。各有关部门要大力支持,加强指导和服务,共同推进相关体制机制创新,把自贸试验区建设好、管理好。

（五）建立评估推广机制。

自贸试验区要及时总结改革创新经验和成果。商务部、天津市人民政府要会同相关部门,对自贸试验区试点政策执行情况进行综合和专项评估,必要时委托第三方机构进行独立评估,并将评估结果报告国务院。对试点效果好且可复制可推广的成果,经国务院同意后率先在京津冀地区复制推广,具备条件的,进一步推广到全国其他地区。

国务院关于印发中国(福建)自由贸易试验区总体方案的通知

国发〔2015〕20号

各省、自治区、直辖市人民政府,国务院各部委、各直属机构:

国务院批准《中国(福建)自由贸易试验区总体方案》(以下简称《方案》),现予印发。

一、建立中国(福建)自由贸易试验区(以下简称自贸试验区),是党中央、国务院作出的重大决策,是在新形势下推进改革开放和深化两岸经济合作的重要举措,对加快政府职能转变、积极探索管理模式创新、促进贸易和投资便利化,为全面深化改革和扩大开放探索新途径、积累新经验,具有重要意义。

二、自贸试验区要当好改革开放排头兵、创新发展先行者,以制度创新为核心,贯彻"一带一路"建设等国家战略,在构建开放型经济新体制、探索闽台经济合作新模式、建设法治化营商环境等方面,率先挖掘改革潜力,破解改革难题。要积极探索外商投资准入前国民待遇加负面清单管理模式,深化行政管理体制改革,提升事中事后监管能力和水平。

三、福建省人民政府和有关部门要解放思想、改革创新,大胆实践、积极探索,统筹谋划、加强协调,支持自贸试验区先行先试。要加强组织领导,明确责任主体,精心组织好《方案》实施工作,有效防控各类风险。要及时总结评估试点实施效果,形成可复制可推广的改革经验,发挥示范带动、服务全国的积极作用。

四、根据《全国人民代表大会常务委员会关于授权国务院在中国(广东)自由贸易试验区、中国(天津)自由贸易试验区、中国(福建)自由贸易试验区以及中国(上海)自由贸易试验区扩展区域暂时调整有关法律规定的行政审批的决定》,相应暂时调整有关行政法规和国务院文件的部分规定。具体由国务院另行印发。

五、《方案》实施中的重大问题,福建省人民政府要及时向国务院请示报告。

国务院
2015年4月8日

中国(福建)自由贸易试验区总体方案

建立中国(福建)自由贸易试验区(以下简称自贸试验区)是党中央、国务院作出的重大决策,是新形势下全面深化改革、扩大开放和深化两岸经济合作采取的重大举措。为全面有效推进自贸试验区建设,制定本方案。

一、总体要求

(一)指导思想。

全面贯彻落实党的十八大和十八届二中、三中、四中全会精神,按照党中央、国务院决策部署,紧紧围绕国家战略,立足于深化两岸经济合作,立足于体制机制创新,进一步解放思想,先行先试,为深化两岸经济合作探索新模式,为加强与 21 世纪海上丝绸之路沿线国家和地区的交流合作拓展新途径,为我国全面深化改革和扩大开放积累新经验,发挥示范带动、服务全国的积极作用。

(二)战略定位。

围绕立足两岸、服务全国、面向世界的战略要求,充分发挥改革先行优势,营造国际化、市场化、法治化营商环境,把自贸试验区建设成为改革创新试验田;充分发挥对台优势,率先推进与台湾地区投资贸易自由化进程,把自贸试验区建设成为深化两岸经济合作的示范区;充分发挥对外开放前沿优势,建设 21 世纪海上丝绸之路核心区,打造面向 21 世纪海上丝绸之路沿线国家和地区开放合作新高地。

(三)发展目标。

坚持扩大开放与深化改革相结合、功能培育与制度创新相结合,加快政府职能转变,建立与国际投资贸易规则相适应的新体制。创新两岸合作机制,推动货物、服务、资金、人员等各类要素自由流动,增强闽台经济关联度。加快形成更高水平的对外开放新格局,拓展与 21 世纪海上丝绸之路沿线国家和地区交流合作的深度和广度。经过三至五年改革探索,力争建成投资贸易便利、金融创新功能突出、服务体系健全、监管高效便捷、法制环境规范的自由贸易园区。

二、区位布局

(一)实施范围。

自贸试验区的实施范围 118.04 平方公里,涵盖三个片区:平潭片区 43 平方公里,厦门片区 43.78 平方公里(含象屿保税区 0.6 平方公里、象屿保税物流园区 0.7 平方公里、厦门海沧保税港区 9.51 平方公里),福州片区 31.26 平方公里(含福州保税区 0.6 平方公里、福州出口加工区 1.14 平方公里、福州保税港区 9.26 平方公里)。

自贸试验区土地开发利用须遵守土地利用法律法规。

(二)功能划分。

按区域布局划分,平潭片区重点建设两岸共同家园和国际旅游岛,在投资贸易和资金人员往来方面实施更加自由便利的措施;厦门片区重点建设两岸新兴产业和现代服务业合作示范区、东南国际航运中心、两岸区域性金融服务中心和两岸贸易中心;福州片区重点建设先进制造业基地、21 世纪海上丝绸之路沿线国家和地区交流合作的重要平台、两岸服务贸易与金融创新合作示范区。

按海关监管方式划分,自贸试验区内的海关特殊监管区域重点探索以贸易便利化为主要内容的制度创新,开展国际贸易、保税加工和保税物流等业务;非海关特殊监管区域重点探索投资体制改革,推动金融制度创新,积极发展现代服务业和高端制造业。

三、主要任务和措施

(一)切实转变政府职能。

1. 深化行政管理体制改革。按照国际化、市场化、法治化要求,加快推进政府管理模式创新,福建省能够下放的经济社会管理权限,全部下放给自贸试验区。依法公开管理权限和流程。加快行政审批制度改革,促进审批标准化、规范化。建立健全行政审批目录制度,实行"一口受理"服务模式。完善知识产权管理和执法体制以及纠纷调解、援助、仲裁等服务机制。健全社会服务体系,将原由政府部门承担的资产评估、鉴定、咨询、认证、检验检测等职能逐步交由法律、会计、信用、检验检测认证等专业服务机构承担。

(二)推进投资管理体制改革。

2. 改革外商投资管理模式。探索对外商投资实行准入前国民待遇加负面清单管理模式。对外商投资准入特别管理措施(负面清单)之外领域,按照内外资一致原则,外商投资项目实行备案制(国务院规定对国内投资项目保留核准的除外),由福建省办理;根据全国人民代表大会常务委员会授权,将外商投资企业设立、变更及合同章程审批改为备案管理,备案由福建省负责办理,备案后按国家有关规定办理相关手续。配合国家有关部门实施外商投资国家安全审查和经营者集中反垄断审查。强化外商投资实际控制人管理,完善市场主体信用信息公示系统,实施外商投资全周期监管,建立健全境外追偿保障机制。减少项目前置审批,推进网上并联审批。

放宽外资准入。实施自贸试验区外商投资负面清单制度,减少和取消对外商投资准入限制,提高开放度和透明度。先行选择航运服务、商贸服务、专业服务、文化服务、社会服务及先进制造业等领域扩大对外开放,积极有效吸引外资。降低外商投资性公司准入条件。稳步推进外商投资商业保理、典当行试点。完善投资者权益保障机制,允许符合条件的境外投资者自由转移其合法投资收益。

3. 构建对外投资促进体系。改革境外投资管理方式,将自贸试验区建设成为企业"走出去"的窗口和综合服务平台。对一般境外投资项目和设立企业实行备案制,属省级管理权限的,由自贸试验区负责备案管理。确立企业及个人对外投资主体地位,支持企业在境外设立股权投资企业和专业从事境外股权投资的项目公司,支持设立从事境外投资的股权投资母基金。支持自贸试验区内企业和个人使用自有金融资产进行对外直接投资、自由承揽项目。建立对外投资合作"一站式"服务平台。加强境外投资事后管理和服务,完善境外资产和人员安全风险预警和应急保障体系。

(三)推进贸易发展方式转变。

4. 拓展新型贸易方式。积极培育贸易新型业态和功能,形成以技术、品牌、质量、服务为核心的外贸竞争新优势。按照国家规定建设服务实体经济的国际国内大宗商品交易和资源配置平台,开展大宗商品国际贸易。按照公平竞争原则,发展跨境电子商务,完善与之相适应的海关监管、检验检疫、退税、跨境支付、物流等支撑系统。在严格执行货物进出口税收政策前提下,允许在海关特殊监管区内设立保税展示交易平台。符合条件的地区可按政策规定申请实施境外旅客购物离境退税政策。允许境内期货交易所开展期货保税交割试点。推进动漫创意、信息管理、数据处理、供应链管理、飞机及零部件维修等服务外包业务发展。开展飞机等高技术含量、高附加值产品境内外维修业务试点,建立整合物流、贸易、结算等功能的营运中心。扩大对外文化贸易和版权贸易。支持开展汽车平行进口试点,平行进口汽车应符合国家质量安全标准,进口商应承担售后服务、召回、"三包"等责任,并向消费者警示消费风险。

5. 提升航运服务功能。探索具有国际竞争力的航运发展制度和运作模式。允许设立外商独资国际船舶管理企业。放宽在自贸试验区设立的中外合资、中外合作国际船舶企业的外资股比限制。允许外商以合资、合作形式从事公共国际船舶代理业务,外方持股比例放宽至51%,将外资经营国际船舶管理业务的许可权限下放给福建省,简化国际船舶运输经营许可流程。加快国际船舶登记制度创新,充分利用现有中资"方便旗"船税收优惠政策,促进符合条件的船舶在自贸试验区落户登记。允许自贸试验区试点海运快件国际和台港澳中转集拼业务。允许在自贸试验区内注册的大陆资本邮轮企业所属的"方便旗"邮轮,经批准从事两岸四地邮轮运输。允许中资公司拥有或控股拥有的非五星旗船,试点开展外贸集装箱在国内沿海港口和自贸试验区内港口之间的沿海捎带业务。支持推动自贸试验区内符合条件的对外开放口岸对部分国家人员实施72小时过境免签证政策。结合上海试点实施情况,在统筹评估政策成效基础上,研究实施启运港退税试点政策。

6. 推进通关机制创新。建设国际贸易"单一窗口",全程实施无纸化通关。推进自贸试验区内各区域之间通关一体化。简化《内地与香港关于建立更紧密经贸关系的安排》、《内地与澳门关于建立更紧密经贸关系的安排》以及《海峡两岸经济合作框架协议》(以下简称框架协议)下货物进口原产地证书提交需求。在确保有效监管前提下,简化自贸试验区内的海关特殊监管区域产品内销手续,促进内销便利化。大力发展转口贸易,放宽海运货物直接运输判定标准。试行企业自主报税、自助通关、自助审放、重点稽核的通关征管作业。在确保有效监管前提下,在海关特殊监管区域探索建立货物实施状态分类监管模式。允许海关特殊监管区域内企业生产、加工并内销的货物试行选择性征收关税政策。试行动植物及其产品检疫审批负面清单制度。支持自贸试验区与21世纪海上丝绸之路沿线国家和地区开展海关、检验检疫、认证认可、标准计量等方面的合作与交流,探索实施与21世纪海上丝绸之路沿线国家和地区开展贸易供应链安全与便利合作。

(四)率先推进与台湾地区投资贸易自由。

7. 探索闽台产业合作新模式。在产业扶持、科研活动、品牌建设、市场开拓等方面,支持台资企业加快发展。推动台湾先进制造业、战略性新兴产业、现代服务业等产业在自贸试验区内集聚发展,重点承接台湾地区产业转移。取消在自贸试验区内从事农作物(粮棉油作物除外)新品种选育(转基因除外)和种子生产(转基因除外)的两岸合资企业由大陆方面控股要求,但台商不能独资。支持自贸试验区内品牌企业赴台湾投资,促进闽台产业链深度融合。探索闽台合作研发创新,合作打造品牌,合作参与制定标准,拓展产业价值链多环节合作,对接台湾自由经济示范区,构建双向投资促进合作新机制。

8. 扩大对台服务贸易开放。推进服务贸易对台更深度开放,促进闽台服务要素自由流动。进一步扩大通信、运输、旅游、医疗等行业对台开放。支持自贸试验区在框架协议下,先行试点,加快实施。对符合条件的台商,投资自贸试验区内服务行业的资质、门槛要求比照大陆企业。允许持台湾地区身份证明文件的自然人到自贸试验区注册个体工商户,无需经过外资备案(不包括特许经营,具体营业范围由工商总局会同福建省发布)。探索在自贸试验区内推动两岸社会保险等方面对接,将台胞证号管理纳入公民统一社会信用代码管理范畴,方便台胞办理社会保险、理财业务等。探索台湾专业人才在自贸试验区内行政企事业单位、科研院所等机构任职。深入落实《海峡两岸共同打击犯罪及司法互助协议》,创新合作形式,加强两岸司法合作。发展知识产权服务业,扩大对台知识产权服务,开展两岸知识产权经济发展试点。

电信和运输服务领域开放。允许台湾服务提供者在自贸试验区内试点设立合资或独资企业,提供离岸呼叫中心业务及大陆境内多方通信业务、存储转发类业务、呼叫中心业务、国际互联网接入服务业务(为上网用户提供国际互联网接入服务)和信息服务业务(仅限应用商店)。允许台湾服务提供者在自贸试验区内直接申请设立独资海员外派机构并仅向台湾船东所属的商船提供船员派遣服务,无须事先成立船舶管理公司。对台湾投资者在自贸试验区内设立道路客货运站(场)项目和变更的申请,以及在自贸试验区内投资的生产型企业从事货运方面的道路运输业务立项和变更的申请,委托福建省审核或审批。

商贸服务领域开放。在自贸试验区内,允许申请成为赴台游组团社的3家台资合资旅行社试点经营福建居民赴台湾地区团队旅游业务。允许台湾导游、领队经自贸试验区旅游主管部门培训认证后换发证件,在福州市、厦门市和平潭综合实验区执业。允许在自贸试验区内居住一年以上的持台湾方面身份证明文件的自然人报考导游资格证,并按规定申领导游证后在大陆执业。允许台湾服务提供者以跨境交付方式在自贸试验区内试点举办展览,委托福建省按规定审批在自贸试验区内举办的涉台经济技术展览会。

建筑业服务领域开放。在自贸试验区内,允许符合条件的台资独资建筑业企业承接福建省内建筑工程项目,不受项目双方投资比例限制。允许取得大陆一级注册建筑师或一级注册结构工程师资格的台湾专业人士作为合伙人,按相应资质标准要求在自贸试验区内设立建筑工程设计事务所并提供相应服务。台湾服务提供者在自贸试验区内设立建设工程设计企业,其在台湾和大陆的业绩可共同作为个人业绩评定依据,但在台湾完成的业绩规模标准应符合大陆建设项目规模划分标准。台湾服务提供者在自贸试验区内投资设立的独资建筑业企业承揽合营建设项目时,不受建设项目的合营方投资比例限制。台湾服务提供者在自贸试验区内设立的独资物业服务企业,在申请大陆企业资质时,可将在台湾和大陆承接的物业建筑面积共同作为评定依据。

产品认证服务领域开放。在强制性产品认证领域,允许经台湾主管机关确认并经台湾认可机构认可的、具备大陆强制性产品认证制度相关产品检测能力的台湾检测机构,在自贸试验区内与大陆指定机构开展合作承担强制性产品认证检测任务,检测范围限于两岸主管机关达成一致的产品,产品范围涉及制造商为台湾当地合法注册企业且产品在台湾设计定型、在自贸试验区内加工或生产的产品。允许经台湾认可机构认可的具备相关产品检测能力的台湾检测机构在自贸试验区设立分支机构,并依法取得资质认定,承担认证服务的范围包括食品类别和其他自愿性产品认证领域。在自愿性产品认证领域,允许经台湾认可机构认可的具备相关产品检测能力的台湾检测机构与大陆认证机构在自贸试验区内开展合作,对台湾本地或在自贸试验区内生产或加工的产品进行检测。台湾服务提供者在台湾和大陆从事环境污染治理设施运营的实践时间,可共同作为其在自贸试验区内申请企业环境污染治理设施运营资质的评定依据。

工程技术服务领域开放。允许台湾服务提供者在自贸试验区内设立的建设工程设计企业聘用台湾注册建筑师、注册工程师,并将其作为本企业申请建设工程设计资质的主要专业技术人员,在资质审查时不考核其专业技术职称条件,只考核其学历、从事工程设计实践年限、在台湾的注册资格、工程设计业绩及信誉。台湾服务提供者在自贸试验区内设立的建设工程设计企业中,出任主要技术人员且持有台湾方面身份证明文件的自然人,不受每人每年在大陆累计居住时间应当不少于6个月的限制。台湾服务提供者在自贸试验区内设立的建筑业企业可以聘用台湾专业技术人员作为企业经理,但须具有相应的从事工程管理工作经历;可以聘用台湾建筑业专业人员作为工程技术和经济管理人员,但须满足相应的技术职称要求。台湾服务提供者在自贸试验区内投资设立的建筑业企业申报资质应按大陆有关规定办理,取得建筑业企业资质后,可依规定在大陆参加工程投标。台湾服务提供者在自贸试验区内设立的建筑业企业中,出任工程技术人员和经济管理人员且持有台湾方面身份证明文件的自然人,不受每人每年在大陆累计居住时间应当不少于3个月的限制。允许台湾建筑、规划等服务机构执业人员,持台湾相关机构颁发的证书,经批准在自贸试验区内开展业务。允许通过考试取得大陆注册结构工程师、注册土木工程师(港口与航道)、注册公用设备工程师、注册电气工程师资格的台湾专业人士在自贸试验区内执业,不受在台湾注册执业与否的限制,按照大陆有关规定作为福建省内工程设计企业申报企业资质时所要求的注册执业人员予以认定。

专业技术服务领域开放。允许台湾会计师在自贸试验区内设立的符合《代理记账管理办法》规定的中介机构从事代理记账业务。从事代理记账业务的台湾会计师应取得大陆会计从业资格,主管代理记账业务的负责人应当具有大陆会计师以上(含会计师)专业技术资格。允许取得大陆注册会计师资格的台湾专业人士担任自贸试验区内合伙制会计师事务所合伙人,具体办法由福建省制定,报财政部批准后实施。允许符合规定的持台湾方面身份证明文件的自然人参加护士执业资格考试,考试成绩合格者发给相应的资格证书,在证书许可范围内开展业务。允许台湾地区其他医疗专业技术人员比照港澳相关医疗专业人员按照大陆执业管理规定在自贸试验区内从事医疗相关活动。允许取得台湾药剂师执照的持台湾方面身份证明文件的自然人在取得大陆《执业药师资格证书》后,按照大陆《执业药师注册管理暂行办法》等相关文件规定办理注册并执业。

上述各领域开放措施在框架协议下实施,并且只适用于注册在自贸试验区内的企业。

9. 推动对台货物贸易自由。积极创新监管模式,提高贸易便利化水平。建立闽台通关合作机制,开展货物通关、贸易统计、原产地证书核查、"经认证的经营者"互认、检验检测认证等方面合作,逐步实现信息互换、监管互认、执法互助。完善自贸试验区对台小额贸易管理方式。支持自贸试验区发展两岸电子商务,允许符合条件的台商在自贸试验区内试点设立合资或独资企业,提供在线数据处理与交易处理业务(仅限于经营类电子商务),申请可参照大陆企业同等条件。检验检疫部门对符合条件的跨境电商入境快件采取便利措施。除国家禁止、限制进口的商品,废物原料、危险化学品及其包装、大宗散装商品外,简化自贸试验区内进口原产于台湾商品有关手续。对台湾地区输往自贸试验区的农产品、水产品、食品和花卉苗木等产品试行快速检验检疫模式。进一步优化从台湾进口部分保健食品、化妆品、医疗器械、中药材的审评审批程序。改革和加强原产地证签证管理,便利证书申领,强化事中事后监管。

10. 促进两岸往来更加便利。推动人员往来便利化,在自贸试验区实施更加便利的台湾居民入出境政策。对在自贸试验区内投资、就业的台湾企业高级管理人员、专家和技术人员,在项目申报、入出境等方面给予便利。为自贸试验区内台资企业外籍员工办理就业许可手续提供便利,放宽签证、居留许可有效期限。对自贸试验区内符合条件的外籍员工,提供入境、过境、停居留便利。自贸试验区内一般性赴台文化团组审批权下放给福建省。加快落实台湾车辆在自贸试验区与台湾之间便利进出境政策,推动实施两岸机动车辆互通和驾驶证互认,简化临时入境车辆牌照手续。推动厦门—金门和马尾—马祖游艇、帆船出入境简化手续。

(五)推进金融领域开放创新。

11. 扩大金融对外开放。建立与自贸试验区相适应的账户管理体系。完善人民币涉外账户管理模式,简化人民币涉外账户分类,促进跨境贸易、投融资结算便利化。自贸试验区内试行资本项目限额内可兑换,符合条件的自贸试验区内机构在限额内自主开展直接投资、并购、债务工具、金融类投资等交易。深化外汇管理改革,将直接投资外汇登记下放银行办理,外商直接投资项下外汇资本金可意愿结汇,进一步提高对外放款比例。提高投融资便利化水平,统一内外资企业外债政策,建立健全外债宏观审慎管理制度。允许自贸试验区内企业、银行从境外借入本外币资金,企业借入的外币资金可结汇使用。探索建立境外融资与跨境资金流动宏观审慎管理政策框架,支持企业开展国际商业贷款等各类境外融资活动。放宽自贸试验区内法人金融机构和企业在境外发行人民币和外币债券的审批和规模限制,所筹资金可根据需要调回自贸试验区内使用。支持跨国公司本外币资金集中运营管理。探索在自贸试验区内设立单独领取牌照的专业金融托管服务机构,允许自贸试验区内银行和支付机构、托管机构与境外银行和支付机构开展跨境支付合作。构建跨境个人投资者保护制度,严格投资者适当性管理。强化风险防控,实施主体监管,建立合规评价体系,以大数据为依托开展事中事后管理。

12. 拓展金融服务功能。推进利率市场化,允许符合条件的金融机构试点发行企业和个人大额可转让存单。研究探索自贸试验区内金融机构(含准金融机构)向境外转让人民币资产、销售人民币理财产品,多渠道探索跨境资金流动。推动开展跨境人民币业务创新,推进自贸试验区内企业和个人跨境贸易与投资人民币结算业务。在完善相关管理办法、加强有效监管前提下,允许自贸试验区内符合条件的中资银行试点开办外币离岸业务。支持自贸试验区内法人银行按有关规定开展资产证券化业务。创新知识产权投融资及保险、风险投资、信托等金融服务,推动建立知识产权质物处置机制。经相关部门许可,拓展自贸试验区内融资租赁业务经营范围、融资渠道,简化涉外业务办理流程。统一内外资融资租赁企业准入标准、设立审批和事中事后监管,允许注册在自贸试验区内由福建省有关主管部门准入的内资融资租赁企业享受与现行内资试点企业同等待遇。支持自贸试验区内设立多币种的产业投资基金,研究设立多币种的土地信托基金等。支持符合条件的自贸试验区内机构按照规定双向投资于境内外证券期货市场。在合法合规、风险可控前提下,逐步开展商品场外衍生品交易。支持厦门两岸区域性金融服务中心建设。支持境内期货交易所根据需要在平潭设立期货交割仓库。

13. 推动两岸金融合作先行先试。在对台小额贸易市场设立外币兑换机构。允许自贸试验区银行业金融机构与台湾同业开展跨境人民币借款等业务。支持台湾地区的银行向自贸试验区内企业或项目发放跨境人民币贷款。对自贸试验区内的台湾金融机构向母行(公司)借用中长期外债实行外债指标单列,并按余额进行管理。在框架协议下,研究探索自贸试验区金融服务业对台资进一步开放,降低台资金融机构准入和业务门槛,适度提高参股大陆金融机构持股比例,并参照大陆金融机构监管。按照国家区域发展规划,为自贸试验区内台资法人金融机构在大陆设立分支机构开设绿色通道。支持在自贸试验区设立两岸合资银行等金融机构。探索允许台湾地区的银行及其在大陆设立的法人银行在福建省设立的分行参照大陆关于申请设立支行的规定,申请在自贸试验区内设立异地(不同于分行所在城市)支行。台湾地区的银行在大陆的营业性机构经营台资企业人民币业务时,服务对象可包括被认定为视同台湾投资者的第三地投资者在自贸试验区设立的企业。在符合相关规定前提下,支持两岸银行业在自贸试验区内进行相关股权投资合作。研究探索台湾地区的银行在自贸试验区内设立的营业性机构一经开业即可经营人民币业务。在框架协议下,允许自贸试验区内大陆的商业银行从事代客境外理财业务时,可以投资符合条件的台湾金融产品;允许台资金融机构以人民币合格境外机构投资者方式投资自贸试验区内资本市场。研究探索放宽符合条件的台资金融机构参股自贸试验区证券基金机构股权比例限制。研究探索允许符合条件的台资金融机构按照大陆有关规定在自贸试验区内设立合资基金管理公司,台资持股比例可达50%以上。研究探索允许符合设立外资参股证券公司条件的台资金融机构按照大陆有关规定在自贸试验区内新设立2家两岸合资的全牌照证券公司,大陆股东不限于证券公司,其中一家台资合并持股比例最高可达51%,另一家台资合并持股比例不超过49%、且取消大陆单一股东须持股49%的限制。支持符合条件的台资保险公司到自贸试验区设立经营机构。支持福建省股权交易场所拓展业务范围,为台资企业提供综合金融服务。加强两岸在金融纠纷调解、仲裁、诉讼及金融消费者维权支持方面的合作,健全多元化纠纷解决渠道。

(六)培育平潭开放开发新优势。

14. 推进服务贸易自由化。赋予平潭制定相应从业规范和标准的权限,在框架协议下,允许台湾建筑、规划、医疗、旅游等服务机构执业人员,持台湾有关机构颁发的证书,按规定范围在自贸试验区内开展业务。探索在自贸试验区内行政企事业单位等机构任职的台湾同胞试行两岸同等学历、任职资历对接互认,研究探索技能等级对接互认。对台商独资或控股开发的建设项目,借鉴台湾的规划及工程管理体制。

15. 推动航运自由化。简化船舶进出港口手续,对国内航行船舶进出港海事实行报告制度。支持简化入区申报手续,探索试行相关电子数据自动填报。探索在自贸试验区内对台试行监管互认。对平潭片区与台湾之间进出口商品原则上不实施检验(废物原料、危险化学品及其包装、大宗散装货物以及国家另有特别规定的除外),检验检疫部门加强事后监管。

16. 建设国际旅游岛。加快旅游产业转型升级,推行国际通行的旅游服务标准,开发特色旅游产品,拓展文化体育竞技功能,建设休闲度假旅游目的地。研究推动平潭实施部分国家旅游团入境免签政策,对台湾居民实施更加便利的入出境制度。平潭国际旅游岛建设方案另行报批。

四、保障机制

(一)实行有效监管。

1. 围网区域监管。对自贸试验区内的海关特殊监管区域,比照中国(上海)自由贸易试验区内的海关特殊监管区域有关监管模式,实行"一线放开"、"二线安全高效管住"的通关监管服务模式,推动海关特殊监管区域整合优化。对平潭片区按照"一线放宽、二线管住、人货分离、分类管理"原则实施分线管理。除废物原料、危险化学品及其包装、散装货物外,检验检疫在一线实施"进境检疫,适当放宽进出口检验"模式,在二线推行"方便进出,严密防范质量安全风险"的检验检疫监管模式。

2. 全区域监管。建立自贸试验区内企业信用信息采集共享和失信联动惩戒机制,开展使用第三方信用服务机构的信用评级报告试点。完善企业信用信息公示系统,实施企业年度报告公示、经营异常名录和严重违法企业名单制度,建立相应的激励、警示、惩戒制度。建立常态化监测预警、总结评估机制,落实企业社会责任,对自贸试验区内各项业务实施有效监控。加强监管信息共享和综合执法。构筑以商务诚信为核心,覆盖源头溯源、检验检疫、监管、执法、处罚、先行赔付等方面的全流程市场监管体系。建立各部门监管数据和信息归集、交换、共享机制,切实加强事中事后动态监管。整合执法主体,形成权责统一、权威高效的综合执法体制。提高知识产权行政执法与海关保护的协调性与便捷性,建立知识产权执法协作调度中心和专利导航产业发展工作机制。完善金融监管措施,逐步建立跨境资金流动风险监管机制,完善风险监控指标,对企业跨境收支进行全面监测评价,实行分类管理。做好反洗钱、反恐怖融资工作,防范非法资金跨境、跨区流动。探索在自贸试验区内建立有别于区外的金融监管协调机制,形成符合自贸试验区内金融业发展特点的监管体制。健全符合自贸试验区内金融业发展实际的监控指标,实现对自贸试验区内金融机构风险可控。

(二)健全法制保障。

全国人民代表大会常务委员会已经授权国务院,暂时调整《中华人民共和国外资企业法》、《中华人民共和国中外合资经营企业法》、《中华人民共和国中外合作经营企业法》和《中华人民共和国台湾同胞投资保护法》规定的有关行政审批,自2015年3月1日至2018年2月28日试行。自贸试验区需要暂时调整实施有关行政法规、国务院文件和经国务院批准的部门规章的部分规定的,按规定程序办理。各有关部门要支持自贸试验区在对台先行先试、拓展与21世纪海上丝绸之路沿线国家和地区交流合作等方面深化改革试点,及时解决试点过程中的制度保障问题。福建省要通过地方立法,建立与试点要求相适应的自贸试验区管理制度。

(三)完善税收环境。

自贸试验区抓紧落实好现有相关税收政策,充分发挥现有政策的支持促进作用。中国(上海)自由贸易试验区已经试点的税收政策原则上可在自贸试验区进行试点,其中促进贸易的选择性征收关税、其他相关进出口税收等政策在自贸试验区内的海关特殊监管区域进行试点。自贸试验区内的海关特殊监管区域实施范围和税收政策适用范围维持不变。平潭综合实验区税收优惠政策不适用于自贸试验区内其他区域。此外,在符合税制改革方向和国际惯例,以及不导致利润转移和税基侵蚀前提下,积极研究完善适应境外股权投资和离岸业务发展的税收政策。

(四)组织实施。

在国务院的领导和统筹协调下,由福建省根据试点内容,按照总体筹划、分步实施、率先突破、逐步完善的原则组织实施。各有关部门要大力支持,加强指导和服务,共同推进相关体制机制创新,在实施过程中要注意研究新情况,解决新问题,总结新经验,重大事项要及时报告国务院,努力推进自贸试验区更好更快发展。

(五)评估推广机制。

自贸试验区要及时总结改革创新经验和成果。商务部、福建省人民政府要会同相关部门,对自贸试验区试点政策执行情况进行综合和专项评估,必要时委托第三方机构进行独立评估,并将评估结果报告国务院。对试点效果好且可复制可推广的成果,经国务院同意后推广到全国其他地区。

国务院关于印发进一步深化中国(上海)自由贸易试验区改革开放方案的通知

国发〔2015〕21号

各省、自治区、直辖市人民政府,国务院各部委、各直属机构:

国务院批准《进一步深化中国(上海)自由贸易试验区改革开放方案》(以下简称《方案》),现予印发。

一、进一步深化中国(上海)自由贸易试验区(以下简称自贸试验区)改革开放,是党中央、国务院作出的重大决策,是在新形势下为全面深化改革和扩大开放探索新途径、积累新经验的重要举措,对加快政府职能转变、积极探索管理模式创新、促进贸易和投资便利化、形成深化改革新动力、扩大开放新优势,具有重要意义。

二、扩展区域后的自贸试验区要当好改革开放排头兵、创新发展先行者,继续以制度创新为核心,贯彻长江经济带发展等国家战略,在构建开放型经济新体制、探索区域经济合作新模式、建设法治化营商环境等方面,率先挖掘改革潜力,破解改革难题。要积极探索外商投资准入前国民待遇加负面清单管理模式,深化行政管理体制改革,提升事中事后监管能力和水平。

三、上海市人民政府和有关部门要解放思想、改革创新,大胆实践、积极探索,统筹谋划、加强协调,支持自贸试验区先行先试。要加强组织领导,明确责任主体,精心组织好《方案》实施工作,有效防控各类风险。要及时总结评估试点实施效果,形成可复制可推广的改革经验,更好地发挥示范引领、服务全国的积极作用。

四、根据《全国人民代表大会常务委员会关于授权国务院在中国(广东)自由贸易试验区、中国(天津)自由贸易试验区、中国(福建)自由贸易试验区以及中国(上海)自由贸易试验区扩展区域暂时调整有关法律规定的行政审批的决定》,相应暂时调整有关行政法规和国务院文件的部分规定。具体由国务院另行印发。

五、《方案》实施中的重大问题,上海市人民政府要及时向国务院请示报告。

国务院

2015 年 4 月 8 日

进一步深化中国(上海)自由贸易试验区改革开放方案

中国(上海)自由贸易试验区(以下简称自贸试验区)运行以来,围绕加快政府职能转变,推动体制机制创新,营造国际化、市场化、法治化营商环境等积极探索,取得了重要阶段性成果。为贯彻落实党中央、国务院关于进一步深化自贸试验区改革开放的要求,深入推进《中国(上海)自由贸易试验区总体方案》确定的各项任务,制定本方案。

一、总体要求

(一)指导思想。

全面贯彻落实党的十八大和十八届二中、三中、四中全会精神,按照党中央、国务院决策部署,紧紧围绕国家战略,进一步解放思想,坚持先行先试,把制度创新作为核心任务,把防控风险作为重要底线,把企业作为重要主体,以开放促改革、促发展,加快政府职能转变,在更广领域和更大空间积极探索以制度创新推动全面深化改革的新路径,率先建立符合国际化、市场化、法治化要求的投资和贸易规则体系,使自贸试验区成为我国进一步融入经济全球化的重要载体,推动"一带一路"建设和长江经济带发展,做好可复制可推广经验总结推广,更好地发挥示范引领、服务全国的积极作用。

(二)发展目标。

按照党中央、国务院对自贸试验区"继续积极大胆闯、大胆试、自主改"、"探索不停步、深耕试验区"的要求,深化完善以负面清单管理为核心的投资管理制度、以贸易便利化为重点的贸易监管制度、以资本项目可兑换和金融服务业开放为目标的金融创新制度、以政府职能转变为核心的事中事后监管制度,形成与国际投资贸易通行规则相衔接的制度创新体系,充分发挥金融贸易、先进制造、科技创新等重点功能承载区的辐射带动作用,力争建设成为开放度最高的投资贸易便利、货币兑换自由、监管高效便捷、法制环境规范的自由贸易园区。

(三)实施范围。

自贸试验区的实施范围 120.72 平方公里,涵盖上海外高桥保税区、上海外高桥保税物流园区、洋山保税港区、上海浦东机场综合保税区 4 个海关特殊监管区域(28.78 平方公里)以及陆家嘴金融片区(34.26 平方公里)、金桥开发片区(20.48 平方公里)、张江高科技片区(37.2

平方公里)。

自贸试验区土地开发利用须遵守土地利用法律法规。浦东新区要加大自主改革力度,加快政府职能转变,加强事中事后监管等管理模式创新,加强与上海国际经济、金融、贸易、航运中心建设的联动机制。

二、主要任务和措施

(一)加快政府职能转变。

1. 完善负面清单管理模式。推动负面清单制度成为市场准入管理的主要方式,转变以行政审批为主的行政管理方式,制定发布政府权力清单和责任清单,进一步厘清政府和市场的关系。强化事中事后监管,推进监管标准规范制度建设,加快形成行政监管、行业自律、社会监督、公众参与的综合监管体系。

2. 加强社会信用体系应用。完善公共信用信息目录和公共信用信息应用清单,在市场监管、城市管理、社会治理、公共服务、产业促进等方面,扩大信用信息和信用产品应用,强化政府信用信息公开,探索建立采信第三方信用产品和服务的制度安排。支持信用产品开发,促进征信市场发展。

3. 加强信息共享和服务平台应用。加快以大数据中心和信息交换枢纽为主要功能的信息共享和服务平台建设,扩大部门间信息交换和应用领域,逐步统一信息标准,加强信息安全保障,推进部门协同管理,为加强事中事后监管提供支撑。

4. 健全综合执法体系。明确执法主体以及相对统一的执法程序和文书,建立联动联勤平台,完善网上执法办案系统。健全城市管理、市场监督等综合执法体系,建立信息共享、资源整合、执法联动、措施协同的监管工作机制。

5. 健全社会力量参与市场监督制度。通过扶持引导、购买服务、制定标准等制度安排,支持行业协会和专业服务机构参与市场监督。探索引入第三方专业机构参与企业信息审查等事项,建立社会组织与企业、行业之间的服务对接机制。充分发挥自贸试验区社会参与委员会作用,推动行业组织诚信自律。试点扩大涉外民办非企业单位登记范围。支持全国性、区域性行业协会入驻,探索引入竞争机制,在规模较大、交叉的行业以及新兴业态中试行"一业多会、适度竞争"。

6. 完善企业年度报告公示和经营异常名录制度。根据《企业信息公示暂行条例》,完善企业年度报告公示实施办法。采取书面检查、实地核查、网络监测、大数据比对等方式,对自贸试验区内企业年报公示信息进行抽查,依法将抽查结果通过企业信用信息公示系统向社会公示,营造企业自律环境。

7. 健全国家安全审查和反垄断审查协助工作机制。建立地方参与国家安全审查和反垄断审查的长效机制,配合国家有关部门做好相关工作。在地方事权范围内,加强相关部门协作,实现信息互通、协同研判、执法协助,进一步发挥自贸试验区在国家安全审查和反垄断审查工作中的建议申报、调查配合、信息共享等方面的协助作用。

8. 推动产业预警制度创新。配合国家有关部门试点建立与开放市场环境相匹配的产业预警体系,及时发布产业预警信息。上海市人民政府可选择重点敏感产业,通过实施技术指导、员工培训等政策,帮助企业克服贸易中遇到的困难,促进产业升级。

9. 推动信息公开制度创新。提高行政透明度,主动公开自贸试验区相关政策内容、管理规定、办事程序等信息,方便企业查询。对涉及自贸试验区的地方政府规章和规范性文件,主动公开草案内容,接受公众评论,并在公布和实施之间预留合理期限。实施投资者可以提请上海市人民政府对自贸试验区管理委员会制定的规范性文件进行审查的制度。

10. 推动公平竞争制度创新。严格环境保护执法,建立环境违法法人"黑名单"制度。加大宣传培训力度,引导自贸试验区内企业申请环境能源管理体系认证和推进自评价工作,建立长效跟踪评价机制。

11. 推动权益保护制度创新。完善专利、商标、版权等知识产权行政管理和执法体制机制,完善司法保护、行政监管、仲裁、第三方调解等知识产权纠纷多元解决机制,完善知识产权工作社会参与机制。优化知识产权发展环境,集聚国际知识产权资源,推进上海亚太知识产权中心建设。进一步对接国际商事争议解决规则,优化自贸试验区仲裁规则,支持国际知名商事争议解决机构入驻,提高商事纠纷仲裁国际化程度。探索建立全国性的自贸试验区仲裁法律服务联盟和亚太仲裁机构交流合作机制,加快打造面向全球的亚太仲裁中心。

12. 深化科技创新体制机制改革。充分发挥自贸试验区和国家自主创新示范区政策叠加优势,全面推进知识产权、科研院所、高等教育、人才流动、国际合作等领域体制机制改革,建立积极灵活的创新人才发展制度,健全企业主体创新投入制度,建立健全财政资金支持形成的知识产权处置和收益机制,建立专利导航产业发展工作机制,构建市场导向的科技成果转移转化制度,完善符合创新规律的政府管理制度,推动形成创新要素自由流动的开放合作新局面,在投贷联动金融服务模式创新、技术类无形资产入股、发展新型产业技术研发组织等方面加大探索力度,加快建设具有全球影响力的科技创新中心。

(二)深化与扩大开放相适应的投资管理制度创新。

13. 进一步扩大服务业和制造业等领域开放。探索实施自贸试验区外商投资负面清单制度,减少和取消对外商投资准入限制,提高开放度和透明度。自贸试验区已试点的对外开放措施适用于陆家嘴金融片区、金桥开发片区和张江高科技片区。根据国家对外开放战略要求,在服务业和先进制造业等领域进一步扩大开放。在严格遵照全国人民代表大会常务委员会授权的前提下,自贸试验区部分对外开放措施和事中事后监管措施辐射到整个浦东新区,涉及调整行政法规、国务院文件和经国务院批准的部门规章的部分规定的,按规定程序办理。

14. 推进外商投资和境外投资管理制度改革。对外商投资准入特别管理措施(负面清单)之外领域,按照内外资一致原则,外商投资项目实行备案制(国务院规定对国内投资项目保留核准的除外);根据全国人民代表大会常务委员会授权,将外商投资企业设立、变更及合同章程审批改为备案管理,备案后按国家有关规定办理相关手续。对境外投资项目和境外投资开办企业实行以备案制为主的管理方式,建立完善境外投资服务促进平台。试点建立境外融资与跨境资金流动宏观审慎管理政策框架,支持企业开展国际商业贷款等各类境外融资活动。统一内外资企业外债政策,建立健全外债宏观审慎管理制度。

15. 深化商事登记制度改革。探索企业登记住所、企业名称、经营范围登记等改革,开展集中登记试点。推进"先照后证"改革。探索许可证清单管理模式。简化和完善企业注销流程,试行对个体工商户、未开业企业、无债权债务企业实行简易注销程序。

16. 完善企业准入"单一窗口"制度。加快企业准入"单一窗口"从企业设立向企业工商变更、统计登记、报关报检单位备案登记等环节拓展,逐步扩大"单一窗口"受理事项范围。探索开展电子营业执照和企业登记全程电子化试点工作。探索实行工商营业执照、组织机构代码证和税务登记证"多证联办"或"三证合一"登记制度。

(三)积极推进贸易监管制度创新。

17. 在自贸试验区内的海关特殊监管区域深化"一线放开"、"二线安全高效管住"贸易便利化改革。推进海关特殊监管区域整合优化,完善功能。加快形成贸易便利化创新举措的制度规范,覆盖到所有符合条件的企业。加强口岸监管部门联动,规范并公布通关作业时限。鼓励企业参与"自主报税、自助通关、自动审放、重点稽核"等监管制度创新试点。

18. 推进国际贸易"单一窗口"建设。完善国际贸易"单一窗口"的货物进出口和运输工具进出境的应用功能,进一步优化口岸监管执法流程和通关流程,实现贸易许可、支付结算、资质登记等平台功能,将涉及贸易监管的部门逐步纳入"单一窗口"管理平台。探索长三角区域国际贸易"单一窗口"建设,推动长江经济带通关一体化。

19. 统筹研究推进货物状态分类监管试点。按照管得住、成本和风险可控原则,规范政策,创新监管模式,在自贸试验区内的海关特殊监管区域统筹研究推进货物状态分类监管试点。

20. 推动贸易转型升级。推进亚太示范电子口岸网络建设。加快推进大宗商品现货市场和资源配置平台建设,强化监管、创新制度、探索经验。深化贸易平台功能,依法合规开展文化版权交易、艺术品交易、印刷品对外加工等贸易,大力发展知识产权专业服务业。推动生物医药、软件信息等新兴服务贸易和技术贸易发展。按照公平竞争原则,开展跨境电子商务业务,促进上海跨境电子商务公共服务平台与境内外各类企业直接对接。统一内外资融资租赁企业准入标准、审批流程和事中事后监管制度。探索融资租赁物登记制度,在符合国家规定前提下开展租赁资产交易。探索适合保理业务发展的境外融资管理新模式。稳妥推进外商投资典当行试点。

21. 完善具有国际竞争力的航运发展制度和运作模式。建设具有较强服务功能和辐射能力的上海国际航运中心,不断提高全球航运资源配置能力。加快国际船舶登记制度创新,充分利用现有中资"方便旗"船税收优惠政策,促进符合条件的船舶在上海落户登记。扩大国际中转集拼业务,拓展海运国际中转集拼业务试点范围,打造具有国际竞争力的拆、拼箱运作环境,实现洋山保税港区、外高桥保税物流园区集装箱国际中转集拼业务规模化运作;拓展浦东机场货邮中转业务,增加国际中转集拼航线和试点企业,在完善总运单拆分国际中转业务基础上,拓展分运单集拼国际中转业务。优化沿海捎带业务监管模式,提高中资非五星旗船沿海捎带业务通关效率。推动与旅游业相关的邮轮、游艇等旅游运输工具出行便利化。在符合国家规定前提下,发展航运运价衍生品交易业务。深化多港区联动机制,推进外高桥港、洋山深水港、浦东空港国际枢纽港联动发展。符合条件的地区可按规定申请实施境外旅客购物离境退税政策。

(四)深入推进金融制度创新。

22. 加大金融创新开放力度,加强与上海国际金融中心建设的联动。具体方案由人民银行会同有关部门和上海市人民政府另行报批。

(五)加强法制和政策保障。

23. 健全法制保障体系。全国人民代表大会常务委员会已经授权国务院,在自贸试验区扩展区域暂时调整《中华人民共和国外资企业法》、《中华人民共和国中外合资经营企业法》、《中华人民共和国中外合作经营企业法》和《中华人民共和国台湾同胞投资保护法》规定的有关行政审批;扩展区域涉及《国务院关于在中国(上海)自由贸易试验区内暂时调整有关行政法规和国务院文件规定的行政审批或者准入特别管理措施的决定》(国发〔2013〕51号)和《国务院关于在中国(上海)自由贸易试验区内暂时调整实施有关行政法规和经国务院批准的部门规章规定的准入特别管理措施的决定》(国发〔2014〕38号)暂时调整实施有关行政法规、国务院文件和经国务院批准的部门规章的部分规定的,按规定程序办理;自贸试验区需要暂时调整实施其他有关行政法规、国务院文件和经国务院批准的部门规章的部分规定的,按规定程序办理。加强地方立法,对试点成熟的改革事项,适时将相关规范性文件上升为地方性法规和规章。建立自贸试验区综合法律服务窗口等司法保障和服务体系。

24. 探索适应企业国际化发展需要的创新人才服务体系和国际人才流动通行制度。完善创新人才集聚和培育机制,支持中外合作人才培训项目发展,加大对海外人才服务力度,提高境内外人员出入境、外籍人员签证和居留、就业许可、驾照申领等事项办理的便利化程度。

25. 研究完善促进投资和贸易的税收政策。自贸试验区内的海关特殊监管区域实施范围和税收政策适用范围维持不变。在符合税制改革方向和国际惯例,以及不导致利润转移和税基侵蚀前提下,调整完善对外投资所得抵免方式;研究完善适用于境外股权投资和离岸业务的税收制度。

三、扎实做好组织实施

在国务院的领导和协调下,由上海市根据自贸试验区的目标定位和先行先试任务,精心组织实施,调整完善管理体制和工作机制,形成可操作的具体计划。对出现的新情况、新问题,认真研究,及时调整试点内容和政策措施,重大事项及时向国务院请示报告。各有关部门要继续给予大力支持,加强指导和服务,共同推进相关体制机制创新,把自贸试验区建设好、管理好。

国务院办公厅关于印发自由贸易试验区外商投资准入特别管理措施(负面清单)的通知

国办发〔2015〕23号

各省、自治区、直辖市人民政府,国务院各部委、各直属机构:

《自由贸易试验区外商投资准入特别管理措施(负面清单)》已经国务院同意,现印发给你们,请认真执行。实施中的重大问题,要及时向国务院请示报告。

国务院办公厅
2015年4月8日

自由贸易试验区外商投资准入特别管理措施（负面清单）说明

一、《自由贸易试验区外商投资准入特别管理措施（负面清单）》（以下简称《自贸试验区负面清单》）依据现行有关法律法规制定，已经国务院批准，现予以发布。负面清单列明了不符合国民待遇等原则的外商投资准入特别管理措施，适用于上海、广东、天津、福建四个自由贸易试验区（以下统称自贸试验区）。

二、《自贸试验区负面清单》依据《国民经济行业分类》（GB/T4754-2011）划分为15个门类、50个条目、122项特别管理措施。其中特别管理措施包括具体行业措施和适用于所有行业的水平措施。

三、《自贸试验区负面清单》中未列出的与国家安全、公共秩序、公共文化、金融审慎、政府采购、补贴、特殊手续和税收相关的特别管理措施，按照现行规定执行。自贸试验区内的外商投资涉及国家安全的，须按照《自由贸易试验区外商投资国家安全审查试行办法》进行安全审查。

四、《自贸试验区负面清单》之外的领域，在自贸试验区内按照内外资一致原则实施管理，并由所在地省级人民政府发布实施指南，做好相关引导工作。

五、香港特别行政区、澳门特别行政区、台湾地区投资者在自贸试验区内投资参照《自贸试验区负面清单》执行。内地与香港特别行政区、澳门特别行政区关于建立更紧密经贸关系的安排及其补充协议、《海峡两岸经济合作框架协议》，我国签署的自贸协定中适用于自贸试验区并对符合条件的投资者有更优惠的开放措施的，按照相关协议或协定的规定执行。

六、《自贸试验区负面清单》自印发之日起30日后实施，并适时调整。

自由贸易试验区外商投资准入特别管理措施（负面清单）

序号	领域	特别管理措施
一、农、林、牧、渔业		
（一）	种业	1. 禁止投资中国稀有和特有的珍贵优良品种的研发、养殖、种植以及相关繁殖材料的生产（包括种植业、畜牧业、水产业的优良基因）。 2. 禁止投资农作物、种畜禽、水产苗种转基因品种选育及其转基因种子（苗）生产。 3. 农作物新品种选育和种子生产属于限制类，须由中方控股。 4. 未经批准，禁止采集农作物种质资源。

(续表)

序号	领域	特别管理措施
（二）	渔业捕捞	5. 在中国管辖水域从事渔业活动，须经中国政府批准。 6. 不批准以合作、合资等方式引进渔船在管辖水域作业的船网工具指标申请。
二、采矿业		
（三）	专属经济区与大陆架勘探开发	7. 对中国专属经济区和大陆架的自然资源进行勘查、开发活动或在中国大陆架上为任何目的进行钻探，须经中国政府批准。
（四）	石油和天然气开采	8. 石油、天然气（含油页岩、油砂、页岩气、煤层气等非常规油气）的勘探、开发，限于合资、合作。
（五）	稀土和稀有矿采选	9. 禁止投资稀土勘查、开采及选矿；未经允许，禁止进入稀土矿区或取得矿山地质资料、矿石样品及生产工艺技术。 10. 禁止投资钨、钼、锡、锑、萤石的勘查、开采。 11. 禁止投资放射性矿产的勘查、开采、选矿。
（六）	金属矿及非金属矿采选	12. 贵金属（金、银、铂族）勘查、开采，属于限制类。 13. 锂矿开采、选矿，属于限制类。 14. 石墨勘查、开采，属于限制类。
三、制造业		
（七）	航空制造	15. 干线、支线飞机设计、制造与维修，3吨级及以上民用直升机设计与制造，地面、水面效应飞机制造及无人机、浮空器设计与制造，须由中方控股。 16. 通用飞机设计、制造与维修限于合资、合作。
（八）	船舶制造	17. 船用低、中速柴油机及曲轴制造，须由中方控股。 18. 海洋工程装备（含模块）制造与修理，须由中方控股。 19. 船舶（含分段）修理、设计与制造属于限制类，须由中方控股。
（九）	汽车制造	20. 汽车整车、专用汽车制造属于限制类，中方股比不低于50%；同一家外商可在国内建立两家（含两家）以下生产同类（乘用车类、商用车类）整车产品的合资企业，如与中方合资伙伴联合兼并国内其他汽车生产企业可不受两家的限制。 21. 新建纯电动乘用车生产企业生产的产品须使用自有品牌，拥有自主知识产权和已授权的相关发明专利。

(续表)

序号	领域	特别管理措施
（十）	轨道交通设备制造	22. 轨道交通运输设备制造限于合资、合作（与高速铁路、铁路客运专线、城际铁路配套的乘客服务设施和设备的研发、设计与制造，与高速铁路、铁路客运专线、城际铁路相关的轨道和桥梁设备研发、设计与制造，电气化铁路设备和器材制造，铁路客车排污设备制造等除外）。 23. 城市轨道交通项目设备国产化比例须达到70%及以上。
（十一）	通信设备制造	24. 民用卫星设计与制造、民用卫星有效载荷制造须由中方控股。 25. 卫星电视广播地面接收设施及关键件生产属于限制类。
（十二）	矿产冶炼和压延加工	26. 钨、钼、锡（锡化合物除外）、锑（含氧化锑和硫化锑）等稀有金属冶炼属于限制类。 27. 稀土冶炼、分离属于限制类，限于合资、合作。 28. 禁止投资放射性矿产冶炼、加工。
（十三）	医药制造	29. 禁止投资列入《野生药材资源保护管理条例》和《中国稀有濒危保护植物名录》的中药材加工。 30. 禁止投资中药饮片的蒸、炒、炙、煅等炮制技术的应用及中成药保密处方产品的生产。
（十四）	其他制造业	31. 禁止投资象牙雕刻、虎骨加工、宣纸和墨锭生产等民族传统工艺。
四、电力、热力、燃气及水生产和供应业		
（十五）	原子能	32. 核电站的建设、经营，须由中方控股。 33. 核燃料、核材料、铀产品以及相关核技术的生产经营和进出口由具有资质的中央企业实行专营。 34. 国有或国有控股企业才可从事放射性固体废物处置活动。
（十六）	管网设施	35. 城市人口50万以上的城市燃气、热力和供排水管网的建设、经营属于限制类，须由中方控股。 36. 电网的建设、经营须由中方控股。
五、批发和零售业		

(续表)

序号	领域	特别管理措施
(十七)	专营及特许经营	37. 对烟草实行专营制度。烟草专卖品（指卷烟、雪茄烟、烟丝、复烤烟叶、烟叶、卷烟纸、滤嘴棒、烟用丝束、烟草专用机械）的生产、销售、进出口实行专卖管理，并实行烟草专卖许可证制度。禁止投资烟叶、卷烟、复烤烟叶及其他烟草制品的批发、零售。 38. 对中央储备粮（油）实行专营制度。中国储备粮管理总公司具体负责中央储备粮（含中央储备油）的收购、储存、经营和管理。 39. 对免税商品销售业务实行特许经营和集中统一管理。 40. 对彩票发行、销售实行特许经营，禁止在中华人民共和国境内发行、销售境外彩票。
六、交通运输、仓储和邮政业		
(十八)	道路运输	41. 公路旅客运输公司属于限制类。
(十九)	铁路运输	42. 铁路干线路网的建设、经营须由中方控股。 43. 铁路旅客运输公司属于限制类，须由中方控股。
(二十)	水上运输	44. 水上运输公司（上海自贸试验区内设立的国际船舶运输企业除外）属于限制类，须由中方控股，且不得经营以下业务：(1) 中国国内水路运输业务，包括以租用中国籍船舶或者舱位等方式变相经营水路运输业务；(2) 国内船舶管理、水路旅客运输代理和水路货物运输代理业务。 45. 船舶代理外资比例不超过51%。 46. 外轮理货属于限制类，限于合资、合作。 47. 水路运输经营者不得使用外国籍船舶经营国内水路运输业务，经中国政府许可的特殊情形除外。 48. 中国港口之间的海上运输和拖航，由悬挂中华人民共和国国旗的船舶经营。外国籍船舶经营中国港口之间的海上运输和拖航，须经中国政府批准。

(续表)

序号	领域	特别管理措施
(二十一)	公共航空运输	49.公共航空运输企业须由中方控股,单一外国投资者(包括其关联企业)投资比例不超过25%。 50.公共航空运输企业董事长和法定代表人须由中国籍公民担任。 51.外国航空器经营人不得经营中国境内两点之间的运输。 52.只有中国指定承运人可以经营中国与其他缔约方签订的双边运输协议确定的双边航空运输市场。
(二十二)	通用航空	53.允许以合资方式投资专门从事农、林、渔作业的通用航空企业,其他通用航空企业须由中方控股。 54.通用航空企业法定代表人须由中国籍公民担任。 55.禁止外籍航空器或者外籍人员从事航空摄影、遥感测绘、矿产资源勘查等重要专业领域的通用航空飞行。
(二十三)	民用机场与空中交通管制	56.禁止投资和经营空中交通管制系统。 57.民用机场的建设、经营,须由中方相对控股。
(二十四)	邮政	58.禁止投资邮政企业和经营邮政服务。 59.禁止经营信件的国内快递业务。
七、信息传输、软件和信息技术服务业		
(二十五)	电信传输服务	60.电信公司属于限制类,限于中国入世承诺开放的电信业务,其中:增值电信业务(电子商务除外)外资比例不超过50%,基础电信业务经营者须为依法设立的专门从事基础电信业务的公司,且公司中国有股权或者股份不少于51%。
(二十六)	互联网和相关服务	61.禁止投资互联网新闻服务、网络出版服务、网络视听节目服务、网络文化经营(音乐除外)、互联网上网服务营业场所、互联网公众发布信息服务(上述服务中,中国入世承诺中已开放的内容除外)。 62.禁止从事互联网地图编制和出版活动(上述服务中,中国入世承诺中已开放的内容除外)。 63.互联网新闻信息服务单位与外国投资者进行涉及互联网新闻信息服务业务的合作,应报经中国政府进行安全评估。

（续表）

序号	领域	特别管理措施
八、金融业		
（二十七）	银行业股东机构类型要求	64. 境外投资者投资银行业金融机构，应为金融机构或特定类型机构。具体要求： (1)外商独资银行股东、中外合资银行外方股东应为金融机构，且外方唯一或者控股/主要股东应为商业银行； (2)投资中资商业银行、信托公司的应为金融机构； (3)投资农村商业银行、农村合作银行、农村信用（合作）联社、村镇银行的应为境外银行； (4)投资金融租赁公司的应为金融机构或融资租赁公司； (5)消费金融公司的主要出资人应为金融机构； (6)投资货币经纪公司的应为货币经纪公司； (7)投资金融资产管理公司的应为金融机构，且不得参与发起设立金融资产管理公司； (8)法律法规未明确的应为金融机构。
（二十八）	银行业资质要求	65. 境外投资者投资银行业金融机构须符合一定数额的总资产要求，具体包括： (1)外资法人银行外方唯一或者控股/主要股东、外国银行分行的母行； (2)中资商业银行、农村商业银行、农村合作银行、农村信用（合作）联社、村镇银行、信托公司、金融租赁公司、贷款公司、金融资产管理公司的境外投资者； (3)法律法规未明确不适用的其他银行业金融机构的境外投资者。 66. 境外投资者投资货币经纪公司须满足相关业务年限、全球机构网络和资讯通信网络等特定条件。
（二十九）	银行业股比要求	67. 境外投资者入股中资商业银行、农村商业银行、农村合作银行、农村信用（合作）联社、金融资产管理公司等银行业金融机构受单一股东和合计持股比例限制。

(续表)

序号	领域	特别管理措施
(三十)	外资银行	68.除符合股东机构类型要求和资质要求外,外资银行还受限于以下条件: (1)外国银行分行不可从事《中华人民共和国商业银行法》允许经营的"代理发行、代理兑付、承销政府债券"、"代理收付款项"、"从事银行卡业务",除可以吸收中国境内公民每笔不少于100万元人民币的定期存款外,外国银行分行不得经营对中国境内公民的人民币业务; (2)外国银行分行应当由总行无偿拨付营运资金,营运资金的一部分应以特定形式存在并符合相应管理要求; (3)外国银行分行须满足人民币营运资金充足性(8%)要求; (4)外资银行获准经营人民币业务须满足最低开业时间要求。
(三十一)	期货公司	69.期货公司属于限制类,须由中方控股。
(三十二)	证券公司	70.证券公司属于限制类,外资比例不超过49%。 71.单个境外投资者持有(包括直接持有和间接控制)上市内资证券公司股份的比例不超过20%;全部境外投资者持有(包括直接持有和间接控制)上市内资证券公司股份的比例不超过25%。
(三十三)	证券投资基金管理公司	72.证券投资基金管理公司属于限制类,外资比例不超过49%。
(三十四)	证券和期货交易	73.不得成为证券交易所的普通会员和期货交易所的会员。 74.不得申请开立A股证券账户以及期货账户。
(三十五)	保险机构设立	75.保险公司属于限制类(寿险公司外资比例不超过50%),境内保险公司合计持有保险资产管理公司的股份不低于75%。 76.申请设立外资保险公司的外国保险公司,以及投资入股保险公司的境外金融机构(通过证券交易所购买上市保险公司股票的除外),须符合中国保险监管部门规定的经营年限、总资产等条件。

(续表)

序号	领域	特别管理措施
(三十六)	保险业务	77.非经中国保险监管部门批准,外资保险公司不得与其关联企业从事再保险的分出或者分入业务。
九、租赁和商务服务业		
(三十七)	会计审计	78.担任特殊普通合伙会计师事务所首席合伙人(或履行最高管理职责的其他职务),须具有中国国籍。
(三十八)	法律服务	79.外国律师事务所只能以代表机构的方式进入中国,在华设立代表机构、派驻代表,须经中国司法行政部门许可。 80.禁止从事中国法律事务,不得成为国内律师事务所合伙人。 81.外国律师事务所驻华代表机构不得聘用中国执业律师,聘用的辅助人员不得为当事人提供法律服务。
(三十九)	统计调查	82.实行涉外调查机构资格认定制度和涉外社会调查项目审批制度。 83.禁止投资社会调查。 84.市场调查属于限制类,限于合资、合作,其中广播电视收听、收视调查须由中方控股。 85.评级服务属于限制类。
(四十)	其他商务服务	86.因私出入境中介机构法定代表人须为具有境内常住户口、具有完全民事行为能力的中国公民。
十、科学研究和技术服务业		
(四十一)	专业技术服务	87.禁止投资大地测量、海洋测绘、测绘航空摄影、行政区域界线测绘,地形图、世界政区地图、全国政区地图、省级及以下政区地图、全国性教学地图、地方性教学地图和真三维地图编制,导航电子地图编制,区域性的地质填图、矿产地质、地球物理、地球化学、水文地质、环境地质、地质灾害、遥感地质等调查。 88.测绘公司属于限制类,须由中方控股。 89.禁止投资人体干细胞、基因诊断与治疗技术开发和应用。 90.禁止设立和运营人文社会科学研究机构。
十一、水利、环境和公共设施管理业		

(续表)

序号	领域	特别管理措施
(四十二)	动植物资源保护	91. 禁止投资国家保护的原产于中国的野生动植物资源开发。 92. 禁止采集或收购国家重点保护野生植物。
十二、教育		
(四十三)	教育	93. 外国教育机构、其他组织或者个人不得单独设立以中国公民为主要招生对象的学校及其他教育机构(不包括非学制类职业技能培训)。 94. 外国教育机构可以同中国教育机构合作举办以中国公民为主要招生对象的教育机构,中外合作办学者可以合作举办各级各类教育机构,但是: (1)不得举办实施义务教育和实施军事、警察、政治和党校等特殊领域教育机构; (2)外国宗教组织、宗教机构、宗教院校和宗教教职人员不得在中国境内从事合作办学活动,中外合作办学机构不得进行宗教教育和开展宗教活动; (3)普通高中教育机构、高等教育机构和学前教育属于限制类,须由中方主导(校长或者主要行政负责人应当具有中国国籍,在中国境内定居;理事会、董事会或者联合管理委员会的中方组成人员不得少于1/2;教育教学活动和课程教材须遵守我国相关法律法规及有关规定)。
十三、卫生和社会工作		
(四十四)	医疗	95. 医疗机构属于限制类,限于合资、合作。
十四、文化、体育和娱乐业		
(四十五)	广播电视播出、传输、制作、经营	96. 禁止投资设立和经营各级广播电台(站)、电视台(站)、广播电视频率频道和时段栏目、广播电视传输覆盖网[广播电视发射台、转播台(包括差转台、收转台)、广播电视卫星、卫星上行站、卫星收转站、微波站、监测台(站)及有线广播电视传输覆盖网等],禁止从事广播电视视频点播业务和卫星电视广播地面接收设施安装服务。 97. 禁止投资广播电视节目制作经营公司。 98. 对境外卫星频道落地实行审批制度。引进境外影视剧和以卫星传送方式引进其他境外电视节目由新闻出版广电总局指定的单位申报。 99. 对中外合作制作电视剧(含电视动画片)实行许可制度。

（续表）

序号	领域	特别管理措施
（四十六）	新闻出版、广播影视、金融信息	100. 禁止投资设立通讯社、报刊社、出版社以及新闻机构。 101. 外国新闻机构在中国境内设立常驻新闻机构、向中国派遣常驻记者，应当经中国政府批准。 102. 外国通讯社在中国境内提供新闻的服务业务须由中国政府审批。 103. 禁止投资经营图书、报纸、期刊、音像制品和电子出版物的出版、制作业务；禁止经营报刊版面。 104. 中外新闻机构业务合作、中外合作新闻出版项目，须中方主导，且须经中国政府批准（经中国政府批准，允许境内科学技术类期刊与境外期刊建立版权合作关系，合作期限不超过5年，合作期满需延长的，须再次申请报批。中方掌握内容的终审权，外方人员不得参与中方期刊的编辑、出版活动）。 105. 禁止从事电影、广播电视节目、美术品和数字文献数据库及其出版物等文化产品进口业务（上述服务中，中国入世承诺中已开放的内容除外）。 106. 出版物印刷属于限制类，须由中方控股。 107. 未经中国政府批准，禁止在中国境内提供金融信息服务。 108. 境外传媒（包括外国和港澳台地区报社、期刊社、图书出版社、音像出版社、电子出版物出版公司以及广播、电影、电视等大众传播机构）不得在中国境内设立代理机构或编辑部。如需设立办事机构，须经审批。
（四十七）	电影制作、发行、放映	109. 禁止投资电影制作公司、发行公司、院线公司。 110. 中国政府对中外合作摄制电影片实行许可制度。 111. 电影院的建设、经营须由中方控股。放映电影片，应当符合中国政府规定的国产电影片与进口电影片放映的时间比例。放映单位年放映国产电影片的时间不得低于年放映电影片时间总和的2/3。

(续表)

序号	领域	特别管理措施
(四十八)	非物质文化遗产、文物及考古	112.禁止投资和经营文物拍卖的拍卖企业、文物购销企业。 113.禁止投资和运营国有文物博物馆。 114.禁止不可移动文物及国家禁止出境的文物转让、抵押、出租给外国人。 115.禁止设立与经营非物质文化遗产调查机构。 116.境外组织或个人在中国境内进行非物质文化遗产调查和考古调查、勘探、发掘,应采取与中国合作的形式并经专门审批许可。
(四十九)	文化娱乐	117.禁止设立文艺表演团体。 118.演出经纪机构属于限制类,须由中方控股(为本省市提供服务的除外)。 119.大型主题公园的建设、经营属于限制类。
十五、所有行业		
(五十)	所有行业	120.不得作为个体工商户、个人独资企业投资人、农民专业合作社成员,从事经营活动。 121.《外商投资产业指导目录》中的禁止类以及标注有"限于合资"、"限于合作"、"限于合资、合作"、"中方控股"、"中方相对控股"和有外资比例要求的项目,不得设立外商投资合伙企业。 122.外国投资者并购境内企业、外国投资者对上市公司的战略投资、境外投资者以其持有的中国境内企业股权出资涉及外商投资项目和企业设立及变更事项的,按现行规定办理。

国务院办公厅关于印发自由贸易试验区外商投资国家安全审查试行办法的通知

国办发〔2015〕24号

各省、自治区、直辖市人民政府,国务院各部委、各直属机构:

《自由贸易试验区外商投资国家安全审查试行办法》已经国务院同意,现印发给你们,请认真贯彻执行。

国务院办公厅
2015 年 4 月 8 日

自由贸易试验区外商投资国家安全审查试行办法

为做好中国(上海)自由贸易试验区、中国(广东)自由贸易试验区、中国(天津)自由贸易试验区、中国(福建)自由贸易试验区等自由贸易试验区(以下统称自贸试验区)对外开放工作,试点实施与负面清单管理模式相适应的外商投资国家安全审查(以下简称安全审查)措施,引导外商投资有序发展,维护国家安全,制定本办法。

一、审查范围

总的原则是,对影响或可能影响国家安全、国家安全保障能力,涉及敏感投资主体、敏感并购对象、敏感行业、敏感技术、敏感地域的外商投资进行安全审查。

(一)安全审查范围为:外国投资者在自贸试验区内投资军工、军工配套和其他关系国防安全的领域,以及重点、敏感军事设施周边地域;外国投资者在自贸试验区内投资关系国家安全的重要农产品、重要能源和资源、重要基础设施、重要运输服务、重要文化、重要信息技术产品和服务、关键技术、重大装备制造等领域,并取得所投资企业的实际控制权。

(二)外国投资者在自贸试验区内投资,包括下列情形:

1. 外国投资者单独或与其他投资者共同投资新建项目或设立企业。
2. 外国投资者通过并购方式取得已设立企业的股权或资产。
3. 外国投资者通过协议控制、代持、信托、再投资、境外交易、租赁、认购可转换债券等方式投资。

(三)外国投资者取得所投资企业的实际控制权,包括下列情形:

1. 外国投资者及其关联投资者持有企业股份总额在 50% 以上。
2. 数个外国投资者持有企业股份总额合计在 50% 以上。
3. 外国投资者及其关联投资者、数个外国投资者持有企业股份总额不超过 50%,但所享有的表决权已足以对股东会或股东大会、董事会的决议产生重大影响。
4. 其他导致外国投资者对企业的经营决策、人事、财务、技术等产生重大影响的情形。

二、审查内容

(一)外商投资对国防安全,包括对国防需要的国内产品生产能力、国内服务提供能力和有关设施的影响。

(二)外商投资对国家经济稳定运行的影响。

(三)外商投资对社会基本生活秩序的影响。

(四)外商投资对国家文化安全、公共道德的影响。

(五)外商投资对国家网络安全的影响。

(六)外商投资对涉及国家安全关键技术研发能力的影响。

三、安全审查工作机制和程序

(一)自贸试验区外商投资安全审查工作,由外国投资者并购境内企业安全审查部际联席会议(以下简称联席会议)具体承担。在联席会议机制下,国家发展改革委、商务部根据外商投资涉及的领域,会同相关部门开展安全审查。

(二)自贸试验区安全审查程序依照《国务院办公厅关于建立外国投资者并购境内企业安全审查制度的通知》(国办发〔2011〕6号)第四条办理。

(三)对影响或可能影响国家安全,但通过附加条件能够消除影响的投资,联席会议可要求外国投资者出具修改投资方案的书面承诺。外国投资者出具书面承诺后,联席会议可作出附加条件的审查意见。

(四)自贸试验区管理机构在办理职能范围内外商投资备案、核准或审核手续时,对属于安全审查范围的外商投资,应及时告知外国投资者提出安全审查申请,并暂停办理相关手续。

(五)商务部将联席会议审查意见书面通知外国投资者的同时,通知自贸试验区管理机构。对不影响国家安全或附加条件后不影响国家安全的外商投资,自贸试验区管理机构继续办理相关手续。

(六)自贸试验区管理机构应做好外商投资监管工作。如发现外国投资者提供虚假信息、遗漏实质信息、通过安全审查后变更投资活动或违背附加条件,对国家安全造成或可能造成重大影响的,即使外商投资安全审查已结束或投资已实施,自贸试验区管理机构应向国家发展改革委和商务部报告。

(七)国家发展改革委、商务部与自贸试验区管理机构通过信息化手段,在信息共享、实时监测、动态管理和定期核查等方面形成联动机制。

四、其他规定

(一)外商投资股权投资企业、创业投资企业、投资性公司在自贸试验区内投资,适用本办法。

(二)外商投资金融领域的安全审查另行规定。

(三)香港特别行政区、澳门特别行政区、台湾地区的投资者进行投资,参照本办法的规定执行。

(四)本办法由国家发展改革委、商务部负责解释。

(五)本办法自印发之日起30日后实施。

自由贸易试验区外商投资备案管理办法(试行)

商务部公告2015年第12号

为进一步扩大对外开放,推进外商投资管理制度改革,在自由贸易试验区(以下称自贸试验区)营造国际化、法治化、市场化的营商环境,经全国人大常委会授权,国务院决定在自贸试验区对外商投资实行准入前国民待遇加负面清单的管理模式。为落实改革外商投资管理模式的相关要求,规范自贸试验区外商投资备案管理工作,现公布《自由贸易试验区外商投资备案管理办法(试行)》,自发布之日起30日后实施。

商务部
2015年4月8日

自由贸易试验区外商投资备案管理办法(试行)

第一条 为进一步扩大对外开放,推进外商投资管理制度改革,在中国(广东)自由贸易试验区、中国(天津)自由贸易试验区、中国(福建)自由贸易试验区、中国(上海)自由贸易试验区(以下简称自贸试验区)营造国际化、法治化、市场化的营商环境,根据《全国人大常委会关于授权国务院在中国(上海)自由贸易试验区暂时调整有关法律规定的行政审批的决定》、《全国人大常委会关于授权国务院在中国(广东)、中国(天津)、中国(福建)自由贸易试验区以及中国(上海)自由贸易试验区扩展区域暂时调整有关法律规定的行政审批的决定》、相关法律、行政法规及国务院决定,制定本办法。

第二条 外国投资者在自贸试验区投资《自由贸易试验区外商投资准入特别管理措施(负面清单)》以外领域,外商投资企业设立、变更(以下统称投资实施)及合同章程备案,适用本办法。法律、行政法规和国务院决定另有规定的,从其规定。

投资实施的时间对外商投资企业设立而言,为企业营业执照签发时间;对外商投资企业变更而言,涉及换发企业营业执照的,投资实施时间为企业营业执照换发时间,不涉及换发企业营业执照的,投资实施时间为变更事项发生时间。

第三条 自贸试验区管理机构(以下简称备案机构)负责自贸试验区外商投资事项的备案管理。

备案机构通过商务部外商(港澳台侨)投资备案信息系统(以下简称备案系统),开展自贸试验区外商投资事项的备案工作。

第四条 外国投资者在自贸试验区投资设立企业,属于本办法规定的备案范围的,外国投资者在取得企业名称预核准通知书后,可在投资实施前,或投资实施之日起30日内,登录自贸试验区一口受理平台(以下简称受理平台),在线填报和提交《自贸试验区外商投资企业设立备案申报表》(以下简称《设立申报表》)。

第五条 属于本办法规定的备案范围的外商投资企业,发生以下变更事项的,可在投资实施前,或投资实施之日起30日内,在线填报和提交《自贸试验区外商投资企业变更事项备案申报表》(以下简称《变更申报表》),办理变更备案手续:

(一)投资总额变更;

(二)注册资本变更;

(三)股权、合作权益变更或转让;

(四)股权质押;

(五)合并、分立;

(六)经营范围变更;

(七)经营期限变更;

(八)提前终止;

(九)出资方式、出资期限变更;

(十)中外合作企业外国合作者先行回收投资;

(十一)企业名称变更;

(十二)注册地址变更。

其中,依照相关法律法规规定应当公告的,应当在办理变更备案手续时说明依法办理公告手续情况。

第六条 备案管理的外商投资企业发生需审批的变更事项,应按照外商投资管理的相关规定办理审批手续。

第七条 自贸试验区内于本办法实施前已设立的外商投资企业发生变更,或自贸试验区外的外商投资企业迁入,且属于本办法规定的备案范围的,应办理变更备案手续,并缴销《外商(港澳台侨)投资企业批准证书》。

第八条 外国投资者或外商投资企业在提交《设立申报表》或《变更申报表》时承诺,申报内容真实、完整、有效,申报的投资事项符合相关法律法规的规定。

第九条 外国投资者或外商投资企业在线提交《设立申报表》或《变更申报表》后,备案机构对申报事项是否属于备案范围进行甄别。属于本办法规定的备案范围的,备案机构应在3个工作日内完成备案,通知外国投资者或外商投资企业。不属于备案范围的,通知外国投资者或外商投资企业按有关规定办理审批手续。

第十条 备案机构应即时在备案系统发布备案结果,并向受理平台共享备案结果信息。

第十一条 收到备案完成通知后,外国投资者或外商投资企业可向备案机构领取《外商投资企业备案证明》(以下简称《备案证明》)。领取时需提交以下文件:

(一)企业名称预先核准通知书(复印件);

(二)外国投资者或其授权代表签章的《设立申报表》,或外商投资企业或其授权代表签章的《变更申报表》;

(三)外国投资者、实际控制人主体资格证明或身份证明(复印件)。

第十二条 自贸试验区外商投资企业应在每年 6 月 30 日前登录备案系统,填报《外商投资企业投资经营情况年度报告表》。

第十三条 备案机构对自贸试验区外国投资者及外商投资企业遵守外商投资法律法规规定情况实施监督检查。

备案机构可采取定期抽查、根据举报进行检查、根据有关部门或司法机关的建议和反映进行检查,以及依法定职权启动检查等方式开展监督检查。

第十四条 备案机构的监督检查内容包括:外国投资者或外商投资企业是否按本办法规定履行备案程序;外商投资企业投资经营活动是否与填报的备案信息一致;是否按本办法规定填报年度报告;是否存在违反外商投资法律法规规定的其他情形。

第十五条 经监督检查发现外国投资者或外商投资企业存在违反外商投资法律法规规定的情形的,备案机构应以书面通知责成其说明情况,并依法开展调查。经调查确认存在违法行为的,责令其限期整改;情节严重的,备案机构应取消备案,并提请相关部门依法予以处罚。

第十六条 外国投资者、外商投资企业在备案、登记及投资经营等活动中所形成的信息,以及备案机构和其他主管部门在监督检查中掌握的反映其诚信状况的信息,将纳入商务部外商(港澳台侨)投资诚信档案系统。

商务部与相关部门共享外国投资者及外商投资企业的诚信信息。对于备案信息不实,或未按本办法规定填报年度报告的,备案机构将把相关信息记入诚信档案,并采取适当方式予以公示。

诚信信息共享与公示不得含有外国投资者、外商投资企业的商业秘密、个人隐私。

第十七条 自贸试验区外商投资事项涉及国家安全审查、反垄断审查的,按相关规定办理。

第十八条 外商投资的投资性公司、创业投资企业在自贸试验区投资,视同外国投资者,适用本办法。

自贸试验区内的外资并购、外国投资者对上市公司战略投资、外国投资者以其持有的中国境内企业股权出资、外商投资企业境内再投资,应符合相关规定要求。

第十九条 香港特别行政区、澳门特别行政区、台湾地区投资者在自贸试验区投资《自由贸易试验区外商投资准入特别管理措施(负面清单)》以外领域的,参照本办法办理。

第二十条 本办法自发布之日起 30 日后实施。

附件1:自贸试验区外商投资企业设立备案申报表(略——编者注)
  2:自贸试验区外商投资企业变更事项备案申报表(略——编者注)
  3:中国( )自由贸易试验区外商投资企业备案证明(略——编者注)

全国人民代表大会常务委员会关于授权国务院在中国（广东）自由贸易试验区、中国（天津）自由贸易试验区、中国（福建）自由贸易试验区以及中国（上海）自由贸易试验区扩展区域暂时调整有关法律规定的行政审批的决定

2014年12月28日

为进一步深化改革、扩大开放，加快政府职能转变，第十二届全国人民代表大会常务委员会第十二次会议决定：授权国务院在中国（广东）自由贸易试验区、中国（天津）自由贸易试验区、中国（福建）自由贸易试验区以及中国（上海）自由贸易试验区扩展区域内（四至范围附后），暂时调整《中华人民共和国外资企业法》、《中华人民共和国中外合资经营企业法》、《中华人民共和国中外合作经营企业法》和《中华人民共和国台湾同胞投资保护法》规定的有关行政审批（目录附后）。但是，国家规定实施准入特别管理措施的除外。上述行政审批的调整在三年内试行，对实践证明可行的，修改完善有关法律；对实践证明不宜调整的，恢复施行有关法律规定。

本决定自2015年3月1日起施行。

中国（广东）自由贸易试验区、中国（天津）自由贸易试验区、中国（福建）自由贸易试验区以及中国（上海）自由贸易试验区扩展区域四至范围

一、中国（广东）自由贸易试验区四至范围

（一）广州南沙新区片区共60平方公里（含广州南沙保税港区7.06平方公里）

四至范围：海港区块15平方公里。海港区块一，龙穴岛作业区13平方公里，东至虎门水道，南至南沙港三期南延线，西至龙穴南水道，北至南沙港一期北延线（其中南沙保税港区港口区和物流区面积5.7平方公里）。海港区块二，沙仔岛作业区2平方公里。明珠湾起步区区块9平方公里，东至环市大道，南至下横沥水道，西至灵山岛灵新大道及横沥岛凤凰大道，北至京珠高速，不包括蕉门河水道和上横沥水道水域。南沙枢纽区块10平方公里，东至龙穴南水道，

南至深茂通道,西至灵新大道,北至三镇大道。庆盛枢纽区块8平方公里,东至小虎沥水道,南至广深港客运专线,西至京珠高速,北至沙湾水道。南沙湾区块5平方公里,东至虎门水道,南至蕉门水道,西至黄山鲁山界,北至虎门大桥,不包括大角山山体。蕉门河中心区区块3平方公里,东至金隆路,南至双山大道,西至凤凰大道,北至私言滘。万顷沙保税港加工制造业区块10平方公里,东至龙穴南水道,南至万顷沙十一涌,西至灵新公路,北至万顷沙八涌(其中南沙保税港区加工区面积1.36平方公里)。

(二)深圳前海蛇口片区共28.2平方公里

四至范围:前海区块15平方公里,东至月亮湾大道,南至妈湾大道,西至海滨岸线,北至双界河、宝安大道(其中深圳前海湾保税港区3.71平方公里,东至铲湾路,南以平南铁路、妈湾大道以及妈湾电厂北侧连线为界,西以妈湾港区码头岸线为界,北以妈湾大道、嘉实多南油厂北侧、兴海大道以及临海路连线为界)。蛇口工业区区块13.2平方公里,东至后海大道—金海路—爱榕路—招商路—水湾路,南至深圳湾,西至珠江口,北至东滨路、大南山山脚、赤湾六路以及赤湾二路。

(三)珠海横琴新区片区共28平方公里

四至范围:临澳区块6.09平方公里,东至契辛峡水道,南至大横琴山北麓,西至知音道,北至小横琴山南麓。休闲旅游区块10.99平方公里,东至契辛峡水道,南至南海,西至磨刀门水道,北至大横琴山。文创区块1.47平方公里,东至天羽道东河,南至横琴大道,西至艺文二道,北至港澳大道。科技研发区块1.78平方公里,东至艺文三道,南至大横琴山北麓,西至开新一道,北至港澳大道。高新技术区块7.67平方公里,东至开新二道,南至大横琴山北麓,西至磨刀门水道,北至胜洲八道。

二、中国(天津)自由贸易试验区四至范围

(一)天津港片区共30平方公里

四至范围:东至渤海湾,南至天津新港主航道,西至反"F"港池、西藏路,北至永定新河入海口。

(二)天津机场片区共43.1平方公里

四至范围:东至蓟汕高速,南至津滨快速路、民族路、津北公路,西至外环绿化带东侧,北至津汉快速路、东四道、杨北公路。

(三)滨海新区中心商务片区共46.8平方公里

四至范围:东至临海路、东堤路、新港二号路、天津新港主航道、新港船闸、海河、闸南路、规划路、石油新村路、大沽排水河、东环路,南至物流北路、物流北路西延长线,西至大沽排水河、河南路、海门大桥、河北路,北至大连东道、中央大道、新港三号路、海滨大道、天津港保税区北围网。

三、中国(福建)自由贸易试验区四至范围

(一)平潭片区共43平方公里

四至范围:港口经贸区块16平方公里,东至北厝路、金井三路,南至大山顶,西至海坛海峡,北至金井湾大道。高新技术产业区块15平方公里,东至中原六路,南至麒麟路,西至坛西大道,北至瓦瑶南路。旅游休闲区块12平方公里,东至坛南湾,南至山岐澳,西至寨山路,北至澳前北路。

(二)厦门片区共43.78平方公里

四至范围:两岸贸易中心核心区19.37平方公里,含象屿保税区0.6平方公里(已全区封关)、象屿保税物流园区0.7平方公里(已封关面积0.26平方公里)。北侧、西侧、东侧紧邻大海,南侧以疏港路、成功大道、枋钟路为界。东南国际航运中心海沧港区24.41平方公里,含厦门海沧保税港区9.51平方公里(已封关面积5.55平方公里)。东至厦门西海域,南侧紧邻大海,西至厦漳跨海大桥,北侧以角嵩路、南海路、南海三路和兴港路为界。

(三)福州片区共31.26平方公里

四至范围:福州经济技术开发区22平方公里,含福州保税区0.6平方公里(已全区封关)和福州出口加工区1.14平方公里(已封关面积0.436平方公里)。马江—快安片区东至红山油库,南至闽江沿岸,西至鼓山镇界,北至鼓山麓;长安片区东至闽江边,南至亭江镇东街山,西至罗长高速公路和山体,北至琯头镇界;南台岛区东至三环路,南至林浦路,西至前横南路,北面以闽江岸线为界;琅岐区东至环岛路,南至闽江码头进岛路,西至闽江边,北面以规划道路为界。福州保税港区9.26平方公里(已封关面积2.34平方公里)。A区东至西港,南至新江公路,西至经七路,北至纬六路;B区东至14号泊位,南至兴化湾,西至滩涂,北至兴林路。

四、中国(上海)自由贸易试验区扩展区域四至范围

(一)陆家嘴金融片区共34.26平方公里

四至范围:东至济阳路、浦东南路、龙阳路、锦绣路、罗山路,南至中环线,西至黄浦江,北至黄浦江。

(二)金桥开发片区共20.48平方公里

四至范围:东至外环绿带,南至锦绣东路,西至杨高路,北至巨峰路。

(三)张江高科技片区共37.2平方公里

四至范围:东至外环线、申江路,南至外环线,西至罗山路,北至龙东大道。

授权国务院在中国(广东)自由贸易试验区、中国(天津)自由贸易试验区、中国(福建)自由贸易试验区以及中国(上海)自由贸易试验区扩展区域暂时调整有关法律规定的行政审批目录

序号:1 名称:外资企业设立审批法律规定:《中华人民共和国外资企业法》第六条:"设立外资企业的申请,由国务院对外经济贸易主管部门或者国务院授权的机关审查批准。审查

批准机关应当在接到申请之日起九十天内决定批准或者不批准。"内容:暂时停止实施该项行政审批,改为备案管理

序号:2　名称:外资企业分立、合并或者其他重要事项变更审批法律规定:《中华人民共和国外资企业法》第十条:"外资企业分立、合并或者其他重要事项变更,应当报审查批准机关批准,并向工商行政管理机关办理变更登记手续。"内容:暂时停止实施该项行政审批,改为备案管理

序号:3　名称:外资企业经营期限审批法律规定:《中华人民共和国外资企业法》第二十条:"外资企业的经营期限由外国投资者申报,由审查批准机关批准。期满需要延长的,应当在期满一百八十天以前向审查批准机关提出申请。审查批准机关应当在接到申请之日起三十天内决定批准或者不批准。"内容:暂时停止实施该项行政审批,改为备案管理

序号:4　名称:中外合资经营企业设立审批法律规定:《中华人民共和国中外合资经营企业法》第三条:"合营各方签订的合营协议、合同、章程,应报国家对外经济贸易主管部门(以下称审查批准机关)审查批准。审查批准机关应在三个月内决定批准或不批准。合营企业经批准后,向国家工商行政管理主管部门登记,领取营业执照,开始营业。"内容:暂时停止实施该项行政审批,改为备案管理

序号:5　名称:中外合资经营企业延长合营期限审批法律规定:《中华人民共和国中外合资经营企业法》第十三条:"合营企业的合营期限,按不同行业、不同情况,作不同的约定。有的行业的合营企业,应当约定合营期限;有的行业的合营企业,可以约定合营期限,也可以不约定合营期限。约定合营期限的合营企业,合营各方同意延长合营期限的,应在距合营期满六个月前向审查批准机关提出申请。审查批准机关应自接到申请之日起一个月内决定批准或不批准。"内容:暂时停止实施该项行政审批,改为备案管理

序号:6　名称:中外合资经营企业解散审批法律规定:《中华人民共和国中外合资经营企业法》第十四条:"合营企业如发生严重亏损、一方不履行合同和章程规定的义务、不可抗力等,经合营各方协商同意,报请审查批准机关批准,并向国家工商行政管理主管部门登记,可终止合同。如果因违反合同而造成损失的,应由违反合同的一方承担经济责任。"内容:暂时停止实施该项行政审批,改为备案管理

序号:7　名称:中外合作经营企业设立审批法律规定:《中华人民共和国中外合作经营企业法》第五条:"申请设立合作企业,应当将中外合作者签订的协议、合同、章程等文件报国务院对外经济贸易主管部门或者国务院授权的部门和地方政府(以下简称审查批准机关)审查批准。审查批准机关应当自接到申请之日起四十五天内决定批准或者不批准。"内容:暂时停止实施该项行政审批,改为备案管理

序号:8　名称:中外合作经营企业协议、合同、章程重大变更审批法律规定:《中华人民共和国中外合作经营企业法》第七条:"中外合作者在合作期限内协商同意对合作企业合同作重大变更的,应当报审查批准机关批准;变更内容涉及法定工商登记项目、税务登记项目的,应当向工商行政管理机关、税务机关办理变更登记手续。"内容:暂时停止实施该项行政审批,改为备案管理

序号:9　名称:中外合作经营企业转让合作企业合同权利、义务审批法律规定:《中华人民共和国中外合作经营企业法》第十条:"中外合作者的一方转让其在合作企业合同中的全部

或者部分权利、义务的,必须经他方同意,并报审查批准机关批准。"内容:暂时停止实施该项行政审批,改为备案管理

  序号:10 名称:中外合作经营企业委托他人经营管理审批法律规定:《中华人民共和国中外合作经营企业法》第十二条第二款:"合作企业成立后改为委托中外合作者以外的他人经营管理的,必须经董事会或者联合管理机构一致同意,报审查批准机关批准,并向工商行政管理机关办理变更登记手续。"内容:暂时停止实施该项行政审批,改为备案管理

  序号:11 名称:中外合作经营企业延长合作期限审批法律规定:《中华人民共和国中外合作经营企业法》第二十四条:"合作企业的合作期限由中外合作者协商并在合作企业合同中订明。中外合作者同意延长合作期限的,应当在距合作期满一百八十天前向审查批准机关提出申请。审查批准机关应当自接到申请之日起三十天内决定批准或者不批准。"内容:暂时停止实施该项行政审批,改为备案管理

  序号:12 名称:台湾同胞投资企业设立审批法律规定:《中华人民共和国台湾同胞投资保护法》第八条第一款:"设立台湾同胞投资企业,应当向国务院规定的部门或者国务院规定的地方人民政府提出申请,接到申请的审批机关应当自接到全部申请文件之日起四十五日内决定批准或者不批准。"内容:暂时停止实施该项行政审批,改为备案管理

国务院关于推广中国(上海)自由贸易试验区可复制改革试点经验的通知

国发〔2014〕65号

各省、自治区、直辖市人民政府,国务院各部委、各直属机构:

  设立中国(上海)自由贸易试验区(以下简称上海自贸试验区)是党中央、国务院作出的重大决策。上海自贸试验区成立一年多来,上海市和有关部门以简政放权、放管结合的制度创新为核心,加快政府职能转变,探索体制机制创新,在建立以负面清单管理为核心的外商投资管理制度、以贸易便利化为重点的贸易监管制度、以资本项目可兑换和金融服务业开放为目标的金融创新制度、以政府职能转变为核心的事中事后监管制度等方面,形成了一批可复制、可推广的改革创新成果。经党中央、国务院批准,上海自贸试验区的可复制改革试点经验将在全国范围内推广。现就有关事项通知如下:

一、可复制推广的主要内容

  上海自贸试验区可复制改革试点经验,原则上,除涉及法律修订、上海国际金融中心建设事项外,能在其他地区推广的要尽快推广,能在全国范围内推广的要推广到全国。有关部门结

合自身深化改革的各项工作,已在全国范围复制推广了一批经验和做法。在此基础上,进一步推广以下事项:

(一)在全国范围内复制推广的改革事项。

1. 投资管理领域:外商投资广告企业项目备案制、涉税事项网上审批备案、税务登记号码网上自动赋码、网上自主办税、纳税信用管理的网上信用评级、组织机构代码实时赋码、企业标准备案管理制度创新、取消生产许可证委托加工备案、企业设立实行"单一窗口"等。

2. 贸易便利化领域:全球维修产业检验检疫监管、中转货物产地来源证管理、检验检疫通关无纸化、第三方检验结果采信、出入境生物材料制品风险管理等。

3. 金融领域:个人其他经常项下人民币结算业务、外商投资企业外汇资本金意愿结汇、银行办理大宗商品衍生品柜台交易涉及的结售汇业务、直接投资项下外汇登记及变更登记下放银行办理等。

4. 服务业开放领域:允许融资租赁公司兼营与主营业务有关的商业保理业务、允许设立外商投资资信调查公司、允许设立股份制外资投资性公司、融资租赁公司设立子公司不设最低注册资本限制、允许内外资企业从事游戏游艺设备生产和销售等。

5. 事中事后监管措施:社会信用体系、信息共享和综合执法制度、企业年度报告公示和经营异常名录制度、社会力量参与市场监督制度,以及各部门的专业监管制度。

(二)在全国其他海关特殊监管区域复制推广的改革事项。

1. 海关监管制度创新:期货保税交割海关监管制度、境内外维修海关监管制度、融资租赁海关监管制度等措施。

2. 检验检疫制度创新:进口货物预检验、分线监督管理制度、动植物及其产品检疫审批负面清单管理等措施。

二、高度重视推广工作

各地区、各部门要深刻认识推广上海自贸试验区可复制改革试点经验的重大意义,将推广工作作为全面深化改革的重要举措,积极转变政府管理理念,以开放促改革,结合本地区、本部门实际情况,着力解决市场体系不完善、政府干预过多和监管不到位等问题,更好地发挥市场在资源配置中的决定性作用和政府作用。要适应经济全球化的趋势,逐步构建与我国开放型经济发展要求相适应的新体制、新模式,释放改革红利,促进国际国内要素有序自由流动、资源高效配置、市场深度融合,加快培育参与和引领国际经济合作竞争的新优势。

三、切实做好组织实施

各省(区、市)人民政府要因地制宜,将推广相关体制机制改革措施列为本地区重点工作,建立健全领导机制,积极创造条件、扎实推进,确保改革试点经验生根落地,产生实效。国务院各有关部门要按照规定时限完成相关改革试点经验推广工作。各省(区、市)人民政府和国务院各有关部门要制订工作方案,明确具体任务、时间节点和可检验的成果形式,于2015年1月31日前送商务部,由商务部汇总后报国务院。改革试点经验推广过程中遇到的重大问题,要及时报告国务院。

附件:1. 国务院有关部门负责复制推广的改革事项任务分工表(略——编者注)
2. 各省(区、市)人民政府借鉴推广的改革事项任务表(略——编者注)

国务院

2014 年 12 月 21 日

国务院关于在中国(上海)自由贸易试验区内暂时调整实施有关行政法规和经国务院批准的部门规章规定的准入特别管理措施的决定

国发〔2014〕38 号

各省、自治区、直辖市人民政府,国务院各部委、各直属机构:

为适应在中国(上海)自由贸易试验区进一步扩大开放的需要,国务院决定在试验区内暂时调整实施《中华人民共和国国际海运条例》、《中华人民共和国认证认可条例》、《盐业管理条例》以及《外商投资产业指导目录》、《汽车产业发展政策》、《外商投资民用航空业规定》规定的有关资质要求、股比限制、经营范围等准入特别管理措施(目录附后)。

国务院有关部门、上海市人民政府要根据上述调整,及时对本部门、本市制定的规章和规范性文件作相应调整,建立与进一步扩大开放相适应的管理制度。

国务院将根据试验区改革开放措施的实施情况,适时对本决定的内容进行调整。

附件:国务院决定在中国(上海)自由贸易试验区内暂时调整实施有关行政法规和经国务院批准的部门规章规定的准入特别管理措施目录

国务院

2014 年 9 月 4 日

国务院决定在中国(上海)自由贸易试验区内暂时调整实施有关行政法规和经国务院批准的部门规章规定的准入特别管理措施目录

序号	准入特别管理措施	调整实施情况
1	《中华人民共和国国际海运条例》 第二十九条第一款:经国务院交通主管部门批准,外商可以依照有关法律、行政法规以及国家其他有关规定,投资设立中外合资经营企业或者中外合作经营企业,经营国际船舶运输、国际船舶代理、国际船舶管理、国际海运货物装卸、国际海运货物仓储、国际海运集装箱站和堆场业务;并可以投资设立外资企业经营国际海运货物仓储业务。	暂时停止实施相关内容,允许外商以独资形式从事国际海运货物装卸、国际海运集装箱站和堆场业务
2	《中华人民共和国国际海运条例》 第二十九条第二款、第三款: 经营国际船舶运输、国际船舶代理业务的中外合资经营企业,企业中外商的出资比例不得超过49%。 经营国际船舶运输、国际船舶代理业务的中外合作经营企业,企业中外商的投资比例比照适用前款规定。 《外商投资产业指导目录》 限制外商投资产业目录 六、批发和零售业 5.船舶代理(中方控股)、外轮理货(限于合资、合作)	暂时停止实施相关内容,允许外商以合资、合作形式从事公共国际船舶代理业务,外方持股比例放宽至51%
3	《中华人民共和国认证认可条例》 第十一条第一款:设立外商投资的认证机构除应当符合本条例第十条规定的条件外,还应当符合下列条件: (一)外方投资者取得其所在国家或者地区认可机构的认可; (二)外方投资者具有3年以上从事认证活动的业务经历。 《外商投资产业指导目录》 限制外商投资产业目录 十、科学研究、技术服务和地质勘查业 2.进出口商品检验、鉴定、认证公司	暂时停止实施相关内容,取消对外商投资进出口商品认证公司的限制,取消对投资方的资质要求

(续表)

序号	准入特别管理措施	调整实施情况
4	《盐业管理条例》 　　第二十条：盐的批发业务，由各级盐业公司统一经营。未设盐业公司的地方，由县级以上人民政府授权的单位统一组织经营。	暂时停止实施相关内容，允许外商以独资形式从事盐的批发，服务范围限于试验区内
5	《外商投资产业指导目录》 　　鼓励外商投资产业目录 　　二、采矿业 　　4.提高原油采收率及相关新技术的开发应用（限于合资、合作）	暂时停止实施相关内容，允许外商以独资形式从事提高原油采收率（以工程服务形式）及相关新技术的开发应用
6	《外商投资产业指导目录》 　　鼓励外商投资产业目录 　　二、采矿业 　　5.物探、钻井、测井、录井、井下作业等石油勘探开发新技术的开发与应用（限于合资、合作）	暂时停止实施相关内容，允许外商以独资形式从事物探、钻井、测井、录井、井下作业等石油勘探开发新技术的开发与应用
7	《外商投资产业指导目录》 　　禁止外商投资产业目录 　　三、制造业 　　（一）饮料制造业 　　1.我国传统工艺的绿茶及特种茶加工（名茶、黑茶等）	暂时停止实施相关内容，允许外商以合资、合作形式（中方控股）从事中国传统工艺的绿茶加工
8	《外商投资产业指导目录》 　　鼓励外商投资产业目录 　　三、制造业 　　（八）造纸及纸制品业 　　1.主要利用境外木材资源的单条生产线年产30万吨及以上规模化学木浆和单条生产线年产10万吨及以上规模化学机械木浆以及同步建设的高档纸及纸板生产（限于合资、合作）	暂时停止实施相关内容，允许外商以独资形式从事主要利用境外木材资源的单条生产线年产30万吨及以上规模化学木浆和单条生产线年产10万吨及以上规模化学机械木浆以及同步建设的高档纸及纸板生产
9	《外商投资产业指导目录》 　　鼓励外商投资产业目录 　　三、制造业 　　（十七）通用设备制造业 　　7.400吨及以上轮式、履带式起重机械制造（限于合资、合作）	暂时停止实施相关内容，允许外商以独资形式从事400吨及以上轮式、履带式起重机械制造

(续表)

序号	准入特别管理措施	调整实施情况
10	《外商投资产业指导目录》 　　限制外商投资产业目录 　　三、制造业 　　（十）通用设备制造业 　　1. 各类普通级（P0）轴承及零件（钢球、保持架）、毛坯制造	暂时停止实施相关内容，取消对外商投资各类普通级（P0）轴承及零件（钢球、保持架）、毛坯制造的限制
11	《外商投资产业指导目录》 　　限制外商投资产业目录 　　三、制造业 　　（十一）专用设备制造业 　　2. 320马力及以下推土机、30吨级及以下液压挖掘机、6吨级及以下轮式装载机、220马力及以下平地机、压路机、叉车、135吨级及以下电力传动非公路自卸翻斗车、60吨级及以下液力机械传动非公路自卸翻斗车、沥青混凝土搅拌与摊铺设备和高空作业机械、园林机械和机具、商品混凝土机械（托泵、搅拌车、搅拌站、泵车）制造	暂时停止实施相关内容，取消对外商投资15吨级以下（不含15吨）液压挖掘机、3吨级以下（不含3吨）轮式装载机制造的限制
12	《外商投资产业指导目录》 　　限制外商投资产业目录 　　三、制造业 　　（十一）专用设备制造业 　　1. 一般涤纶长丝、短纤维设备制造	暂时停止实施相关内容，取消对外商投资一般涤纶长丝、短纤维设备制造的限制
13	《外商投资产业指导目录》 　　鼓励外商投资产业目录 　　三、制造业 　　（十九）交通运输设备制造业 　　3. 汽车电子装置制造与研发：发动机和底盘电子控制系统及关键零部件，车载电子技术（汽车信息系统和导航系统），汽车电子总线网络技术（限于合资），电子控制系统的输入（传感器和采样系统）输出（执行器）部件，电动助力转向系统电子控制器（限于合资），嵌入式电子集成系统（限于合资、合作），电控式空气弹簧，电子控制式悬挂系统，电子气门系统装置，电子组合仪表，ABS/TCS/ESP系统，电路制动系统（BBW），变速器电控单元（TCU），轮胎气压监测系统（TPMS），车载故障诊断仪（OBD），发动机防盗系统，自动避撞系统，汽车、摩托车型试验及维修用检测系统	暂时停止实施相关内容，允许外商以独资形式从事汽车电子总线网络技术、电动助力转向系统电子控制器制造与研发

（续表）

序号	准入特别管理措施	调整实施情况
14	《外商投资产业指导目录》 　　鼓励外商投资产业目录 　　三、制造业 　　（十九）交通运输设备制造业 　　6.轨道交通运输设备（限于合资、合作）：高速铁路、铁路客运专线、城际铁路、干线铁路及城市轨道交通运输设备的整车和关键零部件（牵引传动系统、控制系统、制动系统）的研发、设计与制造；高速铁路、铁路客运专线、城际铁路及城市轨道交通乘客服务设施和设备的研发、设计与制造，信息化建设中有关信息系统的设计与研发；高速铁路、铁路客运专线、城际铁路的轨道和桥梁设备研发、设计与制造，轨道交通运输通信信号系统的研发、设计与制造，电气化铁路设备和器材制造、铁路噪声和振动控制技术与研发、铁路客车排污设备制造、铁路运输安全监测设备制造	暂时停止实施相关内容，允许外商以独资形式投资与高速铁路、铁路客运专线、城际铁路配套的乘客服务设施和设备的研发、设计与制造，与高速铁路、铁路客运专线、城际铁路相关的轨道和桥梁设备研发、设计与制造，电气化铁路设备和器材制造、铁路客车排污设备制造
15	《外商投资产业指导目录》 　　鼓励外商投资产业目录 　　三、制造业 　　（十九）交通运输设备制造业 　　18.豪华邮轮及深水（3000米以上）海洋工程装备的设计（限于合资、合作） 　　24.游艇的设计与制造（限于合资、合作）	暂时停止实施相关内容，允许外商以独资形式从事豪华邮轮、游艇的设计
16	《外商投资产业指导目录》 　　鼓励外商投资产业目录 　　三、制造业 　　（十九）交通运输设备制造业 　　22.船舶舱室机械的设计与制造（中方相对控股）	暂时停止实施相关内容，允许外商以独资形式从事船舶舱室机械的设计
17	《外商投资产业指导目录》 　　鼓励外商投资产业目录 　　三、制造业 　　（十九）交通运输设备制造业 　　13.航空发动机及零部件、航空辅助动力系统设计、制造与维修（限于合资、合作）	暂时停止实施相关内容，允许外商以独资形式从事航空发动机零部件的设计、制造与维修

(续表)

序号	准入特别管理措施	调整实施情况
18	《汽车产业发展政策》 　　第四十八条:汽车整车、专用汽车、农用运输车和摩托车中外合资生产企业的中方股份比例不得低于50%。股票上市的汽车整车、专用汽车、农用运输车和摩托车股份公司对外出售法人股份时,中方法人之一必须相对控股且大于外资法人股之和。同一家外商可在国内建立两家(含两家)以下生产同类(乘用车类、商用车类、摩托车类)整车产品的合资企业,如与中方合资伙伴联合兼并国内其它汽车生产企业可不受两家的限制。境外具有法人资格的企业相对控股另一家企业,则视为同一家外商。	暂时停止实施相关内容,允许外商以独资形式从事摩托车(排量≤250ml)生产
19	《外商投资产业指导目录》 　　鼓励外商投资产业目录 　　三、制造业 　　(十九)交通运输设备制造业 　　5.大排量(排量>250ml)摩托车关键零部件制造:摩托车电控燃油喷射技术(限于合资、合作)、达到中国摩托车Ⅲ阶段污染物排放标准的发动机排放控制装置	暂时停止实施相关内容,允许外商以独资形式从事大排量(排量>250ml)摩托车关键零部件制造:摩托车电控燃油喷射技术
20	《外商投资产业指导目录》 　　鼓励外商投资产业目录 　　三、制造业 　　(二十)电气机械及器材制造业 　　6.输变电设备制造(限于合资、合作):非晶态合金变压器、500千伏及以上高压开关用操作机构、灭弧装置、大型盆式绝缘子(1000千伏、50千安以上)、500千伏及以上变压器用出线装置、套管(交流500、750、1000千伏,直流所有规格)、调压开关(交流500、750、1000千伏有载、无载调压开关)、直流输电用干式平波电抗器、±800千伏直流输电用换流阀(水冷设备、直流场设备)、符合欧盟RoHS指令的电器触头材料及无Pb、Cd的焊料	暂时停止实施相关内容,允许外商以独资形式从事符合欧盟RoHS指令的电器触头材料及无Pb、Cd的焊料制造
21	《外商投资产业指导目录》 　　鼓励外商投资产业目录 　　五、交通运输、仓储和邮政业 　　2.支线铁路、地方铁路及其桥梁、隧道、轮渡和站场设施的建设、经营(限于合资、合作)	暂时停止实施相关内容,允许外商以独资形式从事地方铁路及其桥梁、隧道、轮渡和站场设施的建设、经营

(续表)

序号	准入特别管理措施	调整实施情况
22	《外商投资产业指导目录》 　　限制外商投资产业目录 　　六、批发和零售业 　　2.粮食收购,粮食、棉花、植物油、食糖、烟草、原油、农药、农膜、化肥的批发、零售、配送(设立超过30家分店、销售来自多个供应商的不同种类和品牌商品的连锁店由中方控股)	暂时停止实施相关内容,允许外商以独资形式从事植物油、食糖、化肥的批发、零售、配送,粮食、棉花的零售、配送,取消门店数量限制
23	《外商投资产业指导目录》 　　限制外商投资产业目录 　　六、批发和零售业 　　1.直销、邮购、网上销售	暂时停止实施相关内容,取消对外商投资邮购和一般商品网上销售的限制
24	《外商投资产业指导目录》 　　限制外商投资产业目录 　　五、交通运输、仓储和邮政业 　　1.铁路货物运输公司	暂时停止实施相关内容,允许外商以独资形式从事铁路货物运输业务
25	《外商投资民用航空业规定》 　　第四条:外商投资方式包括: 　　(一)合资、合作经营(简称"合营"); 　　(二)购买民航企业的股份,包括民航企业在境外发行的股票以及在境内发行的上市外资股; 　　(三)其他经批准的投资方式。 　　外商以合作经营方式投资公共航空运输和从事公务飞行、空中游览的通用航空企业,必须取得中国法人资格。	允许外商以独资形式从事航空运输销售代理业务
26	《外商投资产业指导目录》 　　限制外商投资产业目录 　　八、房地产业 　　3.房地产二级市场交易及房地产中介或经纪公司	暂时停止实施相关内容,取消对外商投资房地产中介或经纪公司的限制
27	《外商投资产业指导目录》 　　限制外商投资产业目录 　　十、科学研究、技术服务和地质勘查业 　　3.摄影服务(含空中摄影等特技摄影服务,但不包括测绘航空摄影,限于合资)	暂时停止实施相关内容,允许外商以独资形式从事摄影服务(不含空中摄影等特技摄影服务)

三、行业

关于设立外商投资征信机构有关事宜的公告

中国人民银行、商务部公告2016年第1号

经国务院批准,现就设立外商投资征信机构有关事宜公告如下:

设立经营个人征信业务的外商投资征信机构,应当符合《征信业管理条例》第六条和《征信机构管理办法》的规定。申请人在取得中国人民银行的前置许可后,凭个人征信业务经营许可证向商务部申请办理审批手续,予以批准的,发给外商投资企业批准证书。申请人凭个人征信业务经营许可证和外商投资企业批准证书,向工商行政管理部门办理注册登记手续。

经营企业征信业务的外商投资征信机构则交由省级商务主管部门负责批准企业设立,予以批准的,申请人凭外商投资企业批准证书办理工商注册登记手续,并在所在地中国人民银行省会(首府)城市中心支行以上分支机构办理备案,纳入中国人民银行的监管范围。

在经国务院批准的自由贸易试验区内,外商投资征信机构的设立和变更适用《自由贸易试验区外商投资备案管理办法(试行)》,申请人凭外商投资企业备案证明替代外商投资企业批准证书办理相关手续。

外商投资征信机构应当按照《征信业管理条例》和《征信机构管理办法》的规定依法开展征信业务,接受主管部门的监管。

本公告自公布之日起施行。

中国人民银行
商务部
2016年1月20日

国务院关于促进加工贸易创新发展的若干意见

国发〔2016〕4号

各省、自治区、直辖市人民政府，国务院各部委、各直属机构：

加工贸易是我国对外贸易和开放型经济的重要组成部分，对于推动产业升级、稳定就业发挥了重要作用。当前，全球产业竞争格局深度调整，我国经济发展进入新常态，加工贸易承接国际产业转移放慢，产业和订单转出加快，企业生产成本上升，传统竞争优势逐渐削弱。为适应新形势的要求，加快推动加工贸易创新发展，提高发展质量和效益，现提出以下意见：

一、总体要求

（一）指导思想。全面贯彻党的十八大和十八届三中、四中、五中全会精神，按照党中央、国务院决策部署，牢固树立和贯彻落实创新、协调、绿色、开放、共享的发展理念，主动适应经济发展新常态，以创新驱动和扩大开放为动力，以国际产业分工深度调整和实施"中国制造2025"为契机，立足我国国情，创新发展加工贸易。巩固传统优势，加快培育竞争新优势，逐步变"大进大出"为"优进优出"，在稳定经济增长和就业预期的同时，推动我国产业向全球价值链高端跃升，助力贸易大国向贸易强国转变，为构建开放型经济新体制作出更大贡献。

（二）基本原则。

始终坚持稳中求进。保持加工贸易政策连续性和稳定性，明确发展预期，改善环境，鼓励加工贸易企业根植中国、长期发展。提升开放水平，优化投资环境，着力吸引更高技术水平、更大增值含量的加工制造和生产服务环节转移到我国。

着力推动转型升级。以市场为导向，发挥企业主体作用，加快转型升级，提高盈利水平。发挥政策引导作用，鼓励绿色集约发展，支持加工贸易企业向海关特殊监管区域集中，增强可持续发展能力，提升国民福利水平。

大力实施创新驱动。营造创新发展环境，增强企业创新能力，提升国际竞争力。创新发展方式，促进加工贸易企业与新型商业模式和贸易业态相融合，增强发展内生动力，加快培育竞争新优势。

合理统筹内外布局。按照国家重点产业布局，支持沿海地区转型升级和内陆沿边地区承接转移，推动区域协调发展。引导企业有序开展国际产能合作，推动国际合作与国内产业转型升级良性互动。

不断优化营商环境。深化加工贸易体制机制改革，完善管理制度，建立健全与开放型经济相适应的管理体系。加强法治化、国际化、便利化营商环境建设，深化人文交流，提升服务水平,助力创新发展。

（三）发展目标。到2020年,加工贸易创新发展取得积极成果,进一步向全球价值链高端跃升。一是产品技术含量和附加值提升,由低端向高端发展。二是产业链延长,向生产制造与服务贸易融合发展转变。三是经营主体实力增强,由加工组装企业向技术、品牌、营销型企业转变。四是区域布局优化,逐步实现东中西部协调发展和境内外合理布局。五是增长动力转换,由要素驱动为主向要素驱动和创新驱动相结合转变。

二、延长产业链,提升加工贸易在全球价值链中的地位

（四）加强产业链分工合作。鼓励企业以更加开放的姿态,积极融入全球产业分工合作,更好地利用国际国内两个市场两种资源,努力提升加工贸易在全球价值链中的地位。

（五）促进产业融合升级。稳定外资政策预期,支持外资企业扎根中国。加大招商引资力度,着力吸引先进制造业和新兴产业,进一步扩大服务业开放,鼓励外资企业在华设立采购中心、分拨中心和结算中心,发展总部经济。支持沿海地区继续发展电子信息等优势产业,鼓励企业落地生根、转型升级。推动劳动密集型产业优先向内陆沿边地区梯度转移,实现一体化集群发展。通过开展对外投资合作,发挥境外经贸合作区平台作用,鼓励企业抱团出海,有序向境外延伸产业链。

（六）增强企业创新能力。推动加工贸易企业由单纯的贴牌生产（OEM）向委托设计（ODM）、自有品牌（OBM）方式发展。鼓励加大研发投入和技术改造力度,加强与高等院校、科研机构协同创新,提高生产自动化、智能化水平。支持企业创建和收购品牌,拓展营销渠道,从被动接单转向主动营销。顺应互联网发展带来的新机遇,实现价值链攀升。

三、发挥沿海地区示范带动作用,促进转型升级提质增效

（七）稳定传统优势产业。继续发展纺织服装、鞋类、家具、塑料制品、玩具等传统劳动密集型加工贸易产业,巩固传统优势。支持企业加强技术研发和设备改造,提升产品技术含量和附加值,增强企业核心竞争力。

（八）大力发展先进制造业和新兴产业。鼓励电子信息、移动通信、汽车及零部件、集成电路、医疗设备、航空航天等辐射和技术溢出能力强的先进制造业加工贸易发展。推动生物医药、新能源、新材料、节能环保等新兴产业集群发展。支持加工贸易企业进入关键零部件和系统集成制造领域,掌握核心技术,提升整体制造水平。

（九）支持发展生产性服务业。推动制造业由生产型向生产服务型转变。促进加工贸易与服务贸易深度融合,鼓励加工贸易企业承接研发设计、检测维修、物流配送、财务结算、分销仓储等服务外包业务。在条件成熟的地区试点开展高技术含量、高附加值项目境内外检测维修和再制造业务。

（十）继续发挥沿海地区示范带动作用。发挥沿海地区加工贸易产业配套完备、产业集聚、物流便捷、监管高效等优势,促进产业转型升级。加快珠三角加工贸易转型升级示范区和东莞、苏州加工贸易转型升级试点城市以及示范企业建设,培育认定一批新的加工贸易转型升级

示范企业。支持一批有实力的加工贸易企业培育区域性、行业性自有品牌,建设境内外营销网络,拓展生产性服务业。支持沿海地区培育有全球影响力的先进制造基地和经济区。

四、支持内陆沿边地区承接产业梯度转移,推动区域协调发展

(十一)推动加工贸易产业集群发展。按照国家重点产业布局,支持内陆沿边地区加快承接劳动密集型产业和加工组装产能的转移。鼓励内陆沿边地区基于环境容量和承载能力,因地制宜发展加工贸易。稳妥推进国内外企业将整机生产、零部件、原材料配套和研发结算环节向内陆沿边地区转移,形成产业集群。

(十二)建立加工贸易产业转移合作机制。推动建立省际加工贸易产业转移协调机制,重点协调解决信息不对称、配套服务不完善、人才不充裕等问题,加快推动项目落地。鼓励沿海地区与内陆沿边地区共建产业合作园区,按照优势互补、共同出资、联合开发、利益共享的原则,开展产业对接、人才交流培训等方面合作。

(十三)支持梯度转移重点承接地发展。加大对加工贸易梯度转移重点承接地的支持力度,重点加强承接地的公共服务平台建设、员工技能培训、招商引资、就业促进等相关工作。有条件的地区可设立承接转移专项资金,用于促进相关工作。培育和建设一批加工贸易梯度转移重点承接地和示范地。

(十四)研究制定差异化的支持梯度转移政策。在严禁污染产业和落后产能转入的前提下,结合国家重点产业布局,研究制定支持内陆沿边地区承接加工贸易梯度转移的政策措施。

五、引导企业有序开展国际产能合作,统筹国际国内两个市场两种资源

(十五)谋划加工贸易境外合作布局。做好境外合作重点国家和重点行业布局,引导建材、化工、有色、轻工、纺织、食品等产业开展境外合作。转变加工贸易企业"走出去"方式,支持企业依托境外经贸合作区、工业园区、经济特区等合作园区,实现链条式转移、集群式发展。支持企业扩大对外投资,推动装备、技术、标准、服务"走出去",深度融入全球产业链、价值链、物流链,建设一批大宗商品境外生产基地,培育一批跨国企业。

(十六)完善加工贸易国际合作机制。强化现有多双边合作机制,加强与"走出去"重点国家在投资保护、金融、税收、海关、质检、人员往来等方面开展合作,为企业提供支持。搭建对外合作平台,组织国内加工贸易企业与重点国家行业对口交流,开展产业对接合作。

(十七)深化与"一带一路"沿线国家产业合作。支持传统优势产业到劳动力和能源资源丰富的国家建立生产基地,发展转口贸易和加工贸易。支持在重点开发开放试验区、边境城市、边境经济合作区、跨境经济合作区积极承接加工贸易梯度转移。

(十八)提升中非工业化合作水平。按照循序渐进、重点突破、试点示范的原则,以劳动密集型产业为载体,积极推进中非工业化伙伴行动计划。选择埃塞俄比亚、埃及、尼日利亚、安哥拉、南非等条件相对成熟的国家重点开展加工贸易产能合作。

六、改革创新管理体制，增强发展动力

（十九）深化加工贸易行政审批改革。总结广东省取消加工贸易业务审批和内销审批试点工作经验，全面推进加工贸易行政审批改革进程。实行加工贸易禁止类、限制类商品目录动态管理机制。完善重点敏感商品加工贸易企业准入管理。

（二十）建立加工贸易新型管理体系。加强事中事后监管，完善加工贸易企业经营状况和生产能力核查机制，督促企业强化安全生产、节能低碳、环境保护等社会责任。加快推进商务、海关、质检、税务、外汇等部门与加工贸易企业多方联网，实现部门联动。在有效防范风险、确保税收的前提下，适时完善现有银行保证金台账制度。建立科学合理的加工贸易转型升级评价体系。

（二十一）优化监管方式。加快推进区域通关一体化、通关作业无纸化等改革，进一步提高通关便利化水平。改进监管方式，逐步实现以企业为单元的监管。对资信良好、信息透明、符合海关要求的企业，探索实施企业自核单耗的管理方法。规范出境加工监管流程。

（二十二）加快推进内销便利化。研究取消内销审批，进一步简化内销征税和核销手续。推广实施内销集中征税。发挥加工贸易产品博览会等平台作用，促进加工贸易企业与国内大型商贸流通企业对接，推动线上线下融合。支持企业通过开展电子商务等多种方式，拓宽销售渠道。

（二十三）加快海关特殊监管区域整合优化。充分发挥海关特殊监管区域连接国际国内两个市场两种资源的作用，积极推进其辐射带动周边经济发展，大力发展先进制造业、生产性服务业、科技服务业，推动区内产业升级。在自由贸易试验区内的海关特殊监管区域积极推进内销选择性征收关税政策先行先试，及时总结评估，适时研究扩大试点。促进海关特殊监管区域发展保税加工、保税物流和保税服务等多元化业务。

七、完善政策措施，优化发展环境

（二十四）加大财政支持力度。充分发挥现有财政资金引导作用，鼓励引进先进技术设备，支持产品创新、研发设计、品牌培育和标准制定，推动加工贸易转型升级和梯度转移。加强对社会资金的引导，通过政府和社会资本合作模式、产业基金等，促进改善各类公共服务。

（二十五）提升金融服务水平。鼓励金融机构按照商业可持续和风险可控原则创新金融产品和服务，对内陆沿边地区承接产业转移提供信贷支持，为加工贸易企业转型升级提供多样化融资服务。创新海外保险业务品种，扩大出口信用保险规模和覆盖面，提高承保和理赔效率。引导融资担保机构加强对中小型加工贸易企业的服务。鼓励金融机构通过内保外贷等方式为加工贸易企业开展跨国经营提供融资支持。

（二十六）完善社会保障制度。按照国家规定适时适当降低社会保险费率，减轻加工贸易企业负担。加快实现社会保险全国联网，增强社会保险经办管理服务的便捷性，方便流动就业人员社会保险关系转移接续。做好加工贸易重点发展地区流动就业人员社会保险工作。

（二十七）优化法治环境。完善符合我国国情和国际惯例的加工贸易管理法律法规体系。

强化加工贸易企业分类管理,建立商务、环保、海关、工商、质检等部门协调机制,推进加工贸易企业信用评价体系建设,并与企业信用信息公示系统相关联。建立诚信守法便利和违法失信惩戒机制。加强对贴牌加工企业商标、商业秘密等知识产权保护和运用的规范、监督和指导。加大知识产权等相关法律法规培训力度,提高企业知识产权保护意识。

（二十八）营造公平外部环境。积极参加多双边规则谈判,推动引领多边、区域、双边国际经贸规则制订,强化经贸混委会等双边合作机制,有效化解贸易摩擦和争端。发挥自由贸易协定的促进作用。构建稳定的制度化合作平台,进一步改善与主要贸易伙伴的双向货物、服务和投资市场准入条件,推动贸易与投资自由化、便利化。大力推动内地和港澳的经济一体化,继续推进两岸经贸合作制度化。

（二十九）营造有利于制造业发展的舆论环境。稳定加工贸易政策,提供可预期的长期发展环境。鼓励和保护创新,尊重和发扬企业家精神,支持制造企业做专、做精,争创百年企业。鼓励企业重视研发和技术应用,提升管理水平。加强对加工贸易转型升级示范企业的宣传和经验推广。

八、组织保障

（三十）加强人才队伍建设。建立加工贸易企业与职业学校、高等院校、培训机构合作机制,建设实训基地,实行人才定向培养、联合培养。打造劳动力供需对接平台,促进千所职业学校与加工贸易企业合作。加强跨境电子商务、专利信息和知识产权国际化等高级人才的培养和储备。加强国际合作,引进海外中高端人才,为企业"走出去"培养本土化人才。强化人才激励机制,鼓励企业培养高级技术和管理人才。

（三十一）建设公共服务平台。支持建设公共技术研发平台、公共实验室、产品设计中心和标准、检测认证中心等公共服务平台。打造产学研对接平台,鼓励加工贸易企业与地方政府、行业组织、中介机构、国内外高等院校和科研机构开展合作。搭建内外贸融合发展平台,促进国内外企业沟通、交流和采购对接,推动内外贸市场协调发展。

（三十二）发挥中介组织作用。充分发挥行业协会商会在政府、企业和国外行业之间的桥梁作用,组织行业信息交流、建设行业标准体系、参加国内外展会、推进行业自律、开展贸易摩擦应对和预警工作。加强调查研究和行业协调,为加工贸易企业转型升级提供服务。

（三十三）强化地方配套和部门协作。各地区、各部门要充分认识加快推动加工贸易创新发展的重要性和紧迫性,结合地区实际和部门分工,制定具体实施方案,形成合力。各部门要密切协作,建立协调工作机制,为加工贸易发展营造良好政策环境;各地区要出台相关配套措施,抓好政策落实。

国务院

2016年1月4日

国务院办公厅关于加快发展生活性服务业促进消费结构升级的指导意见

国办发〔2015〕85号

各省、自治区、直辖市人民政府，国务院各部委、各直属机构：

国务院高度重视发展服务业。近年来，我国服务业发展取得显著成效，成为国民经济和吸纳就业的第一大产业，稳增长、促改革、调结构、惠民生作用持续增强。当前我国进入全面建成小康社会的决胜阶段，经济社会发展呈现出更多依靠消费引领、服务驱动的新特征。但总体看，我国生活性服务业发展仍然相对滞后，有效供给不足、质量水平不高、消费环境有待改善等问题突出，迫切需要加快发展。与此同时，国民收入水平提升扩大了生活性服务消费新需求，信息网络技术不断突破拓展了生活性服务消费新渠道，新型城镇化等国家重大战略实施扩展了生活性服务消费新空间，人民群众对生活性服务的需要日益增长、对服务品质的要求不断提高，生活性服务消费蕴含巨大潜力。

生活性服务业领域宽、范围广，涉及人民群众生活的方方面面，与经济社会发展密切相关。加快发展生活性服务业，是推动经济增长动力转换的重要途径，实现经济提质增效升级的重要举措，保障和改善民生的重要手段。为加快发展生活性服务业、促进消费结构升级，经国务院同意，现提出以下意见。

一、总体要求

（一）指导思想。全面贯彻党的十八大和十八届二中、三中、四中、五中全会精神，认真落实国务院部署要求，以增进人民福祉、满足人民群众日益增长的生活性服务需要为主线，大力倡导崇尚绿色环保、讲求质量品质、注重文化内涵的生活消费理念，创新政策支持，积极培育生活性服务新业态新模式，全面提升生活性服务业质量和效益，为经济发展新常态下扩大消费需求、拉动经济增长、转变发展方式、促进社会和谐提供有力支撑和持续动力。

（二）基本原则。

坚持消费引领，强化市场主导。努力适应居民消费升级的新形势新要求，充分发挥市场配置资源的决定性作用，更好发挥政府规划、政策引导和市场监管的作用，挖掘消费潜力，增添市场活力。

坚持突出重点，带动全面发展。加强生活性服务业分类指导，聚焦重点领域和薄弱环节，综合施策，形成合力，实现重点突破，增强示范带动效应。

坚持创新供给，推动新型消费。抢抓产业跨界融合发展新机遇，运用互联网、大数据、云计算等推动业态创新、管理创新和服务创新,开发适合高中低不同收入群体的多样化、个性化潜在服务需求。

坚持质量为本,提升品质水平。进一步健全生活性服务业质量管理体系、质量监督体系和质量标准体系,推动职业化发展,丰富文化内涵,打造服务品牌。

坚持绿色发展,转变消费方式。加强生态文明建设,促进服务过程和消费方式绿色化,推动生活性服务业高水平发展,加快生活方式转变和消费结构升级。

(三)发展导向。围绕人民群众对生活性服务的普遍关注和迫切期待,着力解决供给、需求、质量方面存在的突出矛盾和问题,推动生活性服务业便利化、精细化、品质化发展。

1. 增加服务有效供给。鼓励各类市场主体根据居民收入水平、人口结构和消费升级等发展趋势,创新服务业态和商业模式,优化服务供给,增加短缺服务,开发新型服务。城市生活性服务业要遵循产城融合、产业融合和宜居宜业的发展要求,科学规划产业空间定位,合理布局网点,完善服务体系。农村生活性服务业要以改善基础条件、满足农民需求为重点,鼓励城镇生活性服务业网络向农村延伸,加快农村宽带、无线网络等信息基础设施建设步伐,推动电子商务和快递服务下乡进村入户,以城带乡,尽快改变农村生活性服务业落后面貌。

2. 扩大服务消费需求。深度开发人民群众从衣食住行到身心健康、从出生到终老各个阶段各个环节的生活性服务,满足大众新需求,适应消费结构升级新需要,积极开发新的服务消费市场,进一步拓展网络消费领域,加快线上线下融合,培育新型服务消费,促进新兴产业成长。加强生活性服务基础设施建设,创新设计理念,体现人文精神。提升服务管理水平,拓展服务维度,精细服务环节,延伸服务链条,发展智慧服务。积极运用互联网等现代信息技术,改进服务流程,扩大消费选择。培育信息消费需求,丰富信息消费内容。改善生活性服务消费环境,加强服务规范和监督管理,健全消费者权益保护体系。深度挖掘我国传统文化、民俗风情和区域特色的发展潜力,促进生活性服务"走出去",开拓国际市场。

3. 提升服务质量水平。营造全社会重视服务质量的良好氛围,打造"中国服务"品牌。鼓励服务企业将服务质量作为立业之本,坚持质量第一、诚信经营,强化质量责任意识,制定服务标准和规范。推进生活性服务业职业化发展,鼓励企业加强员工培训,增强爱岗敬业的职业精神和专业技能,提高职业素质。积极运用新理念和新技术,改进提高服务质量。优化质量发展环境,完善服务质量治理体系和顾客满意度测评体系。

经过一个时期的努力,力争实现生活性服务业总体规模持续扩大,新业态、新模式不断培育成长;生活性服务基础设施进一步完善,公共服务平台功能逐步增强;以城带乡和城乡互动发展机制日益完善,区域结构更加均衡,消费升级取得重大进展;消费环境明显改善,质量治理体系进一步健全,职业化进程显著加快,服务质量和服务品牌双提升,国内顾客和国外顾客双满意。

二、主要任务

今后一个时期,重点发展贴近服务人民群众生活、需求潜力大、带动作用强的生活性服务领域,推动生活消费方式由生存型、传统型、物质型向发展型、现代型、服务型转变,促进和带动其他生活性服务业领域发展。

（一）居民和家庭服务。健全城乡居民家庭服务体系，推动家庭服务市场多层次、多形式发展，在供给规模和服务质量方面基本满足居民生活性服务需求。引导家庭服务企业多渠道、多业态提供专业化的生活性服务，推进规模经营和网络化发展，创建一批知名家庭服务品牌。整合、充实、升级家庭服务业公共平台，健全服务网络，实现一网多能、跨区域服务，发挥平台对城乡生活性服务业的引导和支撑作用。完善社区服务网点，多方式提供婴幼儿看护、护理、美容美发、洗染、家用电器及其他日用品修理等生活性服务，推动房地产中介、房屋租赁经营、物业管理、搬家保洁、家用车辆保养维修等生活性服务规范化、标准化发展。鼓励在乡村建立综合性服务网点，提高农村居民生活便利化水平。

（二）健康服务。围绕提升全民健康素质和水平，逐步建立覆盖全生命周期、业态丰富、结构合理的健康服务体系。鼓励发展健康体检、健康咨询、健康文化、健康旅游、体育健身等多样化健康服务。积极提升医疗服务品质，优化医疗资源配置，取消对社会办医的不合理限制，加快形成多元化办医格局。推动发展专业、规范的护理服务。全面发展中医药健康服务，推广科学规范的中医养生保健知识及产品，提升中医药健康服务能力，创新中医药健康服务技术手段，丰富中医药健康服务产品种类。推进医疗机构与养老机构加强合作，发展社区健康养老。支持医疗服务评价、健康管理服务评价、健康市场调查等第三方健康服务调查评价机构发展，培育健康服务产业集群。积极发展健康保险，丰富商业健康保险产品，发展多样化健康保险服务。

（三）养老服务。以满足日益增长的养老服务需求为重点，完善服务设施，加强服务规范，提升养老服务体系建设水平。鼓励养老服务与相关产业融合创新发展，推动基本生活照料、康复护理、精神慰藉、文化服务、紧急救援、临终关怀等领域养老服务的发展。积极运用网络信息技术，发展紧急呼叫、健康咨询、物品代购等适合老年人的服务项目，创新居家养老服务模式，完善居家养老服务体系。加快推进养老护理员队伍建设，加强职业教育和从业人员培训。大力发展老年教育，支持各类老年大学等教育机构发展，扩大老年教育资源供给，促进养教结合。鼓励专业养老机构发挥自身优势，培训和指导社区养老服务组织和人员。引导社会力量举办养老机构，通过公建民营等方式鼓励社会资本进入养老服务业，鼓励境外资本投资养老服务业。鼓励探索创新，积极开发切合农村实际需求的养老服务方式。

（四）旅游服务。以游客需求为导向，丰富旅游产品，改善市场环境，推动旅游服务向观光、休闲、度假并重转变，提升旅游文化内涵和附加值。大力发展红色旅游，加强革命传统教育，弘扬民族精神。突出乡村特色，充分发挥农业的多功能性，开发一批形式多样、特色鲜明的乡村旅游产品。进一步推动集观光、度假、休闲、娱乐、海上运动于一体的滨海旅游和海岛旅游。丰富老年旅游服务供给，积极开发多层次、多样化的老年人休闲养生度假产品。引导健康的旅游消费方式，积极发展休闲度假旅游、研学旅行、工业旅游，推动体育运动、竞赛表演、健身休闲与旅游活动融合发展。适应房车、自驾车、邮轮、游艇等新兴旅游业态发展需要，合理规划配套设施建设和基地布局。开发线上线下有机结合的旅游服务产品，推动旅游定制服务，满足个性化需求，深化旅游体验。开发特色旅游路线，加强国际市场营销，积极发展入境旅游。加强旅游纪念品在体现民俗、历史、区位等文化内涵方面的创意设计，推动中国旅游商品品牌建设。

（五）体育服务。大力推动群众体育与竞技体育协同发展，促进体育市场繁荣有序，加速形成门类齐全、结构合理的体育服务体系。重点培育健身休闲、竞赛表演、场馆服务、中介培训等体育服务业,促进康体结合,推动体育旅游、体育传媒、体育会展等相关业态融合发展。以足球、篮球、排球三大球为切入点,加快发展普及性广、关注度高、市场空间大的运动项目。以举办2022年冬奥会为契机,全面提升冰雪运动普及度和产业发展水平。大力普及健身跑、自行车、登山等运动项目,带动大众化体育运动发展。完善健身教练、体育经纪人等职业标准和管理规范,加强行业自律。推动专业赛事发展,丰富业余赛事,探索完善赛事市场开发和运作模式,实施品牌战略,打造一批国际性、区域性品牌赛事。有条件的地方可利用自然人文特色资源,举办汽车拉力赛、越野赛等体育竞赛活动。推动体育产业联系点工作,培育一批符合市场规律、具有竞争力的体育产业基地。鼓励体育优势企业、优势品牌和优势项目"走出去"。

(六)文化服务。着力提升文化服务内涵和品质,推进文化创意和设计服务等新型服务业发展,大力推进与相关产业融合发展,不断满足人民群众日益增长的文化服务需求。积极发展具有民族特色和地方特色的传统文化艺术,鼓励创造兼具思想性艺术性观赏性、人民群众喜闻乐见的优秀文化服务产品。加快数字内容产业发展,推动文化服务产品制作、传播、消费的数字化、网络化进程,推进动漫游戏等产业优化升级。深入推进新闻出版精品工程,鼓励民族原创网络出版产品、优秀原创网络文学作品等创作生产,优化新闻出版产业基地布局。积极发展移动多媒体广播电视、网络广播电视等新媒体、新业态。推动传统媒体与新兴媒体融合发展,提升先进文化的互联网传播吸引力。完善文化产业国际交流交易平台,提升文化产业国际化水平和市场竞争力。

(七)法律服务。加强民生领域法律服务,推进覆盖城乡居民的公共法律服务体系建设。大力发展律师、公证、司法鉴定等法律服务业,推进法律服务的专业化和职业化。提升面向基层和普通百姓的法律服务能力,加强对弱势群体的法律服务,加大对老年人、妇女和儿童等法律援助和服务的支持力度。支持中小型法律服务机构发展和法律服务方式创新。统筹城乡、区域法律服务资源,建立激励法律服务人才跨区域流动机制。加快发展公职律师、公司律师队伍,构建社会律师、公职律师、公司律师等优势互补、结构合理的律师队伍。规范法律服务秩序和服务行为,完善职业评价体系、诚信执业制度以及违法违规执业惩戒制度。强化涉外法律服务,着力培养一批通晓国际法律规则、善于处理涉外法律事务的律师人才,建设一批具有国际竞争力和影响力的律师事务所。完善法律服务执业权利保障机制,优化法律服务发展环境。

(八)批发零售服务。优化城市流通网络,畅通农村商贸渠道,加强现代批发零售服务体系建设。合理规划城乡流通基础设施布局,鼓励发展商贸综合服务中心、农产品批发市场、集贸市场以及重要商品储备设施、大型物流(仓储)配送中心、农村邮政物流设施、快件集散中心、农产品冷链物流设施。推动各类批发市场等传统商贸流通企业转变经营模式,利用互联网等先进信息技术进行升级改造。发挥实体店的服务、体验优势,与线上企业开展深度合作。鼓励发展绿色商场,提高绿色商品供给水平。大力发展社区商业,引导便利店等业态进社区,规范和拓展代收费、代收货等便民服务。积极发展冷链物流、仓储配送一体化等物流服务新模式,推广使用智能包裹柜、智能快件箱。依照相关法律、行政法规规定,加强对关系国计民生、人民群众生命安全等商品的流通准入管理,健全覆盖准入、监管、退出的全程管理机制。

(九)住宿餐饮服务。强化服务民生的基本功能,形成以大众化市场为主体、适应多层次多样化消费需求的住宿餐饮业发展新格局。积极发展绿色饭店、主题饭店、客栈民宿、短租公寓、长租公寓、有机餐饮、快餐团餐、特色餐饮、农家乐等满足广大人民群众消费需求的细分业态。

大力推进住宿餐饮业连锁化、品牌化发展,提高住宿餐饮服务的文化品位和绿色安全保障水平。推动住宿餐饮企业开展电子商务,实现线上线下互动发展,促进营销模式和服务方式创新。鼓励发展预订平台、中央厨房、餐饮配送、食品安全等支持传统产业升级的配套设施和服务体系。

(十)教育培训服务。以提升生活性服务质量为核心,发展形式多样的教育培训服务,推动职业培训集约发展、内涵发展、融合发展、特色发展。广泛开展城乡社区教育,整合社区各类教育培训资源,引入行业组织等参与开展社区教育项目,为社区居民提供人文艺术、科学技术、幼儿教育、养老保健、生活休闲、职业技能等方面的教育服务,规范发展秩序。大力加强各类人才培养,创新人才培养模式,坚持产教融合、校企合作、工学结合,强化专业人才培养。加快推进教育培训信息化建设,发展远程教育和培训,促进数字资源共建共享。鼓励发展股份制、混合所有制职业院校,允许以资本、知识、技术、管理等要素参与办学。建立家庭、养老、健康、社区教育、老年教育等生活性服务示范性培训基地或体验基地,带动提升行业整体服务水平。逐步形成政府引导、以职业院校和各类培训机构为主体、企业全面参与的现代职业教育体系和终身职业培训体系。

在推动上述重点领域加快发展的同时,还要加强对生活性服务业其他领域的引导和支持,鼓励探索创新,营造包容氛围,推动生活性服务业在融合中发展、在发展中规范,增加服务供给,丰富服务种类,提高发展水平。

三、政策措施

围绕激发生活性服务业企业活力和保障居民放心消费,加快完善体制机制,注重加强政策引导扶持,营造良好市场环境,推动生活性服务业加快发展。

(一)深化改革开放。

优化发展环境。建立全国统一、开放、竞争、有序的服务业市场,采取有效措施,切实破除行政垄断、行业垄断和地方保护,清理并废除生活性服务业中妨碍形成全国统一市场和公平竞争的各种规定和做法。进一步深化投融资体制改革,鼓励和引导各类社会资本投向生活性服务业。进一步推进行政审批制度改革,简化审批流程,取消不合理前置审批事项,加强事中事后监管。取消商业性和群众性体育赛事审批。健全并落实各类所有制主体统一适用的制度政策,切实解决产业发展过程中存在的不平等问题,促进公平发展。支持各地结合实际放宽新注册生活性服务业企业场所登记条件限制,为创业提供便利的工商登记服务。积极探索适合生活性服务业特点的未开业企业、无债权债务企业简易注销制度,建立有序的市场退出机制。

扩大市场化服务供给。积极稳妥推进教育、文化、卫生、体育等事业单位分类改革,将从事生产经营活动的事业单位逐步转为企业,规范转制程序,完善过渡政策,鼓励其提供更多切合市场需求的生活性服务。加快生活性服务业行业协会商会与行政机关脱钩,推动服务重心转向企业、行业和市场,提升专业化服务水平。创建全国服务业创新成果交易中心,加快创新成果转化和产业化进程。总结推广国家服务业综合改革试点经验,适应新形势新要求,开展新一轮试点示范工作,力争在一些重点难点问题上取得突破。稳步推进电子商务进农村综合示范。开展拉动城乡居民文化消费试点工作,推动文化消费数字化、网络化发展。

提升国际化发展水平。统一内外资法律法规,推进文化、健康、养老等生活性服务领域有序开放,提高外商投资便利化程度,探索实行准入前国民待遇加负面清单管理模式。支持具备条件的生活性服务业企业"走出去",完善支持生活性服务业企业"走出去"的服务平台,提升知名度和美誉度,创建具有国际影响力的服务品牌。鼓励中华老字号服务企业利用品牌效应,带动中医药、中餐等产业开拓国际市场。增强境外投资环境、投资项目评估等方面的服务功能,为境外投资企业提供法律、会计、税务、信息、金融、管理等专业化服务。

(二)改善消费环境。

营造全社会齐抓共管改善消费环境的有利氛围,形成企业规范、行业自律、政府监管、社会监督的多元共治格局。鼓励弹性作息和错峰休假,强化带薪休假制度落实责任,把落实情况作为劳动监察和职工权益保障的重要内容。推动生活性服务业企业信用信息共享,将有关信用信息纳入国家企业信用信息公示系统,建立完善全国统一的信用信息共享交换平台,实施失信联合惩戒,逐步形成以诚信为核心的生活性服务业监管制度。深入开展价格诚信、质量诚信、计量诚信、文明经商等活动,强化环保、质检、工商、安全监管等部门的行政执法,完善食品药品、日用消费品等产品质量监督检查制度。严厉打击居民消费领域乱涨价、乱收费、价格欺诈、制售假冒伪劣商品、计量作弊等违法犯罪行为,依法查处垄断和不正当竞争行为,规范服务市场秩序。完善网络商品和服务的质量担保、损害赔偿、风险监控、网上抽查、源头追溯、属地查处、信用管理等制度,引入第三方检测认证等机制,有效保护消费者合法权益。

(三)加强基础设施建设。

适应消费结构升级需求,加大对社会投资的引导,改造提升城市老旧生活性服务基础设施,补齐农村生活性服务基础设施短板,提升生活性服务基础设施自动化、智能化和互联互通水平,提高服务城乡的基础设施网络覆盖面,以健全高效的基础设施体系支撑生活性服务业加快发展和结构升级。围绕旅游休闲、教育文化体育和养老健康家政等领域,尽快组织实施一批重大工程。改善城市生活性服务业发展基础设施条件,鼓励社会资本参与大中城市停车场、立体停车库建设。在符合城市规划的前提下,充分利用地下空间资源,在已规划建设地铁的城市同步扩展地下空间,发展购物、餐饮、休闲等便民生活性服务。统筹体育设施建设规划和合理利用,推进企事业单位和学校的体育场馆向社会开放。

(四)完善质量标准体系。

提升质量保障水平。健全以质量管理制度、诚信制度、监管制度和监测制度为核心的服务质量治理体系。规范服务质量分级管理,加强质量诚信制度建设,完善服务质量社会监督平台。加强认证认可体系建设,创新评价技术,完善生活性服务业重点领域认证认可制度。健全顾客满意度、万人投诉量等质量发展指标。加快实施服务质量提升工程和监测基础建设工程,规范集贸市场、餐饮行业、商品超市等领域计量行为,完善涉及人身健康与财产安全的商品检验制度和产品质量监管制度。实施服务标杆引领计划,发挥中国质量奖对服务企业的引导作用。

健全标准体系。制定实施好国家服务业标准规划和年度计划。实施服务标准体系建设工程,加快家政、养老、健康、体育、文化、旅游等领域的关键标准研制。完善居住(小)区配套公共设施规划标准,为生活性服务业相关设施建设、管理和服务提供依据。积极培育生活性服务业标准化工作技术队伍。继续开展国家级服务业标准化试点,总结推广经验。

（五）加大财税、金融、价格、土地政策引导支持。

创新财税政策。适时推进"营改增"改革,研究将尚未试点的生活性服务行业纳入改革范围。科学设计生活性服务业"营改增"改革方案,合理设置生活性服务业增值税税率。发挥财政资金引导作用,创新财政资金使用方式,大力推广政府和社会资本合作(PPP)模式,运用股权投资、产业基金等市场化融资手段支持生活性服务业发展。对免费或低收费向社会开放的公共体育设施按照有关规定给予财政补贴。推进政府购买服务,鼓励有条件的地区购买养老、健康、体育、文化、社区等服务,扩大市场需求。

拓宽融资渠道。支持符合条件的生活性服务业企业上市融资和发行债券。鼓励金融机构拓宽对生活性服务业企业贷款的抵质押品种类和范围。鼓励商业银行在商业自愿、依法合规、风险可控的前提下,专业化开展知识产权质押、仓单质押、信用保险保单质押、股权质押、保理等多种方式的金融服务。发展融资担保机构,通过增信等方式放大资金使用效益,增强生活性服务业企业融资能力。探索建立保险产品保护机制,鼓励保险机构开展产品创新和服务创新。积极稳妥扩大消费信贷,将消费金融公司试点推广至全国。完善支付清算网络体系,加强农村地区和偏远落后地区的支付结算基础设施建设。

健全价格机制。在实行峰谷电价的地区,对商业、仓储等不适宜错峰运营的服务行业,研究实行商业平均电价,由服务业企业自行选择执行。深化景区门票价格改革,维护旅游市场秩序。研究完善银行卡刷卡手续费定价机制,进一步从总体上降低餐饮等行业刷卡手续费支出。

完善土地政策。各地要发挥生活性服务业发展规划的引导作用,在当地土地利用总体规划和年度用地计划中充分考虑生活性服务业设施建设用地,予以优先安排。继续加大养老、健康、家庭等生活性服务业用地政策落实力度。

（六）推动职业化发展。

生活性服务业有关主管部门要制定相应领域的职业化发展规划。鼓励高等学校、中等职业学校增设家庭、养老、健康等生活性服务业相关专业,扩大人才培养规模。鼓励高等学校和职业院校采取与互联网企业合作等方式,对接线上线下教育资源,探索职业教育和培训服务新方式。依托各类职业院校、职业技能培训机构加强实训基地建设,实施家政服务员、养老护理员、病患服务员等家庭服务从业人员专项培训。鼓励从业人员参加依法设立的职业技能鉴定或专项职业能力考核,对通过初次职业技能鉴定并取得相应等级职业资格证书或专项职业能力证书的,按规定给予一次性职业技能鉴定补贴。鼓励和规范家政服务企业以员工制方式提供管理和服务,实行统一标准、统一培训、统一管理。

（七）建立健全法律法规和统计制度。

完善生活性服务业法律法规,研究制订文化产业促进法,启动服务业质量管理立法研究。加强知识产权保护立法和实施工作,强化对专利、商标、版权等无形资产的开发和保护。以国民经济行业分类为基础,抓紧研究制定生活性服务业及其重点领域统计分类,完善统计制度和指标体系,明确有关部门统计任务。建立健全部门间信息共享机制,逐步建立生活性服务业信息定期发布制度。

各地区、各部门要充分认识加快发展生活性服务业的重大意义,把加快发展生活性服务业作为提高人民生活水平、促进消费结构升级、拉动经济增长的重要任务,采取有效措施,加大支持力度,做到生产性服务业与生活性服务业并重、现代服务业与传统服务业并举,切实把服务业打造成经济社会可持续发展的新引擎。地方各级人民政府要加强组织领导,结合本地区实际尽快研究制定加快发展生活性服务业的实施方案。国务院有关部门要围绕发展生活性服务业的主要目标任务,抓紧制定配套政策措施,组织实施一批重大工程,为生活性服务业加快发展创造良好条件。发展改革委要会同有关部门,抓紧研究建立服务业部际联席会议制度,充分发挥专家咨询委员会作用,进一步强化政策指导和督促检查,重大情况和问题及时向国务院报告。

附件:政策措施分工表(略——编者注)

国务院办公厅

2015年11月19日

商务部、外汇局关于进一步改进外商投资房地产备案工作的通知

商资函〔2015〕895号

各省、自治区、直辖市、计划单列市及新疆生产建设兵团商务主管部门、外汇局:

为贯彻落实党的十八届三中、四中全会精神,转变政府职能,提高工作效率,促进房地产市场健康平稳发展,进一步改进外商投资房地产管理工作,现就有关事项通知如下:

一、进一步简化外商投资房地产企业管理工作,地方各级商务主管部门根据外商投资法律法规和有关规定批准外商投资房地产企业的设立和变更,并按要求在商务部外商投资综合管理信息系统中填报房地产项目相关信息。

二、取消商务部网站备案公示程序,外商投资房地产企业在完成前述工作流程后,可按相关外汇管理规定到银行办理外商直接投资项下外汇登记等手续。

三、为加强事后监管,商务部每季度将对外商投资房地产企业进行一次随机抽查,省级商务主管部门应自收到抽查通知之日起的5个工作日内将被抽查企业的审批材料报送至商务部。商务部将对抽查发现的违规行为加大惩处和曝光力度,对违规审批的部门在商务系统内予以通报批评;对违规的外商投资房地产企业及其投资者依法予以处罚,列入"黑名单",并在商务部网站予以公示。各级商务主管部门对违规或未按要求填报房地产项目相关信息的企业及其投资者以后的投资行为应从严审查,商务部将对列入"黑名单"的外商投资房地产企业及其投资者或有违规审批情况的审批部门加大随机抽查力度。

四、本通知自印发之日起开始执行。

商务部

外汇局

2015年11月6日

国务院办公厅关于加快融资租赁业发展的指导意见

国办发〔2015〕68号

各省、自治区、直辖市人民政府，国务院各部委、各直属机构：

近年来，我国融资租赁业取得长足发展，市场规模和企业竞争力显著提高，在推动产业创新升级、拓宽中小微企业融资渠道、带动新兴产业发展和促进经济结构调整等方面发挥着重要作用。但总体上看，融资租赁对国民经济各行业的覆盖面和市场渗透率远低于发达国家水平，行业发展还存在管理体制不适应、法律法规不健全、发展环境不完善等突出问题。为进一步加快融资租赁业发展，更好地发挥融资租赁服务实体经济发展、促进经济稳定增长和转型升级的作用，经国务院同意，现提出以下意见。

一、总体要求

（一）指导思想。深入贯彻党的十八大和十八届二中、三中、四中全会精神，认真落实党中央、国务院的决策部署，充分发挥市场在资源配置中的决定性作用，完善法律法规和政策扶持体系，建立健全事中事后监管机制，转变发展方式，建立专业高效、配套完善、竞争有序、稳健规范、具有国际竞争力的现代融资租赁体系，引导融资租赁企业服务实体经济发展、中小微企业创业创新、产业转型升级和产能转移等，为打造中国经济升级版贡献力量。

（二）基本原则。坚持市场主导与政府支持相结合，着力完善发展环境，充分激发市场主体活力；坚持发展与规范相结合，引导企业依法合规、有序发展；坚持融资与融物相结合，提高专业化水平，服务实体经济发展；坚持国内与国外相结合，在服务国内市场的同时，大力拓展海外市场。

（三）发展目标。到2020年，融资租赁业务领域覆盖面不断扩大，融资租赁市场渗透率显著提高，成为企业设备投资和技术更新的重要手段；一批专业优势突出、管理先进、国际竞争力强的龙头企业基本形成，统一、规范、有效的事中事后监管体系基本建立，法律法规和政策扶持体系初步形成，融资租赁业市场规模和竞争力水平位居世界前列。

二、主要任务

（四）改革制约融资租赁发展的体制机制。

加快推进简政放权。进一步转变管理方式，简化工作流程，促进内外资融资租赁公司协同发展。支持自由贸易试验区在融资租赁方面积极探索、先行先试。对融资租赁公司设立子公司,不设最低注册资本限制。允许融资租赁公司兼营与主营业务有关的商业保理业务。

理顺行业管理体制。加强行业统筹管理,建立内外资统一的融资租赁业管理制度和事中事后监管体系,实现经营范围、交易规则、监管指标、信息报送、监督检查等方面的统一。引导和规范各类社会资本进入融资租赁业,支持民间资本发起设立融资租赁公司,支持独立第三方服务机构投资设立融资租赁公司,促进投资主体多元化。

完善相关领域管理制度。简化相关行业资质管理,减少对融资租赁发展的制约。进口租赁物涉及配额、许可证、自动进口许可证等管理的,在承租人已具备相关配额、许可证、自动进口许可证的前提下,不再另行对融资租赁公司提出购买资质要求。根据融资租赁特点,便利融资租赁公司申请医疗器械经营许可或办理备案。除法律法规另有规定外,承租人通过融资租赁方式获得设备与自行购买设备在资质认定时享受同等待遇。支持融资租赁公司依法办理融资租赁交易相关担保物抵(质)押登记。完善和创新管理措施,支持融资租赁业务开展。规范机动车交易和登记管理,简化交易登记流程,便利融资租赁双方当事人办理业务。完善船舶登记制度,进一步简化船舶出入境备案手续,便利融资租赁公司开展船舶租赁业务。对注册在中国(广东)自由贸易试验区、中国(天津)自由贸易试验区海关特殊监管区域内的融资租赁企业进出口飞机、船舶和海洋工程结构物等大型设备涉及跨关区的,在确保有效监管和执行现行相关税收政策的前提下,按物流实际需要,实行海关异地委托监管。按照相关规定,将有接入意愿且具备接入条件的融资租赁公司纳入金融信用信息基础数据库,实现融资租赁业务的信用信息报送及查询。

(五)加快重点领域融资租赁发展。

积极推动产业转型升级。鼓励融资租赁公司积极服务"一带一路"、京津冀协同发展、长江经济带、"中国制造2025"和新型城镇化建设等国家重大战略。鼓励融资租赁公司在飞机、船舶、工程机械等传统领域做大做强,积极拓展新一代信息技术、高端装备制造、新能源、节能环保和生物等战略性新兴产业市场,拓宽文化产业投融资渠道。鼓励融资租赁公司参与城乡公用事业、污水垃圾处理、环境治理、广播通信、农田水利等基础设施建设。在公交车、出租车、公务用车等领域鼓励通过融资租赁发展新能源汽车及配套设施。鼓励融资租赁公司支持现代农业发展,积极开展面向种粮大户、家庭农场、农业合作社等新型农业经营主体的融资租赁业务,解决农业大型机械、生产设备、加工设备购置更新资金不足问题。积极稳妥发展居民家庭消费品租赁市场,发展家用轿车、家用信息设备、耐用消费品等融资租赁,扩大国内消费。

加快发展中小微企业融资租赁服务。鼓励融资租赁公司发挥融资便利、期限灵活、财务优化等优势,提供适合中小微企业特点的产品和服务。支持设立专门面向中小微企业的融资租赁公司。探索发展面向个人创业者的融资租赁服务,推动大众创业、万众创新。推进融资租赁公司与创业园区、科技企业孵化器、中小企业公共服务平台等合作,加大对科技型、创新型和创业型中小微企业的支持力度,拓宽中小微企业融资渠道。

大力发展跨境租赁。鼓励工程机械、铁路、电力、民用飞机、船舶、海洋工程装备及其他大型成套设备制造企业采用融资租赁方式开拓国际市场,发展跨境租赁。支持通过融资租赁方式引进国外先进设备,扩大高端设备进口,提升国内技术装备水平。引导融资租赁公司加强与海外施工企业合作,开展施工设备的海外租赁业务,积极参与重大跨国基础设施项目建设。鼓励境外工程承包企业通过融资租赁优化资金、设备等资源配置,创新工程设备利用方式。探索在援外工程建设中引入工程设备融资租赁模式。鼓励融资租赁公司"走出去"发展,积极拓展海外租赁市场。鼓励融资租赁公司开展跨境人民币业务。支持有实力的融资租赁公司开展跨境兼并,培育跨国融资租赁企业集团,充分发挥融资租赁对我国企业开拓国际市场的支持和带动作用。

(六)支持融资租赁创新发展。

推动创新经营模式。支持融资租赁公司与互联网融合发展,加强与银行、保险、信托、基金等金融机构合作,创新商业模式。借鉴发达国家经验,引导融资租赁公司加快业务创新,不断优化产品组合、交易结构、租金安排、风险控制等设计,提升服务水平。在风险可控前提下,稳步探索将租赁物范围扩大到生物资产等新领域。支持融资租赁公司在自由贸易试验区、海关特殊监管区域设立专业子公司和特殊项目公司开展融资租赁业务。探索融资租赁与政府和社会资本合作(PPP)融资模式相结合。

加快发展配套产业。加快建立标准化、规范化、高效运转的租赁物与二手设备流通市场,支持建立融资租赁公司租赁资产登记流转平台,完善融资租赁资产退出机制,盘活存量租赁资产。支持设立融资租赁相关中介服务机构,加快发展为融资租赁公司服务的专业咨询、技术服务、评估鉴定、资产管理、资产处置等相关产业。

提高企业核心竞争力。引导融资租赁公司明确市场定位,集中力量发展具有比较优势的特定领域,实现专业化、特色化、差异化发展。支持各类融资租赁公司加强合作,实现优势互补。鼓励企业兼并重组。鼓励融资租赁公司依托适宜的租赁物开展业务,坚持融资与融物相结合,提高融资租赁全产业链经营和资产管理能力。指导融资租赁公司加强风险控制体系和内控管理制度建设,积极运用互联网、物联网、大数据、云计算等现代科学技术提升经营管理水平,建立健全客户风险评估机制,稳妥发展售后回租业务,严格控制经营风险。

(七)加强融资租赁事中事后监管。

完善行业监管机制。落实省级人民政府属地监管责任。建立监管指标体系和监管评级制度,鼓励融资租赁公司进行信用评级。加强行业风险防范,利用现场与非现场结合的监管手段,强化对重点环节及融资租赁公司吸收存款、发放贷款等违法违规行为的监督,对违法违规融资租赁公司及时要求整改或进行处罚,加强风险监测、分析和预警,切实防范区域性、系统性金融风险。建立企业报送信息异常名录和黑名单制度,加强融资租赁公司信息报送管理,要求融资租赁公司通过全国融资租赁企业管理信息系统及时、准确报送信息,利用信息化手段加强事中事后监管。建立部门间工作沟通协调机制,加强信息共享与监管协作。

发挥行业组织自律作用。加快全国性行业自律组织建设,履行协调、维权、自律、服务职能,鼓励融资租赁公司加入行业自律组织。加强行业自我约束机制建设,鼓励企业积极承担社会责任,大力提升行业的国际影响力。

三、政策措施

(八)建设法治化营商环境。积极推进融资租赁立法工作,提高立法层级。研究出台融资租赁行业专门立法,建立健全融资租赁公司监管体系,完善租赁物物权保护制度。研究建立规范的融资租赁物登记制度,发挥租赁物登记的风险防范作用。规范融资租赁行业市场秩序,营造公平竞争的良好环境。推动行业诚信体系建设,引导企业诚实守信、依法经营。

（九）完善财税政策。为鼓励企业采用融资租赁方式进行技术改造和设备购置提供公平的政策环境。加大政府采购支持力度,鼓励各级政府在提供公共服务、推进基础设施建设和运营中购买融资租赁服务。通过融资租赁方式获得农机的实际使用者可享受农机购置补贴。鼓励地方政府探索通过风险补偿、奖励、贴息等政策工具,引导融资租赁公司加大对中小微企业的融资支持力度。落实融资租赁相关税收政策,促进行业健康发展。对开展融资租赁业务(含融资性售后回租)签订的融资租赁合同,按照其所载明的租金总额比照"借款合同"税目计税贴花。鼓励保险机构开发融资租赁保险品种,扩大融资租赁出口信用保险规模和覆盖面。

（十）拓宽融资渠道。鼓励银行、保险、信托、基金等各类金融机构在风险可控前提下加大对融资租赁公司的支持力度。积极鼓励融资租赁公司通过债券市场募集资金,支持符合条件的融资租赁公司通过发行股票和资产证券化等方式筹措资金。支持内资融资租赁公司利用外债,调整内资融资租赁公司外债管理政策。简化程序,放开回流限制,支持内资融资租赁公司发行外债试行登记制管理。支持融资租赁公司开展人民币跨境融资业务。支持融资租赁公司利用外汇进口先进技术设备,鼓励商业银行利用外汇储备委托贷款支持跨境融资租赁项目。研究保险资金投资融资租赁资产。支持设立融资租赁产业基金,引导民间资本加大投入。

（十一）完善公共服务。逐步建立统一、规范、全面的融资租赁业统计制度和评价指标体系,完善融资租赁统计方法,提高统计数据的准确性和及时性。依托企业信用信息公示系统等建立信息共享机制,加强统计信息交流。建立融资租赁业标准化体系,制订融资租赁交易等方面的标准,加强标准实施和宣传贯彻,提高融资租赁业标准化、规范化水平。研究制定我国融资租赁行业景气指数,定期发布行业发展报告,引导行业健康发展。

（十二）加强人才队伍建设。加强融资租赁从业人员职业能力建设,支持有条件的高校自主设置融资租赁相关专业。支持企业组织从业人员开展相关培训,采取措施提高从业人员综合素质,培养一批具有国际视野和专业能力的融资租赁人才。支持行业协会开展培训、教材编写、水平评测、经验推广、业务交流等工作。加大对融资租赁理念和知识的宣传与普及力度,不断提高融资租赁业的社会影响力和认知度,为行业发展营造良好的社会氛围。

各地区、各有关部门要充分认识加快融资租赁业发展的重要意义,加强组织领导,健全工作机制,强化部门协同和上下联动,协调推动融资租赁业发展。各地区要根据本意见,结合地方实际研究制定具体实施方案,细化政策措施,确保各项任务落到实处。有关部门要抓紧研究制定配套政策和落实分工任务的具体措施,为融资租赁业发展营造良好环境。商务部与银监会等相关部门要加强协调,密切配合,共同做好风险防范工作。商务部要做好融资租赁行业管理工作,会同相关部门对本意见的落实情况进行跟踪分析和督促指导,重大事项及时向国务院报告。

国务院办公厅
2015年8月31日

国务院关于推进国内贸易流通现代化建设法治化营商环境的意见

国发〔2015〕49号

各省、自治区、直辖市人民政府,国务院各部委、各直属机构:

国内贸易流通(以下简称内贸流通)是我国改革开放最早、市场化程度最高的领域之一,目前已初步形成主体多元、方式多样、开放竞争的格局,对国民经济的基础性支撑作用和先导性引领作用日益增强。做强现代流通业这个国民经济大产业,可以对接生产和消费,促进结构优化和发展方式转变。党中央、国务院高度重视内贸流通工作,对深化改革、开展内贸流通体制改革发展综合试点工作作了部署。为深入贯彻落实党中央、国务院的决策部署,现就推进内贸流通现代化、建设法治化营商环境提出以下意见。

一、总体要求

(一)指导思想。

全面贯彻党的十八大和十八届二中、三中、四中全会精神,按照国务院部署要求,主动适应和引领经济发展新常态,坚持问题导向与超前谋划相结合、顶层设计与基层探索相结合、整体推进与重点突破相结合,加快法治建设,推动体制机制创新,优化发展环境,完善治理体系,促进内贸流通发展方式转变,推动我国从流通大国向流通强国转变,更好地服务经济社会发展。

(二)基本原则。

坚持以市场化改革为方向。充分发挥市场配置资源的决定性作用,打破地区封锁和行业垄断,促进流通主体公平竞争,促进商流、物流、资金流、信息流自由高效流动,提高流通效率,降低流通成本。

坚持以转变政府职能为核心。进一步简政放权,加强事中事后监管,推进放管结合、优化服务,做好规划引导,完善促进政策,增强调控能力,增加公共产品和公共服务供给,推进信息公开和共享。

坚持以创新转型为引领。顺应"互联网+"的发展趋势,加快现代信息技术应用,完善促进创新的体制机制,推动内贸流通内涵式发展、可持续发展。

坚持以建设法治化营商环境为主线。健全内贸流通法律法规、标准、信用等制度体系,提升监管执法效能,依法规范市场主体行为,加快建设法治市场。

(三)主要目标。

到2020年,基本形成规则健全、统一开放、竞争有序、监管有力、畅通高效的内贸流通体系和比较完善的法治化营商环境,内贸流通统一开放、创新驱动、稳定运行、规范有序、协调高效的体制机制更加完善,使内贸流通成为经济转型发展的新引擎、优化资源配置的新动力,为推进内贸流通现代化夯实基础。

二、健全内贸流通统一开放的发展体系

(四)加强全国统一市场建设,降低社会流通总成本。

消除市场分割。清理和废除妨碍全国统一市场、公平竞争的各种规定及做法。禁止在市场经济活动中实行地区封锁,禁止行政机关滥用行政权力限制、排除竞争的行为。推动建立区域合作协调机制,鼓励各地就跨区域合作事项加强沟通协商,探索建立区域合作利益分享机制。

打破行业垄断。完善反垄断执法机制,依法查处垄断协议、滥用市场支配地位行为,加强经营者集中反垄断审查。禁止利用市场优势地位收取不合理费用或强制设置不合理的交易条件,规范零售商供应商交易关系。

(五)统筹规划全国流通网络建设,推动区域、城乡协调发展。

推进大流通网络建设。提升环渤海、长三角、珠三角三大流通产业集聚区和沈阳—长春—哈尔滨、郑州—武汉—长沙、成都—重庆、西安—兰州—乌鲁木齐四大流通产业集聚带的消费集聚、产业服务、民生保障功能,打造一批连接国内国际市场、发展潜力较大的重要支点城市,形成畅通高效的全国骨干流通网络。

推进区域市场一体化。推进京津冀流通产业协同发展,统筹规划建设三地流通设施,促进共建共享。依托长江经济带综合立体交通走廊,建设沿江物流主干道,推动形成若干区域性商贸物流中心,打造长江商贸走廊。将流通发展所需的相关设施和用地纳入城乡规划,实施全国流通节点城市布局规划,加强区域衔接。

推进城乡流通网络一体化。统筹规划城乡商业网点的功能和布局,提高流通设施利用效率和商业服务便利化水平。整合商务、供销、邮政等各方面资源,加强农村地区商业网点建设。加强对贫困地区、民族地区、边疆地区和革命老区市场建设的支持,保障居民基本商业服务需要。

创新流通规划编制实施机制。县级以上地方人民政府要将内贸流通纳入同级国民经济和社会发展规划编制内容,做好流通规划与当地土地利用总体规划和城乡规划的衔接,确保依法依规推进流通设施项目建设,各地制修订相关规划时应充分征求本行政区域流通主管部门的意见。探索建立跨区域流通设施规划编制协调机制和相关部门之间规划衔接机制,推动规划对接、政策联动和资源共享。

(六)构建开放融合的流通体系,提高利用国际国内两个市场、两种资源的能力。

实施流通"走出去"战略。加大对流通企业境外投资的支持,统筹规划商贸物流型境外经济贸易合作区建设,支持企业建设境外营销、支付结算和仓储物流网络,推动国内流通渠道向境外延伸,打造全球供应链体系。鼓励流通企业与制造企业集群式"走出去",促进国际产能和装备制造合作。鼓励电子商务企业"走出去",提升互联网信息服务国际化水平。

创建内外贸融合发展平台。服务"一带一路"战略,促进国内外市场互联互通,打造内外贸融合发展的流通网络。培育一批经营模式、交易模式与国际接轨的商品交易市场。打造一批内外贸结合、具有较强国际影响力的大型会展平台。发展一批连接国际国内市场、运行规范有序的跨境贸易电子商务综合服务平台。

进一步提高内贸流通领域对外开放水平。放开商贸物流等领域外资准入限制,鼓励外资投向共同配送、连锁配送以及鲜活农产品配送等现代物流服务领域。更加注重引进国外先进技术、管理经验、商业模式和知名品牌,鼓励跨国公司在华设立采购、营销等功能性区域中心。

(七)完善流通设施建设管理体系,加强流通领域重大基础设施建设。

创新基础性流通设施建设模式。对于公益性农产品批发市场建设,通过多种形式建立投资保障、运营和监督管理新模式,增强应对突发事件和市场异常波动的功能。

完善微利经营的流通设施建设保障制度。落实新建社区商业和综合服务设施面积占社区总建筑面积的比例不得低于10%的政策,优先保障农贸市场、社区菜市场和家政、养老、再生资源回收等设施用地需求。加强大型物流节点和公共物流配送设施系统性布局、协同性建设,提升物流配送的集约化水平。

改进市场化商业设施建设引导方式。支持有条件的城市开展城市商业面积监测预警,定期发布大型商业设施供给信息,合理引导市场预期。统筹大型实体和网络商品交易市场建设,避免盲目重复建设。

三、提升内贸流通创新驱动水平

(八)强化内贸流通创新的市场导向。

推动新兴流通方式创新。积极推进"互联网+"流通行动,加快流通网络化、数字化、智能化建设。引导电子商务企业拓展服务领域和功能,鼓励发展生活消费品、生产资料、生活服务等各类专业电子商务平台,带动共享、协同、融合、集约等新兴模式发展。促进农产品电子商务发展,引导更多农业从业者和涉农企业参与农产品电子商务,支持各地打造各具特色的农产品电子商务产业链,开辟农产品流通新渠道。推广拍卖、电子交易等农产品交易方式。大力推进电子商务进农村,推广农村商务信息服务,培育多元化的农村电子商务市场主体,完善农村电子商务配送服务网络。促进电子商务进社区,鼓励电子商务企业整合社区现有便民服务设施,开展电子商务相关配套服务。

推动传统流通企业转型模式创新。鼓励零售企业改变引厂进店、出租柜台等经营模式,实行深度联营,通过集中采购、买断经营、开发自有品牌等方式,提高自营比例。鼓励流通企业通过兼并、特许经营等方式,扩大连锁经营规模,提高经营管理水平。鼓励流通企业发挥线下实体店的物流、服务、体验等优势,与线上商流、资金流、信息流融合,形成优势互补。支持流通企业利用电子商务平台创新服务模式,提供网订店取、网订店送、上门服务、社区配送等各类便民服务。引导各类批发市场自建网络交易平台或利用第三方电子商务平台开展网上经营,推动实体市场与网络市场协同发展。推动流通企业利用信息技术加强供应链管理,鼓励向设计、研发、生产环节延伸,促进产业链上下游加强协同,满足个性化、多样化的消费需求。大力发展第三方物流和智慧物流,鼓励物联网等技术在仓储系统中的应用,支持建设物流信息服务平台,促进车源、货源和物流服务等信息高效匹配,支持农产品冷链物流体系建设,提高物流社会化、标准化、信息化、专业化水平。

推动绿色循环低碳发展模式创新。鼓励绿色商品消费,引导流通企业扩大绿色商品采购和销售,推行绿色包装和绿色物流,推行绿色供应链环境管理,推动完善绿色商品认证制度和标准体系。鼓励旧货市场规范发展,促进二手商品流通。研究建立废弃商品回收的生产者、销售者、消费者责任机制,加快推进再生资源回收与垃圾清运处理网络体系融合,促进商贸流通网络与逆向物流体系(即商品废弃后,经消费端回到供应端的活动及过程,包括废物回收、再制造再加工、报废处理等)共享。制订内贸流通领域节能节水和环保技术、产品、设备推广目录,引导流通企业加快设施设备的节能环保改造。

推动文化培育传播形式创新。弘扬诚信文化,加强以诚信兴商为主的商业文化建设。加强对内贸流通领域传统技艺的保护,支持中华老字号创新发展,促进民族特色商品流通。鼓励商品创意设计创新,支持消费类产品提升新产品设计和研发能力,以创意设计增加消费品附加值。提升商业设施的文化内涵,引导流通企业在商品陈列、商场装饰、环境营造等方面突出创意特色,增加商业设施和商业街区的文化底蕴,推动现代商业与传统文化融合创新。建立健全品牌发展公共服务体系。促进传统节庆、民俗文化消费,培育健康文明的消费文化。

(九)增强内贸流通创新的支撑能力。

完善财政金融支持政策。加快设立国家中小企业发展基金,加大对包括流通领域在内的各领域初创期成长型中小企业创新创业的支持。支持发展创业投资基金、天使投资群体,引导社会资金和金融资本加大对流通创新领域的投资。完善流通企业融资模式,推广知识产权质押融资,依法合规开展股权众筹融资试点,支持创业担保贷款积极扶持符合条件的中小流通企业。

健全支撑服务体系。推动现代物流、在线支付等电子商务服务体系建设,鼓励各类创业孵化基地为电子商务创业人员提供场地支持和孵化服务,支持发展校企合作、商学结合等人才培养模式。支持专业化创新服务机构发展,创新产学研合作模式。完善创新成果交易机制,积极发展各类商贸服务交易平台。研究建立流通创新示范基地,鼓励创业创新基地提高对中小流通企业的公共服务能力和水平。

推动流通企业改革创新。加快发展内贸流通领域混合所有制经济,鼓励非公有资本和国有资本交叉持股、相互融合。鼓励流通企业通过兼并重组整合创新资源,提高创新能力。各地可根据实际情况,依法完善相关政策,按照主体自愿的原则,引导有条件的个体工商户转为企业。

(十)加大内贸流通创新的保护力度。

加强知识产权保护。严厉打击制售侵权假冒商品行为,加大对反复侵权、恶意侵权等行为的处罚力度。研究商业模式等新形态创新成果的知识产权保护办法。完善知识产权保护制度,健全知识产权维权援助体系,合理划分权利人举证责任,缩短确权审查、侵权处理周期。

引导电子商务平台健康发展。推动电子商务平台企业健全交易规则、管理制度、信用体系和服务标准,构建良好的电子商务生态圈。加强区域间统筹协调,引导各地有序建设电子商务交易平台。

四、增强内贸流通稳定运行的保障能力

(十一)完善信息服务体系。

强化大数据在政府内贸流通信息服务中的应用。利用大数据加强对市场运行的监测分析和预测预警,提高市场调控和公共信息服务的预见性、针对性、有效性。推进部门间信息共享和信息资源开放,建立政府与社会紧密互动的大数据采集机制,形成高效率的内贸流通综合数据平台。夯实内贸流通统计基层基础,完善行业统计监测制度,建立完善电子商务、服务消费等统计调查制度,完善综合统计与部门统计协作机制,强化统计监测制度执行刚性。

推动内贸流通行业中介组织开展大数据的推广应用。利用政府采购、服务外包等方式,鼓励行业中介组织深入挖掘和研发大数据公共服务产品,加强对大数据技术应用的宣传和推广,服务流通企业创新转型和大数据产业发展需要。

鼓励流通企业开展大数据的创新应用。引导流通企业利用大数据技术推进市场拓展、精准营销和优化服务,带动商业模式创新。建立社会化、市场化的数据应用机制,推动第三方电子商务平台等企业开放数据资源,引导建立数据交换交易的规范与标准,规范数据交易行为。

(十二)创新市场应急调控机制。

完善市场应急调控管理体系。按照统一协调、分级负责、快速响应的原则,健全市场应急供应管理制度和协调机制。应对全国范围和跨区域市场异常波动由国务院有关部门负责,应对区域性市场异常波动主要由当地人民政府负责。

健全突发事件市场应急保供预案。细化自然灾害、事故灾难、公共卫生事件、社会安全事件等各类突发事件情况下市场应急保供预案和措施。根据突发事件对市场影响的范围和程度,综合运用信息引导、企业采购、跨区域调运、储备投放、进口组织、限量供应、依法征用等方式,建立基本生活必需品应急供应保障机制。

完善商品应急储备体系。建立中央储备与地方储备、政府储备与商业储备相结合的商品应急储备体系。建立储备商品定期检查检验制度,确保储备安全。推广商业储备模式,推进商业储备市场化运作和储备主体多元化。

增强市场应急保供能力。建设应急商品数据库,及时掌握相关应急商品产销和库存情况,保障信息传导畅通和组织调度科学有序。实施应急保供重点联系企业动态管理,保持合理库存水平,增强投放力量,合理规划设置应急商品集散地和投放网点。探索利用商业保险稳定生活必需品供应机制,推动重要生活必需品生产流通保险产品创新。

(十三)构建重要商品追溯体系。

建设重要商品追溯体系。坚持政府引导与市场化运作相结合,以食用农产品、食品、药品以及其他对消费者生命健康有较大影响的商品为重点,利用物联网等信息技术建设来源可追、去向可查、责任可究的信息链条,逐步增加可追溯商品品种。

完善重要商品追溯体系的管理体制。坚持统一规划、统一标准、分级建设、属地管理的原则,整合现有资源,建设统一的重要商品追溯信息服务体系,形成全国上下一体、协同运作的重要商品追溯体系管理体制。推进跨部门、跨地区追溯体系对接和信息互通共享。地方各级人民政府要建立商品追溯体系持续有效运行的保障机制。

扩大重要商品追溯体系应用范围。完善重要商品追溯大数据分析与智能化应用机制,加大商品追溯信息在事中事后监管、行业发展促进、信用体系建设等方面的应用力度,提升追溯体系综合服务功能。

五、健全内贸流通规范有序的规制体系

（十四）加快推进流通立法。

完善流通法律制度。加快推进商品流通法立法进程，确立流通设施建设、商品流通保障、流通秩序维护、流通行业发展以及市场监管等基本制度。推动完善知识产权和商业秘密保护、网络信息安全、电子商务促进等法律制度。

健全流通法规规章。完善反垄断、反不正当竞争法律的配套法规制度，强化对市场竞争行为和监管执法行为的规范。加快制订内贸流通各行业领域的行政法规和规章，规范相关参与方行为，推动建立公平、透明的行业规则。对内贸流通领域与经济社会发展需要不相适应的现行法规、规章及规范性文件，及时予以修订或废止。

推进流通领域地方立法。坚持中央立法与地方立法相结合，鼓励地方在立法权限范围内先行先试。

（十五）提升监管执法效能。

加强流通领域执法。创新管理机制，加强执法队伍建设，合理配置执法力量，严格落实执法人员持证上岗和资格管理制度。健全举报投诉服务网络，完善受理、办理、转办和督办机制。开展商务综合行政执法体制改革试点。

推进行政执法与刑事司法衔接。建立信息共享、案情通报和案件移送制度，完善案件移送标准和程序，相关工作纳入中央、省、市、县四级人民政府统一建设的行政执法与刑事司法衔接信息共享平台。

创新市场监管方式。加强事中事后监管，坚持日常监管与专项治理相结合。加强大数据等现代信息技术在监管执法中的应用，推进行政处罚案件信息公开和流通企业信息公示，加强市场监管部门与行业协会商会、专业机构的合作，引入社会监督力量。创新企业产品质量执法检查方式，推行企业产品质量承诺制度。创新电子商务监管模式，健全消费者维权和交易争端解决机制。

（十六）加强流通标准化建设。

健全流通标准体系。加快构建国家标准、行业标准、团体标准、地方标准和企业标准相互配套、相互补充的内贸流通标准体系。扩大标准覆盖面、增强适用性，加强商贸物流、电子商务、农产品流通、居民生活服务等重点领域标准的制修订工作。

强化流通标准实施应用。建立政府支持引导、社会中介组织推动、骨干企业示范应用的内贸流通标准实施应用机制。推动建立经营场所服务标准公开公示制度，倡导流通企业以标准为依据规范服务、交易和管理行为。

完善流通标准管理。加快内贸流通标准管理信息化建设，简化行业标准制修订程序、缩短制修订周期。选择具备条件的社会团体开展团体标准试点。建立重点标准实施监督和评价制度，加强标准在认证认可、检验检测、市场准入、执法监督等行政管理中的使用。

（十七）加快流通信用体系建设。

推动建立行政管理信息共享机制。以统一社会信用代码为基础，推动各地建设流通企业信用信息系统并纳入全国统一的信用信息共享交换平台，实现信息互通共享。建立健全企业经营异常名录、失信企业"黑名单"制度及跨部门联合惩戒机制,依法向社会提供信用信息查询服务。在行政管理中依法使用流通企业信用记录和信用报告,对企业实施信用分类管理。

引导建立市场化综合信用评价机制。在商品零售、居民服务等行业推动建立以交易信息为基础的企业信用评价机制。引导商品交易市场、物流园区以及第三方电子商务平台等建立入驻商户信用评价机制,鼓励按照信用级别向入驻商户提供差别化的信用服务。

支持建立第三方信用评价机制。支持信用调查、信用评估、信用保险、商业保理等信用服务行业加快发展,创新信用产品和服务。鼓励行业协会商会建立会员企业信用档案,推动具有上下游产业关系的行业协会商会建立信用信息共享机制。

六、健全内贸流通协调高效的管理体制

(十八)处理好政府与市场的关系。

明确政府职责。加强内贸流通领域发展战略、规划、法规、规章、政策、标准的制订和实施,整顿和规范市场经济秩序,推动信用建设,提供信息等公共服务,做好生活必需品市场供应应急调控,依法管理特殊流通行业。深化行政审批制度改革,依法界定内贸流通领域经营活动审批、资格许可和认定等管理事项,加快推广行政审批"一个窗口"受理,规范行政许可流程,取消涉及内贸流通的非行政许可审批。结合市场准入制度改革,推行内贸流通领域负面清单制度。

严格依法履职。建立健全内贸流通行政管理权力清单、部门责任清单等制度,公开涉及内贸流通的行政管理和资金支持事项。

(十九)合理划分中央与地方政府权责。

发挥中央政府宏观指导作用。国务院有关部门要研究制订内贸流通领域全国性法律法规、战略、规划、政策和标准,加强跨区域整顿和规范市场经济秩序、信用建设、公共服务、生活必需品市场供应应急调控,按国务院有关规定对特殊流通行业进行监督管理。

强化地方人民政府行政管理职责。地方各级人民政府要加强内贸流通领域全国性法律法规、战略、规划、政策和标准的贯彻实施,结合当地特点,制订本地区的规划、政策和标准,着力加强本行政区域整顿和规范市场秩序、信用建设、公共服务、应急保供等职责。

(二十)完善部门间协作机制。

进一步理顺部门职责分工。商务主管部门要履行好内贸流通工作综合统筹职责,加强与有关部门的沟通协调,完善工作机制,形成合力。探索建立内贸流通领域管理制度制定、执行与监督既相互制约又相互协调的行政运行机制。

探索建立大流通工作机制。鼓励有条件的地方整合和优化内贸流通管理职责,加强对电子商务、商贸物流、农产品市场建设等重点领域规划和政策的统筹协调。

(二十一)充分发挥行业协会商会作用。

推进行业协会商会改革。积极稳妥推进内贸流通领域行业协会商会与行政机关脱钩,厘清行业协会商会与行政机关的职能边界,创新行业协会商会管理体制和运行机制,推动建立政府与行业协会商会的新型合作关系。

支持行业协会商会加快发展。制订支持和鼓励内贸流通领域行业协会商会发展的政策措施,提升行业服务和管理水平,发挥其在加强行业自律、服务行业发展、反映行业诉求等方面的

作用。

各地区、各部门要充分认识推进内贸流通现代化、建设法治化营商环境的重要意义,切实抓好各项政策措施的落实,重要的改革要先行试点,及时总结和推广试点经验。各地区要结合本地实际,因地制宜制订实施方案,出台有针对性的具体措施,认真组织实施。各部门要明确分工,落实责任,加强协调,形成合力。商务部会同有关部门负责对本意见落实工作的统筹协调、跟踪了解、督促检查,确保各项任务措施落实到位。

国务院
2015年8月26日

住房城乡建设部、商务部、国家发展改革委、人民银行、工商总局、外汇局关于调整房地产市场外资准入和管理有关政策的通知

建房〔2015〕122号

各省、自治区、直辖市人民政府,国务院各部委、各直属机构:

为促进房地产市场平稳健康发展,经国务院同意,决定对《关于规范房地产市场外资准入和管理的意见》(建住房〔2006〕171号)中有关外商投资房地产企业和境外机构、个人购房的部分政策进行调整,现就有关事项通知如下:

一、外商投资房地产企业注册资本与投资总额比例,按照《国家工商行政管理局关于中外合资经营企业注册资本与投资总额比例的暂行规定》(工商企字〔1987〕第38号)执行。

二、取消外商投资房地产企业办理境内贷款、境外贷款、外汇借款结汇必须全部缴付注册资本金的要求。

三、境外机构在境内设立的分支、代表机构(经批准从事经营房地产的企业除外)和在境内工作、学习的境外个人可以购买符合实际需要的自用、自住商品房。对于实施住房限购政策的城市,境外个人购房应当符合当地政策规定。

四、住房城乡建设部、商务部、发展改革委、人民银行、工商总局、外汇局等有关部门进一步简化程序,提高办事效率,优化和改进外商投资房地产管理。自本通知印发之日起,外商投资房地产企业可按照相关外汇管理规定直接到银行办理外商直接投资项下相关外汇登记。

除上述政策调整以外,《关于规范房地产市场外资准入和管理的意见》(建住房〔2006〕171号)继续有效。

住房和城乡建设部
商务部
国家发展和改革委员会
中国人民银行
国家工商行政管理总局
外汇管理局
2015年8月19日

国务院办公厅关于加快转变农业发展方式的意见

国办发〔2015〕59号

各省、自治区、直辖市人民政府，国务院各部委、各直属机构：

近年来，我国粮食生产"十一连增"，农民收入持续较快增长，农业农村经济发展取得巨大成绩，为经济社会持续健康发展提供了有力支撑。当前，我国经济发展进入新常态，农业发展面临农产品价格"天花板"封顶、生产成本"地板"抬升、资源环境"硬约束"加剧等新挑战，迫切需要加快转变农业发展方式。经国务院同意，现提出以下意见。

一、总体要求

（一）指导思想。全面贯彻落实党的十八大和十八届二中、三中、四中全会精神，按照党中央、国务院决策部署，把转变农业发展方式作为当前和今后一个时期加快推进农业现代化的根本途径，以发展多种形式农业适度规模经营为核心，以构建现代农业经营体系、生产体系和产业体系为重点，着力转变农业经营方式、生产方式、资源利用方式和管理方式，推动农业发展由数量增长为主转到数量质量效益并重上来，由主要依靠物质要素投入转到依靠科技创新和提高劳动者素质上来，由依赖资源消耗的粗放经营转到可持续发展上来，走产出高效、产品安全、资源节约、环境友好的现代农业发展道路。

（二）基本原则。

坚持把增强粮食生产能力作为首要前提。坚守耕地红线，做到面积不减少、质量不下降、用途不改变，稳定提升粮食产能，确保饭碗任何时候都牢牢端在自己手中，夯实转变农业发展方式的基础。

坚持把提高质量效益作为主攻方向。以市场需求为导向，适应居民消费结构变化，调整优化农业结构，向规模经营要效率、向一二三产业融合要效益、向品牌经营要利润，全面推进节本降耗、提质增效。

坚持把促进可持续发展作为重要内容。以资源环境承载能力为依据,优化农业生产力布局,加强农业环境突出问题治理,促进资源永续利用。

坚持把推进改革创新作为根本动力。打破传统农业发展路径依赖,全面深化农村改革,加快农业科技创新和制度创新,完善粮食等重要农产品价格形成机制,激活各类农业生产要素。

坚持把尊重农民主体地位作为基本遵循。尊重农民意愿,维护农民权益,在充分发挥市场机制作用的基础上,更好发挥政府作用,保护和调动农民积极性。

(三)主要目标。

到2020年,转变农业发展方式取得积极进展。多种形式的农业适度规模经营加快发展,农业综合生产能力稳步提升,产业结构逐步优化,农业资源利用和生态环境保护水平不断提高,物质技术装备条件显著改善,农民收入持续增加,为全面建成小康社会提供重要支撑。

到2030年,转变农业发展方式取得显著成效。产品优质安全,农业资源利用高效,产地生态环境良好,产业发展有机融合,农业质量和效益明显提升,竞争力显著增强。

二、增强粮食生产能力,提高粮食安全保障水平

(四)加快建设高标准农田。以高标准农田建设为平台,整合新增建设用地土地有偿使用费、农业综合开发资金、现代农业生产发展资金、农田水利设施建设补助资金、测土配方施肥资金、大型灌区续建配套与节水改造投资、新增千亿斤粮食生产能力规划投资等,统筹使用资金,集中力量开展土地平整、农田水利、土壤改良、机耕道路、配套电网林网等建设,统一上图入库,到2020年建成8亿亩高标准农田。有计划分片推进中低产田改造,改善农业生产条件,增强抵御自然灾害能力。探索建立有效机制,鼓励金融机构支持高标准农田建设和中低产田改造,引导各类新型农业经营主体积极参与。按照"谁受益、谁管护"的原则,明确责任主体,建立奖惩机制,落实管护措施。

(五)切实加强耕地保护。落实最严格耕地保护制度,加快划定永久基本农田,确保基本农田落地到户、上图入库、信息共享。完善耕地质量保护法律制度,研究制定耕地质量等级国家标准。完善耕地保护补偿机制。充分发挥国家土地督察作用,坚持数量与质量并重,加强土地督察队伍建设,落实监督责任,重点加强东北等区域耕地质量保护。实施耕地质量保护与提升行动,分区域开展退化耕地综合治理、污染耕地阻控修复、土壤肥力保护提升、耕地质量监测等建设,开展东北黑土地保护利用试点,逐步扩大重金属污染耕地治理与种植结构调整试点,全面推进建设占用耕地耕作层土壤剥离再利用。

(六)积极推进粮食生产基地建设。结合永久基本农田划定,探索建立粮食生产功能区,优先在东北、黄淮海和长江中下游等水稻、小麦主产区,建成一批优质高效的粮食生产基地,将口粮生产能力落实到田块地头。加大财政均衡性转移支付力度,涉农项目资金要向粮食主产区倾斜。大力开展粮食高产创建活动,推广绿色增产模式,提高单产水平。引导企业积极参与粮食生产基地建设,发展产前、产中、产后等环节的生产和流通服务。加强粮食烘干、仓储设施建设。

三、创新农业经营方式,延伸农业产业链

(七)培育壮大新型农业经营主体。逐步扩大新型农业经营主体承担农业综合开发、中央基建投资等涉农项目规模。支持农民合作社建设农产品加工仓储冷链物流设施,允许财政补助形成的资产转交农民合作社持有和管护。鼓励引导粮食等大宗农产品收储加工企业为新型农业经营主体提供订单收购、代烘代储等服务。落实好新型农业经营主体生产用地政策。研究改革农业补贴制度,使补贴资金向种粮农民以及家庭农场等新型农业经营主体倾斜。支持粮食生产规模经营主体开展营销贷款试点。创新金融服务,把新型农业经营主体纳入银行业金融机构客户信用评定范围,对信用等级较高的在同等条件下实行贷款优先等激励措施,对符合条件的进行综合授信;探索开展农村承包土地经营权抵押贷款、大型农机具融资租赁试点,积极推动厂房、渔船抵押和生产订单、农业保单质押等业务,拓宽抵质押物范围;支持新型农业经营主体利用期货、期权等衍生工具进行风险管理;在全国范围内引导建立健全由财政支持的农业信贷担保体系,为粮食生产规模经营主体贷款提供信用担保和风险补偿;鼓励商业保险机构开发适应新型农业经营主体需求的多档次、高保障保险产品,探索开展产值保险、目标价格保险等试点。

(八)推进多种形式的农业适度规模经营。稳步开展农村土地承包经营权确权登记颁证工作。各地要采取财政奖补等措施,扶持多种形式的农业适度规模经营发展,引导农户依法采取转包、出租、互换、转让、入股等方式流转承包地。有条件的地方在坚持农地农用和坚决防止"非农化"的前提下,可以根据农民意愿统一连片整理耕地,尽量减少田埂,扩大耕地面积,提高机械化作业水平。采取财政扶持、信贷支持等措施,加快培育农业经营性服务组织,开展政府购买农业公益性服务试点,积极推广合作式、托管式、订单式等服务形式。支持供销合作社开展农业社会化服务,加快形成综合性、规模化、可持续的为农服务体系。总结推广多种形式农业适度规模经营的典型案例,充分发挥其示范带动作用。在坚持农村土地集体所有和充分尊重农民意愿的基础上,在农村改革试验区稳妥开展农户承包地有偿退出试点,引导有稳定非农就业收入、长期在城镇居住生活的农户自愿退出土地承包经营权。

(九)大力开展农业产业化经营。把发展多种形式农业适度规模经营与延伸农业产业链有机结合起来,立足资源优势,鼓励农民通过合作与联合的方式发展规模种养业、农产品加工业和农村服务业,开展农民以土地经营权入股农民合作社、农业产业化龙头企业试点,让农民分享产业链增值收益。充实和完善龙头企业联农带农的财政激励机制,鼓励龙头企业为农户提供技术培训、贷款担保、农业保险资助等服务,大力发展一村一品、村企互动的产销对接模式;创建农业产业化示范基地,推进原料生产、加工物流、市场营销等一二三产业融合发展,促进产业链增值收益更多留在产地、留给农民。支持农业产业化示范基地开展技术研发、质量检测、物流信息等公共服务平台建设。从国家技改资金项目中划定一定比例支持龙头企业转型升级。

(十)加快发展农产品加工业。扩大农产品初加工补助资金规模、实施区域和品种范围。深入实施主食加工提升行动,推动马铃薯等主食产品开发。支持精深加工装备改造升级,建设一批农产品加工技术集成基地,提升农产品精深加工水平。支持粮油加工企业节粮技术改造,开展副产品综合利用试点。加大标准化生猪屠宰体系建设力度,支持屠宰加工企业一体化经营。

(十一)创新农业营销服务。加强全国性和区域性农产品产地市场建设,加大农产品促销扶持力度,提升农户营销能力。培育新型流通业态,大力发展农业电子商务,制定实施农业电子商务应用技术培训计划,引导各类农业经营主体与电商企业对接,促进物流配送、冷链设施设备等发展。加快发展供销合作社电子商务。积极推广农产品拍卖交易方式。

(十二)积极开发农业多种功能。加强规划引导,研究制定促进休闲农业与乡村旅游发展的用地、财政、金融等扶持政策,加大配套公共设施建设支持力度,加强从业人员培训,强化体验活动创意、农事景观设计、乡土文化开发,提升服务能力。保持传统乡村风貌,传承农耕文化,加强重要农业文化遗产发掘和保护,扶持建设一批具有历史、地域、民族特点的特色景观旅游村镇。提升休闲农业与乡村旅游示范创建水平,加大美丽乡村推介力度。

四、深入推进农业结构调整,促进种养业协调发展

(十三)大力推广轮作和间作套作。支持因地制宜开展生态型复合种植,科学合理利用耕地资源,促进种地养地结合。重点在东北地区推广玉米/大豆(花生)轮作,在黄淮海地区推广玉米/花生(大豆)间作套作,在长江中下游地区推广双季稻—绿肥或水稻—油菜种植,在西南地区推广玉米/大豆间作套作,在西北地区推广玉米/马铃薯(大豆)轮作。

(十四)鼓励发展种养结合循环农业。面向市场需求,加快建设现代饲草料产业体系,开展优质饲草料种植推广补贴试点,引导发展青贮玉米、苜蓿等优质饲草料,提高种植比较效益。加大对粮食作物改种饲草料作物的扶持力度,支持在干旱地区、高寒高纬度玉米种植区域和华北地下水超采漏斗区、南方石漠化地区率先开展试点。统筹考虑种养规模和环境消纳能力,积极开展种养结合循环农业试点示范。发展现代渔业,开展稻田综合种养技术示范,推广稻渔共生、鱼菜共生等综合种养技术新模式。

(十五)积极发展草食畜牧业。针对居民膳食结构和营养需求变化,促进安全、绿色畜产品生产。分区域开展现代草食畜牧业发展试点试验,在种养结构调整、适度规模经营培育、金融信贷支持、草原承包经营制度完善等方面开展先行探索。大力推进草食家畜标准化规模养殖,突出抓好疫病防控,加快推广先进适用技术模式,重点支持生态循环畜牧业发展,引导形成牧区繁育、农区育肥的新型产业结构。实施牛羊养殖大县财政奖励补助政策。

五、提高资源利用效率,打好农业面源污染治理攻坚战

(十六)大力发展节水农业。落实最严格水资源管理制度,逐步建立农业灌溉用水量控制和定额管理制度。进一步完善农田灌排设施,加快大中型灌区续建配套与节水改造、大中型灌排泵站更新改造,推进新建灌区和小型农田水利工程建设,扩大农田有效灌溉面积。大力发展节水灌溉,全面实施区域规模化高效节水灌溉行动。分区开展节水农业示范,改善田间节水设施设备,积极推广抗旱节水品种和喷灌滴灌、水肥一体化、深耕深松、循环水养殖等技术。积极推进农业水价综合改革,合理调整农业水价,建立精准补贴机制。开展渔业资源环境调查,加

大增殖放流力度,加强海洋牧场建设。统筹推进流域水生态保护与治理,加大对农业面源污染综合治理的支持力度,开展太湖、洱海、巢湖、洞庭湖和三峡库区等湖库农业面源污染综合防治示范。

(十七)实施化肥和农药零增长行动。坚持化肥减量提效、农药减量控害,建立健全激励机制,力争到 2020 年,化肥、农药使用量实现零增长,利用率提高到 40% 以上。深入实施测土配方施肥,扩大配方肥使用范围,鼓励农业社会化服务组织向农民提供配方施肥服务,支持新型农业经营主体使用配方肥。探索实施有机肥和化肥合理配比计划,鼓励农民增施有机肥,支持发展高效缓(控)释肥等新型肥料,提高有机肥施用比例和肥料利用效率。加强对农药使用的管理,强化源头治理,规范农民使用农药的行为。全面推行高毒农药定点经营,建立高毒农药可追溯体系。开展低毒低残留农药使用试点,加大高效大中型药械补贴力度,推行精准施药和科学用药。鼓励农业社会化服务组织对农民使用农药提供指导和服务。

(十八)推进农业废弃物资源化利用。落实畜禽规模养殖环境影响评价制度。启动实施农业废弃物资源化利用示范工程。推广畜禽规模化养殖、沼气生产、农家肥积造一体化发展模式,支持规模化养殖场(区)开展畜禽粪污综合利用,配套建设畜禽粪污治理设施;推进农村沼气工程转型升级,开展规模化生物天然气生产试点;引导和鼓励农民利用畜禽粪便积造农家肥。支持秸秆收集机械还田、青黄贮饲料化、微生物腐化和固化炭化等新技术示范,加快秸秆收储运体系建设。扩大旱作农业技术应用,支持使用加厚或可降解农膜;开展区域性残膜回收与综合利用,扶持建设一批废旧农膜回收加工网点,鼓励企业回收废旧农膜。加快可降解农膜研发和应用。加快建成农药包装废弃物收集处理系统。

六、强化农业科技创新,提升科技装备水平和劳动者素质

(十九)加强农业科技自主创新。按照深化科技体制改革的总体要求,深入推进农业科技管理体制改革,提高创新效率。推进农业科技协同创新联盟建设。加快农业科技创新能力条件建设,按程序启动农业领域重点科研项目,加强农业科技国际交流与合作,着力突破农业资源高效利用、生态环境修复等共性关键技术。探索完善科研成果权益分配激励机制。建设农业科技服务云平台,提升农技推广服务效能。深入推进科技特派员农村科技创业行动,加快科技进村入户,让农民掌握更多的农业科技知识。

(二十)深化种业体制改革。在总结完善种业科研成果权益分配改革试点工作的基础上,逐步扩大试点范围;完善成果完成人分享制度,健全种业科技资源、人才向企业流动机制,做大做强育繁推一体化种子企业。国家财政科研经费加大用于基础性公益性研究的投入,逐步减少用于农业科研院所和高等院校开展商业化育种的投入。实施现代种业提升工程,加强国家种质资源体系、植物新品种测试体系和品种区域试验体系建设,加大种质资源保护力度,完善植物品种数据库。实施粮食作物制种大县财政奖励补助政策,积极推进海南、甘肃、四川三大国家级育种制种基地建设,规划建设一批区域级育种制种基地。

(二十一)推进农业生产机械化。适当扩大农机深松整地作业补助试点,大力推广保护性耕作技术,开展粮棉油糖生产全程机械化示范,构建主要农作物全程机械化生产技术体系。完善适合我国国情的农业机械化技术与装备研发支持政策,主攻薄弱环节机械化,推进农机农艺融合,促进工程、生物、信息、环境等技术集成应用。探索完善农机报废更新补贴实施办法。

(二十二)加快发展农业信息化。开展"互联网+"现代农业行动。鼓励互联网企业建立农业服务平台,加强产销衔接。推广成熟可复制的农业物联网应用模式,发展精准化生产方式。大力实施农业物联网区域试验工程,加快推进设施园艺、畜禽水产养殖、质量安全追溯等领域物联网示范应用。加强粮食储运监管领域物联网建设。支持研发推广一批实用信息技术和产品,提高农业智能化和精准化水平。强化农业综合信息服务能力,提升农业生产要素、资源环境、供给需求、成本收益等监测预警水平,推进农业大数据应用,完善农业信息发布制度。大力实施信息进村入户工程,研究制定农业信息化扶持政策。加快国家农村信息化示范省建设。

(二十三)大力培育新型职业农民。加快建立教育培训、规范管理和政策扶持"三位一体"的新型职业农民培育体系。建立公益性农民培养培训制度,深入实施新型职业农民培育工程,推进农民继续教育工程。加强农民教育培训体系条件能力建设,深化产教融合、校企合作和集团化办学,促进学历、技能和创业培养相互衔接。鼓励进城农民工和职业院校毕业生等人员返乡创业,实施现代青年农场主计划和农村实用人才培养计划。

七、提升农产品质量安全水平,确保"舌尖上的安全"

(二十四)全面推行农业标准化生产。加强农业标准化工作,健全推广和服务体系。加快制修订农兽药残留标准,制定推广一批简明易懂的生产技术操作规程,继续推进农业标准化示范区、园艺作物标准园、畜禽标准化示范场和水产健康养殖示范场建设,扶持新型农业经营主体率先开展标准化生产,实现生产设施、过程和产品标准化。积极推行减量化生产和清洁生产技术,规范生产行为,控制农兽药残留,净化产地环境。

(二十五)推进农业品牌化建设。加强政策引导,营造公平有序的市场竞争环境,开展农业品牌塑造培育、推介营销和社会宣传,着力打造一批有影响力、有文化内涵的农业品牌,提升增值空间。鼓励企业在国际市场注册商标,加大商标海外保护和品牌培育力度。发挥有关行业协会作用,加强行业自律,规范企业行为。

(二十六)提高农产品质量安全监管能力。开展农产品质量安全县创建活动,探索建立有效的监管机制和模式。依法加强对农业投入品的监管,打击各类非法添加行为。开展农产品质量安全追溯试点,优先将新型农业经营主体纳入试点范围,探索建立产地质量证明和质量安全追溯制度,推进产地准出和市场准入。构建农产品质量安全监管追溯信息体系,促进各类追溯平台互联互通和监管信息共享。加强农产品产地环境监测和农业面源污染监测,强化产地安全管理。支持病死畜禽无害化处理设施建设,加快建立运行长效机制。加强农业执法监管能力建设,改善农业综合执法条件,稳定增加经费支持。

八、加强农业国际合作,统筹国际国内两个市场两种资源

(二十七)推进国际产能合作。拓展与"一带一路"沿线国家和重点区域的农业合作,带动农业装备、生产资料等优势产能对外合作。健全农业对外合作部际联席会议制度。在充分利

用现有政策渠道的同时,研究农业对外合作支持政策,加快培育具有国际竞争力的农业企业集团。积极引导外商投资现代农业。

（二十八）加强农产品贸易调控。积极支持优势农产品出口。健全农产品进口调控机制,完善重要农产品国营贸易和关税配额管理,把握好进口规模、节奏,合理有效利用国际市场。加快构建全球重要农产品监测、预警和分析体系,建设基础数据平台,建立中长期预测模型和分级预警与响应机制。

九、强化组织领导

（二十九）落实地方责任。各省（区、市）人民政府要提高对转变农业发展方式重要性、复杂性和长期性的认识,增强紧迫感和自觉性,加强组织领导和统筹协调,落实工作责任,健全工作机制,切实把各项任务措施落到实处;要按照本意见要求,结合当地实际,制定具体实施方案。

（三十）加强部门协作。农业部要强化对转变农业发展方式工作的组织指导,密切跟踪工作进展,及时总结和推广经验。发展改革委、财政部要强化对重大政策、重大工程和重大项目的扶持。人民银行、银监会、证监会、保监会要积极落实金融支持政策。教育部、科技部、工业和信息化部、国土资源部、环境保护部、水利部、商务部、质检总局等部门要按照职责分工,抓紧出台相关配套政策。

国务院办公厅
2015 年 7 月 30 日

工业和信息化部关于放开在线数据处理与交易处理业务（经营类电子商务）外资股比限制的通告

工信部通〔2015〕196 号

为贯彻落实党的十八届三中全会精神,支持我国电子商务发展,鼓励和引导外资积极参与,进一步激发市场竞争活力,我部决定在中国（上海）自由贸易试验区开展试点的基础上,在全国范围内放开在线数据处理与交易处理业务（经营类电子商务）的外资股比限制,外资持股比例可至100%。

外商投资企业要依法依规经营,申请在线数据处理与交易处理业务（经营类电子商务）许可时,对外资的股比要求按本通告执行,其他许可条件要求及相应审批程序按《外商投资电信企业管理规定》（国务院令第534号）相关规定执行。

各省、自治区、直辖市通信管理局要加强对外商投资企业的引导和监督,加大事中事后监管力度,切实维护用户合法权益,营造公平竞争的发展环境,促进电子商务持续健康发展,使之成为大众创业、万众创新的重要平台。

本通告自发布之日起执行。

工业和信息化部
2015年6月19日

国家质量监督检验检疫总局关于修改《认证机构管理办法》的决定

国家质量监督检验检疫总局令第164号

《国家质量监督检验检疫总局关于修改〈认证机构管理办法〉的决定》已经2015年4月27日国家质量监督检验检疫总局局务会议审议通过,现予发布,自2015年8月1日起施行。

局　长
2015年5月11日

为贯彻落实国务院简政放权要求,依法推进行政审批制度改革,质检总局决定对《认证机构管理办法》作如下修改:

一、将第七条第一款修改为:"设立认证机构,应当依法取得法人资格,并经国家认监委批准后,方可从事批准范围内的认证活动。"

二、删除第八条第一款第二项中"属于认证新领域的,还应当具有可行性研究报告"的表述;删除第三项中"出资人符合国家有关法律法规以及相关规定要求,并提供相关资信证明"的表述;删除第四项中"执业资格和能力"的表述。

三、删除第九条第一款第三项。

四、将第十条第一款第三项修改为"国家认监委应当自受理认证机构设立申请之日起45日内,作出是否批准的决定。决定批准的,向申请人出具《认证机构批准书》,决定不予批准的,应当书面通知申请人,并说明理由;"第四项修改为"国家认监委可以根据需要组织有关专家对申请人的认证、检测等技术能力进行评审。专家评审的时间不超过30日,该时间不计算在国家认监委作出批准的期限内;"删除第五项。

五、将第十一条第一款中"4年"修改为"6年";第二款中"有效期届满前90日"修改为"有效期届满30日前";第三款中"复查"修改为"书面复查"。

六、将第十二条修改为"认证机构设立子公司,应当依法取得公司登记机关登记,由国家认监委依据本办法第八条、第十条的规定批准后,方可从事批准范围内的认证活动。"

七、删除第十三条。

八、删除第十四条。

九、将第十五条修改为:"认证机构可以设立从事批准范围内的业务宣传和推广活动的办事机构。"

十、将第十六条修改为:"境外认证机构可以在中国境内设立从事其业务范围内的宣传和推广活动的代表机构"。

十一、将第十七条修改为:"认证机构通过合约方式,分包认证结果在境外使用的境外认证机构认证业务的,应当事先取得相关认证领域的从业批准,并自签订合约之日起10日内向国家认监委备案,承担相应认证风险和责任。"

十二、删除第十八条中第二款。

十三、删除第三十二条第一款中"分公司"的表述;删除第二款。

十四、将第三十五条第一款修改为:"国家认监委对认证机构实行认证业务信息报送和年度工作报告公示制度。"第二款修改为:"认证机构应当按照相关规定向国家认监委报送认证业务信息,包括:设立分公司和办事机构的情况,获得认证的组织详细情况,暂停或者撤销认证证书情况以及与认证结果相关的业务信息情况。"将第三款中"2月底"修改为"3月底"。

十五、将第三十七条第一款修改为:"国家质检总局、国家认监委应当对省级质量技术监督部门和直属检验检疫机构实施的认证执法工作进行监督和指导。"

十六、将第三十八条修改为:"国家认监委和地方认证监督管理部门在行政管理中发现下列问题,经调查核实后,应当给予认证机构告诫并责令其改正:(一)与境外认证机构签订分包合约未向国家认监委备案的;(二)自行制定的认证规则未向国家认监委备案的;(三)认证证书未备案或者向获证组织、产品出具的证书式样与备案证书式样不符的。"

十七、删除第四十八条中"或分公司"的表述。

十八、删除第四十九条中"撤销其备案"的表述。

十九、删除第五十条中"情节严重的,国家认监委应当撤销其备案"的表述。

二十、删除第五十一条。

二十一、将第五十二条修改为:"认证机构未取得相应认证领域从业批准,分包认证结果在境外使用的境外认证机构认证业务的,国家认监委应当责令其改正,给予警告;情节严重的,给予其停业整顿6个月,并予公布;对负有责任的认证人员,给予停止执业1年的处罚;有违法所得的,没收违法所得。"

二十二、将第五十三条第一项修改为:"专职认证人员发生变更,其数量不符合要求的;"第三项修改为"未按时提交年度审查报告、未按照规定提交设立分公司和办事机构信息、获证组织等信息或者提交的材料失实的;"

此外,《认证机构管理办法》的条文顺序作相应调整。

本决定自2015年8月1日起施行。

《认证机构管理办法》根据本决定作相应修改,重新发布。

国务院关于大力发展电子商务加快培育经济新动力的意见

国发〔2015〕24号

各省、自治区、直辖市人民政府,国务院各部委、各直属机构:

近年来我国电子商务发展迅猛,不仅创造了新的消费需求,引发了新的投资热潮,开辟了就业增收新渠道,为大众创业、万众创新提供了新空间,而且电子商务正加速与制造业融合,推动服务业转型升级,催生新兴业态,成为提供公共产品、公共服务的新力量,成为经济发展新的原动力。与此同时,电子商务发展面临管理方式不适应、诚信体系不健全、市场秩序不规范等问题,亟需采取措施予以解决。当前,我国已进入全面建成小康社会的决定性阶段,为减少束缚电子商务发展的机制体制障碍,进一步发挥电子商务在培育经济新动力、打造"双引擎"、实现"双目标"等方面的重要作用,现提出以下意见:

一、指导思想、基本原则和主要目标

(一)指导思想。全面贯彻党的十八大和十八届二中、三中、四中全会精神,按照党中央、国务院决策部署,坚持依靠改革推动科学发展,主动适应和引领经济发展新常态,着力解决电子商务发展中的深层次矛盾和重大问题,大力推进政策创新、管理创新和服务创新,加快建立开放、规范、诚信、安全的电子商务发展环境,进一步激发电子商务创新动力、创造潜力、创业活力,加速推动经济结构战略性调整,实现经济提质增效升级。

(二)基本原则。一是积极推动。主动作为、支持发展。积极协调解决电子商务发展中的各种矛盾与问题。在政府资源开放、网络安全保障、投融资支持、基础设施和诚信体系建设等方面加大服务力度。推进电子商务企业税费合理化,减轻企业负担。进一步释放电子商务发展潜力,提升电子商务创新发展水平。二是逐步规范。简政放权、放管结合。法无禁止的市场主体即可为,法未授权的政府部门不能为,最大限度减少对电子商务市场的行政干预。在放宽市场准入的同时,要在发展中逐步规范市场秩序,营造公平竞争的创业发展环境,进一步激发社会创业活力,拓宽电子商务创新发展领域。三是加强引导。把握趋势、因势利导。加强对电子商务发展中前瞻性、苗头性、倾向性问题的研究,及时在商业模式创新、关键技术研发、国际市场开拓等方面加大对企业的支持引导力度,引领电子商务向打造"双引擎"、实现"双目标"发展,进一步增强企业的创新动力,加速电子商务创新发展步伐。

(三)主要目标。到2020年,统一开放、竞争有序、诚信守法、安全可靠的电子商务大市场基本建成。电子商务与其他产业深度融合,成为促进创业、稳定就业、改善民生服务的重要平台,对工业化、信息化、城镇化、农业现代化同步发展起到关键性作用。

二、营造宽松发展环境

(四)降低准入门槛。全面清理电子商务领域现有前置审批事项,无法律法规依据的一律取消,严禁违法设定行政许可、增加行政许可条件和程序。(国务院审改办,有关部门按职责分工分别负责)进一步简化注册资本登记,深入推进电子商务领域由"先证后照"改为"先照后证"改革。(工商总局、中央编办)落实《注册资本登记制度改革方案》,放宽电子商务市场主体住所(经营场所)登记条件,完善相关管理措施。(省级人民政府)推进对快递企业设立非法人快递末端网点实施备案制管理。(邮政局)简化境内电子商务企业海外上市审批流程,鼓励电子商务领域的跨境人民币直接投资。(发展改革委、商务部、外汇局、证监会、人民银行)放开外商投资电子商务业务的外方持股比例限制。(工业和信息化部、发展改革委、商务部)探索建立能源、铁路、公共事业等行业电子商务服务的市场化机制。(有关部门按职责分工分别负责)

(五)合理降税减负。从事电子商务活动的企业,经认定为高新技术企业的,依法享受高新技术企业相关优惠政策,小微企业依法享受税收优惠政策。(科技部、财政部、税务总局)加快推进"营改增",逐步将旅游电子商务、生活服务类电子商务等相关行业纳入"营改增"范围。(财政部、税务总局)

(六)加大金融服务支持。建立健全适应电子商务发展的多元化、多渠道投融资机制。(有关部门按职责分工分别负责)研究鼓励符合条件的互联网企业在境内上市等相关政策。(证监会)支持商业银行、担保存货管理机构及电子商务企业开展无形资产、动产质押等多种形式的融资服务。鼓励商业银行、商业保理机构、电子商务企业开展供应链金融、商业保理服务,进一步拓展电子商务企业融资渠道。(人民银行、商务部)引导和推动创业投资基金,加大对电子商务初创企业的支持。(发展改革委)

(七)维护公平竞争。规范电子商务市场竞争行为,促进建立开放、公平、健康的电子商务市场竞争秩序。研究制定电子商务产品质量监督管理办法,探索建立风险监测、网上抽查、源头追溯、属地查处的电子商务产品质量监督机制,完善部门间、区域间监管信息共享和职能衔接机制。依法打击网络虚假宣传、生产销售假冒伪劣产品、违反国家出口管制法规政策跨境销售两用品和技术、不正当竞争等违法行为,组织开展电子商务产品质量提升行动,促进合法、诚信经营。(工商总局、质检总局、公安部、商务部按职责分工分别负责)重点查处达成垄断协议和滥用市场支配地位的问题,通过经营者集中反垄断审查,防止排除、限制市场竞争的行为。(发展改革委、工商总局、商务部)加强电子商务领域知识产权保护,研究进一步加大网络商业方法领域发明专利保护力度。(工业和信息化部、商务部、海关总署、工商总局、新闻出版广电总局、知识产权局等部门按职责分工分别负责)进一步加大政府利用电子商务平台进行采购的力度。(财政部)各级政府部门不得通过行政命令指定为电子商务提供公共服务的供应商,不得滥用行政权力排除、限制电子商务的竞争。(有关部门按职责分工分别负责)

三、促进就业创业

（八）鼓励电子商务领域就业创业。把发展电子商务促进就业纳入各地就业发展规划和电子商务发展整体规划。建立电子商务就业和社会保障指标统计制度。经工商登记注册的网络商户从业人员，同等享受各项就业创业扶持政策。未进行工商登记注册的网络商户从业人员，可认定为灵活就业人员，享受灵活就业人员扶持政策，其中在网络平台实名注册、稳定经营且信誉良好的网络商户创业者，可按规定享受小额担保贷款及贴息政策。支持中小微企业应用电子商务、拓展业务领域，鼓励有条件的地区建设电子商务创业园区，指导各类创业孵化基地为电子商务创业人员提供场地支持和创业孵化服务。加强电子商务企业用工服务，完善电子商务人才供求信息对接机制。（人力资源社会保障部、工业和信息化部、商务部、统计局，地方各级人民政府）

（九）加强人才培养培训。支持学校、企业及社会组织合作办学，探索实训式电子商务人才培养与培训机制。推进国家电子商务专业技术人才知识更新工程，指导各类培训机构增加电子商务技能培训项目，支持电子商务企业开展岗前培训、技能提升培训和高技能人才培训，加快培养电子商务领域的高素质专门人才和技术技能人才。参加职业培训和职业技能鉴定的人员，以及组织职工培训的电子商务企业，可按规定享受职业培训补贴和职业技能鉴定补贴政策。鼓励有条件的职业院校、社会培训机构和电子商务企业开展网络创业培训。（人力资源社会保障部、商务部、教育部、财政部）

（十）保障从业人员劳动权益。规范电子商务企业特别是网络商户劳动用工，经工商登记注册取得营业执照的，应与招用的劳动者依法签订劳动合同；未进行工商登记注册的，也可参照劳动合同法相关规定与劳动者签订民事协议，明确双方的权利、责任和义务。按规定将网络从业人员纳入各项社会保险，对未进行工商登记注册的网络商户，其从业人员可按灵活就业人员参保缴费办法参加社会保险。符合条件的就业困难人员和高校毕业生，可享受灵活就业人员社会保险补贴政策。长期雇用5人及以上的网络商户，可在工商注册地进行社会保险登记，参加企业职工的各项社会保险。满足统筹地区社会保险优惠政策条件的网络商户，可享受社会保险优惠政策。（人力资源社会保障部）

四、推动转型升级

（十一）创新服务民生方式。积极拓展信息消费新渠道，创新移动电子商务应用，支持面向城乡居民社区提供日常消费、家政服务、远程缴费、健康医疗等商业和综合服务的电子商务平台发展。加快推动传统媒体与新兴媒体深度融合，提升文化企业网络服务能力，支持文化产品电子商务平台发展，规范网络文化市场。支持教育、会展、咨询、广告、餐饮、娱乐等服务企业深化电子商务应用。（有关部门按职责分工分别负责）鼓励支持旅游景点、酒店等开展线上营销，规范发展在线旅游预订市场，推动旅游在线服务模式创新。（旅游局、工商总局）加快建立全国12315互联网平台，完善网上交易在线投诉及售后维权机制，研究制定7天无理由退货实施细则，促进网络购物消费健康快速发展。（工商总局）

（十二）推动传统商贸流通企业发展电子商务。鼓励有条件的大型零售企业开办网上商城，积极利用移动互联网、地理位置服务、大数据等信息技术提升流通效率和服务质量。支持中小零售企业与电子商务平台优势互补，加强服务资源整合，促进线上交易与线下交易融合互动。（商务部）推动各类专业市场建设网上市场，通过线上线下融合，加速向网络化市场转型，研究完善能源、化工、钢铁、林业等行业电子商务平台规范发展的相关措施。（有关部门按职责分工分别负责）制定完善互联网食品药品经营监督管理办法，规范食品、保健食品、药品、化妆品、医疗器械网络经营行为，加强互联网食品药品市场监测监管体系建设，推动医药电子商务发展。（食品药品监管总局、卫生计生委、商务部）

（十三）积极发展农村电子商务。加强互联网与农业农村融合发展，引入产业链、价值链、供应链等现代管理理念和方式，研究制定促进农村电子商务发展的意见，出台支持政策措施。（商务部、农业部）加强鲜活农产品标准体系、动植物检疫体系、安全追溯体系、质量保障与安全监管体系建设，大力发展农产品冷链基础设施。（质检总局、发展改革委、商务部、农业部、食品药品监管总局）开展电子商务进农村综合示范，推动信息进村入户，利用"万村千乡"市场网络改善农村地区电子商务服务环境。（商务部、农业部）建设地理标志产品技术标准体系和产品质量保证体系，支持利用电子商务平台宣传和销售地理标志产品，鼓励电子商务平台服务"一村一品"，促进品牌农产品走出去。鼓励农业生产资料企业发展电子商务。（农业部、质检总局、工商总局）支持林业电子商务发展，逐步建立林产品交易诚信体系、林产品和林权交易服务体系。（林业局）

（十四）创新工业生产组织方式。支持生产制造企业深化物联网、云计算、大数据、三维（3D）设计及打印等信息技术在生产制造各环节的应用，建立与客户电子商务系统对接的网络制造管理系统，提高加工订单的响应速度及柔性制造能力；面向网络消费者个性化需求，建立网络化经营管理模式，发展"以销定产"及"个性化定制"生产方式。（工业和信息化部、科技部、商务部）鼓励电子商务企业大力开展品牌经营，优化配置研发、设计、生产、物流等优势资源，满足网络消费者需求。（商务部、工商总局、质检总局）鼓励创意服务，探索建立生产性创新服务平台，面向初创企业及创意群体提供设计、测试、生产、融资、运营等创新创业服务。（工业和信息化部、科技部）

（十五）推广金融服务新工具。建设完善移动金融安全可信公共服务平台，制定相关应用服务的政策措施，推动金融机构、电信运营商、银行卡清算机构、支付机构、电子商务企业等加强合作，实现移动金融在电子商务领域的规模化应用；推广应用具有硬件数字证书、采用国家密码行政主管部门规定算法的移动智能终端，保障移动电子商务交易的安全性和真实性；制定在线支付标准规范和制度，提升电子商务在线支付的安全性，满足电子商务交易及公共服务领域金融服务需求；鼓励商业银行与电子商务企业开展多元化金融服务合作，提升电子商务服务质量和效率。（人民银行、密码局、国家标准委）

（十六）规范网络化金融服务新产品。鼓励证券、保险、公募基金等企业和机构依法进行网络化创新，完善互联网保险产品审核和信息披露制度，探索建立适应互联网证券、保险、公募基金产品销售等互联网金融活动的新型监管方式。（人民银行、证监会、保监会）规范保险业电子商务平台建设，研究制定电子商务涉及的信用保证保险的相关扶持政策，鼓励发展小微企业信贷信用保险、个人消费履约保证保险等新业务，扩大信用保险保单融资范围。完善在线旅游服

务企业投保办法。(保监会、银监会、旅游局按职责分工分别负责)

五、完善物流基础设施

(十七)支持物流配送终端及智慧物流平台建设。推动跨地区跨行业的智慧物流信息平台建设,鼓励在法律规定范围内发展共同配送等物流配送组织新模式。(交通运输部、商务部、邮政局、发展改革委)支持物流(快递)配送站、智能快件箱等物流设施建设,鼓励社区物业、村级信息服务站(点)、便利店等提供快件派送服务。支持快递服务网络向农村地区延伸。(地方各级人民政府,商务部、邮政局、农业部按职责分工分别负责)推进电子商务与物流快递协同发展。(财政部、商务部、邮政局)鼓励学校、快递企业、第三方主体因地制宜加强合作,通过设置智能快件箱或快件收发室、委托校园邮政局所代为投递、建立共同配送站点等方式,促进快递进校园。(地方各级人民政府,邮政局、商务部、教育部)根据执法需求,研究推动被监管人员生活物资电子商务和智能配送。(司法部)有条件的城市应将配套建设物流(快递)配送站、智能终端设施纳入城市社区发展规划,鼓励电子商务企业和物流(快递)企业对网络购物商品包装物进行回收和循环利用。(有关部门按职责分工分别负责)

(十八)规范物流配送车辆管理。各地区要按照有关规定,推动城市配送车辆的标准化、专业化发展;制定并实施城市配送用汽车、电动三轮车等车辆管理办法,强化城市配送运力需求管理,保障配送车辆的便利通行;鼓励采用清洁能源车辆开展物流(快递)配送业务,支持充电、加气等设施建设;合理规划物流(快递)配送车辆通行路线和货物装卸搬运地点。对物流(快递)配送车辆采取通行证管理的城市,应明确管理部门、公开准入条件、引入社会监督。(地方各级人民政府)

(十九)合理布局物流仓储设施。完善仓储建设标准体系,鼓励现代化仓储设施建设,加强偏远地区仓储设施建设。(住房城乡建设部、公安部、发展改革委、商务部、林业局)各地区要在城乡规划中合理规划布局物流仓储用地,在土地利用总体规划和年度供地计划中合理安排仓储建设用地,引导社会资本进行仓储设施投资建设或再利用,严禁擅自改变物流仓储用地性质。(地方各级人民政府)鼓励物流(快递)企业发展"仓配一体化"服务。(商务部、邮政局)

六、提升对外开放水平

(二十)加强电子商务国际合作。积极发起或参与多双边或区域关于电子商务规则的谈判和交流合作,研究建立我国与国际认可组织的互认机制,依托我国认证认可制度和体系,完善电子商务企业和商品的合格评定机制,提升国际组织和机构对我国电子商务企业和商品认证结果的认可程度,力争国际电子商务规制制定的主动权和跨境电子商务发展的话语权。(商务部、质检总局)

(二十一)提升跨境电子商务通关效率。积极推进跨境电子商务通关、检验检疫、结汇、缴进口税等关键环节"单一窗口"综合服务体系建设,简化与完善跨境电子商务货物返修与退运通关流程,提高通关效率。(海关总署、财政部、税务总局、质检总局、外汇局)探索建立跨境电子商务货物负面清单、风险监测制度,完善跨境电子商务货物通关与检验检疫监管模式,建立跨境电子商务及相关物流企业诚信分类管理制度,防止疫病疫情传入、外来有害生物入侵和物种资源流失。(海关总署、质检总局按职责分工分别负责)大力支持中国(杭州)跨境电子商务综合试验区先行先试,尽快形成可复制、可推广的经验,加快在全国范围推广。(商务部、发展改革委)

(二十二)推动电子商务走出去。抓紧研究制定促进跨境电子商务发展的指导意见。(商务部、发展改革委、海关总署、工业和信息化部、财政部、人民银行、税务总局、工商总局、质检总局、外汇局)鼓励国家政策性银行在业务范围内加大对电子商务企业境外投资并购的贷款支持,研究制定针对电子商务企业境外上市的规范管理政策。(人民银行、证监会、商务部、发展改革委、工业和信息化部)简化电子商务企业境外直接投资外汇登记手续,拓宽其境外直接投资外汇登记及变更登记业务办理渠道。(外汇局)支持电子商务企业建立海外营销渠道,创立自有品牌。各驻外机构应加大对电子商务企业走出去的服务力度。进一步开放面向港澳台地区的电子商务市场,推动设立海峡两岸电子商务经济合作实验区。鼓励发展面向"一带一路"沿线国家的电子商务合作,扩大跨境电子商务综合试点,建立政府、企业、专家等各个层面的对话机制,发起和主导电子商务多边合作。(有关部门按职责分工分别负责)

七、构筑安全保障防线

(二十三)保障电子商务网络安全。电子商务企业要按照国家信息安全等级保护管理规范和技术标准相关要求,采用安全可控的信息设备和网络安全产品,建设完善网络安全防护体系、数据资源安全管理体系和网络安全应急处置体系,鼓励电子商务企业获得信息安全管理体系认证,提高自身信息安全管理水平。鼓励电子商务企业加强与网络安全专业服务机构、相关管理部门的合作,共享网络安全威胁预警信息,消除网络安全隐患,共同防范网络攻击破坏、窃取公民个人信息等违法犯罪活动。(公安部、国家认监委、工业和信息化部、密码局)

(二十四)确保电子商务交易安全。研究制定电子商务交易安全管理制度,明确电子商务交易各方的安全责任和义务。(工商总局、工业和信息化部、公安部)建立电子认证信任体系,促进电子认证机构数字证书交叉互认和数字证书应用的互联互通,推广数字证书在电子商务交易领域的应用。建立电子合同等电子交易凭证的规范管理机制,确保网络交易各方的合法权益。加强电子商务交易各方信息保护,保障电子商务消费者个人信息安全。(工业和信息化部、工商总局、密码局等有关部门按职责分工分别负责)

(二十五)预防和打击电子商务领域违法犯罪。电子商务企业要切实履行违禁品信息巡查清理、交易记录及日志留存、违法犯罪线索报告等责任和义务,加强对销售管制商品网络商户的资格审查和对异常交易、非法交易的监控,防范电子商务在线支付给违法犯罪活动提供洗钱等便利,并为打击网络违法犯罪提供技术支持。加强电子商务企业与相关管理部门的协作配合,建立跨机构合作机制,加大对制售假冒伪劣商品、网络盗窃、网络诈骗、网上非法交易等违法犯罪活动的打击力度。(公安部、工商总局、人民银行、银监会、工业和信息化部、商务部等有关部门按职责分工分别负责)

八、健全支撑体系

（二十六）健全法规标准体系。加快推进电子商务法立法进程，研究制定或适时修订相关法规，明确电子票据、电子合同、电子检验检疫报告和证书、各类电子交易凭证等的法律效力，作为处理相关业务的合法凭证。（有关部门按职责分工分别负责）制定适合电子商务特点的投诉管理制度，制定基于统一产品编码的电子商务交易产品质量信息发布规范，建立电子商务纠纷解决和产品质量担保责任机制。（工商总局、质检总局等部门按职责分工分别负责）逐步推行电子发票和电子会计档案，完善相关技术标准和规章制度。（税务总局、财政部、档案局、国家标准委）建立完善电子商务统计制度，扩大电子商务统计的覆盖面，增强统计的及时性、真实性。（统计局、商务部）统一线上线下的商品编码标识，完善电子商务标准规范体系，研究电子商务基础性关键标准，积极主导和参与制定电子商务国际标准。（国家标准委、商务部）

（二十七）加强信用体系建设。建立健全电子商务信用信息管理制度，推动电子商务企业信用信息公开。推进人口、法人、商标和产品质量等信息资源向电子商务企业和信用服务机构开放，逐步降低查询及利用成本。（工商总局、商务部、公安部、质检总局等部门按职责分工分别负责）促进电子商务信用信息与社会其他领域相关信息的交换共享，推动电子商务信用评价，建立健全电子商务领域失信行为联合惩戒机制。（发展改革委、人民银行、工商总局、质检总局、商务部）推动电子商务领域应用网络身份证，完善网店实名制，鼓励发展社会化的电子商务网站可信认证服务。（公安部、工商总局、质检总局）发展电子商务可信交易保障公共服务，完善电子商务信用服务保障制度，推动信用调查、信用评估、信用担保等第三方信用服务和产品在电子商务中的推广应用。（工商总局、质检总局）

（二十八）强化科技与教育支撑。开展电子商务基础理论、发展规律研究。加强电子商务领域云计算、大数据、物联网、智能交易等核心关键技术研究开发。实施网络定制服务、网络平台服务、网络交易服务、网络贸易服务、网络交易保障服务技术研发与应用示范工程。强化产学研结合的企业技术中心、工程技术中心、重点实验室建设。鼓励企业组建产学研协同创新联盟。探索建立电子商务学科体系，引导高等院校加强电子商务学科建设和人才培养，为电子商务发展提供更多的高层次复合型专门人才。（科技部、教育部、发展改革委、商务部）建立预防网络诈骗、保障交易安全、保护个人信息等相关知识的宣传与服务机制。（公安部、工商总局、质检总局）

（二十九）协调推动区域电子商务发展。各地区要把电子商务列入经济与社会发展规划，按照国家有关区域发展规划和对外经贸合作战略，立足城市产业发展特点和优势，引导各类电子商务业态和功能聚集，推动电子商务产业统筹协调、错位发展。推动国家电子商务示范城市、示范基地建设。（有关地方人民政府）依托国家电子商务示范城市，加快开展电子商务法规政策创新和试点示范工作，为国家制定电子商务相关法规和政策提供实践依据。加强对中西部和东北地区电子商务示范城市的支持与指导。（发展改革委、财政部、商务部、人民银行、海关总署、税务总局、工商总局、质检总局等部门按照职责分工分别负责）

各地区、各部门要认真落实本意见提出的各项任务，于2015年底前研究出台具体政策。发展改革委、中央网信办、商务部、工业和信息化部、财政部、人力资源社会保障部、人民银行、海关总署、税务总局、工商总局、质检总局等部门要完善电子商务跨部门协调工作机制,研究重大问题,加强指导和服务。有关社会机构要充分发挥自身监督作用,推动行业自律和服务创新。相关部门、社团组织及企业要解放思想,转变观念,密切协作,开拓创新,共同推动建立规范有序、社会共治、辐射全球的电子商务大市场,促进经济平稳健康发展。

国务院
2015 年 5 月 4 日

中华人民共和国食品安全法

中华人民共和国主席令第 21 号

《中华人民共和国食品安全法》已由中华人民共和国第十二届全国人民代表大会常务委员会第十四次会议于 2015 年 4 月 24 日修订通过,现将修订后的《中华人民共和国食品安全法》公布,自 2015 年 10 月 1 日起施行。

中华人民共和国主席　习近平
2015 年 4 月 24 日

中华人民共和国食品安全法

目　录

第一章　总则
第二章　食品安全风险监测和评估
第三章　食品安全标准
第四章　食品生产经营
　　第一节　一般规定
　　第二节　生产经营过程控制
　　第三节　标签、说明书和广告
　　第四节　特殊食品
第五章　食品检验
第六章　食品进出口

第七章　食品安全事故处置
第八章　监督管理
第九章　法律责任
第十章　附则

第一章　总　　则

第一条　为了保证食品安全,保障公众身体健康和生命安全,制定本法。
第二条　在中华人民共和国境内从事下列活动,应当遵守本法:
(一)食品生产和加工(以下称食品生产),食品销售和餐饮服务(以下称食品经营);
(二)食品添加剂的生产经营;
(三)用于食品的包装材料、容器、洗涤剂、消毒剂和用于食品生产经营的工具、设备(以下称食品相关产品)的生产经营;
(四)食品生产经营者使用食品添加剂、食品相关产品;
(五)食品的贮存和运输;
(六)对食品、食品添加剂、食品相关产品的安全管理。
供食用的源于农业的初级产品(以下称食用农产品)的质量安全管理,遵守《中华人民共和国农产品质量安全法》的规定。但是,食用农产品的市场销售、有关质量安全标准的制定、有关安全信息的公布和本法对农业投入品作出规定的,应当遵守本法的规定。
第三条　食品安全工作实行预防为主、风险管理、全程控制、社会共治,建立科学、严格的监督管理制度。
第四条　食品生产经营者对其生产经营食品的安全负责。
食品生产经营者应当依照法律、法规和食品安全标准从事生产经营活动,保证食品安全,诚信自律,对社会和公众负责,接受社会监督,承担社会责任。
第五条　国务院设立食品安全委员会,其职责由国务院规定。
国务院食品药品监督管理部门依照本法和国务院规定的职责,对食品生产经营活动实施监督管理。
国务院卫生行政部门依照本法和国务院规定的职责,组织开展食品安全风险监测和风险评估,会同国务院食品药品监督管理部门制定并公布食品安全国家标准。
国务院其他有关部门依照本法和国务院规定的职责,承担有关食品安全工作。
第六条　县级以上地方人民政府对本行政区域的食品安全监督管理工作负责,统一领导、组织、协调本行政区域的食品安全监督管理工作以及食品安全突发事件应对工作,建立健全食品安全全程监督管理工作机制和信息共享机制。
县级以上地方人民政府依照本法和国务院的规定,确定本级食品药品监督管理、卫生行政部门和其他有关部门的职责。有关部门在各自职责范围内负责本行政区域的食品安全监督管理工作。
县级人民政府食品药品监督管理部门可以在乡镇或者特定区域设立派出机构。
第七条　县级以上地方人民政府实行食品安全监督管理责任制。上级人民政府负责对下一级人民政府的食品安全监督管理工作进行评议、考核。县级以上地方人民政府负责对本级食品药品监督管理部门和其他有关部门的食品安全监督管理工作进行评议、考核。

第八条 县级以上人民政府应当将食品安全工作纳入本级国民经济和社会发展规划,将食品安全工作经费列入本级政府财政预算,加强食品安全监督管理能力建设,为食品安全工作提供保障。

县级以上人民政府食品药品监督管理部门和其他有关部门应当加强沟通、密切配合,按照各自职责分工,依法行使职权,承担责任。

第九条 食品行业协会应当加强行业自律,按照章程建立健全行业规范和奖惩机制,提供食品安全信息、技术等服务,引导和督促食品生产经营者依法生产经营,推动行业诚信建设,宣传、普及食品安全知识。

消费者协会和其他消费者组织对违反本法规定,损害消费者合法权益的行为,依法进行社会监督。

第十条 各级人民政府应当加强食品安全的宣传教育,普及食品安全知识,鼓励社会组织、基层群众性自治组织、食品生产经营者开展食品安全法律、法规以及食品安全标准和知识的普及工作,倡导健康的饮食方式,增强消费者食品安全意识和自我保护能力。

新闻媒体应当开展食品安全法律、法规以及食品安全标准和知识的公益宣传,并对食品安全违法行为进行舆论监督。有关食品安全的宣传报道应当真实、公正。

第十一条 国家鼓励和支持开展与食品安全有关的基础研究、应用研究,鼓励和支持食品生产经营者为提高食品安全水平采用先进技术和先进管理规范。

国家对农药的使用实行严格的管理制度,加快淘汰剧毒、高毒、高残留农药,推动替代产品的研发和应用,鼓励使用高效低毒低残留农药。

第十二条 任何组织或者个人有权举报食品安全违法行为,依法向有关部门了解食品安全信息,对食品安全监督管理工作提出意见和建议。

第十三条 对在食品安全工作中做出突出贡献的单位和个人,按照国家有关规定给予表彰、奖励。

第二章 食品安全风险监测和评估

第十四条 国家建立食品安全风险监测制度,对食源性疾病、食品污染以及食品中的有害因素进行监测。

国务院卫生行政部门会同国务院食品药品监督管理、质量监督等部门,制定、实施国家食品安全风险监测计划。

国务院食品药品监督管理部门和其他有关部门获知有关食品安全风险信息后,应当立即核实并向国务院卫生行政部门通报。对有关部门通报的食品安全风险信息以及医疗机构报告的食源性疾病等有关疾病信息,国务院卫生行政部门应当会同国务院有关部门分析研究,认为必要的,及时调整国家食品安全风险监测计划。

省、自治区、直辖市人民政府卫生行政部门会同同级食品药品监督管理、质量监督等部门,根据国家食品安全风险监测计划,结合本行政区域的具体情况,制定、调整本行政区域的食品安全风险监测方案,报国务院卫生行政部门备案并实施。

第十五条 承担食品安全风险监测工作的技术机构应当根据食品安全风险监测计划和监测方案开展监测工作,保证监测数据真实、准确,并按照食品安全风险监测计划和监测方案的要求报送监测数据和分析结果。

食品安全风险监测工作人员有权进入相关食用农产品种植养殖、食品生产经营场所采集样品、收集相关数据。采集样品应当按照市场价格支付费用。

第十六条 食品安全风险监测结果表明可能存在食品安全隐患的,县级以上人民政府卫生行政部门应当及时将相关信息通报同级食品药品监督管理等部门,并报告本级人民政府和上级人民政府卫生行政部门。食品药品监督管理等部门应当组织开展进一步调查。

第十七条 国家建立食品安全风险评估制度,运用科学方法,根据食品安全风险监测信息、科学数据以及有关信息,对食品、食品添加剂、食品相关产品中生物性、化学性和物理性危害因素进行风险评估。

国务院卫生行政部门负责组织食品安全风险评估工作,成立由医学、农业、食品、营养、生物、环境等方面的专家组成的食品安全风险评估专家委员会进行食品安全风险评估。食品安全风险评估结果由国务院卫生行政部门公布。

对农药、肥料、兽药、饲料和饲料添加剂等的安全性评估,应当有食品安全风险评估专家委员会的专家参加。

食品安全风险评估不得向生产经营者收取费用,采集样品应当按照市场价格支付费用。

第十八条 有下列情形之一的,应当进行食品安全风险评估:

(一)通过食品安全风险监测或者接到举报发现食品、食品添加剂、食品相关产品可能存在安全隐患的;

(二)为制定或者修订食品安全国家标准提供科学依据需要进行风险评估的;

(三)为确定监督管理的重点领域、重点品种需要进行风险评估的;

(四)发现新的可能危害食品安全因素的;

(五)需要判断某一因素是否构成食品安全隐患的;

(六)国务院卫生行政部门认为需要进行风险评估的其他情形。

第十九条 国务院食品药品监督管理、质量监督、农业行政等部门在监督管理工作中发现需要进行食品安全风险评估的,应当向国务院卫生行政部门提出食品安全风险评估的建议,并提供风险来源、相关检验数据和结论等信息、资料。属于本法第十八条规定情形的,国务院卫生行政部门应当及时进行食品安全风险评估,并向国务院有关部门通报评估结果。

第二十条 省级以上人民政府卫生行政、农业行政部门应当及时相互通报食品、食用农产品安全风险监测信息。

国务院卫生行政、农业行政部门应当及时相互通报食品、食用农产品安全风险评估结果等信息。

第二十一条 食品安全风险评估结果是制定、修订食品安全标准和实施食品安全监督管理的科学依据。

经食品安全风险评估,得出食品、食品添加剂、食品相关产品不安全结论的,国务院食品药品监督管理、质量监督等部门应当依据各自职责立即向社会公告,告知消费者停止食用或者使用,并采取相应措施,确保该食品、食品添加剂、食品相关产品停止生产经营;需要制定、修订相关食品安全国家标准的,国务院卫生行政部门应当会同国务院食品药品监督管理部门立即制定、修订。

第二十二条 国务院食品药品监督管理部门应当会同国务院有关部门,根据食品安全风险评估结果、食品安全监督管理信息,对食品安全状况进行综合分析。对经综合分析表明可能具有较高程度安全风险的食品,国务院食品药品监督管理部门应当及时提出食品安全风险警示,并向社会公布。

第二十三条 县级以上人民政府食品药品监督管理部门和其他有关部门、食品安全风险评估专家委员会及其技术机构,应当按照科学、客观、及时、公开的原则,组织食品生产经营者、食品检验机构、认证机构、食品行业协会、消费者协会以及新闻媒体等,就食品安全风险评估信息和食品安全监督管理信息进行交流沟通。

第三章 食品安全标准

第二十四条 制定食品安全标准,应当以保障公众身体健康为宗旨,做到科学合理、安全可靠。

第二十五条 食品安全标准是强制执行的标准。除食品安全标准外,不得制定其他食品强制性标准。

第二十六条 食品安全标准应当包括下列内容:

(一)食品、食品添加剂、食品相关产品中的致病性微生物,农药残留、兽药残留、生物毒素、重金属等污染物质以及其他危害人体健康物质的限量规定;

(二)食品添加剂的品种、使用范围、用量;

(三)专供婴幼儿和其他特定人群的主辅食品的营养成分要求;

(四)对与卫生、营养等食品安全要求有关的标签、标志、说明书的要求;

(五)食品生产经营过程的卫生要求;

(六)与食品安全有关的质量要求;

(七)与食品安全有关的食品检验方法与规程;

(八)其他需要制定为食品安全标准的内容。

第二十七条 食品安全国家标准由国务院卫生行政部门会同国务院食品药品监督管理部门制定、公布,国务院标准化行政部门提供国家标准编号。

食品中农药残留、兽药残留的限量规定及其检验方法与规程由国务院卫生行政部门、国务院农业行政部门会同国务院食品药品监督管理部门制定。

屠宰畜、禽的检验规程由国务院农业行政部门会同国务院卫生行政部门制定。

第二十八条 制定食品安全国家标准,应当依据食品安全风险评估结果并充分考虑食用农产品安全风险评估结果,参照相关的国际标准和国际食品安全风险评估结果,并将食品安全国家标准草案向社会公布,广泛听取食品生产经营者、消费者、有关部门等方面的意见。

食品安全国家标准应当经国务院卫生行政部门组织的食品安全国家标准审评委员会审查通过。食品安全国家标准审评委员会由医学、农业、食品、营养、生物、环境等方面的专家以及国务院有关部门、食品行业协会、消费者协会的代表组成,对食品安全国家标准草案的科学性和实用性等进行审查。

第二十九条 对地方特色食品,没有食品安全国家标准的,省、自治区、直辖市人民政府卫生行政部门可以制定并公布食品安全地方标准,报国务院卫生行政部门备案。食品安全国家标准制定后,该地方标准即行废止。

第三十条 国家鼓励食品生产企业制定严于食品安全国家标准或者地方标准的企业标准,在本企业适用,并报省、自治区、直辖市人民政府卫生行政部门备案。

第三十一条 省级以上人民政府卫生行政部门应当在其网站上公布制定和备案的食品安全国家标准、地方标准和企业标准,供公众免费查阅、下载。

对食品安全标准执行过程中的问题,县级以上人民政府卫生行政部门应当会同有关部门及时给予指导、解答。

第三十二条 省级以上人民政府卫生行政部门应当会同同级食品药品监督管理、质量监督、农业行政等部门,分别对食品安全国家标准和地方标准的执行情况进行跟踪评价,并根据评价结果及时修订食品安全标准。

省级以上人民政府食品药品监督管理、质量监督、农业行政等部门应当对食品安全标准执行中存在的问题进行收集、汇总,并及时向同级卫生行政部门通报。

食品生产经营者、食品行业协会发现食品安全标准在执行中存在问题的,应当立即向卫生行政部门报告。

第四章 食品生产经营

第一节 一般规定

第三十三条 食品生产经营应当符合食品安全标准,并符合下列要求:

(一)具有与生产经营的食品品种、数量相适应的食品原料处理和食品加工、包装、贮存等场所,保持该场所环境整洁,并与有毒、有害场所以及其他污染源保持规定的距离;

(二)具有与生产经营的食品品种、数量相适应的生产经营设备或者设施,有相应的消毒、更衣、盥洗、采光、照明、通风、防腐、防尘、防蝇、防鼠、防虫、洗涤以及处理废水、存放垃圾和废弃物的设备或者设施;

(三)有专职或者兼职的食品安全专业技术人员、食品安全管理人员和保证食品安全的规章制度;

(四)具有合理的设备布局和工艺流程,防止待加工食品与直接入口食品、原料与成品交叉污染,避免食品接触有毒物、不洁物;

(五)餐具、饮具和盛放直接入口食品的容器,使用前应当洗净、消毒,炊具、用具用后应当洗净,保持清洁;

(六)贮存、运输和装卸食品的容器、工具和设备应当安全、无害,保持清洁,防止食品污染,并符合保证食品安全所需的温度、湿度等特殊要求,不得将食品与有毒、有害物品一同贮存、运输;

(七)直接入口的食品应当使用无毒、清洁的包装材料、餐具、饮具和容器;

(八)食品生产经营人员应当保持个人卫生,生产经营食品时,应当将手洗净,穿戴清洁的工作衣、帽等;销售无包装的直接入口食品时,应当使用无毒、清洁的容器、售货工具和设备;

(九)用水应当符合国家规定的生活饮用水卫生标准;

(十)使用的洗涤剂、消毒剂应当对人体安全、无害;

(十一)法律、法规规定的其他要求。

非食品生产经营者从事食品贮存、运输和装卸的,应当符合前款第六项的规定。

第三十四条 禁止生产经营下列食品、食品添加剂、食品相关产品:

(一)用非食品原料生产的食品或者添加食品添加剂以外的化学物质和其他可能危害人体健康物质的食品,或者用回收食品作为原料生产的食品;

(二)致病性微生物,农药残留、兽药残留、生物毒素、重金属等污染物质以及其他危害人体健康的物质含量超过食品安全标准限量的食品、食品添加剂、食品相关产品;

(三)用超过保质期的食品原料、食品添加剂生产的食品、食品添加剂;

(四)超范围、超限量使用食品添加剂的食品;

(五)营养成分不符合食品安全标准的专供婴幼儿和其他特定人群的主辅食品;

(六)腐败变质、油脂酸败、霉变生虫、污秽不洁、混有异物、掺假掺杂或者感官性状异常的食品、食品添加剂;

(七)病死、毒死或者死因不明的禽、畜、兽、水产动物肉类及其制品;

(八)未按规定进行检疫或者检疫不合格的肉类,或者未经检验或者检验不合格的肉类制品;

(九)被包装材料、容器、运输工具等污染的食品、食品添加剂;

(十)标注虚假生产日期、保质期或者超过保质期的食品、食品添加剂;

(十一)无标签的预包装食品、食品添加剂;

(十二)国家为防病等特殊需要明令禁止生产经营的食品;

(十三)其他不符合法律、法规或者食品安全标准的食品、食品添加剂、食品相关产品。

第三十五条 国家对食品生产经营实行许可制度。从事食品生产、食品销售、餐饮服务,应当依法取得许可。但是,销售食用农产品,不需要取得许可。

县级以上地方人民政府食品药品监督管理部门应当依照《中华人民共和国行政许可法》的规定,审核申请人提交的本法第三十三条第一款第一项至第四项规定要求的相关资料,必要时对申请人的生产经营场所进行现场核查;对符合规定条件的,准予许可;对不符合规定条件的,不予许可并书面说明理由。

第三十六条 食品生产加工小作坊和食品摊贩等从事食品生产经营活动,应当符合本法规定的与其生产经营规模、条件相适应的食品安全要求,保证所生产经营的食品卫生、无毒、无害,食品药品监督管理部门应当对其加强监督管理。

县级以上地方人民政府应当对食品生产加工小作坊、食品摊贩等进行综合治理,加强服务和统一规划,改善其生产经营环境,鼓励和支持其改进生产经营条件,进入集中交易市场、店铺等固定场所经营,或者在指定的临时经营区域、时段经营。

食品生产加工小作坊和食品摊贩等的具体管理办法由省、自治区、直辖市制定。

第三十七条 利用新的食品原料生产食品,或者生产食品添加剂新品种、食品相关产品新品种,应当向国务院卫生行政部门提交相关产品的安全性评估材料。国务院卫生行政部门应当自收到申请之日起六十日内组织审查;对符合食品安全要求的,准予许可并公布;对不符合食品安全要求的,不予许可并书面说明理由。

第三十八条 生产经营的食品中不得添加药品,但是可以添加按照传统既是食品又是中药材的物质。按照传统既是食品又是中药材的物质目录由国务院卫生行政部门会同国务院食品药品监督管理部门制定、公布。

第三十九条 国家对食品添加剂生产实行许可制度。从事食品添加剂生产,应当具有与所生产食品添加剂品种相适应的场所、生产设备或者设施、专业技术人员和管理制度,并依照本法第三十五条第二款规定的程序,取得食品添加剂生产许可。

生产食品添加剂应当符合法律、法规和食品安全国家标准。

第四十条 食品添加剂应当在技术上确有必要且经过风险评估证明安全可靠,方可列入允许使用的范围;有关食品安全国家标准应当根据技术必要性和食品安全风险评估结果及时修订。

食品生产经营者应当按照食品安全国家标准使用食品添加剂。

第四十一条 生产食品相关产品应当符合法律、法规和食品安全国家标准。对直接接触食品的包装材料等具有较高风险的食品相关产品,按照国家有关工业产品生产许可证管理的规定实施生产许可。质量监督部门应当加强对食品相关产品生产活动的监督管理。

第四十二条 国家建立食品安全全程追溯制度。

食品生产经营者应当依照本法的规定,建立食品安全追溯体系,保证食品可追溯。国家鼓励食品生产经营者采用信息化手段采集、留存生产经营信息,建立食品安全追溯体系。

国务院食品药品监督管理部门会同国务院农业行政等有关部门建立食品安全全程追溯协作机制。

第四十三条 地方各级人民政府应当采取措施鼓励食品规模化生产和连锁经营、配送。

国家鼓励食品生产经营企业参加食品安全责任保险。

第二节 生产经营过程控制

第四十四条 食品生产经营企业应当建立健全食品安全管理制度,对职工进行食品安全知识培训,加强食品检验工作,依法从事生产经营活动。

食品生产经营企业的主要负责人应当落实企业食品安全管理制度,对本企业的食品安全工作全面负责。

食品生产经营企业应当配备食品安全管理人员,加强对其培训和考核。经考核不具备食品安全管理能力的,不得上岗。食品药品监督管理部门应当对企业食品安全管理人员随机进行监督抽查考核并公布考核情况。监督抽查考核不得收取费用。

第四十五条 食品生产经营者应当建立并执行从业人员健康管理制度。患有国务院卫生行政部门规定的有碍食品安全疾病的人员,不得从事接触直接入口食品的工作。

从事接触直接入口食品工作的食品生产经营人员应当每年进行健康检查,取得健康证明后方可上岗工作。

第四十六条 食品生产企业应当就下列事项制定并实施控制要求,保证所生产的食品符合食品安全标准:

(一)原料采购、原料验收、投料等原料控制;

(二)生产工序、设备、贮存、包装等生产关键环节控制;

(三)原料检验、半成品检验、成品出厂检验等检验控制;

(四)运输和交付控制。

第四十七条 食品生产经营者应当建立食品安全自查制度,定期对食品安全状况进行检查评价。生产经营条件发生变化,不再符合食品安全要求的,食品生产经营者应当立即采取整改措施;有发生食品安全事故潜在风险的,应当立即停止食品生产经营活动,并向所在地县级人民政府食品药品监督管理部门报告。

第四十八条 国家鼓励食品生产经营企业符合良好生产规范要求,实施危害分析与关键控制点体系,提高食品安全管理水平。

对通过良好生产规范、危害分析与关键控制点体系认证的食品生产经营企业,认证机构应当依法实施跟踪调查;对不再符合认证要求的企业,应当依法撤销认证,及时向县级以上人民政府食品药品监督管理部门通报,并向社会公布。认证机构实施跟踪调查不得收取费用。

第四十九条 食用农产品生产者应当按照食品安全标准和国家有关规定使用农药、肥料、兽药、饲料和饲料添加剂等农业投入品,严格执行农业投入品使用安全间隔期或者休药期的规定,不得使用国家明令禁止的农业投入品。禁止将剧毒、高毒农药用于蔬菜、瓜果、茶叶和中草药材等国家规定的农作物。

食用农产品的生产企业和农民专业合作经济组织应当建立农业投入品使用记录制度。

县级以上人民政府农业行政部门应当加强对农业投入品使用的监督管理和指导,建立健全农业投入品安全使用制度。

第五十条 食品生产者采购食品原料、食品添加剂、食品相关产品,应当查验供货者的许可证和产品合格证明;对无法提供合格证明的食品原料,应当按照食品安全标准进行检验;不得采购或者使用不符合食品安全标准的食品原料、食品添加剂、食品相关产品。

食品生产企业应当建立食品原料、食品添加剂、食品相关产品进货查验记录制度,如实记录食品原料、食品添加剂、食品相关产品的名称、规格、数量、生产日期或者生产批号、保质期、进货日期以及供货者名称、地址、联系方式等内容,并保存相关凭证。记录和凭证保存期限不得少于产品保质期满后六个月;没有明确保质期的,保存期限不得少于二年。

第五十一条 食品生产企业应当建立食品出厂检验记录制度,查验出厂食品的检验合格证和安全状况,如实记录食品的名称、规格、数量、生产日期或者生产批号、保质期、检验合格证号、销售日期以及购货者名称、地址、联系方式等内容,并保存相关凭证。记录和凭证保存期限应当符合本法第五十条第二款的规定。

第五十二条 食品、食品添加剂、食品相关产品的生产者,应当按照食品安全标准对所生产的食品、食品添加剂、食品相关产品进行检验,检验合格后方可出厂或者销售。

第五十三条 食品经营者采购食品,应当查验供货者的许可证和食品出厂检验合格证或者其他合格证明(以下称合格证明文件)。

食品经营企业应当建立食品进货查验记录制度,如实记录食品的名称、规格、数量、生产日期或者生产批号、保质期、进货日期以及供货者名称、地址、联系方式等内容,并保存相关凭证。记录和凭证保存期限应当符合本法第五十条第二款的规定。

实行统一配送经营方式的食品经营企业,可以由企业总部统一查验供货者的许可证和食品合格证明文件,进行食品进货查验记录。

从事食品批发业务的经营企业应当建立食品销售记录制度,如实记录批发食品的名称、规格、数量、生产日期或者生产批号、保质期、销售日期以及购货者名称、地址、联系方式等内容,并保存相关凭证。记录和凭证保存期限应当符合本法第五十条第二款的规定。

第五十四条 食品经营者应当按照保证食品安全的要求贮存食品,定期检查库存食品,及时清理变质或者超过保质期的食品。

食品经营者贮存散装食品,应当在贮存位置标明食品的名称、生产日期或者生产批号、保质期、生产者名称及联系方式等内容。

第五十五条 餐饮服务提供者应当制定并实施原料控制要求,不得采购不符合食品安全标准的食品原料。倡导餐饮服务提供者公开加工过程,公示食品原料及其来源等信息。

餐饮服务提供者在加工过程中应当检查待加工的食品及原料,发现有本法第三十四条第六项规定情形的,不得加工或者使用。

第五十六条 餐饮服务提供者应当定期维护食品加工、贮存、陈列等设施、设备;定期清洗、校验保温设施及冷藏、冷冻设施。

餐饮服务提供者应当按照要求对餐具、饮具进行清洗消毒,不得使用未经清洗消毒的餐具、饮具;餐饮服务提供者委托清洗消毒餐具、饮具的,应当委托符合本法规定条件的餐具、饮具集中消毒服务单位。

第五十七条 学校、托幼机构、养老机构、建筑工地等集中用餐单位的食堂应当严格遵守法律、法规和食品安全标准;从供餐单位订餐的,应当从取得食品生产经营许可的企业订购,并按照要求对订购的食品进行查验。供餐单位应当严格遵守法律、法规和食品安全标准,当餐加工,确保食品安全。

学校、托幼机构、养老机构、建筑工地等集中用餐单位的主管部门应当加强对集中用餐单位的食品安全教育和日常管理,降低食品安全风险,及时消除食品安全隐患。

第五十八条 餐具、饮具集中消毒服务单位应当具备相应的作业场所、清洗消毒设备或者设施,用水和使用的洗涤剂、消毒剂应当符合相关食品安全国家标准和其他国家标准、卫生规范。

餐具、饮具集中消毒服务单位应当对消毒餐具、饮具进行逐批检验,检验合格后方可出厂,并应当随附消毒合格证明。消毒后的餐具、饮具应当在独立包装上标注单位名称、地址、联系方式、消毒日期以及使用期限等内容。

第五十九条 食品添加剂生产者应当建立食品添加剂出厂检验记录制度,查验出厂产品的检验合格证和安全状况,如实记录食品添加剂的名称、规格、数量、生产日期或者生产批号、保质期、检验合格证号、销售日期以及购货者名称、地址、联系方式等相关内容,并保存相关凭证。记录和凭证保存期限应当符合本法第五十条第二款的规定。

第六十条 食品添加剂经营者采购食品添加剂,应当依法查验供货者的许可证和产品合格证明文件,如实记录食品添加剂的名称、规格、数量、生产日期或者生产批号、保质期、进货日期以及供货者名称、地址、联系方式等内容,并保存相关凭证。记录和凭证保存期限应当符合本法第五十条第二款的规定。

第六十一条 集中交易市场的开办者、柜台出租者和展销会举办者,应当依法审查入场食品经营者的许可证,明确其食品安全管理责任,定期对其经营环境和条件进行检查,发现其有违反本法规定行为的,应当及时制止并立即报告所在地县级人民政府食品药品监督管理部门。

第六十二条 网络食品交易第三方平台提供者应当对入网食品经营者进行实名登记,明确其食品安全管理责任;依法应当取得许可证的,还应当审查其许可证。

网络食品交易第三方平台提供者发现入网食品经营者有违反本法规定行为的,应当及时制止并立即报告所在地县级人民政府食品药品监督管理部门;发现严重违法行为的,应当立即停止提供网络交易平台服务。

第六十三条 国家建立食品召回制度。食品生产者发现其生产的食品不符合食品安全标准或者有证据证明可能危害人体健康的,应当立即停止生产,召回已经上市销售的食品,通知相关生产经营者和消费者,并记录召回和通知情况。

食品经营者发现其经营的食品有前款规定情形的,应当立即停止经营,通知相关生产经营者和消费者,并记录停止经营和通知情况。食品生产者认为应当召回的,应当立即召回。由于食品经营者的原因造成其经营的食品有前款规定情形的,食品经营者应当召回。

食品生产经营者应当对召回的食品采取无害化处理、销毁等措施,防止其再次流入市场。但是,对因标签、标志或者说明书不符合食品安全标准而被召回的食品,食品生产者在采取补救措施且能保证食品安全的情况下可以继续销售;销售时应当向消费者明示补救措施。

食品生产经营者应当将食品召回和处理情况向所在地县级人民政府食品药品监督管理部门报告;需要对召回的食品进行无害化处理、销毁的,应当提前报告时间、地点。食品药品监督管理部门认为必要的,可以实施现场监督。

食品生产经营者未依照本条规定召回或者停止经营的,县级以上人民政府食品药品监督管理部门可以责令其召回或者停止经营。

第六十四条 食用农产品批发市场应当配备检验设备和检验人员或者委托符合本法规定的食品检验机构,对进入该批发市场销售的食用农产品进行抽样检验;发现不符合食品安全标准的,应当要求销售者立即停止销售,并向食品药品监督管理部门报告。

第六十五条 食用农产品销售者应当建立食用农产品进货查验记录制度,如实记录食用农产品的名称、数量、进货日期以及供货者名称、地址、联系方式等内容,并保存相关凭证。记录和凭证保存期限不得少于六个月。

第六十六条 进入市场销售的食用农产品在包装、保鲜、贮存、运输中使用保鲜剂、防腐剂等食品添加剂和包装材料等食品相关产品,应当符合食品安全国家标准。

第三节 标签、说明书和广告

第六十七条 预包装食品的包装上应当有标签。标签应当标明下列事项:

(一)名称、规格、净含量、生产日期;

(二)成分或者配料表;
(三)生产者的名称、地址、联系方式;
(四)保质期;
(五)产品标准代号;
(六)贮存条件;
(七)所使用的食品添加剂在国家标准中的通用名称;
(八)生产许可证编号;
(九)法律、法规或者食品安全标准规定应当标明的其他事项。
专供婴幼儿和其他特定人群的主辅食品,其标签还应当标明主要营养成分及其含量。
食品安全国家标准对标签标注事项另有规定的,从其规定。

第六十八条 食品经营者销售散装食品,应当在散装食品的容器、外包装上标明食品的名称、生产日期或者生产批号、保质期以及生产经营者名称、地址、联系方式等内容。

第六十九条 生产经营转基因食品应当按照规定显著标示。

第七十条 食品添加剂应当有标签、说明书和包装。标签、说明书应当载明本法第六十七条第一款第一项至第六项、第八项、第九项规定的事项,以及食品添加剂的使用范围、用量、使用方法,并在标签上载明"食品添加剂"字样。

第七十一条 食品和食品添加剂的标签、说明书,不得含有虚假内容,不得涉及疾病预防、治疗功能。生产经营者对其提供的标签、说明书的内容负责。

食品和食品添加剂的标签、说明书应当清楚、明显,生产日期、保质期等事项应当显著标注,容易辨识。

食品和食品添加剂与其标签、说明书的内容不符的,不得上市销售。

第七十二条 食品经营者应当按照食品标签标示的警示标志、警示说明或者注意事项的要求销售食品。

第七十三条 食品广告的内容应当真实合法,不得含有虚假内容,不得涉及疾病预防、治疗功能。食品生产经营者对食品广告内容的真实性、合法性负责。

县级以上人民政府食品药品监督管理部门和其他有关部门以及食品检验机构、食品行业协会不得以广告或者其他形式向消费者推荐食品。消费者组织不得以收取费用或者其他牟取利益的方式向消费者推荐食品。

第四节 特殊食品

第七十四条 国家对保健食品、特殊医学用途配方食品和婴幼儿配方食品等特殊食品实行严格监督管理。

第七十五条 保健食品声称保健功能,应当具有科学依据,不得对人体产生急性、亚急性或者慢性危害。

保健食品原料目录和允许保健食品声称的保健功能目录,由国务院食品药品监督管理部门会同国务院卫生行政部门、国家中医药管理部门制定、调整并公布。

保健食品原料目录应当包括原料名称、用量及其对应的功效;列入保健食品原料目录的原料只能用于保健食品生产,不得用于其他食品生产。

第七十六条 使用保健食品原料目录以外原料的保健食品和首次进口的保健食品应当经国务院食品药品监督管理部门注册。但是,首次进口的保健食品中属于补充维生素、矿物质等营养物质的,应当报国务院食品药品监督管理部门备案。其他保健食品应当报省、自治区、直辖市人民政府食品药品监督管理部门备案。

进口的保健食品应当是出口国(地区)主管部门准许上市销售的产品。

第七十七条 依法应当注册的保健食品,注册时应当提交保健食品的研发报告、产品配方、生产工艺、安全性和保健功能评价、标签、说明书等材料及样品,并提供相关证明文件。国务院食品药品监督管理部门经组织技术审评,对符合安全和功能声称要求的,准予注册;对不符合要求的,不予注册并书面说明理由。对使用保健食品原料目录以外原料的保健食品作出准予注册决定的,应当及时将该原料纳入保健食品原料目录。

依法应当备案的保健食品,备案时应当提交产品配方、生产工艺、标签、说明书以及表明产品安全性和保健功能的材料。

第七十八条 保健食品的标签、说明书不得涉及疾病预防、治疗功能,内容应当真实,与注册或者备案的内容相一致,载明适宜人群、不适宜人群、功效成分或者标志性成分及其含量等,并声明"本品不能代替药物"。保健食品的功能和成分应当与标签、说明书相一致。

第七十九条 保健食品广告除应当符合本法第七十三条第一款的规定外,还应当声明"本品不能代替药物";其内容应当经生产企业所在地省、自治区、直辖市人民政府食品药品监督管理部门审查批准,取得保健食品广告批准文件。省、自治区、直辖市人民政府食品药品监督管理部门应当公布并及时更新已经批准的保健食品广告目录以及批准的广告内容。

第八十条 特殊医学用途配方食品应当经国务院食品药品监督管理部门注册。注册时,应当提交产品配方、生产工艺、标签、说明书以及表明产品安全性、营养充足性和特殊医学用途临床效果的材料。

特殊医学用途配方食品广告适用《中华人民共和国广告法》和其他法律、行政法规关于药品广告管理的规定。

第八十一条 婴幼儿配方食品生产企业应当实施从原料进厂到成品出厂的全过程质量控制,对出厂的婴幼儿配方食品实施逐批检验,保证食品安全。

生产婴幼儿配方食品使用的生鲜乳、辅料等食品原料、食品添加剂等,应当符合法律、行政法规的规定和食品安全国家标准,保证婴幼儿生长发育所需的营养成分。

婴幼儿配方食品生产企业应当将食品原料、食品添加剂、产品配方及标签等事项向省、自治区、直辖市人民政府食品药品监督管理部门备案。

婴幼儿配方乳粉的产品配方应当经国务院食品药品监督管理部门注册。注册时,应当提交配方研发报告和其他表明配方科学性、安全性的材料。

不得以分装方式生产婴幼儿配方乳粉,同一企业不得用同一配方生产不同品牌的婴幼儿配方乳粉。

第八十二条 保健食品、特殊医学用途配方食品、婴幼儿配方乳粉的注册人或者备案人应当对其提交材料的真实性负责。

省级以上人民政府食品药品监督管理部门应当及时公布注册或者备案的保健食品、特殊医学用途配方食品、婴幼儿配方乳粉目录,并对注册或者备案中获知的企业商业秘密予以保密。

保健食品、特殊医学用途配方食品、婴幼儿配方乳粉生产企业应当按照注册或者备案的产品配方、生产工艺等技术要求组织生产。

第八十三条 生产保健食品、特殊医学用途配方食品、婴幼儿配方食品和其他专供特定人群的主辅食品的企业,应当按照良好生产规范的要求建立与所生产食品相适应的生产质量管理体系,定期对该体系的运行情况进行自查,保证其有效运行,并向所在地县级人民政府食品药品监督管理部门提交自查报告。

第五章 食 品 检 验

第八十四条 食品检验机构按照国家有关认证认可的规定取得资质认定后,方可从事食品检验活动。但是,法律另有规定的除外。

食品检验机构的资质认定条件和检验规范,由国务院食品药品监督管理部门规定。

符合本法规定的食品检验机构出具的检验报告具有同等效力。

县级以上人民政府应当整合食品检验资源,实现资源共享。

第八十五条 食品检验由食品检验机构指定的检验人独立进行。

检验人应当依照有关法律、法规的规定,并按照食品安全标准和检验规范对食品进行检验,尊重科学,恪守职业道德,保证出具的检验数据和结论客观、公正,不得出具虚假检验报告。

第八十六条 食品检验实行食品检验机构与检验人负责制。食品检验报告应当加盖食品检验机构公章,并有检验人的签名或者盖章。食品检验机构和检验人对出具的食品检验报告负责。

第八十七条 县级以上人民政府食品药品监督管理部门应当对食品进行定期或者不定期的抽样检验,并依据有关规定公布检验结果,不得免检。进行抽样检验,应当购买抽取的样品,委托符合本法规定的食品检验机构进行检验,并支付相关费用;不得向食品生产经营者收取检验费和其他费用。

第八十八条 对依照本法规定实施的检验结论有异议的,食品生产经营者可以自收到检验结论之日起七个工作日内向实施抽样检验的食品药品监督管理部门或者其上一级食品药品监督管理部门提出复检申请,由受理复检申请的食品药品监督管理部门在公布的复检机构名录中随机确定复检机构进行复检。复检机构出具的复检结论为最终检验结论。复检机构与初检机构不得为同一机构。复检机构名录由国务院认证认可监督管理、食品药品监督管理、卫生行政、农业行政等部门共同公布。

采用国家规定的快速检测方法对食用农产品进行抽查检测,被抽查人对检测结果有异议的,可以自收到检测结果时起四小时内申请复检。复检不得采用快速检测方法。

第八十九条 食品生产企业可以自行对所生产的食品进行检验,也可以委托符合本法规定的食品检验机构进行检验。

食品行业协会和消费者协会等组织、消费者需要委托食品检验机构对食品进行检验的,应当委托符合本法规定的食品检验机构进行。

第九十条 食品添加剂的检验,适用本法有关食品检验的规定。

第六章　食品进出口

第九十一条　国家出入境检验检疫部门对进出口食品安全实施监督管理。

第九十二条　进口的食品、食品添加剂、食品相关产品应当符合我国食品安全国家标准。

进口的食品、食品添加剂应当经出入境检验检疫机构依照进出口商品检验相关法律、行政法规的规定检验合格。

进口的食品、食品添加剂应当按照国家出入境检验检疫部门的要求随附合格证明材料。

第九十三条　进口尚无食品安全国家标准的食品，由境外出口商、境外生产企业或者其委托的进口商向国务院卫生行政部门提交所执行的相关国家（地区）标准或者国际标准。国务院卫生行政部门对相关标准进行审查，认为符合食品安全要求的，决定暂予适用，并及时制定相应的食品安全国家标准。进口利用新的食品原料生产的食品或者进口食品添加剂新品种、食品相关产品新品种，依照本法第三十七条的规定办理。

出入境检验检疫机构按照国务院卫生行政部门的要求，对前款规定的食品、食品添加剂、食品相关产品进行检验。检验结果应当公开。

第九十四条　境外出口商、境外生产企业应当保证向我国出口的食品、食品添加剂、食品相关产品符合本法以及我国其他有关法律、行政法规的规定和食品安全国家标准的要求，并对标签、说明书的内容负责。

进口商应当建立境外出口商、境外生产企业审核制度，重点审核前款规定的内容；审核不合格的，不得进口。

发现进口食品不符合我国食品安全国家标准或者有证据证明可能危害人体健康的，进口商应当立即停止进口，并依照本法第六十三条的规定召回。

第九十五条　境外发生的食品安全事件可能对我国境内造成影响，或者在进口食品、食品添加剂、食品相关产品中发现严重食品安全问题的，国家出入境检验检疫部门应当及时采取风险预警或者控制措施，并向国务院食品药品监督管理、卫生行政、农业行政部门通报。接到通报的部门应当及时采取相应措施。

县级以上人民政府食品药品监督管理部门对国内市场上销售的进口食品、食品添加剂实施监督管理。发现存在严重食品安全问题的，国务院食品药品监督管理部门应当及时向国家出入境检验检疫部门通报。国家出入境检验检疫部门应当及时采取相应措施。

第九十六条　向我国境内出口食品的境外出口商或者代理商、进口食品的进口商应当向国家出入境检验检疫部门备案。向我国境内出口食品的境外食品生产企业应当经国家出入境检验检疫部门注册。已经注册的境外食品生产企业提供虚假材料，或者因其自身的原因致使进口食品发生重大食品安全事故的，国家出入境检验检疫部门应当撤销注册并公告。

国家出入境检验检疫部门应当定期公布已经备案的境外出口商、代理商、进口商和已经注册的境外食品生产企业名单。

第九十七条　进口的预包装食品、食品添加剂应当有中文标签；依法应当有说明书的，还应当有中文说明书。标签、说明书应当符合本法以及我国其他有关法律、行政法规的规定和食品安全国家标准的要求，并载明食品的原产地以及境内代理商的名称、地址、联系方式。预包装食品没有中文标签、中文说明书或者标签、说明书不符合本条规定的,不得进口。

第九十八条 进口商应当建立食品、食品添加剂进口和销售记录制度,如实记录食品、食品添加剂的名称、规格、数量、生产日期、生产或者进口批号、保质期、境外出口商和购货者名称、地址及联系方式、交货日期等内容,并保存相关凭证。记录和凭证保存期限应当符合本法第五十条第二款的规定。

第九十九条 出口食品生产企业应当保证其出口食品符合进口国(地区)的标准或者合同要求。

出口食品生产企业和出口食品原料种植、养殖场应当向国家出入境检验检疫部门备案。

第一百条 国家出入境检验检疫部门应当收集、汇总下列进出口食品安全信息,并及时通报相关部门、机构和企业:

(一)出入境检验检疫机构对进出口食品实施检验检疫发现的食品安全信息;

(二)食品行业协会和消费者协会等组织、消费者反映的进口食品安全信息;

(三)国际组织、境外政府机构发布的风险预警信息及其他食品安全信息,以及境外食品行业协会等组织、消费者反映的食品安全信息;

(四)其他食品安全信息。

国家出入境检验检疫部门应当对进出口食品的进口商、出口商和出口食品生产企业实施信用管理,建立信用记录,并依法向社会公布。对有不良记录的进口商、出口商和出口食品生产企业,应当加强对其进出口食品的检验检疫。

第一百零一条 国家出入境检验检疫部门可以对向我国境内出口食品的国家(地区)的食品安全管理体系和食品安全状况进行评估和审查,并根据评估和审查结果,确定相应检验检疫要求。

第七章 食品安全事故处置

第一百零二条 国务院组织制定国家食品安全事故应急预案。

县级以上地方人民政府应当根据有关法律、法规的规定和上级人民政府的食品安全事故应急预案以及本行政区域的实际情况,制定本行政区域的食品安全事故应急预案,并报上一级人民政府备案。

食品安全事故应急预案应当对食品安全事故分级、事故处置组织指挥体系与职责、预防预警机制、处置程序、应急保障措施等作出规定。

食品生产经营企业应当制定食品安全事故处置方案,定期检查本企业各项食品安全防范措施的落实情况,及时消除事故隐患。

第一百零三条 发生食品安全事故的单位应当立即采取措施,防止事故扩大。事故单位和接收病人进行治疗的单位应当及时向事故发生地县级人民政府食品药品监督管理、卫生行政部门报告。

县级以上人民政府质量监督、农业行政等部门在日常监督管理中发现食品安全事故或者接到事故举报,应当立即向同级食品药品监督管理部门通报。

发生食品安全事故,接到报告的县级人民政府食品药品监督管理部门应当按照应急预案的规定向本级人民政府和上级人民政府食品药品监督管理部门报告。县级人民政府和上级人民政府食品药品监督管理部门应当按照应急预案的规定上报。

任何单位和个人不得对食品安全事故隐瞒、谎报、缓报,不得隐匿、伪造、毁灭有关证据。

第一百零四条 医疗机构发现其接收的病人属于食源性疾病病人或者疑似病人的,应当按照规定及时将相关信息向所在地县级人民政府卫生行政部门报告。县级人民政府卫生行政部门认为与食品安全有关的,应当及时通报同级食品药品监督管理部门。

县级以上人民政府卫生行政部门在调查处理传染病或者其他突发公共卫生事件中发现与食品安全相关的信息,应当及时通报同级食品药品监督管理部门。

第一百零五条 县级以上人民政府食品药品监督管理部门接到食品安全事故的报告后,应当立即会同同级卫生行政、质量监督、农业行政等部门进行调查处理,并采取下列措施,防止或者减轻社会危害:

(一)开展应急救援工作,组织救治因食品安全事故导致人身伤害的人员;

(二)封存可能导致食品安全事故的食品及其原料,并立即进行检验;对确认属于被污染的食品及其原料,责令食品生产经营者依照本法第六十三条的规定召回或者停止经营;

(三)封存被污染的食品相关产品,并责令进行清洗消毒;

(四)做好信息发布工作,依法对食品安全事故及其处理情况进行发布,并对可能产生的危害加以解释、说明。

发生食品安全事故需要启动应急预案的,县级以上人民政府应当立即成立事故处置指挥机构,启动应急预案,依照前款和应急预案的规定进行处置。

发生食品安全事故,县级以上疾病预防控制机构应当对事故现场进行卫生处理,并对与事故有关的因素开展流行病学调查,有关部门应当予以协助。县级以上疾病预防控制机构应当向同级食品药品监督管理、卫生行政部门提交流行病学调查报告。

第一百零六条 发生食品安全事故,设区的市级以上人民政府食品药品监督管理部门应当立即会同有关部门进行事故责任调查,督促有关部门履行职责,向本级人民政府和上一级人民政府食品药品监督管理部门提出事故责任调查处理报告。

涉及两个以上省、自治区、直辖市的重大食品安全事故由国务院食品药品监督管理部门依照前款规定组织事故责任调查。

第一百零七条 调查食品安全事故,应当坚持实事求是、尊重科学的原则,及时、准确查清事故性质和原因,认定事故责任,提出整改措施。

调查食品安全事故,除了查明事故单位的责任,还应当查明有关监督管理部门、食品检验机构、认证机构及其工作人员的责任。

第一百零八条 食品安全事故调查部门有权向有关单位和个人了解与事故有关的情况,并要求提供相关资料和样品。有关单位和个人应当予以配合,按照要求提供相关资料和样品,不得拒绝。

任何单位和个人不得阻挠、干涉食品安全事故的调查处理。

第八章 监督管理

第一百零九条 县级以上人民政府食品药品监督管理、质量监督部门根据食品安全风险监测、风险评估结果和食品安全状况等,确定监督管理的重点、方式和频次,实施风险分级管理。

县级以上地方人民政府组织本级食品药品监督管理、质量监督、农业行政等部门制定本行政区域的食品安全年度监督管理计划,向社会公布并组织实施。

食品安全年度监督管理计划应当将下列事项作为监督管理的重点:

(一)专供婴幼儿和其他特定人群的主辅食品;

(二)保健食品生产过程中的添加行为和按照注册或者备案的技术要求组织生产的情况,保健食品标签、说明书以及宣传材料中有关功能宣传的情况;

(三)发生食品安全事故风险较高的食品生产经营者;

(四)食品安全风险监测结果表明可能存在食品安全隐患的事项。

第一百一十条 县级以上人民政府食品药品监督管理、质量监督部门履行各自食品安全监督管理职责,有权采取下列措施,对生产经营者遵守本法的情况进行监督检查:

(一)进入生产经营场所实施现场检查;

(二)对生产经营的食品、食品添加剂、食品相关产品进行抽样检验;

(三)查阅、复制有关合同、票据、账簿以及其他有关资料;

(四)查封、扣押有证据证明不符合食品安全标准或者有证据证明存在安全隐患以及用于违法生产经营的食品、食品添加剂、食品相关产品;

(五)查封违法从事生产经营活动的场所。

第一百一十一条 对食品安全风险评估结果证明食品存在安全隐患,需要制定、修订食品安全标准的,在制定、修订食品安全标准前,国务院卫生行政部门应当及时会同国务院有关部门规定食品中有害物质的临时限量值和临时检验方法,作为生产经营和监督管理的依据。

第一百一十二条 县级以上人民政府食品药品监督管理部门在食品安全监督管理工作中可以采用国家规定的快速检测方法对食品进行抽查检测。

对抽查检测结果表明可能不符合食品安全标准的食品,应当依照本法第八十七条的规定进行检验。抽查检测结果确定有关食品不符合食品安全标准的,可以作为行政处罚的依据。

第一百一十三条 县级以上人民政府食品药品监督管理部门应当建立食品生产经营者食品安全信用档案,记录许可颁发、日常监督检查结果、违法行为查处等情况,依法向社会公布并实时更新;对有不良信用记录的食品生产经营者增加监督检查频次,对违法行为情节严重的食品生产经营者,可以通报投资主管部门、证券监督管理机构和有关的金融机构。

第一百一十四条 食品生产经营过程中存在食品安全隐患,未及时采取措施消除的,县级以上人民政府食品药品监督管理部门可以对食品生产经营者的法定代表人或者主要负责人进行责任约谈。食品生产经营者应当立即采取措施,进行整改,消除隐患。责任约谈情况和整改情况应当纳入食品生产经营者食品安全信用档案。

第一百一十五条 县级以上人民政府食品药品监督管理、质量监督等部门应当公布本部门的电子邮件地址或者电话,接受咨询、投诉、举报。接到咨询、投诉、举报,对属于本部门职责的,应当受理并在法定期限内及时答复、核实、处理;对不属于本部门职责的,应当移交有权处理的部门并书面通知咨询、投诉、举报人。有权处理的部门应当在法定期限内及时处理,不得推诿。对查证属实的举报,给予举报人奖励。

有关部门应当对举报人的信息予以保密,保护举报人的合法权益。举报人举报所在企业的,该企业不得以解除、变更劳动合同或者其他方式对举报人进行打击报复。

第一百一十六条 县级以上人民政府食品药品监督管理、质量监督等部门应当加强对执法人员食品安全法律、法规、标准和专业知识与执法能力等的培训,并组织考核。不具备相应知识和能力的,不得从事食品安全执法工作。

食品生产经营者、食品行业协会、消费者协会等发现食品安全执法人员在执法过程中有违反法律、法规规定的行为以及不规范执法行为的,可以向本级或者上级人民政府食品药品监督管理、质量监督等部门或者监察机关投诉、举报。接到投诉、举报的部门或者机关应当进行核实,并将经核实的情况向食品安全执法人员所在部门通报;涉嫌违法违纪的,按照本法和有关规定处理。

第一百一十七条 县级以上人民政府食品药品监督管理等部门未及时发现食品安全系统性风险,未及时消除监督管理区域内的食品安全隐患的,本级人民政府可以对其主要负责人进行责任约谈。

地方人民政府未履行食品安全职责,未及时消除区域性重大食品安全隐患的,上级人民政府可以对其主要负责人进行责任约谈。

被约谈的食品药品监督管理等部门、地方人民政府应当立即采取措施,对食品安全监督管理工作进行整改。

责任约谈情况和整改情况应当纳入地方人民政府和有关部门食品安全监督管理工作评议、考核记录。

第一百一十八条 国家建立统一的食品安全信息平台,实行食品安全信息统一公布制度。国家食品安全总体情况、食品安全风险警示信息、重大食品安全事故及其调查处理信息和国务院确定需要统一公布的其他信息由国务院食品药品监督管理部门统一公布。食品安全风险警示信息和重大食品安全事故及其调查处理信息的影响限于特定区域的,也可以由有关省、自治区、直辖市人民政府食品药品监督管理部门公布。未经授权不得发布上述信息。

县级以上人民政府食品药品监督管理、质量监督、农业行政部门依据各自职责公布食品安全日常监督管理信息。

公布食品安全信息,应当做到准确、及时,并进行必要的解释说明,避免误导消费者和社会舆论。

第一百一十九条 县级以上地方人民政府食品药品监督管理、卫生行政、质量监督、农业行政部门获知本法规定需要统一公布的信息,应当向上级主管部门报告,由上级主管部门立即报告国务院食品药品监督管理部门;必要时,可以直接向国务院食品药品监督管理部门报告。

县级以上人民政府食品药品监督管理、卫生行政、质量监督、农业行政部门应当相互通报获知的食品安全信息。

第一百二十条 任何单位和个人不得编造、散布虚假食品安全信息。

县级以上人民政府食品药品监督管理部门发现可能误导消费者和社会舆论的食品安全信息,应当立即组织有关部门、专业机构、相关食品生产经营者等进行核实、分析,并及时公布结果。

第一百二十一条 县级以上人民政府食品药品监督管理、质量监督等部门发现涉嫌食品安全犯罪的,应当按照有关规定及时将案件移送公安机关。对移送的案件,公安机关应当及时审查;认为有犯罪事实需要追究刑事责任的,应当立案侦查。

公安机关在食品安全犯罪案件侦查过程中认为没有犯罪事实,或者犯罪事实显著轻微,不需要追究刑事责任,但依法应当追究行政责任的,应当及时将案件移送食品药品监督管理、质量监督等部门和监察机关,有关部门应当依法处理。

公安机关商请食品药品监督管理、质量监督、环境保护等部门提供检验结论、认定意见以及对涉案物品进行无害化处理等协助的,有关部门应当及时提供,予以协助。

第九章　法律责任

第一百二十二条　违反本法规定,未取得食品生产经营许可从事食品生产经营活动,或者未取得食品添加剂生产许可从事食品添加剂生产活动的,由县级以上人民政府食品药品监督管理部门没收违法所得和违法生产经营的食品、食品添加剂以及用于违法生产经营的工具、设备、原料等物品;违法生产经营的食品、食品添加剂货值金额不足一万元的,并处五万元以上十万元以下罚款;货值金额一万元以上的,并处货值金额十倍以上二十倍以下罚款。

明知从事前款规定的违法行为,仍为其提供生产经营场所或者其他条件的,由县级以上人民政府食品药品监督管理部门责令停止违法行为,没收违法所得,并处五万元以上十万元以下罚款;使消费者的合法权益受到损害的,应当与食品、食品添加剂生产经营者承担连带责任。

第一百二十三条　违反本法规定,有下列情形之一,尚不构成犯罪的,由县级以上人民政府食品药品监督管理部门没收违法所得和违法生产经营的食品,并可以没收用于违法生产经营的工具、设备、原料等物品;违法生产经营的食品货值金额不足一万元的,并处十万元以上十五万元以下罚款;货值金额一万元以上的,并处货值金额十五倍以上三十倍以下罚款;情节严重的,吊销许可证,并可以由公安机关对其直接负责的主管人员和其他直接责任人员处五日以上十五日以下拘留:

(一)用非食品原料生产食品、在食品中添加食品添加剂以外的化学物质和其他可能危害人体健康的物质,或者用回收食品作为原料生产食品,或者经营上述食品;

(二)生产经营营养成分不符合食品安全标准的专供婴幼儿和其他特定人群的主辅食品;

(三)经营病死、毒死或者死因不明的禽、畜、兽、水产动物肉类,或者生产经营其制品;

(四)经营未按规定进行检疫或者检疫不合格的肉类,或者生产经营未经检验或者检验不合格的肉类制品;

(五)生产经营国家为防病等特殊需要明令禁止生产经营的食品;

(六)生产经营添加药品的食品。

明知从事前款规定的违法行为,仍为其提供生产经营场所或者其他条件的,由县级以上人民政府食品药品监督管理部门责令停止违法行为,没收违法所得,并处十万元以上二十万元以下罚款;使消费者的合法权益受到损害的,应当与食品生产经营者承担连带责任。

违法使用剧毒、高毒农药的,除依照有关法律、法规规定给予处罚外,可以由公安机关依照第一款规定给予拘留。

第一百二十四条　违反本法规定,有下列情形之一,尚不构成犯罪的,由县级以上人民政府食品药品监督管理部门没收违法所得和违法生产经营的食品、食品添加剂,并可以没收用于违法生产经营的工具、设备、原料等物品;违法生产经营的食品、食品添加剂货值金额不足一万元的,并处五万元以上十万元以下罚款;货值金额一万元以上的,并处货值金额十倍以上二十倍以下罚款;情节严重的,吊销许可证:

(一)生产经营致病性微生物,农药残留、兽药残留、生物毒素、重金属等污染物质以及其他危害人体健康的物质含量超过食品安全标准限量的食品、食品添加剂;

(二)用超过保质期的食品原料、食品添加剂生产食品、食品添加剂,或者经营上述食品、食品添加剂;

(三)生产经营超范围、超限量使用食品添加剂的食品;

(四)生产经营腐败变质、油脂酸败、霉变生虫、污秽不洁、混有异物、掺假掺杂或者感官性状异常的食品、食品添加剂;

(五)生产经营标注虚假生产日期、保质期或者超过保质期的食品、食品添加剂;

(六)生产经营未按规定注册的保健食品、特殊医学用途配方食品、婴幼儿配方乳粉,或者未按注册的产品配方、生产工艺等技术要求组织生产;

(七)以分装方式生产婴幼儿配方乳粉,或者同一企业以同一配方生产不同品牌的婴幼儿配方乳粉;

(八)利用新的食品原料生产食品,或者生产食品添加剂新品种,未通过安全性评估;

(九)食品生产经营者在食品药品监督管理部门责令其召回或者停止经营后,仍拒不召回或者停止经营。

除前款和本法第一百二十三条、第一百二十五条规定的情形外,生产经营不符合法律、法规或者食品安全标准的食品、食品添加剂的,依照前款规定给予处罚。

生产食品相关产品新品种,未通过安全性评估,或者生产不符合食品安全标准的食品相关产品的,由县级以上人民政府质量监督部门依照第一款规定给予处罚。

第一百二十五条 违反本法规定,有下列情形之一的,由县级以上人民政府食品药品监督管理部门没收违法所得和违法生产经营的食品、食品添加剂,并可以没收用于违法生产经营的工具、设备、原料等物品;违法生产经营的食品、食品添加剂货值金额不足一万元的,并处五千元以上五万元以下罚款;货值金额一万元以上的,并处货值金额五倍以上十倍以下罚款;情节严重的,责令停产停业,直至吊销许可证:

(一)生产经营被包装材料、容器、运输工具等污染的食品、食品添加剂;

(二)生产经营无标签的预包装食品、食品添加剂或者标签、说明书不符合本法规定的食品、食品添加剂;

(三)生产经营转基因食品未按规定进行标示;

(四)食品生产经营者采购或者使用不符合食品安全标准的食品原料、食品添加剂、食品相关产品。

生产经营的食品、食品添加剂的标签、说明书存在瑕疵但不影响食品安全且不会对消费者造成误导的,由县级以上人民政府食品药品监督管理部门责令改正;拒不改正的,处二千元以下罚款。

第一百二十六条 违反本法规定,有下列情形之一的,由县级以上人民政府食品药品监督管理部门责令改正,给予警告;拒不改正的,处五千元以上五万元以下罚款;情节严重的,责令

停产停业,直至吊销许可证:

(一)食品、食品添加剂生产者未按规定对采购的食品原料和生产的食品、食品添加剂进行检验;

(二)食品生产经营企业未按规定建立食品安全管理制度,或者未按规定配备或者培训、考核食品安全管理人员;

(三)食品、食品添加剂生产经营者进货时未查验许可证和相关证明文件,或者未按规定建立并遵守进货查验记录、出厂检验记录和销售记录制度;

(四)食品生产经营企业未制定食品安全事故处置方案;

(五)餐具、饮具和盛放直接入口食品的容器,使用前未经洗净、消毒或者清洗消毒不合格,或者餐饮服务设施、设备未按规定定期维护、清洗、校验;

(六)食品生产经营者安排未取得健康证明或者患有国务院卫生行政部门规定的有碍食品安全疾病的人员从事接触直接入口食品的工作;

(七)食品经营者未按规定要求销售食品;

(八)保健食品生产企业未按规定向食品药品监督管理部门备案,或者未按备案的产品配方、生产工艺等技术要求组织生产;

(九)婴幼儿配方食品生产企业未将食品原料、食品添加剂、产品配方、标签等向食品药品监督管理部门备案;

(十)特殊食品生产企业未按规定建立生产质量管理体系并有效运行,或者未定期提交自查报告;

(十一)食品生产经营者未定期对食品安全状况进行检查评价,或者生产经营条件发生变化,未按规定处理;

(十二)学校、托幼机构、养老机构、建筑工地等集中用餐单位未按规定履行食品安全管理责任;

(十三)食品生产企业、餐饮服务提供者未按规定制定、实施生产经营过程控制要求。

餐具、饮具集中消毒服务单位违反本法规定用水,使用洗涤剂、消毒剂,或者出厂的餐具、饮具未按规定检验合格并随附消毒合格证明,或者未按规定在独立包装上标注相关内容的,由县级以上人民政府卫生行政部门依照前款规定给予处罚。

食品相关产品生产者未按规定对生产的食品相关产品进行检验的,由县级以上人民政府质量监督部门依照第一款规定给予处罚。

食用农产品销售者违反本法第六十五条规定的,由县级以上人民政府食品药品监督管理部门依照第一款规定给予处罚。

第一百二十七条 对食品生产加工小作坊、食品摊贩等的违法行为的处罚,依照省、自治区、直辖市制定的具体管理办法执行。

第一百二十八条 违反本法规定,事故单位在发生食品安全事故后未进行处置、报告的,由有关主管部门按照各自职责分工责令改正,给予警告;隐匿、伪造、毁灭有关证据的,责令停产停业,没收违法所得,并处十万元以上五十万元以下罚款;造成严重后果的,吊销许可证。

第一百二十九条 违反本法规定,有下列情形之一的,由出入境检验检疫机构依照本法第一百二十四条的规定给予处罚:

（一）提供虚假材料,进口不符合我国食品安全国家标准的食品、食品添加剂、食品相关产品；

（二）进口尚无食品安全国家标准的食品,未提交所执行的标准并经国务院卫生行政部门审查,或者进口利用新的食品原料生产的食品或者进口食品添加剂新品种、食品相关产品新品种,未通过安全性评估；

（三）未遵守本法的规定出口食品；

（四）进口商在有关主管部门责令其依照本法规定召回进口的食品后,仍拒不召回。

违反本法规定,进口商未建立并遵守食品、食品添加剂进口和销售记录制度、境外出口商或者生产企业审核制度的,由出入境检验检疫机构依照本法第一百二十六条的规定给予处罚。

第一百三十条 违反本法规定,集中交易市场的开办者、柜台出租者、展销会的举办者允许未依法取得许可的食品经营者进入市场销售食品,或者未履行检查、报告等义务的,由县级以上人民政府食品药品监督管理部门责令改正,没收违法所得,并处五万元以上二十万元以下罚款；造成严重后果的,责令停业,直至由原发证部门吊销许可证；使消费者的合法权益受到损害的,应当与食品经营者承担连带责任。

食用农产品批发市场违反本法第六十四条规定的,依照前款规定承担责任。

第一百三十一条 违反本法规定,网络食品交易第三方平台提供者未对入网食品经营者进行实名登记、审查许可证,或者未履行报告、停止提供网络交易平台服务等义务的,由县级以上人民政府食品药品监督管理部门责令改正,没收违法所得,并处五万元以上二十万元以下罚款；造成严重后果的,责令停业,直至由原发证部门吊销许可证；使消费者的合法权益受到损害的,应当与食品经营者承担连带责任。

消费者通过网络食品交易第三方平台购买食品,其合法权益受到损害的,可以向入网食品经营者或者食品生产者要求赔偿。网络食品交易第三方平台提供者不能提供入网食品经营者的真实名称、地址和有效联系方式的,由网络食品交易第三方平台提供者赔偿。网络食品交易第三方平台提供者赔偿后,有权向入网食品经营者或者食品生产者追偿。网络食品交易第三方平台提供者作出更有利于消费者承诺的,应当履行其承诺。

第一百三十二条 违反本法规定,未按要求进行食品贮存、运输和装卸的,由县级以上人民政府食品药品监督管理等部门按照各自职责分工责令改正,给予警告；拒不改正的,责令停产停业,并处一万元以上五万元以下罚款；情节严重的,吊销许可证。

第一百二十三条 违反本法规定,拒绝、阻挠、干涉有关部门、机构及其工作人员依法开展食品安全监督检查、事故调查处理、风险监测和风险评估的,由有关主管部门按照各自职责分工责令停产停业,并处二千元以上五万元以下罚款；情节严重的,吊销许可证；构成违反治安管理行为的,由公安机关依法给予治安管理处罚。

违反本法规定,对举报人以解除、变更劳动合同或者其他方式打击报复的,应当依照有关法律的规定承担责任。

第一百三十四条 食品生产经营者在一年内累计三次因违反本法规定受到责令停产停业、吊销许可证以外处罚的,由食品药品监督管理部门责令停产停业,直至吊销许可证。

第一百三十五条 被吊销许可证的食品生产经营者及其法定代表人、直接负责的主管人员和其他直接责任人员自处罚决定作出之日起五年内不得申请食品生产经营许可,或者从事食品生产经营管理工作、担任食品生产经营企业食品安全管理人员。

因食品安全犯罪被判处有期徒刑以上刑罚的,终身不得从事食品生产经营管理工作,也不得担任食品生产经营企业食品安全管理人员。

食品生产经营者聘用人员违反前两款规定的,由县级以上人民政府食品药品监督管理部门吊销许可证。

第一百三十六条 食品经营者履行了本法规定的进货查验等义务,有充分证据证明其不知道所采购的食品不符合食品安全标准,并能如实说明其进货来源的,可以免予处罚,但应当依法没收其不符合食品安全标准的食品;造成人身、财产或者其他损害的,依法承担赔偿责任。

第一百三十七条 违反本法规定,承担食品安全风险监测、风险评估工作的技术机构、技术人员提供虚假监测、评估信息的,依法对技术机构直接负责的主管人员和技术人员给予撤职、开除处分;有执业资格的,由授予其资格的主管部门吊销执业证书。

第一百三十八条 违反本法规定,食品检验机构、食品检验人员出具虚假检验报告的,由授予其资质的主管部门或者机构撤销该食品检验机构的检验资质,没收所收取的检验费用,并处检验费用五倍以上十倍以下罚款,检验费用不足一万元的,并处五万元以上十万元以下罚款;依法对食品检验机构直接负责的主管人员和食品检验人员给予撤职或者开除处分;导致发生重大食品安全事故的,对直接负责的主管人员和食品检验人员给予开除处分。

违反本法规定,受到开除处分的食品检验机构人员,自处分决定作出之日起十年内不得从事食品检验工作;因食品安全违法行为受到刑事处罚或者因出具虚假检验报告导致发生重大食品安全事故受到开除处分的食品检验机构人员,终身不得从事食品检验工作。食品检验机构聘用不得从事食品检验工作的人员的,由授予其资质的主管部门或者机构撤销该食品检验机构的检验资质。

食品检验机构出具虚假检验报告,使消费者的合法权益受到损害的,应当与食品生产经营者承担连带责任。

第一百三十九条 违反本法规定,认证机构出具虚假认证结论,由认证认可监督管理部门没收所收取的认证费用,并处认证费用五倍以上十倍以下罚款,认证费用不足一万元的,并处五万元以上十万元以下罚款;情节严重的,责令停业,直至撤销认证机构批准文件,并向社会公布;对直接负责的主管人员和负有直接责任的认证人员,撤销其执业资格。

认证机构出具虚假认证结论,使消费者的合法权益受到损害的,应当与食品生产经营者承担连带责任。

第一百四十条 违反本法规定,在广告中对食品作虚假宣传,欺骗消费者,或者发布未取得批准文件、广告内容与批准文件不一致的保健食品广告的,依照《中华人民共和国广告法》的规定给予处罚。

广告经营者、发布者设计、制作、发布虚假食品广告,使消费者的合法权益受到损害的,应当与食品生产经营者承担连带责任。

社会团体或者其他组织、个人在虚假广告或者其他虚假宣传中向消费者推荐食品,使消费者的合法权益受到损害的,应当与食品生产经营者承担连带责任。

违反本法规定,食品药品监督管理等部门、食品检验机构、食品行业协会以广告或者其他形式向消费者推荐食品,消费者组织以收取费用或者其他牟取利益的方式向消费者推荐食品的,由有关主管部门没收违法所得,依法对直接负责的主管人员和其他直接责任人员给予记大过、降级或者撤职处分;情节严重的,给予开除处分。

对食品作虚假宣传且情节严重的,由省级以上人民政府食品药品监督管理部门决定暂停销售该食品,并向社会公布;仍然销售该食品的,由县级以上人民政府食品药品监督管理部门没收违法所得和违法销售的食品,并处二万元以上五万元以下罚款。

第一百四十一条　违反本法规定,编造、散布虚假食品安全信息,构成违反治安管理行为的,由公安机关依法给予治安管理处罚。

媒体编造、散布虚假食品安全信息的,由有关主管部门依法给予处罚,并对直接负责的主管人员和其他直接责任人员给予处分;使公民、法人或者其他组织的合法权益受到损害的,依法承担消除影响、恢复名誉、赔偿损失、赔礼道歉等民事责任。

第一百四十二条　违反本法规定,县级以上地方人民政府有下列行为之一的,对直接负责的主管人员和其他直接责任人员给予记大过处分;情节较重的,给予降级或者撤职处分;情节严重的,给予开除处分;造成严重后果的,其主要负责人还应当引咎辞职:

(一)对发生在本行政区域内的食品安全事故,未及时组织协调有关部门开展有效处置,造成不良影响或者损失;

(二)对本行政区域内涉及多环节的区域性食品安全问题,未及时组织整治,造成不良影响或者损失;

(三)隐瞒、谎报、缓报食品安全事故;

(四)本行政区域内发生特别重大食品安全事故,或者连续发生重大食品安全事故。

第一百四十三条　违反本法规定,县级以上地方人民政府有下列行为之一的,对直接负责的主管人员和其他直接责任人员给予警告、记过或者记大过处分;造成严重后果的,给予降级或者撤职处分:

(一)未确定有关部门的食品安全监督管理职责,未建立健全食品安全全程监督管理工作机制和信息共享机制,未落实食品安全监督管理责任制;

(二)未制定本行政区域的食品安全事故应急预案,或者发生食品安全事故后未按规定立即成立事故处置指挥机构、启动应急预案。

第一百四十四条　违反本法规定,县级以上人民政府食品药品监督管理、卫生行政、质量监督、农业行政等部门有下列行为之一的,对直接负责的主管人员和其他直接责任人员给予记大过处分;情节较重的,给予降级或者撤职处分;情节严重的,给予开除处分;造成严重后果的,其主要负责人还应当引咎辞职:

(一)隐瞒、谎报、缓报食品安全事故;

(二)未按规定查处食品安全事故,或者接到食品安全事故报告未及时处理,造成事故扩大或者蔓延;

(三)经食品安全风险评估得出食品、食品添加剂、食品相关产品不安全结论后,未及时采取相应措施,造成食品安全事故或者不良社会影响;

(四)对不符合条件的申请人准予许可,或者超越法定职权准予许可;

(五)不履行食品安全监督管理职责,导致发生食品安全事故。

第一百四十五条　违反本法规定,县级以上人民政府食品药品监督管理、卫生行政、质量监督、农业行政等部门有下列行为之一,造成不良后果的,对直接负责的主管人员和其他直接

责任人员给予警告、记过或者记大过处分;情节较重的,给予降级或者撤职处分;情节严重的,给予开除处分:

(一)在获知有关食品安全信息后,未按规定向上级主管部门和本级人民政府报告,或者未按规定相互通报;

(二)未按规定公布食品安全信息;

(三)不履行法定职责,对查处食品安全违法行为不配合,或者滥用职权、玩忽职守、徇私舞弊。

第一百四十六条 食品药品监督管理、质量监督等部门在履行食品安全监督管理职责过程中,违法实施检查、强制等执法措施,给生产经营者造成损失的,应当依法予以赔偿,对直接负责的主管人员和其他直接责任人员依法给予处分。

第一百四十七条 违反本法规定,造成人身、财产或者其他损害的,依法承担赔偿责任。生产经营者财产不足以同时承担民事赔偿责任和缴纳罚款、罚金时,先承担民事赔偿责任。

第一百四十八条 消费者因不符合食品安全标准的食品受到损害的,可以向经营者要求赔偿损失,也可以向生产者要求赔偿损失。接到消费者赔偿要求的生产经营者,应当实行首负责任制,先行赔付,不得推诿;属于生产者责任的,经营者赔偿后有权向生产者追偿;属于经营者责任的,生产者赔偿后有权向经营者追偿。

生产不符合食品安全标准的食品或者经营明知是不符合食品安全标准的食品,消费者除要求赔偿损失外,还可以向生产者或者经营者要求支付价款十倍或者损失三倍的赔偿金;增加赔偿的金额不足一千元的,为一千元。但是,食品的标签、说明书存在不影响食品安全且不会对消费者造成误导的瑕疵的除外。

第一百四十九条 违反本法规定,构成犯罪的,依法追究刑事责任。

第十章 附 则

第一百五十条 本法下列用语的含义:

食品,指各种供人食用或者饮用的成品和原料以及按照传统既是食品又是中药材的物品,但是不包括以治疗为目的的物品。

食品安全,指食品无毒、无害,符合应当有的营养要求,对人体健康不造成任何急性、亚急性或者慢性危害。

预包装食品,指预先定量包装或者制作在包装材料、容器中的食品。

食品添加剂,指为改善食品品质和色、香、味以及为防腐、保鲜和加工工艺的需要而加入食品中的人工合成或者天然物质,包括营养强化剂。

用于食品的包装材料和容器,指包装、盛放食品或者食品添加剂用的纸、竹、木、金属、搪瓷、陶瓷、塑料、橡胶、天然纤维、化学纤维、玻璃等制品和直接接触食品或者食品添加剂的涂料。

用于食品生产经营的工具、设备,指在食品或者食品添加剂生产、销售、使用过程中直接接触食品或者食品添加剂的机械、管道、传送带、容器、用具、餐具等。

用于食品的洗涤剂、消毒剂,指直接用于洗涤或者消毒食品、餐具、饮具以及直接接触食品的工具、设备或者食品包装材料和容器的物质。

食品保质期,指食品在标明的贮存条件下保持品质的期限。

食源性疾病,指食品中致病因素进入人体引起的感染性、中毒性等疾病,包括食物中毒。

食品安全事故,指食源性疾病、食品污染等源于食品,对人体健康有危害或者可能有危害的事故。

第一百五十一条 转基因食品和食盐的食品安全管理,本法未作规定的,适用其他法律、行政法规的规定。

第一百五十二条 铁路、民航运营中食品安全的管理办法由国务院食品药品监督管理部门会同国务院有关部门依照本法制定。

保健食品的具体管理办法由国务院食品药品监督管理部门依照本法制定。

食品相关产品生产活动的具体管理办法由国务院质量监督部门依照本法制定。

国境口岸食品的监督管理由出入境检验检疫机构依照本法以及有关法律、行政法规的规定实施。

军队专用食品和自供食品的食品安全管理办法由中央军事委员会依照本法制定。

第一百五十三条 国务院根据实际需要,可以对食品安全监督管理体制作出调整。

第一百五十四条 本法自 2015 年 10 月 1 日起施行。

全国人民代表大会常务委员会关于修改《中华人民共和国药品管理法》的决定

中华人民共和国主席令第 27 号

《全国人民代表大会常务委员会关于修改〈中华人民共和国药品管理法〉的决定》已由中华人民共和国第十二届全国人民代表大会常务委员会第十四次会议于 2015 年 4 月 24 日通过,现予公布,自公布之日起施行。

中华人民共和国主席　习近平

2015 年 4 月 24 日

第十二届全国人民代表大会常务委员会第十四次会议决定对《中华人民共和国药品管理法》作如下修改:

一、删去第七条第一款中的"凭《药品生产许可证》到工商行政管理部门办理登记注册"。

二、删去第十四条第一款中的"凭《药品经营许可证》到工商行政管理部门办理登记注册"。

三、删去第五十五条。

四、将第八十九条改为第八十八条,并删去其中的"第五十七条"。

五、删去第一百条。

本决定自公布之日起施行。

《中华人民共和国药品管理法》根据本决定作相应修改,重新公布。

全国人民代表大会常务委员会关于修改《中华人民共和国计量法》等五部法律的决定

中华人民共和国主席令第 26 号

《全国人民代表大会常务委员会关于修改〈中华人民共和国计量法〉等五部法律的决定》已由中华人民共和国第十二届全国人民代表大会常务委员会第十四次会议于 2015 年 4 月 24 日通过,现予公布,自公布之日起施行。

中华人民共和国主席　习近平

2015 年 4 月 24 日

第十二届全国人民代表大会常务委员会第十四次会议决定,对下列法律中有关行政审批、工商登记前置审批或者价格管理的规定作出修改:

一、对《中华人民共和国计量法》作出修改

(一)删去第十二条第二款。

(二)删去第十六条。

(三)将第十八条改为第十七条,第二款修改为:"制造、修理计量器具的个体工商户,必须经县级人民政府计量行政部门考核合格,发给《制造计量器具许可证》或者《修理计量器具许可证》。"

二、对《中华人民共和国烟草专卖法》作出修改

(一)将第九条第二款修改为:"烟草公司或者其委托单位应当与烟叶种植者签订烟叶收购合同。烟叶收购合同应当约定烟叶种植面积、烟叶收购价格。"

删去第三款。

(二)删去第十条第一款中的"价格"。

将第二款中的"国家规定的标准分等定价"修改为"合同约定的收购价格"。

（三）删去第十七条。

（四）删去第二十九条。

（五）将第三十条改为第二十八条，修改为："违反本法规定擅自收购烟叶的，由烟草专卖行政主管部门处以罚款，并按照查获地省级烟草专卖行政主管部门出具的上年度烟叶平均收购价格的百分之七十收购违法收购的烟叶；数量巨大的，没收违法收购的烟叶和违法所得。"

（六）将第三十一条改为第二十九条，第一款修改为："无准运证或者超过准运证规定的数量托运或者自运烟草专卖品的，由烟草专卖行政主管部门处以罚款，可以按照查获地省级烟草专卖行政主管部门出具的上年度烟叶平均收购价格的百分之七十收购违法运输的烟叶，按照市场批发价格的百分之七十收购违法运输的除烟叶外的其他烟草专卖品；情节严重的，没收违法运输的烟草专卖品和违法所得。"

（七）删去第三十四条。

三、对《中华人民共和国保险法》作出修改

（一）删去第七十九条中的"代表机构"。

（二）将第一百一十一条修改为："保险公司从事保险销售的人员应当品行良好，具有保险销售所需的专业能力。保险销售人员的行为规范和管理办法，由国务院保险监督管理机构规定。"

（三）删去第一百一十六条第八项中的"或者个人"。

（四）删去第一百一十九条第二款、第三款。

（五）将第一百二十二条修改为："个人保险代理人、保险代理机构的代理从业人员、保险经纪人的经纪从业人员，应当品行良好，具有从事保险代理业务或者保险经纪业务所需的专业能力。"

（六）删去第一百二十四条中的"未经保险监督管理机构批准，保险代理机构、保险经纪人不得动用保证金。"

（七）删去第一百三十条中的"具有合法资格的"。

（八）删去第一百三十二条。

（九）将第一百六十五条改为第一百六十四条，并删去第六项中的"或者代表机构"。

（十）删去第一百六十八条。

（十一）将第一百六十九条改为第一百六十七条，并删去其中的"从业资格"。

（十二）将第一百七十三条改为第一百七十一条，修改为："保险公司、保险资产管理公司、保险专业代理机构、保险经纪人违反本法规定的，保险监督管理机构除分别依照本法第一百六十条至第一百七十条的规定对该单位给予处罚外，对其直接负责的主管人员和其他直接责任人员给予警告，并处一万元以上十万元以下的罚款；情节严重的，撤销任职资格。"

（十三）将第一百七十四条改为第一百七十二条，并删去第一款中的"并可以吊销其资格证书"和第二款。

四、对《中华人民共和国民用航空法》作出修改

（一）删去第六十八条中的"会同国务院财政部门、物价主管部门"。

（二）将第九十二条修改为："企业从事公共航空运输，应当向国务院民用航空主管部门申请领取经营许可证。"

（三）将第九十三条中的"设立公共航空运输企业"修改为"取得公共航空运输经营许可"。

（四）将第九十七条第三款修改为："国际航空运输运价的制定按照中华人民共和国政府与外国政府签订的协定、协议的规定执行；没有协定、协议的，参照国际航空运输市场价格确定。"

（五）删去第二百一十一条中的"对被吊销经营许可证的，工商行政管理部门应吊销其营业执照。"

五、对《中华人民共和国畜牧法》作出修改

（一）删去第二十二条第一款中的"申请人持种畜禽生产经营许可证依法办理工商登记，取得营业执照后，方可从事生产经营活动。"

（二）将第二十四条第一款修改为："申请取得生产家畜卵子、冷冻精液、胚胎等遗传材料的生产经营许可证，应当向省级人民政府畜牧兽医行政主管部门提出申请。受理申请的畜牧兽医行政主管部门应当自收到申请之日起六十个工作日内依法决定是否发给生产经营许可证。"

（三）删去第七十一条。

本决定自公布之日起施行。

《中华人民共和国计量法》、《中华人民共和国烟草专卖法》、《中华人民共和国保险法》、《中华人民共和国民用航空法》、《中华人民共和国畜牧法》根据本决定作相应修改，重新公布。

商务部办公厅关于明确外商投资殡葬服务设施审批权限的通知

商办资函〔2015〕123 号

各省、自治区、直辖市、计划单列市及新疆生产建设兵团商务主管部门：

1995 年，经国务院批准，民政部、原国家计划委员会及原对外贸易经济合作部出台《关于严格控制吸收外资兴建殡葬服务设施的通知》（民事发〔1995〕第 6 号），规定外资兴办殡葬服务设施由原对外贸易经济合作部审批合同和章程。2010 年，《商务部关于下放外商投资审批权限有关问题的通知》（商资发〔2010〕209 号）规定，除法律法规明确规定由商务部审批的以外，服务业领域外商投资企业的设立及其变更事项（包括限额以上及增资）由地方审批机关按照国家有关规定进行审批和管理。为进一步明确外商投资殡葬服务设施审批权限，规范殡葬业外资管理，现就有关事项通知如下：

一、外商投资设立殡葬服务设施企业，应根据《殡葬管理条例》获得民政部门许可后，由地方同级商务主管部门审批。

二、外商投资殡葬服务设施企业的后续变更,如涉及并购、增资、股权转让等重大变更事项,地方商务主管部门应征求同级民政部门意见。

三、本通知自发布之日起执行。

商务部办公厅
2015年4月7日

国务院办公厅关于印发全国医疗卫生服务体系规划纲要(2015—2020年)的通知

国办发〔2015〕14号

各省、自治区、直辖市人民政府,国务院各部委、各直属机构:

《全国医疗卫生服务体系规划纲要(2015—2020年)》已经国务院同意,现印发给你们,请认真贯彻执行。

国务院办公厅
2015年3月6日

全国医疗卫生服务体系规划纲要(2015—2020年)

为贯彻落实《中共中央关于全面深化改革若干重大问题的决定》、《中共中央、国务院关于深化医药卫生体制改革的意见》、《国务院关于促进健康服务业发展的若干意见》(国发〔2013〕40号)精神,促进我国医疗卫生资源进一步优化配置,提高服务可及性、能力和资源利用效率,指导各地科学、合理地制订实施区域卫生规划和医疗机构设置规划,制定本规划纲要。

第一章 规划背景

第一节 现 状

经过长期发展,我国已经建立了由医院、基层医疗卫生机构、专业公共卫生机构等组成的覆盖城乡的医疗卫生服务体系。截至2013年底,我国有医疗卫生机构97.44万个,其中医院

2.47万个,基层医疗卫生机构91.54万个,专业公共卫生机构3.12万个;卫生人员979万名,其中卫生技术人员721万名;床位618万张。每千常住人口拥有医疗卫生机构床位4.55张、执业(助理)医师2.06名、注册护士2.05名。2004—2013年,全国医疗卫生机构总诊疗人次由每年39.91亿人次增加到73.14亿人次,年均增长6.96%,住院人数由每年6657万人增加到1.91亿人,年均增长12.42%。

但是,医疗卫生资源总量不足、质量不高、结构与布局不合理、服务体系碎片化、部分公立医院单体规模不合理扩张等问题依然突出。

一是与经济社会发展和人民群众日益增长的服务需求相比,医疗卫生资源总量相对不足,质量有待提高。每千人口执业(助理)医师数、护士数、床位数相对较低。执业(助理)医师中,大学本科及以上学历者占比仅为45%;注册护士中,大学本科及以上学历者占比仅为10%。

二是资源布局结构不合理,影响医疗卫生服务提供的公平与效率。西部地区医疗卫生资源质量较低。基层医疗卫生机构服务能力不足,利用效率不高。中西医发展不协调,中医药(含民族医药,下同)特色优势尚未得到充分发挥。公共卫生服务体系发展相对滞后。公立医疗机构所占比重过大,床位占比近90%。资源要素之间配置结构失衡,医护比仅为1∶1,护士配备严重不足。专科医院发展相对较慢,儿科、精神卫生、康复、老年护理等领域服务能力较为薄弱。

三是医疗卫生服务体系碎片化的问题比较突出。公共卫生机构、医疗机构分工协作机制不健全、缺乏联通共享,各级各类医疗卫生机构合作不够、协同性不强,服务体系难以有效应对日益严重的慢性病高发等健康问题。

四是公立医院改革还不到位,以药补医机制尚未有效破除,科学的补偿机制尚未建立,普遍存在追求床位规模、竞相购置大型设备、忽视医院内部机制建设等粗放式发展问题,部分公立医院单体规模过大,挤压了基层医疗卫生机构与社会办医院的发展空间,影响了医疗卫生服务体系整体效率的提升。

五是政府对医疗卫生资源配置的宏观管理能力不强,资源配置需要进一步优化。区域卫生规划实施过程中存在权威性与约束性不足、科学性和前瞻性不够等问题,规划的统筹作用和调控效力有待增强。

第二节 形势与挑战

党的十八大提出了2020年全面建成小康社会的宏伟目标,医疗卫生服务体系的发展面临新的历史任务,要在"病有所医"上持续取得新进展,实现人人享有基本医疗卫生服务。

我国经济社会转型中居民生活方式的快速变化,使慢性病成为主要疾病负担。预计到2020年我国人口规模将超过14亿人,随着医疗保障制度逐步完善,保障水平不断提高,医疗服务需求将进一步释放,医疗卫生资源供给约束与卫生需求不断增长之间的矛盾将持续存在。

改革开放以来,我国城镇化率不断提高,2013年达到53.73%,户籍人口与外来人口公共服务二元结构矛盾日益凸显。2013年我国流动人口数量达2.45亿人。被纳入城镇人口统计的2亿多农民工及其随迁家属尚未与城镇居民平等享受医疗、养老等基本公共服务。同时,随着中小城镇快速发展,人口加速聚集,到2020年要推动1亿左右农业转移人口和其他常住人口在城镇落户,完成约1亿人居住的城镇棚户区和城中村改造,引导约1亿人在中西部地区就近城镇化,部分地区医疗卫生资源供需矛盾将更加突出,医疗卫生资源布局调整面临更大挑战。

截至2013年底,我国60周岁以上老年人口达2.02亿人,占总人口的14.90%,老年人口快速增加。老年人生活照料、康复护理、医疗保健、精神文化等需求日益增长。同时,随着近年来工业化和城镇化的加速推进,大量青壮年劳动人口从农村流入城市,提高了农村实际老龄化程度。老龄化进程与家庭小型化、空巢化相伴随,与经济社会转型期各类矛盾相交织,医疗服务需求将急剧增加。老年人口医养结合需要更多卫生资源支撑,康复、老年护理等薄弱环节更为凸显。实施单独两孩生育政策后,新增出生人口将持续增加,对包括医疗卫生机构在内的公共资源造成压力,特别是大中城市妇产、儿童、生殖健康等相关医疗保健服务的供需矛盾将更加突出。

同时,云计算、物联网、移动互联网、大数据等信息化技术的快速发展,为优化医疗卫生业务流程、提高服务效率提供了条件,必将推动医疗卫生服务模式和管理模式的深刻转变。医改的不断深化也对公立医院数量规模和资源优化配置提出了新的要求。

第二章 规划目标和原则

第一节 目 标

优化医疗卫生资源配置,构建与国民经济和社会发展水平相适应、与居民健康需求相匹配、体系完整、分工明确、功能互补、密切协作的整合型医疗卫生服务体系,为实现2020年基本建立覆盖城乡居民的基本医疗卫生制度和人民健康水平持续提升奠定坚实的医疗卫生资源基础。

2020年全国医疗卫生服务体系资源要素配置主要指标

主要指标	2020年目标	2013年现状	指标性质
每千常住人口医疗卫生机构床位数(张)	6	4.55	指导性
医院	4.8	3.56	指导性
公立医院	3.3	3.04	指导性
其中:省办及以上医院	0.45	0.39	指导性
市办医院	0.9	0.79	指导性
县办医院	1.8	1.26	指导性
其他公立医院	0.15	0.60	指导性
社会办医院	1.5	0.52	指导性
基层医疗卫生机构	1.2	0.99	指导性
每千常住人口执业(助理)医师数(人)	2.5	2.06	指导性
每千常住人口注册护士数(人)	3.14	2.05	指导性
每千常住人口公共卫生人员数(人)	0.83	0.61	指导性
每万常住人口全科医生数(人)	2	1.07	约束性
医护比	1:1.25	1:1	指导性
市办及以上医院床护比	1:0.6	1:0.45	指导性
县办综合性医院适宜床位规模(张)	500	—	指导性
市办综合性医院适宜床位规模(张)	800	—	指导性
省办及以上综合性医院适宜床位规模(张)	1000	—	指导性

注:省办包括省、自治区、直辖市举办;市办包括地级市、地区、州、盟举办;县办包括县、县级市、市辖区、

旗举办,下同。

第二节 原 则

一、坚持健康需求导向。以健康需求和解决人民群众主要健康问题为导向,以调整布局结构、提升能级为主线,适度有序发展,强化薄弱环节,科学合理确定各级各类医疗卫生机构的数量、规模及布局。

二、坚持公平与效率统一。优先保障基本医疗卫生服务的可及性,促进公平公正。同时,注重医疗卫生资源配置与使用的科学性与协调性,提高效率,降低成本,实现公平与效率的统一。

三、坚持政府主导与市场机制相结合。切实落实政府在制度、规划、筹资、服务、监管等方面的责任,维护公共医疗卫生的公益性。大力发挥市场机制在配置资源方面的作用,充分调动社会力量的积极性和创造性,满足人民群众多层次、多元化医疗卫生服务需求。

四、坚持系统整合。加强全行业监管与属地化管理,统筹城乡、区域资源配置,统筹当前与长远,统筹预防、医疗和康复,中西医并重,注重发挥医疗卫生服务体系的整体功能,促进均衡发展。

五、坚持分级分类管理。充分考虑经济社会发展水平和医疗卫生资源现状,统筹不同区域、类型、层级的医疗卫生资源的数量和布局,分类制订配置标准。促进基层医疗卫生机构发展,着力提升服务能力和质量;合理控制公立医院资源规模,推动发展方式转变;提高专业公共卫生机构的服务能力和水平。

第三章 总 体 布 局

在不同的属地层级实行资源梯度配置。地市级及以下,基本医疗服务和公共卫生资源按照常住人口规模和服务半径合理布局;省部级及以上,分区域统筹考虑,重点布局。

第一节 机 构 设 置

医疗卫生服务体系主要包括医院、基层医疗卫生机构和专业公共卫生机构等(见图示)(略——编者注)。医院分为公立医院和社会办医院。其中,公立医院分为政府办医院(根据功能定位主要划分为县办医院、市办医院、省办医院、部门办医院)和其他公立医院(主要包括军队医院、国有和集体企事业单位等举办的医院)。县级以下为基层医疗卫生机构,分为公立和社会办两类。专业公共卫生机构分为政府办专业公共卫生机构和其他专业公共卫生机构(主要包括国有和集体企事业单位等举办的专业公共卫生机构)。根据属地层级的不同,政府办专业公共卫生机构划分为县办、市办、省办及部门办四类。

第二节 床 位 配 置

到2020年,每千常住人口医疗卫生机构床位数控制在6张,其中,医院床位数4.8张,基层医疗卫生机构床位1.2张。在医院床位中,公立医院床位数3.3张,按照每千常住人口不低于 1.5 张为社会办医院预留规划空间。

分区域制定床位配置原则。根据各省份经济、社会、人口、卫生等方面的实际状况,考虑各地资源差异,在现有基础上,按照鼓励发展、平稳发展、控制发展等策略对各省份区别制定床位发展目标。

第三节 信息资源配置

开展健康中国云服务计划,积极应用移动互联网、物联网、云计算、可穿戴设备等新技术,推动惠及全民的健康信息服务和智慧医疗服务,推动健康大数据的应用,逐步转变服务模式,提高服务能力和管理水平。加强人口健康信息化建设,到 2020 年,实现全员人口信息、电子健康档案和电子病历三大数据库基本覆盖全国人口并信息动态更新。全面建成互联互通的国家、省、市、县四级人口健康信息平台,实现公共卫生、计划生育、医疗服务、医疗保障、药品供应、综合管理等六大业务应用系统的互联互通和业务协同。积极推动移动互联网、远程医疗服务等发展。普及应用居民健康卡,积极推进居民健康卡与社会保障卡、金融 IC 卡、市民服务卡等公共服务卡的应用集成,实现就医"一卡通"。依托国家电子政务网,构建与互联网安全隔离,联通各级平台和各级各类卫生计生机构,高效、安全、稳定的信息网络。建立完善人口健康信息化标准规范体系。加强信息安全防护体系建设。实现各级医疗服务、医疗保障与公共卫生服务的信息共享与业务协同。

第四节 其他资源配置

一、设备配置

根据功能定位、医疗技术水平、学科发展和群众健康需求,坚持资源共享和阶梯配置,引导医疗机构合理配置适宜设备,逐步提高国产医用设备配置水平,降低医疗成本。加强大型医用设备配置规划和准入管理,严控公立医院超常装备。支持发展专业的医学检验机构和影像机构,逐步建立大型设备共用、共享、共管机制。建立区域医学影像中心,推动建立"基层医疗卫生机构检查、医院诊断"的服务模式,提高基层医学影像服务能力。按照统一规范的标准体系,二级以上医疗机构检验对所有医疗机构开放,推进有条件的地区开展集中检查检验和检查检验结果互认。大型医用设备按照品目分为甲类和乙类,由国家卫生计生委会同国家发展改革委、财政部、人力资源社会保障部、国家中医药局制定配置规划,并分别由国家和省级卫生计生行政部门组织实施,管理品目实行动态调整。

二、技术配置

健全医疗技术临床应用准入和管理制度,对医疗技术临床应用实行分类、分级管理。加强国家临床医学研究中心和协同研究网络建设,围绕常见疾病和健康问题,加快推进适宜卫生技术的研究开发与推广应用。加强对临床专科建设发展的规划引导和支持,以发展优质医疗资源为目标,发挥其示范、引领、带动和辐射作用,提高基层和区域的专科水平,逐步缓解地域、城乡、学科之间发展不平衡,促进医疗服务体系协调发展。注重中医临床专科的建设,强化中医药技术推广应用。

第四章　各级各类医疗卫生机构

第一节　医　院

一、公立医院

(一)功能定位。

公立医院是我国医疗服务体系的主体,应当坚持维护公益性,充分发挥其在基本医疗服务提供、急危重症和疑难病症诊疗等方面的骨干作用,承担医疗卫生机构人才培养、医学科研、医疗教学等任务,承担法定和政府指定的公共卫生服务、突发事件紧急医疗救援、援外、国防卫生动员、支农、支边和支援社区等任务。

县办医院主要承担县级区域内居民的常见病、多发病诊疗,急危重症抢救与疑难病转诊,培训和指导基层医疗卫生机构人员,相应公共卫生服务职能以及突发事件紧急医疗救援等工作,是政府向县级区域内居民提供基本医疗卫生服务的重要载体。

市办医院主要向地市级区域内居民提供代表本区域高水平的综合性或专科医疗服务,接受下级医院转诊,并承担人才培养和一定的科研任务以及相应公共卫生和突发事件紧急医疗救援任务。

省办医院主要向省级区域内若干个地市提供急危重症、疑难病症诊疗和专科医疗服务,接受下级医院转诊,并承担人才培养、医学科研及相应公共卫生和突发事件紧急医疗救援任务。

部门办医院主要向跨省份区域提供疑难危重症诊疗和专科医疗服务,接受下级医院转诊,并承担人才培养、医学科研及相应公共卫生和突发事件紧急医疗救援等任务和技术支撑,带动医疗服务的区域发展和整体水平提升。

(二)机构设置。

各级各类公立医院的规划设置要根据地域实际,综合考虑城镇化、人口分布、地理交通环境、疾病谱等因素合理布局。合理控制公立综合性医院的数量和规模,对于需求量大的专科医疗服务,可以根据具体情况设立相应的专科医院。在京津冀、长三角、珠三角等具备一体化发展条件的区域,可以探索打破行政区划的限制,跨区域统筹设置医疗卫生机构,推动资源优化调整,实现大区域范围内资源共享,提高配置效率。

在县级区域依据常住人口数,原则上设置1个县办综合医院和1个县办中医类医院(含中医、中西医结合、民族医等,下同)。中医类资源缺乏,难以设置中医类医院的县可在县办综合医院设置中医科或民族医科室。民族地区、民族自治地方的县级区域优先设立民族医医院。50万人口以上的县可适当增加公立医院数量。

在地市级区域依据常住人口数,每100万—200万人口设置1—2个市办综合性医院(含中医类医院,下同),服务半径一般为50公里左右。地广人稀的地区人口规模可以适当放宽。其中,每个地市级区域原则上至少设置1个市办中医类医院,暂不具备条件的,可在市办综合医院设置中医科或民族医科室。在地市级区域应根据需要规划设置儿童、精神、妇产、肿瘤、传染病、康复等市办专科医院(含中医类专科医院)。

在省级区域划分片区,依据常住人口数,每1 000万人口规划设置1—2个省办综合性医院,同时可以根据需要规划设置儿童、妇产、肿瘤、精神、传染病、职业病以及口腔、康复等省办专科医院(含中医类专科医院)。在省级区域内形成功能比较齐全的医疗服务体系。

按照统筹规划、提升能级、辐射带动的原则,在全国规划布局设置若干部门办医院。

(三)床位配置。

根据常住人口规模合理配置公立医院床位规模,重在控制床位的过快增长。各地应结合当地实际情况,参考以下指标研究制定本地区公立医院床位层级设置:每千常住人口公立医院床位数3.3张(含妇幼保健院床位)。其中,县办医院床位数1.8张,市办医院床位数0.9张,省办及以上医院床位数0.45张,国有和集体企事业单位等举办的其他公立医院床位数调减至0.15张。实行分类指导,每千常住人口公立医院床位数超过3.3张的,原则上不再扩大公立医院规模,鼓励有条件的地区对过多的存量资源进行优化调整。对医疗卫生服务资源短缺、社会资本投入不足的地区和领域,政府要加大投入,满足群众基本医疗卫生服务需求。中医类医院床位数可以按照每千常住人口0.55张配置。同时,可以按照15%的公立医院床位比例设置公立专科医院。

(四)单体规模。

严格控制公立医院单体(单个执业点)床位规模的不合理增长,县办综合性医院床位数一般以500张左右为宜,50万人口以上的县可适当增加,100万人口以上的县原则上不超过1 000张;市办综合性医院床位数一般以800张左右为宜,500万人口以上的地市可适当增加,原则上不超过1 200张;省办及以上综合性医院床位数一般以1 000张左右为宜,原则上不超过1 500张。专科医院的床位规模要根据实际需要合理设置。

二、社会办医院

社会办医院是医疗卫生服务体系不可或缺的重要组成部分,是满足人民群众多层次、多元化医疗服务需求的有效途径。社会办医院可以提供基本医疗服务,与公立医院形成有序竞争;可以提供高端服务,满足非基本需求;可以提供康复、老年护理等紧缺服务,对公立医院形成补充。

到2020年,按照每千常住人口不低于1.5张床位为社会办医院预留规划空间,同步预留诊疗科目设置和大型医用设备配置空间。放宽举办主体要求,进一步放宽中外合资、合作办医条件,逐步扩大具备条件的境外资本设立独资医疗机构试点。放宽服务领域要求,凡是法律法规没有明令禁入的领域,都要向社会资本开放。优先支持举办非营利性医疗机构。引导社会办医院向高水平、规模化方向发展,发展专业性医院管理集团。支持社会办医院合理配备大型医用设备。加快办理审批手续,对具备相应资质的社会办医院,应按照规定予以批准,简化审批流程,提高审批效率。

完善配套支持政策,支持社会办医院纳入医保定点范围,完善规划布局和用地保障,优化投融资引导政策,完善财税价格政策,社会办医院医疗服务价格实行市场调节价。鼓励政府购买社会办医院提供的服务。加强行业监管,保障医疗质量和安全。

第二节 基层医疗卫生机构

一、功能定位

基层医疗卫生机构的主要职责是提供预防、保健、健康教育、计划生育等基本公共卫生服务和常见病、多发病的诊疗服务以及部分疾病的康复、护理服务,向医院转诊超出自身服务能力的常见病、多发病及危急和疑难重症病人。基层医疗卫生机构主要包括乡镇卫生院、社区卫生服务中心(站)、村卫生室、医务室、门诊部(所)和军队基层卫生机构等。

乡镇卫生院和社区卫生服务中心负责提供基本公共卫生服务,以及常见病、多发病的诊疗、护理、康复等综合服务,并受县级卫生计生行政部门委托,承担辖区内的公共卫生管理工作,负责对村卫生室、社区卫生服务站的综合管理、技术指导和乡村医生的培训等。乡镇卫生院分为中心乡镇卫生院和一般乡镇卫生院,中心乡镇卫生院除具备一般乡镇卫生院的服务功能外,还应开展普通常见手术等,着重强化医疗服务能力并承担对周边区域内一般乡镇卫生院的技术指导工作。

村卫生室、社区卫生服务站在乡镇卫生院和社区卫生服务中心的统一管理和指导下,承担行政村、居委会范围内人群的基本公共卫生服务和普通常见病、多发病的初级诊治、康复等工作。

单位内部的医务室和门诊部等基层医疗卫生机构负责本单位或本功能社区的基本公共卫生和基本医疗服务。

其他门诊部、诊所等基层医疗卫生机构根据居民健康需求,提供相关医疗卫生服务。政府可以通过购买服务的方式对其提供的服务予以补助。

二、机构设置

乡镇卫生院、社区卫生服务中心按照乡镇、街道办事处行政区划或一定服务人口进行设置。到2020年,实现政府在每个乡镇办好1所标准化建设的乡镇卫生院,在每个街道办事处范围或每3万—10万居民规划设置1所社区卫生服务中心。全面提升乡镇卫生院服务能力和水平,综合考虑城镇化、地理位置、人口聚集程度等因素,可以选择1/3左右的乡镇卫生院提升服务能力和水平,建设中心乡镇卫生院。有条件的中心乡镇卫生院可以建设成为县办医院分院。城市地区一级和部分二级公立医院可以根据需要,通过结构和功能改造转为社区卫生服务中心。

合理确定村卫生室和社区卫生服务站的配置数量和布局,根据乡镇卫生院、社区卫生服务中心覆盖情况以及服务半径、服务人口等因素合理设置。原则上每个行政村应当设置1个村卫生室。

个体诊所等其他基层医疗卫生机构的设置,不受规划布局限制,实行市场调节的管理方式。

三、床位配置

按照所承担的基本任务和功能合理确定基层医疗卫生机构床位规模,重在提升床位质量,提高使用效率。到2020年,每千常住人口基层医疗卫生机构床位数达到1.2张,重点加强护理、康复病床的设置。

第三节 专业公共卫生机构

一、功能定位

专业公共卫生机构是向辖区内提供专业公共卫生服务(主要包括疾病预防控制、健康教育、妇幼保健、精神卫生、急救、采供血、综合监督执法、食品安全风险监测评估与标准管理、计划生育、出生缺陷防治等),并承担相应管理工作的机构。专业公共卫生机构主要包括疾病预防控制机构、综合监督执法机构、妇幼保健计划生育服务机构、急救中心(站)、血站等,原则上由政府举办。

县办专业公共卫生机构的主要职责是,完成上级下达的指令性任务,承担辖区内专业公共卫生任务以及相应的业务管理、信息报送等工作,并对辖区内医疗卫生机构相关公共卫生工作进行技术指导、人员培训、监督考核等。

市办专业公共卫生机构的主要职责是,完成上级下达的指令性任务,承担辖区内的专业公共卫生任务以及相应的信息管理等工作,并对下级专业公共卫生机构开展业务指导、人员培训、监督考核等。

省办专业公共卫生机构的主要职责是,完成上级下达的指令性任务,承担辖区内的专业公共卫生任务,开展区域业务规划、科研培训、信息管理、技术支撑以及对下级专业公共卫生机构的业务指导、人员培训、监督考核等。

部门办专业公共卫生机构的主要职责是,实施全国各专业公共卫生工作规划或计划,建立和管理相关公共卫生信息网络,参与重特大突发事件卫生应急处置;加强对下级专业公共卫生机构的业务管理、技术指导、人员培训和监督考核;开展公共卫生发展规律、策略和应用性科学研究,拟定国家公共卫生相关标准和规范。

二、机构设置

专业公共卫生机构要按照辖区常住人口数、服务范围、工作量等因素合理设置。加强区域公共卫生服务资源整合,鼓励组建综合性公共卫生服务中心,10万人口以下的县原则上只设1所公共卫生服务机构。专业公共卫生机构实行按行政区划,分级设置,县级及以上每个行政区划内同类专业公共卫生机构原则上只设一个。县级以下由社区卫生服务中心(站)、乡镇卫生院(妇幼保健计划生育服务站)和村卫生室、计划生育服务室承担相关工作。

县级及以上每个行政区划内原则上只设1个疾病预防控制中心,不再单设其他专病预防控制机构,目前部分地区单设的专病预防控制机构,要逐步整合到疾病预防控制中心。

县级及以上政府要根据工作职责,规范卫生计生综合监督执法机构的设置,由其承担卫生计生综合监督执法任务。

省级可以分设或整合妇幼保健机构和计划生育科研机构。市办和县办妇幼保健机构与计划生育技术服务机构原则上应当予以整合,分别成立市办、县办妇幼保健计划生育服务中心。整合乡办计划生育技术服务机构与乡(镇)卫生院的妇幼保健职能。村级保留村卫生室和村计划生育服务室,共享共用。

省级人民政府根据国家有关规定,结合本行政区域人口、医疗资源、临床用血需求等情况规划血站设置,1个城市内不得重复设置血液中心、中心血站。血液中心和中心血站难以覆盖的县可以依托县办综合医院规划设置1个中心血库。

以专业精神卫生机构为主体、综合性医院精神科为辅助、基层医疗卫生机构和精神疾病社区康复机构为基础,建立健全精神卫生服务体系和网络。

以市办急救中心为龙头,县急救中心和院前急救网络医院共同建成比较完善的急救网络,每个地市必须设置1个急救中心(站),在有核电站、核设施、大型核辐射装置的重点省份可以建设核辐射应急救治基地。

第五章 卫生人才队伍

第一节 人员配备

到2020年,每千常住人口执业(助理)医师数达到2.5人,注册护士数达到3.14人,医护比达到1∶1.25,市办及以上医院床护比不低于1∶0.6,公共卫生人员数达到0.83人,人才规模与我国人民群众健康服务需求相适应,城乡和区域医药卫生人才分布趋于合理,各类人才队伍统筹协调发展。加强全科医生和住院医师规范化培训,逐步建立和完善全科医生制度。促进医务人员合理流动,使其在流动中优化配置,充分发挥作用。加强公共卫生人员的专项能力建设。

一、医院

以执业(助理)医师和注册护士配置为重点,以居民卫生服务需求量和医师标准工作量为依据,结合服务人口、经济状况、自然条件等因素配置医生和护士的数量,合理确定医护人员比例。按照医院级别与功能任务的需要确定床位与人员配比,承担临床教学、带教实习、支援基层、援外医疗、应急救援、医学科研等任务的医疗卫生机构可以适当增加人员配置。未达到床护比标准的,原则上不允许扩大床位规模。

二、基层医疗卫生机构

到2020年,每千常住人口基层卫生人员数达到3.5人以上,在我国初步建立起充满生机和活力的全科医生制度,基本形成统一规范的全科医生培养模式和"首诊在基层"的服务模式,全科医生与城乡居民基本建立比较稳定的服务关系,基本实现城乡每万名居民有2—3名合格的全科医生,全科医生服务水平全面提高,基本适应人民群众基本医疗卫生服务需求。原则上按照每千服务人口不少于1名的标准配备乡村医生。每所村卫生室至少有1名乡村医生执业。

三、专业公共卫生机构

到2020年,每千常住人口公共卫生人员数达到0.83人,各级各类公共卫生人才满足工作需要。

疾病预防控制中心人员原则上按照各省、自治区、直辖市常住人口1.75/万人的比例核定;地域面积在50万平方公里以上且人口密度小于25人/平方公里的省、自治区,可以按照不高于本地区常住人口3/万人的比例核定。其中,专业技术人员占编制总额的比例不得低于85%,卫生技术人员不得低于70%。

专业精神卫生机构应当按照区域内人口数及承担的精神卫生防治任务配置公共卫生人员。

妇幼保健计划生育机构应当根据当地服务人口、社会需求、交通状况、区域卫生和计划生育事业发展规划以及承担的功能任务等合理配备人员。市、县、乡级妇幼保健计划生育服务机构中卫生技术人员比例应当不低于总人数的80%。

血站卫生技术人员数量应当根据年采供血等业务量进行配备。

急救中心人员数量应当根据服务人口、年业务量等进行配备。

第二节 人才培养

加强卫生人才队伍建设,注重医疗、公共卫生、中医药以及卫生管理人才的培养,制订有利于卫生人才培养使用的政策措施。切实加强医教协同工作,深化院校教育改革,推进院校医学教育与卫生计生行业需求的紧密衔接,加强人才培养的针对性和适应性,提高人才培养质量。建立住院医师和专科医师规范化培训制度,开展助理全科医生培训,推动完善毕业后医学教育体系,培养合格临床医师。以卫生计生人员需求为导向,改革完善继续医学教育制度,提升卫生计生人才队伍整体素质。到2020年,基本建成院校教育、毕业后教育、继续教育三阶段有机衔接的具有中国特色的标准化、规范化临床医学人才培养体系。院校教育质量显著提高,毕业后教育得到普及,继续教育实现全覆盖。近期,要加快构建以"5+3"(5年临床医学本科教育+3年住院医师规范化培训或3年临床医学硕士专业学位研究生教育)为主体、以"3+2"(3年临床医学专科教育+2年助理全科医生培训)为补充的临床医学人才培养体系。

加强以全科医生为重点的基层医疗卫生队伍建设,健全在岗培训制度,鼓励乡村医生参加学历教育。加强政府对医药卫生人才流动的政策引导,推动医药卫生人才向基层流动,加大西部地区人才培养与引进力度。制定优惠政策,为农村订单定向免费培养医学生,研究实施基层医疗卫生机构全科医生及县办医院专科特设岗位计划。创造良好的职业发展条件,鼓励和吸引医务人员到基层工作。加强公共卫生人才队伍建设,加强高层次医药卫生人才队伍建设,大力开发护理、儿科、精神科等急需紧缺专门人才。大力支持中医类人才培养。加大对中西部地区高等医学院校的支持,缩小区域、院校和学科专业之间培养水平的差距。

第三节 人才使用

健全以聘用制度和岗位管理制度为主要内容的事业单位用人机制,完善岗位设置管理,保证专业技术岗位占主体(原则上不低于80%),推行公开招聘和竞聘上岗。健全以岗位职责要求为基础,以品德、能力、业绩为导向,符合卫生人才特点的科学化、社会化评价机制,完善专业技术职称评定制度,促进人才成长发展和合理流动。深化收入分配制度改革,建立以服务质量、服务数量和服务对象满意度为核心、以岗位职责和绩效为基础的考核和激励机制,坚持多劳多得、优绩优酬,人员收入分配重点向关键岗位、业务骨干和作出突出成绩的医药卫生人才倾斜。建立以政府投入为主、用人单位和社会资助为辅的卫生人才队伍建设投入机制,优先保证对人才发展的投入,为医药卫生人才发展提供必要的经费保障。创新公立医院机构编制管理,合理核定公立医院编制总量,并进行动态调整,逐步实行编制备案制,探索多种形式用人机制和政府购买服务方式。

第六章 功能整合与分工协作

建立和完善公立医院、专业公共卫生机构、基层医疗卫生机构以及社会办医院之间的分工协作关系,整合各级各类医疗卫生机构的服务功能,为群众提供系统、连续、全方位的医疗卫生服务。

第一节 防治结合

专业公共卫生机构要对公立医院、基层医疗卫生机构和社会办医院开展公共卫生服务加强指导、培训和考核,建立信息共享与互联互通等协作机制。

进一步明确专业公共卫生机构和医疗机构的职责,着力做好高血压、糖尿病、肿瘤等慢性病的联防联控工作,将结核病、艾滋病等重点传染病以及职业病、精神疾病等病人的治疗交综合性医院或者专科医院开展,强化专业公共卫生机构对医疗机构公共卫生工作的技术指导和考核,监督部门加强对医疗机构的监督检查。

综合性医院及相关专科医院要依托相关科室,与专业公共卫生机构密切合作,承担辖区内一定的公共卫生任务和对基层医疗卫生机构的业务指导。建立医疗机构承担公共卫生任务的补偿机制和服务购买机制。进一步加强基层医疗卫生机构队伍建设,拓展基层医疗卫生机构的功能,确保各项公共卫生任务落实到位。充分发挥中医药在公共卫生中的作用,积极发展中医预防保健服务。

第二节 上下联动

建立并完善分级诊疗模式,建立不同级别医院之间,医院与基层医疗卫生机构、接续性医疗机构之间的分工协作机制,健全网络化城乡基层医疗卫生服务运行机制,逐步实现基层首诊、双向转诊、上下联动、急慢分治。以形成分级诊疗秩序为目标,积极探索科学有效的医联体和远程医疗等多种方式。充分利用信息化手段,促进优质医疗资源纵向流动,建立医院与基层医疗卫生机构之间共享诊疗信息、开展远程医疗服务和教学培训的信息渠道。

控制公立医院普通门诊规模,支持和引导病人优先到基层医疗卫生机构就诊,由基层医疗卫生机构逐步承担公立医院的普通门诊、康复和护理等服务。推动全科医生、家庭医生责任制,逐步实现签约服务。鼓励有条件的地区通过合作、托管、重组等多种方式,促进医疗资源合理配置。探索县域一体化管理。推进乡镇卫生院和村卫生室一体化。

公立医院要通过技术支持、人员培训、管理指导等多种方式,帮扶和指导与之建立分工协作关系的基层医疗卫生机构,提高其服务能力和水平。允许公立医院医师多点执业,探索建立医师执业信息数据库并向公众提供在线查询服务,促进优质医疗资源下沉到基层。建立区域在线预约挂号平台,公立医院向基层医疗卫生机构提供转诊预约挂号服务,对基层医疗卫生机构转诊病人优先安排诊疗和住院;将恢复期需要康复的病人或慢性病病人转诊到病人就近的基层医疗卫生机构。

完善治疗—康复—长期护理服务链,发展和加强康复、老年、长期护理、慢性病管理、临终关怀等接续性医疗机构,建立急慢分治的制度,提高公立医院医疗资源利用效率。

第三节 中西医并重

坚持中西医并重方针,以积极、科学、合理、高效为原则,做好中医医疗服务资源配置。充分发挥中医医疗预防保健特色优势,不断完善中医医疗机构、基层中医药服务提供机构和其他中医药服务提供机构共同组成的中医医疗服务体系,加快中医医疗机构建设与发展,加强综合医院、专科医院中医临床科室和中药房设置,增强中医科室服务能力。加强中西医临床协作,整合资源,强强联合,优势互补,协同协作,提高重大疑难病、急危重症临床疗效。统筹用好中西医两方面资源,提升基层西医和中医两种手段综合服务能力,到2020年,力争使所有社区卫生服务机构、乡镇卫生院和70%的村卫生室具备与其功能相适应的中医药服务能力。

第四节 多元发展

加强社会办医疗机构与公立医疗卫生机构的协同发展,提高医疗卫生资源的整体效率。社会力量可以直接投向资源稀缺及满足多元需求的服务领域,也可以多种形式参与国有企业所办医疗机构等部分公立医院改制重组。鼓励公立医院与社会力量以合资合作的方式共同举办新的非营利性医疗机构,满足群众多层次医疗服务需求。探索公立医院有形资产和无形资产科学评估办法,防止国有资产流失。鼓励社会力量举办中医类专科医院、康复医院、护理院(站)以及口腔疾病、老年病和慢性病等诊疗机构。鼓励药品经营企业举办中医坐堂医诊所,鼓励有资质的中医专业技术人员特别是名老中医开办中医诊所。允许医师多点执业。支持社会办医疗机构加强重点专科建设,引进和培养人才,提升学术地位,加快实现与医疗保障机构、公立医疗机构等信息系统的互联互通。

建立社会力量参与公共卫生工作的机制。政府通过购买服务等方式,鼓励和支持社会力量参与公共卫生工作,并加强技术指导和监督管理。社会力量要加强自身管理,不断强化自身能力,与专业公共卫生机构密切合作,确保公共卫生工作顺利开展。

第五节 医养结合

推进医疗机构与养老机构等加强合作。推动中医药与养老结合,充分发挥中医药"治未病"和养生保健优势。建立健全医疗机构与养老机构之间的业务协作机制,鼓励开通养老机构与医疗机构的预约就诊绿色通道,协同做好老年人慢性病管理和康复护理。增强医疗机构为老年人提供便捷、优先优惠医疗服务的能力。支持有条件的医疗机构设置养老床位。推动二级以上医院与老年病医院、老年护理院、康复疗养机构、养老机构内设医疗机构等之间的转诊与合作。在养老服务中充分融入健康理念,加强医疗卫生服务支撑。支持有条件的养老机构设置医疗机构。统筹医疗服务与养老服务资源,合理布局养老机构与老年病医院、老年护理院、康复疗养机构等,研究制订老年康复、护理服务体系专项规划,形成规模适宜、功能互补、安全便捷的健康养老服务网络。

发展社区健康养老服务。提高社区卫生服务机构为老年人提供日常护理、慢性病管理、康复、健康教育和咨询、中医养生保健等服务的能力,鼓励医疗机构将护理服务延伸至居民家庭。推动开展远程服务和移动医疗,逐步丰富和完善服务内容及方式,做好上门巡诊等健康延伸服务。

第七章 实施保障与监督评价

第一节 加强组织领导

一、加强领导

区域卫生规划是政府对卫生事业进行宏观调控的重要手段。要切实加强对区域卫生规划工作的领导,把区域卫生规划工作提上重要议事日程,列入政府的工作目标和考核目标,建立问责制。各级政府要在土地利用总体规划和城乡规划中统筹考虑医疗卫生机构发展需要,合理安排用地供给,优先保障非营利性医疗机构用地。

二、合理划分各级政府责任

国家卫生计生委会同国家中医药局在各地资源配置的基础上,统筹规划跨省份的资源配置,并纳入所在地市的区域卫生规划。成立专家委员会,建立对各省份资源配置标准和直辖市、计划单列市、省会城市等特殊地区规划的论证机制。根据需要制定分领域专项规划,修订完善医疗机构基本建设标准和设备配置标准。

省级政府负责制订医疗卫生资源配置标准和医疗机构设置规划,将床位配置标准细化到各地市,组织各地市编制区域卫生规划,并根据人口分布、医疗卫生服务需求和交通状况等重点规划各类省办医院与专业公共卫生机构的设置,纳入所在地市的区域卫生规划。

地市级政府负责研究编制区域卫生规划和医疗机构设置规划并组织实施,要重点规划市办及以下医院和专业公共卫生机构,将床位配置标准细化到各县,并按照属地化原则,对本地市范围内的各级各类医疗卫生机构的设置进行统筹规划。

直辖市政府同时承担省、市两级政府职责,负责制定本市医疗卫生资源配置标准,研究编制全市区域卫生规划并组织实施。

县级政府应当按照所在地市的区域卫生规划和医疗机构设置规划要求,负责辖区内县办医院、专业公共卫生机构及基层医疗卫生机构的设置。

三、明确相关部门职责

卫生计生、发展改革、财政、城乡规划、人力资源社会保障、机构编制和中医药等部门要认真履行职责,协调一致地推进区域卫生规划工作。在卫生计生方面,要制订区域卫生规划和医疗机构设置规划并适时进行动态调整;在发展改革方面,要将区域卫生规划和医疗机构设置规划纳入国民经济和社会发展总体规划安排,依据规划对新改扩建项目进行基本建设管理,推进医疗服务价格改革;在财政方面,要按照政府卫生投入政策落实相关经费;在城乡规划管理方面,要依据依法批准的城乡规划审批建设用地;在机构编制方面,要依据有关规定和标准统筹公立医疗卫生机构编制;在社会保障方面,要加快医保支付制度改革;其他相关部门要各司其职,做好相关工作。

第二节 创新体制机制

深化医药卫生体制改革,为区域卫生规划的实施创造有利条件。本规划主要内容是医疗卫生资源配置,"十三五"期间深化医改的总体部署将由医改规划作出安排,在实施推进过程中,要做好与相关规划的衔接。要建立和完善政府卫生投入机制,明确政府在提供公共卫生和基本医疗服务中的主导地位。切实落实对公立和社会办非营利性医疗卫生机构的投入政策。合理划分中央政府和地方政府的医疗卫生投入责任。深化基层医疗卫生机构综合改革,健全网络化城乡基层医疗卫生服务运行机制,提高服务质量和效率;加快公立医院改革,建立合理的补偿机制、科学的绩效评价机制和适应行业特点的人事薪酬制度,推进管办分开、政事分开,实行医药分开。加快发展城乡居民大病保险、商业健康保险,建立完善以基本医保为主体的多层次医疗保障体系。改革医保支付方式,建立更加合理的医保付费机制。加强医疗卫生全行业监管。推行医疗责任保险、医疗意外保险等多种形式的医疗执业保险,加快发展医疗纠纷人民调解等第三方调解机制,完善医疗纠纷处理机制。

第三节 加大资源调整力度

按照严格规划增量、科学调整存量的原则,合理确定区域内公立医院的数量和布局,采取多种措施推动公立医院布局和结构的优化调整。要合理把控公立医院床位规模、建设标准和大型设备配置,禁止举债建设和装备。对新建城区、郊区、卫星城区等薄弱区域,政府要有计划、有步骤建设公立医疗卫生机构,满足群众基本医疗卫生需求。重点加强中医、儿科、妇产、精神卫生、传染病、老年护理、口腔、康复等薄弱领域服务能力的建设。优先加强县办医院服务能力,提高县域医疗能力和水平。支持村卫生室、乡镇卫生院、社区卫生服务机构标准化建设,

2020年达标率达到95%以上。加大对老少边穷地区医疗卫生服务体系发展和人才定向培养的支持力度。新建居住区和社区要按照相关规定保障基本医疗卫生设施配套。公立医院资源过剩的地区,要优化结构和布局,从实际出发,根据需要积极稳妥地将部分公立医院转为康复、老年护理等接续性医疗机构或社区卫生服务机构。对超出规模标准的公立医院,要采取综合措施,逐步压缩床位,并选择部分单体规模过大的国家卫生计生委预算管理医院和公立医院改革试点城市的公立医院开展拆分试点。

第四节 强化监督评价

一、规范规划编制流程

各地在编制医疗卫生资源配置标准和区域卫生规划工作中,要根据群众健康需求,合理确定各类医疗卫生资源的配置目标。要综合考虑包括军队医疗机构、复员退伍军人医疗机构等在内的各方医疗资源,充分征求有关部门和社会各界的意见。要与新型城镇化以及区域发展布局相结合,做好与本规划纲要以及当地经济社会发展规划、城乡规划、土地利用总体规划、国防卫生动员需求等的衔接,合理控制资源总量标准及公立医院单体规模,各地可以在强基层的基础上,根据实际需要对不同级别、类型机构床位的比例关系进行适当调整。各地市区域卫生规划起草和论证完成后,须经省级卫生计生行政部门同意并报本地市人民政府审批,确保规划的可行性、可操作性和权威性。区域卫生规划的周期一般为5年。

二、严格规划实施

及时发布机构设置和规划布局调整等信息,鼓励有条件的地方采取招标等方式确定举办或运行主体。将纳入规划作为建设项目立项的前提条件。所有新增医疗卫生资源,特别是公立医院的设置和改扩建、病床规模的扩大、大型医疗设备的购置,无论何种资金渠道,必须按照区域卫生规划的要求和程序,严格管理。建立公立医院床位规模分级备案和公示制度,新增床位后达到或超过1 500张床以上公立医院,其床位增加须报国家卫生计生委备案(中医类医院同时报国家中医药管理局备案)。对严重超出规定床位数标准、未经批准开展项目建设、擅自扩大建设规模和提高建设标准等的公立医院,要进行通报批评,暂停大型医用设备配置许可、等级评审等审批和财政资金安排。

三、建立规划实施的监督评价机制

各省(区、市)人民政府要强化规划实施监督和评价,建立区域卫生规划和资源配置监督评价机制,成立专门的评价工作小组,组织开展区域卫生规划实施进度和效果评价,及时发现实施中存在的问题,并研究解决对策。评价过程中要实行公开评议、公平竞争,运用法律、经济和行政手段规范、管理和保障区域卫生规划的有效实施。国务院有关部门要根据职责分工,开展规划实施进度和效果评价,必要时开展联合督查,以推动规划落实,实现医疗卫生资源有序发展、合理配置、结构优化。

国务院关于促进云计算创新发展培育信息产业新业态的意见

国发〔2015〕5号

各省、自治区、直辖市人民政府,国务院各部委、各直属机构:

云计算是推动信息技术能力实现按需供给、促进信息技术和数据资源充分利用的全新业态,是信息化发展的重大变革和必然趋势。发展云计算,有利于分享信息知识和创新资源,降低全社会创业成本,培育形成新产业和新消费热点,对稳增长、调结构、惠民生和建设创新型国家具有重要意义。当前,全球云计算处于发展初期,我国面临难得的机遇,但也存在服务能力较薄弱、核心技术差距较大、信息资源开放共享不够、信息安全挑战突出等问题,重建设轻应用、数据中心无序发展苗头初步显现。为促进我国云计算创新发展,积极培育信息产业新业态,现提出以下意见。

一、指导思想、基本原则和发展目标

(一)指导思想。

适应推进新型工业化、信息化、城镇化、农业现代化和国家治理能力现代化的需要,以全面深化改革为动力,以提升能力、深化应用为主线,完善发展环境,培育骨干企业,创新服务模式,扩展应用领域,强化技术支撑,保障信息安全,优化设施布局,促进云计算创新发展,培育信息产业新业态,使信息资源得到高效利用,为促进创业兴业、释放创新活力提供有力支持,为经济社会持续健康发展注入新的动力。

(二)基本原则。

市场主导。发挥市场在资源配置中的决定性作用,完善市场准入制度,减少行政干预,鼓励企业根据市场需求丰富服务种类,提升服务能力,对接应用市场。建立公平开放透明的市场规则,完善监管政策,维护良好市场秩序。

统筹协调。以需求为牵引,加强分类指导,推进重点领域的应用、服务和产品协同发展。引导地方根据实际需求合理确定云计算发展定位,避免政府资金盲目投资建设数据中心和相关园区。加强信息技术资源整合,避免行业信息化系统成为信息孤岛。优化云计算基础设施布局,促进区域协调发展。

创新驱动。以企业为主体,加强产学研用合作,强化云计算关键技术和服务模式创新,提升自主创新能力。积极探索加强国际合作,推动云计算开放式创新和国际化发展。加强管理创新,鼓励新业态发展。

保障安全。在现有信息安全保障体系基础上,结合云计算特点完善相关信息安全制度,强化安全管理和数据隐私保护,增强安全技术支撑和服务能力,建立健全安全防护体系,切实保障云计算信息安全。充分运用云计算的大数据处理能力,带动相关安全技术和服务发展。

(三)发展目标。

到2017年,云计算在重点领域的应用得到深化,产业链条基本健全,初步形成安全保障有力,服务创新、技术创新和管理创新协同推进的云计算发展格局,带动相关产业快速发展。

服务能力大幅提升。形成若干具有较强创新能力的公共云计算骨干服务企业。面向中小微企业和个人的云计算服务种类丰富,实现规模化运营。云计算系统集成能力显著提升。

创新能力明显增强。增强原始创新和基础创新能力,突破云计算平台软件、艾字节(EB,约为2^{60}字节)级云存储系统、大数据挖掘分析等一批关键技术与产品,云计算技术接近国际先进水平,云计算标准体系基本建立。服务创新对技术创新的带动作用显著增强,产学研用协同发展水平大幅提高。

应用示范成效显著。在社会效益明显、产业带动性强、示范作用突出的若干重点领域推动公共数据开放、信息技术资源整合和政府采购服务改革,充分利用公共云计算服务资源开展百项云计算和大数据应用示范工程,在降低创业门槛、服务民生、培育新业态、探索电子政务建设新模式等方面取得积极成效,政府自建数据中心数量减少5%以上。

基础设施不断优化。云计算数据中心区域布局初步优化,新建大型云计算数据中心能源利用效率(PUE)值优于1.5。宽带发展政策环境逐步完善,初步建成满足云计算发展需求的宽带网络基础设施。

安全保障基本健全。初步建立适应云计算发展需求的信息安全监管制度和标准规范体系,云计算安全关键技术产品的产业化水平和网络安全防护能力明显提升,云计算发展环境更加安全可靠。

到2020年,云计算应用基本普及,云计算服务能力达到国际先进水平,掌握云计算关键技术,形成若干具有较强国际竞争力的云计算骨干企业。云计算信息安全监管体系和法规体系健全。大数据挖掘分析能力显著提升。云计算成为我国信息化重要形态和建设网络强国的重要支撑,推动经济社会各领域信息化水平大幅提高。

二、主要任务

(一)增强云计算服务能力。

大力发展公共云计算服务,实施云计算工程,支持信息技术企业加快向云计算产品和服务提供商转型。大力发展计算、存储资源租用和应用软件开发部署平台服务,以及企业经营管理、研发设计等在线应用服务,降低企业信息化门槛和创新成本,支持中小微企业发展和创业活动。积极发展基于云计算的个人信息存储、在线工具、学习娱乐等服务,培育信息消费。发展安全可信的云计算外包服务,推动政府业务外包。支持云计算与物联网、移动互联网、互联网金融、电子商务等技术和服务的融合发展与创新应用,积极培育新业态、新模式。鼓励大企业开放平台资源,打造协作共赢的云计算服务生态环境。引导专有云有序发展,鼓励企业创新信息化建设思路,在充分利用公共云计算服务资源的基础上,立足自身需求,利用安全可靠的专有云解决方案,整合信息资源,优化业务流程,提升经营管理水平。大力发展面向云计算的信息系统规划咨询、方案设计、系统集成和测试评估等服务。

(二)提升云计算自主创新能力。

加强云计算相关基础研究、应用研究、技术研发、市场培育和产业政策的紧密衔接与统筹协调。发挥企业创新主体作用,以服务创新带动技术创新,增强原始创新能力,着力突破云计算平台大规模资源管理与调度、运行监控与安全保障、艾字节级数据存储与处理、大数据挖掘分析等关键技术,提高相关软硬件产品研发及产业化水平。加强核心电子器件、高端通用芯片及基础软件产品等科技专项成果与云计算产业需求对接,积极推动安全可靠的云计算产品和解决方案在各领域的应用。充分整合利用国内外创新资源,加强云计算相关技术研发实验室、工程中心和企业技术中心建设。建立产业创新联盟,发挥骨干企业的引领作用,培育一批特色鲜明的创新型中小企业,健全产业生态系统。完善云计算公共支撑体系,加强知识产权保护利用、标准制定和相关评估测评等工作,促进协同创新。

(三)探索电子政务云计算发展新模式。

鼓励应用云计算技术整合改造现有电子政务信息系统,实现各领域政务信息系统整体部署和共建共用,大幅减少政府自建数据中心的数量。新建电子政务系统须经严格论证并按程序进行审批。政府部门要加大采购云计算服务的力度,积极开展试点示范,探索基于云计算的政务信息化建设运行新机制,推动政务信息资源共享和业务协同,促进简政放权,加强事中事后监管,为云计算创造更大市场空间,带动云计算产业快速发展。

(四)加强大数据开发与利用。

充分发挥云计算对数据资源的集聚作用,实现数据资源的融合共享,推动大数据挖掘、分析、应用和服务。开展公共数据开放利用改革试点,出台政府机构数据开放管理规定,在保障信息安全和个人隐私的前提下,积极探索地理、人口、知识产权及其他有关管理机构数据资源向社会开放,推动政府部门间数据共享,提升社会管理和公共服务能力。重点在公共安全、疾病防治、灾害预防、就业和社会保障、交通物流、教育科研、电子商务等领域,开展基于云计算的大数据应用示范,支持政府机构和企业创新大数据服务模式。充分发挥云计算、大数据在智慧城市建设中的服务支撑作用,加强推广应用,挖掘市场潜力,服务城市经济社会发展。

(五)统筹布局云计算基础设施。

加强全国数据中心建设的统筹规划,引导大型云计算数据中心优先在能源充足、气候适宜、自然灾害较少的地区部署,以实时应用为主的中小型数据中心在靠近用户所在地、电力保障稳定的地区灵活部署。地方政府和有关企业要合理确定云计算发展定位,杜绝盲目建设数据中心和相关园区。加快推进实施"宽带中国"战略,结合云计算发展布局优化网络结构,加快网络基础设施建设升级,优化互联网网间互联架构,提升互联互通质量,降低带宽租费水平。支持采用可再生能源和节能减排技术建设绿色云计算中心。

(六)提升安全保障能力。

研究完善云计算和大数据环境下个人和企业信息保护、网络信息安全相关法规与制度,制定信息收集、存储、转移、删除、跨境流动等管理规则,加快信息安全立法进程。加强云计算服务网络安全防护管理,加大云计算服务安全评估力度,建立完善党政机关云计算服务安全管理制度。落实国家信息安全等级保护制度,开展定级备案和测评等工作。完善云计算安全态势感知、安全事件预警预防及应急处置机制,加强对党政机关和金融、交通、能源等重要信息系统的安全评估和监测。支持云计算安全软硬件技术产品的研发生产、试点示范和推广应用,加快云计算安全专业化服务队伍建设。

三、保障措施

(一)完善市场环境。

修订电信业务分类目录,完善云计算服务市场准入制度,支持符合条件的云计算服务企业申请相关业务经营资质。研究支持大规模云计算服务的网络政策。支持第三方机构开展云计算服务质量、可信度和网络安全等评估测评工作。引导云计算服务企业加强内部管理,提升服务质量和诚信水平,逐步建立云计算信任体系。加强互联网骨干网互联互通监管和技术支撑手段建设,调整网间互联结算政策,保障网间互联高效畅通。对符合布局原则和能耗标准的云计算数据中心,支持其参加直供电试点,满足大工业用电条件的可执行大工业电价,并在网络、市政配套等方面给予保障,优先安排用地。引导国有企业运用云计算技术提升经营管理水平,推广应用安全可靠的云计算产品和解决方案。

(二)建立健全相关法规制度。

落实《全国人民代表大会常务委员会关于加强网络信息保护的决定》和《中华人民共和国政府信息公开条例》,完善互联网信息服务管理办法,加快制定信息网络安全、个人信息保护等法律法规,出台政府和重要行业采购使用云计算服务相关规定,明确相关管理部门和云计算服务企业的安全管理责任,规范云计算服务商与用户的责权利关系。

(三)加大财税政策扶持力度。

按照深化中央财政科技计划(专项、基金等)管理改革的要求,充分发挥国家科技计划、科技重大专项的作用,采取无偿资助、后补助等多种方式加大政府资金支持力度,引导社会投资,支持云计算关键技术研发及产业化。支持实施云计算工程,继续推进云计算服务创新试点示范工作,及时总结推广试点经验。创新政府信息系统建设和运营经费管理方式,完善政府采购云计算服务的配套政策,发展基于云计算的政府信息技术服务外包业务。将云计算企业纳入软件企业、国家规划布局内重点软件企业、高新技术企业和技术先进型服务企业的认定范畴,符合条件的按规定享受相关税收优惠政策。

(四)完善投融资政策。

引导设立一批云计算创业投资基金。加快建立包括财政出资和社会资金投入在内的多层次担保体系,加大对云计算企业的融资担保支持力度。推动金融机构对技术先进、带动支撑作用强的重大云计算项目给予信贷支持。积极支持符合条件的云计算企业在资本市场直接融资。

(五)建立健全标准规范体系。

按照"急用先行、成熟先上、重点突破"原则,加快推进云计算标准体系建设,制定云计算服务质量、安全、计量、互操作、应用迁移,云计算数据中心建设与评估,以及虚拟化、数据存储和管理、弹性计算、平台接口等方面标准,研究制定基于云计算平台的业务和数据安全、涉密信息系统保密技术防护和管理、违法信息技术管控等标准。

（六）加强人才队伍建设。

鼓励普通高校、职业院校、科研院所与企业联合培养云计算相关人才，加强学校教育与产业发展的有效衔接，为云计算发展提供高水平智力支持。完善激励机制，造就一批云计算领军人才和技术带头人。充分利用现有人才引进计划，引进国际云计算领域高端人才。对作出突出贡献的云计算人才，可按国家有关规定给予表彰奖励，在职称评定、落户政策等方面予以优先安排。支持企业和教育机构开展云计算应用人才培训。

（七）积极开展国际合作。

支持云计算企业通过海外并购、联合经营、在境外部署云计算数据中心和设立研发机构等方式，积极开拓国际市场，促进基于云计算的服务贸易发展。加强国内外企业的研发合作，引导外商按有关规定投资我国云计算相关产业。鼓励国内企业和行业组织参与制定云计算国际标准。

各地区、各部门要高度重视云计算发展工作，按照本意见提出的要求和任务，认真抓好贯彻落实，出台配套政策措施，突出抓手，重点突破，着力加强政府云计算应用的统筹推进等工作。国务院有关部门要加强协调配合，建立完善工作机制，做好与国家网络安全和信息化发展战略及相关政策的衔接，加强组织实施，形成推进合力。发展改革委、工业和信息化部、科技部、财政部、网信办要会同有关部门，加强对云计算发展的跟踪分析，推动各项任务分工的细化落实。

国务院
2015 年 1 月 6 日

（本文有删减）

国务院办公厅关于加快应急产业发展的意见

国办发〔2014〕63 号

各省、自治区、直辖市人民政府，国务院各部委、各直属机构：

应急产业是为突发事件预防与应急准备、监测与预警、处置与救援提供专用产品和服务的产业。近年来，我国应急产业快速兴起并不断发展，在突发事件应对中发挥了重要作用，但还存在产业体系不健全、市场需求培育不足、关键技术装备发展缓慢等问题。发展应急产业一举数得。为加快我国应急产业发展，经国务院同意，现提出以下意见：

一、充分认识发展应急产业的重要意义

（一）发展应急产业是提高公共安全基础水平的迫切要求。当前我国公共安全形势严峻复

杂,突发事件易发频发,防控难度不断加大。发展应急产业能为防范和应对突发事件提供物质保障、技术支撑和专业服务,提升基础设施和生产经营单位本质安全水平,提升突发事件应急救援能力,提升全社会抵御风险能力,对于保障人民群众生命财产安全、维护国家公共安全具有重要意义。

（二）发展应急产业是培育新的经济增长点的重要内容。随着我国经济发展、社会进步和公众安全意识提高,社会各方对应急产品和服务的需求不断增长。应急产业覆盖面广、产业链长,加快发展应急产业有利于调整优化产业结构,催生新的业态,形成新的经济增长点;有利于促进中小微企业发展,增强经济活力,扩大社会就业。

（三）发展应急产业是提升应急技术装备核心竞争力的重要途径。突发事件处置现场情况复杂,对应急技术装备的适应性、可靠性、安全性要求更加苛刻。我国应急产业起步晚,一些产品技术含量不高,部分关键技术产品依赖进口。加快发展应急产业将带动相关行业领域自主创新和技术进步,促进国际先进技术和理念的引进消化吸收再创新,提升我国应急技术装备在国际市场的核心竞争力,推动经济转型升级。

二、总体要求

（四）指导思想。以邓小平理论、"三个代表"重要思想、科学发展观为指导,深入贯彻落实党的十八大、十八届二中、三中、四中全会精神和国务院决策部署,以企业为主体,以市场为导向,以改革创新和科技进步为动力,加强政策引导,激发各类创新主体活力,加快突破关键技术,不断提升应急产业整体水平和核心竞争力,增强防范和处置突发事件的产业支撑能力,为稳增长、促改革、调结构、惠民生、防风险作出贡献。

（五）基本原则。

市场主导,政府引导。充分发挥市场配置资源的决定性作用,完善政府宏观引导和政策激励,进一步推进简政放权,营造良好发展环境,用改革的办法调动市场主体发展应急产业的积极性。

创新驱动,需求牵引。着力推进原始创新、集成创新和引进消化吸收再创新,掌握共性技术,突破关键核心技术,尽快缩小与国际先进水平的差距,促进科技成果产品化、产业化;培育市场需求,推进应急产品在重点领域应用,形成对应急产业发展的有力拉动。

统筹推进,协同发展。健全应急产业发展机制,加快形成适应我国公共安全需要的应急产品体系,推行应急救援、综合应急服务等市场化新型应急服务业态,不断提高应急产业对应对突发事件的综合保障能力。

服务社会,服务经济。把社会效益放在更加重要的位置,引导企业承担社会责任,研发应急产品,储备生产能力,完善应急服务,实现经济效益与社会效益相统一。

（六）发展目标。到2020年,应急产业规模显著扩大,应急产业体系基本形成;自主创新能力进一步增强,一批关键技术和装备的研发制造能力达到国际先进水平,一批自主研发的重大应急装备投入使用;形成若干具有国际竞争力的大型企业,发展一批应急特色明显的中小微企业;发展环境进一步优化,形成有利于产业发展的创新机制,为防范和处置突发事件提供有力支撑,并成为推动经济社会发展的重要动力。

三、重点方向

（七）监测预警。围绕提高各类突发事件监测预警的及时性和准确性，重点发展监测预警类应急产品。在自然灾害方面，发展地震、气象灾害、地质灾害、水旱灾害、病虫草鼠害、海洋灾害、森林草原火灾等监测预警设备；在事故灾难方面，发展矿山安全、危险化学品安全、特种设备安全、交通安全、海洋环境污染、重污染天气、有毒有害气体泄漏等监测预警装备；在公共卫生方面，发展农产品质量安全、食品药品安全、生产生活用水安全等应急检测装备，流行病监测、诊断试剂和装备；在社会安全方面，发展城市安全、网络和信息系统安全等监测预警产品。同时，发展突发事件预警发布系统、应急广播系统及设备等。

（八）预防防护。围绕提高个体和重要设施保护的安全性和可靠性，重点发展预防防护类应急产品。在个体防护方面，发展应急救援人员防护、矿山和危险化学品安全避险、特殊工种保护、家用应急防护等产品；在设备设施防护方面，发展社会公共安全防范、重要基础设施安全防护、重要生态环境安全保护等设备。

（九）处置救援。围绕提高突发事件处置的高效性和专业性，重点发展处置救援类应急产品。在现场保障方面，发展突发事件现场信息快速获取、应急通信、应急指挥、应急电源、应急后勤保障等产品；在生命救护方面，发展生命搜索与营救、医疗应急救治、卫生应急保障等产品；在抢险救援方面，发展消防、建（构）筑物废墟救援、矿难救援、危险化学品事故应急、工程抢险、海上溢油应急、道路应急抢通、航空应急救援、水上应急救援、核事故处置、特种设备事故救援、突发环境事件应急处置、疫情疫病检疫处理、反恐防爆处置等产品。

（十）应急服务。围绕提高突发事件防范处置的社会化服务水平，创新应急服务业态。在事前预防方面，发展风险评估、隐患排查、消防安全、安防工程、应急管理市场咨询等应急服务；在社会化救援方面，发展紧急医疗救援、交通救援、应急物流、工程抢险、安全生产、航空救援、海洋生态损害应急处置、网络与信息安全等应急服务；在其他应急服务方面，发展灾害保险、北斗导航应急服务等。

四、主要任务

（十一）加快关键技术和装备研发。通过国家科技计划（专项、基金等）对应急产业相关科技工作进行支持，推动应急产业领域科研平台体系建设，集中力量突破一批支撑应急产业发展的关键共性核心技术。鼓励企业联合高校、科研机构建立产学研协同创新机制，在应急产业重点方向成立产业技术创新战略联盟。鼓励充分利用军工技术优势发展应急产业，推进军民融合。创新商业模式，加强知识产权运用和保护，促进应急产业科技成果资本化、产业化。

（十二）优化产业结构。坚持需求牵引，采用目录、清单等形式明确应急产品和服务发展方向，引导社会资源投向先进、适用、安全、可靠的应急产品和服务。适应突发事件应对需要，推进应急产品标准化、模块化、系列化、特色化发展，引导企业提供一体化综合解决方案。加快发展应急服务业，采用政府购买服务等方式，引导社会力量以多种形式提供应急服务，支持与生产生活密切相关的应急服务机构发展，推动应急服务专业化、市场化和规模化。

（十三）推动产业集聚发展。适应现代产业发展规律，加强规划布局、指导和服务，鼓励有条件地区发展各具特色的应急产业集聚区，打造区域性创新中心和成果转化中心。依托国家储备和优势企业现有能力和资源，形成一批应急物资和生产能力储备基地。根据区域突发事件特点和产业发展情况，建设一批国家应急产业示范基地，形成区域性应急产业链，引领国家应急技术装备研发、应急产品生产制造和应急服务发展。

（十四）支持企业发展。充分发挥市场作用，引导企业通过兼并重组、品牌经营等方式进入应急产业领域，支持有实力的企业做大做强。发挥应急产业优势企业带头作用，培育形成一批技术水平高、服务能力强、拥有自主知识产权和品牌优势、具有国际竞争力的大型企业集团。利用中小企业发展专项资金等支持应急产业领域中小微企业，促进特色明显、创新能力强的中小微企业加速发展，形成大中小微企业协调发展的产业格局。

（十五）推广应急产品和应急服务。加强全民公共安全和风险意识宣传教育，推动消费观念转变，激发单位、家庭、个人在逃生、避险、防护、自救互救等方面对应急产品和服务的消费需求。完善矿山、危险化学品生产经营场所、高层建筑、学校、公共场所、应急避难场所、交通基础设施等应急设施设备配置标准，完善各类应急救援基地和队伍的装备配备标准，推动应急设施设备装备与建设主体工程同时设计、同时施工、同时投入使用。健全应急产品实物储备、社会储备和生产能力储备管理制度，建设应急产品和生产能力储备综合信息平台，带动应急产品应用。加强应急仓储、中转、配送设施建设，提高应急产品物流效率。利用风险补偿机制，支持重大应急创新产品首次应用。推动应急服务业与现代保险服务业相结合，将保险纳入灾害事故防范救助体系，加快推行巨灾保险。

（十六）加强国际交流合作。多层次、多渠道、多方式推进国际科技合作与交流，鼓励企业引进、消化、吸收国外应急先进技术和先进服务理念，提升企业竞争力。鼓励跨国公司在我国设立研发中心，引进更多应急产业创新成果在我国实现产业化。支持企业参与全球市场竞争，鼓励企业以高端应急产品、技术和服务开拓国际市场。鼓励国外先进应急技术装备进口。引导外资投向应急产业有关领域，国家支持应急产业发展的政策同等适用于符合条件的外商投资企业。组织开展展览、双边或国际论坛及贸易投资促进活动，充分利用相关平台交流推介应急产品和服务。

五、政策措施

（十七）完善标准体系。充分发挥标准对产业发展的规范和促进作用，加快制（修）订应急产品和应急服务标准，积极采用国际标准或国外先进标准，推动应急产业升级改造。鼓励和支持国内机构参与国际标准化工作，提升自主技术标准的国际话语权。

（十八）加大财政税收政策支持力度。对列入产业结构调整指导目录鼓励类的应急产品和服务，在有关投资、科研等计划中给予支持。探索建立政府引导应急产业发展投入机制，带动全社会加大对应急产业投入力度。落实和完善适用于应急产业的税收政策。建立健全应急救援补偿制度，对征用单位和个人的应急物资、装备等及时予以补偿。

（十九）完善投融资政策。鼓励金融资本、民间资本及创业与私募股权投资投向应急产业，支持符合条件的应急产业企业采取发行股票、债券等多种方式，在海内外资本市场直接融资。

按照风险可控、商业可持续的原则,引导融资性担保机构加大对符合产业政策、资质好、管理规范的应急产业企业的担保力度。鼓励和引导金融机构创新金融产品和服务方式,加大对技术先进、优势明显、带动和支撑作用强的应急产业重大项目的信贷支持力度。

(二十)加强人才队伍建设。建立多层次多类型的应急产业人才培养和服务体系,着力培养高层次、创新型、复合型的核心技术研发人才和科研团队,培育具有国际视野的经营管理人才,造就一批领军人物。支持有条件的高等学校开设应急产业相关专业。依托有关培训机构、高等学校及科研机构,开展应急专业技术人才继续教育。利用各类引才引智计划,完善相关配套服务,鼓励海外专业人才回国或来华创业。

(二十一)优化发展环境。完善相关法律法规,支持应急产业发展。建立应急产业运行监测分析指标体系和统计制度。加强应急产品质量监管,依法查处生产和经销假冒伪劣应急产品的违法行为。依托现有的国家和社会检测资源,提升应急产品检测能力。完善事关人身生命安全的应急产品认证制度。鼓励发展应急产业协会等社团组织,加强行业自律和信用评价。对应急产业发展重大项目建设用地,在符合国家产业政策和土地利用总体规划的前提下予以支持。

六、组织协调

(二十二)健全工作机制。建立由工业和信息化部、发展改革委、科技部牵头的应急产业发展协调机制,及时研究解决重大问题,推动应急产业健康快速发展。选择有特点、有代表性的企业,建立联系点机制,跟踪应急产业发展情况,总结推广成功经验和做法。

(二十三)加强督查落实。各地区、各部门要高度重视应急产业发展,切实加强组织领导,抓紧制定落实各项政策措施分工的具体措施,确保各项政策措施落实到位。应急产业发展协调机制牵头单位要组织对各地区、各有关部门落实本意见的情况进行督查。

附件:重点工作任务分工表(略——编者注)

国务院办公厅
2014 年 12 月 8 日

商务部、民政部关于鼓励外国投资者在华设立营利性养老机构从事养老服务的公告

商务部、民政部公告 2014 年第 81 号

为推动我国养老服务业健康发展,推进社会服务业对外开放,进一步落实《中共中央关于

全面深化改革若干重大问题的决定》和《国务院关于加快发展养老服务业的若干意见》（国发〔2013〕35号），根据《中外合资经营企业法》、《中外合作经营企业法》、《外资企业法》、《老年人权益保障法》以及《养老机构设立许可办法》等相关法律法规和部门规章，现就外国公司、企业和其他经济组织或个人（以下简称外国投资者）在华设立营利性养老机构从事养老服务等有关事项公告如下：

一、鼓励外国投资者在华独立或与中国公司、企业和其他经济组织合资、合作举办营利性养老机构。

二、外商投资营利性养老机构应遵守有关法律、法规和规章，以提供社会服务为宗旨，依法纳税，合规经营，其合法经营活动以及出资方的合法权益受法律保护。

三、外国投资者设立营利性养老机构，应向拟设立机构所在地省级商务主管部门（指各省、自治区、直辖市、计划单列市及新疆生产建设兵团商务主管部门）提交设立外商投资企业的申请材料：

（一）设立申请书；

（二）情况说明（包括场地、安全、医护等内容）；

（三）合同、章程（外资企业只报送章程）；

（四）董事会成员名单及董事委派书；

（五）名称预先核准通知书；

（六）外国投资者或实际控制人从业经验的说明及证明文件，或聘用具有养老服务业务管理经验的管理团队的说明文件；

（七）依照法律、法规、规章规定，需要提供的其他材料。

四、省级商务主管部门应当在受理之日起20日内，作出批准或者不批准的书面决定；予以批准的，颁发《外商投资企业批准证书》并在经营范围中加注"凭养老机构设立许可证经营"；不予批准的，说明理由。

五、外国投资者应在获得《外商投资企业批准证书》1个月内，到工商行政管理部门办理外商投资企业注册登记手续。

六、外商投资企业注册登记后，应当按照《养老机构设立许可办法》等有关规定，依法申请并取得养老机构设立许可证。获得上述许可和依法批准登记前，外商投资营利性养老机构或外国投资者不得开展养老服务业务，不得以任何名义收取费用、收住老年人。

七、鼓励外国投资者参与专门面向社会提供经营性服务的公办养老机构的企业化改制，改制过程中应妥善处理职工利益维护和国有资产保值增值等问题。

八、外商投资营利性养老机构可以从事与养老服务有关的境内投资，鼓励外国投资者发展养老机构规模化、连锁化经营，开发优质养老机构品牌。

九、外商投资营利性养老机构与国内资本投资举办的营利性养老机构享有同等的税收等优惠政策和行政事业性收费减免政策。

十、各地不得批准通过改变养老设施建设用地用途、容积率等使用条件设立的外商投资房地产企业。外商投资营利性养老机构不得经营住宅贴现养老等业务。

十一、外商投资营利性养老机构业务范围中包括医疗卫生服务的，应按有关政策规定履行报批手续。

十二、省级商务主管部门应加强外商投资营利性养老机构的统计工作,发放批准证书时,行业分类选择"老年人、残疾人养老服务"(国民经济行业分类第8414款)。

十三、依照本公告成立的外商投资营利性养老机构应按时参加外商投资企业联合年报。

十四、香港特别行政区、澳门特别行政区和台湾地区的投资者举办营利性养老机构参照本公告要求,此前规定与本公告内容不符的,以本公告为准。

十五、各地商务、民政主管部门在执行中如遇问题,请及时与商务部、民政部联系。

商务部
民政部
2014年11月24日

国家发展和改革委员会、工业和信息化部关于印发2014—2016年新型显示产业创新发展行动计划的通知

发改高技〔2014〕2299号

各省、自治区、直辖市及计划单列市、新疆生产建设兵团发展改革委、工业和信息化主管部门,有关中央企业:

为引导我国新型显示产业健康有序发展,国家发展改革委、工业和信息化部联合制定《2014—2016年新型显示产业创新发展行动计划》,现印发你们,请认真贯彻执行。

附件:2014—2016年新型显示产业创新发展行动计划(略——编者注)

国家发展改革委
工业和信息化部
2014年10月13日

国务院关于加快科技服务业发展的若干意见

国发〔2014〕49号

各省、自治区、直辖市人民政府，国务院各部委、各直属机构：

科技服务业是现代服务业的重要组成部分，具有人才智力密集、科技含量高、产业附加值大、辐射带动作用强等特点。近年来，我国科技服务业发展势头良好，服务内容不断丰富，服务模式不断创新，新型科技服务组织和服务业态不断涌现，服务质量和能力稳步提升。但总体上我国科技服务业仍处于发展初期，存在着市场主体发育不健全、服务机构专业化程度不高、高端服务业态较少、缺乏知名品牌、发展环境不完善、复合型人才缺乏等问题。加快科技服务业发展，是推动科技创新和科技成果转化、促进科技经济深度融合的客观要求，是调整优化产业结构、培育新经济增长点的重要举措，是实现科技创新引领产业升级、推动经济向中高端水平迈进的关键一环，对于深入实施创新驱动发展战略、推动经济提质增效升级具有重要意义。为加快推动科技服务业发展，现提出以下意见。

一、总体要求

（一）指导思想。

以邓小平理论、"三个代表"重要思想、科学发展观为指导，深入贯彻落实党的十八大、十八届二中、三中全会精神和国务院决策部署，充分发挥市场在资源配置中的决定性作用，以支撑创新驱动发展战略实施为目标，以满足科技创新需求和提升产业创新能力为导向，深化科技体制改革，加快政府职能转变，完善政策环境，培育和壮大科技服务市场主体，创新科技服务模式，延展科技创新服务链，促进科技服务业专业化、网络化、规模化、国际化发展，为建设创新型国家、打造中国经济升级版提供重要保障。

（二）基本原则。

坚持深化改革。推进科技体制改革，加快政府职能转变和简政放权，有序放开科技服务市场准入，建立符合国情、持续发展的体制机制，营造平等参与、公平竞争的发展环境，激发各类科技服务主体活力。

坚持创新驱动。充分应用现代信息和网络技术，依托各类科技创新载体，整合开放公共科技服务资源，推动技术集成创新和商业模式创新，积极发展新型科技服务业态。

坚持市场导向。充分发挥市场在资源配置中的决定性作用，区分公共服务和市场化服务，综合运用财税、金融、产业等政策支持科技服务机构市场化发展，加强专业化分工，拓展市场空间，实现科技服务业集聚发展。

坚持开放合作。鼓励科技服务机构加强区域协作,推动科技服务业协同发展,加强国际交流与合作,培育具有全球影响力的服务品牌。

(三)发展目标。

到2020年,基本形成覆盖科技创新全链条的科技服务体系,服务科技创新能力大幅增强,科技服务市场化水平和国际竞争力明显提升,培育一批拥有知名品牌的科技服务机构和龙头企业,涌现一批新型科技服务业态,形成一批科技服务产业集群,科技服务业产业规模达到8万亿元,成为促进科技经济结合的关键环节和经济提质增效升级的重要引擎。

二、重点任务

重点发展研究开发、技术转移、检验检测认证、创业孵化、知识产权、科技咨询、科技金融、科学技术普及等专业科技服务和综合科技服务,提升科技服务业对科技创新和产业发展的支撑能力。

(一)研究开发及其服务。

加大对基础研究的投入力度,支持开展多种形式的应用研究和试验发展活动。支持高校、科研院所整合科研资源,面向市场提供专业化的研发服务。鼓励研发类企业专业化发展,积极培育市场化新型研发组织、研发中介和研发服务外包新业态。支持产业联盟开展协同创新,推动产业技术研发机构面向产业集群开展共性技术研发。支持发展产品研发设计服务,促进研发设计服务企业积极应用新技术提高设计服务能力。加强科技资源开放服务,建立健全高校、科研院所的科研设施和仪器设备开放运行机制,引导国家重点实验室、国家工程实验室、国家工程(技术)研究中心、大型科学仪器中心、分析测试中心等向社会开放服务。

(二)技术转移服务。

发展多层次的技术(产权)交易市场体系,支持技术交易机构探索基于互联网的在线技术交易模式,推动技术交易市场做大做强。鼓励技术转移机构创新服务模式,为企业提供跨领域、跨区域、全过程的技术转移集成服务,促进科技成果加速转移转化。依法保障为科技成果转移转化作出重要贡献的人员、技术转移机构等相关方的收入或股权比例。充分发挥技术进出口交易会、高新技术成果交易会等展会在推动技术转移中的作用。推动高校、科研院所、产业联盟、工程中心等面向市场开展中试和技术熟化等集成服务。建立企业、科研院所、高校良性互动机制,促进技术转移转化。

(三)检验检测认证服务。

加快发展第三方检验检测认证服务,鼓励不同所有制检验检测认证机构平等参与市场竞争。加强计量、检测技术、检测装备研发等基础能力建设,发展面向设计开发、生产制造、售后服务全过程的观测、分析、测试、检验、标准、认证等服务。支持具备条件的检验检测认证机构与行政部门脱钩、转企改制,加快推进跨部门、跨行业、跨层级整合与并购重组,培育一批技术能力强、服务水平高、规模效益好的检验检测认证集团。完善检验检测认证机构规划布局,加强国家质检中心和检测实验室建设。构建产业计量测试服务体系,加强国家产业计量测试中心建设,建立计量科技创新联盟。构建统一的检验检测认证监管制度,完善检验检测认证机构资质认定办法,开展检验检测认证结果和技术能力国际互认。加强技术标准研制与应用,支持标准研发、信息咨询等服务发展,构建技术标准全程服务体系。

(四)创业孵化服务。

构建以专业孵化器和创新型孵化器为重点、综合孵化器为支撑的创业孵化生态体系。加强创业教育,营造创业文化,办好创新创业大赛,充分发挥大学科技园在大学生创业就业和高校科技成果转化中的载体作用。引导企业、社会资本参与投资建设孵化器,促进天使投资与创业孵化紧密结合,推广"孵化＋创投"等孵化模式,积极探索基于互联网的新型孵化方式,提升孵化器专业服务能力。整合创新创业服务资源,支持建设"创业苗圃＋孵化器＋加速器"的创业孵化服务链条,为培育新兴产业提供源头支撑。

(五)知识产权服务。

以科技创新需求为导向,大力发展知识产权代理、法律、信息、咨询、培训等服务,提升知识产权分析评议、运营实施、评估交易、保护维权、投融资等服务水平,构建全链条的知识产权服务体系。支持成立知识产权服务联盟,开发高端检索分析工具。推动知识产权基础信息资源免费或低成本向社会开放,基本检索工具免费供社会公众使用。支持相关科技服务机构面向重点产业领域,建立知识产权信息服务平台,提升产业创新服务能力。

(六)科技咨询服务。

鼓励发展科技战略研究、科技评估、科技招投标、管理咨询等科技咨询服务业,积极培育管理服务外包、项目管理外包等新业态。支持科技咨询机构、知识服务机构、生产力促进中心等积极应用大数据、云计算、移动互联网等现代信息技术,创新服务模式,开展网络化、集成化的科技咨询和知识服务。加强科技信息资源的市场化开发利用,支持发展竞争情报分析、科技查新和文献检索等科技信息服务。发展工程技术咨询服务,为企业提供集成化的工程技术解决方案。

(七)科技金融服务。

深化促进科技和金融结合试点,探索发展新型科技金融服务组织和服务模式,建立适应创新链需求的科技金融服务体系。鼓励金融机构在科技金融服务的组织体系、金融产品和服务机制方面进行创新,建立融资风险与收益相匹配的激励机制,开展科技保险、科技担保、知识产权质押等科技金融服务。支持天使投资、创业投资等股权投资对科技企业进行投资和增值服务,探索投贷结合的融资模式。利用互联网金融平台服务科技创新,完善投融资担保机制,破解科技型中小微企业融资难问题。

(八)科学技术普及服务。

加强科普能力建设,支持有条件的科技馆、博物馆、图书馆等公共场所免费开放,开展公益性科普服务。引导科普服务机构采取市场运作方式,加强产品研发,拓展传播渠道,开展增值服务,带动模型、教具、展品等相关衍生产业发展。推动科研机构、高校向社会开放科研设施,鼓励企业、社会组织和个人捐助或投资建设科普设施。整合科普资源,建立区域合作机制,逐步形成全国范围内科普资源互通共享的格局。支持各类出版机构、新闻媒体开展科普服务,积极开展青少年科普阅读活动,加大科技传播力度,提供科普服务新平台。

(九)综合科技服务。

鼓励科技服务机构的跨领域融合、跨区域合作,以市场化方式整合现有科技服务资源,创新服务模式和商业模式,发展全链条的科技服务,形成集成化总包、专业化分包的综合科技服务模式。鼓励科技服务机构面向产业集群和区域发展需求,开展专业化的综合科技服务,培育发展壮大若干科技集成服务商。支持科技服务机构面向军民科技融合开展综合服务,推进军民融合深度发展。

三、政策措施

(一)健全市场机制。

进一步完善科技服务业市场法规和监管体制,有序放开科技服务市场准入,规范市场秩序,加强科技服务企业信用体系建设,构建统一开放、竞争有序的市场体系,为各类科技服务主体营造公平竞争的环境。推动国有科技服务企业建立现代企业制度,引导社会资本参与国有科技服务企业改制,促进股权多元化改造。鼓励科技人员创办科技服务企业,积极支持合伙制科技服务企业发展。加快推进具备条件的科技服务事业单位转制,开展市场化经营。加快转变政府职能,充分发挥产业技术联盟、行业协会等社会组织在推动科技服务业发展中的作用。

(二)强化基础支撑。

加快建立国家科技报告制度,建设统一的国家科技管理信息系统,逐步加大信息开放和共享力度。积极推进科技服务公共技术平台建设,提升科技服务技术支撑能力。建立健全科技服务的标准体系,加强分类指导,促进科技服务业规范化发展。完善科技服务业统计调查制度,充分利用并整合各有关部门科技服务业统计数据,定期发布科技服务业发展情况。研究实行有利于科技服务业发展的土地政策,完善价格政策,逐步实现科技服务企业用水、用电、用气与工业企业同价。

(三)加大财税支持。

建立健全事业单位大型科研仪器设备对外开放共享机制,加强对国家超级计算中心等公共科研基础设施的支持。完善高新技术企业认定管理办法,充分考虑科技服务业特点,将科技服务内容及其支撑技术纳入国家重点支持的高新技术领域,对认定为高新技术企业的科技服务企业,减按15%的税率征收企业所得税。符合条件的科技服务企业发生的职工教育经费支出,不超过工资薪金总额8%的部分,准予在计算应纳税所得额时据实扣除。结合完善企业研发费用计核方法,统筹研究科技服务费用税前加计扣除范围。加快推进营业税改征增值税试点,扩大科技服务企业增值税进项税额抵扣范围,消除重复征税。落实国家大学科技园、科技企业孵化器相关税收优惠政策,对其自用以及提供给孵化企业使用的房产、土地,免征房产税和城镇土地使用税;对其向孵化企业出租场地、房屋以及提供孵化服务的收入,免征营业税。

(四)拓宽资金渠道。

建立多元化的资金投入体系,拓展科技服务企业融资渠道,引导银行信贷、创业投资、资本市场等加大对科技服务企业的支持,支持科技服务企业上市融资和再融资以及到全国中小企业股份转让系统挂牌,鼓励外资投入科技服务业。积极发挥财政资金的杠杆作用,利用中小企业发展专项资金、国家科技成果转化引导基金等渠道加大对科技服务企业的支持力度;鼓励地方通过科技服务业发展专项资金等方式,支持科技服务机构提升专业服务能力、搭建公共服务平台、创新服务模式等。创新财政支持方式,积极探索以政府购买服务、"后补助"等方式支持公共科技服务发展。

(五)加强人才培养。

面向科技服务业发展需求,完善学历教育和职业培训体系,支持高校调整相关专业设置,加强对科技服务业从业人员的培养培训。积极利用各类人才计划,引进和培养一批懂技术、懂市场、懂管理的复合型科技服务高端人才。依托科协组织、行业协会,开展科技服务人才专业技术培训,提高从业人员的专业素质和能力水平。完善科技服务业人才评价体系,健全职业资格制度,调动高校、科研院所、企业等各类人才在科技服务领域创业创新的积极性。

(六)深化开放合作。

支持科技服务企业"走出去",通过海外并购、联合经营、设立分支机构等方式开拓国际市场,扶持科技服务企业到境外上市。推动科技服务企业牵头组建以技术、专利、标准为纽带的科技服务联盟,开展协同创新。支持科技服务机构开展技术、人才等方面的国际交流合作。鼓励国外知名科技服务机构在我国设立分支机构或开展科技服务合作。

(七)推动示范应用。

开展科技服务业区域和行业试点示范,打造一批特色鲜明、功能完善、布局合理的科技服务业集聚区,形成一批具有国际竞争力的科技服务业集群。深入推动重点行业的科技服务应用,围绕战略性新兴产业和现代制造业的创新需求,建设公共科技服务平台。鼓励开展面向农业技术推广、农业产业化、人口健康、生态环境、社会治理、公共安全、防灾减灾等惠民科技服务。

各地区、各部门要充分认识加快科技服务业发展的重大意义,加强组织领导,健全工作机制,强化部门协同和上下联动,协调推动科技服务业改革发展。各地区要根据本意见,结合地方实际研究制定具体实施方案,细化政策措施,确保各项任务落到实处。各有关部门要抓紧研究制定配套政策和落实分工任务的具体措施,为科技服务业发展营造良好环境。科技部要会同相关部门对本意见的落实情况进行跟踪分析和督促指导,重大事项及时向国务院报告。

国务院
2014 年 10 月 9 日

(本文有删减)

国务院关于加快发展体育产业促进体育消费的若干意见

国发〔2014〕46 号

各省、自治区、直辖市人民政府,国务院各部委、各直属机构:

发展体育事业和产业是提高中华民族身体素质和健康水平的必然要求,有利于满足人民群众多样化的体育需求、保障和改善民生,有利于扩大内需、增加就业、培育新的经济增长点,有利于弘扬民族精神、增强国家凝聚力和文化竞争力。近年来,我国体育产业快速发展,但总体规模依然不大、活力不强,还存在一些体制机制问题。为进一步加快发展体育产业,促进体育消费,现提出以下意见。

一、总体要求

(一)指导思想。

以邓小平理论、"三个代表"重要思想、科学发展观为指导,把增强人民体质、提高健康水平作为根本目标,解放思想、深化改革、开拓创新、激发活力,充分发挥市场在资源配置中的决定性作用和更好发挥政府作用,加快形成有效竞争的市场格局,积极扩大体育产品和服务供给,推动体育产业成为经济转型升级的重要力量,促进群众体育与竞技体育全面发展,加快体育强国建设,不断满足人民群众日益增长的体育需求。

(二)基本原则。

坚持改革创新。加快政府职能转变,进一步简政放权,减少微观事务管理。加强规划、政策、标准引导,创新服务方式,强化市场监管,营造竞争有序、平等参与的市场环境。

发挥市场作用。遵循产业发展规律,完善市场机制,积极培育多元市场主体,吸引社会资本参与,充分调动全社会积极性与创造力,提供适应群众需求、丰富多样的产品和服务。

倡导健康生活。树立文明健康生活方式,推进健康关口前移,延长健康寿命,提高生活品质,激发群众参与体育活动热情,推动形成投资健康的消费理念和充满活力的体育消费市场。

创造发展条件。营造重视体育、支持体育、参与体育的社会氛围,将全民健身上升为国家战略,把体育产业作为绿色产业、朝阳产业培育扶持,破除行业壁垒、扫清政策障碍,形成有利于体育产业快速发展的政策体系。

注重统筹协调。立足全局,统筹兼顾,充分发挥体育产业和体育事业良性互动作用,推进体育产业各门类和业态全面发展,促进体育产业与其他产业相互融合,实现体育产业与经济社会协调发展。

(三)发展目标。

到2025年,基本建立布局合理、功能完善、门类齐全的体育产业体系,体育产品和服务更加丰富,市场机制不断完善,消费需求愈加旺盛,对其他产业带动作用明显提升,体育产业总规模超过5万亿元,成为推动经济社会持续发展的重要力量。

——产业体系更加完善。健身休闲、竞赛表演、场馆服务、中介培训、体育用品制造与销售等体育产业各门类协同发展,产业组织形态和集聚模式更加丰富。产业结构更加合理,体育服务业在体育产业中的比重显著提升。体育产品和服务层次更加多样,供给充足。

——产业环境明显优化。体制机制充满活力,政策法规体系更加健全,标准体系科学完善,监管机制规范高效,市场主体诚信自律。

——产业基础更加坚实。人均体育场地面积达到2平方米,群众体育健身和消费意识显著增强,人均体育消费支出明显提高,经常参加体育锻炼的人数达到5亿,体育公共服务基本覆盖全民。

二、主要任务

(一)创新体制机制。

进一步转变政府职能。全面清理不利于体育产业发展的有关规定,取消不合理的行政审批事项,凡是法律法规没有明令禁入的领域,都要向社会开放。取消商业性和群众性体育赛事活动审批,加快全国综合性和单项体育赛事管理制度改革,公开赛事举办目录,通过市场机制积极引入社会资本承办赛事。有关政府部门要积极为各类赛事活动举办提供服务。推行政社分开、政企分开、管办分离,加快推进体育行业协会与行政机关脱钩,将适合由体育社会组织提供的公共服务和解决的事项,交由体育社会组织承担。

推进职业体育改革。拓宽职业体育发展渠道,鼓励具备条件的运动项目走职业化道路,支持教练员、运动员职业化发展。完善职业体育的政策制度体系,扩大职业体育社会参与,鼓励发展职业联盟,逐步提高职业体育的成熟度和规范化水平。完善职业体育俱乐部的法人治理结构,加快现代企业制度建设。改进职业联赛决策机制,充分发挥俱乐部的市场主体作用。

创新体育场馆运营机制。积极推进场馆管理体制改革和运营机制创新,引入和运用现代企业制度,激发场馆活力。推行场馆设计、建设、运营管理一体化模式,将赛事功能需要与赛后综合利用有机结合。鼓励场馆运营管理实体通过品牌输出、管理输出、资本输出等形式实现规模化、专业化运营。增强大型体育场馆复合经营能力,拓展服务领域,延伸配套服务,实现最佳运营效益。

(二)培育多元主体。

鼓励社会力量参与。进一步优化市场环境,完善政策措施,加快人才、资本等要素流动,优化场馆等资源配置,提升体育产业对社会资本吸引力。培育发展多形式、多层次体育协会和中介组织。加快体育产业行业协会建设,充分发挥行业协会作用,引导体育用品、体育服务、场馆建筑等行业发展。打造体育贸易展示平台,办好体育用品、体育文化、体育旅游等博览会。

引导体育企业做强做精。实施品牌战略,打造一批具有国际竞争力的知名企业和国际影响力的自主品牌,支持优势企业、优势品牌和优势项目"走出去",提升服务贸易规模和水平。扶持体育培训、策划、咨询、经纪、营销等企业发展。鼓励大型健身俱乐部跨区域连锁经营,鼓励大型体育赛事充分进行市场开发,鼓励大型体育用品制造企业加大研发投入,充分挖掘品牌价值。扶持一批具有市场潜力的中小企业。

(三)改善产业布局和结构。

优化产业布局。因地制宜发展体育产业,打造一批符合市场规律、具有市场竞争力的体育产业基地,建立区域间协同发展机制,形成东、中、西部体育产业良性互动发展格局。壮大长三角、珠三角、京津冀及海峡西岸等体育产业集群。支持中西部地区充分利用江河湖海、山地、沙漠、草原、冰雪等独特的自然资源优势,发展区域特色体育产业。扶持少数民族地区发展少数民族特色体育产业。

改善产业结构。进一步优化体育服务业、体育用品业及相关产业结构,着力提升体育服务业比重。大力培育健身休闲、竞赛表演、场馆服务、中介培训等体育服务业,实施体育服务业精品工程,支持各地打造一大批优秀体育俱乐部、示范场馆和品牌赛事。积极支持体育用品制造业创新发展,采用新工艺、新材料、新技术,提升传统体育用品的质量水平,提高产品科技含量。

抓好潜力产业。以足球、篮球、排球三大球为切入点,加快发展普及性广、关注度高、市场空间大的集体项目,推动产业向纵深发展。对发展相对滞后的足球项目制定中长期发展规划和场地设施建设规划,大力推广校园足球和社会足球。以冰雪运动等特色项目为突破口,促进健身休闲项目的普及和提高。制定冰雪运动规划,引导社会力量积极参与建设一批冰雪运动场地,促进冰雪运动繁荣发展,形成新的体育消费热点。

(四)促进融合发展。

积极拓展业态。丰富体育产业内容,推动体育与养老服务、文化创意和设计服务、教育培训等融合,促进体育旅游、体育传媒、体育会展、体育广告、体育影视等相关业态的发展。以体育设施为载体,打造城市体育服务综合体,推动体育与住宅、休闲、商业综合开发。

促进康体结合。加强体育运动指导,推广"运动处方",发挥体育锻炼在疾病防治以及健康促进等方面的积极作用。大力发展运动医学和康复医学,积极研发运动康复技术,鼓励社会资本开办康体、体质测定和运动康复等各类机构。发挥中医药在运动康复等方面的特色作用,提倡开展健身咨询和调理等服务。

鼓励交互融通。支持金融、地产、建筑、交通、制造、信息、食品药品等企业开发体育领域产品和服务。鼓励可穿戴式运动设备、运动健身指导技术装备、运动功能饮料、营养保健食品药品等研发制造营销。在有条件的地方制定专项规划,引导发展户外营地、徒步骑行服务站、汽车露营营地、航空飞行营地、船艇码头等设施。

(五)丰富市场供给。

完善体育设施。各级政府要结合城镇化发展统筹规划体育设施建设,合理布点布局,重点建设一批便民利民的中小型体育场馆、公众健身活动中心、户外多功能球场、健身步道等场地设施。盘活存量资源,改造旧厂房、仓库、老旧商业设施等用于体育健身。鼓励社会力量建设小型化、多样化的活动场馆和健身设施,政府以购买服务等方式予以支持。在城市社区建设15分钟健身圈,新建社区的体育设施覆盖率达到100%。推进实施农民体育健身工程,在乡镇、行政村实现公共体育健身设施100%全覆盖。

发展健身休闲项目。大力支持发展健身跑、健步走、自行车、水上运动、登山攀岩、射击射箭、马术、航空、极限运动等群众喜闻乐见和有发展空间的项目。鼓励地方根据当地自然、人文资源发展特色体育产业,大力推广武术、龙舟、舞龙舞狮等传统体育项目,扶持少数民族传统体育项目发展,鼓励开发适合老年人特点的休闲运动项目。

丰富体育赛事活动。以竞赛表演业为重点,大力发展多层次、多样化的各类体育赛事。推动专业赛事发展,打造一批有吸引力的国际性、区域性品牌赛事。丰富业余体育赛事,在各地区和机关团体、企事业单位、学校等单位广泛举办各类体育比赛,引导支持体育社会组织等社会力量举小群众性体育赛事活动。加强与国际体育组织等专业机构的交流合作,积极引进国际精品赛事。

(六)营造健身氛围。

鼓励日常健身活动。政府机关、企事业单位、社会团体、学校等都应实行工间、课间健身制度等,倡导每天健身一小时。鼓励单位为职工健身创造条件。组织实施《国家体育锻炼标准》。完善国民体质监测制度,为群众提供体质测试服务,定期发布国民体质监测报告。切实保障中小学体育课课时,鼓励实施学生课外体育活动计划,促进青少年培育体育爱好,掌握一项以上体育运动技能,确保学生校内每天体育活动时间不少于一小时。

推动场馆设施开放利用。积极推动各级各类公共体育设施免费或低收费开放。加快推进企事业单位等体育设施向社会开放。学校体育场馆课余时间要向学生开放,并采取有力措施加强安全保障,加快推动学校体育场馆向社会开放,将开放情况定期向社会公开。提高农民体育健身工程设施使用率。

加强体育文化宣传。各级各类媒体开辟专题专栏,普及健身知识,宣传健身效果,积极引导广大人民群众培育体育消费观念、养成体育消费习惯。积极支持形式多样的体育题材文艺创作,推广体育文化。弘扬奥林匹克精神和中华体育精神,践行社会主义核心价值观。

三、政策措施

(一)大力吸引社会投资。

鼓励社会资本进入体育产业领域,建设体育设施,开发体育产品,提供体育服务。进一步拓宽体育产业投融资渠道,支持符合条件的体育产品、服务等企业上市,支持符合条件的企业发行企业债券、公司债、短期融资券、中期票据、中小企业集合票据和中小企业私募债等非金融企业债务融资工具。鼓励各类金融机构在风险可控、商业可持续的基础上积极开发新产品,开拓新业务,增加适合中小微体育企业的信贷品种。支持扩大对外开放,鼓励境外资本投资体育产业。推广和运用政府和社会资本合作等多种模式,吸引社会资本参与体育产业发展。政府引导,设立由社会资本筹资的体育产业投资基金。有条件的地方可设立体育发展专项资金,对符合条件的企业、社会组织给予项目补助、贷款贴息和奖励。鼓励保险公司围绕健身休闲、竞赛表演、场馆服务、户外运动等需求推出多样化保险产品。

(二)完善健身消费政策。

各级政府要将全民健身经费纳入财政预算,并保持与国民经济增长相适应。要加大投入,安排投资支持体育设施建设。要安排一定比例体育彩票公益金等财政资金,通过政府购买服务等多种方式,积极支持群众健身消费,鼓励公共体育设施免费或低收费开放,引导经营主体提供公益性群众体育健身服务。鼓励引导企事业单位、学校、个人购买运动伤害类保险。进一步研究鼓励群众健身消费的优惠政策。

(三)完善税费价格政策。

充分考虑体育产业特点,将体育服务、用品制造等内容及其支撑技术纳入国家重点支持的高新技术领域,对经认定为高新技术企业的体育企业,减按15%的税率征收企业所得税。提供体育服务的社会组织,经认定取得非营利组织企业所得税免税优惠资格的,依法享受相关优惠政策。体育企业发生的符合条件的广告费支出,符合税法规定的可在税前扣除。落实符合条件的体育企业创意和设计费用税前加计扣除政策。落实企业从事文化体育业按3%的税率计征营业税。鼓励企业捐赠体育服装、器材装备,支持贫困和农村地区体育事业发展,对符合税收法律法规规定条件向体育事业的捐赠,按照相关规定在计算应纳税所得额时扣除。体育场馆自用的房产和土地,可享受有关房产税和城镇土地使用税优惠。体育场馆等健身场所的水、电、气、热价格按不高于一般工业标准执行。

(四)完善规划布局与土地政策。

各地要将体育设施用地纳入城乡规划、土地利用总体规划和年度用地计划,合理安排用地需求。新建居住区和社区要按相关标准规范配套群众健身相关设施,按室内人均建筑面积不低于0.1平方米或室外人均用地不低于0.3平方米执行,并与住宅区主体工程同步设计、同步施工、同步投入使用。凡老城区与已建成居住区无群众健身设施的,或现有设施没有达到规划建设指标要求的,要通过改造等多种方式予以完善。充分利用郊野公园、城市公园、公共绿地及城市空置场所等建设群众体育设施。鼓励基层社区文化体育设施共建共享。在老城区和已建成居住区中支持企业、单位利用原划拨方式取得的存量房产和建设用地兴办体育设施,对符合划拨用地目录的非营利性体育设施项目可继续以划拨方式使用土地;不符合划拨用地目录的经营性体育设施项目,连续经营一年以上的可采取协议出让方式办理用地手续。

(五)完善人才培养和就业政策。

鼓励有条件的高等院校设立体育产业专业,重点培养体育经营管理、创意设计、科研、中介等专业人才。鼓励多方投入,开展各类职业教育和培训,加强校企合作,多渠道培养复合型体育产业人才,支持退役运动员接受再就业培训。加强体育产业人才培养的国际交流与合作,加强体育产业理论研究,建立体育产业研究智库。完善政府、用人单位和社会互为补充的多层次人才奖励体系,对创意设计、自主研发、经营管理等人才进行奖励和资助。加强创业孵化,研究对创新创业人才的扶持政策。鼓励退役运动员从事体育产业工作。鼓励街道、社区聘用体育专业人才从事群众健身指导工作。

(六)完善无形资产开发保护和创新驱动政策。

通过冠名、合作、赞助、广告、特许经营等形式,加强对体育组织、体育场馆、体育赛事和活动名称、标志等无形资产的开发,提升无形资产创造、运用、保护和管理水平。加强体育品牌建设,推动体育企业实施商标战略,开发科技含量高、拥有自主知识产权的体育产品,提高产品附加值,提升市场竞争力。促进体育衍生品创意和设计开发,推进相关产业发展。充分利用现有科技资源,健全体育产业领域科研平台体系,加强企业研发中心、工程技术研究中心等建设。支持企业联合高等学校、科研机构建立产学研协同创新机制,建设产业技术创新战略联盟。支持符合条件的体育企业牵头承担各类科技计划(专项、基金)等科研项目。完善体育技术成果转化机制,加强知识产权运用和保护,促进科技成果产业化。

(七)优化市场环境。

研究建立体育产业资源交易平台,创新市场运行机制,推进赛事举办权、赛事转播权、运动员转会权、无形资产开发等具备交易条件的资源公平、公正、公开流转。按市场原则确立体育赛事转播收益分配机制,促进多方参与主体共同发展。放宽赛事转播权限制,除奥运会、亚运会、世界杯足球赛外的其他国内外各类体育赛事,各电视台可直接购买或转让。加强安保服务管理,完善体育赛事和活动安保服务标准,积极推进安保服务社会化,进一步促进公平竞争,降低赛事和活动成本。

四、组织实施

(一)健全工作机制。

各地要将发展体育产业、促进体育消费纳入国民经济和社会发展规划,纳入政府重要议事日程,建立发展改革、体育等多部门合作的体育产业发展工作协调机制。各有关部门要加强沟通协调,密切协作配合,形成工作合力,分析体育产业发展情况和问题,研究推进体育产业发展的各项政策措施,认真落实体育产业发展相关任务要求。选择有特点有代表性的项目和区域,建立联系点机制,跟踪产业发展情况,总结推广成功经验和做法。

(二)加强行业管理。

完善体育产业相关法律法规,加快推动修订《中华人民共和国体育法》,清理和废除不符合改革要求的法规和制度。完善体育及相关产业分类标准和统计制度。建立评价与监测机制,发布体育产业研究报告。大力推进体育产业标准化工作,提高我国体育产业标准化水平。加强体育产业国际合作与交流。充实体育产业工作力量。加强体育组织、体育企业、从业人员的诚信建设,加强赛风赛纪建设。

(三)加强督查落实。

各地区、各有关部门要根据本意见要求,结合实际情况,抓紧制定具体实施意见和配套文件。发展改革委、体育总局要会同有关部门对落实本意见的情况进行监督检查和跟踪分析,重大事项及时向国务院报告。

国务院
2014 年 10 月 2 日

(本文有删减)

餐饮业经营管理办法(试行)

商务部、国家发展和改革委令 2014 年第 4 号

《餐饮业经营管理办法(试行)》已经商务部部务会议审议通过,并经发展改革委同意,现予发布,自 2014 年 11 月 1 日起施行。

部长:高虎城
主任:徐绍史
2014 年 9 月 22 日

餐饮业经营管理办法(试行)

第一条 为了规范餐饮服务经营活动,引导和促进餐饮行业健康有序发展,维护消费者和经营者的合法权益,依据国家有关法律、法规,制定本办法。

第二条 在中华人民共和国境内从事餐饮经营活动,适用本办法。

本办法所称餐饮经营活动,是指通过即时加工制作成品或半成品、商业销售和服务性劳动

等,向消费者提供食品和消费场所及设施的经营行为。

第三条 商务部负责全国餐饮行业管理工作,制定行业规划、政策和标准,开展行业统计,规范行业秩序。地方各级人民政府商务主管部门负责本行政区域内餐饮业行业管理工作。

第四条 国家鼓励餐饮经营者发展特色餐饮、快餐、早餐、团膳、送餐等大众化餐饮,提供标准化菜品,方便消费者自主调味,发展可选套餐,提供小份菜。

第五条 餐饮行业协会应当按照有关法律、法规和规章的规定,发挥行业自律、引导、服务作用,促进餐饮业行业标准的推广实施,指导企业做好节能减排、资源节约和综合利用工作。

餐饮行业协会应通过制定行业公约等方式引导餐饮经营者节约资源、反对浪费。

第六条 餐饮经营者应当严格按照法律、法规和规章的有关规定从事经营活动,建立健全各项制度,积极贯彻国家和行业有关经营管理、产品、服务等方面的标准。

第七条 餐饮经营者应当做好节能减排、资源节约和综合利用工作。

餐饮经营者应当建立节俭消费提醒提示制度,并在醒目位置张贴节约标识,贯彻节约用餐、文明用餐标准。

第八条 餐饮经营者应引导消费者餐前适量点餐,餐后主动帮助打包,对节约用餐的消费者给予表扬和奖励。

第九条 餐饮经营者不得销售不符合国家产品质量及食品安全强制标准的食品。

第十条 餐饮经营者不得随意处置餐厨废弃物,应按规定由具备条件的企业进行资源化利用。

第十一条 餐饮经营者所售食品或提供的服务项目标价,按照国务院价格主管部门制定的有关规定执行。

第十二条 禁止餐饮经营者设置最低消费。

第十三条 提供外送服务的餐饮经营者,应当建立健全相应的服务流程,并明示提供外送服务的时间、外送范围以及收费标准;根据消费者的订单和食品安全的要求,选择适当的交通工具、设备,按时、按质、按量送达消费者,并提供相应的单据。

第十四条 餐饮经营者开展促销活动的,应当明示促销内容,包括促销原因、促销方式、促销规则、促销期限、促销商品的范围,以及相关限制性条件。

餐饮经营者应当在促销活动开始前做好原材料储备及服务准备工作,依照承诺履行相关义务。

促销活动期间,餐饮经营者不得故意拖延提供相关商品或服务,不得以任何形式降低商品质量或服务水平。

第十五条 餐饮经营者应当建立健全顾客投诉制度,明确具体部门或人员受理、处理消费者投诉。投诉的受理、转交以及处理结果应当通知投诉者。

第十六条 餐饮经营者应当建立健全突发事件应急预案、应对机制,明确职责分工,落实责任。发生突发事件时,应当立即启动应急处理工作程序并及时向政府有关部门报告事件情况及处理结果。

第十七条 县级以上地方商务主管部门应当建立或委托相关机构建立经营者及其负责人、高层管理人员信用记录,将其纳入国家统一的信用信息平台,并依法向社会公开严重违法失信行为。餐饮经营者及其负责人、高层管理人员应当按照商务主管部门要求提供与餐饮经营相关的信用信息。

商务主管部门应当将餐饮经营者违反本办法的行为及行政处罚情况进行汇总,建立不良记录档案,并可向社会公布。

第十八条 县级以上地方商务主管部门应当定期对餐饮行业开展反食品浪费相关行为进行监督检查,并给予相应奖励或处罚。

第十九条 县级以上地方商务主管部门应当定期开展本行政区域内的餐饮业行业统计工作。餐饮经营者应当按照商务主管部门要求,及时准确报送相关信息。

第二十条 商务主管部门应当建立、健全举报制度,设立、公布投诉电话。

任何组织和个人对违反本办法的行为,有权向商务主管部门举报。商务主管部门接到举报后,对属于职责范围的,应当在20个工作日内作出处理决定;不属于职责范围的,应当在5个工作日内转交有关部门依法处理。处理过程中,商务主管部门应当对举报人的相关信息进行保密。

第二十一条 商务、价格等主管部门依照法律法规、规章及有关规定,在各自职责范围内对餐饮业经营行为进行监督管理。

对于餐饮经营者违反本办法的行为,法律法规及规章有规定的,商务主管部门可提请有关部门依法处罚;没有规定的,由商务主管部门责令限期改正,其中有违法所得的,可处违法所得3倍以下罚款,但最高不超过3万元;没有违法所得的,可处1万元以下罚款;对涉嫌犯罪的,依法移送司法机关处理。

商务、价格等主管部门应当自作出行政处罚决定之日起20个工作日内,公开行政处罚决定书的主要内容,但行政处罚决定书中涉及国家秘密、商业秘密、个人隐私的内容依法不予公开。

第二十二条 商务、价格等主管部门工作人员在监督管理工作中滥用职权、徇私舞弊的,对直接负责的主管人员和其他直接责任人员依法给予行政处分;构成犯罪的,依法追究刑事责任。

第二十三条 省级商务主管部门可依据本办法,结合本行政区域内餐饮业发展的实际情况,制定有关实施办法。

第二十四条 本办法自2014年11月1日起实施。

商务部关于促进商贸物流发展的实施意见

商流通函〔2014〕790号

为贯彻落实2013年国务院召开的部分城市物流工作座谈会和2014年6月国务院常务会通过的《物流业发展中长期规划》精神,促进商贸物流发展,降低物流成本,引导企业做大做强,完善服务体系,更好地保障供给,支撑国民经济稳步增长,现提出如下意见:

一、高度重视商贸物流工作

商贸物流是指与批发、零售、住宿、餐饮、居民服务等商贸服务业及进出口贸易相关的物流服务活动,是整个物流过程中对成本影响比较大的环节,新技术应用和商业模式创新最为集中,作为现代物流的重要组成部分,直接关系到生产资料流通和生活资料流通的顺利运行。促进商贸物流发展,有利于降低物流成本、提高物流效率;有利于货畅其流,繁荣市场;有利于改善交通和环境状况,促进城市化健康发展;有利于提升流通产业竞争力,更好地发挥其在国民经济中的基础性、先导性作用。

近年来,在各级商务主管部门的共同努力下,商贸物流体系逐步形成,信息化、现代化水平显著提高,服务功能不断拓展,涌现出一批商业模式先进、供应链整合能力强的商贸物流企业。但从整体上看,商贸物流小、散、乱,专业化、社会化、标准化程度低,运作成本高、效率低等问题没有根本扭转,与国际先进水平还存在较大差距。各级商务主管部门要高度重视商贸物流发展,认真贯彻落实国务院部分城市物流工作座谈会精神,深入扎实开展工作,努力使商贸物流成为内贸工作"上台阶"的突破口。

二、提高社会化水平

引导生产和商贸流通企业改变"大而全"、"小而全"的运作模式,剥离或外包物流功能,实行主辅业分离。支持商贸物流企业开展供应商管理库存(VMI)、准时配送(JIT)等高端智能化服务,提升第三方物流服务水平。有条件的企业可以向提供一体化解决方案和供应链集成服务的第四方物流发展。支持传统仓储企业转型升级,向配送运营中心和专业化、规模化第三方物流发展,鼓励仓储、配送一体化,引导仓储企业规范开展担保存货第三方管理。支持货代物流企业发展壮大,为各类企业开拓国内和国际市场提供支撑。

大力发展共同配送,继续做好城市共同配送试点工作,鼓励推广共同配送、统一配送、集中配送等先进模式。依托专业化第三方物流或供应商为多个商贸企业、社区门店、市场入驻商户等共同配送;依托物流园区推广配送班车,开展干线与支线结合的城区集中配送;支持大型连锁零售企业通过集中采购提高统一配送率,利用其物流系统为所属门店和社会企业统一配送;整合存量配送资源,在学校、社区、地铁等周边设立末端配送站或建设公共自助提货柜等。

三、提高专业化水平

(一)**大力发展电子商务物流**。推进商贸物流和电子商务的协同发展及业务流程再造。鼓励电子商务企业加强与商贸物流企业的合作,合理选择物流网络节点,完善信息共享和利益分配机制。支持电子商务企业与社区便利店合作开展"网订店取(送)"。支持商贸物流企业扩展服务功能,提升服务能力,在配送中心建设、网点开发、车辆保障等方面加大投资和改造力度,有条件的企业要"走出去",布设集散中心和网络,满足跨境电子商务的快速发展要求。

(二)**加强冷链物流建设**。鼓励各类农产品生产加工、冷链物流、商贸服务企业改造、新建一批适应现代流通和消费需求的冷链物流基础设施。引导使用各种新型冷链物流装备与技术,推广全程温度监控设备,完善产地预冷、销地冷藏和保鲜运输、保鲜加工的流程管理和标准对接,逐步实现产地到销地市场冷链物流的无缝衔接,降低损耗,保障商品质量安全。

(三)加快生产资料物流转型升级。鼓励生产资料物流企业充分利用新技术和新的商业模式整合内外资源,延长产业链,跨行业、跨领域融合发展,增强信息、交易、加工、配送、融资、担保等一体化综合服务能力,由单纯的贸易商、物流商,向供应链集成服务商转型。支持生产资料生产、流通企业在中心城市、交通枢纽、经济开发区和工业园区有序建设大宗生产资料物流基地和物流园区,促进产业适度集聚。整合农村农资流通和配送网点资源,建立健全覆盖县级区域和中心乡镇的农资物流配送网络。

(四)鼓励绿色物流发展。引导一批商贸物流园区向绿色物流功能区转型,加大绿色物流装备、技术、仓储等设施的推广使用力度。完善再生资源回收体系,建立服务于生产和消费的逆向物流网络,促进资源的循环利用。

四、提高标准化水平

创新商贸物流标准宣传贯彻和实施促进的工作机制,提高标准的通用性和统一性。根据社会需求与工作重点,利用各种形式,加强商贸物流标准化理念推广与知识普及。支持各类企业、社会团体积极参与商贸物流标准的制修订。加快商贸物流管理、技术和服务标准的推广,鼓励有关企业采用标准化的物流计量、货物分类、物品标识、物流装备设施、工具器具、信息系统和作业流程等。以标准化托盘循环共用试点工作为切入点,逐步提高全社会标准托盘普及率,促进相关配套设施设备的标准化改造。

选择基础较好、积极性高的地区、园区和企业开展商贸物流标准化应用推广工作,鼓励和指导上述单位加大基础设施、装备技术、服务流程、内部管理等领域的标准化实施力度,培育商贸物流标准化服务和管理品牌;加强行业与行业、企业与企业之间的标准衔接和统一,引导全行业提高标准应用水平、经营管理水平、产品质量水平和从业人员资质水平。

五、提高信息化水平

支持商贸物流企业与生产企业、批发零售等企业通过共用信息系统,实现数据共用、资源共享、信息互通。通过中央和地方两级示范,支持以企业为主体的物流综合信息服务平台发展,发挥平台整合调配物流资源,解决物流信息不对称、接口标准不统一等矛盾,实现精准化、可视化管理等功能,并搭载企业诚信、托盘循环共用、物流金融、跨境电子商务、商品溯源、通关便利化、多式联运等各种增值服务,为广大商贸物流企业特别是中小企业提升组织化和信息化水平,降低交易成本提供有利条件。有条件的地区还可协调相关部门,开展政府物流信息共享平台建设,将现有交通、工商、税务、海关等部门可公开的电子政务信息进行整合后,向社会公开,实现便民利企的物流政务资源共享。

六、提高组织化水平

鼓励物流企业通过参股控股、兼并重组、协作联盟等方式做大做强,形成一批技术水平先进、主营业务突出、核心竞争力强的大型现代物流企业集团,通过规模化、集约化经营提高物流服务的一体化、网络化水平。鼓励运输、仓储等传统物流企业向上下游延伸服务,推进物流业与其他产业融合、协同发展。引导物流企业共同投资建设重要物流节点的仓储设施,合理布局物流园区(中心、基地),增强服务功能,提高服务能力和集约化发展水平。鼓励商贸物流企业提高配送的规模化和协同化水平,依托商业、邮政等网点,形成覆盖城乡的物流配送网络。支持服务中小企业的物流信息服务平台建设,引导企业集聚规范发展。

七、提高国际化水平

进一步完善外商投资商贸物流领域的法律法规,提高利用外资的质量和水平。除涉及国家安全和重大公共利益外,放开外资准入限制,加快构建统一公平、竞争有序的大市场。继续深化落实第三方物流、物流配送中心、专业批发市场、仓储设施等领域的对外开放政策。鼓励外资参与城市内交通物流体系建设。推进国内物流企业同国际先进物流企业的合作,引进和吸收国外促进商贸物流发展的先进理念和商业模式。

以"丝绸之路经济带"和"海上丝绸之路"沿线区域物流合作为重点,在"一带一路"国内外沿线主要交通节点和港口建设一批物流中心。积极开展务实、高效的国际区域物流合作,推进国际物流大通道建设。支持建设商贸物流型境外经济贸易合作区,鼓励有条件的商贸物流企业"走出去"和开展全球业务。

以国际商品交易中心、重点进出口口岸为依托,通过完善货物储存、配送功能,提高进出口货物集散能力,探索建立海外仓库、物流基地和分拨中心。充分利用《内地与香港关于建立更紧密经贸关系的安排》(CEPA)、《内地与澳门关于建立更紧密经贸关系的安排》(CEPA)、《海峡两岸经济合作框架协议》(ECFA)、自由贸易试验区及地方对外开放先行先试平台和载体,促进商贸物流率先发展。

八、加强组织领导,完善保障措施

(一)建立健全工作机制,做好协调服务。做好部门间的政策协调和工作配合,加强各级商务主管部门联动。完善各级商贸物流工作机制,为加快商贸物流发展提供组织保障和服务支撑。各级商务主管部门要把商贸物流工作作为内贸流通工作重点,明确分管领导和专门处室,加强人员配备,保障工作开展。有条件的地方,可依据商务部、财政部有关城市共同配送的业务指导文件,自行组织城市共同配送试点。

(二)优化物流发展环境,加强诚信建设。发挥商务主管部门在整顿和规范市场秩序中的牵头作用,反对地方保护、消除区域封锁,查处价格欺诈、以次充好、虚假仓单、重复质押等违法违规行为。注重发挥行业组织作用,建立物流信息披露管理制度和激励惩戒机制,增强企业诚信意识和风险防范意识。利用社会化物流信息平台,获取诚信大数据,对诚实守信、合法经营、社会责任强的企业予以支持、鼓励和宣传,对破坏市场秩序、诚信缺失的企业将其列入"黑名单"并向社会公布,提高其失信成本。积极为"走出去"的物流企业提供政策、法律、咨询、市场信息等配套服务。

(三)落实财税土地政策,加大扶持力度。根据各地实际情况,统一规划、合理安排政策和资金支持商贸物流发展。对工业、商贸流通企业实行主辅分离,辅业改制兴办第三方物流企业,或通过优化资源配置整合、重组成立的物流企业,或在企业内部重组涉及企业资产、股权变动的,可商有关部门研究减免行政事业性收费。抓紧落实现有的物流企业大宗商品仓储设施用地税收减半政策。积极争取将物流企业配送中心、连锁企业配送中心项目内用于建设仓储设施、堆场、货车通道、回转场地及停车场(库)等物流生产性设施用地列入工业、仓储用地范畴,并研究降低公共性、公益性商贸物流用地的投资强度要求。

积极推动解决城市配送车辆通行难、停靠难、卸货难,罚款多、收费多"三难两多"等问题,商有关部门出台便于配送车辆通行及停靠的具体措施,降低道路通行费用。积极研究和协调将配送生鲜食品和药品的车辆视同公共交通车辆优先通行的政策和措施。引导标准化的非机动三轮车依法依规经营快递物流业务。

(四)夯实统计基础,加强人才培养。完善商贸物流统计调查方法和指标体系。加强对商贸物流需求、费用、市场规模、投资、价格等指标的统计分析,及时反映商贸物流的发展规模和运行效率。通过学历教育、继续教育等多种方式培养市场急需的经营管理和专业技术人才,提高实践能力。推动产学研结合,鼓励商贸物流理论研究,引导工商企业树立现代物流理念,加大宣传力度,营造全社会重视和支持商贸物流发展的舆论氛围。

商务部将根据各地实际情况,结合现有政策,围绕提高商贸物流社会化、专业化、标准化、信息化、组织化、国际化水平等主要工作,分别选择重点地区、重点企业,重点推进,促进商贸物流健康发展。工作中的有关情况和问题请及时与商务部(流通发展司)联系。

商务部
2014 年 9 月 22 日

国务院关于促进海运业健康发展的若干意见

国发〔2014〕32 号

各省、自治区、直辖市人民政府,国务院各部委、各直属机构:

海运业是经济社会发展重要的基础产业,在维护国家海洋权益和经济安全、推动对外贸易发展、促进产业转型升级等方面具有重要作用。近年来,我国海运业发展迅速,成就显著。同时也要看到,当前海运业发展还不能完全适应经济社会发展的需要,仍然存在战略定位和发展目标不清晰、体制机制不顺、结构不合理、配套措施不完善、运营管理水平不高、核心竞争力较弱等问题。加快推动海运业健康发展,对稳增长、促改革、调结构、惠民生具有重要意义。为进一步做好相关工作,现提出以下意见:

一、总体要求

（一）指导思想。以邓小平理论、"三个代表"重要思想、科学发展观为指导，深入贯彻党的十八大和十八届二中、三中全会精神，认真落实党中央、国务院的各项决策部署，坚持把改革创新贯穿于海运业发展的各领域各环节，以科学发展为主题，以转变发展方式为主线，以促进海运业健康发展、建设海运强国为目标，以培育国际竞争力为核心，为保障国家经济安全和海洋权益、提升综合国力提供有力支撑。

（二）基本原则。

保障经济安全、维护国家利益。站在维护国家利益的高度，高度重视，统筹谋划，综合施策，建立保障有力的海运船队，服务经济社会发展全局，保障国家经济安全。

深化改革、优化结构。深化海运业体制机制改革，完善海运企业法人治理结构，创新发展模式，优化组织结构、运力结构和运输结构，促进海运业可持续发展。

企业主体、政府引导。遵循海运业发展规律，充分发挥市场在资源配置中的决定性作用，更好发挥政府作用，借鉴国际经验，完善海运业发展相关配套政策，培育和提升核心竞争力。

全面推进、协同发展。充分发挥各方面积极性，形成合力，深化海运业与相关产业的合作，营造协同互补、互利共赢的发展环境。

（三）发展目标。按照全面建成小康社会的要求，到2020年，基本建成安全、便捷、高效、绿色、具有国际竞争力的现代海运体系，适应国民经济安全运行和对外贸易发展需要。

——保障经济社会发展。全球海运服务不断拓展，船队规模和港口布局规划适度超前，重点物资运输保障能力显著提高，在综合交通运输体系中的比较优势进一步发挥。

——国际竞争力明显提升。海运服务贸易出口额明显增加，进出口平衡发展，海运服务贸易规模位居世界前列；形成具有较强国际竞争力的品牌海运企业、港口建设和运营商、全球物流经营主体，基本建成具有国际影响力的航运中心。

——在国际海运事务中的地位不断提高。

二、重点任务

（四）优化海运船队结构。建设规模适度、结构合理、技术先进的专业化船队。大力发展节能环保、经济高效船舶，积极发展原油、液化天然气、集装箱、滚装、特种运输船队，提高集装箱班轮运输国际竞争力。有序发展干散货运输船队和邮轮经济，巩固干散货运输国际优势地位，培育区域邮轮运输品牌。

（五）完善全球海运网络。优化港口和航线布局，积极参与国际海运事务及相关基础设施投资、建设和运营，扩大对外贸易合作。加强重要国际海运通道保障能力建设，完善煤炭、石油、矿石、集装箱、粮食等主要货类运输系统，大力发展铁水联运、江海联运，推进深水航道和集疏运体系建设。

（六）推动海运企业转型升级。完善海运企业治理结构，转变发展理念，创新技术、产品和服务。加快兼并重组，促进规模化、专业化经营，提升抗风险能力和国际竞争力。在做强做优海运主业的同时,适度开展多元化经营。实施"走出去"战略,鼓励中资海运企业对外投资和跨国经营。有序发展中小海运企业,促进就业。

(七)大力发展现代航运服务业。推动传统航运服务业转型升级,加快发展航运金融、航运交易、信息服务、设计咨询、科技研发、海事仲裁等现代航运服务业。建立市场化运作的海运发展基金。创新航运保险,降低融资成本,分散风险。

(八)深化海运业改革开放。深化国有海运企业改革,积极发展国有资本、民营资本等交叉持股、融合发展的混合所有制海运企业。坚持规则平等、权利平等、机会平等,引导和鼓励符合条件的民营企业从事海运业务。稳步推进对外开放,在风险可控前提下,在中国(上海)自由贸易试验区稳妥开展外商成立独资船舶管理公司、控股合资海运公司等试点。

(九)提升海运业国际竞争力。引导要素和产业集聚,加快建设国际海运交易和定价中心,打造国际航运中心。积极参与相关国际组织工作,提高参与制定国际公约、规则、标准和规范的能力和水平,树立负责任的海运大国形象。深化双边、多边合作,维护我海运和海员权益。建设国际一流的船舶检验和海运科研教育机构。

(十)推进安全绿色发展。强化安全意识,健全规章制度,落实责任,加大隐患排查力度。完善海运突发事件应急体系建设,提高安全监管和突发事件应急处置能力,着力提升海(水)上搜救、海上溢油等监测与处置能力,进一步理顺安全监管体制。加强船舶能源消耗和污染物排放管理,推动节能减排技术和清洁能源在海运业的推广应用,优化用能结构。

三、保障措施

(十一)健全运输保障机制。加强海运企业与货主的紧密合作、优势互补,推动签订长期合同,有序发展以资本为纽带的合资经营,形成风险共担、互利共赢的稳定关系。加强部门协调配合,提高原油、铁矿石、液化天然气、煤炭、粮食等重点物资的承运保障能力。

(十二)发挥财税政策支持作用。整合各种专项资金,推动运力结构调整、节能减排和运输效能提升。借鉴海运业发达国家经验,研究完善涉及国际海运的财税政策。加大现行财税政策执行力度,确保落实到位。

(十三)加强和改进行业管理。加快推动海运业立法,强化顶层设计和战略研究,完善船舶技术政策和标准规范,做好监测预警、监督检查和应急处置等工作。完善统一开放、竞争有序的市场体系,引导运力有序投放和合理增长。强化诚信管理体系建设,提高服务质量。清理规范行政审批事项,优化流程,提高效率。规范海员劳务市场和派遣机构管理,健全海员权益保障机制。加快建设进出境船舶联合查验单一窗口系统,推进口岸通行便利化。

(十四)强化科技创新和人才队伍建设。加大对海运业科技、教育、信息化建设等方面的投入,切实提高自主创新能力和教育水平。构建海运业综合信息服务平台,推进资源共享,提高智能化水平。完善海运业人才培养体制机制,加强海员特别是高级海员队伍建设,大力培养专业化、国际化海运人才。

四、组织实施

(十五)有关地区和部门要按照本意见的要求,实事求是,因地制宜,切实加强对推动海运业健康发展各项工作的组织领导。要统筹谋划,突出重点,落实责任,加强协调配合,形成合力。要尽快制定具体实施方案,完善和细化相关政策措施,扎实做好各项工作,确保取得实效。

国务院
2014 年 8 月 15 日

(本文有删减)

国务院关于加快发展生产性服务业促进产业结构调整升级的指导意见

国发〔2014〕26 号

各省、自治区、直辖市人民政府,国务院各部委、各直属机构:

  国务院高度重视服务业发展。近年来陆续出台了家庭、养老、健康、文化创意等生活性服务业发展指导意见,服务供给规模和质量水平明显提高。与此同时,生产性服务业发展相对滞后、水平不高、结构不合理等问题突出,亟待加快发展。生产性服务业涉及农业、工业等产业的多个环节,具有专业性强、创新活跃、产业融合度高、带动作用显著等特点,是全球产业竞争的战略制高点。加快发展生产性服务业,是向结构调整要动力、促进经济稳定增长的重大措施,既可以有效激发内需潜力、带动扩大社会就业、持续改善人民生活,也有利于引领产业向价值链高端提升。为加快重点领域生产性服务业发展,进一步推动产业结构调整升级,现提出以下意见:

一、总体要求

(一)指导思想。

以邓小平理论、"三个代表"重要思想、科学发展观为指导,深入贯彻党的十八大和十八届二中、三中全会精神,全面落实党中央、国务院各项决策部署,科学规划布局,放宽市场准入,完善行业标准,创造环境条件,加快生产性服务业创新发展,实现服务业与农业、工业等在更高水平上有机融合,推动我国产业结构优化调整,促进经济提质增效升级。

(二)基本原则。

坚持市场主导。处理好政府和市场的关系,使市场在资源配置中起决定性作用和更好发挥政府作用,鼓励和支持各种所有制企业根据市场需求,积极发展生产性服务业。

坚持突出重点。以显著提升产业发展整体素质和产品附加值为重点,围绕全产业链的整合优化,充分发挥生产性服务业在研发设计、流程优化、市场营销、物流配送、节能降耗等方面的引领带动作用。

坚持创新驱动。建立与国际接轨的专业化生产性服务业体系,推动云计算、大数据、物联网等在生产性服务业的应用,鼓励企业开展科技创新、产品创新、管理创新、市场创新和商业模式创新,发展新兴生产性服务业态。

坚持集聚发展。适应中国特色新型工业化、信息化、城镇化、农业现代化发展趋势,深入实施区域发展总体战略和主体功能区战略,因地制宜引导生产性服务业在中心城市、制造业集中区域、现代农业产业基地以及有条件的城镇等区域集聚,实现规模效益和特色发展。

二、发展导向

以产业转型升级需求为导向,进一步加快生产性服务业发展,引导企业进一步打破"大而全"、"小而全"的格局,分离和外包非核心业务,向价值链高端延伸,促进我国产业逐步由生产制造型向生产服务型转变。

(一)鼓励企业向价值链高端发展。

鼓励农业企业和涉农服务机构重点围绕提高科技创新和推广应用能力,加快推进现代种业发展,完善农副产品流通体系。鼓励有能力的工业企业重点围绕提高研发创新和系统集成能力,发展市场调研、产品设计、技术开发、工程总包和系统控制等业务。加快发展专业化设计及相关定制、加工服务,建立健全重大技术装备第三方认证制度。促进专利技术运用和创新成果转化,健全研发设计、试验验证、运行维护和技术产品标准等体系。重点围绕市场营销和品牌服务,发展现代销售体系,增强产业链上下游企业协同能力。强化期货、现货交易平台功能。鼓励分期付款等消费金融服务方式。推进仓储物流、维修维护和回收利用等专业服务的发展。

(二)推进农业生产和工业制造现代化。

搭建各类农业生产服务平台,加强政策法律咨询、市场信息、病虫害防治、测土配方施肥、种养过程监控等服务。健全农业生产资料配送网络,鼓励开展农机跨区作业、承包作业、机具租赁和维修服务。推进面向产业集群和中小企业的基础工艺、基础材料、基础元器件研发和系统集成以及生产、检测、计量等专业化公共服务平台建设,鼓励开展工程项目、工业设计、产品技术研发和检验检测、工艺诊断、流程优化再造、技能培训等服务外包,整合优化生产服务系统。发展技术支持和设备监理、保养、维修、改造、备品备件等专业化服务,提高设备运行质量。鼓励制造业与相关产业协同处置工业"三废"及社会废弃物,发展节能减排投融资、清洁生产审核及咨询等节能环保服务。

(三)加快生产制造与信息技术服务融合。

支持农业生产的信息技术服务创新和应用,发展农作物良种繁育、农业生产动态监测、环境监控等信息技术服务,建立健全农产品质量安全可追溯体系。鼓励将数字技术和智能制造技术广泛应用于产品设计和制造过程,丰富产品功能,提高产品性能。运用互联网、大数据等信息技术,积极发展定制生产,满足多样化、个性化消费需求。促进智能终端与应用服务相融合、数字产品与内容服务相结合,推动产品创新,拓展服务领域。发展服务于产业集群的电子商务、数字内容、数据托管、技术推广、管理咨询等服务平台,提高资源配置效率。

三、主要任务

现阶段,我国生产性服务业重点发展研发设计、第三方物流、融资租赁、信息技术服务、节能环保服务、检验检测认证、电子商务、商务咨询、服务外包、售后服务、人力资源服务和品牌建设。

(一)研发设计。

积极开展研发设计服务,加强新材料、新产品、新工艺的研发和推广应用。大力发展工业设计,培育企业品牌、丰富产品品种、提高附加值。促进工业设计向高端综合设计服务转变。支持研发体现中国文化要素的设计产品。整合现有资源,发挥企业创新主体作用,推进产学研用合作,加快创新成果产业化步伐。鼓励建立专业化、开放型的工业设计企业和工业设计服务中心,促进工业企业与工业设计企业合作。完善知识产权交易和中介服务体系,发展研发设计交易市场。开展面向生产性服务业企业的知识产权培训、专利运营、分析评议、专利代理和专利预警等服务。建立主要由市场评价创新成果的机制,加快研发设计创新转化为现实生产力。

(二)第三方物流。

优化物流企业供应链管理服务,提高物流企业配送的信息化、智能化、精准化水平,推广企业零库存管理等现代企业管理模式。加强核心技术开发,发展连锁配送等现代经营方式,重点推进云计算、物联网、北斗导航及地理信息等技术在物流智能化管理方面的应用。引导企业剥离物流业务,积极发展专业化、社会化的大型物流企业。完善物流建设和服务标准,引导物流设施资源集聚集约发展,培育一批具有较强服务能力的生产服务型物流园区和配送中心。加强综合性、专业性物流公共信息平台和货物配载中心建设,衔接货物信息,匹配运载工具,提高物流企业运输工具利用效率,降低运输车辆空驶率。提高物流行业标准化设施、设备和器具应用水平以及托盘标准化水平。继续推进制造业与物流业联动发展示范工作和快递服务制造业工作,加强仓储、冷链物流服务。大力发展铁水联运、江海直达、滚装运输、道路货物甩挂运输等运输方式,推进货运汽车(挂车)、列车标准国际化。优化城市配送网络,鼓励统一配送和共同配送。推动城市配送车辆标准化、标识化,建立健全配送车辆运力调控机制,完善配送车辆便利通行措施。在关系民生的农产品、药品、快速消费品等重点领域开展标准化托盘循环共用示范试点。完善农村物流服务体系,加强产销衔接,扩大农超对接规模,加快农产品批发和零售市场改造升级,拓展农产品加工服务。

(三)融资租赁。

建立完善融资租赁业运营服务和管理信息系统,丰富租赁方式,提升专业水平,形成融资渠道多样、集约发展、监管有效、法律体系健全的融资租赁服务体系。大力推广大型制造设备、施工设备、运输工具、生产线等融资租赁服务,鼓励融资租赁企业支持中小微企业发展。引导企业利用融资租赁方式,进行设备更新和技术改造。鼓励采用融资租赁方式开拓国际市场。紧密联系产业需求,积极开展租赁业务创新和制度创新,拓展厂商租赁的业务范围。引导租赁服务企业加强与商业银行、保险、信托等金融机构合作,充分利用境外资金,多渠道拓展融资空间,实现规模化经营。建设程序标准化、管理规范化、运转高效的租赁物与二手设备流通市场,建立和完善租赁物公示、查询系统和融资租赁资产退出机制。加快研究制定融资租赁行业的法律法规。充分发挥行业协会作用,加强信用体系建设和行业自律。建立系统性行业风险防范机制,以及融资租赁业统计制度和评价指标体系。

(四)信息技术服务。

发展涉及网络新应用的信息技术服务,积极运用云计算、物联网等信息技术,推动制造业的智能化、柔性化和服务化,促进定制生产等模式创新发展。加快面向工业重点行业的知识库建设,创新面向专业领域的信息服务方式,提升服务能力。加强相关软件研发,提高信息技术咨询设计、集成实施、运行维护、测试评估和信息安全服务水平,面向工业行业应用提供系统解决方案,促进工业生产业务流程再造和优化。推动工业企业与软件提供商、信息服务提供商联合提升企业生产经营管理全过程的数字化水平。支持工业企业所属信息服务机构面向行业和社会提供专业化服务。加快农村互联网基础设施建设,推进信息进村入户。

(五)节能环保服务。

健全节能环保法规和标准体系,增强节能环保指标的刚性约束,严格落实奖惩措施。大力发展节能减排投融资、能源审计、清洁生产审核、工程咨询、节能环保产品认证、节能评估等第三方节能环保服务体系。规范引导建材、冶金、能源企业协同开展城市及产业废弃物的资源化处理,建立交易市场。鼓励结合改善环境质量和治理污染的需要,开展环保服务活动。发展系统设计、成套设备、工程施工、调试运行和维护管理等环保服务总承包。鼓励大型重点用能单位依托自身技术优势和管理经验,开展专业化节能环保服务。推广合同能源管理,建设"一站式"合同能源管理综合服务平台,积极探索节能量市场化交易。建设再生资源回收体系和废弃物逆向物流交易平台。积极发展再制造专业技术服务,建立再制造旧件回收、产品营销、溯源等信息化管理系统。推行环境污染第三方治理。

(六)检验检测认证。

加快发展第三方检验检测认证服务,鼓励不同所有制检验检测认证机构平等参与市场竞争,不断增强权威性和公信力,为提高产品质量提供有力的支持保障服务。加强计量、检测技术、检测装备研发等基础能力建设,发展面向设计开发、生产制造、售后服务全过程的分析、测试、计量、检验等服务。建设一批国家产业计量测试中心,构建国家产业计量测试服务体系。加强先进重大装备、新材料、新能源汽车等领域的第三方检验检测服务,加快发展药品检验检测、医疗器械检验、进出口检验检疫、农产品质量安全检验检测、食品安全检验检测等服务,发展在线检测,完善检验检测认证服务体系。开拓电子商务等服务认证领域。优化资源配置,引导检验检测认证机构集聚发展,推进整合业务相同或相近的检验检测认证机构。积极参与制定国际检验检测标准,开展检验检测认证结果和技术能力国际互认。培育一批技术能力强、服务水平高、规模效益好、具有一定国际影响力的检验检测认证集团。加大生产性服务业标准的推广应用力度,深化国家级服务业标准化试点。

(七)电子商务。

深化大中型企业电子商务应用,促进大宗原材料网上交易、工业产品网上定制、上下游关联企业业务协同发展,创新组织结构和经营模式。引导小微企业依托第三方电子商务服务平台开展业务。抓紧研究制定鼓励电子商务创新发展的意见。深化电子商务服务集成创新。加快并规范集交易、电子认证、在线支付、物流、信用评估等服务于一体的第三方电子商务综合服务平台发展。加快推进适应电子合同、电子发票和电子签名发展的制度建设。建设开放式电子商务快递配送信息平台和社会化仓储设施网络,加快布局、规范建设快件处理中心和航空、陆运集散中心。鼓励对现有商业设施、邮政便民服务设施等的整合利用,加强共同配送末端网点建设,推动社区商业电子商务发展。深入推进国家电子商务示范城市、示范基地和示范企业建设,发展电子商务可信交易保障、交易纠纷处理等服务。建立健全促进电子商务发展的工作保障机制。加强网络基础设施建设和电子商务信用体系、统计监测体系建设,不断完善电子商务标准体系和快递服务质量评价体系。推进农村电子商务发展,积极培育农产品电子商务,鼓励网上购销对接等多种交易方式。支持面向跨境贸易的多语种电子商务平台建设、服务创新和应用推广。积极发展移动电子商务,推动移动电子商务应用向工业生产经营和生产性服务业领域延伸。

(八)商务咨询。

提升商务咨询服务专业化、规模化、网络化水平。引导商务咨询企业以促进产业转型升级为重点,大力发展战略规划、营销策划、市场调查、管理咨询等提升产业发展素质的咨询服务,积极发展资产评估、会计、审计、税务、勘察设计、工程咨询等专业咨询服务。发展信息技术咨询服务,开展咨询设计、集成实施、运行维护、测试评估、应用系统解决方案和信息安全服务。加强知识产权咨询服务,发展检索、分析、数据加工等基础服务,培育知识产权转化、投融资等市场化服务。重视培育品牌和商誉,发展无形资产、信用等评估服务。抓紧研究制定咨询服务业发展指导意见。依法健全商务咨询服务的职业评价制度和信用管理体系,加强执业培训和行业自律。开展多种形式的国际合作,推动商务咨询服务国际化发展。

(九)服务外包。

把握全球服务外包发展新趋势,积极承接国际离岸服务外包业务,大力培育在岸服务外包市场。抓紧研究制定在岸与离岸服务外包协调发展政策。适应生产性服务业社会化、专业化发展要求,鼓励服务外包,促进企业突出核心业务、优化生产流程、创新组织结构、提高质量和效率。引导社会资本积极发展信息技术外包、业务流程外包和知识流程外包服务业务,为产业转型升级提供支撑。鼓励政府机构和事业单位购买专业化服务,加强管理创新。支持企业购买专业化服务,构建数字化服务平台,实现包括产品设计、工艺流程、生产规划、生产制造和售后服务在内的全过程管理。

(十)售后服务。

鼓励企业将售后服务作为开拓市场、提高竞争力的重要途径,增强服务功能,健全服务网络,提升服务质量,完善服务体系。完善产品"三包"制度,推动发展产品配送、安装调试、以旧换新等售后服务,积极运用互联网、物联网、大数据等信息技术,发展远程检测诊断、运营维护、技术支持等售后服务新业态。大力发展专业维护维修服务,加快技术研发与应用,促进维护维修服务业务和服务模式创新,鼓励开展设备监理、维护、修理和运行等全生命周期服务。积极发展专业化、社会化的第三方维护维修服务,支持具备条件的工业企业内设机构向专业维护维修公司转变。完善售后服务标准,加强售后服务专业队伍建设,健全售后服务认证制度和质量监测体系,不断提高用户满意度。

(十一)人力资源服务和品牌建设。

以产业引导、政策扶持和环境营造为重点,推进人力资源服务创新,大力开发能满足不同层次、不同群体需求的各类人力资源服务产品。提高人力资源服务水平,促进人力资源服务供求对接,引导各类企业通过专业化的人力资源服务提升人力资源管理开发和使用水平,提升劳动者素质和人力资源配置效率。加快形成一批具有国际竞争力的综合型、专业型人力资源服务机构。统筹利用高等院校、科研院所、职业院校、社会培训机构和企业等各种培训资源,强化生产性服务业所需的创新型、应用型、复合型、技术技能型人才开发培训。加快推广中关村科技园区股权激励试点经验,调动科研人员创新进取的积极性。营造尊重人才、有利于优秀人才脱颖而出和充分发挥作用的社会环境。鼓励具有自主知识产权的知识创新、技术创新和模式创新,积极创建知名品牌,增强独特文化特质,以品牌引领消费,带动生产制造,推动形成具有中国特色的品牌价值评价机制。

四、政策措施

从深化改革开放、完善财税政策、强化金融创新、有效供给土地、健全价格机制和加强基础工作等方面,为生产性服务业发展创造良好环境,最大限度地激发企业和市场活力。

(一)进一步扩大开放。

进一步放开生产性服务业领域市场准入,营造公平竞争环境,不得对社会资本设置歧视性障碍,鼓励社会资本以多种方式发展生产性服务业。进一步减少生产性服务业重点领域前置审批和资质认定项目,由先证后照改为先照后证,加快落实注册资本认缴登记制。允许社会资本参与应用型技术研发机构市场化改革。鼓励社会资本参与国家服务业综合改革试点。

引导外资企业来华设立生产性服务业企业、各类功能性总部和分支机构、研发中心、营运基地等。统一内外资法律法规,推进生产性服务业领域有序开放,放开建筑设计、会计审计、商贸物流、电子商务等服务业领域外资准入限制。加快研究制定服务业进一步扩大开放的政策措施,对已经明确的扩大开放要求,要抓紧落实配套措施。探索对外商投资实行准入前国民待遇加负面清单的管理模式。发挥中国(上海)自由贸易试验区在服务业领域先行先试的作用。加强与香港、澳门、台湾地区的服务业合作,加快推进深圳前海、珠海横琴、广州南沙与港澳地区,福建厦门、平潭和江苏昆山与台湾地区的服务业合作试点。

鼓励有条件的企业依托现有产品贸易优势,在境外设立分支机构,大力拓展生产性服务业发展空间。简化境外投资审批程序,进一步提高生产性服务业境外投资的便利化程度。鼓励企业利用电子商务开拓国际营销渠道,积极研究为符合条件的电子商务企业、快递企业提供便利通关措施。加快跨境电子商务通关试点建设。鼓励设立境外投资贸易服务机构,做好境外投资需求的规模、领域和国别研究,提供对外投资准确信息,为企业"走出去"提供咨询服务。

(二)完善财税政策。

尽快将营业税改征增值税试点扩大到服务业全领域。根据生产性服务业产业融合度高的特点,完善促进生产性服务业的税收政策。研发设计、检验检测认证、节能环保等科技型、创新型生产性服务业企业,可申请认定为高新技术企业,享受15%的企业所得税优惠税率。研究适时扩大生产性服务业服务产品出口退税政策范围,制定产品退税目录和具体管理办法。

中央财政和地方财政在各自事权和支出责任范围内,重点支持公共基础设施、市场诚信体系、标准体系建设以及公共服务平台等服务业发展薄弱环节建设,探索完善财政资金投入方式,提高资金使用效率,推动建立统一开放、规范竞争的服务业市场体系。鼓励开发区、产业集群、现代农业产业基地、服务业集聚区和发展示范区积极建设重大服务平台。积极研究自主创新产品首次应用政策,增加对研发设计成果应用的支持。完善政府采购办法,逐步加大政府向社会力量购买服务的力度,凡适合社会力量承担的,都可以通过委托、承包、采购等方式交给社会力量承担。研究制定政府向社会力量购买服务的指导性目录,明确政府购买的服务种类、性质和内容。

(三)创新金融服务。

鼓励商业银行按照风险可控、商业可持续原则,开发适合生产性服务业特点的各类金融产品和服务,积极发展商圈融资、供应链融资等融资方式。支持节能环保服务项目以预期收益质押获得贷款。研究制定利用知识产权质押、仓单质押、信用保险保单质押、股权质押、商业保理等多种方式融资的可行措施。建立生产性服务业重点领域企业信贷风险补偿机制。完善动产抵(质)押登记公示体系,建立健全动产押品管理公司监管制度。支持符合条件的生产性服务业企业通过银行间债券市场发行非金融企业债券融资工具融资,拓宽企业融资渠道。支持商业银行发行专项金融债券,服务小微企业。根据研发、设计、应用的阶段特征和需求,建立完善相应的融资支持体系和产品。搭建方便快捷的融资平台,支持符合条件的生产性服务业企业上市融资、发行债券。对符合条件的中小企业信用担保机构提供担保服务实行免征营业税政策。鼓励融资性担保机构扩大生产性服务业企业担保业务规模。

(四)完善土地和价格政策。

合理安排生产性服务业用地,促进节约集约发展。鼓励工业企业利用自有工业用地兴办促进企业转型升级的自营生产性服务业,经依法批准,对提高自有工业用地容积率用于自营生产性服务业的工业企业,可按新用途办理相关手续。选择具备条件的城市和国家服务业综合改革试点区域,鼓励通过对城镇低效用地的改造发展生产性服务业。加强对服务业发展示范区促进生产性服务业发展与土地利用工作的协同指导。

建立完善主要以市场决定价格的生产性服务业价格形成机制,规范服务价格。建立科学合理的生产性服务业企业贷款定价机制,加大对生产性服务业重点领域企业的支持力度。加快落实生产性服务业用电、用水、用气与工业同价。对工业企业分离出的非核心业务,在水、气方面实行与原企业相同的价格政策。符合条件的生产性服务业重点领域企业,可申请参与电力用户与发电企业直接交易试点。加强对生产性服务业重点领域违规收费项目的清理和监督检查。

(五)加强知识产权保护和人才队伍建设。

鼓励生产性服务业企业创造自主知识产权,加强对服务模式、服务内容等创新的保护。加快数字版权保护技术研发,推进国家版权监管平台建设。扩大知识产权基础信息资源共享范围,促进知识产权协同创新。加强知识产权执法,加大对侵犯知识产权和制售假冒伪劣商品的打击力度,维护市场秩序,保护创新积极性。加强政府引导,及时发布各类人才需求导向等信息。支持生产性服务业创新团队培养,建立创新发展服务平台。研究促进设计、创意人才队伍建设的措施办法,鼓励创新型人才发展。建设大型专业人才服务平台,增强人才供需衔接。

(六)建立健全统计制度。

以国民经济行业分类为基础,抓紧研究制定生产性服务业及重点领域统计分类,完善相关统计制度和指标体系,明确各有关部门相关统计任务。建立健全有关部门信息共享机制,逐步形成年度、季度信息发布机制。

各地区、各部门要充分认识发展生产性服务业的重大意义,把加快发展生产性服务业作为转变经济发展方式、调整产业结构的重要任务,采取有力措施,确保各项政策落到实处、见到实效。地方各级人民政府要加强组织领导,结合本地实际进一步研究制定扶持生产性服务业发展的政策措施。国务院各有关部门要密切协作配合,抓紧制定各项配套政策和落实政策措施分工的具体措施,营造促进生产性服务业发展的良好环境。发展改革委要加强统筹协调,会同有关部门对本意见落实情况进行督促检查和跟踪分析,每半年向国务院报告一次落实情况,重大问题及时报告。

在推进生产性服务业加快发展的同时,要围绕人民群众的迫切需要,继续大力发展生活性服务业,落实和完善生活性服务业支持政策,拓展新领域,不断丰富健康、家庭、养老等服务产品供给;发展新业态,不断提高网络购物、远程教育、旅游等服务层次水平;培育新热点,不断扩大文化创意、数字家庭、信息消费等消费市场规模,做到生产性服务业与生活性服务业并重、现代服务业与传统服务业并举,切实把服务业打造成经济社会可持续发展的新引擎。

附件:政策措施分工表(略——编者注)

国务院
2014年7月28日

国家卫生和计划生育委员会、商务部关于开展设立外资独资医院试点工作的通知

国卫医函〔2014〕244号

北京市、天津市、上海市、江苏省、福建省、广东省、海南省卫生计生委、商务主管部门:

为推进健康服务业发展,更好地满足人民群众医疗服务需求,根据《中共中央关于全面深化改革若干重大问题的决定》和《国务院关于促进健康服务业发展的若干意见》(国发〔2013〕40号)精神,决定在北京等7省(市)开展设立外资独资医院试点工作。现就有关事项通知如下:

一、试点范围

从本通知印发之日起,允许境外投资者通过新设或并购的方式在北京市、天津市、上海市、江苏省、福建省、广东省、海南省设立外资独资医院。除香港、澳门和台湾投资者外,其他境外投资者不得在上述省(市)设置中医类医院。

二、设置要求

(一)申请设立外资独资医院的境外投资者应是能够独立承担民事责任的法人,具有直接

或间接从事医疗卫生投资与管理的经验,并符合下列要求之一:

1. 能够提供国际先进的医院管理理念、管理模式和服务模式;
2. 能够提供具有国际领先水平的医学技术和设备;
3. 可以补充或改善当地在医疗服务能力、医疗技术、资金和医疗设施方面的不足。

(二)拟申请设立的外资独资医院应当符合国家制定的医疗机构基本标准。没有国家标准的,执行《卫生部关于专科医院设置审批管理有关规定的通知》(卫医政发〔2011〕87号)。

(三)外资独资医院的设置审批权限下放到省级。申请设置外资独资医院的境外投资者应向拟设置外资独资医院所在地设区的市级卫生计生行政部门(含中医药管理部门,下同)提出申请,设区的市级卫生计生行政部门提出初审意见,报省级卫生计生行政部门审批。省级商务主管部门凭省级卫生计生行政部门的行政许可,依据外商投资法律法规进行外资独资医院设立的审批工作。

(四)外资独资医院的设立和变更应按照《医疗机构管理条例》、《医疗机构管理条例实施细则》和《外商投资商业领域管理办法》规定的程序和要求办理。

(五)设立外资独资医院还应符合试点省(市)省级卫生计生行政部门及商务主管部门规定的其他条件和要求。

三、组织实施

(一)省级卫生计生行政部门和商务主管部门要按照逐步开放、风险可控的原则,自行制订本省(市)设立外资独资医院的试点实施方案,并在各自职责范围内负责本行政区域内外资独资医院的审批和日常监督管理工作。试点实施方案在执行前需抄报国家卫生计生委和商务部。

(二)设立外资独资医院必须遵守国家有关法律、法规和规章,包括执行临床诊疗常规和技术规范,执行医疗技术准入的规章制度等相关规定,加强医疗质量管理,保障医疗安全。

(三)试点省(市)卫生计生行政部门要依法依规对外资独资医院实施监督管理,并按照医疗机构执业登记信息管理的有关要求,做好数据的报送工作。

试点中遇到的问题,请及时联系国家卫生计生委和商务部。

联 系 人:国家卫生计生委医政医管局 高勇
电　　话:010—68792824
传　　真:010　68791871
邮　　箱:yiliaojigouchu@163.com
联 系 人:商务部外资司　孙笑宇
电　　话:010—65197327
传　　真:010—65197396
邮　　箱:fuwuyechu-wz@163.com

国家卫生计生委
商务部
2014年7月25日

四、工商

工商总局关于扩大开放台湾居民在大陆申办个体工商户登记管理工作的意见

工商个字〔2015〕224 号

北京、天津、河北、山西、辽宁、吉林、黑龙江、上海、江苏、浙江、安徽、福建、江西、山东、河南、湖北、湖南、广东、广西、海南、重庆、四川、贵州、云南、陕西、宁夏省(自治区、直辖市)工商行政管理局、市场监督管理部门：

为落实《关于扩大开放台湾居民在大陆申请设立个体工商户的通知》(国台发〔2015〕3 号)的有关要求,进一步鼓励台湾同胞到大陆投资创业,根据《个体工商户条例》《个体工商户登记管理办法》《个体工商户名称登记管理办法》等有关法规规章,现就台湾居民来大陆申办个体工商户的登记管理工作提出如下意见：

一、自 2016 年 1 月 1 日起,在北京、上海、江苏、浙江、福建、湖北、广东、重庆、四川既有 9 省市基础上,台湾居民在天津、河北、山西、辽宁、吉林、安徽、江西、山东、河南、湖南、海南、贵州、陕西全省(直辖市)及黑龙江、广西、云南、宁夏等省(自治区)的设区市申请登记为个体工商户,无需经过外资审批(不包括特许经营),由经营所在地的县、自治县、不设区的市、市辖区工商行政管理(市场监督管理)部门(以下简称"登记机关")依照国家有关法律、行政法规和规章直接予以登记。

二、台湾居民个体工商户可以申请登记的经营范围见附件 1。台湾居民个体工商户的组成形式仅限于个人经营,取消对从业人员人数和营业面积的限制。

三、台湾居民申请个体工商户登记,依照《个体工商户条例》《个体工商户登记管理办法》等法规规章办理,其中申请人签署的《个体工商户开业登记申请书》《个体工商户变更登记申请书》,不填写申请书的"经营者"一栏,填写《个体工商户经营者(台湾居民)登记表》(式样见附件 2)作为替代,申请人身份证明为其本人的台湾居民来往大陆通行证(式样见附件 3)。

四、对台湾居民个体工商户有关登记事项的审核,按照《个体工商户条例》《个体工商户登记管理办法》等法规规章办理,其中：

1. 名称：依照《个体工商户名称登记管理办法》的有关规定执行,并应当使用符合国家规范的语言文字。

2. 经营者姓名:除了核定经营者姓名外,应当在经营者姓名后面加注"台湾居民"字样。

3. 经营者住所:填写经营者经营场所所在地的相关信息。

五、登记机关受理台湾居民个体工商户开业登记、变更登记申请后应当对申请材料进行审查,并于受理申请之日起15日内作出是否予以登记的决定。

六、台湾居民个体工商户的年报以及日常监管工作依照国家现行有关法律、行政法规和规章等相关规定执行。

七、台湾农民个体工商户登记管理工作继续依照台湾农民在海峡两岸农业合作试验区和台湾农民创业园申办个体工商户登记管理的有关规定执行。

八、各地要及时组织登记监管工作人员认真学习有关政策法规,切实加强业务培训,努力提高服务质量和监管效能。

附件:1. 台湾居民申请设立个体工商户的经营范围(略——编者注)
     2. 个体工商户经营者(台湾居民)登记表(略——编者注)
     3. 台湾居民来往大陆通行证样本(略——编者注)

工商总局

2015年12月28日

工商总局、福建省人民政府关于发布中国(福建)自由贸易试验区台湾居民个体工商户营业范围的公告

工商个字〔2015〕208号

为贯彻落实《国务院关于印发中国(福建)自由贸易试验区总体方案的通知》(国发〔2015〕20号),现将中国(福建)自由贸易试验区台湾居民个体工商户营业范围予以发布。

允许台湾居民依照国家有关法律、法规和规章,在中国(福建)自由贸易试验区注册登记为个体工商户,无需经过外资备案(不包括特许经营),在下列范围内从事经营活动:

1. 谷物种植;

2. 蔬菜、食用菌及园艺作物种植;

3. 水果种植;

4. 坚果种植;

5. 香料作物种植;

6. 中药材种植;

7. 林业;

8. 牲畜饲养；

9. 家禽饲养；

10. 水产养殖；

11. 灌溉服务；

12. 农产品初加工服务(不含植物油脂、大米、面粉加工、粮食收购、籽棉加工)；

13. 其他农业服务；

14. 林业服务业；

15. 畜牧服务业；

16. 渔业服务业(需要水产苗种生产许可)；

17. 谷物磨制；

18. 肉制品及副产品加工(3 000 吨/年及以下的西式肉制品加工项目除外)；

19. 水产品冷冻加工；

20. 鱼糜制品及水产品干腌制加工(冷冻海水鱼糜生产线除外)；

21. 蔬菜、水果和坚果加工；

22. 淀粉及淀粉制品制造(年加工玉米 30 万吨以下、绝干收率在 98% 以下玉米淀粉湿法生产线除外)；

23. 豆制品制造；

24. 蛋品加工；

25. 烘培食品制造；

26. 糖果、巧克力及蜜饯制造；

27. 方便食品制造；

28. 乳制品制造[日处理原料乳能力(两班)20 吨以下浓缩、喷雾干燥等设施及 200 千克/小时以下的手动及半自动液体乳罐装设备除外]；

29. 罐头食品制造；

30. 味精制造(5 万吨/年以下且采用等电离交工艺的味精生产线除外)；

31. 酱油、食醋及类似制品制造；

32. 其他调味品、发酵制品制造(食盐除外)；

33. 营养食品制造；

34. 冷冻饮品及食用冰制造；

35. 啤酒制造(生产能力小于 1.8 万瓶/时的啤酒罐装生产线除外)；

36. 葡萄酒制造；

37. 碳酸饮料制造[生产能力 150 瓶/分钟以下(瓶容在 250 毫升及以下)的碳酸饮料生产线除外]；

38. 瓶(罐)装饮用水制造；

39. 果菜汁及果菜饮料制造(浓缩苹果汁生产线除外)；

40. 含乳饮料和植物蛋白饮料制造；

41. 固体饮料制造；

42. 茶饮料及其他饮料制造；

43. 纺织业；

44. 窗帘布艺制品制造；

45. 纺织服饰、制鞋业；

46. 皮革、毛皮、羽毛及其制品和制鞋业；

47. 鞋帽制造、制鞋业；

48. 木材加工和木、竹、藤、棕、草制品业；

49. 家具制造业；

50. 造纸和纸制品业；

51. 文教办公用品制造；

52. 乐器制造；

53. 工艺美术制造（象牙雕刻、虎骨加工、脱胎漆器生产、珐琅制品生产、宣纸及墨锭生产除外）；

54. 体育用品制造；

55. 玩具制造；

56. 游艺器材及娱乐用品制造（不包括游戏游艺设备）；

57. 日用化学产品制造；

58. 塑料制品业；

59. 日用玻璃制品制造；

60. 日用陶瓷制品制造；

61. 金属工具制造；

62. 搪瓷日用品及其他搪瓷制品制造；

63. 金属制日用品制造；

64. 自行车制造；

65. 非公路休闲车及零配件制造；

66. 电池制造（锂离子电池制造除外）；

67. 家用电力器具制造；

68. 非电力家用器具制造；

69. 照明器具制造；

70. 钟表与计时仪器制造；

71. 眼镜制造；

72. 日用杂品制造；

73. 林业产品批发；

74. 纺织、服装及家庭用品批发；

75. 文具用品批发；

76. 体育用品批发；

77. 其他文化用品批发；

78. 贸易经纪与代理（不含拍卖）；

79. 货物、技术进出口；

80. 零售业(烟草制品零售除外、并且不包括特许经营);

81. 图书报刊零售;

82. 音像制品及电子出版物零售;

83. 工艺美术品及收藏品零售(文物收藏品零售除外);

84. 道路货物运输;

85. 其他水上运输辅助活动,具体指港口货物装卸、仓储,港口供应(船舶物料或生活品),港口设施、设备和港口机械的租赁、维修;

86. 装卸搬运和运输代理业(不包括航空客货运代理服务);

87. 仓储业;

88. 餐饮业;

89. 软件开发;

90. 信息系统集成服务;

91. 信息技术咨询服务;

92. 数据处理和存储服务(仅限于线下的数据处理服务业务);

93. 租赁业;

94. 社会经济咨询中的经济贸易咨询和企业管理咨询;

95. 广告业(广告发布服务除外);

96. 知识产权服务(商标代理服务、专利代理服务除外);

97. 包装服务;

98. 办公服务中的以下项目:标志牌、铜牌的设计、制作服务,奖杯、奖牌、奖章、锦旗的设计、制作服务;

99. 办公服务中的翻译服务;

100. 其他未列明商务服务业中的2个项目:公司礼仪服务:开业典礼、庆典及其他重大活动的礼仪服务,个人商务服务:个人形象设计服务、个人活动安排服务、其他个人商务服务;

101. 研究和试验发展(社会人文科学研究除外);

102. 专业技术服务业;

103. 质检技术服务;

104. 工程技术(规划管理、勘察、设计、监理除外);

105. 摄影扩印服务;

106. 科技推广和应用服务业;

107. 技术推广服务;

108. 科技中介服务;

109. 污水处理及其再生利用(除环境质量检测、污染源检查服务);

110. 大气污染治理(除环境质量检测、污染源检查服务);

111. 固体废物治理(不包括放射性固体废物收集、贮存、处置及环境质量监测、污染源检查服务);

112. 其他污染治理中的降低噪音服务和其他环境保护服务(除环境质量监测、污染源检查服务);

113. 市政设施管理(除环境质量监测、污染源检查服务);
114. 环境卫生管理(除环境质量监测、污染源检查服务);
115. 洗染服务;
116. 理发及美容服务;
117. 洗浴服务;
118. 居民服务中的婚姻服务(不含婚介服务);
119. 其他居民服务业;
120. 机动车维修;
121. 计算机和辅助设备修理;
122. 家用电器修理;
123. 其他日用产品修理业;
124. 建筑物清洁服务;
125. 其他未列明服务业:宠物服务(仅限在城市开办);
126. 体育;
127. 其他室内娱乐活动中的以休闲、娱乐为主的动手制作活动(陶艺、缝纫、绘画等);
128. 文化娱乐经纪人;
129. 体育经纪人。

特此公告,自发布之日起施行。

工商总局
福建省人民政府
2015 年 12 月 1 日

企业经营范围登记管理规定

国家工商行政管理总局令第 76 号

《企业经营范围登记管理规定》已经国家工商行政管理总局局务会议审议通过,现予公布,自 2015 年 10 月 1 日起施行。

局长　张茅
2015 年 8 月 27 日

企业经营范围登记管理规定

第一条 为了规范企业经营范围登记管理,规范企业经营行为,保障企业合法权益,依据有关企业登记管理法律、行政法规制定本规定。

第二条 本规定适用于在中华人民共和国境内登记的企业。

第三条 经营范围是企业从事经营活动的业务范围,应当依法经企业登记机关登记。

申请人应当参照《国民经济行业分类》选择一种或多种小类、中类或者大类自主提出经营范围登记申请。对《国民经济行业分类》中没有规范的新兴行业或者具体经营项目,可以参照政策文件、行业习惯或者专业文献等提出申请。

企业的经营范围应当与章程或者合伙协议规定相一致。经营范围发生变化的,企业应对章程或者合伙协议进行修订,并向企业登记机关申请变更登记。

第四条 企业申请登记的经营范围中属于法律、行政法规或者国务院决定规定在登记前须经批准的经营项目(以下称前置许可经营项目)的,应当在申请登记前报经有关部门批准后,凭审批机关的批准文件、证件向企业登记机关申请登记。

企业申请登记的经营范围中属于法律、行政法规或者国务院决定等规定在登记后须经批准的经营项目(以下称后置许可经营项目)的,依法经企业登记机关核准登记后,应当报经有关部门批准方可开展后置许可经营项目的经营活动。

第五条 企业登记机关依照审批机关的批准文件、证件登记前置许可经营项目。批准文件、证件对前置许可经营项目没有表述的,依照有关法律、行政法规或者国务院决定的规定和《国民经济行业分类》登记。

前置许可经营项目以外的经营项目,企业登记机关根据企业的章程、合伙协议或者申请,参照《国民经济行业分类》及有关政策文件、行业习惯或者专业文献登记。

企业登记机关应当在经营范围后标注"(依法须经批准的项目,经相关部门批准后方可开展经营活动)"。

第六条 企业经营范围中包含许可经营项目的,企业应当自取得审批机关的批准文件、证件之日起20个工作日内,将批准文件、证件的名称、审批机关、批准内容、有效期限等事项通过企业信用信息公示系统向社会公示。其中,企业设立时申请的经营范围中包含前置许可经营项目的,企业应当自成立之日起20个工作日内向社会公示。

审批机关的批准文件、证件发生变更的,企业应当自批准变更之日起20个工作日内,将有关变更事项通过企业信用信息公示系统向社会公示。

第七条 企业的经营范围应当包含或者体现企业名称中的行业或者经营特征。跨行业经营的企业,其经营范围中的第一项经营项目所属的行业为该企业的行业。

第八条 企业变更经营范围应当自企业作出变更决议或者决定之日起30日内向企业登记机关申请变更登记。其中,合伙企业、个人独资企业变更经营范围应当自作出变更决定之日起15日内向企业登记机关申请变更登记。

企业变更经营范围涉及前置许可经营项目,或者其批准文件、证件发生变更的,应当自审批机关批准之日起30日内凭批准文件、证件向企业登记机关申请变更登记。

企业变更经营范围涉及后置许可经营项目,其批准文件、证件记载的经营项目用语与原登记表述不一致或者发生变更的,可以凭批准文件、证件向企业登记机关申请变更登记。

第九条 因分立或者合并而新设立的企业申请从事前置许可经营项目的,应当凭审批机关的批准文件、证件向企业登记机关申请登记;因分立或者合并而存续的企业申请从事前置许可经营项目的,变更登记前已经审批机关批准的,不需重新办理审批手续。

第十条 企业改变类型的,改变类型前已经审批机关批准的前置许可经营项目,企业不需重新办理审批手续。法律、行政法规或者国务院决定另有规定的除外。

第十一条 企业变更出资人的,原已经审批机关批准的前置许可经营项目,变更出资人后不需重新办理审批手续。法律、行政法规或者国务院决定另有规定的除外。

企业的出资人由境内投资者变为境外投资者,或者企业的出资人由境外投资者变为境内投资者的,企业登记机关应当依照审批机关的批准文件、证件重新登记经营范围。

第十二条 不能独立承担民事责任的分支机构(以下简称分支机构),其经营范围不得超出所隶属企业的经营范围。法律、行政法规或者国务院决定另有规定的除外。

审批机关单独批准分支机构经营前置许可经营项目的,企业应当凭分支机构的前置许可经营项目的批准文件、证件申请增加相应经营范围,并在申请增加的经营范围后标注"(分支机构经营)"字样。

分支机构经营所隶属企业经营范围中前置许可经营项目的,应当报经审批机关批准。法律、行政法规或者国务院决定另有规定的除外。

第十三条 企业申请的经营范围中有下列情形的,企业登记机关不予登记:

(一)属于前置许可经营项目,不能提交审批机关的批准文件、证件的;

(二)法律、行政法规或者国务院决定规定特定行业的企业只能从事经过批准的项目而企业申请其他项目的;

(三)法律、行政法规或者国务院决定等规定禁止企业经营的。

第十四条 企业有下列情形的,应当停止有关项目的经营并及时向企业登记机关申请办理经营范围变更登记或者注销登记:

(一)经营范围中属于前置许可经营项目以外的经营项目,因法律、行政法规或者国务院决定规定调整为前置许可经营项目后,企业未按有关规定申请办理审批手续并获得批准的;

(二)经营范围中的前置许可经营项目,法律、行政法规或者国务院决定规定重新办理审批,企业未按有关规定申请办理审批手续并获得批准的;

(三)经营范围中的前置许可经营项目,审批机关批准的经营期限届满,企业未重新申请办理审批手续并获得批准的;

(四)经营范围中的前置许可经营项目被吊销、撤销许可证或者其他批准文件的。

第十五条 企业未经批准、登记从事经营活动的,依照有关法律、法规的规定予以查处。

第十六条 本规定由国家工商行政管理总局负责解释。

第十七条 本规定自2015年10月1日起施行。2004年6月14日国家工商行政管理总局令第12号公布的《企业经营范围登记管理规定》同时废止。

驰名商标认定和保护规定

国家工商行政管理总局令第 66 号

《驰名商标认定和保护规定》已经国家工商行政管理总局局务会议审议通过,现予公布,自公布之日起 30 日后施行。

局长　张茅

2014 年 7 月 3 日

驰名商标认定和保护规定

第一条　为规范驰名商标认定工作,保护驰名商标持有人的合法权益,根据《中华人民共和国商标法》(以下简称商标法)、《中华人民共和国商标法实施条例》(以下简称实施条例),制定本规定。

第二条　驰名商标是在中国为相关公众所熟知的商标。

相关公众包括与使用商标所标示的某类商品或者服务有关的消费者,生产前述商品或者提供服务的其他经营者以及经销渠道中所涉及的销售者和相关人员等。

第三条　商标局、商标评审委员会根据当事人请求和审查、处理案件的需要,负责在商标注册审查、商标争议处理和工商行政管理部门查处商标违法案件过程中认定和保护驰名商标。

第四条　驰名商标认定遵循个案认定、被动保护的原则。

第五条　当事人依照商标法第三十三条规定向商标局提出异议,并依照商标法第十三条规定请求驰名商标保护的,可以向商标局提出驰名商标保护的书面请求并提交其商标构成驰名商标的证据材料。

第六条　当事人在商标不予注册复审案件和请求无效宣告案件中,依照商标法第十三条规定请求驰名商标保护的,可以向商标评审委员会提出驰名商标保护的书面请求并提交其商标构成驰名商标的证据材料。

第七条　涉及驰名商标保护的商标违法案件由市(地、州)级以上工商行政管理部门管辖。当事人请求工商行政管理部门查处商标违法行为,并依照商标法第十三条规定请求驰名商标保护的,可以向违法行为发生地的市(地、州)级以上工商行政管理部门进行投诉,并提出驰名商标保护的书面请求,提交证明其商标构成驰名商标的证据材料。

第八条　当事人请求驰名商标保护应当遵循诚实信用原则,并对事实及所提交的证据材料的真实性负责。

第九条 以下材料可以作为证明符合商标法第十四条第一款规定的证据材料：

（一）证明相关公众对该商标知晓程度的材料。

（二）证明该商标使用持续时间的材料，如该商标使用、注册的历史和范围的材料。该商标为未注册商标的，应当提供证明其使用持续时间不少于五年的材料。该商标为注册商标的，应当提供证明其注册时间不少于三年或者持续使用时间不少于五年的材料。

（三）证明该商标的任何宣传工作的持续时间、程度和地理范围的材料，如近三年广告宣传和促销活动的方式、地域范围、宣传媒体的种类以及广告投放量等材料。

（四）证明该商标曾在中国或者其他国家和地区作为驰名商标受保护的材料。

（五）证明该商标驰名的其他证据材料，如使用该商标的主要商品在近三年的销售收入、市场占有率、净利润、纳税额、销售区域等材料。

前款所称"三年"、"五年"，是指被提出异议的商标注册申请日期、被提出无效宣告请求的商标注册申请日期之前的三年、五年，以及在查处商标违法案件中提出驰名商标保护请求日期之前的三年、五年。

第十条 当事人依照本规定第五条、第六条规定提出驰名商标保护请求的，商标局、商标评审委员会应当在商标法第三十五条、第三十七条、第四十五条规定的期限内及时作出处理。

第十一条 当事人依照本规定第七条规定请求工商行政管理部门查处商标违法行为的，工商行政管理部门应当对投诉材料予以核查，依照《工商行政管理机关行政处罚程序规定》的有关规定决定是否立案。决定立案的，工商行政管理部门应当对当事人提交的驰名商标保护请求及相关证据材料是否符合商标法第十三条、第十四条、实施条例第三条和本规定第九条规定进行初步核实和审查。经初步核查符合规定的，应当自立案之日起三十日内将驰名商标认定请示、案件材料副本一并报送上级工商行政管理部门。经审查不符合规定的，应当依照《工商行政管理机关行政处罚程序规定》的规定及时作出处理。

第十二条 省（自治区、直辖市）工商行政管理部门应当对本辖区内市（地、州）级工商行政管理部门报送的驰名商标认定相关材料是否符合商标法第十三条、第十四条、实施条例第三条和本规定第九条规定进行核实和审查。经核查符合规定的，应当自收到驰名商标认定相关材料之日起三十日内，将驰名商标认定请示、案件材料副本一并报送商标局。经审查不符合规定的，应当将有关材料退回原立案机关，由其依照《工商行政管理机关行政处罚程序规定》的规定及时作出处理。

第十三条 商标局、商标评审委员会在认定驰名商标时，应当综合考虑商标法第十四条第一款和本规定第九条所列各项因素，但不以满足全部因素为前提。

商标局、商标评审委员会在认定驰名商标时，需要地方工商行政管理部门核实有关情况的，相关地方工商行政管理部门应当予以协助。

第十四条 商标局经对省（自治区、直辖市）工商行政管理部门报送的驰名商标认定相关材料进行审查，认定构成驰名商标的，应当向报送请示的省（自治区、直辖市）工商行政管理部门作出批复。

立案的工商行政管理部门应当自商标局作出认定批复后六十日内依法予以处理，并将行政处罚决定书抄报所在省（自治区、直辖市）工商行政管理部门。省（自治区、直辖市）工商行政管理部门应当自收到抄报的行政处罚决定书之日起三十日内将案件处理情况及行政处罚决定书副本报送商标局。

第十五条　各级工商行政管理部门在商标注册和管理工作中应当加强对驰名商标的保护，维护权利人和消费者合法权益。商标违法行为涉嫌犯罪的，应当将案件及时移送司法机关。

第十六条　商标注册审查、商标争议处理和工商行政管理部门查处商标违法案件过程中，当事人依照商标法第十三条规定请求驰名商标保护时，可以提供该商标曾在我国作为驰名商标受保护的记录。

当事人请求驰名商标保护的范围与已被作为驰名商标予以保护的范围基本相同，且对方当事人对该商标驰名无异议，或者虽有异议，但异议理由和提供的证据明显不足以支持该异议的，商标局、商标评审委员会、商标违法案件立案部门可以根据该保护记录，结合相关证据，给予该商标驰名商标保护。

第十七条　在商标违法案件中，当事人通过弄虚作假或者提供虚假证据材料等不正当手段骗取驰名商标保护的，由商标局撤销对涉案商标已作出的认定，并通知报送驰名商标认定请示的省（自治区、直辖市）工商行政管理部门。

第十八条　地方工商行政管理部门违反本规定第十一条、第十二条规定未履行对驰名商标认定相关材料进行核实和审查职责，或者违反本规定第十三条第二款规定未予以协助或者未履行核实职责，或者违反本规定第十四条第二款规定逾期未对商标违法案件作出处理或者逾期未报送处理情况的，由上一级工商行政管理部门予以通报，并责令其整改。

第十九条　各级工商行政管理部门应当建立健全驰名商标认定工作监督检查制度。

第二十条　参与驰名商标认定与保护相关工作的人员，玩忽职守、滥用职权、徇私舞弊，违法办理驰名商标认定有关事项，收受当事人财物，牟取不正当利益的，依照有关规定予以处理。

第二十一条　本规定自公布之日起30日后施行。2003年4月17日国家工商行政管理总局公布的《驰名商标认定和保护规定》同时废止。

商标评审规则

国家工商行政管理总局令第65号

《商标评审规则》已经国家工商行政管理总局局务会议审议通过，现予公布，自2014年6月1日起施行。

局长　张茅

2014年5月28日

商标评审规则

第一章 总 则

第一条 为规范商标评审程序,根据《中华人民共和国商标法》(以下简称商标法)和《中华人民共和国商标法实施条例》(以下简称实施条例),制定本规则。

第二条 根据商标法及实施条例的规定,国家工商行政管理总局商标评审委员会(以下简称商标评审委员会)负责处理下列商标评审案件:

(一)不服国家工商行政管理总局商标局(以下简称商标局)驳回商标注册申请决定,依照商标法第三十四条规定申请复审的案件;

(二)不服商标局不予注册决定,依照商标法第三十五条第三款规定申请复审的案件;

(三)对已经注册的商标,依照商标法第四十四条第一款、第四十五条第一款规定请求无效宣告的案件;

(四)不服商标局宣告注册商标无效决定,依照商标法第四十四条第二款规定申请复审的案件;

(五)不服商标局撤销或者不予撤销注册商标决定,依照商标法第五十四条规定申请复审的案件。

在商标评审程序中,前款第(一)项所指请求复审的商标统称为申请商标,第(二)项所指请求复审的商标统称为被异议商标,第(三)项所指请求无效宣告的商标统称为争议商标,第(四)、(五)项所指请求复审的商标统称为复审商标。本规则中,前述商标统称为评审商标。

第三条 当事人参加商标评审活动,可以以书面方式或者数据电文方式办理。

数据电文方式办理的具体办法由商标评审委员会另行制定。

第四条 商标评审委员会审理商标评审案件实行书面审理,但依照实施条例第六十条规定决定进行口头审理的除外。

口头审理的具体办法由商标评审委员会另行制定。

第五条 商标评审委员会根据商标法、实施条例和本规则做出的决定和裁定,应当以书面方式或者数据电文方式送达有关当事人,并说明理由。

第六条 除本规则另有规定外,商标评审委员会审理商标评审案件实行合议制度,由三名以上的单数商标评审人员组成合议组进行审理。

合议组审理案件,实行少数服从多数的原则。

第七条 当事人或者利害关系人依照实施条例第七条的规定申请商标评审人员回避的,应当以书面方式办理,并说明理由。

第八条 在商标评审期间,当事人有权依法处分自己的商标权和与商标评审有关的权利。在不损害社会公共利益、第三方权利的前提下,当事人之间可以自行或者经调解以书面方式达成和解。

对于当事人达成和解的案件,商标评审委员会可以结案,也可以做出决定或者裁定。

第九条 商标评审案件的共同申请人和共有商标的当事人办理商标评审事宜,应当依照实施条例第十六条第一款的规定确定一个代表人。

代表人参与评审的行为对其所代表的当事人发生效力,但代表人变更、放弃评审请求或者承认对方当事人评审请求的,应当有被代表的当事人书面授权。

商标评审委员会的文件应当送达代表人。

第十条 外国人或者外国企业办理商标评审事宜,在中国有经常居所或者营业所的,可以委托依法设立的商标代理机构办理,也可以直接办理;在中国没有经常居所或者营业所的,应当委托依法设立的商标代理机构办理。

第十一条 代理权限发生变更、代理关系解除或者变更代理人的,当事人应当及时书面告知商标评审委员会。

第十二条 当事人及其代理人可以申请查阅本案有关材料。

第二章 申请与受理

第十三条 申请商标评审,应当符合下列条件:

(一)申请人须有合法的主体资格;

(二)在法定期限内提出;

(三)属于商标评审委员会的评审范围;

(四)依法提交符合规定的申请书及有关材料;

(五)有明确的评审请求、事实、理由和法律依据;

(六)依法缴纳评审费用。

第十四条 申请商标评审,应当向商标评审委员会提交申请书;有被申请人的,应当按照被申请人的数量提交相应份数的副本;评审商标发生转让、移转、变更,已向商标局提出申请但是尚未核准公告的,当事人应当提供相应的证明文件;基于商标局的决定书申请复审的,还应当同时附送商标局的决定书。

第十五条 申请书应当载明下列事项:

(一)申请人的名称、通信地址、联系人和联系电话。评审申请有被申请人的,应当载明被申请人的名称和地址。委托商标代理机构办理商标评审事宜的,还应当载明商标代理机构的名称、地址、联系人和联系电话;

(二)评审商标及其申请号或者初步审定号、注册号和刊登该商标的《商标公告》的期号;

(三)明确的评审请求和所依据的事实、理由及法律依据。

第十六条 商标评审申请不符合本规则第十三条第(一)、(二)、(三)、(六)项规定条件之一的,商标评审委员会不予受理,书面通知申请人,并说明理由。

第十七条 商标评审申请不符合本规则第十三条第(四)、(五)项规定条件之一的,或者未按照实施条例和本规则规定提交有关证明文件的,或者有其他需要补正情形的,商标评审委员会应当向申请人发出补正通知,申请人应当自收到补正通知之日起三十日内补正。

经补正仍不符合规定的,商标评审委员会不予受理,书面通知申请人,并说明理由。未在规定期限内补正的,依照实施条例第五十七条规定,视为申请人撤回评审申请,商标评审委员会应当书面通知申请人。

第十八条 商标评审申请经审查符合受理条件的,商标评审委员会应当在三十日内向申请人发出《受理通知书》。

第十九条 商标评审委员会已经受理的商标评审申请,有下列情形之一的,属于不符合受理条件,应当依照实施条例第五十七条规定予以驳回:

(一)违反实施条例第六十二条规定,申请人撤回商标评审申请后,又以相同的事实和理由再次提出评审申请的;

(二)违反实施条例第六十二条规定,对商标评审委员会已经做出的裁定或者决定,以相同的事实和理由再次提出评审申请的;

(三)其他不符合受理条件的情形。

对经不予注册复审程序予以核准注册的商标提起宣告注册商标无效的,不受前款第(二)项规定限制。

商标评审委员会驳回商标评审申请,应当书面通知申请人,并说明理由。

第二十条 当事人参加评审活动,应当按照对方当事人的数量,提交相应份数的申请书、答辩书、意见书、质证意见及证据材料副本,副本内容应当与正本内容相同。不符合前述要求且经补正仍不符合要求的,依照本规则第十七条第二款的规定,不予受理评审申请,或者视为未提交相关材料。

第二十一条 评审申请有被申请人的,商标评审委员会受理后,应当及时将申请书副本及有关证据材料送达被申请人。被申请人应当自收到申请材料之日起三十日内向商标评审委员会提交答辩书及其副本;未在规定期限内答辩的,不影响商标评审委员会的评审。

商标评审委员会审理不服商标局不予注册决定的复审案件,应当通知原异议人参加并提出意见。原异议人应当在收到申请材料之日起三十日内向商标评审委员会提交意见书及其副本;未在规定期限内提出意见的,不影响案件审理。

第二十二条 被申请人参加答辩和原异议人参加不予注册复审程序应当有合法的主体资格。

商标评审答辩书、意见书及有关证据材料应当按照规定的格式和要求填写、提供。

不符合第二款规定或者有其他需要补正情形的,商标评审委员会向被申请人或者原异议人发出补正通知,被申请人或者原异议人应当自收到补正通知之日起三十日内补正。经补正仍不符合规定或者未在法定期限内补正的,视为未答辩或者未提出意见,不影响商标评审委员会的评审。

第二十三条 当事人需要在提出评审申请或者答辩后补充有关证据材料的,应当在申请书或者答辩书中声明,并自提交申请或者答辩书之日起三个月内一次性提交;未在申请书或者答辩书中声明或者期满未提交的,视为放弃补充证据材料。但是,在期满后生成或者当事人有其他正当理由未能在期满前提交的证据,在期满后提交的,商标评审委员会将证据交对方当事人并质证后可以采信。

对当事人在法定期限内提供的证据材料,有对方当事人的,商标评审委员会应当将该证据材料副本送给对方当事人。当事人应当在收到证据材料副本之日起三十日内进行质证。

第二十四条 当事人应当对其提交的证据材料逐一分类编号和制作目录清单,对证据材料的来源、待证的具体事实作简要说明,并签名盖章。

商标评审委员会收到当事人提交的证据材料后,应当按目录清单核对证据材料,并由经办人员在回执上签收,注明提交日期。

第二十五条 当事人名称或者通信地址等事项发生变更的,应当及时通知商标评审委员会,并依需要提供相应的证明文件。

第二十六条 在商标评审程序中,当事人的商标发生转让、移转的,受让人或者承继人应当及时以书面方式声明承受相关主体地位,参加后续评审程序并承担相应的评审后果。

未书面声明且不影响评审案件审理的,商标评审委员会可以将受让人或者承继人列为当事人做出决定或者裁定。

第三章 审　　理

第二十七条 商标评审委员会审理商标评审案件实行合议制度。但有下列情形之一的案件,可以由商标评审人员一人独任评审:

(一)仅涉及商标法第三十条和第三十一条所指在先商标权利冲突的案件中,评审时权利冲突已消除的;

(二)被请求撤销或者无效宣告的商标已经丧失专用权的;

(三)依照本规则第三十二条规定应当予以结案的;

(四)其他可以独任评审的案件。

第二十八条 当事人或者利害关系人依照实施条例第七条和本规则第七条的规定对商标评审人员提出回避申请的,被申请回避的商标评审人员在商标评审委员会做出是否回避的决定前,应当暂停参与本案的审理工作。

商标评审委员会在做出决定、裁定后收到当事人或者利害关系人提出的回避申请的,不影响评审决定、裁定的有效性。但评审人员确实存在需要回避的情形的,商标评审委员会应当依法做出处理。

第二十九条 商标评审委员会审理商标评审案件,应当依照实施条例第五十二条、第五十三条、第五十四条、第五十五条、第五十六条的规定予以审理。

第三十条 经不予注册复审程序予以核准注册的商标,原异议人向商标评审委员会请求无效宣告的,商标评审委员会应当另行组成合议组进行审理。

第三十一条 依照商标法第三十五条第四款、第四十五条第三款和实施条例第十一条第(五)项的规定,需要等待在先权利案件审理结果的,商标评审委员会可以决定暂缓审理该商标评审案件。

第三十二条 有下列情形之一的,终止评审,予以结案:

(一)申请人死亡或者终止后没有继承人或者继承人放弃评审权利的;

(二)申请人撤回评审申请的;

(三)当事人自行或者经调解达成和解协议,可以结案的;

(四)其他应当终止评审的情形。

商标评审委员会予以结案,应当书面通知有关当事人,并说明理由。

第三十三条 合议组审理案件应当制作合议笔录,并由合议组成员签名。合议组成员有不同意见的,应当如实记入合议笔录。

经审理终结的案件,商标评审委员会依法做出决定、裁定。

第三十四条 商标评审委员会做出的决定、裁定应当载明下列内容:
(一)当事人的评审请求、争议的事实、理由和证据;
(二)决定或者裁定认定的事实、理由和适用的法律依据;
(三)决定或者裁定结论;
(四)可以供当事人选用的后续程序和时限;
(五)决定或者裁定做出的日期。

决定、裁定由合议组成员署名,加盖商标评审委员会印章。

第三十五条 对商标评审委员会做出的决定、裁定,当事人不服向人民法院起诉的,应当在向人民法院递交起诉状的同时或者至迟十五日内将该起诉状副本抄送或者另行将起诉信息书面告知商标评审委员会。

除商标评审委员会做出的准予初步审定或者予以核准注册的决定外,商标评审委员会自发出决定、裁定之日起四个月内未收到来自人民法院应诉通知或者当事人提交的起诉状副本、书面起诉通知的,该决定、裁定移送商标局执行。

商标评审委员会自收到当事人提交的起诉状副本或者书面起诉通知之日起四个月内未收到来自人民法院应诉通知的,相关决定、裁定移送商标局执行。

第三十六条 在一审行政诉讼程序中,若因商标评审决定、裁定所引证的商标已经丧失在先权利导致决定、裁定事实认定、法律适用发生变化的,在原告撤诉的情况下,商标评审委员会可以撤回原决定或者裁定,并依据新的事实,重新做出商标评审决定或者裁定。

商标评审决定、裁定送达当事人后,商标评审委员会发现存在文字错误等非实质性错误的,可以向评审当事人发送更正通知书对错误内容进行更正。

第三十七条 商标评审决定、裁定经人民法院生效判决撤销的,商标评审委员会应当重新组成合议组,及时审理,并做出重审决定、裁定。

重审程序中,商标评审委员会对当事人新提出的评审请求和法律依据不列入重审范围;对当事人补充提交的足以影响案件审理结果的证据可以予以采信,有对方当事人的,应当送达对方当事人予以质证。

第四章 证据规则

第三十八条 当事人对自己提出的评审请求所依据的事实或者反驳对方评审请求所依据的事实有责任提供证据加以证明。

证据包括书证、物证、视听资料、电子数据、证人证言、鉴定意见、当事人的陈述等。

没有证据或者证据不足以证明当事人的事实主张的,由负有举证责任的当事人承担不利后果。

一方当事人对另一方当事人陈述的案件事实明确表示承认的,另一方当事人无需举证,但商标评审委员会认为确有必要举证的除外。

当事人委托代理人参加评审的,代理人的承认视为当事人的承认。但未经特别授权的代理人对事实的承认直接导致承认对方评审请求的除外;当事人在场但对其代理人的承认不作否认表示的,视为当事人的承认。

第三十九条 下列事实,当事人无需举证证明:
(一)众所周知的事实;
(二)自然规律及定理;
(三)根据法律规定或者已知事实和日常生活经验法则,能推定出的另一事实;
(四)已为人民法院发生法律效力的裁判所确认的事实;
(五)已为仲裁机构的生效裁决所确认的事实;
(六)已为有效公证文书所证明的事实。

前款(一)、(三)、(四)、(五)、(六)项,有相反证据足以推翻的除外。

第四十条 当事人向商标评审委员会提供书证的,应当提供原件,包括原本、正本和副本。提供原件有困难的,可以提供相应的复印件、照片、节录本;提供由有关部门保管的书证原件的复制件、影印件或者抄录件的,应当注明出处,经该部门核对无异后加盖其印章。

当事人向商标评审委员会提供物证的,应当提供原物。提供原物有困难的,可以提供相应的复制件或者证明该物证的照片、录像等其他证据;原物为数量较多的种类物的,可以提供其中的一部分。

一方当事人对另一方当事人所提书证、物证的复制件、照片、录像等存在怀疑并有相应证据支持的,或者商标评审委员会认为有必要的,被质疑的当事人应当提供或者出示有关证据的原件或者经公证的复印件。

第四十一条 当事人向商标评审委员会提供的证据系在中华人民共和国领域外形成,或者在香港、澳门、台湾地区形成,对方当事人对该证据的真实性存在怀疑并有相应证据支持的,或者商标评审委员会认为必要的,应当依照有关规定办理相应的公证认证手续。

第四十二条 当事人向商标评审委员会提供外文书证或者外文说明资料,应当附有中文译文。未提交中文译文的,该外文证据视为未提交。

对方当事人对译文具体内容有异议的,应当对有异议的部分提交中文译文。必要时,可以委托双方当事人认可的单位对全文,或者所使用或者有异议的部分进行翻译。

双方当事人对委托翻译达不成协议的,商标评审委员会可以指定专业翻译单位对全文,或者所使用的或者有异议的部分进行翻译。委托翻译所需费用由双方当事人各承担50%;拒绝支付翻译费用的,视为其承认对方提交的译文。

第四十三条 对单一证据有无证明力和证明力大小可以从下列方面进行审核认定:
(一)证据是否原件、原物,复印件、复制品与原件、原物是否相符;
(二)证据与本案事实是否相关;
(三)证据的形式、来源是否符合法律规定;
(四)证据的内容是否真实;
(五)证人或者提供证据的人,与当事人有无利害关系。

第四十四条 评审人员对案件的全部证据,应当从各证据与案件事实的关联程度、各证据之间的联系等方面进行综合审查判断。

有对方当事人的,未经交换质证的证据不应当予以采信。

第四十五条 下列证据不能单独作为认定案件事实的依据:

(一)未成年人所作的与其年龄和智力状况不相适应的证言;

(二)与一方当事人有亲属关系、隶属关系或者其他密切关系的证人所作的对该当事人有利的证言,或者与一方当事人有不利关系的证人所作的对该当事人不利的证言;

(三)应当参加口头审理作证而无正当理由不参加的证人证言;

(四)难以识别是否经过修改的视听资料;

(五)无法与原件、原物核对的复制件或者复制品;

(六)经一方当事人或者他人改动,对方当事人不予认可的证据材料;

(七)其他不能单独作为认定案件事实依据的证据材料。

第四十六条 一方当事人提出的下列证据,对方当事人提出异议但没有足以反驳的相反证据的,商标评审委员会应当确认其证明力:

(一)书证原件或者与书证原件核对无误的复印件、照片、副本、节录本;

(二)物证原物或者与物证原物核对无误的复制件、照片、录像资料等;

(三)有其他证据佐证并以合法手段取得的、无疑点的视听资料或者与视听资料核对无误的复制件。

第四十七条 一方当事人委托鉴定部门做出的鉴定结论,另一方当事人没有足以反驳的相反证据和理由的,可以确认其证明力。

第四十八条 一方当事人提出的证据,另一方当事人认可或者提出的相反证据不足以反驳的,商标评审委员会可以确认其证明力。

一方当事人提出的证据,另一方当事人有异议并提出反驳证据,对方当事人对反驳证据认可的,可以确认反驳证据的证明力。

第四十九条 双方当事人对同一事实分别举出相反的证据,但都没有足够的依据否定对方证据的,商标评审委员会应当结合案件情况,判断一方提供证据的证明力是否明显大于另一方提供证据的证明力,并对证明力较大的证据予以确认。

因证据的证明力无法判断导致争议事实难以认定的,商标评审委员会应当依据举证责任分配原则做出判断。

第五十条 评审程序中,当事人在申请书、答辩书、陈述及其委托代理人的代理词中承认的对己方不利的事实和认可的证据,商标评审委员会应当予以确认,但当事人反悔并有相反证据足以推翻的除外。

第五十一条 商标评审委员会就数个证据对同一事实的证明力,可以依照下列原则认定:

(一)国家机关以及其他职能部门依职权制作的公文文书优于其他书证;

(二)鉴定结论、档案材料以及经过公证或者登记的书证优于其他书证、视听资料和证人证言;

(三)原件、原物优于复制件、复制品;

(四)法定鉴定部门的鉴定结论优于其他鉴定部门的鉴定结论;

(五)原始证据优于传来证据;

(六)其他证人证言优于与当事人有亲属关系或者其他密切关系的证人提供的对该当事人有利的证言;

(七)参加口头审理作证的证人证言优于未参加口头审理作证的证人证言;

(八)数个种类不同、内容一致的证据优于一个孤立的证据。

第五章 期间、送达

第五十二条 期间包括法定期间和商标评审委员会指定的期间。期间应当依照实施条例第十二条的规定计算。

第五十三条 当事人向商标评审委员会提交的文件或者材料的日期,直接递交的,以递交日为准;邮寄的,以寄出的邮戳日为准;邮戳日不清晰或者没有邮戳的,以商标评审委员会实际收到日为准,但是当事人能够提出实际邮戳日证据的除外。通过邮政企业以外的快递企业递交的,以快递企业收寄日为准;收寄日不明确的,以商标评审委员会实际收到日为准,但是当事人能够提出实际收寄日证据的除外。以数据电文方式提交的,以进入商标评审委员会电子系统的日期为准。

当事人向商标评审委员会邮寄文件,应当使用给据邮件。

当事人向商标评审委员会提交文件,应当在文件中标明商标申请号或者注册号、申请人名称。提交的文件内容,以书面方式提交的,以商标评审委员会所存档案记录为准;以数据电文方式提交的,以商标评审委员会数据库记录为准,但是当事人确有证据证明商标评审委员会档案、数据库记录有错误的除外。

第五十四条 商标评审委员会的各种文件,可以通过邮寄、直接递交、数据电文或者其他方式送达当事人;以数据电文方式送达当事人的,应当经当事人同意。当事人委托商标代理机构的,文件送达商标代理机构视为送达当事人。

商标评审委员会向当事人送达各种文件的日期,邮寄的,以当事人收到的邮戳日为准;邮戳日不清晰或者没有邮戳的,自文件发出之日起满十五日,视为送达当事人,但当事人能够证明实际收到日的除外;直接递交的,以递交日为准。以数据电文方式送达的,自文件发出之日满十五日,视为送达当事人;文件通过上述方式无法送达的,可以通过公告方式送达当事人,自公告发布之日起满三十日,该文件视为已经送达。

商标评审委员会向当事人邮寄送达文件被退回后通过公告送达的,后续文件均采取公告送达方式,但当事人在公告送达后明确告知通信地址的除外。

第五十五条 依照实施条例第五条第三款的规定,商标评审案件的被申请人或原异议人是在中国没有经常居所或者营业所的外国人或者外国企业的,由该评审商标注册申请书中载明的国内接收人负责接收商标评审程序的有关法律文件;商标评审委员会将有关法律文件送达该国内接收人,视为送达当事人。

依照前款规定无法确定国内接收人的,由商标局原审程序中的或者最后一个申请办理该商标相关事宜的商标代理机构承担商标评审程序中有关法律文件的签收及转达义务;商标评审委员会将有关法律文件送达该商标代理机构。商标代理机构在有关法律文件送达之前已经与国外当事人解除商标代理关系的,应当以书面形式向商标评审委员会说明有关情况,并自收到文件之日起十日内将有关法律文件交回商标评审委员会,由商标评审委员会另行送达。

马德里国际注册商标涉及国际局转发相关书件的,应当提交相应的送达证据。未提交的,应当书面说明原因,自国际局发文之日起满十五日视为送达。

上述方式无法送达的,公告送达。

第六章 附 则

第五十六条 从事商标评审工作的国家机关工作人员玩忽职守、滥用职权、徇私舞弊,违法办理商标评审事项,收受当事人财物,牟取不正当利益的,依法给予处分。

第五十七条 对于当事人不服商标局做出的驳回商标注册申请决定在2014年5月1日以前向商标评审委员会提出复审申请,商标评审委员会于2014年5月1日以后(含5月1日,下同)审理的案件,适用修改后的商标法。

对于当事人不服商标局做出的异议裁定在2014年5月1日以前向商标评审委员会提出复审申请,商标评审委员会于2014年5月1日以后审理的案件,当事人提出异议和复审的主体资格适用修改前的商标法,其他程序问题和实体问题适用修改后的商标法。

对于已经注册的商标,当事人在2014年5月1日以前向商标评审委员会提出争议和撤销复审申请,商标评审委员会于2014年5月1日以后审理的案件,相关程序问题适用修改后的商标法,实体问题适用修改前的商标法。

对于当事人在2014年5月1日以前向商标评审委员会提出申请的商标评审案件,应当自2014年5月1日起开始计算审理期限。

第五十八条 办理商标评审事宜的文书格式,由商标评审委员会制定并公布。

第五十九条 本规则由国家工商行政管理总局负责解释。

第六十条 本规则自2014年6月1日起施行。

五、海关

关于公布2016年商品归类决定(Ⅲ)的公告

海关总署公告2016年第22号

为便于进出口货物的收发货人及其代理人正确申报进出口货物的商品归类,减少商品归类争议,保障海关商品归类执法的统一,根据《中华人民共和国海关进出口货物商品归类管理规定》(海关总署令第158号)有关规定,现公布2016年商品归类决定(Ⅲ)(详见附件)。

本公告自2016年5月1日起执行。

有关商品归类决定所依据的法律、行政法规以及其他相关规定发生变化的,商品归类决定同时失效。

特此公告。

附件:2016年商品归类决定(Ⅲ)(略——编者注)

海关总署

2016年3月29日

关于修订《中华人民共和国海关进出口货物报关单填制规范》的公告

海关总署公告2016年第20号

为规范进出口货物收发货人的申报行为,统一进出口货物报关单填制要求,海关总署对原《中华人民共和国海关进出口货物报关单填制规范》(海关总署2008年第52号公告)再次进行了修订。现将本次修订后的规范文本及有关内容公告如下:

一、本次修订补充了 2008 年以来散落在相关文件中的关于报关单填制的内容。主要根据海关总署 2010 年第 22 号公告、海关总署 2014 年第 15 号公告、海关总署 2014 年第 33 号公告、海关总署、国家发展改革委、财政部、商务部联合令第 125 号、海关总署、国家发展改革委、财政部、商务部联合令第 185 号、海关总署令第 213 号、海关总署令第 218 号、海关总署令第 219 号等对《中华人民共和国海关进(出)口货物报关单》中的"合同协议号"、"申报单位"、"运输方式"、"提运单号"、"监管方式"、"备案号"、"许可证号"、"运费"、"保费"、"随附单证"、"标记唛码及备注"、"项号"、"商品编号"、"数量及单位"、"版本号"、"货号"和"海关批注及签章"等相关栏目的填制要求作了相应调整。

二、新增"贸易国(地区)"、出口"原产国(地区)"、进口"最终目的国(地区)"的填制要求；为报关人员准确填写"其他说明事项"栏目，增加"特殊关系确认"、"价格影响确认"、"支付特许权使用费确认"等项目的填制规范。

三、删除"结汇证号/批准文号"、出口"结汇方式"、"用途/生产厂家"、"税费征收情况"、"海关审单批注及放行日期"、"报关单打印日期/时间"、"报关员联系方式"等已失去法律依据或不具备监管意义的申报指标。

四、为与相关法律表述一致，调整相关项栏目名称：将原"经营单位"改为"收发货人"，将原"收货单位"改为"消费使用单位"，将原"发货单位"修改为"生产销售单位"，将"贸易方式(监管方式)"改为"监管方式"，并对调整项目的填制要求进行规范。

五、为解决部分因商品项数限制导致的物流凭证拆分问题，报关单商品项指标组上限由 20 调整为 50。

六、海关特殊监管区域(以下简称特殊区域)企业向海关申报货物进出境、进出区，以及在同一特殊区域内或者不同特殊区域之间流转货物的双方企业，应填制《中华人民共和国海关进(出)境货物备案清单》，特殊区域与境内(区外)之间进出的货物，区外企业应同时填制《中华人民共和国海关进(出)口货物报关单》，向特殊区域主管海关办理进出口报关手续。货物流转应按照"先报进，后报出"的原则，在同一特殊区域企业之间、不同特殊区域企业之间流转的，先办理进境备案手续，后办理出境备案手续，在特殊区域与区外之间流转的，由区内企业、区外企业分别办理备案和报关手续。《中华人民共和国海关进(出)境货物备案清单》原则上按《中华人民共和国海关进出口货物报关单填制规范》的要求填制。

修订后的《中华人民共和国海关进出口货物报关单填制规范》(见附件)自 2016 年 3 月 30 日起执行，海关总署 2008 年第 52 号公告、2013 年第 30 号公告同时废止。纸质《中华人民共和国海关进(出)口货物报关单》也将调整，另行公告。

特此公告。

附件：中华人民共和国海关进出口货物报关单填制规范(略——编者注)

海关总署

2016 年 3 月 24 日

关于公布 2016 年商品归类决定的公告

海关总署公告 2016 年第 11 号

为便于进出口货物的收发货人及其代理人正确申报进出口货物的商品归类,减少商品归类争议,保障海关商品归类执法的统一,根据《中华人民共和国海关进出口货物商品归类管理规定》(海关总署令第 158 号)有关规定,现公布 2016 年商品归类决定(Ⅰ)及(Ⅱ)(详见附件)。

本公告自 2016 年 3 月 1 日起执行。

有关商品归类决定所依据的法律、行政法规以及其他相关规定发生变化的,商品归类决定同时失效。

特此公告。

附件:1. 2016 年商品归类决定(Ⅰ)(略——编者注)
　　　2. 2016 年商品归类决定(Ⅱ)(略——编者注)

海关总署
2016 年 2 月 22 日

关于发布《中华人民共和国进出口税则本国子目注释(2016 年新增和调整部分)》的公告

海关总署公告 2016 年第 10 号

《中华人民共和国进出口税则本国子目注释》是海关和有关政府部门、从事与进出口贸易有关工作的企(事)业单位以及个人进行商品归类的法律依据之一。为便利进出口货物的收发货人及其代理人按照《中华人民共和国进出口税则》准确申报,我署根据相关标准更新以及技术发展等情况,新增和调整了部分本国子目注释(详见附件),现予以公告。

本公告自 2016 年 3 月 1 日起执行。

附件:2016 本国子目注释(略——编者注)

海关总署
2016 年 2 月 4 日

关于公布《2016年进口许可证管理货物目录》的公告

商务部、海关总署、质检总局公告2015年第75号

依据《中华人民共和国对外贸易法》、《中华人民共和国货物进出口管理条例》和《重点旧机电产品进口管理办法》，现公布《2016年进口许可证管理货物目录》，自2016年1月1日起执行。商务部、海关总署、质检总局2014年12月31日发布的《2015年进口许可证管理货物目录》同时废止。

附件:2016年进口许可证管理货物目录(略——编者注)

商务部
海关总署
质检总局
2015年12月30日

公布《2016年出口许可证管理货物目录》

商务部、海关总署公告2015年第76号

依据《中华人民共和国对外贸易法》、《中华人民共和国货物进出口管理条例》和有关规章，现公布《2016年出口许可证管理货物目录》(以下简称目录)，自2016年1月1日起执行。2014年12月31日商务部、海关总署发布的《2015年出口许可证管理货物目录》同时废止。有关事项公告如下：

一、列入目录的货物有48种，分别属于出口配额或出口许可证管理。

(一)属于出口配额管理的货物为：活牛(对港澳出口)、活猪(对港澳出口)、活鸡(对港澳出口)、小麦、小麦粉、玉米、玉米粉、大米、大米粉、甘草及甘草制品、蔺草及蔺草制品、滑石块(粉)、镁砂、锯材、棉花、煤炭、原油、成品油(不含润滑油、润滑脂、润滑油基础油)、锑及锑制品、锡及锡制品、白银、铟及铟制品、磷矿石。

出口本款所列上述货物的，需按规定申请取得配额(全球或国别、地区配额)，凭配额证明

文件申领出口许可证。其中，出口甘草及甘草制品、苁草及苁草制品、镁砂、滑石块(粉)的，需凭配额招标中标证明文件申领出口许可证。

（二）属于出口许可证管理的货物为：活牛(对港澳以外市场)、活猪(对港澳以外市场)、活鸡(对港澳以外市场)、冰鲜牛肉、冻牛肉、冰鲜猪肉、冻猪肉、冰鲜鸡肉、冻鸡肉、矾土、稀土、焦炭、成品油(润滑油、润滑脂、润滑油基础油)、石蜡、钨及钨制品、碳化硅、消耗臭氧层物质、铂金(以加工贸易方式出口)、部分金属及制品、钼、钼制品、天然砂(含标准砂)、柠檬酸、青霉素工业盐、维生素C、硫酸二钠、氟石、摩托车(含全地形车)及其发动机和车架、汽车(包括成套散件)及其底盘等。其中，对向港、澳、台地区出口的天然砂实行出口许可证管理，对标准砂实行全球出口许可证管理。

出口矾土、稀土、焦炭、钨及钨制品、碳化硅、锰、钼、柠檬酸、氟石的，凭货物出口合同申领出口许可证。消耗臭氧层物质的货样广告品需凭出口许可证出口。企业以一般贸易、加工贸易、边境贸易和捐赠贸易方式出口汽车、摩托车产品，需申领出口许可证，并符合申领许可证的条件；企业以工程承包方式出口汽车、摩托车产品，需凭中标文件等相关证明材料申领出口许可证；企业以上述贸易方式出口非原产于中国的汽车、摩托车产品，需凭进口海关单据和货物出口合同申领出口许可证；其他贸易方式出口汽车、摩托车产品免予申领出口许可证。

（三）以边境小额贸易方式出口以招标方式分配出口配额的货物和属于出口许可证管理的消耗臭氧层物质、摩托车(含全地形车)及其发动机和车架、汽车(包括成套散件)及其底盘等货物的，需按规定申领出口许可证。以边境小额贸易方式出口属于出口配额管理的货物的，由有关地方商务主管部门(省级)根据商务部下达的边境小额贸易配额和要求签发出口许可证。以边境小额贸易方式出口本款上述以外的列入《2016年出口许可证管理货物目录》的货物，免于申领出口许可证。

（四）铈及铈合金(颗粒<500μm)、锆、铍、钨及钨合金(颗粒<500μm)的出口免于申领出口许可证，但需按规定申领两用物项和技术出口许可证。

（五）我国政府对外援助项下提供的目录内货物不纳入出口配额和出口许可证管理。

二、对玉米、大米、煤炭、原油、成品油、棉花、锑及锑制品、钨及钨制品、白银等货物实行出口国营贸易管理。

自2016年1月1日起，暂停对润滑油(27101991)、润滑脂(27101992)和润滑油基础油(27101993)一般贸易出口的国营贸易管理，实行出口许可证管理。企业凭货物出口合同申领出口许可证，海关凭出口许可证验放。其他贸易方式下出口管理仍按商务部、发展改革委、海关总署2008年第30号公告执行。

三、加工贸易项下出口目录内货物的，按以下规定执行：

（一）以加工贸易方式出口属于配额管理的货物，凭配额证明文件、加工贸易企业注册地商务主管部门的《加工贸易业务批准证》和货物出口合同申领出口许可证。其中，出口以招标方式分配配额的货物，需凭省级商务主管部门的《加工贸易业务批准证》、配额招标中标证明文件、海关加工贸易进口报关单和货物出口合同申领出口许可证。

（二）以加工贸易方式出口属于出口许可证管理的货物，凭加工贸易企业注册地商务主管部门的《加工贸易业务批准证》、有关批准文件、海关加工贸易进口报关单和货物出口合同申领出口许可证。其中，以加工贸易方式出口石蜡、白银的，需凭省级商务主管部门的《加工贸易业务批准证》、海关加工贸易进口报关单、货物出口合同申领出口许可证，申领白银出口许可证还需加验商务部批件；加工贸易项下出口成品油（不含润滑油、润滑脂、润滑油基础油）免于申领出口许可证，加工贸易项下出口成品油（润滑油、润滑脂和润滑油基础油）需按商务部、发展改革委、海关总署2008年第30号公告执行。

（三）加工贸易项下签发的出口许可证有效期，按《加工贸易业务批准证》核定的出口期限（以下简称核定期限）确定，但不应超过当年12月31日。如核定期限超过当年12月31日，加工贸易企业需于原出口许可证有效期内申请换发下一年度出口许可证，有关发证机构收回并注销原证，扣除已使用的数量后，按核定期限签发下一年度出口许可证，并在备注栏中注明原证证号。

四、为实施出口许可证联网核销，对不属于"一批一证"制的货物，出口许可证签发时应在备注栏内填注"非一批一证"。在出口许可证有效期内，"非一批一证"制货物可以多次报关使用，但最多不超过12次。12次报关后，出口许可证即使尚存余额，海关也停止接受报关。属于"非一批一证"制的货物为：

1. 外商投资企业出口货物；
2. 加工贸易方式出口货物；
3. 补偿贸易项下出口货物；
4. 小麦、玉米、大米、小麦粉、玉米粉、大米粉、活牛、活猪、活鸡、牛肉、猪肉、鸡肉、原油、成品油、煤炭、摩托车（含全地形车）及其发动机和车架、汽车（包括成套散件）及其底盘。

消耗臭氧层物质的出口许可证管理实行"一批一证"制，出口许可证在有效期内一次报关使用。

五、为维护对外贸易秩序，对目录内部分货物实行指定口岸报关出口。

（一）甘草出口的报关口岸指定为天津海关、上海海关、大连海关；甘草制品出口的报关口岸指定为天津海关、上海海关。

（二）镁砂项下产品"按重量计含氧化镁70%以上的混合物"（海关商品编码为3824909200）的出口不再指定报关口岸，镁砂项下其他产品的出口指定大连（大窑湾、营口、鲅鱼圈、丹东、大东港）、青岛（莱州海关）、天津（东港、新港）、长春（图们）、满洲里为报关口岸。

（三）稀土出口的报关口岸指定为天津海关、上海海关、青岛海关、黄埔海关、呼和浩特海关、南昌海关、宁波海关、南京海关和厦门海关。

（四）锑及锑制品出口的报关口岸指定为黄埔海关、北海海关、天津海关。

（五）对台港澳地区出口天然砂的报关口岸限定于企业所在省的海关。

附件：2016年出口许可证管理货物目录（略——编者注）

商务部
海关总署
2015年12月29日

关于2016年关税实施方案的公告

海关总署公告2015年第69号

经国务院批准,《2016年关税实施方案》自2016年1月1日起实施。现将有关情况公告如下:

一、进口关税调整

(一)最惠国税率。

1. 对冻格陵兰庸鲽鱼等部分进口商品实施暂定税率(见附件1);

2. 对冻的整只鸡等46种商品继续实施从量税或复合税(见附件2);

3. 对小麦等8类47个税目的商品实施关税配额管理,税率不变(见附件3);

4. 对10个非全税目信息技术产品继续实行海关核查管理(见附件4);

5. 其他最惠国税率维持不变。

(二)协定税率。

根据我国与有关国家或地区签署的贸易或关税优惠协定,对有关国家或地区实施协定税率(见附件5、附件6、附件7)。

(三)特惠税率。

根据我国与有关国家或地区签署的贸易或关税优惠协定、双边换文情况以及国务院有关决定,对有关国家继续实施特惠税率,特惠税率的商品范围和税率水平维持不变(见附件7)。

(四)普通税率维持不变。

二、出口关税调整

降低高纯生铁等商品出口关税,对磷酸等商品不再征收出口关税。调整后征收出口关税的商品见附件8。

三、税则税目调整

根据国内需要对部分税则税目进行调整。调整后,2016年《中华人民共和国进出口税则》税目数共计8 294个(见附件9)。

四、其他事项

《中华人民共和国进出口税则》(2016年版)、《中华人民共和国海关统计商品目录》(2016年版)、《中华人民共和国海关进出口商品规范申报目录》(2016年版)将由中国海关出版社对外发行。海关总署已公布的《中华人民共和国海关总署商品归类决定》、《中华人民共和国海关进出口税则本国子目注释》按照本公告附件9的内容对照执行。

特此公告。

附件:1. 进口商品暂定税率表(略——编者注)
2. 进口商品从量税及复合税税率表(略——编者注)
3. 关税配额商品进口税率表(略——编者注)
4. 非全税目信息技术产品税率表(略——编者注)
5. 中国—韩国、中国—澳大利亚自由贸易协定2016年协定税率表(略——编者注)
6. 2016年实施进一步降税的自由贸易协定协定税率表(略——编者注)
7. 2016年不实施进一步降税的自由贸易协定协定税率及特惠税率表(略——编者注)
8. 出口商品税率表(略——编者注)
9. 进出口税则税目调整表(略——编者注)

海关总署
2015年12月28日

关于《中华人民共和国政府和澳大利亚政府自由贸易协定》项下进口农产品特殊保障措施实施办法的公告

海关总署公告2015年第66号

根据《中华人民共和国政府和澳大利亚政府自由贸易协定》(以下简称《中澳自贸协定》),我国将对自澳大利亚进口有关农产品实施特殊保障管理措施,即当有关农产品进口数量超过规定的触发水平时,我国可通过附加关税的方式对该产品实施特殊保障措施。现将有关实施事项公告如下:

一、实施特殊保障措施的农产品(以下简称有关农产品)包括2类,共8个税则号列(见附件1《〈中澳自贸协定〉项下特殊保障措施农产品分类表》)。

分类表中使用了简化的货品名称,其范围与2015年《中华人民共和国进出口税则》中相应税号的货品一致。

二、海关按照"先接受申报,先适用协定税率"的原则,确定有关农产品进口适用的关税税率。除另有规定外,当有关农产品进口数量超过触发水平时,海关总署即对外发布实施特殊保障措施的公告,并按照最惠国税率对超量进口的有关农产品征收税款。

三、进口经营单位向海关申报进口有关农产品时,应按海关总署的有关规定填制报关单,随附单证代码栏填写"Y",随附单证编号栏"〈 〉"内填写优惠贸易协定代码"18"+":"+需证商品序号,并按照《中华人民共和国海关〈中华人民共和国政府和澳大利亚政府自由贸易协定〉项下进出口货物原产地管理办法》(海关总署令第228号)的规定向海关提交原产地证明文件。

进口有关农产品按上述规定申报且符合海关总署令第228号其他要求的,可适用协定税率。

四、根据《中澳自贸协定》的有关规定,对特殊保障措施实施之日前已经签订合同且已经启运前往中国的在途农产品(以下简称在途农产品),如在特殊保障措施实施后申报进口,进口货物收货人或其代理人可按本公告第五条和第六条规定,向海关申请适用协定税率。其中,对于《中澳自贸协定》生效日前已经从澳大利亚出口的在途农产品,应在2016年5月20日前向海关申请适用协定税率。

五、在途农产品的进口货物收货人或其代理人应在申报进口时向进口地海关提出适用协定税率的申请,并提交以下单证:

(一)提(运)单、发票、装箱单、合同;

(二)符合海关总署令第228号规定的原产地证明文件;

(三)能证明运输工具启运时间的单证;

(四)海关认为必要的其他单证。

以上单证应同时提交原件和复印件,其中复印件由海关留存。

六、进口地海关负责在途农产品适用协定税率的核批,在收到进口货物收货人或其代理人申请10个工作日内做出税率适用的决定。对适用协定税率的农产品,海关应出具《进口在途农产品关税税率适用证明》(格式见附件2,以下简称《证明》);对经审核不能适用协定税率的农产品,海关不再签发《证明》。

《证明》一式二份,一份由进口地海关留存,一份交由进口货物收货人或其代理人办理通关手续。

七、进口货物收货人或其代理人申报进口适用协定税率的在途农产品时,报关单"征免性质"栏目填写"997"(如果是提前申报填写"101"),"征免"栏目填写"特案",随附单证不再按照第三条规定填写。海关审核企业提交的《证明》、符合海关总署令第228号规定的原产地证明文件和发票等单证,并按"特案"方式手工输入协定税率计征税款。

若进口在途农产品不适用协定税率,报关单"征免性质"栏目填写"101","征免"栏目填写"照章征税"。

八、当年适用协定税率的在途农产品的进口数量将计入下一日历年度适用协定税率的有关农产品进口数量。

九、海关总署负责对有关农产品进口数量进行监测,(时间间隔,如:每月)对已申报且通过海关计算机电子审核的有关农产品进口数量进行汇总,并通过网站(www.customs.gov.cn)公布相关信息。在有关农产品进口数量接近当年触发水平时,海关总署将临时对外公布相关情况。

十、本公告由海关总署负责解释。

十一、本公告自2015年12月20日起施行。

附件:1.《中澳自贸协定》项下特殊保障措施农产品分类表(略——编者注)

2.进口在途农产品关税税率适用证明(略——编者注)

海关总署

2015年12月18日

关于《中华人民共和国政府和澳大利亚政府自由贸易协定》实施相关事宜的公告

海关总署公告 2015 年第 61 号

经国务院批准,《中华人民共和国政府和澳大利亚政府自由贸易协定》(以下简称《中澳自贸协定》)将自 2015 年 12 月 20 日起正式实施。依据《中华人民共和国海关〈中华人民共和国政府和澳大利亚政府自由贸易协定〉项下进出口货物原产地管理办法》(海关总署令第 228 号),现将有关事宜公告如下:

一、关于进口货物

(一)自 2015 年 12 月 20 日起,对进口的澳大利亚原产货物(见附件 1)实施协定税率。本公告附件 1 中使用了简化的商品名称,其范围与 2015 年《中华人民共和国进出口税则》中相应税则号列对应的商品范围一致。

(二)进口货物收货人或者其代理人(以下简称"进口人")申报进口澳大利亚原产货物并申请享受协定税率时,应当按照海关总署令第 228 号的规定向海关提交有关单证。

(三)《中澳自贸协定》的优惠贸易协定代码为"18"。进口人应当根据海关总署 2008 年第 52 号公告的规定及以下要求填制《中华人民共和国海关进口货物报关单》(以下简称"进口报关单"):

1. 在进口报关单"随附单证"栏目的"随附单证代码栏"填写"Y","随附单证编号栏"填写"〈18:需证商品项号〉"。例如:《中澳自贸协定》项下进口报关单中第 1 到第 3 项和第 5 项商品申报享受协定税率,则"随附单证编号栏"应填报为:"〈18:1—3,5〉"。进口报关单"随附单证"栏目所填写的字符,必须使用非中文状态下的半角字符。

2. 进口报关单上的享受协定税率商品的数量不能大于原产地证书上对应商品的数量,且进口报关单上商品的成交计量单位应当与原产地证书上对应商品的计量单位一致。

3. 原产地证书所列所有商品应当为同一批次的进口货物。

二、关于出口货物

(一)出口货物发货人可以向国家质量监督检验检疫总局所属的各地出入境检验检疫机构、中国国际贸易促进委员会及其地方分会申请领取出口货物原产地证书。

(二)出口货物发货人或者其代理人在填制《中华人民共和国海关出口货物报关单》(以下

简称"出口报关单")时,应根据海关总署 2008 年第 52 号公告的规定,在出口报关单"随附单证"栏目的"随附单证代码栏"填写"Y",在"随附单证编号栏"填写"〈18〉原产地证书或原产地声明编号"。

(三)同一原产地证书项下的出口货物应当在同一份出口报关单申报。

三、关于"在途货物"

《中澳自贸协定》生效之前已经从澳大利亚出口、尚未抵达我国的在途货物,进口人在 2016 年 6 月 20 日前向海关提交补发的原产地证书的,可以申请享受《中澳自贸协定》协定税率。

特此公告。

附件:1. 中国—澳大利亚自由贸易协定 2015 年协定税率表(略——编者注)
   2. 中国—澳大利亚自由贸易协定 2015 年协定税率表(略——编者注)

海关总署
2015 年 12 月 18 日

关于《中华人民共和国政府和澳大利亚政府自由贸易协定》项下产品特定原产地规则的公告

海关总署公告 2015 年第 62 号

经国务院批准,《中华人民共和国政府和澳大利亚政府自由贸易协定》将自 2015 年 12 月 20 日起正式实施。依据《中华人民共和国海关〈中华人民共和国政府和澳大利亚政府自由贸易协定〉项下进出口货物原产地管理办法》(海关总署令第 228 号发布)有关规定,现将该协定项下产品特定原产地规则(见附件)予以公布,自 2015 年 12 月 20 日起施行。上述产品特定原产地规则以世界海关组织制定的《商品名称及协调编码制度》2012 年版为基础。

特此公告。

附件:《中华人民共和国政府和澳大利亚政府自由贸易协定》项下产品特定原产地规则(略——编者注)

海关总署
2015 年 12 月 18 日

关于《中华人民共和国政府和大韩民国政府自由贸易协定》实施相关事宜的公告[*]

海关总署公告 2015 年第 63 号

经国务院批准,《中华人民共和国政府和大韩民国政府自由贸易协定》(以下简称《中韩自贸协定》)将自 2015 年 12 月 20 日起正式实施。依据《中华人民共和国海关〈中华人民共和国政府和大韩民国政府自由贸易协定〉项下进出口货物原产地管理办法》(海关总署令第 229 号),现将有关事宜公告如下:

一、关于进口货物

(一)自 2015 年 12 月 20 日起,对进口的韩国原产货物(见附件 1)实施协定税率。本公告附件 1 中使用了简化的商品名称,其范围与 2015 年《中华人民共和国进出口税则》中相应税则号列对应的商品范围一致。

(二)进口货物收货人或者其代理人(以下简称"进口人")申报进口韩国原产货物并申请享受协定税率时,应按照海关总署令第 229 号的规定向海关提交有关单证。

(三)《中韩自贸协定》的优惠贸易协定代码为"19"。进口人应当根据海关总署 2008 年第 52 号公告的规定及以下要求填制《中华人民共和国海关进口货物报关单》(以下简称"进口报关单"):

1. 在进口报关单"随附单证"栏目的"随附单证代码栏"填写"Y",在"随附单证编号栏"填写"〈19:需证商品项号〉"。例如:《中韩自贸协定》项下进口报关单中第 1 到第 3 项和第 5 项商品申报享受协定税率,则"随附单证编号栏"应填报为:"〈19:1—3,5〉"。进口报关单"随附单证"栏目所填写的字符,必须使用非中文状态下的半角字符。

2. 进口报关单上的享受协定税率商品的数量不能大于原产地证书上对应商品的数量,且进口报关单上商品的成交计量单位应当与原产地证书上对应商品的计量单位一致。

3. 原产地证书所列的所有商品应当为同一批次的进口货物。

二、关于出口货物

(一)出口货物发货人可以向国家质量监督检验检疫总局所属的各地出入境检验检疫机构、中国国际贸易促进委员会及其地方分会申请领取出口货物原产地证书。

---

[*] 本篇法规中第一条第(三)项和第二条第(二)项内容已被《关于中韩自贸协定原产地电子联网及进出口货物报关单项制规范有关事宜的公告》(海关总署公告 2016 年第 39 号)停止执行。

（二）出口货物发货人或者其代理人在填制《中华人民共和国海关出口货物报关单》（以下简称"出口报关单"）时，应根据海关总署2008年第52号公告的规定，在出口报关单"随附单证"栏目的"随附单证代码栏"填写"Y"，在"随附单证编号栏"填写"〈19〉原产地证书编号"。

（三）同一原产地证书项下的出口货物应当在同一份出口报关单申报。

三、关于"在途货物"

《中韩自贸协定》生效之前已经从韩国出口、尚未抵达我国的在途货物，或者已经在我国海关保税仓库暂存的货物，进口人在2016年3月20日前向海关提交补发的原产地证书的，可以申请享受《中韩自贸协定》协定税率。

特此公告。

附件：1. 中国—韩国自贸协定2015年协定税率表（略——编者注）
　　　2. 中国—韩国自贸协定2015年协定税率表（略——编者注）

海关总署
2015年12月18日

关于《中华人民共和国政府和大韩民国政府自由贸易协定》项下产品特定原产地规则的公告

海关总署公告2015年第64号

经国务院批准，《中华人民共和国政府和大韩民国政府自由贸易协定》将自2015年12月20日起正式实施。依据《中华人民共和国海关〈中华人民共和国政府和大韩民国政府自由贸易协定〉项下进出口货物原产地管理办法》（海关总署令第229号）有关规定，现将该协定项下产品特定原产地规则（见附件）予以公布，自2015年12月20日起施行。该附件以世界海关组织制定的2012年《商品名称及编码协调制度》为基础。

特此公告。

附件：《中华人民共和国政府和大韩民国政府自由贸易协定》项下产品特定原产地规则（略——编者注）

海关总署
2015年12月18日

中华人民共和国海关《中华人民共和国政府和大韩民国政府自由贸易协定》项下进出口货物原产地管理办法

海关总署令第 229 号

《中华人民共和国海关〈中华人民共和国政府和大韩民国政府自由贸易协定〉项下进出口货物原产地管理办法》已于 2015 年 12 月 7 日经海关总署署务会议审议通过，现予公布，自 2015 年 12 月 20 日起施行。

署　长
2015 年 12 月 18 日

中华人民共和国海关《中华人民共和国政府和大韩民国政府自由贸易协定》项下进出口货物原产地管理办法

第一条　为了正确确定《中华人民共和国政府和大韩民国政府自由贸易协定》（以下简称《中韩自贸协定》）项下进出口货物原产地，促进我国与韩国的经贸往来，根据《中华人民共和国海关法》（简称《海关法》）、《中华人民共和国进出口货物原产地条例》、《中韩自贸协定》的规定，制定本办法。

第二条　本办法适用于我国与韩国之间的《中韩自贸协定》项下进出口货物的原产地管理。

第三条　进口货物符合下列条件之一的，其原产国为韩国：

（一）在韩国完全获得或者生产的；

（二）在韩国境内全部使用符合本办法规定的原产材料生产的；

（三）在韩国境内非完全获得或者生产，但是符合《中韩自贸协定》项下产品特定原产地规则规定的税则归类改变、区域价值成分、制造加工工序或者其他要求的；

（四）《中韩自贸协定》签署前在朝鲜半岛上已运行的工业区（以下简称"已运行工业区"）生产的《特别货物清单》项下符合本办法第四条规定的。

《中韩自贸协定》项下产品特定原产地规则和《特别货物清单》是本办法的组成部分,由海关总署另行公告。

原产于韩国的货物,从韩国境内直接运输至中国境内的,可以按照本办法规定申请适用《中华人民共和国进出口税则》(以下简称《税则》)中的《中韩自贸协定》协定税率。

第四条 《特别货物清单》中同时符合下列条件的货物,应当视为韩国原产货物:

(一)使用韩国出口材料在已运行工业区完成加工后再复出口至韩国用于向中国出口;

(二)非韩国原产材料的价值不超过货物船上交货价格的40%;

(三)货物生产中使用的韩国原产材料价值不低于全部材料价值的60%。

第五条 本办法第三条第一款第(一)项规定的"在韩国完全获得或者生产的"货物是指:

(一)在韩国境内出生并且饲养的活动物;

(二)从上述第(一)项所述活动物中获得的货物;

(三)在韩国境内种植,并且收获、采摘或者采集的植物以及植物产品;

(四)在韩国陆地领土、内水、领海内狩猎、诱捕、捕捞、水产养殖、采集或者直接捕获而获得的货物;

(五)从韩国领土、领水、海床或者海床底土提取的,未包括在上述第(一)项至第(四)项的矿物质以及其他天然资源;

(六)根据《中韩自贸协定》,在韩国领海以外的水域、海床或者底土得到的货物,只要该方有权开发上述水域海床或者底土;

(七)由韩国注册或者登记并且悬挂其国旗的船舶在韩国领海以外的水域、海床或者底土捕捞获得的鱼类以及其他海洋产品;

(八)由韩国注册或者登记并且悬挂其国旗的加工船上,完全用上述第(七)项所述货物制造或者加工的货物;

(九)在韩国境内生产加工过程中产生并且仅用于原材料回收或者用做另一货物生产材料的废碎料;或者在韩国境内收集的仅用于原材料回收的旧货;

(十)在韩国完全从上述第(一)项至第(九)项所指货物获得或者生产的货物。

第六条 本办法第三条第一款第(三)项规定的税则归类改变是指使用非原产材料在韩国进行制造、加工后,在《税则》中的税则号列发生改变。

第七条 本办法第三条第一款第(三)项规定的区域价值成分应当按照下列公式计算:

$$区域价值成分 = \frac{货物价格 - 非原产材料价格}{货物价格} \times 100\%$$

其中,"货物价格"是指按照《海关估价协定》,在船上交货价格基础上调整的货物价格。"非原产材料价格"是指按照《海关估价协定》确定的非原产材料的进口成本、运至目的港口或者地点的运费和保险费,包括不明原产地材料的价格。非原产材料由生产商在韩国境内获得时,按照《海关估价协定》确定的成交价格,不包括将该非原产材料从供应商仓库运抵生产商所在地过程中产生的运费、保险费、包装费以及其他任何费用。

根据本条第一款计算货物的区域价值成分时,非原产材料价格不包括在生产过程中为生产原产材料而使用的非原产材料的价格。

第八条 原产于中国的货物或者材料在韩国境内被用于生产另一货物的,该货物或者材料应当视为韩国原产货物或者材料。

第九条 适用《中韩自贸协定》项下税则归类改变要求的货物,生产过程中所使用的非原产材料不满足税则归类改变要求,但是符合本办法所有其他适用规定且符合下列条件之一的,应当视为原产货物:

(一)《税则》第 15 章至第 24 章、第 50 章至第 63 章以外的货物,在货物生产中所使用的未发生规定税则归类改变的全部非原产材料按照本办法第七条确定的价格不超过该货物船上交货价格的 10%;

(二)《税则》第 15 章至第 24 章的货物,在货物生产中所使用的未发生规定税则归类改变的全部非原产材料按照本办法第七条确定的价格不超过该货物船上交货价格的 10%,并且所使用的上述非原产材料与最终货物不属于同一子目号;

(三)《税则》第 50 章至第 63 章的货物,在货物生产中使用了未发生规定税则归类改变的非原产材料,只要全部上述非原产材料的重量不超过该货物总重量的 10%,或者全部上述非原产材料按照本办法第七条确定的价格不超过该货物船上交货价格的 10%。

第十条 货物仅仅经过下列一项或者多项微小加工或者处理,未作其他加工或者处理的,不能归入原产货物:

(一)为确保货物在运输或者储藏期间处于良好状态而进行的处理;

(二)把物品零部件装配成完整品,或者将产品拆成零部件的简单装配或者拆卸;

(三)更换包装、分拆、组合包装;

(四)洗涤、清洁、除尘、除去氧化物、除油、去漆以及去除其他涂层;

(五)纺织品的熨烫或者压平;

(六)简单的上漆以及磨光工序;

(七)谷物以及大米的去壳、部分或者完全的漂白、抛光以及上光;

(八)食糖上色或者加味,或者形成糖块的操作;部分或者全部将晶糖磨粉;

(九)水果、坚果以及蔬菜的去皮、去核以及去壳;

(十)削尖、简单研磨或者简单切割;

(十一)过滤、筛选、挑选、分类、分级、匹配(包括成套物品的组合)、纵切、弯曲、卷绕、展开;

(十二)简单装瓶、装罐、装壶、装袋、装箱或者装盒、固定于纸板或者木板以及其他简单的包装工序;

(十三)在产品或者其包装上粘贴或者印刷标志、标签、标识以及其他类似的区别标记;

(十四)同类或者不同类产品的简单混合;糖与其他材料的混合;

(十五)测试或者校准;

(十六)仅仅用水或者其他物质稀释,未实质改变货物的性质;

(十七)干燥、加盐(或者盐渍)、冷藏、冷冻;

(十八)动物屠宰;

(十九)第(一)项至第(十八)项中两项或者多项工序的组合。

货物适用本条第一款规定确定其生产或者加工是否属于微小加工或者处理的,应当就其在韩国境内进行的所有加工、处理进行确定。

第十一条 属于《税则》归类总规则三所规定的成套货物,其中全部货物均原产于韩国的,该成套货物即为原产于韩国;其中部分货物非原产于韩国,但是按照本办法第七条确定的价格不超过该成套货物价格15%的,该成套货物仍然应当视为原产于韩国。

第十二条 运输期间用于保护货物的包装材料以及容器不影响货物原产地的确定。

货物适用《中韩自贸协定》项下产品特定原产地规则有关区域价值成分要求确定原产地的,其零售用包装材料以及容器的价格应当按照各自的原产地纳入原产材料或者非原产材料的价格予以计算。

货物适用《中韩自贸协定》项下产品特定原产地规则有关税则归类改变要求确定原产地,并且其零售用包装材料以及容器与该货物一并归类的,该零售用包装材料以及容器的原产地不影响货物原产地的确定。

第十三条 适用《中韩自贸协定》项下产品特定原产地规则有关区域价值成分要求的货物,在计算区域价值成分时,与该货物一起申报进口的附件、备件或者工具的价格应当纳入原产材料或者非原产材料的价格予以计算。

货物适用《中韩自贸协定》项下产品特定原产地规则中除区域价值成分要求以外的其他要求确定原产地的,如果与该货物一起申报进口的附件、备件或者工具,在《税则》中与该货物一并归类,并且不单独开具发票,则该附件、备件或者工具的原产地不影响货物原产地的确定。

本条第一款与第二款所述附件、备件或者工具的数量与价格应当在合理范围之内。

第十四条 下列不构成货物组成成分的材料或者物品,其原产地不影响货物原产地的确定:

(一)用于货物生产的材料或者物品:

1. 燃料、能源、催化剂以及溶剂;
2. 手套、眼镜、鞋靴、衣服、安全设备以及用品;
3. 工具、模具以及型模。

(二)用于维护设备、厂房建筑的材料或者物品:

1. 备件和材料;
2. 润滑剂、油(滑)脂、合成材料以及其他材料。

(三)用于测试或检验货物的设备、装置以及用品;

(四)在货物生产过程中使用,未构成该货物组成成分,但是能够合理表明为该货物生产过程一部分的其他货物。

第十五条 在确定货物原产地时,对于商业上可以互换,性质相同,依靠视觉观察无法加以区分的可互换材料,应当通过对材料进行物理分离或者运用出口方公认会计原则承认的库存管理方法加以区分。

如果根据本条第一款的规定,对于某一项可互换材料选用了一种库存管理方法,则该方法应当在一个财务年度内持续使用。

第十六条 本办法第三条所称的"直接运输"是指《中韩自贸协定》项下进口货物从韩国直接运输至我国境内,途中未经过中国、韩国以外的其他国家或者地区(以下简称"其他国家或者地区")。

原产于韩国的货物,经过其他国家或者地区运输至我国,不论在其他国家或者地区是否转换运输工具或者进行临时储存,同时符合下列条件的,应当视为"直接运输":

(一)货物经过这些国家或者地区仅仅是由于地理原因或者运输需要;

(二)未进入这些国家或者地区进行贸易或者消费;

(三)货物经过这些国家或者地区时,未做除装卸、因运输原因分装或者使货物保持良好状态所必需处理以外的其他处理。

依据本条规定在其他国家或者地区进行临时储存的,货物在储存期间必须处于其他国家或者地区海关监管之下。货物在其他国家或者地区停留时间应当少于3个月。由于不可抗力导致货物停留时间超过3个月的,其停留时间不得超过6个月。

第十七条 除海关总署另有规定外,货物申报进口时,进口货物收货人或者其代理人应当按照海关的申报规定填制《中华人民共和国海关进口货物报关单》(以下简称《进口报关单》),申明适用《中韩自贸协定》协定税率,并且应当提交以下单证:

(一)由韩国授权机构签发的有效原产地证书(格式见附件1);

(二)货物的商业发票以及全程运输单证。

货物经过其他国家或者地区运输至中国境内的,应当提交其他国家或者地区海关出具的证明文件或者海关认可的其他证明文件。

第十八条 原产地申报为韩国的进口货物,收货人或者其代理人在申报进口时未提交原产地证书的,应当在征税前就该进口货物是否具备韩国原产资格向海关进行补充申报(格式见附件2)。

进口货物收货人或者其代理人依照本条第一款规定就进口货物具备韩国原产资格向海关进行补充申报并且提供税款担保的,海关按照规定办理进口手续。依照法律、行政法规规定不得办理担保的情形除外。因提前放行等原因已经提交了与货物可能承担的最高税款总额相当的税款担保的,视为符合本款关于提供税款担保的规定。

货物申报进口时,进口货物收货人或者其代理人未申明适用《中韩自贸协定》协定税率,也未按照本条规定就该进口货物是否具备韩国原产资格进行补充申报的,其申报进口的货物不适用协定税率。收货人或者其代理人在货物征税后向海关申请适用《中韩自贸协定》协定税率的,已征税款不予调整。

第十九条 同一批次进口的韩国原产货物,经海关依法审定的完税价格不超过700美元的,免予提交原产地证书。

为规避本办法规定,一次或者多次进口货物的,不适用前款规定。

第二十条 进口货物收货人或者其代理人提交的原产地证书应当同时符合下列条件:

(一)原产地证书应当由韩国授权机构在货物装运前、装运时或者装运后7个工作日内签发;

(二)具有签名以及印章等安全特征,并且印章应当与韩国通知中国海关的印章样本相符合;

(三)以英文填制;

(四)具有不重复的证书编号;

(五)注明货物具备原产地资格的依据;

（六）自签发之日起12个月内有效。

第二十一条 原产地证书未能在货物装运前、装运时或者装运后7个工作日内签发的,原产地证书可以在货物装船之日起12个月内补发。补发的原产地证书应当注明"补发"字样。

原产地证书被盗、遗失或者损毁,并且未经使用的,进口货物收货人或者其代理人可以在该证书有效期内要求货物出口商或者制造商向韩国授权机构申请签发原产地证书副本。新签发的原产地证书副本上应当注明"原产地证书正本(编号__日期__)经核准的真实副本"字样,其有效期与正本相同。

经核准的原产地证书副本向海关提交后,原产地证书正本失效。原产地证书正本已经使用的,经核准的原产地证书副本无效。

第二十二条 为了确定原产地证书的真实性和准确性、确定相关货物的原产资格,或者确定货物是否满足本办法规定的其他要求,海关可以开展原产地核查,核查应当依次通过以下方式进行：

（一）要求进口货物收货人或者其代理人提供进口货物原产地相关的信息；

（二）要求韩国海关核查货物的原产资格；

（三）向韩国海关提出对韩国的出口商或者生产商开展核查访问；

（四）与韩国海关共同商定的其他程序。

在等待核查结果期间,依照进口货物收货人或者其代理人申请,海关可以依法办理担保放行。

进口货物属于国家禁止或者限制进口货物,海关在核查完毕前不得放行货物。

第二十三条 有下列情形之一的,自货物进口之日起1年内,进口货物收货人或者其代理人可以在海关批准的担保期限内向海关申请解除税款担保：

（一）已经按照本办法规定向海关进行补充申报并且提交了原产地证书或者原产地声明的；

（二）已经按照本办法规定完成原产地核查程序,核查结果足以认定货物真实原产地的。

第二十四条 具有下列情形之一的,进口货物不适用《中韩自贸协定》协定税率：

（一）进口货物收货人或者其代理人在货物申报进口时未申明适用协定税率,也未按照本办法第十八条规定进行补充申报的；

（二）货物不具备韩国原产资格的；

（三）原产地证书不符合本办法规定的；

（四）自提出原产地核查请求之日起6个月内,海关没有收到韩国海关核查反馈结果的；或者自提出核查访问请求之日起30日内,海关没有收到韩国海关回复的；或者海关提出的核查访问要求被拒绝的；或者海关收到的核查反馈结果或者核查访问的结果未能包含确认有疑问的货物真实原产资格的必要信息的；

（五）不符合本办法的其他规定。

第二十五条 出口货物申报时,出口货物发货人或者其代理人应当按照海关的申报规定填制《中华人民共和国海关出口货物报关单》,并且按照海关要求提交《中韩自贸协定》项下原产地证书的电子数据或者正本复印件。

第二十六条 《中韩自贸协定》项下进出口货物及其包装上标有原产地标记的,其原产地标记应当与依照本办法确定的货物原产地相一致。

第二十七条 海关对于依照本办法规定获得的商业秘密依法负有保密义务。未经进出口货物收发货人同意,海关不得泄露或者用于其他用途,但是法律、行政法规以及相关司法解释另有规定的除外。

第二十八条 违反本办法,构成走私行为、违反海关监管规定行为或者其他违反《海关法》行为的,由海关依照《海关法》和《中华人民共和国海关行政处罚实施条例》的有关规定予以处理;构成犯罪的,依法追究刑事责任。

第二十九条 本办法下列用语的含义:

材料,是指组成成分、零件、部件、半组装件,以及以物理形式构成另一货物的组成部分或者用于生产另一货物的货物。

非原产材料,是指根据本办法规定不具备原产资格的材料,包括原产地不明的材料。

原产货物或者材料,是指根据本办法规定具备原产资格的货物或者材料。

生产,是指任意形式的作业或者加工,包括货物的种植、饲养、开采、收获、捕捞、水产养殖、耕种、诱捕、狩猎、捕获、采集、收集、养殖、提取、制造、装配。

公认的会计原则,是指中国或者韩国有关记录收入、支出、成本、资产以及负债、信息披露以及编制财务报表方面所认可的会计准则、共识,或者权威标准。上述准则既包括普遍适用的概括性指导原则,也包括详细的标准、惯例以及程序。

第三十条 本办法由海关总署负责解释。

第三十一条 本办法自2015年12月20日起施行。

附件:1. 原产地证书(1)(略——编者注)
    2. 原产资格申明(1)(略——编者注)

关于《中华人民共和国政府和大韩民国政府自由贸易协定》项下《特别货物清单》的公告

海关总署公告2015年第65号

经国务院批准,《中华人民共和国政府和大韩民国政府自由贸易协定》将自2015年12月20日起正式实施。依据《中华人民共和国海关〈中华人民共和国政府和大韩民国政府自由贸易协定〉项下进出口货物原产地管理办法》(海关总署令第229号发布)有关规定,现将该协定项下《特别货物清单》(见附件)予以公布,自2015年12月20日起施行。

特此公告。

附件:《中华人民共和国政府和大韩民国政府自由贸易协定》项下《特别货物清单》
(略——编者注)

海关总署

2015 年 12 月 18 日

国务院关税税则委员会关于实施中国—韩国、中国—澳大利亚自由贸易协定协定税率的通知

税委会〔2015〕25 号

海关总署:

  中国—韩国、中国—澳大利亚自由贸易协定关税减让方案已经国务院关税税则委员会第六次全体会议审议通过,并报国务院批准,决定自 2015 年 12 月 20 日起实施中国—韩国、中国—澳大利亚自由贸易协定第一年税率,自 2016 年 1 月 1 日起实施第二年税率。

  特此通知。

  附件:1. 中国—韩国、中国—澳大利亚自由贸易协定 2015 年协定税率表(略——编者注)
    2. 中国—韩国、中国—澳大利亚自由贸易协定 2016 年协定税率表(略——编者注)

国务院关税税则委员会

2015 年 12 月 10 日

关于公布 2016 年 1 月 1 日起港澳 CEPA 项下新增及修订零关税货物原产地标准的公告

海关总署公告 2015 年第 56 号

  根据《内地与香港关于建立更紧密经贸关系的安排》(简称"香港 CEPA")和《内地与澳门关于建立更紧密经贸关系的安排》(简称"澳门 CEPA")及其相关补充协议,海关总署制定了《2016 年 1 月 1 日起香港 CEPA 项下新增零关税货物原产地标准表》(见附件 1)、《2016 年 1 月

1日起香港CEPA项下修订零关税货物原产地标准表》(见附件2)和《2016年1月1日起澳门CEPA项下新增零关税货物原产地标准表》(见附件3)。

《2016年1月1日起香港CEPA项下新增零关税货物原产地标准表》、《2016年1月1日起香港CEPA项下修订零关税货物原产地标准表》和《2016年1月1日起澳门CEPA项下新增零关税货物原产地标准表》使用简化的货物名称,具体范围与2015年《中华人民共和国进出口税则》中相应税则号列对应的商品范围一致,自2016年1月1日起执行。

特此公告。

附件:1. 2016年1月1日起香港CEPA项下新增零关税货物原产地标准表(略——编者注)
   2. 2016年1月1日起香港CEPA项下修订零关税货物原产地标准表(略——编者注)
   3. 2016年1月1日起澳门CEPA项下新增零关税货物原产地标准表(略——编者注)

海关总署
2015年12月8日

关于加工贸易限制类商品目录的公告

商务部、海关总署公告2015年第63号

为保持外贸稳定增长、调整进出口商品结构,现对加工贸易限制类目录进行调整,并将有关事项公告如下:

一、根据2015年海关商品编码,调整后的限制类目录共计451项商品编码(见附件)。其中,限制出口95项商品编码,限制进口356项商品编码。

二、海关根据企业信用状况将企业认定为高级认证企业、一般认证企业、一般信用企业和失信企业。企业按照海关信用管理分类缴纳台账保证金,在规定期限内加工成品出口并办理核销结案手续后,保证金及利息予以退还。

(一)对管理方式为"实转"的81个商品编码,高级认证企业与一般认证企业实行"空转"管理(即无需缴纳台账保证金),东部地区一般信用企业缴纳按实转商品项下保税进口料件应缴进口关税和进口环节增值税之和50%的保证金;对其他370个商品编码,高级认证企业、一般认证企业与一般信用企业均实行"空转"管理。

(二)经营企业及其加工企业同时属于中西部地区的,开展限制类商品加工贸易业务,高级认证企业、一般认证企业和一般信用企业实行银行保证金台账"空转"管理。

(三)失信企业开展限制类商品加工贸易业务均须缴纳100%台账保证金。

三、本公告所指中西部地区是指除东部地区以外的其他地区。东部地区包括北京市、天津市、上海市、辽宁省、河北省、山东省、江苏省、浙江省、福建省、广东省。

四、本公告不适用于出口加工区、保税区等海关特殊监管区域，以及海关特殊监管区域外以深加工结转方式在国内转入限制进口类商品和转出限制出口类商品的加工贸易业务。

五、本公告自发布之日起执行，此前有关规定与本公告不一致的，以本公告为准。

附件：加工贸易限制类商品目录（略——编者注）

商务部
海关总署
2015 年 11 月 25 日

关于调整加工贸易禁止类商品目录的公告

商务部、海关总署公告 2015 年第 59 号

为落实国务院决定，保持外贸稳定增长，商务部和海关总署对加工贸易禁止类商品目录进行调整，现将有关事项公告如下：

一、将《商务部、海关总署 2014 年第 90 号公告》加工贸易禁止类商品目录中符合国家产业政策，不属于高耗能、高污染的产品以及具有较高技术含量的产品剔除，共计剔除 11 个十位商品编码（见附件）。

二、调整后的加工贸易禁止类商品目录共计 1 862 个十位商品编码，仍按《商务部、海关总署 2014 年第 90 号公告》有关规定执行。

三、请商务、海关等部门做好加工贸易企业经营状况和生产能力核查工作，严禁环保不达标的落后产能开展相关业务。

四、本公告自发布之日起执行。

附件：从加工贸易禁止类目录调整的商品目录（略——编者注）

商务部
海关总署
2015 年 11 月 10 日

关于执行《外商投资产业指导目录（2015年修订）》的公告

海关总署公告2015年第29号

国家发展改革委、商务部第22号令公布了《外商投资产业指导目录（2015年修订）》（详见附件），并规定自2015年4月10日起施行。现就海关执行中的有关问题公告如下：

一、自2015年4月10日起，对属于《外商投资产业指导目录（2015年修订）》鼓励类范围的外商投资项目（包括增资项目），在投资总额内进口的自用设备以及按照合同随上述设备进口的技术和配套件、备件，除《外商投资项目不予免税的进口商品目录》和《进口不予免税的重大技术装备和产品目录》所列商品外，按照《国务院关于调整进口设备税收政策的通知》（国发〔1997〕37号）、海关总署公告2008年第103号及其他相关规定，免征关税，照章征收进口环节增值税。

二、为保持政策的连续性，对2015年4月10日以前（不含4月10日，下同）审批、核准或备案的外商投资项目（以项目的审批、核准或备案日期为准，下同），属于《外商投资产业指导目录（2011年修订）》鼓励类范围的，可继续按照规定办理免征进口关税手续。但有关项目单位须于2016年4月10日以前，向海关申请办理减免税备案手续。逾期，海关不再受理上述减免税备案申请。对于2015年4月10日以前审批、核准或备案，同时属于《外商投资产业指导目录（2015年修订）》鼓励类范围的外商投资项目，有关项目单位按相关规定向海关申请办理减免税备案手续的，海关可予受理。

三、对于不属于《外商投资产业指导目录（2011年修订）》鼓励类范围的外商投资在建项目，凡符合《外商投资产业指导目录（2015年修订）》鼓励类范围的，在有关项目单位按相关规定向海关申请办理减免税相关手续后，在建项目进口的自用设备以及按照合同随上述设备进口的技术和配套件、备件，可参照本公告第一条的规定享受进口税收优惠政策。对于自2015年4月10日（含4月10日）至本公告发布之日期间，上述有关在建项目项下进口设备已经征税的，税款可以退还；自本公告发布之日起，进口设备已经征税的，税款不予退还。

特此公告。

附件：《外商投资产业指导目录（2015年修订）》（略——编者注）

海关总署
2015年6月18日

关于公布 2015 年 7 月 1 日起港澳 CEPA 项下新增零关税货物原产地标准的公告

海关总署公告 2015 年第 23 号

根据《内地与香港关于建立更紧密经贸关系的安排》(简称"香港 CEPA")和《内地与澳门关于建立更紧密经贸关系的安排》(简称"澳门 CEPA")及其相关补充协议,海关总署制定了《2015 年 7 月 1 日起香港 CEPA 项下新增零关税货物原产地标准表》(见附件 1)和《2015 年 7 月 1 日起澳门 CEPA 项下新增零关税货物原产地标准表》(见附件 2)。

《2015 年 7 月 1 日起香港 CEPA 项下新增零关税货物原产地标准表》和《2015 年 7 月 1 日起澳门 CEPA 项下新增零关税货物原产地标准表》使用简化的货物名称,其范围与 2015 年《中华人民共和国进出口税则》中相应税则号列对应的商品范围一致,自 2015 年 7 月 1 日起执行。

特此公告。

附件:
2015 年上半年香港新申请享受零关税货物原产地标准内地海关建议(略——编者注)
2015 年上半年澳门新申请享受零关税货物原产地标准内地海关建议(1)(略——编者注)

海关总署
2015 年 6 月 1 日

关于修订 2012 版《进出口税则商品及品目注释》的公告

海关总署公告 2015 年第 6 号

《进出口税则商品及品目注释》(以下简称《税则注释》)是商品归类的法律依据之一。我国是《商品名称及编码协调制度公约》(以下简称《公约》)的缔约方,按照《公约》的规定,中国海关根据世界海关组织编制的 2012 年版《商品名称及编码协调制度注释》,编制了我国 2012 年版《税则注释》,并已于 2012 年 1 月 1 日起执行。

此后，世界海关组织对2012年版《商品名称及编码协调制度注释》进行了部分修订。中国海关根据世界海关组织已发布的修订内容，同步调整了我国2012年版《税则注释》，具体内容详见附件1—4。

现予以公告，自2015年4月1日起执行。

特此公告。

附件：1. 2012版《进出口税则商品及品目注释》修订本（第一期）（略——编者注）
2. 2012版《进出口税则商品及品目注释》修订本（第二期）（略——编者注）
3. 2012版《进出口税则商品及品目注释》修订本（第三期）（略——编者注）
4. 2012版《进出口税则商品及品目注释》修订本（第四期）（略——编者注）

海关总署
2015年3月11日

关于原产于萨尔瓦多的产品适用最惠国税率问题的公告

海关总署公告2014年第88号

经国务院批准，自2014年7月2日起，对原产于萨尔瓦多的产品适用最惠国税率。对2014年7月2日至公告发布之日期间申报进口的原产于萨尔瓦多的商品，已按照普通税率征收税款的，准予按照相关规定办理多征税款的退还手续。

特此公告。

海关总署
2014年12月8日

关于公布 2015 年 1 月 1 日起港澳 CEPA 项下新增零关税货物原产地标准及相关事宜的公告

海关总署公告 2014 年第 87 号

根据《内地与香港关于建立更紧密经贸关系的安排》(简称"香港 CEPA")和《内地与澳门关于建立更紧密经贸关系的安排》(简称"澳门 CEPA")及其相关补充协议,现将海关总署制定的《2015 年 1 月 1 日起香港 CEPA 项下新增零关税货物原产地标准表》(见附件 1)、《2015 年 1 月 1 日起澳门 CEPA 项下新增零关税货物原产地标准表》(见附件 2)和《香港 CEPA 项下零关税货物原产地标准修改表》(见附件 3)及有关事宜公告如下:

一、《2015 年 1 月 1 日起香港 CEPA 项下新增零关税货物原产地标准表》和《2015 年 1 月 1 日起澳门 CEPA 项下新增零关税货物原产地标准表》使用简化的货物名称,并自 2015 年 1 月 1 日起执行。新增香港、澳门享受零关税货物的范围与 2014 年《中华人民共和国进出口税则》中相应税则号列对应的商品范围一致。

二、《香港 CEPA 项下零关税货物原产地标准修改表》对海关总署公告 2011 年第 82 号附件 1《享受货物贸易优惠措施的香港货物原产地标准表(2012 年版)》所列的"其他制作或保藏的牛肉、杂碎及血"(税则号列 16025090)、"其他焊接机器及装置"(2012 年税则号列为 85158000)的原产地标准进行了修改。其中,税则号列 85158000 于 2014 年拆分为税则号列 85158010 和 85158090,此次原产地标准修改仅涉及税则号列 85158090。修改后的原产地标准自 2015 年 1 月 1 日起执行。

特此公告。

附件 1:2015 年 1 月 1 日起香港 CEPA 项下新增零关税货物原产地标准表(略——编者注)
附件 2:2015 年 1 月 1 日起澳门 CEPA 项下新增零关税货物原产地标准表(略——编者注)
附件 3:香港 CEPA 项下零关税货物原产地标准修改表(略——编者注)

海关总署
2014 年 12 月 2 日

关于公布《海关认证企业标准》的公告

海关总署公告 2014 年第 82 号

现将《中华人民共和国海关企业信用管理暂行办法》(海关总署令第 225 号)配套执行的《海关认证企业标准》予以公布,自 2014 年 12 月 1 日起施行。

特此公告。

附件:1. 海关认证企业标准(高级认证)(略——编者注)
      2. 海关认证企业标准(一般认证)(略——编者注)

海关总署
2014 年 11 月 18 日

中华人民共和国海关企业信用管理暂行办法

海关总署令第 225 号

《中华人民共和国海关企业信用管理暂行办法》已于 2014 年 9 月 4 日经海关总署署务会议审议通过,现予公布,自 2014 年 12 月 1 日起施行。

署　长　于广洲
2014 年 10 月 8 日

中华人民共和国海关企业信用管理暂行办法

第一章　总　则

第一条　为了推进社会信用体系建设,建立企业进出口信用管理制度,保障贸易安全与便利,根据《中华人民共和国海关法》及其他有关法律、行政法规的规定,制定本办法。

第二条 海关注册登记企业信用信息的采集、公示,企业信用状况的认定、管理等适用本办法。

第三条 海关根据企业信用状况将企业认定为认证企业、一般信用企业和失信企业,按照诚信守法便利、失信违法惩戒原则,分别适用相应的管理措施。

第四条 认证企业是中国海关经认证的经营者(AEO),中国海关依法开展与其他国家或者地区海关的 AEO 互认,并给予互认 AEO 企业相应通关便利措施。

第五条 海关根据社会信用体系建设和国际合作需要,与国家有关部门以及其他国家或者地区海关建立合作机制,推进信息互换、监管互认、执法互助。

第二章 企业信用信息采集和公示

第六条 海关应当采集能够反映企业进出口信用状况的下列信息,建立企业信用信息管理系统:
(一)企业在海关注册登记信息;
(二)企业进出口经营信息;
(三)AEO 互认信息;
(四)企业在其他行政管理部门的信息;
(五)其他与企业进出口相关的信息。

第七条 海关应当在保护国家秘密、商业秘密和个人隐私的前提下,公示企业下列信用信息:
(一)企业在海关注册登记信息;
(二)海关对企业信用状况的认定结果;
(三)企业行政处罚信息;
(四)其他应当公示的企业信息。
海关对企业行政处罚信息的公示期限为 5 年。
海关应当公布企业信用信息的查询方式。

第八条 公民、法人或者其他组织认为海关公示的企业信用信息不准确的,可以向海关提出异议,并提供相关资料或者证明材料。海关应当自收到异议申请之日起 20 日内复核。公民、法人或者其他组织提出异议的理由成立的,海关应当采纳。

第三章 企业信用状况的认定标准和程序

第九条 认证企业应当符合《海关认证企业标准》。
《海关认证企业标准》分为一般认证企业标准和高级认证企业标准,由海关总署制定并对外公布。

第十条 企业有下列情形之一的,海关认定为失信企业:
(一)有走私犯罪或者走私行为的;
(二)非报关企业 1 年内违反海关监管规定行为次数超过上年度报关单、进出境备案清单等相关单证总票数千分之一且被海关行政处罚金额超过10万元的违规行为2次以上的,或者被海关行政处罚金额累计超过100万元的;

报关企业1年内违反海关监管规定行为次数超过上年度报关单、进出境备案清单总票数万分之五的,或者被海关行政处罚金额累计超过10万元的;

(三)拖欠应缴税款、应缴罚没款项的;

(四)上一季度报关差错率高于同期全国平均报关差错率1倍以上的;

(五)经过实地查看,确认企业登记的信息失实且无法与企业取得联系的;

(六)被海关依法暂停从事报关业务的;

(七)涉嫌走私、违反海关监管规定拒不配合海关进行调查的;

(八)假借海关或者其他企业名义获取不当利益的;

(九)弄虚作假、伪造企业信用信息的;

(十)其他海关认定为失信企业的情形。

第十一条 企业有下列情形之一的,海关认定为一般信用企业:

(一)首次注册登记的企业;

(二)认证企业不再符合本办法第九条规定条件,且未发生本办法第十条所列情形的;

(三)适用失信企业管理满1年,且未再发生本办法第十条规定情形的。

第十二条 企业向海关申请成为认证企业的,海关按照《海关认证企业标准》对企业实施认证。

海关或者申请企业可以委托具有法定资质的社会中介机构对企业进行认证;中介机构认证结果经海关认可的,可以作为认定企业信用状况的参考依据。

第十三条 海关应当自收到企业书面认证申请之日起90日内作出认证结论。特殊情形下,海关认证时限可以延长30日。

第十四条 企业有下列情形之一的,海关应当终止认证:

(一)发生涉嫌走私或者违反海关监管规定的行为被海关立案侦查或者调查的;

(二)主动撤回认证申请的;

(三)其他应当终止认证的情形。

第十五条 海关对企业信用状况的认定结果实施动态调整。

海关对高级认证企业应当每3年重新认证一次,对一般认证企业不定期重新认证。认证企业未通过重新认证适用一般信用企业管理的,1年内不得再次申请成为认证企业;高级认证企业未通过重新认证但符合一般认证企业标准的,适用一般认证企业管理。

适用失信企业管理满1年,且未再发生本办法第十条规定情形的,海关应当将其调整为一般信用企业管理。

失信企业被调整为一般信用企业满1年的,可以向海关申请成为认证企业。

第四章 管理原则和措施

第十六条 一般认证企业适用下列管理原则和措施:

(一)较低进出口货物查验率;

（二）简化进出口货物单证审核；

（三）优先办理进出口货物通关手续；

（四）海关总署规定的其他管理原则和措施。

第十七条 高级认证企业除适用一般认证企业管理原则和措施外，还适用下列管理措施：

（一）在确定进出口货物的商品归类、海关估价、原产地或者办结其他海关手续前先行办理验放手续；

（二）海关为企业设立协调员；

（三）对从事加工贸易的企业，不实行银行保证金台账制度；

（四）AEO 互认国家或者地区海关提供的通关便利措施。

第十八条 失信企业适用海关下列管理原则和措施：

（一）较高进出口货物查验率；

（二）进出口货物单证重点审核；

（三）加工贸易等环节实施重点监管；

（四）海关总署规定的其他管理原则和措施。

第十九条 高级认证企业适用的管理措施优于一般认证企业。

因企业信用状况认定结果不一致导致适用的管理措施相抵触的，海关按照就低原则实施管理。

认证企业涉嫌走私被立案侦查或者调查的，海关暂停适用相应管理措施，按照一般信用企业进行管理。

第二十条 企业名称或者海关注册编码发生变更的，海关对企业信用状况的认定结果和管理措施继续适用。

企业有下列情形之一的，按照以下原则作出调整：

（一）企业发生存续分立，分立后的存续企业承继分立前企业的主要权利义务的，适用海关对分立前企业的信用状况认定结果和管理措施，其余的分立企业视为首次注册企业；

（二）企业发生解散分立，分立企业视为首次注册企业；

（三）企业发生吸收合并，合并企业适用海关对合并后存续企业的信用状况认定结果和管理措施；

（四）企业发生新设合并，合并企业视为首次注册企业。

第五章 附 则

第二十一条 作为企业信用状况认定依据的走私犯罪，以刑事判决书生效时间为准进行认定。

作为企业信用状况认定依据的走私行为、违反海关监管规定行为，以海关行政处罚决定书作出时间为准进行认定。

第二十二条 本办法下列用语的含义是：

"处罚金额"，指因发生违反海关监管规定的行为，被海关处以罚款、没收违法所得或者没收货物、物品价值的金额之和。

"拖欠应纳税款",指自缴纳税款期限届满之日起超过3个月仍未缴纳进出口货物、物品应当缴纳的进出口关税、进出口环节海关代征税之和,包括经海关认定违反海关监管规定,除给予处罚外,尚需缴纳的税款。

"拖欠应缴罚没款项",指自海关行政处罚决定规定的期限届满之日起超过3个月仍未缴纳海关罚款、没收的违法所得和追缴走私货物、物品等值价款。

"1年",指连续的12个月。

"年度",指1个公历年度。

"以上""以下",均包含本数。

"经认证的经营者(AEO)",是指以任何一种方式参与货物国际流通,符合本办法规定的条件及《海关认证企业标准》并通过海关认证的企业。

第二十三条 本办法由海关总署负责解释。

第二十四条 本办法自2014年12月1日起施行。2010年11月15日海关总署令第197号公布的《中华人民共和国海关企业分类管理办法》同时废止。

海关总署关于修改《中华人民共和国海关〈中华人民共和国与智利共和国政府自由贸易协定〉项下进口货物原产地管理办法》的决定

海关总署令第224号

《海关总署关于修改〈中华人民共和国海关《中华人民共和国与智利共和国政府自由贸易协定》项下进口货物原产地管理办法〉的决定》已于2014年9月30日经海关总署署务会议审议通过,现予公布,自2014年10月1日起施行。

署　长　于广洲

2014年9月30日

为配合《中智自贸协定》产品特定原产地规则(PSR)转版实施工作,海关总署决定对《中华人民共和国海关〈中华人民共和国与智利共和国政府自由贸易协定〉项下进口货物原产地管理办法》(海关总署令第151号公布,第198号修改,以下简称《办法》)作如下修改:

一、将《办法》第三条第一款第(三)项拆分为两项,具体修改如下:

(一)将第三条第一款第(三)项原表述修改为"在智利一方或者中国、智利双方的境内生产,使用了非原产材料,并且属于本办法附件1适用范围的货物,同时符合本办法第六条规定

的产品特定原产地标准的";

(二)增加"在智利一方或者中国、智利双方的境内生产,使用了非原产材料,并且不属于本办法附件1适用范围的货物,同时符合本办法第七条规定的区域价值成分标准的"的表述,作为第三条第一款第(四)项。

同时在第三条中增加一款,"附件1所列《中智自贸协定》项下产品特定原产地标准发生变化时,由海关总署另行公告。",作为第三条第二款。

二、将《办法》第十八条第一款第(二)项"在智利境内签发的提单"的表述修改为"由智利至我国的全程运输单证"。

三、将《办法》第十八条第三款"货物经过其他国家或者地区运输至我国境内的,进口货物收货人还应当按照海关的要求提交该国家或者地区海关出具的证明文件。货物经过香港或者澳门运输至内地口岸的,应当向海关提交中国检验(香港)有限公司或者澳门中国检验有限公司加注'未再加工证明'的原产地证书。"修改为"货物经过其他国家或者地区运输至我国境内的,进口货物收货人还应当按照海关的要求提交该国家或者地区海关出具的证明文件,或者海关认可的其他证明文件。"

本决定自2014年10月1日起施行。

《中华人民共和国海关〈中华人民共和国与智利共和国政府自由贸易协定〉项下进口货物原产地管理办法》根据本决定作相应修改,重新公布。

附件:中华人民共和国海关《中华人民共和国与智利共和国政府自由贸易协定》项下进口货物原产地管理办法(略——编者注)

关于《中华人民共和国和瑞士联邦自由贸易协定》项下产品特定原产地规则的公告

海关总署公告2014年第51号

经国务院批准,《中华人民共和国和瑞士联邦自由贸易协定》将自2014年7月1日起正式实施。依据《中华人民共和国海关〈中华人民共和国和瑞士联邦自由贸易协定〉项下进出口货物原产地管理办法》(海关总署令第223号发布)有关规定,现将该协定项下产品特定原产地规则予以公布(见附件),自2014年7月1日起施行。

特此公告。

附件:《中华人民共和国和瑞士联邦自由贸易协定》项下产品特定原产地规则(略——编者注)

海关总署
2014年6月30日

关于《中华人民共和国和瑞士联邦自由贸易协定》项下经核准出口商制度相关事宜的公告

海关总署公告2014年第52号

经国务院批准,《中华人民共和国和瑞士联邦自由贸易协定》(以下简称《中瑞自贸协定》)自2014年7月1日起正式实施。根据《中瑞自贸协定》规定,海关总署将自7月1日起实施经核准出口商制度。现就有关事宜公告如下:

一、《中瑞自贸协定》项下经核准出口商可根据《中瑞自贸协定》第三章"原产地规则和实施程序"(见附件1)对其生产并出口至瑞士的中国原产货物自行出具原产地声明,不需向签证机构申领原产地证书。相关货物可凭原产地声明在瑞士申报进口时申请享受《中瑞自贸协定》优惠关税待遇。经核准出口商名单见附件2。

二、在海关注册登记的AA类生产型企业可向直属海关提交书面承诺书(样式见附件3)。海关总署每季度最后一个工作日前将授予企业"经核准出口商注册号码",相关企业于次月1日起享有"经核准出口商"资格。

三、如发生下列情形之一,企业不再享有"经核准出口商"资格:

(一)该企业的海关管理类别发生降级;

(二)经海关核查,该企业出具的原产地声明不实,情节严重的。

四、《中瑞自贸协定》项下经核准出口商出具的原产地声明应符合下列要求:

(一)按照《中瑞自贸协定》规定格式(见附件4)打印、加盖或者印刷在发票或者装箱单等商业单证上;

(二)包含经核准出口商注册号码和原产地声明序列号。原产地声明序列号应为23位字符,仅可使用数字或字母,由下列号码组成:

1. 经核准出口商注册号(5位);

2. 商业单证的签发日期(8位,4位年+2位月+2位日);

3. 商业单证号码(10位),不足10位的在前加0补充至足位。

例如:经核准出口商注册号为11111,商业单证号码为123Abc,商业单证的签发日期为20150101,则原产地声明序列号为11111201501010000123Abc。

(三)自商业单证开具之日起12个月内有效。

五、为确保原产地声明体系的顺利实施,中瑞双方海关已建立原产地声明数据交换系统。经核准出口商应将原产地声明扫描件按照下列方式发送至中国海关:

（一）扫描件格式应当为 PDF 文件,清晰度 200ppi,文件小于 500K。

（二）文件名和邮件名称应当为原产地声明序列号。

（三）为避免在瑞士进口通关受阻,该扫描件应于相关货物在瑞士进口报关前发送,发送电子邮箱地址为:gbhgycd@customs.gov.cn

特此公告。

附件:1.《〈中瑞自贸协定〉第三章　原产地规则和实施程序》(略——编者注)

2.《中华人民共和国政府和瑞士政府自由贸易协定》项下经核准出口商清单(略——编者注)

3.《中华人民共和国和瑞士联邦自由贸易协定》项下经核准出口商承诺书(略——编者注)

4.原产地声明(略——编者注)

海关总署

2014 年 6 月 30 日

关于《中华人民共和国和瑞士联邦自由贸易协定》实施相关事宜的公告

海关总署公告 2014 年第 53 号

经国务院批准,《中华人民共和国和瑞士联邦自由贸易协定》(以下简称《中瑞自贸协定》)将自 2014 年 7 月 1 日起正式实施。现将有关事宜公告如下:

一、关于进口货物

（一）自 2014 年 7 月 1 日起,对进口原产于瑞士关境(包括瑞士和列支敦士登)的有关商品(见附件1)实施协定税率。本公告附件1中使用了简化的货品名称,其准确的名称以《中华人民共和国进出口税则》中的货品名称描述为准。

（二）进口货物收货人或其代理人申报进口原产于瑞士关境并享受协定税率的货物时,应按照《中华人民共和国海关〈中华人民共和国和瑞士联邦自由贸易协定〉项下进出口货物原产地管理办法》(海关总署令第 223 号)的规定向海关提交有关单证。

（三）进口货物收货人或其代理人申报进口原产于瑞士关境并享受协定税率的货物时,须按照以下要求填制《中华人民共和国海关进口货物报关单》(以下简称进口报关单):

1. 在"随附单证栏"的"随附单证代码栏"填写"Y",在"随附单证栏"的"随附单证编号栏"填写"〈17〉""校验码"和"原产地证书编号(或者原产地声明序列号)"。其中,校验码为大写的英文字母 C 或 D,凭原产地证书申报的填写 C,凭原产地声明申报的填写 D。原产地声明序列号必须是 23 位字符,仅包含数字或英文字母,英文字母应当区分大小写。报关单随附单证栏所填写的字符,必须使用非中文状态下的半角字符。填写示例见附件 2。

2. 在"单证对应关系表"中填写进口报关单申报商品与原产地证书或原产地声明商品之间的对应关系。"报关单商品项"栏所填项号与"随附单证商品项"栏所填项号应当一一对应,不要求顺序对应。同一批次项下享受和不享受《中瑞自贸协定》协定税率的商品可以在同一张报关单中申报。不享受协定税率的商品,其序号不填写在"单证对应关系表"中。填写示例见附件 3。

3. 一份报关单只能对应一份原产地声明,一份原产地声明只能对应一份报关单。

二、关于出口货物

(一)我国原产地证书签发机构是国家质量监督检验检疫总局及其地方机构和中国国际贸易促进委员会及其地方机构。我国经核准出口商名单另行公告。

(二)出口货物发货人或其代理人须参照本公告规定的进口报关单填制要求填写《中华人民共和国海关出口货物报关单》。

特此公告。

附件:1.《中国—瑞士自由贸易协定》2014 年协定税率表(略——编者注)
　　　2. 报关单随附单证栏填写示例(略——编者注)
　　　3. 单证对应关系表填写示例(略——编者注)

海关总署
2014 年 6 月 30 日

中华人民共和国海关《中华人民共和国和瑞士联邦自由贸易协定》项下进出口货物原产地管理办法

海关总署令第 223 号

《中华人民共和国海关〈中华人民共和国和瑞士联邦自由贸易协定〉项下进出口货物原产地管理办法》已于 2014 年 6 月 30 日经海关总署署务会议审议通过,现予公布,自 2014 年 7 月 1 日起施行。

署　长

2014年6月30日

中华人民共和国海关
《中华人民共和国和瑞士联邦自由贸易协定》
项下进出口货物原产地管理办法

第一条　为了正确确定《中华人民共和国和瑞士联邦自由贸易协定》(以下简称《中瑞自贸协定》)项下进出口货物原产地,促进我国与瑞士的经贸往来,根据《中华人民共和国海关法》(以下简称《海关法》)、《中华人民共和国进出口货物原产地条例》、《中瑞自贸协定》的规定,制定本办法。

第二条　本办法适用于我国与瑞士关境之间的《中瑞自贸协定》项下进出口货物的原产地管理。

瑞士联邦和列支敦士登公国之间的关税同盟条约生效期间,列支敦士登公国属于瑞士关境。

第三条　进口货物符合下列条件之一的,其原产国为瑞士:

(一)在瑞士关境完全获得或者生产的;

(二)在瑞士关境境内全部使用符合本办法规定的瑞士、中国原产材料生产的;

(三)在生产和加工该货物过程中使用的非原产材料在瑞士经过实质性改变,即符合《中瑞自贸协定》项下产品特定原产地规则规定的税则归类改变、非原产材料价值百分比、制造加工工序或者其他要求的。

《中瑞自贸协定》项下产品特定原产地规则是本办法的组成部分,由海关总署另行公告。

原产于瑞士的货物,从瑞士关境直接运输至我国的,可以按照本办法规定申请适用《中华人民共和国进出口税则》(以下简称《税则》)中的《中瑞自贸协定》协定税率。

第四条　本办法第三条第一款第(一)项所述"在瑞士关境完全获得或者生产"的货物是指:

(一)在瑞士关境的领土、内水提取的矿物产品或者其他无生命的天然生成物质;

(二)在瑞士关境收获、采摘或者采集的植物产品;

(三)在瑞士关境出生并且饲养的活动物及其产品;

(四)在瑞士关境狩猎、诱捕、捕捞、采集、捕获或者水产养殖获得的产品;

(五)在瑞士关境注册并且悬挂其国旗的船舶在公海捕捞获得的鱼类以及其他产品;

(六)在瑞士关境注册并且悬挂其国旗的加工船上,完全用上述第(五)项所述产品加工、制造的产品;

(七)在瑞士关境的海床或者底土提取的产品,只要瑞士关境依照其依据国际法制定的国内法对上述海床或者底土拥有开发权;

(八)在瑞士关境制造过程中产生的仅适用于原材料回收的废碎料；

(九)在瑞士关境收集的仅适于原材料回收的旧货；

(十)完全用上述第(一)至(九)项所列产品在瑞士关境加工获得的产品。

第五条 在瑞士关境境内，使用非瑞士原产材料生产的货物，符合《中瑞自贸协定》项下产品特定原产地规则中该货物所对应的非原产材料价值百分比标准的，应当视为原产于瑞士关境的货物。

本条第一款规定的非原产材料价值百分比是指允许使用的非瑞士原产材料价格占产品出厂价格的最大百分比，该百分比应当依据下列公式计算：

$$非原产材料百分比 = \frac{非原产材料价格}{产品出厂价格} \times 100\%$$

其中，非原产材料价格，是指非原产材料(包括原产地不明的材料)在瑞士进口时，海关按照《海关估价协定》审查确定的完税价格。进口时价格无法确定的，该价格应当按照在瑞士关境境内产品生产过程中最早确定的实付或者应付价格计算。

第六条 在瑞士关境境内使用非原产材料，按照《中瑞自贸协定》项下产品特定原产地规则，经实质性加工获得瑞士原产资格的产品，作为另一产品的生产材料进行进一步加工的，该产品中使用的非原产材料不影响另一产品的原产资格确定。

第七条 下列微小加工或者处理不构成实质性改变：

(一)为确保货物在运输或者储存过程中保持良好状态所进行的操作；

(二)冷冻或者解冻；

(三)包装和再包装；

(四)洗涤、清洁、除尘、除去氧化物、除油、去漆以及去除其他涂层；

(五)纺织产品的熨烫或者压平；

(六)简单的上漆以及磨光；

(七)谷物以及大米的去壳、部分或者完全的漂白、抛光以及上光；

(八)食糖上色或者加工成糖块；

(九)水果、坚果以及蔬菜的去皮、去核以及去壳；

(十)削尖、简单研磨或者简单切割；

(十一)过滤、筛选、挑选、分类、分级、匹配；

(十二)简单的装瓶，装罐，装袋，装箱，装盒，固定于纸板或木板以及其他简单的包装；

(十三)在产品或者其包装上粘贴或者印刷标志、标签、标识以及其他类似的用于区别的标记；

(十四)对产品进行简单混合，无论是否为不同种类的产品；

(十五)把零部件装配成完整产品或者将产品拆成零部件的简单装配或者拆卸；

(十六)屠宰动物。

进口货物仅进行本条第一款所列微小加工或者处理的，不视为瑞士原产货物。

第八条 原产于中国的产品在瑞士关境境内用作生产另一产品的材料，在瑞士关境进行的最后加工工序超出本办法第七条第一款的范畴，该货物应当视为原产于瑞士关境。

原产于瑞士关境的货物进入中国关境后,进行的加工没有超出本办法第七条第一款所规定的范畴,该货物应当视为原产于瑞士关境。

第九条 在瑞士关境境内使用非瑞士原产材料生产的产品,非原产材料价格不超过产品出厂价格10%,该产品应当视为原产于瑞士关境。

按照《中瑞自贸协定》项下产品特定原产地规则应当适用非原产材料价值百分比标准的货物,不适用本条第一款规定。

第十条 根据《商品名称及编码协调制度公约》归类总规则应当归入同一个单一品目或者子目项下的成套货物,应当作为一个整体认定其原产资格。

由同一运输工具同时运抵同一口岸并且属于同一收货人、使用同一提单的同一批进口货物,包括根据《商品名称及编码协调制度公约》归类总规则应当归入同一个单一品目或者子目项下的多件相同货物的,应当逐一确定每件货物是否具备瑞士原产资格。

第十一条 根据《商品名称及编码协调制度公约》归类总规则应当与货物一并归类的包装材料,应当作为货物的组成部分一并确定原产地。

适用《中瑞自贸协定》项下产品特定原产地规则中非原产材料价值百分比标准确定原产地的货物,其零售用包装材料的价格计入原产材料价格或者非原产材料价格予以计算。

用于在运输途中保护货物的包装材料以及容器不影响货物原产地确定。

第十二条 与进口货物一同报验、一并归类的附件、备件、工具、说明书或者其他信息材料,与货物一并开具发票,数量在正常范围之内的,应当作为货物的组成部分一并确定原产地。

适用《中瑞自贸协定》项下产品特定原产地规则中非原产材料价值百分比标准确定原产地的货物,其附件、备件、工具及说明书和其他信息材料价格计入原产材料价格或者非原产材料价格予以计算。

第十三条 在确定货物的原产地时,货物生产、测试或者检验过程中使用,但是本身不构成货物物质成分的下列物品,其原产地不影响货物原产地的确定:

(一)燃料、能源、催化剂以及溶剂;
(二)用于测试或者检验产品的设备、装置以及用品;
(三)手套、眼镜、鞋靴、衣服、安全设备以及用品;
(四)工具、模具以及型模;
(五)用于维护设备和建筑的备件以及材料;
(六)在生产中使用或用于运行设备和维护厂房建筑的润滑剂、油(滑)脂、合成材料以及其他材料;
(七)生产、测试或者检验过程中使用,不构成货物物质成分的其他物品。

第十四条 本办法第三条至第十三条规定应当在瑞士关境境内连续完成。

第十五条 货物生产或者加工过程中使用的可互换材料,同时包括瑞士原产材料和非瑞士原产材料的,可以依据瑞士关境的库存管理制度确定所使用的材料是否为原产材料。

第十六条 适用《中瑞自贸协定》协定税率的进口货物应当自瑞士关境直接运输至我国境内,途中未经过中国、瑞士关境以外的其他国家或者地区(以下简称"其他国家或者地区")。

除通过管道运输至我国的瑞士原产货物外,原产于瑞士关境的其他货物经其他国家或者地区运输至我国,同时符合下列条件的,应当视为"直接运输":

（一）未做除装卸、物流拆分或者为使货物保持良好状态所必需处理以外的操作；

（二）处于其他国家或者地区海关的监管之下。

第十七条 原产于瑞士的货物申报进口时，进口货物收货人或者其代理人应当按照海关的申报规定填制《中华人民共和国海关进口货物报关单》（以下简称《进口报关单》），申明适用《中瑞自贸协定》协定税率，并且同时提交下列单证：

（一）由瑞士关境授权机构签发的有效原产地证书正本（格式见附件2）或者经核准出口商出具的原产地声明（格式见附件3）。

（二）货物商业发票、运输单证。

货物经过其他国家或者地区运输至我国境内的，应当提交从瑞士关境至我国的全程运输单证、其他国家或者地区海关所出具的证明文件或者海关认可的其他证明文件。

原产于瑞士关境的货物通过管道经过其他国家或者地区运输至我国境内的，应当提交相关证明文件。

第十八条 原产地申报为瑞士关境的进口货物，收货人或者其代理人在申报进口时未提交原产地证书或者原产地声明的，应当在办结海关手续前就该进口货物是否具备瑞士原产资格按照海关要求进行补充申报（格式见附件4）。

进口货物收货人或者其代理人依照本条第一款规定就进口货物具备瑞士原产资格向海关进行补充申报的，海关可以根据进口货物收货人或者其代理人的申请，收取相当于应缴税款的等值保证金后放行货物，并且按照规定办理进口手续，进行海关统计。依照法律、行政法规规定不得办理担保的情形除外。

进口货物收货人或者其代理人依照本条第一款规定进行补充申报，并且同时提交了银行或者非银行金融机构保函，保函符合《中华人民共和国海关进出口货物征税管理办法》相关规定的，海关也可以审查接受。

货物申报进口时，进口货物收货人或者其代理人未提交有效的原产地证书正本或者原产地声明，也未就该进口货物是否具备瑞士原产资格向海关进行补充申报的，其申报进口的货物不适用《中瑞自贸协定》协定税率，海关应当依法按照该货物适用的最惠国税率、普通税率或者其他税率计征关税及进口环节海关代征税，并按照规定办理进口手续、进行海关统计。收货人或者其代理人在货物征税放行后向海关提交原产地证书或者原产地声明的，已征税款不予调整。

第十九条 同时具备下列条件的，进口货物收货人或者其代理人可以自收取保证金之日起6个月内，向海关申请退还保证金：

（一）进口时已就货物具备瑞士原产资格向海关进行补充申报，申明适用《中瑞自贸协定》协定税率；

（二）提交有效原产地证书或者原产地声明，以及海关要求提供的与货物进口相关的其他文件。

经海关审核，本条第一款规定的担保期限可以延长，但最长不得超过1年。

自缴纳保证金之日起6个月内或者经海关审核延长的担保期限内，进口货物收货人或者其代理人未提出退还保证金申请的，海关应当立即办理保证金转为进口税款手续，海关统计数据同时作相应修改。对提交银行或者非银行金融机构保函的，海关应当自担保期限届满之日起6个月内或者在税款保函规定的保证期间内要求担保人履行相应的纳税义务。

第二十条 原产于瑞士关境的同一批次进口货物,经海关依法审定的完税价格不超过600美元的,免予提交原产地证书或者原产地声明。

为规避本办法规定,一次或者多次进口货物的,不适用前款规定。

第二十一条 进口货物收货人或者其代理人向海关提交的原产地证书应当同时符合下列条件:

(一)由瑞士授权机构在货物出口前或者出口时签发;

(二)含有瑞士通知中国海关的印章样本等安全特征;

(三)以英文填制;

(四)自签发之日起12个月内有效。

第二十二条 因不可抗力、技术性原因等特殊情形导致未能在出口前或者出口时签发原产地证书的,可以补发原产地证书并注明"补发"字样。补发的原产地证书自签发之日起12个月内有效。

原产地证书正本被盗、遗失或者损毁,并且经核实未被使用的,出口商或者生产商可以向瑞士授权机构书面申请签发经核准的原产地证书副本。经核准的原产地证书副本上应当注明"原产地证书正本的经核准真实副本(编号__日期__)"或者加盖"副本"字样,并且注明之前的原产地证书正本编号以及签发日期。经核准的副本在原产地证书正本有效期内有效。

经核准的原产地证书副本向海关提交后,原产地证书正本失效。原产地证书正本已经使用的,经核准的原产地证书副本无效。

第二十三条 原产地声明应当由瑞士经核准出口商打印、加盖或者印刷在发票或者装箱单等商业单证上,并且同时符合下列条件:

(一)包含瑞士经核准出口商的注册号码和原产地声明序列号;

(二)自商业单证开具之日起12个月内有效。

第二十四条 为确定原产地证书或者原产地声明的真实性、所提供信息准确性、相关货物原产资格以及货物是否满足本办法规定的其他要求,海关可以在原产地证书签发或者原产地声明出具后36个月内向瑞士有关机构提出核查请求。

在等待核查结果期间,依照进口货物收货人或者其代理人申请,海关可以依法选择按照该货物适用的最惠国税率、普通税率或者其他税率收取相当于应缴税款的等值保证金后放行货物,并且按照规定办理进口手续、进行海关统计。核查完毕后,海关应当根据核查结果,办理保证金退还手续或者保证金转为进口税款手续,海关统计数据应当作相应修改。

第二十五条 进口货物具有下列情形之一的,不适用《中瑞自贸协定》协定税率:

(一)原产地证书或者原产地声明不符合本办法的规定;

(二)不符合本办法第十六条的规定;

(三)根据核查结果,原产地证书或者原产地声明不真实或者不准确;

(四)自提出原产地核查请求之日起,海关没有在6个月或者双方海关商定的期限内收到核查反馈结果,或者反馈结果未准确说明原产地证书或者原产地声明是否有效、产品是否具备原产资格等;

(五)不符合本办法的其他规定。

第二十六条　出口货物申报时，出口货物发货人或者其代理人应当按照海关的申报规定填制《中华人民共和国海关出口货物报关单》，并向海关提交《中瑞自贸协定》项下原产地证书或者原产地声明的电子数据或者正本复印件。

第二十七条　《中瑞自贸协定》生效之前已经从瑞士关境出口，尚未抵达我国的在途以及中转货物，符合本办法第十六条规定的，可以在《中瑞自贸协定》生效之日的6个月内补发原产地证书或者原产地声明。

第二十八条　《中瑞自贸协定》项下进出口货物及其包装上标有原产地标记的，其原产地标记应当与依照本办法确定的货物原产地相一致。

第二十九条　海关对依照本办法规定获得的商业秘密依法负有保密义务。未经进出口货物收发货人同意，海关不得泄露或者用于其他用途，但是法律、行政法规以及相关司法解释另有规定的除外。

第三十条　违反本办法，构成走私行为、违反海关监管规定行为或者其他违反《海关法》行为的，由海关依照《海关法》和《中华人民共和国海关行政处罚实施条例》的有关规定予以处理；构成犯罪的，依法追究刑事责任。

第三十一条　本办法下列用语的含义：

生产，是指获得产品的方法，包括但是不仅限于产品的种植、开采、收获、捕捞、诱捕、狩猎、制造、加工或者装配；

材料，包括组成成分、零件、部件、半组装件、以物理形式构成另一产品部分或者已经用于另一产品生产过程的产品；

实质性改变，是指在瑞士关境境内使用非瑞士关境原产材料生产的产品，符合《中瑞自贸协定》项下产品特定原产地规则中该产品所对应的标准。

非原产货物、非原产材料，是指根据本办法规定不具备原产资格的货物或者材料。

原产货物、原产材料，是指根据本办法规定具备原产资格的货物或者材料。

简单，是指既不需要专门的技能也不需要专门生产或者装配机械、仪器、装备的行为。

出厂价格，是指向对产品进行最后生产或者加工的生产商支付的出厂价格，包括使用的所有材料的价格、工资、其他花费以及减去出口退税的利润。

可互换材料，是指相同种类或者商业品质相同的可以互相替换的材料，这些材料在投入最终产品的生产后无法加以区分。

授权机构，是指经我国或者瑞士的国内法或者其政府机构指定签发原产地证书的任何机构。

第三十二条　本办法由海关总署负责解释。

第三十三条　本办法自2014年7月1日起施行。

附件：1. 中国原产地证书样本（略——编者注）

2. 瑞士原产地证书样本（略——编者注）

3. 原产地声明样本（略——编者注）

4. 原产资格申明（略——编者注）

中华人民共和国海关
《中华人民共和国政府和冰岛政府自由贸易协定》
项下进出口货物原产地管理办法

海关总署令第 222 号

《中华人民共和国海关〈中华人民共和国政府和冰岛政府自由贸易协定〉项下进出口货物原产地管理办法》已于 2014 年 6 月 30 日经海关总署署务会议审议通过,现予公布,自 2014 年 7 月 1 日起施行。

署　长
2014 年 6 月 30 日

中华人民共和国海关
《中华人民共和国政府和冰岛政府自由贸易协定》
项下进出口货物原产地管理办法

第一条　为了正确确定《中华人民共和国政府和冰岛政府自由贸易协定》(以下简称《中冰自贸协定》)项下进出口货物原产地,促进我国与冰岛的经贸往来,根据《中华人民共和国海关法》(以下简称《海关法》)、《中华人民共和国进出口货物原产地条例》、《中冰自贸协定》的规定,制定本办法。

第二条　本办法适用于我国与冰岛之间的《中冰自贸协定》项下进出口货物的原产地管理。

第三条　进口货物符合下列条件之一的,其原产国为冰岛:
(一)在冰岛完全获得或者生产的;
(二)在冰岛境内全部使用符合本办法规定的中国或者冰岛原产材料生产的;
(三)在冰岛境内非完全获得或者生产,但是符合《中冰自贸协定》项下产品特定原产地规则规定的税则归类改变、区域价值成分、制造加工工序或者其他要求的。

《中冰自贸协定》项下产品特定原产地规则是本办法的组成部分,由海关总署另行公告。

原产于冰岛的货物,从冰岛直接运输至我国的,可以按照本办法规定申请,适用《中华人民共和国进出口税则》(以下简称《税则》)中的《中冰自贸协定》协定税率。

第四条 本办法第三条第(一)项所述"在冰岛完全获得或者生产"的货物是指：

(一)在冰岛境内的领土或者海床提取的矿产品；

(二)在冰岛收获的植物和植物产品；

(三)在冰岛出生并饲养的活动物；

(四)从上述第(三)项所述活动物中获得的产品；

(五)在冰岛狩猎、诱捕或者在冰岛内陆水域捕捞所获得的产品；

(六)在冰岛的领海捕捞获得的鱼类和其他产品；

(七)在冰岛登记注册并且悬挂冰岛国旗的船只在冰岛领海以外，包括在其专属经济区内，捕捞获得的鱼类及其他产品；

(八)在冰岛登记注册并且悬挂其国旗的加工船上，仅由本条第(六)项和第(七)项的产品加工所得的产品；

(九)在冰岛领海以外的海床或者海床底土提取的产品，只要冰岛根据符合其缔结的相关国际协定可适用的国内法对上述海床或者海床底土独享开发权；

(十)在冰岛收集的仅适用于原材料回收的旧货；

(十一)在冰岛生产加工过程中产生并且仅适用于原材料回收的废碎料；

(十二)在冰岛由本条第(一)项至第(十一)项所列产品加工获得的产品。

第五条 在冰岛境内，使用非冰岛原产材料生产的货物，符合《中冰自贸协定》项下产品特定原产地规则中该货物所对应的税则归类改变标准的，应当视为原产于冰岛的货物。

第六条 在冰岛境内，使用非冰岛原产材料生产的货物，符合《中冰自贸协定》项下产品特定原产地规则中该货物所对应的区域价值成分标准的，应当视为原产于冰岛的货物。

本条第一款中的区域价值成分应当按照下列方法计算：

$$区域价值成分 = \frac{货物价格 - 非原产材料价格}{货物价格} \times 100\%$$

其中，"货物价格"，是指在货物船上交货价格(FOB)基础上，按照《海关估价协定》调整的价格。"非原产材料价格"，是指非冰岛原产材料的进口成本、运至目的港口或者地点的运费和保险费(CIF)，不包括在生产过程中为生产原产材料而使用的非原产材料的价值。

第七条 原产于中国的货物或者材料在冰岛境内被用于生产另一货物，并构成另一货物的组成部分的，该货物或者材料应当视为原产于冰岛境内。

第八条 适用《中冰自贸协定》项下税则归类改变标准确定原产地的货物，货物生产过程中所使用的非冰岛原产材料或者原产地不明的材料未能满足税则归类改变标准，但是上述非冰岛原产材料或者原产地不明的材料按照本办法第六条规定确定的非原产材料价格不超过该货物船上交货价格(FOB)的10%，并且货物符合本办法所有其他适用规定的，应当视为原产于冰岛的货物。

第九条 下列操作或者加工工序不影响货物原产确定：

(一)为确保货物在运输或者储存过程中完好无损而进行的保存工序；

(二)包装的拆解和组装；

(三)洗涤、清洁、除尘,去除氧化物、油、漆以及其他涂层;

(四)纺织品的熨烫或者压平;

(五)简单的上漆以及磨光工序;

(六)谷物以及大米的去壳、部分或者完全漂白、抛光以及上光;

(七)食糖上色或者加工成糖块的工序;

(八)水果、坚果以及蔬菜的去皮、去核及去壳;

(九)削尖、简单研磨或者简单切割;

(十)过滤、筛选、挑选、分类、分级、匹配,包括成套物品组合;

(十一)简单的装瓶、装罐、装袋、装箱、装盒,固定于纸板或者木板以及其他任何简单的包装工序;

(十二)在产品或者其包装上粘贴或者印刷标志、标签、标识以及其他类似的用于区别的标记;

(十三)对产品进行简单混合,无论是否为不同种类的产品;

(十四)把物品零部件装配成完整品或者将产品拆成零部件的简单装配或者拆卸;

(十五)仅为方便港口装卸所进行的工序;

(十六)屠宰动物;

(十七)第(一)至(十六)项中的两项或者多项工序的组合。

第十条 与进口货物一起申报进口的附件、备件或者工具,根据归类规则应当与该货物一并归类并且不单独开具发票,数量以及价值在正常范围之内的,其原产地不影响货物原产地的确定。

第十一条 运输期间用于保护货物的包装材料以及容器的原产地不影响货物原产地的确定。

适用《中冰自贸协定》项下产品特定原产地规则中税则归类改变标准的货物,其零售用包装材料以及容器与该货物一并归类的,该零售用包装材料以及容器的原产地不影响货物原产地的确定。

适用《中冰自贸协定》项下产品特定原产地规则中区域价值成分标准确定原产地的货物,其零售用包装材料以及容器的价格应当纳入原产材料价格或者非原产材料价格予以计算。

第十二条 在确定货物的原产地时,货物生产过程中使用,但是本身不构成货物物质成分的下列物品,其原产地不影响货物原产地的确定:

(一)燃料、能源、催化剂以及溶剂;

(二)用于测试或者检验货物的设备、装置以及用品;

(三)手套、眼镜、鞋靴、衣服、安全设备以及用品;

(四)工具、模具以及型模;

(五)用于维护设备和厂房建筑的备件以及材料;

(六)在生产中使用或者用于运行设备和维护厂房建筑的润滑油、油(滑)脂、合成材料以及其他材料;

(七)在货物生产过程中使用,未构成该货物组成成分,但是能够合理表明其参与了该货物生产过程的任何其他物品。

第十三条 本办法第三条所称的"直接运输"是指《中冰自贸协定》项下进口货物从冰岛直接运输至我国境内,途中未经过中国、冰岛以外的其他国家或者地区(以下简称"其他国家或者地区")。

原产于冰岛的货物,经过其他国家或者地区运输至我国,不论在其他国家或者地区是否转换运输工具或者作临时储存,同时符合下列条件的,应当视为"直接运输":

(一)货物经过这些国家或者地区仅是由于地理原因或者运输需要;

(二)未进入这些国家或者地区进行贸易或者消费;

(三)货物经过这些国家或者地区时,未做除装卸、物流分拆或者为使货物保持良好状态所必需处理以外的其他处理;

(四)处于这些国家或者地区海关的监管之下。

第十四条 货物申报进口时,进口货物收货人或者其代理人应当按照海关的申报规定填制《中华人民共和国海关进口货物报关单》(以下简称《进口报关单》),申明适用《中冰自贸协定》协定税率,并且同时提交下列单证:

(一)由冰岛授权机构签发的有效原产地证书正本(格式见附件1)或者冰岛经核准出口商填具的原产地声明正本(格式见附件2)。

(二)货物的商业发票及其相关运输单证。

货物经过其他国家或者地区运输至我国境内的,应当提交从冰岛至我国的全程运输单证,其他国家或者地区海关所出具的证明文件或者海关认可的其他证明文件。

第十五条 原产地申报为冰岛的进口货物,收货人或者其代理人在申报进口时未提交原产地证书或者原产地声明的,应当在办结海关手续前就该进口货物是否具备冰岛原产资格按照海关要求进行补充申报(格式见附件3)。

进口货物收货人或者其代理人依照本条第一款规定就进口货物具备冰岛原产资格向海关进行补充申报的,海关可以根据进口货物收货人或者其代理人的申请,收取相当于应缴税款的等值保证金后放行货物,并且按照规定办理进口手续,进行海关统计。依照法律、行政法规规定不得办理担保的情形除外。

进口货物收货人或者其代理人依照本条第一款规定进行补充申报,并且同时提交了银行或者非银行金融机构保函,保函符合《中华人民共和国海关进出口货物征税管理办法》相关规定的,海关也可以审查接受。

货物申报进口时,进口货物收货人或者其代理人未提交有效原产地证书正本或者原产地声明,也未就该进口货物是否具备冰岛原产资格向海关进行补充申报的,其申报进口的货物不适用《中冰自贸协定》协定税率,海关应当依法按照该货物适用的最惠国税率、普通税率或者其他税率计征关税及进口环节海关代征税,并按照规定办理进口手续、进行海关统计。收货人或者其代理人在货物征税放行后向海关提交原产地证书或者原产地声明的,已征税款不予调整。

第十六条 同时具备下列条件的,进口货物收货人或者其代理人可以自收取保证金之日起6个月内,向海关申请退还保证金:

(一)进口时已就货物具备冰岛原产资格向海关进行补充申报,申明适用《中冰自贸协定》协定税率;

(二)提交有效原产地证书或者原产地声明,以及海关要求提供的与货物进口相关的其他文件。

经海关审核,本条第一款规定的担保期限可以延长,但最长不得超过1年。

自缴纳保证金之日起6个月内或者经海关审核延长的担保期限内,进口货物收货人或者其代理人未提出退还保证金申请的,海关应当立即办理保证金转为进口税款手续,海关统计数据同时作相应修改。对提交银行或者非银行金融机构保函的,海关应当自担保期限届满之日起6个月内或者在税款保函规定的保证期间内要求担保人履行相应的纳税义务。

第十七条 原产于冰岛的进口货物,经海关依法审定的完税价格不超过600美元的,免予提交原产地证书或者原产地声明。

为规避本办法规定,一次或者多次进口货物的,不适用前款规定。

第十八条 进口货物收货人或者其代理人向海关提交的原产地证书应当同时符合下列条件:

(一)具有唯一的证书编号;
(二)列明同一批进口货物的一项或者多项货物;
(三)注明货物具有原产资格的依据;
(四)具有冰岛通知中国海关的签名或者印章样本等安全特征;
(五)以英文打印填制。

原产地证书应在货物出口前或者出口时签发,并自签发之日起1年内有效。

第十九条 因不可抗力导致原产地证书未在出口前或者出口时签发的,可以自货物装运之日起1年内补发。补发的原产地证书应当在原产地证书的"备注"栏注明"补发"字样。

原产地证书被盗、遗失或者损毁,并且未经使用的,进口货物收货人或者其代理人可在证书有效期内要求货物出口商或者制造商向冰岛授权机构申请签发原产地证书副本。该副本应当注明"原产地证书正本(编号__日期__)经核准的真实副本"字样,副本有效期与正本相同。

经核准的原产地证书副本向海关提交后,原产地证书正本失效。原产地证书正本已经使用的,经核准的原产地证书副本无效。

第二十条 进口货物收货人或者其代理人向海关提交的原产地声明应当同时符合下列条件:

(一)由冰岛的经核准出口商填具,并载有冰岛通知中国海关的该企业所使用的印章;
(二)标注填具原产地声明的经核准出口商授权号码;
(三)所列明的货物符合《中冰自贸协定》原产地规则;
(四)原产地声明应于货物进口前填具;
(五)原产地声明应自填具之日起1年内有效。

第二十一条 为确定原产地证书或者原产地声明的真实性和准确性、相关货物的原产资格或者货物是否满足本办法规定的其他要求,海关可以向冰岛有关机构提出核查请求,或者按照双方海关共同商定的其他程序进行核查。

在等待核查结果期间,依照进口货物收货人或者其代理人申请,海关可以依法选择按照该货物适用的最惠国税率、普通税率或者其他税率收取相当于应缴税款的等值保证金后放行货物,并且按照规定办理进口手续、进行海关统计。核查完毕后,海关应当根据核查结果,办理保证金退还手续或者保证金转为进口税款手续,海关统计数据应当作相应修改。

进口货物属于国家禁止或者限制进口货物,或者存在瞒骗嫌疑的,海关在原产地证书核实完毕前不得放行货物。

第二十二条 具有下列情形之一的,该进口货物不适用《中冰自贸协定》协定税率:

(一)进口货物不符合本办法的规定;

(二)进口货物收货人或者其代理人、出口商或者生产商未能遵守《中冰自贸协定》的规定;

(三)原产地证书或者原产地声明不符合本办法的规定;

(四)原产地证书上的授权机构名称、安全特征与海关备案资料不符的;

(五)原产地声明上的经核准出口商名称、授权号码或者印章样本与海关备案资料不符的;

(六)自提出原产地核查请求之日起,海关没有在《中冰自贸协定》规定的期限内收到核查反馈结果,或者反馈结果未包含足以确定原产地证书、原产地声明真实性或者货物真实原产地信息的。

第二十三条 出口货物申报时,出口货物发货人或者其代理人应当按照海关的申报规定填制《中华人民共和国海关出口货物报关单》,并且向海关提交《中冰自贸协定》项下原产地证书电子数据或者原产地证书正本的复印件。

第二十四条 《中冰自贸协定》项下进出口货物及其包装上标有原产地标记的,其原产地标记应当与依照本办法确定的货物原产地相一致。

第二十五条 海关对依照本办法规定获得的商业秘密依法负有保密义务。未经进出口货物收发货人同意,海关不得泄露或者用于其他用途,但是法律、行政法规以及相关司法解释另有规定的除外。

第二十六条 违反本办法,构成走私行为、违反海关监管规定行为或者其他违反《海关法》行为的,由海关依照《海关法》和《中华人民共和国海关行政处罚实施条例》的有关规定予以处理;构成犯罪的,依法追究刑事责任。

第二十七条 本办法下列用语的含义:

材料,是指用于生产或者转变成另一货物所使用的货物,包括零部件或者成分。

生产,是指货物的种植、饲养、开采、收获、捕捞、诱捕、狩猎、制造、加工或者装配。

生产者,是指种植、饲养、开采、收获、捕捞、诱捕、狩猎、制造、加工或者装配货物的人。

简单,是指既不需要专门的技能,也不需要专门生产或者装配机械、仪器或者装备的行为。

简单混合,不包括化学反应。

第二十八条 本办法由海关总署负责解释。

第二十九条 本办法自2014年7月1日起施行。

附件:1. 原产地证书(略——编者注)

2. 原产地声明(略——编者注)

3. 原产资格申明(略——编者注)

关于《中华人民共和国政府和冰岛政府自由贸易协定》项下产品特定原产地规则的公告

海关总署公告 2014 年第 49 号

经国务院批准,《中华人民共和国政府和冰岛政府自由贸易协定》将自 2014 年 7 月 1 日起正式实施。依据《中华人民共和国海关〈中华人民共和国政府和冰岛政府自由贸易协定〉项下进出口货物原产地管理办法》(海关总署令第 222 号发布)有关规定,现将该协定项下产品特定原产地规则予以公布(见附件),自 2014 年 7 月 1 日起施行。

特此公告。

附件:《中华人民共和国政府和冰岛政府自由贸易协定》项下产品特定原产地规则(略——编者注)

海关总署
2014 年 6 月 30 日

关于《中华人民共和国政府和冰岛政府自由贸易协定》实施相关事宜的公告

海关总署公告 2014 年第 50 号

经国务院批准,《中华人民共和国政府和冰岛政府自由贸易协定》将自 2014 年 7 月 1 日起正式实施。现将有关事宜公告如下:

一、自 2014 年 7 月 1 日起,对进口原产于冰岛的附件所列商品实施协定税率(见附件)。

二、进出口货物报关单应根据海关总署 2008 年第 52 号公告、2009 年第 6 号公告的规定填制,其"优惠贸易协定代码"应填报"16"。

三、进口经营单位申报进口原产于冰岛并享受协定税率的货物时,应按照《中华人民共和国海关〈中华人民共和国政府和冰岛政府自由贸易协定〉项下进出口货物原产地管理办法》(海关总署令第 222 号公布)的规定向海关申报。

四、我国原产地证书签发机构是国家质量监督检验检疫总局及其地方机构和中国国际贸易促进委员会及其地方机构。我国经核准出口商名单另行公告。

五、本公告附件中使用了简化的货品名称,其准确的名称以《中华人民共和国进出口税则》中的货品名称描述为准。

特此公告。

附件:《中国—冰岛自由贸易协定》2014年协定税率表(略——编者注)

海关总署
2014年6月30日

关于《中华人民共和国政府和新加坡共和国政府自由贸易协定》项下产品特定原产地规则转版对应表的公告

海关总署公告2014年第47号

由于《中华人民共和国政府和新加坡共和国政府自由贸易协定》项下产品特定原产地规则中部分产品对应的税目发生变化,我国与新加坡已就上述产品的名称及编码由2007版《协调制度》向2012年版转换达成一致。根据《中华人民共和国海关〈中华人民共和国政府和新加坡共和国政府自由贸易协定〉项下进出口货物原产地管理办法》(海关总署令第178号)第五条的规定,现将变化或调整的部分产品的产品特定原产地规则转版对应表(见附件1),以及产品特定原产地规则转版后的全表(见附件2)予以公布。自2014年7月1日起,出口新加坡货物的发货人或者其代理人、签证机构请按照本公告附件中列明的原产地标准申领、签发《中华人民共和国政府和新加坡共和国政府自由贸易协定》项下原产地证书。

自本公告发布之日起,海关总署公告2009年第30号废止。

特此公告。

附件:1.《中华人民共和国政府和新加坡共和国政府自由贸易协定》项下产品特定原产地规则编码转换对照表(略——编者注)

2.《中华人民共和国政府和新加坡共和国政府自由贸易协定》项下产品特定原产地规则全表(略——编者注)

海关总署
2014年6月25日

关于《中华人民共和国与东南亚国家联盟全面经济合作框架协议》项下产品特定原产地规则转版对应表的公告

海关总署公告 2014 年第 48 号

由于《中华人民共和国与东南亚国家联盟全面经济合作框架协议》项下产品特定原产地规则中部分产品对应的税目发生变化,我国与东南亚国家联盟已就上述产品的名称及编码由 2007 版《协调制度》(HS)向 2012 年版转换达成一致。根据《中华人民共和国海关〈中华人民共和国与东南亚国家联盟全面经济合作框架协议〉项下进出口货物原产地管理办法》(海关总署令第 199 号)第八条的规定,现将变化或调整的部分产品的产品特定原产地规则转版对应表(见附件 1),以及产品特定原产地规则转版后的全表(见附件 2)予以公布。自 2014 年 7 月 1 日起,除出口泰国的货物仍按照海关总署公告 2011 年第 74 号办理外,出口其他东盟国家的货物,发货人或者其代理人、签证机构请按照本公告附件中列明的原产地标准申领、签发《中华人民共和国与东南亚国家联盟全面经济合作框架协议》项下原产地证书。

特此公告。

附件:1. 产品特定原产地规则转版对应表(略——编者注)
      2. 产品特定原产地规则转版全表(略——编者注)

海关总署
2014 年 6 月 24 日

关于公布 2014 年 7 月 1 日起港澳 CEPA 项下新增零关税货物原产地标准及相关事宜的公告

海关总署公告 2014 年第 41 号

根据《内地与香港关于建立更紧密经贸关系的安排》(简称"香港 CEPA")和《内地与澳门

关于建立更紧密经贸关系的安排》(简称"澳门CEPA")及其相关补充协议,现将海关总署制定的《2014年7月1日起香港CEPA项下新增零关税货物原产地标准表》(见附件1)、《2014年7月1日起澳门CEPA项下新增零关税货物原产地标准表》(见附件2)和《香港CEPA项下零关税货物原产地标准修改表》(见附件3)及有关事宜公告如下:

一、《2014年7月1日起香港CEPA项下新增零关税货物原产地标准表》和《2014年7月1日起澳门CEPA项下新增零关税货物原产地标准表》使用简化的货物名称,并自2014年7月1日起执行。新增香港、澳门享受零关税货物的范围与2014年《中华人民共和国进出口税则》中相应税则号列对应的商品范围一致。

二、《香港CEPA项下零关税货物原产地标准修改表》对海关总署公告2011年第82号附件1《享受货物贸易优惠措施的香港货物原产地标准表(2012年版)》所列的"其他带式连续运货升降、输送机"(税则号列84283300)的原产地标准进行了修改。修改后的原产地标准自2014年7月1日起执行。

特此公告。

附件:1. 2014年7月1日起香港CEPA项下新增零关税货物原产地标准表(略——编者注)
2. 2014年7月1日起澳门CEPA项下新增零关税货物原产地标准表(略——编者注)
3. 香港CPEA项下零关税货物原产地标准修改表(略——编者注)

海关总署
2014年5月29日

关于《中国—新西兰自贸协定》项下产品特定原产地规则转版对应表的公告

海关总署公告2014年第32号

由于《中华人民共和国政府和新西兰政府自由贸易协定》产品特定原产地规则中部分产品对应的税目发生变化,根据《中华人民共和国海关〈中华人民共和国政府和新西兰政府自由贸易协定〉项下进出口货物原产地管理办法》(海关总署令第175号)第三条的规定,现将变化或调整的部分产品的产品特定原产地规则转版对应表(见附件1),以及产品特定原产地规则转版后的全表(见附件2)予以公布。出口货物发货人或者其代理人、签证机构请按照本公告附件中列明的原产地标准申领、签发《中国—新西兰自贸协定》项下原产地证书。

特此公告。

附件:1.《中国—新西兰自贸协定》项下部分产品特定原产地规则2007版至2012版转版对应表(仅涉及变化或调整部分)(略——编者注)
2.《中国—新西兰自贸协定》项下产品特定原产地规则转版全表(略——编者注)

海关总署
2014年4月26日

六、外汇

合格境外机构投资者境内证券投资外汇管理规定(2016)

国家外汇管理局公告2016年第1号

根据《中华人民共和国外汇管理条例》及相关规定,国家外汇管理局制定了《合格境外机构投资者境内证券投资外汇管理规定》(见附件)。现予公布,自公布之日起施行。

附件:合格境外机构投资者境内证券投资外汇管理规定

国家外汇管理局
2016年2月3日

附件:

合格境外机构投资者境内证券投资外汇管理规定

第一章 总 则

第一条 为规范合格境外机构投资者(以下简称合格投资者)境内证券投资外汇管理,根据《中华人民共和国外汇管理条例》(国务院令第532号,以下简称《外汇管理条例》)、《合格境外机构投资者境内证券投资管理办法》(中国证券监督管理委员会、中国人民银行、国家外汇管理局第36号令)及相关规定,制定本规定。

第二条 本规定所称的合格投资者是指取得中国证券监督管理委员会(以下简称证监会)许可,投资境内证券市场的境外机构投资人。

第三条 合格投资者应当委托境内托管人(以下简称托管人)代为办理本规定所要求的相关手续。

第四条 国家外汇管理局及其分局、外汇管理部依法对合格投资者境内证券投资的投资额度(以下简称投资额度)、外汇账户、资金收付及汇兑等实施监督、管理和检查。

第二章 投资额度管理

第五条 国家对合格投资者的境内证券投资实行额度管理。国家外汇管理局对单家合格投资者投资额度实行备案和审批管理。

合格投资者在取得证监会资格许可后,可通过备案的形式,获取不超过其资产规模或管理的证券资产规模(以下简称资产规模)一定比例(以下简称基础额度)的投资额度;超过基础额度的投资额度申请,须经国家外汇管理局批准。

境外主权基金、央行及货币当局等机构的投资额度不受资产规模比例限制,可根据其投资境内证券市场的需要获取相应的投资额度。

第六条 合格投资者基础额度标准如下:

(一)合格投资者或其所属集团的资产(或管理的资产)主要在中国境外的,计算公式为:1亿美元+近三年平均资产规模×0.2%-已获取的人民币合格境外机构投资者额度(折合美元计算,以下简称RQFII额度);

(二)合格投资者或其所属集团的资产(或管理的资产)主要在中国境内的,计算公式为:等值50亿元人民币+上年度资产规模×80%-已获取的RQFII额度(折合美元计算);

(三)不超过50亿美元(含境外主权基金、央行及货币当局等机构);

(四)不低于2 000万美元。

以上汇率折算参照申请之日上月国家外汇管理局公布的各种货币对美元折算率表计算。

国家外汇管理局可综合考虑国际收支、资本市场发展及开放等因素,对上述标准进行调整。

第七条 合格投资者申请基础额度内的投资额度备案,应向托管人提交以下材料:

(一)申请投资额度备案的情况说明,并填写《合格境外机构投资者登记表》(见附1);

(二)经审计的合格投资者近三年/上年度资产负债表(或管理的证券资产规模的审计报告等);

(三)证监会资格许可证明文件复印件。

托管人应认真履行职责,严格审核合格投资者资产规模、已获取的RQFII额度等证明性材料,并根据合格投资者或其所属集团资产境内外分布情况,按标准准确核实其基础额度及拟备案的投资额度后,于每月10日内,将合格投资者投资额度备案申请集中报国家外汇管理局备案(备案表见附2)。国家外汇管理局确认后将备案信息反馈给托管人。

第八条 合格投资者超过基础额度的投资额度申请,应通过托管人向国家外汇管理局提交以下材料:

(一)托管人及合格投资者书面申请,详细说明增加额度的理由以及现有投资额度使用情况;

(二)经审计的合格投资者近三年/上年度资产负债表(或管理的证券资产规模的审计报告等);

(三)国家外汇管理局要求的其他材料。

国家外汇管理局将定期在政府网站(www.safe.gov.cn)公告合格投资者投资额度情况。

第九条 本规定发布前已取得投资额度的合格投资者,若申请增加投资额度,按以下程序办理:

(一)已取得的投资额度未超过基础额度的:若已取得的投资额度加上申请增加的投资额度之和仍未超过基础额度,按本规定第七条要求办理备案手续;若已取得的投资额度加上申请增加的投资额度超过基础额度,按本规定第八条要求报国家外汇管理局批准;

(二)已取得的投资额度超过基础额度的,按本规定第八条要求报国家外汇管理局批准。

第十条 国家外汇管理局对合格投资者投资额度实行余额管理,即:合格投资者累计净汇入资金不得超过经备案及批准的投资额度。

合格投资者汇入资金为非美元货币时,应参照汇入资金当月国家外汇管理局公布的各种货币对美元折算率表,计算合格投资者汇入资金的等值美元投资额度。

第十一条 合格投资者的投资本金锁定期为3个月。

本金锁定期自合格投资者累计汇入投资本金达到等值2 000万美元之日起计算。

上述所称本金锁定期是指禁止合格投资者将投资本金汇出境外的期限。

第十二条 合格投资者不得以任何形式转卖、转让投资额度给其他机构和个人使用。

合格投资者投资额度自备案或批准之日起1年未能有效使用的,国家外汇管理局有权收回全部或部分未使用的投资额度。

第三章 账户管理

第十三条 合格投资者应凭国家外汇管理局投资额度备案信息或批准文件,并查询资本项目信息系统相关控制信息表的内容,在托管人处为其自有资金、客户资金或开放式基金开立相应的外汇账户。

已开立外汇账户的合格投资者,应按照中国人民银行关于境外机构境内人民币结算账户管理的有关规定,在托管人或其他商业银行开立与外汇账户相对应的人民币专用存款账户(以下简称人民币账户,有关人民币账户开立和使用详见附3《合格境外机构投资者境内账户管理操作指引》)。

第十四条 合格投资者外汇账户的收入范围是:合格投资者从境外汇入的本金及支付有关税费(税款、托管费、审计费、管理费等)所需资金,利息收入,从人民币账户购汇划入的资金,以及经国家外汇管理局核准的其他收入。支出范围是:结汇划入合格投资者人民币账户的资金,出售境内证券所得、现金股利、利息等资金,以及经国家外汇管理局核准的其他支出。

未经批准,合格投资者账户内的资金不得用于境内证券投资以外的其他目的。

第十五条 合格投资者有下列情形之一的,应在1个月内变现资产并关闭其外汇账户,其相应的投资额度同时作废:

(一)证监会已撤销其资格许可;

(二)国家外汇管理局依法取消合格投资者投资额度;

(三)国家外汇管理局规定的其他情形。

第四章 汇兑管理

第十六条 合格投资者可根据投资计划等,在实际投资前30个工作日内通知托管人直接将投资所需外汇资金结汇并划入其人民币账户。

第十七条 合格投资者可在投资本金锁定期满后,分期、分批汇出相关投资本金和收益。合格投资者每月累计净汇出资金(本金及收益)不得超过其上年底境内总资产的20%。

开放式基金可根据申购或赎回的轧差净额,由托管人为其按日办理相关资金的汇入或汇出,每月累计净汇出资金不得超过上年底基金境内总资产的20%。

合格投资者如需汇出非开放式基金已实现的收益,托管人可凭合格投资者书面申请或指令、中国注册会计师出具的投资收益专项审计报告、完税或税务备案证明(若有)等,为合格投资者办理相关资金汇出手续。

第十八条 国家外汇管理局可以根据我国经济金融形势、外汇市场供求关系和国际收支状况,对合格投资者资金汇出时间、金额及汇出资金的期限予以调整。

第五章 统计与监督管理

第十九条 合格投资者应在首次获得投资额度后10个工作日内,通过托管人,向托管人所在地外汇局申请特殊机构赋码并办理主体信息登记。因办理其他跨境或外汇收支业务已经获得特殊机构赋码的,无需重复申请。

托管人应及时向国家外汇管理局备案合格投资者有关产品信息(备案表见附4)。国家外汇管理局将通过资本项目信息系统为合格投资者办理产品信息登记。

第二十条 合格投资者有下列情形之一的,托管人应在5个工作日内向国家外汇管理局申请办理变更登记:

(一)合格投资者名称、托管人等重要信息发生变更的;

(二)产品信息发生变更的;

(三)国家外汇管理局规定的其他情形。

合格投资者变更托管人的,由新托管人负责为其办理变更登记手续。

合格投资者或其主要股东、实际控制人受到其他监管部门(含境外)重大处罚,会对合格投资者投资运作造成重大影响或相关业务资格被暂停或取消的,托管人应及时向国家外汇管理局报告。

第二十一条 托管人应按照《国家外汇管理局关于调整合格机构投资者数据报送方式的通知》(汇发〔2015〕45号)的要求,报送合格投资者相关的监管和统计数据。

第二十二条 合格投资者有下列行为之一的,国家外汇管理局依据《外汇管理条例》等相关规定予以处罚,并可调减其投资额度直至取消:

(一)转让或转卖投资额度的;

(二)未按规定向国家外汇管理局或托管人提供境内证券投资相关信息和材料,或提供虚假信息和材料的;

(三)超出国家外汇管理局备案及批准的投资额度,或未按规定办理资金汇出入、结汇或购付汇的;

(四)有其他违反外汇管理规定的行为。

第二十三条 托管人有下列行为之一的,国家外汇管理局依据《外汇管理条例》等相关规定予以处罚。情节严重的,可停止其受理相关业务:

(一)未按规定标准审核合格投资者资产及分布情况、基础额度,或虚报备案额度,或提供虚假申请材料的;

(二)超过国家外汇管理局备案及批准的投资额度为合格投资者办理本金汇入的;

(三)未按规定为合格投资者办理本金和收益汇出手续的;

(四)未按规定为合格投资者开立或关闭相关账户,或未按规定的账户收支范围为合格投资者办理资金划转和汇兑手续的;

(五)未按规定向国家外汇管理局报送有关信息、材料或情况报告的;

(六)未按规定进行国际收支统计申报的;

(七)有其他违反外汇管理规定的行为。

第六章 附 则

第二十四条 根据本规定向国家外汇管理局报送的材料应为中文文本。同时具有外文和中文译文的,以中文文本为准。

第二十五条 本规定由国家外汇管理局负责解释。

第二十六条 本规定自发布之日起实施。《合格境外机构投资者境内证券投资外汇管理规定》(国家外汇管理局公告2009第1号,根据国家外汇管理局公告2012第2号修订)和《国家外汇管理局综合司关于发布〈合格境外机构投资者额度管理操作指引〉的通知》(汇综发〔2015〕88号)同时废止。其他相关外汇管理规定与本规定不一致的,以本规定为准。

附件:1.合格境外机构投资者登记表(略——编者注)
   2.合格境外机构投资者(QFII)投资额度备案表(略——编者注)
   3.合格境外机构投资者境内账户管理操作指引(略——编者注)

国家外汇管理局关于改革外商投资企业外汇资本金结汇管理方式的通知

汇发〔2015〕19号

国家外汇管理局各省、自治区、直辖市分局、外汇管理部,深圳、大连、青岛、厦门、宁波市分局:

为进一步深化外汇管理体制改革，更好地满足和便利外商投资企业经营与资金运作需要，国家外汇管理局决定在总结前期部分地区试点经验的基础上，在全国范围内实施外商投资企业外汇资本金结汇管理方式改革。为保证此项改革的顺利实施，现就有关问题通知如下：

一、外商投资企业外汇资本金实行意愿结汇

外商投资企业外汇资本金意愿结汇是指外商投资企业资本金账户中经外汇局办理货币出资权益确认（或经银行办理货币出资入账登记）的外汇资本金可根据企业的实际经营需要在银行办理结汇。外商投资企业外汇资本金意愿结汇比例暂定为100%。国家外汇管理局可根据国际收支形势适时对上述比例进行调整。

在实行外汇资本金意愿结汇的同时，外商投资企业仍可选择按照支付结汇制使用其外汇资本金。银行按照支付结汇原则为企业办理每一笔结汇业务时，均应审核企业上一笔结汇（包括意愿结汇和支付结汇）资金使用的真实性与合规性。

外商投资企业外汇资本金境内原币划转以及跨境对外支付按现行外汇管理规定办理。

二、外商投资企业外汇资本金意愿结汇所得人民币资金纳入结汇待支付账户管理

外商投资企业原则上应在银行开立一一对应的资本项目—结汇待支付账户（以下简称结汇待支付账户），用于存放意愿结汇所得人民币资金，并通过该账户办理各类支付手续。外商投资企业在同一银行网点开立的同名资本金账户、境内资产变现账户和境内再投资账户可共用一个结汇待支付账户。外商投资企业按支付结汇原则结汇所得人民币资金不得通过结汇待支付账户进行支付。

外商投资企业资本金账户的收入范围包括：外国投资者境外汇入外汇资本金或认缴出资（含非居民存款账户、离岸账户、境外个人境内外汇账户出资），境外汇入保证金专用账户划入的外汇资本金或认缴出资；本账户合规划出后划回的资金，同名资本金账户划入资金，因交易撤销退回的资金，利息收入及经外汇局（银行）登记或外汇局核准的其他收入。

资本金账户的支出范围包括：经营范围内结汇，结汇划入结汇待支付账户，境内原币划转至境内划入保证金专用账户、同名资本金账户、委托贷款账户、资金集中管理专户、境外放款专用账户、境内再投资专用账户的资金，因外国投资者减资、撤资汇出，经常项目对外支付及经外汇局（银行）登记或外汇局核准的其他资本项目支出。

结汇待支付账户的收入范围包括：由同名或开展境内股权投资企业的资本金账户、境内资产变现账户、境内再投资账户结汇划入的资金，由同名或开展境内股权投资企业的结汇待支付账户划入的资金，由本账户合规划出后划回的资金，因交易撤销退回的资金，人民币利息收入及经外汇局（银行）登记或外汇局核准的其他收入。

结汇待支付账户的支出范围包括：经营范围内的支出，支付境内股权投资资金和人民币保证金，划往资金集中管理专户、同名结汇待支付账户，偿还已使用完毕的人民币贷款，购付汇或直接对外偿还外债，外国投资者减资、撤资资金购付汇或直接对外支付，购付汇或直接对外支付经常项目支出及经外汇局（银行）登记或外汇局核准的其他资本项目支出。

结汇待支付账户内的人民币资金不得购汇划回资本金账户。由结汇待支付账户划出用于担保或支付其他保证金的人民币资金,除发生担保履约或违约扣款的,均需原路划回结汇待支付账户。

三、外商投资企业资本金的使用应在企业经营范围内遵循真实、自用原则

外商投资企业资本金及其结汇所得人民币资金不得用于以下用途:
(一)不得直接或间接用于企业经营范围之外或国家法律法规禁止的支出;
(二)除法律法规另有规定外,不得直接或间接用于证券投资;
(三)不得直接或间接用于发放人民币委托贷款(经营范围许可的除外)、偿还企业间借贷(含第三方垫款)以及偿还已转贷予第三方的银行人民币贷款;
(四)除外商投资房地产企业外,不得用于支付购买非自用房地产的相关费用。

四、便利外商投资企业以结汇资金开展境内股权投资

除原币划转股权投资款外,允许以投资为主要业务的外商投资企业(包括外商投资性公司、外商投资创业投资企业和外商投资股权投资企业),在其境内所投资项目真实、合规的前提下,按实际投资规模将外汇资本金直接结汇或将结汇待支付账户中的人民币资金划入被投资企业账户。

上述企业以外的一般性外商投资企业以资本金原币划转开展境内股权投资的,按现行境内再投资规定办理。以结汇资金开展境内股权投资的,应由被投资企业先到注册地外汇局(银行)办理境内再投资登记并开立相应结汇待支付账户,再由开展投资的企业按实际投资规模将结汇所得人民币资金划往被投资企业开立的结汇待支付账户。被投资企业继续开展境内股权投资的,按上述原则办理。

五、进一步规范结汇资金的支付管理

(一)外国投资者、外商投资企业及其他相关申请主体应按规定如实向银行提供相关真实性证明材料,并在办理资本金结汇所得人民币资金的支付使用(包括外汇资本金直接支付使用)时填写《直接投资相关账户资金支付命令函》(见附件)。

(二)银行应履行"了解客户"、"了解业务"、"尽职审查"等展业原则,在为外商投资企业办理资本金对外支付及结汇所得人民币资金支付时承担真实性审核责任。在办理每一笔资金支付时,均应审核前一笔支付证明材料的真实性与合规性。银行应留存外商投资企业外汇资本金结汇及使用的相关证明材料5年备查。

银行应按照《国家外汇管理局关于发布〈金融机构外汇业务数据采集规范(1.0版)〉的通知》(汇发〔2014〕18号)的要求,及时报送与资本金账户、结汇待支付账户(账户性质代码2113)有关的账户、跨境收支、境内划转、账户内结售汇等信息。其中,结汇待支付账户与其他人民币账户之间的资金划转,应通过填写境内收付款凭证报送境内划转信息,并在"发票号"栏中填写

资金用途代码(按照汇发〔2014〕18号文件中"7.10结汇用途代码"填写);除货物贸易核查项下的支付,其他划转的交易编码均填写为"929070"。

(三)对于企业确有特殊原因暂时无法提供真实性证明材料的,银行可在履行尽职审查义务、确定交易具备真实交易背景的前提下为企业办理相关支付,并应于办理业务当日通过外汇局相关业务系统向外汇局提交特殊事项备案。银行应在支付完毕后20个工作日内收齐并审核企业补交的相关证明材料,并通过相关业务系统向外汇局报告特殊事项备案业务的真实性证明材料补交情况。

对于外商投资企业以备用金名义使用资本金的,银行可不要求其提供上述真实性证明材料。单一企业每月备用金(含意愿结汇和支付结汇)支付累计金额不得超过等值10万美元。

对于申请一次性将全部外汇资本金支付结汇或将结汇待支付账户中全部人民币资金进行支付的外商投资企业,如不能提供相关真实性证明材料,银行不得为其办理结汇、支付。

六、其他直接投资项下外汇账户资金结汇及使用管理

境内机构开立的境内资产变现账户和境内再投资账户内资金结汇参照外商投资企业资本金账户管理。

境内个人开立的境内资产变现账户和境内再投资账户,以及境内机构和个人开立的境外资产变现账户可凭相关业务登记凭证直接在银行办理结汇。

外国投资者前期费用账户资金结汇按支付结汇原则办理。

境外汇入保证金专用账户和境内划入保证金专用账户内的外汇资金不得结汇使用。如发生担保履约或违约扣款的,相关保证金应划入接收保证金一方经外汇局(银行)登记后或外汇局核准开立的其他资本项目外汇账户并按照相关规定使用。

上述直接投资项下账户内利息收入和投资收益均可在本账户内保留,然后可凭利息、收益清单划入经常项目结算账户保留或直接在银行办理结汇及支付。

七、进一步强化外汇局事后监管与违规查处

(一)外汇局应根据《中华人民共和国外汇管理条例》、《外国投资者境内直接投资外汇管理规定》等有关规定加强对银行办理外商投资企业资本金结汇和使用等业务合规性的指导和核查。核查的方式包括要求相关业务主体提供书面说明和业务材料、约谈负责人、现场查阅或复制业务主体相关资料、通报违规情况等。对于严重、恶意违规的银行可按相关程序暂停其资本项目下外汇业务办理,对于严重、恶意违规的外商投资企业等可取消其意愿结汇资格,且在其提交书面说明函并进行相应整改前,不得为其办理其他资本项下外汇业务。

(二)对于违反本通知办理外商投资企业资本金结汇和使用等业务的外商投资企业和银行,外汇局依据《中华人民共和国外汇管理条例》及有关规定予以查处。

八、其他事项

本通知自2015年6月1日起实施。此前规定与本通知内容不一致的,以本通知为准。

《国家外汇管理局综合司关于完善外商投资企业外汇资本金支付结汇管理有关业务操作问题的通知》(汇综发〔2008〕142号)、《国家外汇管理局综合司关于完善外商投资企业外汇资本金支付结汇管理有关业务操作问题的补充通知》(汇综发〔2011〕88号)和《国家外汇管理局关于在部分地区开展外商投资企业外汇资本金结汇管理方式改革试点有关问题的通知》(汇发〔2014〕36号)同时废止。

国家外汇管理局各分局、外汇管理部接到本通知后,应及时转发辖内中心支局、支局和银行。执行中如遇问题,请及时向国家外汇管理局资本项目管理司反映。

附件:直接投资相关账户资金支付命令函(略——编者注)

国家外汇管理局
2015年3月30日

国家外汇管理局关于印发《银行办理结售汇业务管理办法实施细则》的通知

汇发〔2014〕53号

国家外汇管理局各省、自治区、直辖市分局、外汇管理部,深圳、大连、青岛、厦门、宁波市分局;各全国性中资银行:

为便利银行办理结售汇业务,根据《银行办理结售汇业务管理办法》(中国人民银行令〔2014〕第2号),国家外汇管理局制定了《银行办理结售汇业务管理办法实施细则》(见附件1)。本细则自2015年1月1日起实施,附件2所列文件和条款同时废止。请遵照执行。

国家外汇管理局各分局、外汇管理部接到本通知后,应及时转发辖内中心支局、支局和中外资银行。执行中如遇问题,请及时与国家外汇管理局国际收支司联系。联系电话:010-68402313、68402385。

特此通知。

附件:1. 银行办理结售汇业务管理办法实施细则
    2. 废止外汇管理法规(略——编者注)

国家外汇管理局
2014年12月25日

附件1

银行办理结售汇业务管理办法实施细则

第一章 总 则

第一条 为便利银行办理结售汇业务,根据《银行办理结售汇业务管理办法》,制订本实施细则。

第二条 银行办理结售汇业务,应当遵守本细则和其他有关结售汇业务的管理规定。

第三条 结售汇业务包括即期结售汇业务和人民币与外汇衍生产品(以下简称衍生产品)业务。衍生产品业务限于人民币外汇远期、掉期和期权业务。

第四条 银行办理结售汇业务,应当遵循"了解业务、了解客户、尽职审查"的原则。

(一)客户调查:对客户提供的身份证明、业务状况等资料的合法性、真实性和有效性进行认真核实,将核实过程和结果以书面形式记载。

(二)业务受理:执行但不限于国家外汇管理局的现有法规,对业务的真实性与合规性进行审核,了解业务的交易目的和交易性质。

(三)持续监控:及时监测客户的业务变化情况,对客户进行动态管理。

(四)问题业务:对于业务受理或后续监测中发现异常迹象的,应及时报告国家外汇管理局及其分支局(以下简称外汇局)。

第五条 银行应当建立与"了解业务、了解客户、尽职审查"原则相适应的内部管理制度。

(一)建立完整的审核政策、决策机制、管理信息系统和统一的业务操作程序,明确尽职要求。

(二)采取培训等各种有效方式和途径,使工作人员明确结售汇业务风险控制要求,熟悉工作职责和尽职要求。

(三)建立工作尽职问责制,明确规定各个部门、岗位的职责,对违法、违规造成的风险进行责任认定,并进行相应处理。

第二章 市场准入与退出

第六条 银行申请办理即期结售汇业务,应当具备下列条件:

(一)具有金融业务资格。

(二)具备完善的业务管理制度。

(三)具备办理业务所必需的软硬件设备。

(四)拥有具备相应业务工作经验的高级管理人员和业务人员。

银行需银行业监督管理部门批准外汇业务经营资格的,还应具备相应的外汇业务经营资格。

第七条 银行申请办理衍生产品业务,应当具备下列条件:

（一）取得即期结售汇业务资格。

（二）有健全的衍生产品交易风险管理制度和内部控制制度及适当的风险识别、计量、管理和交易系统，配备开展衍生产品业务所需要的专业人员。

（三）符合银行业监督管理部门有关金融衍生产品交易业务资格的规定。

第八条 银行可以根据自身经营需要一并申请即期结售汇业务和衍生产品业务资格。

（一）对于即期结售汇业务，可以分别或者一并申请对公和对私结售汇业务。开办对私结售汇业务的，应遵守以下规定：

1. 按照《个人外汇管理办法》及其实施细则的管理规定，具备与国家外汇管理局个人外汇业务监测系统的网络接入条件，依法合规办理个人结售汇业务。

2. 应在营业网点、自助外币兑换机等的醒目位置设置个人本外币兑换标识。个人本外币兑换标识式样由银行自行确定。

（二）对于衍生产品业务，可以一次申请开办全部衍生产品业务，或者分次申请远期和期权业务资格。取得远期业务资格后，银行可自行开办外汇掉期和货币掉期业务。

第九条 银行总行申请即期结售汇业务，应提交下列文件和资料：

（一）办理结售汇业务的申请报告。

（二）《金融许可证》复印件。

（三）办理结售汇业务的内部管理规章制度，应至少包括以下内容：结售汇业务操作规程、结售汇业务单证管理制度、结售汇业务统计报告制度、结售汇综合头寸管理制度、结售汇业务会计科目和核算办法、结售汇业务内部审计制度和从业人员岗位责任制度、结售汇业务授权管理制度。

（四）具备办理业务所必需的软硬件设备的说明材料。

（五）拥有具备相应业务工作经验的高级管理人员和业务人员的说明材料。

（六）需要经银行业监督管理部门批准外汇业务经营资格的，还应提交外汇业务许可文件的复印件。

第十条 银行总行申请衍生产品业务，应提交下列文件和资料：

（一）申请报告、可行性报告及业务计划书。

（二）衍生产品业务内部管理规章制度，应当至少包括以下内容：

1. 业务操作规程，包括交易受理、客户评估、单证审核等业务流程和操作标准；

2. 产品定价模型，包括定价方法和各项参数的选取标准及来源；

3. 风险管理制度，包括风险管理架构、风险模型指标及量化管理指标、风险缓释措施、头寸平盘机制；

4. 会计核算制度，包括科目设置和会计核算方法；

5. 统计报告制度，包括数据采集渠道和操作程序。

（三）主管人员和主要交易人员名单、履历。

（四）符合银行业监督管理部门有关金融衍生产品交易业务资格规定的证明文件。

银行应当根据拟开办各类衍生产品业务的实际特征，提交具有针对性与适用性的文件和资料。

第十一条 银行总行申请办理即期结售汇业务和衍生产品业务，按照下列程序申请和受理：

（一）政策性银行、全国性商业银行向国家外汇管理局直接申请，由国家外汇管理局审批。其他银行向所在地国家外汇管理局分局、外汇管理部（以下简称外汇分局）申请，如处于市（地、州、区）、县，应向所在地国家外汇管理局中心支局或支局申请，并逐级上报至外汇分局审批。

（二）外国银行分行视同总行管理。外国银行拟在境内两家以上分行开办衍生产品业务的，可由其境内管理行统一向该行所在地外汇分局提交申请材料，该外汇分局应将受理结果抄送该外国银行其他境内分行所在地外汇分局。

（三）外汇局受理结果应通过公文方式正式下达；仅涉及衍生产品业务的，可适当从简，通过备案通知书方式下达。

第十二条　银行分支机构申请办理即期结售汇业务，按照下列规定执行：

（一）银行总行及申请机构的上级分支行应具备完善的结售汇业务管理制度，即执行外汇管理规定情况考核等级最近一次为B级以上。

（二）银行分支机构应持下列材料履行事前备案手续：

1. 银行分行办理即期结售汇业务，持《银行办理即期结售汇业务备案表》（见附1）一式两份，总行及上级分行执行外汇管理规定情况考核等级证明材料，并按照第九条（一）、（二）、（四）、（五）提供材料，向所在地外汇局分支局备案。

2. 银行支行及下辖机构办理即期结售汇业务，持《银行办理即期结售汇业务备案表》一式两份，金融许可证复印件、总行及上级分支行执行外汇管理规定情况考核等级证明材料，向所在地外汇局分支局备案。其中，下辖机构可以由支行集中办理备案手续，但只能在下辖机构所在地外汇局分支局办理。

3. 外汇局分支局收到银行内容齐全的即期结售汇业务备案材料后，在《银行办理即期结售汇业务备案表》上加盖银行结售汇业务管理专用章予以确认，并将其中的一份备案表退还银行保存。

第十三条　银行分支机构开办衍生产品业务，经上级有权机构授权后，持授权文件和本级机构业务筹办情况说明（包括但不限于人员配备、业务培训、内部管理），于开办业务前至少20个工作日向所在地外汇局书面报告并确认收到后即可开办业务。

银行应当加强对分支机构办理衍生产品业务的授权与管理。对于衍生产品经营能力较弱、风险防范及管理水平较低的分支机构，应当上收或取消其授权和交易权限。

第十四条　外汇局受理银行即期结售汇业务和衍生产品业务申请时，应按照行政许可的相关程序办理。其中，外汇局在受理银行总行申请及银行分行即期结售汇业务申请时，可以采取必要的措施核实其软硬件设备、人员情况。

第十五条　银行办理结售汇业务期间，发生合并或者分立，以及重要信息变更的，按照下列规定执行：

（一）发生合并或者分立的，新设立的银行总行应当向外汇局申请结售汇业务资格。吸收合并的，银行无需再申请结售汇业务资格，其各项外汇业务额度原则上合并计算，但结售汇综合头寸应执行本细则第五章的相关规定。

（二）发生名称变更、营业地址变更的，银行应持《银行办理结售汇业务机构信息变更备案表》（见附2）和变更后金融许可证复印件，在变更之日起30日内向批准其结售汇业务资格的外汇局备案。其中,涉及名称变更的,受理备案的外汇局应以适当方式告知银行下辖机构所在地外汇局;银行办理备案后,即可自然承继其在外汇局获得的各项业务资格和有关业务额度。

第十六条 银行分支机构办理结售汇业务期间,发生合并或者分立,以及重要信息变更的,按照下列规定执行:

(一)发生合并或者分立的,新设立的银行分支机构应当向外汇局申请结售汇业务资格。

(二)银行分行发生名称变更、营业地址变更的,应持《银行办理结售汇业务机构信息变更备案表》(见附2)和变更后金融许可证复印件,在变更之日起30日内向所在地外汇局备案。

(三)银行支行及下辖机构发生名称变更、营业地址变更的,在1—6月和7—12月期间的变更,分别于当年8月底前和次年2月底前经管辖行向所在地外汇局备案(见附3)。

第十七条 银行停止办理结售汇业务,应当自停办业务之日起30日内,由停办业务行或者其上级行持《银行停办结售汇业务备案表》(见附4),向批准或备案其结售汇业务资格的外汇局履行停办备案手续。

第十八条 银行被依法撤销或者宣告破产的,其结售汇业务资格自动丧失。

第十九条 外汇局应根据本细则要求,按照操作简便、监管有效原则,完善即期结售汇业务和衍生产品业务市场准入管理的内部操作;并妥善保管银行申请、备案、报告等相关材料。

第三章 即期结售汇业务管理

第二十条 银行办理代客即期结售汇业务应遵守国家外汇管理局的有关规定;办理自身即期结售汇业务应遵守本章的相关规定,本章未明确规定的,参照境内其他机构办理。

第二十一条 银行经营业务中获得的外汇收入,扣除支付外汇开支和结汇支付境内外汇业务日常经营所需人民币开支,应统一纳入外汇利润管理,不得单独结汇。

第二十二条 外资银行结汇支付境内外汇业务日常经营所需人民币开支的,应自行审核并留存有关真实性单证后依法办理。结汇方式可选择按月预结或按照实际开支结汇。按月预结的,预结金额不得超过上月实际人民币开支的105%,不足部分可继续按照实际开支结汇;当月预结未使用部分应结转下月。

第二十三条 银行利润的本外币转换按照下列规定,由银行总行统一办理:

(一)当年外汇利润(包括境内机构外汇利润、境外分支机构分配的利润、参股境外机构分配的利润)可以在本年每季度后按照财务核算结果自行办理结汇,并应按经审计的年度会计决算结果自动调整。但往年有亏损的,应先冲抵亏损,方可办理结汇。

(二)外汇亏损可以挂账并使用以后年度外汇利润补充,或者以人民币利润购汇进行对冲。

(三)历年留存外汇利润结汇可在后续年度自行办理。

第二十四条 银行支付外方股东的股息、红利或外资银行利润汇出,可以用历年累积外汇利润或用人民币购汇后自行支付,并留存下列资料备查。

(一)资产负债表、损益表及本外币合并审计报告;

(二)税务备案表;

(三)董事会或股东大会的相关决议,或外资银行总行的划账通知。

第二十五条 银行资本金(或营运资金)本外币转换应按照如下规定,报所在地外汇分局

批准后办理:

(一)银行申请本外币转换的金额应满足下列要求:

1. 完成本外币转换后的"(外汇所有者权益+外汇营运资金)/外汇资产"与"(人民币所有者权益+人民币营运资金)/人民币资产"基本相等。

2. 以上数据按银行境内机构的资产负债表计算,不包括境外关联行。计算外汇资产可扣除部分政策性因素形成的外汇资产;计算人民币资产,应对其中的存放同业和拆放同业取结汇申请前四个季度末的平均数。营运资金和所有者权益不重复计算;人民币营运资金是指外国银行向境内分行拨付的人民币营运资金(含结汇后人民币营运资金);外汇营运资金是外国银行向境内分行拨付的外汇营运资金,以及境内法人银行以自有人民币购买并在外汇营运资金科目核算的资金。计算外汇所有者权益时应扣除未分配外汇利润,但未分配外汇利润为亏损的,不得扣除。

3. 新开办外汇业务的中资银行或新开办人民币业务的外资银行,首次可申请将不超过10%的资本金进行本外币转换。

4. 银行购买外汇资本金或外汇营运资金发展外汇业务的,可依据实际需要申请,不受前述第1和3项条件限制。

5. 银行业监督管理部门对资本金币种有明确要求或其他特殊情况的,可不受前述第1和3项条件限制。

(二)银行申请时应提供下列材料:

1. 申请报告。

2. 人民币和外币资产负债表。

3. 本外币转换金额的测算依据。

4. 相关交易需经银行业监督管理部门批准的,应提供相应批准文件的复印件。

(三)银行申请原则上每年不得超过一次。

(四)银行购汇用于境外直接投资按照境内银行境外直接投资相关外汇管理规定执行,不适用本条前述规定。

第二十六条 银行经营业务过程中收回资金(含利息)与原始发放资金本外币不匹配,满足下列条件的,可以自行代债务人结售汇(外汇局另有规定除外),并留存与债务人债权关系、结售汇资金来源等的书面证明材料备查。

(一)债务人因破产、倒闭、停业整顿、经营不善或与银行法律纠纷等而不能自行办理结售汇交易。

(二)银行从债务人或其担保人等处获得的资金来源合法,包括但不限于:法院判决、仲裁机构裁决;抵押或质押非货币资产变现(若自用应由相关评估部门评估价值);扣收保证金等。

(三)不存在协助债务人规避外汇管理规定的情况。

境外银行境内追索贷款等发生资产币种与回收币种本外币不匹配的,可委托境内关联行按本条规定代债务人结售汇。关联行包括具有总分行关系、母子行关系的银行;同属一家机构的分行或子行;同一银团贷款项下具有合作关系的银行等。

银行依法转让境内股权发生本外币不匹配的,可参照本条办理相应的结售汇业务。

第二十七条 银行经营外汇贷款等业务,因无法回收或转让债权造成银行损失的,银行应按照有关会计制度用外汇呆账准备金或等值人民币呆账准备金自行购汇冲抵。

第二十八条 银行若以外币计提营业税、利息税或其他税款,且需要结汇为人民币缴纳税务部门,应当自行审核并留存有关真实性单证后办理。属于银行自身应缴纳的税收,计入自身结售汇;属于依法代扣代缴的税收,计入代客结售汇。

第二十九条 不具备结售汇业务资格银行的自身结售汇业务,必须通过其他具备结售汇业务资格的银行办理;具备结售汇业务资格银行的自身结售汇业务,不得通过其他银行办理。

第四章 衍生产品业务管理

第三十条 银行应当提高自主创新能力和交易管理能力,建立完善的风险管理制度和内部控制制度,审慎开展与自身风险管理水平相适应的衍生产品交易。

第三十一条 银行对客户办理衍生产品业务,应当坚持实需交易原则。客户办理衍生产品业务具有对冲外汇风险敞口的真实需求背景,并且作为交易基础所持有的外汇资产负债、预期未来的外汇收支按照外汇管理规定可以办理即期结售汇业务。

第三十二条 与客户达成衍生产品交易前,银行应确认客户办理衍生产品业务符合实需交易原则,并获取由客户提供的声明、确认函等能够证明其真实需求背景的书面材料,内容包括但不限于:

(一)与衍生产品交易直接相关的基础外汇资产负债或外汇收支的真实性与合规性。

(二)客户进行衍生产品交易的目的或目标。

(三)是否存在与本条第一款确认的基础外汇资产负债或外汇收支相关的尚未结清的衍生产品交易敞口。

第三十三条 远期业务应遵守以下规定:

(一)远期合约到期时,银行应比照即期结售汇管理规定为客户办理交割,交割方式为全额结算,不允许办理差额结算。

(二)远期合约到期前或到期时,如果客户因真实需求背景发生变更而无法履约,银行在获取由客户提供的声明、确认函等能够予以证明的书面材料后,可以为客户办理对应金额的平仓或按照客户实际需要进行展期,产生的损益按照商业原则处理,并以人民币结算。

第三十四条 期权业务应遵守以下规定:

(一)银行可以基于普通欧式期权基础,为客户办理买入或卖出期权业务,以及包含两个或多个期权的期权组合业务,期权费币种为人民币。银行可以为客户的期权合约办理反向平仓、全额或差额结算,反向平仓和差额结算的货币为人民币。

(二)银行对客户办理的单个期权或期权组合业务的主要风险特征,应当与客户真实需求背景具有合理的相关度。期权合约行权所产生的客户外汇收支,不得超出客户真实需求背景所支持的实际规模。

第三十五条 外汇掉期业务应遵守以下规定:

(一)对于近端结汇/远端购汇的外汇掉期业务,客户近端结汇的外汇资金应为按照外汇管理规定可以办理即期结汇的外汇资金。

(二)对于近端购汇/远端结汇的外汇掉期业务,客户近端可以直接以人民币购入外汇,并进入经常项目外汇账户留存或按照规定对外支付;远端结汇的外汇资金应为按照外汇管理规定可以办理即期结汇的外汇资金。因经常项目外汇账户留存的外汇资金所产生的利息,银行可以为客户办理结汇。

(三)外汇掉期业务中因客户远端无法履约而形成的银行外汇敞口,应纳入结售汇综合头寸统一管理。

第三十六条 货币掉期业务应遵守以下规定:

(一)货币掉期业务的本金交换包括合约生效日和到期日两次均实际交换本金、两次均不实际交换本金、仅一次交换本金等形式。

(二)货币掉期业务中客户在合约生效日和到期日两次均实际交换本金所涉及的结汇或购汇,遵照外汇掉期业务的管理规定。对于一次交换本金所涉及的结汇或购汇,遵照实需交易原则,银行由此形成的外汇敞口应纳入结售汇综合头寸统一管理。

(三)货币掉期业务的利率由银行与客户按照商业原则协商确定,但应符合中国人民银行的利率管理规定。

(四)货币掉期业务中银行从客户获得的外币利息应纳入本行外汇利润统一管理,不得单独结汇。

第三十七条 银行对客户办理衍生产品业务的币种、期限、价格等交易要素,由双方依据真实需求背景按照商业原则协商确定。

期权业务采用差额结算时,用于确定轧差金额使用的参考价应是境内真实、有效的市场汇率。

第三十八条 银行办理衍生产品业务的客户范围限于境内机构(暂不包括银行自身),个体工商户视同境内机构。

境内个人开展符合外汇管理规定的对外投资形成外汇风险敞口,银行可以按照实需交易原则为其办理衍生产品业务。

第三十九条 银行应当高度重视衍生产品业务的客户管理,在综合考虑衍生产品分类和客户分类的基础上,开展持续、充分的客户适合度评估和风险揭示。银行应确认客户进行衍生产品交易已获得内部有效授权及所必需的上级主管部门许可,并具备足够的风险承受能力。

对于虚构真实需求背景开展衍生产品业务、重复进行套期保值的客户,银行应依法终止已与其开展的交易,并通过信用评级等内部管理制度,限制此类客户后续开展衍生产品业务。

第四十条 银行开展衍生产品业务应遵守结售汇综合头寸管理规定,准确、合理计量和管理衍生产品交易头寸。银行分支机构办理代客衍生产品业务应由其总行(部)统一进行平盘、敞口管理和风险控制。

第四十一条 银行、境内机构参与境外市场衍生产品交易,应符合外汇管理规定。

第四十二条 国家外汇管理局组织银行等外汇市场参与者建立市场自律机制,完善衍生产品的客户管理、风险控制等行业规范,维护外汇市场公平竞争环境。

第五章 银行结售汇综合头寸管理

第四十三条 银行结售汇综合头寸按下列原则管理:

（一）法人统一核定。银行头寸按照法人监管原则统一核定,不对银行分支机构另行核定（外国银行分行除外）。

（二）限额管理。银行结售汇综合头寸实行正负区间限额管理。

（三）按权责发生制原则管理。银行应将对客户结售汇业务、自身结售汇业务和参与银行间外汇市场交易在交易订立日(而不是资金实际收付日)计入头寸。

（四）按周考核和监管。银行应按周(自然周)管理头寸,周内各个工作日的平均头寸应保持在外汇局核定限额内。

（五）头寸余额应定期与会计科目核对。对于两者之间的差额,银行可按年向外汇局申请调整。对于因汇率折算差异等合理原因导致的差额,外汇局可直接核准调整;对于因统计数据错报、漏报等其他原因导致的差额,外汇局可以核准调整,但应对银行违规的情况进行处理。

第四十四条 政策性银行、全国性银行以及在银行间外汇市场行使做市商职能的银行,由国家外汇管理局根据银行的结售汇业务规模和银行间市场交易规模等统一核定头寸限额,并按年度或定期调整。

第四十五条 第四十四条以外的银行由所在地外汇分局负责核定头寸限额,并按年度调整。

（一）上一年度结售汇业务量低于1亿美元,以及新取得结售汇业务资格的,结售汇综合头寸上限为5 000万美元,下限为－300万美元。

（二）上一年度结售汇业务量介于1亿至10亿美元,结售汇综合头寸上限为3亿美元,下限为－500万美元。

（三）上一年度结售汇业务量10亿美元以上,结售汇综合头寸上限为10亿美元,下限为－1 000万美元。

依照前述标准核定结售汇综合头寸上限无法满足银行实际需要的,可根据实际需要向外汇分局申请,外汇分局可适当提高上限。

第四十六条 国家外汇管理局因国际收支和外汇市场状况需要,对结售汇综合头寸限额临时调控的,应适用相关规定,暂停按照第四十四条、第四十五条核定的综合头寸限额。

第四十七条 新申请即期结售汇业务资格的银行(未开办人民币业务的外资银行除外),外汇局应同时核定其结售汇综合头寸限额。

已获得即期结售汇业务资格但新开办人民币业务的外资银行,应在经银监会批准办理人民币业务后30个工作日内向所在地外汇局申请核定银行结售汇综合头寸限额,申请时应提交银监会批准其办理人民币业务的许可文件。

第四十八条 银行主动申请停办结售汇业务或因违规经营被外汇局取消结售汇业务资格的,应在停办业务前将其结售汇业务综合头寸余额清零。

第四十九条 在境内有两家以上分行的外国银行,可由该外国银行总行或地区总部,授权一家境内分行(以下简称集中管理行),对境内各分行头寸实行集中管理。

（一）集中管理行负责向其所在地外汇分局提出申请,申请材料应包括以下内容:

1. 总行同意实行头寸集中管理的授权文件。
2. 银监会对外资金融机构在境内常驻机构批准书。
3. 该外国银行对头寸实施集中管理的内部管理制度、会计核算办法以及技术支持情况说明。

（二）外汇分局收到申请后，应实地走访集中管理行的营业场地，现场考察和验收其技术系统对该行头寸集中管理的支持情况。对符合条件的，批复同时抄报国家外汇管理局，并抄送该外国银行各分行所在地外汇分支局。

（三）外国银行分行实行头寸集中管理后，境内所有分支行原有头寸纳入集中管理行的头寸管理，由集中管理行统一平盘和管理。若有新增外国银行分支行纳入头寸集中管理，集中管理行及新增分支行应提前10个工作日分别向各自所在地外汇分局报备。

（四）外国银行分行实行头寸集中管理后，按照第四十四条、第四十五条核定头寸限额并进行日常管理。其中，涉及业务数据测算的应使用该外国银行境内全部分支行的汇总数据。

（五）外国银行分行实行头寸集中管理后，若集中管理行和纳入集中管理的其他分支行均未开办人民币业务，则适用结售汇人民币专用账户的相关规定。若集中管理行已开办人民币业务，境内其他分支行尚未开办人民币业务，则未开办人民币业务的分支行仍适用结售汇人民币专用账户的相关规定，但其结售汇人民币专用账户余额应折算为美元以负值计入集中管理行的头寸。

第六章　附　　则

第五十条　银行应按照国家外汇管理局的规定报送银行结售汇统计、衍生产品业务统计、银行结售汇综合头寸等相关报表和资料，具体统计报告制度另行规定。

第五十一条　各外汇分局应按年以电子邮件方式向国家外汇管理局报送《（地区）结售汇业务金融机构信息表》（见附5）、《（地区）辖内金融机构结售汇综合头寸限额核定情况表》（见附6）。报送时间为每年1月底前。电子信箱为：manage@bop.safe。

第五十二条　挂牌汇价、未开办人民币业务的外资银行结售汇人民币专用账户等管理规定，由中国人民银行或国家外汇管理局另行规范。

第五十三条　银行办理结售汇业务违反本细则相关规定的，外汇局将依据《中华人民共和国外汇管理条例》等相关规定予以处罚。

第五十四条　非银行金融机构办理结售汇业务，参照本细则执行，国家外汇管理局另有规定的除外。

第五十五条　本细则自2015年1月1日起实施。

附件：1.银行办理即期结售汇业务备案表（略——编者注）

2.银行办理结售汇业务机构信息变更备案表（略——编者注）

3.银行办理结售汇业务机构信息变更备案报表（略——编者注）

4.银行停办结售汇业务备案表（略——编者注）

5.（地区）结售汇业务金融机构信息表（略——编者注）

6.（地区）辖内金融机构结售汇综合头寸限额核定情况表（略——编者注）

国家外汇管理局关于发布《跨境担保外汇管理规定》的通知

汇发〔2014〕29 号

国家外汇管理局各省、自治区、直辖市分局、外汇管理部,深圳、大连、青岛、厦门、宁波市分局,各中资外汇指定银行:

为深化外汇管理体制改革,简化行政审批程序,规范跨境担保项下收支行为,国家外汇管理局决定改进跨境担保外汇管理方式,制定了《跨境担保外汇管理规定》及其操作指引(以下简称《规定》)。现印发给你们,请遵照执行。

《规定》自 2014 年 6 月 1 日起实施,之前相关规定与本《规定》内容不一致的,以本《规定》为准。《规定》实施后,附件 3 所列法规即行废止。

国家外汇管理局各分局、外汇管理部接到本通知后,应及时转发辖内中心支局、支局、城市商业银行、农村商业银行、外资银行、农村合作银行;各中资银行接到本通知后,应及时转发所辖各分支机构。执行中如遇问题,请及时向国家外汇管理局资本项目管理司反馈。

附件:1. 跨境担保外汇管理规定
   2. 跨境担保外汇管理操作指引
   3. 废止法规目录(略——编者注)

国家外汇管理局
2014 年 5 月 12 日

附件 1

跨境担保外汇管理规定

第一章 总 则

第一条 为完善跨境担保外汇管理,规范跨境担保项下收支行为,促进跨境担保业务健康有序发展,根据《中华人民共和国物权法》《中华人民共和国担保法》及《中华人民共和国外汇管理条例》等法律法规,特制定本规定。

第二条 本规定所称的跨境担保是指担保人向债权人书面作出的、具有法律约束力、承诺按照担保合同约定履行相关付款义务并可能产生资金跨境收付或资产所有权跨境转移等国际收支交易的担保行为。

第三条 按照担保当事各方的注册地,跨境担保分为内保外贷、外保内贷和其他形式跨境担保。

内保外贷是指担保人注册地在境内、债务人和债权人注册地均在境外的跨境担保。

外保内贷是指担保人注册地在境外、债务人和债权人注册地均在境内的跨境担保。

其他形式跨境担保是指除前述内保外贷和外保内贷以外的其他跨境担保情形。

第四条 国家外汇管理局及其分支局(以下简称外汇局)负责规范跨境担保产生的各类国际收支交易。

第五条 境内机构提供或接受跨境担保,应当遵守国家法律法规和行业主管部门的规定,并按本规定办理相关外汇管理手续。

担保当事各方从事跨境担保业务,应当恪守商业道德,诚实守信。

第六条 外汇局对内保外贷和外保内贷实行登记管理。

境内机构办理内保外贷业务,应按本规定要求办理内保外贷登记;经外汇局登记的内保外贷,发生担保履约的,担保人可自行办理;担保履约后应按本规定要求办理对外债权登记。

境内机构办理外保内贷业务,应符合本规定明确的相关条件;经外汇局登记的外保内贷,债权人可自行办理与担保履约相关的收款;担保履约后境内债务人应按本规定要求办理外债登记手续。

第七条 境内机构提供或接受其他形式跨境担保,应符合相关外汇管理规定。

第二章 内 保 外 贷

第八条 担保人办理内保外贷业务,在遵守国家法律法规、行业主管部门规定及外汇管理规定的前提下,可自行签订内保外贷合同。

第九条 担保人签订内保外贷合同后,应按以下规定办理内保外贷登记。

担保人为银行的,由担保人通过数据接口程序或其他方式向外汇局报送内保外贷业务相关数据。

担保人为非银行金融机构或企业(以下简称非银行机构)的,应在签订担保合同后15个工作日内到所在地外汇局办理内保外贷签约登记手续。担保合同主要条款发生变更的,应当办理内保外贷签约变更登记手续。

外汇局按照真实、合规原则对非银行机构担保人的登记申请进行程序性审核并办理登记手续。

第十条 银行、非银行金融机构作为担保人提供内保外贷,按照行业主管部门规定,应具有相应担保业务经营资格。

第十一条 内保外贷项下资金用途应当符合以下规定:

(一)内保外贷项下资金仅用于债务人正常经营范围内的相关支出,不得用于支持债务人从事正常业务范围以外的相关交易,不得虚构贸易背景进行套利,或进行其他形式的投机性交易。

(二)未经外汇局批准,债务人不得通过向境内进行借贷、股权投资或证券投资等方式将担保项下资金直接或间接调回境内使用。

第十二条 担保人办理内保外贷业务时,应对债务人主体资格、担保项下资金用途、预计的还款资金来源、担保履约的可能性及相关交易背景进行审核,对是否符合境内外相关法律法规进行尽职调查,并以适当方式监督债务人按照其申明的用途使用担保项下资金。

第十三条 内保外贷项下担保人付款责任到期、债务人清偿担保项下债务或发生担保履约后,担保人应办理内保外贷登记注销手续。

第十四条 如发生内保外贷履约,担保人为银行的,可自行办理担保履约项下对外支付。

担保人为非银行机构的,可凭担保登记文件直接到银行办理担保履约项下购汇及对外支付。在境外债务人偿清因担保人履约而对境内担保人承担的债务之前,未经外汇局批准,担保人须暂停签订新的内保外贷合同。

第十五条 内保外贷业务发生担保履约的,成为对外债权人的境内担保人或反担保人应当按规定办理对外债权登记手续。

第十六条 境内个人可作为担保人并参照非银行机构办理内保外贷业务。

第三章 外保内贷

第十七条 境内非金融机构从境内金融机构借用贷款或获得授信额度,在同时满足以下条件的前提下,可以接受境外机构或个人提供的担保,并自行签订外保内贷合同:

(一)债务人为在境内注册经营的非金融机构;
(二)债权人为在境内注册经营的金融机构;
(三)担保标的为金融机构提供的本外币贷款(不包括委托贷款)或有约束力的授信额度;
(四)担保形式符合境内、外法律法规。

未经批准,境内机构不得超出上述范围办理外保内贷业务。

第十八条 境内债务人从事外保内贷业务,由发放贷款或提供授信额度的境内金融机构向外汇局集中报送外保内贷业务相关数据。

第十九条 外保内贷业务发生担保履约的,在境内债务人偿清其对境外担保人的债务之前,未经外汇局批准,境内债务人应暂停签订新的外保内贷合同;已经签订外保内贷合同但尚未提款或尚未全部提款的,未经所在地外汇局批准,境内债务人应暂停办理新的提款。

境内债务人因外保内贷项下担保履约形成的对外负债,其未偿本金余额不得超过其上年度末经审计的净资产数额。

境内债务人向债权人申请办理外保内贷业务时,应真实、完整地向债权人提供其已办理外保内贷业务的债务违约、外债登记及债务清偿情况。

第二十条 外保内贷业务发生境外担保履约的,境内债务人应到所在地外汇局办理短期外债签约登记及相关信息备案手续。外汇局在外债签约登记环节对债务人外保内贷业务的合规性进行事后核查。

第四章 物权担保的外汇管理

第二十一条 外汇局不对担保当事各方设定担保物权的合法性进行审查。担保当事各方应自行确认担保合同内容符合境内外相关法律法规和行业主管部门的规定。

第二十二条 担保人与债权人之间因提供抵押、质押等物权担保而产生的跨境收支和交易事项,已存在限制或程序性外汇管理规定的,应当符合规定。

第二十三条 当担保人与债权人分属境内、境外,或担保物权登记地(或财产所在地、收益来源地)与担保人、债权人的任意一方分属境内、境外时,境内担保人或境内债权人应按下列规定办理相关外汇管理手续:

(一)当担保人、债权人注册地或担保物权登记地(或财产所在地、收益来源地)至少有两项分属境内外时,担保人实现担保物权的方式应当符合相关法律规定。

(二)除另有明确规定外,担保人或债权人申请汇出或收取担保财产处置收益时,可直接向境内银行提出申请;在银行审核担保履约真实性、合规性并留存必要材料后,担保人或债权人可以办理相关购汇、结汇和跨境收支。

(三)相关担保财产所有权在担保人、债权人之间发生转让,按规定需要办理跨境投资外汇登记的,当事人应办理相关登记或变更手续。

第二十四条 担保人为第三方债务人向债权人提供物权担保,构成内保外贷或外保内贷的,应当按照内保外贷或外保内贷相关规定办理担保登记手续,并遵守相关规定。

经外汇局登记的物权担保因任何原因而未合法设立,担保人应到外汇局注销相关登记。

第五章 附 则

第二十五条 境内机构提供或接受除内保外贷和外保内贷以外的其他形式跨境担保,在符合境内外法律法规和本规定的前提下,可自行签订跨境担保合同。除外汇局另有明确规定外,担保人、债务人不需要就其他形式跨境担保到外汇局办理登记或备案。

境内机构办理其他形式跨境担保,可自行办理担保履约。担保项下对外债权债务需要事前审批或核准,或因担保履约发生对外债权债务变动的,应按规定办理相关审批或登记手续。

第二十六条 境内债务人对外支付担保费,可按照服务贸易外汇管理有关规定直接向银行申请办理。

第二十七条 担保人、债务人不得在明知或者应知担保履约义务确定发生的情况下签订跨境担保合同。

第二十八条 担保人、债务人、债权人向境内银行申请办理与跨境担保相关的购付汇或收结汇业务时,境内银行应当对跨境担保交易的背景进行尽职审查,以确定该担保合同符合中国法律法规和本规定。

第二十九条 外汇局对跨境担保合同的核准、登记或备案情况以及本规定明确的其他管理事项与管理要求,不构成跨境担保合同的生效要件。

第三十条 外汇局定期分析内保外贷和外保内贷整体情况,密切关注跨境担保对国际收支的影响。

第三十一条 外汇局对境内机构跨境担保业务进行核查和检查,担保当事各方、境内银行应按照外汇局要求提供相关资料。对未按本规定及相关规定办理跨境担保业务的,外汇局根据《中华人民共和国外汇管理条例》进行处罚。

第三十二条 国家外汇管理局可出于保障国际收支平衡的目的,对跨境担保管理方式适时进行调整。

第三十三条 本规定由国家外汇管理局负责解释。

附件2

跨境担保外汇管理操作指引

第一部分 内保外贷外汇管理

一、担保人办理内保外贷业务,在遵守国家法律法规、行业主管部门规定及外汇管理规定的前提下,可自行签订内保外贷合同。

二、内保外贷登记

担保人签订内保外贷合同后,应按以下规定办理内保外贷登记:

(一)担保人为银行的,由担保人通过数据接口程序或其他方式向外汇局资本项目信息系统报送内保外贷相关数据。

(二)担保人为非银行金融机构或企业(以下简称为非银行机构)的,应在签订担保合同后15个工作日内到所在地外汇局办理内保外贷签约登记手续。担保合同或担保项下债务合同主要条款发生变更的(包括债务合同展期以及债务或担保金额、债务或担保期限、债权人等发生变更),应当在15个工作日内办理内保外贷变更登记手续。

1. 非银行机构到外汇局办理内保外贷签约登记时,应提供以下材料:

(1)关于办理内保外贷签约登记的书面申请报告(内容包括公司基本情况、已办理且未了结的各项跨境担保余额、本次担保交易内容要点、预计还款资金来源、其他需要说明的事项。有共同担保人的,应在申请报告中说明);

(2)担保合同和担保项下主债务合同(合同文本内容较多的,提供合同简明条款并加盖印章;合同为外文的,须提供中文翻译件并加盖印章);

(3)外汇局根据本规定认为需要补充的相关证明材料(如发改委、商务部门关于境外投资项目的批准文件、办理变更登记时需要提供的变更材料等)。

2. 外汇局按照真实、合规原则对非银行机构担保人的登记申请进行程序性审核,并为其办理登记手续。外汇局对担保合同的真实性、商业合理性、合规性及履约倾向存在疑问的,有权要求担保人作出书面解释。外汇局按照合理商业标准和相关法规,认为担保人解释明显不成立的,可以决定不受理登记申请,并向申请人书面说明原因。

担保人未在规定期限内到外汇局办理担保登记的,如能说明合理原因,且担保人提出登记申请时尚未出现担保履约意向的,外汇局可按正常程序为其办理补登记;不能说明合理原因的,外汇局可按未及时办理担保登记进行处理,在移交外汇检查部门后再为其办理补登记手续。

3. 非金融机构可以向外汇局申请参照金融机构通过资本项目系统报送内保外贷数据。

4. 同一内保外贷业务下存在多个境内担保人的,可自行约定其中一个担保人到所在地外汇局办理登记手续。外汇局在办理内保外贷登记时,应在备注栏中注明其他担保人。

三、金融机构作为担保人提供内保外贷,按照行业主管部门规定,应具有相应担保业务经营资格。以境内分支机构名义提供的担保,应当获得总行或总部授权。

四、内保外贷项下资金用途应当符合以下规定:

(一)内保外贷项下资金仅用于债务人正常经营范围内的相关支出,不得用于支持债务人从事正常业务范围以外的相关交易,不得虚构贸易背景进行套利,或进行其他形式的投机性交易。

(二)未经外汇局批准,债务人不得通过向境内进行借贷、股权投资或证券投资等方式将担保项下资金直接或间接调回境内使用。

担保项下资金不得用于境外机构或个人向境内机构或个人进行直接或间接的股权、债权投资,包括但不限于以下行为:

1. 债务人使用担保项下资金直接或间接向在境内注册的机构进行股权或债权投资。

2. 担保项下资金直接或间接用于获得境外标的公司的股权,且标的公司50%以上资产在境内的。

3. 担保项下资金用于偿还债务人自身或境外其他公司承担的债务,而原融资资金曾以股权或债权形式直接或间接调回境内的。

4. 债务人使用担保项下资金向境内机构预付货物或服务贸易款项,且付款时间相对于提供货物或服务的提前时间超过1年、预付款金额超过100万美元及买卖合同总价30%的(出口大型成套设备或承包服务时,可将已完成工作量视同交货)。

(三)内保外贷合同项下发生以下类型特殊交易时,应符合以下规定:

1. 内保外贷项下担保责任为境外债务人债券发行项下还款义务时,境外债务人应由境内机构直接或间接持股,且境外债券发行收入应用于与境内机构存在股权关联的境外投资项目,且相关境外机构或项目已经按照规定获得国内境外投资主管部门的核准、登记、备案或确认;

2. 内保外贷合同项下融资资金用于直接或间接获得对境外其他机构的股权(包括新建境外企业、收购境外企业股权和向境外企业增资)或债权时,该投资行为应当符合国内相关部门有关境外投资的规定;

3. 内保外贷合同项下义务为境外机构衍生交易项下支付义务时,债务人从事衍生交易应当以止损保值为目的,符合其主营业务范围且经过股东适当授权。

五、内保外贷注销登记

内保外贷项下债务人还清担保项下债务、担保人付款责任到期或发生担保履约后,担保人应办理内保外贷登记注销手续。其中,银行可通过数据接口程序或其他方式向外汇局资本项目系统报送内保外贷更新数据;非银行机构应在15个工作日内到外汇局申请注销相关登记。

六、担保履约

(一)银行发生内保外贷担保履约的,可自行办理担保履约项下对外支付,其担保履约资金可以来源于自身向反担保人提供的外汇垫款、反担保人以外汇或人民币形式交存的保证金,或反担保人支付的其他款项。反担保人可凭担保履约证明文件直接办理购汇或支付手续。

(二)非银行机构发生担保履约的,可凭加盖外汇局印章的担保登记文件直接到银行办理担保履约项下购汇及对外支付。在办理国际收支间接申报时,须填写该笔担保登记时取得的业务编号。

非银行机构发生内保外贷履约的,在境外债务人偿清境内担保人承担的债务之前(因债务人破产、清算等原因导致其无法清偿债务的除外),未经外汇局批准,担保人必须暂停签订新的内保外贷合同。

(三)非银行机构提供内保外贷后未办理登记但需要办理担保履约的,担保人须先向外汇局申请办理内保外贷补登记,然后凭补登记文件到银行办理担保履约手续。外汇局在办理补登记前,应先移交外汇检查部门。

七、对外债权登记

(一)内保外贷发生担保履约的,成为对外债权人的境内担保人或境内反担保人,应办理对外债权登记。

对外债权人为银行的,通过资本项目信息系统报送对外债权相关信息。债权人为非银行机构的,应在担保履约后15个工作日内到所在地外汇局办理对外债权登记,并按规定办理与对外债权相关的变更、注销手续。

(二)对外债权人为银行时,担保项下债务人(或反担保人)主动履行对担保人还款义务的,债务人(或反担保人)、担保人可自行办理各自的付款、收款手续。债务人(或反担保人)由于各种原因不能主动履行付款义务的,担保人以合法手段从债务人(或反担保人)清收的资金,其币种与原担保履约币种不一致的,担保人可自行代债务人(或反担保人)办理相关汇兑手续。

(三)对外债权人为非银行机构时,其向债务人追偿所得资金为外汇的,在向银行说明资金来源、银行确认境内担保人已按照相关规定办理对外债权登记后可以办理结汇。

八、其他规定

(一)担保人办理内保外贷业务时,应对债务人主体资格、担保项下资金用途、预计的还款资金来源、担保履约的可能性及相关交易背景进行审核,对是否符合境内、外相关法律法规进行尽职调查,并以适当方式监督债务人按照其申明的用途使用担保项下资金。

(二)境内个人作为担保人,可参照境内非银行机构办理内保外贷业务。

(三)境内机构为境外机构(债务人)向其境外担保人提供的反担保,按内保外贷进行管理,提供反担保的境内机构须遵守本规定。境内机构按内保外贷规定为境外机构(债务人)提供担保时,其他境内机构为债务人向提供内保外贷的境内机构提供反担保,不按内保外贷进行管理,但需符合相关外汇管理规定。

(四)担保人对担保责任上限无法进行合理预计的内保外贷,如境内企业出具的不明确赔偿金额上限的项目完工责任担保,可以不办理登记,但经外汇局核准后可以办理担保履约手续。

第二部分 外保内贷外汇管理

一、境内非金融机构从境内金融机构借用贷款或获得授信额度,在同时满足以下条件的前

提下,可以接受境外机构或个人提供的担保,并自行签订外保内贷合同:

(一)债务人为在境内注册经营的非金融机构;

(二)债权人为在境内注册经营的金融机构;

(三)担保标的为本外币贷款(不包括委托贷款)或有约束力的授信额度;

(四)担保形式符合境内、外法律法规。

未经批准,境内机构不得超出上述范围办理外保内贷业务。

二、境内债务人从事外保内贷业务,由发放贷款或提供授信额度的境内金融机构向外汇局的资本项目系统集中报送外保内贷业务数据。

三、发生外保内贷履约的,金融机构可直接与境外担保人办理担保履约收款。

境内债务人从事外保内贷业务发生担保履约的,在境内债务人偿清其对境外担保人的债务之前,未经外汇局批准,境内债务人应暂停签订新的外保内贷合同;已经签订外保内贷合同但尚未提款或全部提款的,未经所在地外汇局批准,应暂停办理新的提款。

境内债务人因外保内贷项下担保履约形成的对外负债,其未偿本金余额不得超过其上年度末经审计的净资产数额。超出上述限额的,须占用其自身的外债额度;外债额度仍然不够的,按未经批准擅自对外借款进行处理。

境内非银行金融机构为债权人,发生境外担保人履约的,境内非银行金融机构在办理国际收支间接申报时,应在申报单上填写该笔外保内贷登记时取得的业务编号。

境内债务人向债权人申请办理外保内贷业务时,应向债权人真实、完整地提供其已办理外保内贷业务的债务违约、外债登记及债务清偿情况。

四、外保内贷业务发生境外担保履约的,境内债务人应在担保履约后15个工作日内到所在地外汇局办理短期外债签约登记及相关信息备案。外汇局在外债签约登记环节对债务人外保内贷业务的合规性进行事后核查。发现违规的,在将违规行为移交外汇检查部门后,外汇局可为其办理外债登记手续。

因境外担保履约而申请办理外债登记的,债务人应当向外汇局提供以下材料:

(一)关于办理外债签约登记的书面申请报告(内容包括公司基本情况、外保内贷业务逐笔和汇总情况、本次担保履约情况及其他需要说明的事项)。

(二)担保合同复印件和担保履约证明文件(合同文本内容较多的,提供合同简明条款并加盖印章;合同为外文的,须提供中文翻译件并加盖债务人印章)。

(三)外商投资企业应提供批准证书、营业执照等文件,中资企业应提供营业执照。

(四)上年度末经审计的债务人财务报表。

(五)外汇局为核查外保内贷业务合规性、真实性而可能要求提供的其他材料(如境外债权人注册文件或个人身份证件)。

五、金融机构办理外保内贷履约,如担保履约资金与担保项下债务提款币种不一致而需要办理结汇或购汇的,应当向外汇局提出申请。金融机构办理境外担保履约款结汇(或购汇)业务,由其分行或总行汇总自身及下属分支机构的担保履约款结汇(或购汇)申请后,向其所在地外汇局集中提出申请。

金融机构提出的境外担保履约款结汇(或购汇)申请,由外汇局资本项目管理部门受理。金融机构作为债权人签订贷款担保合同时无违规行为的,外汇局可批准其担保履约款结汇(或购汇)。若金融机构违规行为属于未办理债权人集中登记等程序性违规的,外汇局可先允许其办理结汇(或购汇),再依据相关法规进行处理;金融机构违规行为属于超出现行政策许可范围等实质性违规且金融机构应当承担相应责任的,外汇局应先移交外汇检查部门,然后再批准其结汇(或购汇)。

六、金融机构申请担保履约款结汇(或购汇),应提交以下文件:

(一)申请书;

(二)外保内贷业务合同(或合同简明条款);

(三)证明结汇(或购汇)资金来源的书面材料;

(四)债务人提供的外保内贷履约项下外债登记证明文件(因清算、解散、债务豁免或其他合理因素导致债务人无法取得外债登记证明的,应当说明原因);

(五)外汇局认为必要的其他证明材料。

七、境外担保人向境内金融机构为境内若干债务人发放的贷款组合提供部分担保(风险分担),发生担保履约(赔付)后,如合同约定由境内金融机构代理境外担保人向债务人进行债务追偿,则由代理的金融机构向外汇局报送外债登记数据,其未偿本金余额不得超过该担保合同项下各债务人上年度末经审计的净资产数之和。

第三部分 物权担保外汇管理

一、外汇局仅对跨境担保涉及的资本项目外汇管理事项进行规范,但不对担保当事各方设定担保物权的合法性进行审查。担保当事各方应自行确认以下事项符合相关法律法规,包括但不限于:

(一)设定抵押(质押)权的财产或权利是否符合法律规定的范围;

(二)设定抵押(质押)权在法律上是否存在强制登记要求;

(三)设定抵押(质押)权是否需要前置部门的审批、登记或备案;

(四)设定抵押(质押)权之前是否应当对抵押或质押物进行价值评估或是否允许超额抵押(质押)等;

(五)在实现抵押(质押)权时,国家相关部门是否对抵押(质押)财产或权利的转让或变现存在限制性规定。

二、担保人与债权人之间因提供抵押、质押等物权担保而产生的跨境收支和交易事项,已存在限制或程序性外汇管理规定的,应当符合规定。

国家对境内外机构或个人跨境获取特定类型资产(股权、债权、房产和其他类型资产等)存在限制性规定的,如境外机构从境内机构或另一境外机构获取境内资产,或境内机构从境外机构或另一境内机构获取境外资产,担保当事各方应自行确认担保合同履约不与相关限制性规定产生冲突。

三、当担保人与债权人分属境内、境外,或担保物权登记地(或财产所在地、收益来源地)与担保人、债权人的任意一方分属境内、境外时,境内担保人或境内债权人应按下列规定办理相关外汇管理手续:

(一)当担保人、债权人注册地或担保物权登记地(或财产所在地、收益来源地)至少有两项分属境内外时,担保人实现担保物权的方式应当符合相关法律规定。

（二）除另有明确规定外，担保人或债权人申请汇出或收取担保财产处置收益时，可直接向境内银行提出申请；银行在审核担保履约真实性、合规性并留存必要材料后，担保人或债权人可以办理相关购汇、结汇和跨境收支。

（三）相关担保财产所有权在担保人、债权人之间发生转让，按规定需要办理跨境投资外汇登记的，当事人应办理相关登记或变更手续。

四、担保人为第三方债务人向债权人提供物权担保，构成内保外贷或外保内贷的，应当按照内保外贷或外保内贷相关规定办理担保登记手续，并遵守相关限制性规定。

经外汇局登记的物权担保因任何原因而未合法设立，担保人应到外汇局注销相关登记。

五、境内非银行机构为境外债务人向境外债权人提供物权担保，外汇局在办理内保外贷登记时，应在内保外贷登记证明中简要记录其担保物权的具体内容。

外汇局在内保外贷登记证明中记录的担保物权具体事项，不成为设定相关抵押、质押等权利的依据，也不构成相关抵押或质押合同的生效条件。

六、境内机构为自身债务提供跨境物权担保的，不需要办理担保登记。担保人以法规允许的方式用抵押物折价清偿债务，或抵押权人变卖抵押物后申请办理对外汇款时，担保人参照一般外债的还本付息办理相关付款手续。

第四部分　跨境担保其他事项外汇管理

一、其他形式跨境担保

（一）其他形式跨境担保是指除前述内保外贷和外保内贷以外的其他跨境担保情形。包括但不限于：

1. 担保人在境内，债务人与债权人分属境内或境外的跨境担保；
2. 担保人在境外，债务人与债权人分属境内或境外的跨境担保；
3. 担保当事各方均在境内，担保物权登记地在境外的跨境担保；
4. 担保当事各方均在境外，担保物权登记地在境内的跨境担保。

（二）境内机构提供或接受其他形式跨境担保，在符合境内外法律法规和本规定的前提下，可自行签订跨境担保合同。除外汇局另有明确规定外，担保人、债务人不需要就其他形式跨境担保到外汇局办理登记或备案，无需向资本项目信息系统报送数据。

（三）境内机构办理其他形式跨境担保，应按规定办理与对外债权债务有关的外汇管理手续。担保项下对外债权或外债需要事前办理审批或登记手续的，应当办理相关手续。

（四）除另有明确规定外，境内担保人或境内债权人申请汇出或收取担保履约款时，可直接向境内银行提出申请；银行在审核担保履约真实性、合规性并留存必要材料后，担保人或债权人可以办理相关购汇、结汇和跨境收支。

（五）担保人在境内、债务人在境外，担保履约后构成对外债权的，应当办理对外债权登记；担保人在境外、债务人在境内，担保履约后发生境外债权人变更的，应当办理外债项下债权人变更登记手续。

（六）境内担保人向境内债权人支付担保履约款，或境内债务人向境内担保人偿还担保履约款的，因担保项下债务计价结算币种为外币而付款人需要办理境内外汇划转的，付款人可直接在银行办理相关付款手续。

二、境内债务人对外支付担保费,可按照服务贸易外汇管理有关规定直接向银行申请办理。

三、担保人、债务人不得在明知或者应知担保履约义务确定发生的情况下签订跨境担保合同。担保人、债务人和债权人可按照合理商业原则,依据以下标准判断担保合同是否具备明显的担保履约意图:

(一)签订担保合同时,债务人自身是否具备足够的清偿能力或可预期的还款资金来源;

(二)担保项下借款合同规定的融资条件,在金额、利率、期限等方面与债务人声明的借款资金用途是否存在明显不符;

(三)担保当事各方是否存在通过担保履约提前偿还担保项下债务的意图;

(四)担保当事各方是否曾经以担保人、反担保人或债务人身份发生过恶意担保履约或债务违约。

四、担保人、债务人、债权人向境内银行申请办理与跨境担保相关的购付汇和收结汇时,境内银行应当对跨境担保交易的背景进行尽职审查,以确定该担保合同符合中国法律法规和本规定。

五、具备以下条件之一的跨境承诺,不按跨境担保纳入外汇管理范围:

(一)该承诺不具有契约性质或不受法律约束;

(二)履行承诺义务的方式不包括现金交付或财产折价清偿等付款义务;

(三)履行承诺义务不会同时产生与此直接对应的对被承诺人的债权;

(四)国内有其他法规、其他部门通过其他方式进行有效管理,经外汇局明确不按跨境担保纳入外汇管理范围的跨境承诺,如境内银行在货物与服务进口项下为境内机构开立的即期和远期信用证、已纳入行业主管部门监管范围的信用保险等;

(五)一笔交易存在多个环节,但监管部门已在其中一个环节实行有效管理,经外汇局明确不再重复纳入规模和统计范围的跨境承诺,如境内银行在对外开立保函、开立信用证或发放贷款时要求境内客户提供的保证金或反担保;

(六)由于其他原因外汇局决定不按跨境担保纳入外汇管理范围的相关承诺。

不按跨境担保纳入外汇管理范围的相关承诺,不得以跨境担保履约的名义办理相关跨境收支。

六、跨境担保可分为融资性担保和非融资性担保。融资性担保是指担保人为融资性付款义务提供的担保,这些付款义务来源于具有融资合同一般特征的相关交易,包括但不限于普通借款、债券、融资租赁、有约束力的授信额度等。非融资性担保是指担保人为非融资性付款义务提供的担保,这些付款义务来源于不具有融资合同一般特征的交易,包括但不限于招投标担保、预付款担保、延期付款担保、货物买卖合同下的履约责任担保等。

七、外汇局对境内机构跨境担保业务进行核查和检查,担保当事各方、境内银行应按照外汇局要求提供相关资料。对未按本规定及相关规定办理跨境担保业务的,外汇局根据《中华人民共和国外汇管理条例》(以下简称《条例》)进行处罚。

(一)违反《跨境担保外汇管理规定》(以下简称《规定》)第十一条第(二)项规定,债务人将担保项下资金直接或间接调回境内使用的,按照《条例》第四十一条对担保人进行处罚。

(二)有下列情形之一的,按照《条例》第四十三条处罚:

1. 违反《规定》第八条规定,担保人办理内保外贷业务违反法律法规及相关部门规定的;
2. 违反《规定》第十条规定,担保人超出行业主管部门许可范围提供内保外贷的;
3. 违反《规定》第十二条规定,担保人未对债务人主体资格、担保项下资金用途、预计的还款资金来源、担保履约的可能性及相关交易背景进行审核,对是否符合境内、外相关法律法规未进行尽职调查,或未以适当方式监督债务人按照其申明的用途使用担保项下资金的;
4. 违反《规定》第十四条规定,担保人未经外汇局批准,在向债务人收回提供履约款之前签订新的内保外贷合同的;
5. 违反《规定》第十七条规定,未经批准,债务人、债权人超出范围办理外保内贷业务的;
6. 违反《规定》第十九条第一款规定,境内债务人未经外汇局批准,在偿清对境外担保人债务之前擅自签订新的外保内贷合同或办理新的提款的;
7. 违反《规定》第十九条第二款规定,境内债务人担保履约项下未偿本金余额超过其上年度末经审计的净资产数额的;
8. 违反《规定》第二十七条规定,担保人、被担保人明知或者应知担保履约义务确定发生的情况下仍然签订跨境担保合同的。

(三)有下列情形之一的,按照《条例》第四十七条处罚:
1. 违反《规定》第二十三条第(二)项规定,银行未审查担保履约真实性、合规性或留存必要材料的;
2. 违反《规定》第二十八条规定,境内银行对跨境担保交易的背景未进行尽职审查,以确定该担保交易符合中国法律法规和本规定的。

(四)有下列情形的,按照《条例》第四十八条处罚:
1. 违反《规定》第九条规定,担保人未按规定办理内保外贷登记的;
2. 违反《规定》第十三条规定,担保人未按规定办理内保外贷登记注销手续的;
3. 违反《规定》第十五条规定,担保人或反担保人未按规定办理对外债权登记手续的;
4. 违反《规定》第十八条规定,境内金融机构未按规定向外汇局报送外保内贷业务相关数据的;
5. 违反《规定》第十九条第三款规定,债务人办理外保内贷业务时未向债权人真实、完整地提供其已办理外保内贷业务的债务违约、外债登记及债务清偿情况的;
6. 违反《规定》第二十条规定,境内债务人未按规定到所在地外汇局办理短期外债签约登记及相关信息备案手续的;
7. 违反《规定》第二十三条第(三)项规定,当事人未按规定办理跨境投资外汇登记的;
8. 违反《规定》第二十四条第二款规定,担保人未到外汇局注销相关登记的。

七、金融

关于内地与香港基金互认有关税收政策的通知

财税〔2015〕125号

各省、自治区、直辖市、计划单列市财政厅（局）、国家税务局、地方税务局，新疆生产建设兵团财务局，上海、深圳证券交易所，中国证券登记结算公司：

经国务院批准，现就内地与香港基金互认涉及的有关税收政策问题明确如下：

一、关于内地投资者通过基金互认买卖香港基金份额的所得税问题

1. 对内地个人投资者通过基金互认买卖香港基金份额取得的转让差价所得，自2015年12月18日起至2018年12月17日止，三年内暂免征收个人所得税。

2. 对内地企业投资者通过基金互认买卖香港基金份额取得的转让差价所得，计入其收入总额，依法征收企业所得税。

3. 内地个人投资者通过基金互认从香港基金分配取得的收益，由该香港基金在内地的代理人按照20%的税率代扣代缴个人所得税。

前款所称代理人是指依法取得中国证监会核准的公募基金管理资格或托管资格，根据香港基金管理人的委托，代为办理该香港基金内地事务的机构。

4. 对内地企业投资者通过基金互认从香港基金分配取得的收益，计入其收入总额，依法征收企业所得税。

二、关于香港市场投资者通过基金互认买卖内地基金份额的所得税问题

1. 对香港市场投资者（包括企业和个人）通过基金互认买卖内地基金份额取得的转让差价所得，暂免征收所得税。

2. 对香港市场投资者（包括企业和个人）通过基金互认从内地基金分配取得的收益，由内地上市公司向该内地基金分配股息红利时，对香港市场投资者按照10%的税率代扣所得税；或发行债券的企业向该内地基金分配利息时，对香港市场投资者按照7%的税率代扣所得税，并由内地上市公司或发行债券的企业向其主管税务机关办理扣缴申报。该内地基金向投资者分配收益时，不再扣缴所得税。

内地基金管理人应当向相关证券登记结算机构提供内地基金的香港市场投资者的相关信息。

三、关于内地投资者通过基金互认买卖香港基金份额和香港市场投资者买卖内地基金份额的营业税问题

1. 对香港市场投资者(包括单位和个人)通过基金互认买卖内地基金份额取得的差价收入,暂免征收营业税。

2. 对内地个人投资者通过基金互认买卖香港基金份额取得的差价收入,按现行政策规定暂免征收营业税。

3. 对内地单位投资者通过基金互认买卖香港基金份额取得的差价收入,按现行政策规定征免营业税。

四、关于内地投资者通过基金互认买卖香港基金份额和香港市场投资者通过基金互认买卖内地基金份额的印花税问题

1. 对香港市场投资者通过基金互认买卖、继承、赠与内地基金份额,按照内地现行税制规定,暂不征收印花税。

2. 对内地投资者通过基金互认买卖、继承、赠与香港基金份额,按照香港特别行政区现行印花税税法规定执行。

五、财政、税务、证监等部门要加强协调,通力合作,切实做好政策实施的各项工作。

基金管理人、基金代理机构、相关证券登记结算机构以及上市公司和发行债券的企业,应依照法律法规积极配合税务机关做好基金互认税收的扣缴申报、征管及纳税服务工作。

六、本通知所称基金互认,是指内地基金或香港基金经香港证监会认可或中国证监会注册,在双方司法管辖区内向公众销售。所称内地基金,是指中国证监会根据《中华人民共和国证券投资基金法》注册的公开募集证券投资基金。所称香港基金,是指香港证监会根据香港法律认可公开销售的单位信托、互惠基金或者其他形式的集体投资计划。所称买卖基金份额,包括申购与赎回、交易。

七、本通知自2015年12月18日起执行。

财政部
国家税务总局
证监会
2015年12月14日

内地与香港证券投资基金跨境发行销售资金管理操作指引

中国人民银行、国家外汇管理局公告〔2015〕第36号

为规范内地与香港两地基金互认,根据《中华人民共和国中国人民银行法》、《中华人民共和国

和国外汇管理条例》及相关规定,中国人民银行、国家外汇管理局制定了《内地与香港证券投资基金跨境发行销售资金管理操作指引》。现予公布,自公布之日起施行。

人民银行

外汇局

2015年11月6日

附件:

内地与香港证券投资基金跨境发行销售资金管理操作指引

第一章 总 则

第一条 本指引所称内地证券投资基金(以下简称内地基金)是指经中国证券监督管理委员会(以下简称中国证监会)根据《中华人民共和国证券投资基金法》注册的,由内地基金管理人管理的公开募集证券投资基金。

本指引所称香港证券投资基金(以下简称香港基金)是指经香港证券及期货事务监察委员会(以下简称香港证监会)认可,由注册在香港的基金管理人管理的共同基金、单位信托或者其他形式的集体投资计划。

本指引所称证券投资基金跨境发行销售,是指内地基金经香港证监会认可后在香港地区发行及销售(以下简称香港发行),以及香港基金经中国证监会注册后在内地发行及销售(以下简称内地发行)。

第二条 鼓励内地与香港证券投资基金跨境发行销售以人民币计价,使用人民币进行跨境收付。

第三条 中国人民银行及其分支机构对证券投资基金跨境发行销售所涉人民币账户和人民币资金跨境收支实施监督、管理和检查。

国家外汇管理局及其分局、外汇管理部对证券投资基金跨境发行销售实行信息报告管理,并就其所涉的外汇账户开立、资金汇兑、收付和使用等实施监督、管理和检查。

第二章 香港基金内地发行

第四条 经中国证监会注册的香港基金,其管理人应在该基金内地发行前,持以下材料通过该基金内地代理人(以下简称代理人)在国家外汇管理局资本项目信息系统(以下简称系统)报告相关信息:

(一)《香港基金内地发行信息报告表》(见附1);

(二)香港基金管理人香港注册证明文件复印件;

（三）香港基金经中国证监会注册的文件复印件。

其中，代理人为香港基金管理人报告首只香港基金的信息时，还需在系统中查询香港基金管理人是否已有主体信息。没有主体信息的，代理人应先为香港基金管理人申请特殊机构赋码，并在系统中为香港基金管理人报告主体信息。

第五条 已报告主体信息的香港基金，其管理人应凭在系统报告后生成的相关业务凭证，委托代理人在指定销售银行以香港基金管理人名义为每只香港基金开立募集资金专用账户（人民币或/和外汇账户，以下简称募集资金专户）。外汇募集资金专户与人民币募集资金专户内的资金可结汇、购汇后相互划转。

通过代销方式募集资金的香港基金，代理人应凭在系统报告信息后生成的相关业务凭证在银行开立香港基金代销账户（人民币或/和外汇账户）。

香港基金管理人在内地开立人民币募集资金专户，按照《境外机构人民币银行结算账户管理办法》（银发〔2010〕249号文印发）和《中国人民银行关于境外机构人民币银行结算账户开立和使用有关问题的通知》（银发〔2012〕183号）等规定办理。

上述相关账户收支范围见附2，账户信息申报规范见附3。

第三章 内地基金香港发行

第六条 经香港证监会认可的内地基金，其内地管理人应在该基金香港发行前，持以下材料通过该基金内地托管人（以下简称托管人）在系统报告相关信息：

（一）《内地基金香港发行信息报告表》（见附4）；

（二）内地基金管理人工商营业执照复印件；

（三）内地基金经香港证监会认可的证明文件复印件。

其中，托管人为内地基金管理人报告首只内地基金的信息时，还需在系统中查询内地基金管理人是否已有主体信息。没有主体信息的，内地基金管理人应持《内地基金香港发行信息报告表》、内地基金管理人工商营业执照复印件等材料，先到其注册所在地外汇局或银行报告主体信息。

第七条 已报告主体信息的内地基金，其内地管理人应凭在系统报告信息后生成的相关业务凭证，在托管人处或托管人指定的开户银行为每只内地基金开立募集资金专户（人民币或/和外汇账户）。人民币募集资金专户与外汇募集资金专户内的资金可结汇、购汇后相互划转。

上述相关账户收支范围见附2，账户信息申报规范见附3。

第四章 资金及汇兑管理

第八条 所有香港基金内地发行募集资金净汇出规模上限、所有内地基金香港发行募集资金净汇入规模上限，初期均为等值3 000亿元人民币。

第九条 当所有香港基金内地发行募集资金净汇出规模达到等值3 000亿元人民币，或当所有内地基金香港发行募集资金净汇入规模达到等值3 000亿元人民币时，国家外汇管理局将在官方网站（www.safe.gov.cn）发布公告，香港（内地）基金管理人应在公告之日起暂停内地

(香港)基金注册(认可)以及跨境发行销售相关工作,直至此后国家外汇管理局官方网站公布汇出(入)月度数据时,净汇出(净汇入)资金规模低于等值3 000亿元人民币为止。

国家外汇管理局将每月在官方网站公布基金跨境发行销售募集资金汇出(入)相关信息。香港(内地)基金管理人可根据该信息开展基金跨境发行销售相关工作。

第十条 香港(内地)基金内地(香港)发行募集资金规模原则上不得超过基金总资产的50%。

香港(内地)基金因香港(内地)持有人净赎回,导致该基金内地(香港)持有人资产规模超过该基金总资产50%的,香港(内地)基金管理人应停止该基金内地(香港)销售。

第十一条 香港(内地)基金管理人可通过其募集资金专户开户银行以人民币或外汇形式汇出或汇入申购及赎回资金。相关资金应按币种分别从相关人民币或外汇专户中汇出或汇入。

第十二条 代理人应根据香港基金管理人的委托,为香港基金办理相关资金结汇、购汇和相关账户之间的资金划转手续。

托管人应根据内地基金管理人的要求或指令,为内地基金办理相关资金结汇、购汇和相关账户之间的资金划转手续。

第五章 统计监测及监督管理

第十三条 证券投资基金跨境发行销售所涉及的主体,应按照国际收支统计申报相关规定,进行涉外收付款以及对外金融资产负债和交易统计申报。

第十四条 香港(内地)基金管理人内地开户银行应当及时、准确、完整地向人民币跨境收付信息管理系统(RCPMIS)报送相关人民币账户信息和跨境人民币资金收支信息。

第十五条 代理人、托管人、内地开户银行、内地基金管理人等应按照国家外汇管理局有关规定,报送相关账户、账户内结售汇、内地资金划转、外债及其他相关数据。

第十六条 香港基金管理人(通过代理人)和内地基金管理人应于每年1月底前,向中国人民银行、国家外汇管理局报送其内地(香港)基金跨境发行销售情况报告,内容包括但不限于:基金数量、每只基金规模、资金汇出入情况(按月度统计)、结售汇情况等。

第十七条 香港(内地)基金管理人、代理人、托管人、内地开户银行等有以下行为的,中国人民银行、国家外汇管理局依据相关规定予以处理:

(一)未按规定报告信息,或报告信息内容不全、不实,或提供虚假材料、虚假报告信息证明等;

(二)违反规定办理资金汇出(入)的;

(三)未按要求暂停基金申购及基金注册(认可)的;

(四)未按规定办理相关账户开立或关闭的;

(五)未按规定办理资金购结汇、收付汇的;

(六)未按规定报送相关数据、报告及报备材料的;

(七)未按规定进行国际收支统计申报的;

(八)违反中国人民银行、国家外汇管理局其他规定的。

第十八条 香港(内地)基金管理人根据本指引向中国人民银行及其分支机构和国家外汇

管理局及其分局、外汇管理部报送的材料应为中文文本。同时具有外文和中文文本的,以中文文本为准。

第十九条 本指引由中国人民银行、国家外汇管理局负责解释。

附:1. 香港基金内地发行信息报告表(略——编者注)
    2. 基金跨境发行销售相关账户收支范围一览表(略——编者注)
    3. 基金跨境发行销售相关账户信息申报规范(略——编者注)
    4. 内地基金香港发行信息报告表(略——编者注)

中国保监会关于深化保险中介市场改革的意见

保监发〔2015〕91 号

机关各部门,各保监局,培训中心,中国保险行业协会,中国保险学会,中国精算师协会,中国保险资产管理业协会,中国保险保障基金有限责任公司,中国保险信息技术管理有限责任公司,各保险公司,各保险中介机构:

保险中介是保险交易活动的重要桥梁和纽带,经过多年发展,我国保险中介市场已经成为保险市场重要组成部分,在销售保险产品、改进保险服务、提高市场效率、普及保险知识等方面发挥了重要作用,促进了保险市场的健康快速发展。但总体看,保险中介市场尚处于发展的初级阶段,与加快发展现代保险服务业的要求和广大保险消费者的期待相比,还存在一定差距。为进一步促进保险中介市场健康规范发展,现就保险中介市场改革提出如下意见。

一、指导思想、总体目标和基本原则

(一)指导思想和总体目标。

全面贯彻党的十八大和十八届二中、三中、四中全会精神,落实《国务院关于加快发展现代保险服务业的若干意见》(国发〔2014〕29 号)战略部署和保监会深化保险业改革的总体要求,放开放活前端,管住管好后端,健全支持鼓励行业创新变革的体制机制;培育一批具有专业特色和国际竞争力的龙头型保险中介机构,发展一大批小微型、社区化、门店化经营的区域性专业代理机构,形成一个自主创业、自我负责、体现大众创业、万众创新精神的独立个人代理人群体;建成功能定位清晰、准入退出顺畅、要素流动有序的保险中介市场体系;形成主体管控有效、行政监管有力、行业自律充分、社会监督到位的四位一体保险中介监管体系,促进保险中介更好发挥对保险业的支持支撑作用,服务保险业又好又快发展。

(二)基本原则。

一是简政放权,放管结合。全面落实中央深化改革精神,尊重市场经济规律,加快转变政府职能,该放的大胆放、放到位、放到底,把经营自主权还给市场;该管的大胆管、管到位、管到底,不折不扣履行监管职责。

二是统筹谋划,分步实施。加强顶层设计,着眼长远发展,增强改革工作的系统性、整体性、协同性;分清轻重缓急,着力解决当前主要问题和矛盾,制定实施的路线图和时间表,渐次推进。

三是支持试点,鼓励创新。积极鼓励有条件的地区和单位先行先试和创新变革,不断总结推广改革成功经验和做法。

二、主要任务

(一)着力完善准入退出管理,建立多层次服务体系。

清晰功能定位。坚持保险中介在保险交易活动中接受当事人委托、在保险合同缔结履行各环节提供服务、取得报酬的基本职能定位。坚持保险中介在保险市场上发挥畅通信息、降低成本、促进效率的重要功能。坚持发展多层次、多成分、多形式的保险中介市场体系。

改进准入管理。对专业中介机构,实行先照后证的准入程序,降低注册资本标准,实行公估机构注册资本认缴制;推行专业代理机构许可证分类制度,区分全国性和区域性机构两种类型,建立相应准入要求;适时推进专业代理和公估机构对外开放,扩大外资经纪机构经营范围。对兼业代理机构,坚持商业企业性、窗口便利性、业务兼营性和主业相关性准入标准,实施行业准入清单和代理险种目录,实行法人机构申报资格、法人机构持证、营业网点统一登记制度。对个人代理人,完善执业登记制度。

加强退出管理。完善保险中介机构市场退出标准与程序,逐步形成机构自主退出和监管强制退出有机结合的退出机制。丰富市场退出政策工具,开展经营连续性审查,规范许可证到期换发审查,强化退出标准硬约束,加强执法查处,实现应退尽退,限劣扶优。

(二)着力鼓励推动变革创新,提升中介服务能力。

支持专业中介机构创新发展。鼓励专业中介机构提升专业技术能力,在风险定价、产品开发、防灾防损、风险顾问、损失评估、理赔服务、反保险欺诈调查等方面主动作为,提供增值服务。鼓励专业中介机构走差异化发展之路,专业从事再保险经纪、人身险经纪、车险公估等业务。鼓励专业中介机构积极服务国家"走出去"战略,为"一带一路"和海外项目提供风险管理与保险安排服务。支持专业中介机构在境外设立机构。

鼓励保险销售多元化。鼓励保险公司有序发展交叉销售、电话销售、互联网销售等保险销售新渠道新模式。鼓励专业中介机构探索"互联网+保险中介"的有效形式,借助互联网开发形成新的业务平台。按照线上线下监管一致性原则,规范电子商务平台等互联网企业开展保险中介服务行为。

推进独立个人代理人制度。坚持以有利于个人代理人职业规划、有利于保险业务发展、有利于有效监管为原则,支持保险公司和保监局大胆先行先试,探索鼓励现有优秀个人代理人自主创业、独立发展。鼓励保险公司积极改革现行个人代理人模式,缩减管理团队层级,完善以业务品质为导向的佣金制度和考核机制。

推动市场要素有序流动。鼓励专业中介机构兼并重组。支持专业中介机构通过资本市场募集资金和交易股权。允许专业中介机构在风险可控前提下,探索管理层股权、期权和员工持股计划等激励机制。

(三)着力强化自我管控,促进行业提质升级。

强化专业中介机构治理内控。以全国性机构为重点,制定机构治理和内控指引,建立结构完整、责权明确、运转有效的公司治理体系,完善业务、财务内控制度。强化法人机构和高级管理人员管理责任。

强化兼业代理机构保险业务管理。建立兼业代理机构代理保险业务的内控制度和管控机制指引,明确法人的主体责任,实行书面合规承诺和合规责任人制度。

强化保险公司中介业务管理。明晰保险公司落实中介业务管控责任的监管标准和要求,推动保险公司自上而下完善管控中介业务的组织架构和规章制度。加强保单基础信息真实性监管,推动保险公司规范保单内容与格式,在保单上真实完整反映业务渠道信息。逐步实行中介费用集中支付。

强化机构信息化建设。研究提出保险中介机构经营管理信息化标准要求,推动保险中介机构与保险公司业务、财务管理系统对接和数据自动校验,加强保险公司中介业务全流程信息系统管控。

(四)着力加强监督管理,全面提升行政效能。

加强非现场监管。完善专业中介机构信息登记与报告制度,建立兼业代理机构保险业务数据报送制度,加强中介市场风险监测。改进分类监管,完善指标体系。实行保险中介机构代收保费账户和佣金账户登记备案制度。全面推行专业中介机构和兼业代理机构缴纳保证金和投保职业责任保险制度。推动建立专门的相互保险组织,专业负责保险中介行业的职业责任保险保障和风险防范。

改进现场检查。加快建立检查对象和检查人员随机抽取的"双随机"现场检查制度,开展定期综合检查、不定期专项检查和临时监管巡查。

提升监管手段。运用大数据、云计算等技术手段,开发运用新型监管信息平台,形成监管部门、保险公司、中介机构、从业人员的有效对接,在平台上实现机构人员统一、交易实时清晰、监管及时有效、服务公开透明。

完善监管制度。完善法规制度体系,全面修订监管规章,清理规范性文件,尽快建立以《保险法》为基础、以部门规章为主体、以规范性文件为补充的保险中介监管法规制度体系,构建保险中介市场发展与监管的长效机制。

强化监管机制。全面落实属地监管,各保监局对辖区内保险中介机构、人员和保险中介业务全面履行监管职责。全面加强系统联动,以保险中介机构法人所在地保监局为枢纽,健全监管信息通报共享制度,加强重大监管行动协作。

(五)着力加强组织建设,注重行业自律作用。

支持发展保险中介行业组织。尽快推动成立中国保险中介行业协会,鼓励有条件、有意愿的地区根据当地实际和市场需要,成立地方性保险中介行业组织。

支持行业组织发挥作用。建立分类分层次的从业人员测试制度,开展继续教育与培训,完善全行业统一的执业登记体系。构建保险中介机构服务评价体系和独立个人代理人综合评级制度,健全完善保险中介机构和从业人员诚信记录及失信惩戒机制。

推动行业组织搭建平台。建立重大风险项目和行业人才信息平台,开发专业中介机构股权登记转让系统。

(六)着力加强信息披露,发挥社会监督效力。

强化机构信息披露义务。建立健全保险中介机构基本信息定期披露和重大信息不定期披露制度,加强产品销售、理赔服务等各环节的信息披露。强化保险中介从业人员从业过程中的信息告知义务。建立经纪机构佣金收取方式和比例向客户公开制度。

完善监管信息披露制度。建立多元化的信息披露渠道和平台,加大机构概况、行业信息、行政许可、行政处罚等监管政务信息的对外披露力度,方便社会公众查询,发挥社会监督作用。

三、保障措施

(一)加强组织领导。深化保险中介市场改革工作,涉及监管理念转变和市场机制调整,与保险业市场化改革、保险市场运行机制变革紧密相联,各单位要加强统筹,有重点、有步骤、有秩序地抓好落实和推进工作。保监会成立保险中介市场改革工作领导小组。领导小组由保监会党委委员、副主席黄洪担任组长,成员包括办公厅、财险部、人身险部、中介部、国际部、法规部、统信部、稽查局等部门的主要负责人。各保监局应根据本地区情况,成立由主要负责人牵头的相应工作机构。

(二)加强内部协作。保监会有关部门和各保监局要从大局出发,以高度的责任感、使命感和改革创新精神,切实履行职责,加强协调配合,财产险、人身险、保险中介领域改革要紧密结合,合力推进深化保险中介市场改革工作,确保改革顺利实施、取得实效。

(三)密切外部协调。严格与党中央、国务院确定的商事制度改革、行政审批制度改革的方向和要求保持一致,密切关注工商、税务等部门在商事制度、税收制度等方面的改革举措及进程,积极加强沟通协调,努力争取和谐顺畅的外部政策环境。

(四)加强宣传引导。保监会有关部门和各保监局要高度重视改革举措的宣传舆论工作,及时做好政策解读,正确引导行业预期,最大限度凝聚行业共识,形成行业改革合力,共同推进保险中介市场改革工作。

中国保监会

2015年9月17日

商业银行流动性风险管理办法(试行)

中国银监会令2015年第9号

根据《全国人民代表大会常务委员会关于修改〈中华人民共和国商业银行法〉的决定》(中

华人民共和国主席令第三十四号),中国银监会对《商业银行流动性风险管理办法(试行)》进行了相应修改。修改后的《商业银行流动性风险管理办法(试行)》已经中国银监会2015年第18次主席会议通过,现予公布,自2015年10月1日起施行。

主席:尚福林

2015年9月2日

商业银行流动性风险管理办法(试行)

第一章 总 则

第一条 为加强商业银行流动性风险管理,维护银行体系安全稳健运行,根据《中华人民共和国银行业监督管理法》、《中华人民共和国商业银行法》、《中华人民共和国外资银行管理条例》等法律法规,制定本办法。

第二条 本办法适用于在中华人民共和国境内设立的商业银行,包括中资商业银行、外商独资银行、中外合资银行。

第三条 本办法所称流动性风险,是指商业银行无法以合理成本及时获得充足资金,用于偿付到期债务、履行其他支付义务和满足正常业务开展的其他资金需求的风险。

第四条 商业银行应当按照本办法建立健全流动性风险管理体系,对法人和集团层面、各附属机构、各分支机构、各业务条线的流动性风险进行有效识别、计量、监测和控制,确保其流动性需求能够及时以合理成本得到满足。

第五条 中国银行业监督管理委员会(以下简称银监会)依法对商业银行的流动性风险及其管理体系实施监督管理。

第二章 流动性风险管理

第六条 商业银行应当在法人和集团层面建立与其业务规模、性质和复杂程度相适应的流动性风险管理体系。

流动性风险管理体系应当包括以下基本要素:

(一)有效的流动性风险管理治理结构。

(二)完善的流动性风险管理策略、政策和程序。

(三)有效的流动性风险识别、计量、监测和控制。

(四)完备的管理信息系统。

第一节 流动性风险管理治理结构

第七条 商业银行应当建立有效的流动性风险管理治理结构,明确董事会及其专门委员会、监事会(监事)、高级管理层以及相关部门在流动性风险管理中的职责和报告路线,建立适当的考核及问责机制。

第八条 商业银行董事会应当承担流动性风险管理的最终责任,履行以下职责:

(一)审核批准流动性风险偏好、流动性风险管理策略、重要的政策和程序。流动性风险偏好应当至少每年审议一次。

(二)监督高级管理层对流动性风险实施有效管理和控制。

(三)持续关注流动性风险状况,定期获得流动性风险报告,及时了解流动性风险水平、管理状况及其重大变化。

(四)审批流动性风险信息披露内容,确保披露信息的真实性和准确性。

(五)其他有关职责。

董事会可以授权其下设的专门委员会履行其部分职责。

第九条 商业银行高级管理层应当履行以下职责:

(一)制定、定期评估并监督执行流动性风险偏好、流动性风险管理策略、政策和程序。

(二)确定流动性风险管理组织架构,明确各部门职责分工,确保商业银行具有足够的资源,独立、有效地开展流动性风险管理工作。

(三)确保流动性风险偏好、流动性风险管理策略、政策和程序在商业银行内部得到有效沟通和传达。

(四)建立完备的管理信息系统,支持流动性风险的识别、计量、监测和控制。

(五)充分了解并定期评估流动性风险水平及其管理状况,及时了解流动性风险的重大变化,并向董事会定期报告。

(六)其他有关职责。

第十条 商业银行应当指定专门部门负责流动性风险管理,其流动性风险管理职能应当与业务经营职能保持相对独立,并且具备履行流动性风险管理职能所需要的人力、物力资源。

商业银行负责流动性风险管理的部门应当具备以下职能:

(一)拟定流动性风险管理策略、政策和程序,提交高级管理层和董事会审核批准。

(二)识别、计量和监测流动性风险。持续监控优质流动性资产状况;监测流动性风险限额遵守情况,及时报告超限额情况;组织开展流动性风险压力测试;组织流动性风险应急计划的测试和评估。

(三)识别、评估新产品、新业务和新机构中所包含的流动性风险,审核相关操作和风险管理程序。

(四)定期提交独立的流动性风险报告,及时向高级管理层和董事会报告流动性风险水平、管理状况及其重大变化。

(五)拟定流动性风险信息披露内容,提交高级管理层和董事会审批。

(六)其他有关职责。

第十一条 商业银行应当在内部定价以及考核激励等相关制度中充分考虑流动性风险因素,在考核分支机构或主要业务条线经风险调整的收益时应当纳入流动性风险成本,防止因过度追求业务扩张和短期利润而放松流动性风险管理。

第十二条 商业银行监事会(监事)应当对董事会和高级管理层在流动性风险管理中的履职情况进行监督评价,至少每年向股东大会(股东)报告一次。

第十三条 商业银行应当按照银监会关于内部控制的有关要求,建立完善的流动性风险管理内部控制体系,作为银行整体内部控制体系的有机组成部分。

第十四条 商业银行应当将流动性风险管理纳入内部审计范畴,定期审查和评价流动性风险管理的充分性和有效性。

内部审计应当涵盖流动性风险管理的所有环节,包括但不限于:

(一)流动性风险管理治理结构、策略、政策和程序能否确保有效识别、计量、监测和控制流动性风险。

(二)流动性风险管理政策和程序是否得到有效执行。

(三)现金流分析和压力测试的各项假设条件是否合理。

(四)流动性风险限额管理是否有效。

(五)流动性风险管理信息系统是否完备。

(六)流动性风险报告是否准确、及时、全面。

第十五条 流动性风险管理的内部审计报告应当提交董事会和监事会。董事会应当针对内部审计发现的问题,督促高级管理层及时采取整改措施。内部审计部门应当跟踪检查整改措施的实施情况,并及时向董事会提交有关报告。

商业银行境外分支机构或附属机构采用相对独立的本地流动性风险管理模式的,应当对其流动性风险管理单独进行审计。

第二节 流动性风险管理策略、政策和程序

第十六条 商业银行应当根据其经营战略、业务特点、财务实力、融资能力、总体风险偏好及市场影响力等因素确定流动性风险偏好。

商业银行的流动性风险偏好应当明确其在正常和压力情景下愿意并能够承受的流动性风险水平。

第十七条 商业银行应当根据其流动性风险偏好制定书面的流动性风险管理策略、政策和程序。流动性风险管理策略、政策和程序应当涵盖表内外各项业务以及境内外所有可能对其流动性风险产生重大影响的业务部门、分支机构和附属机构,并包括正常和压力情景下的流动性风险管理。

第十八条 商业银行的流动性风险管理策略应当明确其流动性风险管理的总体目标、管理模式以及主要政策和程序。

流动性风险管理政策和程序包括但不限于:

(一)流动性风险识别、计量和监测,包括现金流测算和分析。

(二)流动性风险限额管理。

(三)融资管理。

(四)日间流动性风险管理。

(五)压力测试。

(六)应急计划。

(七)优质流动性资产管理。

（八）跨机构、跨境以及重要币种的流动性风险管理。

（九）对影响流动性风险的潜在因素以及其他类别风险对流动性风险的影响进行持续监测和分析。

第十九条　商业银行在引入新产品、新业务和建立新机构之前，应当在可行性研究中充分评估其可能对流动性风险产生的影响，完善相应的风险管理政策和程序，并获得负责流动性风险管理部门的同意。

第二十条　商业银行应当综合考虑业务发展、技术更新及市场变化等因素，至少每年对流动性风险偏好、流动性风险管理策略、政策和程序进行一次评估，必要时进行修订。

第三节　流动性风险识别、计量、监测和控制

第二十一条　商业银行应当根据业务规模、性质、复杂程度及风险状况，运用适当方法和模型，对其在正常和压力情景下未来不同时间段的资产负债期限错配、融资来源的多元化和稳定程度、优质流动性资产、重要币种流动性风险及市场流动性等进行分析和监测。

商业银行在运用上述方法和模型时应当使用合理的假设条件，定期对各项假设条件进行评估，必要时进行修正，并保留书面记录。

第二十二条　商业银行应当建立现金流测算和分析框架，有效计量、监测和控制正常和压力情景下未来不同时间段的现金流缺口。

现金流测算和分析应当涵盖资产和负债的未来现金流以及或有资产和或有负债的潜在现金流，并充分考虑支付结算、代理和托管等业务对现金流的影响。

商业银行应当对重要币种的现金流单独进行测算和分析。

第二十三条　商业银行应当根据业务规模、性质、复杂程度及风险状况，监测可能引发流动性风险的特定情景或事件，采用适当的预警指标，前瞻性地分析其对流动性风险的影响。可参考的情景或事件包括但不限于：

（一）资产快速增长，负债波动性显著增加。

（二）资产或负债集中度上升。

（三）负债平均期限下降。

（四）批发或零售存款大量流失。

（五）批发或零售融资成本上升。

（六）难以继续获得长期或短期融资。

（七）期限或货币错配程度增加。

（八）多次接近内部限额或监管标准。

（九）表外业务、复杂产品和交易对流动性的需求增加。

（十）银行资产质量、盈利水平和总体财务状况恶化。

（十一）交易对手要求追加额外抵（质）押品或拒绝进行新交易。

（十二）代理行降低或取消授信额度。

（十三）信用评级下调。

（十四）股票价格下跌。

(十五)出现重大声誉风险事件。

第二十四条 商业银行应当对流动性风险实施限额管理,根据其业务规模、性质、复杂程度、流动性风险偏好和外部市场发展变化情况,设定流动性风险限额。流动性风险限额包括但不限于现金流缺口限额、负债集中度限额、集团内部交易和融资限额。

商业银行应当制定流动性风险限额管理的政策和程序,建立流动性风险限额设定、调整的授权制度、审批流程和超限额审批程序,至少每年对流动性风险限额进行一次评估,必要时进行调整。

商业银行应当对流动性风险限额遵守情况进行监控,超限额情况应当及时报告。对未经批准的超限额情况应当按照限额管理的政策和程序进行处理。对超限额情况的处理应当保留书面记录。

第二十五条 商业银行应当建立并完善融资策略,提高融资来源的多元化和稳定程度。

商业银行的融资管理应当符合以下要求:

(一)分析正常和压力情景下未来不同时间段的融资需求和来源。

(二)加强负债品种、期限、交易对手、币种、融资抵(质)押品和融资市场等的集中度管理,适当设置集中度限额。

(三)加强融资渠道管理,积极维护与主要融资交易对手的关系,保持在市场上的适当活跃程度,并定期评估市场融资和资产变现能力。

(四)密切监测主要金融市场的交易量和价格等变动情况,评估市场流动性对商业银行融资能力的影响。

第二十六条 商业银行应当加强融资抵(质)押品管理,确保其能够满足正常和压力情景下日间和不同期限融资交易的抵(质)押品需求,并且能够及时履行向相关交易对手返售抵(质)押品的义务。

商业银行应当区分有变现障碍资产和无变现障碍资产,对可以用作抵(质)押品的无变现障碍资产的种类、数量、币种、所处地域和机构、托管账户,以及中央银行或金融市场对其接受程度进行监测分析,定期评估其资产价值及融资能力,并充分考虑其在融资中的操作性要求和时间要求。

商业银行应当在考虑抵(质)押品的融资能力、价格敏感度、压力情景下的折扣率等因素的基础上提高抵(质)押品的多元化程度。

第二十七条 商业银行应当加强日间流动性风险管理,确保具有充足的日间流动性头寸和相关融资安排,及时满足正常和压力情景下的日间支付需求。

第二十八条 商业银行应当建立流动性风险压力测试制度,分析其承受短期和中长期压力情景的能力。

流动性风险压力测试应当符合以下要求:

(一)合理审慎设定并定期审核压力情景,充分考虑影响商业银行自身的特定冲击、影响整个市场的系统性冲击和两者相结合的情景,以及轻度、中度、严重等不同压力程度。

(二)合理审慎设定在压力情景下商业银行满足流动性需求并持续经营的最短期限,在影响整个市场的系统性冲击情景下该期限应当不少于30天。

(三)充分考虑各类风险与流动性风险的内在关联性和市场流动性对商业银行流动性风险

的影响。

（四）定期在法人和集团层面实施压力测试；当存在流动性转移限制等情况时，应当对有关分支机构或附属机构单独实施压力测试。

（五）压力测试频率应当与商业银行的规模、风险水平及市场影响力相适应；常规压力测试应当至少每季度进行一次，出现市场剧烈波动等情况时，应当增加压力测试频率。

（六）在可能情况下，应当参考以往出现的影响银行或市场的流动性冲击，对压力测试结果实施事后检验；压力测试结果和事后检验应当有书面记录。

（七）在确定流动性风险偏好、流动性风险管理策略、政策和程序，以及制定业务发展和财务计划时，应当充分考虑压力测试结果，必要时应当根据压力测试结果对上述内容进行调整。

董事会和高级管理层应当对压力测试的情景设定、程序和结果进行审核，不断完善流动性风险压力测试。

第二十九条　商业银行应当根据其业务规模、性质、复杂程度、风险水平、组织架构及市场影响力，充分考虑压力测试结果，制定有效的流动性风险应急计划，确保其可以应对紧急情况下的流动性需求。商业银行应当至少每年对应急计划进行一次测试和评估，必要时进行修订。

流动性风险应急计划应当符合以下要求：

（一）设定触发应急计划的各种情景。

（二）列明应急资金来源，合理估计可能的筹资规模和所需时间，充分考虑跨境、跨机构的流动性转移限制，确保应急资金来源的可靠性和充分性。

（三）规定应急程序和措施，至少包括资产方应急措施、负债方应急措施、加强内外部沟通和其他减少因信息不对称而给商业银行带来不利影响的措施。

（四）明确董事会、高级管理层及各部门实施应急程序和措施的权限与职责。

（五）区分法人和集团层面应急计划，并视需要针对重要币种和境外主要业务区域制定专门的应急计划。对于存在流动性转移限制的分支机构或附属机构，应当制定专门的应急计划。

第三十条　商业银行应当持有充足的优质流动性资产，确保其在压力情景下能够及时满足流动性需求。优质流动性资产应当为无变现障碍资产，可以包括在压力情景下能够通过出售或抵（质）押方式获取资金的流动性资产。

商业银行应当根据其流动性风险偏好，考虑压力情景的严重程度和持续时间、现金流缺口、优质流动性资产变现能力等因素，按照审慎原则确定优质流动性资产的规模和构成。

第三十一条　商业银行应当对流动性风险实施并表管理，既要考虑银行集团的整体流动性风险水平，又要考虑附属机构的流动性风险状况及其对银行集团的影响。

商业银行应当设立集团内部的交易和融资限额，分析银行集团内部负债集中度可能对流动性风险产生的影响，防止分支机构或附属机构过度依赖集团内部融资，降低集团内部的风险传递。

商业银行应当充分了解境外分支机构、附属机构及其业务所在国家或地区与流动性风险管理相关的法律、法规和监管要求，充分考虑流动性转移限制和金融市场发展差异程度等因素对流动性风险并表管理的影响。

第三十二条　商业银行应当按照本外币合计和重要币种分别进行流动性风险识别、计量、监测和控制。

第三十三条 商业银行应当审慎评估信用风险、市场风险、操作风险和声誉风险等其他类别风险对流动性风险的影响。

第四节 管理信息系统

第三十四条 商业银行应当建立完备的管理信息系统,准确、及时、全面计量、监测和报告流动性风险状况。

管理信息系统应当至少实现以下功能:

(一)每日计算各个设定时间段的现金流入、流出及缺口。
(二)及时计算流动性风险监管和监测指标,并在必要时加大监测频率。
(三)支持流动性风险限额的监测和控制。
(四)支持对大额资金流动的实时监控。
(五)支持对优质流动性资产及其他无变现障碍资产种类、数量、币种、所处地域和机构、托管账户等信息的监测。
(六)支持对融资抵(质)押品种类、数量、币种、所处地域和机构、托管账户等信息的监测。
(七)支持在不同假设情景下实施压力测试。

第三十五条 商业银行应当建立规范的流动性风险报告制度,明确各项流动性风险报告的内容、形式、频率和报送范围,确保董事会、高级管理层和其他管理人员及时了解流动性风险水平及其管理状况。

第三章 流动性风险监管

第一节 流动性风险监管指标

第三十六条 流动性风险监管指标包括流动性覆盖率和流动性比例。

商业银行应当持续达到本办法规定的流动性风险监管指标最低监管标准。

第三十七条 流动性覆盖率旨在确保商业银行具有充足的合格优质流动性资产,能够在银监会规定的流动性压力情景下,通过变现这些资产满足未来至少30天的流动性需求。

流动性覆盖率的计算公式为:

$$流动性覆盖率 = \frac{合格优质流动性资产}{未来30天现金净流出量} \times 100\%$$

合格优质流动性资产是指满足本办法附件2相关条件的现金类资产,以及能够在无损失或极小损失的情况下在金融市场快速变现的各类资产。

未来30天现金净流出量是指在本办法附件2相关压力情景下,未来30天的预期现金流出总量与预期现金流入总量的差额。

商业银行的流动性覆盖率应当不低于100%。除本办法第五十五条第三款规定的情形外,商业银行的流动性覆盖率应当不低于最低监管标准。

第三十八条 流动性比例的计算公式为:

$$流动性比例 = \frac{流动性资产余额}{流动性负债余额} \times 100\%$$

商业银行的流动性比例应当不低于25%。

第三十九条 商业银行应当在法人和集团层面,分别计算未并表和并表的流动性风险监管指标,并表范围按照银监会关于商业银行资本监管的相关规定执行。

在计算并表流动性覆盖率时,若集团内部存在跨境或跨机构的流动性转移限制,相关附属机构满足自身流动性覆盖率最低监管标准之外的合格优质流动性资产,不能计入集团的合格优质流动性资产。

第二节 流动性风险监测

第四十条 银监会应当从商业银行资产负债期限错配情况、融资来源的多元化和稳定程度、无变现障碍资产、重要币种流动性风险状况以及市场流动性等方面,定期对商业银行和银行体系的流动性风险进行分析和监测。

银监会应当充分考虑单一的流动性风险监管指标或监测工具在反映商业银行流动性风险方面的局限性,综合运用多种方法和工具对流动性风险进行分析和监测。

第四十一条 银监会应当定期监测商业银行的所有表内外项目在不同时间段的合同期限错配情况,并分析其对流动性风险的影响。合同期限错配情况的分析和监测可以涵盖隔夜、7天、14天、1个月、2个月、3个月、6个月、9个月、1年、2年、3年、5年和5年以上等多个时间段。相关参考指标包括但不限于各个时间段的流动性缺口和流动性缺口率。

第四十二条 银监会应当定期监测商业银行融资来源的多元化和稳定程度,并分析其对流动性风险的影响。银监会应当按照重要性原则,分析商业银行的表内外负债在融资工具、交易对手和币种等方面的集中度。对负债集中度的分析应当涵盖多个时间段。相关参考指标包括但不限于核心负债比例、同业市场负债比例、最大十户存款比例和最大十家同业融入比例。

第四十三条 银监会应当定期监测商业银行无变现障碍资产的种类、金额和所在地。相关参考指标包括但不限于超额备付金率、本办法第三十条所规定的优质流动性资产以及向中央银行或市场融资时可以用作抵(质)押品的其他资产。

第四十四条 银监会应当根据商业银行的外汇业务规模、货币错配情况和市场影响力等因素决定是否对其重要币种的流动性风险进行单独监测。相关参考指标包括但不限于重要币种的流动性覆盖率。

第四十五条 银监会应当密切跟踪研究宏观经济形势和金融市场变化对银行体系流动性的影响,分析、监测金融市场的整体流动性状况。银监会发现市场流动性紧张、融资成本提高、优质流动性资产变现能力下降或丧失、流动性转移受限等情况时,应当及时分析其对商业银行融资能力的影响。

银监会用于分析、监测市场流动性的相关参考指标包括但不限于银行间市场相关利率及成交量、国库定期存款招标利率、票据转贴现利率及证券市场相关指数。

第四十六条 银监会应当持续监测商业银行存贷比的变动情况,当商业银行出现存贷比指标波动较大、快速或持续单向变化等情况时,应当及时了解原因并分析其反映出的商业银行风险变化,必要时进行风险提示或要求商业银行采取相关措施。

第四十七条 除本办法列出的流动性风险监管指标和监测参考指标外,银监会还可以根据商业银行的业务规模、性质、复杂程度、管理模式和流动性风险特点,参考其内部流动性风险管理指标或运用其他流动性风险监测工具,实施流动性风险分析和监测。

第三节 流动性风险监管方法和手段

第四十八条 银监会应当通过非现场监管、现场检查以及与商业银行的董事、高级管理人员进行监督管理谈话等方式,运用流动性风险监管指标和监测工具,在法人和集团层面对商业银行的流动性风险水平及其管理状况实施监督管理,并尽早采取措施应对潜在流动性风险。

第四十九条 商业银行应当按照规定向银监会报送与流动性风险有关的财务会计、统计报表和其他报告。委托社会中介机构对其流动性风险水平及流动性风险管理体系进行审计的,还应当报送相关的外部审计报告。流动性风险监管指标应当按月报送。

银监会可以根据商业银行的业务规模、性质、复杂程度、管理模式和流动性风险特点,确定商业银行报送流动性风险报表和报告的内容和频率。

第五十条 商业银行应当于每年4月底前向银监会报送上一年度的流动性风险管理报告,包括流动性风险偏好、流动性风险管理策略、主要政策和程序、内部风险管理指标和限额、应急计划及其测试情况等主要内容。

商业银行对流动性风险偏好、流动性风险管理策略、政策和程序进行重大调整的,应当在1个月内向银监会书面报告调整情况。

第五十一条 商业银行应当按照规定向银监会定期报送流动性风险压力测试报告,包括压力测试的情景、方法、过程和结果。商业银行根据压力测试结果对流动性风险偏好、流动性风险管理策略、政策和程序进行重大调整的,应当及时向银监会报告相关情况。

第五十二条 商业银行应当及时向银监会报告下列可能对其流动性风险水平或管理状况产生不利影响的重大事项和拟采取的应对措施:

(一)本机构信用评级大幅下调。

(二)本机构大规模出售资产以补充流动性。

(三)本机构重要融资渠道即将受限或失效。

(四)本机构发生挤兑事件。

(五)母公司或集团内其他机构的经营状况、流动性状况和信用评级等发生重大不利变化。

(六)市场流动性状况发生重大不利变化。

(七)跨境或跨机构的流动性转移政策出现不利于流动性风险管理的重大调整。

(八)母公司、集团经营活动所在国家或地区的政治、经济状况发生重大不利变化。

(九)其他可能对其流动性风险水平或管理状况产生不利影响的重大事件。

商业银行出现存贷比指标波动较大、快速或持续单向变化的,应当分析原因及其反映出的风险变化情况,并及时向银监会报告。

外商独资银行、中外合资银行境内本外币资产低于境内本外币负债、集团内跨境资金净流出比例超过25%，以及外国银行分行跨境资金净流出比例超过50%的，应当在2个工作日内向银监会报告。

第五十三条 银监会应当根据对商业银行流动性风险水平及其管理状况的评估结果，确定流动性风险现场检查的内容、范围和频率。

第五十四条 商业银行应当按照规定定期披露流动性风险水平及其管理状况的相关信息，包括但不限于：

（一）流动性风险管理治理结构，包括但不限于董事会及其专门委员会、高级管理层及相关部门的职责和作用。

（二）流动性风险管理策略和政策。

（三）识别、计量、监测、控制流动性风险的主要方法。

（四）主要流动性风险管理指标及简要分析。

（五）影响流动性风险的主要因素。

（六）压力测试情况。

第五十五条 对于未遵守流动性风险监管指标最低监管标准的商业银行，银监会应当要求其限期整改，并视情形按照《中华人民共和国银行业监督管理法》第三十七条、第四十六条规定采取监管措施或者实施行政处罚。本条第三款规定的情形除外。

如果商业银行流动性覆盖率已经或即将降至最低监管标准以下，应当立即向银监会报告。

当商业银行在压力状况下流动性覆盖率低于最低监管标准时，银监会应当考虑当前和未来国内外经济金融状况，分析影响单家银行和金融市场整体流动性的因素，根据商业银行流动性覆盖率降至最低监管标准以下的原因、严重程度、持续时间和频率等采取相应措施。

第五十六条 对于流动性风险管理存在缺陷的商业银行，银监会应当要求其限期整改。对于逾期未整改或者流动性风险管理存在严重缺陷的商业银行，银监会有权采取下列措施：

（一）与商业银行董事会、高级管理层进行监督管理谈话。

（二）要求商业银行进行更严格的压力测试、提交更有效的应急计划。

（三）要求商业银行增加流动性风险管理报告的频率和内容。

（四）增加对商业银行流动性风险现场检查的内容、范围和频率。

（五）限制商业银行开展收购或其他大规模业务扩张活动。

（六）要求商业银行降低流动性风险水平。

（七）提高商业银行流动性风险监管指标的最低监管标准。

（八）提高商业银行的资本充足率要求。

（九）《中华人民共和国银行业监督管理法》以及其他法律、行政法规和部门规章规定的有关措施。

对于母公司或集团内其他机构出现流动性困难的商业银行，银监会可以对其与母公司或集团内其他机构之间的资金往来提出限制性要求。

根据外商独资银行、中外合资银行、外国银行分行的流动性风险状况，银监会可以对其境内资产负债比例或跨境资金净流出比例提出限制性要求。

第五十七条 对于未按照规定提供流动性风险报表或报告、未按照规定进行信息披露或提供虚假报表、报告的商业银行,银监会可以视情形按照《中华人民共和国银行业监督管理法》第四十六条、第四十七条规定实施行政处罚。

第五十八条 银监会应当与境内外相关部门加强协调合作,共同建立信息沟通机制和流动性风险应急处置联动机制,并制定商业银行流动性风险监管应急预案。

发生影响单家机构或市场的重大流动性事件时,银监会应当与境内外相关部门加强协调合作,适时启动流动性风险监管应急预案,降低其对金融体系及宏观经济的负面冲击。

第四章 附 则

第五十九条 农村合作银行、村镇银行、农村信用社和外国银行分行参照本办法执行。

农村合作银行、村镇银行、农村信用社、外国银行分行以及资产规模小于2 000亿元人民币的商业银行不适用流动性覆盖率监管要求。

第六十条 本办法所称流动性转移限制是指由于法律、监管、税收、外汇管制以及货币不可自由兑换等原因,导致资金或融资抵(质)押品在跨境或跨机构转移时受到限制。

第六十一条 本办法所称无变现障碍资产是指未在任何交易中用作抵(质)押品、信用增级或者被指定用于支付运营费用,在清算、出售、转移、转让时不存在法律、监管、合同或操作障碍的资产。

第六十二条 本办法所称重要币种是指以该货币计价的负债占商业银行负债总额5%以上的货币。

第六十三条 本办法中"以上"包含本数。

第六十四条 商业银行的流动性覆盖率应当在2018年底前达到100%。在过渡期内,应当在2014年底、2015年底、2016年底及2017年底前分别达到60%、70%、80%、90%。在过渡期内,鼓励有条件的商业银行提前达标;对于流动性覆盖率已达到100%的银行,鼓励其流动性覆盖率继续保持在100%之上。

第六十五条 本办法由银监会负责解释。

第六十六条 本办法自2015年10月1日起施行。《商业银行流动性风险管理办法(试行)》(中国银监会令2014年第2号)同时废止。本办法实施前发布的有关规章及规范性文件如与本办法不一致的,按照本办法执行。

附件:1. 关于流动性风险管理方法的说明(略——编者注)
  2. 关于流动性覆盖率的说明(略——编者注)
  3. 关于流动性风险监测参考指标的说明(略——编者注)
  4. 关于外资银行流动性风险相关指标的说明(略——编者注)

全国人民代表大会常务委员会关于修改《中华人民共和国商业银行法》的决定

中华人民共和国主席令第 34 号

《全国人民代表大会常务委员会关于修改〈中华人民共和国商业银行法〉的决定》已由中华人民共和国第十二届全国人民代表大会常务委员会第十六次会议于 2015 年 8 月 29 日通过,现予公布,自 2015 年 10 月 1 日起施行。

中华人民共和国主席　习近平
2015 年 8 月 29 日

第十二届全国人民代表大会常务委员会第十六次会议决定对《中华人民共和国商业银行法》作如下修改:

一、删去第三十九条第一款第二项。
二、删去第七十五条第三项中的"存贷比例"。
本决定自 2015 年 10 月 1 日起施行。
《中华人民共和国商业银行法》根据本决定作相应修改,重新公布。

中国保监会、天津市人民政府关于加强保险业服务天津自贸试验区建设和京津冀协同发展等重大国家战略的意见

保监发〔2015〕65 号

各保险公司、保险资产管理公司,中国保险行业协会、中国保险学会,天津保监局,天津市各区县政府、各委办局、各有关单位:

为深入贯彻党的十八大和十八届三中、四中全会精神,主动适应经济发展新常态,全面落

实党中央、国务院重大决策部署和重大国家战略实施,坚持改革统领,创新驱动,加快推动天津保险业发展,现提出以下意见。

一、总体要求

全面贯彻落实《国务院关于加快发展现代保险服务业的若干意见》(国发〔2014〕29号)精神,围绕天津自贸试验区建设、京津冀协同发展、"一带一路"、自主创新示范区建设和滨海新区开发开放等国家战略,充分发挥保险的社会稳定器和经济助推器作用,通过完善现代金融服务体系,促进经济转型提质增效,通过创新社会治理方式,促进改善民计民生,努力建设保障全面、功能完善、安全稳健、诚信规范,具有较强服务能力、创新能力、区域辐射能力和国际竞争力,与经济社会发展需求相适应的现代保险服务体系。

二、创新保险体制机制,服务国际一流自贸试验区建设

依托天津海港、空港区位特点和优势,创新航运保险业务和模式,服务北方国际航运中心核心区建设。鼓励境内外航运保险和保险经纪等专业服务机构落户自贸试验区,加快设立航运保险协会。依托航空产业基地优势,大力开展飞机保险、航空运输保险等。结合自贸试验区特色,积极发展物流保险、平行进口汽车保险、跨境电子商务保险、海上工程保险等业务。支持发展融资租赁保险,引导租赁企业与保险机构加强合作,多渠道拓宽融资渠道来源。进一步加强保险市场建设,支持各类保险公司在自贸试验区设立专业保险机构。探索开展人民币跨境再保险业务,培育发展再保险市场,建立区域再保险中心。支持保险机构开展境外投资试点。

三、深化保险资金和业务改革,助推京津冀协同发展

建立保险资金需求项目发布平台。鼓励保险机构以股权、基金、债权等形式投资交通、地铁等重点项目,加快构建京津冀互联互通综合交通网络。支持保险机构以多种方式参与天津地下管网、垃圾处理、城市配电等基础设施建设,提高城市综合承载能力。围绕创新驱动,支持保险机构开展专利执行保险、专利侵权责任保险、专利质押贷款保险试点。鼓励开展与互联网金融发展相适应的保险产品、营销、服务以及交易方式创新,培育互联网保险新业态和新的交易平台。开展商业车险改革,提升车险费率厘定科学化水平。完善道路交通事故损害赔偿调处机制,鼓励发展治安保险、社区综合保险,提升城市治理水平。发展"绿色保险",完善环境污染损害赔偿机制,服务京津冀生态文明建设。大力推进安全生产责任保险制度,鼓励矿山、金属冶炼、建筑施工和危险物品等生产经营单位投保安全生产责任保险。发挥政策和人才优势,吸引保险总部及培训、后援等专属机构落户,承接非首都核心功能。研究开展跨区域经营试点,促进京津冀保险市场要素优化配置。推动建立以财政支持为保障、以商业保险为平台、以多层次风险分担为机制的巨灾保险体系,积极开发巨灾指数保险,研究推行巨灾债券发行模式。主动适应现代农业发展新常态,积极探索"三农"保险新模式、新机制,开展互助合作保险,大力发展农村小额人身保险、农村小额信贷保险、农房保险、农机保险和种业保险等普惠保险业务。

四、加大支持"走出去"力度,护航"一带一路"战略

着力发挥出口信用保险促进外贸稳定增长和经济转型升级的功能,巩固天津外贸传统优势,加快培育竞争新优势。扩展短期出口信用保险功能,加大对自主品牌、自主知识产权、战略性新兴产业的支持力度,提升与"一带一路"沿线国家的经贸合作水平。扩大中长期出口信用保险覆盖面,增强交通运输、电力、电信、建筑等对外工程承包重点行业的竞争能力。加快发展境外投资保险,为天津企业海外投资、产品技术输出、承接国家"一带一路"重大工程建设提供综合保险服务。建立健全出口风险监测和管控体系,为出口企业提供全方位的风险咨询、资信调查、商账追收等服务。

五、丰富保险产品和服务,推动国家自主创新示范区建设

加大对科技保险支持力度,大力开发涉及技术转移、自主研发、专利技术、知识产权等领域的专属保险产品。推广国产首台首套装备的保险风险补偿机制,促进企业创新和科技成果产业化。搭建保险资金支持地方创新融资对接平台,支持保险机构投资小微企业专项债券、创业投资基金及相关金融产品。鼓励保险机构积极参与"互联网+"行动计划,支持设立互联网保险服务机构,推动移动互联网、云计算、大数据、物联网等与现代保险服务业结合。完善小微企业贷款保证保险风险补贴资金管理办法,深化政府、银行、保险三方共担风险的合作机制,着力缓解小微企业融资难问题。支持在天津设立科技、养老、健康、再保险等专业保险公司,支持建设自主创新示范区保险产业园。

六、构筑保险民生保障网,参与滨海新区综合配套改革

积极推进商业健康保险个人所得税政策试点工作,完善多层次的医疗保障体系。支持发展长期护理保险、疾病保险、失能收入损失保险等产品。发展与基本医疗保险有机衔接的商业健康保险,鼓励各类医疗机构与商业保险机构合作。支持保险机构运用股权投资、战略合作等方式,在滨海新区设立医疗机构和参与公立医院改制。支持天津纳入个人税收递延型商业养老保险试点范围。推动个人储蓄性养老保险、养老机构综合责任保险、企业年金等业务发展。支持保险机构为有条件的企业建立商业养老健康保障计划。研究探索独生子女家庭保障计划。支持符合条件的保险机构在天津投资养老设施和养老社区,促进保险服务业与养老服务业融合发展。

七、完善支持政策,优化保险业发展环境

推进简政放权放管结合职能转变,鼓励政府有关部门通过多种方式购买保险服务,降低公共服务运行成本。发挥政府的引导作用,通过立法推动、政策扶持、财政补贴等方式,进一步完善支持天津现代保险服务业改革创新的政策措施。探索建立保险业与社会保障、卫生医疗、交

通管理等部门之间的信息交流共享机制。建立完善保险机构、从业人员信用档案和信用信息数据库,积极参与地方信用信息共享平台和金融业统一征信平台建设。加强保险监管与司法协作,推动保险纠纷诉讼与调解对接机制建设,打击保险领域违法犯罪活动,保护保险消费者权益。发挥高校资源禀赋优势,加强财务、精算、航运、核保核赔等专业人才培养,提升从业人员素质和水平。加强保险消费者教育,增强全社会的风险意识,培育成熟理性的保险市场。

八、加强组织实施

各有关方面要充分认识保险参与和服务重大国家战略的重要意义,把发展现代保险服务业放在落实重大国家战略的整体布局中统筹考虑,加强组织领导,强化沟通协调,形成工作合力,加强保险监管,防范化解风险。各相关部门要根据本意见要求,按照职责分工抓紧制定配套措施,确保各项政策落实到位。

中国保监会
天津市人民政府
2015 年 7 月 10 日

中华人民共和国外资银行管理条例实施细则(修订)

中国银监会令 2015 年第 7 号

《中华人民共和国外资银行管理条例实施细则》已经中国银监会 2015 年第 4 次主席会议修订通过。现予公布,自 2015 年 9 月 1 日起施行。

主席:尚福林
2015 年 7 月 1 日

中华人民共和国外资银行管理条例实施细则(修订)

第一章 总 则

第一条 根据《中华人民共和国银行业监督管理法》、《中华人民共和国商业银行法》和《中华人民共和国外资银行管理条例》(以下简称《条例》),制定本细则。

第二条 《条例》所称国务院银行业监督管理机构是指中国银监会,所称银行业监督管理机构是指中国银监会及其派出机构。

第二章 设立与登记

第三条 《条例》和本细则所称审慎性条件,至少包括下列内容:

(一)具有良好的行业声誉和社会形象;

(二)具有良好的持续经营业绩,资产质量良好;

(三)管理层具有良好的专业素质和管理能力;

(四)具有健全的风险管理体系,能够有效控制各类风险;

(五)具有健全的内部控制制度和有效的管理信息系统;

(六)按照审慎会计原则编制财务会计报告,且会计师事务所对财务会计报告持无保留意见;

(七)无重大违法违规记录和因内部管理问题导致的重大案件;

(八)具有有效的人力资源管理制度,拥有高素质的专业人才;

(九)具有对中国境内机构活动进行管理、支持的经验和能力;

(十)具备有效的资本约束与资本补充机制;

(十一)具有健全的公司治理结构;

(十二)法律、行政法规和中国银监会规定的其他审慎性条件。

本条第(九)项、第(十)项、第(十一)项仅适用于外商独资银行及其股东、中外合资银行及其股东以及外国银行。

第四条 《条例》第十一条所称主要股东,是指持有拟设中外合资银行资本总额或者股份总额50%以上,或者不持有资本总额或者股份总额50%以上但有下列情形之一的商业银行:

(一)持有拟设中外合资银行半数以上的表决权;

(二)有权控制拟设中外合资银行的财务和经营政策;

(三)有权任免拟设中外合资银行董事会或者类似权力机构的多数成员;

(四)在拟设中外合资银行董事会或者类似权力机构有半数以上投票权。

拟设中外合资银行的主要股东应当将拟设中外合资银行纳入其并表范围。

第五条 有下列情形之一的,不得作为拟设外商独资银行、中外合资银行的股东:

(一)公司治理结构与机制存在明显缺陷;

(二)股权关系复杂或者透明度低;

(三)关联企业众多,关联交易频繁或者异常;

(四)核心业务不突出或者经营范围涉及行业过多;

(五)现金流量波动受经济环境影响较大;

(六)资产负债率、财务杠杆率高于行业平均水平;

(七)代他人持有外商独资银行、中外合资银行股权;

(八)其他对拟设银行产生重大不利影响的情形。

第六条 《条例》第十条至第十二条所称提出设立申请前1年年末是指截至申请日的上一

会计年度末。

第七条 外国银行在中国境内增设分行,除应当具备《条例》第九条、第十二条规定的条件外,其在中国境内已设分行应当具备中国银监会规定的审慎性条件。

外国银行在中国境内增设代表处,除应当具备《条例》第九条规定的条件外,其在中国境内已设代表处应当无重大违法违规记录。

第八条 外商独资银行、中外合资银行设立分行,应当具备中国银监会规定的审慎性条件。

第九条 设立外资银行营业性机构,申请人应当自接到批准筹建通知书之日起15日内到拟设机构所在地中国银监会派出机构领取开业申请表,开始筹建工作。

逾期未领取开业申请表的,自批准其筹建之日起1年内,中国银监会及其派出机构不受理该申请人在中国境内同一城市设立营业性机构的申请。

第十条 设立外资银行营业性机构,申请人在筹建期内应当完成下列工作:

(一)建立健全公司治理结构,并将公司治理结构说明报送所在地中国银监会派出机构(仅限外商独资银行、中外合资银行);

(二)建立内部控制制度,包括内部组织结构、授权授信、信贷资金管理、资金交易、会计核算、计算机信息管理系统的控制制度和操作规程,并将内控制度和操作规程报送所在地中国银监会派出机构;

(三)配备符合业务发展需要的、适当数量的且已接受政策法规及业务知识等相关培训的业务人员,以满足对主要业务风险有效监控、业务分级审批和复查、关键岗位分工和相互牵制等要求;

(四)印制拟对外使用的重要业务凭证和单据,并将样本报送所在地中国银监会派出机构;

(五)配备经有关部门认可的安全防范设施,并将有关证明复印件报送所在地中国银监会派出机构;

(六)应当聘请在中国境内依法设立的合格的会计师事务所对其内部控制系统、会计系统、计算机系统等进行开业前审计,并将审计报告报送所在地中国银监会派出机构。

第十一条 拟设外资银行营业性机构在筹建事项完成后,筹备组负责人应当向拟设机构所在地中国银监会派出机构提出开业前验收。拟设机构所在地中国银监会派出机构应当在10日内进行验收。验收合格的,应当发给验收合格意见书。验收不合格的,应当书面通知申请人,申请人可以自接到通知书之日起10日后向拟设机构所在地中国银监会派出机构提出复验。

第十二条 经验收合格完成筹建工作的,申请人应当按照外资银行行政许可规章的规定向中国银监会或拟设机构所在地银监局提交开业申请资料。

第十三条 外资银行营业性机构获准开业后,应当按照有关规定领取金融许可证。

第十四条 外资银行营业性机构应当在规定的期限内开业。逾期未开业的,开业批准文件失效,由开业决定机关注销开业许可,收回其金融许可证,并予以公告。自开业批准文件失效之日起1年内,开业决定机关不受理该申请人在同一城市设立营业性机构的申请。

第十五条 外资银行营业性机构在开业前应当将开业日期书面报送所在地中国银监会派出机构。外资银行营业性机构开业前应当在中国银监会指定的全国性报纸和所在地中国银监会派出机构指定的地方性报纸上公告。

第十六条　外国银行将其在中国境内的分行改制为由其总行单独出资的外商独资银行,应当符合《条例》和本细则有关设立外商独资银行的条件,并且具备在中国境内长期持续经营以及对拟设外商独资银行实施有效管理的能力。

第十七条　外国银行将其在中国境内的分行改制为由其总行单独出资的外商独资银行的,经中国银监会批准,原外国银行分行的营运资金经合并验资可以转为外商独资银行的注册资本,也可以转回其总行。

第十八条　外国银行将其在中国境内的分行改制为由其总行单独出资的外商独资银行的,应当在拟设外商独资银行筹建期间、办理注册登记手续后,在中国银监会指定的全国性报纸和所在地中国银监会派出机构指定的地方性报纸上公告。

第十九条　外国银行代表处应当在办理注册登记手续后,在中国银监会指定的全国性报纸以及所在地中国银监会派出机构指定的地方性报纸上公告。

外国银行代表处应当自所在地银监局批准设立之日起6个月内迁入固定的办公场所,超出6个月后仍未迁入固定办公场所办公的,代表处设立批准决定失效。

第二十条　外国银行代表处迁入固定办公场所后,应当向所在地中国银监会派出机构报送下列资料:

(一)代表处基本情况登记表;

(二)工商登记证复印件;

(三)内部管理制度,内容包括代表处的职责安排、内部分工以及内部报告制度等;

(四)办公场所的租赁合同或者产权证明复印件;

(五)配备办公设施以及租赁电信部门数据通讯线路的情况;

(六)公章、公文纸样本以及工作人员对外使用的名片样本;

(七)中国银监会要求的其他资料。

第二十一条　外资银行营业性机构合并、分立后的注册资本或者营运资金、业务范围由中国银监会重新批准。

第二十二条　外资银行营业性机构临时停业3天以上6个月以下,应当在临时停业后5日内向所在地中国银监会派出机构报告,说明临时停业时间、理由及停业期间安排。外资银行营业性机构临时停业的,应当在营业场所外公告,说明临时停业期间的安排。所在地中国银监会派出机构应当及时将辖内外资银行营业性机构临时停业情况逐级报送中国银监会。

第二十三条　临时停业期限届满或者导致临时停业的原因消除,临时停业机构应当复业。外资银行营业性机构应当在复业后5日内向所在地中国银监会派出机构报告。营业场所重新修建的,外资银行营业性机构应当向所在地中国银监会派出机构报送营业场所的租赁或者购买合同意向书的复印件、安全和消防合格证明的复印件方可复业。

特殊情况需要延长临时停业期限的,应当按照本细则第二十二条规定重新办理。

第二十四条　外资银行营业性机构有《条例》第二十七条所列情形须变更金融许可证所载内容的,应当根据金融许可证管理的有关规定办理变更事宜。

需要验资的,外资银行营业性机构应当将在中国境内依法设立的合格会计师事务所出具的验资证明报送所在地中国银监会派出机构。需要验收的,外资银行营业性机构所在地中国银监会派出机构应当进行验收。

外资银行营业性机构持中国银监会或所在地中国银监会派出机构的批准文件向工商行政管理机关办理变更登记,换领营业执照。

外资银行营业性机构有《条例》第二十七条第(一)项至第(三)项所列情形之一的,应当在中国银监会指定的全国性报纸以及所在地中国银监会派出机构指定的地方性报纸上公告。公告应当自营业执照生效之日起30日内完成。

第二十五条 外国银行代表处发生更名、变更办公场所等变更事项,应当在办理变更工商登记手续后在所在地中国银监会派出机构指定的地方性报纸上公告。

第三章 业务范围

第二十六条 《条例》第二十九条第(四)项、第三十一条第(四)项所称买卖政府债券、金融债券,买卖股票以外的其他外币有价证券包括但不限于下列外汇投资业务:在中国境外发行的中国和外国政府债券、中国金融机构债券和中国非金融机构债券。

第二十七条 《条例》第二十九条第(十二)项和第三十一条第(十一)项所称资信调查和咨询服务是指与银行业务有关的资信调查和咨询服务。

第二十八条 外国银行分行经营《条例》第三十一条规定的外汇业务,营运资金应当不少于2亿元人民币或者等值的自由兑换货币。

第二十九条 外国银行分行经营《条例》第三十一条规定的外汇业务和人民币业务,营运资金应当不少于3亿元人民币或者等值的自由兑换货币,其中人民币营运资金应当不少于1亿元人民币,外汇营运资金应当不少于2亿元人民币等值的自由兑换货币。

外资法人银行分行营运资金应当与业务规模相适应且拨付到位。

第三十条 外国银行分行改制的由其总行单独出资的外商独资银行可以承继原外国银行分行已经获准经营的全部业务。

第三十一条 外商独资银行、中外合资银行在获准的业务范围内授权其分支机构开展业务。

外国银行分行在获准的业务范围内授权其支行开展业务。

第三十二条 《条例》第三十四条是指外资银行营业性机构初次申请经营人民币业务应当具备的条件,其中第(一)项是指拟申请经营人民币业务的外资银行营业性机构开业1年以上。开业1年是指自外资银行营业性机构获准开业之日起至申请日止满1年。

已经获准经营人民币业务的外资银行营业性机构申请扩大人民币业务服务对象范围,应当具备中国银监会规定的审慎性条件,并经中国银监会或所在地银监局审批。

外资银行营业性机构申请经营人民币业务或者扩大人民币业务服务对象范围,应当按照外资银行行政许可规章的规定报送下列申请资料:

(一)申请人董事长或者行长(首席执行官、总经理)签署的致中国银监会主席的申请书;

(二)可行性研究报告;

(三)拟经营业务的内部控制制度及操作规程;

(四)中国银监会要求的其他资料。

外国银行的1家分行已经依照《条例》规定获准经营人民币业务的,该外国银行的其他分行申请经营人民币业务,不受《条例》第三十四条第一款第一项的限制。

外国银行的1家分行已经获准经营人民币业务的,该外国银行增设的分行在筹建期间可以开展人民币业务的筹备工作,经所在地中国银监会派出机构验收合格后,可以在开业时提出经营人民币业务的申请。

第三十三条 外商独资银行、中外合资银行经营对中国境内公民的人民币业务,除应当具备中国银监会规定的审慎性条件外,还应当具备符合业务特点以及业务发展需要的营业网点。

第三十四条 外资银行营业性机构应当自接到中国银监会或所在地银监局批准其经营人民币业务或者扩大人民币业务服务对象范围的批准文件之日起4个月内完成下列筹备工作:

(一)配备符合业务发展需要的、适当数量的业务人员;

(二)印制拟对外使用的重要业务凭证和单据,并将样本报送所在地中国银监会派出机构;

(三)配备经有关部门认可的安全防范设施,并将有关证明的复印件报送所在地中国银监会派出机构;

(四)建立健全人民币业务的内部控制制度和操作规程,并报送所在地中国银监会派出机构;

(五)外资银行营业性机构需要增加注册资本或者营运资金的,应当聘请在中国境内依法设立的合格的会计师事务所验资,并将验资证明报送所在地中国银监会派出机构。

外资银行营业性机构未能在4个月内完成筹备工作的,中国银监会或所在地银监局原批准决定自动失效。

第三十五条 外资银行营业性机构在完成人民币业务筹备工作后,应当向所在地中国银监会派出机构提出验收,所在地中国银监会派出机构应当在10日内进行验收。验收合格的,应当发给验收合格意见书。验收不合格的,外资银行营业性机构可以自接到通知书10日后向所在地中国银监会派出机构提出复验。

外资银行营业性机构经所在地中国银监会派出机构验收合格并出具人民币业务验收合格意见书后,可以开展人民币业务。

第三十六条 外商独资银行分行、中外合资银行分行在其总行业务范围内经授权经营人民币业务。在开展业务前,应当按照本细则第三十四条的规定进行筹备并将总行对其经营人民币业务的授权书报送所在地中国银监会派出机构。

筹备工作完成后,外商独资银行分行、中外合资银行分行应当向所在地中国银监会派出机构申请验收,验收合格后凭所在地中国银监会派出机构出具的经营人民币业务确认函办理营业执照变更事宜,可以开展人民币业务。

第三十七条 外资银行营业性机构及其分支机构经营人民币业务或者扩大人民币业务服务对象范围,应当在中国银监会指定的全国性报纸和所在地中国银监会派出机构指定的地方性报纸上公告。

第三十八条 外资银行营业性机构及其分支机构经营业务范围内的新产品,应当在经营业务后5日内向中国银监会或所在地中国银监会派出机构书面报告,内容包括新产品介绍、风险特点、内部控制制度和操作规程等。

第三十九条 外资银行营业性机构可以按照有关规定从事人民币同业借款业务。

第四章 任职资格管理

第四十条 外资银行的董事、高级管理人员、首席代表在中国银监会或者所在地银监局核准其任职资格前不得履职。

第四十一条 拟任人有下列情形之一的，不得担任外资银行的董事、高级管理人员和首席代表：

（一）有故意或者重大过失犯罪记录的；

（二）有违反社会公德的不良行为，造成恶劣影响的；

（三）对曾任职机构违法违规经营活动或者重大损失负有个人责任或者直接领导责任，情节严重的；

（四）担任或者曾任被接管、撤销、宣告破产或者吊销营业执照的机构的董事或者高级管理人员的，但能够证明本人对曾任职机构被接管、撤销、宣告破产或者吊销营业执照不负有个人责任的除外；

（五）因违反职业道德、操守或者工作严重失职，造成重大损失或者恶劣影响的；

（六）指使、参与所任职机构不配合依法监管或者案件查处的；

（七）被取消终身的董事和高级管理人员任职资格，或者受到监管机构或者其他金融管理部门处罚累计达到两次以上的；

（八）本人或者配偶负有数额较大的债务且到期未偿还的，包括但不限于在该外资银行的逾期贷款；

（九）存在其他所任职务与拟任职务有明显利益冲突，或者明显分散其履职时间和精力的情形；

（十）不具备本办法规定的任职资格条件，采取不正当手段以获得任职资格核准的；

（十一）法律、行政法规、部门规章规定的不得担任金融机构董事、高级管理人员或者首席代表的；

（十二）中国银监会认定的其他情形。

第四十二条 外资银行下列人员任职资格核准的申请，由中国银监会受理、审查和决定：

中国银监会直接监管的外商独资银行、中外合资银行董事长、行长（首席执行官、总经理）、董事、副董事长、董事会秘书、副行长（副总经理）、行长助理、首席运营官、首席风险控制官、首席财务官（财务总监、财务负责人）、首席技术官（首席信息官）、内审负责人、合规负责人以及其他对经营管理具有决策权或者对风险控制起重要作用的人员。

第四十三条 外资银行下列人员任职资格核准的申请，由拟任职机构所在地银监局受理和初审，中国银监会审查和决定：

非中国银监会直接监管的外商独资银行、中外合资银行董事长、行长（首席执行官、总经理）。

所在地银监局应当自受理之日起20日内将申请资料连同审核意见报送中国银监会。

中国银监会授权所在地银监局受理、审查和决定随机构开业初次任命的外商独资银行、中外合资银行董事长、行长（首席执行官、总经理）任职资格核准申请。

第四十四条　外资银行下列人员任职资格核准的申请,由拟任职机构所在地银监局受理、审查和决定：

(一)非中国银监会直接监管的外商独资银行、中外合资银行董事、副董事长、董事会秘书、副行长(副总经理)、行长助理、首席运营官、首席风险控制官、首席财务官(财务总监、财务负责人)、首席技术官(首席信息官)、内审负责人、合规负责人；

(二)外商独资银行分行、中外合资银行分行、外国银行分行的行长(总经理)、副行长(副总经理)、合规负责人、管理型支行行长；外国银行代表处首席代表；

(三)其他对经营管理具有决策权或者对风险控制起重要作用的人员。

第四十五条　拟任人在中国境内的银行业金融机构担任过董事、高级管理人员和首席代表的,中国银监会或者所在地银监局在核准其任职资格前,可以根据需要征求拟任人原任职机构所在地银监局的意见。

拟任人原任职机构所在地银监局应当及时提供反馈意见。

第四十六条　外资银行递交任职资格核准申请资料后,中国银监会以及所在地银监局可以约见拟任人进行任职前谈话。

第四十七条　中国银监会直接监管的外资银行营业性机构董事长、行长离岗连续1个月以上的,应当向中国银监会书面报告；其他外资银行营业性机构董事长、行长、分行行长、管理型支行行长、外国银行代表处首席代表离岗连续1个月以上的,应当向所在地中国银监会派出机构书面报告。外资银行在提交上述报告的同时,应指定专人代行其职,代为履职时间不得超过6个月。外资银行应当在6个月内选聘符合任职资格条件的人员正式任职。

第四十八条　外资银行董事、高级管理人员和首席代表存在下列情形之一的,中国银监会及其派出机构可以视情节轻重,取消其一定期限直至终身的任职资格：

(一)被依法追究刑事责任的；

(二)拒绝、干扰、阻挠或者严重影响中国银监会及其派出机构依法监管的；

(三)因内部管理与控制制度不健全或者执行监督不力,造成所任职机构重大财产损失,或者导致重大金融犯罪案件发生的；

(四)因严重违法违规经营、内控制度不健全或者长期经营管理不善,造成所任职机构被接管、兼并或者被宣告破产的；

(五)因长期经营管理不善,造成所任职机构严重亏损的；

(六)对已任职的外资银行董事、高级管理人员、首席代表,中国银监会及其派出机构发现其任职前有违法、违规或者其他不宜担任所任职务的行为的；

(七)中国银监会认定的其他情形。

第五章　监督管理

第四十九条　外资银行营业性机构应当建立与其业务发展相适应的内部控制制度和业务操作规程,并于每年3月末前将内部控制制度和业务操作规程的修订内容报送所在地中国银监会派出机构。

第五十条　外商独资银行、中外合资银行应当设置独立的风险管理部门、合规管理部门和内部审计部门。

外国银行分行应当指定专门部门或者人员负责合规工作。

第五十一条 外资银行营业性机构结束内部审计后,应当及时将内审报告报送所在地中国银监会派出机构,所在地中国银监会派出机构可以采取适当方式与外资银行营业性机构的内审人员沟通。

第五十二条 外资银行营业性机构应当建立贷款风险分类制度,并将贷款风险分类标准与中国银监会规定的分类标准的对应关系报送所在地中国银监会派出机构。

第五十三条 《条例》第四十条所称资产负债比例管理的规定是指《中华人民共和国商业银行法》第三十九条的规定。

外商独资银行、中外合资银行有关资产负债比例的计算方法执行银行业监管报表指标体系的规定。

第五十四条 外商独资银行、中外合资银行应当建立关联交易管理制度,关联交易必须符合商业原则,交易条件不得优于与非关联方进行交易的条件。

中国银监会及其派出机构按照商业银行关联交易有关管理办法的规定对关联方及关联交易进行认定。

第五十五条 外资银行营业性机构应当制定与业务外包相关的政策和管理制度,包括业务外包的决策程序、对外包方的评价和管理、控制银行信息保密性和安全性的措施和应急计划等。

外资银行营业性机构签署业务外包协议前应当向所在地中国银监会派出机构报告业务外包协议的主要风险及相应的风险规避措施等。

第五十六条 《条例》第四十四条所称外国银行分行的生息资产包括外汇生息资产和人民币生息资产。

外国银行分行外汇营运资金的30%应当以6个月以上(含6个月)的外币定期存款作为外汇生息资产;人民币营运资金的30%应当以人民币国债或者6个月以上(含6个月)的人民币定期存款作为人民币生息资产。

外国银行分行以定期存款形式存在的生息资产应当存放在中国境内经营稳健、具有一定实力的3家或者3家以下中资商业银行。外国银行分行不得对以人民币国债形式存在的生息资产进行质押回购,或者采取其他影响生息资产支配权的处理方式。

外国银行分行应当分别于每年6月末和12月末向所在地中国银监会派出机构报告生息资产的存在情况,包括定期存款的存放银行、金额、期限和利率,持有人民币国债的金额、形式和到期日等内容。

外国银行分行动用生息资产,应当在变更生息资产存在形式或定期存款存放银行后5日内向所在地中国银监会派出机构报告,提交变更生息资产的书面材料以及变更后生息资产存放凭证复印件。

第五十七条 《条例》第四十五条所称营运资金加准备金等项之和是指营运资金、未分配利润和贷款损失一般准备之和,所称风险资产是指按照有关加权风险资产的规定计算的表内、表外加权风险资产。

《条例》第四十五条所规定的比例,按照外国银行在中国境内分行单家计算,按季末余额考核。

第五十八条　外国银行分行的流动性资产包括现金、黄金、在中国人民银行存款、存放同业、1个月内到期的拆放同业、1个月内到期的借出同业、境外联行往来及附属机构往来的资产方净额、1个月内到期的应收利息及其他应收款、1个月内到期的贷款、1个月内到期的债券投资、在国内外二级市场上可随时变现的其他债券投资、其他1个月内可变现的资产。上述各项资产中应当扣除预计不可收回的部分。生息资产不计入流动性资产。

外国银行分行的流动性负债包括活期存款、1个月内到期的定期存款、同业存放、1个月内到期的同业拆入、1个月内到期的借入同业、境外联行往来及附属机构往来的负债方净额、1个月内到期的应付利息及其他应付款、其他1个月内到期的负债。冻结存款不计入流动性负债。

外国银行分行应当每日按人民币、外币分别计算并保持《条例》第四十六条规定的流动性比例，按照外国银行在中国境内分行单家考核。

第五十九条　《条例》第四十七条所称境内本外币资产余额、境内本外币负债余额按照以下方法计算：

境内本外币资产余额＝本外币资产总额—境外联行往来（资产）—境外附属机构往来（资产）—境外贷款—存放境外同业—拆放境外同业—买入境外返售资产—境外投资—其他境外资产。

下列投资不列入境外投资：购买在中国境外发行的中国政府债券、中国金融机构债券和中国非金融机构的债券。

境内本外币负债余额＝本外币负债总额—境外联行往来（负债）—境外附属机构往来（负债）—境外存款—境外同业存放—境外同业拆入—卖出境外回购款项—其他境外负债。

《条例》第四十七条的规定按照外国银行在中国境内分行合并考核。

第六十条　外资银行营业性机构不得虚列、多列、少列资产、负债和所有者权益。

第六十一条　在中国境内设立2家及2家以上外国银行分行的，应当由外国银行总行或者经授权的地区总部指定其中1家分行作为管理行，统筹负责中国境内业务的管理以及中国境内所有分行的合并财务信息和综合信息的报送工作。

外国银行或者经授权的地区总部应当指定管理行行长负责中国境内业务的管理工作，并指定合规负责人负责中国境内业务的合规工作。

第六十二条　外资银行营业性机构应当按照中国银监会的规定，每季度末将跨境大额资金流动和资产转移情况报送所在地中国银监会派出机构。

第六十三条　外资银行营业性机构由总行或者联行转入信贷资产，应当在转入信贷资产后5日内向所在地中国银监会派出机构报告，提交关于转入信贷资产的金额、期限、分类及担保等情况的书面材料。

第六十四条　外国银行分行有下列情形之一的，应当向该分行或者管理行所在地中国银监会派出机构报告：

（一）外国银行分行未分配利润与本年度纯损益之和为负数，且该负数绝对值与贷款损失准备尚未提足部分之和超过营运资金30%的，应当每季度末报告；

（二）外国银行分行对所有大客户的授信余额超过其营运资金8倍的，应当每季度末报告，大客户是指授信余额超过外国银行分行营运资金10%的客户，该指标按照外国银行在中国境内分行季末余额合并计算；

（三）外国银行分行境外联行及附属机构往来的资产方余额超过境外联行及附属机构往来的负债方余额与营运资金之和的，应当每月末报告，该指标按照外国银行在中国境内分行合并计算；

（四）中国银监会认定的其他情形。

第六十五条 中国银监会及其派出机构对外资银行营业性机构采取的特别监管措施包括以下内容：

（一）约见有关负责人进行警诫谈话；

（二）责令限期就有关问题报送书面报告；

（三）对资金流出境外采取限制性措施；

（四）责令暂停部分业务或者暂停受理经营新业务的申请；

（五）责令出具保证书；

（六）对有关风险监管指标提出特别要求；

（七）要求保持一定比例的经中国银监会认可的资产；

（八）责令限期补充资本金或者营运资金；

（九）责令限期撤换董事或者高级管理人员；

（十）暂停受理增设机构的申请；

（十一）对利润分配和利润汇出境外采取限制性措施；

（十二）派驻特别监管人员，对日常经营管理进行监督指导；

（十三）提高有关监管报表的报送频度；

（十四）中国银监会采取的其他特别监管措施。

第六十六条 外资银行营业性机构应当向所在地中国银监会派出机构及时报告下列重大事项：

（一）财务状况和经营活动出现重大问题；

（二）经营策略的重大调整；

（三）除不可抗力原因外，外资银行营业性机构在法定节假日以外的日期暂停营业2日以内，应当提前7日向所在地中国银监会派出机构书面报告；

（四）外商独资银行、中外合资银行的重要董事会决议；

（五）外国银行分行的总行、外商独资银行或者中外合资银行股东的章程、注册资本和注册地址的变更；

（六）外国银行分行的总行、外商独资银行或者中外合资银行股东的合并、分立等重组事项以及董事长或者行长（首席执行官、总经理）的变更；

（七）外国银行分行的总行、外商独资银行或者中外合资银行股东的财务状况和经营活动出现重大问题；

（八）外国银行分行的总行、外商独资银行或者中外合资银行股东发生重大案件；

（九）外国银行分行的总行、外商独资银行或者中外合资银行外方股东所在国家或者地区以及其他海外分支机构所在国家或者地区金融监管当局对其实施的重大监管措施；

（十）外国银行分行的总行、外商独资银行或者中外合资银行外方股东所在国家或者地区金融监管法规和金融监管体系的重大变化；

（十一）中国银监会要求报告的其他事项。

第六十七条 外国银行代表处应当及时向所在地中国银监会派出机构报告其所代表的外国银行发生的下列重大事项：

（一）章程、注册资本或者注册地址变更；

（二）外国银行的合并、分立等重组事项以及董事长或者行长（首席执行官、总经理）变更；

（三）财务状况或者经营活动出现重大问题；

（四）发生重大案件；

（五）所在国家或者地区金融监管当局对其实施的重大监管措施；

（六）其他对外国银行经营产生重大影响的事项。

第六十八条 非外资银行在中国境内机构正式员工，在该机构连续工作超过20日或者在90日内累计工作超过30日的，外资银行应当向所在地中国银监会派出机构报告。

第六十九条 外商独资银行、中外合资银行和在中国境内设立2家及2家以上分行的外国银行，应当在每个会计年度结束后聘请在中国境内依法设立的合格会计师事务所对该机构在中国境内所有营业性机构进行并表或者合并审计，并在会计年度结束后4个月内将审计报告和管理建议书报送外商独资银行、中外合资银行总行或者管理行所在地中国银监会派出机构。

外国银行分行应当在每个会计年度结束后聘请在中国境内依法设立的合格会计师事务所进行审计，并在会计年度结束后4个月内将审计报告和管理建议书报送所在地中国银监会派出机构。

第七十条 外资银行营业性机构聘请在中国境内依法设立的合格会计师事务所进行年度或者其他项目审计1个月前，应当将会计师事务所及其参加审计的注册会计师的基本资料报送所在地中国银监会派出机构。

第七十一条 外商独资银行、中外合资银行的年度审计应当包括以下内容：资本充足情况、资产质量、公司治理情况、内部控制情况、盈利情况、流动性和市场风险管理情况等。

外国银行分行的年度审计应当包括以下内容：财务报告、风险管理、营运控制、合规经营情况和资产质量等。

第七十二条 中国银监会及其派出机构在必要时可以指定会计师事务所对外资银行营业性机构的经营状况、财务状况、风险状况、内部控制制度及执行情况等进行审计。

第七十三条 中国银监会及其派出机构可以要求外资银行营业性机构更换专业技能和独立性达不到监管要求的会计师事务所。

第七十四条 外商独资银行、中外合资银行应当在会计年度结束后6个月内向其总行所在地中国银监会派出机构报送外商独资银行及其股东、中外合资银行及其股东的年报。

外国银行分行及外国银行代表处应当在其总行会计年度结束后6个月内向所在地中国银监会派出机构报送其总行的年报。

第七十五条 外国银行代表处应当于每年2月末前按照中国银监会规定的格式向所在地中国银监会派出机构报送上年度工作报告和本年度工作计划。

第七十六条 外国银行代表处应当具备独立的办公场所、办公设施和专职工作人员。

第七十七条 外国银行代表处应当配备合理数量的工作人员，工作人员的职务应当符合代表处工作职责。

第七十八条 外国银行代表处应当建立会计账簿,真实反映财务收支情况,其成本以及费用开支应当符合代表处工作职责。

外国银行代表处不得使用其他企业、组织或者个人的账户。

第七十九条 外国银行代表处不得在其电脑系统中使用与代表处工作职责不符的业务处理系统。

第八十条 本细则要求报送的资料,除年报外,凡用外文书写的,应当附有中文译本。外资银行营业性机构的内部控制制度、业务操作规程、业务凭证样本应当附有中文译本;其他业务档案和管理档案相关文件如监管人员认为有必要的,也应当附有中文译本。特殊情况下,中国银监会及其派出机构可以要求有关中文译本经外国银行分行的总行、外商独资银行或者中外合资银行的外方股东所在国家或者地区认可的机构公证,并且经中国驻该国使馆、领馆认证。

第六章 终止与清算

第八十一条 《条例》第五十八条所称自行终止包括下列情形:
(一)外商独资银行、中外合资银行章程规定的营业期限届满或者其他解散事由出现的;
(二)外商独资银行、中外合资银行股东会决定解散的;
(三)外商独资银行、中外合资银行因合并或者分立需要解散的;
(四)外国银行、外商独资银行、中外合资银行关闭在中国境内分行的。

第八十二条 自中国银监会批准外商独资银行、中外合资银行解散或者外国银行、外商独资银行、中外合资银行关闭在中国境内分行的决定生效之日起,被批准解散、关闭的机构应当立即停止经营活动,交回金融许可证,并在15日内成立清算组。

第八十三条 清算组成员包括行长(总经理)、会计主管、中国注册会计师以及中国银监会指定的其他人员。外商独资银行、中外合资银行清算组还应当包括股东代表和董事长。清算组成员应当报经所在地中国银监会派出机构同意。

第八十四条 清算组应当书面通知工商行政管理机关、税务机关、劳动与社会保障部门等有关部门。

第八十五条 外商独资银行、中外合资银行自行解散或者外商独资银行、中外合资银行和外国银行关闭其在中国境内分行涉及的其他清算事宜按照《中华人民共和国公司法》的有关规定执行。

第八十六条 被解散或者关闭的外资银行营业性机构及其分支机构所在地中国银监会派出机构负责监督解散与清算过程,并将重大事项和清算结果逐级报至中国银监会。

第八十七条 清算组应当自成立之日起30日内聘请在中国境内依法设立的合格会计师事务所进行审计,自聘请之日起60日内向所在地中国银监会派出机构报送审计报告。

第八十八条 解散或者关闭清算过程中涉及外汇审批或者核准事项的,应当经国家外汇管理局及其分局批准。

第八十九条 清算组在清偿债务过程中,应当在支付清算费用、所欠职工工资和劳动保险费后,优先支付个人储蓄存款的本金和利息。

第九十条 清算组应当在每月10号前向所在地中国银监会派出机构报送有关债务清偿、资产处置、贷款清收、销户等情况的报告。

第九十一条 被清算机构全部债务清偿完毕后,清算组申请提取生息资产,应当向所在地中国银监会派出机构报送下列申请资料,由所在地中国银监会派出机构进行审批:

(一)由清算组组长签署的申请书;

(二)关于清算情况的报告;

(三)中国银监会要求的其他资料。

第九十二条 清算工作结束后,清算组应当制作清算报告,报送所在地中国银监会派出机构确认,并报送工商行政管理机关申请注销工商登记,在中国银监会指定的全国性报纸和所在地中国银监会派出机构指定的地方性报纸上公告。清算组应当将公告内容在公告日3日前书面报至所在地中国银监会派出机构。

第九十三条 清算后的会计档案及业务资料依照有关规定处理。

第九十四条 自外国银行分行清算结束之日起2年内,中国银监会及其派出机构不受理该外国银行在中国境内同一城市设立营业性机构的申请。

第九十五条 外商独资银行、中外合资银行有违法违规经营、经营管理不善等情形,不予撤销将严重危害金融秩序、损害社会公众利益的,由中国银监会按照《金融机构撤销条例》的规定撤销。

中国银监会责令关闭外国银行分行的,按照《中华人民共和国公司法》的有关规定执行。

第九十六条 外商独资银行、中外合资银行因不能支付到期债务,自愿或者应其债权人要求申请破产,或者因解散而清算,清算组在清理财产、编制资产负债表和财产清单后,发现外商独资银行、中外合资银行财产不足清偿债务须申请破产的,经中国银监会批准,应当立即向人民法院申请宣告破产。外商独资银行、中外合资银行经人民法院裁定宣告破产后,清算组应当将清算事务移交给人民法院。

第九十七条 外国银行将其在中国境内的分行改制为由其总行单独出资的外商独资银行的,原外国银行分行应当在外商独资银行开业后交回金融许可证,并依法向工商行政管理机关办理注销登记。

第九十八条 经批准关闭的代表处应当在依法办理注销登记手续后15日内,在中国银监会指定的全国性报纸及所在地中国银监会派出机构指定的地方性报纸上公告,并将公告内容报送所在地中国银监会派出机构。

第七章 附 则

第九十九条 外资银行违反本细则的,中国银监会按照《条例》和其他有关规定对其进行处罚。

第一百条 中国银监会2006年11月24日公布的《中华人民共和国外资银行管理条例实施细则》(中国银行业监督管理委员会令2006年第6号)废止。

中国银监会信托公司行政许可事项实施办法

中国银监会令 2015 年第 5 号

《中国银监会信托公司行政许可事项实施办法》已经中国银监会 2015 年第 6 次主席会议通过。现予公布,自公布之日起施行。

主席:尚福林

2015 年 6 月 5 日

中国银监会信托公司行政许可事项实施办法

第一章 总 则

第一条 为规范银监会及其派出机构实施信托公司行政许可行为,明确行政许可事项、条件、程序和期限,保护申请人合法权益,根据《中华人民共和国银行业监督管理法》、《中华人民共和国行政许可法》等法律、行政法规及国务院的有关决定,制定本办法。

第二条 本办法所称信托公司,是指依照《中华人民共和国公司法》、《中华人民共和国银行业监督管理法》和《信托公司管理办法》设立的主要经营信托业务的金融机构。

第三条 银监会及其派出机构依照本办法和《中国银行业监督管理委员会行政许可实施程序规定》,对信托公司实施行政许可。

第四条 信托公司以下事项须经银监会及其派出机构行政许可:机构设立,机构变更,机构终止,调整业务范围和增加业务品种,董事和高级管理人员任职资格,以及法律、行政法规规定和国务院决定的其他行政许可事项。

第五条 申请人应按照《中国银监会信托公司行政许可事项申请材料目录和格式要求》提交申请材料。

第二章 机构设立

第一节 信托公司法人机构设立

第六条 设立信托公司法人机构应当具备以下条件:

（一）有符合《中华人民共和国公司法》和银监会规定的公司章程；

（二）有符合规定条件的出资人，包括境内非金融机构、境内金融机构、境外金融机构和银监会认可的其他出资人；

（三）注册资本为一次性实缴货币资本，最低限额为3亿元人民币或等值的可自由兑换货币；处理信托事务不履行亲自管理职责，即不承担投资管理人职责的，最低限额为1亿元人民币或等值的可自由兑换货币；

（四）有符合任职资格条件的董事、高级管理人员和与其业务相适应的合格的信托从业人员；

（五）具有健全的组织机构、管理制度、风险控制机制；

（六）具有与业务经营相适应的营业场所、安全防范措施和其他设施；

（七）建立了与业务经营和监管要求相适应的信息科技架构，具有支撑业务经营的必要、安全且合规的信息系统，具备保障业务持续运营的技术与措施；

（八）银监会规章规定的其他审慎性条件。

第七条 境内非金融机构作为信托公司出资人，应当具备以下条件：

（一）依法设立，具有法人资格；

（二）具有良好的公司治理结构或有效的组织管理方式；

（三）具有良好的社会声誉、诚信记录和纳税记录；

（四）经营管理良好，最近2年内无重大违法违规经营记录；

（五）财务状况良好，且最近2个会计年度连续盈利；

（六）最近1个会计年度末净资产不低于资产总额的30%；

（七）入股资金为自有资金，不得以委托资金、债务资金等非自有资金入股；

（八）单个出资人及其关联方投资入股信托公司不得超过2家，其中绝对控股不得超过1家；

（九）承诺5年内不转让所持有的信托公司股权（银监会依法责令转让的除外）、不将所持有的信托公司股权进行质押或设立信托，并在拟设公司章程中载明；

（十）银监会规章规定的其他审慎性条件。

第八条 境内金融机构作为信托公司出资人，应当具有良好的内部控制机制和健全的风险管理体系，符合与该类金融机构有关的法律、法规、监管规定以及本办法第七条（第六项除外）规定的条件。

第九条 境外金融机构作为信托公司出资人，应当具备以下条件：

（一）最近1个会计年度末总资产原则上不少于10亿美元；

（二）具有国际相关金融业务经营管理经验；

（三）银监会认可的国际评级机构最近2年对其作出的长期信用评级为良好及以上；

（四）财务状况良好，最近2个会计年度连续盈利；

（五）符合所在国家或地区法律法规及监管当局的审慎监管要求，最近2年内无重大违法违规经营记录；

（六）具有良好的公司治理结构、内部控制机制和健全的风险管理体系；

（七）单个出资人及其关联方投资入股的信托公司不得超过2家，其中绝对控股不得超过1家；

（八）承诺5年内不转让所持有的信托公司股权（银监会依法责令转让的除外）、不将所持有的信托公司股权进行质押或设立信托，并在拟设公司章程中载明；

（九）所在国家或地区金融监管当局已经与银监会建立良好的监督管理合作机制；

（十）具有有效的反洗钱措施；

（十一）所在国家或地区经济状况良好；

（十二）银监会规章规定的其他审慎性条件。

境外金融机构作为出资人投资入股信托公司应当遵循长期持股、优化治理、业务合作、竞争回避的原则。

银监会可根据金融业风险状况和监管需要，调整境外金融机构作为出资人的条件。

第十条 有以下情形之一的，不得作为信托公司的出资人：

（一）公司治理结构与管理机制存在明显缺陷；

（二）关联企业众多、股权关系复杂且不透明、关联交易频繁且异常；

（三）核心主业不突出且其经营范围涉及行业过多；

（四）现金流量波动受经济景气影响较大；

（五）资产负债率、财务杠杆率高于行业平均水平；

（六）代他人持有信托公司股权；

（七）其他对信托公司产生重大不利影响的情况。

第十一条 信托公司设立须经筹建和开业两个阶段。

第十二条 筹建信托公司，应当由出资比例最大的出资人作为申请人向拟设地银监局提交申请，由银监局受理并初步审查、银监会审查并决定。银监会自收到完整申请材料之日起4个月内作出批准或不批准的书面决定。

第十三条 信托公司的筹建期为批准决定之日起6个月。未能按期完成筹建的，应当在筹建期限届满前1个月向银监会和拟设地银监局提交筹建延期报告。筹建延期不得超过一次，延长期限不得超过3个月。

申请人应当在前款规定的期限届满前提交开业申请，逾期未提交的，筹建批准文件失效，由决定机关注销筹建许可。

第十四条 信托公司开业，应当由出资比例最大的出资人作为申请人向拟设地银监局提交申请，由银监局受理、审查并决定。银监局自受理之日起2个月内作出核准或不予核准的书面决定，并抄报银监会。

第十五条 申请人应当在收到开业核准文件并领取金融许可证后，办理工商登记，领取营业执照。

信托公司应当自领取营业执照之日起6个月内开业。不能按期开业的，应当在开业期限届满前1个月向拟设地银监局提交开业延期报告。开业延期不得超过一次，延长期限不得超过3个月。

未在前款规定期限内开业的，开业核准文件失效，由决定机关注销开业许可，发证机关收回金融许可证，并予以公告。

第二节　投资设立、参股、收购境外机构

第十六条　信托公司申请投资设立、参股、收购境外机构,申请人应当符合以下条件:

(一)具有良好的公司治理结构,内部控制健全有效,业务条线管理和风险管控能力与境外业务发展相适应;

(二)具有清晰的海外发展战略;

(三)具有良好的并表管理能力;

(四)符合审慎监管指标要求;

(五)权益性投资余额原则上不超过其净资产的50%;

(六)最近2个会计年度连续盈利;

(七)具备与境外经营环境相适应的专业人才队伍;

(八)最近2年无严重违法违规行为和因内部管理问题导致的重大案件;

(九)银监会规章规定的其他审慎性条件。

前款所称境外机构是指银监会认可的金融机构和信托业务经营机构。

第十七条　信托公司申请投资设立、参股、收购境外机构由所在地银监局受理、审查并决定。银监局自受理之日起6个月内作出批准或不批准的书面决定,并抄报银监会。

信托公司获得银监局批准文件后应按照拟投资设立、参股、收购境外机构注册地国家或地区的法律法规办理相关法律手续,并在完成相关法律手续后15日内向银监局报告其投资设立、参股或收购的境外机构的名称、成立时间、注册地点、注册资本、注资币种。

第三章　机构变更

第十八条　信托公司法人机构变更事项包括:变更名称,变更股权或调整股权结构,变更注册资本,变更住所,修改公司章程,分立或合并,以及银监会规定的其他变更事项。

第十九条　信托公司变更名称,由银监分局或所在城市银监局受理、审查并决定。

银监分局或银监局自受理之日起3个月内作出批准或不批准的书面决定。由银监局决定的,应将决定抄报银监会;由银监分局决定的,应将决定同时抄报银监局和银监会。

第二十条　信托公司变更股权或调整股权结构,拟投资入股的出资人应当具备本办法第七条至第十条规定的条件。

投资入股信托公司的出资人,应当完整、真实地披露其关联关系和最终实际控制人。

第二十一条　所有拟投资入股信托公司的出资人的资格以及信托公司变更股权或调整股权结构均应经过审批,但单独持有或关联方共同持有上市的信托公司流通股份未达到公司总股份5%的除外。

第二十二条　信托公司由于实际控制人变更所引起的变更股权或调整股权结构,由所在地银监局受理并初步审查,银监会审查并决定,银监会自收到完整申请材料之日起3个月内作出批准或不批准的书面决定。

信托公司由于其他原因引起变更股权或调整股权结构的,由银监分局或所在城市银监局受理并初步审查,银监会审查并决定。银监局自受理之日或收到完整申请材料之日起3个月

内作出批准或不批准的书面决定,并抄报银监会。

第二十三条　信托公司申请变更注册资本,应当具备以下条件:

(一)变更注册资本后仍然符合银监会对信托公司最低注册资本和净资本管理的有关规定;

(二)增加注册资本涉及新出资人的,新出资人应当符合第二十条规定的条件;

(三)银监会规章规定的其他审慎性条件。

第二十四条　信托公司申请变更注册资本的许可程序适用本办法第十九条的规定,变更注册资本涉及变更股权或调整股权结构的,许可程序适用本办法第二十二条的规定。

信托公司通过配股或募集新股份方式变更注册资本的,在变更注册资本前,还应当通过配股或募集新股份方案行政许可。许可程序同前款规定。

第二十五条　信托公司公开募集股份和上市交易股份的,应当符合国务院及监管部门有关规定,向中国证监会申请之前,应当向银监会申请并获得批准。

信托公司公开募集股份和上市交易股份的,由银监分局或所在城市银监局受理并初步审查,银监局审查并决定。银监局自受理之日或收到完整申请材料之日起3个月内作出批准或不批准的书面决定,并抄报银监会。

第二十六条　信托公司变更住所,应当有与业务发展相符合的营业场所、安全防范措施和其他设施。

信托公司变更住所,由银监分局或所在城市银监局受理、审查并决定。银监分局或银监局自受理之日起2个月内作出批准或不批准的书面决定,并抄报银监会。

第二十七条　信托公司修改公司章程应当符合《中华人民共和国公司法》、《信托公司管理办法》及其他有关法律、法规的规定。

第二十八条　信托公司申请修改公司章程的许可程序适用本办法第十九条的规定。

信托公司变更名称、住所、股权、注册资本、业务范围的,应当在决定机关作出批准决定6个月内修改章程相应条款并报告决定机关。

第二十九条　信托公司分立应当符合有关法律、行政法规和规章的规定。

信托公司分立,应当向所在地银监局提交申请,由银监局受理并初步审查,银监会审查并决定。银监会自收到完整申请材料之日起3个月内作出批准或不批准的书面决定。

存续分立的,在分立公告期限届满后,存续方应当按照变更事项的条件和程序通过行政许可;新设方应当按照法人机构开业的条件和程序通过行政许可。

新设分立的,在分立公告期限届满后,新设方应当按照法人机构开业的条件和程序通过行政许可;原法人机构应当按照法人机构解散的条件和程序通过行政许可。

第三十条　信托公司合并应当符合有关法律、行政法规和规章的规定。

吸收合并的,由吸收合并方向其所在地银监局提出申请,并抄报被吸收合并方所在地银监局,由吸收合并方所在地银监局受理并初步审查,银监会审查并决定。银监会自收到完整申请材料之日起3个月内作出批准或不批准的书面决定。吸收合并方所在地银监局在将初审意见上报银监会之前应当征求被吸收合并方所在地银监局的意见。吸收合并公告期限届满后,吸收合并方应按照变更事项的条件和程序通过行政许可;被吸收合并方应当按照法人机构解散的条件和程序通过行政许可。

新设合并的,由其中一方作为主报机构向其所在地银监局提交申请,同时抄报另一方所在地银监局,由主报机构所在地银监局受理并初步审查,银监会审查并决定。银监会自收到完整申请材料之日起 3 个月内作出批准或不批准的书面决定。主报机构所在地银监局在将初审意见上报银监会之前应征求另一方所在地银监局的意见。新设合并公告期限届满后,新设机构应按照法人机构开业的条件和程序通过行政许可;原法人机构应按照法人机构解散的条件和程序通过行政许可。

第四章　机构终止

第三十一条　信托公司法人机构满足以下情形之一的,可以申请解散:
(一)公司章程规定的营业期限届满或者其他应当解散的情形;
(二)股东会议决定解散;
(三)因公司合并或者分立需要解散;
(四)其他法定事由。

第三十二条　信托公司解散,应当向所在地银监局提交申请,由银监局受理并初步审查,银监会审查并决定。银监会自收到完整申请材料之日起 3 个月内作出批准或不批准的书面决定。

第三十三条　信托公司因分立、合并出现解散情形的,与分立、合并一并进行审批。

第三十四条　信托公司有以下情形之一的,向法院申请破产前,应当向银监会申请并获得批准:
(一)不能清偿到期债务,并且资产不足以清偿全部债务或者明显缺乏清偿能力,自愿或应其债权人要求申请破产的;
(二)已解散但未清算或者未清算完毕,依法负有清算责任的人发现该机构资产不足以清偿债务,应当申请破产的。

第三十五条　信托公司向法院申请破产前,应当向所在地银监局提交申请,由银监局受理并初步审查,银监会审查并决定。银监会自收到完整申请材料之日起 3 个月内作出批准或不批准的书面决定。

第五章　调整业务范围和增加业务品种

第一节　信托公司企业年金基金管理业务资格

第三十六条　信托公司申请企业年金基金管理业务资格,应当具备以下条件:
(一)具有良好的公司治理和内部控制体系;
(二)符合审慎监管指标要求;
(三)监管评级良好;
(四)最近 2 年无重大违法违规经营记录;
(五)具有与开办企业年金基金管理业务相适应的内部控制制度及风险管理制度;

（六）具有与开办企业年金基金管理业务相适应的合格专业人员；

（七）具有与业务经营相适应的安全且合规的信息系统，具备保障业务持续运营的技术与措施；

（八）银监会规章规定的其他审慎性条件。

第三十七条 信托公司申请企业年金基金管理业务资格，应当向银监分局或所在城市银监局提交申请，由银监分局或银监局受理并初步审查，银监局审查并决定。银监局自受理之日或收到完整申请材料之日起3个月内作出批准或不批准的书面决定，并抄报银监会。

第二节 信托公司特定目的信托受托机构资格

第三十八条 信托公司申请特定目的信托受托机构资格，应当具备以下条件：

（一）完成重新登记3年以上；

（二）注册资本不低于5亿元人民币或等值的可自由兑换货币，且最近2年年末按要求提足全部准备金后，净资产不低于5亿元人民币或等值的可自由兑换货币；

（三）自营业务资产状况和流动性良好，符合有关监管要求；

（四）具有良好的社会声誉和经营业绩；

（五）符合审慎监管指标要求；

（六）监管评级良好；

（七）最近2年无重大违法违规经营记录；

（八）具有良好的公司治理和内部控制制度，完善的信托业务操作流程和风险管理体系；

（九）具有履行特定目的信托受托机构职责所需要的专业人员；

（十）具有与业务经营相适应的安全且合规的信息系统，具备保障业务持续运营的技术与措施；

（十一）已按照规定披露公司年度报告；

（十二）银监会规章规定的其他审慎性条件。

第三十九条 信托公司申请特定目的信托受托机构资格，应当向银监分局或所在城市银监局提交申请，由银监分局或银监局受理并初步审查，银监局审查并决定。银监局自受理之日或收到完整申请材料之日起3个月内作出批准或不批准的书面决定，并抄报银监会。

第四十条 获得特定目的信托受托机构资格的信托公司发行资产支持证券前应将产品情况向银监分局、银监局报告，并抄报银监会。

第三节 信托公司受托境外理财业务资格

第四十一条 信托公司申请受托境外理财业务资格，应当具备以下条件：

（一）具有良好的公司治理、风险管理体系和内部控制；

（二）注册资本不低于10亿元人民币或等值的可自由兑换货币；

（三）经批准具备经营外汇业务资格，且具有良好的开展外汇业务的经历；

（四）符合审慎监管指标要求；

（五）监管评级良好；

（六）最近2年无重大违法违规经营记录；

（七）最近2个会计年度连续盈利；

（八）配备能够满足受托境外理财业务需要且具有境外投资管理能力和经验的专业人才（从事外币有价证券买卖业务2年以上的专业管理人员不少于2人）；设有独立开展受托境外理财业务的部门，对受托境外理财业务集中受理、统一运作、分账管理；

（九）具备满足受托境外理财业务需要的风险分析技术和风险控制系统；具有满足受托境外理财业务需要的营业场所、安全防范设施和其他相关设施；在信托业务与固有业务之间建立了有效的隔离机制；

（十）具有与业务经营相适应的安全且合规的信息系统，具备保障业务持续运营的技术与措施；

（十一）银监会规章规定的其他审慎性条件。

第四十二条 信托公司申请受托境外理财业务资格，应当向银监分局或所在城市银监局提交申请，由银监分局或银监局受理并初步审查，银监局审查并决定。银监局自受理之日或收到完整申请材料之日起3个月内作出批准或不批准的书面决定，并抄报银监会。

第四十三条 信托公司取得受托境外理财业务资格后，开办受托境外理财业务前应当向所在地银监分局、银监局报告，并抄报银监会。

第四节　信托公司股指期货交易等衍生产品交易业务资格

第四十四条 信托公司申请股指期货交易业务资格，应当具备以下条件：

（一）符合审慎监管指标要求；

（二）监管评级良好；

（三）最近2年无重大违法违规经营记录；

（四）具有完善有效的股指期货交易内部控制制度和风险管理制度；

（五）具有接受相关期货交易技能专门培训半年以上、通过期货从业资格考试、从事相关期货交易1年以上的交易人员至少2名，相关风险分析和管理人员至少1名，熟悉套期会计操作程序和制度规范的人员至少1名，以上人员相互不得兼任，且无不良记录；期货交易业务主管人员应当具备2年以上直接参与期货交易活动或风险管理的经验，且无不良记录；

（六）具有符合本办法第四十五条要求的信息系统；

（七）具有从事交易所需要的营业场所、安全防范设施和其他相关设施；

（八）具有严格的业务分离制度，确保套期保值类业务与非套期保值类业务的市场信息、风险管理、损益核算有效隔离；

（九）申请开办以投机为目的的股指期货交易，应当已开展套期保值或套利业务一年以上；

（十）银监会规章规定的其他审慎性条件。

第四十五条 信托公司开办股指期货信托业务，信息系统应当符合以下要求：

（一）具备可靠、稳定、高效的股指期货交易管理系统及股指期货估值系统，能够满足股指期货交易及估值的需要；

（二）具备风险控制系统和风险控制模块，能够实现对股指期货交易的实时监控；

(三)将股指期货交易系统纳入风险控制指标动态监控系统,确保各项风险控制指标符合规定标准;

(四)信托公司与其合作的期货公司信息系统至少铺设一条专线连接,并建立备份通道。

第四十六条 信托公司申请股指期货交易等衍生产品交易业务资格应当向银监分局或所在城市银监局提交申请,由银监分局或银监局受理并初步审查,银监局审查并决定。银监局自受理之日或收到完整申请材料之日起3个月内作出批准或不批准的书面决定,并抄报银监会。

第四十七条 信托公司申请除股指期货交易业务资格外的其他衍生产品交易业务资格,应当符合银监会相关业务管理规定。

第五节 信托公司发行金融债券、次级债券

第四十八条 信托公司发行金融债券、次级债券及依法须经银监会许可的债务工具和资本补充工具,除应当符合《中华人民共和国公司法》规定的条件外,还应当具备以下条件:

(一)具有良好的公司治理、风险管理体系和内部控制,具备适当的业务隔离和内部控制技术支持系统;

(二)符合审慎监管指标要求;

(三)监管评级良好;

(四)最近2年内无重大违法违规经营记录;

(五)最近2个会计年度连续盈利,有稳定的盈利预期;

(六)无到期不能支付的债务;

(七)银监会规章规定的其他审慎性条件。

第四十九条 信托公司申请发行金融债券、次级债券及依法须经银监会许可的债务工具和资本补充工具,应当向银监分局或所在城市银监局提交申请,由银监分局或银监局受理并初步审查,银监局审查并决定。银监局自受理之日或收到完整申请材料之日起3个月内作出批准或不批准的书面决定,并抄报银监会。

第六节 信托公司开办其他新业务

第五十条 信托公司申请开办其他新业务,应当具备以下基本条件:

(一)具有良好的公司治理、风险管理体系和内部控制;

(二)符合审慎监管指标要求;

(三)监管评级良好;

(四)最近2年内无重大违法违规经营记录;

(五)具有有效识别和控制新业务风险的管理制度;

(六)具有开办新业务所需的合格管理人员和业务人员;

(七)具有与业务经营相适应的安全且合规的信息系统,具备保障业务持续运营的技术与措施;

(八)银监会规章规定的其他审慎性条件。

前款所称其他新业务,是指除本章第一节至第五节规定的业务以外的现行法律法规中已

明确规定可以开办、但信托公司尚未开办的业务。

第五十一条 信托公司开办其他新业务,应当向银监分局或所在城市银监局提交申请,由银监分局或银监局受理并初步审查,银监局审查并决定。银监局自受理之日或收到完整申请材料之日起3个月内作出批准或不批准的书面决定,并抄报银监会。

第五十二条 信托公司申请开办现行法律法规未明确规定的业务,由银监会另行规定。

第六章 董事和高级管理人员任职资格

第一节 任职资格条件

第五十三条 信托公司董事长、副董事长、独立董事、其他董事会成员以及董事会秘书,须经任职资格许可。

信托公司总经理(首席执行官、总裁)、副总经理(副总裁)、风险总监(首席风险官)、财务总监(首席财务官)、总会计师、总审计师(总稽核)、运营总监(首席运营官)、信息总监(首席信息官)、总经理助理(总裁助理)等高级管理人员,须经任职资格许可。

其他虽未担任上述职务,但实际履行前两款所列董事和高级管理人员职责的人员,须经任职资格许可。

第五十四条 申请信托公司董事和高级管理人员任职资格,拟任人应当具备以下基本条件:

(一)具有完全民事行为能力;

(二)具有良好的守法合规记录;

(三)具有良好的品行、声誉;

(四)具有担任拟任职务所需的相关知识、经验及能力;

(五)具有良好的经济、金融等从业记录;

(六)个人及家庭财务稳健;

(七)具有担任拟任职务所需的独立性;

(八)能够履行对金融机构的忠实与勤勉义务。

第五十五条 拟任人有以下情形之一的,视为不符合本办法第五十四条第(二)项、第(三)项、第(五)项规定的条件,不得担任信托公司董事和高级管理人员:

(一)有故意或重大过失犯罪记录的;

(二)有违反社会公德的不良行为,造成恶劣影响的;

(三)对曾任职机构违法违规经营活动或重大损失负有个人责任或直接领导责任,情节严重的;

(四)担任或曾任被接管、撤销、宣告破产或吊销营业执照机构董事或高级管理人员的,但能够证明本人对曾任职机构被接管、撤销、宣告破产或吊销营业执照不负有个人责任的除外;

(五)因违反职业道德、操守或者工作严重失职,造成重大损失或恶劣影响的;

(六)指使、参与所任职机构不配合依法监管或案件查处的;

(七)被取消终身的董事和高级管理人员任职资格,或受到监管机构或其他金融管理部门处罚累计达到2次以上的；

（八）不具备本办法规定的任职资格条件，采取不正当手段以获得任职资格核准的。

第五十六条 拟任人有以下情形之一的，视为不符合本办法第五十四条第（六）项、第（七）项、第（八）项规定的条件，不得担任信托公司董事和高级管理人员：

（一）截至申请任职资格时，本人或其配偶仍有数额较大的逾期债务未能偿还，包括但不限于在该信托公司的逾期债务；

（二）本人及其近亲属合并持有该信托公司5%以上股份，且从该信托公司获得的授信总额明显超过其持有的该信托公司股权净值；

（三）本人及其所控股的信托公司股东单位合并持有该信托公司5%以上股份，且从该信托公司获得的授信总额明显超过其持有的该信托公司股权净值；

（四）本人或其配偶在持有该信托公司5%以上股份的股东单位任职，且该股东单位从该信托公司获得的授信总额明显超过其持有的该信托公司股权净值，但能够证明授信与本人及其配偶没有关系的除外；

（五）存在其他所任职务与其在该信托公司拟任、现任职务有明显利益冲突，或明显分散其在该信托公司履职时间和精力的情形。

第五十七条 申请信托公司董事任职资格，拟任人除应符合第五十四条至第五十六条的规定外，还应当具备以下条件：

（一）具有5年以上的经济、金融、法律、财会或其他有利于履行董事职责的工作经历，其中拟担任独立董事的还应是经济、金融、法律、财会等方面的专业人士；

（二）能够运用信托公司的财务报表和统计报表判断信托公司的经营管理和风险状况；

（三）了解拟任职信托公司的公司治理结构、公司章程以及董事会职责，并熟知董事的权利和义务。

第五十八条 除不得存在第五十五条、第五十六条所列情形外，信托公司独立董事拟任人还不得存在下列情形：

（一）本人及其近亲属合并持有该信托公司1%以上股份或股权；

（二）本人或其近亲属在持有该信托公司1%以上股份或股权的股东单位任职；

（三）本人或其近亲属在该信托公司、该信托公司控股或者实际控制的机构任职；

（四）本人或其近亲属在不能按期偿还该信托公司债务的机构任职；

（五）本人或其近亲属任职的机构与本人拟任职信托公司之间存在法律、会计、审计、管理咨询、担保合作等方面的业务联系或债权债务等方面的利益关系，以致妨碍其履职独立性的情形；

（六）本人或其近亲属可能被拟任职信托公司大股东、高管层控制或施加重大影响，以致妨碍其履职独立性的其他情形；

（七）本人已在其他信托公司任职的。

第五十九条 申请信托公司董事长、副董事长和董事会秘书任职资格，拟任人除应当符合第五十四条至第五十七条的规定外，还应当分别符合以下条件：

（一）拟任信托公司董事长、副董事长，应当具备本科以上学历，从事金融工作5年以上，或从事相关经济工作10年以上（其中从事金融工作3年以上）；

（二）拟任信托公司董事会秘书，应当具备本科以上学历，从事信托业务5年以上，或从事其他金融工作 8 年以上。

第六十条 申请信托公司高级管理人员任职资格,拟任人除应当符合第五十四条至第五十六条的规定外,还应当符合以下条件:

(一)担任总经理(首席执行官、总裁)、副总经理(副总裁),应当具备本科以上学历,从事信托业务 5 年以上,或从事其他金融工作 8 年以上;

(二)担任运营总监(首席运营官)和总经理助理(总裁助理)以及实际履行高级管理人员职责的人员,任职资格条件比照总经理(首席执行官、总裁)、副总经理(副总裁)的任职资格条件执行;

(三)担任财务总监(首席财务官)、总会计师、总审计师(总稽核),应当具备本科以上学历,从事财务、会计或审计工作 6 年以上;

(四)担任风险总监(首席风险官),应当具备本科以上学历,从事金融机构风险管理工作 3 年以上,或从事其他金融工作 6 年以上;

(五)担任信息总监(首席信息官),应当具备本科以上学历,从事信息科技工作 6 年以上。

第六十一条 拟任人未达到上述学历要求,但取得国家教育行政主管部门认可院校授予的学士以上学位的,视同达到相应学历要求。

第六十二条 拟任人未达到上述学历要求,但取得注册会计师、注册审计师或与拟(现)任职务相关的高级专业技术职务资格的,视同达到相应学历要求,其任职条件中相应从业年限要求应当增加 4 年。

第二节 任职资格许可程序

第六十三条 信托公司申请核准董事和高级管理人员任职资格,应当向银监分局或所在城市银监局提交申请,由银监分局或银监局受理并初步审核,银监局审查并决定。银监局自受理之日或收到完整申请材料之日起 30 日内作出核准或不予核准的书面决定,并抄报银监会。

第六十四条 信托公司新设立时,董事和高级管理人员任职资格申请,按照该机构开业的许可程序一并受理、审查并决定。

第六十五条 具有高级管理人员任职资格且未连续中断任职 1 年以上的拟任人在同一法人机构内,同类性质平行调整职务或改任较低职务的,不需重新申请任职资格。拟任人应当在任职后 5 日内向任职机构所在地银监会派出机构报告。

第六十六条 信托公司拟任董事长、总经理任职资格未获许可前,信托公司应当在现有董事和高级管理人员中指定符合相应任职资格条件的人员代为履职,并自作出指定决定之日起 3 日内向任职资格许可决定机关报告。代为履职的人员不符合任职资格条件的,监管机构可以责令信托公司限期调整代为履职的人员。

代为履职的时间不得超过 6 个月。信托公司应当在 6 个月内选聘具有任职资格的人员正式任职。

第七章 附 则

第六十七条 获准机构变更事项的,信托公司应当自许可决定之日起 6 个月内完成有关法定变更手续,并向所在地银监会派出机构报告。获准董事和高级管理人员任职资格的,拟任人应当自许可决定之日起3个月内正式到任,并向所在地银监会派出机构报告。

未在前款规定期限内完成变更或到任的,行政许可决定文件失效,由决定机关注销行政许可。

第六十八条 信托公司设立、终止事项,涉及工商、税务登记变更等法定程序的,应当在完成有关法定手续后1个月内向银监会和所在地银监会派出机构报告。

第六十九条 本办法所称境外含香港、澳门和台湾地区。

第七十条 本办法中的"日"均为工作日,"以上"均含本数或本级。

第七十一条 除特别说明外,本办法中各项财务指标要求均为合并会计报表口径。

第七十二条 中国信托业保障基金有限责任公司、信托登记机构参照本办法执行。

第七十三条 本办法由银监会负责解释。

第七十四条 本办法自公布之日起施行。

第七十五条 本办法施行前的有关规定与本办法不一致的,按照本办法执行。

中国银监会非银行金融机构行政许可事项实施办法(修订)

中国银监会令2015年第6号

《中国银监会非银行金融机构行政许可事项实施办法》已经中国银监会2015年第6次主席会议修订通过。现予公布,自公布之日起施行。

主席:尚福林
2015年6月5日

中国银监会非银行金融机构行政许可事项实施办法(修订)

第一章 总 则

第一条 为规范银监会及其派出机构非银行金融机构行政许可行为,明确行政许可事项、条件、程序和期限,保护申请人合法权益,根据《中华人民共和国银行业监督管理法》、《中华人民共和国行政许可法》等法律、行政法规及国务院的有关决定,制定本办法。

第二条 本办法所称非银行金融机构,包括经银监会批准设立的金融资产管理公司、企业集团财务公司、金融租赁公司、汽车金融公司、货币经纪公司、消费金融公司、境外非银行金融机构驻华代表处等机构。

第三条 银监会及其派出机构依照本办法和《中国银行业监督管理委员会行政许可实施程序规定》,对非银行金融机构实施行政许可。

第四条 非银行金融机构以下事项须经银监会及其派出机构行政许可:机构设立,机构变更,机构终止,调整业务范围和增加业务品种,董事和高级管理人员任职资格,以及法律、行政法规规定和国务院决定的其他行政许可事项。

第五条 申请人应按照《中国银监会非银行金融机构行政许可事项申请材料目录和格式要求》提交申请材料。

第二章 机构设立

第一节 企业集团财务公司法人机构设立

第六条 设立企业集团财务公司(以下简称财务公司)法人机构应当具备以下条件:

(一)确属集中管理企业集团资金的需要,经合理预测能够达到一定的业务规模;

(二)有符合《中华人民共和国公司法》和银监会规定的公司章程;

(三)有符合规定条件的出资人;

(四)注册资本为一次性实缴货币资本,最低限额为 1 亿元人民币或等值的可自由兑换货币;

(五)有符合任职资格条件的董事、高级管理人员,并且在风险管理、资金管理、信贷管理、结算等关键岗位上至少各有 1 名具有 3 年以上相关金融从业经验的人员;

(六)财务公司从业人员中从事金融或财务工作 3 年以上的人员应当不低于总人数的三分之二,5 年以上的人员应当不低于总人数的三分之一;

(七)建立了有效的公司治理、内部控制和风险管理体系;

(八)建立了与业务经营和监管要求相适应的信息科技架构,具有支撑业务经营的必要、安全且合规的信息系统,具备保障业务持续运营的技术与措施;

(九)有与业务经营相适应的营业场所、安全防范措施和其他设施;

(十)银监会规章规定的其他审慎性条件。

第七条 财务公司的出资人主要应为企业集团成员单位,也包括成员单位以外的具有丰富行业管理经验的战略投资者。

除国家限制外部投资者进入并经银监会事先同意的特殊行业的企业集团外,新设财务公司应有丰富银行业管理经验的战略投资者作为出资人;或与商业银行建立战略合作伙伴关系,由其为拟设立财务公司提供机构设置、制度建设、业务流程设计、风险管理、人员培训等方面的咨询建议,且至少引进 1 名具有 5 年以上银行业从业经验的高级管理人员。

第八条 申请设立财务公司的企业集团,应当具备以下条件:

（一）符合国家产业政策并拥有核心主业；

（二）最近1个会计年度末期，按规定并表核算的成员单位的资产总额不低于50亿元人民币，净资产不低于资产总额的30%；

（三）财务状况良好，最近2个会计年度按规定并表核算的成员单位营业收入总额每年不低于40亿元人民币，税前利润总额每年不低于2亿元人民币；

（四）现金流量稳定并具有较大规模；

（五）母公司成立2年以上，具备2年以上企业集团内部财务和资金集中管理经验；

（六）母公司最近1个会计年度末的实收资本不低于8亿元人民币；

（七）母公司具有良好的公司治理结构或有效的组织管理方式，无不当关联交易；

（八）母公司有良好的社会声誉、诚信记录和纳税记录，最近2年内无重大违法违规经营记录；

（九）母公司入股资金为自有资金，不得以委托资金、债务资金等非自有资金入股；

（十）成员单位数量较多，需要通过财务公司提供资金集中管理和服务；

（十一）银监会规章规定的其他审慎性条件。

第九条 成员单位作为财务公司出资人，应当具备以下条件：

（一）依法设立，具有法人资格；

（二）具有良好的公司治理结构或有效的组织管理方式；

（三）具有良好的社会声誉、诚信记录和纳税记录；

（四）经营管理良好，最近2年无重大违法违规经营记录；

（五）财务状况良好，最近2个会计年度连续盈利；

（六）最近1个会计年度末净资产不低于总资产的30%；

（七）入股资金为自有资金，不得以委托资金、债务资金等非自有资金入股；

（八）该项投资符合国家法律、法规规定；

（九）银监会规章规定的其他审慎性条件。

第十条 成员单位以外的战略投资者作为财务公司出资人，应当具备以下条件：

（一）依法设立，具有法人资格；

（二）有3年以上经营管理财务公司或类似机构的成功经验；

（三）具有良好的公司治理结构、内部控制机制和健全的风险管理体系；

（四）财务状况良好，最近2个会计年度连续盈利；

（五）入股资金为自有资金，不得以委托资金、债务资金等非自有资金入股；

（六）承诺5年内不转让所持财务公司股权（银监会依法责令转让的除外）并在拟设公司章程中载明；

（七）银监会规章规定的其他审慎性条件。

第十一条 成员单位以外的战略投资者为金融机构的，除应符合本办法第十条规定的条件之外，还应具备以下条件：

（一）资信良好，最近2年未受到境内外监管机构的重大处罚；

（二）满足所在国家或地区监管当局的审慎监管要求；

（三）战略投资者为境外金融机构的，其最近1个会计年度末总资产原则上不少于10亿美

元,且银监会认可的国际评级机构最近 2 年对其作出的长期信用评级为良好及以上;

(四)所在国家或地区金融监管当局已经与银监会建立良好的监督管理合作机制;

(五)银监会规章规定的其他审慎性条件。

第十二条　成员单位以外的战略投资者为非金融企业的,除应符合本办法第十条规定的条件之外,还应具备以下条件:

(一)具有良好的社会声誉、诚信记录和纳税记录;

(二)经营管理良好,最近 2 年无重大违法违规经营记录;

(三)最近 1 个会计年度末净资产不低于总资产的 30%;

(四)该项投资符合国家法律、法规规定;

(五)银监会规章规定的其他审慎性条件。

第十三条　有以下情形之一的企业不得作为财务公司的出资人:

(一)公司治理结构与机制存在明显缺陷;

(二)股权关系复杂且不透明、关联交易异常;

(三)核心主业不突出且其经营范围涉及行业过多;

(四)现金流量波动受经济景气影响较大;

(五)资产负债率、财务杠杆率高于行业平均水平;

(六)代他人持有财务公司股权;

(七)其他对财务公司产生重大不利影响的情况。

第十四条　申请设立财务公司,母公司董事会应当作出书面承诺,在财务公司出现支付困难的紧急情况时,按照解决支付困难的实际需要,增加相应资本金,并在财务公司章程中载明。

第十五条　单个战略投资者及关联方(非成员单位)向财务公司投资入股比例不得超过 20%,且投资入股的财务公司不得超过 2 家。

第十六条　一家企业集团只能设立一家财务公司。

第十七条　财务公司设立须经筹建和开业两个阶段。

第十八条　企业集团筹建财务公司,应由母公司作为申请人向拟设地银监局提交申请,由银监局受理并初步审查,银监会审查并决定。银监会自收到完整申请材料之日起 4 个月内作出批准或不批准的书面决定。

第十九条　财务公司的筹建期为批准决定之日起 6 个月。未能按期完成筹建的,应在筹建期限届满前 1 个月向银监会和拟设地银监局提交筹建延期报告。筹建延期不得超过一次,延长期限不得超过 3 个月。

申请人应在前款规定的期限届满前提交开业申请,逾期未提交的,筹建批准文件失效,由决定机关注销筹建许可。

第二十条　财务公司开业,应由母公司作为申请人向拟设地银监局提交申请,由银监局受理、审查并决定。银监局自受理之日起 2 个月内作出核准或不予核准的书面决定,并抄报银监会。

第二十一条　申请人应在收到开业核准文件并领取金融许可证后,办理工商登记,领取营业执照。

财务公司应自领取营业执照之日起 6 个月内开业。不能按期开业的,应在开业期限届满前1个月向银监局提交开业延期报告。开业延期不得超过一次,延长期限不得超过3个月。

未在前款规定期限内开业的,开业核准文件失效,由决定机关注销开业许可,发证机关收回金融许可证,并予以公告。

第二十二条 外资投资性公司申请设立财务公司适用本节规定的条件和程序。

第二节 金融租赁公司法人机构设立

第二十三条 设立金融租赁公司法人机构,应当具备以下条件:
(一)有符合《中华人民共和国公司法》和银监会规定的公司章程;
(二)有符合规定条件的发起人;
(三)注册资本为一次性实缴货币资本,最低限额为1亿元人民币或等值的可自由兑换货币;
(四)有符合任职资格条件的董事、高级管理人员,并且从业人员中具有金融或融资租赁工作经历3年以上的人员应当不低于总人数的50%;
(五)建立了有效的公司治理、内部控制和风险管理体系;
(六)建立了与业务经营和监管要求相适应的信息科技架构,具有支撑业务经营的必要、安全且合规的信息系统,具备保障业务持续运营的技术与措施;
(七)有与业务经营相适应的营业场所、安全防范措施和其他设施;
(八)银监会规章规定的其他审慎性条件。

第二十四条 金融租赁公司的发起人包括在中国境内外注册的具有独立法人资格的商业银行,在中国境内注册的、主营业务为制造适合融资租赁交易产品的大型企业,在中国境外注册的融资租赁公司以及银监会认可的其他发起人。

银监会认可的其他发起人是指除符合本办法第二十五条至第二十七条规定的发起人以外的其他境内法人机构和境外金融机构。

第二十五条 在中国境内外注册的具有独立法人资格的商业银行作为金融租赁公司发起人,应当具备以下条件:
(一)满足所在国家或地区监管当局的审慎监管要求;
(二)具有良好的公司治理结构、内部控制机制和健全的风险管理体系;
(三)最近1年年末总资产不低于800亿元人民币或等值的可自由兑换货币;
(四)财务状况良好,最近2个会计年度连续盈利;
(五)为拟设立金融租赁公司确定了明确的发展战略和清晰的盈利模式;
(六)遵守注册地法律法规,最近2年内未发生重大案件或重大违法违规行为;
(七)境外商业银行作为发起人的,其所在国家或地区金融监管当局已经与银监会建立良好的监督管理合作机制;
(八)入股资金为自有资金,不得以委托资金、债务资金等非自有资金入股;
(九)承诺5年内不转让所持有的金融租赁公司股权(银监会依法责令转让的除外)、不将所持有的金融租赁公司股权进行质押或设立信托,并在拟设公司章程中载明;
(十)银监会规章规定的其他审慎性条件。

第二十六条 在中国境内注册的、主营业务为制造适合融资租赁交易产品的大型企业作为金融租赁公司发起人,应当具备以下条件:
(一)有良好的公司治理结构或有效的组织管理方式;
(二)最近1年的营业收入不低于50亿元人民币或等值的可自由兑换货币;
(三)财务状况良好,最近2个会计年度连续盈利;
(四)最近1年年末净资产不低于总资产的30%;
(五)最近1年主营业务销售收入占全部营业收入的80%以上;
(六)为拟设立金融租赁公司确定了明确的发展战略和清晰的盈利模式;
(七)有良好的社会声誉、诚信记录和纳税记录;
(八)遵守国家法律法规,最近2年内未发生重大案件或重大违法违规行为;
(九)入股资金为自有资金,不得以委托资金、债务资金等非自有资金入股;
(十)承诺5年内不转让所持有的金融租赁公司股权(银监会依法责令转让的除外)、不将所持有的金融租赁公司股权进行质押或设立信托,并在拟设公司章程中载明;
(十一)银监会规章规定的其他审慎性条件。

第二十七条 在中国境外注册的具有独立法人资格的融资租赁公司作为金融租赁公司发起人,应当具备以下条件:
(一)具有良好的公司治理结构、内部控制机制和健全的风险管理体系;
(二)最近1年年末总资产不低于100亿元人民币或等值的可自由兑换货币;
(三)财务状况良好,最近2个会计年度连续盈利;
(四)遵守注册地法律法规,最近2年内未发生重大案件或重大违法违规行为;
(五)所在国家或地区经济状况良好;
(六)入股资金为自有资金,不得以委托资金、债务资金等非自有资金入股;
(七)承诺5年内不转让所持有的金融租赁公司股权(银监会依法责令转让的除外)、不将所持有的金融租赁公司股权进行质押或设立信托,并在拟设公司章程中载明;
(八)银监会规章规定的其他审慎性条件。

第二十八条 金融租赁公司至少应当有一名符合第二十五条至第二十七条规定的发起人,且其出资比例不低于拟设金融租赁公司全部股本的30%。

第二十九条 其他境内法人机构作为金融租赁公司发起人,应当具备以下条件:
(一)有良好的公司治理结构或有效的组织管理方式;
(二)有良好的社会声誉、诚信记录和纳税记录;
(三)经营管理良好,最近2年内无重大违法违规经营记录;
(四)财务状况良好,最近2个会计年度连续盈利;
(五)入股资金为自有资金,不得以委托资金、债务资金等非自有资金入股;
(六)承诺5年内不转让所持有的金融租赁公司股权(银监会依法责令转让的除外)、不将所持有的金融租赁公司股权进行质押或设立信托,并在拟设公司章程中载明;
(七)银监会规章规定的其他审慎性条件。
其他境内法人机构为非金融机构的,最近1年年末净资产不得低于总资产的30%;
其他境内法人机构为金融机构的,应当符合与该类金融机构有关的法律、法规、监管规定要求。

第三十条 其他境外金融机构作为金融租赁公司发起人,应当具备以下条件:

(一)满足所在国家或地区监管当局的审慎监管要求;

(二)具有良好的公司治理结构、内部控制机制和健全的风险管理体系;

(三)最近1年年末总资产原则上不低于10亿美元或等值的可自由兑换货币;

(四)财务状况良好,最近2个会计年度连续盈利;

(五)入股资金为自有资金,不得以委托资金、债务资金等非自有资金入股;

(六)承诺5年内不转让所持有的金融租赁公司股权(银监会依法责令转让的除外)、不将所持有的金融租赁公司股权进行质押或设立信托,并在拟设公司章程中载明;

(七)所在国家或地区金融监管当局已经与银监会建立良好的监督管理合作机制;

(八)具有有效的反洗钱措施;

(九)所在国家或地区经济状况良好;

(十)银监会规章规定的其他审慎性条件。

第三十一条 有以下情形之一的企业不得作为金融租赁公司的发起人:

(一)公司治理结构与机制存在明显缺陷;

(二)关联企业众多、股权关系复杂且不透明、关联交易频繁且异常;

(三)核心主业不突出且其经营范围涉及行业过多;

(四)现金流量波动受经济景气影响较大;

(五)资产负债率、财务杠杆率高于行业平均水平;

(六)代他人持有金融租赁公司股权;

(七)其他对金融租赁公司产生重大不利影响的情况。

第三十二条 金融租赁公司发起人应当在金融租赁公司章程中约定,在金融租赁公司出现支付困难时,给予流动性支持;当经营损失侵蚀资本时,及时补足资本金。

第三十三条 单个出资人及其关联方投资入股的金融租赁公司不得超过2家,其中绝对控股不超过1家。

第三十四条 金融租赁公司设立须经筹建和开业两个阶段。

第三十五条 筹建金融租赁公司,应由出资比例最大的发起人作为申请人向拟设地银监局提交申请,由银监局受理并初步审查,银监会审查并决定。银监会自收到完整申请材料之日起4个月内作出批准或不批准的书面决定。

第三十六条 金融租赁公司的筹建期为批准决定之日起6个月。未能按期完成筹建的,应在筹建期限届满前1个月向银监会和拟设地银监局提交筹建延期报告。筹建延期不得超过一次,延长期限不得超过3个月。

申请人应在前款规定的期限届满前提交开业申请,逾期未提交的,筹建批准文件失效,由决定机关注销筹建许可。

第三十七条 金融租赁公司开业,应由出资比例最大的发起人作为申请人向拟设地银监局提交申请,由银监局受理、审查并决定。银监局自受理之日起2个月内作出核准或不予核准的书面决定,并抄报银监会。

第三十八条 申请人应在收到开业核准文件并领取金融许可证后,办理工商登记,领取营业执照。

金融租赁公司应当自领取营业执照之日起6个月内开业。不能按期开业的,应在开业期限届满前1个月向银监局提交开业延期报告。开业延期不得超过一次,延长期限不得超过3个月。

未在前款规定期限内开业的,开业核准文件失效,由决定机关注销开业许可,发证机关收回金融许可证,并予以公告。

第三节　汽车金融公司法人机构设立

第三十九条　设立汽车金融公司法人机构应具备以下条件:

(一)有符合《中华人民共和国公司法》和银监会规定的公司章程;

(二)有符合规定条件的出资人;

(三)注册资本为一次性实缴货币资本,最低限额为5亿元人民币或等值的可自由兑换货币;

(四)有符合任职资格条件的董事、高级管理人员和熟悉汽车金融业务的合格从业人员;

(五)建立了有效的公司治理、内部控制和风险管理体系;

(六)建立了与业务经营和监管要求相适应的信息科技架构,具有支撑业务经营的必要、安全且合规的信息系统,具备保障业务持续运营的技术与措施;

(七)有与业务经营相适应的营业场所、安全防范措施和其他设施;

(八)银监会规章规定的其他审慎性条件。

第四十条　汽车金融公司的出资人为中国境内外依法设立的企业法人,其中主要出资人须为生产或销售汽车整车的企业或非银行金融机构。

前款所称主要出资人是指出资数额最多且出资额不低于拟设汽车金融公司全部股本30%的出资人。

汽车金融公司出资人中至少应有1名具备5年以上丰富的汽车金融业务管理和风险控制经验;或为汽车金融公司引进合格的专业管理团队,其中至少包括1名有丰富汽车金融从业经验的高级管理人员和1名风险管理专业人员。

第四十一条　非金融机构作为汽车金融公司出资人,应具备以下条件:

(一)最近1年年末总资产不低于80亿元人民币或等值的可自由兑换货币,年营业收入不低于50亿元人民币或等值的可自由兑换货币;

(二)最近1个会计年度末净资产不低于资产总额的30%;

(三)经营业绩良好,最近2个会计年度连续盈利;

(四)入股资金为自有资金,不得以委托资金、债务资金等非自有资金入股;

(五)遵守注册地法律法规,最近2年内无重大违法违规行为;

(六)承诺5年内不转让所持有的汽车金融公司股权(银监会依法责令转让的除外),并在拟设公司章程中载明;

(七)银监会规章规定的其他审慎性条件。

第四十二条　非银行金融机构作为汽车金融公司出资人,除应具备第四十一条第三项至

第六项规定的条件外,还应当具备以下条件:

(一)注册资本不低于3亿元人民币或等值的可自由兑换货币;

(二)具有良好的公司治理结构、内部控制机制和健全的风险管理体系;

(三)满足所在国家或地区监管当局的审慎监管要求。

第四十三条 有以下情形之一的企业不得作为汽车金融公司的出资人:

(一)公司治理结构与机制存在明显缺陷;

(二)关联企业众多、股权关系复杂且不透明、关联交易频繁且异常;

(三)核心主业不突出且其经营范围涉及行业过多;

(四)现金流量波动受经济景气影响较大;

(五)资产负债率、财务杠杆率高于行业平均水平;

(六)代他人持有汽车金融公司股权;

(七)其他对汽车金融公司产生重大不利影响的情况。

第四十四条 汽车金融公司设立须经筹建和开业两个阶段。

第四十五条 筹建汽车金融公司,应由主要出资人作为申请人向拟设地银监局提交申请,由银监局受理并初步审查,银监会审查并决定。银监会自收到完整申请材料之日起4个月内作出批准或不批准的书面决定。

第四十六条 汽车金融公司的筹建期为批准决定之日起6个月。未能按期完成筹建的,应在筹建期限届满前1个月向银监会和拟设地银监局提交筹建延期报告。筹建延期不得超过一次,延长期限不得超过3个月。

申请人应在前款规定的期限届满前提交开业申请,逾期未提交的,筹建批准文件失效,由决定机关注销筹建许可。

第四十七条 汽车金融公司开业,应由主要出资人作为申请人向拟设地银监局提交申请,由银监局受理、审查并决定。银监局自受理之日起2个月内作出核准或不予核准的书面决定,并抄报银监会。

第四十八条 申请人应在收到开业核准文件并领取金融许可证后,办理工商登记,领取营业执照。

汽车金融公司应当自领取营业执照之日起6个月内开业。不能按期开业的,应在开业期限届满前1个月向银监局提交开业延期报告。开业延期不得超过一次,延长期限不得超过3个月。

未在前款规定期限内开业的,开业核准文件失效,由决定机关注销开业许可,发证机关收回金融许可证,并予以公告。

第四节 货币经纪公司法人机构设立

第四十九条 设立货币经纪公司法人机构应当具备以下条件:

(一)有符合《中华人民共和国公司法》和银监会规定的公司章程;

(二)有符合规定条件的出资人;

(三)注册资本为一次性实缴货币资本,最低限额为2 000万元人民币或者等值的可自由兑换货币；

（四）有符合任职资格条件的董事、高级管理人员和熟悉货币经纪业务的合格从业人员；

（五）从业人员中应有60%以上从事过金融工作或相关经济工作；

（六）建立了有效的公司治理、内部控制和风险管理体系；

（七）建立了与业务经营和监管要求相适应的信息科技架构，具有支撑业务经营的必要、安全且合规的信息系统，具备保障业务持续运营的技术与措施；

（八）有与业务经营相适应的营业场所、安全防范措施和其他设施；

（九）银监会规章规定的其他审慎性条件。

第五十条 申请在境内独资或者与境内出资人合资设立货币经纪公司的境外出资人应当具备以下条件：

（一）为所在国家或地区依法设立的货币经纪公司；

（二）所在国家或地区金融监管当局已经与银监会建立良好的监督管理合作机制；

（三）从事货币经纪业务20年以上，经营稳健，内部控制健全有效；

（四）有良好的社会声誉、诚信记录和纳税记录；

（五）最近2年内无重大违法违规经营记录；

（六）经营业绩良好，最近2个会计年度连续盈利；

（七）有从事货币经纪服务所必需的全球机构网络和资讯通信网络；

（八）具有有效的反洗钱措施；

（九）承诺5年内不转让所持有的货币经纪公司股权（银监会依法责令转让的除外），并在拟设公司章程中载明；

（十）银监会规章规定的其他审慎性条件。

第五十一条 申请设立货币经纪公司或者与境外出资人合资设立货币经纪公司的境内出资人应当具备以下条件：

（一）为依法设立的非银行金融机构，符合审慎监管要求；

（二）从事货币市场、外汇市场等代理业务5年以上；

（三）具有良好的公司治理结构、内部控制机制和健全的风险管理体系；

（四）有良好的社会声誉、诚信记录和纳税记录，最近2年内无重大违法违规经营记录；

（五）经营业绩良好，最近2个会计年度连续盈利；

（六）承诺5年内不转让所持有的货币经纪公司股权（银监会依法责令转让的除外），并在拟设公司章程中载明；

（七）银监会规章规定的其他审慎性条件。

第五十二条 有以下情形之一的企业不得作为货币经纪公司的出资人：

（一）公司治理结构与机制存在明显缺陷；

（二）关联企业众多、股权关系复杂且不透明、关联交易频繁且异常；

（三）核心主业不突出且其经营范围涉及行业过多；

（四）现金流量波动受经济景气影响较大；

（五）资产负债率、财务杠杆率高于行业平均水平；

（六）代他人持有货币经纪公司股权；

(七)其他对货币经纪公司产生重大不利影响的情况。

第五十三条 货币经纪公司设立须经筹建和开业两个阶段。

第五十四条 筹建货币经纪公司,应由投资比例最大的出资人作为申请人向拟设地银监局提交申请,由银监局受理并初步审查,银监会审查并决定。银监会自收到完整申请材料之日起4个月内作出批准或不批准的书面决定。

第五十五条 货币经纪公司的筹建期为批准决定之日起6个月。未能按期完成筹建的,应在筹建期限届满前1个月向银监会和拟设地银监局提交筹建延期报告。筹建延期不得超过一次,延长期限不得超过3个月。

申请人应在前款规定的期限届满前提交开业申请,逾期未提交的,筹建批准文件失效,由决定机关注销筹建许可。

第五十六条 货币经纪公司开业,应由投资比例最大的出资人作为申请人向拟设地银监局提交申请,由银监局受理、审查并决定。银监局自受理之日起2个月内作出核准或不予核准的书面决定,并抄报银监会。

第五十七条 申请人应在收到开业核准文件并领取金融许可证后,办理工商登记,领取营业执照。

货币经纪公司应当自领取营业执照之日起6个月内开业。不能按期开业的,应在开业期限届满前1个月向银监局提交开业延期报告。开业延期不得超过一次,延长期限不得超过3个月。

未在前款规定期限内开业的,开业核准文件失效,由决定机关注销开业许可,发证机关收回金融许可证,并予以公告。

第五节 消费金融公司法人机构设立

第五十八条 设立消费金融公司法人机构应当具备以下条件:

(一)有符合《中华人民共和国公司法》和银监会规定的公司章程;

(二)有符合规定条件的出资人;

(三)注册资本为一次性实缴货币资本,最低限额为3亿元人民币或者等值的可自由兑换货币;

(四)有符合任职资格条件的董事、高级管理人员和熟悉消费金融业务的合格从业人员;

(五)建立了有效的公司治理、内部控制和风险管理体系;

(六)建立了与业务经营和监管要求相适应的信息科技架构,具有支撑业务经营的必要、安全且合规的信息系统,具备保障业务持续运营的技术与措施;

(七)有与业务经营相适应的营业场所、安全防范措施和其他设施;

(八)银监会规章规定的其他审慎性条件。

第五十九条 消费金融公司的出资人应当为中国境内外依法设立的企业法人,并分为主要出资人和一般出资人。主要出资人是指出资数额最多并且出资额不低于拟设消费金融公司全部股本30%的出资人,一般出资人是指除主要出资人以外的其他出资人。

前款所称主要出资人须为境内外金融机构或主营业务为提供适合消费贷款业务产品的境

内非金融企业。

第六十条 金融机构作为消费金融公司的主要出资人,应具备以下条件:

(一)具有5年以上消费金融领域的从业经验;

(二)最近1年年末总资产不低于600亿元人民币或等值的可自由兑换货币;

(三)财务状况良好,最近2个会计年度连续盈利;

(四)信誉良好,最近2年内无重大违法违规经营记录;

(五)入股资金为自有资金,不得以委托资金、债务资金等非自有资金入股;

(六)承诺5年内不转让所持有的消费金融公司股权(银监会依法责令转让的除外),并在拟设公司章程中载明;

(七)具有良好的公司治理结构、内部控制机制和健全的风险管理制度;

(八)满足所在国家或地区监管当局的审慎监管要求;

(九)境外金融机构应对中国市场有充分的分析和研究,且所在国家或地区金融监管当局已经与银监会建立良好的监督管理合作机制;

(十)银监会规章规定的其他审慎性条件。

金融机构作为消费金融公司一般出资人,除应具备前款第三项至第九项规定的条件外,注册资本应不低于3亿元人民币或等值的可自由兑换货币。

第六十一条 非金融企业作为消费金融公司主要出资人,应当具备以下条件:

(一)最近1年营业收入不低于300亿元人民币或等值的可自由兑换货币;

(二)最近1个会计年度末净资产不低于资产总额的30%;

(三)财务状况良好,最近2个会计年度连续盈利;

(四)信誉良好,最近2年内无重大违法违规经营记录;

(五)入股资金为自有资金,不得以委托资金、债务资金等非自有资金入股;

(六)承诺5年内不转让所持有的消费金融公司股权(银监会依法责令转让的除外),并在拟设公司章程中载明;

(七)银监会规章规定的其他审慎性条件。

非金融企业作为消费金融公司一般出资人,应具备前款第二项至第六项规定的条件。

第六十二条 有以下情形之一的企业不得作为消费金融公司的出资人:

(一)公司治理结构与机制存在明显缺陷;

(二)关联企业众多、股权关系复杂且不透明、关联交易频繁且异常;

(三)核心主业不突出且其经营范围涉及行业过多;

(四)现金流量波动受经济景气影响较大;

(五)资产负债率、财务杠杆率高于行业平均水平;

(六)代他人持有消费金融公司股权;

(七)其他对消费金融公司产生重大不利影响的情况。

第六十三条 消费金融公司主要出资人可以在消费金融公司章程中约定,在消费金融公司出现支付困难时,给予流动性支持;当经营失败导致损失侵蚀资本时,及时补足资本金。

第六十四条 消费金融公司至少应当有1名具备5年以上消费金融业务管理和风险控制经验,并且出资比例不低于拟设消费金融公司全部股本15%的出资人。

第六十五条 消费金融公司设立须经筹建和开业两个阶段。

第六十六条 筹建消费金融公司,应由主要出资人作为申请人向拟设地银监局提交申请,由银监局受理并初步审查,银监会审查并决定。银监会自收到完整申请材料之日起4个月内作出批准或不批准的书面决定。

第六十七条 消费金融公司的筹建期为批准决定之日起6个月。未能按期完成筹建的,应在筹建期限届满前1个月向银监会和拟设地银监局提交筹建延期报告。筹建延期不得超过一次,延长期限不得超过3个月。

申请人应在前款规定的期限届满前提交开业申请,逾期未提交的,筹建批准文件失效,由决定机关注销筹建许可。

第六十八条 消费金融公司开业,应由主要出资人作为申请人向拟设地银监局提交申请,由银监局受理、审查并决定。银监局自受理之日起2个月内作出核准或不予核准的书面决定,并抄报银监会。

第六十九条 申请人应在收到开业核准文件并领取金融许可证后,办理工商登记,领取营业执照。

消费金融公司应当自领取营业执照之日起6个月内开业。不能按期开业的,应在开业期限届满前1个月向银监局提交开业延期报告。开业延期不得超过一次,延长期限不得超过3个月。

未在前款规定期限内开业的,开业核准文件失效,由决定机关注销开业许可,发证机关收回金融许可证,并予以公告。

第六节 金融资产管理公司分公司设立

第七十条 金融资产管理公司申请设立分公司,应当具备以下条件:

(一)具有良好的公司治理结构;

(二)风险管理和内部控制健全有效;

(三)主要审慎监管指标符合监管要求;

(四)具有拨付营运资金的能力;

(五)具有完善、合规的信息科技系统和信息安全体系,具有标准化的数据管理体系,具备保障业务连续有效安全运行的技术与措施;

(六)最近2年无严重违法违规行为和重大案件;

(七)监管评级良好;

(八)银监会规章规定的其他审慎性条件。

第七十一条 金融资产管理公司设立的分公司应当具备以下条件:

(一)营运资金到位;

(二)有符合任职资格条件的高级管理人员和熟悉相关业务的从业人员;

(三)有与业务发展相适应的组织机构和规章制度;

(四)建立了与业务经营和监管要求相适应的信息科技架构,具有支撑业务经营的必要、安全且合规的信息系统,具备保障业务持续运营的技术与措施;

（五）有与业务经营相适应的营业场所、安全防范措施和其他设施；

（六）银监会规章规定的其他审慎性条件。

第七十二条 金融资产管理公司设立分公司须经筹建和开业两个阶段。

第七十三条 金融资产管理公司筹建分公司，应由金融资产管理公司作为申请人向拟设分公司所在地银监局提交申请，由拟设地银监局受理、审查并决定。银监局自受理之日起4个月内作出批准或不批准的书面决定，并抄报银监会。

第七十四条 金融资产管理公司分公司的筹建期为批准决定之日起6个月。未能按期完成筹建的，应在筹建期限届满前1个月向银监会和拟设地银监局提交筹建延期报告。筹建延期不得超过一次，延长期限不得超过3个月。

申请人应在前款规定的期限届满前提交开业申请，逾期未提交的，筹建批准文件失效，由决定机关注销筹建许可。

第七十五条 金融资产管理公司分公司开业，应由金融资产管理公司作为申请人向拟设分公司所在地银监局提交申请，由拟设地银监局受理、审查并决定。拟设分公司所在地银监局自受理之日起2个月内作出核准或不予核准的书面决定，并抄报银监会。

第七十六条 申请人应在收到开业核准文件并领取金融许可证后，办理工商登记，领取营业执照。

金融资产管理公司分公司应当自领取营业执照之日起6个月内开业。不能按期开业的，应在开业期限届满前1个月向拟设分公司所在地银监局提交开业延期报告。开业延期不得超过一次，延长期限不得超过3个月。

未在前款规定期限内开业的，开业核准文件失效，由决定机关注销开业许可，收回金融许可证，并予以公告。

第七节　金融资产管理公司投资设立、参股、收购境内法人金融机构

第七十七条 金融资产管理公司申请投资设立、参股、收购境内法人金融机构的，应当符合以下条件：

（一）具有良好的公司治理结构；

（二）风险管理和内部控制健全有效；

（三）具有良好的并表管理能力；

（四）主要审慎监管指标符合监管要求；

（五）权益性投资余额原则上不超过其净资产（合并会计报表口径）的50%；

（六）具有完善、合规的信息科技系统和信息安全体系，具有标准化的数据管理体系，具备保障业务连续有效安全运行的技术与措施；

（七）最近2年无严重违法违规行为和重大案件；

（八）最近2个会计年度连续盈利；

（九）监管评级良好；

（十）银监会规章规定的其他审慎性条件。

第七十八条 金融资产管理公司申请投资设立、参股、收购境内法人金融机构由银监会受

理、审查并决定。银监会自受理之日起 6 个月内作出批准或不批准的书面决定。

第八节 金融资产管理公司投资设立、参股、收购境外法人金融机构

第七十九条 金融资产管理公司申请投资设立、参股、收购境外法人金融机构,应当符合以下条件:

(一)具有良好的公司治理结构,内部控制健全有效,业务条线管理和风险管控能力与境外业务发展相适应;

(二)具有清晰的海外发展战略;

(三)具有良好的并表管理能力;

(四)主要审慎监管指标符合监管要求;

(五)权益性投资余额原则上不超过其净资产(合并会计报表口径)的 50%;

(六)最近 2 个会计年度连续盈利;

(七)申请前 1 年年末资产余额达到 1 000 亿元人民币以上;

(八)具备与境外经营环境相适应的专业人才队伍;

(九)监管评级良好;

(十)银监会规章规定的其他审慎性条件。

本办法所称境外法人金融机构是指金融资产管理公司全资附属或控股的境外法人金融机构,以及全资附属或控股子公司、特殊目的实体设立的境外法人金融机构。

第八十条 金融资产管理公司申请投资设立、参股、收购境外法人金融机构由银监会受理、审查并决定。银监会自受理之日起 6 个月内作出批准或不批准的书面决定。

金融资产管理公司获得银监会批准文件后应按照拟设立、参股、收购境外法人金融机构注册地国家或地区的法律法规办理相关法律手续,并在完成相关法律手续后 15 个工作日内向银监会报告设立、参股或收购的境外金融机构的名称、成立时间、注册地点、注册资本、注资币种等。

第九节 金融租赁公司专业子公司设立

第八十一条 金融租赁公司申请设立境内专业子公司,应当具备以下条件:

(一)具有良好的公司治理结构,风险管理和内部控制健全有效;

(二)具有良好的并表管理能力;

(三)各项监管指标符合《金融租赁公司管理办法》的规定;

(四)权益性投资余额原则上不超过净资产(合并会计报表口径)的 50%;

(五)在业务存量、人才储备等方面具备一定优势,在专业化管理、项目公司业务开展等方面具有成熟的经验,能够有效支持专业子公司开展特定领域的融资租赁业务;

(六)入股资金为自有资金,不得以委托资金、债务资金等非自有资金入股;

(七)遵守国家法律法规,最近 2 年内未发生重大案件或重大违法违规行为;

(八)监管评级良好;

(九)银监会规章规定的其他审慎性条件。

第八十二条 金融租赁公司设立境内专业子公司原则上应100%控股,有特殊情况需引进其他投资者的,金融租赁公司的持股比例不得低于51%。引进的其他投资者应符合本办法第二十四条至第二十七条以及第二十九条至第三十一条规定的金融租赁公司发起人条件,且在专业子公司经营的特定领域有所专长,在业务开拓、租赁物管理等方面具有比较优势,有助于提升专业子公司的业务拓展能力和风险管理水平。

第八十三条 金融租赁公司设立的境内专业子公司,应当具备以下条件:
(一)有符合《中华人民共和国公司法》和银监会规定的公司章程;
(二)有符合规定条件的发起人;
(三)注册资本最低限额为5 000万元人民币或等值的可自由兑换货币;
(四)有符合任职资格条件的董事、高级管理人员和熟悉融资租赁业务的从业人员;
(五)有健全的公司治理、内部控制和风险管理体系,以及与业务经营相适应的管理信息系统;
(六)有与业务经营相适应的营业场所、安全防范措施和其他设施;
(七)银监会规章规定的其他审慎性条件。

第八十四条 金融租赁公司设立境内专业子公司须经筹建和开业两个阶段。

第八十五条 金融租赁公司筹建境内专业子公司,由金融租赁公司作为申请人向拟设地银监局提交申请,同时抄报金融租赁公司所在地银监局,由拟设地银监局受理并初步审查,银监会审查并决定。银监会自收到完整申请材料之日起2个月内作出批准或不批准的书面决定。拟设地银监局在将初审意见上报银监会之前应征求金融租赁公司所在地银监局的意见。

第八十六条 金融租赁公司境内专业子公司的筹建期为批准决定之日起6个月。未能按期完成筹建的,应在筹建期限届满前1个月向银监会和拟设地银监局提交筹建延期报告。筹建延期不得超过一次,延长期限不得超过3个月。

申请人应在前款规定的期限届满前提交开业申请,逾期未提交的,筹建批准文件失效,由决定机关注销筹建许可。

第八十七条 金融租赁公司境内专业子公司开业,应由金融租赁公司作为申请人向拟设地银监局提交申请,由拟设地银监局受理、审查并决定。银监局自受理之日起1个月内作出核准或不予核准的书面决定,并抄报银监会,抄送金融租赁公司所在地银监局。

第八十八条 申请人应在收到开业核准文件并领取金融许可证后,办理工商登记,领取营业执照。

境内专业子公司应当自领取营业执照之日起6个月内开业。不能按期开业的,应在开业期限届满前1个月向拟设地银监局提交开业延期报告。开业延期不得超过一次,延长期限不得超过3个月。

未在前款规定期限内开业的,开业核准文件失效,由决定机关注销开业许可,收回金融许可证,并予以公告。

第八十九条 金融租赁公司申请设立境外专业子公司,除适用本办法第八十一条规定的条件外,还应当具备以下条件:
(一)确有业务发展需要,具备清晰的海外发展战略;
(二)内部管理水平和风险管控能力与境外业务发展相适应;

（三）具备与境外经营环境相适应的专业人才队伍；

（四）经营状况良好，最近2个会计年度连续盈利；

（五）所提申请符合有关国家或地区的法律法规。

第九十条 金融租赁公司设立境外专业子公司，应由金融租赁公司作为申请人向所在地银监局提出申请，由银监局受理并初步审查，银监会审查并决定。银监会自收到完整申请材料之日起2个月内作出批准或不批准的书面决定。

金融租赁公司获得银监会批准文件后应按照拟设子公司注册地国家或地区的法律法规办理境外子公司的设立手续，并在境外子公司成立后15个工作日内向银监会及金融租赁公司所在地银监局报告境外子公司的名称、成立时间、注册地点、注册资本、注资币种等。

第十节 财务公司境外子公司设立

第九十一条 财务公司申请设立境外子公司，应当具备以下条件：

（一）确属业务发展和为成员单位提供财务管理服务需要，具备清晰的海外发展战略；

（二）拟设境外子公司所服务的成员单位不少于10家，且前述成员单位资产合计不低于等值于100亿元人民币的可自由兑换货币；或成员单位不足10家，但成员单位资产合计不低于等值于150亿元人民币的可自由兑换货币；

（三）各项审慎监管指标符合有关监管规定；

（四）经营状况良好，最近2个会计年度连续盈利；

（五）权益性投资余额原则上不超过净资产（合并会计报表口径）的50%；

（六）内部管理水平和风险管控能力与境外业务发展相适应；

（七）具备与境外经营环境相适应的专业人才队伍；

（八）最近2年内未发生重大案件或重大违法违规行为；

（九）监管评级良好；

（十）银监会规章规定的其他审慎性条件。

第九十二条 财务公司设立境外子公司，应由财务公司作为申请人向所在地银监局提出申请，由银监局受理并初步审查，银监会审查并决定。银监会自收到完整申请材料之日起4个月内作出批准或不批准的书面决定。

财务公司获得银监会批准文件后应按照拟设子公司注册地国家或地区的法律法规办理境外子公司的设立手续，并在境外子公司成立后15个工作日内向银监会及财务公司所在地银监局报告境外子公司的名称、成立时间、注册地点、注册资本、注资币种等。

第十一节 财务公司分公司设立

第九十三条 财务公司由于发生合并与分立、跨银监局迁址，或者所属集团被收购或重组而申请设立分公司的，应当具备以下条件：

（一）确属业务发展和为成员单位提供财务管理服务需要；

（二）拟设分公司所服务的成员单位不少于10家，且前述成员单位资产合计不低于10亿元人民币；或成员单位不足10家，但成员单位资产合计不低于20亿元人民币；

(三)各项审慎监管指标符合有关监管规定;

(四)注册资本不低于3亿元人民币,具有拨付营运资金的能力;

(五)经营状况良好,最近2个会计年度连续盈利;

(六)最近2年内未发生重大案件或重大违法违规行为;

(七)监管评级良好;

(八)银监会规章规定的其他审慎性条件。

第九十四条 财务公司设立的分公司应当具备以下条件:

(一)营运资金到位;

(二)有符合任职资格条件的高级管理人员和熟悉相关业务的从业人员;

(三)有与业务发展相适应的组织机构和规章制度;

(四)建立了与业务经营和监管要求相适应的信息科技架构,具有支撑业务经营的必要、安全且合规的信息系统,具备保障业务持续运营的技术与措施;

(五)有与业务经营相适应的营业场所、安全防范措施和其他设施;

(六)银监会规章规定的其他审慎性条件。

第九十五条 财务公司由于发生合并与分立、跨银监局变更住所,或者所属集团被收购或重组而设立分公司的,应与前述变更事项一并提出申请,许可程序分别适用财务公司合并与分立、跨银监局变更住所、或者因所属集团被收购或重组而进行股权变更的规定。

第九十六条 财务公司分公司的筹建期为批准决定之日起6个月。未能按期完成筹建的,应在筹建期限届满前1个月向法人机构所在地银监局和拟设地银监局提交筹建延期报告。筹建延期不得超过一次,延长期限不得超过3个月。

申请人应在前款规定的期限届满前提交分公司开业申请,逾期未提交的,设立分公司批准文件失效,由决定机关注销筹建许可。

第九十七条 财务公司分公司开业,应由财务公司作为申请人向拟设分公司所在地银监局提交申请,由拟设分公司所在地银监局受理、审查并决定。拟设分公司所在地银监局自受理之日起2个月内作出核准或不予核准的书面决定,并抄报银监会,抄送法人机构所在地银监局。

第九十八条 申请人应在收到开业核准文件并领取金融许可证后,办理工商登记,领取营业执照。

财务公司分公司应当自领取营业执照之日起6个月内开业。不能按期开业的,应在开业期限届满前1个月向拟设分公司所在地银监局提交开业延期报告。开业延期不得超过一次,延长期限不得超过3个月。

未在前款规定期限内开业的,开业核准文件失效,由决定机关注销开业许可,收回金融许可证,并予以公告。

第十二节 货币经纪公司分支机构设立

第九十九条 货币经纪公司分支机构包括分公司、代表处。

第一百条 货币经纪公司申请设立分公司,应当具备以下条件:

(一)确属业务发展需要,且建立了完善的对分公司的业务授权及管理问责制度;
(二)注册资本不低于5 000万元人民币或等值的可自由兑换货币,具有拨付营运资金的能力;
(三)经营状况良好,最近2个会计年度连续盈利;
(四)最近2年无重大案件或重大违法违规经营记录;
(五)银监会规章规定的其他审慎性条件。

第一百零一条 货币经纪公司设立的分公司应当具备以下条件:
(一)营运资金到位;
(二)有符合任职资格条件的高级管理人员和熟悉相关业务的从业人员;
(三)有与业务发展相适应的组织机构和规章制度;
(四)建立了与业务经营和监管要求相适应的信息科技架构,具有支撑业务经营的必要、安全且合规的信息系统,具备保障业务持续运营的技术与措施;
(五)有与业务经营相适应的营业场所、安全防范措施和其他设施;
(六)银监会规章规定的其他审慎性条件。

第一百零二条 货币经纪公司设立分公司须经筹建和开业两个阶段。

第一百零三条 货币经纪公司筹建分公司,应由货币经纪公司作为申请人向法人机构所在地银监局提交申请,同时抄报拟设分公司所在地银监局,由法人机构所在地银监局受理、审查并决定。法人机构所在地银监局自受理之日起4个月内作出批准或不批准的书面决定。法人机构所在地银监局作出决定之前应征求拟设分公司所在地银监局的意见。

第一百零四条 货币经纪公司分公司的筹建期为批准决定之日起6个月。未能按期完成筹建的,应在筹建期限届满前1个月向法人机构所在地银监局和拟设地银监局提交筹建延期报告。筹建延期不得超过一次,延长期限不得超过3个月。

申请人应在前款规定的期限届满前提交开业申请,逾期未提交的,筹建批准文件失效,由决定机关注销筹建许可。

第一百零五条 货币经纪公司分公司开业,应由货币经纪公司作为申请人向拟设分公司所在地银监局提交申请,由拟设分公司所在地银监局受理、审查并决定。拟设分公司所在地银监局自受理之日起2个月内作出核准或不予核准的书面决定,并抄报银监会,抄送法人机构所在地银监局。

第一百零六条 申请人应在收到开业核准文件并领取金融许可证后,办理工商登记,领取营业执照。

货币经纪公司分公司自领取营业执照之日起6个月内开业。不能按期开业的,应在开业期限届满前1个月向拟设分公司所在地银监局提交开业延期报告。开业延期不得超过一次,延长期限不得超过3个月。

未在前款规定期限内开业的,开业核准文件失效,由决定机关注销开业许可,收回金融许可证,并予以公告。

第一百零七条 货币经纪公司根据业务开展需要,可以在业务比较集中的地区设立代表处。由货币经纪公司作为申请人向法人机构所在地银监局提交申请,同时抄报拟设代表处所在地银监局,由法人机构所在地银监局受理、审查并决定。法人机构所在地银监局自受理之日起 6 个月内作出批准或不批准的书面决定。法人机构所在地银监局作出决定之前应征求拟设代表处所在地银监局的意见。

第十三节 境外非银行金融机构驻华代表处设立

第一百零八条 境外非银行金融机构申请设立驻华代表处,应具备以下条件:

(一)所在国家或地区有完善的金融监督管理制度;
(二)是由所在国家或地区金融监管当局批准设立的金融机构,或者是金融性行业协会会员;
(三)具有从事国际金融活动的经验;
(四)经营状况良好,最近 2 年内无重大违法违规记录;
(五)具有有效的反洗钱措施;
(六)有符合任职资格条件的首席代表;
(七)银监会规章规定的其他审慎性条件。

第一百零九条 境外非银行金融机构设立驻华代表处,应由其母公司向拟设地银监局提交申请,由银监局受理并初步审查,银监会审查并决定。银监会自收到完整申请材料之日起 6 个月内作出批准或不批准的书面决定。

第三章 机构变更

第一节 法人机构变更

第一百一十条 非银行金融机构法人机构变更事项包括:变更名称,变更股权或调整股权结构,变更注册资本,变更住所,修改公司章程,分立或合并,金融资产管理公司变更组织形式,以及银监会规定的其他变更事项。

第一百一十一条 金融资产管理公司变更名称,由银监会受理、审查并决定。其他非银行金融机构变更名称,由银监分局或所在地银监局受理、审查并决定。银监会、银监局或银监分局自受理之日起 3 个月内作出批准或不批准的书面决定。由银监局或银监分局决定的,应将决定抄报上级监管机关。

第一百一十二条 所有拟投资入股非银行金融机构的出资人的资格以及非银行金融机构变更股权或调整股权结构均应经过审批,但成员单位之间转让财务公司股权单次不超过财务公司注册资本 5% 的,以及关联方共同持有上市的非银行金融机构流通股份未达到公司总股份 5% 的除外。

第一百一十三条 金融资产管理公司以外的非银行金融机构变更股权及调整股权结构,拟投资入股的出资人应分别具备以下条件:

(一)财务公司出资人的条件适用本办法第七条至第十三条及第十五条的规定;
(二)金融租赁公司出资人的条件适用本办法第二十四条至第三十三条的规定;
(三)汽车金融公司出资人的条件适用本办法第四十条至第四十三条的规定;
(四)货币经纪公司出资人的条件适用本办法第五十条至第五十二条的规定;

(五)消费金融公司出资人的条件适用本办法第五十九条至第六十四条的规定。

第一百一十四条 金融资产管理公司股权变更或调整股权结构应当有符合条件的出资人,包括境内金融机构、境外金融机构、境内非金融机构和银监会认可的其他出资人。

第一百一十五条 境内金融机构作为金融资产管理公司的出资人,应当具备以下条件:

(一)主要审慎监管指标符合监管要求;

(二)公司治理良好,内部控制健全有效;

(三)最近2个会计年度连续盈利;

(四)社会声誉良好,最近2年无严重违法违规行为和重大案件;

(五)入股资金为自有资金,不得以委托资金、债务资金等非自有资金入股;

(六)承诺5年内不转让所持有的金融资产管理公司股权(银监会依法责令转让的除外);

(七)银监会规章规定的其他审慎性条件。

第一百一十六条 境外金融机构作为金融资产管理公司的战略投资者,应当具备以下条件:

(一)最近1个会计年度末总资产原则上不少于100亿美元;

(二)银监会认可的国际评级机构最近2年对其长期信用评级为良好;

(三)最近2个会计年度连续盈利;

(四)商业银行资本充足率应当达到其注册地银行业资本充足率平均水平且不低于10.5%;非银行金融机构资本总额不低于加权风险资产总额的10%;

(五)内部控制健全有效;

(六)注册地金融机构监督管理制度完善;

(七)所在国(地区)经济状况良好;

(八)入股资金为自有资金,不得以委托资金、债务资金等非自有资金入股;

(九)承诺5年内不转让所持有的金融资产管理公司股权(银监会依法责令转让的除外);

(十)银监会规章规定的其他审慎性条件。

第一百一十七条 单个境外金融机构及被其控制或共同控制的关联方作为战略投资者向单个金融资产管理公司的投资入股比例不得超过20%,多个境外金融机构及被其控制或共同控制的关联方作为战略投资者的投资入股比例合计不得超过25%。

第一百一十八条 境内非金融机构作为金融资产管理公司的出资人,应当符合以下条件:

(一)依法设立,具有法人资格;

(二)具有良好的公司治理结构或有效的组织管理方式;

(三)具有良好的社会声誉、诚信记录和纳税记录,能按期足额偿还金融机构的贷款本金和利息;

(四)具有较长的发展期和稳定的经营状况;

(五)具有较强的经营管理能力和资金实力;

(六)财务状况良好,最近2个会计年度连续盈利;

(七)年终分配后,净资产达到全部资产的30%;

(八)入股资金为自有资金,不得以委托资金、债务资金等非自有资金入股;

(九)承诺5年内不转让所持有的金融资产管理公司股权(银监会依法责令转让的除外);

（十）银监会规章规定的其他审慎性条件。

第一百一十九条 存在以下情形之一的企业不得作为金融资产管理公司的出资人：

（一）公司治理结构与机制存在明显缺陷；

（二）关联企业众多、股权关系复杂且不透明、关联交易频繁且异常；

（三）核心主业不突出且其经营范围涉及行业过多；

（四）现金流量波动受经济景气影响较大；

（五）资产负债率、财务杠杆率高于行业平均水平；

（六）代他人持有金融资产管理公司股权；

（七）其他对金融资产管理公司产生重大不利影响的情况。

第一百二十条 金融资产管理公司变更股权或调整股权结构，由银监会受理、审查并决定。银监会自受理之日起3个月内作出批准或不批准的书面决定。

财务公司由于所属企业集团被收购或重组引起变更股权或调整股权结构的，金融租赁公司、汽车金融公司、货币经纪公司、消费金融公司由于实际控制人变更引起变更股权或调整股权结构的，由所在地银监局受理并初步审查，银监会审查并决定，银监会自收到完整申请材料之日起3个月内作出批准或不批准的书面决定。

财务公司、金融租赁公司、汽车金融公司、货币经纪公司、消费金融公司由于其他原因引起变更股权或调整股权结构的，由银监分局或所在地银监局受理并初步审查，银监局审查并决定，银监局自受理或收到完整申请材料之日起3个月内作出批准或不批准的书面决定，并抄报银监会。

第一百二十一条 非银行金融机构申请变更注册资本，应当具备以下条件：

（一）变更注册资本后仍然符合银监会对该类机构最低注册资本和资本充足性的要求；

（二）增加注册资本引入新出资人或引起实际控制人变更的，新出资人或新取得实际控制人地位的出资人应相应符合第一百一十三条至第一百一十九条规定的条件；

（三）银监会规章规定的其他审慎性条件。

第一百二十二条 非银行金融机构申请变更注册资本的许可程序适用本办法第一百一十一条的规定，变更注册资本涉及变更股权或调整股权结构的，许可程序适用本办法第一百二十条的规定。

第一百二十三条 非银行金融机构以公开募集和上市交易股份方式，以及已上市的非银行金融机构以配股或募集新股份的方式变更注册资本的，应当符合中国证监会规定的条件。

向中国证监会申请前，有关方案应先获得银监会或其派出机构的批准，许可程序适用本办法第一百二十条的规定。

第一百二十四条 非银行金融机构变更住所，应当有与业务发展相符合的营业场所、安全防范措施和其他设施。

非银行金融机构申请变更住所的许可程序适用本办法第一百一十一条的规定。

第一百二十五条 非银行金融机构修改公司章程应符合《中华人民共和国公司法》、《金融资产管理公司监管办法》、《企业集团财务公司管理办法》、《金融租赁公司管理办法》、《汽车金融公司管理办法》、《货币经纪公司试点管理办法》、《消费金融公司试点管理办法》及其他有关法律、法规的规定。

第一百二十六条　非银行金融机构申请修改公司章程的许可程序适用本办法第一百一十一条的规定。

非银行金融机构因为发生变更名称、股权、注册资本、住所或营业场所、业务范围等前置审批事项而引起公司章程内容变更的,不需申请修改章程,应将修改后的章程向监管机构报备。

第一百二十七条　非银行金融机构分立应符合有关法律、行政法规和规章的规定。

金融资产管理公司分立,向银监会提交申请,由银监会受理、审查并决定。银监会自受理之日起3个月内作出批准或不批准的书面决定。其他非银行金融机构分立,向所在地银监局提交申请,由银监局受理并初步审查,银监会审查并决定。银监会自收到完整申请材料之日起3个月内作出批准或不批准的书面决定。

非银行金融机构分立后依然存续的,在分立公告期限届满后,应按照有关变更事项的条件和程序通过行政许可。分立后成为新公司的,在分立公告期限届满后,应按照法人机构开业的条件和程序通过行政许可。

第一百二十八条　非银行金融机构合并应符合有关法律、行政法规和规章的规定。

金融资产管理公司吸收合并,向银监会提交申请,由银监会受理、审查并决定。银监会自受理之日起3个月内作出批准或不批准的书面决定。其他非银行金融机构吸收合并,由吸收合并方向其所在地银监局提出申请,并抄报被吸收合并方所在地银监局,由吸收合并方所在地银监局受理并初步审查,银监会审查并决定。银监会自收到完整申请材料之日起3个月内作出批准或不批准的书面决定。吸收合并方所在地银监局在将初审意见上报银监会之前应征求被吸收合并方所在地银监局的意见。吸收合并公告期限届满后,吸收合并方应按照变更事项的条件和程序通过行政许可;被吸收合并方应按照法人机构解散的条件和程序通过行政许可。被吸收合并方改建为分支机构的,应按照有关分支机构开业的条件和程序通过行政许可。

金融资产管理公司新设合并,向银监会提交申请,由银监会受理、审查并决定。银监会自受理之日起3个月内作出批准或不批准的书面决定。其他非银行金融机构新设合并,由其中一方作为主报机构向其所在地银监局提交申请,同时抄报另一方所在地银监局,由主报机构所在地银监局受理并初步审查,银监会审查并决定。银监会自收到完整申请材料之日起3个月内作出批准或不批准的书面决定。主报机构所在地银监局在将初审意见上报银监会之前应征求另一方所在地银监局的意见。新设合并公告期限届满后,新设机构应按照法人机构开业的条件和程序通过行政许可;原合并机构应按照法人机构解散的条件和程序通过行政许可。

第一百二十九条　金融资产管理公司变更组织形式,应当符合《中华人民共和国公司法》、《金融资产管理公司监管办法》以及其他法律、行政法规和规章的规定。

第一百三十条　金融资产管理公司变更组织形式,由银监会受理、审查并决定。银监会自受理之日起3个月内作出批准或不批准的书面决定。

第二节　子公司变更

第一百三十一条　非银行金融机构子公司须经许可的变更事项包括:金融资产管理公司境外全资附属或控股金融机构变更名称、注册资本、股权,分立或合并,重大投资事项(指投资额为1亿元人民币以上或者投资额占其注册资本5%以上的股权投资事项);金融租赁公司专业子公司变更名称、变更注册资本、变更股权或调整股权结构,境内专业子公司修改公司章程;财务公司境外子公司变更名称、变更注册资本;以及银监会规定的其他变更事项。

第一百三十二条 金融资产管理公司境外全资附属或控股金融机构变更名称、注册资本、股权,分立或合并,或进行重大投资,由金融资产管理公司向银监会提交申请,银监会受理、审查并决定。银监会自受理之日起3个月内作出批准或不批准的书面决定。

第一百三十三条 金融租赁公司境内专业子公司变更名称,由专业子公司向银监分局或所在地银监局提出申请,金融租赁公司境外专业子公司变更名称,由金融租赁公司向银监分局或所在地银监局提出申请,银监分局或银监局受理、审查并决定。银监分局或银监局应自受理之日起3个月内作出批准或不批准的书面决定,并抄报上级监管机关。

第一百三十四条 金融租赁公司专业子公司变更股权或调整股权结构,拟投资入股的出资人应符合第八十二条规定的条件。

金融租赁公司境内专业子公司变更股权或调整股权结构,由专业子公司向银监分局或所在地银监局提出申请,金融租赁公司境外专业子公司变更股权或调整股权结构,由金融租赁公司向银监分局或所在地银监局提出申请,银监分局或银监局受理,银监局审查并决定。银监局应自受理之日或收到完整申请材料之日起3个月内作出批准或不批准的书面决定,并抄报银监会。

第一百三十五条 金融租赁公司专业子公司变更注册资本,应当具备以下条件:

(一)变更注册资本后仍然符合银监会的相关监管要求;
(二)增加注册资本涉及新出资人的,新出资人应符合第八十二条规定的条件;
(三)银监会规章规定的其他审慎性条件。

金融租赁公司专业子公司变更注册资本的许可程序适用第一百三十三条的规定,如变更注册资本同时涉及变更股权或调整股权结构的,许可程序适用第一百三十四条的规定。

第一百三十六条 金融租赁公司境内专业子公司修改公司章程应符合《中华人民共和国公司法》、《金融租赁公司专业子公司管理暂行规定》的规定。

金融租赁公司境内专业子公司申请修改公司章程的许可程序适用第一百一十一条的规定。金融租赁公司境内专业子公司因为发生变更名称、股权、注册资本、业务范围等前置审批事项而引起公司章程内容变更的,不需申请修改章程,应将修改后的章程向银监分局或所在地银监局报备。

第一百三十七条 财务公司境外子公司变更名称或注册资本,由财务公司向银监分局或所在地银监局提出申请,银监分局或银监局受理、审查并决定。银监分局或银监局应自受理之日起3个月内作出批准或不批准的书面决定,并抄报上级监管机关。

第三节 分公司和代表处变更

第一百三十八条 非银行金融机构分公司和代表处变更名称,由其法人机构向分公司或代表处所在地银监分局或所在地银监局提出申请,由银监分局或所在地银监局受理、审查并决定。银监分局或银监局应自受理之日起3个月内作出批准或不批准的书面决定,并抄报上级监管机关。

第一百三十九条 境外非银行金融机构驻华代表处申请变更名称,由其母公司向代表处所在地银监局提交申请,由银监局受理、审查并决定。银监局应自受理之日起3个月内作出批准或不批准的决定,并抄报银监会。

第四章 机构终止

第一节 法人机构终止

第一百四十条 非银行金融机构法人机构满足以下情形之一的,可以申请解散:
(一)公司章程规定的营业期限届满或者规定的其他解散事由出现时;
(二)股东会议决定解散;
(三)因公司合并或者分立需要解散;
(四)其他法定事由。
组建财务公司的企业集团解散,财务公司应当申请解散。

第一百四十一条 金融资产管理公司解散,向银监会提交申请,由银监会受理、审查并决定。银监会自受理之日起3个月内作出批准或不批准的书面决定。

其他非银行金融机构解散,向所在地银监局提交申请,银监局受理并初步审查,银监会审查并决定。银监会自收到完整申请材料之日起3个月内作出批准或不批准的书面决定。

第一百四十二条 非银行金融机构法人机构有以下情形之一的,向法院申请破产前,应当向银监会申请并获得批准:
(一)不能清偿到期债务,并且资产不足以清偿全部债务或者明显缺乏清偿能力的,自愿或应其债权人要求申请破产的;
(二)已解散但未清算或者未清算完毕,依法负有清算责任的人发现该机构资产不足以清偿债务,应当申请破产的。

第一百四十三条 金融资产管理公司拟破产,向银监会提交申请,由银监会受理、审查并决定。银监会自受理之日起3个月内作出批准或不批准的书面决定。

其他非银行金融机构拟破产,向所在地银监局提交申请,由银监局受理并初步审查,银监会审查并决定。银监会自收到完整申请材料之日起3个月内作出批准或不批准的书面决定。

第二节 子公司终止

第一百四十四条 金融资产管理公司境外全资附属或控股金融机构、金融租赁公司专业子公司、财务公司境外子公司解散或破产的条件,参照第一百四十条和第一百四十二条的规定执行。

第一百四十五条 金融资产管理公司境外全资附属或控股金融机构解散或拟破产,由金融资产管理公司向银监会提交申请,银监会受理、审查并决定。银监会自受理之日起3个月内作出批准或不批准的书面决定。

金融租赁公司境内专业子公司解散或拟破产,由金融租赁公司向专业子公司所在地银监局提出申请,银监局受理并初步审查,银监会审查并决定。银监会自收到完整申请材料之日起

3个月内作出批准或不批准的书面决定。

金融租赁公司境外专业子公司解散或拟破产,由金融租赁公司向其所在地银监局提出申请,银监局受理并初步审查,银监会审查并决定。银监会自收到完整申请材料之日起3个月内作出批准或不批准的书面决定。

财务公司境外子公司解散或拟破产,由财务公司向其所在地银监局提出申请,银监局受理并初步审查,银监会审查并决定。银监会自收到完整申请材料之日起3个月内作出批准或不批准的书面决定。

第三节 分公司和代表处终止

第一百四十六条 非银行金融机构分公司、代表处,以及境外非银行金融机构驻华代表处终止营业或关闭(被依法撤销除外),应当提出终止营业或关闭申请。

第一百四十七条 非银行金融机构分公司、代表处申请终止营业或关闭,应当具备以下条件:

(一)公司章程规定的有权决定机构决定该分支机构终止营业或关闭;
(二)分支机构各项业务和人员已依法进行了适当的处置安排;
(三)银监会规章规定的其他审慎性条件。

第一百四十八条 非银行金融机构分公司或代表处终止营业或关闭,由其法人机构向分公司或代表处银监分局或所在地银监局提交申请,由银监分局或银监局受理并初步审查,银监局审查并决定。银监局自受理或收到完整申请材料之日起3个月内作出批准或不批准的书面决定,并抄报银监会。

第一百四十九条 境外非银行金融机构驻华代表处申请关闭,由其母公司向代表处所在地银监局提交申请,由银监局受理并初步审查,银监会审查并决定。银监会自收到完整申请资料之日起3个月内作出批准或不批准的书面决定。

第五章 调整业务范围和增加业务品种

第一节 财务公司经批准发行债券等五项业务资格

第一百五十条 财务公司申请经批准发行债券业务资格、承销成员单位的企业债券、有价证券投资、对金融机构的股权投资,以及成员单位产品的消费信贷、买方信贷和融资租赁业务,应具备以下条件:

(一)财务公司开业1年以上,且经营状况良好;
(二)注册资本不低于3亿元人民币或等值的可自由兑换货币;
(三)符合审慎监管指标要求;
(四)有比较完善的业务决策机制、风险控制制度、业务操作规程;
(五)具有与业务经营相适应的安全且合规的信息系统,具备保障业务持续运营的技术与措施;
(六)有相应的合格专业人员;

（七）监管评级良好；

（八）银监会规章规定的其他审慎性条件。

第一百五十一条 财务公司申请开办有价证券投资业务，除符合第一百五十条规定外，还应具备以下条件：

（一）申请固定收益类有价证券投资业务的，最近1年月均存放同业余额不低于5亿元；申请股票投资以外的有价证券投资业务的，最近1年资金集中度达到且持续保持在30%以上，且最近1年月均存放同业余额不低于10亿元；申请股票投资业务的，最近1年资金集中度达到且持续保持在30%以上，且最近1年月均存放同业余额不低于30亿元；

（二）负责投资业务的从业人员中三分之二以上具有相应的专业资格或一定年限的从业经验。

第一百五十二条 财务公司申请开办对金融机构的股权投资业务，除符合第一百五十条规定外，还应具备以下条件之一：

（一）最近1年资金集中度达到且持续保持在50%以上，且最近1年月均存放同业余额不低于50亿元；

（二）最近1年资金集中度达到且持续保持在30%以上，且最近1年月均存放同业余额不低于80亿元。

第一百五十三条 财务公司申请开办成员单位产品消费信贷、买方信贷及融资租赁业务，除符合第一百五十条规定外，还应符合以下条件：

（一）注册资本不低于5亿元人民币或等值的可自由兑换货币；

（二）集团应有适合开办此类业务的产品；

（三）现有信贷业务风险管理情况良好。

第一百五十四条 财务公司申请以上五项业务资格，向银监分局或所在地银监局提交申请，由银监分局或银监局受理并初步审查，银监局审查并决定。银监局自受理之日或收到完整申请材料之日起3个月内作出批准或不批准的书面决定，并抄报银监会。

第二节 财务公司发行金融债券

第一百五十五条 财务公司申请发行金融债券，应具备以下条件：

（一）具有良好的公司治理结构、完善的内部控制体系；

（二）具有从事金融债券发行的合格专业人员；

（三）符合审慎监管指标要求；

（四）注册资本不低于5亿元人民币；

（五）最近1年不良资产率低于行业平均水平，资产损失准备拨备充足；

（六）无到期不能支付债务；

（七）最近1年净资产不低于行业平均水平；

（八）经营状况良好，最近3年连续盈利，3年平均可分配利润足以支付所发行金融债券1年的利息，申请前1年利润率不低于行业平均水平，且有稳定的盈利预期；

（九）已发行、尚未兑付的金融债券总额不得超过公司净资产总额的100%；

（十）最近3年无重大违法违规记录；

（十一）监管评级良好；

（十二）银监会规章规定的其他审慎性条件。

财务公司发行金融债券应由集团母公司或其他有担保能力的成员单位提供担保。

第一百五十六条 财务公司申请发行金融债券的许可程序适用本办法第一百五十四条的规定。

第三节 财务公司开办外汇业务

第一百五十七条 财务公司申请开办外汇业务,应当具备以下条件：

（一）依法合规经营,内控制度健全有效,经营状况良好；

（二）有健全的外汇业务操作规程和风险管理制度；

（三）具有与外汇业务经营相适应的安全且合规的信息系统,具备保障业务持续运营的技术与措施；

（四）有与开办外汇业务相适应的合格外汇业务从业人员；

（五）监管评级良好；

（六）银监会规章规定的其他审慎性条件。

第一百五十八条 财务公司申请开办外汇业务的许可程序适用本办法第一百五十四条的规定。

第四节 金融租赁公司在境内保税地区设立项目公司开展融资租赁业务

第一百五十九条 金融租赁公司在境内保税地区设立项目公司开展融资租赁业务,应具备以下条件：

（一）符合审慎监管指标要求；

（二）提足各项损失准备金后最近1个会计年度期末净资产不低于10亿元人民币；

（三）具备良好的公司治理和内部控制体系；

（四）具有与业务经营相适应的安全且合规的信息系统,具备保障业务持续运营的技术与措施；

（五）具备开办业务所需要的有相关经验的专业人员；

（六）制定了开办业务所需的业务操作流程、风险管理、内部控制和会计核算制度,并经董事会批准；

（七）最近3年内无重大违法违规经营记录；

（八）监管评级良好；

（九）银监会规章规定的其他审慎性条件。

第一百六十条 金融租赁公司在境内保税地区设立项目公司开展融资租赁业务的许可程序适用本办法第一百五十四条的规定。

第五节 金融资产管理公司、金融租赁公司、汽车金融公司、消费金融公司发行金融债券

第一百六十一条 金融资产管理公司、金融租赁公司、汽车金融公司、消费金融公司发行金融债券，应具备以下条件：
（一）具有良好的公司治理机制、完善的内部控制体系和健全的风险管理制度；
（二）资本充足率不低于监管部门的最低要求；
（三）最近3年连续盈利；
（四）风险监管指标符合审慎监管要求；
（五）最近3年没有重大违法、违规行为；
（六）监管评级良好；
（七）银监会规章规定的其他审慎性条件。
对于资质良好但成立未满3年的金融租赁公司，可由具有担保能力的担保人提供担保。

第一百六十二条 金融资产管理公司发行金融债券，向银监会提交申请，由银监会受理、审查并决定。银监会自受理之日起3个月内作出批准或不批准的书面决定。
金融租赁公司、汽车金融公司、消费金融公司发行金融债券的许可程序适用本办法第一百五十四条的规定。

第六节 非银行金融机构资产证券化业务资格

第一百六十三条 非银行金融机构申请资产证券化业务资格，应当具备以下条件：
（一）具有良好的社会信誉和经营业绩，最近3年内没有重大违法、违规行为；
（二）具有良好的公司治理、风险管理体系和内部控制；
（三）对开办资产证券化业务具有合理的目标定位和明确的战略规划，并且符合其总体经营目标和发展战略；
（四）具有开办资产证券化业务所需要的专业人员、业务处理系统、会计核算系统、管理信息系统以及风险管理和内部控制制度；
（五）监管评级良好；
（六）银监会规章规定的其他审慎性条件。

第一百六十四条 金融资产管理公司申请资产证券化业务资格，向银监会提交申请，由银监会受理、审查并决定。银监会自受理之日起3个月内作出批准或不批准的书面决定。
其他非银行金融机构申请资产证券化资格的许可程序适用本办法第一百五十四条的规定。

第七节 非银行金融机构衍生产品交易资格

第一百六十五条 非银行金融机构衍生产品交易业务资格分为基础类资格和普通类资格。
基础类资格只能从事套期保值类衍生产品交易；普通类资格除基础类资格可以从事的衍

生产品交易之外,还可以从事非套期保值类衍生产品交易。

第一百六十六条 非银行金融机构申请基础类衍生产品交易业务资格,应当具备以下条件:

(一)有健全的衍生产品交易风险管理制度和内部控制制度;

(二)具有接受相关衍生产品交易技能专门培训半年以上、从事衍生产品或相关交易2年以上的交易人员至少2名,相关风险管理人员至少1名,风险模型研究或风险分析人员至少1名,熟悉套期会计操作程序和制度规范的人员至少1名,以上人员均需专岗专人,相互不得兼任,且无不良记录;

(三)有适当的交易场所和设备;

(四)有处理法律事务和负责内控合规检查的专业部门及相关专业人员;

(五)符合审慎监管指标要求;

(六)监管评级良好;

(七)银监会规章规定的其他审慎性条件。

第一百六十七条 非银行金融机构申请普通类衍生产品交易业务资格,除符合第一百六十六条规定外,还应当具备以下条件:

(一)完善的衍生产品交易前中后台自动联接的业务处理系统和实时风险管理系统;

(二)衍生产品交易业务主管人员应当具备5年以上直接参与衍生产品交易活动或风险管理的资历,且无不良记录;

(三)严格的业务分离制度,确保套期保值类业务与非套期保值类业务的市场信息、风险管理、损益核算有效隔离;

(四)完善的市场风险、操作风险、信用风险等风险管理框架;

(五)银监会规章规定的其他审慎性条件。

第一百六十八条 非银行金融机构申请衍生产品交易业务资格的许可程序适用本办法第一百六十四条的规定。

第八节 非银行金融机构开办其他新业务

第一百六十九条 非银行金融机构申请开办其他新业务,应当具备以下基本条件:

(一)有良好的公司治理和内部控制;

(二)经营状况良好,主要风险监管指标符合要求;

(三)有有效识别和控制新业务风险的管理制度和健全的新业务操作规程;

(四)具有与业务经营相适应的安全且合规的信息系统,具备保障业务持续运营的技术与措施;

(五)有开办新业务所需的合格管理人员和业务人员;

(六)最近3年内无重大违法违规经营记录;

(七)监管评级良好;

(八)银监会规章规定的其他审慎性条件。

前款所称其他新业务,是指除本章第一节至第七节规定的业务以外的现行法律法规中已明确规定可以开办,但非银行金融机构尚未开办的业务。

第一百七十条 非银行金融机构开办其他新业务的许可程序适用本办法第一百六十四条的规定。

第一百七十一条 非银行金融机构申请开办现行法规未明确规定的业务,由银监会另行规定。

第六章 董事和高级管理人员任职资格许可

第一节 任职资格条件

第一百七十二条 非银行金融机构董事长、副董事长、独立董事和其他董事等董事会成员须经任职资格许可。

非银行金融机构的总经理(首席执行官、总裁)、副总经理(副总裁)、风险总监(首席风险官)、财务总监(首席财务官)、总会计师、总审计师(总稽核)、运营总监(首席运营官)、信息总监(首席信息官)、公司内部按照高级管理人员管理的总经理助理(总裁助理)和董事会秘书,金融资产管理公司财务部门、内审部门负责人,分公司总经理(主任)、副总经理(副主任)、总经理助理,财务公司、金融租赁公司、货币经纪公司分公司总经理(主任),境外非银行金融机构驻华代表处首席代表等高级管理人员,须经任职资格许可。

金融资产管理公司从境内聘任的境外全资附属或控股金融机构董事长、副董事长、总经理、副总经理,财务公司境外子公司董事长、副董事长、总经理、副总经理,金融租赁公司专业子公司董事长、副董事长、总经理、副总经理,须经任职资格许可。

未担任上述职务,但实际履行前三款所列董事和高级管理人员职责的人员,应按银监会有关规定纳入任职资格管理。

第一百七十三条 申请非银行金融机构董事和高级管理人员任职资格,拟任人应当具备以下基本条件:

(一)具有完全民事行为能力;
(二)具有良好的守法合规记录;
(三)具有良好的品行、声誉;
(四)具有担任拟任职务所需的相关知识、经验及能力;
(五)具有良好的经济、金融从业记录;
(六)个人及家庭财务稳健;
(七)具有担任拟任职务所需的独立性;
(八)履行对金融机构的忠实与勤勉义务。

第一百七十四条 拟任人有以下情形之一的,视为不符合本办法第一百七十三条第(二)项、第(三)项、第(五)项规定的条件,不得担任非银行金融机构董事和高级管理人员:

(一)有故意或重大过失犯罪记录的;
(二)有违反社会公德的不良行为,造成恶劣影响的;
(三)对曾任职机构违法违规经营活动或重大损失负有个人责任或直接领导责任,情节严

重的;

(四)担任或曾任被接管、撤销、宣告破产或吊销营业执照的机构的董事或高级管理人员的,但能够证明本人对曾任职机构被接管、撤销、宣告破产或吊销营业执照不负有个人责任的除外;

(五)因违反职业道德、操守或者工作严重失职,造成重大损失或恶劣影响的;

(六)指使、参与所任职机构不配合依法监管或案件查处的;

(七)被取消终身的董事和高级管理人员任职资格,或受到监管机构或其他金融管理部门处罚累计达到2次以上的;

(八)不具备本办法规定的任职资格条件,采取不正当手段以获得任职资格核准的。

第一百七十五条 拟任人有以下情形之一的,视为不符合本办法第一百七十三条第(六)项、第(七)项规定的条件,不得担任非银行金融机构董事和高级管理人员:

(一)截至申请任职资格时,本人或其配偶仍有数额较大的逾期债务未能偿还,包括但不限于在该金融机构的逾期贷款;

(二)本人及其近亲属合并持有该金融机构5%以上股份,且从该金融机构获得的授信总额明显超过其持有的该金融机构股权净值;

(三)本人及其所控股的股东单位合并持有该金融机构5%以上股份,且从该金融机构获得的授信总额明显超过其持有的该金融机构股权净值;

(四)本人或其配偶在持有该金融机构5%以上股份的股东单位任职,且该股东单位从该金融机构获得的授信总额明显超过其持有的该金融机构股权净值,但能够证明授信与本人及其配偶没有关系的除外;

(五)存在其他所任职务与其在该金融机构拟任、现任职务有明显利益冲突,或明显分散其在该金融机构履职时间和精力的情形。

前款第(四)项不适用于财务公司董事和高级管理人员。

第一百七十六条 申请非银行金融机构董事任职资格,拟任人除应符合第一百七十三条至第一百七十五条的规定外,还应当具备以下条件:

(一)具有5年以上的经济、金融、法律、财会或其他有利于履行董事职责的工作经历,其中拟担任独立董事的还应是经济、金融、法律、财会等方面的专家;

(二)能够运用非银行金融机构的财务报表和统计报表判断非银行金融机构的经营管理和风险状况;

(三)了解拟任职非银行金融机构的公司治理结构、公司章程以及董事会职责,并熟知董事的权利和义务。

第一百七十七条 拟任人有以下情形之一的,不得担任非银行金融机构独立董事:

(一)本人及其近亲属合并持有该非银行金融机构1%以上股份或股权;

(二)本人或其近亲属在持有该非银行金融机构1%以上股份或股权的股东单位任职;

(三)本人或其近亲属在该非银行金融机构、该非银行金融机构控股或者实际控制的机构任职;

(四)本人或其近亲属在不能按期偿还该非银行金融机构贷款的机构任职;

(五)本人或其近亲属任职的机构与本人拟任职非银行金融机构之间存在法律、会计、审计、管理咨询、担保合作等方面的业务联系或债权债务等方面的利益关系，以致于妨碍其履职独立性的情形；

（六）本人或其近亲属可能被拟任职非银行金融机构大股东、高管层控制或施加重大影响，以致于妨碍其履职独立性的其他情形。

（七）本人已在同类型非银行金融机构任职的。

第一百七十八条　申请非银行金融机构董事长、副董事长任职资格，拟任人除应符合第一百七十三条至第一百七十六条的规定外，还应分别具备以下条件：

（一）担任金融资产管理公司董事长、副董事长，应具备本科以上学历，从事金融工作8年以上，或相关经济工作12年以上（其中从事金融工作5年以上）；

（二）担任财务公司董事长、副董事长，应具备本科以上学历，从事金融工作5年以上，或从事企业集团财务或资金管理工作8年以上，或从事企业集团核心主业及相关管理工作10年以上；

（三）担任金融租赁公司董事长、副董事长，应具备本科以上学历，从事金融工作或融资租赁工作5年以上，或从事相关经济工作10年以上；

（四）担任汽车金融公司董事长、副董事长，应具备本科以上学历，从事金融工作5年以上，或从事汽车生产销售管理工作10年以上；

（五）担任货币经纪公司董事长、副董事长，应具备本科以上学历，从事金融工作5年以上，或从事相关经济工作10年以上（其中从事金融工作3年以上）；

（六）担任消费金融公司董事长、副董事长，应具备本科以上学历，从事金融工作5年以上，或从事相关经济工作10年以上；

（七）担任金融资产管理公司境外全资附属或控股金融机构董事长、副董事长，应具备本科以上学历，从事金融工作6年以上，或从事相关经济工作10年以上（其中从事金融工作3年以上），且能较熟练地运用1门与所任职务相适应的外语；

（八）担任财务公司境外子公司董事长、副董事长，应具备本科以上学历，从事金融工作3年以上，或从事企业集团财务或资金管理工作6年以上，且能较熟练地运用1门与所任职务相适应的外语；

（九）担任金融租赁公司境内外专业子公司董事长、副董事长，应具备本科以上学历，从事金融工作或融资租赁工作3年以上，或从事相关经济工作8年以上（其中从事金融工作或融资租赁工作2年以上），担任境外子公司董事长、副董事长的，应能较熟练地运用1门与所任职务相适应的外语。

第一百七十九条　申请非银行金融机构法人机构高级管理人员任职资格，拟任人除应符合第一百七十三条至第一百七十五条的规定外，还应分别具备以下条件：

（一）担任金融资产管理公司总经理（首席执行官、总裁）、副总经理（副总裁），应具备本科以上学历，从事金融工作8年以上或相关经济工作12年以上（其中从事金融工作4年以上）；

（二）担任财务公司总经理（首席执行官、总裁）、副总经理（副总裁），应具备本科以上学历，从事金融工作5年以上，或从事财务或资金管理工作10年以上（财务公司高级管理层中至少应有一人从事金融工作5年以上）；

（三）担任金融租赁公司总经理（首席执行官、总裁）、副总经理（副总裁），应具备本科以上

学历,从事金融工作或从事融资租赁工作5年以上,或从事相关经济工作10年以上(其中从事金融工作或融资租赁工作3年以上);

(四)担任汽车金融公司总经理(首席执行官、总裁)、副总经理(副总裁),应具备本科以上学历,从事金融工作5年以上,或从事汽车生产销售管理工作10年以上;

(五)担任货币经纪公司总经理(首席执行官、总裁)、副总经理(副总裁),应具备本科以上学历,从事金融工作5年以上,或从事相关经济工作10年以上(其中从事金融工作3年以上);

(六)担任消费金融公司总经理(首席执行官、总裁)、副总经理(副总裁),应具备本科以上学历,从事金融工作5年以上,或从事与消费金融相关领域工作10年以上(消费金融公司高级管理层中至少应有一人从事金融工作5年以上);

(七)担任各类非银行金融机构财务总监(首席财务官)、总会计师、总审计师(总稽核),以及金融资产管理公司财务部门、内审部门负责人的,应具备本科以上学历,从事财务、会计或审计工作6年以上;

(八)担任各类非银行金融机构风险总监(首席风险官),应具备本科以上学历,从事金融机构风险管理工作3年以上,或从事其他金融工作6年以上;

(九)担任各类非银行金融机构信息总监(首席信息官),应具备本科以上学历,从事信息科技工作6年以上;

(十)非银行金融机构运营总监(首席运营官)和公司内部按照高级管理人员管理的总经理助理(总裁助理)、董事会秘书以及实际履行高级管理人员职责的人员,任职资格条件比照同类机构副总经理(副总裁)的任职资格条件执行。

第一百八十条 申请非银行金融机构子公司或分公司高级管理人员任职资格,拟任人除应符合第一百七十三条至第一百七十五条的规定外,还应分别具备以下条件:

(一)担任金融资产管理公司境外全资附属或控股金融机构总经理、副总经理或担任金融资产管理公司分公司总经理(主任)、副总经理(副主任)、总经理助理,应具备本科以上学历,从事金融工作6年以上或相关经济工作10年以上(其中从事金融工作3年以上),担任境外全资附属或控股金融机构总经理、副总经理的,应能较熟练地运用1门与所任职务相适应的外语;

(二)担任财务公司境外子公司总经理、副总经理或担任财务公司分公司总经理(主任),应具备本科以上学历,从事金融工作5年以上,或从事财务或资金管理工作8年以上(其中从事金融工作2年以上),担任境外子公司总经理或副总经理的,应能较熟练地运用1门与所任职务相适应的外语;

(三)担任金融租赁公司境内外专业子公司总经理、副总经理或担任金融租赁公司分公司总经理(主任),应具备本科以上学历,从事金融工作或融资租赁工作3年以上,或从事相关经济工作8年以上(其中从事金融工作或融资租赁工作2年以上),担任境外子公司总经理、副总经理的,应能较熟练地运用1门与所任职务相适应的外语;

(四)担任货币经纪公司分公司总经理(主任),应具备本科以上学历,从事金融工作5年以上,或从事相关经济工作8年以上(其中从事金融工作2年以上);

(五)担任境外非银行金融机构驻华代表处首席代表,应具备本科以上学历,从事金融工作或相关经济工作3年以上。

第一百八十一条 拟任人未达到第一百七十八条至第一百八十条规定的学历要求,但具

备以下条件之一的,视同达到规定的学历:
（一）取得国家教育行政主管部门认可院校授予的学士以上学位;
（二）取得注册会计师、注册审计师或与拟（现）任职务相关的高级专业技术职务资格,且相关从业年限超过相应规定4年以上。

第一百八十二条　拟任董事长、总经理任职资格未获核准前,非银行金融机构应指定符合相应任职资格条件的人员代为履职,并自作出指定决定之日起3日内向监管机构报告。代为履职的人员不符合任职资格条件的,监管机构可以责令非银行金融机构限期调整。非银行金融机构应当在6个月内选聘具有任职资格的人员正式任职。

第二节　任职资格许可程序

第一百八十三条　金融资产管理公司及其境外全资附属或控股金融机构申请核准董事和高级管理人员任职资格,由金融资产管理公司向银监会提交申请,银监会受理、审查并决定。银监会自受理之日起30日内作出核准或不予核准的书面决定。

其他非银行金融机构法人机构申请核准董事和高级管理人员任职资格,向银监分局或所在地银监局提交申请,由银监分局或银监局受理并初步审查,银监局审查并决定。银监局自受理之日或收到完整申请材料之日起30日内作出核准或不予核准的书面决定,并抄报银监会。

财务公司境外子公司申请核准董事和高级管理人员任职资格,由财务公司向银监分局或所在地银监局提交申请,银监分局或银监局受理并初步审查,银监局审查并决定。银监局自受理之日或收到完整申请材料之日起30日内作出核准或不予核准的书面决定,并抄报银监会。

金融租赁公司境内专业子公司申请核准董事和高级管理人员任职资格,由专业子公司向银监分局或所在地银监局提交申请,金融租赁公司境外专业子公司申请核准董事和高级管理人员任职资格,由金融租赁公司向银监分局或所在地银监局提交申请,银监分局或银监局受理并初步审查,银监局审查并决定。银监局自受理之日或收到完整申请材料之日起30日内作出核准或不予核准的书面决定,并抄报银监会。

非银行金融机构分公司申请核准高级管理人员任职资格,由其法人机构向分公司银监分局或所在地银监局提交申请,银监分局或银监局受理并初步审查,银监局审查并决定。银监局自受理之日或收到完整申请材料之日起30日内作出核准或不予核准的书面决定,并抄报银监会,抄送非银行金融机构法人机构所在地银监局。

境外非银行金融机构驻华代表处首席代表的任职资格核准,向所在地银监局提交申请,由银监局受理、审查并决定。银监局自受理之日起30日内作出核准或不予核准的书面决定,并抄报银监会。

第一百八十四条　非银行金融机构或其分支机构设立时,董事和高级管理人员的任职资格申请,按照该机构开业的许可程序一并受理、审查并决定。

第一百八十五条　具有高管任职资格且未连续中断任职1年以上的拟任人在同一法人机构内,同类性质平行调整职务或改任较低职务的,不需重新申请核准任职资格。拟任人应当在任职后5日内向任职机构所在地银监会派出机构报告。

第七章 附 则

第一百八十六条 获准机构变更事项许可的,非银行金融机构及其分支机构应自许可决定之日起6个月内完成有关法定变更手续,并向决定机关和所在地银监会派出机构报告。获准董事和高级管理人员任职资格许可的,拟任人应自许可决定之日起3个月内正式到任,并向决定机关和所在地银监会派出机构报告。

未在前款规定期限内完成变更或到任的,行政许可决定文件失效,由决定机关注销行政许可。

第一百八十七条 非银行金融机构设立、终止事项,涉及工商、税务登记变更等法定程序的,应当在完成有关法定手续后1个月内向银监会和所在地银监会派出机构报告。

第一百八十八条 本办法所称境外含香港、澳门和台湾地区。

第一百八十九条 本办法中的"日"均为工作日,"以上"均含本数或本级。

第一百九十条 除特别说明外,本办法中各项财务指标要求均为合并会计报表口径。

第一百九十一条 其他非银行金融机构相关规则另行制定。

第一百九十二条 本办法由银监会负责解释。

第一百九十三条 本办法自公布之日起施行,《中国银行业监督管理委员会非银行金融机构行政许可事项实施办法》(中国银行业监督管理委员会令2007年第13号)同时废止。本办法施行前有关规定与本办法不一致的,按照本办法执行。

中国银监会外资银行行政许可事项实施办法(修订)

中国银监会令2015年第4号

《中国银监会外资银行行政许可事项实施办法》已经中国银监会2015年第6次主席会议修订通过。现予公布,自公布之日起施行。

主席:尚福林
2015年6月5日

中国银监会外资银行行政许可事项实施办法(修订)

第一章 总 则

第一条 为规范银监会及其派出机构实施外资银行行政许可行为,明确行政许可事项、条件、程序和期限,保护申请人合法权益,根据《中华人民共和国银行业监督管理法》、《中华人民共和国商业银行法》、《中华人民共和国行政许可法》、《中华人民共和国外资银行管理条例》等法律、行政法规及国务院有关决定,制定本办法。

第二条 本办法所称外资银行包括:外商独资银行、中外合资银行、外国银行分行和外国银行代表处。外商独资银行、中外合资银行、外国银行分行统称外资银行营业性机构。外国银行代表处是指受银监会监管的银行类代表处。

第三条 银监会及其派出机构依照本办法和《中国银行业监督管理委员会行政许可实施程序规定》,对外资银行实施行政许可。

第四条 外资银行下列事项应当经银监会及其派出机构行政许可:机构设立、机构变更、机构终止、业务范围、董事和高级管理人员任职资格,以及法律、行政法规规定和国务院决定的其他行政许可事项。

第五条 本办法所称审慎性条件,至少包括下列内容:

(一)具有良好的行业声誉和社会形象;

(二)具有良好的持续经营业绩,资产质量良好;

(三)管理层具有良好的专业素质和管理能力;

(四)具有健全的风险管理体系,能够有效控制各类风险;

(五)具有健全的内部控制制度和有效的管理信息系统;

(六)按照审慎会计原则编制财务会计报告,且会计师事务所对财务会计报告持无保留意见;

(七)无重大违法违规记录和因内部管理问题导致的重大案件;

(八)具有有效的人力资源管理制度,拥有高素质的专业人才;

(九)具有对中国境内机构活动进行管理、支持的经验和能力;

(十)具备有效的资本约束与资本补充机制;

(十一)具有健全的公司治理结构;

(十二)法律、行政法规和银监会规定的其他审慎性条件。

本条第(九)项、第(十)项、第(十一)项仅适用于外商独资银行及其股东、中外合资银行及其股东以及外国银行。

第六条 外资银行名称应当包括中文名称和外文名称。外国银行分行和外国银行代表处的中文名称应当标明该外国银行的国籍及责任形式。国籍以外国银行注册地为准,如外国银行名称已体现国籍,可不重复。如外国银行的责任形式为无限责任,可在中文名称中省略责任形式部分。香港、澳门、台湾地区的银行在内地/大陆设立的分支机构的中文名称只须标明责任形式。

第七条 本办法要求提交的资料,除年报外,凡用外文书写的,应当附有中文译本。以中文和英文以外文字印制的年报应当附有中文或者英文译本。

本办法所称年报应当经审计,并附申请人所在国家或者地区认可的会计师事务所出具的审计意见书。

第八条 本办法要求提交的资料,如要求由授权签字人签署,应当一并提交该授权签字人的授权书。

本办法要求提交的营业执照复印件、经营金融业务许可文件复印件、授权书、外国银行对其在中国境内分行承担税务和债务责任的保证书,应当经所在国家或者地区认可的机构公证,并且经中国驻该国使馆、领馆认证,但中国工商行政管理机关出具的营业执照复印件无须公证、中国境内公证机构出具的公证材料无须认证。

银监会视情况需要,可以要求申请人报送的其他申请资料经所在国家或者地区认可的机构公证,并且经中国驻该国使馆、领馆认证。

第二章 机构设立

第一节 外商独资银行、中外合资银行设立

第九条 拟设立的外商独资银行、中外合资银行应当具备下列条件:

(一)具有符合《中华人民共和国公司法》、《中华人民共和国商业银行法》和《中华人民共和国外资银行管理条例》规定的章程;

(二)注册资本应当为实缴资本,最低限额为10亿元人民币或者等值的自由兑换货币;

(三)具有符合任职资格条件的董事、高级管理人员和熟悉银行业务的合格从业人员;

(四)具有健全的组织机构和管理制度;

(五)具有与业务经营相适应的营业场所、安全防范措施和其他设施;

(六)具有与业务经营相适应的信息科技架构,具有支撑业务经营的必要、安全且合规的信息科技系统,具备保障信息科技系统有效安全运行的技术与措施。

第十条 拟设外商独资银行、中外合资银行的股东,应当具备下列条件:

(一)具有持续盈利能力,信誉良好,无重大违法违规记录;

(二)具备有效的反洗钱制度,但中方非金融机构股东除外;

(三)外方股东具有从事国际金融活动的经验,受到所在国家或者地区金融监管当局的有效监管,并且其申请经所在国家或者地区金融监管当局同意;

(四)本办法第五条规定的审慎性条件。

拟设外商独资银行的股东、中外合资银行的外方股东所在国家或者地区应当经济状况良好,具有完善的金融监督管理制度,并且其金融监管当局已经与银监会建立良好的监督管理合作机制。

第十一条 拟设外商独资银行的股东应当为金融机构,除应当具备本办法第十条规定的条件外,其中唯一或者控股股东还应当具备下列条件:

(一)为商业银行;

(二)提出设立申请前1年年末总资产不少于100亿美元,香港、澳门地区的银行提出设立申请前1年年末总资产不少于60亿美元;

(三)资本充足率符合所在国家或者地区金融监管当局以及银监会的规定。

第十二条 拟设中外合资银行的股东除应当具备本办法第十条规定的条件外,外方股东及中方唯一或者主要股东应当为金融机构,且外方唯一或者主要股东还应当具备下列条件:

(一)为商业银行;

(二)提出设立申请前1年年末总资产不少于100亿美元,香港、澳门地区的银行提出设立申请前1年年末总资产不少于60亿美元;

(三)资本充足率符合所在国家或者地区金融监管当局以及银监会的规定。

第十三条 本办法第十二条所称主要股东,是指持有拟设中外合资银行资本总额或者股份总额50%以上,或者不持有资本总额或者股份总额50%以上但有下列情形之一的商业银行:

(一)持有拟设中外合资银行半数以上的表决权;

(二)有权控制拟设中外合资银行的财务和经营政策;

(三)有权任免拟设中外合资银行董事会或者类似权力机构的多数成员;

(四)在拟设中外合资银行董事会或者类似权力机构有半数以上投票权。

拟设中外合资银行的主要股东应当将拟设中外合资银行纳入并表范围。

第十四条 有下列情形之一的,不得作为拟设外商独资银行、中外合资银行的股东:

(一)公司治理结构与机制存在明显缺陷;

(二)股权关系复杂或者透明度低;

(三)关联企业众多,关联交易频繁或者异常;

(四)核心业务不突出或者经营范围涉及行业过多;

(五)现金流量波动受经济环境影响较大;

(六)资产负债率、财务杠杆率高于行业平均水平;

(七)代他人持有外商独资银行、中外合资银行股权;

(八)其他对拟设银行产生重大不利影响的情形。

第十五条 设立外商独资银行、中外合资银行分为筹建和开业两个阶段。

第十六条 筹建外商独资银行、中外合资银行的申请,由拟设机构所在地银监局受理和初审,银监会审查和决定。

申请筹建外商独资银行、中外合资银行,申请人应当向拟设机构所在地银监局提交申请资料,同时抄送拟设机构所在地银监会派出机构。

拟设机构所在地银监局应当自受理之日起20日内将申请资料连同审核意见报送银监会。银监会应当自收到完整申请资料之日起6个月内,作出批准或者不批准筹建的决定,并书面通知申请人。决定不批准的,应当说明理由。特殊情况下,银监会可以适当延长审查期限,并书面通知申请人,但延长期限不得超过3个月。

第十七条 申请筹建外商独资银行、中外合资银行,申请人应当向拟设机构所在地银监局提交下列申请资料(一式两份),同时抄送拟设机构所在地银监会派出机构(一份):

(一)各股东董事长或者行长(首席执行官、总经理)联合签署的致银监会主席的筹建申请书,内容包括拟设机构的名称、所在地、注册资本、申请经营的业务种类、各股东名称和出资比例等;

(二)可行性研究报告,内容至少包括申请人的基本情况、对拟设机构的市场前景分析、业务发展规划、组织管理结构、开业后3年的资产负债规模和盈亏预测,与业务经营相关的信息系统、数据中心及网络建设初步规划;

(三)拟设机构的章程草案;

(四)拟设机构各股东签署的合资经营合同,但单一股东的外商独资银行除外;

（五）拟设机构各股东的章程；

（六）拟设机构各股东及其所在集团的组织结构图、主要股东名单、海外分支机构和关联企业名单；

（七）拟设机构各股东最近3年的年报；

（八）拟设机构各股东的反洗钱制度，中方股东为非金融机构的，可不提供反洗钱制度；

（九）拟设机构各股东签署的在中国境内长期持续经营并对拟设机构实施有效管理的承诺函；

（十）拟设机构外方股东所在国家或者地区金融监管当局核发的营业执照或者经营金融业务许可文件的复印件及对其申请的意见书；

（十一）初次设立外商独资银行、中外合资银行的，应当报送外方股东所在国家或者地区金融体系情况和有关金融监管法规的摘要；

（十二）银监会要求的其他资料。

第十八条 申请人应当自收到筹建批准文件之日起15日内到拟设机构所在地银监会派出机构领取开业申请表，开始筹建工作。筹建期为自获准筹建之日起6个月。

申请人未在6个月内完成筹建工作，应当在筹建期届满前1个月向拟设机构所在地银监会派出机构报告。筹建延期的最长期限为3个月。

申请人应当在前款规定的期限届满前提交开业申请，逾期未提交的，筹建批准文件失效。

第十九条 拟设外商独资银行、中外合资银行完成筹建工作后，应当向拟设机构所在地银监局申请验收。经验收合格的，可以申请开业。外商独资银行、中外合资银行开业的申请，由拟设机构所在地银监局受理、审查和决定。

拟设外商独资银行、中外合资银行申请开业，应当向拟设机构所在地银监局提交申请资料，同时抄送拟设机构所在地银监会派出机构。拟设机构所在地银监局应当自受理之日起2个月内，作出批准或者不批准开业的决定，并书面通知申请人，同时抄报银监会。决定不批准的，应当说明理由。

第二十条 拟设外商独资银行、中外合资银行申请开业，应当将开业验收合格意见书连同下列申请资料报送拟设机构所在地银监局（一式两份），同时抄送拟设机构所在地银监会派出机构（一份）：

（一）筹备组负责人签署的致银监会主席的开业申请书，内容包括拟设机构的名称、住所、注册资本、业务范围、各股东及其持股比例、拟任董事长和行长（首席执行官、总经理）的姓名等；与拟设外商独资银行、中外合资银行在同一城市设有代表处的，应当同时申请关闭代表处；

（二）开业申请表；

（三）拟任董事长、行长（首席执行官、总经理）任职资格核准所需的相关资料；

（四）开业前审计报告和法定验资机构出具的验资证明；

（五）拟设机构组织结构图、各岗位职责描述、内部授权和汇报路线；

（六）拟设机构人员名单、简历和培训记录；

（七）拟设机构的章程草案以及在中国境内依法设立的律师事务所出具的对章程草案的法律意见书；

（八）营业场所的安全、消防设施的合格证明或者相关证明复印件；

（九）营业场所的所有权证明、使用权证明或者租赁合同的复印件；

（十）银监会要求的其他资料。

第二十一条 外商独资银行、中外合资银行应当在收到开业批准文件并领取金融许可证后，到工商行政管理机关办理登记，领取营业执照。

外商独资银行、中外合资银行应当自领取营业执照之日起6个月内开业。未能按期开业的，应当在开业期限届满前1个月向外商独资银行或者中外合资银行所在地银监会派出机构报告。开业延期的最长期限为3个月。

外商独资银行、中外合资银行未在前款规定期限内开业的，开业批准文件失效，由开业决定机关注销开业许可，收回其金融许可证，并予以公告。

第二节 外国银行分行改制为外商独资银行

第二十二条 外国银行申请将其在中国境内分行改制为由其单独出资的外商独资银行，应当符合本办法有关设立外商独资银行的条件，承诺在中国境内长期持续经营并且具备对拟设外商独资银行实施有效管理的能力。

第二十三条 外国银行将其在中国境内分行改制为由其单独出资的外商独资银行，分为改制筹建和开业两个阶段。

第二十四条 外国银行将其在中国境内分行改制为由其单独出资的外商独资银行的申请，由拟设机构所在地银监局受理和初审，银监会审查和决定。

申请改制筹建外商独资银行，申请人应当向拟设机构所在地银监局提交改制筹建申请资料，同时抄送该外国银行在中国境内所有分行所在地银监会派出机构。

拟设机构所在地银监局应当自受理之日起20日内将申请资料连同审核意见报送银监会。银监会应当自收到完整申请资料之日起6个月内，作出批准或者不批准改制筹建的决定，并书面通知申请人。决定不批准的，应当说明理由。特殊情况下，银监会可以适当延长审查期限，并书面通知申请人，但延长期限不得超过3个月。

第二十五条 申请改制筹建外商独资银行，申请人应当向拟设机构所在地银监局提交下列改制筹建申请资料（一式两份），同时抄送该外国银行在中国境内所有分行所在地银监会派出机构（各一份）：

（一）申请人董事长或者行长（首席执行官、总经理）签署的致银监会主席的申请书，内容包括拟设外商独资银行及其分支机构的名称、所在地、注册资本或者营运资金、申请经营的业务种类等；如同时申请增加注册资本，应当标明拟增加的注册资本金额及币种；

（二）可行性研究报告及机构改制计划，内容至少包括申请人的基本情况、对拟设机构的市场前景分析、业务发展规划、组织管理结构、开业后3年的资产负债规模和盈亏预测，与业务经营相关的信息系统、数据中心及网络建设初步规划；

（三）拟设机构的章程草案；

（四）申请人关于将中国境内分行改制为由其单独出资的外商独资银行的董事会决议；

（五）申请人董事长或者行长（首席执行官、总经理）签署的同意由拟设外商独资银行承继原在中国境内分行债权、债务及税务的意见函以及对改制前原中国境内分行的债权、债务及税务承担连带责任的承诺函；

（六）申请人董事长或者行长（首席执行官、总经理）签署的在中国境内长期持续经营并对拟设外商独资银行实施有效管理的承诺函，内容包括允许拟设外商独资银行使用其商誉、对拟设外商独资银行提供资本、管理和技术支持等；

（七）申请人提出申请前2年在中国境内所有分行经审计的合并财务会计报告；

（八）申请人所在国家或者地区金融监管当局对其中国境内分行改制的意见书；

（九）申请人最近3年年报；

（十）银监会要求的其他资料。

第二十六条 申请人应当自收到改制筹建批准文件之日起15日内到拟设外商独资银行所在地银监会派出机构领取开业申请表，开始筹建工作。筹建期为自获准改制筹建之日起6个月。

申请人未在6个月内完成改制筹建工作，应当在筹建期届满前1个月向拟设外商独资银行所在地银监会派出机构报告，并抄报原外国银行分行所在地银监会派出机构。筹建延期的最长期限为3个月。

申请人应当在前款规定的期限届满前提交开业申请，逾期未提交的，改制筹建批准文件失效。

第二十七条 拟设外商独资银行完成筹建工作后，应当向拟设机构所在地银监局申请验收。经验收合格的，可以申请开业。开业申请由拟设机构所在地银监局受理和初审，银监会审查和决定。

由外国银行在中国境内分行改制的外商独资银行申请开业，应当向拟设机构所在地银监局提交申请资料，同时抄送原外国银行分行所在地银监会派出机构。

拟设机构所在地银监局应当自受理之日起20日内将申请资料连同审核意见报送银监会。银监会应当自收到完整申请资料之日起2个月内，作出批准或者不批准开业的决定，并书面通知申请人。决定不批准的，应当说明理由。

第二十八条 由外国银行在中国境内分行改制的外商独资银行申请开业，应当将开业验收合格意见书连同下列申请资料报送拟设机构所在地银监局（一式两份），同时抄送原外国银行分行所在地银监会派出机构（各一份）：

（一）筹备组负责人签署的致银监会主席的开业申请书，内容包括拟设外商独资银行及其分支机构名称、住所或者营业地址、注册资本及其分支机构的营运资金、申请经营的业务种类、拟任董事长、行长（首席执行官、总经理）及分支行行长的姓名等；

（二）拟转入拟设外商独资银行的资产、负债和所有者权益的清单，拟设外商独资银行的模拟资产负债表、损益表、贷款质量五级分类情况表、贷款损失准备数额；

（三）改制完成情况的说明；

（四）律师事务所出具的关于合同转让法律意见书，对于不具备转让条件的合同，应当对银行制定的紧急预案提出法律意见；

（五）开业前审计报告和法定验资机构出具的验资证明；

（六）拟设外商独资银行的章程草案以及在中国境内依法设立的律师事务所出具的对章程草案的法律意见书；

(七)拟设外商独资银行组织结构图、各岗位职责描述、内部授权和汇报路线;

(八)拟设外商独资银行人员名单、简历和培训记录;

(九)拟任外商独资银行董事长、行长(首席执行官、总经理)以及外商独资银行分行行长、管理型支行行长任职资格核准所需的相关资料;

(十)银监会要求的其他资料。

第二十九条　外国银行将其在中国境内分行改制为由其单独出资的外商独资银行,应当在收到开业批准文件后交回原外国银行分行的金融许可证,领取新的金融许可证,到工商行政管理机关办理登记,领取营业执照。原外国银行分行应当依法向工商行政管理机关办理注销登记。

第三十条　由外国银行分行改制的外商独资银行应当自领取营业执照之日起6个月内开业。未能按期开业的,应当在开业期限届满前1个月向外商独资银行所在地银监会派出机构报告。开业延期的最长期限为3个月。

外商独资银行未在前款规定期限内开业的,开业批准文件失效,由开业决定机关注销开业许可,收回其金融许可证,并予以公告。

第三节　外国银行分行设立

第三十一条　设立外国银行分行,申请人应当具备下列条件:

(一)具有持续盈利能力,信誉良好,无重大违法违规记录;

(二)具有从事国际金融活动的经验;

(三)具有有效的反洗钱制度;

(四)受到所在国家或者地区金融监管当局的有效监管,并且其申请经所在国家或者地区金融监管当局同意;

(五)提出设立申请前1年年末的总资产不少于200亿美元,香港、澳门地区的银行提出设立申请前1年年末的总资产不少于60亿美元;

(六)资本充足率符合所在国家或者地区金融监管当局以及银监会的规定;

(七)本办法第五条规定的审慎性条件。

设立外国银行分行,申请人应当无偿拨给拟设分行不少于2亿元人民币或者等值自由兑换货币的营运资金;

拟设分行的外国银行所在国家或者地区应当经济状况良好,具有完善的金融监督管理制度,并且其金融监管当局已经与银监会建立良好的监督管理合作机制。

第三十二条　外国银行在中国境内增设分行,除应当具备本办法第三十一条规定的条件外,其在中国境内已设分行应当经营状况良好,主要监管指标达到监管要求,并符合银监会规定的审慎性条件。

第三十三条　设立外国银行分行分为筹建和开业两个阶段。

第三十四条　筹建外国银行分行的申请,由拟设机构所在地银监局受理和初审,银监会审查和决定。

申请筹建外国银行分行,申请人应当向拟设机构所在地银监局提交申请资料,同时抄送拟设机构所在地银监会派出机构。

拟设机构所在地银监局应当自受理之日起20日内将申请资料连同审核意见报送银监会。银监会应当自收到完整申请资料之日起6个月内,作出批准或者不批准筹建的决定,并书面通知申请人。决定不批准的,应当说明理由。特殊情况下,银监会可以适当延长审查期限,并书面通知申请人,但延长期限不得超过3个月。

第三十五条 申请筹建外国银行分行,申请人应当向拟设机构所在地银监局报送下列申请资料(一式两份),同时抄送拟设机构所在地银监会派出机构(一份):

(一)申请人董事长或者行长(首席执行官、总经理)签署的致银监会主席的筹建申请书,内容包括拟设机构的名称、所在地、营运资金、申请经营的业务种类等;

(二)可行性研究报告,内容包括申请人的基本情况、对拟设机构的市场前景分析、业务发展规划、组织管理结构、开业后3年的资产负债规模和盈亏预测等;

(三)申请人章程;

(四)申请人及其所在集团的组织结构图、主要股东名单、海外分支机构和关联企业名单;

(五)申请人最近3年年报;

(六)申请人的反洗钱制度;

(七)申请人所在国家或者地区金融监管当局核发的营业执照或者经营金融业务许可文件的复印件及对其申请的意见书;

(八)初次设立外国银行分行的,申请人应当报送所在国家或者地区金融体系情况和有关金融监管法规的摘要;

(九)银监会要求的其他资料。

第三十六条 申请人应当自收到筹建批准文件之日起15日内到拟设机构所在地银监会派出机构领取开业申请表,开始筹建工作。筹建期为自获准筹建之日起6个月。

申请人未在6个月内完成筹建工作,应当在筹建期届满前1个月向拟设机构所在地银监会派出机构报告。筹建延期的最长期限为3个月。

申请人应当在前款规定的期限届满前提交开业申请。逾期未提交的,筹建批准文件失效。

第三十七条 拟设外国银行分行完成筹建工作后,应当向拟设机构所在地银监局申请验收。经验收合格的,可以申请开业。外国银行分行的开业申请,由拟设机构所在地银监局受理、审查和决定。

拟设外国银行分行申请开业,应当向拟设机构所在地银监局提交申请资料,同时抄送拟设机构所在地银监会派出机构。

拟设机构所在地银监局应当自受理之日起2个月内,作出批准或者不批准开业的决定,并书面通知申请人,同时抄报银监会。决定不批准的,应当说明理由。

第三十八条 拟设外国银行分行申请开业,应当将开业验收合格意见书连同下列申请资料报送拟设机构所在地银监局(一式两份),同时抄送拟设机构所在地银监会派出机构(一份):

(一)筹备组负责人签署的致银监会主席的开业申请书,内容包括拟设机构的名称、营业地址、营运资金、业务范围、拟任分行行长姓名等;在拟设分行同一城市设有代表处的,应当同时申请关闭代表处;

(二)开业申请表;

(三)拟任外国银行分行行长任职资格核准所需的相关资料;
(四)开业前审计报告和法定验资机构出具的验资证明;
(五)外国银行对拟设分行承担税务、债务责任的保证书;
(六)拟设分行组织结构图、各岗位职责描述、内部授权和汇报路线;
(七)拟设分行人员名单、简历和培训记录;
(八)营业场所的安全、消防设施的合格证明或者相关证明复印件;
(九)营业场所的所有权证明、使用权证明或者租赁合同复印件;
(十)银监会要求的其他资料。

第三十九条 外国银行分行应当在收到开业批准文件并领取金融许可证后,到工商行政管理机关办理登记,领取营业执照。

外国银行分行应当自领取营业执照之日起6个月内开业。未能按期开业的,应当在开业期限届满前1个月向所在地银监会派出机构报告。开业延期的最长期限为3个月。

外国银行分行未在前款规定期限内开业的,开业批准文件失效,由开业决定机关注销开业许可,收回其金融许可证,并予以公告。

第四节 外商独资银行、中外合资银行下设分行设立

第四十条 外商独资银行、中外合资银行下设分行,应当具备下列条件:
(一)无偿拨给拟设分行营运资金,拨给各分支机构营运资金的总和,不得超过总行资本金总额的60%;
(二)主要监管指标达到监管要求;
(三)银监会规定的审慎性条件。

第四十一条 设立外商独资银行分行、中外合资银行分行,分为筹建和开业两个阶段。

第四十二条 银监会直接监管的外商独资银行一级分行、中外合资银行一级分行的筹建申请,由银监会受理、审查和决定。其他外商独资银行分行、中外合资银行分行的筹建申请,由拟设机构所在地银监局受理、审查和决定。

申请筹建外商独资银行分行、中外合资银行分行,申请人应当向银监会或拟设机构所在地银监局提交申请资料,同时抄送拟设机构所在地银监会派出机构。

银监会或拟设机构所在地银监局应当自受理之日起6个月内,作出批准或者不批准筹建的决定,并书面通知申请人。决定不批准的,应当说明理由。特殊情况下,银监会或拟设机构所在地银监局可以适当延长审查期限,并书面通知申请人,但延长期限不得超过3个月。

第四十三条 申请筹建外商独资银行分行、中外合资银行分行,申请人应当向银监会或拟设机构所在地银监局报送下列申请资料(一式两份),同时抄送拟设机构所在地银监会派出机构(一份):
(一)申请人董事长或者行长(首席执行官、总经理)签署的致银监会主席的筹建申请书,内容包括拟设机构的名称、所在地、营运资金、申请经营的业务种类等;
(二)可行性研究报告,内容包括申请人的基本情况、对拟设机构的市场前景分析、业务发展规划、组织管理结构、开业后3年的资产负债规模和盈亏预测等;

（三）申请人章程；

（四）申请人年报；

（五）申请人反洗钱制度；

（六）申请人营业执照复印件；

（七）申请人关于同意设立分行的董事会决议；

（八）银监会要求的其他资料。

第四十四条 申请人应当自收到筹建批准文件之日起15日内到拟设机构所在地银监会派出机构领取开业申请表，开始筹建工作。筹建期为自获准筹建之日起6个月。

申请人未在6个月内完成筹建工作，应当在筹建期届满前1个月向拟设机构所在地银监会派出机构报告。筹建延期的最长期限为3个月。

申请人应当在前款规定的期限届满前提交开业申请，逾期未提交的，筹建批准文件失效。

第四十五条 拟设外商独资银行分行、中外合资银行分行完成筹建工作后，应当向拟设机构所在地银监局申请验收。经验收合格的，可以申请开业。外商独资银行分行、中外合资银行分行的开业申请，由拟设机构所在地银监局受理、审查和决定。

拟设外商独资银行分行、中外合资银行分行申请开业，应当向拟设机构所在地银监局提交申请资料，同时抄送拟设机构所在地银监会派出机构。

拟设机构所在地银监局应当自受理之日起2个月内，作出批准或者不批准开业的决定，并书面通知申请人，同时抄报银监会。决定不批准的，应当说明理由。

第四十六条 拟设外商独资银行分行、中外合资银行分行申请开业，应当将开业验收合格意见书连同下列申请资料报送拟设机构所在地银监局（一式两份），同时抄送拟设机构所在地银监会派出机构（一份）：

（一）筹备组负责人签署的致银监会主席的开业申请书，内容包括拟设机构的名称、营业地址、营运资金、业务范围、拟任分行行长姓名等；

（二）开业申请表；

（三）拟任分行行长任职资格核准所需的相关资料；

（四）开业前审计报告和法定验资机构出具的验资证明；

（五）营业场所的安全、消防设施的合格证明或者相关证明复印件；

（六）拟设机构组织结构图、各岗位职责描述、内部授权和汇报路线；

（七）拟设机构人员名单、简历和培训记录；

（八）营业场所的所有权证明、使用权证明或者租赁合同的复印件；

（九）银监会要求的其他资料。

第四十七条 外商独资银行分行、中外合资银行分行应当在收到开业批准文件并领取金融许可证后，到工商行政管理机关办理登记，领取营业执照。

外商独资银行分行、中外合资银行分行应当自领取营业执照之日起6个月内开业。未能按期开业的，应当在开业期限届满前1个月向所在地银监会派出机构报告。开业延期的最长期限为3个月。

外商独资银行分行、中外合资银行分行未在前款规定期限内开业的，开业批准文件失效，由开业决定机关注销开业许可，收回其金融许可证，并予以公告。

第五节 支行设立

第四十八条 设立支行,申请人应当在拟设支行所在城市同一行政区划内设有分行或者分行以上机构。所在城市同一行政区划是指所在城市及以下行政区划。

香港、澳门地区的银行在广东省内设立的分行可以申请在广东省内设立异地支行。香港、澳门地区的银行在内地设立的外商独资银行在广东省内设立的分行,可以申请在广东省内设立异地支行。

第四十九条 设立支行,申请人应当具备下列条件:

(一)正式营业1年以上,资产质量良好;香港、澳门地区的银行在广东省内分行或者香港、澳门地区的银行在内地设立的外商独资银行在广东省内分行正式营业1年以上,资产质量良好;

(二)具有较强的内部控制能力,最近1年无重大违法违规行为和因内部管理问题导致的重大案件;香港、澳门地区的银行在广东省内分行或者香港、澳门地区的银行在内地设立的外商独资银行在广东省内分行具有较强的内部控制能力,最近1年无重大违法违规行为和因内部管理问题导致的重大案件;

(三)具有拨付营运资金的能力;

(四)已建立对高级管理人员考核、监督、授权和调整的制度和机制,并有足够的专业经营管理人才;

(五)银监会规定的其他审慎性条件。

第五十条 设立支行,分为筹建和开业两个阶段。

第五十一条 筹建支行的申请,由拟设机构所在地银监局或者经授权的银监会派出机构受理、审查和决定。

申请筹建支行,申请人应当向拟设机构所在地银监局或者经授权的银监会派出机构提交筹建申请。

拟设机构所在地银监局或者经授权的银监会派出机构应当自受理之日起3个月内作出批准或者不批准筹建的决定,并书面通知申请人,同时抄送银监会和拟设机构所在地银监会派出机构。决定不批准的,应当说明理由。

第五十二条 申请筹建支行,申请人应当向拟设机构所在地银监局或者经授权的银监会派出机构提交下列申请资料(一式两份):

(一)申请人授权签字人签署的致拟设机构所在地银监局或者经授权的银监会派出机构负责人的筹建申请书,内容包括拟设支行的名称、所在地、营运资金、申请经营的业务种类等;

(二)可行性研究报告,内容包括申请人的基本情况、对拟设机构的市场前景分析、业务发展规划、组织管理结构、开业后3年的资产负债规模和盈亏预测等;

(三)申请人最近1年经审计的财务会计报告;香港、澳门地区的银行在广东省内分行或者香港、澳门地区的银行在内地设立的外商独资银行在广东省内分行最近1年经审计的财务会计报告;

(四)拟设机构上一级管理机构最近1年新设机构的经营管理情况;

(五)银监会要求的其他资料。

第五十三条 申请人应当自收到筹建批准文件之日起15日内到拟设机构所在地银监会派出机构领取开业申请表,开始筹建工作。筹建期为自获准筹建之日起6个月。

申请人未在6个月内完成筹建工作,应当在筹建期届满前1个月向拟设机构所在地银监局或者经授权的银监会派出机构报告。筹建延期的最长期限为3个月。

申请人应当在前款规定的期限届满前提交开业申请,逾期未提交的,筹建批准文件失效。

第五十四条 拟设支行完成筹建工作后,应当向拟设机构所在地银监局或者经授权的银监会派出机构申请验收。经验收合格的,可以申请开业。支行开业申请,由拟设机构所在地银监局或者经授权的银监会派出机构受理、审查和决定。

拟设支行申请开业,应当向拟设机构所在地银监局或者经授权的银监会派出机构提交申请资料。

拟设机构所在地银监局或者经授权的银监会派出机构应当自受理之日起30日内,作出批准或者不批准开业的决定,并书面通知申请人。同时抄送银监会和拟设机构所在地银监会派出机构。决定不批准的,应当说明理由。

第五十五条 拟设支行申请开业,应当将开业验收合格意见书连同下列申请资料报送拟设机构所在地银监局或者经授权的银监会派出机构(一式两份):

(一)筹备组负责人签署的致所在地银监局或者经授权的银监会派出机构负责人的开业申请书,内容包括拟设机构的名称、营业地址、营运资金、业务范围、拟任支行行长的姓名等;

(二)开业申请表;

(三)与业务规模相适应的营运资金已拨付到位,法定验资机构出具的验资证明;

(四)拟任管理型支行行长任职资格核准所需的相关资料;

(五)拟设支行的组织结构图、各岗位职责描述、内部授权和汇报路线;

(六)拟设支行人员名单、简历和培训记录;

(七)营业场所的所有权证明、使用权证明或者租赁合同的复印件;

(八)营业场所的安全、消防设施的合格证明或者相关证明复印件;

(九)银监会要求的其他资料。

第五十六条 支行应当在收到开业批准文件并领取金融许可证后,到工商行政管理机关办理登记,领取营业执照。

支行应当自领取营业执照之日起6个月内开业。未能按期开业的,应当在开业期限届满前1个月向所在地银监会派出机构报告。开业延期的最长期限为3个月。

支行未在前款规定期限内开业的,开业批准文件失效,由开业决定机关注销开业许可,收回其金融许可证,并予以公告。

第六节 外国银行代表处设立

第五十七条 设立外国银行代表处,申请人应当具备下列条件:

(一)具有持续盈利能力,信誉良好,无重大违法违规记录;

(二)具有从事国际金融活动的经验;

（三）具有有效的反洗钱制度；

（四）受到所在国家或者地区金融监管当局的有效监管，并且其申请经所在国家或者地区金融监管当局同意；

（五）本办法第五条规定的审慎性条件。

拟设代表处的外国银行所在国家或者地区应当经济状况良好，具有完善的金融监督管理制度，并且其金融监管当局已经与银监会建立良好的监督管理合作机制。

第五十八条 外国银行在中国境内已设立营业性机构的，除已设立的代表处外，不得增设代表处，但拟设代表处所在地为符合国家区域经济发展战略及相关政策的地区除外。

外国银行在中国境内增设代表处，除应当具备本办法第五十七条规定的条件外，其在中国境内已设机构应当无重大违法违规记录。

外国银行在同一城市不得同时设有营业性机构和代表处。

第五十九条 外国银行设立代表处的申请，由拟设机构所在地银监局受理、审查和决定。

外国银行申请设立代表处，应当向拟设机构所在地银监局提交申请资料，同时抄送拟设机构所在地银监会派出机构。

拟设机构所在地银监局应当自受理之日起6个月内作出批准或者不批准设立的决定，并书面通知申请人，同时抄报银监会。决定不批准的，应当说明理由。

第六十条 申请设立外国银行代表处，申请人应当向拟设机构所在地银监局提交下列申请资料（一式两份），同时抄送拟设机构所在地银监会派出机构（一份）：

（一）申请人董事长或者行长（首席执行官、总经理）签署的致银监会主席的申请书，内容包括拟设代表处的名称、所在地、拟任首席代表姓名等；

（二）代表处设立申请表；

（三）可行性研究报告，内容包括申请人的基本情况、拟设代表处的目的和计划等；

（四）申请人章程；

（五）申请人及其所在集团的组织结构图、主要股东名单、海外分支机构和关联企业名单；

（六）申请人最近3年年报；

（七）申请人反洗钱制度；

（八）申请人所在国家或者地区金融监管当局核发的营业执照或者经营金融业务许可文件的复印件及对其申请的意见书；

（九）拟任首席代表任职资格核准所需的相关资料；

（十）初次设立代表处的，申请人应当报送由在中国境内注册的银行业金融机构出具的与该外国银行已经建立代理行关系的证明，以及申请人所在国家或者地区金融体系情况和有关金融监管法规的摘要；

（十一）银监会要求的其他资料。

第六十一条 经批准设立的外国银行代表处，应当凭批准文件向工商行政管理机关办理登记。

外国银行代表处应当自拟设机构所在地银监局批准设立之日起6个月内迁入固定的办公场所。迁入固定办公场所后应当向所在地银监会派出机构报送相关资料。

外国银行代表处未在前款规定期限内迁入办公场所的，代表处设立批准文件失效。

第三章　机构变更

第一节　变更注册资本或者营运资金

第六十二条　外商独资银行、中外合资银行申请变更注册资本、外国银行分行申请变更营运资金,应当具备下列条件:

(一)外商独资银行及其股东、中外合资银行及其股东以及外国银行的董事会已决议通过变更事项;

(二)外商独资银行股东、中外合资银行外方股东所在国家或者地区金融监管当局同意其申请。

第六十三条　银监会直接监管的外商独资银行、中外合资银行变更注册资本由银监会受理、审查和决定。其他外商独资银行、中外合资银行变更注册资本、外国银行分行变更营运资金的申请,由所在地银监局受理、审查和决定。

外商独资银行、中外合资银行申请变更注册资本、外国银行分行申请变更营运资金,应当向银监会或所在地银监局提交申请资料,同时抄送所在地银监会派出机构。

银监会或所在地银监局应当自受理之日起3个月内,作出批准或者不批准变更的决定,并书面通知申请人。决定不批准的,应当说明理由。

第六十四条　外商独资银行、中外合资银行申请变更注册资本、外国银行分行申请变更营运资金,应当向银监会或所在地银监局提交下列申请资料(一式两份),同时抄送所在地银监会派出机构(一份):

(一)申请人董事长或者行长(首席执行官、总经理)签署的致银监会主席的申请书,申请以境外人民币资金增加注册资本或者营运资金的,应当说明人民币资金的来源;

(二)可行性研究报告,内容包括变更注册资本或者营运资金后的业务发展规划、资金用途、对主要监管指标的影响等;

(三)申请人及其股东关于变更注册资本的董事会决议,外国银行关于变更分行营运资金的董事会决议;

(四)申请人股东及外国银行应当提交所在国家或者地区金融监管当局关于变更事项的意见书,中外合资银行中方股东为非金融机构的无须提交;

(五)银监会要求的其他资料。

第六十五条　外商独资银行、中外合资银行获准变更注册资本、外国银行分行获准变更营运资金,应当自银监会或所在地银监局作出批准决定之日起30日内,向银监会或所在地银监会派出机构报送法定验资机构出具的验资证明。

第二节　变更股东

第六十六条　银监会直接监管的外商独资银行、中外合资银行变更股东或者调整股东持股比例的申请,由银监会受理、审查和决定。其他外商独资银行、中外合资银行变更股东或者调整股东持股比例的申请,由所在地银监局受理和初审,银监会审查和决定。

本条前款所称变更股东包括股东转让股权、股东更名以及银监会认定的其他股东变更情形。

外商独资银行、中外合资银行变更股东,拟受让方或者承继方应当符合本办法第十条至第十四条规定的条件。

外商独资银行、中外合资银行申请变更股东或者调整股东持股比例,应当向银监会或所在地银监局提交申请资料,同时抄送所在地银监会派出机构。

由所在地银监局受理和初审的,所在地银监局应当自受理之日起20日内将申请资料连同审核意见报送银监会。银监会应当自受理或收到完整申请资料之日起3个月内,作出批准或者不批准变更的决定,并书面通知申请人。决定不批准的,应当说明理由。

第六十七条 外商独资银行、中外合资银行申请变更股东或者调整股东持股比例,应当向银监会或所在地银监局提交下列申请资料(一式两份),同时抄送所在地银监会派出机构(一份):

(一)申请人董事长或者行长(首席执行官、总经理)签署的致银监会主席的申请书;

(二)申请人关于变更事项的董事会决议;

(三)申请人股东、拟受让方或者承继方关于变更事项的董事会决议;

(四)申请人股东、拟受让方或者承继方是金融机构的,应当提交所在国家或者地区金融监管当局关于变更事项的意见书;

(五)申请人股权转让方与拟受让方或者承继方签署的转让(变更)协议;

(六)各股东与拟受让方或者承继方签署的合资经营合同,但单一股东的外商独资银行除外;

(七)拟受让方或者承继方的章程、组织结构图、主要股东名单、海外分支机构和关联企业名单、最近3年年报、反洗钱制度、所在国家或者地区金融监管当局核发的营业执照或者经营金融业务许可文件的复印件,中外合资银行拟受让中方股东为非金融机构的,无须提交反洗钱制度;

(八)拟受让方或者承继方为外方股东的,应当提交所在国家或者地区金融体系情况和有关金融监管法规的摘要;

(九)银监会要求的其他资料。

第六十八条 外商独资银行、中外合资银行获准变更股东或者调整股东持股比例,应当自银监会作出批准决定之日起30日内,向银监会报送法定验资机构出具的验资证明以及相关交易的证明文件,同时抄报所在地银监会派出机构。

第六十九条 外商独资银行、中外合资银行变更组织形式、合并、分立应当符合《中华人民共和国公司法》、《中华人民共和国商业银行法》以及其他法律、行政法规和规章的规定,并具备下列条件:

(一)外商独资银行及其股东、中外合资银行及其股东的董事会已决议通过变更事项;

(二)变更事项的申请已经股东所在国家或者地区金融监管当局同意;

(三)外商独资银行、中外合资银行已就变更事项制定具体方案。

外商独资银行、中外合资银行因股东发生合并、分立等变更事项的,该外商独资银行、中外合资银行应当根据银监会的要求进行相关调整。

第七十条 外商独资银行、中外合资银行变更组织形式、合并、分立的申请,由银监会受理、审查和决定。

外商独资银行、中外合资银行申请变更组织形式、合并、分立,应当向银监会提交申请资料。

银监会应当自收到完整申请资料之日起3个月内,作出批准或者不批准变更的决定,并书面通知申请人。决定不批准的,应当说明理由。

第七十一条 外商独资银行、中外合资银行合并分为吸收合并和新设合并。合并须经合并筹备和合并开业两个阶段。

吸收合并的,吸收合并方应当按照变更的条件和材料要求向银监会提交合并筹备和合并开业的申请;被吸收方自行终止的,应当按照终止的条件和材料要求向银监会提交申请;被吸收方变更为分支机构的,应当按照设立的条件和材料要求向银监会提交申请。

新设合并的,新设方应当按照设立的条件和材料要求向银监会提交合并筹备和合并开业的申请;原外商独资银行、中外合资银行应当按照终止的条件和材料要求向银监会提交申请。

第七十二条 外商独资银行、中外合资银行分立分为存续分立和新设分立。分立须经分立筹备和分立开业两个阶段。

存续分立的,存续方应当按照变更的条件和材料要求向银监会提交分立筹备和分立开业的申请;新设方应当按照设立的条件和材料要求向银监会提交申请。

新设分立的,新设方应当按照设立的条件和材料要求向银监会提交分立筹备和分立开业的申请;原外商独资银行、中外合资银行应当按照解散的条件和材料要求向银监会提交申请。

第七十三条 外商独资银行、中外合资银行申请变更组织形式、合并、分立,除应当按照本办法第七十一条、第七十二条的规定提交申请资料外,还应当向银监会提交下列申请资料(一式两份):

(一)申请人董事长或者行长(首席执行官、总经理)签署的致银监会主席的申请书;

(二)关于变更组织形式、合并、分立的方案;

(三)申请人各方及其股东关于变更事项的董事会决议;

(四)申请人各方股东应当提交所在国家或者地区金融监管当局关于变更事项的意见书,中外合资银行中方股东为非金融机构的无须提交;

(五)申请人各方股东签署的合并、分立协议;申请人各方股东签署的合资经营合同,但单一股东的外商独资银行除外;申请人各方股东的章程、组织结构图、董事会及主要股东名单,最近一年年报;

(六)变更组织形式、合并、分立后银行的章程草案;

(七)银监会要求的其他资料。

申请人应当将申请书和关于变更组织形式、合并、分立的方案抄送申请人及其分支机构所在地银监会派出机构(各一份)。

第三节 修改章程

第七十四条 外商独资银行、中外合资银行应当在其章程所列内容发生变动后1年内提出修改章程的申请。

外商独资银行、中外合资银行修改章程仅涉及名称、住所、股权、注册资本、业务范围且变更事项已经银监会或所在地银监局批准的,不需进行修改章程的申请,但应当在银监会或所在地银监局作出上述变更事项批准决定之日起6个月内将修改后的章程报送银监会及所在地银监局。

第七十五条 外商独资银行、中外合资银行申请修改章程,应当具备下列条件:
(一)外商独资银行及其股东、中外合资银行及其股东的董事会已决议通过修改章程;
(二)在中国境内依法设立的律师事务所已对章程草案出具法律意见书。

第七十六条 银监会直接监管的外商独资银行、中外合资银行修改章程的申请,由银监会受理、审查和决定。其他外商独资银行、中外合资银行修改章程的申请,由所在地银监局受理、审查和决定。

外商独资银行、中外合资银行申请修改章程,应当向银监会或所在地银监局提交申请资料,同时抄送所在地银监会派出机构。

银监会或所在地银监局应当自受理之日起3个月内,作出批准或者不批准修改章程的决定,并书面通知申请人。决定不批准的,应当说明理由。

第七十七条 外商独资银行、中外合资银行申请修改章程,应当向银监会或所在地银监局提交下列申请资料(一式两份),同时抄送所在地银监会派出机构(一份):
(一)申请人董事长或者行长(首席执行官、总经理)签署的致银监会主席的申请书;
(二)申请人关于修改章程的董事会决议;
(三)申请人股东关于修改章程的董事会决议;
(四)申请人的原章程和新章程草案;
(五)原章程与新章程草案变动对照表;
(六)在中国境内依法设立的律师事务所出具的对新章程草案的法律意见书;
(七)银监会要求的其他资料。

第四节 变 更 名 称

第七十八条 申请变更外资银行在中国境内机构名称,应当具备下列条件:
(一)变更事项已获得申请人所在国家或者地区金融监管当局的批准;
(二)申请人已获得所在国家或者地区金融监管当局核发的新营业执照或者经营金融业务的许可文件;
(三)申请人已承诺承担其在中国境内分行的税务和债务责任。

本条第(一)项、第(二)项不适用外资银行名称未变更、仅申请变更其在中国境内机构名称的情形。

第七十九条 外商独资银行、中外合资银行、外国银行分行变更名称的申请,由银监会受理、审查和决定。外国银行代表处变更名称的申请,由所在地银监局受理、审查和决定。

申请变更外资银行名称,应当向银监会或所在地银监局提交申请资料,同时抄送外资银行在中国境内机构所在地银监会派出机构。

银监会或所在地银监局应当自受理之日起3个月内,作出批准或者不批准变更的决定,并书面通知申请人。决定不批准的,应当说明理由。

第八十条 外商独资银行股东、中外合资银行股东、外国银行因合并、分立、重组等原因申请变更其在中国境内机构名称,应当在合并、分立、重组等变更事项发生5日内,向银监会及所在地银监会派出机构报告,并于30日内将下列申请资料报送银监会及所在地银监局(一式两份),同时抄送所在地银监会派出机构(一份):

(一)申请人董事长或者行长(首席执行官、总经理)签署的致银监会主席的申请书;

(二)变更名称申请表;

(三)外商独资银行股东、中外合资银行股东、外国银行的章程;

(四)外商独资银行股东、中外合资银行股东、外国银行的组织结构图、董事会以及主要股东名单;

(五)外国银行董事长或者行长(首席执行官、总经理)签署的对其在中国境内分行承担税务、债务责任的保证书;

(六)外商独资银行股东、中外合资银行股东、外国银行的合并财务会计报告;

(七)外商独资银行股东、中外合资银行股东、外国银行所在国家或者地区金融监管当局对变更事项的批准书或者意见书;

(八)外商独资银行股东、中外合资银行股东、外国银行更名后,所在国家或者地区金融监管当局核发的营业执照复印件或者经营金融业务许可文件复印件;

(九)银监会要求的其他资料。

第八十一条 外商独资银行股东、中外合资银行股东、外国银行因其他原因申请变更在中国境内机构名称的,应当在变更事项发生5日内,向银监会及所在地银监会派出机构报告,并于30日内将下列申请资料报送银监会及所在地银监局(一式两份),同时抄送外资银行在中国境内机构所在地银监会派出机构(一份):

(一)申请人董事长或者行长(首席执行官、总经理)签署的致银监会主席的申请书;

(二)外商独资银行股东、中外合资银行股东、外国银行更名后所在国家或者地区金融监管当局核发的营业执照复印件或者经营金融业务许可文件复印件;

(三)外商独资银行股东、中外合资银行股东、外国银行所在国家或者地区金融监管当局对变更事项的批准书以及对其申请的意见书;

(四)银监会要求的其他资料。

本条第(二)项、第(三)项不适用外资银行名称未变更、仅变更在中国境内机构名称的情形。

银监会授权外资银行支行所在地银监会派出机构受理、审查和决定外资银行支行因变更营业场所而导致的变更名称的申请。

第五节 在同城内变更住所或者办公场所

第八十二条 银监会直接监管的外商独资银行、中外合资银行在同城内变更住所由银监会受理、审查和决定。其他外商独资银行、中外合资银行在同城内变更住所、外国银行代表处在同城内变更办公场所的申请,由所在地银监会派出机构受理、审查和决定。

外商独资银行、中外合资银行申请在同城内变更住所、外国银行代表处申请在同城内变更办公场所,应当向银监会或所在地银监会派出机构提交申请资料。

银监会或所在地银监会派出机构应当自受理之日起3个月内,作出批准或者不批准变更的决定,并书面通知申请人。决定不批准的,应当说明理由。

第八十三条 外商独资银行、中外合资银行在同城内变更住所、外国银行代表处在同城内变更办公场所,应当向银监会或所在地银监会派出机构提交下列申请资料(一式两份):

(一)申请人授权签字人签署的致银监会主席或所在地银监会派出机构负责人的申请书;

(二)拟迁入住所或者办公场所的所有权证明、使用权证明或者租赁合同的复印件;

(三)拟迁入住所的安全、消防设施的合格证明或者相关证明复印件;

(四)银监会要求的其他资料。

第八十四条 因行政区划调整等原因导致的行政区划、街道、门牌号等发生变化而实际位置未变化的,外资银行不需进行变更住所或者办公场所的申请,但应当于变更后15日内向银监会或所在地银监会派出机构报告,外商独资银行、中外合资银行应当换领金融许可证。

第四章 机构终止

第一节 外商独资银行、中外合资银行解散

第八十五条 外商独资银行、中外合资银行有下列情形之一的,经银监会批准后解散:
(一)章程规定的营业期限届满或者出现章程规定的其他解散事由;
(二)股东会决议解散;
(三)因合并或者分立需要解散。

第八十六条 外商独资银行、中外合资银行申请解散,应当具备下列条件:
(一)外商独资银行及其股东、中外合资银行及其股东的董事会已决议通过解散;
(二)外商独资银行股东、中外合资银行外方股东所在国家或者地区金融监管当局已同意其申请;
(三)具有有效的资产处置、债务清偿、人员安置的方案。

第八十七条 银监会直接监管的外商独资银行、中外合资银行解散的申请,由银监会受理、审查和决定。其他外商独资银行、中外合资银行解散的申请,由所在地银监局受理和初审,银监会审查和决定。

外商独资银行、中外合资银行申请解散,应当向银监会或所在地银监局提交申请资料,同时抄送所在地银监会派出机构。

所在地银监局应当自受理之日起20日内将申请资料连同审核意见报送银监会。银监会应当自受理或收到完整申请资料之日起3个月内,作出批准或者不批准解散的决定,并书面通知申请人。决定不批准的,应当说明理由。

第八十八条 外商独资银行、中外合资银行申请解散,应当在终止业务活动前向银监会或所在地银监局提交下列申请资料(一式两份),同时抄送所在地银监会派出机构(一份):

（一）申请人董事长或者行长（首席执行官、总经理）签署的致银监会主席的申请书；

（二）申请人关于解散的董事会决议；

（三）申请人各股东关于外商独资银行、中外合资银行解散的董事会决议；

（四）外商独资银行股东、中外合资银行外方股东所在国家或者地区金融监管当局关于该机构解散的意见书；

（五）关于外商独资银行、中外合资银行解散后资产处置、债务清偿、人员安置的计划和负责后续事项的人员名单及联系方式；

（六）银监会要求的其他资料。

第二节 破 产

第八十九条 外商独资银行、中外合资银行因解散而清算，清算组发现该机构财产不足清偿债务的，或者因不能支付到期债务，自愿或者应其债权人要求申请破产的，在向法院申请破产前，应当向银监会提出申请。

第九十条 银监会直接监管的外商独资银行、中外合资银行破产的申请，由银监会受理、审查和决定。其他外商独资银行、中外合资银行破产的申请，由所在地银监局受理和初审，银监会审查和决定。

外商独资银行、中外合资银行申请破产，应当向银监会或所在地银监局提交申请资料，同时抄送所在地银监会派出机构。

所在地银监局应当自受理之日起20日内将申请资料连同审核意见报送银监会。银监会应当自受理或收到完整申请资料之日起3个月内，作出批准或者不批准破产的决定，并书面通知申请人。决定不批准的，应当说明理由。

第九十一条 外商独资银行、中外合资银行申请破产，应当向银监会或所在地银监局提交下列申请资料（一式两份），同时抄送所在地银监会派出机构（一份）：

（一）申请人董事长、行长（首席执行官、总经理）或者清算组组长签署的致银监会主席的申请书；

（二）申请人关于破产的董事会决议；

（三）各股东关于外商独资银行、中外合资银行破产的董事会决议；

（四）外商独资银行股东、中外合资银行外方股东所在国家或者地区金融监管当局关于破产的意见书；

（五）银监会要求的其他资料。

本条第（二）、（三）、（四）项不适用由清算组提出破产申请的情形。

第三节 分行关闭

第九十二条 外商独资银行、中外合资银行、外国银行申请关闭分行，应当具备下列条件：

（一）申请人董事会已决议通过关闭分行；

（二）外国银行关闭分行已经所在国家或者地区金融监管当局同意；

（三）具有有效的资产处置、债务清偿、人员安置的方案。

第九十三条 银监会直接监管的外商独资银行、中外合资银行关闭一级分行的申请,由银监会受理、审查和决定。其他外商独资银行分行、中外合资银行分行的关闭申请,由拟关闭机构所在地银监局受理、审查和决定。外国银行分行的关闭申请,由拟关闭机构所在地银监局受理和初审,银监会审查和决定。

外商独资银行、中外合资银行、外国银行申请关闭分行,应当向银监会或拟关闭机构所在地银监局提交申请资料,同时抄送拟关闭机构所在地银监会派出机构。

由拟关闭机构所在地银监局受理和初审的,拟关闭机构所在地银监局应当自受理之日起20日内将申请资料连同审核意见报送银监会。银监会或拟关闭机构所在地银监局应当自受理或收到完整申请资料之日起3个月内,作出批准或者不批准关闭的决定,并书面通知申请人。决定不批准的,应当说明理由。

第九十四条 外商独资银行、中外合资银行、外国银行申请关闭分行,应当在终止业务活动前向银监会或拟关闭机构所在地银监局提交下列申请资料(一式两份),同时抄送拟关闭机构所在地银监会派出机构(一份):

(一)申请人董事长或者行长(首席执行官、总经理)签署的致银监会主席的申请书;

(二)申请人关于关闭分行的董事会决议;

(三)外国银行所在国家或者地区金融监管当局对其申请的意见书;

(四)关于拟关闭机构的资产处置、债务清偿、人员安置的计划和负责后续事项的人员名单及联系方式;

(五)银监会要求的其他资料。

第九十五条 经批准关闭的外国银行分行的全部债务清偿完毕后提取生息资产的申请,由经批准关闭的外国银行分行所在地银监会派出机构受理、审查和决定。

申请提取生息资产,申请人应当向经批准关闭的外国银行分行所在地银监会派出机构提交申请资料。

所在地银监会派出机构应当自收到完整申请资料之日起1个月内,作出批准或者不批准的决定,并书面通知申请人。决定不批准的,应当说明理由

第九十六条 经批准关闭的外国银行分行申请提取生息资产,应当向所在地银监会派出机构提交下列申请资料:

(一)清算组组长签署的申请书;

(二)关于清算情况的报告;

(三)银监会要求的其他资料。

第四节 分行关闭并在同一城市设立代表处

第九十七条 外国银行关闭中国境内分行并在同一城市设立代表处的申请,由拟关闭机构所在地银监局受理和初审,银监会对拟关闭分行的申请进行审查和决定;在经银监会批准外国银行关闭中国境内分行后,所在地银监局对该外国银行在同一城市设立代表处的申请进行审查和决定。

外国银行关闭中国境内分行并申请在同一城市设立代表处,应当向拟关闭机构所在地银

监局提交申请资料,同时抄送拟关闭机构所在地银监会派出机构。所在地银监局应当自受理之日起 20 日内将申请材料连同关于外国银行关闭中国境内分行的初审意见报送银监会。

银监会或拟关闭机构所在地银监局应当自受理或收到完整申请材料之日起 3 个月内,作出批准或者不批准的决定,并书面通知申请人。决定不批准的,应当说明理由。

第九十八条 外国银行申请关闭在中国境内分行并在同一城市设立代表处的,应当具备本办法第五十七条、第九十二条规定的条件,并应当在终止业务活动前将下列申请资料报送拟关闭机构所在地银监局(一式两份),同时抄送拟关闭机构所在地银监会派出机构(一份):

(一)申请人董事长或者行长(首席执行官、总经理)签署的致银监会主席的申请书;
(二)申请人关于关闭分行并在同一城市设立代表处的董事会决议;
(三)外国银行所在国家或者地区金融监管当局对其申请的意见书;
(四)拟关闭分行资产处置、债务清偿、人员安置的计划和负责后续事项的人员名单及联系方式;
(五)拟任首席代表任职资格核准所需的相关资料;
(六)银监会要求的其他资料。

第五节 支行关闭

第九十九条 外商独资银行、中外合资银行、外国银行申请关闭支行,应当具备下列条件:
(一)申请人董事会已决议通过关闭支行;
(二)具有有效的资产处置、债务清偿、人员安置的方案。

第一百条 外商独资银行、中外合资银行、外国银行关闭支行的申请,由拟关闭机构所在地银监局或者经授权的银监会派出机构受理、审查和决定。

外商独资银行、中外合资银行、外国银行申请关闭支行,应当向拟关闭机构所在地银监局或者经授权的银监会派出机构提交申请资料,同时抄送拟关闭机构所在地银监会派出机构。

拟关闭机构所在地银监局或者经授权的银监会派出机构应当自受理之日起 3 个月内,作出批准或者不批准关闭的决定,并书面通知申请人。决定不批准的,应当说明理由。

第一百零一条 外商独资银行、中外合资银行、外国银行申请关闭支行,应当在终止业务活动前将下列申请资料报送拟关闭机构所在地银监局或者经授权的银监会派出机构(一式两份):

(一)申请人授权签字人签署的致所在地银监局或者经授权的银监会派出机构负责人的申请书;
(二)申请人关于关闭支行的董事会决议;
(三)拟关闭支行资产处置、债务清偿、人员安置的计划和负责后续事项的人员名单及联系方式;
(四)银监会要求的其他资料。

第六节 外国银行代表处关闭

第一百零二条 外国银行申请关闭代表处,应当具备下列条件:

(一)申请人董事会已决议通过关闭代表处;
(二)申请人所在国家或者地区金融监管当局已同意其申请;
(三)具有有效的关闭方案及人员安置计划。

第一百零三条 外国银行关闭代表处的申请,由拟关闭机构所在地银监局受理、审查和决定。

外国银行申请关闭代表处,应当向拟关闭机构所在地银监局提交申请资料,并同时抄送拟关闭机构所在地银监会派出机构。

拟关闭机构所在地银监局应当自受理之日起3个月内,作出批准或者不批准关闭的决定,并书面通知申请人。决定不批准的,应当说明理由。

第一百零四条 外国银行申请关闭代表处,应当将下列申请资料报送拟关闭机构所在地银监局(一式两份),同时抄送拟关闭机构所在地银监会派出机构(一份):

(一)申请人董事长或者行长(首席执行官、总经理)签署的致银监会主席的申请书,特殊情况下,该申请书可以由授权签字人签署;
(二)申请人关于关闭代表处的董事会决议;
(三)所在国家或地区金融监管当局对其申请的意见书;
(四)代表处关闭方案、人员安置计划和负责后续事项的人员名单及联系方式;
(五)银监会要求的其他资料。

第五章 业务范围

第一节 开办人民币业务

第一百零五条 外资银行营业性机构申请经营人民币业务,分为初次申请经营人民币业务和申请扩大人民币业务服务对象范围两种情形。

第一百零六条 外资银行营业性机构初次申请经营人民币业务,应当具备下列条件:

(一)提出申请前在中国境内开业1年以上;
(二)银监会规定的其他审慎性条件。

外国银行分行改制为由其单独出资的外商独资银行的,前款规定的期限自外国银行分行设立之日起计算。

外国银行的一家分行已经获准经营人民币业务,该外国银行的其他分行申请经营人民币业务的,不受本条第一款第(一)项的限制。

第一百零七条 已经获准经营人民币业务的外资银行营业性机构申请扩大人民币业务服务对象范围,应当具备银监会规定的审慎性条件。

外商独资银行、中外合资银行经营对中国境内公民的人民币业务,除应当具备银监会规定的审慎性条件外,还应当具备符合业务特点以及业务发展需要的营业网点。

第一百零八条 由银监会直接监管的外资银行营业性机构经营人民币业务或者扩大人民币业务服务对象范围的申请,由银监会受理、审查和决定。其他外资银行营业性机构经营人民币业务或者扩大人民币业务服务对象范围的申请,由外资银行营业性机构所在地银监局受理、审查和决定。

外资银行营业性机构申请经营人民币业务或者申请扩大人民币业务服务对象范围,应当向银监会或所在地银监局提交申请资料,同时抄送所在地银监会派出机构。

银监会或所在地银监局应当自受理之日起3个月内,作出批准或者不批准的决定,并书面通知申请人。决定不批准的,应当说明理由。

第一百零九条 申请经营人民币业务或者扩大人民币业务服务对象范围,申请人应当向银监会或所在地银监局提交下列申请资料(一式两份),同时抄送所在地银监会派出机构(一份):

(一)申请人董事长或者行长(首席执行官、总经理)签署的致银监会主席的申请书;

(二)可行性研究报告;

(三)拟经营业务的内部控制制度及操作规程;

(四)银监会要求的其他资料。

第一百一十条 外资银行营业性机构初次经营人民币业务或者将人民币业务服务对象范围从除中国境内公民以外客户扩大至中国境内公民的,应当进行筹备。筹备期为自获准之日起4个月。外资银行营业性机构未能在4个月内完成筹备工作的,银监会或所在地银监局原批准文件自动失效。

外国银行的1家分行已经获准经营人民币业务的,该外国银行在中国境内增设的分行在筹建期可以开展人民币业务的筹备工作,经所在地银监局验收合格后,可以在开业时提出经营人民币业务的申请。

第一百一十一条 外商独资银行分行、中外合资银行分行在其总行业务范围内经授权经营人民币业务。开展业务前,应当将总行对其经营人民币业务的授权书报送所在地银监会派出机构,并进行筹备。筹备期为4个月。

外商独资银行分行、中外合资银行分行经所在地银监会派出机构验收合格后,凭所在地银监局出具的经营人民币业务的确认函到工商行政管理机关办理营业执照变更事宜。

外商独资银行、中外合资银行、外国银行的支行在其总行或分行业务范围内经授权经营人民币业务。开展业务前,应当将总行或分行对其经营人民币业务的授权书报送所在地银监会派出机构,并进行筹备。筹备期为4个月。

外商独资银行、中外合资银行、外国银行的支行经所在地银监会派出机构验收合格后,凭所在地银监会派出机构出具的经营人民币业务的确认函到工商行政管理机关办理营业执照变更事宜。

第二节 发行债务、资本补充工具

第一百一十二条 外商独资银行、中外合资银行申请在境内外发行经银监会许可的债务、资本补充工具,应当具备下列条件:

(一)具有良好的公司治理结构;

(二)主要审慎监管指标符合监管要求;

(三)贷款风险分类结果真实准确;

（四）最近3年无严重违法违规行为和因内部管理问题导致的重大案件；

（五）银监会规定的其他审慎性条件。

第一百一十三条 银监会直接监管的外商独资银行、中外合资银行发行经银监会许可的债务、资本补充工具的申请，由银监会受理、审查和决定，其他外商独资银行、中外合资银行发行经银监会许可的债务、资本补充工具的申请，由所在地银监局受理和初审，银监会审查和决定。

外商独资银行、中外合资银行申请发行经银监会许可的债务、资本补充工具，申请人应当向银监会或所在地银监局提交申请资料。

所在地银监局应当自受理之日起20日内将申请资料连同审核意见报送银监会。银监会应当自受理或收到完整申请资料之日起3个月内，作出批准或者不批准发行债务、资本补充工具的决定，并书面通知申请人。决定不批准的，应当说明理由。

第一百一十四条 外商独资银行、中外合资银行申请发行经银监会许可的债务、资本补充工具，应当向银监会或所在地银监局提交下列申请资料（一式两份）：

（一）申请人董事长或者行长（首席执行官、总经理）签署的致银监会主席的申请书；

（二）可行性研究报告；

（三）债务、资本补充工具发行登记表；

（四）申请人关于发行债务、资本补充工具的董事会决议；

（五）申请人股东关于发行债务、资本补充工具的董事会决议；

（六）申请人最近3年经审计的财务会计报告；

（七）募集说明书；

（八）发行公告或者发行章程；

（九）申请人关于本期债券偿债计划及保障措施的专项报告；

（十）信用评级机构出具的金融债券信用评级报告及有关持续跟踪评级安排的说明；

（十一）在中国境内依法设立的律师事务所出具的法律意见书；

（十二）银监会要求的其他资料。

第三节 开办衍生产品交易业务

第一百一十五条 外资银行营业性机构开办衍生产品交易业务的资格分为下列两类：

（一）基础类资格：只能从事套期保值类衍生产品交易；

（二）普通类资格：除基础类资格可以从事的衍生产品交易之外，还可以从事非套期保值类衍生产品交易。

第一百一十六条 外资银行营业性机构申请开办基础类衍生产品交易业务，应当具备下列条件：

（一）具有健全的衍生产品交易风险管理制度和内部控制制度；

（二）具有接受相关衍生产品交易技能专门培训半年以上、从事衍生产品或者相关交易2年以上的交易人员至少2名，相关风险管理人员至少1名，风险模型研究人员或者风险分析人员至少1名，熟悉套期会计操作程序和制度规范的人员至少1名，以上人员应当专岗专人，相互

不得兼任,且无不良记录;

(三)有适当的交易场所和设备;

(四)具有处理法律事务和负责内控合规检查的专业部门及相关专业人员;

(五)主要审慎监管指标符合监管要求;

(六)银监会规定的其他审慎性条件。

第一百一十七条 外资银行营业性机构申请开办普通类衍生产品交易业务,除具备本办法第一百一十六条规定的条件外,还应当具备下列条件:

(一)具有完善的衍生产品交易前台、中台、后台自动联接的业务处理系统和实时风险管理系统;

(二)衍生产品交易业务主管人员应当具备5年以上直接参与衍生产品交易活动或者风险管理的资历,且无不良记录;

(三)具有严格的业务分离制度,确保套期保值类业务与非套期保值类业务的市场信息、风险管理、损益核算有效隔离;

(四)具有完善的市场风险、操作风险、信用风险等风险管理框架;

(五)银监会规定的其他审慎性条件。

第一百一十八条 外国银行分行申请开办衍生产品交易业务,应当获得其总行(地区总部)的正式授权,其母国应当具备对衍生产品交易业务进行监管的法律框架,其母国监管当局应当具备相应的监管能力。

外国银行分行申请开办衍生产品交易业务,若不具备本办法第一百一十六条或者第一百一十七条规定的条件,其总行(地区总部)应当具备上述条件。同时该分行还应当具备下列条件:

(一)其总行(地区总部)对该分行从事衍生产品交易等方面的正式授权应当对交易品种和限额作出明确规定;

(二)除总行另有明确规定外,该分行的全部衍生产品交易统一通过对其授权的总行(地区总部)系统进行实时平盘,并由其总行(地区总部)统一进行平盘、敞口管理和风险控制。

第一百一十九条 银监会直接监管的外商独资银行、中外合资银行开办衍生产品交易业务的申请,由银监会受理、审查和决定。其他外资银行营业性机构开办衍生产品交易业务的申请,由所在地银监局受理、审查和决定。

外资银行营业性机构申请开办衍生产品交易业务,应当向银监会或所在地银监局提交申请资料。

银监会或所在地银监局应当自受理之日起3个月内,作出批准或者不批准开办衍生产品交易业务的决定,并书面通知申请人。决定不批准的,应当说明理由。

第一百二十条 外资银行营业性机构申请开办衍生产品交易业务,应当向银监会或所在地银监局报送下列申请资料(一式两份):

(一)申请人授权签字人签署的致银监会主席的申请书;

(二)可行性研究报告及业务计划书或者展业计划;

(三)衍生产品交易业务内部管理规章制度,内容包括:

1.衍生产品交易业务的指导原则、操作规程(操作规程应当体现交易前台、中台、后台分离

的原则)和针对突发事件的应急计划;

2. 新业务、新产品审批制度及流程;

3. 交易品种及其风险控制制度;

4. 衍生产品交易的风险模型指标及量化管理指标;

5. 风险管理制度和内部审计制度;

6. 衍生产品交易业务研究与开发的管理制度及后评价制度;

7. 交易员守则;

8. 交易主管人员岗位职责制度,对各级主管人员与交易员的问责制度和激励约束机制;

9. 对前台、中台、后台主管人员及工作人员的培训计划;

(四)衍生产品交易会计制度;

(五)主管人员和主要交易人员名单、履历;

(六)衍生产品交易风险管理制度,包括但不限于:风险敞口量化规则或者风险限额授权管理制度;

(七)第三方独立出具的交易场所、设备和系统的安全性和稳定性测试报告;

(八)银监会要求的其他资料。

外国银行分行申请开办衍生产品交易业务,若不具备本办法第一百一十六条或者第一百一十七条所列条件,除报送其总行(地区总部)的上述文件和资料外,同时还应当报送下列申请资料:

(一)外国银行总行(地区总部)对该分行从事衍生产品交易品种和限额等方面的正式书面授权文件;

(二)除外国银行总行另有明确规定外,外国银行总行(地区总部)出具的确保该分行全部衍生产品交易通过总行(地区总部)交易系统进行实时平盘,并由其总行(地区总部)负责进行平盘、敞口管理和风险控制的承诺函。

第四节 开办信用卡业务

第一百二十一条 外商独资银行、中外合资银行申请开办信用卡业务分为申请开办发卡业务和申请开办收单业务。申请人应当具备下列条件:

(一)公司治理良好,主要审慎监管指标符合银监会有关规定,具备与业务发展相适应的组织机构和规章制度,内部控制、风险管理和问责机制健全有效;

(二)信誉良好,具有完善、有效的内控机制和案件防控体系,最近3年内无重大违法违规行为和重大恶性案件;

(三)具备符合任职资格条件的董事、高级管理人员和合格从业人员。高级管理人员中应当有具备信用卡业务专业知识和管理经验的人员至少1名,具备开展信用卡业务必需的技术人员和管理人员,并全面实施分级授权管理;

(四)具备与业务经营相适应的营业场所、相关设施和必备的信息技术资源;

(五)已在中国境内建立符合法律法规和业务管理要求的业务系统,具有保障相关业务系统信息安全和运行质量的技术能力;

(六)开办外币信用卡业务的,应当具有结汇、售汇业务资格;

(七)银监会规定的其他审慎性条件。

第一百二十二条 外商独资银行、中外合资银行申请开办信用卡发卡业务,除应当具备本办法第一百二十一条规定的条件外,还应当具备下列条件:

(一)具备办理零售业务的良好基础。最近3年个人存贷款业务规模和业务结构稳定,个人存贷款业务客户规模和客户结构良好,银行卡业务运行情况良好,身份证件验证系统和征信系统的连接和使用情况良好;

(二)具备办理信用卡业务的专业系统。在中国境内建有发卡业务主机、信用卡业务申请管理系统、信用评估管理系统、信用卡账户管理系统、信用卡交易授权系统、信用卡交易监测和伪冒交易预警系统、信用卡客户服务中心系统、催收业务管理系统等专业化运营基础设施,相关设施通过了必要的安全检测和业务测试,能够保障客户资料和业务数据的完整性和安全性;

(三)符合外商独资银行、中外合资银行业务经营总体战略和发展规划,有利于提高总体业务竞争能力。能够根据业务发展实际情况持续开展业务成本计量、业务规模监测和基本盈亏平衡测算等工作。

第一百二十三条 外商独资银行、中外合资银行申请开办信用卡收单业务,除应当具备本办法第一百二十一条规定的条件外,还应当具备下列条件:

(一)具备开办收单业务的良好基础。最近3年企业贷款业务规模和业务结构稳定,企业贷款业务客户规模和客户结构较为稳定,身份证件验证系统和征信系统连接和使用情况良好;

(二)具备办理收单业务的专业系统。在中国境内建有收单业务主机、特约商户申请管理系统、特约商户信用评估管理系统、特约商户结算账户管理系统、账务管理系统、收单交易监测和伪冒交易预警系统、交易授权系统等专业化运营基础设施,相关设施通过了必要的安全检测和业务测试,能够保障客户资料和业务数据的完整性和安全性;

(三)符合外商独资银行、中外合资银行业务经营总体战略和发展规划,有利于提高业务竞争能力。能够根据业务发展实际情况持续开展业务成本计量、业务规模监测和基本盈亏平衡测算等工作。

第一百二十四条 银监会直接监管的外商独资银行、中外合资银行开办信用卡业务的申请,由银监会受理、审查和决定。其他外商独资银行、中外合资银行开办信用卡业务的申请,由所在地银监局受理、审查和决定。

外商独资银行、中外合资银行申请开办信用卡业务,应当向银监会或所在地银监局提交申请资料,同时抄送所在地银监会派出机构。

银监会或所在地银监局应当自受理之日起3个月内,作出批准或者不批准开办信用卡业务的决定,并书面通知申请人。决定不批准的,应当说明理由。

第一百二十五条 外商独资银行、中外合资银行申请开办信用卡业务,应当向银监会或所在地银监局提交下列申请资料(一式两份),同时抄送所在地银监会派出机构(一份):

(一)申请人董事长或者行长(首席执行官、总经理)签署的致银监会主席的申请书;

(二)可行性研究报告;

(三)信用卡业务发展规划;

(四)信用卡业务管理制度;

（五）信用卡章程，内容至少包括信用卡的名称、种类、功能、用途、发行对象、申领条件、申领手续、使用范围（包括使用方面的限制）及使用方法、信用卡账户适用的利率、面向持卡人的收费项目和收费水平、发卡银行、持卡人及其他有关当事人的权利、义务；

（六）信用卡卡样设计草案或者可受理信用卡种类；

（七）信用卡业务运营设施、业务系统和灾备系统介绍；

（八）相关身份证件验证系统和征信系统连接和使用情况介绍；

（九）信用卡业务系统和灾备系统测试报告和安全评估报告；

（十）信用卡业务运行应急方案和业务连续性计划；

（十一）信用卡业务风险管理体系建设和相应的规章制度；

（十二）信用卡业务的管理部门、职责分工、主要负责人介绍；

（十三）申请机构联系人、联系电话、联系地址、传真、电子邮箱等联系方式；

（十四）银监会要求的其他资料。

第五节 开办证券投资基金托管业务

第一百二十六条 外商独资银行、中外合资银行申请开办证券投资基金托管业务，应当具备《证券投资基金托管业务管理办法》规定的条件。

第一百二十七条 外商独资银行、中外合资银行申请开办证券投资基金托管业务由国务院证券监督管理机构受理，国务院证券监督管理机构和银监会联合审查和决定。

第一百二十八条 外商独资银行、中外合资银行申请开办证券投资基金托管业务，应当向国务院证券监督管理机构提交《证券投资基金托管业务管理办法》规定的申请资料，同时抄送银监会。

第六节 开办代客境外理财业务

第一百二十九条 外资银行营业性机构申请开办代客境外理财业务，应当具备下列条件：

（一）具备健全、有效的市场风险管理体系；

（二）具备完善的内部控制制度；

（三）具有境外投资管理的能力和经验；

（四）理财业务活动在申请前一年内未受到银监会及其派出机构的处罚；

（五）银监会规定的其他审慎性条件。

第一百三十条 由银监会直接监管的外商独资银行、中外合资银行开办代客境外理财业务的申请，由银监会受理、审查和决定。其他外资银行营业性机构开办代客境外理财业务的申请，由所在地银监局受理、审查和决定。

外资银行营业性机构申请开办代客境外理财业务，应当向银监会或所在地银监局提交申请资料。

银监会或所在地银监局应当自受理之日起3个月内，作出批准或者不批准开办代客境外理财业务的决定，并书面通知申请人。决定不批准的，应当说明理由。

第一百三十一条 外资银行营业性机构申请开办代客境外理财业务，应当向银监会或所

在地银监局提交下列申请资料(一式两份):

(一)申请人授权签字人签署的致银监会主席的申请书;

(二)可行性研究报告,内容至少包括开展代客境外理财业务的主要策略、相关市场分析、管理与操作程序、风险管控措施、资源保障情况以及网点和人员规划;

(三)与开办代客境外理财业务相关的内部控制制度,内容至少包括理财业务管理的相关制度、外汇投资或者交易管理的相关制度以及监管部门要求的其他制度;

(四)与开办代客境外理财业务相关的风险管理制度;

(五)托管协议草案;

(六)银监会要求的其他资料。

第七节 开办代客境外理财托管业务

第一百三十二条 外资银行营业性机构申请开办代客境外理财托管业务,应当具备下列条件:

(一)有专门负责托管业务的部门;

(二)有熟悉托管业务的专职人员;

(三)具备安全保管托管资产的条件;

(四)具备安全、高效的清算、交割能力;

(五)无重大违法违规记录;

(六)银监会规定的其他审慎性条件。

外商独资银行、中外合资银行已获准开办证券投资基金托管业务的,不需进行开办代客境外理财托管业务的申请,但应当在开办代客境外理财托管业务后5日内向所在地银监局报告。

第一百三十三条 银监会直接监管的外商独资银行、中外合资银行开办代客境外理财托管业务的申请,由银监会受理、审查和决定。其他外资银行营业性机构开办代客境外理财托管业务的申请,由所在地银监局受理、审查和决定。

外资银行营业性机构申请开办代客境外理财托管业务,应当向银监会或所在地银监局提交申请资料。

银监会或所在地银监局应当自受理之日起3个月内,作出批准或者不批准开办代客境外理财托管业务的决定,并书面通知申请人。决定不批准的,应当说明理由。

第一百三十四条 外资银行营业性机构申请开办代客境外理财托管业务,应当向银监会或所在地银监局提交下列申请资料(一式两份):

(一)申请人授权签字人签署的致银监会主席的申请书;

(二)可行性研究报告及业务计划书或者展业计划;

(三)拟开办业务的详细介绍和为从事该项业务所做的必要准备情况,内容至少包括操作规程、风险收益分析、控制措施、专业人员及计算机系统的配置;

(四)申请人最近1年经审计的财务会计报告;

(五)银监会要求的其他资料。

第八节　开办其他业务

第一百三十五条　外资银行营业性机构申请开办其他业务,是指申请开办《中华人民共和国外资银行管理条例》第二十九条第(十三)项或者第三十一条第(十二)项所指的业务。

第一百三十六条　外资银行营业性机构申请开办其他业务,应当具备下列条件:
(一)具有与业务发展相适应的组织结构和规章制度,内控制度、风险管理和问责机制健全有效;
(二)与现行法律法规不相冲突;
(三)主要审慎监管指标达到监管要求;
(四)符合外资银行战略发展定位与方向;
(五)经内部决策程序通过;
(六)具备开展业务必需的技术人员和管理人员,并全面实施分级授权管理;
(七)具备与业务经营相适应的营业场所和相关设施;
(八)具备开展该项业务的必要、安全且合规的信息科技系统,具备保障信息科技系统有效安全运行的技术与措施;
(九)无重大违法违规记录和因内部管理问题导致的重大案件;
(十)银监会规定的其他审慎性条件。

第一百三十七条　银监会直接监管的外商独资银行、中外合资银行开办其他业务的申请,由银监会受理、审查和决定。其他外资银行营业性机构开办其他业务的申请,由所在地银监局受理、审查和决定。

外资银行营业性机构申请开办其他业务,应当向银监会或所在地银监局提交申请资料,同时抄送所在地银监会派出机构。

银监会或所在地银监局应当自受理之日起3个月内,作出批准或者不批准开办拟经营业务的决定,并书面通知申请人。决定不批准的,应当说明理由。

第一百三十八条　外资银行营业性机构申请开办其他业务,应当向银监会或所在地银监局报送下列申请资料(一式两份),同时抄送所在地银监会派出机构(一份):
(一)申请人授权签字人签署的致银监会主席的申请书;
(二)拟经营业务的详细介绍和可行性研究报告;
(三)拟经营业务的内部控制制度和操作规程;
(四)拟经营业务的人员配备情况及业务系统的介绍;
(五)银监会要求的其他资料。

第六章　董事和高级管理人员任职资格核准

第一百三十九条　本办法所称高级管理人员是指须经银监会或者所在地银监局核准任职资格的外资银行管理人员。

第一百四十条　申请担任外资银行董事、高级管理人员和首席代表,拟任人应当是具有完全民事行为能力的自然人,并具备下列基本条件:

（一）熟悉并遵守中国法律、行政法规和规章；

（二）具有良好的职业道德、操守、品行和声誉，有良好的守法合规记录，无不良记录；

（三）具备大学本科以上（包括大学本科）学历，且具有与担任职务相适应的专业知识、工作经验和组织管理能力；不具备大学本科以上学历的，应当相应增加6年以上从事金融或者8年以上从事相关经济工作经历（其中从事金融工作4年以上）；

（四）具有履职所需的独立性。

外资银行董事、高级管理人员和首席代表在银监会或者所在地银监局核准其任职资格前不得履职。

第一百四十一条 拟任人有下列情形之一的，不得担任外资银行的董事、高级管理人员和首席代表：

（一）有故意或者重大过失犯罪记录的；

（二）有违反社会公德的不良行为，造成恶劣影响的；

（三）对曾任职机构违法违规经营活动或者重大损失负有个人责任或者直接领导责任，情节严重的；

（四）担任或者曾任被接管、撤销、宣告破产或者吊销营业执照的机构的董事或者高级管理人员的，但能够证明本人对曾任职机构被接管、撤销、宣告破产或者吊销营业执照不负有个人责任的除外；

（五）因违反职业道德、操守或者工作严重失职，造成重大损失或者恶劣影响的；

（六）指使、参与所任职机构不配合依法监管或者案件查处的；

（七）被取消终身的董事和高级管理人员任职资格，或者受到监管机构或者其他金融管理部门处罚累计达到两次以上的；

（八）本人或者其配偶负有数额较大的债务且到期未偿还的，包括但不限于在该外资银行的逾期贷款；

（九）存在其他所任职务与拟任职务有明显利益冲突，或者明显分散其履职时间和精力的情形；

（十）不具备本办法规定的任职资格条件，采取不正当手段以获得任职资格核准的；

（十一）法律、行政法规、部门规章规定的不得担任金融机构董事、高级管理人员或者首席代表的；

（十二）银监会认定的其他情形。

第一百四十二条 外资银行营业性机构更换董事长、行长（首席执行官、总经理）、分行行长、管理型支行行长、外国银行代表处更换首席代表，拟任人任职资格未获核准前，外资银行应当指定符合任职资格条件的人员代为履职，并自指定之日起3日内向任职资格审核的决定机关报告。

代为履职的人员不符合任职资格条件的，监管机构可以责令外资银行限期调整代为履职的人员。代为履职的时间不得超过6个月。外资银行应当在6个月内选聘符合任职资格条件的人员正式任职。

第一百四十三条 具有高级管理人员任职资格且未连续中断任职1年以上的拟任人在同一法人机构内，同一职务平行调整或者改任较低职务的，不需重新申请核准任职资格。拟任人应当在任职后 5 日内向任职机构所在地银监会派出机构报告。

第一百四十四条 担任下列职务的外资银行董事、高级管理人员和首席代表除应当具备本办法第一百四十条所列条件外,还应当分别具备下列条件:

(一)担任外商独资银行、中外合资银行董事长,应当具有 8 年以上金融工作或者 12 年以上相关经济工作经历(其中从事金融工作 5 年以上);

(二)担任外商独资银行、中外合资银行副董事长,应当具有 5 年以上金融工作或者 10 年以上相关经济工作经历(其中从事金融工作 3 年以上);

(三)担任外商独资银行、中外合资银行行长(首席执行官、总经理),应当具有 8 年以上金融工作或者 12 年以上相关经济工作经历(其中从事金融工作 4 年以上);

(四)担任外商独资银行、中外合资银行董事会秘书、副行长(副总经理)、行长助理、首席运营官、首席风险控制官、首席财务官(财务总监、财务负责人)、首席技术官(首席信息官),外商独资银行分行、中外合资银行分行、外国银行分行行长(总经理),应当具有 5 年以上金融工作或者 10 年以上相关经济工作经历(其中从事金融工作 3 年以上);

(五)担任外商独资银行、中外合资银行董事,应当具有 5 年以上与经济、金融、法律、财务有关的工作经历,能够运用财务报表和统计报表判断银行的经营、管理和风险状况,理解银行的公司治理结构、公司章程、董事会职责以及董事的权利和义务;

(六)担任外商独资银行分行、中外合资银行分行、外国银行分行副行长(副总经理),管理型支行行长,应当具有 4 年以上金融工作或者 6 年以上相关经济工作经历(其中从事金融工作 2 年以上);

(七)担任外商独资银行、中外合资银行内审负责人和合规负责人,应当具有 4 年以上金融工作经历;

(八)担任外商独资银行分行、中外合资银行分行、外国银行分行合规负责人,应当具有 3 年以上金融工作经历;

(九)担任外国银行代表处首席代表,应当具有 3 年以上金融工作或者 6 年以上相关经济工作经历(其中从事金融工作 1 年以上)。

第一百四十五条 外资银行下列人员的任职资格核准的申请,由银监会受理、审查和决定:银监会直接监管的外商独资银行、中外合资银行董事长、行长(首席执行官、总经理)、董事、副董事长、董事会秘书、副行长(副总经理)、行长助理、首席运营官、首席风险控制官、首席财务官(财务总监、财务负责人)、首席技术官(首席信息官)、内审负责人、合规负责人,以及其他对经营管理具有决策权或者对风险控制起重要作用的人员。

外资银行下列人员的任职资格核准的申请,由拟任职机构所在地银监局受理和初审,银监会审查和决定:非银监会直接监管的外商独资银行、中外合资银行董事长、行长(首席执行官、总经理)。所在地银监局应当自受理之日起 20 日内将申请资料连同审核意见报送银监会。

银监会授权所在地银监局受理、审查和决定随机构开业初次任命的外商独资银行、中外合资银行董事长、行长(首席执行官、总经理)任职资格。

外资银行下列人员的任职资格核准的申请,由拟任职机构所在地银监局受理、审查和决定:

(一)非银监会直接监管的外商独资银行、中外合资银行董事、副董事长、董事会秘书、副行长(副总经理)、行长助理、首席运营官、首席风险控制官、首席财务官(财务总监、财务负责人)、首席技术官(首席信息官)、内审负责人、合规负责人;

(二)外商独资银行分行、中外合资银行分行、外国银行分行的行长(总经理)、副行长(副总经理)、合规负责人、管理型支行行长;外国银行代表处首席代表;

(三)其他对经营管理具有决策权或者对风险控制起重要作用的人员。

第一百四十六条 银监会或所在地银监局应当自受理或收到完整申请资料之日起30日内,作出核准或者不核准的决定,并书面通知申请人。决定不核准的,应当说明理由。

随机构设立初次任命的董事长、行长(首席执行官、总经理)、分行行长(总经理)任职资格核准的申请,由拟任职机构所在地银监局自受理之日起2个月内,随机构开业批复作出核准或者不核准的决定;随代表处设立初次任命的首席代表任职资格核准的申请,由拟任职机构所在地银监局自受理之日起6个月内,随代表处设立批复作出核准或者不核准的决定,并书面通知申请人。决定不核准的,应当说明理由。

第一百四十七条 申请核准外资银行董事、高级管理人员和首席代表任职资格,申请人应当将下列申请资料报送银监会或拟任职机构所在地银监局(一式两份),同时抄送拟任职机构所在地银监会派出机构(一份):

(一)申请人授权签字人签署的致银监会的申请书,其中,由银监会核准的,致银监会主席,由银监局核准的,致银监局负责人;申请书中应当说明拟任人拟任的职务、职责、权限,及该职务在本机构组织结构中的位置;

(二)申请人授权签字人签署的对拟任人的授权书及该签字人的授权书;

(三)经授权签字人签字的拟任人简历、身份证明和学历证明复印件;

(四)拟任人从事商业银行业务及相关管理经验、履职计划的详细说明;

(五)拟任人签署的无不良记录陈述书以及任职后将守法尽责的承诺书;

(六)外商独资银行、中外合资银行章程规定应当召开股东会或者董事会会议的,还应当报送相应的会议决议;

(七)拟任人离任审计报告(经济责任审计报告)或者原任职机构出具的履职评价;

(八)拟任人在银行、银行集团及其关联企业中担任、兼任其他职务的情况说明;

(九)银监会要求的其他资料。

第七章 附 则

第一百四十八条 本办法中的"日"指工作日。

第一百四十九条 本办法中"以上"均含本数或本级。

第一百五十条 本办法中银监会直接监管的外资银行是指在15个以上省(区、市)设立一级分支机构的外资法人银行。

第一百五十一条 支行升格分行的,应当符合分行设立的有关规定。

第一百五十二条 本办法所称管理型支行是指除了对自身以外,对其他支行或支行以下分支机构在机构管理、业务管理、人员管理等方面具有部分或全部管辖权的支行。

第一百五十三条 香港、澳门及台湾地区的金融机构在内地/大陆设立的银行机构,比照适用本办法。国务院另有规定的,依照其规定。

第一百五十四条 银监会负责其直接监管的外资法人银行金融许可证的颁发与管理;所在地银监局或经授权的银监会派出机构负责其他外资银行营业性机构金融许可证的颁发与管理。

第一百五十五条 本办法由银监会负责解释。

第一百五十六条 本办法自公布之日起施行,《中国银监会外资银行行政许可事项实施办法》(中国银监会令2014年第6号)同时废止。

香港互认基金管理暂行规定

中国证券监督管理委员会公告〔2015〕12号

现公布《香港互认基金管理暂行规定》,自2015年7月1日起施行。

中国证监会
2015年5月14日

附件:

香港互认基金管理暂行规定

第一章 总 则

第一条 为规范中华人民共和国香港特别行政区(以下简称香港)互认基金在内地(指中华人民共和国的全部关税领土)的注册、销售、信息披露等活动,保护投资人及相关当事人的合法权益,促进证券投资基金和资本市场的健康发展,根据《中华人民共和国证券投资基金法》(以下简称《基金法》)等法律法规,以及中国证券监督管理委员会(以下简称中国证监会)与香港证券及期货事务监察委员会(以下简称香港证监会)签署的相关监管合作备忘录,制定本规定。

第二条 本规定所称香港互认基金,是指依照香港法律在香港设立、运作和公开销售,并经中国证监会批准在内地公开销售的单位信托、互惠基金或者其他形式的集体投资计划。

第三条 香港互认基金的管理人应当委托内地符合条件的机构作为代理人,办理基金在境内的相关业务。

第二章 产 品 注 册

第四条 香港互认基金在内地公开销售,应当符合以下条件并经中国证监会注册:

(一)依照香港法律在香港设立和运作,经香港证监会批准公开销售,受香港证监会监管;

(二)管理人是在香港注册及经营,持有香港资产管理牌照,未将投资管理职能转授予其他国家或者地区的机构,最近3年或者自成立起未受到香港证监会的重大处罚;

(三)采用托管制度,信托人、保管人符合香港证监会规定的资格条件;

(四)基金类型为常规股票型、混合型、债券型及指数型(含交易型开放式指数基金);

(五)基金成立1年以上,资产规模不低于2亿元人民币(或者等值外币),不以内地市场为主要投资方向,在内地的销售规模占基金总资产的比例不高于50%。

第五条 中国证监会依照《基金法》第五十五条的规定对香港互认基金的注册申请进行审查,作出决定。审查过程中可征求香港证监会的意见。

注册申请材料包括以下文件:

(一)申请报告;

(二)基金的信托契约或者公司章程;

(三)基金的招募说明书及产品资料概要;

(四)基金最近经审计的年度报告;

(五)基金代理人及代理协议;

(六)基金及管理人、信托人、保管人、代理人符合条件的证明文件;

(七)律师事务所出具的法律意见书;

(八)中国证监会要求的其他材料。

上述文件与香港证监会批准的版本存在差异的。应当列明主要差异及原因。

第三章 投资运作及信息披露

第六条 香港互认基金的投资交易、资产保管、估值核算、申购赎回、费率安排、基金的税收、持有人大会、法律文件变更、终止与合并、撤销认可等事项,根据香港证监会的监管要求和基金法律文件的约定执行。

第七条 香港互认基金在内地的信息披露文件(包括招募说明书、产品资料概要、净值公告、定期财务报告、临时公告等)的内容、格式、时限、频率、事项等根据香港证监会的监管要求和基金法律文件的约定执行,本规定另有规定的除外。

基金管理人应当采取合理措施,确保有关信息披露文件及监管报告同步向两地投资者和监管机构披露或者报告。

第八条 基金管理人应当将应予披露的信息通过中国证监会指定的全国性报刊或者基金代理人的网站等媒介披露,并保证投资人能够按照基金法律文件约定的时间和方式查阅或者复制公开披露的信息资料。

第九条 香港互认基金的管理人应当在基金份额发售的三日前,公开披露基金的产品资料概要、基金份额发售公告、招募说明书、信托契约或者公司章程、最近的基金财务年报及半年报。

第十条 香港互认基金在内地的招募说明书根据香港证监会的监管要求编制,并应当补充以下内容:

(一)针对香港互认基金的特别说明和风险揭示;

(二)基金在内地信息披露文件的种类、时间和方式,以及备查文件的存放地点和查阅方式;

(三)基金当事人的权利、义务,基金份额持有人大会程序及规则,基金合同解除或者终止的事由及程序,争议解决方式;

(四)基金份额持有人提供的服务种类、服务内容、服务渠道及联系方式;

(五)其他较之香港投资者获得的存在重大差异或者对内地投资者有重大影响的信息。

第十一条 香港互认基金在内地的产品资料概要根据香港证监会的监管要求编制,并应当补充针对香港互认基金的特别说明和风险揭示。

第十二条 香港互认基金的管理人应当就基金份额发售的开户、清算、注册登记、销售时间、销售渠道、销售方式等具体操作事宜编制基金份额发售公告,与招募说明书一并披露。

第十三条 基金管理人应当采取合理措施,确保香港及内地投资者获得公平的对待,包括投资者权益保护、投资者权利行使、信息披露和赔偿等。

第十四条 香港互认基金的争议解决根据基金合同约定的方式处理。采用诉讼方式的,不得排除内地法院审理相关诉讼的权利。

第四章 基金销售

第十五条 香港互认基金在内地的销售机构应当取得基金销售业务资格。

在内地销售香港互认基金,应当遵守内地公募基金销售的法律法规及本规定。

第十六条 香港互认基金管理人自行或者委托其他机构制作适用于内地市场基金产品宣传推介材料的,应当事先经代理人进行合规性检查并出具意见,自向公众分发或者发布之日起5个工作日内报代理人主要经营活动所在地的中国证监会派出机构备案。基金销售机构自行制作的香港互认基金宣传推介材料,应当事先经基金销售机构负责基金销售业务和合规的高级管理人员检查并出具合规意见,自向公众分发或者发布之日起5个工作日内报基金销售机构工商注册登记所在地中国证监会派出机构备案。

在内地向公众分发或者发布的香港互认基金产品宣传推介材料相关表述应当全面、准确、清晰、有效,并明确、醒目地标示该产品依照香港法律设立,其投资运作、信息披露等规范适用香港法律及香港证监会的相关规定。

第十七条 香港互认基金管理人可以自行或者委托代理人办理与内地基金销售机构的销售协议签署。管理人自行签署销售协议的,应当确保代理人能够履行相关职责。

香港互认基金管理人、代理人及基金销售机构应当就对基金持有人的持续服务责任、反洗钱义务履行及责任划分等进行约定。

第十八条 香港互认基金管理人应当委托代理人通过中国证监会指定的技术平台与基金

销售机构进行数据交换。

香港互认基金注册登记机构应当实现内地投资人注册登记数据在内地的备份。

第十九条 内地从事香港互认基金产品评价业务的机构,应当建立科学、有效的境外基金产品评价体系,相关评价标准、方法等应当与内地基金产品评价体系一致。

香港互认基金在内地销售引用境外机构评价或者评级结果的,应当予以特别提示,说明其评价方法及结果区别于内地评价机构采用的方法和所得的结果。

第五章 代理机构

第二十条 香港互认基金的管理人委托的代理人应当获得中国证监会核准的公募基金管理或者托管资格。

第二十一条 代理人根据香港互认基金管理人的委托,代为办理产品注册、信息披露、销售安排、数据交换、资金清算、监管报告、通信联络、客户服务、监控等事项,但香港互认基金管理人依法应当承担的职责不因委托而免除。

管理人应当审慎选择代理人,持续监督和定期评估代理人的表现,确保管理人的职责得到有效履行。

第二十二条 香港互认基金管理人应当与代理人签署委托代理协议,明确约定委托代理内容、双方职责与权利义务,以及合同到期或者合作终止后妥善处理相应业务的方案。

第六章 监督管理

第二十三条 基金管理人应当采取合理措施确保香港互认基金持续满足互认的资格条件。基金资产规模、主要投资方向、主要销售对象出现不满足条件的情形时,应当及时向中国证监会报告,并暂停该基金在内地的销售活动,直至重新符合条件。基金类型及运作方式发生重大变更的,应当暂停该基金在内地的销售活动,并重新向中国证监会申请注册。

第二十四条 香港互认基金违法违规行为的监督管理按其违法违规行为发生地由中国证监会、香港证监会实施监管。中国证监会依据内地法律法规对香港互认基金在内地的销售、信息披露等行为实施监管,香港证监会依据香港法律对香港互认基金在香港的投资运作行为实施监管。

第二十五条 香港互认基金管理人的日常监管遵循属地监管原则,但中国证监会有权要求香港互认基金管理人就重大监管事项作出解释说明。

香港互认基金管理人在从事互认基金在内地销售、信息披露等业务活动过程中,存在违反相关法律法规规定的行为的,中国证监会可以要求香港证监会提供协助,并依法对其采取行政监管措施或者行政处罚。

第二十六条 香港互认基金的内地代理人应当依照本规定的有关要求,切实履行各项业务职责。中国证监会依法对代理人相关业务活动进行监督管理,代理人在开展相关活动过程中违反本规定的,责令限期整改,整改期间可以暂停或者限制其业务;对直接负责代理业务的主管人员和其他直接责任人员,可以采取监管谈话、出具警示函等行政监管措施。

第二十七条 中国证监会与香港证监会就香港互认基金的持续监管建立监管合作机制,切实维护两地基金份额持有人的合法权益。

第七章 附 则

第二十八条 香港互认基金在内地披露、向中国证监会报送的相关文件以及向公众分发的宣传推介材料等应当使用简体中文编写,相关用语应当符合内地基金业务习惯;原件为其他语言的,应当提供真实、准确、完整的简体中文翻译件。

第二十九条 本规定自2015年7月1日起施行。

中国人民银行关于外资银行结售汇专用人民币账户管理有关问题的通知

银发〔2015〕12号

中国人民银行上海总部,各分行、营业管理部,各省会(首府)城市中心支行,各副省级城市中心支行,国家外汇管理局,国家外汇管理局各省、自治区、直辖市分局、外汇管理部,副省级城市分局:

根据《银行办理结售汇业务管理办法》(中国人民银行令〔2014〕第2号发布),为方便未开办人民币业务的外资银行办理结售汇业务,现就有关问题通知如下:

一、尚未获准开办人民币业务的外资银行(以下简称外资银行),经国家外汇管理局分支局批准取得即期结售汇业务经营资格后,可以持批复文件向所在地中国人民银行分支机构申请开立结售汇人民币专用账户,并可根据业务需要持批复文件选择所在地商业银行开立一个结售汇人民币专用账户。

二、外资银行在中国人民银行和商业银行均开立结售汇人民币专用账户的,两个账户之间人民币资金可自由划转。在商业银行开立的结售汇人民币专用账户可以进行人民币现金存取。

三、结售汇人民币专用账户收支范围如下:

收:出售本行外汇资本金或者营运资金的人民币款项;客户购汇所划入的人民币款项或存入的人民币现金;在银行间外汇市场卖出外汇所得人民币款项。

支:客户结汇划出的人民币款项或支取的人民币现金;在银行间外汇市场买入外汇所需人民币款项;出售本行外汇资本金或者营运资金所得的人民币划出至该行一般人民币账户的款项。

四、结售汇人民币专用账户实行余额管理。账户余额不得超过该银行注册外汇资本金或者营运资金的20%,余额内银行可自行进行人民币与外币的转换。

五、外资银行应严格按照相关规定使用结售汇人民币专用账户,并与银行日常开支账户等其他人民币账户分开管理。

六、外资银行应在获准开办人民币业务并获批银行结售汇综合头寸限额后,持国家外汇管理局分支局的批准文件,及时向所在地人民银行分支机构申请关闭在该机构开立的结售汇人民币专用账户,账户内资金转入该外资银行在人民银行开立的人民币准备金账户。

七、本通知自发布之日起实施。《中国人民银行关于印发〈外资银行结汇、售汇及付汇业务实施细则〉的通知》(银发〔1996〕202号)、《中国人民银行关于外资银行开立结售汇人民币现金专用账户有关问题的通知》(银发〔2003〕180号)、《中国人民银行关于结售汇人民币专用账户有关问题的通知》(银发〔2005〕292号)同时废止。

各外汇分局接到本通知后,应即转发辖区内外资银行。

中国人民银行
2015年1月13日

国务院关于修改《中华人民共和国外资银行管理条例》的决定

中华人民共和国国务院令第657号

现公布《国务院关于修改〈中华人民共和国外资银行管理条例〉的决定》,自2015年1月1日起施行。

总理 李克强
2014年11月27日

国务院决定对《中华人民共和国外资银行管理条例》作如下修改:

一、将第八条第二款修改为:"外商独资银行、中外合资银行在中华人民共和国境内设立的分行,应当由其总行无偿拨给人民币或者自由兑换货币的营运资金。外商独资银行、中外合资银行拨给各分支机构营运资金的总和,不得超过总行资本金总额的60%。"

二、删去第十条第二项、第十一条第二项、第十二条第三项、第二十八条第二款。

三、将第三十四条修改为:"外资银行营业性机构经营本条例第二十九条或者第三十一条规定业务范围内的人民币业务的,应当具备下列条件,并经国务院银行业监督管理机构批准:

"(一)提出申请前在中华人民共和国境内开业1年以上;

"(二)国务院银行业监督管理机构规定的其他审慎性条件。

"外国银行分行改制为由其总行单独出资的外商独资银行的,前款第一项规定的期限自外国银行分行设立之日起计算。

"外国银行的1家分行已经依照本条例规定获准经营人民币业务,该外国银行的其他分行申请经营人民币业务的,不受本条第一款第一项的限制。"

本决定自2015年1月1日起施行。

《中华人民共和国外资银行管理条例》根据本决定作相应修改,重新公布。

关于港股通下香港上市公司向境内原股东配售股份的备案规定

中国证券监督管理委员会公告〔2014〕48号

为了规范沪港通下香港上市公司配股有关活动,保护内地投资者的合法权益,根据《证券法》、《沪港股票市场交易互联互通机制试点若干规定》等有关规定,我会制定了《关于港股通下香港上市公司向境内原股东配售股份的备案规定》,现予公布,自公布之日起施行。

中国证监会
2014年11月14日

关于港股通下香港上市公司向境内原股东配售股份的备案规定

为了保护内地投资者的合法权益,根据《证券法》、《沪港股票市场交易互联互通机制试点若干规定》(证监会令第101号)等有关规定,基于对等原则、监管信赖原则和不显著增加上市公司额外负担原则,现就港股通下香港上市公司向境内原股东配售股份事项作出如下规定。

一、根据两地证监会监管安排,港股通下香港上市公司向境内原股东配售股份的行为应当向中国证券监督管理委员会(以下简称中国证监会)备案。

二、香港上市公司配股申请在取得香港联交所核准后,应当将申请材料、核准文件报中国证监会。中国证监会基于香港方面的核准意见和结论进行监督。

三、香港上市公司在提交备案材料时,应当对提交材料的文本效力作出以下原则性说明,并出具以下承诺:

1. 本次备案文件为经香港联交所审议的最终文本,与提交香港联交所内容完全一致。

2. 为维护股东合法权益,本公司承诺向内地原股东配售股份事项,将公平对待内地投资者。

3. 自备案材料提交之日起至本次股票发行结束前,如发生重大事项,本公司承诺将及时向中国证监会报告。

国务院办公厅关于加快发展商业健康保险的若干意见

国办发〔2014〕50号

各省、自治区、直辖市人民政府,国务院各部委、各直属机构:

为贯彻落实《中共中央、国务院关于深化医药卫生体制改革的意见》《国务院关于促进健康服务业发展的若干意见》(国发〔2013〕40号)、《国务院关于加快发展现代保险服务业的若干意见》(国发〔2014〕29号)等有关文件要求,加快发展商业健康保险,经国务院同意,现提出以下意见:

一、充分认识加快发展商业健康保险的重要意义

商业健康保险是由商业保险机构对因健康原因和医疗行为导致的损失给付保险金的保险,主要包括医疗保险、疾病保险、失能收入损失保险、护理保险以及相关的医疗意外保险、医疗责任保险等。

加快发展商业健康保险,有利于与基本医疗保险衔接互补、形成合力,夯实多层次医疗保障体系,满足人民群众多样化的健康保障需求;有利于促进健康服务业发展,增加医疗卫生服务资源供给,推动健全医疗卫生服务体系;有利于处理好政府和市场的关系,提升医疗保障服务效率和质量;有利于创新医疗卫生治理体制,提升医疗卫生治理能力现代化水平;有利于稳增长、促改革、调结构、惠民生。

二、加快发展商业健康保险的总体要求

(一)指导思想和目标。

加快发展商业健康保险要以邓小平理论、"三个代表"重要思想、科学发展观为指导,深入贯彻党的十八大和十八届三中全会精神,认真落实党中央、国务院决策部署,充分发挥市场机制作用和商业健康保险专业优势,扩大健康保险产品供给,丰富健康保险服务,使商业健康保险在深化医药卫生体制改革、发展健康服务业、促进经济提质增效升级中发挥"生力军"作用。

到2020年,基本建立市场体系完备、产品形态丰富、经营诚信规范的现代商业健康保险服务业。实现商业健康保险运行机制较为完善、服务能力明显提升、服务领域更加广泛、投保人数大幅增加,商业健康保险赔付支出占卫生总费用的比重显著提高。

(二)基本原则。

坚持以人为本,丰富健康保障。把提升人民群众健康素质和保障水平作为发展商业健康保险的根本出发点、落脚点,充分发挥商业健康保险在满足多样化健康保障和服务方面的功能,建设符合国情、结构合理、高效运行的多层次医疗保障体系。

坚持政府引导,发挥市场作用。强化政府的制度建设、政策规划和市场监管等职责,通过财税、产业等政策引导,发挥市场在资源配置中的决定性作用,鼓励商业保险机构不断增加健康保障供给,提高服务质量和效率。

坚持改革创新,突出专业服务。深化商业健康保险体制机制改革,运用现代科技,创新管理服务,拓宽服务领域,延长服务链条,推进健康保险同医疗服务、健康管理与促进等相关产业融合发展。

三、扩大商业健康保险供给

(一)丰富商业健康保险产品。大力发展与基本医疗保险有机衔接的商业健康保险。鼓励企业和个人通过参加商业保险及多种形式的补充保险解决基本医保之外的需求。鼓励商业保险机构积极开发与健康管理服务相关的健康保险产品,加强健康风险评估和干预,提供疾病预防、健康体检、健康咨询、健康维护、慢性病管理、养生保健等服务,降低健康风险,减少疾病损失。支持商业保险机构针对不同的市场设计不同的健康保险产品。根据多元化医疗服务需求,探索开发针对特需医疗、药品、医疗器械和检查检验服务的健康保险产品。开发药品不良反应保险。发展失能收入损失保险,补偿在职人员因疾病或意外伤害导致的收入损失。适应人口老龄化、家庭结构变化、慢性病治疗等需求,大力开展长期护理保险制度试点,加快发展多种形式的长期商业护理保险。开发中医药养生保健、治未病保险产品,满足社会对中医药服务多元化、多层次的需求。积极开发满足老年人保障需求的健康养老产品,实现医疗、护理、康复、养老等保障与服务的有机结合。鼓励开设残疾人康复、托养、照料和心智障碍者家庭财产信托等商业保险。

(二)提高医疗执业保险覆盖面。加快发展医疗责任保险、医疗意外保险,探索发展多种形式的医疗执业保险,分担医疗执业风险,促进化解医疗纠纷,保障医患双方合法权益,推动建立平等和谐医患关系。支持医疗机构和医师个人购买医疗执业保险,医师个人购买的医疗执业保险适用于任一执业地点。鼓励通过商业保险等方式提高医务人员的医疗、养老保障水平以及解决医疗职业伤害保障和损害赔偿问题。

(三)支持健康产业科技创新。促进医药、医疗器械、医疗技术的创新发展,在商业健康保险的费用支付比例等方面给予倾斜支持,加快形成战略性新兴产业。探索建立医药高新技术和创新型健康服务企业的风险分散和保险保障机制,帮助企业解决融资难题,化解投融资和技术创新风险。

四、推动完善医疗保障服务体系

(一)全面推进并规范商业保险机构承办城乡居民大病保险。认真总结试点经验,从城镇居民医保基金、新农合基金中划出一定比例或额度作为大病保险资金,在全国推行城乡居民大病保险制度。遵循收支平衡、保本微利的原则,全面推进商业保险机构受托承办城乡居民大病保险,发挥市场机制作用,提高大病保险的运行效率、服务水平和质量。规范商业保险机构承办服务,规范招投标流程和保险合同,明确结余率和盈利率控制标准,与基本医保和医疗救助相衔接,提供"一站式"服务。逐步提高城乡居民大病保险统筹层次,建立健全独立核算、医疗费用控制等管理办法,增强抗风险能力。

(二)稳步推进商业保险机构参与各类医疗保险经办服务。加大政府购买服务力度,按照管办分开、政事分开要求,引入竞争机制,通过招标等方式,鼓励有资质的商业保险机构参与各类医疗保险经办服务,降低运行成本,提升管理效率和服务质量。规范经办服务协议,建立激励和约束相结合的评价机制。要综合考虑基金规模、参保人数、服务内容等因素,科学确定商业保险机构经办基本医保费用标准,并建立与人力成本、物价涨跌等因素相挂钩的动态调整机制。

(三)完善商业保险机构和医疗卫生机构合作机制。鼓励各类医疗机构与商业保险机构合作,成为商业保险机构定点医疗机构。利用商业健康保险公司的专业知识,发挥其第三方购买者的作用,帮助缓解医患信息不对称和医患矛盾问题。发挥商业健康保险费率调节机制对医疗费用和风险管控的正向激励作用,有效降低不合理的医疗费用支出。在开展城乡居民大病保险和各类医疗保险经办服务的地区,强化商业保险机构对定点医疗机构医疗费用的监督控制和评价,增强医保基金使用的科学性和合理性。

五、提升管理和服务水平

(一)加强管理制度建设。完善健康保险单独核算、精算、风险管理、核保、理赔和数据管理等制度。商业保险机构要建立独立的收入账户和赔付支出账户,加强独立核算,确保资金安全。加强行业服务评价体系建设,规范健康保险服务标准,尽快建立以保障水平和参保群众满意度为核心的考核评价制度,建立健全商业保险机构诚信记录制度,加强信用体系建设。

(二)切实提升专业服务能力。商业保险机构要加强健康保险管理和专业技术人才队伍建设,强化从业人员职业教育,持续提升专业能力。根据经办基本医疗保险和承办城乡居民大病保险的管理和服务要求,按照长期健康保险的经营标准,完善组织架构,健全规章制度,加强人员配备,提升专业经营和服务水平。

(三)努力提供优质服务。商业保险机构要精心做好参保群众就诊信息和医药费用审核、报销、结算、支付等工作,提供即时结算服务,简化理赔手续,确保参保群众及时、方便享受医疗保障待遇。发挥统一法人管理和机构网络优势,开展异地转诊、就医结算服务。通过电话、网络等多种方式,提供全方位的咨询、查询和投诉服务。运用现代技术手段,发挥远程医疗和健康服务平台优势,共享优质医疗资源,不断创新和丰富健康服务方式。

（四）提升信息化建设水平。鼓励商业保险机构参与人口健康数据应用业务平台建设。支持商业健康保险信息系统与基本医疗保险信息系统、医疗机构信息系统进行必要的信息共享。政府相关部门和商业保险机构要切实加强参保人员个人信息安全保障，防止信息外泄和滥用。支持商业保险机构开发功能完整、安全高效、相对独立的全国性或区域性健康保险信息系统，运用大数据、互联网等现代信息技术，提高人口健康数据分析应用能力和业务智能处理水平。

（五）加强监督管理。完善多部门监管合作机制，按照职责分工加强对商业保险机构的监督检查，依法及时处理处罚有关违法违规行为，确保有序竞争。保险监管机构要不断健全商业健康保险经营管理法规制度，完善专业监管体系。加大商业健康保险监督检查力度，强化销售、承保、理赔和服务等环节的监管，严肃查处销售误导、非理性竞争等行为，规范商业健康保险市场秩序。完善城乡居民大病保险和各类医疗保障经办业务市场准入退出、招投标、理赔服务等制度。商业保险机构要主动接受和配合政府有关职能部门的监督。加大对泄露参保人员隐私、基金数据等违法违规行为的处罚力度，情节严重的取消经办资格，在全国范围内通报。涉嫌构成犯罪、依法需要追究刑事责任的，移送司法机关查处。

六、完善发展商业健康保险的支持政策

（一）加强组织领导和部门协同。各地区、各有关部门要提高认识，统筹谋划，将加快发展商业健康保险纳入深化医药卫生体制改革和促进健康服务业发展的总体部署，在国务院和地方各级深化医药卫生体制改革领导小组的统筹协调下，加强沟通和配合，完善政策，创新机制，协调解决商业健康保险发展中的重大问题。有关部门要根据本意见要求，及时制定配套措施。各省（区、市）人民政府要结合实际制定具体实施意见，促进本地区商业健康保险服务业持续健康发展。

（二）引导投资健康服务产业。发挥商业健康保险资金长期投资优势，鼓励商业保险机构遵循依法、稳健、安全原则，以出资新建等方式新办医疗、社区养老、健康体检等服务机构，承接商业保险有关服务。各地区要统筹健康服务业发展需要，加强对具有社会公益性的商业健康保险用地保障工作。

（三）完善财政税收等支持政策。借鉴国外经验并结合我国国情，完善健康保险有关税收政策。研究完善城乡居民大病保险业务保险保障基金政策。落实和完善企业为职工支付的补充医疗保险费有关企业所得税政策。坚持市场配置资源，鼓励健康服务产业资本、外资健康保险公司等社会资本投资设立专业健康保险公司，支持各种类型的专业健康保险机构发展。

（四）营造良好社会氛围。大力普及商业健康保险知识，增强人民群众的健康保险意识。以商业健康保险满足人民群众非基本医疗卫生服务需求为重点，加大宣传力度，积极推广成功经验。完善商业健康保险信息公开渠道和机制，建立社会多方参与的监督制度，自觉接受社会监督。加强行业自律，倡导公平竞争与合作，共同营造发展商业健康保险的良好氛围。

国务院办公厅

2014 年 10 月 27 日

上市公司重大资产重组管理办法

中国证券监督管理委员会令第 109 号

《上市公司重大资产重组管理办法》已经 2014 年 7 月 7 日中国证券监督管理委员会第 52 次主席办公会审议通过,现予公布,自 2014 年 11 月 23 日起施行。

中国证券监督管理委员会主席:肖钢
2014 年 10 月 23 日

上市公司重大资产重组管理办法

第一章 总 则

第一条 为了规范上市公司重大资产重组行为,保护上市公司和投资者的合法权益,促进上市公司质量不断提高,维护证券市场秩序和社会公共利益,根据《公司法》、《证券法》等法律、行政法规的规定,制定本办法。

第二条 本办法适用于上市公司及其控股或者控制的公司在日常经营活动之外购买、出售资产或者通过其他方式进行资产交易达到规定的比例,导致上市公司的主营业务、资产、收入发生重大变化的资产交易行为(以下简称重大资产重组)。

上市公司发行股份购买资产应当符合本办法的规定。

上市公司按照经中国证券监督管理委员会(以下简称中国证监会)核准的发行证券文件披露的募集资金用途,使用募集资金购买资产、对外投资的行为,不适用本办法。

第三条 任何单位和个人不得利用重大资产重组损害上市公司及其股东的合法权益。

第四条 上市公司实施重大资产重组,有关各方必须及时、公平地披露或者提供信息,保证所披露或者提供信息的真实、准确、完整,不得有虚假记载、误导性陈述或者重大遗漏。

第五条 上市公司的董事、监事和高级管理人员在重大资产重组活动中,应当诚实守信、勤勉尽责,维护公司资产的安全,保护公司和全体股东的合法权益。

第六条 为重大资产重组提供服务的证券服务机构和人员,应当遵守法律、行政法规和中国证监会的有关规定,遵循本行业公认的业务标准和道德规范,严格履行职责,对其所制作、出具文件的真实性、准确性和完整性承担责任。

前款规定的证券服务机构和人员,不得教唆、协助或者伙同委托人编制或者披露存在虚假记载、误导性陈述或者重大遗漏的报告、公告文件,不得从事不正当竞争,不得利用上市公司重大资产重组谋取不正当利益。

第七条 任何单位和个人对所知悉的重大资产重组信息在依法披露前负有保密义务。

禁止任何单位和个人利用重大资产重组信息从事内幕交易、操纵证券市场等违法活动。

第八条 中国证监会依法对上市公司重大资产重组行为进行监督管理。

中国证监会审核上市公司重大资产重组或者发行股份购买资产的申请,可以根据上市公司的规范运作和诚信状况、财务顾问的执业能力和执业质量,结合国家产业政策和重组交易类型,作出差异化的、公开透明的监管制度安排,有条件地减少审核内容和环节。

第九条 鼓励依法设立的并购基金、股权投资基金、创业投资基金、产业投资基金等投资机构参与上市公司并购重组。

第十条 中国证监会在发行审核委员会中设立上市公司并购重组审核委员会(以下简称并购重组委),并购重组委以投票方式对提交其审议的重大资产重组或者发行股份购买资产申请进行表决,提出审核意见。

第二章 重大资产重组的原则和标准

第十一条 上市公司实施重大资产重组,应当就本次交易符合下列要求作出充分说明,并予以披露:

(一)符合国家产业政策和有关环境保护、土地管理、反垄断等法律和行政法规的规定;

(二)不会导致上市公司不符合股票上市条件;

(三)重大资产重组所涉及的资产定价公允,不存在损害上市公司和股东合法权益的情形;

(四)重大资产重组所涉及的资产权属清晰,资产过户或者转移不存在法律障碍,相关债权债务处理合法;

(五)有利于上市公司增强持续经营能力,不存在可能导致上市公司重组后主要资产为现金或者无具体经营业务的情形;

(六)有利于上市公司在业务、资产、财务、人员、机构等方面与实际控制人及其关联人保持独立,符合中国证监会关于上市公司独立性的相关规定;

(七)有利于上市公司形成或者保持健全有效的法人治理结构。

第十二条 上市公司及其控股或者控制的公司购买、出售资产,达到下列标准之一的,构成重大资产重组:

(一)购买、出售的资产总额占上市公司最近一个会计年度经审计的合并财务会计报告期末资产总额的比例达到50%以上;

(二)购买、出售的资产在最近一个会计年度所产生的营业收入占上市公司同期经审计的合并财务会计报告营业收入的比例达到50%以上;

(三)购买、出售的资产净额占上市公司最近一个会计年度经审计的合并财务会计报告期末净资产额的比例达到50%以上,且超过5 000万元人民币。

购买、出售资产未达到前款规定标准,但中国证监会发现存在可能损害上市公司或者投资者合法权益的重大问题的,可以根据审慎监管原则,责令上市公司按照本办法的规定补充披露相关信息、暂停交易、聘请独立财务顾问或者其他证券服务机构补充核查并披露专业意见。

第十三条 自控制权发生变更之日起,上市公司向收购人及其关联人购买的资产总额,占上市公司控制权发生变更的前一个会计年度经审计的合并财务会计报告期末资产总额的比例达到100%以上的,除符合本办法第十一条、第四十三条规定的要求外,主板(含中小企业板)上市公司购买的资产对应的经营实体应当是股份有限公司或者有限责任公司,且符合《首次公开发行股票并上市管理办法》(证监会令第32号)规定的其他发行条件;上市公司购买的资产属于金融、创业投资等特定行业的,由中国证监会另行规定。

创业板上市公司不得实施前款规定的交易行为。

第十四条 计算本办法第十二条、第十三条规定的比例时,应当遵守下列规定:

(一)购买的资产为股权的,其资产总额以被投资企业的资产总额与该项投资所占股权比例的乘积和成交金额二者中的较高者为准,营业收入以被投资企业的营业收入与该项投资所占股权比例的乘积为准,资产净额以被投资企业的净资产额与该项投资所占股权比例的乘积和成交金额二者中的较高者为准;出售的资产为股权的,其资产总额、营业收入以及资产净额分别以被投资企业的资产总额、营业收入以及净资产额与该项投资所占股权比例的乘积为准。

购买股权导致上市公司取得被投资企业控股权的,其资产总额以被投资企业的资产总额和成交金额二者中的较高者为准,营业收入以被投资企业的营业收入为准,资产净额以被投资企业的净资产额和成交金额二者中的较高者为准;出售股权导致上市公司丧失被投资企业控股权的,其资产总额、营业收入以及资产净额分别以被投资企业的资产总额、营业收入以及净资产额为准。

(二)购买的资产为非股权资产的,其资产总额以该资产的账面值和成交金额二者中的较高者为准,资产净额以相关资产与负债的账面值差额和成交金额二者中的较高者为准;出售的资产为非股权资产的,其资产总额、资产净额分别以该资产的账面值、相关资产与负债账面值的差额为准;该非股权资产不涉及负债的,不适用第十二条第一款第(三)项规定的资产净额标准。

(三)上市公司同时购买、出售资产的,应当分别计算购买、出售资产的相关比例,并以二者中比例较高者为准。

(四)上市公司在12个月内连续对同一或者相关资产进行购买、出售的,以其累计数分别计算相应数额。已按照本办法的规定编制并披露重大资产重组报告书的资产交易行为,无须纳入累计计算的范围,但本办法第十三条规定情形除外。

交易标的资产属于同一交易方所有或者控制,或者属于相同或者相近的业务范围,或者中国证监会认定的其他情形下,可以认定为同一或者相关资产。

第十五条 本办法第二条所称通过其他方式进行资产交易,包括:

(一)与他人新设企业、对已设立的企业增资或者减资;
(二)受托经营、租赁其他企业资产或者将经营性资产委托他人经营、租赁;
(三)接受附义务的资产赠与或者对外捐赠资产;
(四)中国证监会根据审慎监管原则认定的其他情形。

上述资产交易实质上构成购买、出售资产,且按照本办法规定的标准计算的相关比例达到50%以上的,应当按照本办法的规定履行相关义务和程序。

第三章 重大资产重组的程序

第十六条 上市公司与交易对方就重大资产重组事宜进行初步磋商时,应当立即采取必要且充分的保密措施,制定严格有效的保密制度,限定相关敏感信息的知悉范围。上市公司及交易对方聘请证券服务机构的,应当立即与所聘请的证券服务机构签署保密协议。

上市公司关于重大资产重组的董事会决议公告前,相关信息已在媒体上传播或者公司股票交易出现异常波动的,上市公司应当立即将有关计划、方案或者相关事项的现状以及相关进展情况和风险因素等予以公告,并按照有关信息披露规则办理其他相关事宜。

第十七条 上市公司应当聘请独立财务顾问、律师事务所以及具有相关证券业务资格的会计师事务所等证券服务机构就重大资产重组出具意见。

独立财务顾问和律师事务所应当审慎核查重大资产重组是否构成关联交易,并依据核查确认的相关事实发表明确意见。重大资产重组涉及关联交易的,独立财务顾问应当就本次重组对上市公司非关联股东的影响发表明确意见。

资产交易定价以资产评估结果为依据的,上市公司应当聘请具有相关证券业务资格的资产评估机构出具资产评估报告。

证券服务机构在其出具的意见中采用其他证券服务机构或者人员的专业意见的,仍然应当进行尽职调查,审慎核查其采用的专业意见的内容,并对利用其他证券服务机构或者人员的专业意见所形成的结论负责。

第十八条 上市公司及交易对方与证券服务机构签订聘用合同后,非因正当事由不得更换证券服务机构。确有正当事由需要更换证券服务机构的,应当披露更换的具体原因以及证券服务机构的陈述意见。

第十九条 上市公司应当在重大资产重组报告书的管理层讨论与分析部分,就本次交易对上市公司的持续经营能力、未来发展前景、当年每股收益等财务指标和非财务指标的影响进行详细分析。

第二十条 重大资产重组中相关资产以资产评估结果作为定价依据的,资产评估机构应当按照资产评估相关准则和规范开展执业活动;上市公司董事会应当对评估机构的独立性、评估假设前提的合理性、评估方法与评估目的的相关性以及评估定价的公允性发表明确意见。

相关资产不以资产评估结果作为定价依据的,上市公司应当在重大资产重组报告书中详细分析说明相关资产的估值方法、参数及其他影响估值结果的指标和因素。上市公司董事会应当对估值机构的独立性、估值假设前提的合理性、估值方法与估值目的的相关性发表明确意见,并结合相关资产的市场可比交易价格、同行业上市公司的市盈率或者市净率等通行指标,在重大资产重组报告书中详细分析本次交易定价的公允性。

前二款情形中,评估机构、估值机构原则上应当采取两种以上的方法进行评估或者估值;上市公司独立董事应当出席董事会会议,对评估机构或者估值机构的独立性、评估或者估值假设前提的合理性和交易定价的公允性发表独立意见,并单独予以披露。

第二十一条 上市公司进行重大资产重组,应当由董事会依法作出决议,并提交股东大会批准。

上市公司董事会应当就重大资产重组是否构成关联交易作出明确判断,并作为董事会决议事项予以披露。

上市公司独立董事应当在充分了解相关信息的基础上,就重大资产重组发表独立意见。重大资产重组构成关联交易的,独立董事可以另行聘请独立财务顾问就本次交易对上市公司非关联股东的影响发表意见。上市公司应当积极配合独立董事调阅相关材料,并通过安排实地调查、组织证券服务机构汇报等方式,为独立董事履行职责提供必要的支持和便利。

第二十二条 上市公司应当在董事会作出重大资产重组决议后的次一工作日至少披露下列文件:

(一)董事会决议及独立董事的意见;

(二)上市公司重大资产重组预案。

本次重组的重大资产重组报告书、独立财务顾问报告、法律意见书以及重组涉及的审计报告、资产评估报告或者估值报告至迟应当与召开股东大会的通知同时公告。上市公司自愿披露盈利预测报告的,该报告应当经具有相关证券业务资格的会计师事务所审核,与重大资产重组报告书同时公告。

本条第一款第(二)项及第二款规定的信息披露文件的内容与格式另行规定。

上市公司应当在至少一种中国证监会指定的报刊公告董事会决议、独立董事的意见,并应当在证券交易所网站全文披露重大资产重组报告书及其摘要、相关证券服务机构的报告或者意见。

第二十三条 上市公司股东大会就重大资产重组作出的决议,至少应当包括下列事项:

(一)本次重大资产重组的方式、交易标的和交易对方;

(二)交易价格或者价格区间;

(三)定价方式或者定价依据;

(四)相关资产自定价基准日至交割日期间损益的归属;

(五)相关资产办理权属转移的合同义务和违约责任;

(六)决议的有效期;

(七)对董事会办理本次重大资产重组事宜的具体授权;

(八)其他需要明确的事项。

第二十四条 上市公司股东大会就重大资产重组事项作出决议,必须经出席会议的股东所持表决权的2/3以上通过。

上市公司重大资产重组事宜与本公司股东或者其关联人存在关联关系的,股东大会就重大资产重组事项进行表决时,关联股东应当回避表决。

交易对方已经与上市公司控股股东就受让上市公司股权或者向上市公司推荐董事达成协议或者默契,可能导致上市公司的实际控制权发生变化的,上市公司控股股东及其关联人应当回避表决。

上市公司就重大资产重组事宜召开股东大会,应当以现场会议形式召开,并应当提供网络投票和其他合法方式为股东参加股东大会提供便利。除上市公司的董事、监事、高级管理人员、单独或者合计持有上市公司5%以上股份的股东以外,其他股东的投票情况应当单独统计并予以披露。

第二十五条 上市公司应当在股东大会作出重大资产重组决议后的次一工作日公告该决议,以及律师事务所对本次会议的召集程序、召集人和出席人员的资格、表决程序以及表决结果等事项出具的法律意见书。

属于本办法第十三条规定的交易情形的,上市公司还应当按照中国证监会的规定委托独立财务顾问在作出决议后3个工作日内向中国证监会提出申请。

第二十六条 上市公司全体董事、监事、高级管理人员应当公开承诺,保证重大资产重组的信息披露和申请文件不存在虚假记载、误导性陈述或者重大遗漏。

重大资产重组的交易对方应当公开承诺,将及时向上市公司提供本次重组相关信息,并保证所提供的信息真实、准确、完整,如因提供的信息存在虚假记载、误导性陈述或者重大遗漏,给上市公司或者投资者造成损失的,将依法承担赔偿责任。

前二款规定的单位和个人还应当公开承诺,如本次交易因涉嫌所提供或者披露的信息存在虚假记载、误导性陈述或者重大遗漏,被司法机关立案侦查或者被中国证监会立案调查的,在案件调查结论明确之前,将暂停转让其在该上市公司拥有权益的股份。

第二十七条 中国证监会依照法定条件和程序,对上市公司属于本办法第十三条规定情形的交易申请作出予以核准或者不予核准的决定。

中国证监会在审核期间提出反馈意见要求上市公司作出书面解释、说明的,上市公司应当自收到反馈意见之日起30日内提供书面回复意见,独立财务顾问应当配合上市公司提供书面回复意见。逾期未提供的,上市公司应当在到期日的次日就本次交易的进展情况及未能及时提供回复意见的具体原因等予以公告。

第二十八条 股东大会作出重大资产重组的决议后,上市公司拟对交易对象、交易标的、交易价格等作出变更,构成对原交易方案重大调整的,应当在董事会表决通过后重新提交股东大会审议,并及时公告相关文件。

中国证监会审核期间,上市公司按照前款规定对原交易方案作出重大调整的,还应当按照本办法的规定向中国证监会重新提出申请,同时公告相关文件。

中国证监会审核期间,上市公司董事会决议撤回申请的,应当说明原因,予以公告;上市公司董事会决议终止本次交易的,还应当按照公司章程的规定提交股东大会审议。

第二十九条 上市公司重大资产重组属于本办法第十三条规定的交易情形的,应当提交并购重组委审核。

第三十条 上市公司在收到中国证监会关于召开并购重组委工作会议审核其申请的通知后,应当立即予以公告,并申请办理并购重组委工作会议期间直至其表决结果披露前的停牌事宜。

上市公司收到并购重组委关于其申请的表决结果的通知后,应当在次一工作日公告表决结果并申请复牌。公告应当说明,公司在收到中国证监会作出的予以核准或者不予核准的决定后将再行公告。

第三十一条 上市公司收到中国证监会就其申请作出的予以核准或者不予核准的决定后,应当在次一工作日予以公告。

中国证监会予以核准的,上市公司应当在公告核准决定的同时,按照相关信息披露准则的规定补充披露相关文件。

第三十二条 上市公司重大资产重组完成相关批准程序后,应当及时实施重组方案,并于实施完毕之日起3个工作日内编制实施情况报告书,向证券交易所提交书面报告,并予以公告。

上市公司聘请的独立财务顾问和律师事务所应当对重大资产重组的实施过程、资产过户事宜和相关后续事项的合规性及风险进行核查,发表明确的结论性意见。独立财务顾问和律师事务所出具的意见应当与实施情况报告书同时报告、公告。

第三十三条 自完成相关批准程序之日起60日内,本次重大资产重组未实施完毕的,上市公司应当于期满后次一工作日将实施进展情况报告,并予以公告;此后每30日应当公告一次,直至实施完毕。属于本办法第十三条、第四十四条规定的交易情形的,自收到中国证监会核准文件之日起超过12个月未实施完毕的,核准文件失效。

第三十四条 上市公司在实施重大资产重组的过程中,发生法律、法规要求披露的重大事项的,应当及时作出公告;该事项导致本次交易发生实质性变动的,须重新提交股东大会审议,属于本办法第十三条规定的交易情形的,还须重新报经中国证监会核准。

第三十五条 采取收益现值法、假设开发法等基于未来收益预期的方法对拟购买资产进行评估或者估值并作为定价参考依据的,上市公司应当在重大资产重组实施完毕后3年内的年度报告中单独披露相关资产的实际盈利数与利润预测数的差异情况,并由会计师事务所对此出具专项审核意见;交易对方应当与上市公司就相关资产实际盈利数不足利润预测数的情况签订明确可行的补偿协议。

预计本次重大资产重组将摊薄上市公司当年每股收益的,上市公司应当提出填补每股收益的具体措施,并将相关议案提交董事会和股东大会进行表决。负责落实该等具体措施的相关责任主体应当公开承诺,保证切实履行其义务和责任。

上市公司向控股股东、实际控制人或者其控制的关联人之外的特定对象购买资产且未导致控制权发生变更的,不适用本条前二款规定,上市公司与交易对方可以根据市场化原则,自主协商是否采取业绩补偿和每股收益填补措施及相关具体安排。

第三十六条 上市公司重大资产重组发生下列情形的,独立财务顾问应当及时出具核查意见,并予以公告:

(一)上市公司完成相关批准程序前,对交易对象、交易标的、交易价格等作出变更,构成对原重组方案重大调整,或者因发生重大事项导致原重组方案发生实质性变动的;

(二)上市公司完成相关批准程序后,在实施重组过程中发生重大事项,导致原重组方案发生实质性变动的。

第三十七条 独立财务顾问应当按照中国证监会的相关规定,对实施重大资产重组的上市公司履行持续督导职责。持续督导的期限自本次重大资产重组实施完毕之日起,应当不少于一个会计年度。实施本办法第十三条规定的重大资产重组,持续督导的期限自中国证监会核准本次重大资产重组之日起,应当不少于3个会计年度。

第三十八条 独立财务顾问应当结合上市公司重大资产重组当年和实施完毕后的第一个会计年度的年报,自年报披露之日起15日内,对重大资产重组实施的下列事项出具持续督导意见,并予以公告:

(一)交易资产的交付或者过户情况;

(二)交易各方当事人承诺的履行情况;
(三)已公告的盈利预测或者利润预测的实现情况;
(四)管理层讨论与分析部分提及的各项业务的发展现状;
(五)公司治理结构与运行情况;
(六)与已公布的重组方案存在差异的其他事项。

独立财务顾问还应当结合本办法第十三条规定的重大资产重组实施完毕后的第二、三个会计年度的年报,自年报披露之日起15日内,对前款第(二)至(六)项事项出具持续督导意见,并予以公告。

第四章 重大资产重组的信息管理

第三十九条 上市公司筹划、实施重大资产重组,相关信息披露义务人应当公平地向所有投资者披露可能对上市公司股票交易价格产生较大影响的相关信息(以下简称股价敏感信息),不得有选择性地向特定对象提前泄露。

第四十条 上市公司的股东、实际控制人以及参与重大资产重组筹划、论证、决策等环节的其他相关机构和人员,应当及时、准确地向上市公司通报有关信息,并配合上市公司及时、准确、完整地进行披露。上市公司获悉股价敏感信息的,应当及时向证券交易所申请停牌并披露。

第四十一条 上市公司及其董事、监事、高级管理人员,重大资产重组的交易对方及其关联方,交易对方及其关联方的董事、监事、高级管理人员或者主要负责人,交易各方聘请的证券服务机构及其从业人员,参与重大资产重组筹划、论证、决策、审批等环节的相关机构和人员,以及因直系亲属关系、提供服务和业务往来等知悉或者可能知悉股价敏感信息的其他相关机构和人员,在重大资产重组的股价敏感信息依法披露前负有保密义务,禁止利用该信息进行内幕交易。

第四十二条 上市公司筹划重大资产重组事项,应当详细记载筹划过程中每一具体环节的进展情况,包括商议相关方案、形成相关意向、签署相关协议或者意向书的具体时间、地点、参与机构和人员、商议和决议内容等,制作书面的交易进程备忘录并予以妥当保存。参与每一具体环节的所有人员应当即时在备忘录上签名确认。

上市公司预计筹划中的重大资产重组事项难以保密或者已经泄露的,应当及时向证券交易所申请停牌,直至真实、准确、完整地披露相关信息。停牌期间,上市公司应当至少每周发布一次事件进展情况公告。

上市公司股票交易价格因重大资产重组的市场传闻发生异常波动时,上市公司应当及时向证券交易所申请停牌,核实有无影响上市公司股票交易价格的重组事项并予以澄清,不得以相关事项存在不确定性为由不履行信息披露义务。

第五章 发行股份购买资产

第四十三条 上市公司发行股份购买资产,应当符合下列规定:

（一）充分说明并披露本次交易有利于提高上市公司资产质量、改善财务状况和增强持续盈利能力，有利于上市公司减少关联交易、避免同业竞争、增强独立性；

（二）上市公司最近一年及一期财务会计报告被注册会计师出具无保留意见审计报告；被出具保留意见、否定意见或者无法表示意见的审计报告的，须经注册会计师专项核查确认，该保留意见、否定意见或者无法表示意见所涉及事项的重大影响已经消除或者将通过本次交易予以消除；

（三）上市公司及其现任董事、高级管理人员不存在因涉嫌犯罪正被司法机关立案侦查或涉嫌违法违规正被中国证监会立案调查的情形，但是，涉嫌犯罪或违法违规的行为已经终止满3年，交易方案有助于消除该行为可能造成的不良后果，且不影响对相关行为人追究责任的除外；

（四）充分说明并披露上市公司发行股份所购买的资产为权属清晰的经营性资产，并能在约定期限内办理完毕权属转移手续；

（五）中国证监会规定的其他条件。

上市公司为促进行业的整合、转型升级，在其控制权不发生变更的情况下，可以向控股股东、实际控制人或者其控制的关联人之外的特定对象发行股份购买资产。所购买资产与现有主营业务没有显著协同效应的，应当充分说明并披露本次交易后的经营发展战略和业务管理模式，以及业务转型升级可能面临的风险和应对措施。

特定对象以现金或者资产认购上市公司非公开发行的股份后，上市公司用同一次非公开发行所募集的资金向该特定对象购买资产的，视同上市公司发行股份购买资产。

第四十四条 上市公司发行股份购买资产的，可以同时募集部分配套资金，其定价方式按照现行相关规定办理。

上市公司发行股份购买资产应当遵守本办法关于重大资产重组的规定，编制发行股份购买资产预案、发行股份购买资产报告书，并向中国证监会提出申请。

第四十五条 上市公司发行股份的价格不得低于市场参考价的90%。市场参考价为本次发行股份购买资产的董事会决议公告日前20个交易日、60个交易日或者120个交易日的公司股票交易均价之一。本次发行股份购买资产的董事会决议应当说明市场参考价的选择依据。

前款所称交易均价的计算公式为：董事会决议公告日前若干个交易日公司股票交易均价＝决议公告日前若干个交易日公司股票交易总额/决议公告日前若干个交易日公司股票交易总量。

本次发行股份购买资产的董事会决议可以明确，在中国证监会核准前，上市公司的股票价格相比最初确定的发行价格发生重大变化的，董事会可以按照已经设定的调整方案对发行价格进行一次调整。

前款规定的发行价格调整方案应当明确、具体、可操作，详细说明是否相应调整拟购买资产的定价、发行股份数量及其理由，在首次董事会决议公告时充分披露，并按照规定提交股东大会审议。股东大会作出决议后，董事会按照已经设定的方案调整发行价格的，上市公司无需按照本办法第二十八条的规定向中国证监会重新提出申请。

第四十六条 特定对象以资产认购而取得的上市公司股份，自股份发行结束之日起12个月内不得转让；属于下列情形之一的，36个月内不得转让：

（一）特定对象为上市公司控股股东、实际控制人或者其控制的关联人；

（二）特定对象通过认购本次发行的股份取得上市公司的实际控制权；

（三）特定对象取得本次发行的股份时，对其用于认购股份的资产持续拥有权益的时间不足 12 个月。

第四十七条　上市公司申请发行股份购买资产，应当提交并购重组委审核。

第四十八条　上市公司发行股份购买资产导致特定对象持有或者控制的股份达到法定比例的，应当按照《上市公司收购管理办法》（证监会令第 108 号）的规定履行相关义务。

上市公司向控股股东、实际控制人或者其控制的关联人发行股份购买资产，或者发行股份购买资产将导致上市公司实际控制权发生变更的，认购股份的特定对象应当在发行股份购买资产报告书中公开承诺：本次交易完成后 6 个月内如上市公司股票连续 20 个交易日的收盘价低于发行价，或者交易完成后 6 个月期末收盘价低于发行价的，其持有公司股票的锁定期自动延长至少 6 个月。

前款规定的特定对象还应当在发行股份购买资产报告书中公开承诺：如本次交易因涉嫌所提供或披露的信息存在虚假记载、误导性陈述或者重大遗漏，被司法机关立案侦查或者被中国证监会立案调查的，在案件调查结论明确以前，不转让其在该上市公司拥有权益的股份。

第四十九条　中国证监会核准上市公司发行股份购买资产的申请后，上市公司应当及时实施。向特定对象购买的相关资产过户至上市公司后，上市公司聘请的独立财务顾问和律师事务所应当对资产过户事宜和相关后续事项的合规性及风险进行核查，并发表明确意见。上市公司应当在相关资产过户完成后 3 个工作日内就过户情况作出公告，公告中应当包括独立财务顾问和律师事务所的结论性意见。

上市公司完成前款规定的公告、报告后，可以到证券交易所、证券登记结算公司为认购股份的特定对象申请办理证券登记手续。

第五十条　换股吸收合并涉及上市公司的，上市公司的股份定价及发行按照本章规定执行。

上市公司发行优先股用于购买资产或者与其他公司合并，中国证监会另有规定的，从其规定。

上市公司可以向特定对象发行可转换为股票的公司债券、定向权证用于购买资产或者与其他公司合并。

第六章　重大资产重组后申请发行新股或者公司债券

第五十一条　经中国证监会审核后获得核准的重大资产重组实施完毕后，上市公司申请公开发行新股或者公司债券，同时符合下列条件的，本次重大资产重组前的业绩在审核时可以模拟计算：

（一）进入上市公司的资产是完整经营实体；

（二）本次重大资产重组实施完毕后，重组方的承诺事项已经如期履行，上市公司经营稳定、运行良好；

（三）本次重大资产重组实施完毕后，上市公司和相关资产实现的利润达到盈利预测水平。

上市公司在本次重大资产重组前不符合中国证监会规定的公开发行证券条件,或者本次重组导致上市公司实际控制人发生变化的,上市公司申请公开发行新股或者公司债券,距本次重组交易完成的时间应当不少于一个完整会计年度。

第五十二条 本办法所称完整经营实体,应当符合下列条件:

(一)经营业务和经营资产独立、完整,且在最近两年未发生重大变化;

(二)在进入上市公司前已在同一实际控制人之下持续经营两年以上;

(三)在进入上市公司之前实行独立核算,或者虽未独立核算,但与其经营业务相关的收入、费用在会计核算上能够清晰划分;

(四)上市公司与该经营实体的主要高级管理人员签订聘用合同或者采取其他方式,就该经营实体在交易完成后的持续经营和管理作出恰当安排。

第七章　监督管理和法律责任

第五十三条 未依照本办法的规定履行相关义务或者程序,擅自实施重大资产重组的,由中国证监会责令改正,并可以采取监管谈话、出具警示函等监管措施;情节严重的,可以责令暂停或者终止重组活动,处以警告、罚款,并可以对有关责任人员采取市场禁入的措施。

上市公司重大资产重组因定价显失公允、不正当利益输送等问题损害上市公司、投资者合法权益的,由中国证监会责令改正,并可以采取监管谈话、出具警示函等监管措施;情节严重的,可以责令暂停或者终止重组活动,处以警告、罚款,并可以对有关责任人员采取市场禁入的措施。

第五十四条 上市公司或者其他信息披露义务人未按照本办法规定报送重大资产重组有关报告,或者报送的报告有虚假记载、误导性陈述或者重大遗漏的,由中国证监会责令改正,依照《证券法》第一百九十三条予以处罚;情节严重的,可以责令暂停或者终止重组活动,并可以对有关责任人员采取市场禁入的措施;涉嫌犯罪的,依法移送司法机关追究刑事责任。

第五十五条 上市公司或者其他信息披露义务人未按照规定披露重大资产重组信息,或者所披露的信息存在虚假记载、误导性陈述或者重大遗漏的,由中国证监会责令改正,依照《证券法》第一百九十三条规定予以处罚;情节严重的,可以责令暂停或者终止重组活动,并可以对有关责任人员采取市场禁入的措施;涉嫌犯罪的,依法移送司法机关追究刑事责任。

重大资产重组或者发行股份购买资产的交易对方未及时向上市公司或者其他信息披露义务人提供信息,或者提供的信息有虚假记载、误导性陈述或者重大遗漏的,按照前款规定执行。

第五十六条 重大资产重组涉嫌本办法第五十三条、第五十四条、第五十五条规定情形的,中国证监会可以责令上市公司作出公开说明、聘请独立财务顾问或者其他证券服务机构补充核查并披露专业意见,在公开说明、披露专业意见之前,上市公司应当暂停重组;上市公司涉嫌前述情形被司法机关立案侦查或者被中国证监会立案调查的,在案件调查结论明确之前应当暂停重组。

涉嫌本办法第五十四条、第五十五条规定情形,被司法机关立案侦查或者被中国证监立案调查的,有关单位和个人应当严格遵守其所作的公开承诺,在案件调查结论明确之前,不得转让其在该上市公司拥有权益的股份。

第五十七条 上市公司董事、监事和高级管理人员未履行诚实守信、勤勉尽责义务,或者上市公司的股东、实际控制人及其有关负责人员未按照本办法的规定履行相关义务,导致重组方案损害上市公司利益的,由中国证监会责令改正,并可以采取监管谈话、出具警示函等监管措施;情节严重的,处以警告、罚款,并可以对有关人员采取认定为不适当人选、市场禁入的措施;涉嫌犯罪的,依法移送司法机关追究刑事责任。

第五十八条 为重大资产重组出具财务顾问报告、审计报告、法律意见、资产评估报告、估值报告及其他专业文件的证券服务机构及其从业人员未履行诚实守信、勤勉尽责义务,违反行业规范、业务规则,或者未依法履行报告和公告义务、持续督导义务的,由中国证监会责令改正,并可以采取监管谈话、出具警示函、责令公开说明、责令参加培训、责令定期报告、认定为不适当人选等监管措施;情节严重的,依照《证券法》第二百二十六条予以处罚。

前款规定的证券服务机构及其从业人员所制作、出具的文件存在虚假记载、误导性陈述或者重大遗漏的,由中国证监会责令改正,依照《证券法》第二百二十三条予以处罚;情节严重的,可以采取市场禁入的措施;涉嫌犯罪的,依法移送司法机关追究刑事责任。

存在前二款规定情形的,在按照中国证监会的要求完成整改之前,不得接受新的上市公司并购重组业务。

第五十九条 重大资产重组实施完毕后,凡因不属于上市公司管理层事前无法获知且事后无法控制的原因,上市公司所购买资产实现的利润未达到资产评估报告或者估值报告预测金额的80%,或者实际运营情况与重大资产重组报告书中管理层讨论与分析部分存在较大差距的,上市公司的董事长、总经理以及对此承担相应责任的会计师事务所、财务顾问、资产评估机构、估值机构及其从业人员应当在上市公司披露年度报告的同时,在同一报刊上作出解释,并向投资者公开道歉;实现利润未达到预测金额50%的,中国证监会可以对上市公司、相关机构及其责任人员采取监管谈话、出具警示函、责令定期报告等监管措施。

第六十条 任何知悉重大资产重组信息的人员在相关信息依法公开前,泄露该信息、买卖或者建议他人买卖相关上市公司证券、利用重大资产重组散布虚假信息、操纵证券市场或者进行欺诈活动的,中国证监会依照《证券法》第二百零二条、第二百零三条、第二百零七条予以处罚;涉嫌犯罪的,依法移送司法机关追究刑事责任。

第八章 附 则

第六十一条 本办法自2014年11月23日起施行。2008年4月16日发布并于2011年8月1日修改的《上市公司重大资产重组管理办法》(证监会令第73号)、2008年11月11日发布的《关于破产重整上市公司重大资产重组股份发行定价的补充规定》(证监会公告〔2008〕44号)同时废止。

上市公司股东大会规则(2014 年修订)

中国证券监督管理委员会公告〔2014〕46 号

现公布《上市公司股东大会规则(2014 年修订)》,自公布之日起施行。

中国证监会
2014 年 10 月 20 日

上市公司股东大会规则(2014 年修订)

第一章 总 则

第一条 为规范上市公司行为,保证股东大会依法行使职权,根据《中华人民共和国公司法》(以下简称《公司法》)、《中华人民共和国证券法》(以下简称《证券法》)的规定,制定本规则。

第二条 上市公司应当严格按照法律、行政法规、本规则及公司章程的相关规定召开股东大会,保证股东能够依法行使权利。

公司董事会应当切实履行职责,认真、按时组织股东大会。公司全体董事应当勤勉尽责,确保股东大会正常召开和依法行使职权。

第三条 股东大会应当在《公司法》和公司章程规定的范围内行使职权。

第四条 股东大会分为年度股东大会和临时股东大会。年度股东大会每年召开一次,应当于上一会计年度结束后的 6 个月内举行。临时股东大会不定期召开,出现《公司法》第一百零一条规定的应当召开临时股东大会的情形时,临时股东大会应当在 2 个月内召开。

公司在上述期限内不能召开股东大会的,应当报告公司所在地中国证监会派出机构和公司股票挂牌交易的证券交易所(以下简称"证券交易所"),说明原因并公告。

第五条 公司召开股东大会,应当聘请律师对以下问题出具法律意见并公告:

(一)会议的召集、召开程序是否符合法律、行政法规、本规则和公司章程的规定;

(二)出席会议人员的资格、召集人资格是否合法有效;

(三)会议的表决程序、表决结果是否合法有效;

(四)应公司要求对其他有关问题出具的法律意见。

第二章 股东大会的召集

第六条 董事会应当在本规则第四条规定的期限内按时召集股东大会。

第七条 独立董事有权向董事会提议召开临时股东大会。对独立董事要求召开临时股东大会的提议,董事会应当根据法律、行政法规和公司章程的规定,在收到提议后10日内提出同意或不同意召开临时股东大会的书面反馈意见。

董事会同意召开临时股东大会的,应当在作出董事会决议后的5日内发出召开股东大会的通知;董事会不同意召开临时股东大会的,应当说明理由并公告。

第八条 监事会有权向董事会提议召开临时股东大会,并应当以书面形式向董事会提出。董事会应当根据法律、行政法规和公司章程的规定,在收到提议后10日内提出同意或不同意召开临时股东大会的书面反馈意见。

董事会同意召开临时股东大会的,应当在作出董事会决议后的5日内发出召开股东大会的通知,通知中对原提议的变更,应当征得监事会的同意。

董事会不同意召开临时股东大会,或者在收到提议后10日内未作出书面反馈的,视为董事会不能履行或者不履行召集股东大会会议职责,监事会可以自行召集和主持。

第九条 单独或者合计持有公司10%以上股份的普通股股东(含表决权恢复的优先股股东)有权向董事会请求召开临时股东大会,并应当以书面形式向董事会提出。董事会应当根据法律、行政法规和公司章程的规定,在收到请求后10日内提出同意或不同意召开临时股东大会的书面反馈意见。

董事会同意召开临时股东大会的,应当在作出董事会决议后的5日内发出召开股东大会的通知,通知中对原请求的变更,应当征得相关股东的同意。

董事会不同意召开临时股东大会,或者在收到请求后10日内未作出反馈的,单独或者合计持有公司10%以上股份的普通股股东(含表决权恢复的优先股股东)有权向监事会提议召开临时股东大会,并应当以书面形式向监事会提出请求。

监事会同意召开临时股东大会的,应在收到请求5日内发出召开股东大会的通知,通知中对原请求的变更,应当征得相关股东的同意。

监事会未在规定期限内发出股东大会通知的,视为监事会不召集和主持股东大会,连续90日以上单独或者合计持有公司10%以上股份的普通股股东(含表决权恢复的优先股股东)可以自行召集和主持。

第十条 监事会或股东决定自行召集股东大会的,应当书面通知董事会,同时向公司所在地中国证监会派出机构和证券交易所备案。

在股东大会决议公告前,召集普通股股东(含表决权恢复的优先股股东)持股比例不得低于10%。

监事会和召集股东应在发出股东大会通知及发布股东大会决议公告时,向公司所在地中国证监会派出机构和证券交易所提交有关证明材料。

第十一条 对于监事会或股东自行召集的股东大会,董事会和董事会秘书应予配合。董事会应当提供股权登记日的股东名册。董事会未提供股东名册的,召集人可以持召集股东大会通知的相关公告,向证券登记结算机构申请获取。召集人所获取的股东名册不得用于除召开股东大会以外的其他用途。

第十二条 监事会或股东自行召集的股东大会,会议所必需的费用由公司承担。

第三章 股东大会的提案与通知

第十三条 提案的内容应当属于股东大会职权范围,有明确议题和具体决议事项,并且符合法律、行政法规和公司章程的有关规定。

第十四条 单独或者合计持有公司3%以上股份的普通股股东(含表决权恢复的优先股股东),可以在股东大会召开10日前提出临时提案并书面提交召集人。召集人应当在收到提案后2日内发出股东大会补充通知,公告临时提案的内容。

除前款规定外,召集人在发出股东大会通知后,不得修改股东大会通知中已列明的提案或增加新的提案。

股东大会通知中未列明或不符合本规则第十三条规定的提案,股东大会不得进行表决并作出决议。

第十五条 召集人应当在年度股东大会召开20日前以公告方式通知各普通股股东(含表决权恢复的优先股股东),临时股东大会应当于会议召开15日前以公告方式通知各普通股股东(含表决权恢复的优先股股东)。

第十六条 股东大会通知和补充通知中应当充分、完整披露所有提案的具体内容,以及为使股东对拟讨论的事项作出合理判断所需的全部资料或解释。拟讨论的事项需要独立董事发表意见的,发出股东大会通知或补充通知时应当同时披露独立董事的意见及理由。

第十七条 股东大会拟讨论董事、监事选举事项的,股东大会通知中应当充分披露董事、监事候选人的详细资料,至少包括以下内容:

(一)教育背景、工作经历、兼职等个人情况;
(二)与公司或其控股股东及实际控制人是否存在关联关系;
(三)披露持有上市公司股份数量;
(四)是否受过中国证监会及其他有关部门的处罚和证券交易所惩戒。

除采取累积投票制选举董事、监事外,每位董事、监事候选人应当以单项提案提出。

第十八条 股东大会通知中应当列明会议时间、地点,并确定股权登记日。股权登记日与会议日期之间的间隔应当不多于7个工作日。股权登记日一旦确认,不得变更。

第十九条 发出股东大会通知后,无正当理由,股东大会不得延期或取消,股东大会通知中列明的提案不得取消。一旦出现延期或取消的情形,召集人应当在原定召开日前至少2个工作日公告并说明原因。

第四章 股东大会的召开

第二十条 公司应当在公司住所地或公司章程规定的地点召开股东大会。

股东大会应当设置会场,以现场会议形式召开,并应当按照法律、行政法规、中国证监会或公司章程的规定,采用安全、经济、便捷的网络和其他方式为股东参加股东大会提供便利。股东通过上述方式参加股东大会的,视为出席。

股东可以亲自出席股东大会并行使表决权,也可以委托他人代为出席和在授权范围内行使表决权。

第二十一条 公司股东大会采用网络或其他方式的,应当在股东大会通知中明确载明网络或其他方式的表决时间以及表决程序。

股东大会网络或其他方式投票的开始时间,不得早于现场股东大会召开前一日下午3:00,并不得迟于现场股东大会召开当日上午9:30,其结束时间不得早于现场股东大会结束当日下午3:00。

第二十二条 董事会和其他召集人应当采取必要措施,保证股东大会的正常秩序。对于干扰股东大会、寻衅滋事和侵犯股东合法权益的行为,应当采取措施加以制止并及时报告有关部门查处。

第二十三条 股权登记日登记在册的所有普通股股东(含表决权恢复的优先股股东)或其代理人,均有权出席股东大会,公司和召集人不得以任何理由拒绝。

优先股股东不出席股东大会会议,所持股份没有表决权,但出现以下情况之一的,公司召开股东大会会议应当通知优先股股东,并遵循《公司法》及公司章程通知普通股股东的规定程序。优先股股东出席股东大会会议时,有权与普通股股东分类表决,其所持每一优先股有一表决权,但公司持有的本公司优先股没有表决权:

(一)修改公司章程中与优先股相关的内容;
(二)一次或累计减少公司注册资本超过百分之十;
(三)公司合并、分立、解散或变更公司形式;
(四)发行优先股;
(五)公司章程规定的其他情形。

上述事项的决议,除须经出席会议的普通股股东(含表决权恢复的优先股股东)所持表决权的三分之二以上通过之外,还须经出席会议的优先股股东(不含表决权恢复的优先股股东)所持表决权的三分之二以上通过。

第二十四条 股东应当持股票账户卡、身份证或其他能够表明其身份的有效证件或证明出席股东大会。代理人还应当提交股东授权委托书和个人有效身份证件。

第二十五条 召集人和律师应当依据证券登记结算机构提供的股东名册共同对股东资格的合法性进行验证,并登记股东姓名或名称及其所持有表决权的股份数。在会议主持人宣布现场出席会议的股东和代理人人数及所持有表决权的股份总数之前,会议登记应当终止。

第二十六条 公司召开股东大会,全体董事、监事和董事会秘书应当出席会议,经理和其他高级管理人员应当列席会议。

第二十七条 股东大会由董事长主持。董事长不能履行职务或不履行职务时,由副董事长主持;副董事长不能履行职务或者不履行职务时,由半数以上董事共同推举的一名董事主持。

监事会自行召集的股东大会,由监事会主席主持。监事会主席不能履行职务或不履行职务时,由监事会副主席主持;监事会副主席不能履行职务或者不履行职务时,由半数以上监事共同推举的一名监事主持。

股东自行召集的股东大会,由召集人推举代表主持。

公司应当制定股东大会议事规则。召开股东大会时,会议主持人违反议事规则使股东大会无法继续进行的,经现场出席股东大会有表决权过半数的股东同意,股东大会可推举一人担任会议主持人,继续开会。

第二十八条 在年度股东大会上,董事会、监事会应当就其过去一年的工作向股东大会作出报告,每名独立董事也应作出述职报告。

第二十九条 董事、监事、高级管理人员在股东大会上应就股东的质询作出解释和说明。

第三十条 会议主持人应当在表决前宣布现场出席会议的股东和代理人人数及所持有表决权的股份总数,现场出席会议的股东和代理人人数及所持有表决权的股份总数以会议登记为准。

第三十一条 股东与股东大会拟审议事项有关联关系时,应当回避表决,其所持有表决权的股份不计入出席股东大会有表决权的股份总数。

股东大会审议影响中小投资者利益的重大事项时,对中小投资者的表决应当单独计票。单独计票结果应当及时公开披露。

公司持有自己的股份没有表决权,且该部分股份不计入出席股东大会有表决权的股份总数。

公司董事会、独立董事和符合相关规定条件的股东可以公开征集股东投票权。征集股东投票权应当向被征集人充分披露具体投票意向等信息。禁止以有偿或者变相有偿的方式征集股东投票权。公司不得对征集投票权提出最低持股比例限制。

第三十二条 股东大会就选举董事、监事进行表决时,根据公司章程的规定或者股东大会的决议,可以实行累积投票制。

前款所称累积投票制是指股东大会选举董事或者监事时,每一普通股(含表决权恢复的优先股)股份拥有与应选董事或者监事人数相同的表决权,股东拥有的表决权可以集中使用。

第三十三条 除累积投票制外,股东大会对所有提案应当逐项表决。对同一事项有不同提案的,应当按提案提出的时间顺序进行表决。除因不可抗力等特殊原因导致股东大会中止或不能作出决议外,股东大会不得对提案进行搁置或不予表决。

股东大会就发行优先股进行审议,应当就下列事项逐项进行表决:

(一)本次发行优先股的种类和数量;

(二)发行方式、发行对象及向原股东配售的安排;

(三)票面金额、发行价格或定价区间及其确定原则;

(四)优先股股东参与分配利润的方式,包括:股息率及其确定原则、股息发放的条件、股息支付方式、股息是否累积、是否可以参与剩余利润分配等;

(五)回购条款,包括回购的条件、期间、价格及其确定原则、回购选择权的行使主体等(如有);

(六)募集资金用途;

(七)公司与相应发行对象签订的附条件生效的股份认购合同;

(八)决议的有效期;

（九）公司章程关于优先股股东和普通股股东利润分配政策相关条款的修订方案；
（十）对董事会办理本次发行具体事宜的授权；
（十一）其他事项。

第三十四条 股东大会审议提案时，不得对提案进行修改，否则，有关变更应当被视为一个新的提案，不得在本次股东大会上进行表决。

第三十五条 同一表决权只能选择现场、网络或其他表决方式中的一种。同一表决权出现重复表决的以第一次投票结果为准。

第三十六条 出席股东大会的股东，应当对提交表决的提案发表以下意见之一：同意、反对或弃权。证券登记结算机构作为沪港通股票的名义持有人，按照实际持有人意思表示进行申报的除外。

未填、错填、字迹无法辨认的表决票或未投的表决票均视为投票人放弃表决权利，其所持股份数的表决结果应计为"弃权"。

第三十七条 股东大会对提案进行表决前，应当推举两名股东代表参加计票和监票。审议事项与股东有关联关系的，相关股东及代理人不得参加计票、监票。

股东大会对提案进行表决时，应当由律师、股东代表与监事代表共同负责计票、监票。

通过网络或其他方式投票的公司股东或其代理人，有权通过相应的投票系统查验自己的投票结果。

第三十八条 股东大会会议现场结束时间不得早于网络或其他方式，会议主持人应当在会议现场宣布每一提案的表决情况和结果，并根据表决结果宣布提案是否通过。

在正式公布表决结果前，股东大会现场、网络及其他表决方式中所涉及的公司、计票人、监票人、主要股东、网络服务方等相关各方对表决情况均负有保密义务。

第三十九条 股东大会决议应当及时公告，公告中应列明出席会议的股东和代理人人数、所持有表决权的股份总数及占公司有表决权股份总数的比例、表决方式、每项提案的表决结果和通过的各项决议的详细内容。

发行优先股的公司就本规则第二十三条第二款所列情形进行表决的，应当对普通股股东（含表决权恢复的优先股股东）和优先股股东（不含表决权恢复的优先股股东）出席会议及表决的情况分别统计并公告。

发行境内上市外资股的公司，应当对内资股股东和外资股股东出席会议及表决情况分别统计并公告。

第四十条 提案未获通过，或者本次股东大会变更前次股东大会决议的，应当在股东大会决议公告中作特别提示。

第四十一条 股东大会会议记录由董事会秘书负责，会议记录应记载以下内容：
（一）会议时间、地点、议程和召集人姓名或名称；
（二）会议主持人以及出席或列席会议的董事、监事、董事会秘书、经理和其他高级管理人员姓名；
（三）出席会议的股东和代理人人数、所持有表决权的股份总数及占公司股份总数的比例；
（四）对每一提案的审议经过、发言要点和表决结果；
（五）股东的质询意见或建议以及相应的答复或说明；

（六）律师及计票人、监票人姓名；

（七）公司章程规定应当载入会议记录的其他内容。

出席会议的董事、董事会秘书、召集人或其代表、会议主持人应当在会议记录上签名，并保证会议记录内容真实、准确和完整。会议记录应当与现场出席股东的签名册及代理出席的委托书、网络及其他方式表决情况的有效资料一并保存，保存期限不少于10年。

第四十二条 召集人应当保证股东大会连续举行，直至形成最终决议。因不可抗力等特殊原因导致股东大会中止或不能作出决议的，应采取必要措施尽快恢复召开股东大会或直接终止本次股东大会，并及时公告。同时，召集人应向公司所在地中国证监会派出机构及证券交易所报告。

第四十三条 股东大会通过有关董事、监事选举提案的，新任董事、监事按公司章程的规定就任。

第四十四条 股东大会通过有关派现、送股或资本公积转增股本提案的，公司应当在股东大会结束后2个月内实施具体方案。

第四十五条 公司以减少注册资本为目的回购普通股公开发行优先股，以及以非公开发行优先股为支付手段向公司特定股东回购普通股的，股东大会就回购普通股作出决议，应当经出席会议的普通股股东（含表决权恢复的优先股股东）所持表决权的三分之二以上通过。

公司应当在股东大会作出回购普通股决议后的次日公告该决议。

第四十六条 公司股东大会决议内容违反法律、行政法规的无效。

公司控股股东、实际控制人不得限制或者阻挠中小投资者依法行使投票权，不得损害公司和中小投资者的合法权益。

股东大会的会议召集程序、表决方式违反法律、行政法规或者公司章程，或者决议内容违反公司章程的，股东可以自决议作出之日起60日内，请求人民法院撤销。

第五章　监管措施

第四十七条 在本规则规定期限内，上市公司无正当理由不召开股东大会的，证券交易所有权对该公司挂牌交易的股票及衍生品种予以停牌，并要求董事会作出解释并公告。

第四十八条 股东大会的召集、召开和相关信息披露不符合法律、行政法规、本规则和公司章程要求的，中国证监会及其派出机构有权责令公司或相关责任人限期改正，并由证券交易所予以公开谴责。

第四十九条 董事、监事或董事会秘书违反法律、行政法规、本规则和公司章程的规定，不切实履行职责的，中国证监会及其派出机构有权责令其改正，并由证券交易所予以公开谴责；对于情节严重或不予改正的，中国证监会可对相关人员实施证券市场禁入。

第六章　附　　则

第五十条 对发行外资股的公司的股东大会，相关法律、行政法规或文件另有规定的，从其规定。

第五十一条 本规则所称公告或通知,是指在中国证监会指定报刊上刊登有关信息披露内容。公告或通知篇幅较长的,公司可以选择在中国证监会指定报刊上对有关内容作摘要性披露,但全文应当同时在中国证监会指定的网站上公布。

本规则所称的股东大会补充通知应当在刊登会议通知的同一指定报刊上公告。

第五十二条 本规则所称"以上"、"内",含本数;"过"、"低于"、"多于",不含本数。

第五十三条 本规则由中国证监会负责解释。

第五十四条 本规则自公布之日起施行。《上市公司股东大会规则(2014年修订)》(证监会公告〔2014〕20号)同时废止。

上市公司章程指引(2014年修订)

中国证券监督管理委员会公告〔2014〕47号

现公布《上市公司章程指引(2014年修订)》,自公布之日起施行。

中国证监会
2014年10月20日

上市公司章程指引(2014年修订)

目 录

第一章 总则
第二章 经营宗旨和范围
第三章 股份
 第一节 股份发行
 第二节 股份增减和回购
 第三节 股份转让
第四章 股东和股东大会
 第一节 股东
 第二节 股东大会的一般规定
 第三节 股东大会的召集
 第四节 股东大会的提案与通知
 第五节 股东大会的召开

第六节　股东大会的表决和决议
第五章　董事会
　　第一节　董事
　　第二节　董事会
第六章　经理及其他高级管理人员
第七章　监事会
　　第一节　监事
　　第二节　监事会
第八章　财务会计制度、利润分配和审计
　　第一节　财务会计制度
　　第二节　内部审计
　　第三节　会计师事务所的聘任
第九章　通知和公告
　　第一节　通知
　　第二节　公告
第十章　合并、分立、增资、减资、解散和清算
　　第一节　合并、分立、增资和减资
　　第二节　解散和清算
第十一章　修改章程
第十二章　附则

第一章　总　　则

第一条　为维护公司、股东和债权人的合法权益,规范公司的组织和行为,根据《中华人民共和国公司法》(以下简称《公司法》)、《中华人民共和国证券法》(以下简称《证券法》)和其他有关规定,制订本章程。

第二条　公司系依照【法规名称】和其他有关规定成立的股份有限公司(以下简称公司)。

公司【设立方式】设立;在【公司登记机关所在地名】工商行政管理局注册登记,取得营业执照,营业执照号【营业执照号码】。

注释:依法律、行政法规规定,公司设立必须报经批准的,应当说明批准机关和批准文件名称。

第三条　公司于【批/核准日期】经【批/核准机关全称】批/核准,首次向社会公众发行人民币普通股【股份数额】股,于【上市日期】在【证券交易所全称】上市。公司于【批/核准日期】经【批/核准机关全称】批/核准,发行优先股【股份数额】股,于【上市日期】在【证券交易所全称】上市。公司向境外投资人发行的以外币认购并且在境内上市的境内上市外资股为【股份数额】,于【上市日期】在【证券交易所全称】上市。

注释:本指引所称优先股,是指依照《公司法》,在一般规定的普通种类股份之外,另行规定的其他种类股份,其股份持有人优先于普通股股东分配公司利润和剩余财产,但参与公司决策

管理等权利受到限制。

没有发行(或拟发行)优先股或者境内上市外资股的公司,无需就本条有关优先股或者境内上市外资股的内容作出说明。以下同。

第四条 公司注册名称:【中文全称】【英文全称】。

第五条 公司住所:【公司住所地址全称,邮政编码】。

第六条 公司注册资本为人民币【注册资本数额】元。

注释:公司因增加或者减少注册资本而导致注册资本总额变更的,可以在股东大会通过同意增加或减少注册资本的决议后,再就因此而需要修改公司章程的事项通过一项决议,并说明授权董事会具体办理注册资本的变更登记手续。

第七条 公司营业期限为【年数】或者【公司为永久存续的股份有限公司】。

第八条 【董事长或经理】为公司的法定代表人。

第九条 公司全部资产分为等额股份,股东以其认购的股份为限对公司承担责任,公司以其全部资产对公司的债务承担责任。

第十条 本公司章程自生效之日起,即成为规范公司的组织与行为、公司与股东、股东与股东之间权利义务关系的具有法律约束力的文件,对公司、股东、董事、监事、高级管理人员具有法律约束力的文件。依据本章程,股东可以起诉股东,股东可以起诉公司董事、监事、经理和其他高级管理人员,股东可以起诉公司,公司可以起诉股东、董事、监事、经理和其他高级管理人员。

第十一条 本章程所称其他高级管理人员是指公司的副经理、董事会秘书、财务负责人。

注释:公司可以根据实际情况,在章程中确定属于公司高级管理人员的人员。

第二章 经营宗旨和范围

第十二条 公司的经营宗旨:【宗旨内容】

第十三条 经依法登记,公司的经营范围:【经营范围内容】

注释:公司的经营范围中属于法律、行政法规规定须经批准的项目,应当依法经过批准。

第三章 股 份

第一节 股份发行

第十四条 公司的股份采取股票的形式。

第十五条 公司股份的发行,实行公开、公平、公正的原则,同种类的每一股份应当具有同等权利。

同次发行的同种类股票,每股的发行条件和价格应当相同;任何单位或者个人所认购的股份,每股应当支付相同价额。

注释:发行优先股的公司,应当在章程中明确以下事项:(1)优先股股息率采用固定股息率或浮动股息率,并相应明确固定股息率水平或浮动股息率的计算方法;(2)公司在有可分配税后利润的情况下是否必须分配利润;(3)如果公司因本会计年度可分配利润不足而未向优先股股东足额派发股息,差额部分是否累积到下一会计年度;(4)优先股股东按照约定的股息率分配股息后,是否有权同普通股股东一起参加剩余利润分配,以及参与剩余利润分配的比例、条件等事项;(5)其他涉及优先股股东参与公司利润分配的事项;(6)除利润分配和剩余财产分配外,优先股是否在其他条款上具有不同的设置;(7)优先股表决权恢复时,每股优先股股份享有表决权的具体计算方法。

其中,公开发行优先股的,应当在公司章程中明确:(1)采取固定股息率;(2)在有可分配税后利润的情况下必须向优先股股东分配股息;(3)未向优先股股东足额派发股息的差额部分应当累积到下一会计年度;(4)优先股股东按照约定的股息率分配股息后,不再同普通股股东一起参加剩余利润分配。商业银行发行优先股补充资本的,可就第(2)项和第(3)项事项另作规定。

第十六条 公司发行的股票,以人民币标明面值。

第十七条 公司发行的股份,在【证券登记机构名称】集中存管。

第十八条 公司发起人为【各发起人姓名或者名称】、认购的股份数分别为【股份数量】、出资方式和出资时间为【具体方式和时间】。

注释:已成立1年或1年以上的公司,发起人已将所持股份转让的,无需填入发起人的持股数额。

第十九条 公司股份总数为【股份数额】,公司的股本结构为:普通股【数额】股,其他种类股【数额】股。

注释:公司发行优先股等其他种类股份的,应作出说明。

第二十条 公司或公司的子公司(包括公司的附属企业)不以赠与、垫资、担保、补偿或贷款等形式,对购买或者拟购买公司股份的人提供任何资助。

第二节 股份增减和回购

第二十一条 公司根据经营和发展的需要,依照法律、法规的规定,经股东大会分别作出决议,可以采用下列方式增加资本:

(一)公开发行股份;

(二)非公开发行股份;

(三)向现有股东派送红股;

(四)以公积金转增股本;

(五)法律、行政法规规定以及中国证监会批准的其他方式。

注释:发行优先股的公司,应当在章程中对发行优先股的以下事项作出规定:公司已发行的优先股不得超过公司普通股股份总数的百分之五十,且筹资金额不得超过发行前净资产的百分之五十,已回购、转换的优先股不纳入计算。

公司不得发行可转换为普通股的优先股。但商业银行可以根据商业银行资本监管规定,非公开发行触发事件发生时强制转换为普通股的优先股,并遵守有关规定。

发行可转换公司债的公司,还应当在章程中对可转换公司债的发行、转股程序和安排以及转股所导致的公司股本变更等事项作出具体规定。

第二十二条 公司可以减少注册资本。公司减少注册资本,应当按照《公司法》以及其他有关规定和本章程规定的程序办理。

第二十三条 公司在下列情况下,可以依照法律、行政法规、部门规章和本章程的规定,收购本公司的股份:

(一)减少公司注册资本;

(二)与持有本公司股票的其他公司合并;

(三)将股份奖励给本公司职工;

(四)股东因对股东大会作出的公司合并、分立决议持异议,要求公司收购其股份的。

除上述情形外,公司不进行买卖本公司股份的活动。

注释:发行优先股的公司,还应当在公司章程中对回购优先股的选择权由发行人或股东行使、回购的条件、价格和比例等作出具体规定。发行人按章程规定要求回购优先股的,必须完全支付所欠股息,但商业银行发行优先股补充资本的除外。

第二十四条 公司收购本公司股份,可以选择下列方式之一进行:

(一)证券交易所集中竞价交易方式;

(二)要约方式;

(三)中国证监会认可的其他方式。

第二十五条 公司因本章程第二十三条第(一)项至第(三)项的原因收购本公司股份的,应当经股东大会决议。公司依照第二十三条规定收购本公司股份后,属于第(一)项情形的,应当自收购之日起10日内注销;属于第(二)项、第(四)项情形的,应当在6个月内转让或者注销。

公司依照第二十三条第(三)项规定收购的本公司股份,将不超过本公司已发行股份总额的5%;用于收购的资金应当从公司的税后利润中支出;所收购的股份应当1年内转让给职工。

注释:公司按本条规定回购优先股后,应当相应减记发行在外的优先股股份总数。

第三节 股份转让

第二十六条 公司的股份可以依法转让。

第二十七条 公司不接受本公司的股票作为质押权的标的。

第二十八条 发起人持有的本公司股份,自公司成立之日起1年内不得转让。公司公开发行股份前已发行的股份,自公司股票在证券交易所上市交易之日起1年内不得转让。

公司董事、监事、高级管理人员应当向公司申报所持有的本公司的股份(含优先股股份)及其变动情况,在任职期间每年转让的股份不得超过其所持有本公司同一种类股份总数的25%;所持本公司股份自公司股票上市交易之日起1年内不得转让。上述人员离职后半年内,不得转让其所持有的本公司股份。

注释:若公司章程对公司董事、监事、高级管理人员转让其所持有的本公司股份(含优先股股份)作出其他限制性规定的,应当进行说明。

第二十九条 公司董事、监事、高级管理人员、持有本公司股份5%以上的股东,将其持有的本公司股票在买入后6个月内卖出,或者在卖出后6个月内又买入,由此所得收益归本公司所有,本公司董事会将收回其所得收益。但是,证券公司因包销购入售后剩余股票而持有5%以上股份的,卖出该股票不受6个月时间限制。

公司董事会不按照前款规定执行的,股东有权要求董事会在30日内执行。公司董事会未在上述期限内执行的,股东有权为了公司的利益以自己的名义直接向人民法院提起诉讼。

公司董事会不按照第一款的规定执行的,负有责任的董事依法承担连带责任。

第四章 股东和股东大会

第一节 股 东

第三十条 公司依据证券登记机构提供的凭证建立股东名册,股东名册是证明股东持有公司股份的充分证据。股东按其所持有股份的种类享有权利,承担义务;持有同一种类股份的股东,享有同等权利,承担同种义务。

注释:公司应当与证券登记机构签订股份保管协议,定期查询主要股东资料以及主要股东的持股变更(包括股权的出质)情况,及时掌握公司的股权结构。

第三十一条 公司召开股东大会、分配股利、清算及从事其他需要确认股东身份的行为时,由董事会或股东大会召集人确定股权登记日,股权登记日收市后登记在册的股东为享有相关权益的股东。

第三十二条 公司股东享有下列权利:

(一)依照其所持有的股份份额获得股利和其他形式的利益分配;

(二)依法请求、召集、主持、参加或者委派股东代理人参加股东大会,并行使相应的表决权;

(三)对公司的经营进行监督,提出建议或者质询;

(四)依照法律、行政法规及本章程的规定转让、赠与或质押其所持有的股份;

(五)查阅本章程、股东名册、公司债券存根、股东大会会议记录、董事会会议决议、监事会会议决议、财务会计报告;

(六)公司终止或者清算时,按其所持有的股份份额参加公司剩余财产的分配;

(七)对股东大会作出的公司合并、分立决议持异议的股东,要求公司收购其股份;

(八)法律、行政法规、部门规章或本章程规定的其他权利。

注释:发行优先股的公司,应当在章程中明确优先股股东不出席股东大会会议,所持股份没有表决权,但以下情况除外:(1)修改公司章程中与优先股相关的内容;(2)一次或累计减少公司注册资本超过10%;(3)公司合并、分立、解散或变更公司形式;(4)发行优先股;(5)公司章程规定的其他情形。

发行优先股的公司,还应当在章程中明确规定:公司累计3个会计年度或者连续2个会计年度未按约定支付优先股股息的,优先股股东有权出席股东大会,每股优先股股份享有公司章程规定的表决权。对于股息可以累积到下一会计年度的优先股,表决权恢复直至公司全额支付所欠股息。对于股息不可累积的优先股,表决权恢复直至公司全额支付当年股息。公司章程可以规定优先股表决权恢复的其他情形。

第三十三条 股东提出查阅前条所述有关信息或者索取资料的,应当向公司提供证明其持有公司股份的种类以及持股数量的书面文件,公司经核实股东身份后按照股东的要求予以提供。

第三十四条 公司股东大会、董事会决议内容违反法律、行政法规的,股东有权请求人民法院认定无效。

股东大会、董事会的会议召集程序、表决方式违反法律、行政法规或者本章程,或者决议内容违反本章程的,股东有权自决议作出之日起60日内,请求人民法院撤销。

第三十五条 董事、高级管理人员执行公司职务时违反法律、行政法规或者本章程的规定,给公司造成损失的,连续180日以上单独或合并持有公司1%以上股份的股东有权书面请求监事会向人民法院提起诉讼;监事会执行公司职务时违反法律、行政法规或者本章程的规定,给公司造成损失的,股东可以书面请求董事会向人民法院提起诉讼。

监事会、董事会收到前款规定的股东书面请求后拒绝提起诉讼,或者自收到请求之日起30日内未提起诉讼,或者情况紧急、不立即提起诉讼将会使公司利益受到难以弥补的损害的,前款规定的股东有权为了公司的利益以自己的名义直接向人民法院提起诉讼。

他人侵犯公司合法权益,给公司造成损失的,本条第一款规定的股东可以依照前两款的规定向人民法院提起诉讼。

第三十六条 董事、高级管理人员违反法律、行政法规或者本章程的规定,损害股东利益的,股东可以向人民法院提起诉讼。

第三十七条 公司股东承担下列义务:

(一)遵守法律、行政法规和本章程;

(二)依其所认购的股份和入股方式缴纳股金;

(三)除法律、法规规定的情形外,不得退股;

(四)不得滥用股东权利损害公司或者其他股东的利益;不得滥用公司法人独立地位和股东有限责任损害公司债权人的利益;

公司股东滥用股东权利给公司或者其他股东造成损失的,应当依法承担赔偿责任。

公司股东滥用公司法人独立地位和股东有限责任,逃避债务,严重损害公司债权人利益的,应当对公司债务承担连带责任。

(五)法律、行政法规及本章程规定应当承担的其他义务。

第三十八条 持有公司5%以上有表决权股份的股东,将其持有的股份进行质押的,应当自该事实发生当日,向公司作出书面报告。

第三十九条 公司的控股股东、实际控制人不得利用其关联关系损害公司利益。违反规定的,给公司造成损失的,应当承担赔偿责任。

公司控股股东及实际控制人对公司和公司社会公众股股东负有诚信义务。控股股东应严格依法行使出资人的权利,控股股东不得利用利润分配、资产重组、对外投资、资金占用、借款担保等方式损害公司和社会公众股股东的合法权益,不得利用其控制地位损害公司和社会公众股股东的利益。

第二节　股东大会的一般规定

第四十条　股东大会是公司的权力机构,依法行使下列职权:

(一)决定公司的经营方针和投资计划;

(二)选举和更换非由职工代表担任的董事、监事,决定有关董事、监事的报酬事项;

(三)审议批准董事会的报告;

(四)审议批准监事会报告;

(五)审议批准公司的年度财务预算方案、决算方案;

(六)审议批准公司的利润分配方案和弥补亏损方案;

(七)对公司增加或者减少注册资本作出决议;

(八)对发行公司债券作出决议;

(九)对公司合并、分立、解散、清算或者变更公司形式作出决议;

(十)修改本章程;

(十一)对公司聘用、解聘会计师事务所作出决议;

(十二)审议批准第四十一条规定的担保事项;

(十三)审议公司在一年内购买、出售重大资产超过公司最近一期经审计总资产30%的事项;

(十四)审议批准变更募集资金用途事项;

(十五)审议股权激励计划;

(十六)审议法律、行政法规、部门规章或本章程规定应当由股东大会决定的其他事项。

注释:上述股东大会的职权不得通过授权的形式由董事会或其他机构和个人代为行使。

第四十一条　公司下列对外担保行为,须经股东大会审议通过。

(一)本公司及本公司控股子公司的对外担保总额,达到或超过最近一期经审计净资产的50%以后提供的任何担保;

(二)公司的对外担保总额,达到或超过最近一期经审计总资产的30%以后提供的任何担保;

(三)为资产负债率超过70%的担保对象提供的担保;

(四)单笔担保额超过最近一期经审计净资产10%的担保;

(五)对股东、实际控制人及其关联方提供的担保。

第四十二条　股东大会分为年度股东大会和临时股东大会。年度股东大会每年召开1次,应当于上一会计年度结束后的6个月内举行。

第四十三条　有下列情形之一的,公司在事实发生之日起2个月以内召开临时股东大会:

(一)董事人数不足《公司法》规定人数或者本章程所定人数的2/3时;

(二)公司未弥补的亏损达实收股本总额1/3时;

(三)单独或者合计持有公司10%以上股份的股东请求时;

(四)董事会认为必要时;

(五)监事会提议召开时;

(六)法律、行政法规、部门规章或本章程规定的其他情形。

注释:公司应当在章程中确定本条第(一)项的具体人数。计算本条第(三)项所称持股比例时,仅计算普通股和表决权恢复的优先股。

第四十四条 本公司召开股东大会的地点为:【具体地点】。

股东大会将设置会场,以现场会议形式召开。公司还将提供【网络或其他方式】为股东参加股东大会提供便利。股东通过上述方式参加股东大会的,视为出席。

注释:公司章程可以规定召开股东大会的地点为公司住所地或其他明确地点。召开股东大会公司采用其他参加股东大会方式的,必须在公司章程中予以明确,并明确合法有效的股东身份确认方式。

第四十五条 本公司召开股东大会时将聘请律师对以下问题出具法律意见并公告:
(一)会议的召集、召开程序是否符合法律、行政法规、本章程;
(二)出席会议人员的资格、召集人资格是否合法有效;
(三)会议的表决程序、表决结果是否合法有效;
(四)应本公司要求对其他有关问题出具的法律意见。

第三节 股东大会的召集

第四十六条 独立董事有权向董事会提议召开临时股东大会。对独立董事要求召开临时股东大会的提议,董事会应当根据法律、行政法规和本章程的规定,在收到提议后10日内提出同意或不同意召开临时股东大会的书面反馈意见。董事会同意召开临时股东大会的,将在作出董事会决议后的5日内发出召开股东大会的通知;董事会不同意召开临时股东大会的,将说明理由并公告。

第四十七条 监事会有权向董事会提议召开临时股东大会,并应当以书面形式向董事会提出。董事会应当根据法律、行政法规和本章程的规定,在收到提案后10日内提出同意或不同意召开临时股东大会的书面反馈意见。

董事会同意召开临时股东大会的,将在作出董事会决议后的5日内发出召开股东大会的通知,通知中对原提议的变更,应征得监事会的同意。

董事会不同意召开临时股东大会,或者在收到提案后10日内未作出反馈的,视为董事会不能履行或者不履行召集股东大会会议职责,监事会可以自行召集和主持。

第四十八条 单独或者合计持有公司10%以上股份的股东有权向董事会请求召开临时股东大会,并应当以书面形式向董事会提出。董事会应当根据法律、行政法规和本章程的规定,在收到请求后10日内提出同意或不同意召开临时股东大会的书面反馈意见。

董事会同意召开临时股东大会的,应当在作出董事会决议后的5日内发出召开股东大会的通知,通知中对原请求的变更,应当征得相关股东的同意。

董事会不同意召开临时股东大会,或者在收到请求后10日内未作出反馈的,单独或者合计持有公司10%以上股份的股东有权向监事会提议召开临时股东大会,并应当以书面形式向监事会提出请求。

监事会同意召开临时股东大会的,应在收到请求5日内发出召开股东大会的通知,通知中对原提案的变更,应当征得相关股东的同意。

监事会未在规定期限内发出股东大会通知的,视为监事会不召集和主持股东大会,连续90日以上单独或者合计持有公司10%以上股份的股东可以自行召集和主持。

注释:计算本条所称持股比例时,仅计算普通股和表决权恢复的优先股。

第四十九条 监事会或股东决定自行召集股东大会的,须书面通知董事会,同时向公司所在地中国证监会派出机构和证券交易所备案。

在股东大会决议公告前,召集股东持股比例不得低于10%。

召集股东应在发出股东大会通知及股东大会决议公告时,向公司所在地中国证监会派出机构和证券交易所提交有关证明材料。

注释:计算本条所称持股比例时,仅计算普通股和表决权恢复的优先股。

第五十条 对于监事会或股东自行召集的股东大会,董事会和董事会秘书将予配合。董事会应当提供股权登记日的股东名册。

第五十一条 监事会或股东自行召集的股东大会,会议所必需的费用由本公司承担。

第四节 股东大会的提案与通知

第五十二条 提案的内容应当属于股东大会职权范围,有明确议题和具体决议事项,并且符合法律、行政法规和本章程的有关规定。

第五十三条 公司召开股东大会,董事会、监事会以及单独或者合并持有公司3%以上股份的股东,有权向公司提出提案。

单独或者合计持有公司3%以上股份的股东,可以在股东大会召开10日前提出临时提案并书面提交召集人。召集人应当在收到提案后2日内发出股东大会补充通知,公告临时提案的内容。

除前款规定的情形外,召集人在发出股东大会通知公告后,不得修改股东大会通知中已列明的提案或增加新的提案。

股东大会通知中未列明或不符合本章程第五十二条规定的提案,股东大会不得进行表决并作出决议。

注释:计算本条所称持股比例时,仅计算普通股和表决权恢复的优先股。

第五十四条 召集人将在年度股东大会召开20日前以公告方式通知各股东,临时股东大会将于会议召开15日前以公告方式通知各股东。

注释:公司在计算起始期限时,不应当包括会议召开当日。

公司可以根据实际情况,决定是否在章程中规定催告程序。

第五十五条 股东大会的通知包括以下内容:

(一)会议的时间、地点和会议期限;

(二)提交会议审议的事项和提案;

(三)以明显的文字说明:全体普通股股东(含表决权恢复的优先股股东)均有权出席股东大会,并可以书面委托代理人出席会议和参加表决,该股东代理人不必是公司的股东;

(四)有权出席股东大会股东的股权登记日;

(五)会务常设联系人姓名,电话号码。

注释:1. 股东大会通知和补充通知中应当充分、完整披露所有提案的全部具体内容。拟讨论的事项需要独立董事发表意见的,发布股东大会通知或补充通知时将同时披露独立董事的意见及理由。

2. 股东大会采用网络或其他方式的,应当在股东大会通知中明确载明网络或其他方式的表决时间及表决程序。股东大会网络或其他方式投票的开始时间,不得早于现场股东大会召开前一日下午3:00,并不得迟于现场股东大会召开当日上午9:30,其结束时间不得早于现场股东大会结束当日下午3:00。

3. 股权登记日与会议日期之间的间隔应当不多于7个工作日。股权登记日一旦确认,不得变更。

第五十六条 股东大会拟讨论董事、监事选举事项的,股东大会通知中将充分披露董事、监事候选人的详细资料,至少包括以下内容:

(一)教育背景、工作经历、兼职等个人情况;
(二)与本公司或本公司的控股股东及实际控制人是否存在关联关系;
(三)披露持有本公司股份数量;
(四)是否受过中国证监会及其他有关部门的处罚和证券交易所惩戒。

除采取累积投票制选举董事、监事外,每位董事、监事候选人应当以单项提案提出。

第五十七条 发出股东大会通知后,无正当理由,股东大会不应延期或取消,股东大会通知中列明的提案不应取消。一旦出现延期或取消的情形,召集人应当在原定召开日前至少2个工作日公告并说明原因。

第五节 股东大会的召开

第五十八条 本公司董事会和其他召集人将采取必要措施,保证股东大会的正常秩序。对于干扰股东大会、寻衅滋事和侵犯股东合法权益的行为,将采取措施加以制止并及时报告有关部门查处。

第五十九条 股权登记日登记在册的所有普通股股东(含表决权恢复的优先股股东)或其代理人,均有权出席股东大会。并依照有关法律、法规及本章程行使表决权。

股东可以亲自出席股东大会,也可以委托代理人代为出席和表决。

第六十条 个人股东亲自出席会议的,应出示本人身份证或其他能够表明其身份的有效证件或证明、股票账户卡;委托代理他人出席会议的,应出示本人有效身份证件、股东授权委托书。

法人股东应由法定代表人或者法定代表人委托的代理人出席会议。法定代表人出席会议的,应出示本人身份证、能证明其具有法定代表人资格的有效证明;委托代理人出席会议的,代理人应出示本人身份证、法人股东单位的法定代表人依法出具的书面授权委托书。

第六十一条 股东出具的委托他人出席股东大会的授权委托书应当载明下列内容:

(一)代理人的姓名;
(二)是否具有表决权;

(三)分别对列入股东大会议程的每一审议事项投赞成、反对或弃权票的指示;

(四)委托书签发日期和有效期限;

(五)委托人签名(或盖章)。委托人为法人股东的,应加盖法人单位印章。

第六十二条 委托书应当注明如果股东不作具体指示,股东代理人是否可以按自己的意思表决。

第六十三条 代理投票授权委托书由委托人授权他人签署的,授权签署的授权书或者其他授权文件应当经过公证。经公证的授权书或者其他授权文件,和投票代理委托书均需备置于公司住所或者召集会议的通知中指定的其他地方。

委托人为法人的,由其法定代表人或者董事会、其他决策机构决议授权的人作为代表出席公司的股东大会。

第六十四条 出席会议人员的会议登记册由公司负责制作。会议登记册载明参加会议人员姓名(或单位名称)、身份证号码、住所地址、持有或者代表有表决权的股份数额、被代理人姓名(或单位名称)等事项。

第六十五条 召集人和公司聘请的律师将依据证券登记结算机构提供的股东名册共同对股东资格的合法性进行验证,并登记股东姓名(或名称)及其所持有表决权的股份数。在会议主持人宣布现场出席会议的股东和代理人人数及所持有表决权的股份总数之前,会议登记应当终止。

第六十六条 股东大会召开时,本公司全体董事、监事和董事会秘书应当出席会议,经理和其他高级管理人员应当列席会议。

第六十七条 股东大会由董事长主持。董事长不能履行职务或不履行职务时,由副董事长(公司有两位或两位以上副董事长的,由半数以上董事共同推举的副董事长主持)主持,副董事长不能履行职务或者不履行职务时,由半数以上董事共同推举的一名董事主持。

监事会自行召集的股东大会,由监事会主席主持。监事会主席不能履行职务或不履行职务时,由监事会副主席主持,监事会副主席不能履行职务或者不履行职务时,由半数以上监事共同推举的一名监事主持。

股东自行召集的股东大会,由召集人推举代表主持。

召开股东大会时,会议主持人违反议事规则使股东大会无法继续进行的,经现场出席股东大会有表决权过半数的股东同意,股东大会可推举一人担任会议主持人,继续开会。

第六十八条 公司制定股东大会议事规则,详细规定股东大会的召开和表决程序,包括通知、登记、提案的审议、投票、计票、表决结果的宣布、会议决议的形成、会议记录及其签署、公告等内容,以及股东大会对董事会的授权原则,授权内容应明确具体。股东大会议事规则应作为章程的附件,由董事会拟定,股东大会批准。

第六十九条 在年度股东大会上,董事会、监事会应当就其过去一年的工作向股东大会作出报告。每名独立董事也应作出述职报告。

第七十条 董事、监事、高级管理人员在股东大会上就股东的质询和建议作出解释和说明。

第七十一条 会议主持人应当在表决前宣布现场出席会议的股东和代理人人数及所持有表决权的股份总数,现场出席会议的股东和代理人人数及所持有表决权的股份总数以会议登记为准。

第七十二条　股东大会应有会议记录,由董事会秘书负责。会议记录记载以下内容:
(一)会议时间、地点、议程和召集人姓名或名称;
(二)会议主持人以及出席或列席会议的董事、监事、经理和其他高级管理人员姓名;
(三)出席会议的股东和代理人人数、所持有表决权的股份总数及占公司股份总数的比例;
(四)对每一提案的审议经过、发言要点和表决结果;
(五)股东的质询意见或建议以及相应的答复或说明;
(六)律师及计票人、监票人姓名;
(七)本章程规定应当载入会议记录的其他内容。

注释:既发行内资股又发行境内上市外资股的公司,会议记录的内容还应当包括:(1)出席股东大会的内资股股东(包括股东代理人)和境内上市外资股股东(包括股东代理人)所持有表决权的股份数,各占公司总股份的比例;(2)在记载表决结果时,还应当记载内资股股东和境内上市外资股股东对每一决议事项的表决情况。

未完成股权分置改革的公司,会议记录还应该包括:(1)出席股东大会的流通股股东(包括股东代理人)和非流通股股东(包括股东代理人)所持有表决权的股份数,各占公司总股份的比例;(2)在记载表决结果时,还应当记载流通股股东和非流通股股东对每一决议事项的表决情况。

公司应当根据实际情况,在章程中规定股东大会会议记录需要记载的其他内容。

第七十三条　召集人应当保证会议记录内容真实、准确和完整。出席会议的董事、监事、董事会秘书、召集人或其代表、会议主持人应当在会议记录上签名。会议记录应当与现场出席股东的签名册及代理出席的委托书、网络及其他方式表决情况的有效资料一并保存,保存期限不少于10年。

注释:公司应当根据具体情况,在章程中规定股东大会会议记录的保管期限。

第七十四条　召集人应当保证股东大会连续举行,直至形成最终决议。因不可抗力等特殊原因导致股东大会中止或不能作出决议的,应采取必要措施尽快恢复召开股东大会或直接终止本次股东大会,并及时公告。同时,召集人应向公司所在地中国证监会派出机构及证券交易所报告。

第六节　股东大会的表决和决议

第七十五条　股东大会决议分为普通决议和特别决议。

股东大会作出普通决议,应当由出席股东大会的股东(包括股东代理人)所持表决权的1/2以上通过。

股东大会作出特别决议,应当由出席股东大会的股东(包括股东代理人)所持表决权的2/3以上通过。

第七十六条　下列事项由股东大会以普通决议通过:
(一)董事会和监事会的工作报告;
(二)董事会拟定的利润分配方案和弥补亏损方案;

（三）董事会和监事会成员的任免及其报酬和支付方法；

（四）公司年度预算方案、决算方案；

（五）公司年度报告；

（六）除法律、行政法规规定或者本章程规定应当以特别决议通过以外的其他事项。

第七十七条 下列事项由股东大会以特别决议通过：

（一）公司增加或者减少注册资本；

（二）公司的分立、合并、解散和清算；

（三）本章程的修改；

（四）公司在一年内购买、出售重大资产或者担保金额超过公司最近一期经审计总资产30%的；

（五）股权激励计划；

（六）法律、行政法规或本章程规定的，以及股东大会以普通决议认定会对公司产生重大影响的、需要以特别决议通过的其他事项。

注释：股东大会就以下事项作出特别决议，除须经出席会议的普通股股东（含表决权恢复的优先股股东，包括股东代理人）所持表决权的2/3以上通过之外，还须经出席会议的优先股股东（不含表决权恢复的优先股股东，包括股东代理人）所持表决权的2/3以上通过：(1)修改公司章程中与优先股相关的内容；(2)一次或累计减少公司注册资本超过10%；(3)公司合并、分立、解散或变更公司形式；(4)发行优先股；(5)公司章程规定的其他情形。

第七十八条 股东（包括股东代理人）以其所代表的有表决权的股份数额行使表决权，每一股份享有一票表决权。

股东大会审议影响中小投资者利益的重大事项时，对中小投资者表决应当单独计票。单独计票结果应当及时公开披露。

公司持有的本公司股份没有表决权，且该部分股份不计入出席股东大会有表决权的股份总数。

公司董事会、独立董事和符合相关规定条件的股东可以公开征集股东投票权。征集股东投票权应当向被征集人充分披露具体投票意向等信息。禁止以有偿或者变相有偿的方式征集股东投票权。公司不得对征集投票权提出最低持股比例限制。

注释：若公司有发行在外的其他股份，应当说明是否享有表决权。优先股表决权恢复的，应当根据章程规定的具体计算方法确定每股优先股股份享有的表决权。

第七十九条 股东大会审议有关关联交易事项时，关联股东不应当参与投票表决，其所代表的有表决权的股份数不计入有效表决总数；股东大会决议的公告应当充分披露非关联股东的表决情况。

注释：公司应当根据具体情况，在章程中制订有关联关系股东的回避和表决程序。

第八十条 公司应在保证股东大会合法、有效的前提下，通过各种方式和途径，优先提供网络形式的投票平台等现代信息技术手段，为股东参加股东大会提供便利。

注释：公司就发行优先股事项召开股东大会的，应当提供网络投票，并可以通过中国证监会认可的其他方式为股东参加股东大会提供便利。

第八十一条 除公司处于危机等特殊情况外，非经股东大会以特别决议批准，公司将不与董事、经理和其他高级管理人员以外的人订立将公司全部或者重要业务的管理交予该人负责的合同。

第八十二条 董事、监事候选人名单以提案的方式提请股东大会表决。

股东大会就选举董事、监事进行表决时,根据本章程的规定或者股东大会的决议,可以实行累积投票制。

前款所称累积投票制是指股东大会选举董事或者监事时,每一股份拥有与应选董事或者监事人数相同的表决权,股东拥有的表决权可以集中使用。董事会应当向股东公告候选董事、监事的简历和基本情况。

注释:公司应当在章程中规定董事、监事提名的方式和程序,以及累积投票制的相关事宜。

第八十三条 除累积投票制外,股东大会将对所有提案进行逐项表决,对同一事项有不同提案的,将按提案提出的时间顺序进行表决。除因不可抗力等特殊原因导致股东大会中止或不能作出决议外,股东大会将不会对提案进行搁置或不予表决。

第八十四条 股东大会审议提案时,不会对提案进行修改,否则,有关变更应当被视为一个新的提案,不能在本次股东大会上进行表决。

第八十五条 同一表决权只能选择现场、网络或其他表决方式中的一种。同一表决权出现重复表决的以第一次投票结果为准。

第八十六条 股东大会采取记名方式投票表决。

第八十七条 股东大会对提案进行表决前,应当推举两名股东代表参加计票和监票。审议事项与股东有利害关系的,相关股东及代理人不得参加计票、监票。

股东大会对提案进行表决时,应当由律师、股东代表与监事代表共同负责计票、监票,并当场公布表决结果,决议的表决结果载入会议记录。

通过网络或其他方式投票的公司股东或其代理人,有权通过相应的投票系统查验自己的投票结果。

第八十八条 股东大会现场结束时间不得早于网络或其他方式,会议主持人应当宣布每一提案的表决情况和结果,并根据表决结果宣布提案是否通过。

在正式公布表决结果前,股东大会现场、网络及其他表决方式中所涉及的公司、计票人、监票人、主要股东、网络服务方等相关各方对表决情况均负有保密义务。

第八十九条 出席股东大会的股东,应当对提交表决的提案发表以下意见之一:同意、反对或弃权。证券登记结算机构作为沪港通股票的名义持有人,按照实际持有人意思表示进行申报的除外。

未填、错填、字迹无法辨认的表决票、未投的表决票均视为投票人放弃表决权利,其所持股份数的表决结果应计为"弃权"。

第九十条 会议主持人如果对提交表决的决议结果有任何怀疑,可以对所投票数组织点票;如果会议主持人未进行点票,出席会议的股东或者股东代理人对会议主持人宣布结果有异议的,有权在宣布表决结果后立即要求点票,会议主持人应当立即组织点票。

第九十一条 股东大会决议应当及时公告,公告中应列明出席会议的股东和代理人人数、所持有表决权的股份总数及占公司有表决权股份总数的比例、表决方式、每项提案的表决结果和通过的各项决议的详细内容。

注释:发行境内上市外资股的公司,应当对内资股股东和外资股股东出席会议及表决情况分别统计并公告。

第九十二条 提案未获通过,或者本次股东大会变更前次股东大会决议的,应当在股东大会决议公告中作特别提示。

第九十三条 股东大会通过有关董事、监事选举提案的,新任董事、监事就任时间在【就任时间】。

注释:新任董事、监事就任时间确认方式应在公司章程中予以明确。

第九十四条 股东大会通过有关派现、送股或资本公积转增股本提案的,公司将在股东大会结束后2个月内实施具体方案。

第五章　董事会

第一节　董　事

第九十五条 公司董事为自然人,有下列情形之一的,不能担任公司的董事:

(一)无民事行为能力或者限制民事行为能力;

(二)因贪污、贿赂、侵占财产、挪用财产或者破坏社会主义市场经济秩序,被判处刑罚,执行期满未逾5年,或者因犯罪被剥夺政治权利,执行期满未逾5年;

(三)担任破产清算的公司、企业的董事或者厂长、经理,对该公司、企业的破产负有个人责任的,自该公司、企业破产清算完结之日起未逾3年;

(四)担任因违法被吊销营业执照、责令关闭的公司、企业的法定代表人,并负有个人责任的,自该公司、企业被吊销营业执照之日起未逾3年;

(五)个人所负数额较大的债务到期未清偿;

(六)被中国证监会处以证券市场禁入处罚,期限未满的;

(七)法律、行政法规或部门规章规定的其他内容。

违反本条规定选举、委派董事的,该选举、委派或者聘任无效。董事在任职期间出现本条情形的,公司解除其职务。

第九十六条 董事由股东大会选举或更换,任期【年数】。董事任期届满,可连选连任。董事在任期届满以前,股东大会不能无故解除其职务。

董事任期从就任之日起计算,至本届董事会任期届满时为止。董事任期届满未及时改选,在改选出的董事就任前,原董事仍应当依照法律、行政法规、部门规章和本章程的规定,履行董事职务。

董事可以由经理或者其他高级管理人员兼任,但兼任经理或者其他高级管理人员职务的董事以及由职工代表担任的董事,总计不得超过公司董事总数的1/2。

注释:公司章程应规定规范、透明的董事选聘程序。董事会成员中可以有公司职工代表,公司章程应明确本公司董事会是否可以由职工代表担任董事,以及职工代表担任董事的名额。董事会中的职工代表由公司职工通过职工代表大会、职工大会或者其他形式民主选举产生后,直接进入董事会。

第九十七条 董事应当遵守法律、行政法规和本章程,对公司负有下列忠实义务:
(一)不得利用职权收受贿赂或者其他非法收入,不得侵占公司的财产;
(二)不得挪用公司资金;
(三)不得将公司资产或者资金以其个人名义或者其他个人名义开立账户存储;
(四)不得违反本章程的规定,未经股东大会或董事会同意,将公司资金借贷给他人或者以公司财产为他人提供担保;
(五)不得违反本章程的规定或未经股东大会同意,与本公司订立合同或者进行交易;
(六)未经股东大会同意,不得利用职务便利,为自己或他人谋取本应属于公司的商业机会,自营或者为他人经营与本公司同类的业务;
(七)不得接受与公司交易的佣金归为己有;
(八)不得擅自披露公司秘密;
(九)不得利用其关联关系损害公司利益;
(十)法律、行政法规、部门规章及本章程规定的其他忠实义务。
董事违反本条规定所得的收入,应当归公司所有;给公司造成损失的,应当承担赔偿责任。
注释:除以上各项义务要求外,公司可以根据具体情况,在章程中增加对本公司董事其他义务的要求。

第九十八条 董事应当遵守法律、行政法规和本章程,对公司负有下列勤勉义务:
(一)应谨慎、认真、勤勉地行使公司赋予的权利,以保证公司的商业行为符合国家法律、行政法规以及国家各项经济政策的要求,商业活动不超过营业执照规定的业务范围;
(二)应公平对待所有股东;
(三)及时了解公司业务经营管理状况;
(四)应当对公司定期报告签署书面确认意见。保证公司所披露的信息真实、准确、完整;
(五)应当如实向监事会提供有关情况和资料,不得妨碍监事会或者监事行使职权;
(六)法律、行政法规、部门规章及本章程规定的其他勤勉义务。
注释:公司可以根据具体情况,在章程中增加对本公司董事勤勉义务的要求。

第九十九条 董事连续两次未能亲自出席,也不委托其他董事出席董事会会议,视为不能履行职责,董事会应当建议股东大会予以撤换。

第一百条 董事可以在任期届满以前提出辞职。董事辞职应向董事会提交书面辞职报告。董事会将在2日内披露有关情况。
如因董事的辞职导致公司董事会低于法定最低人数时,在改选出的董事就任前,原董事仍应当依照法律、行政法规、部门规章和本章程规定,履行董事职务。
除前款所列情形外,董事辞职自辞职报告送达董事会时生效。

第一百零一条 董事辞职生效或者任期届满,应向董事会办妥所有移交手续,其对公司和股东承担的忠实义务,在任期结束后并不当然解除,在本章程规定的合理期限内仍然有效。
注释:公司章程应规定董事辞职生效或者任期届满后承担忠实义务的具体期限。

第一百零二条 未经本章程规定或者董事会的合法授权,任何董事不得以个人名义代表公司或者董事会行事。董事以其个人名义行事时,在第三方会合理地认为该董事在代表公司或者董事会行事的情况下,该董事应当事先声明其立场和身份。

第一百零三条 董事执行公司职务时违反法律、行政法规、部门规章或本章程的规定,给公司造成损失的,应当承担赔偿责任。

第一百零四条 独立董事应按照法律、行政法规及部门规章的有关规定执行。

第二节 董事会

第一百零五条 公司设董事会,对股东大会负责。

第一百零六条 董事会由【人数】名董事组成,设董事长1人,副董事长【人数】人。

注释:公司应当在章程中确定董事会人数。

第一百零七条 董事会行使下列职权:

(一)召集股东大会,并向股东大会报告工作;

(二)执行股东大会的决议;

(三)决定公司的经营计划和投资方案;

(四)制订公司的年度财务预算方案、决算方案;

(五)制订公司的利润分配方案和弥补亏损方案;

(六)制订公司增加或者减少注册资本、发行债券或其他证券及上市方案;

(七)拟订公司重大收购、收购本公司股票或者合并、分立、解散及变更公司形式的方案;

(八)在股东大会授权范围内,决定公司对外投资、收购出售资产、资产抵押、对外担保事项、委托理财、关联交易等事项;

(九)决定公司内部管理机构的设置;

(十)聘任或者解聘公司经理、董事会秘书;根据经理的提名,聘任或者解聘公司副经理、财务负责人等高级管理人员,并决定其报酬事项和奖惩事项;

(十一)制订公司的基本管理制度;

(十二)制订本章程的修改方案;

(十三)管理公司信息披露事项;

(十四)向股东大会提请聘请或更换为公司审计的会计师事务所;

(十五)听取公司经理的工作汇报并检查经理的工作;

(十六)法律、行政法规、部门规章或本章程授予的其他职权。

注释:公司股东大会可以授权公司董事会按照公司章程的约定向优先股股东支付股息。

超过股东大会授权范围的事项,应当提交股东大会审议。

第一百零八条 公司董事会应当就注册会计师对公司财务报告出具的非标准审计意见向股东大会作出说明。

第一百零九条 董事会制定董事会议事规则,以确保董事会落实股东大会决议,提高工作效率,保证科学决策。

注释:该规则规定董事会的召开和表决程序,董事会议事规则应列入公司章程或作为章程的附件,由董事会拟定,股东大会批准。

第一百一十条 董事会应当确定对外投资、收购出售资产、资产抵押、对外担保事项、委托理财、关联交易的权限,建立严格的审查和决策程序;重大投资项目应当组织有关专家、专业人员进行评审,并报股东大会批准。

注释:公司董事会应当根据相关的法律、法规及公司实际情况,在章程中确定符合公司具体要求的权限范围,以及涉及资金占公司资产的具体比例。

第一百一十一条 董事会设董事长1人,可以设副董事长。董事长和副董事长由董事会以全体董事的过半数选举产生。

第一百一十二条 董事长行使下列职权:
(一)主持股东大会和召集、主持董事会会议;
(二)督促、检查董事会决议的执行;
(三)董事会授予的其他职权。

注释:董事会应谨慎授予董事长职权,例行或长期授权须在章程中明确规定。

第一百一十三条 公司副董事长协助董事长工作,董事长不能履行职务或者不履行职务的,由副董事长履行职务(公司有两位或两位以上副董事长的,由半数以上董事共同推举的副董事长履行职务);副董事长不能履行职务或者不履行职务的,由半数以上董事共同推举一名董事履行职务。

第一百一十四条 董事会每年至少召开两次会议,由董事长召集,于会议召开10日以前书面通知全体董事和监事。

第一百一十五条 代表1/10以上表决权的股东、1/3以上董事或者监事会,可以提议召开董事会临时会议。董事长应当自接到提议后10日内,召集和主持董事会会议。

第一百一十六条 董事会召开临时董事会会议的通知方式为:【具体通知方式】;通知时限为:【具体通知时限】。

第一百一十七条 董事会会议通知包括以下内容:
(一)会议日期和地点;
(二)会议期限;
(三)事由及议题;
(四)发出通知的日期。

第一百一十八条 董事会会议应有过半数的董事出席方可举行。董事会作出决议,必须经全体董事的过半数通过。

董事会决议的表决,实行一人一票。

第一百一十九条 董事与董事会会议决议事项所涉及的企业有关联关系的,不得对该项决议行使表决权,也不得代理其他董事行使表决权。该董事会会议由过半数的无关联关系董事出席即可举行,董事会会议所作决议须经无关联关系董事过半数通过。出席董事会的无关联董事人数不足3人的,应将该事项提交股东大会审议。

第一百二十条 董事会决议表决方式为:【具体表决方式】。

董事会临时会议在保障董事充分表达意见的前提下,可以用【其他方式】进行并作出决议,并由参会董事签字。

注释:此项为选择性条款,公司可自行决定是否在其章程中予以采纳。

第一百二十一条 董事会会议,应由董事本人出席;董事因故不能出席,可以书面委托其他董事代为出席,委托书中应载明代理人的姓名、代理事项、授权范围和有效期限,并由委托人签名或盖章。代为出席会议的董事应当在授权范围内行使董事的权利。董事未出席董事会会议,亦未委托代表出席的,视为放弃在该次会议上的投票权。

第一百二十二条 董事会应当对会议所议事项的决定做成会议记录,出席会议的董事应当在会议记录上签名。

董事会会议记录作为公司档案保存,保存期限不少于10年。

注释:公司应当根据具体情况,在章程中规定会议记录的保管期限。

第一百二十三条 董事会会议记录包括以下内容:

(一)会议召开的日期、地点和召集人姓名;

(二)出席董事的姓名以及受他人委托出席董事会的董事(代理人)姓名;

(三)会议议程;

(四)董事发言要点;

(五)每一决议事项的表决方式和结果(表决结果应载明赞成、反对或弃权的票数)。

第六章 经理及其他高级管理人员

第一百二十四条 公司设经理1名,由董事会聘任或解聘。

公司设副经理【人数】名,由董事会聘任或解聘。

公司经理、副经理、财务负责人、董事会秘书和【职务】为公司高级管理人员。

注释:公司可以根据具体情况,在章程中规定属于公司高级管理人员的其他人选。

第一百二十五条 本章程第九十五条关于不得担任董事的情形,同时适用于高级管理人员。

本章程第九十七条关于董事的忠实义务和第九十八条(四)—(六)关于勤勉义务的规定,同时适用于高级管理人员。

第一百二十六条 在公司控股股东、实际控制人单位担任除董事以外其他职务的人员,不得担任公司的高级管理人员。

第一百二十七条 经理每届任期【年数】年,经理连聘可以连任。

第一百二十八条 经理对董事会负责,行使下列职权:

(一)主持公司的生产经营管理工作,组织实施董事会决议,并向董事会报告工作;

(二)组织实施公司年度经营计划和投资方案;

(三)拟订公司内部管理机构设置方案;

(四)拟订公司的基本管理制度;

(五)制定公司的具体规章;

(六)提请董事会聘任或者解聘公司副经理、财务负责人;

(七)决定聘任或者解聘除应由董事会决定聘任或者解聘以外的负责管理人员;

(八)本章程或董事会授予的其他职权。

经理列席董事会会议。

注释:公司应当根据自身情况,在章程中制订符合公司实际要求的经理的职权和具体实施办法。

第一百二十九条　经理应制订经理工作细则,报董事会批准后实施。

第一百三十条　经理工作细则包括下列内容:

(一)经理会议召开的条件、程序和参加的人员;

(二)经理及其他高级管理人员各自具体的职责及其分工;

(三)公司资金、资产运用,签订重大合同的权限,以及向董事会、监事会的报告制度;

(四)董事会认为必要的其他事项。

第一百三十一条　经理可以在任期届满以前提出辞职。有关经理辞职的具体程序和办法由经理与公司之间的劳务合同规定。

第一百三十二条　公司根据自身情况,在章程中应当规定副经理的任免程序、副经理与经理的关系,并可以规定副经理的职权。

第一百三十三条　公司设董事会秘书,负责公司股东大会和董事会会议的筹备、文件保管以及公司股东资料管理,办理信息披露事务等事宜。

董事会秘书应遵守法律、行政法规、部门规章及本章程的有关规定。

第一百三十四条　高级管理人员执行公司职务时违反法律、行政法规、部门规章或本章程的规定,给公司造成损失的,应当承担赔偿责任。

第七章　监事会

第一节　监事

第一百三十五条　本章程第九十五条关于不得担任董事的情形,同时适用于监事。

董事、经理和其他高级管理人员不得兼任监事。

第一百三十六条　监事应当遵守法律、行政法规和本章程,对公司负有忠实义务和勤勉义务,不得利用职权收受贿赂或者其他非法收入,不得侵占公司的财产。

第一百三十七条　监事的任期每届为3年。监事任期届满,连选可以连任。

第一百三十八条　监事任期届满未及时改选,或者监事在任期内辞职导致监事会成员低于法定人数的,在改选出的监事就任前,原监事仍应当依照法律、行政法规和本章程的规定,履行监事职务。

第一百三十九条　监事应当保证公司披露的信息真实、准确、完整。

第一百四十条　监事可以列席董事会会议,并对董事会决议事项提出质询或者建议。

第一百四十一条　监事不得利用其关联关系损害公司利益,若给公司造成损失的,应当承担赔偿责任。

第一百四十二条　监事执行公司职务时违反法律、行政法规、部门规章或本章程的规定,给公司造成损失的,应当承担赔偿责任。

第二节　监事会

第一百四十三条　公司设监事会。监事会由【人数】名监事组成,监事会设主席1人,可以设副主席。监事会主席和副主席由全体监事过半数选举产生。监事会主席召集和主持监事会会议;监事会主席不能履行职务或者不履行职务的,由监事会副主席召集和主持监事会会议;监事会副主席不能履行职务或者不履行职务的,由半数以上监事共同推举一名监事召集和主持监事会会议。

监事会应当包括股东代表和适当比例的公司职工代表,其中职工代表的比例不低于1/3。监事会中的职工代表由公司职工通过职工代表大会、职工大会或者其他形式民主选举产生。

注释:监事会成员不得少于3人。公司章程应规定职工代表在监事会中的具体比例。

第一百四十四条 监事会行使下列职权:

(一)应当对董事会编制的公司定期报告进行审核并提出书面审核意见;

(二)检查公司财务;

(三)对董事、高级管理人员执行公司职务的行为进行监督,对违反法律、行政法规、本章程或者股东大会决议的董事、高级管理人员提出罢免的建议;

(四)当董事、高级管理人员的行为损害公司的利益时,要求董事、高级管理人员予以纠正;

(五)提议召开临时股东大会,在董事会不履行《公司法》规定的召集和主持股东大会职责时召集和主持股东大会;

(六)向股东大会提出提案;

(七)依照《公司法》第一百五十一条的规定,对董事、高级管理人员提起诉讼;

(八)发现公司经营情况异常,可以进行调查;必要时,可以聘请会计师事务所、律师事务所等专业机构协助其工作,费用由公司承担。

注释:公司章程可以规定监事的其他职权。

第一百四十五条 监事会每6个月至少召开一次会议。监事可以提议召开临时监事会会议。

监事会决议应当经半数以上监事通过。

第一百四十六条 监事会制定监事会议事规则,明确监事会的议事方式和表决程序,以确保监事会的工作效率和科学决策。

注释:监事会议事规则规定监事会的召开和表决程序。监事会议事规则应列入公司章程或作为章程的附件,由监事会拟定,股东大会批准。

第一百四十七条 监事会应当将所议事项的决定做成会议记录,出席会议的监事应当在会议记录上签名。

监事有权要求在记录上对其在会议上的发言作出某种说明性记载。监事会会议记录作为公司档案至少保存10年。

注释:公司应当根据具体情况,在章程中规定会议记录的保管期限。

第一百四十八条 监事会会议通知包括以下内容:

(一)举行会议的日期、地点和会议期限;

(二)事由及议题;

(三)发出通知的日期。

第八章 财务会计制度、利润分配和审计

第一节 财务会计制度

第一百四十九条 公司依照法律、行政法规和国家有关部门的规定,制定公司的财务会计制度。

第一百五十条 公司在每一会计年度结束之日起4个月内向中国证监会和证券交易所报送年度财务会计报告,在每一会计年度前6个月结束之日起2个月内向中国证监会派出机构和证券交易所报送半年度财务会计报告,在每一会计年度前3个月和前9个月结束之日起的1个月内向中国证监会派出机构和证券交易所报送季度财务会计报告。

上述财务会计报告按照有关法律、行政法规及部门规章的规定进行编制。

第一百五十一条 公司除法定的会计账簿外,将不另立会计账簿。公司的资产,不以任何个人名义开立账户存储。

第一百五十二条 公司分配当年税后利润时,应当提取利润的10%列入公司法定公积金。公司法定公积金累计额为公司注册资本的50%以上的,可以不再提取。

公司的法定公积金不足以弥补以前年度亏损的,在依照前款规定提取法定公积金之前,应当先用当年利润弥补亏损。

公司从税后利润中提取法定公积金后,经股东大会决议,还可以从税后利润中提取任意公积金。

公司弥补亏损和提取公积金后所余税后利润,按照股东持有的股份比例分配,但本章程规定不按持股比例分配的除外。

股东大会违反前款规定,在公司弥补亏损和提取法定公积金之前向股东分配利润的,股东必须将违反规定分配的利润退还公司。

公司持有的本公司股份不参与分配利润。

公司应当在公司章程中明确现金分红相对于股票股利在利润分配方式中的优先顺序,并载明以下内容:

(一)公司董事会、股东大会对利润分配尤其是现金分红事项的决策程序和机制,对既定利润分配政策尤其是现金分红政策作出调整的具体条件、决策程序和机制,以及为充分听取独立董事和中小股东意见所采取的措施。

(二)公司的利润分配政策尤其是现金分红政策的具体内容,利润分配的形式,利润分配尤其是现金分红的期间间隔,现金分红的具体条件,发放股票股利的条件,各期现金分红最低金额或比例(如有)等。

注释:公司应当以现金的形式向优先股股东支付股息,在完全支付约定的股息之前,不得向普通股股东分配利润。

第一百五十三条 公司的公积金用于弥补公司的亏损、扩大公司生产经营或者转为增加公司资本。但是,资本公积金将不用于弥补公司的亏损。

法定公积金转为资本时,所留存的该项公积金将不少于转增前公司注册资本的25%。

第一百五十四条 公司股东大会对利润分配方案作出决议后,公司董事会须在股东大会召开后2个月内完成股利(或股份)的派发事项。

第一百五十五条 公司利润分配政策为【具体政策】。

注释:发行境内上市外资股的公司应当按照《境内上市外资股规定实施细则》中的有关规定补充本节的内容。

第二节 内部审计

第一百五十六条 公司实行内部审计制度,配备专职审计人员,对公司财务收支和经济活动进行内部审计监督。

第一百五十七条 公司内部审计制度和审计人员的职责,应当经董事会批准后实施。审计负责人向董事会负责并报告工作。

第三节 会计师事务所的聘任

第一百五十八条 公司聘用取得"从事证券相关业务资格"的会计师事务所进行会计报表审计、净资产验证及其他相关的咨询服务等业务,聘期1年,可以续聘。

第一百五十九条 公司聘用会计师事务所必须由股东大会决定,董事会不得在股东大会决定前委任会计师事务所。

第一百六十条 公司保证向聘用的会计师事务所提供真实、完整的会计凭证、会计账簿、财务会计报告及其他会计资料,不得拒绝、隐匿、谎报。

第一百六十一条 会计师事务所的审计费用由股东大会决定。

第一百六十二条 公司解聘或者不再续聘会计师事务所时,提前【天数】天事先通知会计师事务所,公司股东大会就解聘会计师事务所进行表决时,允许会计师事务所陈述意见。

会计师事务所提出辞聘的,应当向股东大会说明公司有无不当情形。

第九章 通知和公告

第一节 通 知

第一百六十三条 公司的通知以下列形式发出:

(一)以专人送出;

(二)以邮件方式送出;

(三)以公告方式进行;

(四)本章程规定的其他形式。

第一百六十四条 公司发出的通知,以公告方式进行的,一经公告,视为所有相关人员收到通知。

第一百六十五条 公司召开股东大会的会议通知,以【具体通知方式】进行。

第一百六十六条 公司召开董事会的会议通知,以【具体通知方式】进行。

第一百六十七条 公司召开监事会的会议通知,以【具体通知方式】进行。

注释:公司应当根据实际情况,在章程中确定公司各种会议的具体通知方式。

第一百六十八条 公司通知以专人送出的,由被送达人在送达回执上签名(或盖章),被送达人签收日期为送达日期;公司通知以邮件送出的,自交付邮局之日起第【天数】个工作日为送达日期;公司通知以公告方式送出的,第一次公告刊登日为送达日期。

第一百六十九条 因意外遗漏未向某有权得到通知的人送出会议通知或者该等人没有收到会议通知,会议及会议作出的决议并不因此无效。

第二节 公 告

第一百七十条 公司指定【媒体名称】为刊登公司公告和其他需要披露信息的媒体。

注释:公司应当在中国证监会指定的媒体范围内,在章程中确定一份或者多份报纸和一个网站作为公司披露信息的媒体。

第十章 合并、分立、增资、减资、解散和清算

第一节 合并、分立、增资和减资

第一百七十一条 公司合并可以采取吸收合并或者新设合并。

一个公司吸收其他公司为吸收合并,被吸收的公司解散。两个以上公司合并设立一个新的公司为新设合并,合并各方解散。

第一百七十二条 公司合并,应当由合并各方签订合并协议,并编制资产负债表及财产清单。公司应当自作出合并决议之日起10日内通知债权人,并于30日内在【报纸名称】上公告。债权人自接到通知书之日起30日内,未接到通知书的自公告之日起45日内,可以要求公司清偿债务或者提供相应的担保。

第一百七十三条 公司合并时,合并各方的债权、债务,由合并后存续的公司或者新设的公司承继。

第一百七十四条 公司分立,其财产作相应的分割。

公司分立,应当编制资产负债表及财产清单。公司应当自作出分立决议之日起10日内通知债权人,并于30日内在【报纸名称】上公告。

第一百七十五条 公司分立前的债务由分立后的公司承担连带责任。但是,公司在分立前与债权人就债务清偿达成的书面协议另有约定的除外。

第一百七十六条 公司需要减少注册资本时,必须编制资产负债表及财产清单。

公司应当自作出减少注册资本决议之日起10日内通知债权人,并于30日内在【报纸名称】上公告。债权人自接到通知书之日起30日内,未接到通知书的自公告之日起45日内,有权要求公司清偿债务或者提供相应的担保。

公司减资后的注册资本将不低于法定的最低限额。

第一百七十七条 公司合并或者分立,登记事项发生变更的,应当依法向公司登记机关办理变更登记;公司解散的,应当依法办理公司注销登记;设立新公司的,应当依法办理公司设立登记。

公司增加或者减少注册资本,应当依法向公司登记机关办理变更登记。

第二节 解散和清算

第一百七十八条 公司因下列原因解散:
(一)本章程规定的营业期限届满或者本章程规定的其他解散事由出现;
(二)股东大会决议解散;
(三)因公司合并或者分立需要解散;
(四)依法被吊销营业执照、责令关闭或者被撤销;
(五)公司经营管理发生严重困难,继续存续会使股东利益受到重大损失,通过其他途径不能解决的,持有公司全部股东表决权10%以上的股东,可以请求人民法院解散公司。

第一百七十九条 公司有本章程第一百七十八条第(一)项情形的,可以通过修改本章程而存续。

依照前款规定修改本章程,须经出席股东大会会议的股东所持表决权的2/3以上通过。

第一百八十条 公司因本章程第一百七十八条第(一)项、第(二)项、第(四)项、第(五)项规定而解散的,应当在解散事由出现之日起15日内成立清算组,开始清算。清算组由董事或者股东大会确定的人员组成。逾期不成立清算组进行清算的,债权人可以申请人民法院指定有关人员组成清算组进行清算。

第一百八十一条 清算组在清算期间行使下列职权:
(一)清理公司财产,分别编制资产负债表和财产清单;
(二)通知、公告债权人;
(三)处理与清算有关的公司未了结的业务;
(四)清缴所欠税款以及清算过程中产生的税款;
(五)清理债权、债务;
(六)处理公司清偿债务后的剩余财产;
(七)代表公司参与民事诉讼活动。

第一百八十二条 清算组应当自成立之日起10日内通知债权人,并于60日内在【报纸名称】上公告。债权人应当自接到通知书之日起30日内,未接到通知书的自公告之日起45日内,向清算组申报其债权。

债权人申报债权,应当说明债权的有关事项,并提供证明材料。清算组应当对债权进行登记。

在申报债权期间,清算组不得对债权人进行清偿。

第一百八十三条 清算组在清理公司财产、编制资产负债表和财产清单后,应当制定清算方案,并报股东大会或者人民法院确认。

公司财产在分别支付清算费用、职工的工资、社会保险费用和法定补偿金,缴纳所欠税款,清偿公司债务后的剩余财产,公司按照股东持有的股份比例分配。

清算期间,公司存续,但不能开展与清算无关的经营活动。公司财产在未按前款规定清偿前,将不会分配给股东。

注释:已发行优先股的公司因解散、破产等原因进行清算时,公司财产在按照公司法和破产法有关规定进行清偿后的剩余财产,应当优先向优先股股东支付未派发的股息和公司章程约定的清算金额,不足以全额支付的,按照优先股股东持股比例分配。

第一百八十四条　清算组在清理公司财产、编制资产负债表和财产清单后,发现公司财产不足清偿债务的,应当依法向人民法院申请宣告破产。

公司经人民法院裁定宣告破产后,清算组应当将清算事务移交给人民法院。

第一百八十五条　公司清算结束后,清算组应当制作清算报告,报股东大会或者人民法院确认,并报送公司登记机关,申请注销公司登记,公告公司终止。

第一百八十六条　清算组成员应当忠于职守,依法履行清算义务。

清算组成员不得利用职权收受贿赂或者其他非法收入,不得侵占公司财产。

清算组成员因故意或者重大过失给公司或者债权人造成损失的,应当承担赔偿责任。

第一百八十七条　公司被依法宣告破产的,依照有关企业破产的法律实施破产清算。

第十一章　修改章程

第一百八十八条　有下列情形之一的,公司应当修改章程:

(一)《公司法》或有关法律、行政法规修改后,章程规定的事项与修改后的法律、行政法规的规定相抵触;

(二)公司的情况发生变化,与章程记载的事项不一致;

(三)股东大会决定修改章程。

第一百八十九条　股东大会决议通过的章程修改事项应经主管机关审批的,须报主管机关批准;涉及公司登记事项的,依法办理变更登记。

第一百九十条　董事会依照股东大会修改章程的决议和有关主管机关的审批意见修改本章程。

第一百九十一条　章程修改事项属于法律、法规要求披露的信息,按规定予以公告。

第十二章　附　　则

第一百九十二条　释义

(一)控股股东,是指其持有的普通股(含表决权恢复的优先股)占公司股本总额50%以上的股东;持有股份的比例虽然不足50%,但依其持有的股份所享有的表决权已足以对股东大会的决议产生重大影响的股东。

(二)实际控制人,是指虽不是公司的股东,但通过投资关系、协议或者其他安排,能够实际支配公司行为的人。

(三)关联关系,是指公司控股股东、实际控制人、董事、监事、高级管理人员与其直接或者间接控制的企业之间的关系,以及可能导致公司利益转移的其他关系。但是,国家控股的企业之间不仅因为同受国家控股而具有关联关系。

第一百九十三条　董事会可依照章程的规定,制订章程细则。章程细则不得与章程的规定相抵触。

第一百九十四条 本章程以中文书写,其他任何语种或不同版本的章程与本章程有歧义时,以在【公司登记机关全称】最近一次核准登记后的中文版章程为准。

第一百九十五条 本章程所称"以上"、"以内"、"以下",都含本数;"以外"、"低于"、"多于"不含本数。

第一百九十六条 本章程由公司董事会负责解释。

第一百九十七条 本章程附件包括股东大会议事规则、董事会议事规则和监事会议事规则。

第一百九十八条 国家对优先股另有规定的,从其规定。

第一百九十九条 本章程自公布之日起施行。《上市公司章程指引(2014年修订)》(证监会公告〔2014〕19号)同时废止。

国务院关于加快发展现代保险服务业的若干意见

国发〔2014〕29号

各省、自治区、直辖市人民政府,国务院各部委、各直属机构:

保险是现代经济的重要产业和风险管理的基本手段,是社会文明水平、经济发达程度、社会治理能力的重要标志。改革开放以来,我国保险业快速发展,服务领域不断拓宽,为促进经济社会发展和保障人民群众生产生活作出了重要贡献。但总体上看,我国保险业仍处于发展的初级阶段,不能适应全面深化改革和经济社会发展的需要,与现代保险服务业的要求还有较大差距。加快发展现代保险服务业,对完善现代金融体系、带动扩大社会就业、促进经济提质增效升级、创新社会治理方式、保障社会稳定运行、提升社会安全感、提高人民群众生活质量具有重要意义。为深入贯彻党的十八大和十八届二中、三中全会精神,认真落实党中央和国务院决策部署,加快发展现代保险服务业,现提出以下意见。

一、总体要求

(一)指导思想。以邓小平理论、"三个代表"重要思想、科学发展观为指导,立足于服务国家治理体系和治理能力现代化,把发展现代保险服务业放在经济社会工作整体布局中统筹考虑,以满足社会日益增长的多元化保险服务需求为出发点,以完善保险经济补偿机制、强化风险管理核心功能和提高保险资金配置效率为方向,改革创新、扩大开放、健全市场、优化环境、完善政策,建设有市场竞争力、富有创造力和充满活力的现代保险服务业,使现代保险服务业成为完善金融体系的支柱力量、改善民生保障的有力支撑、创新社会管理的有效机制、促进经济提质增效升级的高效引擎和转变政府职能的重要抓手。

（二）基本原则。一是坚持市场主导、政策引导。对商业化运作的保险业务，营造公平竞争的市场环境，使市场在资源配置中起决定性作用；对具有社会公益性、关系国计民生的保险业务，创造低成本的政策环境，给予必要的扶持；对服务经济提质增效升级具有积极作用但目前基础薄弱的保险业务，更好发挥政府的引导作用。二是坚持改革创新、扩大开放。全面深化保险业体制机制改革，提升对内对外开放水平，引进先进经营管理理念和技术，释放和激发行业持续发展和创新活力。增强保险产品、服务、管理和技术创新能力，促进市场主体差异化竞争、个性化服务。三是坚持完善监管、防范风险。完善保险法制体系，加快推进保险监管现代化，维护保险消费者合法权益，规范市场秩序。处理好加快发展和防范风险的关系，守住不发生系统性区域性金融风险的底线。

（三）发展目标。到2020年，基本建成保障全面、功能完善、安全稳健、诚信规范，具有较强服务能力、创新能力和国际竞争力，与我国经济社会发展需求相适应的现代保险服务业，努力由保险大国向保险强国转变。保险成为政府、企业、居民风险管理和财富管理的基本手段，成为提高保障水平和保障质量的重要渠道，成为政府改进公共服务、加强社会管理的有效工具。保险深度（保费收入／国内生产总值）达到5%，保险密度（保费收入／总人口）达到3 500元／人。保险的社会"稳定器"和经济"助推器"作用得到有效发挥。

二、构筑保险民生保障网，完善多层次社会保障体系

（四）把商业保险建成社会保障体系的重要支柱。商业保险要逐步成为个人和家庭商业保障计划的主要承担者、企业发起的养老健康保障计划的重要提供者、社会保险市场化运作的积极参与者。支持有条件的企业建立商业养老健康保障计划。支持保险机构大力拓展企业年金等业务。充分发挥商业保险对基本养老、医疗保险的补充作用。

（五）创新养老保险产品服务。为不同群体提供个性化、差异化的养老保障。推动个人储蓄性养老保险发展。开展住房反向抵押养老保险试点。发展独生子女家庭保障计划。探索对失独老人保障的新模式。发展养老机构综合责任保险。支持符合条件的保险机构投资养老服务产业，促进保险服务业与养老服务业融合发展。

（六）发展多样化健康保险服务。鼓励保险公司大力开发各类医疗、疾病保险和失能收入损失保险等商业健康保险产品，并与基本医疗保险相衔接。发展商业性长期护理保险。提供与商业健康保险产品相结合的疾病预防、健康维护、慢性病管理等健康管理服务。支持保险机构参与健康服务业产业链整合，探索运用股权投资、战略合作等方式，设立医疗机构和参与公立医院改制。

三、发挥保险风险管理功能，完善社会治理体系

（七）运用保险机制创新公共服务提供方式。政府通过向商业保险公司购买服务等方式，在公共服务领域充分运用市场化机制，积极探索推进具有资质的商业保险机构开展各类养老、医疗保险经办服务，提升社会管理效率。按照全面开展城乡居民大病保险的要求，做好受托承办工作,不断完善运作机制,提高保障水平。鼓励发展治安保险、社区综合保险等新兴业务。支持保险机构运用股权投资、战略合作等方式参与保安服务产业链整合。

（八）发挥责任保险化解矛盾纠纷的功能作用。强化政府引导、市场运作、立法保障的责任保险发展模式,把与公众利益关系密切的环境污染、食品安全、医疗责任、医疗意外、实习安全、校园安全等领域作为责任保险发展重点,探索开展强制责任保险试点。加快发展旅行社、产品质量以及各类职业责任保险、产品责任保险和公众责任保险,充分发挥责任保险在事前风险预防、事中风险控制、事后理赔服务等方面的功能作用,用经济杠杆和多样化的责任保险产品化解民事责任纠纷。

四、完善保险经济补偿机制,提高灾害救助参与度

（九）将保险纳入灾害事故防范救助体系。提升企业和居民利用商业保险等市场化手段应对灾害事故风险的意识和水平。积极发展企业财产保险、工程保险、机动车辆保险、家庭财产保险、意外伤害保险等,增强全社会抵御风险的能力。充分发挥保险费率杠杆的激励约束作用,强化事前风险防范,减少灾害事故发生,促进安全生产和突发事件应急管理。

（十）建立巨灾保险制度。围绕更好保障和改善民生,以制度建设为基础,以商业保险为平台,以多层次风险分担为保障,建立巨灾保险制度。研究建立巨灾保险基金、巨灾再保险等制度,逐步形成财政支持下的多层次巨灾风险分散机制。鼓励各地根据风险特点,探索对台风、地震、滑坡、泥石流、洪水、森林火灾等灾害的有效保障模式。制定巨灾保险法规。建立核保险巨灾责任准备金制度。建立巨灾风险管理数据库。

五、大力发展"三农"保险,创新支农惠农方式

（十一）积极发展农业保险。按照中央支持保大宗、保成本,地方支持保特色、保产量,有条件的保价格、保收入的原则,鼓励农民和各类新型农业经营主体自愿参保,扩大农业保险覆盖面,提高农业保险保障程度。开展农产品目标价格保险试点,探索天气指数保险等新兴产品和服务,丰富农业保险风险管理工具。落实农业保险大灾风险准备金制度。健全农业保险服务体系,鼓励开展多种形式的互助合作保险。健全保险经营机构与灾害预报部门、农业主管部门的合作机制。

（十二）拓展"三农"保险广度和深度。各地根据自身实际,支持保险机构提供保障适度、保费低廉、保单通俗的"三农"保险产品。积极发展农村小额信贷保险、农房保险、农机保险、农业基础设施保险、森林保险,以及农民养老健康保险、农村小额人身保险等普惠保险业务。

六、拓展保险服务功能,促进经济提质增效升级

（十三）充分发挥保险资金长期投资的独特优势。在保证安全性、收益性前提下,创新保险资金运用方式,提高保险资金配置效率。鼓励保险资金利用债权投资计划、股权投资计划等方式,支持重大基础设施、棚户区改造、城镇化建设等民生工程和国家重大工程。鼓励保险公司

通过投资企业股权、债权、基金、资产支持计划等多种形式,在合理管控风险的前提下,为科技型企业、小微企业、战略性新兴产业等发展提供资金支持。研究制定保险资金投资创业投资基金相关政策。

(十四)促进保险市场与货币市场、资本市场协调发展。进一步发挥保险公司的机构投资者作用,为股票市场和债券市场长期稳定发展提供有力支持。鼓励设立不动产、基础设施、养老等专业保险资产管理机构,允许专业保险资产管理机构设立夹层基金、并购基金、不动产基金等私募基金。稳步推进保险公司设立基金管理公司试点。探索保险机构投资、发起资产证券化产品。探索发展债券信用保险。积极培育另类投资市场。

(十五)推动保险服务经济结构调整。建立完善科技保险体系,积极发展适应科技创新的保险产品和服务,推广国产首台首套装备的保险风险补偿机制,促进企业创新和科技成果产业化。加快发展小微企业信用保险和贷款保证保险,增强小微企业融资能力。积极发展个人消费贷款保证保险,释放居民消费潜力。发挥保险对咨询、法律、会计、评估、审计等产业的辐射作用,积极发展文化产业保险、物流保险,探索演艺、会展责任险等新兴保险业务,促进第三产业发展。

(十六)加大保险业支持企业"走出去"的力度。着力发挥出口信用保险促进外贸稳定增长和转型升级的作用。加大出口信用保险对自主品牌、自主知识产权、战略性新兴产业的支持力度,重点支持高科技、高附加值的机电产品和大型成套设备,简化审批程序。加快发展境外投资保险,以能源矿产、基础设施、高新技术和先进制造业、农业、林业等为重点支持领域,创新保险品种,扩大承保范围。稳步放开短期出口信用保险市场,进一步增加市场经营主体。积极发展航运保险。拓展保险资金境外投资范围。

七、推进保险业改革开放,全面提升行业发展水平

(十七)深化保险行业改革。继续深化保险公司改革,加快建立现代保险企业制度,完善保险公司治理结构。全面深化寿险费率市场化改革,稳步开展商业车险费率市场化改革。深入推进保险市场准入、退出机制改革。加快完善保险市场体系,支持设立区域性和专业性保险公司,发展信用保险专业机构。规范保险公司并购重组。支持符合条件的保险公司在境内外上市。

(十八)提升保险业对外开放水平。推动保险市场进一步对内对外开放,实现"引进来"和"走出去"更好结合,以开放促改革促发展。鼓励中资保险公司尝试多形式、多渠道"走出去",为我国海外企业提供风险保障。支持中资保险公司通过国际资本市场筹集资金,多种渠道进入海外市场。努力扩大保险服务出口。引导外资保险公司将先进经验和技术植入中国市场。

(十九)鼓励保险产品服务创新。切实增强保险业自主创新能力,积极培育新的业务增长点。支持保险公司积极运用网络、云计算、大数据、移动互联网等新技术促进保险业销售渠道和服务模式创新。大力推进条款通俗化和服务标准化,鼓励保险公司提供个性化、定制化产品服务,减少同质低效竞争。推动保险公司转变发展方式,提高服务质量,努力降低经营成本,提供质优价廉、诚信规范的保险产品和服务。

(二十)加快发展再保险市场。增加再保险市场主体。发展区域性再保险中心。加大再保

险产品和技术创新力度。加大再保险对农业、交通、能源、化工、水利、地铁、航空航天、核电及其他国家重点项目的大型风险、特殊风险的保险保障力度。增强再保险分散自然灾害风险的能力。强化再保险对我国海外企业的支持保障功能,提升我国在全球再保险市场的定价权、话语权。

(二十一)充分发挥保险中介市场作用。不断提升保险中介机构的专业技术能力,发挥中介机构在风险定价、防灾防损、风险顾问、损失评估、理赔服务等方面的积极作用,更好地为保险消费者提供增值服务。优化保险中介市场结构,规范市场秩序。稳步推进保险营销体制改革。

八、加强和改进保险监管,防范化解风险

(二十二)推进监管体系和监管能力现代化。坚持机构监管与功能监管相统一,宏观审慎监管与微观审慎监管相统一,加快建设以风险为导向的保险监管制度。加强保险公司治理和内控监管,改进市场行为监管,加快建设第二代偿付能力监管制度。完善保险法规体系,提高监管法制化水平。积极推进监管信息化建设。充分发挥保险行业协会等自律组织的作用。充分利用保险监管派出机构资源,加强基层保险监管工作。

(二十三)加强保险消费者合法权益保护。推动完善保险消费者合法权益保护法律法规和规章制度。探索建立保险消费纠纷多元化解决机制,建立健全保险纠纷诉讼、仲裁与调解对接机制。加大保险监管力度,监督保险机构全面履行对保险消费者的各项义务,严肃查处各类损害保险消费者合法权益的行为。

(二十四)守住不发生系统性区域性金融风险的底线。加强保险业全面风险管理,建立健全风险监测预警机制,完善风险应急预案,优化风险处置流程和制度,提高风险处置能力。强化责任追究,增强市场约束,防止风险积累。加强金融监管协调,防范风险跨行业传递。完善保险监管与地方人民政府以及公安、司法、新闻宣传等部门的合作机制。健全保险保障基金管理制度和运行机制。

九、加强基础建设,优化保险业发展环境

(二十五)全面推进保险业信用体系建设。加强保险信用信息基础设施建设,扩大信用记录覆盖面,构建信用信息共享机制。引导保险机构采取差别化保险费率等手段,对守信者予以激励,对失信者进行约束。完善保险从业人员信用档案制度、保险机构信用评价体系和失信惩戒机制。

(二十六)加强保险业基础设施建设。加快建立保险业各类风险数据库,修订行业经验生命表、疾病发生率表等。组建全行业的资产托管中心、保险资产交易平台、再保险交易所、防灾防损中心等基础平台,加快中国保险信息技术管理有限责任公司发展,为提升保险业风险管理水平、促进行业转型升级提供支持。

(二十七)提升全社会保险意识。发挥新闻媒体的正面宣传和引导作用,鼓励广播电视、平面媒体及互联网等开办专门的保险频道或节目栏目,在全社会形成学保险、懂保险、用保险的氛围。加强中小学、职业院校学生保险意识教育。

十、完善现代保险服务业发展的支持政策

（二十八）建立保险监管协调机制。加强保险监管跨部门沟通协调和配合，促进商业保险与社会保障有效衔接、保险服务与社会治理相互融合、商业机制与政府管理密切结合。建立信息共享机制，逐步实现数据共享，提升有关部门的风险甄别水平和风险管理能力。建立保险数据库公安、司法、审计查询机制。

（二十九）鼓励政府通过多种方式购买保险服务。鼓励各地结合实际，积极探索运用保险的风险管理功能及保险机构的网络、专业技术等优势，通过运用市场化机制，降低公共服务运行成本。对于商业保险机构运营效率更高的公共服务，政府可以委托保险机构经办，也可以直接购买保险产品和服务；对于具有较强公益性，但市场化运作无法实现盈亏平衡的保险服务，可以由政府给予一定支持。

（三十）研究完善加快现代保险服务业发展的税收政策。完善健康保险有关税收政策。适时开展个人税收递延型商业养老保险试点。落实和完善企业为职工支付的补充养老保险费和补充医疗保险费有关企业所得税政策。落实农业保险税收优惠政策。结合完善企业研发费用所得税加计扣除政策，统筹研究科技研发保险费用支出税前扣除政策问题。

（三十一）加强养老产业和健康服务业用地保障。各级人民政府要在土地利用总体规划中统筹考虑养老产业、健康服务业发展需要，扩大养老服务设施、健康服务业用地供给，优先保障供应。加强对养老、健康服务设施用地监管，严禁改变土地用途。鼓励符合条件的保险机构等投资兴办养老产业和健康服务业机构。

（三十二）完善对农业保险的财政补贴政策。加大农业保险支持力度，提高中央、省级财政对主要粮食作物的保费补贴，减少或取消产粮大县三大粮食作物保险县级财政保费补贴。建立财政支持的农业保险大灾风险分散机制。

各地区、各部门要充分认识加快现代保险服务业发展的重要意义，把发展现代保险服务业作为促进经济转型、转变政府职能、带动扩大就业、完善社会治理、保障改善民生的重要抓手，加强沟通协调，形成工作合力。有关部门要根据本意见要求，按照职责分工抓紧制定相关配套措施，确保各项政策落实到位。省级人民政府要结合实际制定具体方案，促进本地区现代保险服务业有序健康发展。

国务院
2014 年 8 月 10 日

银行办理结售汇业务管理办法

中国人民银行令〔2014〕第 2 号

根据《中华人民共和国中国人民银行法》、《中华人民共和国外汇管理条例》，中国人民银行制定了《银行办理结售汇业务管理办法》，经 2014 年 3 月 26 日第 4 次行长办公会议通过，现予发布，自 2014 年 8 月 1 日起施行。

行长：周小川
2014 年 6 月 22 日

银行办理结售汇业务管理办法

第一章 总 则

第一条 为了规范银行办理结售汇业务，保障外汇市场平稳运行，根据《中华人民共和国中国人民银行法》、《中华人民共和国外汇管理条例》（以下简称《外汇管理条例》），制定本办法。

第二条 中国人民银行及其分支机构、国家外汇管理局及其分支局（以下简称外汇局）是银行结售汇业务的监督管理机关。

第三条 本办法下列用语的含义：

（一）银行是指在中华人民共和国境内依法设立的商业银行、城市信用合作社、农村信用合作社等吸收公众存款的金融机构以及政策性银行；

（二）结售汇业务是指银行为客户或因自身经营活动需求办理的人民币与外汇之间兑换的业务，包括即期结售汇业务和人民币与外汇衍生产品业务；

（三）即期结售汇业务是指在交易订立日之后两个工作日内完成清算，且清算价格为交易订立日当日汇价的结售汇交易；

（四）人民币与外汇衍生产品业务是指远期结售汇、人民币与外汇期货、人民币与外汇掉期、人民币与外汇期权等业务及其组合；

（五）结售汇综合头寸是指银行持有的，因银行办理对客和自身结售汇业务、参与银行间外汇市场交易等人民币与外汇间交易而形成的外汇头寸。

第四条 银行办理结售汇业务，应当经外汇局批准。

第五条　银行办理结售汇业务,应当遵守本办法和其他有关结售汇业务的管理规定。

第二章　市场准入与退出

第六条　银行申请办理即期结售汇业务,应当具备下列条件:
(一)具有金融业务资格;
(二)具备完善的业务管理制度;
(三)具备办理业务所必需的软硬件设备;
(四)拥有具备相应业务工作经验的高级管理人员和业务人员。

第七条　银行申请办理人民币与外汇衍生产品业务,应当具备下列条件:
(一)具有即期结售汇业务资格;
(二)具备完善的业务管理制度;
(三)拥有具备相应业务工作经验的高级管理人员和业务人员;
(四)符合银行业监督管理机构对从事金融衍生产品交易的有关规定。

第八条　银行可以根据经营需要一并申请即期结售汇业务和人民币与外汇衍生产品业务资格。

第九条　银行申请即期结售汇业务或人民币与外汇衍生产品业务资格,应当由其总行统一提出申请,外国银行分行除外。

政策性银行、全国性商业银行申请即期结售汇业务或人民币与外汇衍生产品业务资格,由国家外汇管理局审批;其他银行由所在地国家外汇管理局分局、外汇管理部审批。

第十条　银行分支机构办理即期结售汇业务或人民币与外汇衍生产品业务,应当取得已具备相应业务资格的上级机构授权,并报所在地国家外汇管理局分支局备案。

第十一条　银行办理结售汇业务期间,发生合并或者分立的,新设立的银行应当向外汇局重新申请结售汇业务资格;发生变更名称、变更营业地址、经营结售汇业务的分支机构合并或者分立等情况的,应当自变更之日起30日内报外汇局备案。

第十二条　银行停止办理即期结售汇业务或人民币与外汇衍生产品业务的,应当自停办业务之日起30日内报外汇局备案。

第十三条　银行被依法撤销或者宣告破产的,其结售汇业务资格自动丧失。

第三章　监督管理

第十四条　银行应当建立、健全本行结售汇业务风险管理制度,并建立结售汇业务经营和风险管理定期评估机制。

外汇局对银行办理结售汇业务中执行外汇管理规定的情况实行定期评估。

第十五条　银行应当指定专门部门作为结售汇业务的牵头管理部门,负责督导、协调本行及其分支机构的外汇管理规定执行工作。

第十六条　银行应当加强对结售汇业务管理人员、经办人员、销售人员、交易员以及其他相关业务人员的外汇管理政策培训,确保其具备必要的政策法规知识。

第十七条　银行应当建立结售汇会计科目,区分即期结售汇和人民币与外汇衍生产品,分别核算对客结售汇、自身结售汇和银行间市场交易业务。

第十八条　银行办理结售汇业务时,应当按照"了解业务、了解客户、尽职审查"的原则对相关凭证或商业单据进行审核。国家外汇管理局有明确规定的,从其规定。

第十九条　银行办理人民币与外汇衍生产品业务时,应当与有真实需求背景的客户进行与其风险能力相适应的衍生产品交易,并遵守国家外汇管理局关于客户、产品、交易头寸等方面的规定。

第二十条　银行应当遵守结售汇综合头寸管理规定,在规定时限内将结售汇综合头寸保持在核定限额以内。

银行结售汇综合头寸限额根据国际收支状况、银行外汇业务经营情况以及宏观审慎管理等因素,按照法人监管原则统一核定,外国银行分行视同法人管理。

第二十一条　尚未取得人民币业务资格的外资银行,在取得即期结售汇业务资格以后,应当向中国人民银行当地分支机构申请开立结售汇人民币专用账户,专门用于结售汇业务的人民币往来,不适用本办法第二十条结售汇综合头寸管理规定。

第二十二条　银行办理结售汇业务时,可以根据经营需要自行决定挂牌货币,并应当执行中国人民银行和国家外汇管理局关于银行汇价管理的相关规定。

第二十三条　银行应当及时、准确、完整地向外汇局报送结售汇、综合头寸等数据以及国家外汇管理局规定的其他相关报表和资料,并按要求定期核对和及时纠错。

第二十四条　银行应当建立结售汇单证保存制度,区分业务类型分别保存有关单证,保存期限不得少于5年。

第二十五条　银行应当配合外汇局的监督检查,如实说明有关情况,提供有关文件、资料,不得拒绝、阻碍和隐瞒。

第二十六条　外汇局通过非现场监管和现场检查等方式,加强对银行结售汇业务的监督管理,建立健全银行结售汇业务监管信息档案。

第四章　罚　则

第二十七条　银行未经批准擅自办理结售汇业务的,由外汇局或者有关主管部门依照《外汇管理条例》第四十六条第一款予以处罚。

第二十八条　银行有下列情形之一的,由外汇局依照《外汇管理条例》第四十七条予以处罚:

(一)办理结售汇业务,未按规定审核相关凭证或商业单据的;

(二)未按规定将结售汇综合头寸保持在核定限额内的;

(三)未按规定执行中国人民银行和国家外汇管理局汇价管理规定的。

第二十九条　银行未按规定向外汇局报送结售汇、综合头寸等数据以及国家外汇管理局规定的其他相关报表和资料的,由外汇局依照《外汇管理条例》第四十八条予以处罚。

第五章 附 则

第三十条 未取得结售汇业务资格的银行因自身需要进行结售汇的,应当通过具有结售汇业务资格的银行办理。

第三十一条 非银行金融机构办理结售汇业务,参照本办法执行,国家外汇管理局另有规定的除外。

第三十二条 本办法由中国人民银行负责解释。

第三十三条 本办法自2014年8月1日起施行。此前规定与本办法不一致的,以本办法为准。《外汇指定银行办理结汇、售汇业务管理暂行办法》(中国人民银行令〔2002〕4号发布)、《中国人民银行关于结售汇业务管理工作的通知》(银发〔2004〕62号)同时废止。

中国保险监督管理委员会关于修改《保险公司股权管理办法》的决定

中国保险监督管理委员会令2014年第4号

现发布《中国保险监督管理委员会关于修改〈保险公司股权管理办法〉的决定》,自2014年6月1日起施行。

主席 项俊波

2014年4月15日

中国保险监督管理委员会决定对《保险公司股权管理办法》作如下修改:

将第七条修改为"股东应当以来源合法的自有资金向保险公司投资,不得用银行贷款及其他形式的非自有资金向保险公司投资,中国保监会另有规定的除外。"

本决定自2014年6月1日起施行。

《保险公司股权管理办法》根据本决定作相应修改,重新公布。

保险公司股权管理办法

第一章 总 则

第一条 为保持保险公司经营稳定,保护投资人和被保险人的合法权益,加强保险公司股权监管,根据《中华人民共和国公司法》、《中华人民共和国保险法》等法律、行政法规,制定本办法。

第二条 本办法所称保险公司,是指经中国保险监督管理委员会(以下简称"中国保监会")批准设立,并依法登记注册的外资股东出资或者持股比例占公司注册资本不足25%的保险公司。

第三条 中国保监会根据有关法律、行政法规,对保险公司股权实施监督管理。

第二章 投资入股

第一节 一般规定

第四条 保险公司单个股东(包括关联方)出资或者持股比例不得超过保险公司注册资本的20%。

中国保监会根据坚持战略投资、优化治理结构、避免同业竞争、维护稳健发展的原则,对于满足本办法第十五条规定的主要股东,经批准,其持股比例不受前款规定的限制。

第五条 两个以上的保险公司受同一机构控制或者存在控制关系的,不得经营存在利益冲突或者竞争关系的同类保险业务,中国保监会另有规定的除外。

第六条 保险公司的股东应当用货币出资,不得用实物、知识产权、土地使用权等非货币财产作价出资。

保险公司股东的出资,应当经会计师事务所验资并出具证明。

第七条 股东应当以来源合法的自有资金向保险公司投资,不得用银行贷款及其他形式的非自有资金向保险公司投资,中国保监会另有规定的除外。

第八条 任何单位或者个人不得委托他人或者接受他人委托持有保险公司的股权,中国保监会另有规定的除外。

第九条 保险公司应当以中国保监会核准的文件和在中国保监会备案的文件为依据,对股东进行登记,并办理工商登记手续。

保险公司应当确保公司章程、股东名册及工商登记文件所载有关股东的内容与其实际情况一致。

第十条 股东应当向保险公司如实告知其控股股东、实际控制人及其变更情况,并就其与保险公司其他股东、其他股东的实际控制人之间是否存在以及存在何种关联关系向保险公司做出书面说明。

保险公司应当及时将公司股东的控股股东、实际控制人及其变更情况和股东之间的关联关系报告中国保监会。

第十一条 保险公司股东和实际控制人不得利用关联交易损害公司的利益。

股东利用关联交易严重损害保险公司利益，危及公司偿付能力的，由中国保监会责令改正。在按照要求改正前，中国保监会可以限制其股东权利；拒不改正的，可以责令其转让所持有的保险公司股权。

第二节　股东资格

第十二条 向保险公司投资入股，应当为符合本办法规定条件的中华人民共和国境内企业法人、境外金融机构，但通过证券交易所购买上市保险公司股票的除外。

中国保监会对投资入股另有规定的，从其规定。

第十三条 境内企业法人向保险公司投资入股，应当符合以下条件：

（一）财务状况良好稳定，且有盈利；
（二）具有良好的诚信记录和纳税记录；
（三）最近三年内无重大违法违规记录；
（四）投资人为金融机构的，应当符合相应金融监管机构的审慎监管指标要求；
（五）法律、行政法规及中国保监会规定的其他条件。

第十四条 境外金融机构向保险公司投资入股，应当符合以下条件：

（一）财务状况良好稳定，最近三个会计年度连续盈利；
（二）最近一年年末总资产不少于20亿美元；
（三）国际评级机构最近三年对其长期信用评级为A级以上；
（四）最近三年内无重大违法违规记录；
（五）符合所在地金融监管机构的审慎监管指标要求；
（六）法律、行政法规及中国保监会规定的其他条件。

第十五条 持有保险公司股权15%以上，或者不足15%但直接或者间接控制该保险公司的主要股东，还应当符合以下条件：

（一）具有持续出资能力，最近三个会计年度连续盈利；
（二）具有较强的资金实力，净资产不低于人民币2亿元；
（三）信誉良好，在本行业内处于领先地位。

第三章　股权变更

第十六条 保险公司变更出资额占有限责任公司注册资本5%以上的股东，或者变更持有股份有限公司股份5%以上的股东，应当经中国保监会批准。

第十七条 投资人通过证券交易所持有上市保险公司已发行的股份达到5%以上，应当在该事实发生之日起5日内，由保险公司报中国保监会批准。中国保监会有权要求不符合本办法规定资格条件的投资人转让所持有的股份。

第十八条　保险公司变更出资或者持股比例不足注册资本5%的股东,应当在股权转让协议书签署后的15日内,就股权变更报中国保监会备案,上市保险公司除外。

第十九条　保险公司股权转让获中国保监会批准或者向中国保监会备案后3个月内未完成工商变更登记的,保险公司应当及时向中国保监会书面报告。

第二十条　保险公司首次公开发行股票或者上市后再融资的,应当取得中国保监会的监管意见。

第二十一条　保险公司首次公开发行股票或者上市后再融资的,应当符合以下条件:

(一)治理结构完善;

(二)最近三年内无重大违法违规行为;

(三)内控体系健全,具备较高的风险管理水平;

(四)法律、行政法规及中国保监会规定的其他条件。

第二十二条　保险公司应当自知悉其股东发生以下情况之日起15日内向中国保监会书面报告:

(一)所持保险公司股权被采取诉讼保全措施或者被强制执行;

(二)质押或者解质押所持有的保险公司股权;

(三)变更名称;

(四)发生合并、分立;

(五)解散、破产、关闭、被接管;

(六)其他可能导致所持保险公司股权发生变化的情况。

第二十三条　保险公司股权采取拍卖方式进行处分的,保险公司应当于拍卖前向拍卖人告知本办法的有关规定。投资人通过拍卖竞得保险公司股权的,应当符合本办法规定的资格条件,并依照本办法的规定报中国保监会批准或者备案。

第二十四条　股东质押其持有的保险公司股权,应当签订股权质押合同,且不得损害其他股东和保险公司的利益。

第二十五条　保险公司应当加强对股权质押和解质押的管理,在股东名册上记载质押相关信息,并及时协助股东向有关机构办理出质登记。

第二十六条　保险公司股权质权人受让保险公司股权,应当符合本办法规定的资格条件,并依照本办法的规定报中国保监会批准或者备案。

第四章　材料申报

第二十七条　申请人提交申请材料必须真实、准确、完整。

第二十八条　申请设立保险公司,应当向中国保监会提出书面申请,并提交投资人的以下材料:

(一)投资人的基本情况,包括营业执照复印件、经营范围、组织管理架构、在行业中所处的地位、投资资金来源、对外投资、自身及关联机构投资入股其他金融机构的情况;

(二)投资人经会计师事务所审计的上一年度财务会计报告,投资人为境外金融机构或者主要股东的,应当提交经会计师事务所审计的最近三年的财务会计报告;

（三）投资人最近三年的纳税证明和由征信机构出具的投资人征信记录；

（四）投资人的主要股东、实际控制人及其与保险公司其他投资人之间关联关系的情况说明，不存在关联关系的应当提交无关联关系情况的声明；

（五）投资人的出资协议书或者股份认购协议书及投资人的股东会、股东大会或者董事会同意其投资的证明材料，有主管机构的，还需提交主管机构同意其投资的证明材料；

（六）投资人为金融机构的，应当提交审慎监管指标报告和所在地金融监管机构出具的监管意见；

（七）投资人最近三年无重大违法违规记录的声明；

（八）中国保监会规定的其他材料。

第二十九条 保险公司变更注册资本，应当向中国保监会提出书面申请，并提交以下材料：

（一）公司股东会或者股东大会通过的增加或者减少注册资本的决议；

（二）增加或者减少注册资本的方案和可行性研究报告；

（三）增加或者减少注册资本后的股权结构；

（四）验资报告和股东出资或者减资证明；

（五）退出股东的名称、基本情况及减资金额；

（六）新增股东应当提交本办法第二十八条规定的有关材料；

（七）中国保监会规定的其他材料。

第三十条 股东转让保险公司的股权，受让方出资或者持股比例达到保险公司注册资本5%以上的，保险公司应当向中国保监会提出书面申请，并提交股权转让协议，但通过证券交易所购买上市保险公司股票的除外。

受让方为新增股东的，还应当提交本办法第二十八条规定的有关材料。

第三十一条 股东转让保险公司的股权，受让方出资或者持股比例不足保险公司注册资本5%的，保险公司应当向中国保监会提交股权转让报告和股权转让协议，但通过证券交易所购买上市保险公司股票的除外。

受让方为新增股东的，还应当提交本办法第二十八条规定的有关材料。

第三十二条 保险公司首次公开发行股票或者上市后再融资的，应当提交以下材料：

（一）公司股东大会通过的首次公开发行股票或者上市后再融资的决议，以及授权董事会处理有关事宜的决议；

（二）首次公开发行股票或者上市后再融资的方案；

（三）首次公开发行股票或者上市后再融资以后的股权结构；

（四）偿付能力与公司治理状况说明；

（五）经营业绩与财务状况说明；

（六）中国保监会规定的其他材料。

第五章 附　则

第三十三条 全部外资股东出资或者持股比例占公司注册资本25%以上的，适用外资保险公司管理的有关规定,中国保监会另有规定的除外。

第三十四条 保险集团(控股)公司、保险资产管理公司的股权管理适用本办法,法律、行政法规或者中国保监会另有规定的,从其规定。

第三十五条 保险公司违反本办法,擅自增(减)注册资本、变更股东、调整股权结构的,由中国保监会根据有关规定予以处罚。

第三十六条 本办法由中国保监会负责解释。

第三十七条 本办法自 2010 年 6 月 10 日起施行。中国保监会 2000 年 4 月 1 日颁布的《向保险公司投资入股暂行规定》(保监发〔2000〕49 号)以及 2001 年 6 月 19 日发布的《关于规范中资保险公司吸收外资参股有关事项的通知》(保监发〔2001〕126 号)同时废止。

商业银行保理业务管理暂行办法

中国银行业监督管理委员会令 2014 年第 5 号

《商业银行保理业务管理暂行办法》已经中国银监会 2013 年第 21 次主席会议通过。现予公布,自公布之日起施行。

主席:尚福林

2014 年 4 月 10 日

商业银行保理业务管理暂行办法

第一章 总 则

第一条 为规范商业银行保理业务经营行为,加强保理业务审慎经营管理,促进保理业务健康发展,根据《中华人民共和国合同法》、《中华人民共和国物权法》、《中华人民共和国银行业监督管理法》、《中华人民共和国商业银行法》等法律法规,制定本办法。

第二条 中华人民共和国境内依法设立的商业银行经营保理业务,应当遵守本办法。

第三条 商业银行开办保理业务,应当遵循依法合规、审慎经营、平等自愿、公平诚信的原则。

第四条 商业银行开办保理业务应当妥善处理业务发展与风险管理的关系。

第五条 中国银监会及其派出机构依照本办法及有关法律法规对商业银行保理业务实施监督管理。

第二章 定义和分类

第六条 本办法所称保理业务是以债权人转让其应收账款为前提,集应收账款催收、管理、坏账担保及融资于一体的综合性金融服务。债权人将其应收账款转让给商业银行,由商业银行向其提供下列服务中至少一项的,即为保理业务:

(一)应收账款催收:商业银行根据应收账款账期,主动或应债权人要求,采取电话、函件、上门等方式或运用法律手段等对债务人进行催收。

(二)应收账款管理:商业银行根据债权人的要求,定期或不定期向其提供关于应收账款的回收情况、逾期账款情况、对账单等财务和统计报表,协助其进行应收账款管理。

(三)坏账担保:商业银行与债权人签订保理协议后,为债务人核定信用额度,并在核准额度内,对债权人无商业纠纷的应收账款,提供约定的付款担保。

(四)保理融资:以应收账款合法、有效转让为前提的银行融资服务。

以应收账款为质押的贷款,不属于保理业务范围。

第七条 商业银行应当按照"权属确定,转让明责"的原则,严格审核并确认债权的真实性,确保应收账款初始权属清晰确定、历次转让凭证完整、权责无争议。

第八条 本办法所称应收账款,是指企业因提供商品、服务或者出租资产而形成的金钱债权及其产生的收益,但不包括因票据或其他有价证券而产生的付款请求权。

第九条 本办法所指应收账款的转让,是指与应收账款相关的全部权利及权益的让渡。

第十条 保理业务分类:

(一)国内保理和国际保理

按照基础交易的性质和债权人、债务人所在地,分为国际保理和国内保理。

国内保理是债权人和债务人均在境内的保理业务。

国际保理是债权人和债务人中至少有一方在境外(包括保税区、自贸区、境内关外等)的保理业务。

(二)有追索权保理和无追索权保理

按照商业银行在债务人破产、无理拖欠或无法偿付应收账款时,是否可以向债权人反转让应收账款、要求债权人回购应收账款或归还融资,分为有追索权保理和无追索权保理。

有追索权保理是指在应收账款到期无法从债务人处收回时,商业银行可以向债权人反转让应收账款、要求债权人回购应收账款或归还融资。有追索权保理又称回购型保理。

无追索权保理是指应收账款在无商业纠纷等情况下无法得到清偿的,由商业银行承担应收账款的坏账风险。无追索权保理又称买断型保理。

(三)单保理和双保理

按照参与保理服务的保理机构个数,分为单保理和双保理。

单保理是由一家保理机构单独为买卖双方提供保理服务。

双保理是由两家保理机构分别向买卖双方提供保理服务。

买卖双方保理机构为同一银行不同分支机构的,原则上可视作双保理。商业银行应当在相关业务管理办法中同时明确作为买方保理机构和卖方保理机构的职责。

有保险公司承保买方信用风险的银保合作,视同双保理。

第三章　保理融资业务管理

第十一条　商业银行应当按照本办法对具体保理融资产品进行定义,根据自身情况确定适当的业务范围,制定保理融资客户准入标准。

第十二条　双保理业务中,商业银行应当对合格买方保理机构制定准入标准,对于买方保理机构为非银行机构的,应当采取名单制管理,并制定严格的准入准出标准与程序。

第十三条　商业银行应当根据自身内部控制水平和风险管理能力,制定适合叙做保理融资业务的应收账款标准,规范应收账款范围。商业银行不得基于不合法基础交易合同、寄售合同、未来应收账款、权属不清的应收账款、因票据或其他有价证券而产生的付款请求权等开展保理融资业务。

未来应收账款是指合同项下卖方义务未履行完毕的预期应收账款。

权属不清的应收账款是指权属具有不确定性的应收账款,包括但不限于已在其他银行或商业保理公司等第三方办理出质或转让的应收账款。获得质权人书面同意解押并放弃抵质押权利和获得受让人书面同意转让应收账款权属的除外。

因票据或其他有价证券而产生的付款请求权是指票据或其他有价证券的持票人无需持有票据或有价证券产生的基础交易应收账款单据,仅依据票据或有价证券本身即可向票据或有价证券主债务人请求按票据或有价证券上记载的金额付款的权利。

第十四条　商业银行受理保理融资业务时,应当严格审核卖方和/或买方的资信、经营及财务状况,分析拟做保理融资的应收账款情况,包括是否出质、转让以及账龄结构等,合理判断买方的付款意愿、付款能力以及卖方的回购能力,审查买卖合同等资料的真实性与合法性。对因提供服务、承接工程或其他非销售商品原因所产生的应收账款,或买卖双方为关联企业的应收账款,应当从严审查交易背景真实性和定价的合理性。

第十五条　商业银行应当对客户和交易等相关情况进行有效的尽职调查,重点对交易对手、交易商品及贸易习惯等内容进行审核,并通过审核单据原件或银行认可的电子贸易信息等方式,确认相关交易行为真实合理存在,避免客户通过虚开发票或伪造贸易合同、物流、回款等手段恶意骗取融资。

第十六条　单保理融资中,商业银行除应当严格审核基础交易的真实性外,还需确定卖方或买方一方比照流动资金贷款进行授信管理,严格实施受理与调查、风险评估与评价、支付和监测等全流程控制。

第十七条　商业银行办理单保理业务时,应当在保理合同中原则上要求卖方开立用于应收账款回笼的保理专户等相关账户。商业银行应当指定专人对保理专户资金进出情况进行监控,确保资金首先用于归还银行融资。

第十八条　商业银行应当充分考虑融资利息、保理手续费、现金折扣、历史收款记录、行业特点等应收账款稀释因素,合理确定保理业务融资比例。

第十九条　商业银行开展保理融资业务,应当根据应收账款的付款期限等因素合理确定融资期限。商业银行可将应收账款到期日与融资到期日间的时间期限设置为宽限期。宽限期应当根据买卖双方历史交易记录、行业惯例等因素合理确定。

第二十条 商业银行提供保理融资时,有追索权保理按融资金额计入债权人征信信息;无追索权保理不计入债权人及债务人征信信息。商业银行进行担保付款或垫款时,应当按保理业务的风险实质,决定计入债权人或债务人的征信信息。

第四章 保理业务风险管理

第二十一条 商业银行应当科学审慎制定贸易融资业务发展战略,并纳入全行统一战略规划,建立科学有效的贸易融资业务决策程序和激励约束机制,有效防范与控制保理业务风险。

第二十二条 商业银行应当制定详细规范的保理业务管理办法和操作规程,明确业务范围、相关部门职能分工、授信和融资制度、业务操作流程以及风险管控、监测和处置等政策。

第二十三条 商业银行应当定期评估保理业务政策和程序的有效性,加强内部审计监督,确保业务稳健运行。

第二十四条 保理业务规模较大、复杂度较高的商业银行,必须设立专门的保理业务部门或团队,配备专业的从业人员,负责产品研发、业务操作、日常管理和风险控制等工作。

第二十五条 商业银行应当直接开展保理业务,不得将应收账款的催收、管理等业务外包给第三方机构。

第二十六条 商业银行应当将保理业务纳入统一授信管理,明确各类保理业务涉及的风险类别,对卖方融资风险、买方付款风险、保理机构风险分别进行专项管理。

第二十七条 商业银行应当建立全行统一的保理业务授权管理体系,由总行自上而下实施授权管理,不得办理未经授权或超授权的保理业务。

第二十八条 商业银行应当针对保理业务建立完整的前中后台管理流程,前中后台应当职责明晰并相对独立。

第二十九条 商业银行应当将保理业务的风险管理纳入全面风险管理体系,动态关注卖方或买方经营、管理、财务及资金流向等风险信息,定期与卖方或买方对账,有效管控保理业务风险。

第三十条 商业银行应当加强保理业务 IT 系统建设。保理业务规模较大、复杂程度较高的银行应当建立电子化业务操作和管理系统,对授信额度、交易数据和业务流程等方面进行实时监控,并做好数据存储及备份工作。

第三十一条 当发生买方信用风险,保理银行履行垫付款义务后,应当将垫款计入表内,列为不良贷款进行管理。

第三十二条 商业银行应当按照《商业银行资本管理办法(试行)》要求,按保理业务的风险实质,计量风险加权资产,并计提资本。

第五章 法律责任

第三十三条 商业银行违反本办法规定经营保理业务的,由银监会及其派出机构责令其限期改正。商业银行有下列情形之一的,银监会及其派出机构可采取《中华人民共和国银行业监督管理法》第三十七条规定的监管措施:

（一）未按要求制定保理业务管理办法和操作规程即开展保理业务的；
（二）违反本办法第十三条、十六条规定叙做保理业务的；
（三）业务审查、融资管理、风险处置等流程未尽职的。

第三十四条 商业银行经营保理业务时存在下列情形之一的,银监会及其派出机构除按本办法第三十三条采取监管措施外,还可根据《中华人民共和国银行业监督管理法》第四十六、第四十八条实施处罚:

（一）因保理业务经营管理不当发生信用风险重大损失、出现严重操作风险损失事件的；
（二）通过非公允关联交易或变相降低标准违规办理保理业务的；
（三）未真实准确对垫款等进行会计记录或以虚假会计处理掩盖保理业务风险实质的；
（四）严重违反本办法规定的其他情形。

第六章 附 则

第三十五条 政策性银行、外国银行分行、农村合作银行、农村信用社、财务公司等其他银行业金融机构开展保理业务的,参照本办法执行。

第三十六条 中国银行业协会应当充分发挥自律、协调、规范职能,建立并持续完善银行保理业务的行业自律机制。

第三十七条 本办法由中国银监会负责解释。

中国保险监督管理委员会
关于修改《保险资金运用管理暂行办法》的决定

中国保险监督管理委员会令2014年第3号

现发布《中国保险监督管理委员会关于修改〈保险资金运用管理暂行办法〉的决定》,自2014年5月1日起施行。

主席 项俊波

2014年4月4日

中国保险监督管理委员会决定对《保险资金运用管理暂行办法》作如下修改:

将第十六条修改为:"保险集团（控股）公司、保险公司从事保险资金运用应当符合中国保监会相关比例要求,具体规定由中国保监会另行制定。中国保监会可以根据情况调整保险资金运用的投资比例"。

本决定自 2014 年 5 月 1 日起施行。

《保险资金运用管理暂行办法》根据本决定作相应的修订,重新发布。

保险资金运用管理暂行办法

第一章 总 则

第一条 为了规范保险资金运用行为,防范保险资金运用风险,维护保险当事人合法权益,促进保险业持续、健康发展,根据《中华人民共和国保险法》(以下简称《保险法》)等法律、行政法规,制定本办法。

第二条 在中国境内依法设立的保险集团(控股)公司、保险公司从事保险资金运用活动适用本办法规定。

第三条 本办法所称保险资金,是指保险集团(控股)公司、保险公司以本外币计价的资本金、公积金、未分配利润、各项准备金及其他资金。

第四条 保险资金运用必须稳健,遵循安全性原则,符合偿付能力监管要求,根据保险资金性质实行资产负债管理和全面风险管理,实现集约化、专业化、规范化和市场化。

第五条 中国保险监督管理委员会(以下简称中国保监会)依法对保险资金运用活动进行监督管理。

第二章 资金运用形式

第一节 资金运用范围

第六条 保险资金运用限于下列形式:

(一)银行存款;

(二)买卖债券、股票、证券投资基金份额等有价证券;

(三)投资不动产;

(四)国务院规定的其他资金运用形式。

保险资金从事境外投资的,应当符合中国保监会有关监管规定。

第七条 保险资金办理银行存款的,应当选择符合下列条件的商业银行作为存款银行:

(一)资本充足率、净资产和拨备覆盖率等符合监管要求;

(二)治理结构规范、内控体系健全、经营业绩良好;

(三)最近三年未发现重大违法违规行为;

(四)连续三年信用评级在投资级别以上。

第八条 保险资金投资的债券,应当达到中国保监会认可的信用评级机构评定的、且符合规定要求的信用级别,主要包括政府债券、金融债券、企业(公司)债券、非金融企业债务融资工具以及符合规定的其他债券。

第九条 保险资金投资的股票,主要包括公开发行并上市交易的股票和上市公司向特定对象非公开发行的股票。

投资创业板上市公司股票和以外币认购及交易的股票由中国保监会另行规定。

第十条 保险资金投资证券投资基金的,其基金管理人应当符合下列条件:

(一)公司治理良好,净资产连续三年保持在人民币一亿元以上;

(二)依法履行合同,维护投资者合法权益,最近三年没有不良记录;

(三)建立有效的证券投资基金和特定客户资产管理业务之间的防火墙机制;

(四)投资团队稳定,历史投资业绩良好,管理资产规模或者基金份额相对稳定。

第十一条 保险资金投资的不动产,是指土地、建筑物及其他附着于土地上的定着物。具体办法由中国保监会制定。

第十二条 保险资金投资的股权,应当为境内依法设立和注册登记,且未在证券交易所公开上市的股份有限公司和有限责任公司的股权。

第十三条 保险集团(控股)公司、保险公司不得使用各项准备金购置自用不动产或者从事对其他企业实现控股的股权投资。

第十四条 保险集团(控股)公司、保险公司对其他企业实现控股的股权投资,应当满足有关偿付能力监管规定。保险集团(控股)公司的保险子公司不符合中国保监会偿付能力监管要求的,该保险集团(控股)公司不得向非保险类金融企业投资。

实现控股的股权投资应当限于下列企业:

(一)保险类企业,包括保险公司、保险资产管理机构以及保险专业代理机构、保险经纪机构;

(二)非保险类金融企业;

(三)与保险业务相关的企业。

第十五条 保险集团(控股)公司、保险公司从事保险资金运用,不得有下列行为:

(一)存款于非银行金融机构;

(二)买入被交易所实行"特别处理"、"警示存在终止上市风险的特别处理"的股票;

(三)投资不具有稳定现金流回报预期或者资产增值价值、高污染等不符合国家产业政策项目的企业股权和不动产;

(四)直接从事房地产开发建设;

(五)从事创业风险投资;

(六)将保险资金运用形成的投资资产用于向他人提供担保或者发放贷款,个人保单质押贷款除外;

(七)中国保监会禁止的其他投资行为。

中国保监会可以根据有关情况对保险资金运用的禁止性规定进行适当调整。

第十六条 保险集团(控股)公司、保险公司从事保险资金运用应当符合中国保监会相关比例要求,具体规定由中国保监会另行规定。中国保监会可以根据情况调整保险资金运用的投资比例。

第十七条 投资连结保险产品和非寿险非预定收益投资型保险产品的资金运用,应当在资产隔离、资产配置、投资管理、人员配备、投资交易和风险控制等环节,独立于其他保险产品资金,具体办法由中国保监会制定。

第二节 资金运用模式

第十八条 保险集团(控股)公司、保险公司应当按照"集中管理、统一配置、专业运作"的要求,实行保险资金的集约化、专业化管理。

保险资金应当由法人机构统一管理和运用,分支机构不得从事保险资金运用业务。

第十九条 保险集团(控股)公司、保险公司应当选择符合条件的商业银行等专业机构,实施保险资金运用第三方托管和监督,具体办法由中国保监会制定。

托管的保险资产独立于托管机构固有资产,并独立于托管机构托管的其他资产。托管机构因依法解散、被依法撤销或者被依法宣告破产等原因进行清算的,托管资产不属于其清算财产。

第二十条 托管机构从事保险资金托管的,主要职责包括:

(一)保险资金的保管、清算交割和资产估值;

(二)监督投资行为;

(三)向有关当事人披露信息;

(四)依法保守商业秘密;

(五)法律、法规、中国保监会规定和合同约定的其他职责。

第二十一条 托管机构从事保险资金托管,不得有下列行为:

(一)挪用托管资金;

(二)混合管理托管资金和自有资金或者混合管理不同托管账户资金;

(三)利用托管资金及其相关信息谋取非法利益;

(四)其他违法行为。

第二十二条 保险集团(控股)公司、保险公司的投资管理能力应当符合中国保监会规定的相关标准。

保险集团(控股)公司、保险公司根据投资管理能力和风险管理能力,可以自行投资或者委托保险资产管理机构进行投资。

第二十三条 保险集团(控股)公司、保险公司委托保险资产管理机构投资的,应当订立书面合同,约定双方权利与义务,确保委托人、受托人、托管人三方职责各自独立。

保险集团(控股)公司、保险公司应当履行制定资产战略配置指引、选择受托人、监督受托人执行情况、评估受托人投资绩效等职责。

保险资产管理机构应当执行委托人资产配置指引,根据保险资金特性构建投资组合,公平对待不同资金。

第二十四条 保险集团(控股)公司、保险公司委托保险资产管理机构投资的,不得有下列行为:

(一)妨碍、干预受托机构正常履行职责;
(二)要求受托机构提供其他委托机构信息;
(三)要求受托机构提供最低投资收益保证;
(四)非法转移保险利润;
(五)其他违法行为。

第二十五条 保险资产管理机构受托管理保险资金的,不得有下列行为:
(一)违反合同约定投资;
(二)不公平对待不同资金;
(三)混合管理自有、受托资金或者不同委托机构资金;
(四)挪用受托资金;
(五)向委托机构提供最低投资收益承诺;
(六)以保险资金及其投资形成的资产为他人设定担保;
(七)其他违法行为。

第二十六条 保险资产管理机构根据中国保监会相关规定,可以将保险资金运用范围的投资品种作为基础资产,开展保险资产管理产品业务。

保险集团(控股)公司、保险公司委托投资或者购买保险资产管理产品,保险资产管理机构应当根据合同约定,及时向有关当事人披露资金投向、投资管理、资金托管、风险管理和重大突发事件等信息,并保证披露信息的真实、准确和完整。

保险资产管理机构应当根据受托资产规模、资产类别、产品风险特征、投资业绩等因素,按照市场化原则,以合同方式与委托或者投资机构,约定管理费收入计提标准和支付方式。

保险资产管理产品业务,是指由保险资产管理机构为发行人和管理人,向保险集团(控股)公司、保险公司以及保险资产管理机构等投资人发售产品份额,募集资金,并选聘商业银行等专业机构为托管人,为投资人利益开展的投资管理活动。

第三章 决策运行机制

第一节 组织结构与职责

第二十七条 保险集团(控股)公司、保险公司应当建立健全公司治理,在公司章程和相关制度中明确规定股东大会、董事会、监事会和经营管理层的保险资金运用职责,实现保险资金运用决策权、运营权、监督权相互分离,相互制衡。

第二十八条 保险资金运用实行董事会负责制。保险公司董事会应当对资产配置和投资政策、风险控制、合规管理承担最终责任,主要履行下列职责:
(一)审定保险资金运用管理制度;
(二)确定保险资金运用的管理方式;
(三)审定投资决策程序和授权机制;
(四)审定资产战略配置规划、年度投资计划和投资指引及相关调整方案;
(五)决定重大投资事项;

(六)审定新投资品种的投资策略和运作方案；
(七)建立资金运用绩效考核制度；
(八)其他相关职责。

董事会应当设立资产负债管理委员会(投资决策委员会)和风险管理委员会。

第二十九条 保险集团(控股)公司、保险公司决定委托投资，以及投资无担保债券、股票、股权和不动产等重大保险资金运用事项，应当经董事会审议通过。

第三十条 保险集团(控股)公司、保险公司经营管理层根据董事会授权，应当履行下列职责：
(一)负责保险资金运用的日常运营和管理工作；
(二)建立保险资金运用与财务、精算、产品和风控等部门之间的协商机制；
(三)审议资产管理部门拟定的保险资产战略配置规划和年度资产配置策略，并提交董事会审定；
(四)控制和管理保险资金运用风险；
(五)执行经董事会审定的资产配置规划和年度资产配置策略；
(六)提出调整资产战略配置调整方案；
(七)其他职责。

第三十一条 保险集团(控股)公司、保险公司应当设置专门的保险资产管理部门，并独立于财务、精算、风险控制等其他业务部门，履行下列职责：
(一)拟定保险资金运用管理制度；
(二)拟定资产战略配置规划和年度资产配置策略；
(三)拟定资产战略配置调整方案；
(四)执行年度资产配置计划；
(五)实施保险资金运用风险管理措施；
(六)其他职责。

保险集团(控股)公司、保险公司自行投资的，保险资产管理部门应当负责日常投资和交易管理；委托投资的，保险资产管理部门应当履行委托人职责，监督投资行为和评估投资业绩等职责。

第三十二条 保险集团(控股)公司、保险公司的资产管理部门应当在投资研究、资产清算、风险控制、业绩评估、相关保障等环节设置岗位，建立防火墙体系，实现专业化、规范化、程序化运作。

保险集团(控股)公司、保险公司自行投资的，资产管理部门应当设置投资、交易等与资金运用业务直接相关的岗位。

第三十三条 保险集团(控股)公司、保险公司风险管理部门以及具有相应管理职能的部门，应当履行下列职责：
(一)拟定保险资金运用风险管理制度；
(二)审核和监控保险资金运用合法合规性；
(三)识别、评估、跟踪、控制和管理保险资金运用风险；
(四)定期报告资金运用风险管理状况；

(五)其他职责。

第三十四条 保险资产管理机构应当设立首席风险管理执行官。

首席风险管理执行官为公司高级管理人员,负责组织和指导保险资产管理机构风险管理,履职范围应当包括保险资产管理机构运作的所有业务环节,独立向董事会、中国保监会报告有关情况,提出防范和化解重大风险建议。

首席风险管理执行官不得主管投资管理。如需更换,应当于更换前至少五个工作日向中国保监会书面说明理由和其履职情况。

第二节 资金运用流程

第三十五条 保险集团(控股)公司、保险公司应当建立健全保险资金运用的管理制度和内部控制机制,明确各个环节、有关岗位的衔接方式及操作标准,严格分离前、中、后台岗位责任,定期检查和评估制度执行情况,做到权责分明、相对独立和相互制衡。相关制度包括但不限于:

(一)资产配置相关制度;
(二)投资研究、决策和授权制度;
(三)交易和结算管理制度;
(四)绩效评估和考核制度;
(五)信息系统管理制度;
(六)风险管理制度等。

第三十六条 保险集团(控股)公司、保险公司应当以独立法人为单位,统筹境内境外两个市场,综合偿付能力约束、外部环境、风险偏好和监管要求等因素,分析保险资金成本、现金流和期限等负债指标,选择配置具有相应风险收益特征、期限及流动性的资产。

第三十七条 保险集团(控股)公司、保险公司应当建立专业化分析平台,并利用外部研究成果,研究制定涵盖交易对手管理和投资品种选择的模型和制度,构建投资池、备选池和禁投池体系,实时跟踪并分析市场变化,为保险资金运用决策提供依据。

第三十八条 保险集团(控股)公司、保险公司应当建立健全相对集中、分级管理、权责统一的投资决策和授权制度,明确授权方式、权限、标准、程序、时效和责任,并对授权情况进行检查和逐级问责。

第三十九条 保险集团(控股)公司、保险公司应当建立和完善公平交易机制,有效控制相关人员操作风险和道德风险,防范交易系统的技术安全疏漏,确保交易行为的合规性、公平性和有效性。公平交易机制至少应当包括以下内容:

(一)实行集中交易制度,严格隔离投资决策与交易执行;
(二)构建符合相关要求的集中交易监测系统、预警系统和反馈系统;
(三)建立完善的交易记录制度;
(四)在账户设置、研究支持、资源分配、人员管理等环节公平对待不同资金等。

第四十条 保险集团(控股)公司、保险公司应当建立以资产负债管理为核心的绩效评估体系和评估标准,定期开展保险资金运用绩效评估和归因分析,推进长期投资、价值投资和分散化投资,实现保险资金运用总体目标。

第四十一条 保险集团(控股)公司、保险公司应当建立保险资金运用信息管理系统,减少或者消除人为操纵因素,自动识别、预警报告和管理控制资产管理风险,确保实时掌握风险状况。

信息管理系统应当设定合规性和风险指标阀值,将风险监控的各项要素固化到相关信息技术系统之中,降低操作风险、防止道德风险。

信息管理系统应当建立全面风险管理数据库,收集和整合市场基础资料,记录保险资金管理和投资交易的原始数据,保证信息平台共享。

第四章 风险管控

第四十二条 保险集团(控股)公司、保险公司应当建立全面覆盖、全程监控、全员参与的保险资金运用风险管理组织体系和运行机制,改进风险管理技术和信息技术系统,通过管理系统和稽核审计等手段,分类、识别、量化和评估各类风险,防范和化解风险。

第四十三条 保险集团(控股)公司、保险公司应当管理和控制资产负债错配风险,以偿付能力约束和保险产品负债特性为基础,加强成本收益管理、期限管理和风险预算,确定保险资金运用风险限额,采用缺口分析、敏感性和情景测试等方法,评估和管理资产错配风险。

第四十四条 保险集团(控股)公司、保险公司应当管理和控制流动性风险,根据保险业务特点和风险偏好,测试不同状况下可以承受的流动性风险水平和自身风险承受能力,制定流动性风险管理策略、政策和程序,防范流动性风险。

第四十五条 保险集团(控股)公司、保险公司应当管理和控制市场风险,评估和管理利率风险、汇率风险以及金融市场波动风险,建立有效的市场风险评估和管理机制,实行市场风险限额管理。

第四十六条 保险集团(控股)公司、保险公司应当管理和控制信用风险,建立信用风险管理制度,及时跟踪评估信用风险,跟踪分析持仓信用品种和交易对手,定期组织回测检验。

第四十七条 保险集团(控股)公司、保险公司应当加强同业拆借、债券回购和融资融券业务管理,严格控制融资规模和使用杠杆,禁止投机或者用短期拆借资金投资高风险和流动性差的资产。保险资金参与衍生产品交易,仅限于对冲风险,不得用于投机和放大交易,具体办法由中国保监会制定。

第四十八条 保险集团(控股)公司、保险公司应当发挥内部稽核和外部审计的监督作用,每年至少进行一次保险资金运用内部全面稽核审计。内控审计报告应当揭示保险资金运用管理的合规情况和风险状况。主管投资的高级管理人员、保险资金运用部门负责人和重要岗位人员离职前,应当进行离任审计。

保险集团(控股)公司、保险公司应当定期向中国保监会报告保险资金运用内部稽核审计结果和有关人员离任审计结果。

第四十九条 保险集团(控股)公司、保险公司应当建立保险资金运用风险处置机制,制定应急预案,及时控制和化解风险隐患。投资资产发生大幅贬值或者出现债权不能清偿的,应当制定处置方案,并及时报告中国保监会。

第五十条　保险集团(控股)公司、保险公司应当确保风险管控相关岗位和人员具有履行职责所需知情权和查询权,有权查阅、询问所有与保险资金运用业务相关的数据、资料和细节,并列席与保险资金运用相关的会议。

第五章　监督管理

第五十一条　中国保监会对保险资金运用的监督管理,采取现场监管与非现场监管相结合的方式。

第五十二条　中国保监会应当根据公司治理结构、偿付能力、投资管理能力和风险管理能力,对保险集团(控股)公司、保险公司保险资金运用实行分类监管、持续监管和动态评估。

中国保监会应当强化对保险公司的资本约束,确定保险资金运用风险监管指标体系,并根据评估结果,采取相应监管措施,防范和化解风险。

第五十三条　保险集团(控股)公司、保险公司分管投资的高级管理人员、资产管理部门的主要负责人、保险资产管理机构的董事、监事、高级管理人员,应当在任职前取得中国保监会核准的任职资格。

第五十四条　保险集团(控股)公司、保险公司的重大股权投资,应当报中国保监会核准。

保险资产管理机构发行或者发起设立的保险资产管理产品,实行初次申报核准,同类产品事后报告。

中国保监会按照有关规定对上述事项进行合规性、程序性审核。

重大股权投资,是指对拟投资非保险类金融企业或者与保险业务相关的企业实施控制的投资行为。

第五十五条　中国保监会有权要求保险集团(控股)公司、保险公司提供报告、报表、文件和资料。

提交报告、报表、文件和资料,应当及时、真实、准确、完整。

第五十六条　保险集团(控股)公司、保险公司的股东大会、股东会、董事会的重大投资决议,应当在决议作出后5个工作日内向中国保监会报告,中国保监会另有规定的除外。

第五十七条　中国保监会有权要求保险集团(控股)公司、保险公司将保险资金运用的有关数据与中国保监会的监管信息系统动态连接。

第五十八条　保险集团(控股)公司和保险公司的偿付能力状况不符合中国保监会要求的,中国保监会可以限制其资金运用的形式、比例。

第五十九条　保险集团(控股)公司、保险公司违反资金运用形式和比例有关规定的,由中国保监会责令限期改正。

第六十条　中国保监会有权对保险集团(控股)公司、保险公司的董事、监事、高级管理人员和资产管理部门负责人进行监管谈话,要求其就保险资金运用情况、风险控制、内部管理等有关重大事项作出说明。

第六十一条　保险集团(控股)公司、保险公司严重违反资金运用有关规定的,中国保监会可以责令调整负责人及有关管理人员。

第六十二条　保险集团(控股)公司、保险公司严重违反保险资金运用有关规定,被责令限期改正逾期未改正的,中国保监会可以决定选派有关人员组成整顿组,对公司进行整顿。

第六十三条 保险集团(控股)公司、保险公司违反本规定运用保险资金的,由中国保监会依法给予行政处罚。

第六十四条 保险资金运用的其他当事人在参与保险资金运用活动中,违反有关法律、行政法规和本办法规定的,中国保监会应当记录其不良行为,并将有关情况通报其行业主管部门;情节严重的,中国保监会可以通报保险集团(控股)公司、保险公司3年内不得与其从事相关业务,并商有关监管部门依法给予行政处罚。

第六十五条 中国保监会工作人员滥用职权、玩忽职守,或者泄露所知悉的有关单位和人员的商业秘密的,依法追究法律责任。

第六章 附 则

第六十六条 保险资产管理机构管理运用保险资金参照本办法执行。

第六十七条 保险公司缴纳的保险保障基金等运用,从其规定。

第六十八条 中国保监会对保险集团(控股)公司资金运用另有规定的,从其规定。

第六十九条 本办法由中国保监会负责解释和修订。

第七十条 本办法自2010年8月31日起施行。原有的有关政策和规定,凡与本办法不一致的,一律以本办法为准。

八、进出口

关于《出入境检验检疫机构实施检验检疫的进出境商品目录》调整的公告

质检总局、海关总署联合公告 2015 年第 165 号

根据出入境检验检疫法律法规以及 2016 年《中华人民共和国进出口税则》和贸易管制目录调整情况，国家质量监督检验检疫总局对《出入境检验检疫机构实施检验检疫的进出境商品目录》作了相关调整。现公告如下：

一、取消海关商品编号 2201901900（其他天然水）的进/出境检验检疫监管要求"A/B"，不再实施进/出口检验检疫。上述调整自 2016 年 1 月 1 日起执行。

二、将涉及复合橡胶的 4005100000、4005200000、4005910000、4005990000 等 4 个海关商品编号增设进境检验检疫监管要求"A"，按照《复合橡胶通用技术规范》（GB/T31357-2014）有关标准，实施进境检验检疫。上述调整自 2016 年 2 月 1 日起执行。

三、将涉及危险化学品的萘、砷、锂等 41 个海关商品编号增设进/出境检验检疫监管要求"A/B"，实施进出境检验检疫。上述调整自 2016 年 2 月 1 日起执行。

四、结合 2016 年海关商品编号调整情况，对《出入境检验检疫机构实施检验检疫的进出境商品目录》内编码进行了对应调整。外贸企业可登陆国家质检总局网站（www.aqsiq.gov.cn）"信息公开"栏目，查询《出入境检验检疫机构实施检验检疫的进出境商品目录》。

列入《出入境检验检疫机构实施检验检疫的进出境商品目录》的进出境商品，须经出入境检验检疫机构实施检验检疫监管，进出口商品收/发货人或代理人须持出入境检验检疫机构签发的《入境货物通关单》和《出境货物通关单》向海关办理进出口手续。

附件：《出入境检验检疫机构实施检验检疫的进出境商品目录》调整表（略——编者注）

质检总局
海关总署
2015 年 12 月 29 日

关于调整重大技术装备进口税收政策
有关目录及规定的通知

财关税〔2015〕51 号

根据近年来国内装备制造业及其配套产业的发展情况,在广泛听取产业主管部门、行业协会及企业代表等方面意见的基础上,财政部、国家发展改革委、工业和信息化部、海关总署、国家税务总局、国家能源局决定对重大技术装备进口税收政策有关目录和规定部分条款进行修订。现通知如下:

一、《国家支持发展的重大技术装备和产品目录(2015 年修订)》(见附件 1)和《重大技术装备和产品进口关键零部件及原材料商品目录(2015 年修订)》(见附件 2)自 2016 年 1 月 1 日起执行,符合规定条件的国内企业为生产本通知附件 1 所列装备或产品而确有必要进口附件 2 所列商品,免征关税和进口环节增值税。附件 1、2 中列明执行年限的,有关装备、产品、零部件、原材料免税执行期限截至到该年度 12 月 31 日。

根据国内产业发展情况,自 2016 年 1 月 1 日起,取消轴流式水电机组等装备的免税政策,生产制造相关装备和产品的企业 2016 年度预拨免税进口额度相应取消。

二、《进口不予免税的重大技术装备和产品目录(2015 年修订)》(见附件 3)自 2016 年 1 月 1 日起执行。对 2016 年 1 月 1 日以后(含 1 月 1 日)批准的按照或比照《国务院关于调整进口设备税收政策的通知》(国发〔1997〕37 号)有关规定享受进口税收优惠政策的下列项目和企业,进口附件 3 所列自用设备以及按照合同随上述设备进口的技术及配套件、备件,一律照章征收进口税收:

(一)国家鼓励发展的国内投资项目和外商投资项目;
(二)外国政府贷款和国际金融组织贷款项目;
(三)由外商提供不作价进口设备的加工贸易企业;
(四)中西部地区外商投资优势产业项目;
(五)《海关总署关于进一步鼓励外商投资有关进口税收政策的通知》(署税〔1999〕791 号)规定的外商投资企业和外商投资设立的研究中心利用自有资金进行技术改造项目。

为保证《进口不予免税的重大技术装备和产品目录(2015 年修订)》调整前已批准的上述项目顺利实施,对 2015 年 12 月 31 日前(含 12 月 31 日)批准的上述项目和企业在 2016 年 6 月 30 日前(含 6 月 30 日)进口设备,继续按照《财政部、国家发展改革委、工业和信息化部、海关总署、国家税务总局、国家能源局关于调整重大技术装备进口税收政策的通知》(财关税〔2014〕2 号)附件 4 和《财政部、国家发展改革委、海关总署、国家税务总局关于调整〈国内投资项目不予免税的进口商品目录〉的公告》(2012 年第 83 号)执行。

自2016年7月1日起对上述项目和企业进口《进口不予免税的重大技术装备和产品目录(2015年修订)》中所列设备,一律照章征收进口税收。为保证政策执行的统一性,对有关项目和企业进口商品需对照《进口不予免税的重大技术装备和产品目录(2015年修订)》和《国内投资项目不予免税的进口商品目录(2012年调整)》审核征免税的,《进口不予免税的重大技术装备和产品目录(2015年修订)》与《国内投资项目不予免税的进口商品目录(2012年调整)》所列商品名称相同,或仅在《进口不予免税的重大技术装备和产品目录(2015年修订)》中列名的商品,一律以《进口不予免税的重大技术装备和产品目录(2015年修订)》所列商品及其技术规格指标为准。

三、将《财政部、国家发展改革委、工业和信息化部、海关总署、国家税务总局、国家能源局关于调整重大技术装备进口税收政策的通知》(财关税〔2014〕2号)附件1《重大技术装备进口税收政策规定》中第六、七、八、九条分别修改为:

"第六条 对新申请享受进口税收优惠政策的企业免税资格认定工作每年组织一次。新申请享受政策的制造企业应在每年11月1日至11月30日提交申请文件(要求见附1),报送下一年度申请进口税收优惠享受政策的进口需求。其中,地方制造企业通过企业所在地省级工业和信息化主管部门转报申请文件,由省级工业和信息化主管部门汇总后在每年12月5日前将申请文件上报工业和信息化部;中央企业直接向工业和信息化部提交申请文件。承担城市轨道交通重大技术装备自主化依托项目的业主应在每年11月1日至11月30日向国家发展改革委提交申请文件,报送当年度申请享受进口税收优惠政策的进口需求。承担核电重大技术装备自主化依托项目的业主应在每年11月1日至11月30日向国家能源局提交申请文件,报送下一年度申请享受政策的进口需求。逾期不予受理"。

"第七条 工业和信息化部、国家发展改革委、国家能源局收到企业的申请文件后,应当审查申请文件是否规范、完整,材料是否有效。企业提交的申请文件符合规定的,有关部门应当予以受理。企业提交的申请文件不符合规定的,有关部门应当及时告知企业需要补正的材料,企业应在5个工作日内提交补正材料。企业不能按照规定提交申请文件或补正材料的,有关部门不予受理"。

"第八条 工业和信息化部受理制造企业申请文件后,应会同财政部、海关总署、国家税务总局(对能源装备制造企业资格的认定还应会同国家能源局)组织相关行业专家,根据本规定有关要求,对企业资格进行认定,并汇总企业进口需求。国家发展改革委、国家能源局应会同财政部、海关总署、国家税务总局组织相关行业专家,分别负责对城市轨道交通、核电领域承担重大技术装备自主化依托项目的业主免税资格进行认定,并核定项目业主进口需求。工业和信息化部、国家发展改革委、国家能源局应在每年12月31日前将企业免税资格认定及相关因素核定结果报送财政部,逾期不予受理"。

"第九条 财政部会同海关总署、国家税务总局根据有关部门对企业免税资格认定和汇总的企业进口需求,每年1月31日前明确新获得免税资格的企业名单,并将企业进口需求直接确定为免税进口额度。根据对已获得免税资格企业上一年度政策执行情况的绩效评估,在年度进口税收税式支出规模(即年度减免税规模)安排的框架内,依据企业设计研发制造能力、重大技术装备技术先进性、免税额度执行率和政策执行效果等因素,确定企业下一年度免税进口额度"。

四、自2016年1月1日起,《财政部、国家发展改革委、工业和信息化部、海关总署、国家税务总局、国家能源局关于调整重大技术装备进口税收政策的通知》(财关税〔2014〕2号)附件2、3、4予以废止。

附件:1. 国家支持发展的重大技术装备和产品目录(2015年修订)(略——编者注)

  2-1. 重大技术装备和产品进口关键零部件、原材料商品目录(2015年修订)(略——编者注)

  2-2. 重大技术装备和产品进口关键零部件、原材料商品目录(2015年修订)(略——编者注)

  2-3. 重大技术装备和产品进口关键零部件、原材料商品目录(2015年修订)(略——编者注)

  2-4. 重大技术装备和产品进口关键零部件、原材料商品目录(2015年修订)(略——编者注)

  3. 进口不予免税的重大技术装备和产品目录(2015年修订)(略——编者注)

财政部
国家发展改革委
工业和信息化部
海关总署
国家税务总局
国家能源局
2015年12月1日

国务院办公厅关于促进进出口稳定增长的若干意见

国办发〔2015〕55号

各省、自治区、直辖市人民政府,国务院各部委、各直属机构:

推进新一轮更高水平对外开放,是经济提质增效升级的重要支撑。要进一步推动对外贸易便利化,改善营商环境,为外贸企业减负助力,促进进出口稳定增长,培育国际竞争新优势。为此,经国务院同意,现提出如下意见:

一、**坚决清理和规范进出口环节收费**。深入开展全国范围内的涉企收费集中整治专项行动。对依法合规设立的进出口环节行政事业性收费、政府性基金以及实施政府定价或指导价的经营服务性收费实行目录清单管理,未列入清单的一律按乱收费查处。加大对取消收费项目落实情况的督查力度,形成外贸企业松绑减负长效机制,防止乱收费问题反弹。增强口岸查验针对性和有效性,对查验没有问题的免除企业吊装、移位、仓储等费用,此类费用由中央财政负担;对有问题的企业依法加大处罚力度。(发展改革委、工业和信息化部、财政部、交通运输部根据各自职责分别牵头)

二、**保持人民币汇率在合理均衡水平上基本稳定**。完善人民币汇率市场化形成机制,扩大人民币汇率双向浮动区间。进一步提高跨境贸易人民币结算的便利化水平,扩大结算规模。研究推出更多避险产品,帮助企业规避汇率风险,减少汇兑损失。(人民银行、外汇局负责)

三、**加大出口信用保险支持力度**。进一步扩大短期出口信用保险规模,加大对中小微企业及新兴市场开拓的支持力度。实现大型成套设备出口融资保险应保尽保,进一步简化程序。(财政部、商务部、进出口银行、中国出口信用保险公司负责)

四、**加快推进外贸新型商业模式发展**。抓紧落实《国务院办公厅关于促进跨境电子商务健康快速发展的指导意见》(国办发〔2015〕46号)。积极推进中国(杭州)跨境电子商务综合试验区建设。抓紧启动扩大市场采购贸易方式试点工作,将江苏海门叠石桥国际家纺城、浙江海宁皮革城列入试点范围。制订支持外贸综合服务企业发展的政策措施。2015年底前提出进一步扩大相关试点范围和推广外贸新型商业模式的方案,于2016年初开始实施。(商务部、发展改革委、财政部、海关总署、税务总局、工商总局、质检总局、外汇局负责)

五、**继续加强进口工作**。扩大优惠利率进口信贷覆盖面,将《鼓励进口技术和产品目录》纳入支持范围。2015年7月底前调整出台《鼓励进口技术和产品目录》,相应调整进口贴息政策支持范围,促进国内产业升级。完善消费品进口相关政策,对部分国内需求较大的日用消费品开展降低进口关税试点,适度增设口岸进境免税店,合理扩大免税品种,增加一定数量的免税购物额,丰富国内消费者购物选择。(商务部、发展改革委、财政部、工业和信息化部、海关总署、税务总局、质检总局、进出口银行负责)

六、**进一步提高贸易便利化水平**。进一步简政放权,提高服务效率。进一步落实出口退税企业分类管理办法,加快出口退税进度,确保及时足额退税。提高口岸通关效率,强化跨部门、跨地区通关协作,加快推进形成全国一体化通关管理格局。加快复制推广自由贸易试验区的贸易便利化措施,在沿海各口岸开展国际贸易"单一窗口"试点。(海关总署、税务总局、质检总局、商务部、财政部、交通运输部、外汇局负责)

七、**切实改善融资服务**。加大对有订单、有效益企业的融资支持。鼓励采取银团贷款、混合贷款、项目融资等方式支持企业开拓国际市场,开展国际产能合作,推动中国装备"走出去"。支持金融机构开展出口退税账户托管贷款等融资业务。鼓励商业银行按照风险可控、商业可持续原则开展出口信用保险保单融资业务。大力拓展外汇储备委托贷款平台业务,继续扩大外汇储备委托贷款规模和覆盖范围,进一步推进外汇储备多元化运用。在宏观和微观审慎管理框架下,稳步放宽境内企业人民币境外债务融资,进一步便利跨国企业开展人民币双向资金池业务。(人民银行、银监会、财政部、商务部、外汇局、进出口银行、中国出口信用保险公司负责)

各地区、各部门要进一步提高认识,更加重视外贸工作,加强组织领导,顾全大局,增强工作主动性、针对性和有效性。要深化与"一带一路"沿线国家的经贸合作,突出创新驱动,切实加大稳增长政策落实力度,共同推动对外贸易平稳健康发展。各地区要结合实际主动作为,多措并举,促进本地区对外贸易稳定增长和转型升级。各部门要根据本意见制订具体工作方案,并进一步在简化手续、减免收费等方面加力增效,用便利和稳定增长的进出口助力经济发展。商务部要加强指导、督促检查,确保各项政策措施落实到位。

国务院办公厅

2015年7月22日

九、财税

国家税务总局关于落实"三证合一"登记制度改革的通知

税总函〔2015〕482 号

各省、自治区、直辖市和计划单列市国家税务局、地方税务局,局内各单位:

根据《国务院办公厅关于加快推进"三证合一"登记制度改革的意见》(国办发〔2015〕50号)、《工商总局等六部门关于贯彻落实〈国务院办公厅关于加快推进"三证合一"登记制度改革的意见〉的通知》(工商企注字〔2015〕121 号)及有关文件精神,现就税务部门落实"三证合一"登记制度改革有关具体工作通知如下,请认真贯彻执行。

一、切实落实好"三证合一"有关文件精神

全面推行"三证合一"登记制度改革是贯彻落实党的十八大和十八届二中、三中、四中全会精神以及国务院决策部署的重要举措,是推进简政放权、便利市场准入、鼓励投资创业、激发市场活力的重要途径。国务院、有关部门及税务总局陆续下发了一系列文件,对"三证合一"改革有关工作做出了详细部署并提出了明确要求。各级税务机关要站在全局的高度,充分认识"三证合一"改革的重要意义,顾全大局、主动作为,积极采取措施、攻坚克难,认真学习贯彻系列文件精神,加强部门间协作配合,优化各项工作流程,落实岗位工作职责,分解工作任务到人,确保"三证合一"改革顺利实施。

二、切实做好"三证合一"工作衔接

根据有关工作部署,2015 年 10 月 1 日要在全国全面推行"三证合一、一照一码"登记改革。各地税务机关要加强与有关部门的沟通协调,强化国税、地税之间的协作合作,做好各相关职能部门之间的分工配合,统筹做好改革前后的过渡衔接工作,确保现有登记模式向"三证合一、一照一码"登记模式平稳过渡。

新设立企业、农民专业合作社(以下统称"企业")领取由工商行政管理部门核发加载法人

和其他组织统一社会信用代码(以下称统一代码)的营业执照后,无需再次进行税务登记,不再领取税务登记证。企业办理涉税事宜时,在完成补充信息采集后,凭加载统一代码的营业执照可代替税务登记证使用。

除以上情形外,其他税务登记按照原有法律制度执行。

改革前核发的原税务登记证件在过渡期继续有效。

三、切实规范"三证合一"有关工作流程

工商登记"一个窗口"统一受理申请后,申请材料和登记信息在部门间共享,各部门数据互换、档案互认。各级税务机关要加强与登记机关沟通协调,确保登记信息采集准确、完整。

各省税务机关在交换平台获取"三证合一"企业登记信息后,依据企业住所(以统一代码为标识)按户分配至县(区)税务机关;县(区)税务机关确认分配有误的,将其退回至市(地)税务机关,由市(地)税务机关重新进行分配;省税务机关无法直接分配至县(区)税务机关的,将其分配至市(地)税务机关,由市(地)税务机关向县(区)税务机关进行分配。

对于工商登记已采集信息,税务机关不再重复采集;其他必要涉税基础信息,可在企业办理有关涉税事宜时,及时采集,陆续补齐。发生变化的,由企业直接向税务机关申报变更,税务机关及时更新税务系统中的企业信息。

已实行"三证合一、一照一码"登记模式的企业办理注销登记,须先向税务主管机关申报清税,填写《清税申报表》(附后)。企业可向国税、地税任何一方税务主管机关提出清税申报,税务机关受理后应将企业清税申报信息同时传递给另一方税务机关,国税、地税税务主管机关按照各自职责分别进行清税,限时办理。清税完毕后一方税务机关及时将本部门的清税结果信息反馈给受理税务机关,由受理税务机关根据国税、地税清税结果向纳税人统一出具《清税证明》,并将信息共享到交换平台。

税务机关应当分类处理纳税人清税申报,扩大即时办结范围。根据企业经营规模、税款征收方式、纳税信用等级指标进行风险分析,对风险等级低的当场办结清税手续;对于存在疑点情况的,企业也可以提供税务中介服务机构出具的鉴证报告。税务机关在核查、检查过程中发现涉嫌偷、逃、骗、抗税或虚开发票的,或者需要进行纳税调整等情形的,办理时限自然中止。在清税后,经举报等线索发现少报、少缴税款的,税务机关将相关信息传至登记机关,纳入"黑名单"管理。

过渡期间未换发"三证合一、一照一码"营业执照的企业申请注销,税务机关按照原规定办理。

四、切实发挥信息技术的支撑作用

"三证合一"离不开信息技术的支持。各级税务机关要加大信息化投入,按照统一规范和标准,改造升级相关信息系统,实现互联互通、信息共享。凡是能够通过网络解决的都要充分利用信息化优势,实现网络实时传输,提高办事效率;凡是能利用统一信用信息共享交换平台的,都要通过共享平台交换并应用企业基础信息和相关信用信息。

税务总局将完成统一推广的综合征管系统（国税）、增值税发票系统升级版、出口退税系统、金税三期核心征管软件等应用系统的改造工作。

各省税务机关要按照《国家税务总局办公厅关于落实国务院统一社会信用代码建设方案调整相关信息系统的通知》（税总办发〔2015〕160号）要求，落实企业纳税人识别号与统一代码的衔接方案，配合有关单位，搭建省级信息共享交换平台，并改造自有税务应用类系统及网上办税等系统，实现与税务总局统一推广系统的对接。

五、切实提升纳税服务水平

优化纳税服务，营造良好的税收工作环境是"三证合一、一照一码"改革顺利实施的重要方面。各级税务机关要充分利用各种媒体做好"三证合一"登记制度改革政策的宣传解读，让广大纳税人了解"三证合一"改革的内容、意义，知晓"三证合一"改革带来的便利，在全社会形成理解改革、关心改革、支持改革的良好氛围。要积极编制"三证合一"办税指南、纳税辅导小册子、办税流程图等宣传材料，并放置于登记机关服务大厅，或在税务机关网站显著位置公布，方便取用和学习。要加强对税务干部的培训，让广大干部熟悉新设、变更以及注销登记等各环节的操作流程，精通改革内容和意义，同时，选派素质高、业务精的工作人员承担窗口受理工作，不断提升窗口服务质量。

六、切实狠抓督办落实

督查督办是抓落实的重要手段。各级税务机关要按照一级抓一级、层层抓落实的要求，加强对"三证合一、一照一码"改革的督导检查，及时发现和解决实施中遇到的重点难点问题。要落实"三证合一"改革的绩效考核工作，将"三证合一"改革工作列入2015年第四季度绩效考核，按照改革的时间表、路线图考评考核。税务总局也将适时组织开展"三证合一"改革专项督查，对工作开展不力造成严重后果的单位及个人尤其是领导干部进行问责，确保各项工作任务不折不扣地圆满完成。

为了各地相互借鉴经验，共同推进"三证合一"改革，税务总局将编发《税收征管工作动态（三证合一改革专辑）》，刊载各地改革进展情况。各地要及时将改革动态报税务总局（征管科技司）。同时，自2015年10月起，每月终了后5日内，各地要将"三证合一"改革相关工作推进情况、具体措施、取得成效、后续监控相关数据及工作中的困难、下一步工作计划报税务总局（征管科技司）。各单位要在报送材料后加注联系人信息（姓名、联系方式）。报送材料请上传至税务总局FTP（征管和科技司/制度处/三证合一目录下）。

附件：清税申报表（略——编者注）

国家税务总局
2015年9月10日

国家税务总局关于发布《非居民纳税人享受税收协定待遇管理办法》的公告

国家税务总局公告 2015 年第 60 号

为进一步推进税务行政审批制度改革,优化非居民纳税人享受税收协定待遇的管理,国家税务总局制定了《非居民纳税人享受税收协定待遇管理办法》,现予公布。

特此公告。

附件:1. 非居民纳税人税收居民身份信息报告表(企业适用)(略——编者注)
    2. 非居民纳税人税收居民身份信息报告表(个人适用)(略——编者注)
    3. 非居民纳税人享受税收协定待遇情况报告表(企业所得税 A 表)(略——编者注)
    4. 非居民纳税人享受税收协定待遇情况报告表(个人所得税 A 表)(略——编者注)
    5. 非居民纳税人享受税收协定待遇情况报告表(企业所得税 B 表)(略——编者注)
    6. 非居民纳税人享受税收协定待遇情况报告表(个人所得税 B 表)(略——编者注)
    7. 非居民纳税人享受税收协定待遇情况报告表(企业所得税 C 表)(略——编者注)
    8. 非居民纳税人享受税收协定待遇情况报告表(个人所得税 C 表)(略——编者注)
    9. 非居民纳税人享受税收协定待遇情况报告表(企业所得税 D 表)(略——编者注)
    10. 非居民纳税人享受税收协定待遇情况报告表(个人所得税 D 表)(略——编者注)
    11. 废止文件内容明细表(略——编者注)

国家税务总局
2015 年 8 月 27 日

非居民纳税人享受税收协定待遇管理办法

第一章 总 则

第一条 为执行中华人民共和国政府对外签署的避免双重征税协定(含与香港、澳门特别行政区签署的税收安排,以下统称税收协定),中华人民共和国对外签署的航空协定税收条款、海运协定税收条款、汽车运输协定税收条款、互免国际运输收入税收协议或换函(以下统称国际运输协定),规范非居民纳税人享受协定待遇管理,根据《中华人民共和国企业所得税法》(以下简称企业所得税法)及其实施条例、《中华人民共和国个人所得税法》(以下简称个人所得税法)及其实施条例、《中华人民共和国税收征收管理法》(以下简称税收征管法)及其实施细则(以下统称国内税收法律规定)的有关规定,制定本办法。

第二条 在中国发生纳税义务的非居民纳税人需要享受协定待遇的,适用本办法。

本办法所称协定待遇,是指按照税收协定或国际运输协定可以减轻或者免除按照国内税收法律规定应当履行的企业所得税、个人所得税纳税义务。

第三条 非居民纳税人符合享受协定待遇条件的,可在纳税申报时,或通过扣缴义务人在扣缴申报时,自行享受协定待遇,并接受税务机关的后续管理。

第四条 本办法所称主管税务机关,是指按国内税收法律规定,对非居民纳税人在中国的纳税义务负有征管职责的国家税务局或地方税务局。

本办法所称非居民纳税人,是指按国内税收法律规定或税收协定不属于中国税收居民的纳税人(含非居民企业和非居民个人)。

本办法所称扣缴义务人,是指按国内税收法律规定,对非居民纳税人来源于中国境内的所得负有扣缴税款义务的单位或个人,包括法定扣缴义务人和企业所得税法规定的指定扣缴义务人。

第二章 协定适用和纳税申报

第五条 非居民纳税人自行申报的,应当自行判断能否享受协定待遇,如实申报并报送本办法第七条规定的相关报告表和资料。

第六条 在源泉扣缴和指定扣缴情况下,非居民纳税人认为自身符合享受协定待遇条件,需要享受协定待遇的,应当主动向扣缴义务人提出,并向扣缴义务人提供本办法第七条规定的相关报告表和资料。

非居民纳税人向扣缴义务人提供的资料齐全,相关报告表填写信息符合享受协定待遇条件的,扣缴义务人依协定规定扣缴,并在扣缴申报时将相关报告表和资料转交主管税务机关。

非居民纳税人未向扣缴义务人提出需享受协定待遇,或向扣缴义务人提供的资料和相关报告表填写信息不符合享受协定待遇条件的,扣缴义务人依国内税收法律规定扣缴。

第七条 非居民纳税人需享受协定待遇的,应在纳税申报时自行报送或由扣缴义务人在扣缴申报时报送以下报告表和资料:

(一)《非居民纳税人税收居民身份信息报告表》(见附件1、附件2);

(二)《非居民纳税人享受税收协定待遇情况报告表》(见附件3至附件10);

(三)由协定缔约对方税务主管当局在纳税申报或扣缴申报前一个公历年度开始以后出具的税收居民身份证明;享受税收协定国际运输条款待遇或国际运输协定待遇的企业,可以缔约对方运输主管部门在纳税申报或扣缴申报前一个公历年度开始以后出具的法人证明代替税收居民身份证明;享受国际运输协定待遇的个人,可以缔约对方政府签发的护照复印件代替税收居民身份证明;

(四)与取得相关所得有关的合同、协议、董事会或股东会决议、支付凭证等权属证明资料;

(五)其他税收规范性文件规定非居民纳税人享受特定条款税收协定待遇或国际运输协

待遇应当提交的证明资料。

非居民纳税人可以自行提供能够证明其符合享受协定待遇条件的其他资料。

第八条　非居民纳税人享受协定待遇，根据协定条款的不同，分别按如下要求报送本办法第七条规定的报告表和资料：

（一）非居民纳税人享受税收协定独立个人劳务、非独立个人劳务（受雇所得）、政府服务、教师和研究人员、学生条款待遇的，应当在首次取得相关所得并进行纳税申报时，或者由扣缴义务人在首次扣缴申报时，报送相关报告表和资料。在符合享受协定待遇条件且所报告信息未发生变化的情况下，非居民纳税人免于向同一主管税务机关就享受同一条款协定待遇重复报送资料。

（二）非居民纳税人享受税收协定常设机构和营业利润、国际运输、股息、利息、特许权使用费、退休金条款待遇，或享受国际运输协定待遇的，应当在有关纳税年度首次纳税申报时，或者由扣缴义务人在有关纳税年度首次扣缴申报时，报送相关报告表和资料。在符合享受协定待遇条件且所报告信息未发生变化的情况下，非居民纳税人可在报送相关报告表和资料之日所属年度起的三个公历年度内免于向同一主管税务机关就享受同一条款协定待遇重复报送资料。

（三）非居民纳税人享受税收协定财产收益、演艺人员和运动员、其他所得条款待遇的，应当在每次纳税申报时，或由扣缴义务人在每次扣缴申报时，向主管税务机关报送相关报告表和资料。

第九条　非居民纳税人在申报享受协定待遇前已根据其他非居民纳税人管理规定向主管税务机关报送本办法第七条第四项规定的合同、协议、董事会或股东会决议、支付凭证等权属证明资料的，免于向同一主管税务机关重复报送，但是应当在申报享受协定待遇时说明前述资料的报送时间。

第十条　按本办法规定填报或报送的资料应采用中文文本。相关资料原件为外文文本的，应当同时提供中文译本。非居民纳税人、扣缴义务人可以以复印件向税务机关提交本办法第七条第三项至第五项规定的相关证明或资料，但是应当在复印件上标注原件存放处，加盖报告责任人印章或签章，并按税务机关要求报验原件。

第十一条　非居民纳税人自行申报的，应当就每一个经营项目、营业场所或劳务提供项目分别向主管税务机关报送本办法规定的报告表和资料。

源泉扣缴和指定扣缴情况下，非居民纳税人有多个扣缴义务人的，应当向每一个扣缴义务人分别提供本办法规定的报告表和资料。各扣缴义务人在依协定规定扣缴时，分别向主管税务机关报送相关报告表和资料。

第十二条　非居民纳税人对本办法第七条规定报告表填报信息和其他资料的真实性、准确性负责。扣缴义务人根据非居民纳税人提供的报告表和资料依协定规定扣缴的，不改变非居民纳税人真实填报相关信息和提供资料的责任。

第十三条　非居民纳税人发现不应享受而享受了协定待遇，并少缴或未缴税款的，应当主动向主管税务机关申报补税。

第十四条　非居民纳税人可享受但未享受协定待遇，且因未享受协定待遇而多缴税款的，可在税收征管法规定期限内自行或通过扣缴义务人向主管税务机关要求退还，同时提交本办法第七条规定的报告表和资料,及补充享受协定待遇的情况说明。

主管税务机关应当自接到非居民纳税人或扣缴义务人退还申请之日起30日内查实,对符合享受协定待遇条件的办理退还手续。

第十五条 非居民纳税人在享受协定待遇后,情况发生变化,但是仍然符合享受协定待遇条件的,应当在下一次纳税申报时或由扣缴义务人在下一次扣缴申报时重新报送本办法第七条规定的报告表和资料。

非居民纳税人情况发生变化,不再符合享受协定待遇条件的,在自行申报的情况下,应当自情况发生变化之日起立即停止享受相关协定待遇,并按国内税收法律规定申报纳税。在源泉扣缴和指定扣缴情况下,应当立即告知扣缴义务人。扣缴义务人得知或发现非居民纳税人不再符合享受协定待遇条件,应当按国内税收法律规定履行扣缴义务。

第三章 税务机关后续管理

第十六条 各级税务机关应当通过加强对非居民纳税人享受协定待遇的后续管理,准确执行税收协定和国际运输协定,防范协定滥用和逃避税风险。

第十七条 主管税务机关在后续管理或税款退还查实工作过程中,发现依据报告表和资料不足以证明非居民纳税人符合享受协定待遇条件,或非居民纳税人存在逃避税嫌疑的,可要求非居民纳税人或扣缴义务人限期提供其他补充资料并配合调查。

第十八条 非居民纳税人、扣缴义务人应配合税务机关进行非居民纳税人享受协定待遇的后续管理与调查。非居民纳税人、扣缴义务人拒绝提供相关核实资料,或逃避、拒绝、阻挠税务机关进行后续调查,主管税务机关无法查实是否符合享受协定待遇条件的,应视为不符合享受协定待遇条件,责令非居民纳税人限期缴纳税款。

第十九条 主管税务机关在后续管理或税款退还查实工作过程中,发现不能准确判定非居民纳税人是否可以享受协定待遇的,应当向上级税务机关报告;需要启动相互协商或情报交换程序的,按有关规定启动相应程序。

第二十条 本办法第十四条所述查实时间不包括非居民纳税人或扣缴义务人补充提供资料、个案请示、相互协商、情报交换的时间。税务机关因上述原因延长查实时间的,应书面通知退税申请人相关决定及理由。

第二十一条 主管税务机关在后续管理过程中,发现非居民纳税人不符合享受协定待遇条件而享受了协定待遇,并少缴或未缴税款的,应通知非居民纳税人限期补缴税款。

非居民纳税人逾期未缴纳税款的,主管税务机关可依据企业所得税法从该非居民纳税人来源于中国的其他所得款项中追缴该非居民纳税人应纳税款,或依据税收征管法的有关规定采取强制执行措施。

第二十二条 主管税务机关在后续管理过程中,发现需要适用税收协定或国内税收法律规定中的一般反避税规则的,可以启动一般反避税调查程序。

第二十三条 主管税务机关应当对非居民纳税人不当享受协定待遇情况建立信用档案,并采取相应后续管理措施。

第二十四条 非居民纳税人、扣缴义务人对主管税务机关作出的涉及本办法的各种处理决定不服的,可以按照有关规定申请行政复议、提起行政诉讼。

非居民纳税人对主管税务机关作出的与享受税收协定待遇有关处理决定不服的,可以依据税收协定提请税务主管当局相互协商。非居民纳税人提请税务主管当局相互协商的,按照税收协定相互协商程序条款及其有关规定执行。

第四章 附 则

第二十五条 税收协定、国际运输协定或国家税务总局与税收协定或国际运输协定缔约对方主管当局通过相互协商形成的有关执行税收协定或国际运输协定的协议(以下简称主管当局间协议)与本办法规定不同的,按税收协定、国际运输协定或主管当局间协议执行。

第二十六条 本办法自2015年11月1日起施行。《国家税务总局关于印发〈非居民享受税收协定待遇管理办法(试行)〉的通知》(国税发〔2009〕124号)、《国家税务总局关于〈非居民享受税收协定待遇管理办法(试行)〉有关问题的补充通知》(国税函〔2010〕290号)、《国家税务总局关于执行〈内地和香港特别行政区关于对所得避免双重征税和防止偷漏税的安排〉有关居民身份认定问题的公告》(国家税务总局公告2013年第53号)、《国家税务总局关于发布〈非居民企业从事国际运输业务税收管理暂行办法〉的公告》(国家税务总局公告2014年第37号)第十一条至第十五条以及《国家税务总局关于〈内地和香港特别行政区关于对所得避免双重征税和防止偷漏税的安排〉有关条文解释和执行问题的通知》(国税函〔2007〕403号)的有关内容同时废止(详见附件11)。

第二十七条 本办法施行之日前,非居民已经按照有关规定完成审批程序并准予享受协定待遇的,继续执行到有效期期满为止。本办法施行前发生但未作税务处理的事项,依照本办法执行。

国务院关税税则委员会关于 2015年下半年CEPA项下部分货物实施零关税的通知

税委会〔2015〕8号

海关总署:

根据《内地与香港关于建立更紧密经贸关系的安排》和《内地与澳门关于建立更紧密经贸关系的安排》及其补充协议的规定,国务院关税税则委员会决定,对新完成原产地标准磋商的3项香港原产商品和4项澳门原产商品,自2015年7月1日起实施零关税。具体清单分别见附件1、附件2。

附件:1. 内地与香港更紧密经贸关系安排2015年下半年已完成原产地标准核准商品税目税率表(略——编者注)

2. 内地与澳门更紧密经贸关系安排2015年下半年已完成原产地标准核准商品税目税率表(略——编者注)

国务院关税税则委员会
2015年6月28日

关于中国(天津)自由贸易试验区
有关进口税收政策的通知

财关税〔2015〕21号

天津市财政局、天津海关、天津市国家税务局:

为贯彻落实《中国(天津)自由贸易试验区总体方案》中的相关政策,现就中国(天津)自由贸易试验区(以下简称自贸试验区)有关进口税收政策通知如下:

一、中国(上海)自由贸易试验区已经试点的进口税收政策原则上可在自贸试验区进行试点。

二、选择性征收关税政策在自贸试验区内的海关特殊监管区域进行试点,即对设在自贸试验区海关特殊监管区域内的企业生产、加工并经"二线"销往内地的货物照章征收进口环节增值税、消费税,根据企业申请,试行对该内销货物按其对应进口料件或按实际报验状态征收关税的政策。

三、在严格执行货物进出口税收政策前提下,允许在自贸试验区海关特殊监管区域内设立保税展示交易平台。

四、自贸试验区内的海关特殊监管区域实施范围和税收政策适用范围维持不变。

本通知自自贸试验区挂牌成立之日起执行。

财政部
海关总署
国家税务总局
2015年5月20日

关于中国(广东)自由贸易试验区有关进口税收政策的通知

财关税[2015]19号

广东省财政厅,海关总署广东分署、广州海关、深圳海关、拱北海关,广东省国家税务局:

为贯彻落实《中国(广东)自由贸易试验区总体方案》中的相关政策,现就中国(广东)自由贸易试验区(以下简称自贸试验区)有关进口税收政策通知如下:

一、中国(上海)自由贸易试验区已经试点的进口税收政策原则上可在自贸试验区进行试点。

二、选择性征收关税政策在自贸试验区内的海关特殊监管区域进行试点,即对设在自贸试验区海关特殊监管区域内的企业生产、加工并经"二线"销往内地的货物照章征收进口环节增值税、消费税,根据企业申请,试行对该内销货物按其对应进口料件或按实际报验状态征收关税的政策。

三、在严格执行货物进出口税收政策前提下,允许在自贸试验区海关特殊监管区域内设立保税展示交易平台。

四、自贸试验区内的海关特殊监管区域实施范围和税收政策适用范围维持不变。深圳前海深港现代服务业合作区、珠海横琴税收优惠政策不适用于自贸试验区内其他区域。

本通知自自贸试验区挂牌成立之日起执行。

财政部
海关总署
国家税务总局
2015年5月20日

国务院关于税收等优惠政策相关事项的通知

国发[2015]25号

各省、自治区、直辖市人民政府,国务院各部委、各直属机构:

现就《国务院关于清理规范税收等优惠政策的通知》(国发〔2014〕62号)中涉及的相关事项通知如下：

一、国家统一制定的税收等优惠政策，要逐项落实到位。

二、各地区、各部门已经出台的优惠政策，有规定期限的，按规定期限执行；没有规定期限又确需调整的，由地方政府和相关部门按照把握节奏、确保稳妥的原则设立过渡期，在过渡期内继续执行。

三、各地与企业已签订合同中的优惠政策，继续有效；对已兑现的部分，不溯及既往。

四、各地区、各部门今后制定出台新的优惠政策，除法律、行政法规已有规定事项外，涉及税收或中央批准设立的非税收入的，应报国务院批准后执行；其他由地方政府和相关部门批准后执行，其中安排支出一般不得与企业缴纳的税收或非税收入挂钩。

五、《国务院关于清理规范税收等优惠政策的通知》(国发〔2014〕62号)规定的专项清理工作，待今后另行部署后再进行。

国务院
2015年5月10日

国家税务总局关于内地与澳门税务主管当局就两地税收安排条款内容进行确认的公告

国家税务总局公告2014年第68号

2014年6月，中国内地税务主管当局代表与澳门税务主管当局代表在澳门，就《内地和澳门特别行政区关于对所得避免双重征税和防止偷漏税的安排》(以下简称《安排》)有关条款规定的理解及执行问题进行了磋商。双方税务主管当局代表分别于2014年9月23日和2014年10月20日通过换函对磋商中涉及的相关条款规定予以确认。现将确认内容公告如下：

《安排》第十一条第三款所指的双方主管当局认同的机构：

在澳门特别行政区，指"澳门金融管理局"、"退休基金会"和"社会保障基金"；

在内地，指"国家开发银行"、"中国进出口银行"、"中国农业发展银行"、"全国社会保障基金理事会"和"中国出口信用保险公司"。

特此公告。

国家税务总局
2014年12月18日

国务院关于清理规范税收等优惠政策的通知

国发〔2014〕62号

各省、自治区、直辖市人民政府,国务院各部委、各直属机构:

根据党的十八届三中全会精神和《国务院关于深化预算管理制度改革的决定》(国发〔2014〕45号)要求,为严肃财经纪律,加快建设统一开放、竞争有序的市场体系,现就清理规范税收等优惠政策有关问题通知如下:

一、充分认识清理规范税收等优惠政策的重大意义

近年来,为推动区域经济发展,一些地区和部门对特定企业及其投资者(或管理者)等,在税收、非税等收入和财政支出等方面实施了优惠政策(以下统称税收等优惠政策),一定程度上促进了投资增长和产业集聚。但是,一些税收等优惠政策扰乱了市场秩序,影响国家宏观调控政策效果,甚至可能违反我国对外承诺,引发国际贸易摩擦。

全面规范税收等优惠政策,有利于维护公平的市场竞争环境,促进形成全国统一的市场体系,发挥市场在资源配置中的决定性作用;有利于落实国家宏观经济政策,打破地方保护和行业垄断,推动经济转型升级;有利于严肃财经纪律,预防和惩治腐败,维护正常的收入分配秩序;有利于深化财税体制改革,推进依法行政,科学理财,建立全面规范、公开透明的预算制度。

二、总体要求

(一)指导思想。

以邓小平理论、"三个代表"重要思想、科学发展观为指导,全面贯彻党的十八大和十八届三中、四中全会精神,落实党中央、国务院决策部署,以加快建设统一开放、竞争有序的市场体系,促进社会主义市场经济健康发展为目标,通过清理规范税收等优惠政策,反对地方保护和不正当竞争,着力清除影响商品和要素自由流动的市场壁垒,推动完善社会主义市场经济体制,使市场在资源配置中起决定性作用,促进经济转型升级。

(二)主要原则。

1.上下联动,全面规范。各有关部门要按照法律法规和国务院统一要求,清理规范本部门出台的税收等优惠政策,各地区要同步开展清理规范工作。凡违法违规或影响公平竞争的政策都要纳入清理规范的范围,既要规范税收、非税等收入优惠政策,又要规范与企业缴纳税收或非税收入挂钩的财政支出优惠政策。

2.统筹规划,稳步推进。既要立足当前,分清主次,坚决取消违反法律法规的优惠政策,做到符合世界贸易组织规则和我国对外承诺,逐步规范其他优惠政策;又要着眼长远,以开展清理规范工作为契机,建立健全长效管理机制。

3.公开信息,接受监督。要按照政府信息公开的要求,全面推进税收等优惠政策相关信息公开,增强透明度,提高公信力;建立举报制度,动员各方力量,加强监督制衡。

三、切实规范各类税收等优惠政策

(一)统一税收政策制定权限。坚持税收法定原则,除依据专门税收法律法规和《中华人民共和国民族区域自治法》规定的税政管理权限外,各地区一律不得自行制定税收优惠政策;未经国务院批准,各部门起草其他法律、法规、规章、发展规划和区域政策都不得规定具体税收优惠政策。

(二)规范非税等收入管理。严格执行现有行政事业性收费、政府性基金、社会保险管理制度。严禁对企业违规减免或缓征行政事业性收费和政府性基金、以优惠价格或零地价出让土地;严禁低价转让国有资产、国有企业股权以及矿产等国有资源;严禁违反法律法规和国务院规定减免或缓征企业应当承担的社会保险缴费,未经国务院批准不得允许企业低于统一规定费率缴费。

(三)严格财政支出管理。未经国务院批准,各地区、各部门不得对企业规定财政优惠政策。对违法违规制定与企业及其投资者(或管理者)缴纳税收或非税收入挂钩的财政支出优惠政策,包括先征后返、列收列支、财政奖励或补贴,以代缴或给予补贴等形式减免土地出让收入等,坚决予以取消。其他优惠政策,如代企业承担社会保险缴费等经营成本、给予电价水价优惠、通过财政奖励或补贴等形式吸引其他地区企业落户本地或在本地缴纳税费,对部分区域实施的地方级财政收入全留或增量返还等,要逐步加以规范。

四、全面清理已有的各类税收等优惠政策

各地区、各有关部门要开展一次专项清理,认真排查本地区、本部门制定出台的税收等优惠政策,特别要对与企业签订的合同、协议、备忘录、会议或会谈纪要以及"一事一议"形式的请示、报告和批复等进行全面梳理,摸清底数,确保没有遗漏。

通过专项清理,违反国家法律法规的优惠政策一律停止执行,并发布文件予以废止;没有法律法规障碍,确需保留的优惠政策,由省级人民政府或有关部门报财政部审核汇总后专题请示国务院。

各省级人民政府和有关部门应于2015年3月底前,向财政部报送本省(区、市)和本部门对税收等优惠政策的专项清理情况,由财政部汇总报国务院。

五、建立健全长效机制

(一)建立评估和退出机制。对法律法规规定的税收优惠政策和经国务院批准实施的非税

收入及财政支出优惠政策,财政部要牵头定期评估。没有法律法规障碍且具有推广价值的政策,要尽快在全国范围内实施;有明确执行时限的政策,原则上一律到期停止执行;未明确执行时限的政策,要设定政策实施时限。对不符合经济发展需要、效果不明显的政策,财政部要牵头会同有关部门提出调整或取消的意见,报国务院审定。

(二)健全考评监督机制。明确地方各级人民政府主要负责人为本地区税收等优惠政策管理的第一责任人,将税收等优惠政策管理情况作为领导班子和领导干部综合考核评价体系的重要内容,作为提拔任用、管理监督的重要依据。

(三)建立信息公开和举报制度。建立目录清单制度,除涉及国家秘密和安全的事项外,税收等优惠政策的制定、调整或取消等信息,要形成目录清单,并以适当形式及时、完整地向社会公开。建立举报制度,鼓励和引导各方力量对违法违规制定实施税收等优惠政策行为进行监督。

(四)强化责任追究机制。建立定期检查和问责制度,监察部、财政部、审计署、税务总局等部门要按照职责分工,及时查处并纠正各类违法违规制定税收等优惠政策行为。自本通知印发之日起,对违反规定出台或继续实施税收等优惠政策的地区和部门,要依法依规追究政府和部门主要负责人和政策制定部门、政策执行部门主要负责人的责任,并给予相应纪律处分;中央财政按照税收等优惠额度的一定比例扣减对该地区的税收返还或转移支付。

六、健全保障措施

(一)加强组织领导。建立由财政部牵头的清理税收等优惠政策部际联席会议制度,具体负责政策指导和统筹协调,加强监督检查和跟踪落实,研究解决重大问题,重大事项及时报告国务院。省、市、县级人民政府要建立由财政部门牵头、相关部门配合的清理税收等优惠政策工作机制,组织实施本地区的清理规范工作。

(二)完善相关政策。在扎实开展清理规范工作的同时,各地区、各部门要按照党中央、国务院的统一部署,认真落实国家统一制定的税收等优惠政策,大力培育新兴产业,积极支持小微企业加快发展,进一步完善社会保险、社会救助和社会福利制度,加大对城乡低收入群体的保障力度,努力促进就业和基本公共服务均等化。

(三)加强舆论引导。各地区、各部门和有关新闻单位要通过政府或部门网站、广播电视、平面媒体等渠道,加强政策宣传解读,及时发布信息,统一思想、凝聚共识,营造良好的舆论氛围。

规范税收等优惠政策工作事关全局,政策性强,涉及面广。各地区、各部门要高度重视,牢固树立大局意识,加强领导、周密部署、及时督查,切实将规范税收等优惠政策工作抓实、抓好、抓出成效。

国务院

2014年11月27日

财政部、国家税务总局、证监会关于沪港股票市场交易互联互通机制试点有关税收政策的通知

财税〔2014〕81号

各省、自治区、直辖市、计划单列市财政厅（局）、国家税务局、地方税务局，新疆生产建设兵团财务局，上海、深圳证券交易所，中国证券登记结算公司：

经国务院批准，现就沪港股票市场交易互联互通机制试点涉及的有关税收政策问题明确如下：

一、关于内地投资者通过沪港通投资香港联合交易所有限公司（以下简称香港联交所）上市股票的所得税问题

（一）内地个人投资者通过沪港通投资香港联交所上市股票的转让差价所得税。

对内地个人投资者通过沪港通投资香港联交所上市股票取得的转让差价所得，自2014年11月17日起至2017年11月16日止，暂免征收个人所得税。

（二）内地企业投资者通过沪港通投资香港联交所上市股票的转让差价所得税。

对内地企业投资者通过沪港通投资香港联交所上市股票取得的转让差价所得，计入其收入总额，依法征收企业所得税。

（三）内地个人投资者通过沪港通投资香港联交所上市股票的股息红利所得税。

对内地个人投资者通过沪港通投资香港联交所上市H股取得的股息红利，H股公司应向中国证券登记结算有限责任公司（以下简称中国结算）提出申请，由中国结算向H股公司提供内地个人投资者名册，H股公司按照20%的税率代扣个人所得税。内地个人投资者通过沪港通投资香港联交所上市的非H股取得的股息红利，由中国结算按照20%的税率代扣个人所得税。个人投资者在国外已缴纳的预提税，可持有效扣税凭证到中国结算的主管税务机关申请税收抵免。

对内地证券投资基金通过沪港通投资香港联交所上市股票取得的股息红利所得，按照上述规定计征个人所得税。

（四）内地企业投资者通过沪港通投资香港联交所上市股票的股息红利所得税。

1. 对内地企业投资者通过沪港通投资香港联交所上市股票取得的股息红利所得，计入其收入总额，依法计征企业所得税。其中，内地居民企业连续持有H股满12个月取得的股息红利所得，依法免征企业所得税。

2. 香港联交所上市H股公司应向中国结算提出申请，由中国结算向H股公司提供内地企业投资者名册，H股公司对内地企业投资者不代扣股息红利所得税款，应纳税款由企业自行申报缴纳。

3. 内地企业投资者自行申报缴纳企业所得税时,对香港联交所非 H 股上市公司已代扣代缴的股息红利所得税,可依法申请税收抵免。

二、关于香港市场投资者通过沪港通投资上海证券交易所(以下简称上交所)上市 A 股的所得税问题

1. 对香港市场投资者(包括企业和个人)投资上交所上市 A 股取得的转让差价所得,暂免征收所得税。

2. 对香港市场投资者(包括企业和个人)投资上交所上市 A 股取得的股息红利所得,在香港中央结算有限公司(以下简称香港结算)不具备向中国结算提供投资者的身份及持股时间等明细数据的条件之前,暂不执行按持股时间实行差别化征税政策,由上市公司按照 10% 的税率代扣所得税,并向其主管税务机关办理扣缴申报。对于香港投资者中属于其他国家税收居民且其所在国与中国签订的税收协定规定股息红利所得税率低于 10% 的,企业或个人可以自行或委托代扣代缴义务人,向上市公司主管税务机关提出享受税收协定待遇的申请,主管税务机关审核后,应按已征税款和根据税收协定税率计算的应纳税款的差额予以退税。

三、关于内地和香港市场投资者通过沪港通买卖股票的营业税问题

1. 对香港市场投资者(包括单位和个人)通过沪港通买卖上交所上市 A 股取得的差价收入,暂免征收营业税。

2. 对内地个人投资者通过沪港通买卖香港联交所上市股票取得的差价收入,按现行政策规定暂免征收营业税。

3. 对内地单位投资者通过沪港通买卖香港联交所上市股票取得的差价收入,按现行政策规定征免营业税。

四、关于内地和香港市场投资者通过沪港通转让股票的证券(股票)交易印花税问题

香港市场投资者通过沪港通买卖、继承、赠与上交所上市 A 股,按照内地现行税制规定缴纳证券(股票)交易印花税。内地投资者通过沪港通买卖、继承、赠与联交所上市股票,按照香港特别行政区现行税法规定缴纳印花税。

中国结算和香港结算可互相代收上述税款。

五、本通知自 2014 年 11 月 17 日起执行。

财政部
国家税务总局
证监会
2014 年 10 月 31 日

国家税务总局关于税务行政审批制度改革若干问题的意见

税总发〔2014〕107号

各省、自治区、直辖市和计划单列市国家税务局、地方税务局,局内各单位:

为落实国务院转变职能、简政放权的要求,进一步推动行政审批制度改革,持续释放改革红利,激发企业和市场活力,增强发展动力,不断提高税收管理法治化和科学化水平,现就税务行政审批制度改革若干问题提出如下意见。

一、持续推进税务行政审批制度改革

(一)税务行政审批制度改革取得明显成效。2013年3月,国务院启动新一轮行政审批制度改革以来,税务总局严格贯彻落实国务院关于行政审批制度改革的一系列精神和要求,从政治、大局和实现税收现代化的高度,转变观念、创新举措、放管结合,大力推进行政审批制度改革,核实行政审批项目底数,公开税务行政审批事项目录,取消和下放税务行政审批事项,加强督促检查,强化后续管理,全面清理非行政许可审批事项,行政审批制度改革取得了明显成效,得到了国务院和国务院审改办的充分肯定。

(二)推进税务行政审批制度改革仍存在问题和不足。一是税务行政审批目录化管理的要求尚未得到全面落实。二是部分税收征管信息系统流程设置和表证单书调整、修改滞后。三是后续管理跟进不够及时。

(三)充分认识税务行政审批制度改革的重要意义。各级税务机关务必在思想认识和行动上与党中央、国务院保持高度一致,深刻认识行政审批制度改革是切实转变政府职能、深化行政管理体制改革的必然要求,是正确处理政府与市场关系、促进市场在资源配置中起决定性作用和更好发挥政府作用的必然要求,是预防和治理腐败、建设廉洁政府的必然要求。各级税务机关应以落实行政审批制度改革各项要求为突破口,不断深化以风险管理为向导的征管改革、优化纳税服务、强化信息管税、推进依法行政,努力推动实现税收治理体系和治理能力现代化。

二、严格实行税务行政审批目录化管理

(四)实行行政审批目录化管理。实行行政审批目录化管理,是推进行政审批制度改革,把权力关进制度笼子的重要举措。2014年2月,税务总局发布《国家税务总局关于公开行政审批事项等相关工作的公告》(国家税务总局公告2014年第10号,以下简称10号公告),公开了各

级税务机关实施的行政审批事项目录(不包括仅由地方税务局实施的行政审批事项,下同),并规定不得在公开清单外实施其他行政审批。因此,凡是不在10号公告公布的行政审批事项目录范围内的税务事项,包括依据《税收减免管理办法(试行)》(国税发〔2005〕129号印发)等税收规范性文件设立的备案事项,不得再采取具有核准性质的事前备案和其他形式的行政审批管理方式。各级税务机关不得以未列入行政审批事项目录范围内的税务事项的设立依据尚未修改或者废止为由,对该税务事项继续采取行政审批管理方式;不得对已经取消的税务行政审批事项变相保留或者恢复。

(五)公开税务行政审批事项目录。省以下税务机关应当按照10号公告公布本级税务机关实施的行政审批事项目录。各级税务机关应当建立行政审批事项目录动态调整机制,根据行政审批制度改革情况依法更新行政审批事项目录,但不得擅自取消或者下放行政审批事项目录中的审批事项。

(六)积极稳妥推进地方税务机关行政审批制度改革。地方税务机关开展行政审批制度改革,应当妥善处理税务总局与地方政府的关系。税务总局的统一规定必须执行,属于地方政府权限范围内的事项,应当按照地方政府的要求抓好落实。地方税务机关要认真执行10号公告,同时按照地方政府的要求开展行政审批事项摸底核实、清理和行政审批事项目录公开工作。对法律、行政法规、税务部门规章和税务总局税收规范性文件,以及税务总局与国务院其他部门联合制定的规范性文件设立的、仅由地方税务机关实施的行政审批事项,其是否取消和下放,应当由设定该行政审批事项的机关决定。

三、认真落实税务行政审批制度改革相关配套措施

(七)实施税务行政审批合法性审查。各级税务机关不得以任何形式设定税务行政审批事项。对可能涉及设立行政审批的税务部门规章和税收规范性文件必须严格把关,依法进行合法性审查,防止制度性侵权,提高税收制度建设质量。按照"将合法性审查延伸到税收执法的重要环节。税收重大决策、税务行政审批、税务行政处罚三项工作应当进行合法性审查"的要求,积极实施税务行政审批合法性审查,确保行政审批的合法性。认真落实行政执法和政府信息公开规定,强化行政审批权力的监督制约,完善内控机制建设,提高行政审批的公正性和透明度。

(八)抓紧清理税务行政审批项目涉及的文件依据、征管流程和表证单书。各级税务机关应当依据职权全面清理税务行政审批事项涉及的税务部门规章和税收规范性文件。对设定了不在10号公告范围内的行政审批事项的税务部门规章和税收规范性文件,应当立即进行修改或者废止;对已经取消和下放行政审批事项涉及的税务部门规章和税收规范性文件,应当及时清理、修改或者废止。税务总局将按照取消和下放税务行政审批项目后的管理要求,对税收征管信息系统流程进行调整。各级税务机关对已经取消和下放税务行政审批项目涉及的表证单书,应当抓紧进行清理和修改。

(九)研究提出拟取消税务行政审批项目相关配套措施。对拟取消的税务行政审批项目,税务总局相关业务部门应当提前着手研究审批依据修改、流程设置调整、表证单书清理和加强后续管理等工作,做好工作衔接,确保取消行政审批事项的决定得到全面落实。

四、坚持放管结合强化事中事后管理

(十)推进放管结合。各级税务机关应当全面落实税务行政审批制度改革精神和要求,既要简政放权,全面清理非行政许可审批事项,取消和下放行政审批项目,发挥市场在资源配置中的决定性作用;又要转变职能,加强事中事后监管,把该管的管住、管好、管到位,更好发挥税务机关的职能作用。应当注重统筹协调,把取消和下放行政审批事项的后续管理工作融入日常税收征管工作之中,做到有机结合、无缝衔接,提高税收管理的信息化、精细化和科学化水平。

(十一)实施备案管理。各级税务机关应当严格区分行政审批和备案管理方式,不得以事前核准性备案方式变相实施审批。实施备案管理的事项,纳税人等行政相对人应当按照规定向税务机关报送备案材料,税务机关应当将其作为加强后续管理的资料,但不得以纳税人等行政相对人没有按照规定备案为由,剥夺或者限制其依法享有的权利、获得的利益、取得的资格或者可以从事的活动。纳税人等行政相对人未按照规定履行备案手续的,税务机关应当依法进行处理。

(十二)优化申报管理。各级税务机关应当调整、补充、细化、优化与取消和下放税务行政审批事项相关的纳税申报表及其他纳税申报资料,通过申报环节管控纳税人自主适用税法和税收政策的行为,同时通过申报环节获取纳税人的相关信息资料,为开展其他后续管理活动提供基础信息和数据。

(十三)加强风险管理。各级税务机关应当根据纳税申报信息、第三方信息,运用风险评估模型分析判断取消和下放审批事项的风险等级,与其他相关税收管理工作相统筹,分别采取案头评估、日常检查、重点稽查等方式分类实施后续管理,提高后续管理的针对性和有效性。

(十四)强化信用管理。各级税务机关应当加强纳税信用管理,跟踪了解取消和下放审批事项后纳税人履行相关税收义务的信用状况,及时分析存在的问题及其原因,采取切实有效措施,不断提高税收征管水平和纳税人的满意度、遵从度。

五、加强组织领导狠抓工作落实

(十五)加强组织领导。各级税务机关应当切实加强对行政审批制度改革工作的组织领导,充分发挥依法行政工作领导小组的统筹协调作用,加强上下级税务机关和税务机关内部各部门之间的协调配合,政策法规部门负责牵头组织协调行政审批制度改革工作,征管科技部门负责牵头调整和清理涉及取消、下放行政审批事项的流程设置和表证单书,各业务部门按照职责负责清理审批事项、相关依据、制定和落实后续管理措施,纳税服务部门负责涉及行政审批制度改革的优化服务工作,督察内审部门和监察部门负责牵头对取消、下放行政审批事项和后续管理措施落实情况进行执法督察和执法监察,共同推进行政审批制度改革。

(十六)狠抓工作落实。各省、自治区、直辖市、计划单列市国家税务局、地方税务局和局内各单位,应当结合各自工作职责和实际,按照党的群众路线教育实践活动和税务总局"便民办税春风行动"的有关要求,认真贯彻执行本意见,结合绩效管理狠抓工作落实,深化税务行政审批制度改革,不断提高税收管理和纳税服务水平,为2020年基本实现税收现代化作出贡献。

本意见执行中遇到的问题,请及时报告税务总局。

国家税务总局
2014 年 9 月 15 日

国家税务总局关于《中华人民共和国政府和荷兰王国政府对所得避免双重征税和防止偷漏税的协定》及议定书生效执行的公告

国家税务总局公告 2014 年第 46 号

《中华人民共和国政府和荷兰王国政府对所得避免双重征税和防止偷漏税的协定》(以下简称协定)及议定书已于 2013 年 5 月 31 日在北京正式签署。中荷双方分别于 2013 年 7 月 30 日和 2014 年 7 月 14 日相互通知已完成该协定及议定书生效所必需的各自国内法律程序。根据协定第二十九条第一款的规定,该协定及议定书将自 2014 年 8 月 31 日起生效,并适用于 2015 年 1 月 1 日或以后取得的所得。

上述协定及议定书文本已在国家税务总局网站发布。

特此公告。

国家税务总局
2014 年 8 月 1 日

国家税务总局关于发布《非居民企业从事国际运输业务税收管理暂行办法》的公告

国家税务总局公告 2014 年第 37 号

为规范和加强非居民企业从事国际运输业务的税收管理,国家税务总局制定了《非居民企业从事国际运输业务税收管理暂行办法》,现予以公布,自 2014 年 8 月 1 日起施行。

特此公告。

国家税务总局
2014年6月30日

非居民企业从事国际运输业务税收管理暂行办法*

第一章 总 则

第一条 为规范非居民企业从事国际运输业务的税收管理,根据《中华人民共和国企业所得税法》及其实施条例(以下简称企业所得税法)、《中华人民共和国税收征收管理法》及其实施细则(以下简称税收征管法),以及中国政府对外签署的避免双重征税协定[含与香港、澳门特别行政区签署的税收安排、互免海运(空运)国际运输收入协定、海运(空运)协定以及其他有关协议或者换文,以下统称税收协定]等相关法律法规,制定本办法。

第二条 本办法所称从事国际运输业务,是指非居民企业以自有或者租赁的船舶、飞机、舱位,运载旅客、货物或者邮件等进出中国境内口岸的经营活动以及相关装卸、仓储等附属业务。

非居民企业以程租、期租、湿租的方式出租船舶、飞机取得收入的经营活动属于国际运输业务。

非居民企业以光租、干租等方式出租船舶、飞机,或者出租集装箱及其他装载工具给境内机构或者个人取得的租金收入,不属于本办法规定的国际运输业务收入,应按照企业所得税法第三条第三款和《国家税务总局关于印发〈非居民企业所得税源泉扣缴管理暂行办法〉的通知》(国税发〔2009〕3号)的规定执行(税收协定有特殊规定的除外)。

第三条 非居民企业从事本办法规定的国际运输业务,以取得运输收入的非居民企业为纳税人。

第四条 除执行税收协定涉及的其他税种外,本办法仅适用于企业所得税。

本办法所称主管税务机关是指主管国税机关。

第二章 征收管理

第五条 非居民企业应自有关部门批准其经营资格或运输合同、协议签订之日起30日内,自行或委托代理人选择向境内一处业务口岸所在地主管税务机关办理税务登记,并同时提供经营资格证书、经营航线资料、相关业务合同以及境内联系人等相关信息。

非居民企业选择境内一处口岸办理税务登记后,应当在其他业务口岸发生业务时向所在

---

* 本篇法规中第11—15条已被《关于发布〈非居民纳税人享受税收协定待遇管理办法〉的公告》(国家税务总局公告2015年第60号)废止。

地主管税务机关报送税务登记资料、运输合同及其他相关资料的复印件。

第六条 非居民企业按照本办法第五条规定已经办理税务登记的,应当按照税收征管法及有关法律法规设置账簿,根据合法、有效凭证记账,进行核算,准确计算应纳税所得额,自行或委托代理人向税务登记所在地主管税务机关依法申报缴纳企业所得税。

第七条 非居民企业从事国际运输业务取得的所得应根据企业所得税法的规定,从收入总额中减除实际发生并与取得收入有关、合理的支出后的余额确定应纳税所得额。

收入总额是指非居民企业运载旅客、货物或者邮件等进出中国境内口岸所取得的客运收入、货运收入的总和。客运收入包括客票收入以及逾重行李运费、餐费、保险费、服务费和娱乐费等;货运收入包括基本运费以及各项附加费等。

第八条 非居民企业不能准确计算并据实申报其应纳税所得额的,由主管税务机关按照《国家税务总局关于印发〈非居民企业所得税核定征收管理办法〉的通知》(国税发〔2010〕19号)的规定核定其应纳税所得额。

第九条 非居民企业从事国际运输业务符合企业所得税法指定扣缴情形的,支付人所在地主管税务机关应按照《非居民承包工程作业和提供劳务税收管理暂行办法》(国家税务总局令第19号)第十四条规定的程序,指定支付人为扣缴义务人。支付人包括:

(一)向非居民企业或其境内子公司、分公司或代表机构,或者有权代表非居民企业收取款项的境内外代理人支付款项的单位或个人;

(二)通过其境外关联方或有特殊利益联系的第三方支付款项的单位或个人;

(三)其他符合企业所得税法规定的单位或个人。

第十条 支付人每次代扣代缴税款时,应向其主管税务机关报送《中华人民共和国扣缴企业所得税申报表》及相关资料,并自代扣之日起7日内将税款缴入国库。

第三章 享受税收协定待遇管理

第十一条 非居民企业享受税收协定待遇适用的国际运输收入或所得以及税种的范围,按照税收协定有关规定执行。

第十二条 非居民企业需要享受税收协定待遇的,应在按照国内税法规定发生纳税义务之前或者申报相关纳税义务时,向其登记地主管税务机关备案,一式两份提交《非居民享受税收协定待遇备案报告表》〔见《国家税务总局关于印发〈非居民享受协定待遇管理办法(试行)〉的通知》(国税发〔2009〕124号)附件1,以下简称享受协定待遇备案表〕及下列资料:

(一)企业注册地所在国签发的企业注册证明副本或复印件;

(二)税收协定缔约对方税务主管当局或者航运主管部门在上一公历年度开始以后出具的居民身份证明、法人证明原件或复印件(提供复印件的,应标明原件存放处);

(三)与取得国际运输收入、所得有关的合同或协议复印件;

(四)关于运行航线、运输客货邮件及在中国境内的沿途停泊口岸情况的书面说明;

(五)税务机关要求提交的与享受税收协定待遇有关的其他资料。

非居民企业提供的备案资料齐全、完整的,主管税务机关应当场在两份享受协定待遇备案表上加盖印章,一份存档备查,一份退还非居民企业。对于非居民企业提交的备案资料不齐全或填写不完整的,主管税务机关应当场告知其予以补正。上述备案资料中已报送主管税务机关的,可不再重复报送。

同一非居民企业在同一地需要多次享受税收协定待遇的,在首次办理上述备案后3个公历年度内(含本年度)可免于重复办理备案手续。

第十三条 非居民企业未按本办法第十二条规定备案并提交资料的,不得享受税收协定待遇;已经自行享受税收协定待遇的,经主管税务机关责令限期改正仍未改正,又无正当理由的,应补缴税款,并根据税收征管法有关规定处理。

第十四条 非居民企业在境内多个口岸发生国际运输业务的,应将主管税务机关受理后的享受协定待遇备案表复印件提交给其他口岸主管税务机关留存备查。其他口岸主管税务机关如有异议,应与受理享受协定待遇备案的主管税务机关沟通协调,协调不一致的向共同上一级税务机关报告。

第十五条 非居民企业可享受但未曾享受税收协定待遇,且因未享受本可享受的税收协定待遇而多缴税款的,可自结算缴纳该多缴税款之日起三年内向主管税务机关提出追补享受税收协定待遇的要求,并按本办法规定补办备案手续,退还多缴的税款;超过前述规定时限的,主管税务机关不予受理。

第四章 跟踪管理

第十六条 主管税务机关应当按照逐户建档、按户管理的原则,建立非居民企业从事国际运输业务的管理台账和纳税档案,及时、准确掌握其收取运费及相关款项、税款缴纳、享受税收协定待遇等情况。

第十七条 主管税务机关应对非居民企业享受税收协定待遇情况进行跟踪管理。对其按本办法第十二条规定报送的资料与所从事的国际运输业务内容,以及备案提交的资料进行对比稽核,对于不符合享受税收协定待遇条件且未履行纳税义务的情形,应按照税收征管法有关规定处理。

第十八条 主管税务机关应与港务、航管、海关、商检、海监、外汇管理、商务等部门加强合作,获取相关税源信息,对非居民企业进出境内口岸、履行纳税义务、收取运费及相关款项等情况实施监控。

第十九条 主管税务机关在境内难以获取涉税信息时,可以制作专项情报,由税务总局向缔约国对方提出专项情报请求。

第五章 附 则

第二十条 非居民企业、扣缴义务人或代理人存在税收违法行为的,税务机关应按照税收征管法的有关规定处理。

第二十一条 各省、自治区、直辖市和计划单列市税务机关可根据本办法,结合本地区实际情况,制定具体实施办法。

第二十二条 本办法自2014年8月1日起施行。非居民企业在本办法施行之日以前已经办理享受税收协定待遇审批、备案或免税证明等相关手续的,视同已按本办法第十二条第一款规定备案,在本办法第十二条第三款规定的时限内可免于重新备案。

第二十三条 《国家税务局关于国际航空运输业务若干问题的通知》(国税发〔1993〕097号)、《国家税务总局关于印制使用〈外轮运输收入税收报告表〉的通知》(国税函发〔1996〕729号)、《国家税务总局关于印制使用〈外国公司船舶运输收入免征企业所得税申报表〉和〈外国公司船舶运输收入免征营业税证明表〉的通知》(国税函〔2002〕160号)、《国家税务总局关于印制外国公司有关船舶运输税收情况报告表格的通知》(国税函〔2002〕384号)等上述文件涉及企业所得税的规定和《国家税务总局关于非居民企业船舶、航空运输收入计算征收企业所得税有关问题的通知》(国税函〔2008〕952号)自2014年8月1日起废止。

国务院关税税则委员会关于实施
《中国—瑞士自由贸易协定》2014年协定税率的通知

税委会〔2014〕8号

海关总署:

经国务院关税税则委员会第三次全体会议审议通过,并报国务院批准,决定自2014年7月1日起,实施《中国—瑞士自由贸易协定》2014年协定税率(协定税率表详见附件)。

特此通知。

附件:《中国—瑞士自由贸易协定》2014年协定税率表(略——编者注)

国务院关税税则委员会
2014年4月25日

(一) 所得税

财政部、国家税务总局、证监会关于 QFII 和 RQFII 取得中国境内的股票等权益性投资资产转让所得暂免征收企业所得税问题的通知

财税〔2014〕79 号

各省、自治区、直辖市、计划单列市财政厅(局)、国家税务局、地方税务局,新疆生产建设兵团财务局,中国证券登记结算公司:

经国务院批准,从 2014 年 11 月 17 日起,对合格境外机构投资者(简称 QFII)、人民币合格境外机构投资者(简称 RQFII)取得来源于中国境内的股票等权益性投资资产转让所得,暂免征收企业所得税。在 2014 年 11 月 17 日之前 QFII 和 RQFII 取得的上述所得应依法征收企业所得税。

本通知适用于在中国境内未设立机构、场所,或者在中国境内虽设立机构、场所,但取得的上述所得与其所设机构、场所没有实际联系的 QFII、RQFII。

财政部
国家税务总局
证监会
2014 年 10 月 31 日

国家税务总局关于企业所得税应纳税所得额若干问题的公告

国家税务总局公告 2014 年第 29 号

根据《中华人民共和国企业所得税法》及其实施条例(以下简称税法)的规定,现将企业所得税应纳税所得额若干问题公告如下:

一、企业接收政府划入资产的企业所得税处理

（一）县级以上人民政府（包括政府有关部门，下同）将国有资产明确以股权投资方式投入企业，企业应作为国家资本金（包括资本公积）处理。该项资产如为非货币性资产，应按政府确定的接收价值确定计税基础。

（二）县级以上人民政府将国有资产无偿划入企业，凡指定专门用途并按《财政部、国家税务总局关于专项用途财政性资金企业所得税处理问题的通知》（财税〔2011〕70号）规定进行管理的，企业可作为不征税收入进行企业所得税处理。其中，该项资产属于非货币性资产的，应按政府确定的接收价值计算不征税收入。

县级以上人民政府将国有资产无偿划入企业，属于上述（一）、（二）项以外情形的，应按政府确定的接收价值计入当期收入总额计算缴纳企业所得税。政府没有确定接收价值的，按资产的公允价值计算确定应税收入。

二、企业接收股东划入资产的企业所得税处理

（一）企业接收股东划入资产（包括股东赠予资产、上市公司在股权分置改革过程中接收原非流通股股东和新非流通股股东赠予的资产、股东放弃本企业的股权，下同），凡合同、协议约定作为资本金（包括资本公积）且在会计上已做实际处理的，不计入企业的收入总额，企业应按公允价值确定该项资产的计税基础。

（二）企业接收股东划入资产，凡作为收入处理的，应按公允价值计入收入总额，计算缴纳企业所得税，同时按公允价值确定该项资产的计税基础。

三、保险企业准备金支出的企业所得税处理

根据《财政部、国家税务总局关于保险公司准备金支出企业所得税税前扣除有关政策问题的通知》（财税〔2012〕45号）有关规定，保险企业未到期责任准备金、寿险责任准备金、长期健康险责任准备金、已发生已报告未决赔款准备金和已发生未报告未决赔款准备金应按财政部下发的企业会计有关规定计算扣除。

保险企业在计算扣除上述各项准备金时，凡未执行财政部有关会计规定仍执行中国保险监督管理委员会有关监管规定的，应将两者之间的差额调整当期应纳税所得额。

四、核电厂操纵员培养费的企业所得税处理

核力发电企业为培养核电厂操纵员发生的培养费用，可作为企业的发电成本在税前扣除。企业应将核电厂操纵员培养费与员工的职工教育经费严格区分，单独核算，员工实际发生的职工教育经费支出不得计入核电厂操纵员培养费直接扣除。

五、固定资产折旧的企业所得税处理

（一）企业固定资产会计折旧年限如果短于税法规定的最低折旧年限，其按会计折旧年限计提的折旧高于按税法规定的最低折旧年限计提的折旧部分，应调增当期应纳税所得额；企业固定资产会计折旧年限已期满且会计折旧已提足，但税法规定的最低折旧年限尚未到期且税收折旧尚未足额扣除，其未足额扣除的部分准予在剩余的税收折旧年限继续按规定扣除。

（二）企业固定资产会计折旧年限如果长于税法规定的最低折旧年限，其折旧应按会计折旧年限计算扣除，税法另有规定除外。

（三）企业按会计规定提取的固定资产减值准备，不得税前扣除，其折旧仍按税法确定的固定资产计税基础计算扣除。

（四）企业按税法规定实行加速折旧的，其按加速折旧办法计算的折旧额可全额在税前扣除。

（五）石油天然气开采企业在计提油气资产折耗（折旧）时，由于会计与税法规定计算方法不同导致的折耗（折旧）差异，应按税法规定进行纳税调整。

六、施行时间

本公告适用于 2013 年度及以后年度企业所得税汇算清缴。

企业 2013 年度汇算清缴前接收政府或股东划入资产，尚未进行企业所得税处理的，可按本公告执行。对于手续不齐全、证据不清的，企业应在 2014 年 12 月 31 日前补充完善。企业凡在 2014 年 12 月 31 日前不能补充完善的，一律作为应税收入或计入收入总额进行企业所得税处理。

特此公告。

国家税务总局
2014 年 5 月 23 日

(二)增值税

国家税务总局关于全面推开营业税改征增值税试点后增值税纳税申报有关事项的公告[*]

国家税务总局公告2016年第13号

为保障全面推开营业税改征增值税改革试点工作顺利实施,现将增值税纳税申报有关事项公告如下:

一、中华人民共和国境内增值税纳税人均应按照本公告的规定进行增值税纳税申报。

二、纳税申报资料

纳税申报资料包括纳税申报表及其附列资料和纳税申报其他资料。

(一)纳税申报表及其附列资料

1.增值税一般纳税人(以下简称一般纳税人)纳税申报表及其附列资料包括:

(1)《增值税纳税申报表(一般纳税人适用)》。

(2)《增值税纳税申报表附列资料(一)》(本期销售情况明细)。

(3)《增值税纳税申报表附列资料(二)》(本期进项税额明细)。

(4)《增值税纳税申报表附列资料(三)》(服务、不动产和无形资产扣除项目明细)。

一般纳税人销售服务、不动产和无形资产,在确定服务、不动产和无形资产销售额时,按照有关规定可以从取得的全部价款和价外费用中扣除价款的,需填报《增值税纳税申报表附列资料(三)》。其他情况不填写该附列资料。

(5)《增值税纳税申报表附列资料(四)》(税额抵减情况表)。

(6)《增值税纳税申报表附列资料(五)》(不动产分期抵扣计算表)。

(7)《固定资产(不含不动产)进项税额抵扣情况表》。

(8)《本期抵扣进项税额结构明细表》。

(9)《增值税减免税申报明细表》。

2.增值税小规模纳税人(以下简称小规模纳税人)纳税申报表及其附列资料包括:

(1)《增值税纳税申报表(小规模纳税人适用)》。

(2)《增值税纳税申报表(小规模纳税人适用)附列资料》。

小规模纳税人销售服务,在确定服务销售额时,按照有关规定可以从取得的全部价款和价

---

[*] 本篇法规中附件1中《本期抵扣进项税额结构明细表》、附件2中《本期抵扣进项税额结构明细表》填写说明、附件3、附件4内容已被《关于调整增值税纳税申报有关事项的公告》(国家税务总局公告2016年第27号)废止。

外费用中扣除价款的,需填报《增值税纳税申报表(小规模纳税人适用)附列资料》。其他情况不填写该附列资料。

(3)《增值税减免税申报明细表》。

3. 上述纳税申报表及其附列资料表样和填写说明详见附件1至附件4。

(二)纳税申报其他资料

1. 已开具的税控机动车销售统一发票和普通发票的存根联。

2. 符合抵扣条件且在本期申报抵扣的增值税专用发票(含税控机动车销售统一发票)的抵扣联。

3. 符合抵扣条件且在本期申报抵扣的海关进口增值税专用缴款书、购进农产品取得的普通发票的复印件。

4. 符合抵扣条件且在本期申报抵扣的税收完税凭证及其清单,书面合同、付款证明和境外单位的对账单或者发票。

5. 已开具的农产品收购凭证的存根联或报查联。

6. 纳税人销售服务、不动产和无形资产,在确定服务、不动产和无形资产销售额时,按照有关规定从取得的全部价款和价外费用中扣除价款的合法凭证及其清单。

7. 主管税务机关规定的其他资料。

(三)纳税申报表及其附列资料为必报资料。纳税申报其他资料的报备要求由各省、自治区、直辖市和计划单列市国家税务局确定。

三、纳税人跨县(市)提供建筑服务、房地产开发企业预售自行开发的房地产项目、纳税人出租与机构所在地不在同一县(市)的不动产,按规定需要在项目所在地或不动产所在地主管国税机关预缴税款的,需填写《增值税预缴税款表》,表样及填写说明详见附件5至附件6。

四、主管税务机关应做好增值税纳税申报的宣传和辅导工作。

五、本公告自2016年6月1日起施行。《国家税务总局关于调整增值税纳税申报有关事项的公告》(国家税务总局公告2012年第31号)、《国家税务总局关于营业税改征增值税总分机构试点纳税人增值税纳税申报有关事项的公告》(国家税务总局公告2013年第22号)、《国家税务总局关于调整增值税纳税申报有关事项的公告》(国家税务总局公告2013年第32号)、《国家税务总局关于铁路运输和邮政业营业税改征增值税后纳税申报有关事项的公告》(国家税务总局公告2014年第7号)、《国家税务总局关于调整增值税纳税申报有关事项的公告》(国家税务总局公告2014年第45号)、《国家税务总局关于调整增值税纳税申报有关事项的公告》(国家税务总局公告2014年第58号)、《国家税务总局关于调整增值税纳税申报有关事项的公告》(国家税务总局公告2014年第69号)、《国家税务总局关于调整增值税纳税申报有关事项的公告》(国家税务总局公告2015年第23号)同时废止。

特此公告。

附件:1.《增值税纳税申报表(一般纳税人适用)》及其附列资料(略——编者注)

2.《增值税纳税申报表(一般纳税人适用)》及其附列资料填写说明(略——编者注)

3.《增值税纳税申报表(小规模纳税人适用)》及其附列资料(略——编者注)

4.《增值税纳税申报表(小规模纳税人适用)》及其附列资料填写说明(略——编者注)

5.《增值税预缴税款表》(略——编者注)
6.《增值税预缴税款表》填写说明(略——编者注)

国家税务总局
2016 年 3 月 31 日

财政部、国家税务总局关于全面推开
营业税改征增值税试点的通知

财税〔2016〕36 号

各省、自治区、直辖市、计划单列市财政厅(局)、国家税务局、地方税务局,新疆生产建设兵团财务局:

经国务院批准,自 2016 年 5 月 1 日起,在全国范围内全面推开营业税改征增值税(以下称营改增)试点,建筑业、房地产业、金融业、生活服务业等全部营业税纳税人,纳入试点范围,由缴纳营业税改为缴纳增值税。现将《营业税改征增值税试点实施办法》、《营业税改征增值税试点有关事项的规定》、《营业税改征增值税试点过渡政策的规定》和《跨境应税行为适用增值税零税率和免税政策的规定》印发你们,请遵照执行。

本通知附件规定的内容,除另有规定执行时间外,自 2016 年 5 月 1 日起执行。《财政部、国家税务总局关于将铁路运输和邮政业纳入营业税改征增值税试点的通知》(财税〔2013〕106 号)、《财政部、国家税务总局关于铁路运输和邮政业营业税改征增值税试点有关政策的补充通知》(财税〔2013〕121 号)、《财政部、国家税务总局关于将电信业纳入营业税改征增值税试点的通知》(财税〔2014〕43 号)、《财政部、国家税务总局关于国际水路运输增值税零税率政策的补充通知》(财税〔2014〕50 号)和《财政部、国家税务总局关于影视等出口服务适用增值税零税率政策的通知》(财税〔2015〕118 号),除另有规定的条款外,相应废止。

各地要高度重视营改增试点工作,切实加强试点工作的组织领导,周密安排,明确责任,采取各种有效措施,做好试点前的各项准备以及试点过程中的监测分析和宣传解释等工作,确保改革的平稳、有序、顺利进行。遇到问题请及时向财政部和国家税务总局反映。

附件:1. 营业税改征增值税试点实施办法
   2. 营业税改征增值税试点有关事项的规定(略——编者注)
   3. 营业税改征增值税试点过渡政策的规定(略——编者注)
   4. 跨境应税行为适用增值税零税率和免税政策的规定(略——编者注)

财政部
国家税务总局
2016 年 3 月 23 日

附件1：

营业税改征增值税试点实施办法

第一章 纳税人和扣缴义务人

第一条 在中华人民共和国境内(以下称境内)销售服务、无形资产或者不动产(以下称应税行为)的单位和个人,为增值税纳税人,应当按照本办法缴纳增值税,不缴纳营业税。

单位,是指企业、行政单位、事业单位、军事单位、社会团体及其他单位。

个人,是指个体工商户和其他个人。

第二条 单位以承包、承租、挂靠方式经营的,承包人、承租人、挂靠人(以下统称承包人)以发包人、出租人、被挂靠人(以下统称发包人)名义对外经营并由发包人承担相关法律责任的,以该发包人为纳税人。否则,以承包人为纳税人。

第三条 纳税人分为一般纳税人和小规模纳税人。

应税行为的年应征增值税销售额(以下称应税销售额)超过财政部和国家税务总局规定标准的纳税人为一般纳税人,未超过规定标准的纳税人为小规模纳税人。

年应税销售额超过规定标准的其他个人不属于一般纳税人。年应税销售额超过规定标准但不经常发生应税行为的单位和个体工商户可选择按照小规模纳税人纳税。

第四条 年应税销售额未超过规定标准的纳税人,会计核算健全,能够提供准确税务资料的,可以向主管税务机关办理一般纳税人资格登记,成为一般纳税人。

会计核算健全,是指能够按照国家统一的会计制度规定设置账簿,根据合法、有效凭证核算。

第五条 符合一般纳税人条件的纳税人应当向主管税务机关办理一般纳税人资格登记。具体登记办法由国家税务总局制定。

除国家税务总局另有规定外,一经登记为一般纳税人后,不得转为小规模纳税人。

第六条 中华人民共和国境外(以下称境外)单位或者个人在境内发生应税行为,在境内未设有经营机构的,以购买方为增值税扣缴义务人。财政部和国家税务总局另有规定的除外。

第七条 两个或者两个以上的纳税人,经财政部和国家税务总局批准可以视为一个纳税人合并纳税。具体办法由财政部和国家税务总局另行制定。

第八条 纳税人应当按照国家统一的会计制度进行增值税会计核算。

第二章 征税范围

第九条 应税行为的具体范围,按照本办法所附的《销售服务、无形资产、不动产注释》执行。

第十条 销售服务、无形资产或者不动产,是指有偿提供服务、有偿转让无形资产或者不动产,但属于下列非经营活动的情形除外：

（一）行政单位收取的同时满足以下条件的政府性基金或者行政事业性收费。

1. 由国务院或者财政部批准设立的政府性基金，由国务院或者省级人民政府及其财政、价格主管部门批准设立的行政事业性收费；

2. 收取时开具省级以上（含省级）财政部门监（印）制的财政票据；

3. 所收款项全额上缴财政。

（二）单位或者个体工商户聘用的员工为本单位或者雇主提供取得工资的服务。

（三）单位或者个体工商户为聘用的员工提供服务。

（四）财政部和国家税务总局规定的其他情形。

第十一条 有偿，是指取得货币、货物或者其他经济利益。

第十二条 在境内销售服务、无形资产或者不动产，是指：

（一）服务（租赁不动产除外）或者无形资产（自然资源使用权除外）的销售方或者购买方在境内；

（二）所销售或者租赁的不动产在境内；

（三）所销售自然资源使用权的自然资源在境内；

（四）财政部和国家税务总局规定的其他情形。

第十三条 下列情形不属于在境内销售服务或者无形资产：

（一）境外单位或者个人向境内单位或者个人销售完全在境外发生的服务。

（二）境外单位或者个人向境内单位或者个人销售完全在境外使用的无形资产。

（三）境外单位或者个人向境内单位或者个人出租完全在境外使用的有形动产。

（四）财政部和国家税务总局规定的其他情形。

第十四条 下列情形视同销售服务、无形资产或者不动产：

（一）单位或者个体工商户向其他单位或个人无偿提供服务，但用于公益事业或者以社会公众为对象的除外。

（二）单位或者个人向其他单位或个人无偿转让无形资产或者不动产，但用于公益事业或者以社会公众为对象的除外。

（三）财政部和国家税务总局规定的其他情形。

第三章 税率和征收率

第十五条 增值税税率：

（一）纳税人发生应税行为，除本条第（二）项、第（三）项、第（四）项规定外，税率为6%。

（二）提供交通运输、邮政、基础电信、建筑、不动产租赁服务，销售不动产，转让土地使用权，税率为11%。

（三）提供有形动产租赁服务，税率为17%。

（四）境内单位和个人发生的跨境应税行为，税率为零。具体范围由财政部和国家税务总局另行规定。

第十六条 增值税征收率为3%，财政部和国家税务总局另有规定的除外。

第四章　应纳税额的计算

第一节　一般性规定

第十七条　增值税的计税方法，包括一般计税方法和简易计税方法。

第十八条　一般纳税人发生应税行为适用一般计税方法计税。

一般纳税人发生财政部和国家税务总局规定的特定应税行为，可以选择适用简易计税方法计税，但一经选择，36个月内不得变更。

第十九条　小规模纳税人发生应税行为适用简易计税方法计税。

第二十条　境外单位或者个人在境内发生应税行为，在境内未设有经营机构的，扣缴义务人按照下列公式计算应扣缴税额：

应扣缴税额＝购买方支付的价款÷（1＋税率）×税率

第二节　一般计税方法

第二十一条　一般计税方法的应纳税额，是指当期销项税额抵扣当期进项税额后的余额。应纳税额计算公式：

应纳税额＝当期销项税额－当期进项税额

当期销项税额小于当期进项税额不足抵扣时，其不足部分可以结转下期继续抵扣。

第二十二条　销项税额，是指纳税人发生应税行为按照销售额和增值税税率计算并收取的增值税额。销项税额计算公式：

销项税额＝销售额×税率

第二十三条　一般计税方法的销售额不包括销项税额，纳税人采用销售额和销项税额合并定价方法的，按照下列公式计算销售额：

销售额＝含税销售额÷（1＋税率）

第二十四条　进项税额，是指纳税人购进货物、加工修理修配劳务、服务、无形资产或者不动产，支付或者负担的增值税额。

第二十五条　下列进项税额准予从销项税额中抵扣：

（一）从销售方取得的增值税专用发票（含税控机动车销售统一发票，下同）上注明的增值税额。

（二）从海关取得的海关进口增值税专用缴款书上注明的增值税额。

（三）购进农产品，除取得增值税专用发票或者海关进口增值税专用缴款书外，按照农产品收购发票或者销售发票上注明的农产品买价和13%的扣除率计算的进项税额。计算公式为：

进项税额＝买价×扣除率

买价，是指纳税人购进农产品在农产品收购发票或者销售发票上注明的价款和按照规定缴纳的烟叶税。

购进农产品,按照《农产品增值税进项税额核定扣除试点实施办法》抵扣进项税额的除外。

(四)从境外单位或者个人购进服务、无形资产或者不动产,自税务机关或者扣缴义务人取得的解缴税款的完税凭证上注明的增值税额。

第二十六条 纳税人取得的增值税扣税凭证不符合法律、行政法规或者国家税务总局有关规定的,其进项税额不得从销项税额中抵扣。

增值税扣税凭证,是指增值税专用发票、海关进口增值税专用缴款书、农产品收购发票、农产品销售发票和完税凭证。

纳税人凭完税凭证抵扣进项税额的,应当具备书面合同、付款证明和境外单位的对账单或者发票。资料不全的,其进项税额不得从销项税额中抵扣。

第二十七条 下列项目的进项税额不得从销项税额中抵扣:

(一)用于简易计税方法计税项目、免征增值税项目、集体福利或者个人消费的购进货物、加工修理修配劳务、服务、无形资产和不动产。其中涉及的固定资产、无形资产、不动产,仅指专用于上述项目的固定资产、无形资产(不包括其他权益性无形资产)、不动产。

纳税人的交际应酬消费属于个人消费。

(二)非正常损失的购进货物,以及相关的加工修理修配劳务和交通运输服务。

(三)非正常损失的在产品、产成品所耗用的购进货物(不包括固定资产)、加工修理修配劳务和交通运输服务。

(四)非正常损失的不动产,以及该不动产所耗用的购进货物、设计服务和建筑服务。

(五)非正常损失的不动产在建工程所耗用的购进货物、设计服务和建筑服务。

纳税人新建、改建、扩建、修缮、装饰不动产,均属于不动产在建工程。

(六)购进的旅客运输服务、贷款服务、餐饮服务、居民日常服务和娱乐服务。

(七)财政部和国家税务总局规定的其他情形。

本条第(四)项、第(五)项所称货物,是指构成不动产实体的材料和设备,包括建筑装饰材料和给排水、采暖、卫生、通风、照明、通讯、煤气、消防、中央空调、电梯、电气、智能化楼宇设备及配套设施。

第二十八条 不动产、无形资产的具体范围,按照本办法所附的《销售服务、无形资产或者不动产注释》执行。

固定资产,是指使用期限超过12个月的机器、机械、运输工具以及其他与生产经营有关的设备、工具、器具等有形动产。

非正常损失,是指因管理不善造成货物被盗、丢失、霉烂变质,以及因违反法律法规造成货物或者不动产被依法没收、销毁、拆除的情形。

第二十九条 适用一般计税方法的纳税人,兼营简易计税方法计税项目、免征增值税项目而无法划分不得抵扣的进项税额,按照下列公式计算不得抵扣的进项税额:

不得抵扣的进项税额 = 当期无法划分的全部进项税额 × (当期简易计税方法计税项目销售额 + 免征增值税项目销售额) ÷ 当期全部销售额

主管税务机关可以按照上述公式依据年度数据对不得抵扣的进项税额进行清算。

第三十条 已抵扣进项税额的购进货物(不含固定资产)、劳务、服务,发生本办法第二十七条规定情形(简易计税方法计税项目、免征增值税项目除外)的,应当将该进项税额从当期进项税额中扣减;无法确定该进项税额的,按照当期实际成本计算应扣减的进项税额。

第三十一条 已抵扣进项税额的固定资产、无形资产或者不动产,发生本办法第二十七条规定情形的,按照下列公式计算不得抵扣的进项税额:

不得抵扣的进项税额＝固定资产、无形资产或者不动产净值×适用税率

固定资产、无形资产或者不动产净值,是指纳税人根据财务会计制度计提折旧或摊销后的余额。

第三十二条 纳税人适用一般计税方法计税的,因销售折让、中止或者退回而退还给购买方的增值税额,应当从当期的销项税额中扣减;因销售折让、中止或者退回而收回的增值税额,应当从当期的进项税额中扣减。

第三十三条 有下列情形之一者,应当按照销售额和增值税税率计算应纳税额,不得抵扣进项税额,也不得使用增值税专用发票:

(一)一般纳税人会计核算不健全,或者不能够提供准确税务资料的。

(二)应当办理一般纳税人资格登记而未办理的。

第三节 简易计税方法

第三十四条 简易计税方法的应纳税额,是指按照销售额和增值税征收率计算的增值税额,不得抵扣进项税额。应纳税额计算公式:

应纳税额＝销售额×征收率

第三十五条 简易计税方法的销售额不包括其应纳税额,纳税人采用销售额和应纳税额合并定价方法的,按照下列公式计算销售额:

销售额＝含税销售额÷(1＋征收率)

第三十六条 纳税人适用简易计税方法计税的,因销售折让、中止或者退回而退还给购买方的销售额,应当从当期销售额中扣减。扣减当期销售额后仍有余额造成多缴的税款,可以从以后的应纳税额中扣减。

第四节 销售额的确定

第三十七条 销售额,是指纳税人发生应税行为取得的全部价款和价外费用,财政部和国家税务总局另有规定的除外。

价外费用,是指价外收取的各种性质的收费,但不包括以下项目:

(一)代为收取并符合本办法第十条规定的政府性基金或者行政事业性收费。

(二)以委托方名义开具发票代委托方收取的款项。

第三十八条 销售额以人民币计算。

纳税人按人民币以外的货币结算销售额的,应当折合成人民币计算,折合率可以选择销售额发生的当天或者当月1日的人民币汇率中间价。纳税人应当在事先确定采用何种折合率,确定后12个月内不得变更。

第三十九条 纳税人兼营销售货物、劳务、服务、无形资产或者不动产,适用不同税率或者

征收率的,应当分别核算适用不同税率或者征收率的销售额;未分别核算的,从高适用税率。

第四十条 一项销售行为如果既涉及服务又涉及货物,为混合销售。从事货物的生产、批发或者零售的单位和个体工商户的混合销售行为,按照销售货物缴纳增值税;其他单位和个体工商户的混合销售行为,按照销售服务缴纳增值税。

本条所称从事货物的生产、批发或者零售的单位和个体工商户,包括以从事货物的生产、批发或者零售为主,并兼营销售服务的单位和个体工商户在内。

第四十一条 纳税人兼营免税、减税项目的,应当分别核算免税、减税项目的销售额;未分别核算的,不得免税、减税。

第四十二条 纳税人发生应税行为,开具增值税专用发票后,发生开票有误或者销售折让、中止、退回等情形的,应当按照国家税务总局的规定开具红字增值税专用发票;未按照规定开具红字增值税专用发票的,不得按照本办法第三十二条和第三十六条的规定扣减销项税额或者销售额。

第四十三条 纳税人发生应税行为,将价款和折扣额在同一张发票上分别注明的,以折扣后的价款为销售额;未在同一张发票上分别注明的,以价款为销售额,不得扣减折扣额。

第四十四条 纳税人发生应税行为价格明显偏低或者偏高且不具有合理商业目的的,或者发生本办法第十四条所列行为而无销售额的,主管税务机关有权按照下列顺序确定销售额:

(一)按照纳税人最近时期销售同类服务、无形资产或者不动产的平均价格确定。

(二)按照其他纳税人最近时期销售同类服务、无形资产或者不动产的平均价格确定。

(三)按照组成计税价格确定。组成计税价格的公式为:

组成计税价格 = 成本 × (1 + 成本利润率)

成本利润率由国家税务总局确定。

不具有合理商业目的,是指以谋取税收利益为主要目的,通过人为安排,减少、免除、推迟缴纳增值税税款,或者增加退还增值税税款。

第五章 纳税义务、扣缴义务发生时间和纳税地点

第四十五条 增值税纳税义务、扣缴义务发生时间为:

(一)纳税人发生应税行为并收讫销售款项或者取得索取销售款项凭据的当天;先开具发票的,为开具发票的当天。

收讫销售款项,是指纳税人销售服务、无形资产、不动产过程中或者完成后收到款项。

取得索取销售款项凭据的当天,是指书面合同确定的付款日期;未签订书面合同或者书面合同未确定付款日期的,为服务、无形资产转让完成的当天或者不动产权属变更的当天。

(二)纳税人提供建筑服务、租赁服务采取预收款方式的,其纳税义务发生时间为收到预收款的当天。

(三)纳税人从事金融商品转让的,为金融商品所有权转移的当天。

(四)纳税人发生本办法第十四条规定情形的,其纳税义务发生时间为服务、无形资产转让完成的当天或者不动产权属变更的当天。

(五)增值税扣缴义务发生时间为纳税人增值税纳税义务发生的当天。

第四十六条 增值税纳税地点为:

(一)固定业户应当向其机构所在地或者居住地主管税务机关申报纳税。总机构和分支机构不在同一县(市)的,应当分别向各自所在地的主管税务机关申报纳税;经财政部和国家税务总局或者其授权的财政和税务机关批准,可以由总机构汇总向总机构所在地的主管税务机关申报纳税。

(二)非固定业户应当向应税行为发生地主管税务机关申报纳税;未申报纳税的,由其机构所在地或者居住地主管税务机关补征税款。

(三)其他个人提供建筑服务,销售或者租赁不动产,转让自然资源使用权,应向建筑服务发生地、不动产所在地、自然资源所在地主管税务机关申报纳税。

(四)扣缴义务人应当向其机构所在地或者居住地主管税务机关申缴纳扣缴的税款。

第四十七条 增值税的纳税期限分别为1日、3日、5日、10日、15日、1个月或者1个季度。纳税人的具体纳税期限,由主管税务机关根据纳税人应纳税额的大小分别核定。以1个季度为纳税期限的规定适用于小规模纳税人、银行、财务公司、信托投资公司、信用社,以及财政部和国家税务总局规定的其他纳税人。不能按照固定期限纳税的,可以按次纳税。

纳税人以1个月或者1个季度为1个纳税期的,自期满之日起15日内申报纳税;以1日、3日、5日、10日或者15日为1个纳税期的,自期满之日起5日内预缴税款,于次月1日起15日内申报纳税并结清上月应纳税款。

扣缴义务人解缴税款的期限,按照前两款规定执行。

第六章 税收减免的处理

第四十八条 纳税人发生应税行为适用免税、减税规定的,可以放弃免税、减税,依照本办法的规定缴纳增值税。放弃免税、减税后,36个月内不得再申请免税、减税。

纳税人发生应税行为同时适用免税和零税率规定的,纳税人可以选择适用免税或者零税率。

第四十九条 个人发生应税行为的销售额未达到增值税起征点的,免征增值税;达到起征点的,全额计算缴纳增值税。

增值税起征点不适用于登记为一般纳税人的个体工商户。

第五十条 增值税起征点幅度如下:

(一)按期纳税的,为月销售额5 000—20 000元(含本数)。

(二)按次纳税的,为每次(日)销售额300—500元(含本数)。

起征点的调整由财政部和国家税务总局规定。省、自治区、直辖市财政厅(局)和国家税务局应当在规定的幅度内,根据实际情况确定本地区适用的起征点,并报财政部和国家税务总局备案。

对增值税小规模纳税人中月销售额未达到2万元的企业或非企业性单位,免征增值税。2017年12月31日前,对月销售额2万元(含本数)至3万元的增值税小规模纳税人,免征增值税。

第七章　征收管理

第五十一条　营业税改征的增值税,由国家税务局负责征收。纳税人销售取得的不动产和其他个人出租不动产的增值税,国家税务局暂委托地方税务局代为征收。

第五十二条　纳税人发生适用零税率的应税行为,应当按期向主管税务机关申报办理退(免)税,具体办法由财政部和国家税务总局制定。

第五十三条　纳税人发生应税行为,应当向索取增值税专用发票的购买方开具增值税专用发票,并在增值税专用发票上分别注明销售额和销项税额。

属于下列情形之一的,不得开具增值税专用发票:

(一)向消费者个人销售服务、无形资产或者不动产。

(二)适用免征增值税规定的应税行为。

第五十四条　小规模纳税人发生应税行为,购买方索取增值税专用发票的,可以向主管税务机关申请代开。

第五十五条　纳税人增值税的征收管理,按照本办法和《中华人民共和国税收征收管理法》及现行增值税征收管理有关规定执行。

附:销售服务、无形资产、不动产注释(略——编者注)

财政部、国家税务总局关于进入中哈霍尔果斯国际边境合作中心的货物适用增值税退(免)税政策的通知

财税〔2015〕17号

各省、自治区、直辖市、计划单列市财政厅(局)、国家税务局,新疆生产建设兵团财务局:

为贯彻落实国务院有关精神,现就进入中哈霍尔果斯国际边境合作中心(以下简称中心)货物的增值税退(免)税政策问题通知如下:

一、在中心封关验收后,对由中方境内进入中心的基础设施(公共基础设施除外)建设物资和中心内设施自用设备,视同出口货物,实行增值税退(免)税政策。

二、企业申请增值税退(免)税时,需要提供货物进入中心的出口货物报关单(出口退税专用)。

三、申请增值税退(免)税的企业所在地国家税务局,应将申请退(免)税清单传递给新疆伊犁州经济开发区国家税务局;新疆伊犁州经济开发区国家税务局应按申请单所列内容就建

设物资、自用设备等合理数量及真实性进行核实,并及时反馈审核结果。上述核实无误后再办理增值税退(免)税手续。

四、本通知从发布之日起执行。此前已发生的符合本通知规定的出口货物的增值税退(免)税,可按本通知的规定办理。

财政部
国家税务总局
2015年1月21日

国家税务总局关于简并增值税征收率有关问题的公告

国家税务总局公告2014年第36号

根据国务院简并和统一增值税征收率的决定,现将有关问题公告如下:

一、将《国家税务总局关于固定业户临时外出经营有关增值税专用发票管理问题的通知》(国税发〔1995〕87号)中"经营地税务机关按6%的征收率征税",修改为"经营地税务机关按3%的征收率征税"。

二、将《国家税务总局关于拍卖行取得的拍卖收入征收增值税、营业税有关问题的通知》(国税发〔1999〕40号)第一条中"按照4%的征收率征收增值税",修改为"按照3%的征收率征收增值税"。

三、将《国家税务总局关于增值税简易征收政策有关管理问题的通知》(国税函〔2009〕90号)第一条第(一)项中"按简易办法依4%征收率减半征收增值税政策",修改为"按简易办法依3%征收率减按2%征收增值税政策"。

四、将《国家税务总局关于供应非临床用血增值税政策问题的批复》(国税函〔2009〕456号)第二条中"按照简易办法依照6%征收率计算应纳税额",修改为"按照简易办法依照3%征收率计算应纳税额"。

五、将《国家税务总局关于一般纳税人销售自己使用过的固定资产增值税有关问题的公告》(国家税务总局公告2012年第1号)中"可按简易办法依4%征收率减半征收增值税",修改为"可按简易办法依3%征收率减按2%征收增值税"。

六、纳税人适用按照简易办法依3%征收率减按2%征收增值税政策的,按下列公式确定销售额和应纳税额:

销售额=含税销售额/(1+3%)

应纳税额=销售额×2%

《国家税务总局关于增值税简易征收政策有关管理问题的通知》(国税函〔2009〕90号)第

四条第(一)项废止。

七、本公告自 2014 年 7 月 1 日起施行。

特此公告。

国家税务总局

2014 年 6 月 27 日

财政部、国家税务总局
关于简并增值税征收率政策的通知

财税〔2014〕57 号

各省、自治区、直辖市、计划单列市财政厅(局)、国家税务局,新疆生产建设兵团财务局:

为进一步规范税制、公平税负,经国务院批准,决定简并和统一增值税征收率,将 6% 和 4% 的增值税征收率统一调整为 3%。现将有关事项通知如下:

一、《财政部、国家税务总局关于部分货物适用增值税低税率和简易办法征收增值税政策的通知》(财税〔2009〕9 号)第二条第(一)项和第(二)项中"按照简易办法依照 4% 征收率减半征收增值税"调整为"按照简易办法依照 3% 征收率减按 2% 征收增值税"。

《财政部、国家税务总局关于全国实施增值税转型改革若干问题的通知》(财税〔2008〕170 号)第四条第(二)项和第(三)项中"按照 4% 征收率减半征收增值税"调整为"按照简易办法依照 3% 征收率减按 2% 征收增值税"。

二、财税〔2009〕9 号文件第二条第(三)项和第三条"依照 6% 征收率"调整为"依照 3% 征收率"。

三、财税〔2009〕9 号文件第二条第(四)项"依照 4% 征收率"调整为"依照 3% 征收率"。

四、本通知自 2014 年 7 月 1 日起执行。

财政部

国家税务总局

2014 年 6 月 13 日

(三)进出口退(免)税

财政部、国家税务总局关于调整部分产品出口退税率的通知

财税〔2014〕150号

各省、自治区、直辖市、计划单列市财政厅(局)、国家税务局,新疆生产建设兵团财务局:

经国务院批准,调整部分产品的出口退税率。现就有关事项通知如下:

一、调整下列产品的出口退税率:

(一)提高部分高附加值产品、玉米加工产品、纺织品服装的出口退税率。

(二)取消含硼钢的出口退税。

(三)降低档发的出口退税率。

调整出口退税率的产品清单见附件。

二、本通知第一条第(一)项和第(二)项规定自2015年1月1日起执行,第一条第(三)项规定自2015年4月1日起执行。提高玉米加工产品出口退税率的政策执行至2015年12月31日。具体执行时间,以出口货物报关单(出口退税专用)上注明的出口日期为准。

附件:调整出口退税率的产品清单(略——编者注)

财政部
国家税务总局
2014年12月31日

财政部、海关总署、国家税务总局
关于在全国开展融资租赁货物出口退税政策试点的通知

财税〔2014〕62号

各省、自治区、直辖市、计划单列市财政厅(局)、国家税务局,海关总署广东分署、各直属海关,新疆生产建设兵团财务局:

为落实《国务院办公厅关于支持外贸稳定增长的若干意见》(国办发〔2014〕19号)的有关要求,决定将现行在天津东疆保税港区试点的融资租赁货物出口退税政策扩大到全国统一实施。现将有关政策通知如下:

一、政策内容及适用范围

(一)对融资租赁出口货物试行退税政策。对融资租赁企业、金融租赁公司及其设立的项目子公司(以下统称融资租赁出租方),以融资租赁方式租赁给境外承租人且租赁期限在5年(含)以上,并向海关报关后实际离境的货物,试行增值税、消费税出口退税政策。

融资租赁出口货物的范围,包括飞机、飞机发动机、铁道机车、铁道客车车厢、船舶及其他货物,具体应符合《中华人民共和国增值税暂行条例实施细则》(财政部、国家税务总局令第50号)第二十一条"固定资产"的相关规定。

(二)对融资租赁海洋工程结构物试行退税政策。对融资租赁出租方购买的,并以融资租赁方式租赁给境内列名海上石油天然气开采企业且租赁期限在5年(含)以上的国内生产企业生产的海洋工程结构物,视同出口,试行增值税、消费税出口退税政策。

海洋工程结构物范围、退税率以及海上石油天然气开采企业的具体范围按照《财政部、国家税务总局关于出口货物劳务增值税和消费税政策的通知》(财税〔2012〕39号)有关规定执行。

(三)上述融资租赁出口货物和融资租赁海洋工程结构物不包括在海关监管年限内的进口减免税货物。

二、退税的计算和办理

(一)融资租赁出租方将融资租赁出口货物租赁给境外承租方、将融资租赁海洋工程结构物租赁给海上石油天然气开采企业,向融资租赁出租方退还其购进租赁货物所含增值税。融资租赁出口货物、融资租赁海洋工程结构物(以下统称融资租赁货物)属于消费税应税消费品的,向融资租赁出租方退还前一环节已征的消费税。

(二)计算公式为:

增值税应退税额=购进融资租赁货物的增值税专用发票注明的金额或海关(进口增值税)专用缴款书注明的完税价格×融资租赁货物适用的增值税退税率

融资租赁出口货物适用的增值税退税率,按照统一的出口货物适用退税率执行。从增值税一般纳税人购进的按简易办法征税的融资租赁货物和从小规模纳税人购进的融资租赁货物,其适用的增值税退税率,按照购进货物适用的征收率和退税率孰低的原则确定。

消费税应退税额＝购进融资租赁货物税收(出口货物专用)缴款书上或海关进口消费税专用缴款书上注明的消费税税额

(三)融资租赁出租方应当按照主管税务机关的要求办理退税认定和申报增值税、消费税退税。

(四)融资租赁出租方在进行融资租赁出口货物报关时,应在海关出口报关单上填写"租赁货物(1523)"方式。海关依融资租赁出租方申请,对符合条件的融资租赁出口货物办理放行手续后签发出口货物报关单(出口退税专用,以下称退税证明联),并按规定向国家税务总局传递退税证明联相关电子信息。对海关特殊监管区域内已退增值税、消费税的货物,以融资租赁方式离境时,海关不再签发退税证明联。

(五)融资租赁出租方凭购进融资租赁货物的增值税专用发票或海关进口增值税专用缴款书、与承租人签订的融资租赁合同、退税证明联或向海洋工程结构物承租人开具的发票以及主管税务机关要求出具的其他要件,向主管税务机关申请办理退税手续。上述用于融资租赁货物退税的增值税专用发票或海关进口增值税专用缴款书,不得用于抵扣内销货物应纳税额。

融资租赁货物属于消费税应税货物的,若申请退税,还应提供有关消费税专用缴款书。

(六)对承租期未满而发生退租的融资租赁货物,融资租赁出租方应及时主动向税务机关报告,并按照规定补缴已退税款,对融资租赁出口货物,再复进口时融资租赁出租方应按照规定向海关办理复运进境手续并提供主管税务机关出具的货物已补税或未退税证明,海关不征收进口关税和进口环节税。

三、有关定义

本通知所述融资租赁企业,仅包括金融租赁公司、经商务部批准设立的外商投资融资租赁公司、经商务部和国家税务总局共同批准开展融资业务试点的内资融资租赁企业、经商务部授权的省级商务主管部门和国家经济技术开发区批准的融资租赁公司。

本通知所述金融租赁公司,仅包括经中国银行业监督管理委员会批准设立的金融租赁公司。

本通知所称融资租赁,是指具有融资性质和所有权转移特点的有形动产租赁活动。即出租人根据承租人所要求的规格、型号、性能等条件购入有形动产租赁给承租人,合同期内有形动产所有权属于出租人,承租人只拥有使用权,合同期满付清租金后,承租人有权按照残值购入有形动产,以拥有其所有权。不论出租人是否将有形动产残值销售给承租人,均属于融资租赁。

四、融资租赁货物退税的具体管理办法由国家税务总局另行制定。

五、本通知自2014年10月1日起执行。融资租赁出口货物的,以退税证明联上注明的出口日期为准;融资租赁海洋工程结构物的,以融资租赁出租方收取首笔租金时开具的发票日期为准。

财政部
海关总署
国家税务总局
2014年9月1日

(四)消费税

国家税务总局
关于调整消费税纳税申报表有关问题的公告*

国家税务总局公告2014年第72号

根据《财政部、国家税务总局关于调整消费税政策的通知》(财税〔2014〕93号),现对消费税纳税申报有关调整事项公告如下:

一、《国家税务总局关于使用消费税纳税申报表有关问题的通知》(国税函〔2008〕236号)附件2《酒及酒精消费税纳税申报表》名称变更为《酒类应税消费品消费税纳税申报表》,删除表中"酒精"相关栏次和内容,调整后的表式及填写说明见附件1。

二、《国家税务总局关于使用消费税纳税申报表有关问题的通知》(国税函〔2008〕236号)附件5《其他应税消费品消费税纳税申报表》填写说明中"摩托车"和"汽车轮胎"相关内容进行调整,调整后的表式及填写说明见附件2。

本公告自发布之日起施行。《国家税务总局关于使用消费税纳税申报表有关问题的通知》(国税函〔2008〕236号)同时废止。

特此公告。

附件:1.酒类应税消费品消费税纳税申报表(略——编者注)
      2.其他应税消费品消费税纳税申报表(略——编者注)

国家税务总局
2014年12月26日

---

* 本篇法规中附件1《酒类应税消费品消费税纳税申报表》附1《本期准予抵减税额计算表》已被《关于修订〈葡萄酒消费税管理办法(试行)〉的公告》(国家税务总局公告2015年第15号)宣布停止使用。

财政部、国家税务总局关于调整消费税政策的通知

财税〔2014〕93号

各省、自治区、直辖市、计划单列市财政厅(局)、国家税务局,新疆生产建设兵团财务局:

经国务院批准,现将消费税政策调整事项通知如下:

一、取消气缸容量250毫升(不含)以下的小排量摩托车消费税。气缸容量250毫升和250毫升(不含)以上的摩托车继续分别按3%和10%的税率征收消费税。

二、取消汽车轮胎税目。

三、取消车用含铅汽油消费税,汽油税目不再划分二级子目,统一按照无铅汽油税率征收消费税。

四、取消酒精消费税。取消酒精消费税后,"酒及酒精"品目相应改为"酒",并继续按现行消费税政策执行。

五、本通知自2014年12月1日起执行。

财政部
国家税务总局
2014年11月25日

十、环境保护

国务院关于印发水污染防治行动计划的通知

国发〔2015〕17号

各省、自治区、直辖市人民政府，国务院各部委、各直属机构：

现将《水污染防治行动计划》印发给你们，请认真贯彻执行。

国务院

2015年4月2日

水污染防治行动计划

水环境保护事关人民群众切身利益，事关全面建成小康社会，事关实现中华民族伟大复兴中国梦。当前，我国一些地区水环境质量差、水生态受损重、环境隐患多等问题十分突出，影响和损害群众健康，不利于经济社会持续发展。为切实加大水污染防治力度，保障国家水安全，制定本行动计划。

总体要求：全面贯彻党的十八大和十八届二中、三中、四中全会精神，大力推进生态文明建设，以改善水环境质量为核心，按照"节水优先、空间均衡、系统治理、两手发力"原则，贯彻"安全、清洁、健康"方针，强化源头控制，水陆统筹、河海兼顾，对江河湖海实施分流域、分区域、分阶段科学治理，系统推进水污染防治、水生态保护和水资源管理。坚持政府市场协同，注重改革创新；坚持全面依法推进，实行最严格环保制度；坚持落实各方责任，严格考核问责；坚持全民参与，推动节水洁水人人有责，形成"政府统领、企业施治、市场驱动、公众参与"的水污染防治新机制，实现环境效益、经济效益与社会效益多赢，为建设"蓝天常在、青山常在、绿水常在"的美丽中国而奋斗。

工作目标：到2020年，全国水环境质量得到阶段性改善，污染严重水体较大幅度减少，饮用水安全保障水平持续提升，地下水超采得到严格控制，地下水污染加剧趋势得到初步遏制，近岸海域环境质量稳中趋好,京津冀、长三角、珠三角等区域水生态环境状况有所好转。到 2030 年,力争全国水环境质量总体改善,水生态系统功能初步恢复。到本世纪中叶,生态环境质量全面改善,生态系统实现良性循环。

主要指标:到 2020 年,长江、黄河、珠江、松花江、淮河、海河、辽河等七大重点流域水质优良(达到或优于Ⅲ类)比例总体达到 70% 以上,地级及以上城市建成区黑臭水体均控制在 10% 以内,地级及以上城市集中式饮用水水源水质达到或优于Ⅲ类比例总体高于 93%,全国地下水质量极差的比例控制在 15% 左右,近岸海域水质优良(一、二类)比例达到 70% 左右。京津冀区域丧失使用功能(劣于Ⅴ类)的水体断面比例下降 15 个百分点左右,长三角、珠三角区域力争消除丧失使用功能的水体。

到 2030 年,全国七大重点流域水质优良比例总体达到 75% 以上,城市建成区黑臭水体总体得到消除,城市集中式饮用水水源水质达到或优于Ⅲ类比例总体为 95% 左右。

一、全面控制污染物排放

(一)狠抓工业污染防治。取缔"十小"企业。全面排查装备水平低、环保设施差的小型工业企业。2016 年底前,按照水污染防治法律法规要求,全部取缔不符合国家产业政策的小型造纸、制革、印染、染料、炼焦、炼硫、炼砷、炼油、电镀、农药等严重污染水环境的生产项目。(环境保护部牵头,工业和信息化部、国土资源部、能源局等参与,地方各级人民政府负责落实。以下均需地方各级人民政府落实,不再列出)

专项整治十大重点行业。制定造纸、焦化、氮肥、有色金属、印染、农副食品加工、原料药制造、制革、农药、电镀等行业专项治理方案,实施清洁化改造。新建、改建、扩建上述行业建设项目实行主要污染物排放等量或减量置换。2017 年底前,造纸行业力争完成纸浆无元素氯漂白改造或采取其他低污染制浆技术,钢铁企业焦炉完成干熄焦技术改造,氮肥行业尿素生产完成工艺冷凝液水解解析技术改造,印染行业实施低排水染整工艺改造,制药(抗生素、维生素)行业实施绿色酶法生产技术改造,制革行业实施铬减量化和封闭循环利用技术改造。(环境保护部牵头,工业和信息化部等参与)

集中治理工业集聚区水污染。强化经济技术开发区、高新技术产业开发区、出口加工区等工业集聚区污染治理。集聚区内工业废水必须经预处理达到集中处理要求,方可进入污水集中处理设施。新建、升级工业集聚区应同步规划、建设污水、垃圾集中处理等污染治理设施。2017 年底前,工业集聚区应按规定建成污水集中处理设施,并安装自动在线监控装置,京津冀、长三角、珠三角等区域提前一年完成;逾期未完成的,一律暂停审批和核准其增加水污染物排放的建设项目,并依照有关规定撤销其园区资格。(环境保护部牵头,科技部、工业和信息化部、商务部等参与)

(二)强化城镇生活污染治理。加快城镇污水处理设施建设与改造。现有城镇污水处理设施,要因地制宜进行改造,2020 年底前达到相应排放标准或再生利用要求。敏感区域(重点湖泊、重点水库、近岸海域汇水区域)城镇污水处理设施应于 2017 年底前全面达到一级 A 排放标准。建成区水体水质达不到地表水Ⅳ类标准的城市,新建城镇污水处理设施要执行一级 A 排放标准。按照国家新型城镇化规划要求,到 2020 年,全国所有县城和重点镇具备污水收集处理能力,县城、城市污水处理率分别达到85%、95%左右。京津冀、长三角、珠三角等区域提前一年完成。(住房城乡建设部牵头,发展改革委、环境保护部等参与)

全面加强配套管网建设。强化城中村、老旧城区和城乡结合部污水截流、收集。现有合流制排水系统应加快实施雨污分流改造,难以改造的,应采取截流、调蓄和治理等措施。新建污水处理设施的配套管网应同步设计、同步建设、同步投运。除干旱地区外,城镇新区建设均实行雨污分流,有条件的地区要推进初期雨水收集、处理和资源化利用。到2017年,直辖市、省会城市、计划单列市建成区污水基本实现全收集、全处理,其他地级城市建成区于2020年底前基本实现。(住房城乡建设部牵头,发展改革委、环境保护部等参与)

推进污泥处理处置。污水处理设施产生的污泥应进行稳定化、无害化和资源化处理处置,禁止处理处置不达标的污泥进入耕地。非法污泥堆放点一律予以取缔。现有污泥处理处置设施应于2017年底前基本完成达标改造,地级及以上城市污泥无害化处理处置率应于2020年前达到90%以上。(住房城乡建设部牵头,发展改革委、工业和信息化部、环境保护部、农业部等参与)

(三)推进农业农村污染防治。防治畜禽养殖污染。科学划定畜禽养殖禁养区,2017年底前,依法关闭或搬迁禁养区内的畜禽养殖场(小区)和养殖专业户,京津冀、长三角、珠三角等区域提前一年完成。现有规模化畜禽养殖场(小区)要根据污染防治需要,配套建设粪便污水贮存、处理、利用设施。散养密集区要实行畜禽粪便污水分户收集、集中处理利用。自2016年起,新建、改建、扩建规模化畜禽养殖场(小区)要实施雨污分流、粪便污水资源化利用。(农业部牵头,环境保护部参与)

控制农业面源污染。制定实施全国农业面源污染综合防治方案。推广低毒、低残留农药使用补助试点经验,开展农作物病虫害绿色防控和统防统治。实行测土配方施肥,推广精准施肥技术和机具。完善高标准农田建设、土地开发整理等标准规范,明确环保要求,新建高标准农田要达到相关环保要求。敏感区域和大中型灌区,要利用现有沟、塘、窖等,配置水生植物群落、格栅和透水坝,建设生态沟渠、污水净化塘、地表径流集蓄池等设施,净化农田排水及地表径流。到2020年,测土配方施肥技术推广覆盖率达到90%以上,化肥利用率提高到40%以上,农作物病虫害统防统治覆盖率达到40%以上;京津冀、长三角、珠三角等区域提前一年完成。(农业部牵头,发展改革委、工业和信息化部、国土资源部、环境保护部、水利部、质检总局等参与)

调整种植业结构与布局。在缺水地区试行退地减水。地下水易受污染地区要优先种植需肥需药量低、环境效益突出的农作物。地表水过度开发和地下水超采问题较严重,且农业用水比重较大的甘肃、新疆(含新疆生产建设兵团)、河北、山东、河南等五省(区),要适当减少用水量较大的农作物种植面积,改种耐旱作物和经济林;2018年底前,对3 300万亩灌溉面积实施综合治理,退减水量37亿立方米以上。(农业部、水利部牵头,发展改革委、国土资源部等参与)

加快农村环境综合整治。以县级行政区域为单元,实行农村污水处理统一规划、统一建设、统一管理,有条件的地区积极推进城镇污水处理设施和服务向农村延伸。深化"以奖促治"政策,实施农村清洁工程,开展河道清淤疏浚,推进农村环境连片整治。到2020年,新增完成环境综合整治的建制村13万个。(环境保护部牵头,住房城乡建设部、水利部、农业部等参与)

(四)加强船舶港口污染控制。积极治理船舶污染。依法强制报废超过使用年限的船舶。

分类分级修订船舶及其设施、设备的相关环保标准。2018年起投入使用的沿海船舶、2021年起投入使用的内河船舶执行新的标准；其他船舶于2020年底前完成改造，经改造仍不能达到要求的，限期予以淘汰。航行于我国水域的国际航线船舶，要实施压载水交换或安装压载水灭活处理系统。规范拆船行为，禁止冲滩拆解。（交通运输部牵头，工业和信息化部、环境保护部、农业部、质检总局等参与）

增强港口码头污染防治能力。编制实施全国港口、码头、装卸站污染防治方案。加快垃圾接收、转运及处理处置设施建设，提高含油污水、化学品洗舱水等接收处置能力及污染事故应急能力。位于沿海和内河的港口、码头、装卸站及船舶修造厂，分别于2017年底前和2020年底前达到建设要求。港口、码头、装卸站的经营人应制定防治船舶及其有关活动污染水环境的应急计划。（交通运输部牵头，工业和信息化部、住房城乡建设部、农业部等参与）

二、推动经济结构转型升级

（五）调整产业结构。依法淘汰落后产能。自2015年起，各地要依据部分工业行业淘汰落后生产工艺装备和产品指导目录、产业结构调整指导目录及相关行业污染物排放标准，结合水质改善要求及产业发展情况，制定并实施分年度的落后产能淘汰方案，报工业和信息化部、环境保护部备案。未完成淘汰任务的地区，暂停审批和核准其相关行业新建项目。（工业和信息化部牵头，发展改革委、环境保护部等参与）

严格环境准入。根据流域水质目标和主体功能区规划要求，明确区域环境准入条件，细化功能分区，实施差别化环境准入政策。建立水资源、水环境承载能力监测评价体系，实行承载能力监测预警，已超过承载能力的地区要实施水污染物削减方案，加快调整发展规划和产业结构。到2020年，组织完成市、县域水资源、水环境承载能力现状评价。（环境保护部牵头，住房城乡建设部、水利部、海洋局等参与）

（六）优化空间布局。合理确定发展布局、结构和规模。充分考虑水资源、水环境承载能力，以水定城、以水定地、以水定人、以水定产。重大项目原则上布局在优化开发区和重点开发区，并符合城乡规划和土地利用总体规划。鼓励发展节水高效现代农业、低耗水高新技术产业以及生态保护型旅游业，严格控制缺水地区、水污染严重地区和敏感区域高耗水、高污染行业发展，新建、改建、扩建重点行业建设项目实行主要污染物排放减量置换。七大重点流域干流沿岸，要严格控制石油加工、化学原料和化学制品制造、医药制造、化学纤维制造、有色金属冶炼、纺织印染等项目环境风险，合理布局生产装置及危险化学品仓储等设施。（发展改革委、工业和信息化部牵头，国土资源部、环境保护部、住房城乡建设部、水利部等参与）

推动污染企业退出。城市建成区内现有钢铁、有色金属、造纸、印染、原料药制造、化工等污染较重的企业应有序搬迁改造或依法关闭。（工业和信息化部牵头，环境保护部等参与）

积极保护生态空间。严格城市规划蓝线管理，城市规划区范围内应保留一定比例的水域面积。新建项目一律不得违规占用水域。严格水域岸线用途管制，土地开发利用应按照有关法律法规和技术标准要求，留足河道、湖泊和滨海地带的管理和保护范围，非法挤占的应限期退出。（国土资源部、住房城乡建设部牵头，环境保护部、水利部、海洋局等参与）

（七）推进循环发展。加强工业水循环利用。推进矿井水综合利用，煤炭矿区的补充用水、周边地区生产和生态用水应优先使用矿井水,加强洗煤废水循环利用。鼓励钢铁、纺织印染、造纸、石油石化、化工、制革等高耗水企业废水深度处理回用。(发展改革委、工业和信息化部牵头,水利部、能源局等参与)

促进再生水利用。以缺水及水污染严重地区城市为重点,完善再生水利用设施,工业生产、城市绿化、道路清扫、车辆冲洗、建筑施工以及生态景观等用水,要优先使用再生水。推进高速公路服务区污水处理和利用。具备使用再生水条件但未充分利用的钢铁、火电、化工、制浆造纸、印染等项目,不得批准其新增取水许可。自2018年起,单体建筑面积超过2万平方米的新建公共建筑,北京市2万平方米、天津市5万平方米、河北省10万平方米以上集中新建的保障性住房,应安装建筑中水设施。积极推动其他新建住房安装建筑中水设施。到2020年,缺水城市再生水利用率达到20%以上,京津冀区域达到30%以上。(住房城乡建设部牵头,发展改革委、工业和信息化部、环境保护部、交通运输部、水利部等参与)

推动海水利用。在沿海地区电力、化工、石化等行业,推行直接利用海水作为循环冷却等工业用水。在有条件的城市,加快推进淡化海水作为生活用水补充水源。(发展改革委牵头,工业和信息化部、住房城乡建设部、水利部、海洋局等参与)

三、着力节约保护水资源

(八)控制用水总量。实施最严格水资源管理。健全取用水总量控制指标体系。加强相关规划和项目建设布局水资源论证工作,国民经济和社会发展规划以及城市总体规划的编制、重大建设项目的布局,应充分考虑当地水资源条件和防洪要求。对取用水总量已达到或超过控制指标的地区,暂停审批其建设项目新增取水许可。对纳入取水许可管理的单位和其他用水大户实行计划用水管理。新建、改建、扩建项目用水要达到行业先进水平,节水设施应与主体工程同时设计、同时施工、同时投运。建立重点监控用水单位名录。到2020年,全国用水总量控制在6 700亿立方米以内。(水利部牵头,发展改革委、工业和信息化部、住房城乡建设部、农业部等参与)

严控地下水超采。在地面沉降、地裂缝、岩溶塌陷等地质灾害易发区开发利用地下水,应进行地质灾害危险性评估。严格控制开采深层承压水,地热水、矿泉水开发应严格实行取水许可和采矿许可。依法规范机井建设管理,排查登记已建机井,未经批准的和公共供水管网覆盖范围内的自备水井,一律予以关闭。编制地面沉降区、海水入侵区等区域地下水压采方案。开展华北地下水超采区综合治理,超采区内禁止工农业生产及服务业新增取用地下水。京津冀区域实施土地整治、农业开发、扶贫等农业基础设施项目,不得以配套打井为条件。2017年底前,完成地下水禁采区、限采区和地面沉降控制区范围划定工作,京津冀、长三角、珠三角等区域提前一年完成。(水利部、国土资源部牵头,发展改革委、工业和信息化部、财政部、住房城乡建设部、农业部等参与)

(九)提高用水效率。建立万元国内生产总值水耗指标等用水效率评估体系,把节水目标任务完成情况纳入地方政府政绩考核。将再生水、雨水和微咸水等非常规水源纳入水资源统一配置。到2020年,全国万元国内生产总值用水量、万元工业增加值用水量比2013年分别下降35%、30%以上。(水利部牵头,发展改革委、工业和信息化部、住房城乡建设部等参与)

抓好工业节水。制定国家鼓励和淘汰的用水技术、工艺、产品和设备目录,完善高耗水行业取用水定额标准。开展节水诊断、水平衡测试、用水效率评估,严格用水定额管理。到2020年,电力、钢铁、纺织、造纸、石油石化、化工、食品发酵等高耗水行业达到先进定额标准。(工业和信息化部、水利部牵头,发展改革委、住房城乡建设部、质检总局等参与)

加强城镇节水。禁止生产、销售不符合节水标准的产品、设备。公共建筑必须采用节水器具,限期淘汰公共建筑中不符合节水标准的水嘴、便器水箱等生活用水器具。鼓励居民家庭选用节水器具。对使用超过50年和材质落后的供水管网进行更新改造,到2017年,全国公共供水管网漏损率控制在12%以内;到2020年,控制在10%以内。积极推行低影响开发建设模式,建设滞、渗、蓄、用、排相结合的雨水收集利用设施。新建城区硬化地面,可渗透面积要达到40%以上。到2020年,地级及以上缺水城市全部达到国家节水型城市标准要求,京津冀、长三角、珠三角等区域提前一年完成。(住房城乡建设部牵头,发展改革委、工业和信息化部、水利部、质检总局等参与)

发展农业节水。推广渠道防渗、管道输水、喷灌、微灌等节水灌溉技术,完善灌溉用水计量设施。在东北、西北、黄淮海等区域,推进规模化高效节水灌溉,推广农作物节水抗旱技术。到2020年,大型灌区、重点中型灌区续建配套和节水改造任务基本完成,全国节水灌溉工程面积达到7亿亩左右,农田灌溉水有效利用系数达到0.55以上。(水利部、农业部牵头,发展改革委、财政部等参与)

(十)科学保护水资源。完善水资源保护考核评价体系。加强水功能区监督管理,从严核定水域纳污能力。(水利部牵头,发展改革委、环境保护部等参与)

加强江河湖库水量调度管理。完善水量调度方案。采取闸坝联合调度、生态补水等措施,合理安排闸坝下泄水量和泄流时段,维持河湖基本生态用水需求,重点保障枯水期生态基流。加大水利工程建设力度,发挥好控制性水利工程在改善水质中的作用。(水利部牵头,环境保护部参与)

科学确定生态流量。在黄河、淮河等流域进行试点,分期分批确定生态流量(水位),作为流域水量调度的重要参考。(水利部牵头,环境保护部参与)

四、强化科技支撑

(十一)推广示范适用技术。加快技术成果推广应用,重点推广饮用水净化、节水、水污染治理及循环利用、城市雨水收集利用、再生水安全回用、水生态修复、畜禽养殖污染防治等适用技术。完善环保技术评价体系,加强国家环保科技成果共享平台建设,推动技术成果共享与转化。发挥企业的技术创新主体作用,推动水处理重点企业与科研院所、高等学校组建产学研技术创新战略联盟,示范推广控源减排和清洁生产先进技术。(科技部牵头,发展改革委、工业和信息化部、环境保护部、住房城乡建设部、水利部、农业部、海洋局等参与)

(十二)攻关研发前瞻技术。整合科技资源,通过相关国家科技计划(专项、基金)等,加快研发重点行业废水深度处理、生活污水低成本高标准处理、海水淡化和工业高盐废水脱盐、饮用水微量有毒污染物处理、地下水污染修复、危险化学品事故和水上溢油应急处置等技术。开展有机物和重金属等水环境基准、水污染对人体健康影响、新型污染物风险评价、水环境损害评估、高品质再生水补充饮用水水源等研究。加强水生态保护、农业面源污染防治、水环境监控预警、水处理工艺技术装备等领域的国际交流合作。（科技部牵头，发展改革委、工业和信息化部、国土资源部、环境保护部、住房城乡建设部、水利部、农业部、卫生计生委等参与）

（十三）大力发展环保产业。规范环保产业市场。对涉及环保市场准入、经营行为规范的法规、规章和规定进行全面梳理，废止妨碍形成全国统一环保市场和公平竞争的规定和做法。健全环保工程设计、建设、运营等领域招投标管理办法和技术标准。推进先进适用的节水、治污、修复技术和装备产业化发展。（发展改革委牵头，科技部、工业和信息化部、财政部、环境保护部、住房城乡建设部、水利部、海洋局等参与）

加快发展环保服务业。明确监管部门、排污企业和环保服务公司的责任和义务，完善风险分担、履约保障等机制。鼓励发展包括系统设计、设备成套、工程施工、调试运行、维护管理的环保服务总承包模式、政府和社会资本合作模式等。以污水、垃圾处理和工业园区为重点，推行环境污染第三方治理。（发展改革委、财政部牵头，科技部、工业和信息化部、环境保护部、住房城乡建设部等参与）

五、充分发挥市场机制作用

（十四）理顺价格税费。加快水价改革。县级及以上城市应于 2015 年底前全面实行居民阶梯水价制度，具备条件的建制镇也要积极推进。2020 年底前，全面实行非居民用水超定额、超计划累进加价制度。深入推进农业水价综合改革。（发展改革委牵头，财政部、住房城乡建设部、水利部、农业部等参与）

完善收费政策。修订城镇污水处理费、排污费、水资源费征收管理办法，合理提高征收标准，做到应收尽收。城镇污水处理收费标准不应低于污水处理和污泥处理处置成本。地下水水资源费征收标准应高于地表水，超采地区地下水水资源费征收标准应高于非超采地区。（发展改革委、财政部牵头，环境保护部、住房城乡建设部、水利部等参与）

健全税收政策。依法落实环境保护、节能节水、资源综合利用等方面税收优惠政策。对国内企业为生产国家支持发展的大型环保设备，必需进口的关键零部件及原材料，免征关税。加快推进环境保护税立法、资源税税费改革等工作。研究将部分高耗能、高污染产品纳入消费税征收范围。（财政部、税务总局牵头，发展改革委、工业和信息化部、商务部、海关总署、质检总局等参与）

（十五）促进多元融资。引导社会资本投入。积极推动设立融资担保基金，推进环保设备融资租赁业务发展。推广股权、项目收益权、特许经营权、排污权等质押融资担保。采取环境绩效合同服务、授予开发经营权益等方式，鼓励社会资本加大水环境保护投入。（人民银行、发展改革委、财政部牵头，环境保护部、住房城乡建设部、银监会、证监会、保监会等参与）

增加政府资金投入。中央财政加大对属于中央事权的水环境保护项目支持力度，合理承担部分属于中央和地方共同事权的水环境保护项目，向欠发达地区和重点地区倾斜；研究采取专项转移支付等方式，实施"以奖代补"。地方各级人民政府要重点支持污水处理、污泥处理处置、河道整治、饮用水水源保护、畜禽养殖污染防治、水生态修复、应急清污等项目和工作。对环境监管能力建设及运行费用分级予以必要保障。（财政部牵头，发展改革委、环境保护部等

参与)

(十六)建立激励机制。健全节水环保"领跑者"制度。鼓励节能减排先进企业、工业集聚区用水效率、排污强度等达到更高标准,支持开展清洁生产、节约用水和污染治理等示范。(发展改革委牵头,工业和信息化部、财政部、环境保护部、住房城乡建设部、水利部等参与)

推行绿色信贷。积极发挥政策性银行等金融机构在水环境保护中的作用,重点支持循环经济、污水处理、水资源节约、水生态环境保护、清洁及可再生能源利用等领域。严格限制环境违法企业贷款。加强环境信用体系建设,构建守信激励与失信惩戒机制,环保、银行、证券、保险等方面要加强协作联动,于 2017 年底前分级建立企业环境信用评价体系。鼓励涉重金属、石油化工、危险化学品运输等高环境风险行业投保环境污染责任保险。(人民银行牵头,工业和信息化部、环境保护部、水利部、银监会、证监会、保监会等参与)

实施跨界水环境补偿。探索采取横向资金补助、对口援助、产业转移等方式,建立跨界水环境补偿机制,开展补偿试点。深化排污权有偿使用和交易试点。(财政部牵头,发展改革委、环境保护部、水利部等参与)

六、严格环境执法监管

(十七)完善法规标准。健全法律法规。加快水污染防治、海洋环境保护、排污许可、化学品环境管理等法律法规制修订步伐,研究制定环境质量目标管理、环境功能区划、节水及循环利用、饮用水水源保护、污染责任保险、水功能区监督管理、地下水管理、环境监测、生态流量保障、船舶和陆源污染防治等法律法规。各地可结合实际,研究起草地方性水污染防治法规。(法制办牵头,发展改革委、工业和信息化部、国土资源部、环境保护部、住房城乡建设部、交通运输部、水利部、农业部、卫生计生委、保监会、海洋局等参与)

完善标准体系。制修订地下水、地表水和海洋等环境质量标准,城镇污水处理、污泥处理处置、农田退水等污染物排放标准。健全重点行业水污染物特别排放限值、污染防治技术政策和清洁生产评价指标体系。各地可制定严于国家标准的地方水污染物排放标准。(环境保护部牵头,发展改革委、工业和信息化部、国土资源部、住房城乡建设部、水利部、农业部、质检总局等参与)

(十八)加大执法力度。所有排污单位必须依法实现全面达标排放。逐一排查工业企业排污情况,达标企业应采取措施确保稳定达标;对超标和超总量的企业予以"黄牌"警示,一律限制生产或停产整治;对整治仍不能达到要求且情节严重的企业予以"红牌"处罚,一律停业、关闭。自 2016 年起,定期公布环保"黄牌"、"红牌"企业名单。定期抽查排污单位达标排放情况,结果向社会公布。(环境保护部负责)

完善国家督查、省级巡查、地市检查的环境监督执法机制,强化环保、公安、监察等部门和单位协作,健全行政执法与刑事司法衔接配合机制,完善案件移送、受理、立案、通报等规定。加强对地方人民政府和有关部门环保工作的监督,研究建立国家环境监察专员制度。(环境保护部牵头,工业和信息化部、公安部、中央编办等参与)

严厉打击环境违法行为。重点打击私设暗管或利用渗井、渗坑、溶洞排放、倾倒含有毒有害污染物废水、含病原体污水,监测数据弄虚作假,不正常使用水污染物处理设施,或者未经批准拆除、闲置水污染物处理设施等环境违法行为。对造成生态损害的责任者严格落实赔偿制度。严肃查处建设项目环境影响评价领域越权审批、未批先建、边批边建、久试不验等违法违规行为。对构成犯罪的,要依法追究刑事责任。(环境保护部牵头,公安部、住房城乡建设部等参与)

（十九）提升监管水平。完善流域协作机制。健全跨部门、区域、流域、海域水环境保护议事协调机制,发挥环境保护区域督查派出机构和流域水资源保护机构作用,探索建立陆海统筹的生态系统保护修复机制。流域上下游各级政府、各部门之间要加强协调配合、定期会商,实施联合监测、联合执法、应急联动、信息共享。京津冀、长三角、珠三角等区域要于2015年底前建立水污染防治联动协作机制。建立严格监管所有污染物排放的水环境保护管理制度。(环境保护部牵头,交通运输部、水利部、农业部、海洋局等参与)

完善水环境监测网络。统一规划设置监测断面(点位)。提升饮用水水源水质全指标监测、水生生物监测、地下水环境监测、化学物质监测及环境风险防控技术支撑能力。2017年底前,京津冀、长三角、珠三角等区域、海域建成统一的水环境监测网。(环境保护部牵头,发展改革委、国土资源部、住房城乡建设部、交通运输部、水利部、农业部、海洋局等参与)

提高环境监管能力。加强环境监测、环境监察、环境应急等专业技术培训,严格落实执法、监测等人员持证上岗制度,加强基层环保执法力量,具备条件的乡镇(街道)及工业园区要配备必要的环境监管力量。各市、县应自2016年起实行环境监管网格化管理。(环境保护部负责)

七、切实加强水环境管理

（二十）强化环境质量目标管理。明确各类水体水质保护目标,逐一排查达标状况。未达到水质目标要求的地区要制定达标方案,将治污任务逐一落实到汇水范围内的排污单位,明确防治措施及达标时限,方案报上一级人民政府备案,自2016年起,定期向社会公布。对水质不达标的区域实施挂牌督办,必要时采取区域限批等措施。(环境保护部牵头,水利部参与)

（二十一）深化污染物排放总量控制。完善污染物统计监测体系,将工业、城镇生活、农业、移动源等各类污染源纳入调查范围。选择对水环境质量有突出影响的总氮、总磷、重金属等污染物,研究纳入流域、区域污染物排放总量控制约束性指标体系。(环境保护部牵头,发展改革委、工业和信息化部、住房城乡建设部、水利部、农业部等参与)

（二十二）严格环境风险控制。防范环境风险。定期评估沿江河湖库工业企业、工业集聚区环境和健康风险,落实防控措施。评估现有化学物质环境和健康风险,2017年底前公布优先控制化学品名录,对高风险化学品生产、使用进行严格限制,并逐步淘汰替代。(环境保护部牵头,工业和信息化部、卫生计生委、安全监管总局等参与)

稳妥处置突发水环境污染事件。地方各级人民政府要制定和完善水污染事故处置应急预案,落实责任主体,明确预警预报与响应程序、应急处置及保障措施等内容,依法及时公布预警信息。(环境保护部牵头,住房城乡建设部、水利部、农业部、卫生计生委等参与)

（二十三）全面推行排污许可。依法核发排污许可证。2015年底前,完成国控重点污染源及排污权有偿使用和交易试点地区污染源排污许可证的核发工作,其他污染源于2017年底前完成。(环境保护部负责)

加强许可证管理。以改善水质、防范环境风险为目标,将污染物排放种类、浓度、总量、排放去向等纳入许可证管理范围。禁止无证排污或不按许可证规定排污。强化海上排污监管,研究建立海上污染排放许可证制度。2017年底前,完成全国排污许可证管理信息平台建设。(环境保护部牵头,海洋局参与)

八、全力保障水生态环境安全

(二十四)保障饮用水水源安全。从水源到水龙头全过程监管饮用水安全。地方各级人民政府及供水单位应定期监测、检测和评估本行政区域内饮用水水源、供水厂出水和用户水龙头水质等饮水安全状况,地级及以上城市自2016年起每季度向社会公开。自2018年起,所有县级及以上城市饮水安全状况信息都要向社会公开。(环境保护部牵头,发展改革委、财政部、住房城乡建设部、水利部、卫生计生委等参与)

强化饮用水水源环境保护。开展饮用水水源规范化建设,依法清理饮用水水源保护区内违法建筑和排污口。单一水源供水的地级及以上城市应于2020年底前基本完成备用水源或应急水源建设,有条件的地方可以适当提前。加强农村饮用水水源保护和水质检测。(环境保护部牵头,发展改革委、财政部、住房城乡建设部、水利部、卫生计生委等参与)

防治地下水污染。定期调查评估集中式地下水型饮用水水源补给区等区域环境状况。石化生产存贮销售企业和工业园区、矿山开采区、垃圾填埋场等区域应进行必要的防渗处理。加油站地下油罐应于2017年底前全部更新为双层罐或完成防渗池设置。报废矿井、钻井、取水井应实施封井回填。公布京津冀等区域内环境风险大、严重影响公众健康的地下水污染场地清单,开展修复试点。(环境保护部牵头,财政部、国土资源部、住房城乡建设部、水利部、商务部等参与)

(二十五)深化重点流域污染防治。编制实施七大重点流域水污染防治规划。研究建立流域水生态环境功能分区管理体系。对化学需氧量、氨氮、总磷、重金属及其他影响人体健康的污染物采取针对性措施,加大整治力度。汇入富营养化湖库的河流应实施总氮排放控制。到2020年,长江、珠江总体水质达到优良,松花江、黄河、淮河、辽河在轻度污染基础上进一步改善,海河污染程度得到缓解。三峡库区水质保持良好,南水北调、引滦入津等调水工程确保水质安全。太湖、巢湖、滇池富营养化水平有所好转。白洋淀、乌梁素海、呼伦湖、艾比湖等湖泊污染程度减轻。环境容量较小、生态环境脆弱,环境风险高的地区,应执行水污染物特别排放限值。各地可根据水环境质量改善需要,扩大特别排放限值实施范围。(环境保护部牵头,发展改革委、工业和信息化部、财政部、住房城乡建设部、水利部等参与)

加强良好水体保护。对江河源头及现状水质达到或优于Ⅲ类的江河湖库开展生态环境安全评估,制定实施生态环境保护方案。东江、滦河、千岛湖、南四湖等流域于2017年底前完成。浙闽片河流、西南诸河、西北诸河及跨界水体水质保持稳定。(环境保护部牵头,外交部、发展改革委、财政部、水利部、林业局等参与)

(二十六)加强近岸海域环境保护。实施近岸海域污染防治方案。重点整治黄河口、长江口、闽江口、珠江口、辽东湾、渤海湾、胶州湾、杭州湾、北部湾等河口海湾污染。沿海地级及以上城市实施总氮排放总量控制。研究建立重点海域排污总量控制制度。规范入海排污口设置,2017年底前全面清理非法或设置不合理的入海排污口。到2020年,沿海省(区、市)入海河流基本消除劣于Ⅴ类的水体。提高涉海项目准入门槛。(环境保护部、海洋局牵头,发展改革委、工业和信息化部、财政部、住房城乡建设部、交通运输部、农业部等参与)

推进生态健康养殖。在重点河湖及近岸海域划定限制养殖区。实施水产养殖池塘、近海养殖网箱标准化改造,鼓励有条件的渔业企业开展海洋离岸养殖和集约化养殖。积极推广人工配合饲料,逐步减少冰鲜杂鱼饲料使用。加强养殖投入品管理,依法规范、限制使用抗生素等化学药品,开展专项整治。到2015年,海水养殖面积控制在220万公顷左右。(农业部负责)

严格控制环境激素类化学品污染。2017年底前完成环境激素类化学品生产使用情况调查,监控评估水源地、农产品种植区及水产品集中养殖区风险,实施环境激素类化学品淘汰、限制、替代等措施。(环境保护部牵头,工业和信息化部、农业部等参与)

(二十七)整治城市黑臭水体。采取控源截污、垃圾清理、清淤疏浚、生态修复等措施,加大黑臭水体治理力度,每半年向社会公布治理情况。地级及以上城市建成区应于2015年底前完成水体排查,公布黑臭水体名称、责任人及达标期限;于2017年底前实现河面无大面积漂浮物,河岸无垃圾,无违法排污口;于2020年底前完成黑臭水体治理目标。直辖市、省会城市、计划单列市建成区要于2017年底前基本消除黑臭水体。(住房城乡建设部牵头,环境保护部、水利部、农业部等参与)

(二十八)保护水和湿地生态系统。加强河湖水生态保护,科学划定生态保护红线。禁止侵占自然湿地等水源涵养空间,已侵占的要限期予以恢复。强化水源涵养林建设与保护,开展湿地保护与修复,加大退耕还林、还草、还湿力度。加强滨河(湖)带生态建设,在河道两侧建设植被缓冲带和隔离带。加大水生野生动植物类自然保护区和水产种质资源保护区保护力度,开展珍稀濒危水生生物和重要水产种质资源的就地和迁地保护,提高水生生物多样性。2017年底前,制定实施七大重点流域水生生物多样性保护方案。(环境保护部、林业局牵头,财政部、国土资源部、住房城乡建设部、水利部、农业部等参与)

保护海洋生态。加大红树林、珊瑚礁、海草床等滨海湿地、河口和海湾典型生态系统,以及产卵场、索饵场、越冬场、洄游通道等重要渔业水域的保护力度,实施增殖放流,建设人工鱼礁。开展海洋生态补偿及赔偿等研究,实施海洋生态修复。认真执行围填海管制计划,严格围填海管理和监督,重点海湾、海洋自然保护区的核心区及缓冲区、海洋特别保护区的重点保护区及预留区、重点河口区域、重要滨海湿地区域、重要砂质岸线及沙源保护海域、特殊保护海岛及重要渔业海域禁止实施围填海,生态脆弱敏感区、自净能力差的海域严格限制围填海。严肃查处违法围填海行为,追究相关人员责任。将自然海岸线保护纳入沿海地方政府政绩考核。到2020年,全国自然岸线保有率不低于35%(不包括海岛岸线)。(环境保护部、海洋局牵头,发展改革委、财政部、农业部、林业局等参与)

九、明确和落实各方责任

(二十九)强化地方政府水环境保护责任。各级地方人民政府是实施本行动计划的主体,要于2015年底前分别制定并公布水污染防治工作方案,逐年确定分流域、分区域、分行业的重点任务和年度目标。要不断完善政策措施,加大资金投入,统筹城乡水污染治理,强化监管,确保各项任务全面完成。各省(区、市)工作方案报国务院备案。(环境保护部牵头,发展改革委、财政部、住房城乡建设部、水利部等参与)

(三十)加强部门协调联动。建立全国水污染防治工作协作机制,定期研究解决重大问题。各有关部门要认真按照职责分工,切实做好水污染防治相关工作。环境保护部要加强统一指导、协调和监督,工作进展及时向国务院报告。(环境保护部牵头,发展改革委、科技部、工业和信息化部、财政部、住房城乡建设部、水利部、农业部、海洋局等参与)

(三十一)落实排污单位主体责任。各类排污单位要严格执行环保法律法规和制度,加强污染治理设施建设和运行管理,开展自行监测,落实治污减排、环境风险防范等责任。中央企业和国有企业要带头落实,工业集聚区内的企业要探索建立环保自律机制。(环境保护部牵头,国资委参与)

(三十二)严格目标任务考核。国务院与各省(区、市)人民政府签订水污染防治目标责任书,分解落实目标任务,切实落实"一岗双责"。每年分流域、分区域、分海域对行动计划实施情况进行考核,考核结果向社会公布,并作为对领导班子和领导干部综合考核评价的重要依据。(环境保护部牵头,中央组织部参与)

将考核结果作为水污染防治相关资金分配的参考依据。(财政部、发展改革委牵头,环境保护部参与)

对未通过年度考核的,要约谈省级人民政府及其相关部门有关负责人,提出整改意见,予以督促;对有关地区和企业实施建设项目环评限批。对因工作不力、履职缺位等导致未能有效应对水环境污染事件的,以及干预、伪造数据和没有完成年度目标任务的,要依法依纪追究有关单位和人员责任。对不顾生态环境盲目决策,导致水环境质量恶化,造成严重后果的领导干部,要记录在案,视情节轻重,给予组织处理或党纪政纪处分,已经离任的也要终身追究责任。(环境保护部牵头,监察部参与)

十、强化公众参与和社会监督

(三十三)依法公开环境信息。综合考虑水环境质量及达标情况等因素,国家每年公布最差、最好的10个城市名单和各省(区、市)水环境状况。对水环境状况差的城市,经整改后仍达不到要求的,取消其环境保护模范城市、生态文明建设示范区、节水型城市、园林城市、卫生城市等荣誉称号,并向社会公告。(环境保护部牵头,发展改革委、住房城乡建设部、水利部、卫生计生委、海洋局等参与)

各省(区、市)人民政府要定期公布本行政区域内各地级市(州、盟)水环境质量状况。国家确定的重点排污单位应依法向社会公开其产生的主要污染物名称、排放方式、排放浓度和总量、超标排放情况,以及污染防治设施的建设和运行情况,主动接受监督。研究发布工业集聚区环境友好指数、重点行业污染物排放强度、城市环境友好指数等信息。(环境保护部牵头,发展改革委、工业和信息化部等参与)

(三十四)加强社会监督。为公众、社会组织提供水污染防治法规培训和咨询,邀请其全程参与重要环保执法行动和重大水污染事件调查。公开曝光环境违法典型案件。健全举报制度,充分发挥"12369"环保举报热线和网络平台作用。限期办理群众举报投诉的环境问题,一经查实,可给予举报人奖励。通过公开听证、网络征集等形式,充分听取公众对重大决策和建设项目的意见。积极推行环境公益诉讼。(环境保护部负责)

(三十五)构建全民行动格局。树立"节水洁水,人人有责"的行为准则。加强宣传教育,把水资源、水环境保护和水情知识纳入国民教育体系,提高公众对经济社会发展和环境保护客观规律的认识。依托全国中小学节水教育、水土保持教育、环境教育等社会实践基地,开展环保社会实践活动。支持民间环保机构、志愿者开展工作。倡导绿色消费新风尚,开展环保社区、学校、家庭等群众性创建活动,推动节约用水,鼓励购买使用节水产品和环境标志产品。(环境保护部牵头,教育部、住房城乡建设部、水利部等参与)

我国正处于新型工业化、信息化、城镇化和农业现代化快速发展阶段,水污染防治任务繁重艰巨。各地区、各有关部门要切实处理好经济社会发展和生态文明建设的关系,按照"地方履行属地责任、部门强化行业管理"的要求,明确执法主体和责任主体,做到各司其职,恪尽职守,突出重点,综合整治,务求实效,以抓铁有痕、踏石留印的精神,依法依规狠抓贯彻落实,确保全国水环境治理与保护目标如期实现,为实现"两个一百年"奋斗目标和中华民族伟大复兴中国梦作出贡献。

国家发展改革委关于印发国家应对气候变化规划(2014—2020年)的通知

发改气候〔2014〕2347号

各省、自治区、直辖市及计划单列市人民政府,新疆生产建设兵团,党中央、国务院有关部委、直属机构,总装备部、总后勤部:

根据《国务院关于国家应对气候变化规划(2014—2020年)的批复》(国函〔2014〕126号),现将《国家应对气候变化规划(2014—2020年)》(以下简称《规划》)印发给你们,并就有关事项通知如下:

一、积极应对气候变化事关中华民族和全人类的长远利益,事关我国经济社会发展全局。要牢固树立生态文明理念,坚持节约能源和保护环境的基本国策,统筹国内与国际、当前与长远,减缓与适应并重,坚持科技创新、管理创新和体制机制创新,健全法律法规标准和政策体系,不断调整经济结构、优化能源结构、提高能源效率、增加森林碳汇,有效控制温室气体排放,努力走一条符合中国国情的发展经济与应对气候变化双赢的可持续发展之路。要坚持共同但有区别的责任原则、公平原则、各自能力原则,深化国际交流与合作,同国际社会一道积极应对全球气候变化。

二、各地方、各部门要从全局和战略的高度,充分认识加强应对气候变化工作的重要性和紧迫性，把应对气候变化工作摆在更加突出、更加重要的位置，增强责任感和使命感，研究制定贯彻落实《规划》的具体措施，健全组织机构和体制机制，加大资金和政策支持力度，确保完成《规划》确定的各项目标任务。

三、我委将会同有关部门加强对《规划》实施的指导，强化协作配合，对《规划》目标任务进行分解落实，建立评价考核机制，做好跟踪分析和督促检查，并及时向国务院报告实施情况。

附件：国家应对气候变化规划（2014—2020年）（略——编者注）

国家发展改革委
2014年9月19日

关于印发重大环保装备与产品产业化工程实施方案的通知

发改环资〔2014〕2064号

各省、自治区、直辖市及计划单列市发展改革委、工业和信息化厅（委、局）、科技厅（委、局）、财政厅（局）、环保厅（局）：

为落实国务院印发的《"十二五"国家战略新兴产业发展规划》（国发〔2012〕28号），加快提升我国环保技术装备发展，我们制定了《重大环保技术装备与产品产业化工程实施方案》。现印发你们，请结合实际，认真贯彻实施。

附件：重大环保技术装备与产品产业化工程实施方案（略——编者注）

国家发展改革委
工业和信息化部
科学技术部
财政部
环境保护部
2014年9月9日

中华人民共和国环境保护法

中华人民共和国主席令第 9 号

《中华人民共和国环境保护法》已由中华人民共和国第十二届全国人民代表大会常务委员会第八次会议于 2014 年 4 月 24 日修订通过,现将修订后的《中华人民共和国环境保护法》公布,自 2015 年 1 月 1 日起施行。

中华人民共和国主席　习近平
2014 年 4 月 24 日

中华人民共和国环境保护法

目　录

第一章　总则
第二章　监督管理
第三章　保护和改善环境
第四章　防治污染和其他公害
第五章　信息公开和公众参与
第六章　法律责任
第七章　附则

第一章　总　　则

第一条　为保护和改善环境,防治污染和其他公害,保障公众健康,推进生态文明建设,促进经济社会可持续发展,制定本法。

第二条　本法所称环境,是指影响人类生存和发展的各种天然的和经过人工改造的自然因素的总体,包括大气、水、海洋、土地、矿藏、森林、草原、湿地、野生生物、自然遗迹、人文遗迹、自然保护区、风景名胜区、城市和乡村等。

第三条　本法适用于中华人民共和国领域和中华人民共和国管辖的其他海域。

第四条　保护环境是国家的基本国策。

国家采取有利于节约和循环利用资源、保护和改善环境、促进人与自然和谐的经济、技术政策和措施,使经济社会发展与环境保护相协调。

第五条 环境保护坚持保护优先、预防为主、综合治理、公众参与、损害担责的原则。

第六条 一切单位和个人都有保护环境的义务。

地方各级人民政府应当对本行政区域的环境质量负责。

企业事业单位和其他生产经营者应当防止、减少环境污染和生态破坏,对所造成的损害依法承担责任。

公民应当增强环境保护意识,采取低碳、节俭的生活方式,自觉履行环境保护义务。

第七条 国家支持环境保护科学技术研究、开发和应用,鼓励环境保护产业发展,促进环境保护信息化建设,提高环境保护科学技术水平。

第八条 各级人民政府应当加大保护和改善环境、防治污染和其他公害的财政投入,提高财政资金的使用效益。

第九条 各级人民政府应当加强环境保护宣传和普及工作,鼓励基层群众性自治组织、社会组织、环境保护志愿者开展环境保护法律法规和环境保护知识的宣传,营造保护环境的良好风气。

教育行政部门、学校应当将环境保护知识纳入学校教育内容,培养学生的环境保护意识。

新闻媒体应当开展环境保护法律法规和环境保护知识的宣传,对环境违法行为进行舆论监督。

第十条 国务院环境保护主管部门,对全国环境保护工作实施统一监督管理;县级以上地方人民政府环境保护主管部门,对本行政区域环境保护工作实施统一监督管理。

县级以上人民政府有关部门和军队环境保护部门,依照有关法律的规定对资源保护和污染防治等环境保护工作实施监督管理。

第十一条 对保护和改善环境有显著成绩的单位和个人,由人民政府给予奖励。

第十二条 每年6月5日为环境日。

第二章 监督管理

第十三条 县级以上人民政府应当将环境保护工作纳入国民经济和社会发展规划。

国务院环境保护主管部门会同有关部门,根据国民经济和社会发展规划编制国家环境保护规划,报国务院批准并公布实施。

县级以上地方人民政府环境保护主管部门会同有关部门,根据国家环境保护规划的要求,编制本行政区域的环境保护规划,报同级人民政府批准并公布实施。

环境保护规划的内容应当包括生态保护和污染防治的目标、任务、保障措施等,并与主体功能区规划、土地利用总体规划和城乡规划等相衔接。

第十四条 国务院有关部门和省、自治区、直辖市人民政府组织制定经济、技术政策,应当充分考虑对环境的影响,听取有关方面和专家的意见。

第十五条 国务院环境保护主管部门制定国家环境质量标准。

省、自治区、直辖市人民政府对国家环境质量标准中未作规定的项目,可以制定地方环境质量标准;对国家环境质量标准中已作规定的项目,可以制定严于国家环境质量标准的地方环境质量标准。地方环境质量标准应当报国务院环境保护主管部门备案。

国家鼓励开展环境基准研究。

第十六条 国务院环境保护主管部门根据国家环境质量标准和国家经济、技术条件,制定国家污染物排放标准。

省、自治区、直辖市人民政府对国家污染物排放标准中未作规定的项目,可以制定地方污染物排放标准;对国家污染物排放标准中已作规定的项目,可以制定严于国家污染物排放标准的地方污染物排放标准。地方污染物排放标准应当报国务院环境保护主管部门备案。

第十七条 国家建立、健全环境监测制度。国务院环境保护主管部门制定监测规范,会同有关部门组织监测网络,统一规划国家环境质量监测站(点)的设置,建立监测数据共享机制,加强对环境监测的管理。

有关行业、专业等各类环境质量监测站(点)的设置应当符合法律法规规定和监测规范的要求。

监测机构应当使用符合国家标准的监测设备,遵守监测规范。监测机构及其负责人对监测数据的真实性和准确性负责。

第十八条 省级以上人民政府应当组织有关部门或者委托专业机构,对环境状况进行调查、评价,建立环境资源承载能力监测预警机制。

第十九条 编制有关开发利用规划,建设对环境有影响的项目,应当依法进行环境影响评价。

未依法进行环境影响评价的开发利用规划,不得组织实施;未依法进行环境影响评价的建设项目,不得开工建设。

第二十条 国家建立跨行政区域的重点区域、流域环境污染和生态破坏联合防治协调机制,实行统一规划、统一标准、统一监测、统一的防治措施。

前款规定以外的跨行政区域的环境污染和生态破坏的防治,由上级人民政府协调解决,或者由有关地方人民政府协商解决。

第二十一条 国家采取财政、税收、价格、政府采购等方面的政策和措施,鼓励和支持环境保护技术装备、资源综合利用和环境服务等环境保护产业的发展。

第二十二条 企业事业单位和其他生产经营者,在污染物排放符合法定要求的基础上,进一步减少污染物排放的,人民政府应当依法采取财政、税收、价格、政府采购等方面的政策和措施予以鼓励和支持。

第二十三条 企业事业单位和其他生产经营者,为改善环境,依照有关规定转产、搬迁、关闭的,人民政府应当予以支持。

第二十四条 县级以上人民政府环境保护主管部门及其委托的环境监察机构和其他负有环境保护监督管理职责的部门,有权对排放污染物的企业事业单位和其他生产经营者进行现场检查。被检查者应当如实反映情况,提供必要的资料。实施现场检查的部门、机构及其工作人员应当为被检查者保守商业秘密。

第二十五条 企业事业单位和其他生产经营者违反法律法规规定排放污染物,造成或者可能造成严重污染的,县级以上人民政府环境保护主管部门和其他负有环境保护监督管理职责的部门,可以查封、扣押造成污染物排放的设施、设备。

第二十六条 国家实行环境保护目标责任制和考核评价制度。县级以上人民政府应当将环境保护目标完成情况纳入对本级人民政府负有环境保护监督管理职责的部门及其负责人和下级人民政府及其负责人的考核内容,作为对其考核评价的重要依据。考核结果应当向社会公开。

第二十七条 县级以上人民政府应当每年向本级人民代表大会或者人民代表大会常务委员会报告环境状况和环境保护目标完成情况,对发生的重大环境事件应当及时向本级人民代表大会常务委员会报告,依法接受监督。

第三章 保护和改善环境

第二十八条 地方各级人民政府应当根据环境保护目标和治理任务,采取有效措施,改善环境质量。

未达到国家环境质量标准的重点区域、流域的有关地方人民政府,应当制定限期达标规划,并采取措施按期达标。

第二十九条 国家在重点生态功能区、生态环境敏感区和脆弱区等区域划定生态保护红线,实行严格保护。

各级人民政府对具有代表性的各种类型的自然生态系统区域,珍稀、濒危的野生动植物自然分布区域,重要的水源涵养区域,具有重大科学文化价值的地质构造、著名溶洞和化石分布区、冰川、火山、温泉等自然遗迹,以及人文遗迹、古树名木,应当采取措施予以保护,严禁破坏。

第三十条 开发利用自然资源,应当合理开发,保护生物多样性,保障生态安全,依法制定有关生态保护和恢复治理方案并予以实施。

引进外来物种以及研究、开发和利用生物技术,应当采取措施,防止对生物多样性的破坏。

第三十一条 国家建立、健全生态保护补偿制度。

国家加大对生态保护地区的财政转移支付力度。有关地方人民政府应当落实生态保护补偿资金,确保其用于生态保护补偿。

国家指导受益地区和生态保护地区人民政府通过协商或者按照市场规则进行生态保护补偿。

第三十二条 国家加强对大气、水、土壤等的保护,建立和完善相应的调查、监测、评估和修复制度。

第三十三条 各级人民政府应当加强对农业环境的保护,促进农业环境保护新技术的使用,加强对农业污染源的监测预警,统筹有关部门采取措施,防治土壤污染和土地沙化、盐渍化、贫瘠化、石漠化、地面沉降以及防治植被破坏、水土流失、水体富营养化、水源枯竭、种源灭绝等生态失调现象,推广植物病虫害的综合防治。

县级、乡级人民政府应当提高农村环境保护公共服务水平,推动农村环境综合整治。

第三十四条 国务院和沿海地方各级人民政府应当加强对海洋环境的保护。向海洋排放污染物、倾倒废弃物,进行海岸工程和海洋工程建设,应当符合法律法规规定和有关标准,防止和减少对海洋环境的污染损害。

第三十五条 城乡建设应当结合当地自然环境的特点,保护植被、水域和自然景观,加强城市园林、绿地和风景名胜区的建设与管理。

第三十六条 国家鼓励和引导公民、法人和其他组织使用有利于保护环境的产品和再生产品,减少废弃物的产生。

国家机关和使用财政资金的其他组织应当优先采购和使用节能、节水、节材等有利于保护环境的产品、设备和设施。

第三十七条 地方各级人民政府应当采取措施,组织对生活废弃物的分类处置、回收利用。

第三十八条 公民应当遵守环境保护法律法规,配合实施环境保护措施,按照规定对生活废弃物进行分类放置,减少日常生活对环境造成的损害。

第三十九条 国家建立、健全环境与健康监测、调查和风险评估制度;鼓励和组织开展环境质量对公众健康影响的研究,采取措施预防和控制与环境污染有关的疾病。

第四章 防治污染和其他公害

第四十条 国家促进清洁生产和资源循环利用。

国务院有关部门和地方各级人民政府应当采取措施,推广清洁能源的生产和使用。

企业应当优先使用清洁能源,采用资源利用率高、污染物排放量少的工艺、设备以及废弃物综合利用技术和污染物无害化处理技术,减少污染物的产生。

第四十一条 建设项目中防治污染的设施,应当与主体工程同时设计、同时施工、同时投产使用。防治污染的设施应当符合经批准的环境影响评价文件的要求,不得擅自拆除或者闲置。

第四十二条 排放污染物的企业事业单位和其他生产经营者,应当采取措施,防治在生产建设或者其他活动中产生的废气、废水、废渣、医疗废物、粉尘、恶臭气体、放射性物质以及噪声、振动、光辐射、电磁辐射等对环境的污染和危害。

排放污染物的企业事业单位,应当建立环境保护责任制度,明确单位负责人和相关人员的责任。

重点排污单位应当按照国家有关规定和监测规范安装使用监测设备,保证监测设备正常运行,保存原始监测记录。

严禁通过暗管、渗井、渗坑、灌注或者篡改、伪造监测数据,或者不正常运行防治污染设施等逃避监管的方式违法排放污染物。

第四十三条 排放污染物的企业事业单位和其他生产经营者,应当按照国家有关规定缴纳排污费。排污费应当全部专项用于环境污染防治,任何单位和个人不得截留、挤占或者挪作他用。

依照法律规定征收环境保护税的,不再征收排污费。

第四十四条 国家实行重点污染物排放总量控制制度。重点污染物排放总量控制指标由国务院下达,省、自治区、直辖市人民政府分解落实。企业事业单位在执行国家和地方污染物排放标准的同时,应当遵守分解落实到本单位的重点污染物排放总量控制指标。

对超过国家重点污染物排放总量控制指标或者未完成国家确定的环境质量目标的地区,省级以上人民政府环境保护主管部门应当暂停审批其新增重点污染物排放总量的建设项目环境影响评价文件。

第四十五条 国家依照法律规定实行排污许可管理制度。

实行排污许可管理的企业事业单位和其他生产经营者应当按照排污许可证的要求排放污染物;未取得排污许可证的,不得排放污染物。

第四十六条 国家对严重污染环境的工艺、设备和产品实行淘汰制度。任何单位和个人不得生产、销售或者转移、使用严重污染环境的工艺、设备和产品。

禁止引进不符合我国环境保护规定的技术、设备、材料和产品。

第四十七条 各级人民政府及其有关部门和企业事业单位,应当依照《中华人民共和国突发事件应对法》的规定,做好突发环境事件的风险控制、应急准备、应急处置和事后恢复等工作。

县级以上人民政府应当建立环境污染公共监测预警机制,组织制定预警方案;环境受到污染,可能影响公众健康和环境安全时,依法及时公布预警信息,启动应急措施。

企业事业单位应当按照国家有关规定制定突发环境事件应急预案,报环境保护主管部门和有关部门备案。在发生或者可能发生突发环境事件时,企业事业单位应当立即采取措施处理,及时通报可能受到危害的单位和居民,并向环境保护主管部门和有关部门报告。

突发环境事件应急处置工作结束后,有关人民政府应当立即组织评估事件造成的环境影响和损失,并及时将评估结果向社会公布。

第四十八条 生产、储存、运输、销售、使用、处置化学物品和含有放射性物质的物品,应当遵守国家有关规定,防止污染环境。

第四十九条 各级人民政府及其农业等有关部门和机构应当指导农业生产经营者科学种植和养殖,科学合理施用农药、化肥等农业投入品,科学处置农用薄膜、农作物秸秆等农业废弃物,防止农业面源污染。

禁止将不符合农用标准和环境保护标准的固体废物、废水施入农田。施用农药、化肥等农业投入品及进行灌溉,应当采取措施,防止重金属和其他有毒有害物质污染环境。

畜禽养殖场、养殖小区、定点屠宰企业等的选址、建设和管理应当符合有关法律法规规定。从事畜禽养殖和屠宰的单位和个人应当采取措施,对畜禽粪便、尸体和污水等废弃物进行科学处置,防止污染环境。

县级人民政府负责组织农村生活废弃物的处置工作。

第五十条 各级人民政府应当在财政预算中安排资金,支持农村饮用水水源地保护、生活污水和其他废弃物处理、畜禽养殖和屠宰污染防治、土壤污染防治和农村工矿污染治理等环境保护工作。

第五十一条 各级人民政府应当统筹城乡建设污水处理设施及配套管网,固体废物的收集、运输和处置等环境卫生设施,危险废物集中处置设施、场所以及其他环境保护公共设施,并保障其正常运行。

第五十二条 国家鼓励投保环境污染责任保险。

第五章 信息公开和公众参与

第五十三条 公民、法人和其他组织依法享有获取环境信息、参与和监督环境保护的权利。

各级人民政府环境保护主管部门和其他负有环境保护监督管理职责的部门,应当依法公开环境信息、完善公众参与程序,为公民、法人和其他组织参与和监督环境保护提供便利。

第五十四条 国务院环境保护主管部门统一发布国家环境质量、重点污染源监测信息及其他重大环境信息。省级以上人民政府环境保护主管部门定期发布环境状况公报。

县级以上人民政府环境保护主管部门和其他负有环境保护监督管理职责的部门,应当依法公开环境质量、环境监测、突发环境事件以及环境行政许可、行政处罚、排污费的征收和使用情况等信息。

县级以上地方人民政府环境保护主管部门和其他负有环境保护监督管理职责的部门,应当将企业事业单位和其他生产经营者的环境违法信息记入社会诚信档案,及时向社会公布违法者名单。

第五十五条 重点排污单位应当如实向社会公开其主要污染物的名称、排放方式、排放浓度和总量、超标排放情况,以及防治污染设施的建设和运行情况,接受社会监督。

第五十六条 对依法应当编制环境影响报告书的建设项目,建设单位应当在编制时向可能受影响的公众说明情况,充分征求意见。

负责审批建设项目环境影响评价文件的部门在收到建设项目环境影响报告书后,除涉及国家秘密和商业秘密的事项外,应当全文公开;发现建设项目未充分征求公众意见的,应当责成建设单位征求公众意见。

第五十七条 公民、法人和其他组织发现任何单位和个人有污染环境和破坏生态行为的,有权向环境保护主管部门或者其他负有环境保护监督管理职责的部门举报。

公民、法人和其他组织发现地方各级人民政府、县级以上人民政府环境保护主管部门和其他负有环境保护监督管理职责的部门不依法履行职责的,有权向其上级机关或者监察机关举报。

接受举报的机关应当对举报人的相关信息予以保密,保护举报人的合法权益。

第五十八条 对污染环境、破坏生态,损害社会公共利益的行为,符合下列条件的社会组织可以向人民法院提起诉讼:

(一)依法在设区的市级以上人民政府民政部门登记;

(二)专门从事环境保护公益活动连续五年以上且无违法记录。

符合前款规定的社会组织向人民法院提起诉讼,人民法院应当依法受理。

提起诉讼的社会组织不得通过诉讼牟取经济利益。

第六章 法律责任

第五十九条 企业事业单位和其他生产经营者违法排放污染物,受到罚款处罚,被责令改正,拒不改正的,依法作出处罚决定的行政机关可以自责令改正之日的次日起,按照原处罚数额按日连续处罚。

前款规定的罚款处罚,依照有关法律法规按照防治污染设施的运行成本、违法行为造成的直接损失或者违法所得等因素确定的规定执行。

地方性法规可以根据环境保护的实际需要,增加第一款规定的按日连续处罚的违法行为的种类。

第六十条 企业事业单位和其他生产经营者超过污染物排放标准或者超过重点污染物排放总量控制指标排放污染物的,县级以上人民政府环境保护主管部门可以责令其采取限制生产、停产整治等措施;情节严重的,报经有批准权的人民政府批准,责令停业、关闭。

第六十一条 建设单位未依法提交建设项目环境影响评价文件或者环境影响评价文件未经批准,擅自开工建设的,由负有环境保护监督管理职责的部门责令停止建设,处以罚款,并可以责令恢复原状。

第六十二条 违反本法规定,重点排污单位不公开或者不如实公开环境信息的,由县级以上地方人民政府环境保护主管部门责令公开,处以罚款,并予以公告。

第六十三条 企业事业单位和其他生产经营者有下列行为之一,尚不构成犯罪的,除依照有关法律法规规定予以处罚外,由县级以上人民政府环境保护主管部门或者其他有关部门将案件移送公安机关,对其直接负责的主管人员和其他直接责任人员,处十日以上十五日以下拘留;情节较轻的,处五日以上十日以下拘留:

(一)建设项目未依法进行环境影响评价,被责令停止建设,拒不执行的;

(二)违反法律规定,未取得排污许可证排放污染物,被责令停止排污,拒不执行的;

(三)通过暗管、渗井、渗坑、灌注或者篡改、伪造监测数据,或者不正常运行防治污染设施等逃避监管的方式违法排放污染物的;

(四)生产、使用国家明令禁止生产、使用的农药,被责令改正,拒不改正的。

第六十四条 因污染环境和破坏生态造成损害的,应当依照《中华人民共和国侵权责任法》的有关规定承担侵权责任。

第六十五条 环境影响评价机构、环境监测机构以及从事环境监测设备和防治污染设施维护、运营的机构,在有关环境服务活动中弄虚作假,对造成的环境污染和生态破坏负有责任的,除依照有关法律法规规定予以处罚外,还应当与造成环境污染和生态破坏的其他责任者承担连带责任。

第六十六条 提起环境损害赔偿诉讼的时效期间为三年,从当事人知道或者应当知道其受到损害时起计算。

第六十七条 上级人民政府及其环境保护主管部门应当加强对下级人民政府及其有关部门环境保护工作的监督。发现有关工作人员有违法行为,依法应当给予处分的,应当向其任免机关或者监察机关提出处分建议。

依法应当给予行政处罚,而有关环境保护主管部门不给予行政处罚的,上级人民政府环境保护主管部门可以直接作出行政处罚的决定。

第六十八条 地方各级人民政府、县级以上人民政府环境保护主管部门和其他负有环境保护监督管理职责的部门有下列行为之一的,对直接负责的主管人员和其他直接责任人员给

予记过、记大过或者降级处分;造成严重后果的,给予撤职或者开除处分,其主要负责人应当引咎辞职:

（一）不符合行政许可条件准予行政许可的;
（二）对环境违法行为进行包庇的;
（三）依法应当作出责令停业、关闭的决定而未作出的;
（四）对超标排放污染物、采用逃避监管的方式排放污染物、造成环境事故以及不落实生态保护措施造成生态破坏等行为,发现或者接到举报未及时查处的;
（五）违反本法规定,查封、扣押企业事业单位和其他生产经营者的设施、设备的;
（六）篡改、伪造或者指使篡改、伪造监测数据的;
（七）应当依法公开环境信息而未公开的;
（八）将征收的排污费截留、挤占或者挪作他用的;
（九）法律法规规定的其他违法行为。

第六十九条 违反本法规定,构成犯罪的,依法追究刑事责任。

第七章 附　　则

第七十条 本法自 2015 年 1 月 1 日起施行。

关于加强地方环保标准工作的指导意见

环发〔2014〕49 号

各省、自治区、直辖市环境保护厅(局),新疆生产建设兵团环境保护局,辽河保护区管理局:

为进一步强化环保标准体系建设,增强节能减排和环境监管的科学依据,推动解决影响科学发展和损害群众健康的突出环境问题,现就加强地方环保标准工作提出如下意见:

一、加快制修订地方环保标准步伐

（一）制定地方环保标准发展规划或计划。各地要加强本地区环境问题研究,识别影响环境质量改善的主要污染物及排放源,因地制宜制定地方环保标准规划或计划。地方环保标准规划或计划应包括标准制修订计划、标准实施评估、标准宣传培训等内容。

（二）明确制定地方环保标准的重点区域。有下列情况的地区,应制定地方污染物排放标准:严格实施现行国家污染物排放标准后,环境质量仍然不能达标的地区;国务院批准实施的环保规划、计划确定的重点地区;产业集中度高、环境问题突出、当地群众反映强烈的地区;地方特色产业或特有污染物造成环境问题的地区;国家标准相关规定不能满足当地环境管理要求,需要进一步细化明确的地区。鼓励各地对国家环境质量标准未规定的项目制定地方环境质量标准。

（三）依法制定地方环保标准。应依据《大气污染防治法》、《水污染防治法》和《地方环境质量标准和污染物排放标准备案管理办法》（环境保护部令第9号）规定,制定水、大气环境质量标准和污染物排放标准,报省级人民政府审批并报我部备案。地方环保标准应与国家环保标准体系结构一致。在地方环保标准中只规定个别指标,其余指标参照国家环保标准实施的,应在标准文本中予以明确。新的国家环保标准发布后,要及时复审修订相应的地方环保标准。

各地在制定土壤、固废、噪声、放射性、生态等方面的地方环保标准时,应慎重确定标准的性质与内容;确有必要制定强制性标准的,应参照地方水、大气环境质量标准和污染物排放标准管理。国家环保标准尚未规定的环境监测、管理技术规范,地方可以制定试行标准,待相应的国家环保标准发布后废止。

二、提升环保标准实施水平

（四）准确把握各类环保标准作用定位。环境质量标准是评价环境状况的标尺,其实施应纳入经济社会发展和环境保护规划,建立健全环境质量目标责任制与生态环境损害责任终身追究制,引导全社会共同保护和改善环境质量。污染物排放标准是对污染物排放控制的基本要求,地方各级环保部门应依据排放标准严格新、改、扩建项目环评审批,并结合当地环境容量和总量控制等目标,必要时设定更加严格的污染物排放控制要求,并将其纳入排污许可证的许可内容,作为日常环境监管和行政执法的直接依据。现有企业在标准实施过渡期后应严格执行新标准。执行国家污染物排放标准特别排放限值的地区要制定具体实施方案。全面执行环境质量标准与污染物排放标准,着力解决选择性执行标准及项目指标问题。

（五）开展环保标准实施情况检查评估。将新发布实施的污染物排放标准执行情况纳入年度环境执法监管重点工作。开展环保标准实施评估,掌握实际达标率,测算标准实施的成本与效益,结合环境形势、产业政策、技术进步等情况,研究修订标准的必要性与可行性。各地应主动检查评估地方标准和本地集聚产业相关国家标准实施情况,我部将适时组织开展国家环保标准实施情况检查评估工作。

三、加强环保标准宣传培训

（六）持续开展环保标准培训。各地要积极组织科技、总量、环评、监测、污防、生态、监察等人员参加我部面向省级环保部门举办的标准培训。对于新发布的地方环保标准、涉及地方主导产业或本地区集聚产业的国家环保标准,各地要开展面向本地环保系统和相关行业、企业的标准培训。各地可举办环保标准专题培训,也可在相关业务培训中增加环保标准内容。探索委托第三方开展培训,创新培训方式,扩大培训范围。

（七）积极扩大环保标准宣传。充分利用电视、网络、广播、期刊、报纸、热线、培训等渠道平台,完善环境保护标准宣传网络体系,积极营造学标准、懂标准、用标准的良好氛围。加大环保标准信息公开力度,在报纸或网络上公布标准征求意见稿及编制说明,并在政府网站上全文刊载国家和地方环保标准。重大标准制修订过程中要关注舆情动态,及时进行宣传解读。

四、强化环保标准工作保障

(八)加大环保标准工作投入力度。各地要安排综合素质高的干部负责环保标准工作,并依托相关技术支持机构培养环保标准专业人才,建立环保标准行政管理和技术支撑队伍。环保标准人才队伍要相对稳定,能够长期跟踪研究相关环保科技发展情况,熟悉国内外环境法规标准技术进展,实现环保标准的制修订、宣传培训和实施评估等全过程动态管理。环保标准工作所需经费应纳入年度计划和部门预算,形成稳定的投入保障机制。完善激励机制,将制订环保标准作为职称评审、奖励与考核的重要参考。

(九)理顺环保标准管理体制。各地要积极协调有关部门,参照国家环保标准的管理,建立、健全"省级环保部门组织制订、省级质量技术监督部门负责编号、省级环保部门和省级质量技术监督部门报省级人民政府批准发布"的地方环境质量标准和污染物排放标准管理制度,抓紧复审、清理现行标准,研究完善配套技术标准管理方式,明确职责、提高效率。

各地要积极主动加强地方环保标准规划制定、标准制修订、实施评估、宣传培训等工作,并每年向我部报送工作总结。我部将加强培训指导,定期汇总、通报各地工作情况,并适时开展地方环保标准工作经验交流。

环境保护部
2014 年 4 月 10 日

十一、其他

国务院关于落实《政府工作报告》重点工作部门分工的意见

国发〔2016〕20号

国务院各部委、各直属机构：

根据党的十八大和十八届三中、四中、五中全会精神,中央经济工作会议精神和十二届全国人大四次会议通过的《政府工作报告》,为做好今年政府工作,实现经济社会发展目标任务,现就《政府工作报告》确定的重点工作提出部门分工意见如下：

一、稳定和完善宏观经济政策,保持经济运行在合理区间

（一）稳定和完善宏观经济政策。坚持以新发展理念引领发展,坚持稳中求进工作总基调,适应经济发展新常态,实行宏观政策要稳、产业政策要准、微观政策要活、改革政策要实、社会政策要托底的总体思路,把握好稳增长与调结构的平衡,保持经济运行在合理区间,着力加强供给侧结构性改革,加快培育新的发展动能,改造提升传统比较优势,抓好去产能、去库存、去杠杆、降成本、补短板,加强民生保障,切实防控风险,努力实现"十三五"时期经济社会发展良好开局。国内生产总值增长6.5%~7%,居民消费价格涨幅3%左右,进出口回稳向好,国际收支基本平衡,居民收入增长和经济增长基本同步。继续实施积极的财政政策和稳健的货币政策,创新宏观调控方式,加强区间调控、定向调控、相机调控,统筹运用财政、货币政策和产业、投资、价格等政策工具,采取结构性改革尤其是供给侧结构性改革举措,为经济发展营造良好环境。（发展改革委牵头,工业和信息化部、民政部、财政部、人力资源社会保障部、商务部、人民银行等按职责分工负责）

（二）加大力度实施积极的财政政策。

安排财政赤字2.18万亿元,比去年增加5 600亿元,赤字率提高到3%。其中,中央财政赤字1.4万亿元,地方财政赤字7 800亿元。安排地方专项债券4 000亿元,继续发行地方政府置换债券。（财政部牵头,发展改革委、人民银行等按职责分工负责）

适度扩大财政赤字,主要用于减税降费,进一步减轻企业负担。全面实施营改增,从5月1

日起,将试点范围扩大到建筑业、房地产业、金融业、生活服务业,并将所有企业新增不动产所含增值税纳入抵扣范围,确保所有行业税负只减不增。取消违规设立的政府性基金,停征和归并一批政府性基金,扩大水利建设基金等免征范围。将18项行政事业性收费的免征范围,从小微企业扩大到所有企业和个人。适当增加必要的财政支出和政府投资,加大对民生等薄弱环节的支持。创新财政支出方式,优化财政支出结构,应保尽保,应减尽减。(财政部、税务总局牵头,发展改革委、工业和信息化部、住房城乡建设部、人民银行等按职责分工负责)

加快财税体制改革。推进中央与地方事权和支出责任划分改革,合理确定增值税中央和地方分享比例。把适合作为地方收入的税种下划给地方,在税政管理权限方面给地方适当放权。进一步压缩中央专项转移支付规模,一般性转移支付规模增长12.2%。全面推开资源税从价计征改革。依法实施税收征管。建立规范的地方政府举债融资机制,对财政实力强、债务风险较低的,按法定程序适当增加债务限额。(财政部、税务总局牵头,发展改革委、国土资源部、人民银行等按职责分工负责)

(三)灵活适度实施稳健的货币政策。

广义货币 M_2 预期增长13%左右,社会融资规模余额增长13%左右。统筹运用公开市场操作、利率、准备金率、再贷款等各类货币政策工具,保持流动性合理充裕,疏通传导机制,降低融资成本,加强对实体经济特别是小微企业、"三农"等支持。(人民银行牵头,发展改革委、财政部、银监会、证监会、保监会等按职责分工负责)

深化金融体制改革。加快改革完善现代金融监管体制,提高金融服务实体经济效率,实现金融风险监管全覆盖。深化利率市场化改革。继续完善人民币汇率市场化形成机制,保持人民币汇率在合理均衡水平上基本稳定。深化国有商业银行和开发性、政策性金融机构改革,发展民营银行,启动投贷联动试点。推进股票、债券市场改革和法治化建设,促进多层次资本市场健康发展,提高直接融资比重。适时启动"深港通"。建立巨灾保险制度。规范发展互联网金融。大力发展普惠金融和绿色金融。加强全口径外债宏观审慎管理。扎紧制度笼子,整顿规范金融秩序,严厉打击金融诈骗、非法集资和证券期货领域的违法犯罪活动,坚决守住不发生系统性区域性风险的底线。(中央编办、发展改革委、公安部、财政部、人民银行、法制办、银监会、证监会、保监会、外汇局等按职责分工负责)

二、加强供给侧结构性改革,增强持续增长动力

(四)推动简政放权、放管结合、优化服务改革向纵深发展。

切实转变政府职能、提高效能。继续大力削减行政审批事项,注重解决放权不同步、不协调、不到位问题,对下放的审批事项,要让地方能接得住、管得好。(国务院审改办牵头)深化商事制度改革,开展证照分离试点。(工商总局、法制办、国务院审改办等按职责分工负责)全面公布地方政府权力和责任清单,在部分地区试行市场准入负面清单制度。对行政事业性收费、政府定价或指导价经营服务性收费、政府性基金、国家职业资格,实行目录清单管理。加快建设统一开放、竞争有序的市场体系,打破地方保护。深化价格改革,加强价格监管。(中央编办、发展改革委、财政部、人力资源社会保障部、商务部、工商总局等按职责分工负责)修改和废止有碍发展的行政法规和规范性文件。(国务院办公厅、法制办等按职责分工负责)

创新事中事后监管方式,全面推行"双随机、一公开"监管,随机抽取检查对象,随机选派执法检查人员,及时公布查处结果。(工商总局牵头,海关总署、质检总局、食品药品监管总局等按职责分工负责)推进综合行政执法改革。(中央编办、法制办牵头)实施企业信用信息统一归集、依法公示、联合惩戒、社会监督。大力推行"互联网+政务服务",实现部门间数据共享,让居民和企业少跑腿、好办事、不添堵。(发展改革委牵头,工业和信息化部、公安部、民政部、人力资源社会保障部、人民银行、税务总局、工商总局、质检总局、食品药品监管总局等按职责分工负责)

(五)充分释放全社会创业创新潜能。

着力实施创新驱动发展战略,促进科技与经济深度融合,提高实体经济的整体素质和竞争力。强化企业创新主体地位。落实企业研发费用加计扣除和加速折旧政策,完善高新技术企业、科技企业孵化器等税收优惠政策。支持行业领军企业建设高水平研发机构。加快将国家自主创新示范区试点政策推广到全国,再建设一批国家自主创新示范区、高新区。(科技部牵头,发展改革委、工业和信息化部、财政部、国土资源部、住房城乡建设部、国资委、税务总局等按职责分工负责)

发挥大众创业、万众创新和"互联网+"集众智汇众力的乘数效应。打造众创、众包、众扶、众筹平台,构建大中小企业、高校、科研机构、创客多方协同的新型创业创新机制。建设一批"双创"示范基地,培育创业创新服务业,规范发展天使、创业、产业等投资。支持分享经济发展,提高资源利用效率,让更多人参与进来、富裕起来。(发展改革委牵头,科技部、工业和信息化部、财政部、人力资源社会保障部、人民银行、国资委、银监会、证监会、保监会等按职责分工负责)实施更积极、更开放、更有效的人才引进政策。(外专局牵头,外交部、发展改革委、教育部、科技部、公安部、财政部、人力资源社会保障部、侨办等按职责分工负责)加强知识产权保护和运用。(知识产权局牵头,工商总局、新闻出版广电总局等按职责分工负责)依法严厉打击侵犯知识产权和制假售假行为。(全国打击侵犯知识产权和制售假冒伪劣商品工作领导小组办公室牵头,领导小组成员单位按职责分工负责)

深化科技管理体制改革。扩大高校和科研院所自主权,砍掉科研管理中的繁文缛节。(科技部牵头,中央编办、发展改革委、教育部、工业和信息化部、财政部、中科院、工程院、自然科学基金会、国防科工局等按职责分工负责)实施支持科技成果转移转化的政策措施,完善股权期权税收优惠政策和分红奖励办法,鼓励科研人员创业创新。(发展改革委、科技部、财政部、人力资源社会保障部、国资委、税务总局、证监会等按职责分工负责)大力弘扬创新文化,厚植创新沃土,营造敢为人先、宽容失败的良好氛围,充分激发企业家精神,调动全社会创业创新积极性,汇聚成推动发展的磅礴力量。(科技部牵头,发展改革委、教育部、国资委、中科院、工程院、自然科学基金会、新闻办、网信办、中国科协等按职责分工负责)

(六)着力化解过剩产能和降本增效。重点抓好钢铁、煤炭等困难行业去产能,坚持市场倒逼、企业主体、地方组织、中央支持,运用经济、法律、技术、环保、质量、安全等手段,严格控制新增产能,坚决淘汰落后产能,有序退出过剩产能。采取兼并重组、债务重组或破产清算等措施,积极稳妥处置"僵尸企业"。完善财政、金融等支持政策,中央财政安排1 000亿元专项奖补资金,重点用于职工分流安置。采取综合措施,降低企业交易、物流、财务、用能等成本,坚决遏制涉企乱收费,对违规行为严肃查处。(发展改革委牵头,工业和信息化部、财政部、人力资源社会保障部、国土资源部、环境保护部、交通运输部、商务部、人民银行、国资委、质检总局、安全监管总局、银监会、证监会、保监会、能源局、煤矿安监局等按职责分工负责）

（七）努力改善产品和服务供给。

提升消费品品质。加快质量安全标准与国际标准接轨，建立商品质量惩罚性赔偿制度。鼓励企业开展个性化定制、柔性化生产，培育精益求精的工匠精神，增品种、提品质、创品牌。（发展改革委、工业和信息化部、商务部、卫生计生委、国资委、工商总局、质检总局、食品药品监管总局、旅游局等按职责分工负责）

促进制造业升级。深入推进"中国制造+互联网"，建设若干国家级制造业创新平台，实施一批智能制造示范项目，启动工业强基、绿色制造、高端装备等重大工程，组织实施重大技术改造升级工程。（工业和信息化部牵头，发展改革委、科技部、财政部、国资委、税务总局等按职责分工负责）

加快现代服务业发展。启动新一轮国家服务业综合改革试点，实施高技术服务业创新工程，大力发展数字创意产业。放宽市场准入，提高生产性服务业专业化、生活性服务业精细化水平。建设一批光网城市，推进5万个行政村通光纤，让更多城乡居民享受数字化生活。（发展改革委牵头，科技部、工业和信息化部、财政部、农业部、商务部等按职责分工负责）

（八）大力推进国有企业改革。以改革促发展，坚决打好国有企业提质增效攻坚战。推动国有企业特别是中央企业结构调整，创新发展一批、重组整合一批、清理退出一批。推进股权多元化改革，开展落实企业董事会职权、市场化选聘经营者、职业经理人制度、混合所有制、员工持股等试点。深化企业用人制度改革，探索建立与市场化选任方式相适应的高层次人才和企业经营管理者薪酬制度。加快改组组建国有资本投资、运营公司。以管资本为主推进国有资产监管机构职能转变，防止国有资产流失，实现国有资产保值增值。赋予地方更多国有企业改革自主权。加快剥离国有企业办社会职能，解决历史遗留问题，让国有企业瘦身健体，增强核心竞争力。（国资委牵头，发展改革委、工业和信息化部、财政部、人力资源社会保障部、人民银行、审计署、法制办、银监会、证监会等按职责分工负责）

（九）更好激发非公有制经济活力。大幅放宽电力、电信、交通、石油、天然气、市政公用等领域市场准入，消除各种隐性壁垒，鼓励民营企业扩大投资、参与国有企业改革。在项目核准、融资服务、财税政策、土地使用等方面一视同仁。依法平等保护各种所有制经济产权，严肃查处侵犯非公有制企业及非公有制经济人士合法权益的行为，营造公平、公正、透明、稳定的法治环境，构建新型政商关系，促进各类企业各展其长、共同发展。（发展改革委牵头，工业和信息化部、公安部、司法部、财政部、国土资源部、住房城乡建设部、交通运输部、商务部、人民银行、国资委、税务总局、工商总局、法制办、银监会、证监会、能源局、全国工商联等按职责分工负责）

三、深挖国内需求潜力，开拓发展更大空间

（十）增强消费拉动经济增长的基础作用。

适应消费升级趋势，破除政策障碍，优化消费环境，维护消费者权益。支持发展养老、健康、家政、教育培训、文化体育等服务消费。壮大网络信息、智能家居、个性时尚等新兴消费。（发展改革委、商务部牵头，教育部、民政部、文化部、卫生计生委、工商总局、体育总局等按职责分工负责)促进线上线下协调互动、平等竞争,推动实体商业创新转型。(商务部牵头,发展改革委、工业和信息化部、工商总局、质检总局、供销合作总社等按职责分工负责)

完善物流配送网络,促进快递业健康发展。加快建设城市停车场和充电设施。(发展改革委牵头,科技部、工业和信息化部、财政部、国土资源部、住房城乡建设部、交通运输部、商务部、能源局、铁路局、民航局、邮政局等按职责分工负责)活跃二手车市场,大力发展和推广以电动汽车为主的新能源汽车。(商务部、工业和信息化部牵头,发展改革委、科技部、公安部、财政部、环境保护部、交通运输部、税务总局、工商总局等按职责分工负责)

在全国开展消费金融公司试点,鼓励金融机构创新消费信贷产品。(银监会、人民银行牵头,保监会等按职责分工负责)降低部分消费品进口关税,增设免税店。(财政部牵头,商务部、海关总署、税务总局、旅游局等按职责分工负责)落实带薪休假制度,加强旅游交通、景区景点、自驾车营地等设施建设,规范旅游市场秩序。(人力资源社会保障部、旅游局牵头,发展改革委、财政部、交通运输部等按职责分工负责)

(十一)发挥有效投资对稳增长调结构的关键作用。启动一批"十三五"规划重大项目。完成铁路投资 8 000 亿元以上、公路投资 1.65 万亿元,建设水电核电、特高压输电、智能电网、油气管网、城市轨道交通等重大项目。中央预算内投资安排 5 000 亿元。深化投融资体制改革,继续以市场化方式筹集专项建设基金,推动地方融资平台转型改制进行市场化融资,探索基础设施等资产证券化,扩大债券融资规模。(发展改革委牵头,科技部、财政部、国土资源部、住房城乡建设部、交通运输部、水利部、人民银行、证监会、能源局、铁路局、中国铁路总公司、开发银行、农业发展银行等按职责分工负责)再开工 20 项重大水利工程。(水利部、发展改革委牵头,财政部、国土资源部、环境保护部等按职责分工负责)完善政府和社会资本合作模式,用好 1 800 亿元引导基金,依法严格履行合同,充分激发社会资本参与热情。(发展改革委、财政部等按职责分工负责)

(十二)深入推进新型城镇化。

加快农业转移人口市民化。深化户籍制度改革,放宽城镇落户条件。(公安部牵头,发展改革委等按职责分工负责)建立健全"人地钱"挂钩政策。(财政部、国土资源部牵头,发展改革委、人力资源社会保障部、住房城乡建设部等按职责分工负责)居住证要加快覆盖未落户的城镇常住人口,使他们依法享有居住地义务教育、就业、医疗等基本公共服务。(发展改革委、教育部、公安部、民政部、司法部、人力资源社会保障部、住房城乡建设部、卫生计生委、法制办等按职责分工负责)扩大新型城镇化综合试点范围。发展中西部地区中小城市和小城镇,容纳更多的农民工就近就业创业。(发展改革委牵头,人力资源社会保障部、住房城乡建设部等按职责分工负责)

推进城镇保障性安居工程建设和房地产市场健康发展。棚户区住房改造 600 万套,提高棚改货币化安置比例。完善支持居民住房合理消费的税收、信贷政策,适应住房刚性需求和改善性需求,因城施策化解房地产库存,促进房地产市场平稳运行。建立租购并举的住房制度,把符合条件的外来人口逐步纳入公租房供应范围。(住房城乡建设部牵头,发展改革委、财政部、国土资源部、人民银行、税务总局、银监会、开发银行、农业发展银行等按职责分工负责)

加强城市规划建设管理。增强城市规划的科学性、前瞻性、权威性、公开性,促进"多规合一"。开工建设城市地下综合管廊 2 000 公里以上。积极推广绿色建筑和建材,大力发展钢结构和装配式建筑,加快标准化建设,提高建筑技术水平和工程质量。推进城市管理体制创新,打造智慧城市,完善公共交通网络,治理交通拥堵等突出问题,改善人居环境。(住房城乡建设部牵头,发展改革委、工业和信息化部、公安部、民政部、财政部、国土资源部、环境保护部、交通运输部等按职责分工负责)

(十三)优化区域发展格局。深入推进"一带一路"建设,落实京津冀协同发展规划纲要,加快长江经济带发展。制定实施西部大开发"十三五"规划,实施新一轮东北地区等老工业基地振兴战略,出台促进中部地区崛起新十年规划,支持东部地区在体制创新、陆海统筹等方面率先突破。促进资源型地区经济转型升级。支持革命老区、民族地区、边疆地区、贫困地区发展。(发展改革委牵头,工业和信息化部、国家民委、财政部、国土资源部、环境保护部、交通运输部、农业部、商务部、扶贫办等按职责分工负责)制定和实施国家海洋战略,维护国家海洋权益,保护海洋生态环境,拓展蓝色经济空间,建设海洋强国。(外交部、发展改革委、科技部、财政部、国土资源部、环境保护部、交通运输部、农业部、海洋局等按职责分工负责)

四、加快发展现代农业,促进农民持续增收

(十四)加快农业结构调整。

完善农产品价格形成机制,引导农民适应市场需求调整种养结构,适当调减玉米种植面积。按照"市场定价、价补分离"原则,积极稳妥推进玉米收储制度改革,保障农民合理收益。多措并举消化粮食库存,大力支持农产品精深加工,发展畜牧业,延伸农业产业链条;制定新一轮退耕还林还草方案,退耕还林还草1 500万亩以上。(发展改革委、农业部牵头,财政部、国土资源部、水利部、林业局、粮食局、农业发展银行、中储粮总公司等按职责分工负责)

积极发展多种形式农业适度规模经营,完善对家庭农场、专业大户、农民合作社等新型经营主体的扶持政策,培养新型职业农民,鼓励农户依法自愿有偿流转承包地,开展土地股份合作、联合或土地托管。深化农村集体产权、农垦、集体林权、国有林场、农田水利、供销社等改革。(农业部牵头,财政部、国土资源部、水利部、林业局、银监会、供销合作总社等按职责分工负责)

(十五)强化农业基础支撑。全面完成永久基本农田划定并实行特殊保护,加强高标准农田建设,增加深松土地1.5亿亩,新增高效节水灌溉面积2 000万亩。(国土资源部牵头,发展改革委、财政部、水利部、农业部等按职责分工负责)探索耕地轮作休耕制度试点。加强农业科技创新与推广,深入开展粮食绿色高产高效创建,实施化肥农药零增长行动。(农业部牵头,发展改革委、科技部、财政部、国土资源部、林业局、中科院等按职责分工负责)保障财政对农业投入,建立全国农业信贷担保体系,完善农业保险制度和农村金融服务,引导带动更多资金投向现代农业建设。(财政部牵头,发展改革委、水利部、农业部、人民银行、林业局、银监会、保监会等按职责分工负责)

(十六)改善农村公共设施和服务。加大农村基础设施建设力度,新建改建农村公路20万公里,具备条件的乡镇和建制村加快通硬化路、通客车。抓紧新一轮农村电网改造升级,两年内实现农村稳定可靠供电服务和平原地区机井通电全覆盖。实施饮水安全巩固提升工程。推动电子商务进农村。开展农村人居环境整治,建设美丽宜居乡村。(发展改革委牵头,工业和信息化部、财政部、环境保护部、住房城乡建设部、交通运输部、水利部、农业部、商务部、林业局、能源局、供销合作总社等按职责分工负责）

（十七）实施脱贫攻坚工程。完成1 000万以上农村贫困人口脱贫任务，其中易地搬迁脱贫200万人以上，继续推进贫困农户危房改造。中央财政扶贫资金增长43.4%。在贫困县推进涉农资金整合。坚持精准扶贫脱贫，因人因地施策。大力培育特色产业，支持就业创业。解决好通路、通水、通电、通网络等问题，增强集中连片特困地区和贫困人口发展能力。国家各项惠民政策和民生项目，向贫困地区倾斜。深入开展定点扶贫、东西协作扶贫，支持社会力量参与脱贫攻坚。（扶贫办牵头，发展改革委、教育部、工业和信息化部、国家民委、民政部、财政部、人力资源社会保障部、国土资源部、住房城乡建设部、交通运输部、水利部、农业部、卫生计生委、人民银行、国资委、统计局、旅游局、能源局、全国妇联、中国残联、全国工商联、开发银行、农业发展银行、农业银行等按职责分工负责）

五、推进新一轮高水平对外开放，着力实现合作共赢

（十八）扎实推进"一带一路"建设。统筹国内区域开发开放与国际经济合作，共同打造陆上经济走廊和海上合作支点，推动互联互通、经贸合作、人文交流。构建沿线大通关合作机制，建设国际物流大通道。推进边境经济合作区、跨境经济合作区、境外经贸合作区建设。坚持共商共建共享，使"一带一路"成为和平友谊纽带、共同繁荣之路。（发展改革委、外交部、商务部牵头，科技部、工业和信息化部、财政部、交通运输部、文化部、国资委、海关总署、质检总局等按职责分工负责）

（十九）扩大国际产能合作。坚持企业为主、政府推动、市场化运作，实施一批重大示范项目。落实和完善财税金融支持政策，设立人民币海外合作基金，用好双边产能合作基金。推动装备、技术、标准、服务走出去，打造中国制造金字品牌。（发展改革委、商务部、外交部、人民银行、国资委、质检总局等负责）

（二十）促进外贸创新发展。

加快落实和完善政策。优化出口退税率结构，确保及时足额退税，严厉打击骗取退税。增加短期出口信用保险规模，实现成套设备出口融资保险应保尽保。（财政部牵头，商务部、税务总局、中国出口信用保险公司等按职责分工负责）

鼓励商业模式创新。扩大跨境电子商务试点，支持企业建设一批出口产品"海外仓"，促进外贸综合服务企业发展。（商务部牵头，发展改革委、财政部、海关总署等按职责分工负责）

优化贸易结构。开展服务贸易创新发展试点，增加服务外包示范城市，加快发展文化对外贸易。进一步整合优化海关特殊监管区域，促进加工贸易向中西部地区转移、向产业链中高端延伸。（商务部牵头，发展改革委、财政部、文化部、人民银行、海关总署、税务总局、质检总局、外汇局等按职责分工负责）

推进贸易便利化。全面推广国际贸易"单一窗口"。降低出口商品查验率。（商务部牵头，发展改革委、财政部、人民银行、海关总署、税务总局、质检总局、银监会等按职责分工负责）

实施更加积极的进口政策。扩大先进技术设备、关键零部件及紧缺能源原材料进口。（商务部牵头，发展改革委、工业和信息化部、财政部、海关总署、税务总局、能源局等按职责分

工负责)

（二十一）提高利用外资水平。继续放宽投资准入,扩大服务业和一般制造业开放,简化外商投资企业设立程序,加大招商引资力度。创新内陆和沿边开放模式,打造新的外向型产业集群,引导外资更多投向中西部地区。营造更加公平、更为透明、更可预期的投资环境。(发展改革委、商务部、法制办等按职责分工负责)扩大自贸试验区试点。(商务部牵头,发展改革委、财政部、人民银行、海关总署、质检总局等按职责分工负责)创新开发区体制机制。(发展改革委、科技部、商务部、海关总署等按职责分工负责)

（二十二）加快实施自由贸易区战略。积极商签区域全面经济伙伴关系协定,加快中日韩自贸区等谈判,推进中美、中欧投资协定谈判,加强亚太自贸区联合战略研究。推进贸易投资自由化,共同构建均衡、共赢、包容的国际经贸体系。(商务部牵头,外交部、发展改革委、工业和信息化部、财政部等按职责分工负责)

六、加大环境治理力度,推动绿色发展取得新突破

（二十三）重拳治理大气雾霾和水污染。主要污染物排放继续减少。化学需氧量、氨氮排放量分别下降2%,二氧化硫、氮氧化物排放量分别下降3%,重点地区细颗粒物(PM2.5)浓度继续下降。着力抓好减少燃煤排放和机动车排放。加强煤炭清洁高效利用,减少散煤使用,推进以电代煤、以气代煤。全面实施燃煤电厂超低排放和节能改造。加快淘汰不符合强制性标准的燃煤锅炉。增加天然气供应,完善风能、太阳能、生物质能等发展扶持政策,提高清洁能源比重。鼓励秸秆资源化综合利用,限制直接焚烧。全面推广车用燃油国五标准,淘汰黄标车和老旧车380万辆。在重点区域实行大气污染联防联控。全面推进城镇污水处理设施建设与改造,加强农业面源污染和流域水环境综合治理。加大工业污染源治理力度,对排污企业全面实行在线监测。强化环境保护督察,做到奖惩分明。严格执行新修订的环境保护法,依法严厉打击超排偷排者,依法严肃追究姑息纵容者。(环境保护部牵头,中央编办、发展改革委、科技部、工业和信息化部、公安部、财政部、国土资源部、住房城乡建设部、交通运输部、水利部、农业部、商务部、质检总局、法制办、气象局、能源局、海洋局等按职责分工负责)

（二十四）大力发展节能环保产业。单位国内生产总值能耗下降3.4%以上。扩大绿色环保标准覆盖面。完善扶持政策,支持推广节能环保先进技术装备,广泛开展合同能源管理和环境污染第三方治理,加大建筑节能改造力度,加快传统制造业绿色改造。开展全民节能、节水行动,推进垃圾分类处理,健全再生资源回收利用网络,把节能环保产业培育成我国发展的一大支柱产业。(发展改革委牵头,工业和信息化部、财政部、环境保护部、住房城乡建设部、水利部、商务部、质检总局等按职责分工负责)

（二十五）加强生态安全屏障建设。健全生态保护补偿机制。停止天然林商业性采伐,实行新一轮草原生态保护补助奖励政策。推进地下水超采区综合治理试点,实施湿地等生态保护与恢复工程,继续治理荒漠化、石漠化和水土流失。(发展改革委牵头,财政部、国土资源部、环境保护部、水利部、农业部、林业局等按职责分工负责)

七、切实保障改善民生，加强社会建设

（二十六）着力扩大就业创业。实施更加积极的就业政策，鼓励以创业带动就业。城镇新增就业 1 000 万人以上，城镇登记失业率 4.5% 以内。今年高校毕业生将高达 765 万人，落实好就业促进计划和创业引领计划，促进多渠道就业创业。用好失业保险基金结余，增加稳就业资金规模，做好企业下岗职工技能培训和再就业工作，对城镇就业困难人员提供托底帮扶。完成 2 100 万人次以上农民工职业技能提升培训任务。加强对灵活就业、新就业形态的扶持。切实做好退役军人安置和就业创业服务工作。（人力资源社会保障部牵头，发展改革委、教育部、科技部、工业和信息化部、民政部、财政部、农业部、人民银行、国资委、税务总局、工商总局、统计局、共青团中央、中国残联等按职责分工负责）

（二十七）发展更高质量更加公平的教育。

公共教育投入加大向中西部和边远、贫困地区倾斜力度。统一城乡义务教育经费保障机制，改善薄弱学校和寄宿制学校办学条件。支持普惠性幼儿园发展。办好特殊教育。加快健全现代职业教育体系，分类推进中等职业教育免除学杂费。对贫困家庭学生率先免除普通高中学杂费。落实提高乡村教师待遇政策。加快推进远程教育，扩大优质教育资源覆盖面。（教育部牵头，发展改革委、工业和信息化部、国家民委、民政部、财政部、人力资源社会保障部、卫生计生委、扶贫办、中国残联等按职责分工负责）

提升高校教学水平和创新能力，推动具备条件的普通本科高校向应用型转变。继续扩大重点高校面向贫困地区农村招生规模，落实和完善农民工随迁子女在当地就学和升学考试政策。支持和规范民办教育发展。教育要促进学生德智体美全面发展，注重培养各类高素质创新型人才。（教育部牵头，中央编办、发展改革委、民政部、财政部、农业部、扶贫办等按职责分工负责）

（二十八）协调推进医疗、医保、医药联动改革。

实现大病保险全覆盖，政府加大投入，让更多大病患者减轻负担。中央财政安排城乡医疗救助补助资金 160 亿元，增长 9.6%。整合城乡居民基本医保制度，财政补助由每人每年 380 元提高到 420 元。改革医保支付方式，加快推进基本医保全国联网和异地就医结算。（发展改革委、民政部、财政部、人力资源社会保障部、卫生计生委、保监会、国务院医改办等按职责分工负责）

扩大公立医院综合改革试点城市范围，协同推进医疗服务价格、药品流通等改革。（卫生计生委牵头，发展改革委、工业和信息化部、财政部、人力资源社会保障部、商务部、国资委、食品药品监管总局、国务院医改办等按职责分工负责）深化药品医疗器械审评审批制度改革。（食品药品监管总局牵头，发展改革委、科技部、工业和信息化部、财政部、人力资源社会保障部、卫生计生委、中医药局等按职责分工负责）

加快培养全科医生、儿科医生。在 70% 左右的地市开展分级诊疗试点。基本公共卫生服务经费财政补助从人均 40 元提高到 45 元，促进医疗资源向基层和农村流动。鼓励社会办医。发展中医药、民族医药事业。建立健全符合医疗行业特点的人事薪酬制度，保护和调动医务人员积极性。构建和谐医患关系。完善一对夫妇可生育两个孩子的配套政策。（卫生计生委牵头,中央编办、发展改革委、教育部、科技部、工业和信息化部、公安部、民政部、财政部、人力资源社会保障部、住房城乡建设部、商务部、国资委、食品药品监管总局、保监会、中医药局、国务院医改办、国务院妇儿工委、全国妇联等按职责分工负责)加快健全统一权威的食品药品安全监管体制,严守从农田到餐桌、从企业到医院的每一道防线。(国务院食品安全办牵头,中央编办、发展改革委、科技部、工业和信息化部、公安部、财政部、人力资源社会保障部、环境保护部、农业部、商务部、卫生计生委、海关总署、工商总局、质检总局、食品药品监管总局、林业局、粮食局、海洋局、中医药局等按职责分工负责)

(二十九)织密织牢社会保障安全网。继续提高退休人员基本养老金标准。各地要切实负起责任,确保养老金按时足额发放。制定划转部分国有资本充实社保基金办法。(人力资源社会保障部、财政部牵头,国资委、证监会、社保基金会等按职责分工负责)开展养老服务业综合改革试点,推进多种形式的医养结合。落实临时救助、特困人员救助供养等制度,合理确定救助供养标准,完善工作机制。城乡低保人均补助标准分别提高5%和8%。加快健全城乡社会救助体系。(民政部牵头,发展改革委、教育部、财政部、人力资源社会保障部、国土资源部、住房城乡建设部、农业部、卫生计生委、扶贫办、全国老龄办、中国残联等按职责分工负责)

(三十)推进文化改革发展。用中国梦和中国特色社会主义凝聚共识、汇聚力量,培育和践行社会主义核心价值观,加强爱国主义教育。实施哲学社会科学创新工程,发展文学艺术、新闻出版、广播影视、档案等事业。建设中国特色新型智库。加强文物和非物质文化遗产保护利用。深化群众性精神文明创建活动,倡导全民阅读,普及科学知识,弘扬科学精神,提高国民素质和社会文明程度。促进传统媒体与新兴媒体融合发展。培育健康网络文化。深化中外人文交流,加强国际传播能力建设。深化文化体制改革,引导公共文化资源向城乡基层倾斜,推动文化产业创新发展,繁荣文化市场,加强文化市场管理。推进数字广播电视户户通。做好北京冬奥会和冬残奥会筹办工作,倡导全民健身新时尚。(文化部牵头,外交部、教育部、科技部、财政部、新闻出版广电总局、体育总局、中科院、社科院、新闻办、网信办、文物局、档案局、中国科协等按职责分工负责)

(三十一)加强和创新社会治理。

做好基层基础工作,推进城乡社区建设,促进基层民主协商。支持工会、共青团、妇联等群团组织参与社会治理。加快行业协会商会与行政机关脱钩改革,依法规范发展社会组织,支持专业社会工作、志愿服务和慈善事业发展。加强社会信用体系建设。切实保障妇女、儿童、残疾人权益,加强对农村留守儿童和妇女、老人的关爱服务。(民政部牵头,中央编办、发展改革委、教育部、公安部、财政部、人力资源社会保障部、人民银行、工商总局、法制办、国务院妇儿工委、全国老龄办、全国妇联、中国残联等按职责分工负责)深化司法体制改革,开展法治宣传教育,启动实施"七五"普法规划,做好法律援助和社区矫正工作。完善国家网络安全保障体系。创新社会治安综合治理机制,以信息化为支撑推进社会治安防控体系建设,依法惩治违法犯罪行为,严厉打击暴力恐怖活动,增强人民群众的安全感。完善多元调解机制,有效化解矛盾纠纷,促进社会平安祥和。(公安部、工业和信息化部、安全部、司法部、网信办、信访局等按职责分工负责)

健全应急管理机制。编制国家突发事件应急体系建设"十三五"规划。健全预警信息发布机制,推进国家预警信息发布系统建设。完善应急预案体系,推动跨区域应急管理合作,加快应急产业发展。推动应急管理培训和科普宣教,强化全民安全意识教育,全面提升应急管理水平。(国务院办公厅牵头,发展改革委、教育部、科技部、工业和信息化部、行政学院、气象局等按职责分工负责)

坚持不懈抓好安全生产和公共安全。加强安全基础设施和防灾减灾能力建设,健全监测预警应急机制,提高气象服务水平,做好地震、测绘、地质等工作。完善和落实安全生产责任、管理制度和考核机制,实行党政同责、一岗双责,加大失职追责力度,严格监管执法,坚决遏制重特大安全事故发生,切实保障人民生命财产安全。(安全监管总局牵头,民政部、国土资源部、水利部、地震局、气象局、海洋局、测绘地信局等按职责分工负责)

加强和改进信访工作。强化国家信访信息系统应用。集中开展信访积案化解攻坚。积极推行信访事项简易办理。加强信访问题分析研判。推进信访法治化建设,依法分类处理群众信访诉求。严格落实信访工作责任制。(信访局牵头,公安部、民政部、人力资源社会保障部、国土资源部、住房城乡建设部、卫生计生委、法制办等按职责分工负责)

八、加强政府自身建设,提高施政能力和服务水平

(三十二)坚持依法履职,把政府活动全面纳入法治轨道。各级政府及其工作人员要带头严格遵守宪法和法律,自觉运用法治思维和法治方式推动工作,法定职责必须为,法无授权不可为。积极推行政府法律顾问制度。(法制办牵头,监察部、司法部等按职责分工负责)深入推进政务公开,充分发挥传统媒体、新兴媒体作用,利用好网络平台,及时回应社会关切,使群众了解政府做什么、怎么做。各级政府要依法接受同级人大及其常委会的监督,自觉接受人民政协的民主监督,接受社会和舆论监督,让权力在阳光下运行。(国务院办公厅牵头,中央编办、发展改革委、民政部、财政部、法制办、新闻办、网信办等按职责分工负责)

(三十三)坚持廉洁履职,深入推进反腐倡廉。认真落实党风廉政建设主体责任,严厉整治各种顶风违纪行为。加强行政监察,推进审计全覆盖。以减权限权、创新监管等举措减少寻租空间,铲除滋生腐败土壤。推动党风廉政建设向基层延伸,坚决纠正侵害群众利益的不正之风,坚定不移惩治腐败。(监察部、审计署等按职责分工负责)

(三十四)坚持勤勉履职,提高执行力和公信力。政府工作人员要恪尽职守、夙夜在公,主动作为、善谋勇为。深入践行"三严三实",增强政治意识、大局意识、核心意识、看齐意识,加强作风和能力建设,打造高素质专业化的公务员队伍。(监察部、人力资源社会保障部、公务员局等按职责分工负责)健全并严格执行工作责任制,确保各项政策和任务不折不扣落到实处。健全督查问责机制,坚决整肃庸政懒政怠政行为,决不允许占着位子不干事。健全激励机制和容错纠错机制,给改革创新者撑腰鼓劲,让广大干部愿干事、敢干事、能干成事。充分发挥中央和地方两个积极性。对真抓实干成效明显的地方,在建设资金安排、新增建设用地、财政沉淀资金统筹使用等方面,加大奖励支持力度。鼓励各地从实际出发干事创业,形成竞相发展的生动局面。(国务院办公厅、发展改革委、监察部、财政部、人力资源社会保障部、国土资源部、审计署、法制办、公务员局等按职责分工负责)

九、做好民族、宗教、侨务、国防、港澳台、外交工作

(三十五)继续支持少数民族和民族地区发展。坚持中国特色解决民族问题的正确道路,坚持和完善民族区域自治制度,严格执行党的民族政策,深入开展民族团结进步创建活动,推动建立各民族相互嵌入式的社会结构和社区环境,促进各民族交往交流交融。落实促进民族地区发展的差别化支持政策,加强对口帮扶,保护和发展少数民族优秀传统文化及特色村镇,加大扶持人口较少民族发展力度,大力实施兴边富民行动。(国家民委牵头,发展改革委、教育部、财政部、文化部、扶贫办等按职责分工负责)

(三十六)进一步做好宗教工作。全面贯彻党的宗教工作基本方针,坚持依法管理宗教事务,促进宗教关系和谐,发挥宗教界人士和信教群众在促进经济社会发展中的积极作用。(宗教局牵头,财政部、人力资源社会保障部等按职责分工负责)

(三十七)继续加强侨务工作。认真落实侨务政策,依法维护海外侨胞和归侨侨眷的合法权益,充分发挥他们的独特优势和重要作用,不断增强海内外中华儿女的向心力。(侨办牵头,外交部等按职责分工负责)

(三十八)积极支持国防和军队建设。加强后勤保障和装备发展。建设现代化武装警察部队。加强全民国防教育和国防动员建设。推动重要领域军民融合深度发展,在重要基础设施建设中充分考虑国防需求。发展国防科技工业。各级政府要大力支持国防和军队建设,走出一条新时期鱼水情深的军政军民团结之路。(发展改革委、科技部、工业和信息化部、公安部、民政部、财政部、交通运输部、海洋局、全国拥军优属拥政爱民工作领导小组等按职责分工负责)

(三十九)支持香港、澳门繁荣、稳定和发展。全面准确贯彻"一国两制"、"港人治港"、"澳人治澳"、高度自治的方针,严格依照宪法和基本法办事。全力支持香港、澳门特别行政区行政长官和政府依法施政。发挥港澳独特优势,提升港澳在国家经济发展和对外开放中的地位和功能。深化内地与港澳合作,促进港澳提升自身竞争力。(港澳办牵头,外交部、发展改革委、商务部等按职责分工负责)

(四十)拓展两岸关系和平发展新局面。继续坚持对台工作大政方针,坚持"九二共识"政治基础,坚决反对"台独"分裂活动,维护国家主权和领土完整,维护两岸关系和平发展和台海和平稳定。推进两岸经济融合发展。促进两岸文教、科技等领域交流,加强两岸基层和青年交流。秉持"两岸一家亲"理念,同台湾同胞共担民族大义,共享发展机遇,携手构建两岸命运共同体。(台办牵头,发展改革委、教育部、科技部、商务部、文化部等按职责分工负责)

(四十一)务实、开放做好外交工作。继续高举和平、发展、合作、共赢的旗帜,践行中国特色大国外交理念,维护国家主权、安全、发展利益。办好在我国举行的二十国集团领导人峰会,推动世界经济创新增长,完善全球经济金融治理。加强与各主要大国协调合作,建设良性互动、合作共赢的大国关系。秉持亲诚惠容的周边外交理念,与地区国家持久和平相处、联动融合发展。深化南南合作、促进共同发展,维护发展中国家正当合法权益。建设性参与解决全球性和热点问题。加快海外利益保护能力建设,切实保护我国公民和法人安全。与国际社会一道,为人类和平与发展事业不懈努力。(外交部牵头,发展改革委、财政部、商务部、人民银行等按职责分工负责)

今年是全面建成小康社会决胜阶段的开局之年,也是推进结构性改革的攻坚之年,按照分工抓好《政府工作报告》确定的重点工作,具有十分重要的意义。各部门、各单位要以邓小平理论、"三个代表"重要思想、科学发展观为指导,深入贯彻习近平总书记系列重要讲话精神,按照"五位一体"总体布局和"四个全面"战略布局,根据《政府工作报告》部署和国务院常务会议要求,切实增强责任感和紧迫感,勤勉尽责抓好落实,不折不扣达成目标,确保兑现政府对人民的承诺。一是加强组织领导。各部门、各单位要充分发挥积极性、主动性,按照分工要求,强化责任,细化举措,抓紧制定落实重点工作的实施方案,逐项倒排工作时间表,明确时间节点和具体责任人,并于4月15日前报国务院。二是加强协作配合。各部门、各单位要立足全局,密切配合,加强协作,切实提高工作效率。涉及多部门参与的工作,牵头部门要发挥主导作用,协办部门要积极配合,形成工作合力。三是加强督促检查。对各项任务的落实,要有部署、有督促、有检查,做到日常跟踪督办、年中重点抽查、年底总结考核,确保完成全年经济社会发展的主要目标任务。对积极作为的要强化激励表扬,对消极怠工的要严查问责。国务院办公厅对落实情况要加强跟踪督促,适时汇总报告,对工作任务推进缓慢的,及时启动专项督查,推动各项工作落实。

国务院

2016年3月25日

中国保监会关于取消一批行政审批中介服务事项的通知

保监发〔2016〕21号

各保监局,各保险公司:

根据《国务院关于第二批清理规范192项国务院部门行政审批中介服务事项的决定》(国发〔2016〕11号)要求,中国保监会将取消15项行政审批中介服务事项,现就有关事项通知如下:

一、中国保监会及各保监局不再将取消的15项行政审批中介服务事项作为行政审批的受理条件;取消的行政审批中介服务事项,其后续措施按照国发〔2016〕11号文件有关决定执行。

二、请各保监局收到本通知后,及时转发至辖区内各保险公司分支机构、保险中介机构及其分支机构、国外保险机构驻华代表机构、保险行业协会,按照要求做好行政审批有关工作。

附件:中国保监会取消的行政审批中介服务事项表(略——编者注)

中国保监会

2016年3月3日

国务院关于深化泛珠三角区域合作的指导意见

国发〔2016〕18号

各省、自治区、直辖市人民政府,国务院各部委、各直属机构:

泛珠三角区域包括福建、江西、湖南、广东、广西、海南、四川、贵州、云南等九省区(以下称内地九省区)和香港、澳门特别行政区(以下统称"9+2"各方),拥有全国约五分之一的国土面积、三分之一的人口和三分之一以上的经济总量,是我国经济最具活力和发展潜力的地区之一,在国家区域发展总体格局中具有重要地位。近年来,在"9+2"各方共同努力下,泛珠三角区域合作领域逐步拓展,合作机制日益健全,合作水平不断提高。新形势下深化泛珠三角区域合作,有利于深入实施区域发展总体战略,统筹东中西协调联动发展,加快建设统一开放、竞争有序的市场体系;有利于更好融入"一带一路"建设、长江经济带发展,提高全方位开放合作水平;有利于深化内地与港澳更紧密合作,保持香港、澳门长期繁荣稳定。为深化泛珠三角区域合作,现提出以下指导意见。

一、总体要求

(一)指导思想。全面贯彻党的十八大和十八届三中、四中、五中全会以及中央经济工作会议、中央城市工作会议精神,认真落实党中央、国务院决策部署,按照"五位一体"总体布局和"四个全面"战略布局,牢固树立和贯彻落实创新、协调、绿色、开放、共享的发展理念,坚持合作发展、互利共赢主题,着力深化改革、扩大开放,进一步完善合作发展机制,加快建立更加公平开放的市场体系,推动珠江—西江经济带和跨省区重大合作平台建设,促进内地九省区一体化发展,深化与港澳更紧密合作,构建经济繁荣、社会和谐、生态良好的泛珠三角区域。

(二)基本原则。

政府引导、统筹推进。发挥市场在资源配置中的决定性作用,更好发挥政府作用,加强顶层设计,强化规划引领,以重点领域和关键环节为突破口,统筹推进基础设施、产业、社会管理、公共服务和生态文明建设等方面合作。

改革引领、创新驱动。全面深化改革,积极开展先行先试,充分释放改革红利。大力实施创新驱动发展战略,健全技术创新市场导向机制,增强市场主体创新能力,促进创新资源综合集成,培育具有国际竞争力的创新发展区域。

优势互补、合作共赢。充分发挥各方比较优势,促进内地九省区要素自由流动、资源高效配置和市场深度融合,建设统一开放、竞争有序的现代市场体系。加强与港澳务实合作,积极探索重大项目平台共建和利益共享机制,提升发展内生动力。

陆海统筹、全面开放。以综合交通运输体系为依托,统筹沿海、沿江、沿边和内陆开放,充分发挥港澳独特优势,推动"引进来"和"走出去"相结合,更好利用国际国内两个市场、两种资源,创新开放型经济体制机制,形成参与和引领国际合作竞争新优势。

生态优先、绿色发展。坚定不移实施主体功能区制度,坚持在发展中保护、在保护中发展,大幅提高能源利用效率,加强生态环境协同监管和综合治理,共建环境保护市场化机制和生态补偿机制,推动绿色发展,形成有利于节约资源和保护生态环境的空间格局、产业结构和生产生活方式。

(三)战略定位。

全国改革开放先行区。发挥经济特区、国家级新区、国家综合配套改革试验区、自由贸易试验区等体制机制优势以及港澳在全国改革开放和现代化建设中的特殊作用,在完善社会主义市场经济体制、推进国家治理体系和治理能力现代化等方面积极开展先行先试,为全国深化改革、扩大开放积累经验。

全国经济发展重要引擎。强化珠三角地区与港澳的辐射引领作用,带动中南、西南地区加快发展,加强与长江经济带发展的有机衔接和统筹协调,在全国创新发展方面发挥重要的示范作用,构建有全球影响力的先进制造业和现代服务业基地,成为促进全国经济平稳健康发展的重要引擎。

内地与港澳深度合作核心区。依托港澳两地国际竞争优势及内地九省区广阔腹地和丰富资源,在内地与香港、澳门关于建立更紧密经贸关系的安排(CEPA)及其补充协议框架下,充分发挥内地九省区与港澳山水相连、经济联系密切以及"一国两制"的优势,深化各领域合作,拓展港澳发展新空间,提升区域开放型经济发展水平。

"一带一路"建设重要区域。立足泛珠三角区域连接南亚、东南亚和沟通太平洋、印度洋的区位优势,充分发挥建设福建21世纪海上丝绸之路核心区以及相关省区作为"一带一路"门户、枢纽、辐射中心和海上合作战略支点功能,发挥港澳独特作用,共同推动"一带一路"建设,打造我国高水平参与国际合作的重要区域。

生态文明建设先行先试区。发挥泛珠三角区域山清水秀生态美的优势,加快推动形成绿色循环低碳的生产生活方式,建立跨区域生态建设和环境保护联动机制,筑牢生态安全屏障,全面提升森林、河湖、湿地、草原、海洋等自然生态系统稳定性和生态服务功能,推动经济社会与资源环境协调发展。

二、促进区域经济合作发展

(四)优化区域经济发展格局。充分发挥广州、深圳在管理创新、科技进步、产业升级、绿色发展等方面的辐射带动和示范作用,携手港澳共同打造粤港澳大湾区,建设世界级城市群。构建以粤港澳大湾区为龙头,以珠江—西江经济带为腹地,带动中南、西南地区发展,辐射东南亚、南亚的重要经济支撑带。促进城市群之间和城市群内部分工协作,着力构建沿江、沿海、沿重要交通干线的经济发展带。形成以大城市为引领,以中小城市为依托,以重要节点城市和小城镇为支撑的新型城镇化和区域经济发展格局,积极推动产城融合和城乡统筹发展。加强城市公共服务质量监测,提升公共服务质量水平,促进区域一体化和良性互动。建立毗邻省区间发展规划衔接机制,推动空间布局协调、时序安排同步。注重陆海统筹,支持福建、广东、广西、海南等省区合作发展海洋经济,共建海洋经济示范区、海洋科技合作区,加大海洋科技研发投入力度,发展海洋科学技术,加快科技成果产业化,推动海洋产业园区转型升级,科学开发海洋资源,保护海洋生态环境。

(五)共同培育先进产业集群。加强产业协作,整合延伸产业链条,推进产业链上下游深度合作,培育形成优势互补、分工合理、布局优化的先进产业集群。顺应"互联网+"发展趋势,积极发挥国家超级计算广州中心、贵阳国家大数据中心的作用,推进制造业数字化、网络化和智能化。完善区域制造业创新体系和产业协作体系,改造提升现有制造业集聚区,推进新型工业化产业示范基地建设,将泛珠三角区域打造成为"中国制造2025"转型升级示范区和世界先进制造业基地。改革服务业发展体制,创新发展模式和业态,扩大服务业对内对外开放,逐步放宽外资准入限制,加快推进与港澳服务贸易自由化。加快转变农业发展方式,推进特色农产品供应基地建设,加强南繁育种、南菜北运、粮食产销合作及农业大数据共享,大力推动供港澳农产品基地建设,合作建设一批高水平现代农业示范区,健全现代渔业产业体系和经营机制,打造生态农业产业带。

(六)引导产业有序转移承接。以国家级、省级开发区为主要载体,建设承接产业转移示范区。加大对加工贸易梯度转移承接地的培育支持力度。建立产业转移跨区域合作机制,制定产业转移指导目录,明确产业承接发展重点。积极支持东部沿海地区产业及国内外知名企业生产基地向中西部地区有序转移,促进产业组团式承接和集群式发展。充分发挥各类合作平台在促进产业转移中的积极作用,大力推进广州泛珠合作园区、粤桂黔高铁经济带合作试验区建设,支持粤桂合作特别试验区、闽粤经济合作区、北部湾临海产业园、湘赣开放合作试验区等跨省区合作平台发展。

三、大力推进统一市场建设

(七)实施统一的市场规则。清理阻碍要素合理流动的各种规定和做法,实施统一的市场准入制度和标准,推动各类生产要素跨区域有序自由流动和优化配置,规范发展综合性产权交易市场。加强地方和企业标准制订合作,推进产品检验、计量检定、资质认证等结果互认,促进商品自由流通,有序推动服务业区域标准制定。建立统一的市场执法标准和监管协调机制,依托企业信用信息公示系统,推动实现市场主体基础信息互联互通、市场监管信息共享共认、市场监管措施协调联动、消费者权益保护异地受理处置和行政执法相互协作。规范行政处罚自由裁量权,探索建立区域行政处罚裁量基准制度,逐步统一内地九省区行政处罚裁量权的运用,为企业跨区域发展营造更加良好的行政执法环境。

(八)建设区域社会信用合作体系。建立区域信用联动机制,开展区域信用体系建设合作与交流,促进信用建设经验成果及信用市场服务的互通、互认和互用。推进社会信用体系建设合作,按照社会信用信息共享交换平台建设总体要求,支持内地九省区建立健全各行业各领域信用记录,并与全国统一的信用信息共享交换平台实现对接,以统一社会信用代码为标识,实现企业登记、产品质量监管等信用信息的共享交换。健全知识产权保护机制,完善专利代理信用信息查询系统。建立完善统一的企业信用分类标准,实现跨地区信用联合惩戒,完善"一处失信、处处受限"的失信惩戒机制。

（九）构建区域大通关体制。加快建立大通关电子口岸信息平台，推进电子口岸互联互通和资源共享。完善口岸综合服务体系和口岸联络协调机制，推动内陆口岸同沿海、沿边口岸通关协作，实现口岸管理相关部门信息互换、监管互认、执法互助。在全面实施关检合作"三个一"（一次申报、一次查验、一次放行）的基础上，逐步推行"单一窗口"制度。在现有福建、广东、广西、海南四省区海关区域通关一体化的基础上，加强与长江经济带海关区域通关一体化衔接，进一步扩大通关一体化范围。

四、推进重大基础设施一体化建设

（十）建设现代化综合交通运输体系。强化区域内各种运输方式的衔接和综合交通枢纽建设，构建安全、低碳和便捷的综合交通运输体系，增强对区域发展的支撑能力。加快已列入《中长期铁路网规划》的铁路项目建设，提高区域内以及与周边省（区、市）和国家（地区）的互联互通水平。贯通海口经南宁经贵阳至兰州的铁路，打造南北新通道。推进琼州海峡跨海通道工程、湛海铁路扩能工程。规划建设赣州至深圳、重庆至昆明、涪陵经凯里至柳州、柳州至韶关、西安经重庆经长沙至厦门、吉安至武夷山、贵阳至张家界、兴义至永州至郴州至赣州、临沧至清水河等铁路项目。加快国家高速公路和国省干线公路建设及升级改造，全面提升公路技术等级和安全防护水平，打通省际"断头路"、"瓶颈路"，提高公路安全性。推进珠江主要干支流高等级航道建设，继续提升西江航运干线通航水平，加快右江、北盘江—红水河、柳江—黔江等航道建设，稳步开展湘桂运河前期研究，畅通西南水运出海通道。建立完善珠江水运发展协调机制，合力推进珠江水运协调发展。优化沿海港口功能布局，增强沿海港口对内陆地区的服务能力。在琼州海峡南北岸规划建设新客货滚装码头，提高琼州海峡客货滚装运输服务能力和水平。统筹泛珠三角区域空域资源管理使用，明确区域内各机场分工定位，实现机场群健康有序发展。进一步推动区域内各国际机场航权开放，打造国际航空枢纽和门户机场。优化完善区域机场布局，加快推进支线机场建设。支持加密区域内城市间航线航班，促进区域内客货快速运送。鼓励发展多式联运，完善统一相关标准规范和服务规则，积极培育多式联运经营人，加快建设具有多式联运功能的货运枢纽和物流园区，完善枢纽节点集疏运体系，畅通"最后一公里"。着力解决制约甩挂运输发展的瓶颈问题，推进泛珠三角区域甩挂运输网络化发展。加快智能物流网络建设，推进交通运输物流公共信息平台发展，促进不同运输方式信息系统的互联互通和信息交换共享，建设面向东南亚、南亚的区域性国际物流公共信息平台。着力构建泛珠三角区域国际物流主干网络，大力推进蓉欧快铁等国际物流通道建设。

（十一）构建能源供应保障体系。加强电源与电网建设，开展电力输送以及煤炭、油气储运合作，为促进区域合作发展提供稳定安全可靠的能源保障。在保护生态环境的基础上，适度开发金沙江、雅砻江、大渡河、澜沧江等河流水能资源，配套建设送出通道。大力发展新能源和可再生能源，稳妥推进已经列入相关规划的核电项目建设，积极开发风能、太阳能、生物质能、海洋能等新能源，完善区域电源点布局，推广多能互补的分布式能源。深入实施"西电东送"工程，推进西南能源基地向中南、华南和东南地区输电通道建设，建设500千伏金沙江中游电站送电广西直流输电工程，加大配电网的建设与改造力度。大力实施"西气东输"工程。统筹油气运输通道和储备系统建设,推进西气东输三线、新疆煤制气管线等油气管道建设,完善区域性油气管网建设。

(十二)完善水利基础设施体系。以提高水利保障能力为核心,建设综合防洪抗旱减灾体系,加强水资源保护与开发利用,强化区域水资源管理。保障泛珠三角区域防洪供水安全,确保对港澳供水安全。加快推进以大藤峡、洋溪、落久、高陂、德厚等为重点的骨干工程建设,支持澳门防洪(潮)排涝体系建设,加快推进柳江综合规划及环境影响评价工作,统筹实施珠江干支流河道崩岸治理及河道综合整治工程。加强沿海各省区标准海堤建设与相互衔接,争取到2020年海堤标准化率提高至80%以上。共同推进珠江流域综合整治开发,联合实施水源涵养和水土保持能力提升工程。落实最严格水资源管理制度,严守水资源开发利用控制、用水效率控制、水功能区限制纳污控制指标三条红线,加快开展江河水量分配,依法对区域内的年度用水实行总量管理,强化规划和项目水资源论证,严格水功能区监督管理。实行严格的河湖管理与保护制度,促进河湖休养生息,维护河湖健康生命。强化珠江流域水资源的统一管理、统一调度,加快制定出台珠江水量调度条例。推进水利信息化建设,提高流域水资源调控、水利管理和工程运行信息化水平。

(十三)完善信息基础设施。深入实施"宽带中国"战略,强化区域通信枢纽建设,加快区域网络基础设施建设升级,强化信息网络安全。加强广州、成都等国家级互联网骨干直联点互联工程建设,实施省际骨干网络优化工程,合理布局泛珠三角区域骨干网核心节点,提升网络传输能力及网间互联互通水平。支持开展"宽带中国"示范城市(群)创建工作,推动贯彻实施光纤到户国家强制标准。共同规划和实施大数据战略,合理布局区域数据中心,建设泛珠三角区域重点城市群信息港,着力构建重点领域信息共享平台。增进与周边国家(地区)信息互联互通,积极推进中国—东盟信息港建设。建设服务泛珠三角区域以及东南亚、南亚的国际呼叫中心。

五、促进区域创新驱动发展

(十四)构建区域协同创新体系。加强深港创新圈等区域科技创新合作,加快构建以企业为主体、市场为导向、产学研相结合的区域协同创新体系。充分发挥国家自主创新示范区、国家高新区的辐射带动作用,依靠创新驱动传统产业转型升级和培育发展战略性新兴产业。优化科技资源配置,新建一批产业技术创新平台和企业技术中心。制定区域科技创新基础平台共享规则,率先相互开放国家级和省级重点实验室、中试基地等试验平台。加强区域内国家国际科技合作基地的横向交流和联系。深化产学研合作,共建协同创新平台,联合开展重大科技攻关,共同实施科技创新工程。组建产业技术创新战略联盟,联合开展产业重大共性科技攻关,推动科技成果转化和产业化。

(十五)优化区域创新环境。鼓励和支持社会资本设立泛珠三角区域创业投资基金,激发区域创新创业活力。大力发展众创空间,支持广州国际创新城等一批大型创新创业平台建设,着力推进泛珠三角区域大众创业、万众创新。推动建立跨省区知识产权保护联盟,支持中新广州知识城开展国家知识产权运用和保护综合改革试点。发挥知识产权服务业集聚区的辐射作用,促进知识产权服务与区域产业融合发展。加强区域内知识产权司法协作。建立统一的科技人才资源库,完善科技人才市场体系,推动科技人才交流与共享。

六、加强社会事业领域合作

(十六)促进教育文化合作。建立教育合作交流平台,开展师资培训、课程改革、实训基地建设、毕业生就业等方面合作。建立区域优质教育资源相互交流、共建共享机制,扩大优质教育资源覆盖面。鼓励内地九省区联合共建高校优势学科和研究机构,联合培养人才和开展科学研究。完善跨区域就业人员随迁子女就学政策,推动实现平等接受学前教育、义务教育和中职教育,确保符合条件的随迁子女顺利在流入地参加高考。深化文化遗产保护合作,加强文化市场监管合作,建立泛珠三角区域非物质文化遗产展演展示、公共文化服务体系建设合作交流机制,推动泛珠三角文化市场区域合作和一体化建设,支持组建区域演艺联盟和跨地区企业连锁,促进文化产品流通,扩大区域文化消费规模。支持省区、城市之间开展多样化的文化、体育交流活动。

(十七)加强医疗卫生合作。建立健全区域内疾病预防控制、突发公共卫生事件应急处理协调机制和联防联控网络。促进区域公共卫生服务资源合作共享,推动同级医疗机构检查结果互认。依托互联网发展远程医疗,提高边远地区诊疗水平。加强食品药品监管能力建设,提升区域食品药品安全保障水平,建立区域食品原产地可追溯制度和质量标识制度,建立健全大案要案查处联动机制和跨区域重大安全事故应急联动机制。支持建设中国—东盟医疗保健合作中心及中国—东盟传统医药交流合作中心,加强与东盟国家在医疗保健、传统医药等方面交流合作。

(十八)加强人力资源和社会保障合作。拓展内地九省区人力资源交流与合作,推动建立统一的公共就业人才服务体系和公共就业服务信息平台,促进人力资源合理配置和有序自由流动。支持内地九省区互派干部挂职交流。探索建立技能人才库和技能人才培养引进使用机制。在革命老区、民族地区、边疆地区、贫困地区建设职业技能培训基地,加强劳动力职业技能培训,引导农村劳动力有序转移。加强劳动者权益保护,建立劳动保障维权信息沟通制度、劳动保障违法及争议案件协同处理制度。加快实现区域医疗保险异地就医直接结算和养老、失业等社保关系跨省区顺畅转移接续。

(十九)共同优化休闲旅游环境。推动区域旅游一体化,建立公开透明的市场准入标准和运行规则,打破行业、地区壁垒,鼓励跨地区连锁经营,加快建设无障碍旅游区。联合打造旅游精品线路和旅游品牌,加快推进建设世界级观光旅游线路。规范区域旅游市场秩序,统一旅游标识,联合打击不正当竞争和侵害消费者权益的行为。完善国内国际旅游合作机制,加强全方位合作,构建务实高效、互惠互利的区域旅游合作体系。支持泛珠三角区域在促进外国人入境、过境旅游便利化及医疗旅游方面开展先行先试,探索部分国家旅游团入境免签政策或落地签证,简化邮轮、游艇出入境手续。

(二十)完善社会治理协调机制。加强社会治安信息交流,建立矛盾纠纷排查预警、案件应急处置、交通安全部门协作及反走私区域合作机制。健全突发事件应急处置体系,制定实施区域安全生产、重大事故、卫生应急、环境污染、社会救助和灾害救助等方面的突发事件应急预案,规范信息报告制度,加强跨部门、跨区域应急联动,提升联合处置能力。加强司法合作,提供司法保障,创新社会治安治理体制,提高管理效能和服务水平,建立人口信息网上协查协助平台,完善流动人口管理服务,推进更多惠民利民便民新举措,提高人民群众满意度。

七、共同培育对外开放新优势

(二十一)积极融入"一带一路"建设。发挥区位优势,完善联通内外的综合交通运输网络,加强与"一带一路"沿线国家经贸往来和文化交流。推动深化澜沧江—湄公河合作、大湄公河次区域经济合作和泛北部湾经济合作,积极参与中国—东盟自贸区升级建设,打造中国—中南半岛、孟中印缅经济走廊。鼓励区域内有条件的企业共同参与境外经济贸易合作区和农业合作区开发建设,推进国际产能和装备制造合作。加强协同配合,支持加快建设福建21世纪海上丝绸之路核心区,完善广东21世纪海上丝绸之路建设重要引擎功能,把云南建成我国面向南亚东南亚辐射中心,增强广西有机衔接"一带一路"的重要门户作用,进一步提升海南以及内陆省份在"一带一路"建设中的支撑作用。充分发挥香港、澳门独特优势,积极参与和助力"一带一路"建设。

(二十二)充分发挥自由贸易试验区示范带动作用。依托自由贸易试验区深化与港澳合作,发挥对泛珠三角区域的辐射和带动作用。大力推进自由贸易试验区投资、贸易、金融、综合监管等领域制度创新,完善外商投资准入前国民待遇加负面清单管理模式,打造国际化、市场化、法治化的营商环境,为泛珠三角区域进一步改革开放提供可复制、可推广的成功经验。支持有条件的省区按程序申请设立海关特殊监管区域,提升区域对外开放水平。

(二十三)推动口岸和特殊区域建设。统筹规划区域内口岸布局,实现优势互补、错位发展。加强口岸基础设施建设,支持进境指定口岸和启运港建设,扩展和完善口岸功能。支持在区域内国际铁路货物运输重要节点和重要内河港口设立直接办理货物进出境手续的查验场所。支持内陆航空口岸增开国际客货运航线、航班,增强区域内边境口岸和特殊区域功能,打造高水平对外开放平台。支持云南、广西有序设立边境经济合作区、跨境经济合作区和边境旅游合作区,研究完善人员便利化出入境管理政策。

八、协同推进生态文明建设

(二十四)加强跨省区流域水资源水环境保护。实施《水污染防治行动计划》,加强江河湖海水环境综合治理,协同推进跨省区流域水污染防治和水资源保护。共同推进重点行业清洁生产技术改造,降低废水排放总量及主要污染物排放强度。支持发展再生水、海水等非常规水资源利用产业。加快构建水污染联防联控体系,充分发挥流域协作机制监督作用,强化跨界断面和重点断面水质监测和考核,建立完善水质监测信息共享机制。开展地下水监测工作,保障地下水环境安全。协同推进珠江、韩江干支流及近海海域水污染防治,支持跨省区河流综合治理。针对危险化学品生产、存储、运输等对水源地的影响进行风险评估,完善监测预警措施和应急预案。加强饮用水备用水源和水源地环境风险防控工程建设,确保饮用水水质安全。建立流域水资源水环境承载能力监测评价体系,实行承载能力监测预警。

(二十五)加强大气污染综合治理。完善污染物排放总量控制制度,加强二氧化硫、氮氧化物、PM2.5(细颗粒物)等主要大气污染物的联防联治。实施城市清洁空气行动,加强珠三角等重点区域和火电、冶金、水泥、建筑陶瓷、石化等重点行业的大气污染防治,加强对工业烟尘、粉尘、城市扬尘和挥发性有机物等空气污染物排放的协同控制。推进实施清洁生产技术改造,开展工业产品生态(绿色)设计,从源头减少污染物的产生和排放。大力推进脱硫脱硝工程建设,促进工业固废及再生资源综合利用产业规范发展,加强黄标车和老旧车淘汰及机动车尾气治理工作。支持港澳与内地九省区开展大气污染防治及环保科研合作。

(二十六)强化区域生态保护和修复。建立国土空间开发保护制度,切实加强环境整治,划定并严守生态保护红线,强化国土空间合理开发与保护,加大自然保护区、重点生态功能区建设和保护力度,构建区域生态屏障。支持跨省区河流中上游地区生态文明先行示范区建设。共建南岭山地、闽粤桂琼东南沿海红树林生物多样性保护重要生态功能区,稳步推动将以幕阜山、罗霄山、怀玉山、高黎贡山、哀牢山、无量山为核心的区域和江河源头、重要湖泊所在地纳入重点生态功能区。加大沿江天然林草资源保护和珠江防护林体系建设力度,加强湿地保护与恢复,加强生态系统保护。按照建立国家公园体制试点要求,支持福建、湖南、云南等地开展国家公园体制试点工作。

(二十七)健全生态环境协同保护和治理机制。编制泛珠三角区域生态环境保护规划。建立污染联防联治工作机制和环境质量预报预警合作机制,推动环境执法协作、信息共享与应急联动。支持内地九省区推进碳排放权、排污权管理和交易制度,共同设立泛珠三角区域生态环境保护合作基金,加大对生态环境突出问题的联合治理力度。建立跨省区流域生态保护补偿机制,研究建立地方投入为主、中央财政给予适当引导的资金投入机制,支持开展东江、西江、北江、汀江—韩江、九洲江等流域补偿试点。

九、深化内地九省区与港澳合作

(二十八)推进重大基础设施对接。加快跨境交通基础设施建设,完善连接港澳与内地的综合交通运输网络,加快建设港珠澳大桥、广深港高速铁路、莲塘/香园围口岸、深港西部快速通道、粤澳新通道等项目,加强粤港澳轨道交通衔接。支持香港国际机场第三跑道建设,巩固香港国际航空枢纽地位,统筹航路航线安排,加强香港国际机场与内地九省区机场的合作,打造具有国际影响力的临空经济带。巩固香港国际航运中心地位,鼓励内地航运企业在香港设立分公司以及香港航运企业在内地自由贸易试验区内设立分公司。支持香港成为亚太区域重要的邮轮母港及国际游轮旅游中心,加强泛珠三角区域港口之间合作。提高内地与港澳通关便利化水平,合理调整和规划区域口岸建设。以稳定供港澳水、电、气为目标,扎实推进东江供水、核电、电网、西气东输二期天然气接收站、海上天然气和管道工程。推进粤港澳跨境通信网络建设。

(二十九)加强产业合作。充分发挥香港作为国际金融中心、航运中心、贸易中心的优势以及澳门作为世界旅游休闲中心、中国与葡语国家商贸合作服务平台的特殊作用,加强内地与港澳紧密合作,共同开拓国际市场。进一步放宽准入限制、简化审批环节,推动扩大内地与港澳企业相互投资,鼓励和支持内地与港澳企业共同"走出去",支持内地企业在香港设立地区总部。巩固香港国际金融中心和离岸人民币中心地位,促进澳门作为中国与葡语国家商贸合作金融服务的平台角色,扩大人民币双向流动渠道和规模,支持泛珠三角区域内企业在香港发行人民币债券和香港企业在境内发行人民币债券,加强资本市场和金融创新合作。支持香港为内地企业提供多元化的风险管理、资产管理、法律以及争议调处等专业服务。支持香港成为泛珠三角区域对外科技交流合作基地、知识产权贸易平台,发挥香港文化、科技优势,帮助泛珠三角区域企业提升品牌形象和产品质量,更好走向国际市场。优化和调整赴港澳"个人游"政策措施。支持澳门世界旅游休闲中心建设,共同推进澳门会展商贸、中医药等产业发展,支持澳门经济适度多元发展。有序推动开展粤港澳游艇自由行。

(三十)支持重大合作平台发展。推进深圳前海、广州南沙、珠海横琴、汕头华侨经济文化合作试验区等重大平台开发建设,充分发挥其在进一步深化改革、扩大开放、促进合作中的试验示范和引领带动作用。积极推进港澳青年创业基地建设。支持内地九省区发挥各自优势与港澳共建各类合作园区,支持广东与澳门共建江门大广海湾经济区、中山粤澳全面合作示范区。

(三十一)加强社会事务合作。探索有利于港澳居民在内地就业、生活的制度安排。支持内地九省区与港澳推进社会信用体系建设合作,探索信用建设经验成果及信用市场服务的互通、互认和互用。加强内地与港澳专业人才培训和交流合作。支持港澳中小学与内地九省区中小学结为姊妹学校,支持港澳知名大学到内地九省区开展合作办学。支持港澳创意企业在内地有序发展影视娱乐文化等业务。支持港澳与内地九省区加强食品药品安全方面交流合作。

(三十二)开展多层次合作交流。加强政府间协调沟通,研究解决港澳与内地九省区在合作发展过程中出现的问题。支持行业协会、智库间合作交流。加强青少年交流,强化广州、深圳青少年交流基地功能,支持在其他省区开展多种形式的交流活动,将粤港澳青少年交流特色品牌项目延伸至泛珠三角区域,支持港澳青年在内地九省区开展志愿服务。

十、创新和完善合作机制

(三十三)加强统筹协调指导。国务院有关部门要切实加强指导和服务,积极支持内地九省区着力打破行政分割,加快建设统一市场,为其他区域开展合作积累经验。国家发展改革委会同国务院港澳办等有关部门要加强沟通协调,帮助解决泛珠三角区域合作发展中遇到的困难和问题,创造合作发展的良好政策环境。要加强对本意见实施情况的跟踪分析和督促检查,及时向国务院报告重大问题,并会同"9+2"各方开展本意见实施情况评估。内地九省区人民政府要切实加强组织领导,完善工作机制,落实工作责任,加强泛珠三角区域合作日常工作机构的能力建设,会同港澳共同编制泛珠三角区域合作发展规划,推动合作深化、实化。

(三十四)创新完善合作机制。充分发挥行政首长联席会议制度作用,加强对区域重大合作事项的决策、推动和协调,以及与国务院有关部门的沟通衔接,统筹"9+2"各方按照本意见精神抓好贯彻落实。扩大泛珠三角区域合作与发展论坛的影响力,积极引入市场化资源进行运作,将其打造成为促进泛珠三角区域合作的重要智库,为合作发展提供强大智力支持。

(三十五)建立合作资金保障机制。支持由地方设立泛珠三角区域合作发展基金,支持泛珠三角区域重大合作项目建设,鼓励支持金融机构和社会资本共同出资并参与基金的运营和管理。推广运用政府和社会资本合作(PPP)模式,吸引更多社会资本参与泛珠三角区域合作,提高政府资金使用效率。支持开发性金融机构发挥资金、智力、产品等优势,在促进泛珠三角区域合作发展重大项目建设、编制合作规划、推进产业承接转移等方面发挥积极作用。

深化泛珠三角区域合作,对于拓展区域发展空间,促进区域协同发展,进一步提升泛珠三角区域在全国改革发展大局中的地位和作用,具有重要意义。各有关方面要统一思想、密切合作,勇于创新、扎实工作,共同推动泛珠三角区域合作向更高层次、更深领域、更广范围发展。

国务院
2016年3月3日

国务院关于同意开展服务贸易创新发展试点的批复

国函〔2016〕40号

天津市、黑龙江省、上海市、江苏省、浙江省、山东省、湖北省、广东省、海南省、重庆市、四川省、贵州省、陕西省人民政府,商务部:

商务部关于开展服务贸易创新发展试点的请示收悉。现批复如下:

一、原则同意商务部提出的《服务贸易创新发展试点方案》,同意在天津、上海、海南、深圳、杭州、武汉、广州、成都、苏州、威海和哈尔滨新区、江北新区、两江新区、贵安新区、西咸新区等省市(区域)开展服务贸易创新发展试点。试点期为2年,自国务院批复之日起算。

二、试点建设要全面贯彻党的十八大和十八届三中、四中、五中全会精神,认真落实党中央、国务院决策部署,按照"四个全面"战略布局要求,牢固树立并贯彻落实创新、协调、绿色、开放、共享的发展理念,充分发挥地方在发展服务贸易中的积极性和创造性,推进服务贸易领域供给侧结构性改革,健全服务贸易促进体系,探索适应服务贸易创新发展的体制机制和政策措施,着力构建法治化、国际化、便利化营商环境,打造服务贸易制度创新高地。

三、有关部门和省、直辖市人民政府要适应服务贸易创新发展要求,坚持深化简政放权、放管结合、优化服务等改革,加强对试点工作的指导和政策支持,积极鼓励试点地区大胆探索、创新发展。

四、试点地区人民政府(管委会)要加强对试点工作的组织领导,负责试点工作的实施推动、综合协调及措施保障。按照《服务贸易创新发展试点方案》要求,重点在管理体制、促进机制、政策体系和监管模式方面先行先试,形成可复制可推广的经验,定期向商务部报送试点成果,为全国服务贸易创新发展探索路径。要结合本地实际,突出地方特色,制定试点工作实施方案,经省级人民政府批准同意后,报商务部备案。

五、国务院有关部门要按照职能分工,加强指导和服务。加强部门之间的沟通协作和政策衔接,深入调查研究,及时总结经验,指导和帮助地方政府切实解决试点中遇到的困难和问题,为试点建设创造良好的环境。商务部要加强统筹协调、跟踪分析和督促检查,适时对试点工作进行评估,重大问题和情况及时报告国务院。

附件:服务贸易创新发展试点方案

国务院
2016 年 2 月 22 日

附件

服务贸易创新发展试点方案

加快发展服务贸易是促进外贸转型升级的重要支撑,是推进供给侧结构性改革和培育新动能的重要抓手,是大众创业、万众创新的重要载体,对于推动出口、带动就业,实现外贸从"大进大出"向"优进优出"转变具有重要意义。按照《中共中央、国务院关于构建开放型经济新体制的若干意见》和《国务院关于加快发展服务贸易的若干意见》(国发〔2015〕8 号)有关要求,为探索适应服务贸易创新发展的体制机制和支持政策体系,促进服务贸易创新发展,特制定本方案。

一、总体要求

全面贯彻党的十八大和十八届三中、四中、五中全会精神,按照党中央、国务院决策部署,牢固树立创新、协调、绿色、开放、共享的发展理念,充分发挥地方的积极性和创造性,选择部分地区在服务贸易管理体制、促进机制、政策体系、监管模式等方面先行先试,推进服务贸易便利化和自由化,着力构建法治化、国际化、便利化营商环境,打造服务贸易制度创新高地。

二、试点地区及期限

试点地区为天津、上海、海南、深圳、杭州、武汉、广州、成都、苏州、威海等 10 个省市和哈尔滨新区、江北新区、两江新区、贵安新区、西咸新区等 5 个国家级新区。试点期为 2 年。

三、试点任务

(一)探索完善服务贸易管理体制。建立与国际服务贸易通行规则相衔接的促进、服务和监管体系,探索适应服务贸易创新发展的体制机制。开展服务贸易领域地方性法规立法探索,构建法治化、国际化、便利化营商环境。加强统筹协调,建立服务贸易跨部门协调机制,促进产业政策、贸易政策、投资政策的有效衔接、良性互动。健全政府、协会、企业协同配合的服务贸易促进和服务体系,建立服务贸易重点企业联系制度。

(二)探索扩大服务业双向开放力度。结合本地区产业特色,稳步推进金融、教育、文化、医疗、育幼养老、建筑设计、会计审计、商贸物流等行业对外开放。支持本地区旅游、研发设计、会计咨询、资产评估、信用评级、法律服务、商贸物流等领域企业开展跨国经营,支持企业深度开拓国际市场。

(三)探索培育服务贸易市场主体。加强部门协作,整合公共资源,加大对服务出口重点领域企业的支持力度,推动扩大服务出口。依托服务贸易重点领域的大企业,探索建立一批项目对接平台、国际市场推广平台、共性技术支撑平台等公共服务平台,为行业内中小企业提供公共服务,支持有特色、善创新的中小企业发展,引导中小企业融入全球价值链。

(四)探索创新服务贸易发展模式。积极探索信息化背景下服务贸易发展新模式,依托大数据、物联网、移动互联网、云计算等新技术推动服务贸易模式创新,打造服务贸易新型网络平台。促进技术贸易、金融、中医药服务贸易领域加快发展。积极承接离岸服务外包,提升服务跨境交付能力。

(五)探索提升服务贸易便利化水平。创新通关监管机制和模式,为服务贸易企业进出口货物提供通关便利。探索便利跨境电子商务、供应链管理等新型服务模式发展的监管方式。依托海关特殊监管区域,发展特色服务出口产业。推动境内外专业人才和专业服务便利流动,为外籍高端人才在华工作居留等提供便利。

(六)探索优化服务贸易支持政策。发挥财政资金引导作用,加大对服务贸易发展的支持力度,优化资金安排结构,完善和创新支持方式,引导更多社会资金投入服务贸易,支持服务贸易企业加强创新能力建设。探索设立服务贸易创新发展引导基金,拓宽融资渠道,扶持服务贸易企业发展壮大。鼓励金融机构积极创新金融产品和服务,按照风险可控、商业可持续原则,积极为"轻资产"服务贸易企业提供融资便利。

(七)探索健全服务贸易统计体系。建立统计监测、运行和分析体系,拓展基础数据来源,整合各部门服务贸易统计信息,实现共用共享。创新统计方法,完善重点企业数据直报工作,创新数据采集方式,扩大统计覆盖面,实现应统尽统。探索建立对服务贸易四种模式(跨境提供、境外消费、商业存在和自然人移动)的全口径统计。

(八)探索创新事中事后监管举措。进一步简政放权、放管结合,寓管理于服务之中。完善技术、文化等领域进出口监测,探索创新事中事后监管举措,形成各部门信息共享、协同监管和社会公众参与监督的监管体系,确保政治经济文化安全。建立服务贸易市场主体信用记录,纳入信用信息共享平台,探索对严重失信主体实施跨部门联合惩戒,对诚实守信主体实施联合奖励。实施"互联网+监管",探索运用大数据技术,依据信用记录和信用评价,对相关主体实行差别化分类监管。将服务贸易创新发展试点情况纳入地方政府考核评价指标体系,完善考核机制。

试点地区要根据上述要求细化形成各自的试点方案,在全面推进落实八项试点任务的同时,立足产业发展特点和自身优势,突出重点、精准施策,确定一批重点发展的行业和领域,建设若干特色服务出口基地,形成可在全国复制推广的改革、开放、创新经验。

四、政策保障

(一)加大中央财政支持力度。中央财政支持建立服务贸易统计监测管理信息系统,创新事中事后监管举措,切实防止骗税和骗取补贴等行为。支持试点地区建设服务贸易和服务外包公共服务平台。对试点地区进口国内急需的研发设计、节能环保和环境服务等给予贴息支持。

(二)完善税收优惠政策。在试点地区扩大技术先进型服务企业认定范围,由服务外包扩大到其他高技术、高附加值的服务行业。将服务外包领域技术先进型服务企业税收优惠政策由服务外包示范城市推广到试点地区。经认定的技术先进型服务企业,减按15%税率缴纳企业所得税;职工教育经费不超过工资薪金总额8%部分据实税前扣除,超过部分,准予在以后纳税年度结转扣除。

(三)落实创新金融服务举措。鼓励和支持在服务贸易及相关的投融资和跨境电子商务活动中使用人民币进行计价结算,规避企业汇率风险。鼓励金融机构积极创新适合服务贸易特点的金融服务,扩大出口信用保险保单融资,大力发展供应链融资、海外并购融资、应收账款质押贷款和融资租赁等业务。鼓励政策性金融机构在现有业务范围内加大对服务贸易企业开拓国际市场、开展国际并购的支持力度。

(四)设立服务贸易创新发展引导基金。中央财政支持设立服务贸易创新发展引导基金,为试点地区有出口潜力、符合产业导向的中小服务企业提供融资支持服务。

(五)探索便利化举措。对试点地区经认定的技术先进型服务企业,全面实施服务外包保税监管模式。

五、组织实施

各有关部门和地方人民政府要加强组织领导,落实工作责任。试点地区人民政府(管委会)作为试点工作的责任主体,负责试点工作的组织领导、实施推动、综合协调及措施保障,每年向商务部报送试点成果和可复制可推广的经验。有关省、直辖市人民政府要加强对试点工作的指导和政策支持。商务部要充分发挥国务院服务贸易发展部际联席会议办公室作用,会同有关部门加强宏观指导、督促推动、考核评估和政策协调,及时总结工作经验,组织复制推广,并将年度考核结果报国务院。

代理记账管理办法

中华人民共和国财政部令第80号

《代理记账管理办法》已经财政部部务会议审议通过,现予公布,自2016年5月1日起施行。

部长　楼继伟
2016年2月16日

代理记账管理办法

第一条　为了加强代理记账资格管理,规范代理记账活动,促进代理记账行业健康发展,根据《中华人民共和国会计法》等法律、行政法规,制定本办法。

第二条　代理记账资格的申请、取得和管理,以及代理记账机构从事代理记账业务,适用本办法。

本办法所称代理记账机构是指依法取得代理记账资格,从事代理记账业务的机构。

本办法所称代理记账是指代理记账机构接受委托办理会计业务。

第三条　除会计师事务所以外的机构从事代理记账业务应当经县级以上地方人民政府财政部门(以下简称审批机关)批准,领取由财政部统一规定样式的代理记账许可证书。具体审批机关由省、自治区、直辖市、计划单列市人民政府财政部门确定。

会计师事务所及其分所可以依法从事代理记账业务。

第四条　符合下列条件的机构可以申请代理记账资格:

(一)为依法设立的企业;

(二)持有会计从业资格证书的专职从业人员不少于3名;

(三)主管代理记账业务的负责人具有会计师以上专业技术职务资格且为专职从业人员;

(四)有健全的代理记账业务内部规范。

第五条　申请代理记账资格的机构,应当向所在地的审批机关提交申请报告并附送下列材料:

(一)营业执照复印件;

(二)从业人员会计从业资格证书,主管代理记账业务的负责人具备会计师以上专业技术职务资格的证明;

(三)专职从业人员在本机构专职从业的书面承诺;

(四)代理记账业务内部规范。

第六条　审批机关审批代理记账资格应当按照下列程序办理:

(一)申请人提交的申请材料不齐全或不符合规定形式的,应当在5日内一次告知申请人需要补正的全部内容,逾期不告知的,自收到申请材料之日起即视为受理;申请人提交的申请材料齐全、符合规定形式的,或者申请人按照要求提交全部补正申请材料的,应当受理申请。

(二)受理申请后应当按照规定对申请材料进行审核,并自受理申请之日起20日内作出批准或者不予批准的决定。20日内不能作出决定的,经本审批机关负责人批准可延长10日,并应当将延长期限的理由告知申请人。

（三）作出批准决定的，应当自作出决定之日起10日内向申请人发放代理记账许可证书，并向社会公示。

（四）作出不予批准决定的，应当自作出决定之日起10日内书面通知申请人。书面通知应当说明不予批准的理由，并告知申请人享有依法申请行政复议或者提起行政诉讼的权利。

第七条 申请人应当自取得代理记账许可证书之日起20日内通过企业信用信息公示系统向社会公示。

第八条 代理记账机构名称、主管代理记账业务的负责人发生变更，设立或撤销分支机构，跨原审批机关管辖地迁移办公地点的，应当自作出变更决定或变更之日起30日内依法向审批机关办理变更登记，并应当自变更登记完成之日起20日内通过企业信用信息公示系统向社会公示。

代理记账机构变更名称的，应当向审批机关提交营业执照复印件，领取新的代理记账许可证书，并同时交回原代理记账许可证书。

代理记账机构跨原审批机关管辖地迁移办公地点的，迁出地审批机关应当及时将代理记账机构的相关信息及材料移交迁入地审批机关。

第九条 代理记账机构设立分支机构的，分支机构应当及时向其所在地的审批机关办理备案登记。

分支机构名称、主管代理记账业务的负责人发生变更的，分支机构应当按照要求向其所在地的审批机关办理变更登记。

代理记账机构应当在人事、财务、业务、技术标准、信息管理等方面对其设立的分支机构进行实质性的统一管理，并对分支机构的业务活动、执业质量和债务承担法律责任。

第十条 未设置会计机构或配备会计人员的单位，应当委托代理记账机构办理会计业务。

第十一条 代理记账机构可以接受委托办理下列业务：

（一）根据委托人提供的原始凭证和其他相关资料，按照国家统一的会计制度的规定进行会计核算，包括审核原始凭证、填制记账凭证、登记会计账簿、编制财务会计报告等；

（二）对外提供财务会计报告；

（三）向税务机关提供税务资料；

（四）委托人委托的其他会计业务。

第十二条 委托人委托代理记账机构代理记账，应当在相互协商的基础上，订立书面委托合同。委托合同除应具备法律规定的基本条款外，应当明确下列内容：

（一）双方对会计资料真实性、完整性各自应当承担的责任；

（二）会计资料传递程序和签收手续；

（三）编制和提供财务会计报告的要求；

（四）会计档案的保管要求及相应的责任；

（五）终止委托合同应当办理的会计业务交接事宜。

第十三条 委托人应当履行下列义务：

（一）对本单位发生的经济业务事项，应当填制或者取得符合国家统一的会计制度规定的原始凭证；

（二）应当配备专人负责日常货币收支和保管；

（三）及时向代理记账机构提供真实、完整的原始凭证和其他相关资料；

（四）对于代理记账机构退回的，要求按照国家统一的会计制度的规定进行更正、补充的原始凭证，应当及时予以更正、补充。

第十四条　代理记账机构及其从业人员应当履行下列义务：

（一）遵守有关法律、法规和国家统一的会计制度的规定，按照委托合同办理代理记账业务；

（二）对在执行业务中知悉的商业秘密予以保密；

（三）对委托人要求其作出不当的会计处理，提供不实的会计资料，以及其他不符合法律、法规和国家统一的会计制度行为的，予以拒绝；

（四）对委托人提出的有关会计处理相关问题予以解释。

第十五条　代理记账机构为委托人编制的财务会计报告，经代理记账机构负责人和委托人负责人签名并盖章后，按照有关法律、法规和国家统一的会计制度的规定对外提供。

第十六条　县级以上人民政府财政部门对代理记账机构及其从事代理记账业务情况实施监督检查。

第十七条　代理记账机构应当于每年4月30日之前，向审批机关报送下列材料：

（一）代理记账机构基本情况表（附表）；

（二）专职从业人员变动情况。

代理记账机构设立分支机构的，分支机构应当于每年4月30日之前向其所在地的审批机关报送上述材料。

第十八条　代理记账机构采取欺骗、贿赂等不正当手段取得代理记账资格的，由审批机关撤销其资格。

第十九条　代理记账机构在经营期间达不到本办法规定的资格条件的，审批机关发现后，应当责令其在60日内整改；逾期仍达不到规定条件的，由审批机关撤销其代理记账资格。

第二十条　代理记账机构有下列情形之一的，审批机关应当办理注销手续，收回代理记账许可证书并予以公告：

（一）代理记账机构依法终止的；

（二）代理记账资格被依法撤销或撤回的；

（三）法律、法规规定的应当注销的其他情形。

第二十一条　代理记账机构违反本办法第七条、第八条、第九条、第十四条、第十七条规定，以及违反第五条第三项规定、作出不实承诺的，由县级以上人民政府财政部门责令其限期改正，拒不改正的，列入重点关注名单，并向社会公示，提醒其履行有关义务；情节严重的，由县级以上人民政府财政部门按照有关法律、法规给予行政处罚，并向社会公示。

第二十二条　代理记账机构从业人员在办理业务中违反会计法律、法规和国家统一的会计制度的规定，造成委托人会计核算混乱、损害国家和委托人利益的，由县级以上人民政府财政部门依据《中华人民共和国会计法》等有关法律、法规的规定处理。

代理记账机构有前款行为的，县级以上人民政府财政部门应当责令其限期改正，并给予警告；有违法所得的，可以处违法所得3倍以下罚款，但最高不得超过3万元；没有违法所得的，可以处1万元以下罚款。

第二十三条 委托人故意向代理记账机构隐瞒真实情况或者委托人会同代理记账机构共同提供虚假会计资料的,应当承担相应法律责任。

第二十四条 未经批准从事代理记账业务的,由县级以上人民政府财政部门按照有关法律、法规予以查处。

第二十五条 县级以上人民政府财政部门及其工作人员在代理记账资格管理过程中,滥用职权、玩忽职守、徇私舞弊的,依法给予行政处分;涉嫌犯罪的,移送司法机关处理。

第二十六条 代理记账机构依法成立的行业组织,应当维护会员合法权益,建立会员诚信档案,规范会员代理记账行为,推动代理记账信息化建设。

代理记账行业组织应当接受县级以上人民政府财政部门的指导和监督。

第二十七条 本办法规定的"5日"、"10日"、"20日"、"30日"均指工作日。

第二十八条 省级人民政府财政部门可以根据本办法制定具体实施办法,报财政部备案。

第二十九条 外商投资企业申请代理记账资格,从事代理记账业务按照本办法和其他有关规定办理。

第三十条 本办法自2016年5月1日起施行,财政部2005年1月22日发布的《代理记账管理办法》(财政部令第27号)同时废止。

附表:代理记账机构基本情况表(略——编者注)

国务院关于修改部分行政法规的决定

中华人民共和国国务院令第666号

《国务院关于修改部分行政法规的决定》已经2016年1月13日国务院第119次常务会议通过,现予公布,自公布之日起施行。

总理 李克强
2016年2月6日

国务院关于修改部分行政法规的决定

为了依法推进简政放权、放管结合、优化服务改革,国务院对取消和调整行政审批项目、价格改革和实施普遍性降费措施涉及的行政法规进行了清理。经过清理,国务院决定:对66部行政法规的部分条款予以修改。

一、删去《中华人民共和国计量法实施细则》第十六条中的"后方可申请办理营业执照"。

第二十九条第一款中的"县级以上人民政府计量行政部门"修改为"县级以上地方人民政府计量行政部门"。

删去第五十条。

二、将《公共场所卫生管理条例》第八条修改为:"除公园、体育场(馆)、公共交通工具外的公共场所,经营单位应当及时向卫生行政部门申请办理'卫生许可证'。'卫生许可证'两年复核一次。"

三、将《防止拆船污染环境管理条例》第六条第一款修改为:"设置拆船厂,必须编制环境影响报告书(表)。其内容包括:拆船厂的地理位置、周围环境状况、拆船规模和条件、拆船工艺、防污措施、预期防治效果等。未依法进行环境影响评价的拆船厂,不得开工建设。"

删去第十七条第一款第一项。第二款修改为:"违反本条例规定,擅自在第五条第二款所指的区域设置拆船厂并进行拆船的,按照分级管理的原则,由县级以上人民政府责令限期关闭或者搬迁。"增加一款,作为第三款:"拆船厂未依法进行环境影响评价擅自开工建设的,依照《中华人民共和国环境保护法》的规定处罚。"

四、删去《中华人民共和国企业法人登记管理条例》第二十六条。

五、将《中华人民共和国国境卫生检疫法实施细则》第五十七条第一款中的"经卫生检疫机关签发尸体、骸骨入境、出境许可证后"修改为"经卫生检疫合格后"。

第一百零七条第二项修改为:"(二)国境口岸内的涉外宾馆,以及向入境、出境的交通工具提供饮食服务的部门,必须取得卫生检疫机关发放的卫生许可证"。第三项修改为:"(三)国境口岸内涉外的宾馆和入境、出境交通工具上的食品、饮用水从业人员应当持有有效健康证明"。

六、将《中华人民共和国进口计量器具监督管理办法》第十三条、第十四条中的"国务院计量行政部门"修改为"省、自治区、直辖市人民政府计量行政部门"。

删去"第四章 进口计量器具的检定"(第十五条、第十六条、第十七条、第十八条)。

删去第二十条。

第二十五条改为第二十条,修改为:"申请进口计量器具的型式批准和定型鉴定,应按国家有关规定缴纳费用。"

七、将《中华人民共和国考古涉外工作管理办法》第十三条第一款修改为:"外国公民、外国组织和国际组织在中国境内参观尚未公开接待参观者的文物点,在开放地区的,需由文物点所在地的管理单位或者接待参观者的中央国家机关及其直属单位,在参观一个月以前向文物点所在地的省、自治区、直辖市人民政府文物行政管理部门申报参观计划,经批准后方可进行;在未开放地区的,需由文物点所在地的管理单位或者接待参观者的中央国家机关及其直属单位,在参观一个月以前向文物点所在地的省、自治区、直辖市人民政府文物行政管理部门申报参观计划,经批准并按照有关涉外工作管理规定向有关部门办理手续后方可进行。"第二款修改为:"参观正在进行工作的考古发掘现场,接待单位须征求主持发掘单位的意见,经考古发掘现场所在地的省、自治区、直辖市人民政府文物行政管理部门批准后方可进行。"

八、将《中华人民共和国城镇集体所有制企业条例》第十四条第一款修改为:"设立集体企业应当经省、自治区、直辖市人民政府规定的审批部门批准。"

删去第十五条中的"依法向原登记机关办理变更登记"。

删去第五十六条第一项。

九、将《中华人民共和国陆生野生动物保护实施条例》第七条第二款修改为:"野生动物资源普查每十年进行一次。"

第十五条第二款中的"县级以上地方人民政府"修改为"县级人民政府"。

删去第十九条。

第二十二条改为第二十一条,第一款修改为:"驯养繁殖国家重点保护野生动物的,应当持有驯养繁殖许可证。"

第二十六条改为第二十五条,删去第二款。

十、删去《关于外商参与打捞中国沿海水域沉船沉物管理办法》第七条。

第九条改为第八条,修改为:"中华人民共和国交通部负责统一组织与外商洽谈打捞中国沿海水域沉船沉物的事宜,确立打捞项目,并组织中方打捞人与外商依法签订共同打捞合同或者中外合作打捞企业合同;涉及军事禁区、军事管理区的,应当符合《中华人民共和国军事设施保护法》的有关规定。"

第十条改为第九条,第一款修改为:"外商与中方打捞人签订共同打捞合同,应当符合《中华人民共和国合同法》的有关规定。共同打捞合同签订后,外商应当按照规定向工商行政管理部门申请营业登记,并向当地税务机关办理税务登记手续。"

删去第十一条、第十二条。

十一、将《中华人民共和国增值税暂行条例》第十三条修改为:"小规模纳税人以外的纳税人应当向主管税务机关办理登记。具体登记办法由国务院税务主管部门制定。

"小规模纳税人会计核算健全,能够提供准确税务资料的,可以向主管税务机关办理登记,不作为小规模纳税人,依照本条例有关规定计算应纳税额。"

十二、删去《医疗机构管理条例》第九条中的"方可向有关部门办理其他手续"。

十三、删去《中华人民共和国公司登记管理条例》第五十五条。

十四、删去《电力供应与使用条例》第九条第一款中的"供电营业机构持《供电营业许可证》向工商行政管理部门申请领取营业执照,方可营业。"

第三十七条第二款修改为:"承装、承修、承试供电设施和受电设施的单位,必须经电力管理部门审核合格,取得电力管理部门颁发的《承装(修)电力设施许可证》。"

十五、删去《血液制品管理条例》第四十六条。

十六、删去《中华人民共和国烟草专卖法实施条例》第六条第二款第四项、第十条、第十五条。

第十八条改为第十六条,将其中的"省级烟草专卖行政主管部门"修改为"设区的市级烟草专卖行政主管部门"。

第三十八条改为第三十六条,删去第一款中的"特种烟草专卖经营企业许可证"。

第四十二条改为第四十条,修改为:"进口烟草专卖品的计划应当报国务院烟草专卖行政主管部门审查批准。"

第五十条改为第四十八条,删去第一款中的"参与外国烟草制品拍卖的竞买人,应当持有特种烟草专卖经营企业许可证"。

第五十三条改为第五十一条,第一项修改为:"(一)擅自收购烟叶的,可以处非法收购烟叶价值20%以上50%以下的罚款,并按照查获地省级烟草专卖行政主管部门出具的上年度烟叶平均收购价格的70%收购违法收购的烟叶"。

第五十四条改为第五十二条,第一项修改为:"(一)无准运证或者超过准运证规定的数量托运或者自运烟草专卖品的,处以违法运输的烟草专卖品价值20%以上50%以下的罚款,可以按照查获地省级烟草专卖行政主管部门出具的上年度烟叶平均收购价格的70%收购违法运输的烟叶,以及按照市场批发价格的70%收购违法运输的除烟叶外的其他烟草专卖品"。

删去第五十七条。

第六十四条改为第六十一条,将其中的"第三十八条"修改为"第三十六条",删去其中的"特种烟草专卖经营企业许可证"。

删去第六十八条。

十七、将《生猪屠宰管理条例》第三条、第二十一条、第二十二条、第二十三条、第二十四条、第二十五条、第二十六条、第二十七条、第二十八条、第三十条、第三十一条、第三十五条中的"商务主管部门"修改为"畜牧兽医行政主管部门"。

第四条中的"由国务院商务主管部门征求国务院畜牧兽医主管部门意见后制定"修改为"由国务院畜牧兽医行政主管部门制定"。

第五条中的"由省、自治区、直辖市人民政府商务主管部门会同畜牧兽医主管部门、环境保护部门以及其他有关部门"修改为"由省、自治区、直辖市人民政府畜牧兽医行政主管部门会同环境保护主管部门以及其他有关部门"。

第六条第一款修改为:"生猪定点屠宰厂(场)由设区的市级人民政府根据设置规划,组织畜牧兽医行政主管部门、环境保护主管部门以及其他有关部门,依照本条例规定的条件进行审查,经征求省、自治区、直辖市人民政府畜牧兽医行政主管部门的意见确定,并颁发生猪定点屠宰证书和生猪定点屠宰标志牌。"删去第三款。

第二十九条修改为:"从事生猪产品销售、肉食品生产加工的单位和个人以及餐饮服务经营者、集体伙食单位,销售、使用非生猪定点屠宰厂(场)屠宰的生猪产品、未经肉品品质检验或者经肉品品质检验不合格的生猪产品以及注水或者注入其他物质的生猪产品的,由食品药品监督管理部门没收尚未销售、使用的相关生猪产品以及违法所得,并处货值金额3倍以上5倍以下的罚款;货值金额难以确定的,对单位处5万元以上10万元以下的罚款,对个人处1万元以上2万元以下的罚款;情节严重的,由发证(照)机关吊销有关证照;构成犯罪的,依法追究刑事责任。"

十八、将《社会团体登记管理条例》第九条中的"由发起人向登记管理机关申请筹备"修改为"由发起人向登记管理机关申请登记"。增加一款,作为第二款:"筹备期间不得开展筹备以外的活动。"

第十一条中的"申请筹备成立社会团体"修改为"申请登记社会团体","筹备申请书"修改为"登记申请书"。

第十二条修改为:"登记管理机关应当自收到本条例第十一条所列全部有效文件之日起60日内,作出准予或者不予登记的决定。准予登记的,发给《社会团体法人登记证书》;不予登记的,应当向发起人说明理由。

"社会团体登记事项包括:名称、住所、宗旨、业务范围、活动地域、法定代表人、活动资金和业务主管单位。

"社会团体的法定代表人,不得同时担任其他社会团体的法定代表人。"

第十三条中的"不予批准筹备"修改为"不予登记","申请筹备"修改为"申请登记"。

删去第十四条、第十六条。

第十七条改为第十五条,第一款修改为:"依照法律规定,自批准成立之日起即具有法人资格的社会团体,应当自批准成立之日起60日内向登记管理机关提交批准文件,申领《社会团体法人登记证书》。登记管理机关自收到文件之日起30日内发给《社会团体法人登记证书》。"删去第二款。

第十九条改为第十七条,删去第一款。

第二十条改为第十八条,删去第一款中的"备案事项"和"变更备案(以下统称变更登记)"。

第二十一条改为第十九条,删去其中的"注销备案(以下统称注销登记)"。

删去第二十四条。

第二十七条改为第二十四条,删去其中的"或者备案"。

第二十八条改为第二十五条,删去第一款第一项中的"筹备申请"。

第三十三条改为第三十条,第一款第五项中的"擅自设立分支机构、代表机构"修改为"违反规定设立分支机构、代表机构"。

第三十五条改为第三十二条,将其中的"未经批准,擅自开展社会团体筹备活动"修改为"筹备期间开展筹备以外的活动"。

十九、将《饲料和饲料添加剂管理条例》第十五条第一款中的"申请设立饲料、饲料添加剂生产企业"修改为"申请从事饲料、饲料添加剂生产的企业"。删去第二款。

二十、将《中华人民共和国森林法实施条例》第二十八条第一款中的"由国务院林业主管部门审核后,报国务院批准"修改为"由国务院林业主管部门报国务院批准"。

第三十五条第二款中的"国务院林业主管部门"修改为"省、自治区、直辖市人民政府林业主管部门"。

二十一、删去《证券交易所风险基金管理暂行办法》第十条中的"证券交易所动用本基金时,必须报经证监会商财政部后批准。"

二十二、将《中华人民共和国电信条例》第十六条修改为:"专用电信网运营单位在所在地区经营电信业务的,应当依照本条例规定的条件和程序提出申请,经批准,取得电信业务经营许可证。"

二十三、《印刷业管理条例》增加一条,作为第七条:"印刷企业应当定期向出版行政部门报送年度报告。出版行政部门应当依法及时将年度报告中的有关内容向社会公示。"

第八条改为第九条,第一款中的"设立印刷企业"修改为"企业从事印刷经营活动"。第二款中的"审批设立印刷企业"修改为"审批从事印刷经营活动申请"。

第九条改为第十条,修改为:"设立从事出版物印刷经营活动的企业,应当向所在地省、自治区、直辖市人民政府出版行政部门提出申请。申请人经审核批准的,取得印刷经营许可证,并持印刷经营许可证向工商行政管理部门申请登记注册,取得营业执照。

"企业申请从事包装装潢印刷品和其他印刷品印刷经营活动,应当持营业执照向所在地设区的市级人民政府出版行政部门提出申请,经审核批准的,发给印刷经营许可证。

"个人不得从事出版物、包装装潢印刷品印刷经营活动;个人从事其他印刷品印刷经营活动的,依照本条第二款的规定办理审批手续。"

第十条改为第十一条,第一款修改为:"出版行政部门应当自收到依据本条例第十条提出的申请之日起60日内作出批准或者不批准的决定。批准申请的,应当发给印刷经营许可证;不批准申请的,应当通知申请人并说明理由。"

第十一条改为第十二条,第二款修改为:"印刷业经营者变更名称、法定代表人或者负责人、住所或者经营场所等主要登记事项,或者终止印刷经营活动,应当报原批准设立的出版行政部门备案。"

第三十四条改为第三十五条,第一款修改为:"违反本条例规定,擅自设立从事出版物印刷经营活动的企业或者擅自从事印刷经营活动的,由出版行政部门、工商行政管理部门依据法定职权予以取缔,没收印刷品和违法所得以及进行违法活动的专用工具、设备,违法经营额1万元以上的,并处违法经营额5倍以上10倍以下的罚款;违法经营额不足1万元的,并处1万元以上5万元以下的罚款;构成犯罪的,依法追究刑事责任。"

删去第四十三条。

第四十六条修改为:"出版行政部门、工商行政管理部门或者其他有关部门违反本条例规定,擅自批准不符合法定条件的申请人取得许可证、批准文件,或者不履行监督职责,或者发现违法行为不予查处,造成严重后果的,对负责的主管人员和其他直接责任人员给予降级或者撤职的处分;构成犯罪的,依法追究刑事责任。"

二十四、将《外商投资电信企业管理规定》第十六条修改为:"外商投资电信企业的中方主要投资者凭《外商投资企业批准证书》向工商行政管理机关申请企业注册登记后,凭《外商投资企业批准证书》和营业执照向国务院工业和信息化主管部门申请电信业务经营许可。"

二十五、《中华人民共和国国际海运条例》第五条、第九条各增加一项,作为第一项:"(一)取得企业法人资格"。

删去第十一条。

二十六、将《中华人民共和国外资保险公司管理条例》第二十条第一款修改为:"除经中国保监会批准外,外资保险公司不得与其关联企业进行资产买卖或者其他交易。"

二十七、将《音像制品管理条例》第十七条第一款修改为:"音像出版单位以外的单位设立的独立从事音像制品制作业务的单位(以下简称音像制作单位)申请从事音像制品制作业务,由所在地省、自治区、直辖市人民政府出版行政主管部门审批。省、自治区、直辖市人民政府出版行政主管部门应当自受理申请之日起60日内作出批准或者不批准的决定,并通知申请人。批准的,发给《音像制品制作许可证》;不批准的,应当说明理由。广播、电视节目制作经营单位的设立,依照有关法律、行政法规的规定办理。"第三款中的"审批设立音像制作单位"修改为"审批从事音像制品制作业务申请"。

删去第十八条第一款中的"并到原登记的工商行政管理部门办理相应的登记手续"。第二款修改为:"音像制作单位变更地址、法定代表人或者主要负责人,或者终止制作经营活动的,应当向所在地省、自治区、直辖市人民政府出版行政主管部门备案。"

第二十条第一款中的"设立音像复制单位"修改为"申请从事音像制品复制业务"。第二款中的"审批设立音像复制单位"修改为"审批从事音像制品复制业务申请"。

第二十一条第一款修改为:"申请从事音像制品复制业务,由所在地省、自治区、直辖市人民政府出版行政主管部门审批。省、自治区、直辖市人民政府出版行政主管部门应当自受理申请之日起20日内作出批准或者不批准的决定,并通知申请人。批准的,发给《复制经营许可证》;不批准的,应当说明理由。"

删去第二十二条第一款中的"并到工商行政管理部门办理相应的登记手续"。第二款修改为:"音像复制单位变更名称、地址、法定代表人或者主要负责人,或者终止复制经营活动的,应当向所在地省、自治区、直辖市人民政府出版行政主管部门备案。"

第三十一条中的"设立音像制品批发、零售单位"修改为"申请从事音像制品批发、零售业务"。

第三十二条第一款修改为:"申请从事音像制品批发业务,应当报所在地省、自治区、直辖市人民政府出版行政主管部门审批。申请从事音像制品零售业务,应当报县级地方人民政府出版行政主管部门审批。出版行政主管部门应当自受理申请书之日起30日内作出批准或者不批准的决定,并通知申请人。批准的,应当发给《出版物经营许可证》;不批准的,应当说明理由。"

删去第三十三条第一款中的"并到原登记的工商行政管理部门办理相应的登记手续"。第二款修改为:"音像制品批发、零售单位变更地址、法定代表人或者主要负责人或者终止经营活动,从事音像制品零售经营活动的个体工商户变更业务范围、地址或者终止经营活动的,应当向原批准的出版行政主管部门备案。"

删去第三十四条中的"并到原登记的工商行政管理部门办理登记手续"。

第三十七条中的"批准不符合法定设立条件的音像制品出版、制作、复制、进口、批发、零售单位"修改为"批准不符合法定条件的申请人取得许可证、批准文件"。

第三十九条中的"擅自设立音像制品出版、制作、复制、进口、批发、零售单位"修改为"擅自设立音像制品出版、进口单位"。

删去第四十六条。

二十八、将《出版管理条例》第三十五条修改为:"单位从事出版物批发业务的,须经省、自治区、直辖市人民政府出版行政主管部门审核许可,取得《出版物经营许可证》。

"单位和个体工商户从事出版物零售业务的,须经县级人民政府出版行政主管部门审核许可,取得《出版物经营许可证》。"

删去第三十七条第一款中的"并持批准文件到工商行政管理部门办理相应的登记手续"。第二款修改为:"从事出版物发行业务的单位和个体工商户终止经营活动的,应当向原批准的出版行政主管部门备案。"

第六十条中的"批准不符合法定设立条件的出版、印刷或者复制、进口、发行单位"修改为"批准不符合法定条件的申请人取得许可证、批准文件"。

第六十一条中的"擅自设立出版物的出版、印刷或者复制、进口、发行单位"修改为"擅自设立出版物的出版、印刷或者复制、进口单位"。

删去第七十条。

二十九、将《地质资料管理条例》第十一条修改为:"因不可抗力,地质资料汇交人不能按照本条例第十条规定的期限汇交地质资料的,应当将造成延期汇交地质资料的不可抗力事实书面告知负责接收地质资料的地质矿产主管部门。"

三十、将《中华人民共和国药品管理法实施条例》第三条修改为:"开办药品生产企业,申办人应当向拟办企业所在地省、自治区、直辖市人民政府药品监督管理部门提出申请。省、自治区、直辖市人民政府药品监督管理部门应当自收到申请之日起30个工作日内,依据《药品管理法》第八条规定的开办条件组织验收;验收合格的,发给《药品生产许可证》。"

删去第四条中的"申请人凭变更后的《药品生产许可证》到工商行政管理部门依法办理变更登记手续。"

删去第十一条中的"申办人凭《药品经营许可证》到工商行政管理部门依法办理登记注册。"

删去第十二条中的"申办人凭《药品经营许可证》到工商行政管理部门依法办理登记注册。"

第十三条修改为:"省、自治区、直辖市人民政府药品监督管理部门和设区的市级药品监督管理机构负责组织药品经营企业的认证工作。药品经营企业应当按照国务院药品监督管理部门规定的实施办法和实施步骤,通过省、自治区、直辖市人民政府药品监督管理部门或者设区的市级药品监督管理机构组织的《药品经营质量管理规范》的认证,取得认证证书。《药品经营质量管理规范》认证证书的格式由国务院药品监督管理部门统一规定。

"新开办药品批发企业和药品零售企业,应当自取得《药品经营许可证》之日起30日内,向发给其《药品经营许可证》的药品监督管理部门或者药品监督管理机构申请《药品经营质量管理规范》认证。受理申请的药品监督管理部门或者药品监督管理机构应当自收到申请之日起3个月内,按照国务院药品监督管理部门的规定,组织对申请认证的药品批发企业或者药品零售企业是否符合《药品经营质量管理规范》进行认证;认证合格的,发给认证证书。"

删去第十六条中的"申请人凭变更后的《药品经营许可证》到工商行政管理部门依法办理变更登记手续。"

删去第三十二条。

第三十三条改为第三十二条,修改为:"变更研制新药、生产药品和进口药品已获批准证明文件及其附件中载明事项的,应当向国务院药品监督管理部门提出补充申请;国务院药品监督管理部门经审核符合规定的,应当予以批准。其中,不改变药品内在质量的,应当向省、自治区、直辖市人民政府药品监督管理部门提出补充申请;省、自治区、直辖市人民政府药品监督管理部门经审核符合规定的,应当予以批准,并报国务院药品监督管理部门备案。不改变药品内在质量的补充申请事项由国务院药品监督管理部门制定。"

第四十二条改为第四十一条,增加一款,作为第二款:"药品批准文号的再注册由省、自治区、直辖市人民政府药品监督管理部门审批,并报国务院药品监督管理部门备案;《进口药品注册证》、《医药产品注册证》的再注册由国务院药品监督管理部门审批。"

删去第四十八条、第四十九条、第五十条、第五十一条、第七十五条。

三十一、将《中华人民共和国税收征收管理法实施细则》第四十三条修改为:"享受减税、免税优惠的纳税人,减税、免税期满,应当自期满次日起恢复纳税;减税、免税条件发生变化的,应当在纳税申报时向税务机关报告;不再符合减税、免税条件的,应当依法履行纳税义务;未依法纳税的,税务机关应当予以追缴。"

三十二、删去《互联网上网服务营业场所管理条例》第七条中的"不得设立互联网上网服务营业场所"。

第八条第一款中的"设立互联网上网服务营业场所经营单位,应当采用企业的组织形式,并具备下列条件"修改为"互联网上网服务营业场所经营单位从事互联网上网服务经营活动,应当具备下列条件"。第三款中的"审批设立互联网上网服务营业场所经营单位"修改为"审批从事互联网上网服务经营活动"。

第十条修改为:"互联网上网服务营业场所经营单位申请从事互联网上网服务经营活动,应当向县级以上地方人民政府文化行政部门提出申请,并提交下列文件:

"(一)企业营业执照和章程;

"(二)法定代表人或者主要负责人的身份证明材料;

"(三)资金信用证明;

"(四)营业场所产权证明或者租赁意向书;

"(五)依法需要提交的其他文件。"

删去第十一条第一款中的"设立"。删去第五款。

第二十七条修改为:"违反本条例的规定,擅自从事互联网上网服务经营活动的,由文化行政部门或者由文化行政部门会同公安机关依法予以取缔,查封其从事违法经营活动的场所,扣押从事违法经营活动的专用工具、设备;触犯刑律的,依照刑法关于非法经营罪的规定,依法追究刑事责任;尚不够刑事处罚的,由文化行政部门没收违法所得及其从事违法经营活动的专用工具、设备;违法经营额1万元以上的,并处违法经营额5倍以上10倍以下的罚款;违法经营额不足1万元的,并处1万元以上5万元以下的罚款。"

增加一条,作为第二十八条:"文化行政部门应当建立互联网上网服务营业场所经营单位的经营活动信用监管制度,建立健全信用约束机制,并及时公布行政处罚信息。"

删去第三十四条。

三十三、删去《退耕还林条例》第二十条第一款中的"经国务院林业行政主管部门审核后"。

三十四、将《中华人民共和国文物保护法实施条例》第四十一条、第四十二条中的"国务院文物行政主管部门"修改为"省、自治区、直辖市人民政府文物行政主管部门"。

三十五、删去《物业管理条例》第三十三条、第六十一条。

三十六、将《中央储备粮管理条例》第十九条第一款第四项修改为:"(四)具有经过专业培训的粮油保管员、粮油质量检验员等管理技术人员"。

三十七、将《中华人民共和国认证认可条例》第九条第一款修改为:"取得认证机构资质,应当经国务院认证认可监督管理部门批准,并在批准范围内从事认证活动。"

第十条第一款修改为:"取得认证机构资质,应当符合下列条件:

"(一)取得法人资格;

"(二)有固定的场所和必要的设施;

"(三)有符合认证认可要求的管理制度;

"(四)注册资本不得少于人民币300万元;

"(五)有10名以上相应领域的专职认证人员。"

第十一条修改为:"外商投资企业取得认证机构资质,除应当符合本条例第十条规定的条件外,还应当符合下列条件:

"(一)外方投资者取得其所在国家或者地区认可机构的认可;

"(二)外方投资者具有3年以上从事认证活动的业务经历。

"外商投资企业取得认证机构资质的申请、批准和登记,还应当符合有关外商投资法律、行政法规和国家有关规定。"

第十二条修改为:"认证机构资质的申请和批准程序:

"(一)认证机构资质的申请人,应当向国务院认证认可监督管理部门提出书面申请,并提交符合本条例第十条规定条件的证明文件;

"(二)国务院认证认可监督管理部门自受理认证机构资质申请之日起45日内,应当作出是否批准的决定。涉及国务院有关部门职责的,应当征求国务院有关部门的意见。决定批准的,向申请人出具批准文件,决定不予批准的,应当书面通知申请人,并说明理由。

"国务院认证认可监督管理部门应当公布依法取得认证机构资质的企业名录。"

第十三条修改为:"境外认证机构在中华人民共和国境内设立代表机构,须向工商行政管理部门依法办理登记手续后,方可从事与所从属机构的业务范围相关的推广活动,但不得从事认证活动。

"境外认证机构在中华人民共和国境内设立代表机构的登记,按照有关外商投资法律、行政法规和国家有关规定办理。"

第二十六条修改为:"认证机构可以自行制定认证标志。认证机构自行制定的认证标志的式样、文字和名称,不得违反法律、行政法规的规定,不得与国家推行的认证标志相同或者近似,不得妨碍社会管理,不得有损社会道德风尚。"

删去第四十六条第二款。

第五十五条中的"省、自治区、直辖市人民政府质量技术监督部门"修改为"县级以上地方人民政府质量技术监督部门"。

第五十八条修改为:"境外认证机构未经登记在中华人民共和国境内设立代表机构的,予以取缔,处5万元以上20万元以下的罚款。

"经登记设立的境外认证机构代表机构在中华人民共和国境内从事认证活动的,责令改正,处10万元以上50万元以下的罚款,有违法所得的,没收违法所得;情节严重的,撤销批准文件,并予公布。"

三十八、将《中华人民共和国进出口关税条例》第三十九条中的"经海关批准"修改为"经依法提供税款担保后"。

三十九、将《兽药管理条例》第十一条第一款中的"设立兽药生产企业"修改为"从事兽药生产的企业"。第二款修改为:"符合前款规定条件的,申请人方可向省、自治区、直辖市人民政府兽医行政管理部门提出申请,并附具符合前款规定条件的证明材料;省、自治区、直辖市人民政府兽医行政管理部门应当自收到申请之日起40个工作日内完成审查。经审查合格的,发给兽药生产许可证;不合格的,应当书面通知申请人。"删去第三款。

第十二条第二款中的"原发证机关"修改为"发证机关"。

第十三条修改为:"兽药生产企业变更生产范围、生产地点的,应当依照本条例第十一条的规定申请换发兽药生产许可证;变更企业名称、法定代表人的,应当在办理工商变更登记手续后15个工作日内,到发证机关申请换发兽药生产许可证。"

第十四条第二款中的"国务院兽医行政管理部门"修改为"省级以上人民政府兽医行政管理部门"。

删去第二十二条第三款中的"申请人凭兽药经营许可证办理工商登记手续"。

第二十三条第二款中的"原发证机关"修改为"发证机关"。

删去第二十四条中的"申请人凭换发的兽药经营许可证办理工商变更登记手续","原发证机关"修改为"发证机关"。

第三十四条中的"原发证机关"修改为"发证机关"。

第四十六条第一款中的"需要暂停生产、经营和使用的,由国务院兽医行政管理部门或者省、自治区、直辖市人民政府兽医行政管理部门按照权限作出决定"修改为"需要暂停生产的,由国务院兽医行政管理部门或者省、自治区、直辖市人民政府兽医行政管理部门按照权限作出决定;需要暂停经营、使用的,由县级以上人民政府兽医行政管理部门按照权限作出决定"。

第五十一条修改为:"兽药生产企业、经营企业停止生产、经营超过6个月或者关闭的,由发证机关责令其交回兽药生产许可证、兽药经营许可证。"

第七十条第一款中的"原发证、批准部门"修改为"发证、批准部门"。

四十、将《中华人民共和国道路运输条例》第十条第一款中的"申请从事客运经营的,应当按照下列规定提出申请并提交符合本条例第八条规定条件的相关材料"修改为"申请从事客运经营的,应当依法向工商行政管理机关办理有关登记手续后,按照下列规定提出申请并提交符合本条例第八条规定条件的相关材料"。删去第四款。

第二十五条第一款中的"申请从事货运经营的,应当按照下列规定提出申请并分别提交符合本条例第二十二条、第二十四条规定条件的相关材料"修改为"申请从事货运经营的,应当依法向工商行政管理机关办理有关登记手续后,按照下列规定提出申请并分别提交符合本条例第二十二条、第二十四条规定条件的相关材料"。删去第三款。

第三十九条增加一项,作为第一项:"(一)取得企业法人资格"。

第四十条第一款中的"应当向所在地县级道路运输管理机构提出申请"修改为"应当在依法向工商行政管理机关办理有关登记手续后,向所在地县级道路运输管理机构提出申请"。删去第二款。

第五十三条修改为:"外国国际道路运输经营者依法在中国境内设立的常驻代表机构不得从事经营活动。"

四十一、将《粮食流通管理条例》第九条第一款修改为:"依照《中华人民共和国公司登记管理条例》等规定办理登记的经营者,取得粮食收购资格后,方可从事粮食收购活动。"

删去第十条。

第四十一条改为第四十条,修改为:"未经粮食行政管理部门许可擅自从事粮食收购活动的,由粮食行政管理部门没收非法收购的粮食;情节严重的,并处非法收购粮食价值1倍以上5倍以下的罚款;构成犯罪的,依法追究刑事责任。"

第四十二条改为第四十一条,删去第一款中的"工商行政管理部门吊销营业执照"。

第四十五条改为第四十四条,删去第一款中的"工商行政管理部门可以吊销营业执照"。

第四十六条改为第四十五条,删去其中的"工商行政管理部门可以吊销营业执照"。

四十二、删去《危险废物经营许可证管理办法》第九条第三款、第二十九条第一款。

四十三、将《病原微生物实验室生物安全管理条例》第二十二条第二款修改为:"实验室申报或者接受与高致病性病原微生物有关的科研项目,应当符合科研需要和生物安全要求,具有相应的生物安全防护水平。与动物间传染的高致病性病原微生物有关的科研项目,应当经国务院兽医主管部门同意;与人体健康有关的高致病性病原微生物科研项目,实验室应当将立项结果告知省级以上人民政府卫生主管部门。"

四十四、将《营业性演出管理条例》第六条、第七条合并为一条,作为第六条,修改为:"文艺表演团体申请从事营业性演出活动,应当有与其业务相适应的专职演员和器材设备,并向县级人民政府文化主管部门提出申请;演出经纪机构申请从事营业性演出经营活动,应当有3名以上专职演出经纪人员和与其业务相适应的资金,并向省、自治区、直辖市人民政府文化主管部门提出申请。文化主管部门应当自受理申请之日起20日内作出决定。批准的,颁发营业性演出许可证;不批准的,应当书面通知申请人并说明理由。"

第十一条改为第十条,增加一款,作为第三款:"设立中外合资经营、中外合作经营的演出经纪机构、演出场所经营单位,应当依照有关外商投资的法律、法规的规定办理审批手续。"第三款改为第四款,修改为:"中外合资经营、中外合作经营的演出经纪机构申请从事营业性演出经营活动,中外合资经营、中外合作经营的演出场所经营单位申请从事演出场所经营活动,应当通过省、自治区、直辖市人民政府文化主管部门向国务院文化主管部门提出申请;省、自治区、直辖市人民政府文化主管部门应当自收到申请之日起20日内出具审查意见报国务院文化主管部门审批。国务院文化主管部门应当自收到省、自治区、直辖市人民政府文化主管部门的审查意见之日起20日内作出决定。批准的,颁发营业性演出许可证;不批准的,应当书面通知申请人并说明理由。"

第十二条改为第十一条,第三款修改为:"依照本条规定设立的演出经纪机构申请从事营业性演出经营活动,依照本条规定设立的演出场所经营单位申请从事演出场所经营活动,应当向省、自治区、直辖市人民政府文化主管部门提出申请。省、自治区、直辖市人民政府文化主管部门应当自收到申请之日起20日内作出决定。批准的,颁发营业性演出许可证;不批准的,应当书面通知申请人并说明理由。"增加一款,作为第四款:"依照本条规定设立演出经纪机构、演出场所经营单位的,还应当遵守我国其他法律、法规的规定。"

增加一条,作为第三十五条:"文化主管部门应当建立营业性演出经营主体的经营活动信用监管制度,建立健全信用约束机制,并及时公布行政处罚信息。"

第四十三条第一款第一项修改为:"(一)违反本条例第六条、第十条、第十一条规定,擅自从事营业性演出经营活动的"。第二项中的"第十三条、第十五条"修改为"第十二条、第十四条"。第三项中的"第九条"修改为"第八条"。

删去第五十二条第一款。

四十五、将《麻醉药品和精神药品管理条例》第十六条修改为:"从事麻醉药品、精神药品生产的企业,应当经所在地省、自治区、直辖市人民政府药品监督管理部门批准。"

第五十二条第一款、第五十四条第一款中的"省、自治区、直辖市人民政府药品监督管理部门"修改为"设区的市级药品监督管理部门"。

四十六、将《易制毒化学品管理条例》第八条第一款中的"国务院食品药品监督管理部门"修改为"省、自治区、直辖市人民政府食品药品监督管理部门"。

删去第二十六条第一款第一项中的"（外商投资企业联合年检合格证书）"。

四十七、删去《中华人民共和国进出口商品检验法实施条例》第二十二条第二款中的"国家允许进口的旧机电产品的收货人在签订对外贸易合同前，应当向国家质检总局或者出入境检验检疫机构办理备案手续。"

第三十一条第一款修改为："出入境检验检疫机构根据便利对外贸易的需要，可以对列入目录的出口商品进行出厂前的质量监督管理和检验。"

第三十七条修改为："在中华人民共和国境内设立从事进出口商品检验鉴定业务的检验机构，应当依法办理工商登记，并符合有关法律、行政法规、规章规定的注册资本、技术能力等条件，经国家质检总局和有关主管部门审核批准，获得许可，方可接受委托办理进出口商品检验鉴定业务。"

删去第四十九条。

第五十一条改为第五十条，删去第三款中的"未办理备案或者"。

四十八、删去《烟花爆竹安全管理条例》第十九条第一款中的"省、自治区、直辖市人民政府安全生产监督管理部门或者其委托的"。删去第四款。

四十九、将《娱乐场所管理条例》第九条第一款修改为："娱乐场所申请从事娱乐场所经营活动，应当向所在地县级人民政府文化主管部门提出申请；中外合资经营、中外合作经营的娱乐场所申请从事娱乐场所经营活动，应当向所在地省、自治区、直辖市人民政府文化主管部门提出申请。"第二款中的"申请设立娱乐场所"修改为"娱乐场所申请从事娱乐场所经营活动"。

第十一条修改为："娱乐场所依法取得营业执照和相关批准文件、许可证后，应当在15日内向所在地县级公安部门备案。"

增加一条，作为第三十五条："文化主管部门应当建立娱乐场所的经营活动信用监管制度，建立健全信用约束机制，并及时公布行政处罚信息。"

第四十条改为第四十一条，删去其中的"工商行政管理部门"。

删去第五十四条。

五十、删去《机动车交通事故责任强制保险条例》第五条第一款中的"经保监会批准"。第三款中的"未经保监会批准"修改为"除保险公司外"。

删去第十条中的"具备"和"资格"。

第三十六条中的"未经保监会批准"修改为"保险公司以外的单位或者个人"。

删去第三十七条。

五十一、将《风景名胜区条例》第二十八条和第四十二条中的"国务院建设主管部门"修改为"省、自治区人民政府建设主管部门和直辖市人民政府风景名胜区主管部门"。

五十二、删去《期货交易管理条例》第十三条第一款第三项、第四项和第五项。

第十五条第一款中的"经国务院期货监督管理机构批准，并在公司登记机关登记注册"修改为"在公司登记机关登记注册，并经国务院期货监督管理机构批准"。

第十六条第一款第二项中的"任职资格"修改为"任职条件"。

删去第十九条第一款第五项。第二款中的"第六项"修改为"第五项"。

删去第二十条。

第五十四条改为第五十三条,修改为:"国务院期货监督管理机构对期货交易所和期货保证金安全存管监控机构的董事、监事、高级管理人员,实行资格管理制度。"

第五十六条改为第五十五条,删去第二款第二项中的"或者分支机构"。

第六十七条改为第六十六条,删去第一款第三项中的"第二十条"和第二款中的"任职资格"。

第六十八条改为第六十七条,删去第二款中的"任职资格"。

五十三、删去《中华人民共和国水文条例》第二十四条第二款中的"并取得国务院水行政主管部门或者省、自治区、直辖市人民政府水行政主管部门颁发的资质证书"。

第三十八条修改为:"不符合本条例第二十四条规定的条件从事水文活动的,责令停止违法行为,没收违法所得,并处 5 万元以上 10 万元以下罚款。"

删去第三十九条。

五十四、将《民用核安全设备监督管理条例》第二十五条第二款修改为:"民用核安全设备焊工、焊接操作工和无损检验人员由国务院核安全监管部门核准颁发资格证书。"

第五十四条修改为:"民用核安全设备无损检验人员违反操作规程导致无损检验结果报告严重错误的,由国务院核安全监管部门吊销其资格证书。"

五十五、将《土地调查条例》第十二条中的"报上一级人民政府国土资源主管部门会同同级有关部门核准后施行"修改为"报上一级人民政府国土资源主管部门备案"。

五十六、将《证券公司风险处置条例》第十二条第一款中的"可以直接向国务院证券监督管理机构申请进行行政重组"修改为"可以由国务院证券监督管理机构对其进行行政重组"。第二款中的"也可以向国务院证券监督管理机构申请进行行政重组"修改为"也可以由国务院证券监督管理机构对其进行行政重组"。删去第三款。

第十三条第二款中的"证券公司可以向国务院证券监督管理机构申请延长行政重组期限"修改为"国务院证券监督管理机构可以决定延长行政重组期限"。

五十七、将《旅行社条例》第六条修改为:"申请经营国内旅游业务和入境旅游业务的,应当取得企业法人资格,并且注册资本不少于 30 万元。"

第七条修改为:"申请经营国内旅游业务和入境旅游业务的,应当向所在地省、自治区、直辖市旅游行政管理部门或者其委托的设区的市级旅游行政管理部门提出申请,并提交符合本条例第六条规定的相关证明文件。受理申请的旅游行政管理部门应当自受理申请之日起 20 个工作日内作出许可或者不予许可的决定。予以许可的,向申请人颁发旅行社业务经营许可证;不予许可的,书面通知申请人并说明理由。"

删去第九条中的"旅行社应当持换发的旅行社业务经营许可证到工商行政管理部门办理变更登记"。

删去第十条第一款中的"持旅行社业务经营许可证副本"。

第二十二条修改为:"外商投资企业申请经营旅行社业务,应当向所在地省、自治区、直辖市旅游行政管理部门提出申请,并提交符合本条例第六条规定条件的相关证明文件。省、自治区、直辖市旅游行政管理部门应当自受理申请之日起 30 个工作日内审查完毕。予以许可的,颁发旅行社业务经营许可证;不予许可的,书面通知申请人并说明理由。

"设立外商投资旅行社,还应当遵守有关外商投资的法律、法规。"

第四十六条第二项修改为:"(二)分社超出设立分社的旅行社的经营范围经营旅游业务的"。第三项修改为:"(三)旅行社服务网点从事招徕、咨询以外的旅行社业务经营活动的"。

删去第四十七条中的"或者工商行政管理部门"。

五十八、将《中华人民共和国食品安全法实施条例》第二十条修改为:"食品生产经营者应当依法取得相应的食品生产经营许可。法律、法规对食品生产加工小作坊和食品摊贩另有规定的,依照其规定。

"食品生产经营许可的有效期为3年。"

五十九、将《全民健身条例》第三十二条第一款中的"经营高危险性体育项目的"修改为"企业、个体工商户经营高危险性体育项目的"。删去第三款。

六十、将《防治船舶污染海洋环境管理条例》第三十三条第一款修改为:"载运散装液体污染危害性货物的船舶和1万总吨以上的其他船舶,其经营人应当在作业前或者进出港口前与符合国家有关技术规范的污染清除作业单位签订污染清除作业协议,明确双方在发生船舶污染事故后污染清除的权利和义务。"

删去第三十四条。

第六十七条改为第六十六条,第二项修改为:"(二)污染清除作业单位不符合国家有关技术规范从事污染清除作业的"。

六十一、删去《农业机械安全监督管理条例》第十八条第一款中的"并依法办理工商登记手续"。第二款第二项中的"企业名称预先核准通知书"修改为"营业执照"。

删去第四十八条中的"并通知工商行政管理部门依法处理"。

六十二、删去《城镇燃气管理条例》第十五条第三款。

六十三、删去《个体工商户条例》第十三条。

六十四、删去《气象设施和气象探测环境保护条例》第十七条第一款中的"国务院气象主管机构或者"。

六十五、将《国内水路运输管理条例》第六条第一项、第二十六条第一项修改为:"(一)取得企业法人资格"。

删去第八条第四款、第二十七条第四款。

六十六、删去《农业保险条例》第十七条第一款中的"并经国务院保险监督管理机构依法批准"。第二款中的"未经依法批准"修改为"除保险机构外"。

第二十六条第一款修改为:"保险机构不符合本条例第十七条第一款规定条件经营农业保险业务的,由保险监督管理机构责令限期改正,停止接受新业务;逾期不改正或者造成严重后果的,处10万元以上50万元以下的罚款,可以责令停业整顿或者吊销经营保险业务许可证。"

删去第二十七条、第二十八条第一款中的"或者取消经营农业保险业务资格"。

此外,对相关行政法规的条文顺序作相应调整。

本决定自公布之日起施行。

国务院关于第二批清理规范 192 项
国务院部门行政审批中介服务事项的决定

国发〔2016〕11 号

国务院各部委、各直属机构：

经研究论证,国务院决定第二批清理规范 192 项国务院部门行政审批中介服务事项,不再作为行政审批的受理条件。

各有关部门要认真做好清理规范行政审批中介服务事项的落实工作,加快推进配套改革和相关制度建设,切实加强事中事后监管。对于涉及公共安全的行政审批事项,中介服务清理规范后,要进一步强化相关监管措施,确保安全责任落实到位。

附件:国务院决定第二批清理规范的国务院部门行政审批中介服务事项目录(共计192项)(略——编者注)

国务院
2016 年 2 月 3 日

国务院关于第二批取消 152 项
中央指定地方实施行政审批事项的决定

国发〔2016〕9 号

各省、自治区、直辖市人民政府,国务院各部委、各直属机构：

经研究论证,国务院决定第二批取消 152 项中央指定地方实施的行政审批事项。

各地区、各部门要抓紧做好取消事项的后续衔接工作,切实加强事中事后监管,特别是涉及安全生产和维护公共安全的,要进一步细化措施,明确责任主体和工作方法,做好跟踪督导工作。

以部门规章、规范性文件等形式设定的面向公民、法人和社会组织的审批事项已清理完毕。今后行政许可只能依据行政许可法的规定设定,不得把已取消的中央指定事项作为行政许可的设定依据。尚未制定法律、行政法规的,地方性法规可以设定行政许可;尚未制定法律、行政法规和地方性法规的,因行政管理的需要,确需立即实施行政许可的,省、自治区、直辖市人民政府规章可以设定临时性的行政许可。

附件:国务院决定第二批取消中央指定地方实施的行政审批事项目录(共计152项)(略——编者注)

国务院
2016年2月3日

国务院关于取消13项国务院部门行政许可事项的决定

国发〔2016〕10号

各省、自治区、直辖市人民政府,国务院各部委、各直属机构:
　　经研究论证,国务院决定取消13项行政许可事项,现予公布。

　　附件:国务院决定取消的国务院部门行政许可事项目录(共计13项)

国务院
2016年2月3日

附件

国务院决定取消的国务院部门行政许可事项目录

(共计13项)

序号	项目名称	审批部门	设定依据
1	价格鉴证师注册核准	国家发展改革委	《国务院对确需保留的行政审批项目设定行政许可的决定》(国务院令第412号)
2	甲级价格评估机构资质认定	国家发展改革委	《国务院对确需保留的行政审批项目设定行政许可的决定》(国务院令第412号)

（续表）

序号	项目名称	审批部门	设定依据
3	开采黄金矿产资质认定	工业和信息化部	《矿产资源开采登记管理办法》（国务院令第241号） 《国务院关于对黄金矿产实行保护性开采的通知》（国发〔1988〕75号） 《关于解释重要矿产资源管理有关问题的复函》（中编办函〔1999〕107号）
4	地质资料保护登记	国土资源部	《地质资料管理条例》（国务院令第349号）
5	经营流通人民币审批	中国人民银行	《中华人民共和国人民币管理条例》（国务院令第280号）
6	进入全国银行间同业拆借市场审批	中国人民银行	《中华人民共和国中国人民银行法》 《同业拆借管理办法》（中国人民银行令〔2007〕第3号）
7	商业银行跨境调运人民币现钞审核	中国人民银行	《中华人民共和国国家货币出入境管理办法》（国务院令第108号） 《海关总署关于明确进出境货币现钞管理有关问题的通知》（署法〔1999〕394号）
8	中药材生产质量管理规范（GAP）认证	食品药品监管总局	《国务院对确需保留的行政审批项目设定行政许可的决定》（国务院令第412号）
9	被清算的外资金融机构提取生息资产审批	银监会	《国务院对确需保留的行政审批项目设定行政许可的决定》（国务院令第412号） 《中华人民共和国外资银行管理条例实施细则》（银监会令2015年第7号）
10	其他期货经营机构从事期货投资咨询业务资格审批	证监会	《期货交易管理条例》（国务院令第489号）
11	聘请外国专家单位资格认可	国家外专局	《国务院对确需保留的行政审批项目设定行政许可的决定》（国务院令第412号）
12	民航计量检定员资格认可	中国民航局	《中华人民共和国计量法实施细则》（1987年1月19日国务院批准,1987年2月1日国家计量局发布）
13	资产管理公司对外处置不良资产备案登记、汇兑核准	国家外汇局	《国务院对确需保留的行政审批项目设定行政许可的决定》（国务院令第412号）

现行有效外汇管理主要法规目录[*]
(截至 2015 年 12 月 31 日)

2016 年 1 月 14 日

一、综合(18 项)

1 – 基本法规

1 中华人民共和国外汇管理条例　国务院令第 532 号
2 境内外汇划转管理暂行规定　(97)汇管函字第 250 号
3 个人外汇管理办法　中国人民银行令 2006 年第 3 号
4 个人外汇管理办法实施细则　汇发〔2007〕1 号
5 国家外汇管理局关于印发《海关特殊监管区域外汇管理办法》的通知　汇发〔2013〕15 号
6 国家外汇管理局关于印发《跨国公司外汇资金集中运营管理规定》的通知　汇发〔2015〕36 号

2 – 账户管理

1 境内外汇账户管理规定　银发〔1997〕416 号
2 境外外汇账户管理规定　(97)汇政发字第 10 号
3 国家外汇管理局综合司关于驻华使领馆经常项目外汇账户管理有关问题的通知　汇综发〔2007〕114 号
4 国家外汇管理局关于对公外汇账户业务涉及有关外汇管理政策问题的批复　汇复〔2007〕398 号
5 国家外汇管理局综合司关于驻华外交机构外汇业务有关问题的批复　汇综复〔2008〕53 号
6 国家外汇管理局关于境外机构境内外汇账户管理有关问题的通知　汇发〔2009〕29 号

3 – 行政许可

1 国家外汇管理局关于外汇管理行政审批有关工作事项的通知　汇发〔2015〕31 号

4 – 其他

1 国家外汇管理局关于印发《关于规范外汇业务重要凭证、审批核准、档案管理的指导意见》的通知　汇发〔2004〕1 号
2 国家外汇管理局关于印发《国家外汇管理局政府信息公开指南》、《国家外汇管理局政府

---

[*] 共收录外汇管理法规 222 件。

信息公开目录》、《国家外汇管理局依申请公开政府信息工作规程》的通知　汇发〔2008〕12号

3　国家外汇管理局法律咨询工作管理规定　汇综发〔2009〕106号

4　国家外汇管理局综合司关于办理二氧化碳减排量等环境权益跨境交易有关外汇业务问题的通知　汇综发〔2010〕151号

5　国家外汇管理局关于废止和修改涉及注册资本登记制度改革相关规范性文件的通知　汇发〔2015〕20号

二、经常项目外汇管理(23项)

1－经常项目综合

1　国家外汇管理局关于免税商品外汇管理有关问题的通知　汇发〔2006〕16号

2　国家外汇管理局关于调整经常项目外汇管理政策的通知　汇发〔2006〕19号

3　经常项目外汇账户和境内居民个人购汇操作规程　汇综发〔2006〕32号

4　国家外汇管理局关于境内机构自行保留经常项目外汇收入的通知　汇发〔2007〕49号

5　国家外汇管理局关于改进海关特殊监管区域经常项目外汇管理有关问题的通知　汇发〔2013〕22号

6　国家外汇管理局关于开展支付机构跨境外汇支付业务试点的通知　汇发〔2015〕7号

2－货物贸易外汇管理

1　国家外汇管理局综合司关于商业银行办理黄金进出口收付汇有关问题的通知　汇综发〔2012〕85号

2　国家外汇管理局　海关总署　国家税务总局关于货物贸易外汇管理制度改革的公告　国家外汇管理局公告2012年第1号

3　国家外汇管理局关于印发货物贸易外汇管理法规有关问题的通知　汇发〔2012〕38号

4　国家外汇管理局综合司关于做好货物贸易外汇管理应急工作有关问题的通知　汇综发〔2012〕123号

5　中华人民共和国海关总署　国家外汇管理局公告2013年第52号

6　国家外汇管理局关于完善银行贸易融资业务外汇管理有关问题的通知　汇发〔2013〕44号

3－边境贸易

1　国家外汇管理局关于边境地区贸易外汇管理有关问题的通知　汇发〔2014〕12号

4－服务贸易外汇管理

1　国家外汇管理局关于外币旅行支票代售管理等有关问题的通知　汇发〔2004〕15号

2　国家外汇管理局关于境内机构捐赠外汇管理有关问题的通知　汇发〔2009〕63号

3　国家外汇管理局关于印发服务贸易外汇管理法规的通知　汇发〔2013〕30号

4　国家税务总局　国家外汇管理局关于服务贸易等项目对外支付税务备案有关问题的公告　国家税务总局　国家外汇管理局公告2013年第40号

5－个人经常项目外汇管理

1　国家外汇管理局关于进一步完善个人结售汇业务管理的通知　汇发〔2009〕56号

2 国家外汇管理局关于进一步完善个人外汇管理有关问题的通知　汇发〔2015〕49 号

6 - 外币现钞与外币计价管理
1 携带外币现钞出入境管理暂行办法　汇发〔2003〕102 号
2 携带外币现钞出入境管理操作规程　汇发〔2004〕21 号
3 国家外汇管理局　海关总署关于印发《银行调运外币现钞进出境管理规定》的通知　汇发〔2014〕24 号
4 国家外汇管理局关于印发《境内机构外币现钞收付管理办法》的通知　汇发〔2015〕47 号

三、资本项目外汇管理(81 项)

1 - 资本项目综合
1 国家外汇管理局关于下放部分资本项目外汇业务审批权限有关问题的通知　汇发〔2005〕63 号
2 国家外汇管理局关于调整部分资本项目外汇业务审批权限的通知　汇发〔2010〕29 号
3 国家外汇管理局关于鼓励和引导民间投资健康发展有关外汇管理问题的通知　汇发〔2012〕33 号
4 国家外汇管理局关于财务公司账户数据接口规范的通知　汇发〔2012〕55 号
5 国家外汇管理局关于推广资本项目信息系统的通知　汇发〔2013〕17 号
6 国家外汇管理局关于进一步改进和调整资本项目外汇管理政策的通知　汇发〔2014〕2 号

2 - 外商直接投资外汇管理
(1) - 基本法规
1 利用外资改组国有企业暂行规定　国家经济贸易委员会、财政部、国家工商行政管理总局、国家外汇管理局令 2002 年第 42 号
2 外商投资创业投资企业管理规定　对外贸易经济合作部、科学技术部、国家工商行政管理总局、国家税务总局、国家外汇管理局令 2003 年第 2 号
3 外国投资者对上市公司战略投资管理办法　商务部、中国证券监督管理委员会、国家税务总局、国家工商行政管理总局、国家外汇管理局令 2005 年第 28 号
4 关于外国投资者并购境内企业的规定 商务部、国务院国有资产监督管理委员会、国家税务总局、国家工商行政管理总局、中国证券监督管理委员会、国家外汇管理局令 2006 年第 10 号
5 国家外汇管理局关于进一步改进和调整直接投资外汇管理政策的通知　汇发〔2012〕59 号
6 国家外汇管理局关于印发《外国投资者境内直接投资外汇管理规定》及配套文件的通知　汇发〔2013〕21 号
7 国家外汇管理局关于进一步简化和改进直接投资外汇管理政策的通知　汇发〔2015〕13 号
8 国家外汇管理局关于改革外商投资企业外汇资本金结汇管理方式的通知　汇发〔2015〕19 号

（2） 其他

1 国家外汇管理局 建设部关于规范房地产市场外汇管理有关问题的通知 汇发〔2006〕47 号

2 住房和城乡建设部 国家外汇管理局关于进一步规范境外机构和个人购房管理的通知 建房〔2010〕186 号

3 建设部 商务部 国家发展和改革委员会 中国人民银行 国家工商行政管理总局 国家外汇管理局关于规范房地产市场外资准入和管理的意见 建住房〔2006〕171 号

4 住房城乡建设部、商务部、国家发展改革委、人民银行、工商总局、外汇局关于调整房地产市场外资准入和管理有关政策的通知 建房〔2015〕122 号

5 商务部 外汇局关于进一步改进外商投资房地产备案工作的通知 商资函〔2015〕895 号

3 境外投资外汇管理

1 国家外汇管理局关于境内企业境外放款外汇管理有关问题的通知 汇发〔2009〕24 号
2 境内机构境外直接投资外汇管理规定 汇发〔2009〕30 号
3 国家外汇管理局关于境内银行境外直接投资外汇管理有关问题的通知 汇发〔2010〕31 号
4 国家外汇管理局关于境内居民通过特殊目的公司境外投融资及返程投资外汇管理有关问题的通知 汇发〔2014〕37 号

4 境外融资及有价证券管理

（1） 境外发债及上市

1 国务院办公厅转发国家计委、人民银行关于进一步加强对外发债管理意见的通知 国办发〔2000〕23 号

2 国家外汇管理局关于境外上市外汇管理有关问题的通知 汇发〔2014〕54 号

（2） 套期保值

1 国有企业境外期货套期保值业务管理办法 证监发〔2001〕81 号

2 国家外汇管理局关于国有企业境外期货套期保值业务外汇管理有关问题的通知 汇发〔2013〕25 号

（3） 其他

1 国家外汇管理局关于调整境内发行 B 股和境外上市股票外汇专用账户的开立和募股收入结汇审批权限的通知 汇发〔1999〕380 号

2 中国人民银行办公厅关于 A 股上市公司外资股东减持股份及分红所涉账户开立与外汇管理有关问题的通知 银办发〔2009〕178 号

5 证券市场投资外汇管理

（1） 境内证券市场投资外汇管理

1 合格境外机构投资者境内证券投资管理办法 中国证券监督管理委员会 中国人民银行 国家外汇管理局令 2006 年第 36 号

2 合格境外机构投资者境内证券投资外汇管理规定 国家外汇管理局公告〔2009〕第 1 号（根据国家外汇管理局公告〔2012〕第 2 号修改）

3 国家外汇管理局综合司关于绿庭(香港)有限公司减持 A 股资金管理有关问题的批复 汇综复〔2010〕58 号

4 国际开发机构人民币债券发行管理暂行办法 中国人民银行 财政部 国家发展和改革委员会 中国证券监督管理委员会公告〔2010〕第 10 号

5 人民币合格境外机构投资者境内证券投资试点办法 中国证券监督管理委员会 中国人民银行 国家外汇管理局令 2013 年第 90 号

6 国家外汇管理局关于人民币合格境外机构投资者境内证券投资试点有关问题的通知 汇发〔2013〕9 号

7 国家外汇管理局关于境外交易者和境外经纪机构从事境内特定品种期货交易外汇管理有关问题的通知 汇发〔2015〕35 号

8 国家外汇管理局关于调整合格机构投资者数据报送方式的通知 汇发〔2015〕45 号

9 国家外汇管理局综合司关于发布《合格境外机构投资者额度管理操作指引》的通知 汇综发〔2015〕88 号

(2) 境外证券市场投资外汇管理

1 商业银行开办代客境外理财业务管理暂行办法 银发〔2006〕121 号

2 保险资金境外投资管理暂行办法 中国保险监督管理委员会、中国人民银行、国家外汇管理局令 2007 年第 2 号

3 信托公司受托境外理财业务管理暂行办法 银监发〔2007〕27 号

4 合格境内机构投资者境外证券投资外汇管理规定 国家外汇管理局公告 2013 年第 1 号

(3) 其他

1 内地与香港证券投资基金跨境发行销售资金管理操作指引 中国人民银行 国家外汇管理局公告〔2015〕第 36 号

6 外债及对外担保管理

(1) 基本法规

1 国家外汇管理局关于印发《银行外汇业务管理规定》等规章的通知 附件:境内机构借用国际商业贷款管理办法 (97)汇政发字第 06 号

2 外债管理暂行办法 国家发展计划委员会、财政部、国家外汇管理局令 2003 年第 28 号

3 境内外资银行外债管理办法 国家发展和改革委员会 中国人民银行 中国银行业监督管理委员会令 2004 年第 9 号

4 境内金融机构赴香港特别行政区发行人民币债券管理暂行办法 中国人民银行、国家发展改革委员会公告 2007 年第 12 号

(2) 外债统计与管理

1 外债统计监测暂行规定

2 国家外汇管理局关于印发《银行外汇业务管理规定》等规章的通知 附件:外债统计监测实施细则 〔97〕汇政发字第 06 号

3 国家计委 中国人民银行 国家外汇管理局关于国有商业银行实行中长期外债余额管理的通知 计外资〔2000〕53 号

4 国家外汇管理局关于调整我国外债口径及相关问题的通知 汇发〔2001〕174 号

5 国家外汇管理局关于下发 2010 年度短期外债余额指标有关问题的通知　汇发〔2010〕18 号

6 国家外汇管理局关于核定 2011 年度境内机构短期外债余额指标有关问题的通知　汇发〔2011〕14 号

7 国家外汇管理局关于核定 2012 年度境内机构短期外债余额指标有关问题的通知　汇发〔2012〕12 号

8 国家外汇管理局关于核定 2013 年度境内机构短期外债余额指标有关问题的通知　汇发〔2013〕6 号

9 国家外汇管理局关于发布《外债登记管理办法》的通知　汇发〔2013〕19 号

10 国家外汇管理局关于核定 2014 年度境内机构短期外债余额指标有关问题的通知　汇发〔2014〕14 号

11 国家外汇管理局关于核定 2015 年度境内机构短期外债余额指标有关问题的通知　汇发〔2015〕14 号

(3) – 担保

1 国家外汇管理局关于发布《跨境担保外汇管理规定》的通知　汇发〔2014〕29 号

2 中国人民银行公告〔2014〕第 13 号

3 国家外汇管理局关于对部分非银行机构内保外贷业务实行集中登记管理的通知　汇发〔2015〕15 号

(4) – 贸易信贷

1 中国人民银行关于商业银行办理信用证和保函业务有关问题的通知　银发〔2002〕124 号

(5) – 外汇贷款

1 国家外汇管理局关于实施国内外汇贷款外汇管理方式改革的通知　汇发〔2002〕125 号

2 境内企业内部成员外汇资金集中运营管理规定　汇发〔2009〕49 号

3 国家外汇管理局关于境内企业外汇质押人民币贷款政策有关问题的通知　汇发〔2011〕46 号

4 国家外汇管理局关于印发《外债转贷款外汇管理规定》的通知　汇发〔2014〕5 号

7 – 个人资本项目外汇管理

(1) – 资产转移

1 中国人民银行公告 2004 年第 16 号——个人财产对外转移售付汇管理暂行办法

2《个人财产对外转移售付汇管理暂行办法》操作指引(试行)　汇发〔2004〕118 号

3 国家外汇管理局　外交部　公安部　监察部　司法部关于实施《个人财产对外转移售付汇管理暂行办法》有关问题的通知　汇发〔2005〕9 号

4 国家税务总局　国家外汇管理局关于个人财产对外转移提交税收证明或者完税凭证有关问题的通知　国税发〔2005〕13 号

(2) – 证券投资

1 国家外汇管理局　中国证券监督管理委员会关于国内证券经营机构从事 B 股交易有关问题的通知　〔95〕汇管函字第 140 号

2 中国证券监督管理委员会 国家外汇管理局关于境内居民个人投资境内上市外资股若干问题的通知 证监发〔2001〕22号

3 国家外汇管理局关于贯彻实施《关于境内居民个人投资境内上市外资股若干问题的通知》中有关问题的通知 汇发〔2001〕26号

4 国家外汇管理局关于境内居民投资境内上市外资股有关问题的补充通知 汇发〔2001〕31号

5 国家外汇管理局关于贯彻实施《关于境内居民个人投资境内上市外资股若干问题的通知》中有关问题的补充通知 汇发〔2001〕32号

6 国家外汇管理局关于境内居民个人外汇存款投资B股市场有关问题的补充通知 汇发〔2001〕33号

7 国家外汇管理局关于境内个人投资者B股投资收益结汇有关问题的批复 汇复〔2007〕283号

8 国家外汇管理局综合司关于境内个人投资B股购汇有关问题的批复 汇综复〔2011〕148号

9 国家外汇管理局关于境内个人参与境外上市公司股权激励计划外汇管理有关问题的通知 汇发〔2012〕7号

10 国家外汇管理局关于重庆长安汽车股份有限公司回购B股股份购汇额度等外汇管理事项的批复 汇复〔2012〕21号

(3) - 外汇质押人民币贷款

1 国家外汇管理局关于境内居民个人以外汇抵押人民币贷款政策问题的通知 汇发〔2003〕2号

四、金融机构外汇业务监管(43项)

1 - 基本法规

1 国家外汇管理局关于下发《银行外汇业务管理规定》和《非银行金融机构外汇业务管理规定》的补充规定的通知 附件:关于非银行金融机构外汇业务管理的相关规定 〔93〕汇业函字第83号

2 非银行金融机构外汇业务范围界定 〔96〕汇管函字第142号

3 关于规范金融机构同业业务的通知 银发〔2014〕127号

4 国家外汇管理局关于修订《银行执行外汇管理规定情况考核办法》相关事宜的通知 汇发〔2015〕26号

5 国家外汇管理局综合司关于2015年度银行执行外汇管理规定情况考核工作有关事宜的通知 汇综发〔2015〕78号

2 - 银行结售汇业务

(1) - 银行结售汇业务

1 国家外汇管理局关于境外黄金借贷和衍生产品交易业务外汇管理问题的批复 汇复〔2005〕253号

2 国家外汇管理局关于银行贵金属业务汇率敞口外汇管理有关问题的通知　汇发〔2012〕8号

3 银行办理结售汇业务管理办法　中国人民银行令〔2014〕第2号

4 国家外汇管理局关于印发《银行办理结售汇业务管理办法实施细则》的通知　汇发〔2014〕53号

5 中国人民银行关于外资银行结售汇专用人民币账户管理有关问题的通知　银发〔2015〕12号

(2) – 银行结售汇头寸管理

1 国家外汇管理局综合司关于调整银行结售汇综合头寸统计报表及报送方式的通知　汇综发〔2012〕129号

(3) – 银行结售汇报表

1 银行结售汇统计制度　汇发〔2006〕42号

2 国家外汇管理局关于进一步规范银行结售汇统计管理有关问题的通知　汇发〔2008〕54号

3 国家外汇管理局综合司关于将人民币购售业务纳入结售汇统计有关问题的通知　汇综发〔2010〕99号

4 国家外汇管理局综合司关于调整银行结售汇统计报表及报送方式的通知　汇综发〔2012〕152号

5 国家外汇管理局综合司关于调整银行结售汇统计报表相关指标的通知　汇综发〔2014〕65号

(4) – 结售汇相关产品管理

1 中国人民银行关于政策性银行为合格境外机构办理人民币贷款业务和货币互换业务有关问题的通知　银发〔2007〕81号

2 国家外汇管理局关于合作办理远期结售汇业务有关问题的通知　汇发〔2010〕62号

3 – 离岸业务

1 离岸银行业务管理办法　银发〔1997〕438号

2 离岸银行业务管理办法实施细则　〔98〕汇管发字第09号

4 – 银行卡相关业务

1 国家外汇管理局关于规范银行外币卡管理的通知　汇发〔2010〕53号

2 国家外汇管理局关于银联国际有限公司承接银联卡境外业务相关外汇业务资质等事宜的批复　汇复〔2013〕125号

5 – 不良债权

1 国家发展改革委、国家外汇管理局关于规范境内金融机构对外转让不良债权备案管理的通知　发改外资〔2007〕254号

6 – 银行相关其他业务

1 中国人民银行关于内地银行与香港和澳门银行办理个人人民币业务有关问题的通知　银发〔2004〕254号

2 国家外汇管理局关于中国银行福建省分行开办个人外汇保证金交易的批复　汇复

〔2006〕95号

3 国家外汇管理局综合司关于广东发展银行境内代付业务等问题的批复　汇综复〔2007〕17号

4 国家外汇管理局关于交通银行开办代理境外分支机构开户见证业务的批复　汇复〔2010〕208号

5 国家外汇管理局关于新台币兑换管理有关问题的通知　汇发〔2013〕11号

7－保险公司

1 国家外汇管理局关于印发《保险业务外汇管理指引》的通知　汇发〔2015〕6号

2 国家外汇管理局综合司关于上线保险业务数据报送系统的通知　汇综发〔2015〕97号

8－信托公司、金融资产公司及其他非银行金融机构

1 中国人民银行关于金融资产管理公司外汇业务经营范围的通知　银发〔2000〕160号

2 中国证券监督管理委员会　国家外汇管理局关于证券经营机构从事B股业务若干问题的补充通知　证监发〔2001〕26号

3 国家外汇管理局关于外资参股基金管理公司有关外汇管理问题的通知　汇发〔2003〕44号

4 国家外汇管理局关于汽车金融公司有关外汇管理问题的通知　汇发〔2004〕72号

5 国家外汇管理局关于金融资产管理公司对外处置不良资产外汇管理有关问题的通知　汇发〔2015〕3号

9－外币代兑机构、个人本外币兑换特许机构、自助兑换机

1 外币代兑机构管理暂行办法　中国人民银行令2003年第6号

2 国家外汇管理局关于改进外币代兑机构外汇管理有关问题的通知　汇发〔2007〕48号

3 国家外汇管理局关于进一步完善个人本外币兑换业务有关问题的通知　汇发〔2008〕24号

4 国家外汇管理局关于在深圳市使用外币兑换机开展兑换业务的批复　汇复〔2009〕264号

5 个人本外币兑换特许业务试点管理办法　汇发〔2012〕27号

6 国家外汇管理局综合司关于规范个人本外币兑换特许业务和外币代兑业务有关事项的通知　汇综发〔2015〕38号

7 国家外汇管理局关于个人本外币兑换特许机构办理调运外币现钞进出境及外币批发业务的批复　汇复〔2015〕169号

8 国家外汇管理局关于个人本外币兑换特许机构通过互联网办理兑换业务有关问题的通知　汇发〔2015〕41号

五、人民币汇率与外汇市场（19项）

1－汇价

1 中国人民银行公告〔2005〕第16号——关于完善人民币汇率形成机制改革有关事宜

2 中国人民银行公告〔2006〕第1号——关于进一步完善银行间即期外汇市场、改进人民

币汇率中间价形成方式有关事宜

3 中国人民银行公告〔2007〕第 9 号——关于扩大银行间即期外汇市场人民币兑美元交易价浮动幅度

4 中国人民银行公告〔2014〕第 5 号

5 中国人民银行关于银行间外汇市场交易汇价和银行挂牌汇价管理有关事项的通知　银发〔2014〕188 号

2 - 外汇交易市场

1 国家外汇管理局关于加强对外汇市场监管规范办公程序的通知　〔95〕汇国函字第 009 号

2 银行间外汇市场管理暂行规定　银发〔1996〕423 号

3 中国人民银行公告〔2003〕第 16 号——关于在香港办理个人人民币存款、兑换、银行卡和汇款业务的有关银行清算安排事宜

4 国家外汇管理局关于在银行间外汇市场推出即期询价交易有关问题的通知　汇发〔2005〕87 号

5 非金融企业和非银行金融机构申请银行间即期外汇市场会员资格实施细则（暂行）　汇发〔2005〕94 号

6 中国人民银行关于加快发展外汇市场有关问题的通知　银发〔2005〕202 号

7 中国人民银行关于在银行间外汇市场开办人民币外汇货币掉期业务有关问题的通知　银发〔2007〕287 号

8 货币经纪公司外汇经纪业务管理暂行办法　汇发〔2008〕55 号

9 中国人民银行　国家外汇管理局关于停办外币清算业务有关事宜的通知　银发〔2009〕137 号

10 国家外汇管理局关于中国外汇交易中心在银行间外汇市场推出人民币对外汇期权交易的批复　汇复〔2011〕30 号

11 国家外汇管理局关于修订《银行间外汇市场做市商指引》的通知　汇发〔2013〕13 号

12 国家外汇管理局关于调整金融机构进入银行间外汇市场有关管理政策的通知　汇发〔2014〕48 号

13 国家外汇管理局关于境外中央银行类机构投资银行间市场外汇账户管理有关问题的通知　汇发〔2015〕43 号

14 中国人民银行　国家外汇管理局公告〔2015〕第 40 号

六、国际收支与外汇统计（19 项）

1 - 国际收支统计综合法规

1 国家外汇管理局　国家质量监督检验检疫总局关于在外汇业务工作中全面使用组织机构代码标识的通知　汇发〔2002〕24 号

2 国务院关于修改《国际收支统计申报办法》的决定　中华人民共和国国务院令第 642 号

3 国家外汇管理局关于印发《境内银行涉外收付凭证管理规定》的通知　汇发〔2014〕19 号

4 商务部 国家统计局 国家外汇管理局关于印发《对外直接投资统计制度》的通知 商合函〔2015〕6号

2 – 国际收支统计间接申报

1 国家外汇管理局国际收支司关于国际收支统计申报有关问题的批复 汇国复〔2010〕6号

2 国家外汇管理局国际收支司关于境外承包工程国际收支统计间接申报问题的批复 汇国复〔2010〕10号

3 国家外汇管理局关于进一步强化国际收支核查工作的通知 汇发〔2011〕47号

4 国家外汇管理局关于明确和调整国际收支申报有关事项的通知 汇发〔2011〕34号

5 国家外汇管理局关于启用境内银行涉外收付凭证及明确有关数据报送要求的通知 汇发〔2012〕42号

6 国家外汇管理局关于印发《涉外收支交易分类与代码(2014版)》的通知 汇发〔2014〕21号

7 国家外汇管理局关于印发《通过银行进行国际收支统计申报业务实施细则》的通知 汇发〔2015〕27号

3 – 国际收支统计直接申报

1 国家外汇管理局关于中资金融机构报送外汇资产负债统计报表的通知 汇发〔2009〕6号

2 国家外汇管理局综合司关于调整中资金融机构外汇资产负债等报表报送方式的通知 汇综发〔2012〕136号

3 国家外汇管理局关于印发《对外金融资产负债及交易统计制度》的通知 汇发〔2013〕43号

4 – 抽样调查制度

1 国家外汇管理局关于印发《贸易信贷调查制度》和《贸易信贷调查实施方案》的通知 汇发〔2004〕67号

2 国家外汇管理局综合司关于调整贸易信贷抽样调查报表和启用贸易信贷抽样调查系统报送数据的通知 汇综发〔2009〕12号

3 国家外汇管理局国际收支司关于开展2010年6月末贸易信贷调查有关事项的通知 汇国发〔2010〕8号

4 国家外汇管理局综合司关于扩大贸易信贷调查地区范围及提高调查频率的通知 汇综发〔2011〕28号

5 国家外汇管理局收支司关于启用新版贸易信贷抽样调查系统的通知 汇国发〔2012〕17号

七、外汇检查与法规适用(11项)

1 – 办案程序

1 国家外汇管理局外汇检查处罚权限管理规定 汇发〔2001〕219号

2 国家外汇管理局行政处罚听证程序　汇发〔2002〕79号
3 国家外汇管理局行政复议程序　汇发〔2002〕80号

2 – 法律依据

1 国家外汇管理局关于转发《关于骗购外汇、非法套汇、逃汇、非法买卖外汇等违反外汇管理规定行为的行政处分或者纪律处分暂行规定》的通知　汇发〔1999〕102号

2 国家外汇管理局关于《中华人民共和国外汇管理条例》第七章法律责任部分条款内容含义和适用原则有关问题的通知　汇发〔2008〕59号

3 对国家外汇管理局关于提请解释《外汇管理条例》法律责任有关条款的复函　国法函〔2012〕219号

3 – 其他

1 中国证监会、国家外汇管理局、国家工商行政管理局、公安部关于严厉查处非法外汇期货和外汇按金交易活动的通知　证监发字〔1994〕165号

2 中国证券监督管理委员会　国家工商行政管理局　国家外汇管理局　公安部关于印发《关于贯彻中国证监会、国家外汇管理局、国家工商行政管理局、公安部〈关于严厉查处非法外汇期货和外汇按金交易活动的通知〉的会议纪要》的通知　证监发字〔1994〕196号

3 国家外汇管理局　国家工商行政管理局关于禁止国内私自以外币计价结算和禁止发布含有外币计价结算内容的广告的通知　〔96〕汇管函字第177号

4 国家外汇管理局、公安部关于严厉打击非法买卖外汇违法犯罪活动的通知　汇发〔2001〕155号

5 国家外汇管理局综合司关于非法网络炒汇行为有关问题认定的批复　汇综复〔2008〕56号

八、外汇科技管理（8项）

1 国家外汇管理局信息系统代码标准化工作管理办法（暂行）　汇综发〔2008〕162号

2 国家外汇管理局综合司关于信息系统代码标准化工作有关事项的通知　汇综发〔2009〕101号

3 国家外汇管理局信息系统代码标准管理实施细则　汇综发〔2011〕131号

4 国家外汇管理局　国家质量监督检验检疫总局关于修订印发《特殊机构代码赋码业务操作规程》的通知　汇发〔2014〕16号

5 国家外汇管理局关于发布《金融机构外汇业务数据采集规范（1.0版）》的通知　汇发〔2014〕18号

6 国家外汇管理局综合司关于报送对外金融资产负债及交易数据、个人外币现钞存取数据和银行自身外债数据的通知　汇综发〔2014〕95号

7 国家外汇管理局综合司关于扩大企业联机接口服务应用范围的通知　汇综发〔2015〕35号

8 国家外汇管理局关于发布《金融机构外汇业务数据采集操作规程》的通知　汇发〔2015〕44号

关于保留、拟修改规章和规范性文件目录的公告

中华人民共和国发展和改革委员会公告2016年第1号

为贯彻落实党中央国务院关于加强法治政府建设和推进简政放权、放管结合、优化服务的要求,加快我委法治机关建设,营造良好营商环境,激发市场活力和创造力,我们对截至2015年底发布的规章和截至2014年底发布的规范性文件进行了清理,经商国务院相关部门,保留规章101件、规范性文件931件,拟修改规章37件、规范性文件295件。现将国家发展改革委现行有效的规章和规范性文件目录予以公告。

附件:1. 国家发展改革委保留的规章和规范性文件目录(略——编者注)
  2. 国家发展改革委拟修改的规章和规范性文件目录(略——编者注)

国家发展改革委
2016年1月1日

国家发展改革委关于印发中德(沈阳)高端装备制造产业园建设方案的通知

发改振兴〔2015〕3141号

辽宁省人民政府,国务院有关部门、直属机构:

《中德(沈阳)高端装备制造产业园建设方案》(以下简称《方案》)已经国务院批准同意,现印发你们,请认真贯彻实施,并就有关事项通知如下:

一、请辽宁省人民政府按照《国务院关于中德(沈阳)高端装备制造产业园建设方案的批复》(国函〔2015〕218号)精神和《方案》要求,切实加强组织领导,尽快明确任务分工,抓紧完善工作机制和园区管理体制,制订出台配套政策,全面推进中德(沈阳)高端装备制造产业园(以下简称"中德装备园")建设,组织编制中德装备园发展规划并报我委备案后实施。

二、请国务院有关部门按照职能分工,加强对中德装备园建设发展的指导,在有关规划编制、政策实施、项目安排、体制机制创新、开放合作等方面给予积极支持,落实和完善各项政策

措施,为中德装备园发展营造良好环境。

三、我委将按照国务院批复精神,会同有关部门加强对中德装备园建设发展的指导,组织开展《方案》实施情况的跟踪了解与督促检查,重大问题及时向国务院报告。

附件:中德(沈阳)高端装备制造产业园建设方案(略——编者注)

国家发展改革委
2015 年 12 月 29 日

国务院关于上海市开展"证照分离"改革试点总体方案的批复

国函〔2015〕222 号

上海市人民政府:

你市关于报请审批上海市开展"证照分离"改革试点总体方案的请示收悉。现批复如下:

一、同意在上海市浦东新区开展"证照分离"改革试点,试点期为自批复之日起 3 年。原则同意《上海市开展"证照分离"改革试点总体方案》(以下简称《总体方案》),请认真组织实施。

二、要按照党中央、国务院决策部署,紧紧围绕推进简政放权、放管结合、优化服务,通过开展"证照分离"改革试点,进一步清理和取消一批行政许可事项,推动一批行政许可事项由审批改为备案,推动一批行政许可事项实行告知承诺制,提高办理行政许可事项的透明度和可预期性,释放企业创新创业活力,增强经济发展动力,营造法治化、国际化、便利化的营商环境,为全国进一步推进行政管理体制改革积累可复制推广的经验。

三、上海市人民政府要加强对《总体方案》实施的组织领导。要下决心加快转变政府职能,在浦东新区选择一些易操作、可管理的领域开展"证照分离"试点,为企业提供便捷高效优质服务,不断提高企业市场竞争力。同时,进一步探索加强事中事后监管的有效方式和措施,建立综合监管体系,提高监管效能,做到放得更活、管得更好、服务更优。

四、国务院有关部门要按照职责分工,积极支持上海市开展"证照分离"改革试点,先行试验一些重大的行政审批制度改革措施。国务院审改办、法制办、工商总局要会同有关部门加强指导,组织开展评估工作,协调推进《总体方案》各项改革措施落实到位。

五、试点期间,暂时调整实施相关行政法规、国务院文件和国务院批准的部门规章的部分规定,具体由国务院另行印发;国务院有关部门要根据《总体方案》相应调整本部门制定的规章和规范性文件;上海市人民政府可根据试点情况,大胆探索,稳步扩大试点领域。《总体方案》实施中的重大问题,上海市人民政府要及时向国务院请示报告。

附件:上海市开展"证照分离"改革试点总体方案

国务院
2015年12月22日

附件

上海市开展"证照分离"改革试点总体方案

为贯彻落实党中央、国务院的决策部署,加快政府职能转变,充分激发市场主体创新创业活力,在上海浦东新区率先开展"证照分离"改革试点,制定本方案。

一、改革意义

开展"证照分离"改革试点,对于厘清政府与市场关系,简政放权、创新政府管理方式,强化市场主体地位,具有重要意义。一是有利于激发市场主体活力。通过开展"证照分离"改革试点,进一步清理和取消一批行政许可事项,推动一批行政许可事项由审批改为备案,推动一批行政许可事项实行告知承诺制,提高办理行政许可事项的透明度和可预期性,释放企业创新创业活力,增强经济发展动力。二是有利于加快政府职能转变。通过开展"证照分离"改革试点,推进转变行政理念,提高监管效能,做到放得更活、管得更好、服务更优。三是有利于形成法治化、国际化、便利化的营商环境。通过开展"证照分离"改革试点,为企业提供便捷高效优质服务,有利于企业加快适应国际通行的投资贸易规则,提高市场竞争能力。

二、总体要求

开展"证照分离"改革试点,是推进简政放权、放管结合、优化服务的重要举措,主要解决"先照后证"后市场主体办证难的问题。通过采取改革审批方式和加强综合监管,进一步完善市场准入,使企业办证更加便捷高效。对企业能够自主决策的经营活动,取消行政审批,或改为备案管理;对暂时不能取消审批的行政许可,简化审批方式,实行告知承诺制;对不适合采取告知承诺制的行政许可事项,简化办事流程,公开办事程序,提高审批的透明度和可预期性;对涉及国家安全、公共安全等特定领域,继续强化市场准入管理,加强风险防范。进一步探索加强事中事后监管的有效方式和措施,建立综合监管体系,切实增强监管合力,提升监管效能。

三、改革方式

按照易操作、可管理的要求,从与企业经营活动密切相关的行政许可事项中,选择审批频次比较高、改革后效果比较明显的116项行政许可事项(详见附表),先行开展改革试验。根据行政许可事项的不同情况,分类推进,深入试点。

(一)取消审批。对市场竞争机制能够有效调节、行业组织或中介机构能够有效实现行业自律管理的事项,取消行政审批,实行行业自律管理,允许企业直接开展相关经营活动。包括设立可录光盘生产企业审批等10项行政许可事项。

(二)取消审批,改为备案。政府为及时、准确地获得相关信息,更好地开展行业引导、制定产业政策和维护公共利益,对行政许可事项实行备案管理。根据规定的备案条件,企业将相关材料报送政府有关部门后,即可开展相关经营活动;发现企业有违法违规行为,通过加强事中事后监管,予以纠正或处罚。政府部门不对备案材料进行核准或许可。包括加工贸易合同审批等6项行政许可事项。

(三)简化审批,实行告知承诺制。对暂时不能取消审批,但通过事中事后监管能够纠正不符合审批条件的行为且不会产生严重后果的行政许可事项,实行告知承诺制。对实行告知承诺的行政许可事项,由行政审批机关制作告知承诺书,并向申请人提供示范文本,一次性告知企业审批条件和需要提交的材料,企业承诺符合审批条件并提交有关材料,即可当场办理相关行政许可事项。申请人达到法定许可条件后,方可从事被许可行为。包括机动车维修经营许可等26项行政许可事项。

(四)提高审批的透明度和可预期性。对暂时不能取消审批,也不适合采取告知承诺制的行政许可事项,简化办事流程,公开办事程序,推进标准化管理和网上办理,明确审批标准和办理时限,以最大程度减少审批的自由裁量权,实现办理过程公开透明、办理结果有明确预期。包括会计师事务所及其分支机构设立审批等41项行政许可事项。

(五)对涉及公共安全等特定活动,加强市场准入管理。对直接涉及国家安全、公共安全、生态环境保护以及直接关系人身健康、生命财产安全等特定活动的行政许可事项,按照国际通行规则,加强风险控制,强化市场准入管理。包括设立经营性互联网文化单位审批等33项行政许可事项。

四、综合监管措施

(一)以信息互联共享为基础,实施协同监管。厘清政府有关部门市场监管职责,建立登记注册、行政审批、行业主管相互衔接的市场监管机制,推进实施"双告知"、"双随机"抽查等制度。建立市场监管信息互联共享机制,推进信息交流和资源共享,实现工商部门、审批部门、行业主管部门以及其他部门之间的信息实时传递和无障碍交换。加强跨部门联动响应,形成"一处违法、处处受限"的联合惩戒机制。推进统一市场监管和综合执法模式,整合监管部门,减少监管层级,提高监管效能。

(二)以诚信管理为手段,实施分类监管。加快公共信用信息平台的建设和应用,建立行政审批诚信档案制度,依据监管对象的日常经营活动、信用评价信息等诚信情况,将监管对象分为不同类别,建立相应的激励机制、预警机制和惩戒机制。健全企业信息公示制度和公示信息抽查制度,完善企业经营异常名录制度和严重违法企业"黑名单"制度。完善失信信息记录和披露制度,加强对失信单位和人员的监督,加大违法违规行为惩戒力度,视情况实施吊销营业执照、吊销注销撤销许可证、列入经营异常名录和"黑名单"等惩戒措施。

(三)以行业协会商会为依托,实施自律监管。积极引导市场主体自治自律,推进行业自律,促进市场主体自我约束、诚信经营,共同维护公平竞争的市场秩序。积极发挥行业协会商会作用,鼓励行业协会商会制订行规行约和行业内争议处理规则,制定发布产品和服务社会团体标准。支持行业协会商会监督会员遵守行业自律规范、公约和职业道德准则。

(四)以社会力量参与为辅助,实施社会监督。监管部门可依法委托具备法定资质的专业技术机构进行检查、检验、检测。积极发挥会计师事务所、律师事务所、公证机构、检验检测认证机构等专业服务机构在鉴证市场主体财务状况、维护投资人权益等方面的监督作用。推进监管执法信息公开,畅通公众知情和参与渠道,健全公众参与监督的激励机制。进一步发挥新闻媒体作用,强化舆论监督。

(五)以风险防范为底线,实施动态监管。建立风险防控基础制度体系,完善风险评估、风险预警、风险处置等制度,定期开展风险点梳理排查、风险巡查。探索运用大数据、物联网等现代信息技术,实时采集和监控监管对象的信息,做到早发现、早预警,提高发现问题和防范、化解风险的能力。优化风险告知提示方法,通过信息公示、抽查、抽检等方式,强化对市场主体的全过程监管。

附表:上海市开展"证照分离"改革试点的具体事项表(共116项)(略——编者注)

《内地与香港关于建立更紧密经贸关系的安排》服务贸易协议

2015年11月27日

序 言

为推动内地[1]与香港特别行政区(以下简称"双方")基本实现服务贸易自由化,逐步减少或取消双方之间服务贸易实质上所有歧视性措施,进一步提高双方经贸交流与合作的水平,双方决定,就内地与香港特别行政区(以下简称"香港")基本实现服务贸易自由化签署本协议。

第一章 与《安排》[2]的关系

第一条 与《安排》的关系

一、为逐步减少直至取消双方之间服务贸易实质上所有歧视性措施,双方决定在《安排》及其所有补充协议、《〈安排〉关于内地在广东与香港基本实现服务贸易自由化的协议》(以下简称《广东协议》)已实施开放措施基础上签署本协议。本协议是《安排》的服务贸易协议。

二、《安排》第四章第十一条、第十二条的有关内容按照本协议执行。本协议条款与《安排》及其所有补充协议、《广东协议》条款产生抵触时,以本协议条款为准。

第二章 范围及定义

第二条 范围及定义

一、本协议附件1和附件2的所有措施适用于内地和香港之间的服务贸易。

二、本协议所称服务贸易,是指:

(一)自一方境内向另一方境内提供服务;

(二)在一方境内对另一方的服务消费者提供服务;

(三)一方的服务提供者通过在另一方境内的商业存在提供服务;

(四)一方的服务提供者通过在另一方境内的自然人存在提供服务。

上述(一)、(二)、(四)统称为跨境服务。

三、就本协议而言:

(一)"措施"指一方的任何措施,无论是以法律、法规、规则、程序、决定、行政行为的形式还是以任何其他形式。

在履行本协议项下的义务和承诺时,每一方应采取其所能采取的合理措施,以保证其境内的政府和主管机关以及非政府机构遵守这些义务和承诺。

(二)"服务"包括任何部门的任何服务,但在行使政府职权时提供的服务除外。

(三)"行使政府职权时提供的服务"指既不依据商业基础提供,也不与一个或多个服务提供者竞争的任何服务。

(四)"商业存在"指任何类型的商业或专业机构,包括为提供服务而在一方境内:

1. 设立、收购或经营一法人,或

2. 设立或经营一分支机构或代表处。

(五)"政府采购"指政府以购买、租赁等各种合同形式,取得商品或服务的使用权或获得商品或服务,或两者兼得的行为。其目的并非是商业销售或转售,或为商业销售或转售而在生产中使用、提供商品或服务。

四、本协议中的"服务提供者"定义及相关规定载于附件3。

第三章 义务及规定

第三条 义务

一、内地对香港服务和服务提供者的具体措施载于本协议附件1。对于本协议附件1表2、表3和表4所列明的具体承诺的实施,除执行本协议规定外,还应适用内地有关法律法规和行政规章。

二、对本协议涵盖的服务领域,香港对内地服务和服务提供者不增加任何限制性措施。双方通过磋商,拟订和实施香港对内地服务和服务提供者进一步开放服务贸易的内容。有关具体承诺列入本协议附件2。

三、应一方要求,双方可通过协商,进一步提高双方服务贸易自由化的水平。

四、任何根据本条第三款实行的提高服务贸易自由化水平的措施应纳入本协议附件1及附件2予以实施。

第四条 国民待遇

一、一方在影响服务提供的所有措施方面给予另一方的服务和服务提供者的待遇,不得低于其给予本方同类服务和服务提供者的待遇。[3]

二、一方可通过对另一方的服务或服务提供者给予与其本方同类服务或服务提供者的待遇形式上相同或不同的待遇,满足第一款的要求。

三、如形式上相同或不同的待遇改变竞争条件,与另一方的同类服务或服务提供者相比,有利于该方的服务或服务提供者,则此类待遇应被视为较为不利的待遇。

第五条 最惠待遇

一、关于本协议涵盖的任何措施,一方对于另一方的服务和服务提供者,应立即和无条件地给予不低于其给予其他方同类服务和服务提供者的待遇。

二、本协议的规定不得解释为阻止一方对相邻国家或地区授予或给予优惠,以便利仅限于毗连边境地区的当地生产和消费的服务的交换。

第六条 金融审慎原则

一、尽管本协议有其他规定,一方不应被阻止出于审慎原因而采取或维持与金融服务有关的措施。这些审慎原因包括保护投资者、存款人、投保人或金融服务提供者对其负有信托义务的人或确保金融系统的完整与稳定。[4]

二、本协议的任何规定不适用于为执行货币或相关信贷政策或汇率政策而采取的普遍适用的非歧视性措施。[5]

三、"金融服务"应当与世界贸易组织《服务贸易总协定》的《关于金融服务的附件》第五款第(a)项中的金融服务具有相同的含义,并且该条款中"金融服务提供者"也包括《关于金融服务的附件》第五款第(c)项所定义的公共实体。

四、为避免歧义,本协议不应被解释为阻止一方在金融机构中适用或者执行为保证遵守与本协议不冲突的法律或法规而采取的与另一方的服务提供者或者涵盖服务有关的必要措施,包括与防范虚假和欺诈做法或者应对金融服务合同违约影响有关的措施,但这些措施的实施方式不得在情形类似的国家(或地区)间构成任意的或者不合理的歧视,或者构成对金融机构的投资的变相限制。

五、对于现行法规未明确涉及的领域,一方保留采取限制性措施的权利。

第七条 保障措施

一、当因执行本协议对任何一方的贸易和相关产业造成重大影响时,一方保留新设或维持与服务有关的限制性措施的权利。

二、一方根据第一款准备采取的措施,应尽可能充分及时地通知另一方,并磋商解决。

第八条 例外

一、本协议及其附件所载规定并不妨碍一方维持或采取与世界贸易组织《服务贸易总协定》第14条及14条之二相一致的例外措施。

二、一方针对另一方服务或服务提供者的外来特性采取的水平管理措施不应视为较为不利的待遇。

第四章　商业存在[6]

第九条　保留的限制性措施

一、第四条"国民待遇"和第五条"最惠待遇"不适用于：

(一)一方保留的限制性措施,列明在附件1表1和附件2中。

(二)一般情况下,第(一)项所指保留的限制性措施可作修订,但经修订后的保留措施与修订前相比,不可更不符合第四条"国民待遇"和第五条"最惠待遇"作出的义务。

二、第四条"国民待遇"和第五条"最惠待遇"不适用于：

(一)政府采购；或

(二)一方给予的补贴或赠款,包括政府支持的贷款、担保和保险。

但一方法律法规就第(一)、(二)项另有规定的从其规定。

第五章　跨境服务[7]

第十条　跨境服务

双方同意就逐步减少歧视性措施保持磋商,具体开放措施列明在附件1表2和附件2中,其他不做承诺。

第六章　电信专章

第十一条　电信服务

双方同意就逐步减少歧视性措施保持磋商,具体开放措施列明在附件1表3和附件2中,其他不做承诺。

第七章　文化专章

第十二条　文化服务

双方同意就逐步减少歧视性措施保持磋商,具体开放措施列明在附件1表4和附件2中,其他不做承诺。

第八章　特殊手续和信息要求

第十三条　特殊手续和信息要求

一、如果特殊手续要求不实质性损害一方根据本协议承担的对另一方服务提供者的义务,则第四条"国民待遇"不应被解释为阻止一方采取或维持与服务相关的特殊手续的措施。

二、尽管有第四条"国民待遇"和第五条"最惠待遇",一方可仅为了信息或统计的目的,要求另一方的服务提供者提供与服务或服务提供者有关的信息。该一方应保护商业机密信息防止因泄露而有损服务提供者的竞争地位。本款不应被解释为阻碍一方获得或披露与公正和诚信适用法律有关的信息。

第九章 投资便利化

第十四条 投资便利化

为提高投资便利化水平,内地同意对香港服务提供者在内地投资本协议对香港开放的服务贸易领域,公司设立及变更的合同、章程审批改为备案管理,备案后按内地有关规定办理相关手续。以下两种情形除外:

(一)第四章第九条涉及保留的限制性措施及电信、文化领域公司、金融机构的设立及变更按现行外商投资法律法规以及相关规定办理;或

(二)公司以外其他形式的商业存在的设立及变更按现行有关规定办理。

第十章 其他条款

第十五条 附件

本协议的附件构成本协议的组成部分。

第十六条 生效和实施

本协议自双方代表正式签署之日起生效,自2016年6月1日起实施。

本协议以中文书就,一式两份。

本协议于二〇一五年十一月二十七日在香港签署。

　　　　中华人民共和国　　　　　　　　中华人民共和国
　　　　商务部副部长　　　　　　　　　香港特别行政区财政司司长

注:

〔1〕内地系指中华人民共和国的全部关税领土。

〔2〕《安排》系《内地与香港关于建立更紧密经贸关系的安排》的简称。

〔3〕根据本条承担的具体承诺不得解释为要求任何一方对由于有关另一方服务或服务提供者的外来特性而产生的任何固有的竞争劣势作出补偿。

〔4〕"审慎原因"这一用语应理解为包括维持单个金融机构或金融体系的安全、稳固、稳健和财务责任,以及维护支付和清算系统的安全以及财务和运营的稳健性。

〔5〕为避免歧义,为执行货币或相关信贷政策或汇率政策而采取的普遍适用的措施,不包括明确将规定了计价货币或货币汇率的合同条款宣布为无效或修改该种条款的措施。

〔6〕在本协议下,本章的商业存在不包括第六章电信专章第十一条电信服务和第七章文化专章第十二条文化服务项下的商业存在。

〔7〕在本协议下,本章的跨境服务不包括第六章电信专章第十一条电信服务和第七章文化专章第十二条文化服务项下的跨境服务。

附件:1. 内地向香港开放服务贸易的具体承诺(略——编者注)
　　　2. 香港向内地开放服务贸易的具体承诺(略——编者注)
　　　3. 关于"服务提供者"定义及相关规定(略——编者注)

国务院关于第一批取消 62 项
中央指定地方实施行政审批事项的决定

国发〔2015〕57 号

各省、自治区、直辖市人民政府,国务院各部委、各直属机构:

经研究论证,国务院决定第一批取消 62 项中央指定地方实施的行政审批事项。

各地区、各部门要抓紧做好取消事项的落实工作,并切实加强事中事后监管。要严格落实行政许可法关于设定行政许可的有关规定,对以部门规章、规范性文件等形式设定的具有行政许可性质的审批事项进行清理,原则上 2015 年底前全部取消。要继续大力推进行政审批制度改革,深入推进简政放权、放管结合、优化服务,加快政府职能转变,不断提高政府管理科学化、规范化、法治化水平。

附件:国务院决定第一批取消中央指定地方实施的行政审批事项目录(共计 62 项)(略——编者注)

国务院
2015 年 10 月 11 日

国务院关于第一批清理规范 89 项
国务院部门行政审批中介服务事项的决定

国发〔2015〕58 号

国务院各部委、各直属机构:

根据推进政府职能转变和深化行政审批制度改革的部署和要求,国务院决定第一批清理规范 89 项国务院部门行政审批中介服务事项,不再作为行政审批的受理条件。

各有关部门要加强组织领导,认真做好清理规范行政审批中介服务事项的落实工作,加快配套改革和相关制度建设,加强事中事后监管,保障行政审批质量和效率。要制定完善中介服务的规范和标准,指导监督本行业中介服务机构建立相关制度,规范中介服务机构及从业人员执业行为,细化服务项目、优化服务流程、提高服务质量,营造公平竞争、破除垄断、优胜劣汰的市场环境,促进中介服务市场健康发展,不断提高政府管理科学化、规范化水平。

附件:国务院决定第一批清理规范的国务院部门行政审批中介服务事项目录(共计89项)(略——编者注)

国务院
2015年10月11日

国家发展改革委关于印发《中华人民共和国政府与吉尔吉斯共和国政府关于两国毗邻地区合作规划纲要(2015—2020年)》的通知

发改地区〔2015〕2241号

新疆自治区人民政府、新疆生产建设兵团,外交部、教育部、科技部、工业和信息化部、公安部、国土资源部、交通运输部、水利部、农业部、商务部、文化部、人民银行、海关总署、质检总局、新闻出版广电总局、旅游局、能源局、民航局、国家开发银行:

9月2日,在习近平主席和吉尔吉斯共和国总统阿塔姆巴耶夫见证下,我委徐绍史主任作为我国政府授权代表与吉尔吉斯共和国经济部部长潘克拉托夫共同签署了《中华人民共和国政府与吉尔吉斯共和国政府关于两国毗邻地区合作规划纲要(2015—2020年)》(以下简称《规划纲要》),现将《规划纲要》印发你们,并就有关事项通知如下:

一、请新疆自治区人民政府、新疆生产建设兵团加强组织领导,明确工作责任,完善工作机制,与吉尔吉斯共和国相关地方政府加强衔接沟通,共同推动落实《规划纲要》。

二、请国务院有关部门按照职能分工,加强对《规划纲要》实施的指导和支持,在有关规划编制、政策实施、项目安排、体制机制创新等方面给予积极支持,帮助解决《规划纲要》实施过程中遇到的困难和问题。

三、我委将会同有关部门加强对《规划纲要》实施的指导和监督,重大问题及时向国务院报告。

附件:中华人民共和国政府与吉尔吉斯共和国政府关于两国毗邻地区合作规划纲要(2015—2020年)(略——编者注)

国家发展改革委
2015年10月8日

国务院关于国有企业发展混合所有制经济的意见

国发〔2015〕54号

各省、自治区、直辖市人民政府，国务院各部委、各直属机构：

发展混合所有制经济，是深化国有企业改革的重要举措。为贯彻党的十八大和十八届三中、四中全会精神，按照"四个全面"战略布局要求，落实党中央、国务院决策部署，推进国有企业混合所有制改革，促进各种所有制经济共同发展，现提出以下意见。

一、总体要求

（一）改革出发点和落脚点。国有资本、集体资本、非公有资本等交叉持股、相互融合的混合所有制经济，是基本经济制度的重要实现形式。多年来，一批国有企业通过改制发展成为混合所有制企业，但治理机制和监管体制还需要进一步完善；还有许多国有企业为转换经营机制、提高运行效率，正在积极探索混合所有制改革。当前，应对日益激烈的国际竞争和挑战，推动我国经济保持中高速增长、迈向中高端水平，需要通过深化国有企业混合所有制改革，推动完善现代企业制度，健全企业法人治理结构；提高国有资本配置和运行效率，优化国有经济布局，增强国有经济活力、控制力、影响力和抗风险能力，主动适应和引领经济发展新常态；促进国有企业转换经营机制，放大国有资本功能，实现国有资产保值增值，实现各种所有制资本取长补短、相互促进、共同发展，夯实社会主义基本经济制度的微观基础。在国有企业混合所有制改革中，要坚决防止因监管不到位、改革不彻底导致国有资产流失。

（二）基本原则。

——政府引导，市场运作。尊重市场经济规律和企业发展规律，以企业为主体，充分发挥市场机制作用，把引资本与转机制结合起来，把产权多元化与完善企业法人治理结构结合起来，探索国有企业混合所有制改革的有效途径。

——完善制度，保护产权。以保护产权、维护契约、统一市场、平等交换、公平竞争、有效监管为基本导向，切实保护混合所有制企业各类出资人的产权权益，调动各类资本参与发展混合所有制经济的积极性。

——严格程序，规范操作。坚持依法依规，进一步健全国有资产交易规则，科学评估国有资产价值，完善市场定价机制，切实做到规则公开、过程公开、结果公开。强化交易主体和交易过程监管，防止暗箱操作、低价贱卖、利益输送、化公为私、逃废债务，杜绝国有资产流失。

——宜改则改，稳妥推进。对通过实行股份制、上市等途径已经实行混合所有制的国有企业，要着力在完善现代企业制度、提高资本运行效率上下功夫；对适宜继续推进混合所有制改革的国有企业,要充分发挥市场机制作用,坚持因地施策、因业施策、因企施策,宜独则独、宜控则控、宜参则参,不搞拉郎配,不搞全覆盖,不设时间表,一企一策,成熟一个推进一个,确保改革规范有序进行。尊重基层创新实践,形成一批可复制、可推广的成功做法。

二、分类推进国有企业混合所有制改革

(三)稳妥推进主业处于充分竞争行业和领域的商业类国有企业混合所有制改革。按照市场化、国际化要求,以增强国有经济活力、放大国有资本功能、实现国有资产保值增值为主要目标,以提高经济效益和创新商业模式为导向,充分运用整体上市等方式,积极引入其他国有资本或各类非国有资本实现股权多元化。坚持以资本为纽带完善混合所有制企业治理结构和管理方式,国有资本出资人和各类非国有资本出资人以股东身份履行权利和职责,使混合所有制企业成为真正的市场主体。

(四)有效探索主业处于重要行业和关键领域的商业类国有企业混合所有制改革。对主业处于关系国家安全、国民经济命脉的重要行业和关键领域、主要承担重大专项任务的商业类国有企业,要保持国有资本控股地位,支持非国有资本参股。对自然垄断行业,实行以政企分开、政资分开、特许经营、政府监管为主要内容的改革,根据不同行业特点实行网运分开、放开竞争性业务,促进公共资源配置市场化,同时加强分类依法监管,规范营利模式。

——重要通信基础设施、枢纽型交通基础设施、重要江河流域控制性水利水电航电枢纽、跨流域调水工程等领域,实行国有独资或控股,允许符合条件的非国有企业依法通过特许经营、政府购买服务等方式参与建设和运营。

——重要水资源、森林资源、战略性矿产资源等开发利用,实行国有独资或绝对控股,在强化环境、质量、安全监管的基础上,允许非国有资本进入,依法依规有序参与开发经营。

——江河主干渠道、石油天然气主干管网、电网等,根据不同行业领域特点实行网运分开、主辅分离,除对自然垄断环节的管网实行国有独资或绝对控股外,放开竞争性业务,允许非国有资本平等进入。

——核电、重要公共技术平台、气象测绘水文等基础数据采集利用等领域,实行国有独资或绝对控股,支持非国有企业投资参股以及参与特许经营和政府采购。粮食、石油、天然气等战略物资国家储备领域保持国有独资或控股。

——国防军工等特殊产业,从事战略武器装备科研生产、关系国家战略安全和涉及国家核心机密的核心军工能力领域,实行国有独资或绝对控股。其他军工领域,分类逐步放宽市场准入,建立竞争性采购体制机制,支持非国有企业参与武器装备科研生产、维修服务和竞争性采购。

——对其他服务国家战略目标、重要前瞻性战略性产业、生态环境保护、共用技术平台等重要行业和关键领域,加大国有资本投资力度,发挥国有资本引导和带动作用。

(五)引导公益类国有企业规范开展混合所有制改革。在水电气热、公共交通、公共设施等提供公共产品和服务的行业和领域,根据不同业务特点,加强分类指导,推进具备条件的企业实现投资主体多元化。通过购买服务、特许经营、委托代理等方式,鼓励非国有企业参与经营。政府要加强对价格水平、成本控制、服务质量、安全标准、信息披露、营运效率、保障能力等方面的监管,根据企业不同特点有区别地考核其经营业绩指标和国有资产保值增值情况,考核中要引入社会评价。

三、分层推进国有企业混合所有制改革

(六)引导在子公司层面有序推进混合所有制改革。对国有企业集团公司二级及以下企业,以研发创新、生产服务等实体企业为重点,引入非国有资本,加快技术创新、管理创新、商业模式创新,合理限定法人层级,有效压缩管理层级。明确股东的法律地位和股东在资本收益、企业重大决策、选择管理者等方面的权利,股东依法按出资比例和公司章程规定行权履职。

(七)探索在集团公司层面推进混合所有制改革。在国家有明确规定的特定领域,坚持国有资本控股,形成合理的治理结构和市场化经营机制;在其他领域,鼓励通过整体上市、并购重组、发行可转债等方式,逐步调整国有股权比例,积极引入各类投资者,形成股权结构多元、股东行为规范、内部约束有效、运行高效灵活的经营机制。

(八)鼓励地方从实际出发推进混合所有制改革。各地区要认真贯彻落实中央要求,区分不同情况,制定完善改革方案和相关配套措施,指导国有企业稳妥开展混合所有制改革,确保改革依法合规、有序推进。

四、鼓励各类资本参与国有企业混合所有制改革

(九)鼓励非公有资本参与国有企业混合所有制改革。非公有资本投资主体可通过出资入股、收购股权、认购可转债、股权置换等多种方式,参与国有企业改制重组或国有控股上市公司增资扩股以及企业经营管理。非公有资本投资主体可以货币出资,或以实物、股权、土地使用权等法律法规允许的方式出资。企业国有产权或国有股权转让时,除国家另有规定外,一般不在意向受让人资质条件中对民间投资主体单独设置附加条件。

(十)支持集体资本参与国有企业混合所有制改革。明晰集体资产产权,发展股权多元化、经营产业化、管理规范化的经济实体。允许经确权认定的集体资本、资产和其他生产要素作价入股,参与国有企业混合所有制改革。研究制定股份合作经济(企业)管理办法。

(十一)有序吸收外资参与国有企业混合所有制改革。引入外资参与国有企业改制重组、合资合作,鼓励通过海外并购、投融资合作、离岸金融等方式,充分利用国际市场、技术、人才等资源和要素,发展混合所有制经济,深度参与国际竞争和全球产业分工,提高资源全球化配置能力。按照扩大开放与加强监管同步的要求,依照外商投资产业指导目录和相关安全审查规定,完善外资安全审查工作机制,切实加强风险防范。

(十二)推广政府和社会资本合作(PPP)模式。优化政府投资方式,通过投资补助、基金注资、担保补贴、贷款贴息等,优先支持引入社会资本的项目。以项目运营绩效评价结果为依据,适时对价格和补贴进行调整。组合引入保险资金、社保基金等长期投资者参与国家重点工程投资。鼓励社会资本投资或参股基础设施、公用事业、公共服务等领域项目,使投资者在平等竞争中获取合理收益。加强信息公开和项目储备,建立综合信息服务平台。

(十三)鼓励国有资本以多种方式入股非国有企业。在公共服务、高新技术、生态环境保护和战略性产业等重点领域,以市场选择为前提,以资本为纽带,充分发挥国有资本投资、运营公司的资本运作平台作用,对发展潜力大、成长性强的非国有企业进行股权投资。鼓励国有企业通过投资入股、联合投资、并购重组等多种方式,与非国有企业进行股权融合、战略合作、资源整合,发展混合所有制经济。支持国有资本与非国有资本共同设立股权投资基金,参与企业改制重组。

(十四)探索完善优先股和国家特殊管理股方式。国有资本参股非国有企业或国有企业引入非国有资本时,允许将部分国有资本转化为优先股。在少数特定领域探索建立国家特殊管理股制度,依照相关法律法规和公司章程规定,行使特定事项否决权,保证国有资本在特定领域的控制力。

(十五)探索实行混合所有制企业员工持股。坚持激励和约束相结合的原则,通过试点稳妥推进员工持股。员工持股主要采取增资扩股、出资新设等方式,优先支持人才资本和技术要素贡献占比较高的转制科研院所、高新技术企业和科技服务型企业开展试点,支持对企业经营业绩和持续发展有直接或较大影响的科研人员、经营管理人员和业务骨干等持股。完善相关政策,健全审核程序,规范操作流程,严格资产评估,建立健全股权流转和退出机制,确保员工持股公开透明,严禁暗箱操作,防止利益输送。混合所有制企业实行员工持股,要按照混合所有制企业实行员工持股试点的有关工作要求组织实施。

五、建立健全混合所有制企业治理机制

(十六)进一步确立和落实企业市场主体地位。政府不得干预企业自主经营,股东不得干预企业日常运营,确保企业治理规范、激励约束机制到位。落实董事会对经理层成员等高级经营管理人员选聘、业绩考核和薪酬管理等职权,维护企业真正的市场主体地位。

(十七)健全混合所有制企业法人治理结构。混合所有制企业要建立健全现代企业制度,明晰产权,同股同权,依法保护各类股东权益。规范企业股东(大)会、董事会、经理层、监事会和党组织的权责关系,按章程行权,对资本监管,靠市场选人,依规则运行,形成定位清晰、权责对等、运转协调、制衡有效的法人治理结构。

(十八)推行混合所有制企业职业经理人制度。按照现代企业制度要求,建立市场导向的选人用人和激励约束机制,通过市场化方式选聘职业经理人依法负责企业经营管理,畅通现有经营管理者与职业经理人的身份转换通道。职业经理人实行任期制和契约化管理,按照市场化原则决定薪酬,可以采取多种方式探索中长期激励机制。严格职业经理人任期管理和绩效考核,加快建立退出机制。

六、建立依法合规的操作规则

(十九)严格规范操作流程和审批程序。在组建和注册混合所有制企业时,要依据相关法律法规,规范国有资产授权经营和产权交易等行为,健全清产核资、评估定价、转让交易、登记确权等国有产权流转程序。国有企业产权和股权转让、增资扩股、上市公司增发等,应在产权、股权、证券市场公开披露信息,公开择优确定投资人,达成交易意向后应及时公示交易对象、交

易价格、关联交易等信息,防止利益输送。国有企业实施混合所有制改革前,应依据本意见制定方案,报同级国有资产监管机构批准;重要国有企业改制后国有资本不再控股的,报同级人民政府批准。国有资产监管机构要按照本意见要求,明确国有企业混合所有制改革的操作流程。方案审批时,应加强对社会资本质量、合作方诚信与操守、债权债务关系等内容的审核。要充分保障企业职工对国有企业混合所有制改革的知情权和参与权,涉及职工切身利益的要做好评估工作,职工安置方案要经过职工代表大会或者职工大会审议通过。

(二十)健全国有资产定价机制。按照公开公平公正原则,完善国有资产交易方式,严格规范国有资产登记、转让、清算、退出等程序和交易行为。通过产权、股权、证券市场发现和合理确定资产价格,发挥专业化中介机构作用,借助多种市场化定价手段,完善资产定价机制,实施信息公开,加强社会监督,防止出现内部人控制、利益输送造成国有资产流失。

(二十一)切实加强监管。政府有关部门要加强对国有企业混合所有制改革的监管,完善国有产权交易规则和监管制度。国有资产监管机构对改革中出现的违法转让和侵吞国有资产、化公为私、利益输送、暗箱操作、逃废债务等行为,要依法严肃处理。审计部门要依法履行审计监督职能,加强对改制企业原国有企业法定代表人的离任审计。充分发挥第三方机构在清产核资、财务审计、资产定价、股权托管等方面的作用。加强企业职工内部监督。进一步做好信息公开,自觉接受社会监督。

七、营造国有企业混合所有制改革的良好环境

(二十二)加强产权保护。健全严格的产权占有、使用、收益、处分等完整保护制度,依法保护混合所有制企业各类出资人的产权和知识产权权益。在立法、司法和行政执法过程中,坚持对各种所有制经济产权和合法利益给予同等法律保护。

(二十三)健全多层次资本市场。加快建立规则统一、交易规范的场外市场,促进非上市股份公司股权交易,完善股权、债权、物权、知识产权及信托、融资租赁、产业投资基金等产品交易机制。建立规范的区域性股权市场,为企业提供融资服务,促进资产证券化和资本流动,健全股权登记、托管、做市商等第三方服务体系。以具备条件的区域性股权、产权市场为载体,探索建立统一结算制度,完善股权公开转让和报价机制。制定场外市场交易规则和规范监管制度,明确监管主体,实行属地化、专业化监管。

(二十四)完善支持国有企业混合所有制改革的政策。进一步简政放权,最大限度取消涉及企业依法自主经营的行政许可审批事项。凡是市场主体基于自愿的投资经营和民事行为,只要不属于法律法规禁止进入的领域,且不危害国家安全、社会公共利益和第三方合法权益,不得限制进入。完善工商登记、财税管理、土地管理、金融服务等政策。依法妥善解决混合所有制改革涉及的国有企业职工劳动关系调整、社会保险关系接续等问题,确保企业职工队伍稳定。加快剥离国有企业办社会职能,妥善解决历史遗留问题。完善统计制度,加强监测分析。

(二十五)加快建立健全法律法规制度。健全混合所有制经济相关法律法规和规章,加大法律法规立、改、废、释工作力度,确保改革于法有据。根据改革需要抓紧对合同法、物权法、公司法、企业国有资产法、企业破产法中有关法律制度进行研究,依照法定程序及时提请修改。推动加快制定有关产权保护、市场准入和退出、交易规则、公平竞争等方面法律法规。

八、组织实施

(二十六)建立工作协调机制。国有企业混合所有制改革涉及面广、政策性强、社会关注度高。各地区、各有关部门和单位要高度重视,精心组织,严守规范,明确责任。各级政府及相关职能部门要加强对国有企业混合所有制改革的组织领导,做好把关定向、配套落实、审核批准、纠偏提醒等工作。各级国有资产监管机构要及时跟踪改革进展,加强改革协调,评估改革成效,推广改革经验,重大问题及时向同级人民政府报告。各级工商联要充分发挥广泛联系非公有制企业的组织优势,参与做好沟通政企、凝聚共识、决策咨询、政策评估、典型宣传等方面工作。

(二十七)加强混合所有制企业党建工作。坚持党的建设与企业改革同步谋划、同步开展,根据企业组织形式变化,同步设置或调整党的组织,理顺党组织隶属关系,同步选配好党组织负责人,健全党的工作机构,配强党务工作者队伍,保障党组织工作经费,有效开展党的工作,发挥好党组织政治核心作用和党员先锋模范作用。

(二十八)开展不同领域混合所有制改革试点示范。结合电力、石油、天然气、铁路、民航、电信、军工等领域改革,开展放开竞争性业务、推进混合所有制改革试点示范。在基础设施和公共服务领域选择有代表性的政府投融资项目,开展多种形式的政府和社会资本合作试点,加快形成可复制、可推广的模式和经验。

(二十九)营造良好的舆论氛围。以坚持"两个毫不动摇"(毫不动摇巩固和发展公有制经济,毫不动摇鼓励、支持、引导非公有制经济发展)为导向,加强国有企业混合所有制改革舆论宣传,做好政策解读,阐释目标方向和重要意义,宣传成功经验,正确引导舆论,回应社会关切,使广大人民群众了解和支持改革。

各级政府要加强对国有企业混合所有制改革的领导,根据本意见,结合实际推动改革。

金融、文化等国有企业的改革,中央另有规定的依其规定执行。

国务院
2015 年 9 月 23 日

中国保监会关于取消和调整一批行政审批事项的通知

保监发〔2015〕78 号

各保监局,各保险公司:

根据 2015 年 4 月 24 日《全国人民代表大会常务委员会关于修改〈中华人民共和国计量法〉等五部法律的决定》对《中华人民共和国保险法》作出的修改,"保险机构在境外设立代表机构审批""保险代理机构动用保证金审批""保险经纪机构动用保证金审批""保险专业代理机构分立、合并、变更组织形式、设立分支机构及解散退出审批""保险经纪机构分立、合并、变更组织形式、设立分支机构及解散退出审批""保险销售从业人员资格核准"及"保险经纪从业人员资格核准"等7项行政审批事项已无法律依据,"保险代理机构设立审批""保险经纪机构设立审批"等2项应改为工商登记后置审批。

按照《国务院审改办关于填报立法修法涉及行政审批事项调整情况和依法及时调整行政审批事项清单的函》(审改办函〔2015〕49号)要求,保监会将取消和调整上述9项行政审批事项,现就有关事项通知如下:

一、中国保监会及各保监局不得受理已取消项目的申请。已经受理的申请,应继续做好相关工作。

二、取消事项及改为后置审批的行政审批事项,其后续管理措施,按照《中国保监会取消和调整的行政审批项目及后续管理措施表》(详见附件1)执行。

三、请各保监局收到本通知后,及时转发辖内各保险公司分支机构、保险中介机构及其分支机构、国外保险机构驻华代表机构、保险行业协会,并按照《中国保监会行政审批事项目录》(详见附件2)要求,做好行政审批有关工作。

附件:1.保监会取消和调整的行政审批项目及后续管理措施表(略——编者注)
2.保监会行政审批事项目录(18项)(略——编者注)

中国保监会
2015年8月7日

关于废止《外商投资广告企业管理规定》的决定

国家工商行政管理总局令第75号

现公布《关于废止〈外商投资广告企业管理规定〉的决定》,自公布之日起生效。

局长　张茅
2015年6月29日

关于废止《外商投资广告企业管理规定》的决定

为了依法推进行政审批制度改革和政府职能转变,促进和保障政府管理由事前审批更多地转为事中事后监管,根据《国务院关于推广中国(上海)自由贸易试验区可复制改革试点经验的通知》(国发〔2014〕65号)的要求,经商商务部同意,现决定废止《外商投资广告企业管理规定》(2008年8月22日国家工商行政管理总局、商务部令第35号)。

本决定自公布之日起生效。

商务部等10部门关于印发《全国流通节点城市布局规划(2015—2020年)》的通知

商建发〔2015〕196号

各省、自治区、直辖市、计划单列市及新疆生产建设兵团商务、发展改革、工业和信息化、财政、国土资源、住房城乡建设、交通运输、农业主管部门,中国人民银行上海总部、各分行,海关总署广东分署、各直属海关:

为建立健全全国骨干流通网络,加快完善现代市场体系,充分发挥流通产业的基础性和先导性作用,根据《国务院关于深化流通体制改革加快流通产业发展的意见》(国发〔2012〕39号)和《国务院办公厅关于印发深化流通体制改革加快流通产业发展重点工作部门分工方案的通知》(国办函〔2013〕69号),商务部等10部门制定了《全国流通节点城市布局规划(2015—2020年)》,现印发给你们,请认真贯彻执行。

附件:全国流通节点城市布局规划(2015—2020年)(略——编者注)

商务部

发展改革委

工业和信息化部

财政部

国土资源部

住房城乡建设部

交通运输部

农业部

人民银行

海关总署

2015年5月25日

财政部关于公布取消5项行政审批项目的通知

财法〔2015〕1号

各省、自治区、直辖市、计划单列市财政厅(局),新疆生产建设兵团财务局,部内各单位,财政部驻各省、自治区、直辖市、计划单列市财政监察专员办事处:

《国务院关于取消和调整一批行政审批项目等事项的决定》(国发〔2015〕11号)决定取消财政部5项行政审批项目,现予公布。

各地区、各单位要认真贯彻落实国务院决定精神,抓紧做好取消审批项目的落实和衔接工作,及时制(修)订相关管理制度,健全监督制约机制,不断提高财政管理的科学化规范化水平。

附件:财政部取消的行政审批项目目录(略——编者注)

财政部
2015年3月19日

国务院关于取消和调整一批行政审批项目等事项的决定

国发〔2015〕11号

各省、自治区、直辖市人民政府,国务院各部委、各直属机构:

经研究论证,国务院决定,取消和下放90项行政审批项目,取消67项职业资格许可和认定事项,取消10项评比达标表彰项目,将21项工商登记前置审批事项改为后置审批,保留34项工商登记前置审批事项。同时,建议取消和下放18项依据有关法律设立的行政审批和职业资格许可认定事项,将5项依据有关法律设立的工商登记前置审批事项改为后置审批,国务院将依照法定程序提请全国人民代表大会常务委员会修订相关法律规定。《国务院关于取消和下放一批行政审批项目的决定》(国发〔2014〕5号)中提出的涉及修改法律的行政审批事项,有4项国务院已按照法定程序提请全国人民代表大会常务委员会修改了相关法律,现一并予以公布。

各地区、各部门要继续坚定不移推进行政审批制度改革,加大简政放权力度,健全监督制约机制,加强对行政审批权运行的监督,不断提高政府管理科学化规范化水平。要认真落实工商登记改革成果,除法律另有规定和国务院决定保留的工商登记前置审批事项外,其他事项一律不得作为工商登记前置审批。企业设立后进行变更登记、注销登记,依法需要前置审批的,继续按有关规定执行。

附件:1. 国务院决定取消和下放管理层级的行政审批项目目录(共计94项)(略——编者注)
2. 国务院决定取消的职业资格许可和认定事项目录(共计67项)(略——编者注)
3. 国务院决定取消的评比达标表彰项目目录(共计10项)(略——编者注)
4. 国务院决定改为后置审批的工商登记前置审批事项目录(共计21项)(略——编者注)
5. 国务院决定保留的工商登记前置审批事项目录(共计34项)(略——编者注)

国务院
2015年2月24日

国务院关于加快培育外贸竞争新优势的若干意见

国发〔2015〕9号

各省、自治区、直辖市人民政府,国务院各部委、各直属机构:

对外贸易是我国开放型经济体系的重要组成部分和国民经济发展的重要推动力量。在国际环境和国内发展条件都发生重大变化的历史背景下,保持我国外贸传统优势、加快培育竞争新优势是事关我国发展全局的重大问题。为巩固外贸传统优势、加快培育竞争新优势,实现我国对外贸易持续健康发展,推动我国由贸易大国向贸易强国转变,现提出如下意见:

一、充分认识加快培育外贸竞争新优势的重要性和紧迫性

经过改革开放30多年的发展,我国对外贸易取得举世瞩目的成就,2013年跃居世界第一货物贸易大国,对于推动我国经济社会发展、提高国家综合实力和国际影响力、加强与世界经济融合发挥了不可取代的重要作用。当前,世界经济仍处在国际金融危机后的深度调整期,全球总需求不振,大规模国际产业转移明显放缓,世界科技和产业革命孕育新突破,贸易保护主义持续升温。我国经济正处于"三期叠加"阶段,经济发展进入新常态。今后一段时期,外贸发展既面临重要机遇期,出口竞争优势依然存在,也面临严峻挑战,传统竞争优势明显削弱,新的竞争优势尚未形成。企业创新能力亟待增强,品牌产品占比偏低,同质化竞争较为普遍。参与国际贸易规则制定的能力有待提升,外贸体制和营商环境需进一步改进。必须适应新形势新要求,努力巩固外贸传统优势,加快培育竞争新优势,继续发挥出口对经济发展的重要作用。这既是巩固贸易大国、建设贸易强国的必由之路,也是促进我国经济持续健康发展的战略选择,对于实现"两个一百年"奋斗目标和中华民族伟大复兴的中国梦,具有重大而深远的意义。

二、总体要求

(一)指导思想。深入贯彻党的十八大和十八届二中、三中、四中全会精神,认真落实党中央、国务院的决策部署,充分发挥市场配置资源的决定性作用和更好发挥政府作用,主动适应经济新常态,统筹考虑和综合运用国际国内两个市场、两种资源,着力调整优化贸易结构、转变外贸发展方式,提升我国外贸在全球价值链中的地位,提高外贸增长的质量和效益,实现外贸持续健康发展,推动我国由贸易大国向贸易强国转变,为国民经济和社会发展作出更大贡献。

(二)基本原则。

深化改革,创新驱动。深化外贸体制机制改革,营造创新发展环境。增强科技创新能力,创新商业模式和贸易业态,集成新的竞争优势,增强外贸发展的内生动力。

开放引领,互利共赢。以更大范围、更广领域、更高层次的开放,通过"走出去"与"引进来"相结合带动贸易增长,扩大与贸易伙伴利益汇合点,形成更加和谐稳定的发展环境,共创更大市场空间。

内外联动,持续发展。更加积极地促进内需和外需平衡、进口和出口平衡、引进外资和对外投资平衡,逐步实现国际收支平衡,构建开放型经济新体制。

统筹规划,分类指导。加强规划指导和统筹推进,因地制宜、分类施策,实现货物贸易与服务贸易、贸易与投资、传统产业与新兴产业、沿海与内陆协调互动发展。

夯实基础,重点突破。加强贸易与产业的结合,全面参与全球价值链、产业链重构进程,提高产业国际竞争力。

(三)目标任务。巩固贸易大国地位,推进贸易强国进程。努力提高新兴市场、中西部地区、一般贸易、服务贸易和品牌产品在我国外贸中的占比。力争到2020年,外贸传统优势进一步巩固,竞争新优势培育取得实质性进展。着力优化国际市场布局,推进市场多元化;着力优化国内区域布局,推动东中西部协调发展;着力优化外贸商品结构,提升出口附加值和技术含量;着力优化经营主体结构,促进各类企业共同发展;着力优化贸易方式,推进对外贸易转型升级。

大力推动我国外贸由规模速度型向质量效益型转变,努力实现五个转变:一是推动出口由货物为主向货物、服务、技术、资本输出相结合转变;二是推动竞争优势由价格优势为主向技术、品牌、质量、服务为核心的综合竞争优势转变;三是推动增长动力由要素驱动为主向创新驱动转变;四是推动营商环境由政策引导为主向制度规范和营造法治化国际化营商环境转变;五是推动全球经济治理地位由遵守、适应国际经贸规则为主向主动参与国际经贸规则制订转变。

三、大力推动外贸结构调整

(一)推动国际市场结构调整。推动进出口市场结构从传统市场为主向多元化市场全面发展转变。深耕美、欧、日等传统市场。加大拉美、非洲等新兴市场开拓力度,综合考虑经济规模、发展速度、资源禀赋、风险程度等因素,选择若干个新兴市场重点开拓,逐步提高新兴市场在我国外贸中的比重。扩大先进技术设备进口,促进质量好、档次高、具有比较优势的产业和产品出口。

(二)推动国内区域协调发展。按照国家对重点产业布局和产业转移的总体部署,形成有利于发挥地区比较优势、产业链合理分工的新局面。鼓励东部地区重点发展高端产业、高增值环节和总部经济,提高贸易的质量和效益,发挥示范带动作用。支持中西部地区结合地方实际,积极承接东部地区产业转移,规模与质量并重提升。加快沿边开放步伐,有序发展跨境经济合作区,扩大与周边国家经贸往来。

(三)推动各类外贸经营主体协调发展。鼓励行业龙头企业延长产业链,提高国际化经营水平。推动优势企业强强联合、跨地区兼并重组和对外投资合作。加快形成一批在全球范围内配置要素资源、布局市场网络的具有跨国经营能力的大企业。鼓励创新型、创业型和劳动密集型中小微企业发展,支持企业走"专精特新"和与大企业协作配套发展的道路。支持有创新能力的外向型民营企业发展。

(四)推动外贸商品结构调整。加强对重点行业出口的分类指导。继续巩固和提升纺织、服装、箱包、鞋帽、玩具、家具、塑料制品等劳动密集型产品在全球的主导地位。提升农产品精深加工能力和特色发展水平。强化电力、轨道交通、通信设备、船舶、工程机械、航空航天等装备制造业和大型成套设备出口的综合竞争优势,着力扩大投资类商品出口。进一步提高节能环保、新一代信息技术、新能源等战略性新兴产业的国际竞争力。扩大先进技术设备、关键零部件等进口,促进产业结构调整和优化升级。稳定能源资源产品进口,完善战略储备体系。合理增加一般消费品进口,引导境外消费回流。促进贸易平衡,继续对最不发达国家部分进口产品实施零关税待遇。

(五)推动贸易方式优化。做强一般贸易,扩大一般贸易规模,提升一般贸易出口产品的附加值,增加品牌产品出口,发挥品牌增值效应,提高盈利能力。创新加工贸易模式,促进沿海地区加工贸易转型升级,向品牌、研发、分拨和结算中心等产业链高端延伸,稳妥推进有条件的企业将整机、零部件、原材料配套、研发结算等向内陆和沿边地区转移,形成产业集群,构建发展新格局。加快边境贸易创新发展和转型升级。

(六)大力发展服务贸易。推动服务贸易便利化。培育服务新业态,加强研发服务、技术转移等科技服务业发展。稳定和拓展旅游、运输、劳务等传统服务业出口;扩大金融、物流等服务业对外开放;重点培育和扩大通信、金融、会计等新兴服务贸易,提升服务业国际化水平,提高服务贸易在对外贸易中的比重。推进国内服务市场健全制度、标准、规范和监管体系,促进专业人才和专业服务跨境流动便利。积极发展服务外包。

四、加快提升对外贸易国际竞争力

（一）加快提升出口产品技术含量。加快运用现代技术改造传统产业，提升劳动密集型产品质量、档次和技术含量，推动传统产业向中高端迈进。利用资本市场大力支持传统产业收购兼并。着力构建以企业为主体、市场为导向、产学研贸相结合的技术创新体系。加大科技创新投入，支持企业原始创新。鼓励企业以进口、境外并购、国际招标、招才引智等方式引进先进技术，促进消化吸收再创新。支持国内企业通过自建、合资、合作等方式设立海外研发中心。鼓励跨国公司和境外科研机构在我国设立研发机构。支持企业、行业组织参与国际标准制订，大力推动我国标准国际化，支持通信等领域的技术标准在海外推广应用。

（二）加快培育外贸品牌。研究建立出口品牌统计制度。引导企业加强品牌建设。推动有条件的地区、行业和企业建立品牌推广中心，推介拥有核心技术的品牌产品。鼓励企业创立品牌，鼓励有实力的企业收购品牌，大力培育区域性、行业性品牌。支持企业开展商标和专利的国外注册保护，开展海外维权。采取多种方式，加大中国品牌海外推介力度。

（三）加快提高出口产品质量。积极采用国际先进质量标准，建立国际认可的产品检测和认证体系，鼓励企业按照国际标准组织生产和质量检验。推动出口产品质量安全示范区建设。加快推进与重点出口市场检验体系和证书互认。加强重要产品追溯体系建设，完善产品质量安全风险预警与快速反应机制，建立完善出口产品质量检测公共平台，支持出口企业开展质量管理体系认证。加强出口农产品质量提升工作，加大对外技术质量磋商谈判力度，稳定出口食品农产品质量安全水平。严厉打击出口侵犯知识产权和假冒伪劣商品违法行为。

（四）加快建立出口产品服务体系。鼓励企业将售后服务作为开拓国际市场的重要途径，提升服务质量，完善服务体系。鼓励企业有计划地针对不同市场、不同产品，采取与国外渠道商合作、自建等方式，建设服务保障支撑体系，完善售后服务标准，提高用户满意度。积极运用信息技术发展远程监测诊断、运营维护、技术支持等售后服务新业态。在境外建立电力、通信、轨道交通等大型成套设备的售后维修服务中心和备件生产基地，带动中国装备和服务出口。

（五）加快培育新型贸易方式。大力推动跨境电子商务发展，积极开展跨境电子商务综合改革试点工作，抓紧研究制订促进跨境电子商务发展的指导意见。培育一批跨境电子商务平台和企业，大力支持企业运用跨境电子商务开拓国际市场。鼓励跨境电子商务企业通过规范的"海外仓"等模式，融入境外零售体系。促进市场采购贸易发展，培育若干个内外贸结合商品市场，推进在内外贸结合商品市场实行市场采购贸易，扩大商品出口。培育一批外贸综合服务企业，加强其通关、物流、退税、金融、保险等综合服务能力。

（六）加强区域开放载体建设。深化中国（上海）自由贸易试验区改革开放，在全国复制推广改革试点经验。推进广东、天津、福建三个新设自由贸易试验区的建设，做好中国（上海）自由贸易试验区扩区等工作，并逐步扩大试点范围，形成各具特色的改革开放高地。积极探索开放平台转型升级的新途径，将国家级经济技术开发区、国家高新技术产业开发区、海关特殊监管区域等各类园区打造成为我国高端制造、物流、研发、销售、结算、维修中心。

（七）加快建设对外贸易平台。加快外贸转型升级基地建设，培育一批综合型、专业型和企业型基地。加快贸易促进平台建设，培育若干个国际知名度高、影响力大的国家级会展平台，打造重点行业国际知名专业展会。培育一批进口促进平台,发挥其对进口的促进作用。加强培育有国际影响力的证券、大宗商品及金融衍生品市场,提升参与国际市场竞争的能力。加快国际营销网络建设,鼓励企业在境外建设展示中心、分拨中心、批发市场、零售网点等。

五、全面提升与"一带一路"沿线国家经贸合作水平

(一)深化贸易合作。稳定劳动密集型产品等优势产品对沿线国家出口,抓住沿线国家基础设施建设机遇,带动大型成套设备及技术、标准、服务出口。顺应沿线国家产业转型升级趋势,加快机电产品和高新技术产品出口。加快与相关国家开展农产品检验检疫合作及准入谈判,扩大与沿线国家农产品贸易。扩大自沿线国家进口,促进贸易平衡。

(二)大力拓展产业投资。推动我国优势产业产能走出国门,促进中外产能合作,拓展发展空间。鼓励较高技术水平的核电、发电及输变电、轨道交通、工程机械、汽车制造等行业企业到沿线国家投资。支持轻工纺织、食品加工等行业企业到沿线国家投资办厂。开展农牧渔业、农机及农产品流通等领域深度合作。深化能源资源合作,加强海洋经济合作。支持境外产业园区、科技园区等建设,促进产业集聚发展。

(三)优化周边经贸发展格局。巩固和扩大电力输送、光缆通信等合作,加快形成面向中亚、俄蒙、新欧亚大陆桥、东南亚、南亚等地区的国际大通道。以重点经贸产业园区为合作平台,着力推进重点开发开放试验区、境外经贸合作区、跨境经济合作区、边境经济合作区建设,共同打造若干国际经济合作走廊。扎实推动中巴经济走廊和孟中印缅经济走廊建设,指导我国企业有序参与建设活动。

六、努力构建互利共赢的国际合作新格局

(一)加快对外贸易与对外投资有效互动。深化对外投资管理体制改革,实行备案为主的管理模式,提高对外投资便利化水平。加快推进签订高水平的投资协定,推动制订投资规则。大力推动中国装备"走出去",推进国际产能合作,提升合作层次。着力推动家用电器、机械装备等行业有实力、有条件的企业加快境外产业合作,积极稳妥开展境外技术和营销网络等并购。深化国际能源资源开发和加工互利合作,稳步推进境外农业投资合作,带动相关产品进出口。创新对外投资合作方式,支持开展绿地投资、联合投资等,带动我国产品、技术、标准、服务出口。

(二)进一步提高利用外资的质量和水平。稳定外商投资规模和速度,提高引进外资质量。创新利用外资管理体制,探索实行准入前国民待遇加负面清单管理模式。将承接国际制造业转移和促进国内产业转型升级相结合,积极引导外资投向新兴产业、高新技术、节能环保等领域。鼓励跨国公司在华设立地区总部、采购中心、财务管理中心,促进引资与引智相结合,进一步发挥外资作为引进先进技术、管理经验和高素质人才载体的作用。

(三)加快实施自贸区战略。继续维护多边贸易体制在全球贸易发展中的主导地位,以开放的态度加快实施自贸区战略,发挥自贸区对贸易投资的促进作用。尽早签署并实施中国—韩国、中国—澳大利亚自贸协定,积极推动中国—东盟自贸区升级谈判,推进中日韩、区域全面经济伙伴关系(RCEP)、中国—海湾国家合作委员会、中国—以色列、中国—斯里兰卡等自贸协定谈判和建设进程,稳步推进亚太自贸区建设,适时启动与其他经贸伙伴的自贸协定谈判。大力推动内地和港澳的经济一体化,继续推进两岸经贸合作制度化。加强顶层设计,积极同"一带一路"沿线国家和地区商建自贸区,加快形成立足周边、辐射"一带一路"、面向全球的高标准自贸区网络。

七、营造法治化国际化营商环境

(一)优化公平竞争的市场环境。学习借鉴成熟市场经济国家的贸易规制,完善符合我国国情和国际惯例的外贸法律法规体系。加强外贸企业诚信体系建设,建立商务、海关、质检、工商等部门协调机制,探索建立进出口企业信用评价体系,以适当方式对外公布或推荐我信用状况良好的企业。加强知识产权保护,依法查处制售侵权假冒商品违法企业,建立诚信守法便利和违法失信惩戒机制。探索建立规范外贸经营秩序新模式,完善重点行业进出口管理和竞争自律公约机制。加强外贸及产业政策的合规性审查。加强双边对话与合作,促美欧等发达国家放宽对华出口管制。

(二)提高贸易便利化水平。加大贸易便利化改革力度,降低贸易成本。推进大通关建设,全面实现口岸管理相关部门信息互换、监管互认、执法互助。加快区域通关一体化改革,建立高效便捷的通关制度,推行通关作业无纸化。增强海关查验的针对性和有效性。加快电子口岸建设,推进国际贸易"单一窗口"建设。建立完善国际贸易供应链管理机制,推动实施"经认证的经营者"(AEO)国际互认。清理规范进出口环节经营性服务和收费,切实减轻企业负担。

(三)提升国际经贸规则话语权。推进全球经济治理体系改革,推动引领多边、区域、双边国际经贸规则制订。继续深入参与多边贸易体制运作,广泛参与出口管制国际规则和管制清单制订。积极参与全球价值链合作,加强贸易增加值核算体系建设,建立健全全球价值链规则制订与利益分享机制。

(四)积极应对贸易摩擦。建立应对贸易摩擦部门协调机制,加强贸易摩擦和贸易壁垒预警机制建设,强化贸易摩擦预警信息公共服务,积极提供法律技术咨询和服务,指导相关行业和企业应对贸易摩擦。积极参加多双边规则谈判,充分利用世界贸易组织规则,有效化解贸易摩擦和争端。分析评估国外贸易投资法律、政策及措施,调查涉及我国的歧视性贸易壁垒措施并开展应对。依法发起贸易救济调查,维护国内产业安全和企业合法权益。

八、完善政策体系

(一)深化外贸体制改革。完善外贸政策协调机制,加强财税、金融、产业、贸易等政策之间的衔接和配合。完善外贸促进政策和体系。根据安全标准、环保标准、社会责任等要求,依法完善商品进出口管理。加强外贸行政审批事项下放后的监管体系建设,强化事中事后监管。优化通关、质检、退税、外汇管理方式等,加快海关特殊监管区域整合优化,支持跨境电子商务、外贸综合服务平台、市场采购贸易等新型贸易方式发展。

(二)加强贸易政策与产业政策的协调。适时修订产业结构调整指导目录和外商投资产业指导目录。促进战略性新兴产业国际化发展,密切跟踪世界科技和产业发展方向,突破一批关键核心技术,加快形成先导性、支柱性产业。加强贸易政策和产业政策的互动,鼓励优势产业产能向外拓展发展空间。加快产业布局调整,推进区域协调发展。进一步深化国际产业合作,提高国际竞争力。

（三）完善财税政策。在现有支持政策基础上进一步丰富和完善支持内容和方式,加强对社会资金的引导,改善公共服务,促进优化对外贸易结构和布局,推动创新发展、品牌培育、产品和服务质量提升及国际营销网络、境外服务机构建设。促进边境贸易发展。完善支持服务贸易发展的政策促进体系。进一步优化进出口关税结构。逐步实施国际通行的退税政策,进一步完善出口退税分担机制。

（四）完善金融政策。鼓励金融机构为企业在境外提供融资支持。支持金融机构灵活运用流动资金贷款等方式,加强对有效益的企业的信贷支持。积极创新外汇储备运用,通过外汇储备委托贷款等多种方式支持企业"走出去"。研究建立融资保险长期制度性安排,强化对外贸发展的促进和保障作用。扩大人民币在跨境贸易和投资中的使用,继续完善人民币汇率形成机制。鼓励金融机构向企业提供更多的直接或间接投融资产品,开发适应实体经济发展需要的避险产品和风险管理工具,帮助企业有效规避汇率风险。大力发展政府支持的融资担保和再担保机构,完善银担合作机制,不断创新产品和服务。鼓励金融机构"走出去",加快金融机构海外布局,提高为实体企业服务的能力。

（五）提高公共服务能力。加强对重点市场相关法律、准入政策、技术法规等收集发布。加快技术性贸易措施公共信息服务平台建设。发挥驻外使领馆在提供市场信息、应对贸易摩擦等方面的作用。深化商协会管理体制改革,推动其在行业信息交流、行业标准体系建设、组织企业参加国内外展会、推进行业自律等方面发挥更大作用。加强外贸人才培养,营造良好的外贸人才发展环境。大力发展职业教育和培训,提升劳动者职业技能。

九、加强组织实施

培育外贸竞争新优势是一项长期的、涉及面广的系统工作,各有关方面要加强协调,形成合力。商务部要会同相关部门制订培育外贸竞争新优势的行动计划,建立协调工作机制。各部门要抓紧研究制订具体工作方案。地方各级人民政府要结合本地实际,出台有针对性的相关措施,抓好政策落实工作。

国务院

2015 年 2 月 12 日

（本文有删减）

国务院关于加快发展服务贸易的若干意见

国发〔2015〕8号

各省、自治区、直辖市人民政府,国务院各部委、各直属机构:

近年来,我国服务贸易发展较快,但总体上国际竞争力相对不足,仍是对外贸易"短板"。大力发展服务贸易,是扩大开放、拓展发展空间的重要着力点,有利于稳定和增加就业、调整经济结构、提高发展质量效率、培育新的增长点。为适应经济新常态,加快发展服务贸易,现提出以下意见:

一、总体要求

(一)指导思想。深入贯彻党的十八大和十八届二中、三中、四中全会精神,以深化改革、扩大开放、鼓励创新为动力,着力构建公平竞争的市场环境,促进服务领域相互投资,完善服务贸易政策支持体系,加快服务贸易自由化和便利化,推动扩大服务贸易规模,优化服务贸易结构,增强服务出口能力,培育"中国服务"的国际竞争力。

(二)基本原则。

深化改革,扩大开放。深化服务业改革,放宽服务领域投资准入,减少行政审批事项,打破地区封锁和行业垄断,破除制约服务业发展的体制机制障碍;坚持有序推进服务业开放,以开放促改革、促发展、促创新。

市场竞争,政府引导。发挥市场在服务贸易领域资源配置中的决定性作用,着力激发各类市场主体发展新活力;强化政府在制度建设、宏观指导、营造环境、政策支持等方面的职责,更好发挥政府引导作用。

产业支撑,创新发展。注重产业与贸易、货物贸易与服务贸易协调发展。依托制造业优势发展服务贸易,带动中国服务"走出去";发挥服务贸易的支撑作用,提升货物贸易附加值。夯实服务贸易发展基础,增强服务业的国际竞争力。

(三)发展目标。服务业开放水平进一步提高,服务业利用外资和对外投资范围逐步扩大、质量和水平逐步提升。服务贸易规模日益扩大,到2020年,服务进出口额超过1万亿美元,服务贸易占对外贸易的比重进一步提升,服务贸易的全球占比逐年提高。服务贸易结构日趋优化,新兴服务领域占比逐年提高,国际市场布局逐步均衡,"一带一路"沿线国家在我国服务出口中的占比稳步提升。

二、主要任务

（四）扩大服务贸易规模。巩固旅游、建筑等劳动密集型服务出口领域的规模优势；重点培育运输、通信、金融、保险、计算机和信息服务、咨询、研发设计、节能环保、环境服务等资本技术密集型服务领域发展，既通过扩大进口满足国内需求，又通过鼓励出口培育产业竞争力和外贸竞争新优势；积极推动文化艺术、广播影视、新闻出版、教育等承载中华文化核心价值的文化服务出口，大力促进文化创意、数字出版、动漫游戏等新型文化服务出口，加强中医药、体育、餐饮等特色服务领域的国际交流合作，提升中华文化软实力和影响力。

（五）优化服务贸易结构。优化服务贸易行业结构，积极开拓服务贸易新领域，稳步提升资本技术密集型服务和特色服务等高附加值服务在服务进出口中的占比。优化国际市场布局，继续巩固传统市场，在挖掘服务出口潜力的同时，加大资本技术密集型服务进口力度；大力开拓"一带一路"沿线国家市场，提高新兴国家市场占比，积极发展运输、建筑等服务贸易，培育具有丝绸之路特色的国际精品旅游线路和产品，推进承载中华文化的特色服务贸易发展，提高资本技术密集型服务贸易占比。优化国内区域布局，巩固东部沿海地区的规模和创新优势，加快发展资本技术密集型服务贸易，发挥中西部地区的资源优势，培育特色产业，鼓励错位竞争、协同发展。

（六）规划建设服务贸易功能区。充分发挥现代服务业和服务贸易集聚作用，在有条件的地区开展服务贸易创新发展试点。依托现有各类开发区和自由贸易试验区规划建设一批特色服务出口基地。拓展海关特殊监管区域和保税监管场所的服务出口功能，扩充国际转口贸易、国际物流、中转服务、研发、国际结算、分销、仓储等功能。

（七）创新服务贸易发展模式。积极探索信息化背景下新的服务贸易发展模式，依托大数据、物联网、移动互联网、云计算等新技术推动服务贸易模式创新，打造服务贸易新型网络平台，促进制造业与服务业、各服务行业之间的融合发展。将承接服务外包作为提升我国服务水平和国际影响力的重要手段，扩大服务外包产业规模，增加高技术含量、高附加值外包业务比重，拓展服务外包业务领域，提升服务跨境交付能力。推动离岸、在岸服务外包协调发展，在积极承接国际服务外包的同时，逐步扩大在岸市场规模。

（八）培育服务贸易市场主体。打造一批主业突出、竞争力强的大型跨国服务业企业，培育若干具有较强国际影响力的服务品牌；支持有特色、善创新的中小企业发展，引导中小企业融入全球供应链。鼓励规模以上服务业企业走国际化发展道路，积极开拓海外市场，力争规模以上服务业企业都有进出口实绩。支持服务贸易企业加强自主创新能力建设，鼓励服务领域技术引进和消化吸收再创新。

（九）进一步扩大服务业开放。探索对外商投资实行准入前国民待遇加负面清单的管理模式，提高利用外资的质量和水平。推动服务业扩大开放，推进金融、教育、文化、医疗等服务业领域有序开放，逐步实现高水平对内对外开放；放开育幼养老、建筑设计、会计审计、商贸物流、电子商务等服务业领域外资准入限制。积极参与多边、区域服务贸易谈判和全球服务贸易规则制定。建立面向全球的高标准自由贸易区网络，依托自由贸易区战略实施，积极推动服务业双向互惠开放。基本实现内地与港澳服务贸易自由化。推动大陆与台湾服务业互利开放。

（十）大力推动服务业对外投资。支持各类服务业企业通过新设、并购、合作等方式,在境外开展投资合作,加快建设境外营销网络,增加在境外的商业存在。支持服务业企业参与投资、建设和管理境外经贸合作区。鼓励企业建设境外保税仓,积极构建跨境产业链,带动国内劳务输出和货物、服务、技术出口。支持知识产权境外登记注册,加强知识产权海外布局,加大海外维权力度,维护企业权益。

三、政策措施

（十一）加强规划引导。发挥规划的引领作用,定期编制服务贸易发展规划。指导地方做好规划工作,确立主导行业和发展重点,扶持特色优势行业发展。加强对重点领域的支持引导,制订重点服务出口领域指导目录。建立不同层级的重点企业联系制度。

（十二）完善财税政策。充分利用外经贸发展专项资金等政策,加大对服务贸易发展的支持力度,进一步优化资金安排结构,突出政策支持重点,完善和创新支持方式,引导更多社会资金加大对服务贸易发展的支持力度,拓宽融资渠道,改善公共服务。结合全面实施"营改增"改革,对服务出口实行零税率或免税,鼓励扩大服务出口。

（十三）创新金融服务。加强金融服务体系建设,鼓励金融机构在风险可控的前提下创新金融产品和服务,开展供应链融资、海外并购融资、应收账款质押贷款、仓单质押贷款、融资租赁等业务。鼓励政策性金融机构在现有业务范围内加大对服务贸易企业开拓国际市场、开展国际并购等业务的支持力度,支持服务贸易重点项目建设。鼓励保险机构创新保险品种和保险业务,探索研究推出更多、更便捷的外贸汇率避险险种,在风险可控的前提下采取灵活承保政策,简化投保手续。引导服务贸易企业积极运用金融、保险等多种政策工具开拓国际市场,拓展融资渠道。推动小微企业融资担保体系建设,积极推进小微企业综合信息共享。加大多层次资本市场对服务贸易企业的支持力度,支持符合条件的服务贸易企业在交易所市场上市、在全国中小企业股份转让系统挂牌、发行公司债和中小企业私募债等。

（十四）提高便利化水平。建立和完善与服务贸易特点相适应的口岸通关管理模式。探索对会展、拍卖、快递等服务企业所需通关的国际展品、艺术品、电子商务快件等特殊物品的监管模式创新,完善跨境电子商务通关服务。加强金融基础设施建设,便利跨境人民币结算,鼓励境内银行机构和支付机构扩大跨境支付服务范围,支持服务贸易企业采用出口收入存放境外等方式提高外汇资金使用效率。加强人员流动、资格互认、标准化等方面的国际磋商与合作,为专业人才和专业服务"引进来"和"走出去"提供便利。为外籍高端人才办理在华永久居留提供便利。

（十五）打造促进平台。支持商协会和促进机构开展多种形式的服务贸易促进活动,通过政府购买服务的形式整体宣传"中国服务",提升服务贸易品牌和企业形象。支持企业赴境外参加服务贸易重点展会。积极培育服务贸易交流合作平台,形成以中国(北京)国际服务贸易交易会为龙头、以各类专业性展会论坛为支撑的服务贸易会展格局,鼓励其他投资贸易类展会增设服务贸易展区。积极与主要服务贸易合作伙伴和"一带一路"沿线国家签订服务贸易合作协议,在双边框架下开展务实合作。

四、保障体系

（十六）健全法规体系。加快推进相关服务行业基础性法律制修订工作，逐步建立和完善服务贸易各领域法律法规体系，规范服务贸易市场准入和经营秩序。研究制定或完善有关服务进出口的相关法规。鼓励有条件的地方出台服务贸易地方性法规。建立与国际接轨的服务业标准化体系。

（十七）建立协调机制。建立国务院服务贸易发展协调机制，加强对服务贸易工作的宏观指导，统筹服务业对外开放、协调各部门服务出口政策、推进服务贸易便利化和自由化。各地要将大力发展服务贸易作为稳定外贸增长和培育外贸竞争新优势的重要工作内容，纳入政府考核评价指标体系，完善考核机制。

（十八）完善统计工作。建立和完善国际服务贸易统计监测、运行和分析体系，健全服务贸易统计指标体系，加强与国际组织、行业协会的数据信息交流，定期发布服务贸易统计数据。创新服务贸易统计方法，加强对地方服务贸易统计工作的指导，开展重点企业数据直报工作。

（十九）强化人才培养。大力培养服务贸易人才，加快形成政府部门、科研院所、高校、企业联合培养人才的机制。加大对核心人才、重点领域专门人才、高技能人才和国际化人才的培养、扶持和引进力度。鼓励高等学校国际经济与贸易专业增设服务贸易相关课程。鼓励各类市场主体加大人才培训力度，开展服务贸易经营管理和营销服务人员培训，建设一支高素质的专业人才队伍。

（二十）优化发展环境。积极营造全社会重视服务业和服务贸易发展的良好氛围。清理和规范服务贸易相关法律法规和部门规章，统一内外资法律法规，培育各类市场主体依法平等进入、公平竞争的营商环境。推动行业协会、商会建立健全行业经营自律规范、自律公约和职业道德准则，规范会员行为，推进行业诚信建设，自觉维护市场秩序。

五、组织领导

（二十一）各地区、各有关部门要从全局和战略的高度，充分认识大力发展服务贸易的重要意义，根据本地区、本部门、本行业实际情况，制订出台行动计划和配套支持政策。各地区要建立工作机制，结合本地实际，积极培育服务贸易特色优势产业。各有关部门要密切协作，形成合力，促进产业政策、贸易政策、投资政策的良性互动，积极营造大力发展服务贸易的政策环境。

附件：重点任务分工及进度安排表（略——编者注）

国务院
2015年1月28日

国家发展改革委、中央编办关于一律不得将企业经营自主权事项作为企业投资项目核准前置条件的通知

发改投资〔2014〕2999号

各省、自治区、直辖市及计划单列市人民政府、新疆生产建设兵团,工业和信息化部、国家烟草局、国家能源局:

根据《国务院办公厅关于印发精简审批事项规范中介服务实行企业投资项目网上并联核准制度工作方案的通知》(国办发〔2014〕59号)要求,对于属于企业经营自主权的事项,一律不再作为企业投资项目核准前置条件,并要求2014年底前公布取消。现将有关事项通知如下:

一、总体要求

全面贯彻落实党的十八大和十八届二中、三中、四中全会精神,按照使市场在资源配置中起决定性作用和更好发挥政府作用的要求,全面深化投资体制改革,按照"谁投资、谁决策、谁受益、谁承担风险"的原则,确立企业投资主体地位。企业投资项目,除关系国家安全和生态安全、涉及全国重大生产力布局、战略性资源开发和重大公共利益等项目外,一律由企业依法依规自主决策。

企业投资建设实行核准制的项目,政府仅从维护经济安全、合理开发利用资源、保护生态环境、优化重大布局、保障公共利益、防止出现垄断等"外部性"方面进行核准。对外商投资项目,还要从市场准入、资金项目管理等方面进行核准。项目的市场前景、经济效益、资金来源和产品技术方案等"内部性"条件,均由企业自主决策、自担风险,项目核准机关不得干预企业投资自主权,不得将属于企业经营自主权的事项作为企业投资项目核准的前置条件。

二、取消范围

下列事项一律不再作为企业投资项目核准的前置条件:

(一)银行贷款承诺;

(二)融资意向书;

(三)资金信用证明;

(四)股东出资承诺;

(五)其他资金落实情况证明材料;

（六）可行性研究报告审查意见；

（七）规划设计方案审查意见；

（八）电网接入意见；

（九）接入系统设计评审意见；

（十）铁路专用线接轨意见；

（十一）原材料运输协议；

（十二）燃料运输协议；

（十三）供水协议；

（十四）与相关企业签署的副产品资源综合利用意向协议；

（十五）与相关供应商签署的原材料供应协议等；

（十六）与合作方签署的合作意向书、协议、框架协议（中外合资、合作项目除外）；

（十七）通过企业间协商和市场调节能够解决的协议、承诺、合同等事项；

（十八）其他属于企业经营自主决策范围的事项。

三、工作要求

（一）按照"法无授权不可为"的原则，除法律、行政法规明确规定作为项目核准前置条件的外，项目核准机关一律不得将其他事项作为项目核准的前置条件。

（二）项目核准机关不得以任何形式和任何理由，将属于企业经营自主权的事项及内容作为项目申请报告的前置条件。企业在项目申报过程中，有权拒绝将属于企业经营自主权的事项作为项目核准前置条件的要求。

（三）项目申请报告中属于企业经营自主权的相关内容，仅供项目核准机关在核准过程中了解，项目核准机关不得以"内部性"条件否决企业的项目申请。

（四）相关制度规定、通知及办事指南等将属于企业经营自主权事项规定为项目核准前置条件的，相关条款一律无效，制定部门应及时清理调整。同时，新制定的制度规定、通知及办事指南等，一律不得将属于企业经营自主权事项规定为项目核准的前置条件，否则，相关条款一律无效。

四、上述规定自本通知发布之日起施行。

国家发展改革委

中央编办

2014年12月31日

财政部关于公布取消和调整行政审批项目等事项的通知

财法〔2014〕9号

各省、自治区、直辖市、计划单列市财政厅(局),新疆生产建设兵团财务局,部内各单位,财政部驻各省、自治区、直辖市、计划单列市财政监察专员办事处:

《国务院关于取消和调整一批行政审批项目等事项的决定》(国发〔2014〕27号)决定取消我部"以折股方式缴纳探矿权采矿权价款审批"事项,取消"注册资产评估师"职业资格许可和认定事项;《国务院关于取消和调整一批行政审批项目等事项的决定》(国发〔2014〕50号)决定将省级人民政府财政部门实施的"资产评估机构设立审批"、"会计师事务所及其分支机构设立审批"、"中介机构从事会计代理记账业务审批"3项工商登记前置审批调整为后置审批。现予公布,请遵照执行。

各地区、各单位要认真贯彻落实国务院决定精神,抓紧做好取消和调整事项的落实和衔接,加快配套改革和相关管理制度的制(修)订工作,确保各项工作平稳过渡。

附件:1. 财政部取消的行政审批事项(略——编者注)
      2. 财政部取消的职业资格许可和认定事项(略——编者注)
      3. 财政部门调整为后置审批的工商登记前置审批事项(略——编者注)

财政部
2014年12月9日

中国保监会关于取消和调整行政审批项目的通知

保监发〔2014〕97号

各保监局,各保险公司:

根据《国务院关于取消和调整一批行政审批项目等事项的决定》(国发〔2014〕50号)要求,保监会将取消保险公司精算专业人员资格认可、保险公估机构高级管理人员任职资格核准2项行政

审批项目,并将设立保险公估机构审批改为工商登记后置审批,现就有关事项通知如下:

一、中国保监会及各保监局自2014年12月10日起,不再受理已取消项目的申请。已经受理的申请,应继续做好相关工作。

二、取消项目的后续管理措施,按照《中国保监会取消的行政审批项目及后续管理措施表》(详见附件1)执行。

三、改为后置审批的工商登记前置审批事项的后续管理措施,按照《中国保监会改为后置审批的工商登记前置审批事项及后续管理措施表》(详见附件2)执行。

四、请各保监局收到本通知后,及时通知辖内各保险公司分支机构、保险中介机构及其分支机构、国外保险机构驻华代表机构、保险行业协会、保险学会,并按照《中国保监会行政审批事项目录》(详见附件3)要求,做好行政审批有关工作。

附件:1. 中国保监会取消的行政审批项目及后续管理措施表(略——编者注)
  2. 中国保监会改为后置审批的工商登记前置审批事项及后续管理措施表(略——编者注)
  3. 中国保监会行政审批事项目录(略——编者注)

中国保监会
2014年12月8日

国务院关于取消和调整一批行政审批项目等事项的决定

国发〔2014〕50号

各省、自治区、直辖市人民政府,国务院各部委、各直属机构:

经研究论证,国务院决定,取消和下放58项行政审批项目,取消67项职业资格许可和认定事项,取消19项评比达标表彰项目,将82项工商登记前置审批事项调整或明确为后置审批。另建议取消和下放32项依据有关法律设立的行政审批和职业资格许可认定事项,将7项依据有关法律设立的工商登记前置审批事项改为后置审批,国务院将依照法定程序提请全国人民代表大会常务委员会修订相关法律规定。

附件:
  1. 国务院决定取消和下放管理层级的行政审批项目目录(共计58项)(略——编者注)
  2. 国务院决定取消的职业资格许可和认定事项目录(共计67项)(略——编者注)

3. 国务院决定取消的评比达标表彰项目目录(共计19项)(略——编者注)

4. 国务院决定调整或明确为后置审批的工商登记前置审批事项目录(共计82项)(略——编者注)

国务院
2014年10月23日

国务院关于修改部分行政法规的决定

中华人民共和国国务院令第653号

《国务院关于修改部分行政法规的决定》已经2014年7月9日国务院第54次常务会议通过,现予公布,自公布之日起施行。

总理 李克强
2014年7月29日

为了依法推进行政审批制度改革和政府职能转变,发挥好地方政府贴近基层的优势,促进和保障政府管理由事前审批更多地转为事中事后监管,进一步激发市场活力、发展动力和社会创造力,根据2014年1月28日国务院公布的《国务院关于取消和下放一批行政审批项目的决定》,国务院对取消和下放的行政审批项目涉及的行政法规进行了清理。经过清理,国务院决定:对21部行政法规的部分条款予以修改。

一、将《国务院关于通用航空管理的暂行规定》第八条修改为:"经营通用航空业务的企业,可以承担中国境外通用航空业务,但是应当按照国家有关规定办理相关手续。"

二、将《高等教育自学考试暂行条例》第六条第二款第三项修改为:"制定高等教育自学考试开考专业的规划,审批开考本科专业"。

第十一条修改为:"高等教育自学考试开考专科新专业,由省考委确定;开考本科新专业,由省考委组织有关部门和专家进行论证,并提出申请,报全国考委审批。"

三、删去《中华人民共和国船舶登记条例》第七条第一款。

删去第五十三条中的"擅自雇用外国籍船员或者"。

四、将《中华人民共和国植物新品种保护条例》第二十六条中的"向审批机关登记"修改为"按照职责分工向省级人民政府农业、林业行政部门登记"。

五、删去《矿产资源勘查区块登记管理办法》第十三条第一款中的"经评估确认的"。

第十三条第二款修改为:"国家出资勘查形成的探矿权价款,由具有矿业权评估资质的评估机构进行评估;评估报告报登记管理机关备案。"

第三十八条修改为:"中外合作勘查矿产资源的,中方合作者应当在签订合同后,将合同向原发证机关备案。"

删去第四十条。

六、删去《矿产资源开采登记管理办法》第十条第一款中的"经评估确认的"。

第十条第二款修改为:"国家出资勘查形成的采矿权价款,由具有矿业权评估资质的评估机构进行评估;评估报告报登记管理机关备案。"

第二十九条修改为:"中外合作开采矿产资源的,中方合作者应当在签订合同后,将合同向原发证机关备案。"

七、将《探矿权采矿权转让管理办法》第九条第二款修改为:"国家出资勘查形成的探矿权、采矿权价款,由具有矿业权评估资质的评估机构进行评估;评估报告报探矿权、采矿权登记管理机关备案。"

八、将《中华人民共和国土地管理法实施条例》第十七条第二款修改为:"在土地利用总体规划确定的土地开垦区内,开发未确定土地使用权的国有荒山、荒地、荒滩从事种植业、林业、畜牧业、渔业生产的,应当向土地所在地的县级以上地方人民政府土地行政主管部门提出申请,按照省、自治区、直辖市规定的权限,由县级以上地方人民政府批准。"

删去第十七条第三款。

第十七条第四款改为第三款,并将其中的"县级以上人民政府"修改为"县级以上地方人民政府"。

九、将《中华人民共和国人民币管理条例》第十三条修改为:"除中国人民银行指定的印制人民币的企业外,任何单位和个人不得研制、仿制、引进、销售、购买和使用印制人民币所特有的防伪材料、防伪技术、防伪工艺和专用设备。有关管理办法由中国人民银行另行制定。"

十、删去《中华人民共和国电信条例》第十九条第二款。

第二十一条第一款中的"未经国务院信息产业主管部门批准"修改为"遵守网间互联协议和国务院信息产业主管部门的相关规定,保障网间通信畅通"。

第二十三条修改为:"电信资费实行市场调节价。电信业务经营者应当统筹考虑生产经营成本、电信市场供求状况等因素,合理确定电信业务资费标准。"

删去第二十四条。

第二十五条改为第二十四条,修改为:"国家依法加强对电信业务经营者资费行为的监管,建立健全监管规则,维护消费者合法权益。"

第二十六条改为第二十五条,删去第一款。

第四十一条改为第四十条,删去第三项。

十一、删去《出版管理条例》第三十五条第一款。

第四十条中的"印刷或者复制单位、发行单位"修改为"印刷或者复制单位、发行单位或者个体工商户"。

第六十五条增加一项,作为第六项:"印刷或者复制单位、发行单位或者个体工商户印刷或者复制、发行伪造、假冒出版单位名称或者报纸、期刊名称的出版物的"。

十二、将《安全生产许可证条例》第二条第一款、第十一条、第十二条中的"民用爆破器材"

修改为"民用爆炸物品"。

第五条修改为:"省、自治区、直辖市人民政府民用爆炸物品行业主管部门负责民用爆炸物品生产企业安全生产许可证的颁发和管理,并接受国务院民用爆炸物品行业主管部门的指导和监督。"

十三、将《反兴奋剂条例》第十一条第一款中的"还应当取得进口准许证"修改为"还应当取得省、自治区、直辖市人民政府食品药品监督管理部门颁发的进口准许证"。

第十一条第二款中的"国务院食品药品监督管理部门"修改为"省、自治区、直辖市人民政府食品药品监督管理部门"。

十四、将《兽药管理条例》第七条第二款修改为:"研制新兽药,应当进行安全性评价。从事兽药安全性评价的单位应当遵守国务院兽医行政管理部门制定的兽药非临床研究质量管理规范和兽药临床试验质量管理规范。"

第七条增加一款,作为第三款:"省级以上人民政府兽医行政管理部门应当对兽药安全性评价单位是否符合兽药非临床研究质量管理规范和兽药临床试验质量管理规范的要求进行监督检查,并公布监督检查结果。"

十五、将《易制毒化学品管理条例》第十条第一款中的"国务院食品药品监督管理部门"修改为"省、自治区、直辖市人民政府食品药品监督管理部门"。

十六、将《放射性同位素与射线装置安全和防护条例》第六条第一款修改为:"除医疗使用Ⅰ类放射源、制备正电子发射计算机断层扫描用放射性药物自用的单位外,生产放射性同位素、销售和使用Ⅰ类放射源、销售和使用Ⅰ类射线装置的单位的许可证,由国务院环境保护主管部门审批颁发。"

第六条第二款修改为:"除国务院环境保护主管部门审批颁发的许可证外,其他单位的许可证,由省、自治区、直辖市人民政府环境保护主管部门审批颁发。"

十七、将《民用爆炸物品安全管理条例》第二条第三款、第四条、第十二条第一款、第十五条、第十九条第一款、第二十四条第一款、第二十五条第一款、第四十三条、第四十四条、第四十五条、第四十九条、第五十三条、第五十四条中的"国防科技工业主管部门"修改为"民用爆炸物品行业主管部门"。

第十二条增加一款,作为第三款:"民用爆炸物品生产企业持《民用爆炸物品生产许可证》到工商行政管理部门办理工商登记,并在办理工商登记后3日内,向所在地县级人民政府公安机关备案。"

第十三条修改为:"取得《民用爆炸物品生产许可证》的企业应当在基本建设完成后,向省、自治区、直辖市人民政府民用爆炸物品行业主管部门申请安全生产许可。省、自治区、直辖市人民政府民用爆炸物品行业主管部门应当依照《安全生产许可证条例》的规定对其进行查验,对符合条件的,核发《民用爆炸物品安全生产许可证》。民用爆炸物品生产企业取得《民用爆炸物品安全生产许可证》后,方可生产民用爆炸物品。"

十八、将《中华人民共和国外资银行管理条例》第五十九条修改为:"外资银行营业性机构已经或者可能发生信用危机,严重影响存款人和其他客户合法权益的,国务院银行业监督管理机构可以依法对该外资银行营业性机构实行接管或者促成机构重组。"

十九、将《中华人民共和国船员条例》第十二条修改为:"中国籍船舶的船长应当由中国籍船员担任。"

删去第六十条第二项中的"或者高级船员"。

二十、将《证券公司监督管理条例》第十三条第一款修改为:"证券公司增加注册资本且股权结构发生重大调整,减少注册资本,变更业务范围或者公司章程中的重要条款,合并、分立,设立、收购或者撤销境内分支机构,在境外设立、收购、参股证券经营机构,应当经国务院证券监督管理机构批准。"

第十六条第一款修改为:"国务院证券监督管理机构应当对下列申请进行审查,并在下列期限内,作出批准或者不予批准的书面决定:(一)对在境内设立证券公司或者在境外设立、收购或者参股证券经营机构的申请,自受理之日起6个月;(二)对增加注册资本且股权结构发生重大调整,减少注册资本,合并、分立或者要求审查股东、实际控制人资格的申请,自受理之日起3个月;(三)对变更业务范围、公司章程中的重要条款或者要求审查高级管理人员任职资格的申请,自受理之日起45个工作日;(四)对设立、收购、撤销境内分支机构,或者停业、解散、破产的申请,自受理之日起30个工作日;(五)对要求审查董事、监事任职资格的申请,自受理之日起20个工作日。"

删去第二十四条第一款中的"和境内分支机构负责人"。

第四十七条修改为:"证券公司使用多个客户的资产进行集合投资,应当符合法律、行政法规和国务院证券监督管理机构的有关规定。"

第八十一条修改为:"证券公司或者其境内分支机构超出国务院证券监督管理机构批准的范围经营业务的,依照《证券法》第二百一十九条的规定处罚。"

删去第九十三条中的"经国务院证券监督管理机构批准"。

二十一、删去《防治船舶污染海洋环境管理条例》第十四条第一款中的"以及有关作业单位"。

第十四条第二款修改为:"港口、码头、装卸站的经营人以及有关作业单位应当制定防治船舶及其有关作业活动污染海洋环境的应急预案,并报海事管理机构和环境保护主管部门备案。"

此外,对相关行政法规的条文顺序作了相应调整。

本决定自公布之日起施行。

国务院关于取消和调整一批行政审批项目等事项的决定

国发〔2014〕27号

各省、自治区、直辖市人民政府,国务院各部委、各直属机构:

经研究论证,国务院决定,取消和下放45项行政审批项目,取消11项职业资格许可和认定事项,将 31 项工商登记前置审批事项改为后置审批。另建议取消和下放 7 项依据有关法律设立的行政审批事项,将 5 项依据有关法律设立的工商登记前置审批事项改为后置审批,国务院将依照法定程序提请全国人民代表大会常务委员会修订相关法律规定。《国务院关于取消和下放 50 项行政审批项目等事项的决定》(国发〔2013〕27 号)和《国务院关于取消和下放一批行政审批项目的决定》(国发〔2013〕44 号)中提出的涉及修改法律的行政审批项目,有 8 项国务院已按照法定程序提请全国人民代表大会常务委员会修改了相关法律,现一并予以公布。

附件:1. 国务院决定取消和下放管理层级的行政审批项目目录(共计 53 项)(略——编者注)

2. 国务院决定取消的职业资格许可和认定事项目录(共计 11 项)(略——编者注)

3. 国务院决定改为后置审批的工商登记前置审批事项目录(共计 31 项)(略——编者注)

国务院
2014 年 7 月 22 日

中华人民共和国
工业产品生产许可证管理条例实施办法

国家质量监督检验检疫总局令第 156 号

《中华人民共和国工业产品生产许可证管理条例实施办法》已经 2014 年 4 月 8 日国家质量监督检验检疫总局局务会议审议通过,现予公布,自 2014 年 8 月 1 日起施行。

局　长
2014 年 4 月 21 日

中华人民共和国
工业产品生产许可证管理条例实施办法

第一章　总　　则

第一条　根据《中华人民共和国行政许可法》和《中华人民共和国工业产品生产许可证管理条例》(以下简称《管理条例》)等法律、行政法规,制定本办法。

第二条 国家对生产重要工业产品的企业实行生产许可证制度。

第三条 实行生产许可证制度的工业产品目录(以下简称目录)由国家质量监督检验检疫总局(以下简称质检总局)会同国务院有关部门制定,并征求消费者协会和相关产品行业协会以及社会公众的意见,报国务院批准后向社会公布。

质检总局会同国务院有关部门适时对目录进行评价、调整和逐步缩减,按前款规定征求意见后,报国务院批准后向社会公布。

第四条 在中华人民共和国境内生产、销售或者在经营活动中使用列入目录产品的,应当遵守本办法。

任何单位和个人未取得生产许可证不得生产列入目录产品。任何单位和个人不得销售或者在经营活动中使用未取得生产许可证的列入目录产品。

列入目录产品的进出口管理依照法律、行政法规和国家有关规定执行。

第五条 工业产品生产许可证管理,应当遵循科学公正、公开透明、程序合法、便民高效的原则。

第六条 质检总局负责全国工业产品生产许可证统一管理工作,对实行生产许可证制度管理的产品,统一产品目录,统一审查要求,统一证书标志,统一监督管理。

全国工业产品生产许可证办公室负责全国工业产品生产许可证管理的日常工作。

省级质量技术监督局负责本行政区域内工业产品生产许可证监督管理工作,承担部分列入目录产品的生产许可证审查发证工作。

省级工业产品生产许可证办公室负责本行政区域内工业产品生产许可证管理的日常工作。

市、县级质量技术监督局负责本行政区域内生产许可证监督检查工作。

第七条 质检总局统一确定并发布由省级质量技术监督局负责审查发证的产品目录。

第八条 质检总局根据列入目录产品的不同特性,制定并发布产品生产许可证实施细则(以下简称实施细则),规定取得生产许可的具体要求;需要对列入目录产品生产许可的具体要求作特殊规定的,应当会同国务院有关部门制定并发布。

第九条 质检总局和省级质量技术监督局统一规划生产许可证工作的信息化建设,公布生产许可事项,方便公众查阅和企业申请办证,逐步实现网上审批。

第二章 申请与受理

第十条 企业取得生产许可证,应当符合下列条件:

(一)有与拟从事的生产活动相适应的营业执照;
(二)有与所生产产品相适应的专业技术人员;
(三)有与所生产产品相适应的生产条件和检验检疫手段;
(四)有与所生产产品相适应的技术文件和工艺文件;
(五)有健全有效的质量管理制度和责任制度;
(六)产品符合有关国家标准、行业标准以及保障人体健康和人身、财产安全的要求;
(七)符合国家产业政策的规定,不存在国家明令淘汰和禁止投资建设的落后工艺、高耗能、污染环境、浪费资源的情况。

法律、行政法规有其他规定的,还应当符合其规定。

第十一条 企业生产列入目录产品,应当向企业所在地省级质量技术监督局提出申请。

第十二条 申请材料符合实施细则要求的,省级质量技术监督局应当作出受理决定。

申请材料不符合实施细则要求的,省级质量技术监督局应当当场或者自收到申请之日起5日内一次性告知企业需要补正的全部内容。逾期不告知的,自收到申请材料之日起即为受理。

第十三条 省级质量技术监督局以及其他任何部门不得另行附加任何条件,限制企业申请取得生产许可证。

第三章 审查与决定

第十四条 对企业的审查包括对企业的实地核查和对产品的检验。

第十五条 质检总局组织审查的,省级质量技术监督局应当自受理申请之日起5日内将全部申请材料报送质检总局。

第十六条 质检总局或者省级质量技术监督局应当制定企业实地核查计划,提前5日通知企业。

质检总局组织审查的,还应当同时将企业实地核查计划书面告知企业所在地省级质量技术监督局。

第十七条 对企业进行实地核查,质检总局或者省级质量技术监督局应当指派2至4名核查人员组成审查组。审查组成员不得全部来自同一单位。

实地核查工作中,企业所在地省级质量技术监督局或者其委托的市县级质量技术监督局根据需要可以派1名观察员。

第十八条 审查组应当按照实施细则要求,对企业进行实地核查,核查时间一般为1至3天。审查组对企业实地核查结果负责,并实行组长负责制。

审查组应当自受理申请之日起30日内完成对企业的实地核查。

第十九条 质检总局或者省级质量技术监督局应当自受理申请之日起30日内将实地核查结论书面告知被核查企业。

质检总局组织审查的,还应当将实地核查结论书面告知企业所在地省级质量技术监督局。

第二十条 企业实地核查不合格的,不再进行产品检验,企业审查工作终止。

第二十一条 企业实地核查合格的,应当按照实施细则要求封存样品,并及时进行产品检验。审查组应当告知企业所有承担该产品生产许可证检验任务的检验机构名单及联系方式,由企业自主选择。

需要送样检验的,审查组应当告知企业自封存样品之日起7日内将该样品送达检验机构;需要现场检验的,由审查组通知企业自主选择的检验机构进行现场检验。审查组应当将检验所需时间告知企业。

第二十二条 检验机构应当在实施细则规定时间内完成检验工作,出具检验报告。

第二十三条 省级质量技术监督局组织审查但应当由质检总局作出是否准予生产许可决定的,省级质量技术监督局应当自受理申请之日起30日内将相关材料报送质检总局。

第二十四条 质检总局或者省级质量技术监督局应当自受理企业申请之日起60日内作出是否准予生产许可决定。作出准予生产许可决定的,质检总局或者省级质量技术监督局应当自决定之日起10日内颁发生产许可证证书;作出不予生产许可决定的,应当书面告知企业,并说明理由。

第二十五条 质检总局、省级质量技术监督局应当以网络、报刊等方式向社会公布获证企业名单,并通报同级发展改革、卫生和工商等部门。

第二十六条 质检总局、省级质量技术监督局应当将企业办理生产许可证的有关资料及时归档,以便公众查阅。

第四章 延续与变更

第二十七条 生产许可证有效期为5年。有效期届满,企业需要继续生产的,应当在生产许可证期满6个月前向企业所在地省级质量技术监督局提出延续申请。

质检总局、省级质量技术监督局应当依照本办法规定的程序对企业进行审查。符合条件的,准予延续,但生产许可证编号不变。

第二十八条 在生产许可证有效期内,因国家有关法律法规、产品标准及技术要求发生改变而修订实施细则的,质检总局、省级质量技术监督局可以根据需要组织必要的实地核查和产品检验。

第二十九条 在生产许可证有效期内,企业生产条件、检验手段、生产技术或者工艺发生变化(包括生产地址迁移、生产线新建或者重大技术改造)的,企业应当自变化事项发生后1个月内向企业所在地省级质量技术监督局提出申请。质检总局、省级质量技术监督局应当按照本办法规定的程序重新组织实地核查和产品检验。

第三十条 在生产许可证有效期内,企业名称、住所或者生产地址名称发生变化而企业生产条件、检验手段、生产技术或者工艺未发生变化的,企业应当自变化事项发生后1个月内向企业所在地省级质量技术监督局提出变更申请。变更后的生产许可证有效期不变。

第三十一条 企业应当妥善保管生产许可证证书。生产许可证证书遗失或者毁损的,应当向企业所在地省级质量技术监督局提出补领生产许可证申请。质检总局、省级质量技术监督局应当予以补发。

第五章 终止与退出

第三十二条 有下列情形之一的,质检总局或者省级质量技术监督局应当作出终止办理生产许可的决定:

(一)企业无正当理由拖延、拒绝或者不配合审查的;

(二)企业撤回生产许可申请的;

(三)企业依法终止的;

(四)依法需要缴纳费用,但企业未在规定期限内缴纳的;

(五)企业申请生产的产品列入国家淘汰或者禁止生产产品目录的;

（六）依法应当终止办理生产许可的其他情形。

第三十三条 有下列情形之一的，质检总局或者省级质量技术监督局可以作出撤回已生效生产许可的决定：

（一）生产许可依据的法律、法规、规章修改或者废止的；

（二）准予生产许可所依据的客观情况发生重大变化的；

（三）依法可以撤回生产许可的其他情形。

撤回生产许可给企业造成财产损失的，质检总局或者省级质量技术监督局应当按照国家有关规定给予补偿。

第三十四条 有下列情形之一的，质检总局或者省级质量技术监督局应当作出撤销生产许可的决定：

（一）企业以欺骗、贿赂等不正当手段取得生产许可的；

（二）依法应当撤销生产许可的其他情形。

有下列情形之一的，质检总局或者省级质量技术监督局可以作出撤销生产许可的决定：

（一）滥用职权、玩忽职守作出准予生产许可决定的；

（二）超越法定职权作出准予生产许可决定的；

（三）违反法定程序作出准予生产许可决定的；

（四）对不具备申请资格或者不符合法定条件的企业准予生产许可的；

（五）依法可以撤销生产许可的其他情形。

质检总局根据利害关系人的请求或者依据职权，可以撤销省级质量技术监督局作出的生产许可决定。

依照本条第一款、第二款规定撤销生产许可，可能对公共利益造成重大损害的，不予撤销。

第三十五条 有下列情形之一的，质检总局或者省级质量技术监督局应当依法办理生产许可注销手续：

（一）生产许可有效期届满未延续的；

（二）企业依法终止的；

（三）生产许可被依法撤回、撤销，或者生产许可证被依法吊销的；

（四）因不可抗力导致生产许可事项无法实施的；

（五）企业不再从事列入目录产品的生产活动的；

（六）企业申请注销的；

（七）被许可生产的产品列入国家淘汰或者禁止生产产品目录的；

（八）依法应当注销生产许可的其他情形。

第六章 证书与标志

第三十六条 生产许可证证书分为正本和副本，具有同等法律效力。

第三十七条 生产许可证证书应当载明企业名称、住所、生产地址、产品名称、证书编号、发证日期、有效期。

第三十八条 生产许可证标志由"企业产品生产许可"汉语拼音 Qiyechanpin Shengchanxuke 的缩写"QS"和"生产许可"中文字样组成。标志主色调为蓝色,字母"Q"与"生产许可"四个中文字样为蓝色,字母"S"为白色。

生产许可证标志由企业自行印(贴)。可以按照规定放大或者缩小。

第三十九条 生产许可证编号采用大写汉语拼音"XK"加十位阿拉伯数字编码组成:XK××-×××-×××××。

其中,"XK"代表许可,前两位(××)代表行业编号,中间三位(×××)代表产品编号,后五位(×××××)代表企业生产许可证编号。

省级质量技术监督局颁发的生产许可证证书,可以在编号前加上相应省级行政区域简称。

第四十条 企业应当在产品或者其包装、说明书上标注生产许可证标志和编号。根据产品特点难以标注的裸装产品,可以不予标注。

采取委托方式加工生产列入目录产品的,企业应当在产品或者其包装、说明书上标注委托企业的名称、住所,以及被委托企业的名称、住所、生产许可证标志和编号。委托企业具有其委托加工的产品生产许可证的,还应当标注委托企业的生产许可证标志和编号。

第四十一条 取得生产许可证的企业应当自准予生产许可之日起6个月内完成在其产品或者包装、说明书上标注生产许可证标志和编号。

第四十二条 任何单位和个人不得伪造、变造生产许可证证书、生产许可证标志和编号。

任何单位和个人不得冒用他人的生产许可证证书、生产许可证标志和编号。

取得生产许可证的企业不得出租、出借或者以其他形式转让生产许可证证书、生产许可证标志和编号。

第七章 监督检查

第四十三条 质检总局和县级以上地方质量技术监督局依照《管理条例》和本办法对生产列入目录产品的企业、核查人员、检验机构及其检验人员进行监督检查。

第四十四条 根据举报或者已经取得的违法嫌疑证据,县级以上地方质量技术监督局对涉嫌违法行为进行查处并可以行使下列职权:

(一)向有关生产、销售或者在经营活动中使用列入目录产品的企业和检验机构的法定代表人、主要负责人和其他有关人员调查、了解与涉嫌违法活动有关的情况;

(二)查阅、复制有关生产、销售或者在经营活动中使用列入目录产品的企业和检验机构的有关合同、发票、账簿以及其他有关资料;

(三)对有证据表明属于违反《管理条例》生产、销售或者在经营活动中使用的列入目录产品予以查封或者扣押。

第四十五条 企业可以自受理申请之日起试生产申请取证产品。

企业试生产的产品应当经出厂检验合格,并在产品或者其包装、说明书上标明"试制品"后,方可销售。

质检总局或者省级质量技术监督局作出终止办理生产许可决定或者不予生产许可决定的,企业从即日起不得继续试生产该产品。

第四十六条 取得生产许可的企业应当保证产品质量稳定合格,并持续保持取得生产许可的规定条件。

第四十七条 采用委托加工方式生产列入目录产品的,被委托企业应当取得与委托加工产品相应的生产许可。

第四十八条 自取得生产许可之日起,企业应当按年度向省级质量技术监督局或者其委托的市县级质量技术监督局提交自查报告。获证未满一年的企业,可以于下一年度提交自查报告。

企业自查报告应当包括以下内容:

(一)取得生产许可规定条件的保持情况;

(二)企业名称、住所、生产地址等变化情况;

(三)企业生产状况及产品变化情况;

(四)生产许可证证书、生产许可证标志和编号使用情况;

(五)行政机关对产品质量的监督检查情况;

(六)企业应当说明的其他情况。

第八章 法律责任

第四十九条 违反本办法第三十条规定,企业未在规定期限内提出变更申请的,责令改正,处2万元以下罚款;构成有关法律、行政法规规定的违法行为的,按照有关法律、行政法规的规定实施行政处罚。

第五十条 违反本办法第四十条规定,企业未按照规定要求进行标注的,责令改正,处3万元以下罚款;构成有关法律、行政法规规定的违法行为的,按照有关法律、行政法规的规定实施行政处罚。

第五十一条 违反本办法第四十二条第二款规定,企业冒用他人的生产许可证证书、生产许可证标志和编号的,责令改正,处3万元以下罚款。

第五十二条 违反本办法第四十五条第二款规定,企业试生产的产品未经出厂检验合格或者未在产品或者包装、说明书标明"试制品"即销售的,责令改正,处3万元以下罚款。

第五十三条 违反本办法第四十六条规定,取得生产许可的企业未能持续保持取得生产许可的规定条件的,责令改正,处1万元以上3万元以下罚款。

第五十四条 违反本办法第四十七条规定,企业委托未取得与委托加工产品相应的生产许可的企业生产列入目录产品的,责令改正,处3万元以下罚款。

第五十五条 违反本办法第四十八条规定,企业未向省级质量技术监督局或者其委托的市县级质量技术监督局提交自查报告的,责令改正,处1万元以下罚款。

第九章 附 则

第五十六条 个体工商户生产、销售或者在经营活动中使用列入目录产品的,依照本办法规定执行。

第五十七条 生产许可实地核查及核查人员、发证检验及检验机构的管理,以及生产许可证证书格式,由质检总局另行规定。

第五十八条 本办法规定的期限以工作日计算,不含法定节假日。

第五十九条 本办法由质检总局负责解释。

第六十条 本办法自2014年8月1日起施行。质检总局2005年9月15日发布的《中华人民共和国工业产品生产许可证管理条例实施办法》、2006年12月31日发布的《工业产品生产许可证注销程序管理规定》以及2010年4月21日发布的《国家质量监督检验检疫总局关于修改〈中华人民共和国工业产品生产许可证管理条例实施办法〉的决定》同时废止。

附　录

中国利用外资法律法规中英文名称与北大法宝引证码对照表

序号	法规名称	发文字号	发布日期	实施日期	法宝引证码	法宝英文标题	法宝英文引证码
001	财政部、国家税务总局、证监会关于QFII和RQFII取得中国境内的股票等权益性投资资产转让所得暂免征收企业所得税问题的通知	财税〔2014〕79号	20141031	20141117	CLI.4.238091	Notice of the Ministry of Finance, the State Administration of Taxation and the China Securities Regulatory Commission on Issues concerning Temporarily Exempting the Income Derived by QFII and RQFII from the Transfer of Stock or Any Other Equity Investment Asset in China from Enterprise Income Tax	CLI.4.238091(EN)
002	财政部、国家税务总局、证监会关于沪港股票市场交易互联互通机制试点有关税收政策的通知	财税〔2014〕81号	20141031	20141117	CLI.4.238092	Notice of the Ministry of Finance, the State Administration of Taxation, and the China Securities Regulatory Commission on Taxation Policies concerning the Pilot Program of an Interconnection Mechanism for Transactions in the Shanghai and Hong Kong Stock Markets	CLI.4.238092(EN)
003	财政部、国家税务总局关于简并增值税征收率政策的通知	财税〔2014〕57号	20140613	20140701	CLI.4.227935	Notice of the Ministry of Finance and the State Administration of Taxation on the Policy of Streamlining and Combination of Value-Added Tax Levy Rates	CLI.4.227935(EN)
004	财政部、国家税务总局关于进入中哈霍尔果斯国际边境合作中心的货物适用增值税退(免)税政策的通知	财税〔2015〕17号	20150121	20150121	CLI.4.242050	Notice of the Ministry of Finance and the State Administration of Taxation on the Application of the Policies on Value-added Tax Refund (Exemption) to Goods Entering the China-Kazakhstan Horgos International Border Cooperation Center	CLI.4.242050(EN)

(续表)

序号	法规名称	发文字号	发布日期	实施日期	法宝引证码	法宝英文标题	法宝英文引证码
005	财政部、国家税务总局关于全面推开营业税改征增值税试点的通知	财税〔2016〕36号	20160323	20160501	CLI.4.267020		
006	财政部、国家税务总局关于调整部分产品出口退税率的通知	财税〔2014〕150号	20141231	20150101	CLI.4.240701		
007	财政部、国家税务总局关于调整消费税政策的通知	财税〔2014〕93号	20141125	20141201	CLI.4.238888	Notice of the Ministry of Finance and the State Administration of Taxation on Adjusting Consumption Tax Policies	CLI.4.238888(EN)
008	财政部、海关总署、国家税务总局关于在全国开展融资租赁货物出口退税政策试点的通知	财税〔2014〕62号	20140901	20141001	CLI.4.233572	Notice of the Ministry of Finance, the General Administration of Customs, and the State Administration of Taxation on Implementing Nationwide the Pilot Program of Export Tax Refund Policies for Goods under Financial Leasing	CLI.4.233572(EN)
009	财政部关于公布取消5项行政审批项目的通知	财法〔2015〕1号	20150319	20150319	CLI.4.245917	Notice of the Ministry of Finance on Announcing the Cancellation of Five Administrative Approval Items	CLI.4.245917(EN)
010	财政部关于公布取消和调整行政审批项目等事项的通知	财法〔2014〕9号	20141209	20141209	CLI.4.239986		
011	餐饮业经营管理办法(试行)	商务部、国家发展和改革委员会令2014年第4号	20140922	20141101	CLI.4.235207	Measures for the Administration of Business Operations of Catering Industry (for Trial Implementation)	CLI.4.235207(EN)
012	驰名商标认定和保护规定	国家工商行政管理总局令第66号	20140703	20140803	CLI.4.229114	Provisions on the Determination and Protection of Well-Known Trademarks	CLI.4.229114(EN)
013	代理记账管理办法	中华人民共和国财政部令第80号	20160216	20160501	CLI.4.264598		
014	港澳服务提供者在内地投资备案管理办法(试行)	商务部公告〔2016〕年第20号	20160518	20160601	CLI.4.270557		

(续表)

序号	法规名称	发文字号	发布日期	实施日期	法宝引证码	法宝英文标题	法宝英文引证码
015	工商总局、福建省人民政府关于发布中国(福建)自由贸易试验区台湾居民个体工商户营业范围的公告	工商个字〔2015〕208号	20151201	20151201	CLI.4.261709	Announcement of the State Administration for Industry and Commerce and the People's Government of Fujian Province on the Business Scope of Taiwan Residents as Individual Industrial and Commercial Households in China (Fujian) Pilot Free Trade Zone	CLI.4.261709(EN)
016	工商总局关于扩大开放台湾居民在大陆申办个体工商户登记管理工作的意见	工商个字〔2015〕224号	20151228	20151228	CLI.4.262033	Opinions of the State Administration for Industry and Commerce on the Administration of Expansion of the Opening-up to Taiwan Residents' Applications for the Registration of Individual Industrial and Commercial Households in the Mainland	CLI.4.262033(EN)
017	工业和信息化部关于促进化工园区规范发展的指导意见	工信部原〔2015〕433号	20151125	20151125	CLI.4.263179		
018	工业和信息化部关于放开在线数据处理与交易处理业务(经营类电子商务)外资股比限制的通告	工信部通〔2015〕196号	20150619	20150619	CLI.4.250147	Notice of the Ministry of Industry and Information Technology on Removing the Restrictions on Foreign Equity Ratios in Online Data Processing and Transaction Processing (Operating E-commerce) Business	CLI.4.250147(EN)
019	公布《2016年出口许可证管理货物目录》	商务部、海关总署公告2015年第76号	20151229	20160101	CLI.4.262042	Announcement on Issuing the Catalogue of Goods Subject to Export Licensing Administration in 2016	CLI.4.262042(EN)
020	公布《2016年进口许可证管理货物目录》	商务部、海关总署、质检总局公告2015年第75号	20151230	20160101	CLI.4.262041	Announcement on Issuing the Catalogue of Goods Subject to Import License Administration in 2016	CLI.4.262041(EN)
021	关于《出入境检验检疫机构实施检验检疫的进出境商品目录》调整的公告	质检总局、海关总署联合公告2015年第165号	20151229	20160101	CLI.4.262047	Announcement on the Adjustments to the Catalogue of Entry-Exit Commodities Subject to Inspection and Quarantine by Entry-Exit Inspection and Quarantine Institutions	CLI.4.262047(EN)
022	关于《中国—新西兰自贸协定》项下产品特定原产地规则转版对应表的公告	海关总署公告2014年第32号	20140426	20140426	CLI.4.224287	Announcement on the Table Corresponding to the Modified Version of the Product-Specific Rules of Origin under the China-New Zealand Free Trade Agreement	CLI.4.224287(EN)

(续表)

序号	法规名称	发文字号	发布日期	实施日期	法宝引证码	法宝英文标题	法宝英文引证码
023	关于《中华人民共和国和瑞士联邦自由贸易协定》实施相关事宜的公告	海关总署公告2014年第53号	20140630	20140701	CLI.4.228703	Announcement on Relevant Matters concerning the Implementation of the Free Trade Agreement between the People's Republic of China and the Swiss Confederation	CLI.4.228703(EN)
024	关于《中华人民共和国和瑞士联邦自由贸易协定》项下产品特定原产地规则的公告	海关总署公告2014年第51号	20140630	20140701	CLI.4.228687	Announcement on the Product Specific Rules of Origin under the Free Trade Agreement between the People's Republic of China and the Swiss Confederation	CLI.4.228687(EN)
025	关于《中华人民共和国和瑞士联邦自由贸易协定》项下经核准出口商制度相关事宜的公告	海关总署公告2014年第52号	20140630	20140701	CLI.4.228704	Announcement on Relevant Matters concerning the Approved Exporter System under the Free Trade Agreement between the People's Republic of China and the Swiss Confederation	CLI.4.228704(EN)
026	关于《中华人民共和国与东南亚国家联盟全面经济合作框架协议》项下产品特定原产地规则转版对应表的公告	海关总署公告2014年第48号	20140624	20140701	CLI.4.228662	Announcement on the Table Corresponding to the Modified Version of the Product Specific Rules of Origin under the Framework Agreement on Comprehensive Economic Cooperation between the People's Republic of China and the Association of Southeast Asian Nations	CLI.4.228662(EN)
027	关于《中华人民共和国政府和澳大利亚政府自由贸易协定》实施相关事宜的公告	海关总署公告2015年第61号	20151218	20151220	CLI.4.261565	Announcement on Matters concerning the Implementation of the Free Trade Agreement between the Government of the People's Republic of China and the Government of Australia	CLI.4.261565(EN)
028	关于《中华人民共和国政府和澳大利亚政府自由贸易协定》项下产品特定原产地规则的公告	海关总署公告2015年第62号	20151218	20151220	CLI.4.261566	Announcement on the Product Specific Rules of Origin under the Free Trade Agreement between the Government of the People's Republic of China and the Government of Australia	CLI.4.261566(EN)

（续表）

序号	法规名称	发文字号	发布日期	实施日期	法宝引证码	法宝英文标题	法宝英文引证码
029	关于《中华人民共和国政府和澳大利亚政府自由贸易协定》项下进口农产品特殊保障措施实施办法的公告	海关总署公告2015年第66号	20151218	20151220	CLI.4.261570	Announcement on the Implementation Measures for the Special Safeguard Measures for Imported Agricultural Products under the Free Trade Agreement between the Government of the People's Republic of China and the Government of Australia	CLI.4.261570(EN)
030	关于《中华人民共和国政府和冰岛政府自由贸易协定》实施相关事宜的公告	海关总署公告2014年第50号	20140630	20140701	CLI.4.228688	Announcement No. 50〔2014〕of the General Administration of Customs—Announcement on Matters concerning the Implementation of the Free Trade Agreement between the Government of the People's Republic of China and the Government of Iceland	CLI.4.228688(EN)
031	关于《中华人民共和国政府和冰岛政府自由贸易协定》项下产品特定原产地规则的公告	海关总署公告2014年第49号	20140630	20140701	CLI.4.228679	Announcement on the Product Specific Rules of Origin under the Free Trade Agreement between the Government of the People's Republic of China and the Government of Iceland	CLI.4.228679(EN)
032	关于《中华人民共和国政府和大韩民国政府自由贸易协定》实施相关事宜的公告	海关总署公告2015年第63号	20151218	20151220	CLI.4.261567	Announcement on Matters concerning the Implementation of the Free Trade Agreement between the Government of the People's Republic of China and the Government of the Republic of Korea	CLI.4.261567(EN)
033	关于《中华人民共和国政府和大韩民国政府自由贸易协定》项下《特别货物清单》的公告	海关总署公告2015年第65号	20151218	20151220	CLI.4.261569	Announcement on the List of Special Goods under the Free Trade Agreement between the Government of the People's Republic of China and the Government of the Republic of Korea	CLI.4.261569(EN)
034	关于《中华人民共和国政府和大韩民国政府自由贸易协定》项下产品特定原产地规则的公告	海关总署公告2015年第64号	20151218	20151220	CLI.4.261568	Announcement on the Product Specific Rules of Origin under the Free Trade Agreement between the Government of the People's Republic of China and the Government of the Republic of Korea	CLI.4.261568(EN)

(续表)

序号	法规名称	发文字号	发布日期	实施日期	法宝引证码	法宝英文标题	法宝英文引证码
035	关于《中华人民共和国政府和新加坡共和国政府自由贸易协定》项下产品特定原产地规则转版对应表的公告	海关总署公告2014年第47号	20140625	20140701	CLI.4.228661	Announcement on the Table Corresponding to the Modified Version of the Product Specific Rules of Origin under the Free Trade Agreement between the Government of the People's Republic of China and the Government of the Republic of Singapore	CLI.4.228661(EN)
036	关于2016年关税实施方案的公告	海关总署公告2015年第69号	20151228	20151228	CLI.4.261922	Announcement on the Tariff Execution Plan 2016	CLI.4.261922(EN)
037	关于保留、拟修改规章和规范性文件目录的公告	中华人民共和国国家发展和改革委员会公告2016年第1号	20160101	20160101	CLI.4.262375	Announcement on the Catalogue of Rules and Regulatory Documents Retained or to Be Amended	CLI.4.262375(EN)
038	关于促进东北老工业基地创新创业发展打造竞争新优势的实施意见	发改振兴〔2015〕1488号	20150626	20150626	CLI.4.250653		
039	关于发布《中华人民共和国进出口税则本国子目注释(2016年新增和调整部分)》的公告	海关总署公告2016年第10号	20160204	20160301	CLI.4.264435		
040	关于废止《外商投资广告企业管理规定》的决定	国家工商行政管理总局令第75号	20150629	20150629	CLI.4.252434	Decision of the State Administration for Industry and Commerce on Repealing the Provisions on the Administration of Foreign-Funded Advertising Enterprises	CLI.4.252434(EN)
041	关于港股通下香港上市公司向境内原股东配售股份的备案规定	中国证券监督管理委员会公告〔2014〕48号	20141114	20141114	CLI.4.238095	Provisions on the Recordation of the Placement of Shares to Existing Domestic Shareholders by Hong Kong-Listed Companies under the Southbound Trading Link	CLI.4.238095(EN)
042	关于公布《海关认证企业标准》的公告	海关总署公告2014年第82号	20141118	20141201	CLI.4.238263	Announcement on Issuing the Standards for the Customs' Certification of Enterprises	CLI.4.238263(EN)

(续表)

序号	法规名称	发文字号	发布日期	实施日期	法宝引证码	法宝英文标题	法宝英文引证码
043	关于公布2014年7月1日起港澳CEPA项下新增零关税货物原产地标准及相关事宜的公告	海关总署公告2014年第41号	20140529	20140701	CLI.4.226839	Announcement on Issuing the Criteria of Place of Origin of the Newly Added Goods Entitled to Zero Tariffs under CEPA with Hong Kong and Macau from July 1, 2014 and Other Relevant Matters	CLI.4.226839(EN)
044	关于公布2015年1月1日起港澳CEPA项下新增零关税货物原产地标准及相关事宜的公告	海关总署公告2014年第87号	20141202	20150101	CLI.4.239085	Announcement on Issuing the Origin Criteria for Newly Added Zero-Tariff Goods under CEPAs with Hong Kong and Macao from January 1, 2015, and Related Matters	CLI.4.239085(EN)
045	关于公布2015年7月1日起港澳CEPA项下新增零关税货物原产地标准的公告	海关总署公告2015年第23号	20150601	20150701	CLI.4.249463	Announcement on Issuing the Criteria of Place of Origin of the Newly Added Goods Entitled to Zero Tariffs under CEPA with Hong Kong and Macao as of July 1, 2015	CLI.4.249463(EN)
046	关于公布2016年1月1日起港澳CEPA项下新增及修订零关税货物原产地标准的公告	海关总署公告2015年第56号	20151208	20160101	CLI.4.261172	Announcement on Issuing the Criteria of Place of Origin of the Newly Added and Revised Goods Entitled to Zero Tariff under CEPA with Hong Kong and Macao as of January 1, 2016	CLI.4.261172(EN)
047	关于公布2016年商品归类决定（Ⅲ）的公告	海关总署公告2016年第22号	20160329	20160501	CLI.4.267532	Announcement on Issuing the Decision on Commodity Classification for 2016 (Ⅲ)	CLI.4.267532(EN)
048	关于公布2016年商品归类决定的公告	海关总署公告2016年第11号	20160222	20160301	CLI.4.264513	Announcement on Issuing the Decisions on Commodity Classification for 2016	CLI.4.264513(EN)
049	关于加工贸易限制类商品目录的公告	商务部、海关总署公告2015年第63号	20151125	20151125	CLI.4.260733	Announcement on the Catalogue of the Commodities Restricted for Processing Trade	CLI.4.260733(EN)
050	关于加强地方环保标准工作的指导意见	环发〔2014〕49号	20140410	20140410	CLI.4.223352		
051	关于建设长江经济带国家级转型升级示范开发区的实施意见	发改外资〔2015〕1294号	20150609	20150609	CLI.4.250457		

(续表)

序号	法规名称	发文字号	发布日期	实施日期	法宝引证码	法宝英文标题	法宝英文引证码
052	关于内地与香港基金互认有关税收政策的通知	财税〔2015〕125号	20151214	20151218	CLI.4.261554	Notice of the Ministry of Finance, the State Administration of Taxation and the China Securities Regulatory Commission on the Relevant Tax Policies for the Mutual Recognition of Funds between the Mainland and Hong Kong	CLI.4.261554(EN)
053	关于设立外商投资征信机构有关事宜的公告	中国人民银行、商务部公告2016年第1号	20160120	20160120	CLI.4.270933		
054	关于调整加工贸易禁止类商品目录的公告	商务部、海关总署公告2015年第59号	20151110	20151110	CLI.4.259822	Announcement on Adjusting the Catalogue of Prohibited Commodities in Processing Trade	CLI.4.259822(EN)
055	关于调整重大技术装备进口税收政策有关目录及规定的通知	财关税〔2015〕51号	20151201	20160101	CLI.4.261140	Notice of the Ministry of Finance, the National Development and Reform Commission, the Ministry of Industry and Information Technology and Other Departments on Adjusting the Relevant Catalogues of and Provisions on the Import Tax Policies for Crucial High-Tech Equipment	CLI.4.261140(EN)
056	关于修订《中华人民共和国海关进出口货物报关单填制规范》的公告	海关总署公告2016年第20号	20160324	20160330	CLI.4.267409		
057	关于修订2012版《进出口税则商品及品目注释》的公告	海关总署公告2015年第6号	20150311	20150401	CLI.4.245197	Announcement on Import and Export Tariffs on Goods and Explanatory Notes (2012 Edition)	CLI.4.245197(EN)
058	关于印发重大环保装备与产品产业化工程实施方案的通知	发改环资〔2014〕2064号	20140909	20140909	CLI.4.234199		
059	关于原产于萨尔瓦多的产品适用最惠国税率问题的公告	海关总署公告2014年第88号	20141208	20140702	CLI.4.239304	Announcement on Issues concerning the Application of the Most-Favored-Nation Tariff Rates to Products Originating in El Salvador	CLI.4.239304(EN)
060	关于执行《外商投资产业指导目录(2015年修订)》的公告	海关总署公告2015年第29号	20150618	20150410	CLI.4.252363		

(续表)

序号	法规名称	发文字号	发布日期	实施日期	法宝引证码	法宝英文标题	法宝英文引证码
061	关于中国(广东)自由贸易试验区有关进口税收政策的通知	财关税〔2015〕19号	20150520	20150520	CLI.4.249715	Notice of the Ministry of Finance, the General Administration of Customs and the State Administration of Taxation on Import Tax Policies for China (Guangdong) Pilot Free Trade Zone	CLI.4.249715(EN)
062	关于中国(天津)自由贸易试验区有关进口税收政策的通知	财关税〔2015〕21号	20150520	20150520	CLI.4.249714	Notice of the Ministry of Finance, the General Administration of Customs and the State Administration of Taxation on Import Tax Policies for China (Tianjin) Pilot Free Trade Zone	CLI.4.249714(EN)
063	国家发展改革委、中央编办关于一律不得将企业经营自主权事项作为企业投资项目核准前置条件的通知	发改投资〔2014〕2999号	20141231	20141231	CLI.4.240938		
064	国家发展改革委关于修改《境外投资项目核准和备案管理办法》和《外商投资项目核准和备案管理办法》有关条款的决定	国家发展和改革委员会令第20号	20141227	20141227	CLI.4.241343 CLI.4.270646	Decision of the National Development and Reform Commission on Amending the Relevant Clauses of the Measures for the Administration of the Confirmation and Recordation of Overseas Investment Projects and the Measures for the Administration of the Confirmation and Recordation of Foreign-Funded Projects (2014)	CLI.4.241343(EN)
065	国家发展改革委关于印发国家应对气候变化规划(2014—2020年)的通知	发改气候〔2014〕2347号	20140919	20140919	CLI.4.270648		
066	国家发展改革委关于印发青岛西海岸新区总体方案的通知	发改地区〔2014〕1318号	20140613	20140613	CLI.4.228458		
067	国家发展改革委关于印发长江中游城市群发展规划的通知	发改地区〔2015〕738号	20150413	20150413	CLI.4.246990	Notice of the National Development and Reform Commission on Issuing the Development Plan for the City Cluster along the Middle Reaches of the Yangtze River	CLI.4.246990(EN)

(续表)

序号	法规名称	发文字号	发布日期	实施日期	法宝引证码	法宝英文标题	法宝英文引证码
068	国家发展改革委关于印发中德(沈阳)高端装备制造产业园建设方案的通知	发改振兴〔2015〕3141号	20151229	20151229	CLI.4.262222		
069	国家发展改革委关于印发《中华人民共和国政府与吉尔吉斯共和国政府关于两国毗邻地区合作规划纲要(2015—2020年)》的通知	发改地区〔2015〕2241号	20151008	20151008	CLI.4.258119		
070	国家发展和改革委员会、工业和信息化部关于印发2014—2016年新型显示产业创新发展行动计划的通知	发改高技〔2014〕2299号	20141013	20141013	CLI.4.236169		
071	国家税务总局关于《中华人民共和国政府和荷兰王国政府对所得避免双重征税和防止偷漏税的协定》及议定书生效执行的公告	国家税务总局公告2014年第46号	20140801	20140831	CLI.4.230630	Announcement of the State Administration of Taxation on the Entry into Force and Implementation of the Agreement between the Government of the People's Republic of China and the Government of the Kingdom of the Netherlands for the Avoidance of Double Taxation and the Prevention of Fiscal Evasion with Respect to Taxes on Income and the Protocol Thereto	CLI.4.230630(EN)
072	国家税务总局关于发布《非居民纳税人享受税收协定待遇管理办法》的公告	国家税务总局公告2015年第60号	20150827	20151101	CLI.4.256955	Announcement on Issuing the Measures for the Administration of Non-Resident Taxpayers' Enjoyment of the Treatment under Tax Agreements	CLI.4.256955(EN)
073	国家税务总局关于发布《非居民企业从事国际运输业务税收管理暂行办法》的公告	国家税务总局公告2014年第37号	20140630	20140801	CLI.4.228763	Announcement of the State Administration of Taxation on Issuing the Interim Measures for the Administration of Taxation on Non-Resident Enterprises Engaging in International Transport Business	CLI.4.228763(EN)
074	国家税务总局关于简并增值税征收率有关问题的公告	国家税务总局公告2014年第36号	20140627	20140701	CLI.4.228760		
075	国家税务总局关于落实"三证合一"登记制度改革的通知	税总函〔2015〕482号	20150910	20150910	CLI.4.256947	Notice of the State Administration of Taxation on Implementing the "Three in One" Registration System Reform	CLI.4.256947(EN)

(续表)

序号	法规名称	发文字号	发布日期	实施日期	法宝引证码	法宝英文标题	法宝英文引证码
076	国家税务总局关于内地与澳门税务主管当局就两地税收安排条款内容进行确认的公告	国家税务总局公告2014年第68号	20141218	20141218	CLI.4.240139	Announcement on the Confirmation of the Contents of Tax Arrangement Clauses in Mainland and Macao by the Competent Tax Authorities in Mainland and Macao	CLI.4.240139(EN)
077	国家税务总局关于企业所得税应纳税所得额若干问题的公告	国家税务总局公告2014年第29号	20140523	20140523	CLI.4.226579	Announcement of the State Administration of Taxation on Several Issues concerning Taxable Income for Enterprise Income Tax	CLI.4.226579(EN)
078	国家税务总局关于全面推开营业税改征增值税试点后增值税纳税申报有关事项的公告	国家税务总局公告2016年第13号	20160331	20160601	CLI.4.267734		
079	国家税务总局关于税务行政审批制度改革若干问题的意见	税总发〔2014〕107号	20140915	20140915	CLI.4.234280	Opinions of the State Administration of Taxation on Several Issues concerning the Reform of the Taxation Administrative Approval System	CLI.4.234280(EN)
080	国家税务总局关于调整消费税纳税申报表有关问题的公告	国家税务总局公告2014年第72号	20141226	20141226	CLI.4.240661	Announcement on Issues concerning the Adjustment to Consumption Tax Returns	CLI.4.240661(EN)
081	国家外汇管理局关于发布《跨境担保外汇管理规定》的通知	汇发〔2014〕29号	20140512	20140601	CLI.4.225812	Notice of the State Administration of Foreign Exchange on Issuing the Provisions on the Foreign Exchange Administration of Cross-border Guarantees	CLI.4.225812(EN)
082	国家外汇管理局关于改革外商投资企业外汇资本金结汇管理方式的通知	汇发〔2015〕19号	20150330	20150601	CLI.4.246611		
083	国家外汇管理局关于印发《银行办理结售汇业务管理办法实施细则》的通知	汇发〔2014〕53号	20141225	20150101	CLI.4.240663	Notice of the State Administration of Foreign Exchange on Issuing the Detailed Rules for the Implementation of the Measures for the Administration of the Foreign Exchange Settlement and Sale Business of Banks	CLI.4.240663(EN)
084	国家卫生和计划生育委员会、商务部关于开展设立外资独资医院试点工作的通知	国卫医函〔2014〕244号	20140725	20140725	CLI.4.232057	Notice of the National Health and Family Planning Commission and the Ministry of Commerce on Carrying out the Pilot Program of Setting up Wholly Foreign-Owned Hospitals	CLI.4.232057(EN)

(续表)

序号	法规名称	发文字号	发布日期	实施日期	法宝引证码	法宝英文标题	法宝英文引证码
085	国家质量监督检验检疫总局关于修改《认证机构管理办法》的决定	国家质量监督检验检疫总局令第164号	20150511	20150801	CLI.4.248760 CLI.4.248761	Decision of the State Administration of Quality Supervision, Inspection and Quarantine on Amending the Measures for the Administration of Certification Institutions	CLI.4.248760(EN) CLI.4.248761(EN)
086	国务院办公厅关于促进国家级经济技术开发区转型升级创新发展的若干意见	国办发〔2014〕54号	20141030	20141030	CLI.2.238497		
087	国务院办公厅关于促进进出口稳定增长的若干意见	国办发〔2015〕55号	20150722	20150722	CLI.2.252036	Several Opinions of the General Office of the State Council on Promoting the Steady Growth of Imports and Exports	CLI.2.252036(EN)
088	国务院办公厅关于加快发展商业健康保险的若干意见	国办发〔2014〕50号	20141027	20141027	CLI.2.238122		
089	国务院办公厅关于加快发展生活性服务业促进消费结构升级的指导意见	国办发〔2015〕85号	20151119	20151119	CLI.2.260372		
090	国务院办公厅关于加快融资租赁业发展的指导意见	国办发〔2015〕68号	20150831	20150831	CLI.2.256590		
091	国务院办公厅关于加快推进"三证合一"登记制度改革的意见	国办发〔2015〕50号	20150623	20150623	CLI.2.250424	Opinions of the General Office of the State Council on Accelerating the Progress of the "Three-in-One License" Registration System Reform	CLI.2.250424(EN)
092	国务院办公厅关于加快应急产业发展的意见	国办发〔2014〕63号	20141208	20141208	CLI.2.240349		
093	国务院办公厅关于加快转变农业发展方式的意见	国办发〔2015〕59号	20150730	20150730	CLI.2.252750		
094	国务院办公厅关于完善国家级经济技术开发区考核制度促进创新驱动发展的指导意见	国办发〔2016〕14号	20160316	20160316	CLI.2.267607		
095	国务院办公厅关于印发全国医疗卫生服务体系规划纲要（2015—2020年）的通知	国办发〔2015〕14号	20150306	20150306	CLI.2.246239	Notice of the General Office of the State Council on Issuing the Outline for the Planning of the National Medical and Health Service System (2015-2020)	CLI.2.246239(EN)

(续表)

序号	法规名称	发文字号	发布日期	实施日期	法宝引证码	法宝英文标题	法宝英文引证码
096	国务院办公厅关于印发自由贸易试验区外商投资国家安全审查试行办法的通知	国办发〔2015〕24号	20150408	20150508	CLI.2.247115	Notice of the General Office of the State Council on Issuing the Measures for the Pilot Program of National Security Review of Foreign Investment in Pilot Free Trade Zones	CLI.2.247115(EN)
097	国务院办公厅关于印发自由贸易试验区外商投资准入特别管理措施（负面清单）的通知	国办发〔2015〕23号	20150408	20150508	CLI.2.247117	Notice of the General Office of the State Council on Issuing the Special Management Measures (Negative List) for Foreign Investment Access in Pilot Free Trade Zones	CLI.2.247117(EN)
098	国务院关税税则委员会关于2015年下半年CEPA项下部分货物实施零关税的通知	税委会〔2015〕8号	20150628	20150701	CLI.4.251671		
099	国务院关税税则委员会关于实施《中国—瑞士自由贸易协定》2014年协定税率的通知	税务会〔2014〕8号	20140425	20140701	CLI.4.224280	Notice of the Customs Tariff Commission of the State Council on Implementing the Conventional Tariff Rates of 2014 in China-Switzerland Free Trade Agreement	CLI.4.224280(EN)
100	国务院关税税则委员会关于实施中国—韩国、中国—澳大利亚自由贸易协定协定税率的通知	税委会〔2015〕25号	20151210	20151220	CLI.4.261545	Notice of the Customs Tariff Commission of the State Council on Implementing the Conventional Tariff Rates under China-Korea Free Trade Agreement and China-Australia Free Trade Agreement	CLI.4.261545(EN)
101	国务院关于北京市服务业扩大开放综合试点总体方案的批复	国函〔2015〕81号	20150505	20150505	CLI.2.248713		
102	国务院关于创新重点领域投融资机制鼓励社会投资的指导意见	国发〔2014〕60号	20141116	20141116	CLI.2.238643		
103	国务院关于促进海运业健康发展的若干意见	国发〔2014〕32号	20140815	20140815	CLI.2.233097		
104	国务院关于促进加工贸易创新发展的若干意见	国发〔2016〕4号	20160104	20160104	CLI.2.262898		
105	国务院关于促进云计算创新发展培育信息产业新业态的意见	国发〔2015〕5号	20150106	20150106	CLI.2.242385		

(续表)

序号	法规名称	发文字号	发布日期	实施日期	法宝引证码	法宝英文标题	法宝英文引证码
106	国务院关于大力发展电子商务加快培育经济新动力的意见	国发〔2015〕24号	20150504	20150504	CLI.2.247905		
107	国务院关于第二批清理规范192项国务院部门行政审批中介服务事项的决定	国发〔2016〕11号	20160203	20160203	CLI.2.265008		
108	国务院关于第二批取消152项中央指定地方实施行政审批事项的决定	国发〔2016〕9号	20160203	20160203	CLI.2.264422	Decision of the State Council on Cancelling the Second Group of 152 Administrative Approval Items Designated by the Central Government for Implementation by Local Governments	CLI.2.264422(EN)
109	国务院关于第一批清理规范89项国务院部门行政审批中介服务事项的决定	国发〔2015〕58号	20151011	20151011	CLI.2.258374	Decision of the State Council on Reviewing and Regulating the First Group of 89 Items of Intermediary Services for Administrative Approval of the Departments of the State Council	CLI.2.258374(EN)
110	国务院关于第一批取消62项中央指定地方实施行政审批事项的决定	国发〔2015〕57号	20151011	20151011	CLI.2.258291		
111	国务院关于发布政府核准的投资项目目录(2014年本)的通知	国发〔2014〕53号	20141031	20141031	CLI.2.238207	Notice of the State Council on Issuing the Catalogue of Investment Projects Subject to Government Confirmation (2014)	CLI.2.238207(EN)
112	国务院关于国有企业发展混合所有制经济的意见	国发〔2015〕54号	20150923	20150923	CLI.2.257547		
113	国务院关于加快发展服务贸易的若干意见	国发〔2015〕8号	20150128	20150128	CLI.2.243568	Several Opinions of the State Council on Accelerating the Development of Trade in Services	CLI.2.243568(EN)
114	国务院关于加快发展生产性服务业促进产业结构调整升级的指导意见	国发〔2014〕26号	20140728	20140728	CLI.2.230597		
115	国务院关于加快发展体育产业促进体育消费的若干意见	国发〔2014〕46号	20141002	20141002	CLI.2.236655		
116	国务院关于加快发展现代保险服务业的若干意见	国发〔2014〕29号	20140810	20140810	CLI.2.230954	Several Opinions of the State Council on Accelerating the Development of the Modern Insurance Service Industry	CLI.2.230954(EN)

(续表)

序号	法规名称	发文字号	发布日期	实施日期	法宝引证码	法宝英文标题	法宝英文引证码
117	国务院关于加快构建大众创业万众创新支撑平台的指导意见	国发〔2015〕53号	20150923	20150923	CLI.2.257582		
118	国务院关于加快科技服务业发展的若干意见	国发〔2014〕49号	20141009	20141009	CLI.2.237309		
119	国务院关于加快培育外贸竞争新优势的若干意见	国发〔2015〕9号	20150212	20150212	CLI.2.248108		
120	国务院关于加快实施自由贸易区战略的若干意见	国发〔2015〕69号	20151206	20151206	CLI.2.261486		
121	国务院关于进一步促进资本市场健康发展的若干意见	国发〔2014〕17号	20140508	20140508	CLI.2.224752		
122	国务院关于进一步做好防范和处置非法集资工作的意见	国发〔2015〕59号	20151019	20151019	CLI.2.264008		
123	国务院关于近期支持东北振兴若干重大政策举措的意见	国发〔2014〕28号	20140808	20140808	CLI.2.231328		
124	国务院关于落实《政府工作报告》重点工作部门分工的意见	国发〔2016〕20号	20160325	20160325	CLI.2.267467		
125	国务院关于清理规范税收等优惠政策的通知	国发〔2014〕62号	20141127	20141127	CLI.2.239227	Notice of the State Council on Reviewing and Regulating Preferential Policies for Taxation and Other Aspects	CLI.2.239227(EN)
126	国务院关于取消13项国务院部门行政许可事项的决定	国发〔2016〕10号	20160203	20160203	CLI.2.264591		
127	国务院关于取消和调整一批行政审批项目等事项的决定	国发〔2015〕11号	20150224	20150224	CLI.2.245414		
128	国务院关于取消和调整一批行政审批项目等事项的决定	国发〔2014〕50号	20141023	20141023	CLI.2.238519		
129	国务院关于取消和调整一批行政审批项目等事项的决定	国发〔2014〕27号	20140722	20140722	CLI.2.230893		

(续表)

序号	法规名称	发文字号	发布日期	实施日期	法宝引证码	法宝英文标题	法宝英文引证码
130	国务院关于上海市开展"证照分离"改革试点总体方案的批复	国函〔2015〕222号	20151222	20151222	CLI.2.261873		
131	国务院关于深化泛珠三角区域合作的指导意见	国发〔2016〕18号	20160303	20160303	CLI.2.266420		
132	国务院关于税收等优惠政策相关事项的通知	国发〔2015〕25号	20150510	20150510	CLI.2.248092	Notice of the State Council on Preferential Tax Policies and Other Preferences	CLI.2.248092(EN)
133	国务院关于苏州工业园区开展开放创新综合试验总体方案的批复	国函〔2015〕151号	20150930	20150930	CLI.2.258172	Reply of the State Council on the Overall Plan of the Suzhou Industrial Park for Carrying Out the Comprehensive Open Innovation Trial	CLI.2.258172(EN)
134	国务院关于同意开展服务贸易创新发展试点的批复	国函〔2016〕40号	20160222	20160222	CLI.2.264765		
135	国务院关于推广中国(上海)自由贸易试验区可复制改革试点经验的通知	国发〔2014〕65号	20141221	20141221	CLI.2.242286	Notice of the State Council on the Wide Application of Replicable Reform Experience from the Pilot Programs in China (Shanghai) Pilot Free Trade Zone	CLI.2.242286(EN)
136	国务院关于推进国内贸易流通现代化建设法治化营商环境的意见	国发〔2015〕49号	20150826	20150826	CLI.2.256258		
137	国务院关于修改《中华人民共和国外资银行管理条例》的决定	中华人民共和国国务院令第657号	20141127	20150101	CLI.2.240118 CLI.2.240120	Decision of the State Council on Amending the Regulation of the People's Republic of China on the Administration of Foreign-Funded Banks	CLI.2.240118(EN) CLI.2.240120(EN)
138	国务院关于修改部分行政法规的决定	中华人民共和国国务院令第666号	20160206	20160206	CLI.2.265137	Decision of the State Council on Amending Certain Administrative Regulations	CLI.2.265137(EN)
139	国务院关于修改部分行政法规的决定	中华人民共和国国务院令第653号	20140729	20140729	CLI.2.231227	Decision of the State Council on Amending Some Administrative Regulations	CLI.2.214755(EN)
140	国务院关于依托黄金水道推动长江经济带发展的指导意见	国发〔2014〕39号	20140912	20140912	CLI.2.234608		
141	国务院关于印发《中国制造2025》的通知	国发〔2015〕28号	20150508	20150508	CLI.2.248573	Notice of the State Council on Issuing the "Made in China (2025)"	CLI.2.248573(EN)

(续表)

序号	法规名称	发文字号	发布日期	实施日期	法宝引证码	法宝英文标题	法宝英文引证码
142	国务院关于印发进一步深化中国(上海)自由贸易试验区改革开放方案的通知	国发〔2015〕21号	20150408	20150408	CLI.2.247111		
143	国务院关于印发水污染防治行动计划的通知	国发〔2015〕17号	20150402	20150402	CLI.2.246973	Notice of the State Council on Issuing the Action Plan for Preventing and Treatment of Water Pollution	CLI.2.246973(EN)
144	国务院关于印发中国(福建)自由贸易试验区总体方案的通知	国发〔2015〕20号	20150408	20150408	CLI.2.247110	Notice of the State Council on Issuing the Framework Plan for China (Fujian) Pilot Free Trade Zone	CLI.2.247110(EN)
145	国务院关于印发中国(广东)自由贸易试验区总体方案的通知	国发〔2015〕18号	20150408	20150408	CLI.2.247113	Notice of the State Council on Issuing the Framework Plan for China (Guangdong) Pilot Free Trade Zone	CLI.2.247113(EN)
146	国务院关于印发中国(天津)自由贸易试验区总体方案的通知	国发〔2015〕19号	20150408	20150408	CLI.2.247112	Notice of the State Council on Issuing the Framework Plan for China (Tianjin) Pilot Free Trade Zone	CLI.2.247112(EN)
147	国务院关于在北京市暂时调整有关行政审批和准入特别管理措施的决定	国发〔2015〕60号	20151015	20151015	CLI.2.258937	Decision of the State Council on Temporarily Adjusting Relevant Special Management Measures for Administrative Approval and Access in Beijing	CLI.2.258937(EN)
148	国务院关于在中国(上海)自由贸易试验区内暂时调整实施有关行政法规和经国务院批准的部门规章规定的准入特别管理措施的决定	国发〔2014〕38号	20140904	20140904	CLI.2.234778		
149	国务院关于支持沿边重点地区开发开放若干政策措施的意见	国发〔2015〕72号	20151224	20151224	CLI.2.262154		
150	海关总署关于修改《中华人民共和国海关〈中华人民共和国与智利共和国政府自由贸易协定〉项下进口货物原产地管理办法》的决定	海关总署令第224号	20140930	20141001	CLI.4.235110	Decision of the General Administration of Customs on Amending the Measures of the Customs of the People's Republic of China for the Administration of the Origin of Imported Goods under the Free Trade Agreement between the Government of the People's Republic of China and the Government of the Republic of Chile	CLI.4.235110(EN)

（续表）

序号	法规名称	发文字号	发布日期	实施日期	法宝引证码	法宝英文标题	法宝英文引证码
151	合格境外机构投资者境内证券投资外汇管理规定(2016)	国家外汇管理局公告2016年第1号	20160203	20160203	CLI.4.264001		
152	《内地与香港关于建立更紧密经贸关系的安排》服务贸易协议		20151127	20160601	CLI.4.270710		
153	内地与香港证券投资基金跨境发行销售资金管理操作指引	中国人民银行、国家外汇管理局公告〔2015〕第36号	20151106	20151106	CLI.4.259656		
154	企业经营范围登记管理规定	国家工商行政管理总局令第76号	20150827	20151001	CLI.4.256938	Administrative Provisions on the Registration of Business Scope of Enterprises	CLI.4.256938(EN)
155	全国人民代表大会常会委员会关于授权国务院在中国(广东)自由贸易试验区、中国(天津)自由贸易试验区、中国(福建)自由贸易试验区以及中国(上海)自由贸易试验区扩展区域暂时调整有关法律规定的行政审批的决定		20141228	20150301	CLI.1.240557	Decision of the Standing Committee of the National People's Congress on Authorizing the State Council to Temporarily Adjust the Relevant Administrative Approval Items Prescribed by Law in the China (Guangdong) Pilot Free Trade Zone, the China (Tianjin) Pilot Free Trade Zone, the China (Fujian) Pilot Free Trade Zone, and the Expanded Zone of the China (Shanghai) Pilot Free Trade Zone	CLI.1.240557(EN)
156	全国人民代表大会常务委员会关于修改《中华人民共和国安全生产法》的决定	中华人民共和国主席令第13号	20140831	20141201	CLI.1.232866 CLI.1.233288	Decision of the Standing Committee of the National People's Congress on Amending the Work Safety Law of the People's Republic of China	CLI.1.232866(EN) CLI.1.233288(EN)
157	全国人民代表大会常务委员会关于修改《中华人民共和国保险法》等五部法律的决定	中华人民共和国主席令第14号	20140831	20140831	CLI.1.232864 CLI.1.233279 CLI.1.233280 CLI.1.233281 CLI.1.233283 CLI.1.233284	Decision of the Standing Committee of the National People's Congress on Amending Five Laws Including the Insurance Law of the People's Republic of China	CLI.1.232864(EN) CLI.1.233279(EN) CLI.1.233280(EN) CLI.1.233281(EN) CLI.1.233283(EN) CLI.1.233284(EN)
158	全国人民代表大会常务委员会关于修改《中华人民共和国行政诉讼法》的决定	中华人民共和国主席令第15号	20141101	20150501	CLI.1.237553 CLI.1.239820	Decision of the Standing Committee of the National People's Congress on Amending the Administrative Litigation Law of the People's Republic of China	CLI.1.237553(EN) CLI.1.239820(EN)

(续表)

序号	法规名称	发文字号	发布日期	实施日期	法宝引证码	法宝英文标题	法宝英文引证码
159	全国人民代表大会常务委员会关于修改《中华人民共和国计量法》等五部法律的决定	中华人民共和国主席令第26号	20150424	20150424	CLI.1.247409 CLI.1.252620 CLI.1.252623 CLI.1.252626 CLI.1.252629 CLI.1.252631	Decision of the Standing Committee of the National People's Congress on Amending the Metrology Law of the People's Republic of China and Other Four Laws	CLI.1.247409(EN) CLI.1.252620(EN) CLI.1.252623(EN) CLI.1.252626(EN) CLI.1.252629(EN) CLI.1.252631(EN)
160	全国人民代表大会常务委员会关于修改《中华人民共和国商业银行法》的决定	中华人民共和国主席令第34号	20150829	20151001	CLI.1.256291 CLI.1.256594	Decision of the Standing Committee of the National People's Congress on Amending the Law of the People's Republic of China on Commercial Banks	CLI.1.256291(EN) CLI.1.256594(EN)
161	全国人民代表大会常务委员会关于修改《中华人民共和国药品管理法》的决定	中华人民共和国主席令第27号	20150424	20150424	CLI.1.247410 CLI.1.252632	Decision of the Standing Committee of the National People's Congress on Amending the Pharmaceutical Administration Law of the People's Republic of China	CLI.1.247410(EN) CLI.1.252632(EN)
162	商标评审规则	国家工商行政管理总局令第65号	20140528	20140601	CLI.4.226643		
163	商务部、北京市人民政府关于印发《北京市服务业扩大开放综合试点实施方案》的通知	京政发〔2015〕48号	20150913	20150913	CLI.4.257104	Notice of the Ministry of Commerce and the People's Government of Beijing Municipality on Issuing the Implementation Plan regarding Comprehensive Pilot of Expanded Opening-up of the Service Industry of Beijing Municipality	CLI.4.257104(EN)
164	商务部、财政部、税务总局、统计局关于开展2016年外商投资企业年度投资经营信息联合报告工作的通知	商资函〔2016〕223号	20160519	20160519	CLI.4.270813		
165	商务部、国家发展和改革委员会、国土资源部、住房和城乡建设部、中华全国供销合作总社关于印发《再生资源回收体系建设中长期规划（2015—2020）》的通知	商流通发〔2015〕21号	20150121	20150121	CLI.4.242142		
166	商务部、民政部关于鼓励外国投资者在华设立营利性养老机构从事养老服务的公告	商务部、民政部公告2014年第81号	20141124	20141124	CLI.4.239070	Announcement on Encouraging Foreign Investors' Establishment of For-Profit Elderly Care Institutions in China to Provide Elderly Care Services	CLI.4.239070(EN)

(续表)

序号	法规名称	发文字号	发布日期	实施日期	法宝引证码	法宝英文标题	法宝英文引证码
167	商务部、外汇局关于进一步改进外商投资房地产备案工作的通知	商资函〔2015〕895号	20151106	20151106	CLI.4.259883	Notice of the Ministry of Commerce and the State Administration of Foreign Exchange on Further Improving the Recordation of Foreign Investment in Real Estate	CLI.4.259883(EN)
168	商务部办公厅关于明确外商投资殡葬服务设施审批权限的通知	商办资函〔2015〕123号	20150407	20150407	CLI.4.260993		
169	商务部办公厅关于中外合资经营等类型企业转变为外商投资股份有限公司有关问题的函	商办资函〔2014〕516号	20140624	20140624	CLI.4.232041	Letter of the General Office of the Ministry of Commerce on Issues concerning the Transformation of Chinese-Foreign Equity Joint Ventures and Other Types of Enterprises into Foreign-Funded Joint Stock Companies	CLI.4.232041(EN)
170	商务部等10部门关于印发《全国流通节点城市布局规划(2015—2020年)》的通知	商建发〔2015〕196号	20150525	20150525	CLI.4.249561		
171	商务部关于促进商贸物流发展的实施意见	商流通函〔2014〕790号	20140922	20140922	CLI.4.234576		
172	商务部关于改进外资审核管理工作的通知	商资函〔2014〕314号	20140617	20140617	CLI.4.228339	Notice of the Ministry of Commerce on Improving the Administration of Foreign Investment Review	CLI.4.228339(EN)
173	商务部关于修改部分规章和规范性文件的决定	商务部令2015年第2号	20151028	20151028	CLI.4.259613		
174	商务部关于印发《外商投资统计制度(2016年)》的通知	商资函〔2016〕248号	2016.05.26	2016.05.01	CLI.4.271591	Notice of the Ministry of Commerce on Issuing the Statistical Rules for Foreign Investments (2016)	CLI.4.271591(EN)
175	商务部关于支持自由贸易试验区创新发展的意见	商资发〔2015〕313号	20150825	20150825	CLI.4.256315		
176	商务部关于做好取消鼓励类外商投资企业项目确认审批后续工作的通知	商资函〔2015〕160号	20150413	20150413	CLI.4.247185	Notice of the Ministry of Commerce on Effectively Conducting the Follow-up Work on the Cancellation of the Confirmation and Approval of Encouraged Projects of Foreign-Funded Enterprises	CLI.4.247185(EN)

(续表)

序号	法规名称	发文字号	发布日期	实施日期	法宝引证码	法宝英文标题	法宝英文引证码
177	商业银行保理业务管理暂行办法	中国银行业监督管理委员会令2014年第5号	20140410	20140410	CLI.4.223511	Interim Measures for the Administration of the Factoring Business of Commercial Banks	CLI.4.223511(EN)
178	商业银行流动性风险管理办法(试行)	中国银监会令2015年第9号	20150902	20151001	CLI.4.257419	Measures for the Liquidity Risk Management of Commercial Banks (for Trial Implementation)	CLI.4.257419(EN)
179	上市公司股东大会规则(2014年第二次修订)	中国证券监督管理委员会公告〔2014〕46号	20141020	20141020	CLI.4.237217	Rules for the Shareholders' Meetings of Listed Companies (2014 Second Revision)	CLI.4.237217(EN)
180	上市公司章程指引(2014年第二次修订)	中国证券监督管理委员会公告〔2014〕47号	20141020	20141020	CLI.4.237199		
181	上市公司重大资产重组管理办法	中国证券监督管理委员会令第109号	20141023	20141123	CLI.4.237175	Measures for the Administration of the Material Asset Restructurings of Listed Companies	CLI.4.237175(EN)
182	外商投资产业指导目录(2015年修订)	国家发展和改革委员会、商务部令第22号	20150310	20150410	CLI.4.245474	Catalogue of Industries for Guiding Foreign Investment (2015 Revision)	CLI.4.245474(EN)
183	现行有效外汇管理主要法规目录(截至2015年12月31日)		20160114	20160114	CLI.4.262474		
184	香港互认基金管理暂行规定	中国证券监督管理委员会公告〔2015〕12号	20150514	20150701	CLI.4.250947		
185	银行办理结售汇业务管理办法	中国人民银行令〔2014〕第2号	20140622	20140801	CLI.4.228623		
186	中共中央、国务院关于构建开放型经济新体制的若干意见		20150505	20150505	CLI.5.257171		
187	中共中央组织部、国家发展改革委、教育部、科技部、公安部、财政部、人力资源社会保障部、商务部、国务院国资委、国家外国专家局、中共北京市委、北京市人民政府印发《关于深化中关村人才管理改革的若干措施》的通知	京发〔2015〕15号	20151021	20151021	CLI.4.270999		

（续表）

序号	法规名称	发文字号	发布日期	实施日期	法宝引证码	法宝英文标题	法宝英文引证码
188	中国保监会、天津市人民政府关于加强保险业服务天津自贸试验区建设和京津冀协同发展等重大国家战略的意见	保监发〔2015〕65号	20150710	20150710	CLI.4.251829		
189	中国保监会关于取消和调整行政审批项目的通知	保监发〔2014〕97号	20141208	20141208	CLI.4.239363		
190	中国保监会关于取消和调整一批行政审批事项的通知	保监发〔2015〕78号	20150807	20150807	CLI.4.253150	Notice of the China Insurance Regulatory Commission on Cancelling and Adjusting a Group of Administrative Approval Items	CLI.4.253150(EN)
191	中国保监会关于取消一批行政审批中介服务事项的通知	保监发〔2016〕21号	20160303	20160303	CLI.4.265825	Notice of the China Insurance Regulatory Commission on Canceling a Group of Intermediary Service Items Subject to Administrative Approval	CLI.4.265825(EN)
192	中国保监会关于深化保险中介市场改革的意见	保监发〔2015〕91号	20150917	20150917	CLI.4.257473		
193	中国保险监督管理委员会关于修改《保险公司股权管理办法》的决定	中国保险监督管理委员会令2014年第4号	20140415	20100610	CLI.4.224204 CLI.4.224205	Decision of the China Insurance Regulatory Commission on Amending the Administrative Measures for Equities of Insurance Companies	CLI.4.224204(EN) CLI.4.224205(EN)
194	中国保险监督管理委员会关于修改《保险资金运用管理暂行办法》的决定	中国保险监督管理委员会令2014年第3号	20140404	20100831	CLI.4.223537 CLI.4.223540	Decision of the China Insurance Regulatory Commission on Amending the Interim Measures for the Administration of Utilization of Insurance Funds	CLI.4.223537(EN) CLI.4.223540(EN)
195	中国人民银行关于外资银行结售汇专用人民币账户管理有关问题的通知	银发〔2015〕2号	20150113	20150113	CLI.4.243555		
196	中国银监会非银行金融机构行政许可事项实施办法（修订）	中国银监会令2015年第6号	20150605	20150605	CLI.4.249653		
197	中国银监会外资银行行政许可事项实施办法（修订）	中国银监会令2015年第4号	20150605	20150605	CLI.4.249650	Implementation Measures of the China Banking Regulatory Commission for the Administrative Licensing Items concerning Foreign-Funded Banks (2015 Revision)	CLI.4.249650(EN)

(续表)

序号	法规名称	发文字号	发布日期	实施日期	法宝引证码	法宝英文标题	法宝英文引证码
198	中国银监会信托公司行政许可事项实施办法	中国银监会令2015年第5号	20150605	20150605	CLI.4.249648		
199	中华人民共和国工业产品生产许可证管理条例实施办法	国家质量监督检验检疫总局令第156号	20140421	20140801	CLI.4.225934	Measures for the Implementation of the Regulation of the People's Republic of China on the Administration of Production Licenses for Industrial Products (2014)	CLI.4.225934(EN)
200	中华人民共和国广告法	中华人民共和国主席令第22号	20150424	20150901	CLI.1.247404	Advertising Law of the People's Republic of China	CLI.1.247404(EN)
201	中华人民共和国海关《中华人民共和国和瑞士联邦自由贸易协定》项下进出口货物原产地管理办法	海关总署令第223号	20140630	20140701	CLI.4.228701	Administrative Measures of the General Administration of Customs of the People's Republic of China for the Origin of Imported and Exported Goods under the Free Trade Agreement between the People's Republic of China and the Swiss Confederation	CLI.4.228701(EN)
202	中华人民共和国海关《中华人民共和国政府和冰岛政府自由贸易协定》项下进出口货物原产地管理办法	海关总署令第222号	20140630	20140701	CLI.4.228702	Administrative Measures of the General Administration of Customs of the People's Republic of China for the Origin of Imported and Exported Goods under the Free Trade Agreement between the Government of the People's Republic of China and the Government of Iceland	CLI.4.228702(EN)
203	中华人民共和国海关《中华人民共和国政府和大韩民国政府自由贸易协定》项下进出口货物原产地管理办法	海关总署令第229号	20151218	20151220	CLI.4.261564	Measures of the Customs of the People's Republic of China for the Administration of the Origin of Imported and Exported Goods under the Free Trade Agreement between the Government of the People's Republic of China and the Government of the Republic of Korea	CLI.4.261564(EN)
204	中华人民共和国海关企业信用管理暂行办法	海关总署令第225号	20141008	20141201	CLI.4.235737	Interim Measures of the Customs of the People's Republic of China for the Administration of Enterprise Credit	CLI.4.235737(EN)
205	中华人民共和国环境保护法	中华人民共和国主席令第9号	20140424	20150101	CLI.1.223979	Environmental Protection Law of the People's Republic of China	CLI.1.223979(EN)
206	中华人民共和国商标法实施条例	中华人民共和国国务院令第651号	20140429	20140501	CLI.2.224344	Regulation on the Implementation of the Trademark Law of the People's Republic of China	CLI.2.224344(EN)

(续表)

序号	法规名称	发文字号	发布日期	实施日期	法宝引证码	法宝英文标题	法宝英文引证码
207	中华人民共和国食品安全法	中华人民共和国主席令第21号	20150424	20151001	CLI.1.247403	Food Safety Law of the People's Republic of China	CLI.1.113981(EN)
208	中华人民共和国外资银行管理条例实施细则(修订)	中国银监会令2015年第7号	20150701	20150901	CLI.4.251007		
209	住房城乡建设部、商务部、国家发展改革委等部门关于调整房地产市场外资准入和管理有关政策的通知	建房〔2015〕122号	20150819	20150819	CLI.4.256216	Notice of the Ministry of Housing and Urban-Rural Development, the Ministry of Commerce, the National Development and Reform Commission and Other Departments on Adjusting the Policies on the Market Access and Administration of Foreign Investment in the Real Estate Market	CLI.4.256216(EN)
210	自由贸易试验区外商投资备案管理办法(试行)	商务部公告2015年第12号	20150408	20150508	CLI.4.247114	Measures for the Recordation Administration of Foreign Investment in China (Shanghai) Pilot Free Trade Zone (for Trial Implementation)	CLI.4.247114(EN)

"北大法宝"法律专业数据库介绍

"北大法宝"是由北京大学法制信息中心与北大英华科技有限公司联合推出的智能型法律信息一站式检索平台。1985年诞生于北京大学法律系,经过三十年不断的改进与完善,已发展成为专业、智能、综合性的法律信息检索系统。

"北大法宝"致力于对法律信息数据的深度挖掘和知识发现,独创以"法条联想clink"为代表的一系列智能检索功能以不断提升用户体验,并围绕用户需求研发定制平台,进行专业法律信息数据整合,提供创新高效的检索体验;数据收录及时,收录渠道权威而正式,内容均经过严格编辑和校对,录入后适时进行整理和修改,以保证数据内容的准确性和时效性,充分保障用户利益。

目前"北大法宝"5.0版是北大法宝的最新版本,包括法律法规(http://www.pkulaw.cn)、司法案例(http://www.pkulaw.cn/case)、法学期刊(http://www.pkulaw.cn/qk)、律所实务(http://www.pkulaw.cn/lawfirm)、专题参考(http://www.pkulaw.cn/zt)、英文译本(http://en.pkulaw.cn)、法宝视频(http://v.pkulaw.cn/)以及司法考试(http://exam.pkulaw.cn/)八大检索系统,涵盖法律信息的各种类型,内容丰富,功能强大,取得了优势的市场占有率,受到国内外客户的一致好评,已成为法律工作者的必备工具。同时基于"北大法宝"庞大内容支持的法律软件开发业务日益受到用户青睐。

同时,"北大法宝"针对国内法律文献引用领域对法律数据库引证码研究的空白及对法律数据库和网络资源引证不规范的现状,借鉴美国通行引注标准——《蓝皮书:统一注释体系》的模式,自主研发了"北大法宝引证码",这是在法律文献引证领域的首次实践,开创了法律信息检索领域引证趋势。

"北大法宝引证码"主要用于法律文献的引证注释和查询检索服务,现已在"北大法宝"数据库中全面应用。"北大法宝引证码"的统一标识为CLI,即"Chinalawinfo"的简写,意即中国法律信息编码,同时涵盖"北大法宝"之意。中文部分编写体例为"CLI.文件类型代码.文件编码",英文部分编写体例为"CLI.文件类型代码.文件编码(EN)",其中文件编码具有唯一性。

下面分述各库的引证码编写规范。

一、法律法规

1. 文件类型代码

法律:1

行政法规:2

司法解释:3

部门规章:4

团体规定:5

行业规定:6

军事法规规章:7

地方性法规:10
地方政府规章:11
地方规范性文件:12
地方司法文件:13

2.例如:《中华人民共和国保险法》(2009年2月28日修订)
北大法宝引证码为:CLI.1.113980

二、司法案例

1.文件类型代码:C(Cases)
2.例如:郑筱萸受贿、玩忽职守案
北大法宝引证码为:CLI.C.99328

三、法学期刊、法学文献、中国法律年鉴、律所实务

1.文件类型代码:A(Articles)
2.例如:陈兴良:《四要件:没有构成要件的犯罪构成》
北大法宝引证码为:CLI.A.1143788

四、香港特别行政区法律法规

1.文件类型代码:HK(Hong Kong)
2.例如:第1085章教育奖学基金条例
北大法宝引证码为:CLI.HK.4211

五、澳门特别行政区法律法规

1.文件类型代码:MAC(Macau)
2.例如:第10/2008号行政法规,修改《法定收藏制度》
北大法宝引证码为:CLI.MAC.7141

六、台湾地区法律法规

1.文件类型代码:TW(Taiwan)
2.例如:粮食标示办法
北大法宝引证码为:CLI.TW.4544

七、中外条约

1.文件类型代码:T(Treaty)
2.例如:中华人民共和国与美利坚合众国联合声明
北大法宝引证码为:CLI.T.6998

八、外国法律法规

1. 文件类型代码：FL（Foreign Law）
2. 例如：日本农业机械化促进法
   北大法宝引证码为：CLI.FL.772

九、合同范本

1. 文件类型代码：CS（Contract Sample）
2. 例如：产品销售合同范本
   北大法宝引证码为：CLI.CS.6292

十、法律文书

1. 文件类型代码：LD（Legal Documents）
2. 例如：安全生产行政执法文书行政处罚告知书
   北大法宝引证码为：CLI.LD.3678

十一、案例报道

1. 文件类型代码：CR（Case Reports）
2. 例如："售楼先生"骗女友冒领客户2万元法院判决诈骗罪徒刑九月
   北大法宝引证码为：CLI.CR.132167

十二、仲裁裁决与案例

1. 文件类型代码：AA（Arbitration Awards）
2. 例如：仲裁条款效力争议案裁决书
   北大法宝引证码为：CLI.AA.419

十三、立法背景资料

1. 全国人大常委会工作报告
   文件类型代码：WR（Work Report of the NPC Standing Committee）
   例如：中华人民共和国第十一届全国人民代表大会第四次会议全国人民代表大会常务委员会工作报告
   北大法宝引证码为：CLI.WR.3563
2. 国务院政府工作报告
   文件类型代码：WR（Work Report of the State Council）
   例如：中华人民共和国第十一届全国人民代表大会第四次会议政府工作报告
   北大法宝引证码为：CLI.WR.3553
3. 最高人民法院工作报告
   文件类型代码：WR（Work Report of the Supreme People's Court）

例如:中华人民共和国第十一届全国人民代表大会第四次会议最高人民法院工作报告

北大法宝引证码为:CLI. WR. 3564

4. 最高人民检察院工作报告

文件类型代码:WR(Work Report of the NPC Standing Committee)

例如:中华人民共和国第十一届全国人民代表大会第四次会议最高人民检察院工作报告

北大法宝引证码为:CLI. WR. 3565

5. 立法草案

文件类型代码:DL(The Draft of Legislation)

例如:进出口许可证证书管理规定(修订征求意见稿)

北大法宝引证码为:CLI. DL. 3658

6. 全国人大常委会执法检查

文件类型代码:WR(Law Enforcement Inspection)

例如:全国人民代表大会常务委员会执法检查组关于检查《中华人民共和国节约能源法》实施情况的报告(2010)

北大法宝引证码为:CLI. WR. 3550

7. 白皮书

文件类型代码:WP(White Papers)

例如:中国的反腐败和廉政建设

北大法宝引证码为:CLI. WP. 3529

8. 法规解读

文件类型代码:AR(Answer Questions from Reporters)

例如:国家预防腐败局办公室负责同志就《国务院办公厅转发人民银行监察部等部门关于规范商业预付卡管理意见的通知》有关问题答记者问

北大法宝引证码为:CLI. AR. 3661

十四、英文译本

1. 文件类型代码与中文部分相同,编码后加(EN)

2. 例如:Law of the Application of Law for Foreign-related Civil Relations of the People's Republic of China[《中华人民共和国涉外民事关系法律适用法》(2010.10.28)]

北大法宝引证码为:CLI. 1. 139684(EN)